La colección Mini se ha desarrollado para hacer frente tanto a las necesidades del viajero como a las del principiante.

Con sus más de 30.000 palabras y más de 40.000 traducciones, este diccionario incluye no sólo vocabulario general sino también lenguaje utilizado en situaciones de todos los días.

El diccionario utiliza indicadores de sentido claros para guiar al lector hacia la traducción correcta. Se ha puesto especial hincapié en muchas palabras básicas, ofreciendo ejemplos de uso útiles, presentados de una forma especialmente accesible.

A lo largo de todo el diccionario se facilitan notas culturales e información práctica que ofrecen una interesante visión de la vida en otro país.

EL EDITOR

The Mini series was developed to meet the needs of both the traveller and the beginner.

With over 30,000 words and phrases and 40,000 translations, this dictionary provides not only general vocabulary but also the language used in everyday life.

Clear sense markers are provided to guide the reader to the correct translation, while special emphasis has been placed on many basic words, with helpful examples of usage and a particularly user-friendly layout.

Cultural notes and practical information can be found throughout which allow an interesting insight into life in another country.

THE PUBLISHER

Abreviaturas/Abbreviations

abreviatura	abrev/abbr	abbreviation
adjetivo	adj	adjective
adverbio	adv	adverb
español de América	Amér	Latin American Spanish
anatomía	ANAT	anatomy
español de los Andes	Andes	Andean Spanish
español de Argentina	Arg	Argentinian Spanish
artículo	art	article
automóviles	AUT(OM)	automobile, cars
auxiliar	aux	ausiliary
español de Bolivia	Bol	Bolivian Spanish
español de Centroamérica	CAm	Central American Spanish
español del Caribe	Carib	Caribbean Spanish
español de Chile	Chile	Chilean Spanish
español de Colombia	Col	Colombian Spanish
comercio	COM(M)	commerce, business
comparativo	compar	comparative
informática	COMPUT	computing, IT
conjunción	conj	conjunction
continuo	cont	continuous
español de Costa Rica	CRica	Costa Rican Spanish
español del Cono Sur	CSur	Cono Sur Spanish
español de Cuba	Cuba	Cuban Spanish
cocina	CULIN	culinary, cooking
deportes	DEP	sport
derecho	DER	juridical, legal
despectivo	despec	pejorative
economía	ECON	economics
educación	EDUC	school, education

LAROUSSE

MINI DICCIONARIO

ESPAÑOL
INGLÉS

INGLÉS
ESPAÑOL

LAROUSSE

Para esta edición/For this edition

JOAQUÍN BLASCO   JOSÉ A. GÁLVEZ

SHARON J. HUNTER   JANICE MCNEILLIE

Para las ediciones anteriores/For previous editions

JOAQUÍN BLASCO   JOSÉ A. GÁLVEZ   DILERI BORUNDA JOHNSTON

CALLUM BRINES   ISABEL BROSA SÁBADA   ANA CARBALLO VARELA

MALIHE FORGHANI-NOWBARI   LESLEY KINGSLEY   WENDY LEE

ANA CRISTINA LLOMPART LUCAS   SINDA LÓPEZ

ZÖE PETERSEN   ELENA PARSONS   CARMEN ZAMANILLO

ISBN 84-8332-771-6

SPES Editorial, Aribau, 197-199, 3ª, 08021 Barcelona

ISBN 978-2-0354-2125-8

Distribución/Sales: Houghton Mifflin Company, Boston

ISBN 970-22-1376-2

Ediciones Larousse, S.A. de C.V., Dinamarca 81, Col. Juarez, 06600 México, D.F.

Ediciones Larousse Argentina, S.A., I.C., Valentín Gómez 3530 (1191),
Buenos Aires, Argentina
Ediciones Larousse Chile, S.A., Camino El Guanaco 6464, Huechuraba, Santiago, Chile

Achevé d'imprimer en Janvier 2007
sur les presses de «La Tipografica Varese S.p.A.» à Varese (Italie)

LAROUSSE

MINI
DICTIONARY

SPANISH
ENGLISH

ENGLISH
SPANISH

LAROUSSE

ÍNDICE

Informaciones generales
Diccionario Español-Inglés
Verbos españoles
Verbos ingleses
Diccionario Inglés-Español
Guía de conversación
Guía práctica

CONTENTS

General information
Spanish-English Dictionary
Spanish Verbs
English verbs
English-Spanish Dictionary
Conversation guide
Numbers, weights and measures,
currency, time

Abreviaturas/Abbreviations

exclamación	excl	exclamation
sustantivo femenino	f	feminine noun
familiar	fam	informal
figurado	fig	figurative
finanzas	FIN	finance
formal, culto	fml	formal
generalmente	gen	generally
gramática	GRAM(M)	grammar
español de Guatemala	Guat	Guatemalan Spanish
familiar	inf	informal
informática	INFORM	computing, IT
inseparable	insep	inseparable
interjección	interj	exclamation
invariable	inv	invariable
derecho, jurídico	JUR	juridical, legal
sustantivo masculino	m	masculine noun
matemáticas	MAT(H)	mathematics
medicina	MED	medicine
español de México	Méx	Mexican Spanish
militar	MIL	military
música	MÚS/MUS	music
náutica, marítimo	NÁUT/NAUT	nautical
español de Nicaragua	Nic	Nicaraguan Spanish
número	núm/num	numeral
	o.s.	oneself
español de Panamá	Pan	Panaman Spanish
español de Perú	Perú	Peruvian Spanish
plural	pl	plural
política	POL(IT)	politics
participio pasado	pp	past participle

Abreviaturas/Abbreviations

preposición	prep	preposition
español de Puerto Rico	PRico	Porto Rican Spanish
pronombre	pron	pronoun
pasado, pretérito	pt	past tense
marca registrada	®	registered trademark
religión	RELIG	religion
español del Río de la Plata	RP	Rio de la Plata Spanish
sustantivo	s	noun
	sb	somebody
educación	SCH	school, education
separable	sep	separable
singular	sg	singular
	sthg	something
sujeto	suj/subj	subject
superlativo	superl	superlative
tecnología	TECN/TECH	technology
televisión	TV	television
transportes	TRANS(P)	transport
inglés británico	UK	British English
español de Uruguay	Urug	Uruguayan Spanish
inglés americano	US	American English
verbo	v/vb	verb
español de Venezuela	Ven	Venezuelan Spanish
verbo intransitivo	vi	intransitive verb
verbo impersonal	v impers	impersonal verb
verbo pronominal	vpr	pronominal verb
verbo transitivo	vt	transitive verb
vulgar	vulg	vulgar
equivalente cultural	≃	cultural equivalent

	inglés	español	explicación
æ	pat/bag/mad		*a* con posición bucal para *e*
ɑː	barn/car/laugh		*a* muy alargada
ai	buy/light/aisle	aire	
aʊ	now/shout/town	aula	
b	bottle/bib	vaca/bomba	
d	dog/did	dar	
ʤ	jig/fridge		sonido entre la *y* inicial y la *ch*
e	pet		como la *e* de *elefante* pero más corta
ə	mother/suppose		*e* con posición bucal para *o*
ɜː	burn/learn/bird		*e* larga con posición bucal entre *o* y *e*
ei	bay/late/great	reina	
eə	pair/bear/share		*ea* pronunciado muy brevemente
f	fib/physical	fui/fama	
g	gag/great	gato	
h	how/perhaps		*h* aspirada
ɪ	pit/big/rid		*i* breve, a medio camino entre *e* e *i*
iː	bean/weed		*i* muy alargada
ɪə	peer/fierce/idea	hielo	

	inglés	español	explicación
j	you/spaniel	yo/lluvia	
k	come/kitchen	casa/que	
l	little/help	ala/luz	
m	metal/comb	madre/cama	
n	night/dinner	no/pena	
ŋ	song/finger	banca	
ɒ	dog/sorry		*o* abierto
ɔː	lawn		*o* cerrada y alargada
ɔi	boy/foil	soy	
əʊ	no/road/blow		*ou* como en *COU*
p	pop/people	campo/papá	
r	right/carry		sonido entre *r* y *rr*
s	seal/peace	solo/paso	
ʃ	sheep/machine	show	
ʒ	usual/measure		como *y* o *ll* en el Río de la Plata
t	train/tip	toro/pato	
tʃ	chain/wretched	chico/ocho	
θ	think/fifth	zapato	
ð	this/with	cada/pardo	
ʊ	put/full		*u* breve
uː	loop/moon		*u* muy alargada
ʌ	cut/sun		*a* breve y cerrada
ʊə	poor/sure/tour		

X

	inglés	español	explicación
v	vine/livid		como *v* de *vida* en el pasado
w	wet/why/twin	agua/hueso	
z	zip/his	andinismo	

	Spanish	English	comment
a	pata		similar to the *a* sound in *father*, but more central
ai	aire/caiga	buy/light	
au	causa/aula	now/shout	
b	boca	bib	
β	cabo		*b* pronounced without quite closing the lips
θ	cera/paz	think/fifth	
tʃ	ocho/chispa	chain/wretched	
d	donde/caldo	dog/did	
ð	cada	this/with	
e	leche		similar to the *e* sound in *met*
ei	ley/peine	bay/late	
eu	Europa/deuda		the sound *e* in *met* followed by *oo* in *fool*
f	fácil	fib/physical	
g	grande/guerra	gag/great	
ɣ	águila		like a *w* pronounced trying to say *g*
i	silla		like the *ea* sound in *meat*, but much shorter
j	hierba/miedo	you/spaniel	
k	que/cosa	come/kitchen	
l	ala/luz	little/help	
m	madre/cama	metal/comb	
n	no/pena	night/dinner	

	Spanish	English	comment
ñ	caña	onion	
ŋ	banco	sung	
oi	soy	boy	
o	solo	off/on	
p	papá/campo	pop/people	
r	caro		a rolled *r* sound
r̄	carro		a much longer rolled *r* sound
s	solo/paso	seal/peace	
t	toro/pato	train/tip	
u	luto		like the *oo* sound in *soon*, but much shorter
w	agua/**hueso**	wet/twin	
x	gemir/jamón		like an *h*, pronounced at the back of the throat
λ	llave/collar	yellow	
z	resguardar	zip/his	

La ordenación alfabética en español

En este diccionario se ha seguido la ordenación alfabética internacional. Esto significa que las entradas con *ch* aparecerán después de *cg* y no al final de *c*; del mismo modo las entradas con *ll* vendrán después de *lk* y no al final de *l*. Adviértase, sin embargo, que la letra *ñ* sí se considera letra aparte y sigue a la *n*.

Spanish alphabetical order

The dictionary follows international alphabetical order. Thus entries with *ch* appear after *cg* and not at the end of *c*. Similarly, entries with *ll* appear after *lk* and not at the end of *l*. Note however that *ñ* is treated as a separate letter and follows *n*.

Los compuestos en inglés

En inglés se llama compuesto a una locución sustantiva de significado único pero formada por más de una palabra; p. ej. *point of view*, *kiss of life*, *virtual reality*. Uno de los rangos distintivos de este diccionario es la inclusión de estos compuestos con entrada propia y en riguroso orden alfabético. De esta forma *blood test* vendrá después de *blood shot*, el cual sigue a *blood pressure*.

English compounds

A compound is a word or expression which has a single meaning but is made up of more than one word, e.g. *point of view*, *kiss of life*, *virtual reality*. It is a feature of this dictionary that English compounds appear in the A–Z list in strict alphabetical order. The compound *blood test* will therefore come after *blood shot* which itself follows *blood pressure*.

Nombres de marcas

Los nombres de marca aparecen señalados en este diccionario con el símbolo ®. Sin embargo, ni este símbolo ni su ausencia son representativos de la situación legal de la marca.

Registered trademarks

Words considered to be trademarks have been designated in this dictionary by the symbol ®. However, neither the presence nor the absence of such designation should be regarded as affecting the legal status of any trademark.

ESPAÑOL-INGLÉS

SPANISH-ENGLISH

aA

a [a] *prep* **1.** *(tiempo)* • **a las pocas semanas** a few weeks later • **al mes de casados** a month after marrying • **a las siete** at seven o'clock • **a los once años** at the age of eleven • **dos veces al año** twice a year • **al oír la noticia se desmayó** on hearing the news, she fainted **2.** *(frecuencia)* per, every • **cuarenta horas a la semana** forty hours a week **3.** *(dirección)* to • **voy a Sevilla** I'm going to Seville • **llegó a Barcelona/la fiesta** he arrived in Barcelona/at the party **4.** *(posición, lugar, distancia)* • **a la salida del cine** outside the cinema • **está a cien kilómetros** it's a hundred kilometres away • **a la derecha/izquierda** on the right/left **5.** *(con complemento indirecto)* • **dáselo a Juan** give it to Juan • **dile a Juan que venga** tell Juan to come **6.** *(con complemento directo)* • **quiere a su hijo** she loves her son **7.** *(cantidad, medida, precio)* • **a cientos/docenas** by the hundred/dozen • **¿a cuánto están las peras?** how much are the pears? • **vende las peras a 1 euro** he's selling pears for 1 euro • **ganaron por tres a cero** they won three nil **8.** *(modo, manera)* • **a la gallega** Galician-style • **escribir a máquina** to type • **a mano** by hand **9.** *(finalidad)* to • **entró a pagar** he came in to pay • **aprender a nadar** to learn to swim

abad, desa [aˈβað, ðesa] *m,f* abbot *(f* abbess*)*

abadía [aβaˈðia] *f* abbey

abajo [aˈβaxo] *adv* **1.** *(posición)* below **2.** *(en edificio)* downstairs **3.** *(dirección)* down • **allí abajo** down there • **aquí abajo** down here • **más abajo** further down • **para abajo** downwards • **de abajo** *(piso)* downstairs

abalear [aβaleˈar] *vt (Andes, CAm & Ven)* to shoot

abandonado, da [aβandoˈnaðo, ða] *adj* **1.** abandoned **2.** *(lugar)* deserted

abandonar [aβandoˈnar] *vt* **1.** *(persona, animal, proyecto)* to abandon **2.** *(coche, lugar, examen)* to leave **3.** *(prueba)* to drop out of • **abandonarse** *vp* to let o.s. go

abandono [aβanˈdono] *m (dejadez)* neglect

abanicarse [aβaniˈkarse] *vp* to fan o.s.

abanico [aβaˈniko] *m* fan

abarcar [aβarˈkar] *vt* **1.** *(incluir)* to include **2.** *(ver)* to have a view of

abarrotado, da [aβarroˈtaðo, ða] *adj* packed

abarrotero, ra [aβarroˈtero, ra] *m,f (Amér)* grocer

abarrotes [aβaˈrrotes] *mpl (Andes, CAm & Méx)* groceries

abastecer [aβasteˈθer] *vt* to supply • **abastecerse de** *v + prep* to get, to buy

abatible [aβaˈtiβle] *adj* folding

abatido, da [aβaˈtiðo, ða] *adj (desanimado)* dejected

abatir [aβaˈtir] *vt* **1.** *(muro)* to knock down **2.** *(avión)* to shoot down

abdicar [aβðiˈkar] *vi* to abdicate

abdomen [aβ'δomen] *m* abdomen

abdominales [aβδomi'nales] *mpl* sit-ups

abecedario [aβeθe'δarjo] *m (alfabeto)* alphabet

abeja [a'βexa] *f* bee

abejorro [aβe'xoro] *m* bumblebee

aberración [aβera'θjon] *f (disparate)* stupid thing

abertura [aβer'tura] *f (agujero)* opening

abeto [a'βeto] *m* fir

abierto, ta [a'βjerto, ta] *adj* **1.** open **2.** *(de ideas)* open-minded **3.** *(camisa, cremallera)* undone ◆ **estar abierto a** to be open to

abismo [a'βizmo] *m* abyss

ablandar [aβlan'δar] *vt* **1.** *(materia)* to soften **2.** *(persona)* to mollify

abofetear [aβofete'ar] *vt* to slap

abogado, da [aβo'γaδo, δa] *m,f* lawyer

abolición [aβoli'θjon] *f* abolition

abolir [aβo'lir] *vt* to abolish

abollar [aβo'ʎar] *vt* to dent

abonado, da [aβo'naδo, δa] *adj (tierra)* fertilized

abonar [aβo'nar] *vt* **1.** *(tierra)* to fertilize **2.** *(cantidad, precio)* to pay ◆ **abonarse a** *v + prep* **1.** *(revista)* to subscribe to **2.** *(teatro, fútbol)* to have a season ticket for

abono [a'βono] *m* **1.** *(del metro, autobús)* season ticket **2.** *(para tierra)* fertilizer

abordar [aβor'δar] *vt* to tackle

aborrecer [aβore'θer] *vt* to loathe

abortar [aβor'tar] *vi* **1.** *(espontáneamente)* to have a miscarriage **2.** *(intencionadamente)* to have an abortion

aborto [a'βorto] *m* **1.** *(espontáneo)* mis-carriage **2.** *(intencionado)* abortion **3.** *(fam) (persona fea)* freak

abrasador, ra [aβrasa'δor, ra] *adj* burning

abrasar [aβra'sar] *vt* **1.** *(suj: incendio)* to burn down **2.** *(suj: sol)* to burn

abrazar [aβra'θar] *vt* to hug ◆ **abrazarse** *vp* to hug

abrazo [a'βraθo] *m* hug

abrebotellas [,aβreβo'teʎas] *m inv* bottle opener

abrecartas [aβre'kartas] *m inv* paper knife

abrelatas [aβre'latas] *m inv* tin opener *(UK)*, can opener *(US)*

abreviar [aβre'βjar] *vt* **1.** *(texto)* to abridge **2.** *(discurso)* to cut

abreviatura [aβreβja'tura] *f* abbreviation

abridor [aβri'δor] *m* opener

abrigar [aβri'γar] *vt (del frío)* to keep warm ◆ **abrigarse** *vp* to wrap up

abrigo [a'βriγo] *m (prenda)* coat ◆ **al abrigo de** *(roca, árbol)* under the shelter of

abril [a'βril] *m* April ◆ **a principios/mediados/finales de abril** at the beginning/in the middle/at the end of April ◆ **el nueve de abril** the ninth of April ◆ **el pasado/próximo (mes de) abril** last/next April ◆ **en abril** in April ◆ **este (mes de) abril** *(pasado)* last April; *(próximo)* this (coming) April ◆ **para abril** by April

abrillantador [aβriʎanta'δor] *m* polish

abrillantar [aβriʎan'tar] *vt* to polish

abrir [a'βrir] ◇ *vt* **1.** to open **2.** *(grifo, gas)* to turn on **3.** *(curso)* to start **4.** *(agujero)* to make **5.** (*cremallera*) to undo **6.** (*persiana*) to raise **7.** (*ir delante de*) to lead ◇ *vi* (*comercio*) to open ✦ **abrirse** *vp* ● abrirse a alguien to open up to sb

abrochar [aβro'tʃar] *vt* to do up ✦ **abrocharse** *vp* ● abrocharse el pantalón to do up one's trousers ● abróchense los cinturones please fasten your seatbelts

abrumador, ra [aβruma'ðor, ra] *adj* overwhelming

abrumarse [aβru'marse] *vp* (*agobiarse*) to be overwhelmed

abrupto, ta [a'βrupto, ta] *adj* **1.** (*accidentado*) rough **2.** (*empinado*) steep

ABS [aβe'ese] *m* (*abr de* anti-lock braking system) ABS (*anti-lock braking system*)

ábside ['aβsiðe] *m* apse

absolución [aβsolu'θjon] *f* **1.** DER acquittal **2.** RELIG absolution

absolutamente [aβso,luta'mente] *adv* absolutely

absoluto, ta [aβso'luto, ta] *adj* absolute ● en absoluto (*de ninguna manera*) not at all ● nada en absoluto nothing at all

absolver [aβsol'βer] *vt* ● absolver a alguien (de) DER to acquit sb (of)

absorbente [aβsor'βente] *adj* **1.** (*material*) absorbent **2.** (*actividad*) absorbing **3.** (*persona*) domineering

absorber [aβsor'βer] *vt* **1.** (*líquido*) to absorb **2.** (*tiempo*) to take up

absorto, ta [aβ'sorto, ta] *adj* ● absorto (en) engrossed (in)

abstemio, mia [aβs'temjo, mja] *m,f* teetotaller

abstención [aβsten'θjon] *f* abstention

abstenerse [aβste'nerse] ✦ **abstenerse**

de *v + prep* to abstain from

abstinencia [aβsti'nenθja] *f* abstinence ● hacer abstinencia to fast

abstracto, ta [aβs'trakto] *adj* abstract

absurdo, da [aβ'surðo, ða] *adj* absurd

abuelo, la [a'βwelo, la] *m,f* **1.** (*familiar*) grandfather (*f* grandmother) **2.** (*fam*) (*anciano*) old man (*f* old woman) ✦ **abuelos** *mpl* grandparents

abultado, da [aβul'taðo, ða] *adj* bulky

abultar [aβul'tar] *vi* to be bulky

abundancia [aβun'danθja] *f* abundance

abundante [aβun'dante] *adj* abundant

aburrido, da [aβu'riðo, ða] *adj* **1.** (*que aburre*) boring **2.** (*harto*) bored

aburrimiento [aβuri'mjento] *m* boredom

aburrir [aβu'rir] *vt* to bore ✦ **aburrirse** *vp* **1.** (*hastiarse*) to get bored

abusar [aβu'sar] ✦ **abusar de** *v + prep* **1.** (*excederse*) to abuse **2.** (*aprovecharse*) to take advantage of

abusivo, va [aβu'siβo, βa] *adj* **1.** (*precio*) extortionate **2.** (*Amér*) (*que abusa*) who takes advantage **3.** (*Amér*) (*descarado*) cheeky

abuso [a'βuso] *m* abuse

acá [a'ka] ◇ *adv* (*aquí*) here ◇ *pron* (*Amér*) ● acá es mi hermana this is my sister

acabar [aka'βar]
◇ *vt* **1.** (*concluir*) to finish **2.** (*provisiones, dinero, gasolina*) to use up; (*comida*) to finish
◇ *vi* **1.** (*concluir*) to finish ● acabar de hacer algo to finish doing sthg ● acabar bien/mal to end well/badly ● acaba en punta it ends in a point **2.**

(haber ocurrido recientemente) ● **acabar de hacer algo** to have just done sthg **3.** ● **acabar con** *(violencia, etc)* to put an end to; *(salud)* to ruin; *(paciencia)* to exhaust **4.** *(volverse)* to end up ● **acabar loco** to end up mad

◆ **acabarse** *vp (agotarse)* to run out

academia [aka'ðemja] *f* **1.** *(escuela)* school **2.** *(de ciencias, arte)* academy

Real Academia Española

Founded in 1713, the *Real Academia Española* sets lexical and syntactical standards for Spanish. In addition to a Spanish grammar and a periodical including the new words accepted into the language, it publishes the *Diccionario de la Real Academia Española (DRAE)*, the standard reference dictionary for the whole of the Spanish-speaking world.

académico, ca [aka'ðemiko, ka] ◇ *adj* academic ◇ *m,f* academician

acalorado, da [akalo'raðo, ða] *adj* **1.** *(por el calor)* hot **2.** *(enfadado)* worked-up **3.** *(apasionado)* heated

acalorarse [akalo'rarse] *vp* **1.** *(por un esfuerzo)* to get hot **2.** *(enfadarse)* to get worked-up

acampada [akam'paða] *f* camping ● **ir de acampada** to go camping

acampanado, da [akampa'naðo, ða] *adj* flared

acampar [akam'par] *vi* to camp

acantilado [akanti'laðo] *m* cliff

acaparar [akapa'rar] *vt* **1.** *(mercado)* to monopolize **2.** *(comida)* to hoard

acápite [a'kapite] *m* (*Amér*) paragraph

acariciar [akari'θjar] *vt* to stroke

acaso [a'kaso] *adv* perhaps ● **por si acaso** just in case

acatarrarse [akata'rarse] *vp* to catch a cold

acaudalado, da [akauða'laðo, ða] *adj* well-off

acceder [akθe'ðer] *vi* ● **acceder a un lugar** to enter a place ◆ **acceder a** *v + prep (petición)* to agree to

accesible [akθe'siβle] *adj* **1.** *(lugar)* accessible **2.** *(persona)* approachable

acceso [ak'θeso] *m* **1.** *(a un lugar)* entrance **2.** *(a poder, universidad)* access

accesorio [akθe'sorjo] *m* accessory

accidentado, da [akθiðen'taðo, ða] *adj* **1.** *(viaje)* bumpy **2.** *(carrera)* eventful **3.** *(terreno)* rough

accidental [akθiðen'tal] *adj (encuentro)* chance *(antes de s)*

accidente [akθi'ðente] *m* **1.** accident **2.** *(de avión, coche)* crash ● **por accidente** by accident ● **accidente geográfico** geographical feature ● **accidente laboral** industrial accident

acción [ak'θjon] *f (acto, hecho)* deed, act ● **acciones** *fpl (en bolsa)* shares

acechar [aθe'tʒar] *vt* to observe secretly

aceite [a'θejte] *m* oil ● **aceite de girasol** sunflower oil ● **aceite de oliva** olive oil

aceitoso, sa [aθej'toso, sa] *adj* oily

aceituna [aθej'tuna] *f* olive ● **aceitunas rellenas** stuffed olives

acelerador [aθelera'ðor] *m* accelerator

acelerar [aθele'rar] ◇ *vt* to speed up ◇ *vi* to accelerate

acelga [a'θelɣa] *f* chard

acento [a'θento] *m* **1.** *(ortográfico)* accent **2.** *(al hablar)* stress

acentuación [aθentua'θjon] *f* accentuation

acentuar [aθentu'ar] *vt* **1.** *(vocal)* to put an accent on **2.** *(destacar)* to stress

aceptable [aθep'taβle] *adj* acceptable

aceptación [aθepta'θjon] *f* acceptance

aceptar [aθep'tar] *vt* to accept

acequia [a'θekja] *f* irrigation channel

acera [a'θera] *f* pavement *(UK)*, sidewalk *(US)*

acerca [a'θerka] ◆ **acerca de** *prep* about

acercamiento [aθerka'mjento] *m* approach

acercar [aθer'kar] *vt* ● ¿me podrías acercar la sal? could you pass me the salt? ● acerca la silla a la mesa move the chair closer to the table ◆ **acercarse** *vp* **1.** *(suj: tiempo)* to be near **2.** *(suj: persona, animal)* to come closer ◆ **acercarse a** *(lugar)* to be near ◆ **acercarse a** *v* + *prep (solución, idea)* to be close to

acero [a'θero] *m* steel ● acero inoxidable stainless steel

acertado, da [aθer'taðo, ða] *adj* right

acertar [aθer'tar] *vt (respuesta, solución)* to get right ◆ **acertar con** *v* + *prep* **1.** *(hallar)* to get right **2.** *(elegir bien)* to choose well ◆ **acertar en** *v* + *prep* **1.** *(dar en)* to hit **2.** *(elegir bien)* to choose well

acertijo [aθer'tixo] *m* riddle

achinado, da [atʃi'naðo, ða] *adj (Amér)* low-class *(used of Indians)*

ácido, da ['aθiðo, ða] ◇ *adj (sabor)* sour ◇ *m* acid

acierto [a'θjerto] *m* **1.** *(respuesta, solución)* right answer **2.** *(habilidad)* skill

aclamar [akla'mar] *vt* to acclaim

aclarar [akla'rar] ◇ *vt* **1.** *(ropa, cabello, platos)* to rinse **2.** *(dudas, problemas)* to clear up **3.** *(situación)* to clarify ◇ *vi (tiempo)* to clear up ◆ **aclararse** *vp (entender)* to understand

aclimatación [aklimata'θjon] *f* acclimatization

aclimatar [aklima'tar] *vt* to acclimatize ◆ **aclimatarse** *vp* to become acclimatized

acogedor, ra [akoxe'ðor, ra] *adj (lugar)* cosy

acoger [ako'xer] *vt* **1.** *(suj: persona)* to welcome **2.** *(suj: lugar)* to shelter ◆ **acogerse a** *v* + *prep* **1.** *(ley)* to have recourse to **2.** *(excusa)* to resort to

acogida [ako'xiða] *f* welcome

acomodado, da [akomo'ðaðo, ða] *adj (rico)* well-off

acomodador, ra [akomoða'ðor, ra] *m,f* usher *(f usherette)*

acomodarse [akomo'ðarse] *vp (aposentarse)* to make o.s. comfortable ◆ **acomodarse a** *v* + *prep (adaptarse a)* to adapt to

acompañamiento [akompaɲa'mjento] *m (en música)* accompaniment

acompañante [akompa'ɲante] *mf* companion

acompañar [akompa'ɲar] *vt* **1.** *(hacer compañía)* to accompany **2.** *(adjuntar)* to enclose ● le acompaño en el sentimiento my condolences

acomplejado, da [akomple'xaðo, ða] *adj* with a complex

acondicionado, da [akondiθjo'naðo, ða] *adj (establo, desván)* converted

acondicionador [akondiθjona'ðor] *m (en peluquería)* conditioner

acondicionar [akondiθjo'nar] *vt* **1.** *(establo, desván)* to convert **2.** *(local)* to fit out

aconsejable [akonse'xaβle] *adj* advisable

aconsejar [akonse'xar] *vt* to advise

acontecer [akonte'θer] *vi* to happen

acontecimiento [akonteθi'mjento] *m* event

acoplar [ako'plar] *vt* **1.** *(encajar)* to fit together **2.** *(adaptar)* to adapt

acordado, da [akor'ðaðo, ða] *adj* agreed

acordar [akor'ðar] *vt* to agree on ● acordar hacer algo to agree to do sthg ● acordarse *vp* to remember ● acordarse de hacer algo to remember to do sthg

acorde [a'korðe] ◇ *adj (conforme)* in agreement ◇ *m* chord ● acorde con in keeping with

acordeón [akorðe'on] *m* accordion

acortar [akor'tar] *vt* to shorten

acosar [ako'sar] *vt* **1.** *(perseguir)* to hound **2.** *(molestar)* to harass

acoso [a'koso] *m* harassment

acostar [akos'tar] *vt* to put to bed ● acostarse *vp (irse a dormir)* to go to bed ● acostarse con alguien *(fam)* to sleep with sb

acostumbrar [akostum'brar] *vt* ● lo acostumbraron a levantarse pronto they got him used to getting up early ● no acostumbro a hacerlo I don't usually do it ● acostumbrarse *vp* ● acostumbrarse a to get used to

acreditado, da [akreði'taðo, ða] *adj (con buena reputación)* reputable

acreditar [akreði'tar] *vt (con documentos)* to authorize

acrílico, ca [a'kriliko, ka] *adj* acrylic

acrobacia [akro'βaθja] *f* acrobatics *pl*

acróbata [a'kroβata] *mf* acrobat

acta ['akta] *f (de reunión)* minutes *pl*

actitud [akti'tuð] *f* **1.** *(del ánimo)* attitude **2.** *(postura)* posture

activar [akti'βar] *vt* to activate

actividad [aktiβi'ðað] *f* activity ● actividades *fpl* activities

activo, va [ak'tiβo, βa] *adj* active

acto ['akto] *m* act ● acto seguido straight after

actor, triz [ak'tor, 'triθ] *m,f* actor *(f* actress)

actuación [aktwa'θjon] *f* **1.** *(conducta)* behaviour **2.** *(en el cine, teatro)* performance

actual [aktu'al] *adj* current, present

actualidad [aktuali'ðað] *f (momento presente)* present time ● de actualidad topical ● en la actualidad nowadays

actualizar [aktuali'θar] *vt* to bring up to date

actualmente [aktu̯al'mente] *adv* **1.** *(en este momento)* at the moment **2.** *(hoy en día)* nowadays

actuar [aktu'ar] *vi* to act

acuarela [akwa'rela] *f* watercolour

acuario [a'kwarjo] *m* aquarium ● Acuario *m* Aquarius

acuático, ca [a'kwatiko, ka] *adj* **1.** *(animal, planta)* aquatic **2.** *(deporte)* water *(antes de s)*

acudir [aku'ðir] *vi* **1.** *(ir)* to go **2.** *(venir)* to come ● **acudir a alguien** to turn to sb

acueducto [akue'ðukto] *m* aqueduct

acuerdo [a'kwerðo] *m* agreement ● **de acuerdo** all right ● **estar de acuerdo** to agree ● **ponerse de acuerdo** to agree

acumulación [akumula'θjon] *f* accumulation

acumular [akumu'lar] *vt* to accumulate

acupuntura [akupun'tura] *f* acupuncture

acusación [akusa'θjon] *f* **1.** *(increpación)* accusation **2.** *DER* charge

acusado, da [aku'saðo, ða] *m,f* ● **el/la acusado** the accused

acusar [aku'sar] *vt* ● **acusar a alguien (de)** to accuse sb (of)

acústica [a'kustika] *f (de un local)* acoustics *pl*

adaptación [aðapta'θjon] *f* adaptation

adaptador [aðapta'ðor] *m* adapter

adaptarse [aðap'tarse] ◆ **adaptarse a** *v* + *prep* **1.** *(medio, situación)* to adapt to **2.** *(persona)* to learn to get on with

adecuado, da [aðe'kwaðo, ða] *adj* suitable, appropriate

adecuar [aðe'kuar] *vt* to adapt ◆ **adecuarse** *vp (acostumbrarse)* to adjust

a. de J.C. *(abr de antes de Jesucristo)* BC

adelantado, da [aðelan'taðo, ða] *adj* **1.** advanced **2.** *(pago)* advance ● **ir adelantado** *(reloj)* to be fast ● **por adelantado** in advance

adelantamiento [aðelanta'mjento] *m* overtaking

adelantar [aðelan'tar] ◇ *vt* **1.** *(sobrepasar)* to overtake **2.** *(trabajo, cita, reunión)* to bring forward **3.** *(reloj)* to put forward ◇ *vi (reloj)* to be fast ● **adelantarse** *vp (anticiparse)* to be early

adelante [aðe'lante] ◇ *adv* ahead ◇ *interj (pase)* come in! ● **más adelante** later ● **en adelante** from now on

adelanto [aðe'lanto] *m* **1.** advance **2.** *(en carretera)* overtaking

adelgazante [aðelya'θante] *adj* slimming

adelgazar [aðelya'θar] ◇ *vt* to lose ◇ *vi* to lose weight

además [aðe'mas] *adv* **1.** *(también)* also **2.** *(encima)* moreover ● **además de** as well as

adentro [a'ðentro] *adv* inside

adherente [aðe'rente] *adj* adhesive

adherir [aðe'rir] *vt* to stick ◆ **adherirse a** *v* + *prep* **1.** *(propuesta, idea, opinión, etc)* to support **2.** *(asociación, partido)* to join

adhesión [aðe'sjon] *f* **1.** *(unión)* sticking **2.** *(apoyo)* support **3.** *(afiliación)* joining

adhesivo, va [aðe'siβo, βa] ◇ *adj* adhesive ◇ *m (pegatina)* sticker

adicción [aðik'θjon] *f* addiction

adición [aði'θjon] *f* addition

adicional [aðiθjo'nal] *adj* additional

adicto, ta [a'ðikto, ta] *adj* ● **adicto a** addicted to

adiós [a'ðjos] ◇ *m* goodbye ◇ *interj* goodbye!

adivinanza [aðiβi'nanθa] *f* riddle

adivinar [aðiβi'nar] *vt* **1.** *(solución, respuesta)* to guess **2.** *(futuro)* to foretell

adivino, na [aði'βino, na] *m,f* fortune-teller

adjetivo [aðxe'tiβo] *m* adjective

adjuntar [aðxun'tar] *vt* to enclose

administración [aðminis'traθjon] *f* **1.** *(de productos)* supply **2.** *(de oficina)* administration ◆ **Administración** *f* ● la **Administración** the Government *(UK)*, the Administration *(US)*

administrar [aðminis'trar] *vt* **1.** *(organizar, gobernar)* to run **2.** *(medicamento)* to give

administrativo, va [aðministra'tiβo, βa] ◇ *adj* administrative ◇ *m,f* office worker

admiración [aðmira'θjon] *f* **1.** *(estimación)* admiration **2.** *(sorpresa)* amazement

admirar [aðmi'rar] *vt* **1.** *(estimar)* to admire **2.** *(provocar sorpresa)* to amaze

admisible [aðmi'siβle] *adj* acceptable

admitir [aðmi'tir] *vt* to admit

admón. *(abr de administración)* admin

ADN [aðe'ene] *m (abr de ácido desoxirribonucleico)* DNA *(deoxyribonucleic acid)*

adobe [a'ðoβe] *m* adobe

adolescencia [aðoles'θenθja] *f* adolescence

adolescente [aðoles'θente] *adj & mf* adolescent

adonde [aðonde] *adv* where

adónde [a'ðonde] *adv* where

adopción [aðop'θjon] *f (de un hijo)* adoption

adoptar [aðop'tar] *vt* to adopt

adoptivo, va [aðop'tiβo, βa] *adj* **1.** *(padre)* adoptive **2.** *(hijo)* adopted

adoquín [aðo'kin] *m* cobblestone

adorable [aðo'raβle] *adj* adorable

adoración [aðora'θjon] *f* **1.** *(culto)* worship **2.** *(amor, pasión)* adoration

adorar [aðo'rar] *vt* **1.** *(divinidad)* to worship **2.** *(persona, animal, cosa)* to adore

adornar [aðor'nar] *vt* to decorate

adorno [a'ðorno] *m* ornament

adosado, da [aðo'saðo, ða] *adj*

adquirir [aðki'rir] *vt* **1.** *(comprar)* to purchase **2.** *(conseguir)* to acquire

adquisición [aðkisi'θjon] *f* purchase

adquisitivo, va [aðkisi'tiβo, βa] *adj* purchasing *(antes de s)*

adrede [a'ðreðe] *adv* deliberately

aduana [a'ðuana] *f* customs *sg* ● pasar por la aduana to go through customs

aduanero, ra [aðua'nero, ra] ◇ *adj* customs *(antes de s)* ◇ *m,f* customs officer

adulterio [aðul'terjo] *m* adultery

adúltero, ra [a'ðultero, ra] *adj* adulterous

adulto, ta [a'ðulto, ta] *adj & m,f* adult

adverbio [að'βerβjo] *m* adverb

adversario, ria [aðβer'sarjo, rja] *m,f* adversary

adverso, sa [að'βerso, sa] *adj* adverse

advertencia [aðβer'tenθja] *f* warning

advertir [aðβer'tir] *vt* **1.** *(avisar)* to warn **2.** *(notar)* to notice

aéreo, a [a'ereo, a] *adj* air *(antes de s)*

aerobic [ae'roβik] *m* aerobics *sg*

aeromodelismo [aeromoðe'lizmo] *m* airplane modelling

aeromoza [aero'moθa] *f (Amér)* air hostess *(UK)*, flight attendant *(US)*

aeronave [aero'naβe] f aircraft

aeropuerto [aero'puerto] m airport

aerosol [aero'sol] m aerosol

afán [a'fan] m (deseo) urge

afear [afe'ar] vt to make ugly

afección [afek'θjon] f (formal) (enfermedad) complaint

afectado, da [afek'taðo, ða] adj 1. (afligido) upset 2. (amanerado) affected ● **afectado de** ○ **por** (enfermedad) suffering from

afectar [afek'tar] vt to affect ◆ **afectar a** v + prep to affect

afectivo, va [afek'tiβo, βa] adj (sensible) sensitive

afecto [a'fekto] m affection

afectuoso, sa [afek'tuoso, sa] adj affectionate

afeitado, da [afei'taðo, ða] ◇ adj 1. (barba) shaven 2. (persona) clean-shaven ◇ m shave

afeitarse [afei'tarse] vp to shave

afeminado, da [afemi'naðo, ða] adj effeminate

afiche [a'fitʃe] m (Amér) poster

afición [afi'θjon] f 1. (inclinación) fondness 2. (seguidores) fans pl

aficionado, da [afiθjo'naðo, ða] adj (amateur) amateur ● **aficionado a** (interesado por) fond of

aficionarse [afiθjo'narse] ◆ **aficionarse a** v + prep 1. (interesarse por) to become keen on 2. (habituarse a) to become fond of

afilado, da [afi'laðo, ða] adj sharp

afilar [afi'lar] vt to sharpen

afiliado, da [afi'ljaðo, ða] adj ● **estar afiliado a un partido** to be a member of a party

afiliarse [afi'ljarse] ◆ **afiliarse a** v + prep to join

afín [a'fin] adj similar

afinar [afi'nar] ◇ vt 1. (instrumento) to tune 2. (puntería) to perfect ◇ vi to be in tune

afinidad [afini'ðað] f affinity

afirmación [afirma'θjon] f statement

afirmar [afir'mar] vt (decir) to say ◆ **afirmarse en** v + prep (postura, idea) to reaffirm

afirmativo, va [afirma'tiβo, βa] adj affirmative

afligido, da [afli'xiðo, ða] adj upset

afligir [afli'xir] vt (apenar) to upset ◆ **afligirse** vp to get upset

aflojar [aflo'xar] ◇ vt 1. (cuerda) to slacken 2. (nudo) to loosen ◇ vi 1. (en esfuerzo) to ease off 2. (ceder) to die down

afluencia [a'fluenθja] f (de gente) crowds pl

afluente [a'fluente] m tributary

afónico, ca [a'foniko, ka] adj ● **quedar afónico** to lose one's voice

aforo [a'foro] m seating capacity

afortunadamente [afortu,naða'mente] adv fortunately

afortunado, da [afortu'naðo, ða] adj 1. (con suerte) lucky, fortunate 2. (oportuno) happy

África ['afrika] s Africa

africano, na [afri'kano, na] adj & m,f African

afrodisíaco [afroði'siako] m aphrodisiac

afrutado, da [afru'taðo, ða] adj fruity

afuera [a'fuera] adv outside ◆ **afueras** fpl ● **las afueras** the outskirts

agachar [aɣa'tʃar] vt to lower, to bend ♦ **agacharse** vp 1. (en cuclillas) to crouch down 2. (encorvarse) to bend down 3. (para esconderse) to duck

agarrar [aɣa'rar] vt 1. (con las manos) to grab 2. (fam) (enfermedad) to catch ♦ **agarrarse** vp (pelearse) to fight ♦ **agarrarse a** v + prep (oportunidad) to seize

agencia [a'xenθja] f agency ● **agencia de viajes** travel agency

agenda [a'xenda] f 1. (de direcciones, teléfono) address book 2. (personal) diary (UK), appointment book (US) 3. (actividades) agenda

agente [a'xente] mf agent ● **agente de policía** police officer

ágil ['axil] adj 1. (movimiento) agile 2. (pensamiento) quick

agilidad [axili'ðað] f 1. (del cuerpo) agility 2. (de la mente) sharpness

agitación [axita'θjon] f restlessness

agitado, da [axi'taðo, ða] adj 1. (líquido) shaken 2. (persona) restless

agitar [axi'tar] vt 1. (líquido) to shake 2. (multitud) to stir up ♦ **agitarse** vp 1. (aguas) to get choppy 2. (persona) to get restless

agnóstico, ca [aɣ'nostiko, ka] adj agnostic

agobiado, da [aɣo'βjaðo, ða] adj overwhelmed

agobiar [aɣo'βjar] vt to overwhelm ♦ **agobiarse** vp to be weighed down

agosto [a'ɣosto] m August ● **a principios/mediados/finales de agosto** at the beginning/in the middle/at the end of August ● **el nueve de agosto** the ninth of August ● **el pasado/próximo (mes de) agosto** last/next August ● **en agosto** in August ● **este (mes de) agosto** (pasado) last August; (próximo) this (coming) August ● **para agosto** by August

agotado, da [aɣo'taðo, ða] adj 1. (cansado) exhausted 2. (edición, existencias) sold-out

agotador, ra [aɣota'ðor, ra] adj exhausting

agotamiento [aɣota'mjento] m (cansancio) exhaustion

agotar [aɣo'tar] vt 1. (cansar) to exhaust 2. (dinero, reservas) to use up 3. (edición, existencias) to sell out of ♦ **agotarse** vp 1. (cansarse) to tire o.s. out 2. (acabarse) to run out

agradable [aɣra'ðaβle] adj pleasant

agradar [aɣra'ðar] vi to be pleasant

agradecer [aɣraðe'θer] vt (ayuda, favor) to be grateful for ● **agradecí su invitación** I thanked her for her invitation

agradecido, da [aɣraðe'θiðo, ða] adj grateful

agradecimiento [aɣraðeθi'mjento] m gratitude

agredir [aɣre'ðir] vt to attack

agregado, da [aɣre'ɣaðo, ða] ◇ adj added ◇ m,f (en embajada) attaché (f attachée)

agregar [aɣre'ɣar] vt to add

agresión [aɣre'sjon] f attack

agresivo, va [aɣre'siβo, βa] adj aggressive

agresor, ra [aɣre'sor, ra] m,f attacker

agreste [a'ɣreste] adj (paisaje) wild

agrícola [a'ɣrikola] adj agricultural

agricultor, ra [aɣrikul'tor, ra] *m,f* farmer

agricultura [aɣrikul'tura] *f* agriculture, farming

agridulce [aɣri'ðulθe] *adj* sweet-and-sour

agrio, agria ['aɣrio, ɣria] *adj* sour

agrupación [aɣrupa'θion] *f* group

agrupar [aɣru'par] *vt* to group

agua ['aɣua] *f* **1.** (*líquido*) water **2.** (*lluvia*) rain ● **agua de colonia** eau de cologne ● **agua corriente** running water ● **agua mineral** mineral water ● **agua mineral con gas** sparkling mineral water ● **agua mineral sin gas** still mineral water ● **agua oxigenada** hydrogen peroxide ● **agua potable** drinking water ● **agua tónica** tonic water ◆ **aguas** *fpl* (*mar*) waters

aguacate [aɣua'kate] *m* avocado

aguacero [aɣua'θero] *m* shower

aguafiestas [aɣua'fjestas] *mf inv* wet blanket, party pooper (*US*)

aguamiel [aɣua'mjel] *f* (*Amér*) *drink of water and cane sugar*

aguanieve [aɣua'njeβe] *f* sleet

aguantar [aɣuan'tar] *vt* **1.** (*sostener*) to support **2.** (*soportar*) to bear **3.** (*suj: ropa, zapatos*) to last for ● **no lo aguanto** I can't stand it ◆ **aguantarse** *vp* **1.** (*risa, llanto*) to hold back **2.** (*resignarse*) to put up with it

aguardar [aɣuar'ðar] ◇ *vt* to wait for ◇ *vi* to wait

aguardiente [aɣuar'ðjente] *m* liquor

aguarrás [aɣua'ras] *m* turpentine

agudeza [aɣu'ðeθa] *f* (*de ingenio*) sharpness

agudo, da [a'ɣuðo, ða] *adj* **1.** (*persona, dolor*) sharp **2.** (*sonido*) high **3.** (*ángulo*) acute **4.** (*palabra*) stressed on the last syllable, oxytone **5.** (*ingenioso*) witty

águila ['aɣila] *f* eagle

aguinaldo [aɣi'nalðo] *m* Christmas bonus

aguja [a'ɣuxa] *f* **1.** (*de coser*) needle **2.** (*de reloj*) hand **3.** (*de pelo*) hairpin ● **aguja hipodérmica** hypodermic needle

agujerear [aɣuxere'ar] *vt* to make holes in

agujero [aɣu'xero] *m* hole

agujetas [aɣu'xetas] *fpl* ● **tener agujetas** to feel stiff (*after running*)

ahí [a'i] *adv* there ● **por ahí** (*en un lugar indeterminado*) somewhere or other; (*fuera*) out; (*aproximadamente*) something like that ● **de ahí que** that's why

ahijado, da [ai'xaðo, ða] *m,f* **1.** (*de un padrino*) godson (*f* goddaughter) **2.** (*en adopción*) adopted son (*f* adopted daughter)

ahogado, da [ao'ɣaðo, ða] ◇ *adj* (*en el agua*) drowned ◇ *m,f* drowned man (*f* drowned woman)

ahogarse [ao'ɣarse] *vp* **1.** (*en el agua*) to drown **2.** (*jadear*) to be short of breath **3.** (*por calor, gas, presión*) to suffocate

ahora [a'ora] *adv* now ● **por ahora** for the time being ● **ahora bien** however ● **ahora mismo** right now ● **ahora o nunca** it's now or never

ahorcar [aor'kar] *vt* to hang ◆ **ahorcarse** *vp* to hang o.s.

ahorita [ao'rita] *adv* (*Andes, CAm, Carib & Méx*) right now

ahorrar [ao'rar] *vt* to save

ahorro [a'oro] *m* saving ◆ **ahorros** *mpl* (*dinero*) savings

ahuecar [awe'kar] *vt* **1.** (*vaciar*) to hollow out **2.** (*pelo, colchón, almohada*) to fluff up

ahumado, da [au'maðo, ða] *adj* smoked

airbag ® ['airβay] *m* airbag ®

aire ['aire] *m* **1.** air **2.** (*viento*) wind **3.** (*gracia, garbo*) grace **4.** (*parecido*) resemblance ◆ **al aire** (*descubierto*) exposed ◆ **el aire libre** in the open air ◆ **se da aires de artista** (*despec*) he fancies himself as a bit of an artist/ **quedar en el aire** to be in the air ◆ **hace aire** it's windy ◆ **aire acondicionado** air conditioning ◆ **aire puro** fresh air

airear [aire'ar] *vt* to air

airoso, sa [ai'roso, sa] *adj* **1.** (*gracioso*) graceful **2.** (*con éxito*) successful

aislado, da [aiz'laðo, ða] *adj* isolated

aislamiento [aizla'mjento] *m* isolation

aislante [aiz'lante] *adj* insulating

aislar [aiz'lar] *vt* **1.** (*persona, animal*) to isolate **2.** (*local*) to insulate ◆ **aislarse** *vp* to cut o.s. off

ajedrez [axe'ðreθ] *m* chess

ajeno, na [a'xeno, na] *adj* ◆ **eso es ajeno a mi trabajo** that's not part of my job ◆ **ajeno a** (*sin saber*) unaware of; (*sin intervenir*) not involved in

ajetreo [axe'treo] *m* bustle

ají [a'xi] *m* (*Andes, RP & Ven*) (*pimiento picante*) chilli ◆ **ponerse como un ají** (*fam*) (*ruborizarse*) to go red

ajiaco [a'xjako] *m* (*Amér*) chilli, meat and vegetable stew

ajillo [a'xiʎo] *m* ◆ **al ajillo** *in a garlic and chilli sauce*

ajo ['axo] *m* garlic ◆ **estar en el ajo** (*fam*) to be in on it

ajuar [a'xwar] *m* trousseau

ajustado, da [axus'taðo, ða] *adj* **1.** (*cantidad, precio*) reasonable **2.** (*ropa*) tight-fitting

ajustar [axus'tar] *vt* **1.** (*adaptar*) to adjust **2.** (*puerta, ventana*) to push to **3.** (*precios, condiciones, etc*) to agree ◆ **ajustarse a** *v* + *prep* **1.** (*condiciones*) to comply with **2.** (*circunstancias*) to adjust to

ala ['ala] *f* **1.** wing **2.** (*de sombrero*) brim

alabanza [ala'βanθa] *f* praise

alabar [ala'βar] *vt* to praise

alabastro [ala'βastro] *m* alabaster

alacena [ala'θena] *f* recess for storing food

alambrar [alam'brar] *vt* to fence with wire

alambre [a'lambre] *m* **1.** (*de metal*) wire **2.** (*Amér*) (*brocheta*) shish kebab

alameda [ala'meða] *f* (*paseo*) tree-lined avenue

álamo ['alamo] *m* poplar

alardear [alarðe'ar] ◆ **alardear de** *v* + *prep* to show off about

alargar [alar'yar] *vt* **1.** (*falda, pantalón, etc*) to lengthen **2.** (*situación*) to extend **3.** (*acercar*) to pass ◆ **alargarse** *vp* (*en una explicación*) to speak at length

alarma [a'larma] *f* alarm ◆ **dar la (voz de) alarma** to raise the alarm

alarmante [alar'mante] *adj* alarming

alarmar [alar'mar] *vt* to alarm ◆ **alarmarse** *vp* to be alarmed

alba [ˈalβa] f dawn

albañil [alβaˈɲil] m bricklayer (UK), construction worker (US)

albarán [alβaˈran] m delivery note

albaricoque [alβariˈkoke] m apricot

albatros [alˈβatros] m inv albatross

albedrío [alβeˈðrio] m ● **elija el postre a su albedrío** choose a dessert of your choice

alberca [alˈβerka] f (Méx) swimming pool

albergar [alβerˈɣar] vt 1. (personas) to put up 2. (odio) to harbour 3. (esperanza) to cherish ◆ **albergarse** vp to stay

albergue [alˈβerɣe] m (refugio) shelter ● **albergue juvenil** youth hostel

albóndiga [alˈβondiɣa] f meatball ● **albóndigas a la jardinera** meatballs in a tomato sauce with peas and carrots

albornoz [alβorˈnoθ, θes] (pl **-ces**) m bathrobe

alborotado, da [alβoroˈtaðo, ða] adj 1. (persona) rash 2. (cabello) ruffled

alborotar [alβoroˈtar] ◊ vt to stir up ◊ vi to be rowdy ◆ **alborotarse** vp to get worked up

alboroto [alβoˈroto] m (jaleo) fuss

albufera [alβuˈfera] f lagoon

álbum [ˈalβum] m album ● **álbum familiar** family album

alcachofa [alkaˈtʃofa] f 1. (planta) artichoke 2. (de ducha) shower head ● **alcachofas con jamón** artichokes cooked over a low heat with chopped ''jamón serrano''

alcalde, desa [alˈkalde, sa] m,f mayor

alcaldía [alkalˈdia] f (cargo) mayoralty

alcance [alˈkanθe] m 1. (de misil) range

2. (repercusión) extent ● **a su alcance** within your reach ● **dar alcance** to catch up ● **fuera del alcance de** out of reach of

alcanfor [alkanˈfor] m camphor

alcantarilla [alkantaˈriʎa] f 1. (cloaca) sewer 2. (boca) drain

alcanzar [alkanˈθar] vt 1. (autobús, tren) to manage to catch 2. (persona) to catch up with 3. (meta, cima, dimensiones) to reach 4. (suj: disparo) to hit ● **alcanzar a** (lograr) to be able to ● **¿me alcanzas el pan, por favor?** could you pass me the bread, please? ◆ **alcanzar para** v + prep (ser suficiente para) to be enough for

alcaparra [alkaˈparra] f caper

alcayata [alkaˈjata] f hook

alcázar [alˈkaθar] m fortress

alcoba [alˈkoβa] f bedroom

alcohol [alkoˈol] m alcohol ● **sin alcohol** alcohol-free

alcohólico, ca [alkoˈoliko, ka] adj & m,f alcoholic

alcoholismo [alkooˈlizmo] m alcoholism

alcoholizado, da [alkooliˈθaðo, ða] adj alcoholic

alcoholizarse [alkooliˈθarse] vp to become an alcoholic

alcornoque [alkorˈnoke] m cork oak

aldea [alˈdea] f small village

aldeano, na [aldeˈano, na] m,f villager

alebrestarse [aleβresˈtarse] vp 1. (Col, Méx & Ven) (ponerse nervioso) to get worked up

alegrar [aleˈɣrar] vt 1. (persona) to cheer up 2. (fiesta) to liven up ◆ **alegrarse** vp to be pleased ● **alegrarse de** to be pleased about ● **alegrarse por** to be pleased for

alegre [a'leɣre] *adj* **1.** happy **2.** *(local)* lively **3.** *(color)* bright **4.** *(fam)* *(borracho)* tipsy **5.** *(decisión, actitud)* reckless

alegremente [a.leɣre'mente] *adv* **1.** *(con alegría)* happily **2.** *(sin pensar)* recklessly

alegría [ale'ɣria] *f* happiness

alejar [ale'xar] *vt* to move away ● **alejarse** *vp* ● **alejarse de** to move away from

alemán, ana [ale'man, ana] *adj, m & f* German

Alemania [ale'manja] *s* Germany

alergia [a'lerxja] *f* allergy ● **tener alergia a** to be allergic to

alérgico, ca [a'lerxiko, ka] *adj* allergic ● **ser alérgico a** to be allergic to

alero [a'lero] *m* *(de tejado)* eaves *pl*

alerta [a'lerta] ◇ *adv & f* alert ◇ *interj* watch out! ● **estar alerta** to be on the lookout ● **alerta roja** red alert

aleta [a'leta] *f* **1.** *(de pez)* fin **2.** *(de automóvil)* wing *(UK)*, fender *(US)* **3.** *(de nariz)* flared part ● **aletas** *fpl* *(para nadar)* flippers

alevín [ale'βin] *m* **1.** *(de pez)* fry **2.** *(en deportes)* beginner

alfabético, ca [alfa'βetiko, ka] *adj* alphabetical

alfabetización [alfaβetiθa'θjon] *f* *(de personas)* literacy

alfabetizar [alfaβeti'θar] *vt* **1.** *(personas)* to teach to read and write **2.** *(palabras, letras)* to put into alphabetical order

alfabeto [alfa'βeto] *m* alphabet

alfarero, ra [alfa'rero, ra] *m,f* potter

alférez [al'fereθ, θes] *(pl* -**ces***)* *m* ≃ second lieutenant

alfil [al'fil] *m* bishop *(in chess)*

alfiler [alfi'ler] *m* **1.** *(aguja)* pin **2.** *(joya)* brooch ● **alfiler de gancho** *(Andes, RP & Ven)* safety pin

alfombra [al'fombra] *f* **1.** *(grande)* carpet **2.** *(pequeña)* rug

alfombrilla [alfom'briʎa] *f* **1.** *(de coche)* mat **2.** *(felpudo)* doormat **3.** *(de baño)* bathmat **4.** *(para el ratón)* mouse mat *(UK)*, mouse pad *(US)*

alga ['alɣa] *f* seaweed

álgebra ['alxeβra] *f* algebra

algo ['alɣo] ◇ *pron* **1.** *(alguna cosa)* something **2.** *(en interrogativas)* anything ◇ *adv* *(un poco)* rather ● **algo de** a little ● **¿algo más?** is that everything? ● **por algo** for some reason

algodón [alɣo'ðon] *m* cotton ● **de algodón** cotton ● **algodón hidrófilo** cotton wool

alguien ['alɣjen] *pron* **1.** *(alguna persona)* someone, somebody **2.** *(en interrogativas)* anyone, anybody

algún [al'ɣun] > **alguno**

alguno, na [al'ɣuno, na] ◇ *adj* **1.** *(indeterminado)* some **2.** *(en interrogativas, negativas)* any ◇ *pron* **1.** *(alguien)* somebody, some people *pl* **2.** *(en interrogativas)* anyone, anybody ● **no hay mejora alguna** there's no improvement

alhaja [a'laxa] *f* **1.** *(joya)* jewel **2.** *(objeto)* treasure

aliado, da [ali'aðo, ða] *adj* allied

alianza [a'ljanθa] *f* **1.** *(pacto)* alliance **2.** *(anillo de boda)* wedding ring ● **alianza matrimonial** marriage

aliarse [ali'arse] ◆ **aliarse con** *v + prep* to ally o.s. with

alicates [ali'kates] *mpl* pliers

aliciente [ali'θjente] *m* incentive

aliento [a'ljento] *m* (*respiración*) breath
● **quedarse sin aliento** to be out of breath ● **tener mal aliento** to have bad breath

aligerar [alixe'rar] *vt* 1. (*peso*) to lighten 2. (*paso*) to quicken

alijo [a'lixo] *m* contraband

alimentación [alimenta'θjon] *f* 1. (*dieción*) feeding 2. (*régimen alimenticio*) diet

alimentar [alimen'tar] ◇ *vt* 1. (*persona, animal*) to feed 2. (*máquina, motor*) to fuel ◇ *vi* (*nutrir*) to be nourishing ● **alimentarse de** *v* + *prep* to live on

alimenticio, cia [alimen'tiθjo, θja] *adj* nourishing

alimento [ali'mento] *m* food

alinear [aline'ar] *vt* to line up ● **alinearse** *vp* to line up

aliñar [ali'nar] *vt* 1. (*carne*) to season 2. (*ensalada*) to dress

aliño [a'lino] *m* 1. (*para carne*) seasoning 2. (*para ensalada*) dressing

alioli [ali'oli] *m* garlic mayonnaise

aliviar [ali'βjar] *vt* 1. (*dolor, enfermedad*) to alleviate 2. (*trabajo, carga, peso*) to lighten

alivio [a'liβjo] *m* relief

allá [a'ʎa] *adv* 1. (*de espacio*) over there 2. (*de tiempo*) back (then) ● **allá él** that's his problem ● **más allá** further on ● **más allá de** beyond

allí [a'ʎi] *adv* (*de lugar*) there

alma ['alma] *f* soul

almacén [alma'θen] *m* 1. (*para guardar*) warehouse 2. (*al por mayor*) wholesaler ● **almacenes** *mpl* (*comercio grande*) department store *sg*

almacenar [almaθe'nar] *vt* 1. (*guardar*) to store 2. (*acumular*) to collect

almanaque [alma'nake] *m* almanac

almejas [al'mexas] *fpl* clams ● **almejas a la marinera** *clams cooked in a sauce of onion, garlic and white wine*

almendra [al'mendra] *f* almond

almendrado [almen'draðo] *m* round almond paste sweet

almendro [al'mendro] *m* almond tree

almíbar [al'miβar] *m* syrup ● **en almíbar** in syrup

almidón [almi'ðon] *m* starch

almidonado, da [almiðo'naðo, ða] *adj* starched

almidonar [almiðo'nar] *vt* to starch

almirante [almi'rante] *m* admiral

almohada [almo'aða] *f* 1. (*para dormir*) pillow 2. (*para sentarse*) cushion

almohadilla [almoa'ðiʎa] *f* small cushion

almorranas [almo'ranas] *fpl* piles

almorzar [almor'θar] ◇ *vt* 1. (*al mediodía*) to have for lunch 2. (*a media mañana*) to have as a mid-morning snack ◇ *vi* 1. (*al mediodía*) to have lunch 2. (*a media mañana*) to have a mid-morning snack

almuerzo [al'mwerθo] *m* 1. (*al mediodía*) lunch 2. (*a media mañana*) mid-morning snack

aló [a'lo] *interj* (*Andes, CAm & Carib*) hello! (*on the telephone*)

alocado, da [alo'kaðo, ða] *adj* crazy

alojamiento [aloxa'mjento] *m* accommodation

alojar [alo'xar] *vt* to put up ● **alojarse** *vp* (*hospedarse*) to stay

alondra [a'londra] *f* lark

alpargata [alpar'ɣata] f espadrille

Alpes ['alpes] mpl ● **los Alpes** the Alps

alpinismo [alpi'nizmo] m mountaineering (UK), mountain climbing (US)

alpinista [alpi'nista] mf mountaineer (UK), mountain climber (US)

alpino, na [al'pino, na] adj Alpine

alpiste [al'piste] m birdseed

alquilar [alki'lar] vt 1. (casa, apartamento, oficina) to rent 2. (coche, TV, bicicleta) to hire (UK), to rent (US) ▼ **se alquila** to let

alquiler [alki'ler] m 1. (de casa, apartamento, oficina) renting (UK), rental (US) 2. (de coche, TV, bicicleta) hiring (UK), rental (US) 3. (precio de casa, etc) rent 4. (precio de TV) rental 5. (precio de coche, etc) hire charge (UK), rental rate (US) ● **de alquiler** (coche) hire (antes de s); (casa, apartamento) rented ● **alquiler de coches** car hire

alquitrán [alki'tran] m tar

alrededor [alreðe'ðor] adv ● **alrededor (de)** (en torno a) around ● **alrededor de** (aproximadamente) about ◆ **alrededores** mpl ● **los alrededores** the surrounding area sg

alta ['alta] f 1. (de enfermedad) (certificate of) discharge 2. (en una asociación) admission ● **dar de alta** to discharge

altar [al'tar] m altar

altavoz [alta'βoθ, θes] (pl **-ces**) m 1. (para anuncios) loudspeaker 2. (de estéreo, ordenador) speaker

alteración [altera'θjon] f 1. (cambio) alteration 2. (trastorno) agitation

alterado, da [alte'raðo, ða] adj (trastornado) agitated

alterar [alte'rar] vt 1. (cambiar) to alter 2. (trastornar, excitar) to agitate ◆ **alterarse** vp (excitarse) to get agitated

altercado [alter'kaðo] m argument

alternar [alter'nar] vt ● **alterna la comedia con la tragedia** it alternates comedy with tragedy ◆ **alternar con** v + prep (relacionarse con) to mix with

alternativa [alterna'tiβa] f alternative

alterno, na [al'terno, na] adj alternate

Alteza [al'teθa] f ● **su Alteza** His/Her Highness

altibajos [alti'βaxos] mpl 1. (de comportamiento, humor) ups and downs 2. (de terreno) unevenness sg

altillo [al'tiλo] m 1. (de vivienda) mezzanine 2. (de armario) small cupboard to use up the space near the ceiling

altitud [alti'tuð] f 1. (altura) height 2. (sobre el nivel del mar) altitude

altivo, va [al'tiβo, βa] adj haughty

alto, ta ['alto, ta] ◇ adj 1. high 2. (persona, edificio, árbol) tall 3. (voz, sonido) loud ◇ m 1. (interrupción) stop 2. (lugar elevado) height ◇ adv 1. (hablar) loud 2. (encontrarse, volar) high ◇ interj halt! ● **a altas horas de la noche** in the small hours ● **en lo alto de** at the top of ● **mide dos metros de alto** (cosa) it's two metres high; (persona) he's two metres tall

altoparlante [ˌaltopar'lante] m (Amér) loudspeaker

altruismo [altru'izmo] m altruism

altruista [altru'ista] adj altruistic

altura [al'tura] f 1. (medida) height 2. (elevación) altitude ● **tiene dos metros de altura** (cosa) it's two metres high;

(persona) he's two metres tall ● **estar a la altura de** to match up to ◆ **alturas** *fpl* ● **me dan miedo las alturas** I'm scared of heights ● **a estas alturas** by now

alubias [aˈluβias] *fpl* beans

alucinación [aluθinaˈθjon] *f* hallucination

alucinar [aluθiˈnar] *vi* to hallucinate

alud [aˈluð] *m* avalanche

aludido, da [aluˈðiðo, ða] *adj* ◆ **darse por aludido** *(ofenderse)* to take it personally

aludir [aluˈðir] ◆ **aludir a** *v + prep* to refer to

alumbrado [alumˈbraðo] *m* lighting

alumbrar [alumˈbrar] ◇ *vt (iluminar)* to light up ◇ *vi (parir)* to give birth

aluminio [aluˈminjo] *m* aluminium

alumno, na [aˈlumno, na] *m,f* **1.** *(de escuela)* pupil *(UK)*, student *(US)* **2.** *(de universidad)* student

alusión [aluˈsjon] *f* reference ● **hacer alusión a** to refer to

alza [ˈalθa] *f* rise ● **en alza** *(que sube)* rising

alzar [alˈθar] *vt* to raise ◆ **alzarse** *vp* **1.** *(levantarse)* to rise **2.** *(sublevarse)* to rise up

a.m. [aˈeme] *(abr de ante meridiem)* a.m.

amabilidad [amaβiliˈðað] *f* kindness

amable [aˈmaβle] *adj* kind

amablemente [aˌmaβleˈmente] *adv* kindly

amaestrado, da [amaesˈtraðo, ða] *adj* performing

amaestrar [amaesˈtrar] *vt* to train

amamantar [amamanˈtar] *vt* **1.** *(animal)* to suckle **2.** *(bebé)* to breastfeed, to nurse *(US)*

amanecer [amaneˈθer] ◇ *m* dawn ◇ *vi (en un lugar)* to wake up ◇ *vi* ● **amaneció a las siete** dawn broke at seven

amanerado, da [amaneˈraðo, ða] *adj* affected

amansar [amanˈsar] *vt* **1.** *(animal)* to tame **2.** *(persona)* to calm down

amante [aˈmante] *mf (querido)* lover ● **ser amante de** *(aficionado)* to be keen on

amapola [amaˈpola] *f* poppy

amar [aˈmar] *vt* to love

amargado, da [amarˈɣaðo, ða] *adj* bitter

amargar [amarˈɣar] ◇ *vt* to make bitter ◇ *vi* to taste bitter ◆ **amargarse** *vp* **1.** *(alimento, bebida)* to go sour **2.** *(persona)* to become embittered

amargo, ga [aˈmarɣo, ɣa] *adj* bitter

amarillear [amariʎeˈar] *vi* to turn yellow

amarillo, lla [amaˈriʎo, ʎa] *adj & m* yellow

amarilloso, sa [amariˈʎoso, sa] *adj (Col, Méx & Ven)* yellowish

amarrar [amaˈrar] *vt* **1.** *(embarcación)* to moor **2.** *(Amér) (zapatos)* to tie, to lace

amarre [aˈmare] *m* mooring

amasar [amaˈsar] *vt* **1.** *(pan)* to knead **2.** *(fortuna)* to amass

amateur [amaˈter] *adj & mf* amateur

amazona [amaˈθona] *f* horsewoman

Amazonas [amaˈθonas] *m* ● **el Amazonas** the Amazon

amazónico, ca [amaˈθoniko, ka] *adj* Amazonian

ámbar ['ambar] *m* amber

ambición [ambi'θjon] *f* ambition

ambicioso, sa [ambi'θjoso, sa] *adj* ambitious

ambientador [ambjenta'ðor] *m* air freshener

ambiental [ambjen'tal] *adj (ecológico)* environmental

ambiente [am'bjente] *m* **1.** *(aire)* air **2.** *(medio social, personal)* circles *pl* **3.** *(animación)* atmosphere **4.** *(CSur) (habitación)* room

ambigüedad [ambiɣue'ðað] *f* ambiguity

ambiguo, gua [am'biɣuo, ɣua] *adj* ambiguous

ámbito ['ambito] *m* confines *pl*

ambos, bas ['ambos, bas] ◇ *adj pl* both ◇ *pron pl* both (of them)

ambulancia [ambu'lanθja] *f* ambulance

ambulante [ambu'lante] *adj* travelling

ambulatorio [ambula'torjo] *m* ≃ outpatient clinic

amén [a'men] *adv* amen ● **decir amén (a todo)** to agree (with everything) unquestioningly

amenaza [ame'naθa] *f* threat ● **amenaza de bomba** bomb scare

amenazar [amena'θar] ◇ *vt* to threaten ◇ *vi* ● **amenaza lluvia** it's threatening to rain ● **amenazaron con despedirlo** they threatened to sack him

amenizar [ameni'θar] *vt* to liven up

ameno, na [a'meno, na] *adj* entertaining

América [a'merika] *s* America

americana [ameri'kana] *f* jacket

americanismo [amerika'nizmo] *m* Latin Americanism

americano, na [ameri'kano, na] ◇ *adj* & *m,f* American

ametralladora [ametraʎa'ðora] *f* machine gun

ametrallar [ametra'ʎar] *vt* to machinegun

amígdalas [a'miɣðalas] *fpl* tonsils

amigo, ga [a'miɣo, ɣa] *m,f* friend ● **ser amigos** to be friends

amistad [amis'tað] *f* friendship ◆ **amistades** *fpl* friends

amnesia [am'nesja] *f* amnesia

amnistía [amnis'tia] *f* amnesty

amo, ama ['amo, ama] *m,f (dueño)* owner ● **ama de casa** housewife ● **ama de llaves** housekeeper

amodorrado, da [amoðo'raðo, ða] *adj* drowsy

amoníaco [amo'niako] *m* ammonia

amontonar [amonto'nar] *vt* to pile up ◆ **amontonarse** *vp (problemas, deudas)* to pile up

amor [a'mor] *m* love ● **hacer el amor** to make love ● **amor propio** pride

amordazar [amorða'θar] *vt* **1.** *(persona)* to gag **2.** *(animal)* to muzzle

amoroso, sa [amo'roso, sa] *adj* loving

amortiguador [amortiɣua'ðor] *m* shock absorber

amortiguar [amorti'ɣuar] *vt* **1.** *(golpe)* to cushion **2.** *(ruido)* to muffle

amparar [ampa'rar] *vt* to protect ◆ **ampararse en** *v + prep* to have recourse to

amparo [am'paro] *m* protection ● **al amparo de** under the protection of

ampliación [amplja'θjon] *f* **1.** *(de local)* extension **2.** *(de capital, negocio)* expansion **3.** (de fotografía) enlargement

ampliar [ampli'ar] vt **1.** (estudios, conocimientos) to broaden **2.** (local) to add an extension to **3.** (capital, negocio) to expand **4.** (fotografía) to enlarge

amplificador [amplifika'ðor] m amplifier

amplio, plia ['amplio, plia] adj **1.** (avenida, calle) wide **2.** (habitación, coche) spacious **3.** (extenso, vasto) extensive

amplitud [ampli'tuð] f **1.** (de avenida, calle) width **2.** (de habitación, coche) spaciousness **3.** (extensión) extent

ampolla [am'poʎa] f **1.** (en la piel) blister **2.** (botella) phial (UK), vial (US)

amueblado, da [amue'βlaðo, ða] adj furnished

amueblar [amue'βlar] vt to furnish

amuermarse [amuer'marse] vp (fam) to get bored

amuleto [amu'leto] m amulet

amurallar [amura'ʎar] vt to build a wall around

analfabetismo [analfaβe'tizmo] m illiteracy

analfabeto, ta [analfa'βeto, ta] adj & m.f illiterate

analgésico [anal'xesiko] m analgesic

análisis [a'nalisis] m inv **1.** analysis **2.** análisis de sangre blood test

analítico, ca [ana'litiko, ka] adj analytical

analizar [anali'θar] vt **1.** (problema, situación) to analyse **2.** (frase) to parse

analogía [analo'xia] f similarity

análogo, ga [a'naloɣo, ɣa] adj similar

ananás [ana'nas] m inv (RP) pineapple

anaranjado, da [anaran'xaðo, ða] adj orange

anarquía [anar'kia] f **1.** (en política) anarchism **2.** (desorden) anarchy

anárquico, ca [a'narkiko, ka] adj anarchic

anarquista [anar'kista] adj anarchist

anatomía [anato'mia] f anatomy

anatómico, ca [ana'tomiko, ka] adj anatomical

anca ['anka] f haunch

ancho, cha ['antʃo, tʃa] ◇ adj wide ◇ m width ● tener dos metros de ancho to be two metres wide ● a sus anchas at ease ● quedarse tan ancho not to bat an eyelid ● venir ancho (prenda de vestir) to be too big

anchoa [an'tʃoa] f anchovy

anchura [an'tʃura] f width

anciano, na [an'θiano, na] ◇ adj old ◇ m.f old man (f old woman)

ancla ['ankla] f anchor

anda ['anda] interj gosh!

Andalucía [andalu'θia] s Andalusia

andaluz, za [anda'luθ, θa] adj & m.f Andalusian

andamio [an'damio] m scaffold

andar [an'dar]
◇ vi **1.** (caminar) to walk **2.** (moverse) to move **3.** (funcionar) to work ● el reloj no anda the clock has stopped ● las cosas andan mal things are going badly **4.** (estar) to be ● anda atareado he is busy ● creo que anda por ahí I think she's around somewhere ● andar haciendo algo to be doing sthg
◇ vt (recorrer) to travel
◇ m (de animal, persona) gait

◆ **andar en** v + prep (ocuparse) to be involved in

◆ **andar por** v + prep ● **anda por los cuarenta** he's about forty

◆ **andarse con** v + prep ● **andarse con cuidado** to be careful

◆ **andares** mpl (actitud) gait sg

ándele ['andele] interj 1. (Amér) (vale) all right 2. (venga) come on!

andén [an'den] m platform (UK), track (US)

Andes ['andes] mpl ● **los Andes** the Andes

andinismo [andi'nizmo] m (Amér) mountaineering (UK), mountain climbing (US)

andinista [andi'nista] mf (Amér) mountaineer (UK), mountain climber (US)

andino, na [an'dino, na] adj Andean

anécdota [a'neɣðota] f anecdote

anecdótico, ca [aneɣ'ðotiko, ka] adj incidental

anemia [a'nemja] f anaemia

anémico, ca [a'nemiko, ka] adj anaemic

anémona [a'nemona] f anemone

anestesia [anes'tesja] f anaesthesia

anestesista [aneste'sista] mf anaesthetist

anexo, xa [a'nekso, sa] ◇ adj (accesorio) attached ◇ m annexe

anfetamina [anfeta'mina] f amphetamine

anfibios [an'fiβjos] mpl amphibians

anfiteatro [anfite'atro] m 1. (de teatro) circle 2. (edificio) amphitheatre

anfitrión, ona [anfi'trjon, ona] m,f host (f hostess)

ángel ['anxel] m angel

angelical [anxeli'kal] adj angelic

angina [an'xina] f ● **tener anginas** to have a sore throat ● **angina de pecho** angina (pectoris)

anglosajón, ona [,anglosa'xon, ona] adj & m,f Anglo-Saxon

anguila [an'gila] f eel

angula [an'gula] f elver

angular [angu'lar] adj angular

ángulo ['angulo] m angle

angustia [an'gustja] f anxiety

angustiado, da [angus'tjaðo, ða] adj distressed

angustiarse [angus'tjarse] vp to get worried

angustioso, sa [angus'tjoso, sa] adj 1. (momentos) anxious 2. (noticia) distressing

anhelar [ane'lar] vt (ambicionar) to long for

anhelo [a'nelo] m longing

anidar [ani'ðar] vi to nest

anilla [a'niʎa] f ring ◆ **anillas** fpl (en gimnasia) rings

anillo [a'niʎo] m ring

ánima ['anima] m o f soul

animación [anima'θjon] f (alegría) liveliness

animado, da [ani'maðo, ða] adj (divertido) lively ● **animado a** (predispuesto) in the mood for

animal [ani'mal] ◇ m animal ◇ adj 1. (bruto, grosero) rough 2. (exagerado) gross ● **animal de compañía** pet ● **animal doméstico** (de granja) domestic animal; (de compañía) pet

animar [ani'mar] vt 1. (alegrar) to cheer up 2. (alentar) to encourage ◆ **animarse**

vp (alegrarse) to cheer up ● animarse a (decidirse a) to finally decide to

ánimo ['animo] ◇ m 1. (humor) mood 2. (valor) courage ◇ interj come on!

aniñado, da [ani'ɲaðo, ða] adj childish

aniquilar [aniki'lar] vt to annihilate

anís [a'nis] m 1. (grano) aniseed 2. (licor) anisette

aniversario [aniβer'sarjo] m 1. (de acontecimiento) anniversary 2. (cumpleaños) birthday

ano ['ano] m anus

anoche [a'notʃe] adv last night

anochecer [anotʃe'θer] ◇ m dusk ◇ vi to get dark ● al anochecer at dusk

anomalía [anoma'lia] f anomaly

anómalo, la [a'nomalo, la] adj anomalous

anonimato [anoni'mato] m anonimity

anónimo, ma [a'nonimo, ma] ◇ adj anonymous ◇ m anonymous letter

anorak [ano'rak] m anorak (UK), parka (US)

anorexia [ano'reksja] f anorexia

anotar [ano'tar] vt to note down

ansia ['ansja] f 1. (deseo, anhelo) yearning 2. (inquietud) anxiousness

ansiedad [ansje'ðað] f (inquietud) anxiety

ansioso, sa [an'sjoso, sa] adj ● ansioso por impatient for

Antártico [an'tartiko] m ● el Antártico the Antarctic

ante ['ante] ◇ prep 1. (en presencia de) before 2. (frente a) in the face of ◇ m (piel) suede

anteanoche [antea'notʃe] adv the night before last

anteayer [antea'jer] adv the day before yesterday

antebrazo [ante'βraθo] m forearm

antecedentes [anteθe'ðentes] mpl ● tener antecedentes (penales) to have a criminal record

anteceder [anteθe'ðer] vt to precede

antecesor, ra [anteθe'sor, ra] m,f predecessor

antelación [antela'θjon] f ● con antelación in advance

antemano [ante'mano] ● de antemano adv beforehand

antena [an'tena] f 1. (de radio, TV) aerial (UK), antenna (US) 2. (de animal) antenna ● antena parabólica satellite dish

anteojos [ante'oxos] mpl (Amér) glasses

antepasados [ˌantepa'saðos] mpl ancestors

antepenúltimo, ma [ˌantepe'nultimo, ma] adj second to last

anterior [ante'rjor] adj 1. (en espacio) front 2. (en tiempo) previous

antes ['antes]
◇ adv 1. (en el tiempo) before ● antes se vivía mejor life used to be better ● ¿quién llamó antes? who rang earlier? ● mucho/poco antes much/a bit earlier ● lo antes posible as soon as possible ● antes de hacerlo before doing it ● llegó antes de las nueve she arrived before nine o'clock 2. (en el espacio) in front ● la farmacia está antes the chemist's is in front ● antes de o que in front of ● la zapatería está antes del cruce the shoe shop is before the crossroads 3. (primero) first ● yo la vi antes I saw her first 4. (en locuciones)

● **iría a la cárcel antes que mentir** I'd rather go to prison than lie ● **antes (de) que** *(prioridad en el tiempo)* before ● **antes de nada** first of all
◇ *adj* previous ● **llegó el día antes** she arrived on the previous day

antesala [ante'sala] *f* waiting room

antiabortista [ˌantiaβor'tista] *mf* anti-abortionist

antiarrugas [antja'ruɣas] *m inv* anti-wrinkle cream

antibiótico [anti'βjotiko] *m* antibiotic

anticaspa [anti'kaspa] *adj* anti-dandruff

anticiclón [antiθi'klon] *m* anticyclone

anticipado, da [antiθi'paðo, ða] *adj* **1.** *(prematuro)* early **2.** *(pago)* advance

anticipar [antiθi'par] *vt* **1.** *(noticias)* to tell in advance **2.** *(pagos)* to pay in advance ◆ **anticiparse** *vp* ● **anticiparse a alguien** to beat sb to it

anticipo [anti'θipo] *m (de dinero)* advance

anticoncepción [ˌantikonθep'θjon] *f* contraception

anticonceptivo [ˌantikonθep'tiβo] *m* contraceptive

anticuado, da [anti'kuaðo, ða] *adj* old-fashioned

anticuario [anti'kuarjo] *m* antique dealer

anticuerpo [anti'kuerpo] *m* antibody

antidepresivo [ˌantiðepre'siβo] *m* antidepressant

antier [an'tjer] *adv (Amér) (fam)* the day before yesterday

antifaz [anti'faθ, θes] *(pl* **-ces)** *m* mask

antigrasa [anti'ɣrasa] *adj (producto)* grease-removing, degreasing ● **un champú antigrasa** a shampoo for greasy hair

antiguamente [anˌtiɣua'mente] *adv* formerly

antigüedad [antiɣue'ðað] *f* **1.** *(en el trabajo)* seniority **2.** *(época)* ● **en la antigüedad** in the past ◆ **antigüedades** *fpl (muebles, objetos)* antiques

antiguo, gua [an'tiɣuo, ɣua] *adj* **1.** *(viejo)* old **2.** *(inmemorial)* ancient **3.** *(pasado de moda)* old-fashioned **4.** *(anterior)* former

antihistamínico [ˌantiista'miniko] *m* antihistamine

antiinflamatorio [ˌantiinflama'torjo] *m* anti-inflammatory drug

Antillas [an'tiʎas] *sf* ● **las Antillas** the West Indies

antílope [an'tilope] *m* antelope

antipatía [antipa'tia] *f* dislike

antipático, ca [anti'patiko, ka] *adj* unpleasant

antirrobo [anti'roβo] ◇ *adj* antitheft ◇ *m* **1.** *(en coche)* antitheft device **2.** *(en edificio)* burglar alarm

antiséptico [anti'septiko] *m* antiseptic

antitérmico [anti'termiko] *m* antipyretic

antojitos [anto'xitos] *mpl (Méx)* Mexican dishes such as tacos served as snacks

antojo [an'toxo] *m (capricho)* whim ● **tener el antojo de** to have a craving for

antología [antolo'xia] *f* anthology

antorcha [an'torʒa] *f* torch

antro ['antro] *m (despec)* dump

anual [anu'al] *adj* annual

anuario [anu'arjo] *m* yearbook

anulado, da [anu'laðo, ða] *adj* **1.** *(espec-*

táculo) cancelled **2.** *(tarjeta, billete, etc)* void **3.** *(gol)* disallowed

anular [anu'lar] ◇ *m* ring finger ◇ *vt* **1.** *(espectáculo)* to cancel **2.** *(partido)* to call off **3.** *(tarjeta, billete)* to validate **4.** *(gol)* to disallow **5.** *(personalidad)* to repress

anunciar [anun'θjar] *vt* **1.** to announce **2.** *(en publicidad)* to advertise

anuncio [a'nunθjo] *m* **1.** *(notificación)* announcement **2.** *(en publicidad)* advert *(UK)*, commercial *(US)* **3.** *(presagio, señal)* sign

anzuelo [an'θwelo] *m* (fish) hook

añadidura [aɲaði'ðura] *f* addition ● **por añadidura** in addition

añadir [aɲa'ðir] *vt* to add

añicos [a'ɲikos] *mpl* ● **hacerse añicos** to shatter

año ['aɲo] *m* year ● **hace años** years ago ● **¿cuántos años tienes?** how old are you? ● **tengo 17 años** I'm 17 (years old) ● **año nuevo** New Year ● **los años 50** the fifties

añoranza [aɲo'ranθa] *f* **1.** *(del pasado)* nostalgia **2.** *(del hogar)* homesickness

añorar [aɲo'rar] *vt* to miss

aorta [a'orta] *f* aorta

apachurrar [apatʃu'rar] *vt (Amér) (fam) (achatar)* to squash

apacible [apa'θiβle] *adj* **1.** *(persona, carácter)* gentle **2.** *(lugar)* pleasant **3.** *(tiempo)* mild

apadrinar [apaðri'nar] *vt* **1.** *(en bautizo)* to act as godparent to **2.** *(proteger, ayudar)* to sponsor

apagado, da [apa'ɣaðo, ða] *adj* **1.** *(luz, fuego)* out **2.** *(aparato)* off **3.** *(persona, color)* subdued **4.** *(sonido)* muffled

apagar [apa'ɣar] *vt* **1.** *(luz, lámpara, televisión, etc)* to turn off **2.** *(fuego, cigarrillo)* to put out ● **apagarse** *vp (la luz)* to go out

apagón [apa'ɣon] *m* power cut

apaisado, da [apai'saðo, ða] *adj* oblong

apalabrar [apala'βrar] *vt* to make a verbal agreement regarding

apalancado, da [apalan'kaðo, ða] *adj* comfortably installed

apañado, da [apa'ɲaðo, ða] *adj* clever

apañarse [apa'ɲarse] *vp* to manage ● **apañárselas** to manage

apapachado, da [apapa'tʒaðo, ða] *adj (Amér)* pampered

apapachar [apapa'tʒar] *vt (Méx)* to stroke fawningly

aparador [apara'ðor] *m* sideboard

aparato [apa'rato] *m* **1.** *(máquina)* machine **2.** *(de radio, televisión)* set **3.** *(dispositivo)* device **4.** *(electrodoméstico)* appliance **5.** *(avión)* plane **6.** *(digestivo, circulatorio, etc)* system **7.** *(ostentación)* ostentation

aparcamiento [aparka'mjento] *m* **1.** *(lugar)* car park *(UK)*, parking lot *(US)* **2.** *(hueco)* parking place **3.** *(acción)* parking ▼ **aparcamiento público** car park

aparcar [apar'kar] *vt* **1.** *(vehículo)* to park **2.** *(problema, decisión, etc)* to leave to one side ▼ **aparcar en batería** *sign indicating that cars must park at right angles to the pavement*

aparecer [apare'θer] *vi* **1.** *(de forma repentina)* to appear **2.** *(lo perdido)* to turn up **3.** *(publicación)* to come out

aparejador, ra [aparexa'ðor, ra] *m,f* quantity surveyor

aparejar [apare'xar] vt (embarcación) to rig

aparejo [apa'rexo] m (de embarcación) rigging

aparentar [aparen'tar] vt 1. (fingir) to feign 2. (edad) to look

aparente [apa'rente] adj 1. (fingido) apparent 2. (vistoso) showy

aparición [apari'θjon] f 1. appearance 2. (de lo sobrenatural) apparition

apariencia [apa'rjenθja] f appearance ● en apariencia outwardly ● guardar las apariencias to keep up appearances

apartado, da [apar'taðo, ða] ◇ adj 1. (lejano) remote 2. (separado) separated ◇ m paragraph ● apartado de correos P.O. Box

apartamento [aparta'mento] m apartment ▼ apartamentos de alquiler apartments (to let)

apartar [apar'tar] vt 1. (separar) to separate 2. (quitar) to remove 3. (quitar de en medio) to move out of the way 4. (disuadir) to dissuade ● apartarse vp (retirarse) to move out of the way ● apartarse de (alejarse de) to move away from

aparte [a'parte] ◇ adv 1. (en otro lugar) to one side 2. (separadamente) separately 3. (además) besides ◇ adj 1. (privado) private 2. (diferente) separate ● aparte de (además de) besides; (excepto) apart from

aparthotel [aparto'tel] m holiday (UK) o vacation (US) apartments pl

apasionado, da [apasjo'naðo, ða] adj passionate ● apasionado por (aficionado) mad about

apasionante [apasjo'nante] adj fascinating

apasionar [apasjo'nar] vi ● le apasiona el teatro he loves the theatre ● apasionarse vp (excitarse) to get excited ● apasionarse por v + prep (ser aficionado a) to love

apdo. (abr de apartado) P.O. Box

apechugar [apetʃu'ɣar] vi ● apechugar con (fam) to put up with

apego [a'peɣo] m ● tener apego a to be fond of

apellidarse [apeʎi'ðarse] vp ● se apellida Gómez her surname is Gómez

apellido [ape'ʎiðo] m surname

apellido

Spanish people's surnames comprise two parts: the surname of their father, followed by the surname of their mother. The full surname must be used for official purposes, but in everyday situations most people just use the first part. Thus, Antonio García Blanco is normally shortened to Antonio García.

apenado, da [ape'naðo, ða] adj (Andes, CAm, Carib, Col & Méx) embarrassed

apenar [ape'nar] vt to sadden ● apenarse vp (Andes, CAm, Carib, Col & Méx) (sentir vergüenza) to be embarrassed

apenas [a'penas] adv 1. hardly 2. (escasamente) only 3. (tan pronto como) as soon as

apéndice [a'pendiθe] *m* appendix

apendicitis [apendi'θitis] *f inv* appendicitis

aperitivo [aperi'tiβo] *m* **1.** *(bebida)* aperitif **2.** *(comida)* appetizer

apertura [aper'tura] *f (inauguración)* opening

apestar [apes'tar] *vi* to stink

apetecer [apete'θer] *vi* ● ¿te apetece un café? do you fancy a coffee?

apetecible [apete'θiβle] *adj* appetizing

apetito [ape'tito] *m* appetite ● abrir el apetito to whet one's appetite ● tener apetito to feel hungry

apetitoso, sa [apeti'toso, sa] *adj* appetizing

apicultura [apikul'tura] *f* beekeeping

apiñado, da [api'ɲaðo, ða] *adj* packed

apiñarse [api'narse] *vp* to crowd together

apio ['apjo] *m* celery

apisonadora [apisona'ðora] *f* steamroller

aplanadora [apla'naðora] *f (Amér)* steamroller

aplanar [apla'nar] *vt* to level

aplastar [aplas'tar] *vt (chafar)* to flatten

aplaudir [aplau'ðir] *vt & vi* to applaud

aplauso [a'plauso] *m* round of applause ● aplausos applause *sg*

aplazar [apla'θar] *vt* to postpone

aplicación [aplika'θjon] *f* application

aplicado, da [apli'kaðo, ða] *adj* **1.** *(alumno, estudiante)* diligent **2.** *(ciencia, estudio)* applied

aplicar [apli'kar] *vt* to apply ● aplicarse *vp* | ● aplicarse en to apply to o.s. to

aplique [a'plike] *m* wall lamp

aplomo [a'plomo] *m* composure

apoderarse [apoðe'rarse] ● apoderarse de *v + prep* to seize

apodo [a'poðo] *m* nickname

apogeo [apo'xeo] *m* height ● estar en su apogeo to be at its height

aportación [aporta'θjon] *f* contribution

aportar [apor'tar] *vt* to contribute

aposta [a'posta] *adv* on purpose

apostar [apos'tar] *vt & vi* to bet ● apostar por *v + prep* to bet on

apóstol [a'postol] *m* apostle

apóstrofo [a'postrofo] *m* apostrophe

apoyar [apo'jar] *vt* **1.** *(animar)* to support **2.** *(fundamentar)* to base **3.** *(respaldar)* to lean ● apoyarse *vp (arrimarse)* ● apoyarse (en) to lean (on)

apoyo [a'pojo] *m* support

apreciable [apre'θjaβle] *adj* **1.** *(perceptible)* appreciable **2.** *(estimable)* worthy

apreciación [apreθja'θjon] *f* appreciation

apreciado, da [apre'θjaðo, ða] *adj (estimado)* esteemed

apreciar [apre'θjar] *vt* **1.** *(sentir afecto por)* to think highly of **2.** *(valorar)* to appreciate **3.** *(percibir)* to make out

aprecio [a'preθjo] *m* esteem

apremiar [apre'mjar] ◇ *vt (dar prisa)* to urge ◇ *vi (tiempo)* to be short

aprender [apren'der] ◇ *vt* to learn ◇ *vi* ● aprender a to learn to

aprendiz [apren'diθ, θes] *(pl -ces)* *m* apprentice

aprendizaje [aprendi'θaxe] *m (proceso)* learning

aprensión [apren'sjon] *f* **1.** *(miedo)* apprehension **2.** *(escrúpulo)* squeamishness

aprensivo, va [apren'siβo, βa] *adj* **1.** *(miedoso)* apprehensive **2.** *(escrupuloso)* squeamish **3.** *(hipocondríaco)* hypochondriac

apresurado, da [apresu'raðo, ða] *adj* hurried

apresurarse [apresu'rarse] *vp* to hurry ● **apresurarse a** to hurry to

apretado, da [apre'taðo, ða] *adj* **1.** *(cinturón, ropa, etc)* tight **2.** *(victoria, triunfo)* narrow **3.** *(agenda)* full

apretar [apre'tar] ◇ *vt* **1.** *(presionar)* to press **2.** *(gatillo)* to pull **3.** *(ajustar)* to tighten **4.** *(ceñir)* to be too tight for **5.** *(con los brazos)* to squeeze ◇ *vi* *(calor, hambre)* to intensify ● **apretarse** *vp* *(apiñarse)* to crowd together ● **apretarse el cinturón** to tighten one's belt

apretujar [apretu'xar] *vt* to squash ● **apretujarse** *vp* to squeeze together

aprisa [a'prisa] *adv* quickly

aprobado [apro'βaðo] *m* pass

aprobar [apro'βar] *vt* **1.** *(asignatura, examen, ley)* to pass **2.** *(actitud, comportamiento)* to approve of

apropiado, da [apro'pjaðo, ða] *adj* suitable

apropiarse [apro'pjarse] ● **apropiarse de** *v + prep* *(adueñarse de)* to appropriate

aprovechado, da [aproβe'tʃaðo, ða] *adj* **1.** *(tiempo)* well-spent **2.** *(espacio)* well-planned

aprovechar [aproβe'tʃar] ◇ *vt* **1.** *(ocasión, oferta)* to take advantage of **2.** *(tiempo, espacio)* to make use of **3.** *(lo inservible)* to put to good use ◇ *vi* ● **¡que aproveche!** enjoy your meal! ● **aprovecharse de** *v + prep* to take

advantage of

aproximación [aproksima'θjon] *f* **1.** *(acercamiento)* approach **2.** *(en cálculo)* approximation

aproximadamente [aproksi,maða'mente] *adv* approximately

aproximar [aproksi'mar] *vt* to move closer ● **aproximarse** *vp* ● **aproximarse a** to come closer to

apto, ta ['apto, ta] *adj* ● **apto para menores** suitable for children ● **no apto para menores** unsuitable for children

apuesta [a'pwesta] *f* bet

apuesto, ta [a'pwesto, ta] *adj* dashing

apunarse [apu'narse] *vp* *(Andes)* to get altitude sickness

apuntador, ra [apunta'ðor, ra] *m,f* prompter

apuntar [apun'tar] *vt* **1.** *(escribir)* to note down **2.** *(inscribir)* to put down **3.** *(arma)* to aim **4.** *(con el dedo)* to point at ● **apuntarse** *vp* *(inscribirse)* to put one's name down ● **apuntarse a** *v + prep* *(participar en)* to join in with

apunte [a'punte] *m* **1.** *(nota)* note **2.** *(boceto)* sketch ● **apuntes** *mpl* notes ● **tomar apuntes** to take notes

apuñalar [apuɲa'lar] *vt* to stab

apurar [apu'rar] *vt* **1.** *(agotar)* to finish off **2.** *(preocupar)* to trouble ● **apurarse** *vp* *(darse prisa)* to hurry ● **apurarse por** *(preocuparse)* to worry about

apuro [a'puro] *m* **1.** *(dificultad)* fix **2.** *(escasez económica)* hardship ● **me da apuro (hacerlo)** I'm embarrassed (to do it) ● **estar en apuros** to be in a tight spot

aquel, la [a'kel, ʎa] *adj* that

aquél, la [a'kel, ʎa] *pron* **1.** *(en el espacio)* that one **2.** *(en el tiempo)* that ● **aquél que** anyone who

aquello [a'keʎo] *pron neutro* that ● **aquello de su mujer es mentira** all that about his wife is a lie

aquellos, llas [a'keʎos, ʎas] *adj pl* those

aquéllos, llas [a'keʎos, ʎas] *pron pl* those

aquí [a'ki] *adv* **1.** *(en este lugar)* here **2.** *(ahora)* now ● **aquí arriba** up here ● **aquí dentro** in here

árabe ['araβe] ◇ *adj* & *mf* Arab ◇ *m* (*lengua*) Arabic

Arabia Saudí [a'raβjasau'ði] *s* Saudi Arabia

arado [a'raðo] *m* plough

arandela [aran'dela] *f* washer

araña [a'raɲa] *f* spider

arañar [ara'ɲar] *vt* to scratch

arañazo [ara'naθo] *m* scratch

arar [a'rar] *vt* to plough

arbitrar [arβi'trar] *vt* **1.** *(partido)* to referee **2.** *(discusión)* to arbitrate

árbitro ['arβitro, tra] *m* referee

árbol ['arβol] *m* tree ● **árbol de Navidad** Christmas tree

arbusto [ar'βusto] *m* bush

arca ['arka] *f* (*cofre*) chest

arcada [ar'kaða] *f* arcade ● **arcadas** *fpl* (*náuseas*) retching *sg*

arcaico, ca [ar'kaiko, ka] *adj* archaic

arcángel [ar'kanxel] *m* archangel

arcén [ar'θen] *m* **1.** *(en carretera)* verge **2.** *(en autopista)* hard shoulder (*UK*), shoulder (*US*)

archipiélago [artʃi'pjelaɣo] *m* archipelago

archivador [artʒiβa'ðor] *m* filing cabinet

archivar [artʒi'βar] *vt* to file

archivo [ar'tʒiβo] *m* **1.** *(lugar)* archive **2.** *(documentos)* archives *pl*

arcilla [ar'θiʎa] *f* clay

arcilloso, sa [arθi'ʎoso, sa] *adj* clayey

arco ['arko] *m* **1.** *(de flechas)* bow **2.** *(en arquitectura)* arch **3.** *(en geometría)* arc **4.** *(Amér)* *(en deporte)* goal ● **arco iris** rainbow ● **arco de triunfo** triumphal arch

arder [ar'ðer] *vi* to burn ● **está que arde** (*fam*) he's fuming

ardiente [ar'ðjente] *adj* **1.** *(que arde)* burning **2.** *(líquido)* scalding **3.** *(apasionado)* ardent

ardilla [ar'ðiʎa] *f* squirrel

área ['area] *f* area ▼ **área de descanso** rest area ▼ **área de servicio** service area

arena [a'rena] *f* sand ● **arenas movedizas** quicksand

arenoso, sa [aren'oso, sa] *adj* sandy

arenque [a'renke] *m* herring

aretes [a'retes] *mpl* (*Col & Méx*) earrings

Argelia [ar'xelja] *s* Algeria

Argentina [arxen'tina] *f* ● **(la) Argentina** Argentina

argentino, na [arxen'tino, na] *adj* & *m,f* Argentinian

argot [ar'ɣot] *m* **1.** *(popular)* slang **2.** *(técnico)* jargon

argumentar [arɣumen'tar] *vt* (*alegar*) to allege

argumento [arɣu'mento] *m* **1.** *(razón)* reason **2.** *(de novela, película, etc)* plot

aria ['arja] *f* aria

árido, da ['ariðo, ða] *adj* dry

Aries ['arjes] *m* Aries

arista [a'rista] *f* edge

aristocracia [aristo'kraθja] *f* aristocracy

aristócrata [aris'tokrata] *mf* aristocrat

aritmética [ariθ'metika] *f* arithmetic

arlequín [arle'kin] *m* harlequin

arma ['arma] *f* weapon ● **ser de armas tomar** *(tener mal carácter)* to be a nasty piece of work

armada [ar'maða] *f (fuerzas navales)* navy

armadillo [arma'ðiʎo] *m* armadillo

armadura [arma'ðura] *f (coraza)* armour

armamento [arma'mento] *m (armas)* arms *pl*

armar [ar'mar] *vt* **1.** *(ejército)* to arm **2.** *(pistola, fusil)* to load **3.** *(mueble)* to assemble **4.** *(tienda)* to pitch **5.** *(alboroto, ruido)* to make ◆ **armarse** *vp* to arm o.s. ◆ **armarse de** *v + prep (valor, paciencia)* to summon up

armario [ar'marjo] *m* **1.** *(de cajones)* cupboard *(UK)*, dresser *(US)* **2.** *(ropero)* wardrobe ● **armario empotrado** fitted cupboard/wardrobe

armazón [arma'θon] *f* **1.** *(de cama, tienda de campaña)* frame **2.** *(de coche)* chassis

armisticio [armis'tiθjo] *m* armistice

armonía [armo'nia] *f* harmony

armónica [ar'monika] *f* harmonica

armonizar [armoni'θar] *vt* to match

aro ['aro] *m* **1.** *(anilla)* ring **2.** *(juguete)* hoop

aroma [a'roma] *m* **1.** *(olor)* aroma **2.** *(de vino)* bouquet ● **aroma artificial** artificial flavouring

arpa ['arpa] *f* harp

arqueología [arkeolo'xia] *f* archeology

arqueólogo, ga [arke'ologo, ɣa] *m,f* archeologist

arquero [ar'kero] *m (Amér)* goalkeeper

arquitecto, ta [arki'tekto, ta] *m,f* architect

arquitectónico, ca [arkitek'toniko, ka] *adj* architectural

arquitectura [arkitek'tura] *f* architecture

arraigar [araj'ɣar] *vi* to take root

arrancar [aran'kar] ◇ *vt* **1.** *(del suelo)* to pull up **2.** *(motor)* to start **3.** *(de las manos)* to snatch ◇ *vi* **1.** *(iniciar la marcha)* to set off **2.** *(vehículo)* to start up ● **arrancar de** to stem from

arranque [a'ranke] *m* **1.** *(ímpetu)* drive **2.** *(de ira, pasión)* fit

arrasador, ra *adj* **1.** *(ciclón, terremoto, incendio)* devastating **2.** *(éxito)* phenomenal

arrastrar [aras'trar] *vt* **1.** *(por el suelo)* to drag **2.** *(convencer)* to win over ◆ **arrastrarse** *vp* **1.** *(reptar)* to crawl **2.** *(humillarse)* to grovel

arrastre [a'rastre] *m* dragging ● **estar para el arrastre** to have had it

arrebatar [areβa'tar] *vt* to snatch

arrebato [are'βato] *m (de ira, pasión)* outburst

arreglar [are'ɣlar] *vt* **1.** *(ordenar)* to tidy up *(UK)*, to clean up *(US)* **2.** *(reparar)* to repair **3.** *(casa)* to do up *(UK)*, to decorate ◆ **arreglarse** *vp* **1.** *(embellecerse)* to smarten up **2.** *(solucionarse)* to sort itself out ● **arreglárselas** to manage

arreglo [aˈreɣlo] *m* **1.** *(reparación)* repair **2.** *(de ropa)* mending **3.** *(acuerdo)* agreement

arrendatario, ria [arendaˈtarjo, rja] *m,f* tenant

arreos [aˈreos] *mpl* harness *sg*

arrepentirse [arepenˈtirse] ◆ **arrepentirse de** *v + prep* to regret

arrestar [aresˈtar] *vt* to arrest

arriba [aˈriβa] *adv* **1.** *(de situación)* above **2.** *(de dirección)* up **3.** *(en edificio)* upstairs ● **allí arriba** up there ● **aquí arriba** up here ● **más arriba** further up ● **para arriba** upwards ● **de arriba** *(piso)* upstairs ● **de arriba abajo** *(detenidamente)* from top to bottom; *(con desdén)* up and down

arriesgado, da [arjezˈɣaðo, ða] *adj* risky

arriesgar [arjezˈɣar] *vt* to risk ◆ **arriesgarse** *vp* ● **arriesgarse a** to dare to

arrimar [ariˈmar] *vt* to move closer ● **arrimar el hombro** to lend a hand ◆ **arrimarse** *vp* ● **arrimarse a** to move closer to

arrodillarse [aroðiˈʎarse] *vp* to kneel down

arrogancia [aroˈɣanθja] *f* arrogance

arrogante [aroˈɣante] *adj* arrogant

arrojar [aroˈxar] *vt* **1.** *(lanzar)* to hurl **2.** *(vomitar)* to throw up ● **arrojar a alguien de** *(echar)* to throw sb out of ◆ **arrojarse** *vp* **1.** *(al vacío)* to hurl o.s. **2.** *(sobre una persona)* to leap

arroyo [aˈrojo] *m* stream

arroz [aˈroθ] *m* rice ● **arroz blanco** boiled rice ● **arroz a la cubana** *boiled*

rice with fried egg, tomatoes and fried banana ● **arroz con leche** rice pudding ● **arroz negro** *rice cooked with squid ink*

arruga [aˈruɣa] *f* **1.** *(en piel)* wrinkle **2.** *(en tejido)* crease

arrugado, da [aruˈɣaðo, ða] *adj* **1.** *(piel)* wrinkled **2.** *(tejido, papel)* creased

arrugar [aruˈɣar] *vt* to crease ◆ **arrugarse** *vp* to get creased

arruinar [aruiˈnar] *vt* to ruin ◆ **arruinarse** *vp* to be ruined

arsénico [arˈseniko] *m* arsenic

arte [ˈarte] *m o f* art ● **tener arte para** to be good at ● **con malas artes** using trickery ● **por arte de magia** as if by magic ◆ **artes** *fpl* arts

artefacto [arteˈfakto] *m* device

arteria [arˈterja] *f* artery

artesanal [artesaˈnal] *adj* handmade

artesanía [artesaˈnia] *f* craftsmanship ● **de artesanía** handmade

artesano, na [arteˈsano, na] *m,f* craftsman *(f* craftswoman)

ártico [ˈartiko] *adj* arctic ◆ **Ártico** *m* ● **el Ártico** the Arctic

articulación [artikulaˈθjon] *f* **1.** joint **2.** *(de sonidos)* articulation

articulado, da [artikuˈlaðo, ða] *adj* articulated

articular [artikuˈlar] *vt* to articulate

articulista [artikuˈlista] *mf* journalist

artículo [arˈtikulo] *m* **1.** article **2.** *(producto)* product ● **artículos de lujo** luxury goods ● **artículos regalo** gift items

artificial [artifiˈθjal] *adj* artificial

artificio [artiˈfiθjo] *m* **1.** *(dispositivo)*

artista [ar'tista] *mf* **1.** artist **2.** *(de circo, teatro)* artiste

artístico, ca [ar'tistiko, ka] *adj* artistic

arveja [ar'βexa] *f (Andes, CAm, Carib, Col & RP)* pea

arzobispo [arθo'βispo] *m* archbishop

as ['as] *m* ace

asa ['asa] *f* handle

asado, da [a'saðo, ða] *adj & m* roast ● **carne asada** *(al horno)* roast meat; *(a la parrilla)* grilled meat ● **pimientos asados** roast peppers

asador [asa'ðor] *m* spit *(UK)*, rotisserie *(US)*

asalariado, da [asala'rjaðo, ða] ◇ *adj* salaried ◇ *m,f* wage earner

asaltar [asal'tar] *vt* **1.** *(robar)* to rob **2.** *(agredir)* to attack

asalto [a'salto] *m* **1.** *(a banco, tienda, persona)* robbery **2.** *(en boxeo, judo, etc)* round

asamblea [asam'blea] *f* **1.** *(de una asociación)* assembly **2.** *(en política)* meeting

asar [a'sar] *vt* **1.** *(al horno)* to roast **2.** *(a la parrilla)* to grill ◆ **asarse** *vp* to be boiling hot

ascendencia [asθen'denθja] *f (antepasados)* ancestors *pl*

ascendente [asθen'dente] *adj* ascending

ascender [asθen'der] ◇ *vt (empleado)* to promote ◇ *vi (subir)* to rise ◆ **ascender a** *v + prep (suj: cantidad)* to come to

ascendiente [asθen'djente] *mf* ancestor

ascenso [as'θenso] *m* **1.** *(de sueldo)* rise *(UK)*, raise *(US)* **2.** *(de posición)* promotion

ascensor [asθen'sor] *m* lift *(UK)*, elevator *(US)*

asco ['asko] *m* revulsion ● **ser un asco** to be awful ● **me da asco** I find it disgusting ● **¡qué asco!** how disgusting! ● **estar hecho un asco** *(fam)* to be filthy

ascua ['askua] *f* ember ● **estar en ascuas** to be on tenterhooks

aseado, da [ase'aðo, ða] *adj* clean

asear [ase'ar] *vt* to clean ◆ **asearse** *vp* to get washed and dressed

asegurado, da [aseɣu'raðo, ða] ◇ *adj* insured ◇ *m,f* policy-holder

asegurar [aseɣu'rar] *vt* **1.** *(coche, vivienda)* to insure **2.** *(cuerda, nudo)* to secure **3.** *(prometer)* to assure ◆ **asegurarse de** *v + prep* to make sure that

asentir [asen'tir] *vi* to agree

aseo [a'seo] *m* **1.** *(limpieza)* cleaning **2.** *(habitación)* bathroom ▼ **aseos** toilets *(UK)*, restroom *(US)*

aséptico, ca [a'septiko, ka] *adj* aseptic

asequible [ase'kiβle] *adj (precio, producto)* affordable

asesinar [asesi'nar] *vt* to murder

asesinato [asesi'nato] *m* murder

asesino, na [ase'sino, na] *adj* murderer

asesor, ra [ase'sor, ra] ◇ *adj* advisory ◇ *m,f* consultant

asesorar [aseso'rar] *vt* to advise ◆ **asesorarse** *vp* to seek advice

asesoría [aseso'ria] *f* consultant's office

asfaltado, da [asfal'taðo, ða] ◇ *adj* tarmacked, packed *(US)* ◇ *m* road surface

asfaltar [asfal'tar] *vt* to surface *(UK)*, to pave *(US)*

asfalto [as'falto] *m* asphalt

asfixia [as'fiksja] f suffocation

asfixiante [asfik'sjante] adj 1. (olor) overpowering 2. (calor) suffocating

asfixiar [asfik'sjar] vt to suffocate ♦ **asfixiarse** vp to suffocate

así [as'i] adv & adj inv like this ● **así de grande** this big ● **así como** just as ● **así es** that's right ● **así es como** that is how ● **así no más** (Amér) (fam) (regular) just like that ● **así y todo** even so ● **así sucedió** and that is what exactly happened

Asia ['asja] s Asia

asiático, ca [a'sjatiko, ka] adj & m,f Asian

asiento [a'sjento] m seat

asignatura [asiɲa'tura] f subject

asilo [a'silo] m (para ancianos) old people's home (UK), retirement home (US) ● **asilo político** political asylum

asimilación [asimila'θjon] f assimilation

asimilar [asimi'lar] vt 1. (conocimientos) to assimilate 2. (cambio, situación) to take in one's stride

asistencia [asis'tenθja] f 1. (a clase, espectáculo) attendance 2. (ayuda) assistance 3. (público) audience

asistir [asis'tir] vt (suj: médico, enfermera) to attend to ♦ **asistir a** v + prep (clase, espectáculo) to attend

asma ['azma] f asthma

asmático, ca [az'matiko, ka] adj asthmatic

asno, na ['azno, na] m,f ass

asociación [asoθja'θjon] f association

asociar [aso'θjar] vt to associate ♦ **asociarse a** v + prep to become a

member of ♦ **asociarse con** v + prep to form a partnership with

asolar [aso'lar] vt to devastate

asomar [aso'mar] ◇ vi to peep up ◇ vt to stick out ♦ **asomarse** vp ● **asomarse a** (ventana) to stick one's head out of; (balcón) to go out onto

asombrar [asom'brar] vt 1. (causar admiración) to amaze 2. (sorprender) to surprise ♦ **asombrarse de** v + prep 1. (sentir admiración) to be amazed at 2. (sorprenderse) to be surprised at

asombro [a'sombro] m 1. (admiración) amazement 2. (sorpresa) surprise

asorocharse [asoro'tʃarse] vp (Chile & Perú) to get altitude sickness

aspa ['aspa] f (de molino de viento) arm

aspecto [as'pekto] m (apariencia) appearance ● **tener buen/mal aspecto** (persona) to look well/awful; (cosa) to look nice/horrible

aspereza [aspe'reθa] f roughness

áspero, ra ['aspero, ra] adj 1. (al tacto) rough 2. (voz) harsh

aspiradora [aspira'ðora] f vacuum cleaner

aspirar [aspi'rar] vt (aire) to breathe in ♦ **aspirar a** v + prep to aspire to

aspirina [aspi'rina] f aspirin

asqueado, da [aske'aðo, ða] adj disgusted

asquerosidad [askerosi'ðað] f filthiness

asqueroso, sa [aske'roso, sa] adj filthy

asta ['asta] f 1. (de lanza) shaft 2. (de bandera) flagpole 3. (de toro) horn 4. (de ciervo) antler

asterisco [aste'risko] m asterisk

astillero [asti'ʎero] m shipyard

astro ['astro] *m* star

astrología [astrolo'xia] *f* astrology

astrólogo, ga [as'troloɣo, ɣa] *m,f* astrologer

astronauta [astro'nauta] *mf* astronaut

astronomía [astrono'mia] *f* astronomy

astronómico, ca [astro'nomiko, ka] *adj* astronomical

astrónomo, ma [as'tronomo, ma] *m,f* astronomer

astuto, ta [as'tuto, ta] *adj* **1.** *(sagaz)* astute **2.** *(ladino)* cunning

asumir [asu'mir] *vt* **1.** *(problema)* to cope with **2.** *(responsabilidad)* to assume

asunto [a'sunto] *m* **1.** *(tema general)* subject **2.** *(tema específico)* matter **3.** *(problema)* issue **4.** *(negocio)* affair

asustar [asus'tar] *vt* to frighten ● **asustarse** *vp* to be frightened

atacar [ata'kar] *vt* to attack

atajo [a'taxo] *m* **1.** *(camino)* short cut **2.** *(despec) (grupo de personas)* bunch ● **un atajo de disparates** a string of nonsense

ataque [a'take] *m* **1.** *(agresión)* attack **2.** *(de ira, risa, etc)* fit **3.** *(de fiebre, tos, etc)* bout ● **ataque al corazón** heart attack

atar [a'tar] *vt* **1.** *(con cuerda, cadena, etc)* to tie **2.** *(ceñir)* to tie up

atardecer [atar'ðeθer] *m* ● **al atardecer** at dusk

atareado, da [atare'aðo, ða] *adj* busy

atasco [a'tasko] *m (de tráfico)* traffic jam

ataúd [ata'uð] *m* coffin

ate ['ate] *m (Amér)* quince jelly

ateísmo [ate'izmo] *m* atheism

atención [aten'θjon] *f* **1.** *(interés)* attention **2.** *(regalo, obsequio)* kind gesture ● **atención al cliente** customer service ● **llamar la atención** to be noticeable ● **llamar la atención a alguien** to tell sb off ● **atenciones** *fpl (cuidados)* attentiveness *sg*

atender [aten'der] ◇ *vt* **1.** *(solicitud, petición, negocio)* to attend to **2.** *(clientes)* to serve **3.** *(enfermo)* to look after ◇ *vi (escuchar)* to pay attention ● **¿le atienden?** are you being served?

atentado [aten'taðo] *m* terrorist attack

atentamente [a,tenta'mente] *adv (en cartas)* Yours sincerely

atento, ta [a'tento, ta] *adj* **1.** *(con atención)* attentive **2.** *(amable)* considerate

ateo, a [a'teo, a] *m,f* atheist

aterrizaje [ateri'θaxe] *m* landing ● **aterrizaje forzoso** emergency landing

aterrizar [ateri'θar] *vi* to land

aterrorizar [aterori'θar] *vt* to terrify

atestado [ates'taðo, ða] *adj* packed

atestiguar [atesti'ɣwar] *vt* to testify to

ático ['atiko] *m* penthouse

atinar [ati'nar] *vi* to guess correctly

atípico, ca [a'tipiko, ka] *adj* atypical

Atlántico [að'lantiko] *m* ● **el Atlántico** the Atlantic

atlas ['aðlas] *m inv* atlas

atleta [að'leta] *mf* athlete

atlético, ca [að'letiko, ka] *adj* athletic

atletismo [aðle'tizmo] *m* athletics

atmósfera [að'mosfera] *f* atmosphere

atmosférico, ca [aðmos'feriko, ka] *adj* atmospheric

atole [a'tole] *m (Méx)* thick drink of maize flour boiled in milk or water

atolondrarse [atolon'drarse] *vp* to get flustered

atómico, ca [a'tomiko, ka] *adj* nuclear

átomo ['atomo] *m* atom

atónito, ta [a'tonito, ta] *adj* astonished

atontado, da [aton'taðo, ða] *adj* dazed

atorado, da [ato'raðo, ða] *adj* **1.** (*Amér*) (*atascado*) blocked **2.** (*agitado, nervioso*) nervous

atorar [ato'rar] *vt* (*Amér*) to block ◆ **atorarse** *vp* **1.** (*Amér*) (*atascarse*) to get blocked **2.** (*atragantarse*) to choke

atorrante [ato'rrante] *adj* (*Andes & CSur*) (*despreocupado*) scruffy

atracador, ra [atraka'ðor, ra] *m,f* **1.** (*de banco, tienda*) armed robber **2.** (*de persona*) mugger

atracar [atra'kar] ◇ *vt* **1.** (*banco, tienda*) to rob **2.** (*persona*) to mug ◇ *vi* (*barco*) to dock ◆ **atracarse de** *v + prep* to eat one's fill of

atracción [atrak'θjon] *f* attraction ◆ **atracciones** *fpl* fairground attractions

atraco [a'trako] *m* robbery

atractivo, va [atrak'tiβo, βa] ◇ *adj* attractive ◇ *m* **1.** (*de trabajo, lugar*) attraction **2.** (*de persona*) attractiveness

atraer [atra'er] ◇ *vt* to attract ◇ *vi* to be attractive

atragantarse [atrayan'tarse] *vp* to choke

atrapar [atra'par] *vt* to catch

atrás [a'tras] *adv* **1.** (*de posición*) behind **2.** (*al moverse*) backwards **3.** (*de tiempo*) before

atrasado, da [atra'saðo, ða] *adj* **1.** (*trabajo, tarea, proyecto*) delayed **2.** (*pago*) overdue **3.** (*en estudios*) backward ◆ **ir atrasado** (*reloj*) to be slow

atrasar [atra'sar] ◇ *vt* **1.** (*llegada, salida*) to delay **2.** (*proyecto, cita, acontecimiento*) to postpone **3.** (*reloj*) to put back ◇ *vi* (*reloj*) to be slow ◆ **atrasarse** *vp* **1.** (*persona*) to be late **2.** (*tren, avión, etc*) to be delayed **3.** (*proyecto, acontecimiento*) to be postponed

atraso [a'traso] *m* (*de evolución*) backwardness ◆ **atrasos** *mpl* (*de dinero*) arrears

atravesar [atraβe'sar] *vt* **1.** (*calle, río, puente*) to cross **2.** (*situación difícil, crisis*) to go through **3.** (*objeto, madera, etc*) to penetrate ◆ **atravesarse** *vp* to be in the way

atreverse *vp* to dare to

atrevido, da [atre'βiðo, ða] *adj* **1.** (*osado*) daring **2.** (*insolente*) cheeky (*UK*), sassy (*US*) **3.** (*ropa, libro*) risqué **4.** (*propuesta*) forward

atribución [atriβu'θjon] *f* (*de poder, trabajo*) responsibility

atribuir [atriβu'ir] *vt* **1.** to attribute **2.** (*poder, cargo*) to give

atributo [atri'βuto] *m* attribute

atrio ['atrjo] *m* **1.** (*de palacio*) portico **2.** (*de convento*) cloister

atropellar [atrope'ʎar] *vt* **1.** (*suj: vehículo*) to run over **2.** (*con empujones*) to push out of the way ◆ **atropellarse** *vp* (*hablando*) to trip over one's words

atropello [atro'peʎo] *m* running over

ATS [ate'ese] *mf* (*abr de* Ayudante Técnico Sanitario*) qualified nurse

atte *abrev* = atentamente

atún [a'tun] *m* tuna ● **atún en aceite** tuna in oil

audaz [au̯'ðaθ, θes] (*pl* -ces) *adj* daring

audiencia [au̯'ðjenθja] *f* audience

audiovisual [ˌauˌðjoßi'sual] ◇ *adj* audiovisual ◇ *m* audiovisual display

auditivo, va [auði'tiβo, βa] *adj* ear *(antes de s)*

auditor [auði'tor] *m* auditor

auditoría [auðito'ria] *f* **1.** *(trabajo)* auditing *(UK)*, audit *(US)* **2.** *(lugar)* auditor's office

auditorio [auði'torjo] *m* **1.** *(público)* audience **2.** *(local)* auditorium

auge ['auxe] *m* boom ● **en auge** booming

aula ['aula] *f* **1.** *(de universidad)* lecture room *(UK)*, class room *(US)* **2.** *(de escuela)* classroom

aullar [au'ʎar] *vi* to howl

aullido [au'ʎiðo] *m* howl

aumentar [aumen'tar] *vt* **1.** to increase **2.** *(peso)* to put on

aumento [au'mento] *m* **1.** increase **2.** *(en óptica)* magnification

aun [aun] ◇ *adv* even ◇ *conj* ● **aun estando enferma, vino** she came, even though she was ill ● **aun así** even so

aún [a'un] *adv* still ● **aún no han venido** they haven't come yet

aunque [aunke] *conj* although

aureola [aure'ola] *f* **1.** *(de santo)* halo **2.** *(fama, éxito)* aura

auricular [auriku'lar] *m* *(de teléfono)* receiver ● **auriculares** *mpl* *(de radio, casete)* headphones

ausencia [au'senθja] *f* absence

ausente [au'sente] *adj* **1.** *(de lugar)* absent **2.** *(distraído)* absent-minded

austeridad [austeri'ðað] *f* austerity

austero, ra [aus'tero, ra] *adj* austere

Australia [aus'tralja] *s* Australia

australiano, na [austra'ljano, na] *adj & m,f* Australian

Austria ['austrja] *s* Austria

austríaco, ca [aus'triako, ka] *adj & m,f* Austrian

autenticidad [autentiθi'ðað] *f* authenticity

auténtico, ca [au'tentiko, ka] *adj* **1.** *(joya, piel)* genuine **2.** *(verdadero, real)* real

auto ['auto] *m* *(automóvil)* car

autoayuda [autoa'juða] *f* self-help

autobiografía [autoβjoɣra'fia] *f* autobiography

autobús [auto'βus] *m* bus

autocar [auto'kar] *m* coach, bus *(US)* ● **autocar de línea** (long-distance) coach

autocaravana [autokara'βana] *f* camper van

autocontrol [autokon'trol] *m* self-control

autocorrección [autokorek'θjon] *f* auto-correction

autóctono, na [au'toktono, na] *adj* indigenous

autoescuela [autoes'kwela] *f* driving school

autógrafo [au'toɣrafo] *m* autograph

automáticamente [auto,matika'mente] *adv* automatically

automático, ca [auto'matiko, ka] *adj* automatic

automóvil [auto'moβil] *m* car

automovilismo [automoβi'lizmo] *m* motoring *(UK)*, driving *(US)*

automovilista [automoβi'lista] *mf* motorist *(UK)*, driver *(US)*

autonomía [autono'mia] *f* autonomy ●

autonomía de vuelo range
autonómico, ca [auto'nomiko, ka] *adj* **1.** *(región, gobierno)* autonomous
autónomo, ma [au'tonomo, ma] ◇ *adj* **1.** *(independiente)* autonomous **2.** *(trabajador)* freelance ◇ *m,f* freelancer
autopista [auto'pista] *f* motorway ●
autopista de peaje toll motorway *(UK)*, turnpike *(US)*
autopsia [au'topsja] *f* autopsy
autor, ra [au'tor, ra] *m,f* **1.** *(de libro)* author **2.** *(de cuadro, escultura)* artist **3.** *(de acción, hecho)* perpetrator
autoridad [autori'ðað] *f* authority ● **la autoridad** the authorities *pl*
autoritario, ria [autori'tarjo, rja] *adj* authoritarian
autorización [autoriθa'θjon] *f* authorization
autorizado, da [autori'θaðo, ða] *adj* authorized
autorizar [autori'θar] *vt* to authorize
autorretrato [autore'trato] *m* self-portrait
autoservicio [autoser'βiθjo] *m* self-service
autostop [autos'top] *m* hitch-hiking ● **hacer autostop** to hitch-hike
autostopista [autos'pista] *mf* hitch-hiker
autosuficiente [autosufi'θjente] *adj* self-sufficient
autovía [auto'βia] *f* dual carriageway *(UK)*, divided road *(US)*
auxiliar [auksi'ljar] ◇ *adj* auxiliary ◇ *mf* assistant ◇ *vt* to assist ● **auxiliar administrativo** office clerk ● **auxiliar de vuelo** flight attendant

auxilio [auk'siljo] ◇ *m* help ◇ *interj* help! ● **primeros auxilios** first aid *sg*
aval [a'βal] *m* **1.** *(persona)* guarantor **2.** *(documento)* guarantee
avalador, ra [aβala'ðor, ra] *m,f* guarantor
avalancha [aβa'lantʃa] *f* avalanche
avalar [aβa'lar] *vt* **1.** *(crédito)* to guarantee **2.** *(propuesta, idea)* to endorse
avance [a'βanθe] *m* **1.** *(de tecnología, ciencia, etc)* advance **2.** *(de noticia)* summary **3.** *(de película)* preview
avanzado, da [a'βanθaðo, ða] *adj* advanced
avanzar [aβan'θar] *vi* to advance
avaricioso, sa [aβari'θjoso, sa] *adj* avaricious
avaro, ra [a'βaro, ra] *adj* miserly
Avda *(abr de avenida)* Ave. *(avenue)*
AVE ['aβe] *m (abr de Alta Velocidad Española) Spanish high-speed train*
ave ['aβe] *f* bird
avellana [aβe'ʎana] *f* hazelnut
avellano [aβe'ʎano] *m* hazel tree
avena [a'βena] *f* oats *pl*
avenida [aβe'niða] *f* avenue
aventar [aβen'tar] *vt (Andes & Méx)* to throw ● **aventarse** *vp (Col & Méx)* to throw oneself
aventón [aβen'ton] *m (Amér)* shove ● **dar un aventón a alguien** to give sb a lift
aventura [aβen'tura] *f* **1.** adventure **2.** *(de amor)* affair
aventurarse [aβentu'rarse] *vp* ● **aventurarse a hacer algo** to risk doing sthg
aventurero, ra [aβentu'rero, ra] ◇ *adj* adventurous ◇ *m,f* adventurer *(f adventuress)*

avergonzado, da [aβerɣon'θaðo, ða] *adj* **1.** *(abochornado)* embarrassed **2.** *(deshonrado)* ashamed

avergonzarse [aβerɣon'θarse] ◆ **avergonzarse de** *v + prep* **1.** *(por timidez)* to be embarrassed about **2.** *(por deshonra)* to be ashamed of

avería [aβe'ria] *f* **1.** *(de coche)* breakdown **2.** *(de máquina)* fault

averiado, da [aβeri'aðo, ða] *adj* **1.** *(coche)* broken-down **2.** *(máquina)* out of order

averiarse [aβeri'arse] *vp* to break down

averiguar [aβeri'ɣuar] *vt* to find out

aversión [aβer'sion] *f* aversion

avestruz [aβes'truθ, θes] *(pl* **-ces)** *m* ostrich

aviación [aβia'θion] *f* **1.** *(navegación)* aviation **2.** *(cuerpo militar)* airforce

aviador, ra [aβia'ðor, ra] *m,f* aviator

avión [aβi'on] *m* plane ● **en avión** by plane ● **por avión** *(carta)* airmail

avioneta [aβio'neta] *f* light aircraft

avisar [aβi'sar] *vt (llamar)* to call ◆ **avisar de** *v + prep* **1.** *(comunicar)* to inform of **2.** *(prevenir)* to warn of

aviso [a'βiso] *m* **1.** *(noticia)* notice **2.** *(advertencia)* warning **3.** *(en aeropuerto)* call **4.** *(Amér) (en periódico)* ad **5.** ● **hasta nuevo aviso** until further notice ● **sin previo aviso** without notice

avispa [a'βispa] *f* wasp

axila [ak'sila] *f* armpit

ay ['ai] *interj* **1.** *(expresa dolor)* ouch! **2.** *(expresa pena)* oh!

ayer [a'jer] *adv* yesterday ● **ayer (por la) noche** last night ● **ayer por la mañana** yesterday morning

ayuda [a'juða] *f* **1.** *(en trabajo, tarea, etc)* help **2.** *(a otros países, etc)* aid

ayudante [aju'ðante] *mf* assistant

ayudar [aju'ðar] *vt* ● **me ayudó a llevar la maleta** he helped me carry the suitcase ● **su hermano le ayuda en los estudios** his brother helps him with his studies

ayunar [aju'nar] *vi* to fast

ayuntamiento [ajunta'mjento] *m* **1.** *(edificio)* town hall *(UK)*, city hall *(US)* **2.** *(corporación)* town council

azada [a'θaða] *f* hoe

azafata [aθa'fata] *f* air hostess *(UK)*, flight attendant *(US)* ● **azafata de vuelo** air hostess

azafate [aθa'fate] *m* *(Andes & RP)* tray

azafrán [aθa'fran] *m* *(condimento)* saffron

azar [a'θar] *m* chance ● **al azar** at random

azotea [aθo'tea] *f* terraced roof

azúcar [a'θukar] *m o f* sugar ● **azúcar glass** icing sugar *(UK)*, confectioner's sugar *(US)* ● **azúcar moreno** brown sugar

azucarado, da [aθuka'raðo, ða] *adj* sweet

azucarera [aθuka'rera] *f* sugar bowl

azucena [aθu'θena] *f* white lily

azufre [a'θufre] *m* sulphur

azul [a'θul] *adj & m* blue

azulado, da [aθu'laðo, ða] *adj* bluish

azulejo [aθu'lexo] *m* (glazed) tile

azuloso, sa [aθu'loso, sa] *adj (Amér)* bluish

*b*B

baba ['baβa] *f* saliva

babero [ba'βero] *m* bib

babor [ba'βor] *m* port

babosa [ba'βosa] *f* slug

baboso, sa [ba'βoso, sa] *adj* **1.** (*caracol*) slimy **2.** (*bebé*) dribbling **4.** (*Amér*) (*tonto*) stupid

baca ['baka] *f* roof rack

bacalao [baka'lao] *m* cod ● **bacalao a la vizcaína** *Basque dish of salt cod baked with a thick sauce of olive oil, garlic, paprika, onions, tomato and red peppers*

bacán [ba'kan] ◇ *adj* (*Amér*) elegant ◇ *m* (*Amér*) dandy

bachillerato [batʃiʎe'rato] *m* (*former*) *course of secondary studies for academically orientated 14 to 16-year-olds*

bacinica [baθi'nika] *f* (*Amér*) chamber pot

bacon ['beikon] *m* bacon

bádminton ['baðminton] *m* badminton

bafle ['bafle] *m* loudspeaker

bahía [ba'ia] *f* bay

bailar [bai'lar] *vt & vi* to dance ● **el pie me baila en el zapato** my shoe is too big for me

bailarín, ina [baila'rin, ina] *m.f* **1.** (*de ballet*) ballet dancer **2.** (*de otras danzas*) dancer

baile ['baile] *m* **1.** (*danza*) dance **2.** (*fiesta*) ball

baja ['baxa] *f* (*por enfermedad*) sick leave ● **dar de baja** (*en empresa*) to lay off; (*en asociación, club*) to expel ● **darse de baja** to resign ● **estar de baja** to be on sick leave

bajada [ba'xaða] *f* descent ● **bajada de bandera** minimum fare

bajar [ba'xar] ◇ *vt* **1.** (*lámpara, cuadro, etc*) to take down **2.** (*cabeza, mano, voz, persiana*) to lower **3.** (*música, radio, volumen*) to turn down **4.** (*escalera*) to go down **5.** (*precios*) to lower ◇ *vi* (*disminuir*) to go down ● **bajar de** *v* + *prep* **1.** (*de avión, tren*) to get off **2.** (*de coche*) to get out of ● **bajarse** *vp* **1.** (*de avión, tren*) to get off **2.** (*de coche*) to get out of

bajío [ba'xio] *m* (*Amér*) low-lying land

bajo, ja ['baxo, xa] ◇ *adj* **1.** (*persona*) short **2.** (*objeto, cifra, precio*) low **3.** (*sonido*) soft ◇ *m* (*instrumento*) bass ◇ *adv* (*hablar*) quietly ◇ *prep* **1.** (*físicamente*) under **2.** (*con temperaturas*) below ● **bajos** *mpl* (*de un edificio*) ground floor *sg*

bakalao [baka'lao] *m* (*fam*) rave music

bala ['bala] *f* bullet

balacear [balaθe'ar] *vt* (*Amér*) to shoot

balacera [bala'θera] *f* (*Amér*) shootout

balada [ba'laða] *f* ballad

balance [ba'lanθe] *m* **1.** (*de asunto, situación*) outcome **2.** (*de un negocio*) balance ● **hacer balance de** to take stock of

balancín [balan'θin] *m* **1.** (*mecedora*) rocking chair **2.** (*en el jardín*) swing hammock

balanza [ba'lanθa] *f (para pesar)* scales *pl*

balar [ba'lar] *vi* to bleat

balcón [bal'kon] *m* balcony

balde ['balde] *m* bucket ● **de balde** free (of charge) ● **en balde** in vain

baldosa [bal'dosa] *f* 1. *(en la calle)* paving stone 2. *(en interior)* floor tile

Baleares [bale'ares] *fpl* ● **las (islas) Baleares** the Balearic Islands

balido [ba'liðo] *m* bleat

ballena [ba'ʎena] *f* whale

ballet [ba'let] *m* ballet

balneario [balne'arjo] *m* 1. *(con baños termales)* spa 2. *(Méx) (con piscinas, etc)* ≃ lido

balneario

In South America, a *balneario* is a leisure complex comprising several open-air swimming pools together with snack bars and restaurants. In summer, people will often spend all day there sunbathing, swimming and playing sports.

balón [ba'lon] *m* ball

baloncesto [balon'θesto] *m* basketball

balonmano [balom'mano] *m* handball

balonvolea [balombo'lea] *m* volleyball

balsa ['balsa] *f* 1. *(embarcación)* raft 2. *(de agua)* pond

bálsamo ['balsamo] *m* balsam

bambú [bam'bu] *m* bamboo

banana [ba'nana] *f (Perú & RP)* banana

banca ['banka] *f* 1. *(institución)* banks *pl* 2. *(profesión)* banking 3. *(en juegos)* bank 4. *(Col, Ven & Méx) (asiento)* bench 5.

(Andes & RP) (en parlamento) seat

banco ['banko] *m* 1. *(para dinero)* bank 2. *(para sentarse)* bench 3. *(de iglesia)* pew 4. *(de peces)* shoal ● **banco de arena** sandbank

banda ['banda] *f* 1. *(cinta)* ribbon 2. *(franja)* stripe 3. *(lado)* side 4. *(en fútbol)* touchline 5. *(de músicos)* band 6. *(de delincuentes)* gang ● **banda sonora** soundtrack

bandeja [ban'dexa] *f* tray

bandera [ban'dera] *f* flag

banderilla [bande'riʎa] *f* 1. *(en toros)* banderilla, barbed dart thrust into bull's back 2. *(para comer)* hors d'oeuvre on a stick

banderín [bande'rin] *m* pennant

bandido [ban'diðo] *m* 1. *(ladrón)* bandit 2. *(fam) (pillo)* rascal

bando ['bando] *m* 1. *(en partido)* side 2. *(de alcalde)* edict

banjo ['banxo] *m* banjo

banquero [ban'kero] *m* banker

banqueta [ban'keta] *f* 1. *(para pedestres)* stool 2. *(Méx) (para pedestres)* pavement *(UK)*, sidewalk *(US)*

bañador [baɲa'ðor] *m* 1. *(para mujeres)* swimsuit 2. *(para hombres)* swimming trunks *pl (UK)*, swimsuit *(US)*

bañar [ba'ɲar] *vt* 1. *(persona)* to bath *(UK)*, to give a bath to *(US)* 2. *(cosa)* to soak 3. *(suj: luz)* to bathe 4. *(suj: mar)* to wash the coast of ◆ **bañarse** *vp* 1. *(en río, playa, piscina)* to go for a swim 2. *(en el baño)* to have a bath

bañera [ba'ɲera] *f* bath (tub)

bañista [ba'ɲista] *mf* bather *(UK)*, swimmer *(US)*

baño ['baɲo] *m* **1.** (*en bañera, de vapor, espuma*) bath **2.** (*en playa, piscina*) swim **3.** (*espacio, habitación*) bathroom **4.** (*de oro, pintura*) coat **5.** (*de chocolate*) coating ● **al baño maría** cooked in a bain-marie ● **darse un baño** to have a bath ● **baños** *mpl* (*balneario*) spa *sg*

bar ['bar] *m* bar ● **ir de bares** to go out drinking

baraja [ba'raxa] *f* pack (of cards)

barajar [bara'xar] *vt* **1.** (*naipes*) to shuffle **2.** (*posibilidades*) to consider **3.** (*datos, números*) to marshal

baranda [ba'randa] *f* handrail

barandilla [baran'diʎa] *f* handrail

baratija [bara'tixa] *f* trinket

barato, ta [ba'rato, ta] ◇ *adj* cheap ◇ *adv* cheaply

barba ['barβa] *f* beard ● **por barba** per head

barbacoa [barβa'koa] *f* barbecue ● **a la barbacoa** barbecued

barbaridad [barβari'ðað] *f* **1.** (*crueldad*) cruelty **2.** (*disparate*) stupid thing ● **una barbaridad de** loads of ● **¡qué barbaridad!** how terrible!

barbarie [bar'βarje] *f* **1.** (*incultura*) barbarism **2.** (*crueldad*) cruelty

bárbaro, ra ['barβaro, ra] *adj* **1.** (*cruel*) cruel **2.** (*fam*) (*estupendo*) brilliant

barbería [barβe'ria] *f* barber's (shop)

barbero [bar'βero] *m* barber

barbilla [bar'βiʎa] *f* chin

barbudo, da [bar'βuðo, ða] *adj* bearded

barca ['barka] *f* small boat ● **barca de pesca** fishing boat

barcaza [bar'kaθa] *f* lighter

Barcelona [barθe'lona] *s* Barcelona

barco ['barko] *m* **1.** (*más pequeño*) boat **2.** (*más grande*) ship ● **barco de vapor** steamboat ● **barco de vela** sailing ship

bareto [ba'reto] *m* (*fam*) bar

barítono [ba'ritono] *m* baritone

barman ['barman] *m* barman (*UK*), bartender (*US*)

barniz [bar'niθ, θes] (*pl* **-ces**) *m* varnish

barnizado, da [barni'θaðo, ða] *adj* varnished

barnizar [barni'θar] *vt* **1.** (*madera*) to varnish **2.** (*loza, cerámica*) to glaze

barómetro [ba'rometro] *m* barometer

barquillo [bar'kiʎo] *m* cone

barra ['bara] *f* **1.** bar **2.** (*de turrón, helado, etc*) block ● **barra de labios** lipstick ● **barra de pan** baguette ● **barra libre** unlimited drink for a fixed price

barraca [ba'raka] *f* **1.** (*chabola*) shack **2.** (*para feria*) stall (*UK*), stand (*US*)

barranco [ba'ranko] *m* (*precipicio*) precipice

barrendero, ra [baren'dero] *m,f* road sweeper

barreño [ba'reɲo] *m* washing-up bowl

barrer [ba'rer] *vt* to sweep

barrera [ba'rera] *f* **1.** (*obstáculo*) barrier **2.** (*de tren*) crossing gate **3.** (*en toros*) low wall encircling central part of bullring

barriada [bari'aða] *f* area

barriga [ba'riɣa] *f* belly

barril [ba'ril] *m* barrel

barrio ['barjo] *m* **1.** (*de población*) area **2.** (*Méx*) (*suburbio*) poor area ● **barrio chino** red light district ● **barrio comercial** shopping district

barro ['baro] *m* **1.** (*fango*) mud **2.** (*en cerámica*) clay

barroco, ca [ba'roko, ka] *adj & m* baroque

bártulos ['bartulos] *mpl* things, stuff *sg*

barullo [ba'ruʎo] *m (fam)* racket

basarse [ba'sarse] ◆ **basarse en** *v + prep* to be based on

báscula ['baskula] *f* scales *pl*

base ['base] *f* 1. *(de cuerpo, objeto)* base 2. *(de edificio)* foundations *pl* 3. *(fundamento, origen)* basis ● **a base de** by (means of) ● **base de datos** database

básico, ca ['basiko, ka] *adj* basic

basta ['basta] *interj* that's enough!

bastante [bas'tante] ◇ *adv* 1. *(suficientemente)* enough 2. *(muy)* quite, pretty ◇ *adj* 1. *(suficiente)* enough 2. *(en cantidad)* quite a few

bastar [bas'tar] *vi* to be enough ● **basta con decírselo** it's enough to tell him ● **basta con estos dos** these two are enough ● **bastarse** *vp* ● **bastarse para hacer algo** to be able to do sthg o.s.

bastardo, da [bas'tarðo, ða] *adj* bastard

bastidores [basti'ðores] *mpl* ● **entre bastidores** behind the scenes

basto, ta ['basto, ta] *adj* coarse ◆ **bastos** *mpl (naipes)* suit in Spanish deck of cards bearing wooden clubs

bastón [bas'ton] *m* 1. *(para andar)* walking stick 2. *(de mando)* baton

basura [ba'sura] *f* rubbish *(UK)*, garbage *(US)*

basurero, ra [basu'rero, ra] ◇ *m.f* dustman *(f* dustwoman) *(UK)*, garbage collector ◇ *m* rubbish dump *(UK)*, dump *(UK)*

bata ['bata] *f* 1. *(de casa)* housecoat 2. *(para baño, etc)* dressing gown *(UK)*, bathrobe 3. *(de médico, científico)* coat

batalla [ba'taʎa] *f* battle ● **de batalla** everyday

batería [bate'ria] *f* 1. battery 2. *(en música)* drums *pl* ● **batería de cocina** pots and pans *pl*

batido [ba'tiðo] *m* milkshake

batidora [bati'ðora] *f* mixer

batín [ba'tin] *m* short dressing gown *(UK)*, short robe *(US)*

batir [ba'tir] *vt* 1. *(nata)* to whip 2. *(marca, huevos)* to beat 3. *(récord)* to break

batuta [ba'tuta] *f* baton

baúl [ba'ul] *m* 1. *(caja)* trunk 2. *(Col & CSur) (maletero)* boot *(UK)*, trunk *(US)*

bautismo [baw'tizmo] *m* baptism

bautizar [bawti'θar] *vt* 1. *(en religión)* to baptize 2. *(dar un nombre)* to christen

bautizo [baw'tiθo] *m* 1. *(ceremonia)* baptism 2. *(fiesta)* christening party

baya ['baʝa] *f* berry

bayeta [ba'ʝeta] *f* cloth

bayoneta [baʝo'neta] *f* bayonet

bazar [ba'θar] *m* bazaar

beato, ta [be'ato, ta] *adj* 1. *(santo)* blessed 2. *(piadoso)* devout

beba ['beβa] *f (Amér) (fam)* little girl

bebé [be'βe] *m* baby

beber [be'βer] *vt & vi* to drink

bebida [be'βiða] *f* drink

bebido, da [be'βiðo, ða] *adj* drunk

bebito, ta [be'βito, ta] *m.f (Amér)* newborn baby

beca ['beka] *f* 1. *(del gobierno)* grant 2. *(de fundación privada)* scholarship

becario, ria [be'karjo, rja] *m.f* 1. *(del*

gobierno) grant holder **2.** *(de fundación privada)* scholarship holder

becerro, rra [be'θero, ra] *m,f* calf

bechamel [betʒa'mel] *f* béchamel sauce

bedel [be'ðel] *m* caretaker *(UK)*, janitor *(US)*

begonia [be'yonja] *f* begonia

beige ['beiʃ] *adj inv* beige

béisbol ['beizβol] *m* baseball

belén [be'len] *m* crib

belga ['belya] *adj & mf* Belgian

Bélgica ['belxika] *s* Belgium

bélico, ca ['beliko, ka] *adj* war *(antes de s)*

belleza [be'ʎeθa] *f* beauty

bello, lla ['beʎo, ʎa] *adj* **1.** *(hermoso)* beautiful **2.** *(bueno)* fine

bellota [be'ʎota] *f* acorn

bencina [ben'θina] *f (Andes)* petrol *(UK)*, gas *(US)*

bendecir [bende'θir] *vt* to bless

bendición [bendi'θjon] *f* blessing

bendito, ta [ben'dito, ta] ◇ *adj* holy ◇ *m,f (bobo)* simple soul

beneficencia [benefi'θenθja] *f* charity

beneficiar [benefi'θjar] *vt* to benefit ◆ **beneficiarse de** *v + prep* to do well out of

beneficio [bene'fiθjo] *m* **1.** *(bien)* benefit **2.** *(ganancia)* profit ● **a beneficio de** *(concierto, gala)* in aid of

benéfico, ca [be'nefiko, ka] *adj* **1.** *(gala, rifa)* charity *(antes de s)* **2.** *(institución)* charitable

benevolencia [beneβo'lenθja] *f* benevolence

benévolo, la [be'neβolo, la] *adj* benevolent

bengala [ben'gala] *f* flare

berberechos [berβe'retʒos] *mpl* cockles

berenjena [beren'xena] *f* aubergine *(UK)*, eggplant *(US)* ● **berenjenas rellenas** stuffed aubergines *(usually with mince or rice)*

bermudas [ber'muðas] *mpl* Bermuda shorts

berrinche [be'rintʒe] *m* tantrum

berza ['berθa] *f* cabbage

besar [be'sar] *vt* to kiss ◆ **besarse** *vp* to kiss

beso ['beso] *m* kiss ● **dar un beso a alguien** to give sb a kiss, to kiss sb

bestia ['bestja] ◇ *adj* **1.** *(bruto)* rude **2.** *(ignorante)* thick ◇ *mf* brute ◇ *f (animal)* beast

besugo [be'suyo] *m* sea bream

betabel [beta'βel] *m (Méx)* beetroot *(UK)*, beet *(US)*

betarraga [beta'raya] *f (Andes)* beetroot *(UK)*, beet *(US)*

betún [be'tun] *m* **1.** *(para calzado)* shoe polish **2.** *(Chile & Méx) (para bolo)* icing *(UK)*, frosting *(US)*

biberón [biβe'ron] *m* (baby's) bottle

Biblia ['biβlja] *f* Bible

bibliografía [biβljoyra'fia] *f* bibliography

biblioteca [biβljo'teka] *f* library

bibliotecario, ria [biβljote'karjo, rja] *m,f* librarian

bicarbonato [bikarβo'nato] *m* baking soda

bíceps ['biθeps] *m inv* biceps

bicho ['bitʒo] *m* **1.** *(animal pequeño)* creature, beast *(UK)* **2.** *(insecto)* bug **3.** *(pillo)* little terror

bici ['biθi] f (fam) bike
bicicleta [biθi'kleta] f bicycle
bicolor [biko'lor] adj two-coloured
bidé [bi'ðe] m bidet
bidón [bi'ðon] m can
bien ['bjen]
◇ m 1. (lo que es bueno) good 2. (bienestar, provecho) good ● hacer el bien to do good
◇ adv 1. (como es debido, correcto) well ● has actuado bien you did the right thing ● habla bien inglés she speaks English well 2. (expresa opinión favorable) well ● estar bien (de salud) to be well; (de aspecto) to be nice; (de calidad) to be good; (de comodidad) to be comfortable 3. (suficiente) ● estar bien to be enough 4. (muy) very ● quiero un vaso de agua bien fría I'd like a nice, cold glass of water 5. (vale, de acuerdo) all right
◇ adj inv (adinerado) well-to-do
◇ conj 1. ● bien ... bien either ... or ● entrega el vale bien a mi padre, bien a mi madre give the receipt to either my father or my mother 2. (en locuciones) más bien rather ● ¡está bien! (vale) all right then!; (es suficiente) that's enough ● ¡muy bien! very good!
● **bienes** mpl (patrimonio) property sg; (productos) goods ● **bienes de consumo** consumer goods ● **bienes inmuebles** o **raíces** real estate sg
bienal [bje'nal] adj biennial
bienestar [bjenes'tar] m wellbeing
bienvenida [bjembe'niða] f welcome
bienvenido, da [bjembe'niðo, ða] ◇ adj welcome ◇ interj welcome!
bife ['bife] m (Andes & RP) steak

bifocal [bifo'kal] adj bifocal
bigote [bi'γote] m moustache
bigotudo, da [biγo'tuðo, ða] adj moustachioed
bilingüe [bi'linγue] adj bilingual
billar [bi'ʎar] m 1. (juego) billiards 2. (sala) billiard hall, pool hall (US) ● **billar americano** pool
billete [bi'ʎete] m 1. (de dinero) note (UK), bill (US) 2. (de transporte) ticket 3. (de lotería) lottery ticket ● **billete de ida y vuelta** return (ticket) (UK), round-trip (ticket) (US) ● **billete sencillo** single (ticket) (UK), one-way (ticket) (US)
billetero [biʎe'tero] m wallet
billón [bi'ʎon] m trillion
bingo ['bingo] m 1. (juego) bingo 2. (sala) bingo hall
biodegradable [bioðeγra'ðaβle] adj biodegradable
biografía [bioγra'fia] f biography
biográfico, ca [bio'γrafiko, ka] adj biographical
biología [biolo'xia] f biology
biopsia [bi'opsja] f biopsy
bioquímica [bio'kimika] f biochemistry
biquini [bi'kini] m bikini
birlar [bir'lar] vt (fam) to swipe
birra ['bira] f (fam) beer
birria ['birja] f 1. (fam) (persona) sight 2. (fam) (cosa) monstrosity 3. (Amér) (carne) barbecued meat
birrioso, sa [bi'rjoso, sa] adj (fam) crappy
bisabuelo, la [bisa'βwelo, la] m,f great-grandfather (f great-grandmother)
biscuit [bis'kuit] m sponge ● **biscuit**

glacé ice cream made with eggs, milk, flour and sugar

bisexual [bisek'sual] adj bisexual

bisnieto, ta [biz'njeto, ta] m,f great-grandson (f great-granddaughter)

bisonte [bi'sonte] m bison

bistec [bis'tek] m steak ● **bistec a la plancha** grilled steak ● **bistec de ternera** veal cutlet

bisturí [bistu'ri] m scalpel

bisutería [bisute'ria] f costume jewellery

bíter ['biter] m bitters

bizco, ca ['biθko, ka] adj cross-eyed

bizcocho [biθ'kotʃo] m sponge cake

blanca ['blanka] f ● **estar sin blanca** (fam) to be broke ➤ **blanco**

blanco, ca ['blanko, ka] ◇ adj & m,f white ◇ m 1. (color) white 2. (diana, objetivo) target ● **dar en el blanco** (acertar) to hit the nail on the head ● **en blanco** (sin dormir) sleepless; (sin memoria) blank

blando, da ['blando, da] adj 1. soft 2. (carne) tender 3. (débil) weak

blanquear [blanke'ar] vt 1. (pared) to whitewash 2. (ropa) to bleach

blindado, da [blin'daðo, ða] adj 1. (puerta, edificio) armour-plated 2. (coche) armoured

blindar [blin'dar] vt to armour-plate

bloc ['blok] m 1. (de notas) notepad 2. (de dibujo) sketchpad

bloque ['bloke] m block ● **bloque de pisos** block of flats (UK), apartment building (US)

bloquear [bloke'ar] vt 1. (cuenta, crédito) to freeze 2. (por nieve, inundación) to cut off 3. (propuesta, reforma) to block ●

bloquearse vp 1. (mecanismo) to jam 2. (dirección) to lock 3. (persona) to have a mental block

bloqueo [blo'keo] m 1. (mental) mental block 2. (económico, financiero) blockade

blusa ['blusa] f blouse

bluyines [blu'jines] mpl (Amér) jeans

bobada [bo'βaða] f stupid thing ● **decir bobadas** to talk nonsense

bobina [bo'βina] f 1. (de automóvil) coil 2. (de hilo) reel

bobo, ba ['boβo, βa] adj 1. (tonto) stupid 2. (ingenuo) naïve

boca ['boka] f mouth ● **boca a boca** mouth-to-mouth resuscitation ● **boca de incendios** hydrant ● **boca de metro** tube entrance (UK), subway entrance (US) ● **boca abajo** face down ● **boca arriba** face up

bocacalle [boka'kaʎe] f 1. (entrada) entrance (to a street) 2. (calle) side street

bocadillería [bokaðiʎe'ria] f sandwich shop

bocadillo [boka'ðiʎo] m sandwich

bocado [bo'kaðo] m 1. (comida) mouthful 2. (mordisco) bite

bocata [bo'kata] m (fam) sarnie (UK), sandwich

boceto [bo'θeto] m 1. (de cuadro, dibujo, edificio) sketch 2. (de texto) rough outline

bochorno [bo'tʃorno] m 1. (calor) stifling heat 2. (vergüenza) embarrassment

bochornoso, sa [botʃor'noso, sa] adj 1. (caluroso) muggy 2. (vergonzoso) embarrassing

bocina [bo'θina] f 1. (de coche) horn 2. (Amér) (de teléfono) receiver

boda ['boða] f wedding • **bodas de oro** golden wedding sg • **bodas de plata** silver wedding sg

bodega [bo'ðeɣa] f 1. (para vinos) wine cellar 2. (tienda) wine shop 3. (bar) bar 4. (de avión, barco) hold 5. (Andes, Méx & Ven) (almacén) warehouse

bodegón [boðe'ɣon] m (pintura) still life

bodrio ['boðrjo] m 1. (despec) (porquería) rubbish (UK), junk (US) 2. (comida) pigswill

bofetada [bofe'taða] f slap (in the face)

bogavante [boɣa'ßante] m lobster

bohemio, mia [bo'emjo, mja] adj bohemian

bohío [bo'io] m (CAm, Col & Ven) hut

boicot [boj'kot, boj'kots] m (pl **boicots**) m boycott • **hacer boicot a** to boycott

boicotear [bojkote'ar] vt to boycott

boina ['bojna] f beret

bola ['bola] f 1. (cuerpo esférico) ball 2. (de helado) scoop 3. (fam) (mentira) fib 4. (Amér) (fam) (rumor) racket 5. (Amér) (fam) (lío) muddle • **hacerse bolas** (Amér) (fam) to get into a muddle

bolera [bo'lera] f bowling alley

bolero [bo'lero] m bolero

boleta [bo'leta] f 1. (Amér) (comprobante) ticket stub 2. (CSur) (multa) ticket 3. (Méx & RP) (votación) ballot

boletería [bolete'ria] f (Amér) box office

boletín [bole'tin] m 1. (informativo) bulletin 2. (de suscripción) subscription form

boleto [bo'leto] m (Amér) ticket

boli ['boli] m (fam) Biro ® (UK), ballpoint pen

bolígrafo [bo'liɣrafo] m Biro ® (UK), ball-point pen

bolillo [bo'liʎo] m (Méx) bread roll

Bolivia [bo'lißja] s Bolivia

boliviano, na [boli'ßjano, na] adj & m,f Bolivian

bollería [boʎe'ria] f (tienda) bakery

bollo ['boʎo] m 1. (dulce) bun 2. (de pan) roll

bolos ['bolos] mpl (juego) (tenpin) bowling

bolsa ['bolsa] f 1. (de plástico, papel, tela) bag 2. (en economía) stock market • **bolsa de basura** bin liner • **bolsa de viaje** travel bag

bolsillo [bol'siʎo] m pocket • **de bolsillo** pocket (antes de s)

bolso ['bolso] m (de mujer) handbag (UK), purse (US)

boludez [bolu'ðeθ] f (Col, RP & Ven) stupid thing

boludo, da [bo'luðo, ða] m,f (Col, RP & Ven) idiot

bomba ['bomba] f 1. (explosivo) bomb 2. (máquina) pump • **bomba atómica** nuclear bomb • **pasarlo bomba** to have a great time

bombardear [bombarðe'ar] vt to bombard

bombardeo [bombar'ðeo] m bombardment

bombero [bom'bero] m fireman

bombilla [bom'biʎa] f light bulb

bombilla [bom'biʎo] f (CAm, Col & Ven) light bulb

bombita [bom'bita] f (RP) light bulb

bombo ['bombo] m 1. (de lotería, rifa) drum 2. (tambor) bass drum • **a bombo y platillo** with a lot of hype

bombón [bom'bon] m 1. (golosina) chocolate 2. (fam) (persona) stunner

bombona [bom'bona] f cylinder • **bombona de butano** gas cylinder

bombonería [bombone'ria] f sweetshop (UK), candy store (US)

bonanza [bo'nanθa] f 1. (de tiempo) fair weather 2. (de mar) calm at sea 3. (prosperidad) prosperity

bondad [bon'dað] f goodness

bondadoso, sa [bonda'ðoso, sa] adj kind

bonificación [bonifika'θjon] f discount

bonificar [bonifi'kar] vt to give a discount of

bonito, ta [bo'nito, ta] ◇ adj 1. (persona, cosa) pretty 2. (cantidad) considerable ◇ m (pescado) tuna • **bonito con tomate** tuna in a tomato sauce

bono ['bono] m (vale) voucher

bonobús [bono'βus] m multiple-journey ticket

bonoloto [bono'loto] f Spanish lottery

bonometro [bono'nometro] m ten-journey ticket valid on the underground and on buses

bonsai [bon'sai] m bonsai

boñiga [bo'niŋa] f cowpat

boquerones [boke'rones] mpl (fresh) anchovies

boquete [bo'kete] m hole

boquilla [bo'kiʎa] f 1. (del cigarrillo) cigarette holder 2. (de flauta, trompeta, etc) mouthpiece 3. (de tubo, aparato) nozzle • **de boquilla** insincere

borda ['borða] f gunwale

bordado, da [bor'ðaðo, ða] ◇ adj embroidered ◇ m embroidery • **salir bordado** to turn out just right

bordar [bor'ðar] vt 1. (en costura) to embroider 2. (ejecutar perfectamente) to play to perfection

borde ['borðe] ◇ m 1. (extremo) edge 2. (de carretera) side 3. (de vaso, botella) rim ◇ adj (despec) grouchy, miserable • **al borde de** on the verge of

bordear [borðe'ar] vt (rodear) to border

bordillo [bor'ðiʎo] m kerb (UK), curb (US)

bordo ['borðo] m • **a bordo (de)** on board

borla ['borla] f 1. (adorno) tassel 2. (para maquillaje) powder puff

borra ['borra] f 1. (relleno) stuffing 2. (de polvo) fluff

borrachera [borra'tʒera] f drunkenness • **coger una borrachera** to get drunk

borracho, cha [bo'ratʒo, tʒa] adj & m,f drunk

borrador [borra'ðor] m 1. (boceto) rough draft 2. (goma) rubber (UK), eraser (US)

borrar [bo'rar] vt 1. (con goma) to rub out (UK), to erase (US) 2. (en ordenador) to delete 3. (en casete) to erase 4. (dar de baja) to strike off (UK), to expel from a professional organization

borrasca [bo'raska] f thunderstorm

borrón [bo'ron] m blot

borroso, sa [bo'roso, sa] adj blurred

bosque ['boske] m 1. (pequeño) wood 2. (grande) forest

bostezar [boste'θar] vi to yawn

bostezo [bos'teθo] *m* yawn

bota ['bota] *f* **1.** *(calzado)* boot **2.** *(de vino) small leather container in which wine is kept* ● botas de agua wellington boots ● ponerse las botas to stuff o.s.

botana [bo'tana] *f* (*Méx*) snack, tapa

botánica [bo'tanika] *f* botany

botar [bo'tar] *vt* (*Amér*) to throw away

bote ['bote] *m* **1.** *(de vidrio)* jar **2.** *(de metal)* can **3.** *(de plástico)* bottle **4.** *(embarcación)* boat **5.** *(salto)* jump ● bote salvavidas lifeboat ● tener a alguien en el bote to have sb eating out of one's hand

botella [bo'teʎa] *f* bottle

botellín [bote'ʎin] *m* small bottle

botijo [bo'tixo] *m* earthenware jug

botín [bo'tin] *m* **1.** *(calzado)* ankle boot **2.** *(tras un robo, atraco)* loot

botiquín [boti'kin] *m* **1.** *(maletín)* first-aid kit **2.** *(mueble)* medicine cabinet (*UK*) ◇ chest (*US*)

botón [bo'ton] *m* button ● botones *m inv* bellboy

bouquet [bu'ket] *m* bouquet

boutique [bu'tik] *f* boutique

bóveda ['boβeða] *f* vault

bovino, na [bo'βino, na] *adj* (*en carnicería*) beef (*antes de s*)

box ['boks] *m* (*CSur & Méx*) boxing

boxear [bokse'ar] *vi* to box

boxeo [bok'seo] *m* boxing

boya ['boja] *f* (*en el mar*) buoy

bragas ['braɣas] *fpl* knickers (*UK*), panties (*US*)

bragueta [bra'ɣeta] *f* flies *pl* (*UK*), zipper (*US*)

bramar [bra'mar] *vi* to bellow

brandy ['brandi] *m* brandy

brasa ['brasa] *f* ember ● a la brasa barbecued

brasero [bra'sero] *m* brazier

brasier [bra'sjer] *m* (*Carib, Col & Méx*) bra

Brasil [bra'sil] *m* ● (el) Brazil Brazil

brasileño, ña [brasi'leɲo, ɲa] *adj & m,f* Brazilian

brasilero, ra [brasi'lero, ra] *adj & m,f* (*Amér*) Brazilian

bravo, va ['braβo, βa] ◇ *adj* **1.** *(toro)* wild **2.** *(persona)* brave **3.** *(mar)* rough ◇ *interj* bravo!

braza ['braθa] *f* (*en natación*) breaststroke

brazalete [braθa'lete] *m* bracelet

brazo ['braθo] *m* **1.** arm **2.** *(de lámpara, candelabro)* branch ● con los brazos abiertos with open arms ● de brazos cruzados without lifting a finger ● brazo de gitano ≃ swiss roll (*UK*), ≃ jelly roll (*US*)

brebaje [bre'βaxe] *m* concoction

brecha ['bretʃa] *f* **1.** *(abertura)* hole **2.** *(herida)* gash

brécol ['brekol] *m* broccoli

breve ['breβe] *adj* brief ● en breve shortly

brevedad [breβe'ðað] *f* shortness

brevemente [,breβe'mente] *adv* briefly

brevet [bre'βet] *m* (*Ecuad & Perú*) driving licence (*UK*), driver's license (*US*)

brezo ['breθo] *m* heather

bricolaje [briko'laxe] *m* do-it-yourself

brida ['briða] *f* bridle

brigada [bri'ɣaða] *f* **1.** *(de limpieza)* team

2. (de la policía) brigade

brillante [bri'ʎante] ◇ adj **1.** (material) shiny **2.** (persona, trabajo, actuación) brilliant ◇ m (cut) diamond

brillantina [briʎan'tina] f Brylcreem ®, brillantine

brillar [bri'ʎar] vi to shine

brillo ['briʎo] m shine ● sacar brillo to polish

brilloso, sa [bri'ʎoso, sa] adj (Amér) shiny

brindar [brin'dar] ◇ vi to drink a toast ◇ vt to offer ● brindar por to drink to ◆ brindarse vp ● brindarse a to offer to

brindis ['brindis] m inv toast

brío ['brio] m spirit

brisa ['brisa] f breeze

británico, ca [bri'taniko, ka] ◇ adj British ◇ m,f British person ● los británicos the British

brizna ['briθna] f (de hierba) blade

broca ['broka] f (drill) bit

brocal [bro'kal] m parapet (of well)

brocha ['brotʃa] f **1.** (para pintar) brush **2.** (para afeitarse) shaving brush

broche ['brotʃe] m **1.** (joya) brooch, pin (US) **2.** (de vestido) fastener

brocheta [bro'tʃeta] f **1.** (plato) shish kebab **2.** (aguja) skewer

broma ['broma] f **1.** (chiste) joke **2.** (travesura) prank ● estar de broma to be joking ● gastar una broma a alguien to play a joke on sb ● tomar algo a broma not to take sthg seriously ● broma pesada bad joke

bromear [brome'ar] vi to joke

bromista [bro'mista] ◇ adj fond of playing jokes ◇ mf joker

bronca ['bronka] f (jaleo) row (UK), quarrel ● echar una bronca a alguien to tell sb off

bronce ['bronθe] m bronze

bronceado [bronθe'aðo] m tan

bronceador [bronθea'ðor] m suntan lotion

broncearse [bronθe'arse] vp to get a tan

bronquios ['bronkios] mpl bronchial tubes

bronquitis [bron'kitis] f inv bronchitis

brotar [bro'tar] vi **1.** (plantas) to sprout **2.** (lágrimas, agua) to well up

brote ['brote] m **1.** (de planta) bud **2.** (de enfermedad) outbreak

bruja ['bruxa] f (fam) (fea y vieja) old hag ⊳ brujo

brujería [bruxe'ria] f witchcraft

brujo, ja ['bruxo, xa] m,f wizard (f witch)

brújula ['bruxula] f compass

brusco, ca ['brusko, ka] adj **1.** (repentino) sudden **2.** (grosero) brusque

brusquedad [bruske'ðað] f **1.** (imprevisión) suddenness **2.** (grosería) brusqueness

brutal [bru'tal] adj **1.** (salvaje) brutal **2.** (enorme) huge

brutalidad [brutali'ðað] f **1.** (brusquedad) brutishness **2.** (salvajada) brutal act

bruto, ta ['bruto, ta] adj **1.** (ignorante) stupid **2.** (violento) brutish **3.** (rudo) rude **4.** (peso, precio, sueldo) gross

bucear [buθe'ar] vi to dive

buche ['butʃe] m (de ave) crop

bucle ['bukle] m **1.** (de cabello) curl **2.** (de cinta, cuerda) loop

bucólico, ca [buˈkoliko, ka] *adj* country *(antes de s)*

bueno, na, [ˈbueno, na] *(mejor es el comparativo y el superlativo de bueno)* ◇ *adj* good ◇ *adv (conforme)* all right ◇ *interj (Méx) (al teléfono)* hello! ● **¡buenas!** hello! ● **¡buen día!** *(Amér)* hello! ● **¡buenas noches!** *(despedida)* good night! ● **¡buenas tardes!** *(hasta las cinco)* good afternoon!; *(después de las cinco)* good evening! ● **¡buenos días!** *(hola)* hello!; *(por la mañana)* good morning! ● **hace buen día** it's a nice day

buey [ˈbuei] *m* ox ● **buey de mar** spider crab

búfalo [ˈbufalo] *m* buffalo

bufanda [buˈfanda] *f* scarf

bufete [buˈfete] *m (despacho)* lawyer's practice

buffet [buˈfet] *m* buffet

buhardilla [buarˈðiʎa] *f* **1.** *(desván)* attic **2.** *(ventana)* dormer (window)

búho [ˈbuo] *m* owl

buitre [ˈbuitre] *m* vulture

bujía [buˈxia] *f* **1.** *(de coche)* spark plug **2.** *(vela)* candle

bula [ˈbula] *f (papal)* bull

bulbo [ˈbulβo] *m* bulb

bulerías [buleˈrias] *fpl* Andalusian song with lively rhythm accompanied by clapping

bulevar [buleˈβar] *m* boulevard

Bulgaria [bulˈɣarja] *s* Bulgaria

búlgaro, ra [ˈbulgaro, ra] *adj & m,f* Bulgarian

bulla [ˈbuʎa] *f* racket

bullicio [buˈʎiθjo] *m* **1.** *(actividad)* hustle and bustle **2.** *(ruido)* hubbub

bullicioso, sa [buˈʎiˈθjoso, sa] *adj* **1.** *(persona)* rowdy **2.** *(lugar)* busy

bulto [ˈbulto] *m* **1.** *(volumen)* bulk **2.** *(paquete)* package **3.** *(en superficie)* bump **4.** *(en piel, cabeza)* lump ▼ **un solo bulto de mano** one item of hand luggage only

bumerang [bumeˈran] *m* boomerang

bungalow [bungaˈlo] *m* bungalow

buñuelo [buˈɲuelo] *m* ≃ doughnut ● **buñuelo de viento** ≃ doughnut

buque [ˈbuke] *m* ship

burbuja [burˈβuxa] *f* **1.** *(de gas, aire)* bubble **2.** *(flotador)* rubber ring (UK), lifesaver (US)

burdel [burˈðel] *m* brothel

burgués, esa [burˈɣes, esa] ◇ *adj* middle-class ◇ *m,f* middle class person

burguesía [burɣeˈsia] *f* middle class

burla [ˈburla] *f* taunt

burlar [burˈlar] *vt* **1.** *(eludir)* to evade **2.** *(ley)* to flout ● **burlarse de** *v + prep* to make fun of

buró [buˈro] *m* **1.** writing desk **2.** *(Amér)* bedside table

burrada [buˈraða] *f* stupid thing

burro, rra [ˈburo, ra] *m,f* **1.** *(animal)* donkey **2.** *(persona tonta)* dimwit

buscador [buskaˈðor] *m* INFORM search engine

buscar [busˈkar] *vt* to look for ● **ir a buscar** *(personas)* to pick up; *(cosas)* to go and get

busto [ˈbusto] *m* **1.** *(en escultura, pintura)* bust **2.** *(parte del cuerpo)* chest

butaca [buˈtaka] *f* **1.** *(asiento)* armchair **2.** *(en cine, teatro)* seat

butano [buˈtano] *m* butane (gas)

buzo ['buθo] *m* **1.** *(persona)* diver **2.** *(traje)* overalls *pl*

buzón [bu'θon] *m* letterbox *(UK)*, mailbox *(US)*

c/ *(abr de* **calle)** St *(street)*; *(abr de* **cuenta)** a/c *(account (current))*

cabalgada [kaβal'γaða] *f* mounted expedition

cabalgar [kaβal'γar] *vi* to ride

cabalgata [kaβal'γata] *f* procession

caballa [ka'βaʎa] *f* mackerel

caballería [kaβaʎe'ria] *f* **1.** *(cuerpo militar)* cavalry **2.** *(animal)* mount

caballero [kaβa'ʎero] *m* **1.** *(persona, cortés)* gentleman **2.** *(formal) (señor)* Sir **3.** *(de Edad Media)* knight ▼ **caballeros** *(en aseos)* gents *(UK)*, men; *(en probadores)* men; *(en tienda de ropa)* menswear

caballete [kaβa'ʎete] *m* **1.** *(para mesa, tabla)* trestle **2.** *(para cuadro, pizarra)* easel

caballito [kaβa'ʎito] *m* ● **caballito de totora** *(Amér)* small fishing boat made of reeds used by Peruvian and Bolivian Indians ◆ **caballitos** *mpl (tiovivo)* merry-go-round *sg*

caballo [ka'βaʎo] *m* **1.** *(animal)* horse **2.** *(en la baraja)* ≃ queen **3.** *(en ajedrez)* knight ● **caballos de vapor** horsepower

cabaña [ka'βaɲa] *f* cabin

cabaret [kaβa'ret] *m* cabaret

cabecear [kaβeθe'ar] *vi* **1.** *(negando)* to shake one's head **2.** *(afirmando)* to nod one's head **3.** *(durmiéndose)* to nod off **4.** *(barco)* to pitch **5.** *(coche)* to lurch

cabecera [kaβe'θera] *f* **1.** *(de la cama)* headboard **2.** *(en periódico)* headline **3.** *(en libro, lista)* heading **4.** *(parte principal)* head

cabecilla [kaβe'θiʎa] *mf* ringleader

cabellera [kaβe'ʎera] *f* long hair

cabello [ka'βeʎo] *m* hair ● **cabello de ángel** *sweet consisting of strands of pumpkin coated in syrup*

caber [ka'βer] *vi* **1.** to fit **2.** *(ser posible)* to be possible ● **no cabe duda** there is no doubt about it ● **no me caben los pantalones** my trousers are too small for me

cabestrillo [kaβes'triʎo] *m* sling

cabeza [ka'βeθa] *f* head ● **cabeza de ajos** head of garlic ● **cabeza de familia** head of the family ● **cabeza rapada** skinhead ● **por cabeza** per head ● **perder la cabeza** to lose one's head ● **sentar la cabeza** to settle down ● **traer de cabeza** to drive mad

cabezada [kaβe'θaða] *f* ● **dar una cabezada** to have a nap

cabida [ka'βiða] *f* ● **tener cabida** to have room

cabina [ka'βina] *f* booth ● **cabina telefónica** phone box *(UK)*, phone booth

cable ['kaβle] *m* cable ● **por cable** by cable ● **cable eléctrico** electric cable

cabo ['kaβo] *m* **1.** *(en geografía)* cape **2.** *(cuerda)* rope **3.** *(militar, policía)* corporal

● **al cabo de** after ● **atar cabos** to put two and two together ● **cabo suelto** loose end ● **de cabo a rabo** from beginning to end ● **llevar algo a cabo** to carry sthg out

cabra ['kaβra] *f* goat ● **estar como una cabra** to be off one's head

cabrear [kaβre'ar] *vt* (*vulg*) to piss off ◆ **cabrearse** *vp* (*vulg*) to get pissed off

cabreo [ka'βreo] *m* (*vulg*) ● **coger un cabreo** to get pissed off

cabrito [ka'βrito] *m* kid (goat)

cabrón, brona [ka'βron] *m,f* (*vulg*) bastard (*f* bitch)

cabronada [kaβro'naða] *f* (*vulg*) dirty trick

caca ['kaka] *f* **1.** (*excremento*) pooh **2.** (*suciedad*) dirty thing

cacahuate [kaka'wate] *m* (*Méx*) peanut

cacahuete [kaka'wete] *m* peanut

cacao [ka'kao] *m* **1.** (*chocolate*) cocoa **2.** (*fam*) (*jaleo*) racket **3.** (*de labios*) lip salve

cacarear [kakare'ar] *vi* to cluck

cacería [kaθe'ria] *f* hunt

cacerola [kaθe'rola] *f* pot

cachalote [katʃa'lote] *m* sperm whale

cacharro [ka'tʃaro] *m* **1.** (*de cocina*) pot **2.** (*fam*) (*trasto*) junk **3.** (*fam*) (*coche*) banger (*UK*), rattle trap (*US*)

cachear [katʃe'ar] *vt* to frisk

cachemir [katʃe'mir] *m* cashmere

cachetada [katʃe'taða] *f* (*Amér*) slap

cachete [ka'tʃete] *m* slap

cachivache [katʃi'βatʃe] *m* knick-knack

cacho ['katʃo] *m* **1.** (*fam*) (*trozo*) piece **2.**

(*Andes & Ven*) (*cuerno*) horn

cachondearse [katʃonde'arse] ◆ **cachondearse de** *v + prep* (*fam*) to take the mickey out of (*UK*), to make fun of (*US*)

cachondeo [katʃon'deo] *m* (*fam*) ● **estar de cachondeo** to be joking ● **ir de cachondeo** to go out on the town

cachondo, da [ka'tʃondo, da] *adj* (*fam*) (*alegre*) funny

cachorro, rra [ka'tʃoro, ra] *m,f* puppy

cacique [ka'θike] *m* local political boss

cactus ['kaktus] *m* cactus

cada ['kaða] *adj* **1.** (*para distribuir*) each **2.** (*en frecuencia*) every ● **cada vez más** more and more ● **cada vez más corto** shorter and shorter ● **cada uno** each

cadáver [ka'ðaβer] *m* corpse

cadena [ka'ðena] *f* **1.** chain **2.** (*de televisión*) channel, network (*UK*) **3.** (*de radio*) station **4.** (*de música*) sound system **5.** (*de montañas*) range ● **en cadena** (*accidente*) multiple

cadencia [ka'ðenθja] *f* rhythm

cadera [ka'ðera] *f* hip

cadete [ka'ðete] *m* cadet

caducar [kaðu'kar] *vi* **1.** (*alimento*) to pass its sell-by date (*UK*) o best-before date (*US*) **2.** (*ley, documento, etc*) to expire

caducidad [kaðuθi'ðað] *f* expiry

caduco, ca [ka'ðuko, ka] *adj* (*persona*) very old-fashioned ● **de hoja caduca** deciduous

caer [ka'er] *vi* **1.** to fall **2.** (*día, tarde, verano*) to draw to a close ● **caer bien/mal** (*comentario, noticia*) to go down well/badly ● **me cae bien/mal** *(persona)* I like/don't like him ● **cae cerca de aquí** it's not far from here ● **dejar caer algo** to drop sthg ◆ **caer en** *v + prep* **1.** *(respuesta, solución)* to hit on, to find **2.** *(día)* to be on **3.** *(mes)* to be in ● **caer en la cuenta** to realize ◆ **caerse** *vp (persona)* to fall down

café [ka'fe] *m* **1.** *(bebida, grano)* coffee **2.** *(establecimiento)* cafe ● **café descafeinado** decaffeinated coffee ● **café irlandés** Irish coffee ● **café con leche** white coffee ● **café molido** ground coffee ● **café solo** black coffee

café

Strong expresso coffee is the kind most commonly served in Spanish bars and restaurants. A small black expresso is called *un café solo* or just *un solo*. If a dash of milk is added it is called a *cortado*, and this is also served in some South American countries. A large, weak cup of coffee is called *un americano*, but this is mainly for foreign visitors and is rarely drunk by Spanish people. *Café con leche* is traditionally drunk at breakfast and consists of an expresso served with lots of hot milk in a big cup. After dinner, you can have a *carajillo*, which is a *solo* to which alcohol has been added, usually brandy, rum or anisette. Latin Americans also drink *café de olla*, a very sweet coffee made with cinnamon and other spices.

cafebrería [kafeβre'ria] *f (Amér)* cafe cum bookshop

cafeína [kafe'ina] *f* caffeine

cafetera [kafe'tera] *f* **1.** *(para servir)* coffee pot **2.** *(en bares)* espresso machine **3.** *(eléctrica)* coffee maker

cafetería [kafete'ria] *f* cafe

cagar [ka'ɣar] ◇ *vi (vulg)* to shit ◇ *vt (vulg)* to fuck up

caída [ka'iða] *f* fall

caído, da [ka'iðo, ða] *adj (abatido)* downhearted ● **los caídos** the fallen

caimán [kai̯'man] *m* alligator

caja ['kaxa] *f* **1.** *(recipiente)* box **2.** *(para transporte, embalaje)* crate **3.** *(de banco)* cashier's desk *(UK)*, (teller) window *(US)* **4.** *(de supermercado)* till *(UK)*, checkout *(US)* **5.** *(de instrumento musical)* body ● **caja de ahorros** savings bank ● **caja de cambios** gearbox ● **caja registradora** cash register ▽ **caja rápida** ≃ handbaskets only

cajero, ra [ka'xero, ra] *m,f* **1.** *(de banco)* teller **2.** *(de tienda)* cashier ● **cajero automático** cash point

cajetilla [kaxe'tiʎa] ◇ *f* packet *(UK)*, pack *(US)* ◇ *m (Amér) (despec)* city slicker

cajón [ka'xon] *m (de mueble)* drawer ● **cajón de sastre** muddle

cajonera [kaxo'nera] *f* chest of drawers

cajuela [ka'xwela] *f (Méx)* boot *(UK)*, trunk *(US)*

cal [kal] *f* lime

cala ['kala] *f (ensenada)* cove

calabacín [kalaβa'θin] *m* courgette *(UK)*, zucchini *(US)*

calabaza [kala'βaθa] *f* pumpkin

calabozo [kala'βoθo] *m* cell

calada [ka'laða] *f* drag

calamar [kala'mar] *m* squid ● **calamares a la plancha** grilled squid ● **calamares en su tinta** squid cooked in its own ink

calambre [ka'lambre] *m* **1.** (*de un músculo*) cramp **2.** (*descarga eléctrica*) shock

calamidad [kalami'ðað] *f* calamity ● **ser una calamidad** (*persona*) to be a dead loss

calar [ka'lar] *vt* **1.** (*suj: lluvia, humedad*) to soak **2.** (*suj: frío*) to penetrate ◆ **calar en** *v* + *prep* (*ideas, sentimiento*) to have an impact on ◆ **calarse** *vp* **1.** (*mojarse*) to get soaked **2.** (*suj: vehículo*) to stall **3.** (*sombrero*) to jam on

calato, ta [ka'lato, ta] *adj* (*Amér*) naked

calaveras [kala'βeras] *fpl* (*Amér*) rear lights (*UK*), tail lights (*US*)

calcar [kal'kar] *vt* **1.** (*dibujo*) to trace **2.** (*imitar*) to copy

calcáreo, a [kal'kareo, a] *adj* lime

calcetín [kalθe'tin] *m* sock

calcio ['kalθjo] *m* calcium

calcomanía [kalkoma'nia] *f* transfer

calculador, ra [kalkula'ðor, ra] *adj* calculating

calculadora [kalkula'ðora] *f* calculator

calcular [kalku'lar] *vt* **1.** (*cantidad*) to calculate **2.** (*suponer*) to guess

cálculo ['kalkulo] *m* (*en matemáticas*) calculus

caldear [kalde'ar] *vt* **1.** (*local*) to heat **2.** (*ambiente*) to liven up

caldera [kal'dera] *f* boiler

calderilla [kalde'riʎa] *f* small change

caldo ['kaldo] *m* broth ● **caldo gallego**

thick soup with meat

calefacción [kalefak'θjon] *f* heating ● **calefacción central** central heating

calefactor [kalefak'tor] *m* heater

calendario [kalen'darjo] *m* **1.** calendar **2.** (*de actividades*) timetable

calentador [kalenta'ðor] *m* heater

calentamiento [kalenta'mjento] *m* (*en deporte*) warm-up

calentar [kalen'tar] *vt* **1.** (*agua, leche, comida*) to heat up **2.** (*fig*) (*pegar*) to hit **3.** (*fig*) (*incitar*) to incite ◆ **calentarse** *vp* **1.** (*en deporte*) to warm up **2.** (*excitarse*) to get turned on

calesitas [kale'sitas] *fpl* (*Amér*) merry-go-round *sg*

calibrar [kali'βrar] *vt* to gauge

calibre [ka'liβre] *m* (*importancia*) importance

calidad [kali'ðað] *f* **1.** quality **2.** (*clase*) class ● **de calidad** quality ● **en calidad de** in one's capacity as

cálido, da [ka'liðo, ða] *adj* **1.** warm **2.** (*agradable, acogedor*) friendly

caliente [ka'ljente] *adj* hot ● **en caliente** in the heat of the moment

calificación [kalifika'θjon] *f* **1.** (*en deportes*) score **2.** (*de un alumno*) mark, grade (*US*)

calificar [kalifi'kar] *vt* (*trabajo, examen*) to mark, to grade (*US*) ● **calificar a alguien de algo** to call sb sthg

caligrafía [kaliɣra'fia] *f* (*letra*) handwriting

cáliz ['kaliθ] *m* **1.** (*de flor*) calyx **2.** (*de misa*) chalice

callado, da [ka'ʎaðo, ða] *adj* quiet

callar [ka'ʎar] ◇ *vi* to be quiet ◇ *vt* **1.**

(secreto) to keep **2.** *(respuesta)* to keep to o.s. ◆ **callarse** *vp* **1.** *(no hablar)* to keep quiet **2.** *(dejar de hablar)* to be quiet

calle [ˈkaʎe] *f* **1.** *(de población)* street **2.** *(de carretera, en natación)* lane ● **dejar a alguien en la calle** to put sb out of a job ● **calle abajo/arriba** down/up the street

calleja [kaˈʎexa] *f* alley, small street

callejero, ra [kaʎeˈxero, ra] ◇ *adj* street *(antes de s)* ◇ *m* street map

callejón [kaʎeˈxon] *m* **1.** *(calle estrecha)* alley

callejuela [kaʎeˈxwela] *f* side street

callo [ˈkaʎo] *m* **1.** *(de pies)* corn **2.** *(de manos)* callus ◆ **callos** *mpl* tripe *sg* ● **callos a la madrileña** *tripe cooked with black pudding, smoked pork sausage, onion and peppers*

calloso, sa [kaˈʎoso, sa] *adj* calloused

calma [ˈkalma] *f* calm

calmado, da [kalˈmaðo, ða] *adj* calm

calmante [kalˈmante] *m* sedative

calmar [kalˈmar] *vt* to calm ◆ **calmarse** *vp* to calm down

calor [kaˈlor] *m o f* **1.** *(temperatura elevada, sensación)* heat **2.** *(tibieza, del hogar)* warmth ● **hace calor** it's hot ● **tener calor** to be hot

caloría [kaloˈria] *f* calorie

calumnia [kaˈlumnja] *f* **1.** *(oral)* slander **2.** *(escrita)* libel

calumniador, ra [kalumnjaˈðor, ra] *adj* slanderous

calumniar [kalumˈnjar] *vt* **1.** *(oralmente)* to slander **2.** *(por escrito)* to libel

calumnioso, sa [kalumˈnjoso, sa] *adj* slanderous

caluroso, sa [kaluˈroso, sa] *adj* **1.** *(caliente)* hot **2.** *(tibio, afectuoso, cariñoso)* warm

calva [ˈkalβa] *f* **1.** *(cabeza)* bald head **2.** *(area)* bald patch ➢ **calvo**

calvario [kalˈβarjo] *m* *(sufrimiento)* ordeal

calvicie [kalˈβiθje] *f* baldness

calvo, va [ˈkalβo, βa] ◇ *adj* bald ◇ *m* bald man

calzada [kalˈθaða] *f* road (surface) ▼ **calzada irregular** uneven road surface

calzado [kalˈθaðo] *m* footwear ▼ **reparación de calzados** shoe repairs

calzador [kalθaˈðor] *m* shoehorn

calzar [kalˈθar] *vt* *(zapato, bota)* to put on ● **¿qué número calza?** what size (shoe) do you take? ◆ **calzarse** *vp* to put on

calzoncillos [kalθonˈθiʎos] *mpl* underpants

calzones [kalˈθones] *mpl* *(Amér)* knickers *(UK)*, panties *(US)*

cama [ˈkama] *f* bed ● **guardar cama** to be confined to bed ● **cama individual** single bed ● **cama de matrimonio** double bed

camaleón [kamaleˈon] *m* chameleon

cámara[1] [ˈkamara] *f* **1.** *(para filmar)* camera **2.** *(de diputados, senadores)* chamber **3.** *(de neumático)* inner tube ● **cámara digital** digital camera ● **cámara fotográfica** camera ● **cámara de vídeo** video (camera)

cámara[2] [ˈkamara] *m* cameraman *(f* camerawoman*)*

camarada [kamaˈraða] *mf* *(en el trabajo)* colleague

camarero, ra [kama'rero, ra] *m,f* **1.** *(de bar, restaurante)* waiter *(f* waitress) **2.** *(de hotel)* steward *(f* chambermaid)

camarón [kama'ron] *m* (*Amér*) shrimp

camarote [kama'rote] *m* cabin

camastro [ka'mastro] *m* rickety bed

cambiar [kam'bjar] ◇ *vt* **1.** to change **2.** *(ideas, impresiones, etc)* to exchange ◇ *vi* to change ● **cambiar de** *(coche, vida)* to change; *(domicilio)* to move ◆ **cambiarse** *vp* *(de ropa)* to change ● **cambiarse de** *(casa)* to move ● **cambiarse de camisa** to change one's shirt

cambio ['kambjo] *m* **1.** change **2.** *(de ideas, propuestas, etc)* exchange **3.** *(valor de moneda)* exchange rate ● **en cambio** on the other hand ● **cambio de marchas** gear change ▼ **cambio de sentido** *sign indicating a sliproad allowing drivers to change direction on a motorway*

camello [ka'meʎo] *m* camel

camembert ['kamemβer] *m* camembert

camerino [kame'rino] *m* dressing room

camilla [ka'miʎa] *f* *(para enfermo, herido)* stretcher

camillero, ra [kami'ʎero, ra] *m,f* stretcher-bearer

caminante [kami'nante] *mf* walker

caminar [kami'nar] ◇ *vi* to walk ◇ *vt* to travel

caminata [kami'nata] *f* long walk

camino [ka'mino] *m* **1.** *(vía)* road **2.** *(recorrido)* path **3.** *(medio)* way ● **a medio camino** halfway ● **camino de** on the way to ● **ir por buen/mal camino** *(ruta)* to be going the right/wrong way ● **ponerse en camino** to set off

Camino de Santiago

This is the name of the popular pilgrimage route to Santiago de Compostela in Galicia, where the remains of St James are reputed to lie in the cathedral. The full pilgrimage begins at either Somport or Roncesvalles in Navarre and comprises 31 stages. Pilgrims can stop off at various purpose-built monasteries, churches and hospitals along the way.

camión [kami'on] *m* **1.** *(de mercancías)* lorry *(UK)*, truck *(US)* **2.** *(CAm & Méx)* *(autobús)* bus

camionero, ra [ka'mjonero, ra] *m,f* lorry driver *(UK)*, truck driver *(US)*

camioneta [kamjo'neta] *f* van

camisa [ka'misa] *f* shirt

camisería [kamise'ria] *f* outfitter's (shop)

camisero, ra [kami'sero, ra] *adj* with buttons down the front

camiseta [kami'seta] *f* **1.** *(de verano)* T-shirt **2.** *(ropa interior)* vest *(UK)*, undershirt *(US)*

camisola [kami'sola] *f* (*Amér*) shirt

camisón [kami'son] *m* nightdress *(UK)*, nightgown *(US)*

camomila [kamo'mila] *f* camomile

camorra [ka'mora] *f* trouble

camote [ka'mote] *m* (*Andes, CAm & Méx*) sweet potato

campamento [kampa'mento] *m* camp

campana [kam'pana] *f* **1.** *(de iglesia)* bell **2.** *(de chimenea)* chimney breast **3.** *(de cocina)* hood

campanario [kampa'narjo] *m* belfry

campaña [kam'paɲa] *f* campaign

campechano, na [kampe't̪ʒano, na] *adj* good-natured

campeón, ona [kampe'on, ona] *m,f* champion

campeonato [kampeo'nato] *m* championship ● **de campeonato** terrific

campera [kam'pera] *f (Amér)* jacket

campesino, na [kampe'sino, na] *m,f* **1.** *(agricultor)* farmer **2.** *(muy pobre)* peasant

campestre [kam'pestre] *adj* country

camping ['kampin] *m* **1.** *(lugar)* campsite **2.** *(actividad)* camping ● **ir de camping** to go camping

campista [kam'pista] *mf* camper

campo ['kampo] *m* **1.** field **2.** *(campiña)* countryside **3.** *(de fútbol)* pitch (UK), field (US) **4.** *(de golf)* course ● **campo de deportes** sports ground ● **dejar el campo libre** to leave the field open

campus ['kampus] *m* campus

camuflar [kamu'flar] *vt* to camouflage

cana ['kana] *f* grey hair ● **tener canas** to be going grey

Canadá [kana'ða] *m* ● **(el) Canadá** Canada

canadiense [kana'ðjense] *adj & mf* Canadian

canal [ka'nal] *m* **1.** *(para regar)* canal **2.** *(en geografía)* strait **3.** *(de televisión)* channel **4.** *(de desagüe)* pipe

canalla [ka'naʎa] *mf* swine

canapé [kana'pe] *m* canapé

Canarias [ka'narjas] *fpl* ● **las (islas) Canarias** the Canary Islands

canario, ria [ka'narjo, rja] ◇ *adj* of/ relating to the Canary Islands ◇ *m,f* Canary Islander ◇ *m (pájaro)* canary

canasta [ka'nasta] *f* **1.** basket **2.** *(en naipes)* canasta

canastilla [kanas'tiʎa] *f (de recién nacido)* layette

cancela [kan'θela] *f* wrought-iron gate

cancelación [kanθela'θjon] *f* cancellation

cancelar [kanθe'lar] *vt* **1.** to cancel **2.** *(cuenta, deuda)* to settle

cáncer ['kanθer] *m* cancer

cancerígeno, na [kanθe'rixeno, na] *adj* carcinogenic

cancha ['kantʒa] *f* court

canciller [kanθi'ʎer] *m* chancellor

cancillería [kanθiʎe'ria] *f (Amér) (ministerio)* ≃ Foreign Office

canción [kan'θjon] *f* song

cancionero [kanθjo'nero] *m* songbook

candado [kan'daðo] *m* padlock

candela [kan'dela] *f (Amér)* fire

candelabro [kande'laβro] *m* candelabra

candidato, ta [kandi'ðato, ta] *m,f* ● **candidato (a)** candidate (for)

candidatura [kandiða'tura] *f* candidacy

candil [kan'dil] *m* **1.** *(lámpara)* oil lamp **2.** *(Amér) (araña)* chandelier

candilejas [kandi'lexas] *fpl* footlights

caneca [ka'neka] *f (Amér)* rubbish bin (UK), trash can (US)

canela [ka'nela] *f* cinnamon

canelones [kane'lones] *mpl* cannelloni

cangrejo [kan'grexo] *m* crab

canguro [kan'guro] ◇ *m* **1.** *(animal)* kangaroo **2.** *(para llevar a un niño)* sling ◇ *mf (persona)* babysitter

caníbal [ka'niβal] *mf* cannibal

canica [ka'nika] *f* marble ◆ **canicas** *fpl* (juego) marbles

canijo, ja [ka'nixo, xa] *adj* sickly

canilla [ka'niʎa] *f* 1. (CSur) (grifo) tap (UK), faucet (US) 2. (espinilla) shinbone

canjeable [kanxe'aβle] *adj* exchangeable

canjear [kanxe'ar] *vt* to exchange ◆ **canjear algo por** to exchange sthg for

canoa [ka'noa] *f* canoe

canoso, sa [ka'noso, sa] *adj* grey-haired

cansado, da [kan'saðo, ða] *adj* 1. (fatigado, aburrido) tired 2. (pesado) tiring ◆ **estar cansado (de)** to be tired (of)

cansador, ra [kansa'ðor, ra] *adj* (Andes & CSur) tiring

cansancio [kan'sanθjo] *m* tiredness

cansar [kan'sar] *vt* to tire ◆ **cansarse** *vp* ◆ **se cansó de esperar** he got tired of waiting

cantábrico, ca [kan'taβriko, ka] *adj* Cantabrian ◆ **Cantábrico** *m* ◆ **el Cantábrico** the Cantabrian Sea

cantante [kan'tante] *mf* singer

cantaor, ra [kanta'or, ra] *m,f* flamenco singer

cantar [kan'tar] ◇ *vt* 1. (canción) to sing 2. (premio) to call (out) ◇ *vi* 1. to sing 2. (fig) (confesar) to talk

cántaro ['kantaro] *m* large pitcher ◆ **llover a cántaros** to rain cats and dogs

cantautor, ra [kantau'tor, ra] *m,f* singer-songwriter

cante ['kante] *m* ◆ **cante flamenco** o **jondo** flamenco singing

cantera [kan'tera] *f* 1. (de piedra) quarry 2. (de profesionales) source

cantidad [kanti'ðað] ◇ *f* 1. (medida)

quantity 2. (importe) sum 3. (número) number ◇ *adv* a lot ◆ **en cantidad** in abundance

cantimplora [kantim'plora] *f* water bottle

cantina [kan'tina] *f* 1. (en fábrica) canteen (UK), cafeteria (US) 2. (en estación de tren) buffet, station café

canto ['kanto] *m* 1. (arte) singing 2. (canción) song 3. (borde) edge ◆ **de canto** edgeways ◆ **canto rodado** boulder

canturrear [kanture'ar] *vt & vi* to sing

caña ['kaɲa] *f* 1. (tallo) cane 2. (de cerveza) small glass of beer ◆ **caña de azúcar** sugarcane ◆ **caña de pescar** fishing rod

cáñamo ['kaɲamo] *m* hemp

cañaveral [kaɲaβe'ral] *m* sugar-cane plantation

cañería [kaɲe'ria] *f* pipe

caño ['kaɲo] *m* 1. (de fuente) jet 2. (tubo) pipe 3. (Amér) (grifo) tap (UK), faucet (US)

cañón [ka'ɲon] *m* 1. (arma moderna) gun 2. (arma antigua) cannon 3. (de fusil) barrel 4. (entre montañas) canyon

cañonazo [kaɲo'naθo] *m* gunshot

caoba [ka'oβa] *f* mahogany

caótico, ca [ka'otiko, ka] *adj* chaotic

caos ['kaos] *m inv* chaos

capa ['kapa] *f* 1. (manto) cloak 2. (de pintura, barniz, chocolate) coat 3. (de la tierra, sociedad) stratum 4. (de torero) cape ◆ **capa de ozono** ozone layer ◆ **a capa y espada** (defender) tooth and nail ◆ **andar de capa caída** to be doing badly

capacidad [kapaθi'ðað] *f* **1.** *(de envase, aforo)* capacity **2.** *(habilidad)* ability

capacitado, da [kapaθi'taðo, ða] *adj* ● **estar capacitado para** to be qualified to

caparazón [kapara'θon] *m* shell

capataz [kapa'taθ, θes] *(pl* **-ces)** *mf* foreman *(f* forewoman)

capaz [ka'paθ, θes] *adj* capable ● **ser capaz de** to be capable of

capazo [ka'paθo] *m* large wicker basket

capellán [kape'ʎan] *m* chaplain

capicúa [kapi'kua] *adj inv* reversible

capilar [kapi'lar] *adj* hair *(antes de s)*

capilla [ka'piʎa] *f* chapel

capital [kapi'tal] ◇ *adj (importante)* supreme ◇ *m & f* capital

capitalismo [kapita'lizmo] *m* capitalism

capitalista [kapita'lista] *adj & mf* capitalist

capitán, ana [kapi'tan, ana] *m,f* captain

capitanía [kapita'nia] *f (edificio)* ≃ field marshal's headquarters

capitel [kapi'tel] *m* capital *(in architecture)*

capítulo [ka'pitulo] *m* chapter

capó [ka'po] *m* bonnet *(UK)*, hood *(US)*

capón [ka'pon] *m* **1.** *(animal)* capon **2.** *(golpe)* rap

capota [ka'pota] *f* hood *(UK)*, top *(US)*

capote [ka'pote] *m (de torero)* cape

capricho [ka'pritʃo] *m* whim ● **darse un capricho** to treat o.s.

caprichoso, sa [kapri'tʃoso, sa] *adj* capricious

Capricornio [kapri'kornjo] *m* Capricorn

cápsula ['kapsula] *f* capsule

captar [kap'tar] *vt* **1.** *(sonido, rumor)* to hear **2.** *(persona)* to win over **3.** *(expli-* cación, idea) to grasp **4.** *(señal de radio, TV)* to receive

capturar [kaptu'rar] *vt* to capture

capucha [ka'putʃa] *f* **1.** *(de prenda de vestir)* hood **2.** *(de pluma, bolígrafo)* cap

capuchino, na [kapu'tʃino, na] ◇ *adj & m,f* Capuchin ◇ *m* cappuccino

capullo [ka'puʎo] *m* **1.** *(de flor)* bud **2.** *(de gusano)* cocoon

cara ['kara] *f* **1.** *(rostro)* face **2.** *(de página, tela, luna, moneda)* side ● **cara a cara** face to face ● **de cara a** *(frente a)* facing ● **cara o cruz** heads or tails ● **echar algo o cara o cruz** to toss a coin for sthg ● **dar la cara** to face the consequences ● **echar en cara algo a alguien** to reproach sb for sthg ● **esta comida no tiene buena cara** this meal doesn't look very good ● **plantar cara a** to stand up to ● **tener (mucha) cara** to have a cheek

carabela [kara'βela] *f* caravel

carabina [kara'βina] *f* **1.** *(arma)* rifle **2.** *(fam) (persona)* chaperone

caracol [kara'kol] *m* snail ● **caracoles a la llauna** snails cooked in a pan with oil, garlic and parsley

caracola [kara'kola] *f* conch

caracolada [karako'laða] *f* dish made with snails

carácter [ka'rakter] *m* **1.** *(modo de ser)* character **2.** *(tipo)* nature ● **tener mal/ buen carácter** to be bad-tempered/ good-natured ● **tener mucho/poco carácter** to have a strong/weak personality

característica [karakte'ristika] *f* característic

característico, ca [karakte'ristiko, ka] *adj* characteristic

caracterizar [karakteri'θar] *vt* **1.** *(identificar)* to characterize **2.** *(representar)* to portray ◆ **caracterizarse por** *v + prep* to be characterized by

caradura [kara'ðura] *adj inv (fam)* cheeky *(UK)*, nervy *(US)*

carajillo [kara'xiʎo] *m* coffee with a dash of liqueur

caramba [ka'ramba] *interj* **1.** *(expresa sorpresa)* good heavens! **2.** *(expresa enfado)* for heaven's sake!

carambola [karam'bola] *f* cannon *(in billiards)* ◆ **de carambola** *(de casualidad)* by a fluke; *(de rebote)* indirectly

caramelo [kara'melo] *m* **1.** *(golosina)* sweet *(UK)*, candy *(US)* **2.** *(azúcar fundido)* caramel

carátula [ka'ratula] *f* **1.** *(de libro, revista)* front cover **2.** *(de disco)* sleeve **3.** *(de vídeo, CD)* cover

caravana [kara'βana] *f* **1.** *(atasco)* tailback *(UK)*, backup *(US)* **2.** *(remolque)* caravan ◆ **hacer caravana** to sit in a tailback

caravaning [kara'βanin] *m* caravanning

caray [ka'raj] *interj* **1.** *(expresa sorpresa)* good heavens! **2.** *(expresa enfado, daño)* damn it!

carbón [kar'βon] *m* coal

carboncillo [karβon'θiʎo] *m* charcoal

carbono [kar'βono] *m* carbon

carburador [karβura'ðor] *m* carburettor

carburante [karβu'rante] *m* fuel

carcajada [karka'xaða] *f* guffaw ◆ **reír**

a **carcajadas** to roar with laughter

cárcel ['karθel] *f* prison

carcoma [kar'koma] *f* woodworm

cardenal [karðe'nal] *m* **1.** *(en religión)* cardinal **2.** *(morado)* bruise

cardíaco, ca [kar'ðiako, ka] *adj* cardiac

cardinal [karði'nal] *adj* cardinal

cardiólogo, ga [kar'ðjoloɣo, ɣa] *m,f* cardiologist

cardo ['karðo] *m* **1.** *(planta)* thistle **2.** *(fam) (persona)* prickly customer

carecer [kare'θer] ◆ **carecer de** *v + prep* to lack

carencia [ka'renθja] *f* **1.** *(ausencia)* lack **2.** *(defecto)* deficiency

careta [ka'reta] *f* mask

carey [ka'rej] *m* *(de tortuga)* tortoiseshell

carga ['karɣa] *f* **1.** *(de barco, avión)* cargo **2.** *(de tren, camión)* freight **3.** *(peso)* load **4.** *(para bolígrafo, mechero, pluma)* refill **5.** *(de arma, explosivo, batería)* charge **6.** *(responsabilidad)* burden ▼ **carga y descarga** loading and unloading

cargado, da [kar'ɣaðo, ða] *adj* **1.** *(cielo)* overcast **2.** *(habitación, ambiente)* stuffy **3.** *(bebida, infusión)* strong ◆ **cargado de** *(lleno de)* loaded with

cargador, ra [karɣa'ðor, ra] ◇ *m,f* loader ◇ *m* **1.** *(de arma)* chamber **2.** *(de batería)* charger

cargar [kar'ɣar] ◇ *vt* **1.** *(mercancía, arma)* to load **2.** *(bolígrafo, pluma, mechero)* to refill **3.** *(tener capacidad para)* to hold **4.** *(factura, deudas, batería)* to charge ◇ *vi* *(molestar)* to be annoying ◆ **cargar algo de** *(llenar)* to fill sthg with ◆ **cargar con** *v + prep* **1.** *(paquete)* to carry **2.**

(responsabilidad) to bear **3.** *(consecuencia)* to accept ◆ **cargar contra** v + prep to charge ◆ **cargarse** vp **1.** *(fam)* *(estropear)* to break **2.** *(fam)* *(matar)* to bump off **3.** *(fam)* *(suspender)* to fail **4.** *(ambiente)* to get stuffy ◆ **cargarse de** v + prep *(llenarse de)* to fill up with

cargo ['karɣo] m **1.** charge **2.** *(empleo, función)* post ● **estar a cargo de** to be in charge of ● **yo me haré cargo de los niños** I will look after the children ● **se hizo cargo de la empresa** she took over the running of the company ● **me hago cargo de la situación** I understand the situation

cargoso, sa [kar'ɣoso, sa] adj *(CSur & Perú)* annoying

cariado, da [ka'rjaðo, ða] adj decayed

Caribe [ka'riβe] m ● **el Caribe** the Caribbean

caribeño, ña [kari'βeɲo, ɲa] adj Caribbean

caricatura [karika'tura] f caricature

caricia [ka'riθja] f **1.** *(a persona)* caress **2.** *(a animal)* stroke

caridad [kari'ðað] f charity

caries ['karjes] f inv tooth decay

cariño [ka'riɲo] m **1.** *(afecto)* affection **2.** *(cuidado)* loving care **3.** *(apelativo)* love

cariñoso, sa [kari'ɲoso, sa] adj affectionate

carisma [ka'rizma] m charisma

caritativo, va [karita'tiβo, βa] adj charitable

cariz [ka'riθ] m appearance

carmín [kar'min] m *(para labios)* lipstick

carnal [kar'nal] adj *(pariente)* first

Carnaval [karna'βal] m *(fiesta)* carnival

Carnaval

In Spain and Latin America, the three days preceding Lent are given over to popular celebrations and festivities. People, especially children, dress up and take part in street processions. The carnival in Tenerife is particularly famous.

carne ['karne] f **1.** *(alimento)* meat **2.** *(de persona, fruta)* flesh ● **carne de cerdo** pork ● **carne de cordero** lamb ● **carne de gallina** goose pimples pl ● **carne picada** mince *(UK)*, ground beef *(US)* ● **carne de ternera** veal ● **carne de vaca** beef

carné [kar'ne] m *(de club, partido)* membership card ● **carné de conducir** driving licence *(UK)*, driver's license *(US)* ● **carné de identidad** identity card

carnero [kar'nero] m ram

carnicería [karniθe'ria] f **1.** *(tienda)* butcher's (shop) **2.** *(matanza)* carnage

carnicero, ra [karni'θero, ra] m,f butcher

carnitas [kar'nitas] fpl *(Méx)* snack of spicy, fried meat in taco or bread

caro, ra ['karo, ra] ◇ adj expensive ◇ adv at a high price ● **costar caro** to be expensive

carpa ['karpa] f **1.** *(de circo)* big top **2.** *(para fiestas)* marquee *(UK)*, tent *(US)* **3.** *(pez)* carp

carpeta [kar'peta] f file

carpintería [karpinte'ria] f **1.** *(oficio)* joinery **2.** *(arte)* carpentry **3.** *(taller)* joiner's workshop

carpintero [karpin'tero, ra] *m* **1.** *(profesional)* joiner **2.** *(artista)* carpenter

carrera [ka'rera] *f* **1.** *(competición)* race **2.** *(estudios)* degree course **3.** *(profesión)* career **4.** *(en medias, calcetines)* ladder *(UK)*, run *(US)* **5.** *(en taxi)* ride ● **a la carrera** at full speed

carrerilla [kare'riʎa] *f (carrera corta)* run-up ● **de carrerilla** *(fam)* by heart

carreta [ka'reta] *f* cart

carrete [ka'rete] *m* **1.** *(de fotografía)* roll **2.** *(de hilo)* reel *(UK)*, spool *(US)*

carretera [kare'tera] *f* road ● **carretera de circunvalación** ring road ● **carretera comarcal** minor road *(UK)*, state highway *(US)* ● **carretera de cuota** *(Amér)* toll road ● **carretera nacional** ≃ A road *(UK)*, interstate highway *(US)*

carretilla [kare'tiʎa] *f* wheelbarrow

carril [ka'ril] *m* **1.** *(de carretera, autopista)* lane **2.** *(de tren)* rail ● **carril de aceleración** fast lane ● **carril bici** cycle lane ● **carril bus** bus lane

carrito [ka'rito] *m* **1.** *(de la compra)* trolley *(UK)*, shopping cart *(US)* **2.** *(para bebés)* pushchair *(UK)*, stroller *(US)*

carro ['karo] *m* **1.** *(carruaje)* cart **2.** *(Andes, CAm, Carib & Méx)* *(automóvil)* *(coche)* car ● **carro comedor** *(Amér)* dining car ● **carro de la compra** trolley *(UK)*, shopping cart *(US)*

carrocería [karoθe'ria] *f* bodywork

carromato [karo'mato] *m* covered wagon

carroña [ka'roɲa] *f* carrion

carroza [ka'roθa] *f* coach, carriage

carruaje [karua'xe] *m* carriage

carrusel [karu'sel] *m* *(de feria)* carousel

carta ['karta] *f* **1.** *(escrito)* letter **2.** *(de restaurante, bar)* menu **3.** *(de la baraja)* card ● **carta de vinos** wine list

La carta

En la esquina superior derecha se coloca la dirección del remitente. Justo debajo se coloca la fecha. El nombre y la dirección del destinatario se coloca debajo de la fecha, pero en el lado izquierdo de la hoja. Cuando se escribe una carta formal, sin conocer el nombre del destinatario, se puede empezar colocando *Dear Sir* o *Dear Madam* (o *Dear Sir/Madam* si no sabemos si se trata de un hombre o de una mujer). Si se conoce el nombre del destinatario, se usa *Dear Mr X, Dear Mrs X, Dear Ms X*, etc. Si se escribe a alguien conocido, se pone *Dear* y el nombre de la persona. La carta continúa en la línea siguiente, comenzando con una mayúscula. Si comenzaste la carta con *Dear Sir, Dear Madam* o *Dear Sir/Madam*, la despedida debe ser *Yours faithfully* con la firma justo debajo. En una carta formal, la despedida puede ser *Yours sincerely* o *Yours truly*. En una carta menos formal puedes usar *Best wishes* o *Kind regards*. Si escribes a alguien que conoces bien puedes despedirte empleando *With love, Love and wishes* o *Looking forward to seeing you soon.* Para dirigirte a amigos o a la familia, puedes usar *Love, Lots of love, With love from* o *Much love.*

cartabón [karta'βon] *m* set square (UK), triangle (US)

cartearse [karte'arse] *vp* to correspond

cartel [kar'tel] *m* poster

cartelera [karte'lera] *f* **1.** (de espectáculos) entertainments section **2.** (tablón) hoarding (UK), billboard (US) • **estar en cartelera** (película) to be showing; (obra de teatro) to be running

cartera [kar'tera] *f* **1.** (para dinero) wallet **2.** (de colegial) satchel **3.** (para documentos) briefcase **4.** (sin asa) portfolio **5.** (de mujer) clutch bag

carterista [karte'rista] *mf* pickpocket

cartero, ra [kar'tero, ra] *m,f* postman (*f* postwoman) (UK), mail carrier (US)

cartilla [kar'tiʎa] *f* (para aprender a leer) first reading book, primer (US) • **cartilla de ahorros** savings book • **cartilla de la Seguridad Social** ≃ National Insurance card, ≃ Social Security card (US)

cartón [kar'ton] *m* **1.** (material) cardboard **2.** (de cigarrillos) carton

cartucho [kar'tutʃo] *m* cartridge

cartulina [kartu'lina] *f* card (UK), stiff paper (US)

casa ['kasa] *f* **1.** (edificio) house **2.** (vivienda, hogar) home **3.** (familia) family **4.** (empresa) company • **en casa** at home • **ir a casa** to go home • **casa de campo** country house • **casa de huéspedes** guesthouse

Casa Rosada

The *Casa Rosada* is the official residence of the Argentinian president and the seat of the country's government. The building's name (literally Pink House) comes from the colour of its walls. It looks out onto the famous Plaza de Mayo, the scene of many of the most important events in Argentina's history.

casadero, ra [kasa'ðero, ra] *adj* marriageable

casado, da [ka'saðo, ða] *adj* married

casamiento [kasa'mjento] *m* wedding

casar [ka'sar] *vt* to marry • **casar con** *v + prep* (colores, tejidos) to go with • **casarse** *vp* • **casarse (con)** to get married (to)

cascabel [kaska'βel] *m* bell

cascada [kas'kaða] *f* waterfall

cascado, da [kas'kaðo, ða] *adj* **1.** (fam) (persona, ropa) worn-out **2.** (voz) hoarse

cascanueces [kaska'nweθes] *m inv* nutcracker

cascar [kas'kar] *vt* **1.** (romper) to crack **2.** (fam) (golpear) to thump (UK), to beat up (US)

cáscara ['kaskara] *f* **1.** (de huevo, frutos secos) shell **2.** (de plátano, naranja) peel

casco ['kasko] *m* **1.** (para la cabeza) helmet **2.** (envase) empty (bottle) **3.** (de caballo) hoof **4.** (de barco) hull • **casco antiguo** old (part of) town • **casco urbano** town centre • **cascos azules** Blue Berets

caserío [kase'rio] *m (casa de campo)* country house

caserita [kase'rita] *f (Amér)* housewife, homemaker *(US)*

casero, ra [ka'sero, ra] ◇ *adj* 1. *(hecho en casa)* home-made 2. *(hogareño)* home-loving ◇ *m,f (propietario)* landlord *(f landlady)*

caseta [ka'seta] *f* 1. *(de feria)* stall, stand *(US)* 2. *(para perro)* kennel *(UK)*, dog-house *(US)* 3. *(en la playa)* bathing hut *(UK)*, bath house *(US)* ● **caseta de cobro** *(Méx)* toll booth ● **caseta telefónica** *(Méx)* phone box *(UK)*, phone booth *(US)*

casete [ka'sete] ◇ *m (aparato)* cassette player ◇ *m o f (cinta)* cassette, tape

casi ['kasi] *adv* nearly, almost ● **casi nada** almost nothing, hardly anything ● **casi nunca** hardly ever

casilla [ka'siʎa] *f* 1. *(de impreso)* box 2. *(de tablero, juego)* square 3. *(de mueble, caja, armario)* compartment ● **casilla de correos** *(Andes & RP)* P.O. Box

casillero [kasi'ʎero] *m* 1. *(mueble)* set of pigeonholes 2. *(casilla)* pigeonhole

casino [ka'sino] *m* casino

caso ['kaso] *m* case ● **en caso de** in the event of ● **en caso de que venga** if he comes ● **en todo caso** in any case ● **en cualquier caso** in any case ● **hacer caso a alguien** to take notice of sb ● **ser un caso** *(fam)* to be a case ● **no venir al caso** to be irrelevant

caspa ['kaspa] *f* dandruff

casquete [kas'kete] *m* skullcap

casquillo [kas'kiʎo] *m* 1. *(de bala)* cartridge case 2. *(de lámpara)* socket

casta ['kasta] *f* 1. *(linaje)* stock 2. *(en la India)* caste

castaña [kas'taɲa] *f* 1. *(fruto)* chestnut 2. *(fam) (golpe)* bash

castaño, ña [kas'taɲo, ɲa] ◇ *adj (color)* chestnut ◇ *m (árbol)* chestnut tree

castañuelas [kasta'ɲuelas] *fpl* castanets

castellano, na [kaste'ʎano, na] ◇ *adj* & *m,f* Castilian ◇ *m (lengua)* Spanish

castellanohablante [kasteʎanoa'blante], **castellanoparlante** [kasteʎanopar'lante] ◇ *adj* Spanish-speaking ◇ *mf* Spanish speaker

castidad [kasti'ðað] *f* chastity

castigar [kasti'ɣar] *vt* to punish

castigo [kas'tiɣo] *m* punishment

castillo [kas'tiʎo] *m* castle

castizo, za [kas'tiθo, θa] *adj* pure

casto, ta ['kasto, ta] *adj* chaste

castor [kas'tor] *m* beaver

castrar [kas'trar] *vt* to castrate

casualidad [kasuali'ðað] *f* coincidence ● **por casualidad** by chance

catacumbas [kata'kumbas] *fpl* catacombs

catalán, ana [kata'lan, ana] *adj, m & f* Catalan

catalanohablante [katalanoa'blante], **catalanoparlante** [katalanopar'lante] ◇ *adj* Catalan-speaking ◇ *mf* Catalan speaker

catálogo [ka'taloɣo] *m* catalogue

Cataluña [kata'luɲa] *s* Catalonia

catamarán [katama'ran] *m* catamaran

catar [ka'tar] *vt* to taste

cataratas [kata'ratas] *fpl* 1. *(de agua)* waterfalls, falls 2. *(en los ojos)* cataracts

catarro [ka'taro] *m* cold

catástrofe [ka'tastrofe] *f* disaster

catastrófico, ca [katas'trofiko, ka] *adj* disastrous

catear [kate'ar] *vt (fam)* to flunk

catecismo [kate'θizmo] *m* catechism

cátedra ['kateðra] *f* 1. *(en universidad)* chair 2. *(en instituto)* post of head of department

catedral [kate'ðral] *f* cathedral

catedrático, ca [kate'ðratiko, ka] *m,f* head of department

categoría [kateɣo'ria] *f* category ● **de categoría** top-class

catequesis [kate'kesis] *f inv* catechesis

cateto, ta [ka'teto, ta] *m,f (despec)* dimwit

catire, ra [ka'tire, ra] *adj (Amér)* blond (*f* blonde)

catolicismo [katoli'θizmo] *m* Catholicism

católico, ca [ka'toliko, ka] *adj & m,f* Catholic

catorce [ka'torθe] *núm* fourteen ➤ **seis**

catre ['katre] *m* campbed *(UK)*, cot *(US)*

cauce ['kauθe] *m* 1. *(de río)* riverbed 2. *(acequia)* channel

caucho ['kautʃo] *m* rubber

caudal [kau'ðal] *m (de un río)* volume, flow ● **caudales** *(dinero)* wealth *sg*

caudaloso, sa [kauða'loso, sa] *adj* with a large flow

caudillo [kau'ðiʎo] *m* leader

causa ['kausa] *f* cause ● **a causa de** because of

causante [kau'sante] *m (Amér)* taxpayer

causar [kau'sar] *vt* to cause

cáustico, ca ['kaustiko, ka] *adj* caustic

cautela [kau'tela] *f* caution ● **con cautela** cautiously

cautivador, ra [kautiβa'ðor, ra] *adj* captivating

cautivar [kauti'βar] *vt (seducir)* to captivate

cautiverio [kauti'βerjo] *m* captivity

cautivo, va [kau'tiβo, βa] *adj & m,f* captive

cauto, ta ['kauto, ta] *adj* cautious

cava ['kaβa] ◇ *f (bodega)* wine cellar ◇ *m* Spanish champagne-type wine ● **al cava** in a sauce of single cream, shallots, "cava" and butter

cavar [ka'βar] *vt* to dig

caverna [ka'βerna] *f* 1. *(cueva)* cave 2. *(más grande)* cavern

caviar [kaβi'ar] *m* caviar

cavidad [kaβi'ðað] *f* cavity

cavilar [kaβi'lar] *vi* to ponder

caza ['kaθa] *f* 1. *(actividad)* hunting 2. *(presa)* game ● **ir a la caza de** to chase ● **dar caza** to hunt down

cazador, ra [kaθa'ðor, ra] *m,f* hunter (*f* huntress)

cazadora [kaθa'ðora] *f (bomber)* jacket ➤ **cazador**

cazar [ka'θar] *vt* 1. *(animales)* to hunt 2. *(fam) (marido, esposa)* to get o.s. 3. *(captar, entender)* to catch

cazo ['kaθo] *m* 1. *(vasija)* saucepan 2. *(cucharón)* ladle

cazuela [ka'θwela] *f* 1. *(de barro)* earthenware pot 2. *(guiso)* casserole ● **a la cazuela** casseroled

cazurro, rra [ka'θuro, ra] *adj (obstinado)* stubborn

c/c [θe'θe] (abr de **cuenta corriente**) a/c (account (current))

CD [θe'ðe] m (abr de **compact disc**) CD (compact disc)

CDI [θeðe'i] m (abr de **compact disc interactive**) CDI (compact disc interactive)

CD-ROM [θeðe'rom] (abr de **Compact Disc Read-Only Memory**), **cederrón** [θeðe'ron] m **1.** (disco) CD-ROM **2.** (dispositivo) CD-ROM drive

CE [θe'e] f (abr de **Comunidad Europea**) EC (European Community)

cebar [θe'βar] vt (animales) to fatten up ◆ **cebarse en** v + prep to take it out on

cebo ['θeβo] m bait

cebolla [θe'βoʎa] f onion

cebolleta [θeβo'ʎeta] f spring onion

cebra ['θeβra] f zebra

cecear [θeθe'ar] vi to lisp

ceder [θe'ðer] ◇ vt (sitio, asiento, etc) to give up ◇ vi **1.** (puente) to give way **2.** (cuerda) to slacken **3.** (viento, lluvia, etc) to abate ▼ **ceda el paso** give way

cedro ['θeðro] m cedar

cédula ['θeðula] f document ● **cédula de identidad** (Amér) identity card

cegato, ta [θe'yato, ta] adj (fam) short-sighted

ceguera [θe'yera] f blindness

ceja ['θexa] f eyebrow

celda ['θelda] f cell

celebración [θeleβra'θjon] f celebration

celebrar [θele'βrar] vt **1.** (cumpleaños, acontecimiento, misa) to celebrate **2.** (asamblea, reunión) to hold

célebre ['θeleβre] adj famous

celebridad [θeleβri'ðað] f fame ● **ser**

una **celebridad** to be famous

celeste [θe'leste] adj (del cielo) heavenly ● **azul celeste** sky blue

celestial [θeles'tjal] adj celestial, heavenly

celo ['θelo] m **1.** (cinta adhesiva) Sello-tape ® (UK), Scotch tape ® (US) **2.** (en el trabajo, etc) zeal ● **estar en celo** to be on heat ◆ **celos** mpl jealousy sg ● **tener celos** to be jealous

celofán ® [θelo'fan] m Cellophane ®

celoso, sa [θe'loso, sa] adj (en el amor) jealous

célula ['θelula] f cell

celulitis [θelu'litis] f inv cellulitis

cementerio [θemen'terjo] m cemetery ● **cementerio de coches** breaker's yard (UK), junk yard (US)

cemento [θe'mento] m cement ● **cemento armado** reinforced concrete

cena ['θena] f dinner

cenar [θe'nar] ◇ vt to have for dinner ◇ vi to have dinner

cencerro [θen'θero] m cowbell ● **estar como un cencerro** (fig) to be mad

cenefa [θe'nefa] f border

cenicero [θeni'θero] m ashtray

ceniza [θe'niθa] f ash ◆ **cenizas** fpl (restos mortales) ashes

censado, da [θen'saðo, ða] adj recorded

censar [θen'sar] vt to take a census of

censo ['θenso] m census ● **censo electoral** electoral roll

censor [θen'sor] m censor

censura [θen'sura] f (de película, libro, etc) censorship

censurar [θensu'rar] vt **1.** (película, libro, etc) to censor **2.** (conducta, etc) to censure

cent (*pl* **cents**) *m* (*del euro*) cent

centena [θen'tena] *f* hundred ● una **centena de** a hundred

centenar [θente'nar] *m* hundred ● un **centenar de** a hundred

centenario, ria [θente'narjo, rja] ◇ *adj* (*persona*) hundred-year-old ◇ *m* centenary

centeno [θen'teno] *m* rye

centésimo, ma [θen'tesimo, ma] *núm* hundredth ➤ **sexto**

centígrado, da [θen'tiɣraðo, ða] *adj* Centigrade

centímetro [θen'timetro] *m* centimetre

céntimo ['θentimo] *m* (*moneda*) cent ● **no tener un céntimo** not to have a penny

centinela [θenti'nela] *mf* sentry

centollo [θen'toʎo] *m* spider crab

centrado, da [θen'traðo, ða] *adj* **1.** (*en el centro*) in the centre **2.** (*persona*) well-balanced **3.** (*derecho*) straight ● **centrado en** (*trabajo, ocupación*) focussed on

central [θen'tral] ◇ *adj* central ◇ *f* (*oficina*) head office ● **central eléctrica** power station ● **central nuclear** nuclear power station

centralismo [θentra'lizmo] *m* centralism

centralita [θentra'lita] *f* switchboard

centrar [θen'trar] *vt* **1.** (*cuadro, mueble*) to centre **2.** (*miradas, atención*) to be the centre of ● **centrarse en** *v + prep* to focus on

céntrico, ca ['θentriko, ka] *adj* central

centrifugar [θentrifu'ɣar] *vt* (*suj: lavadora*) to spin

centro ['θentro] *m* **1.** centre **2.** (*de*

ciudad) (*town*) centre, downtown (*US*) ● **en el centro de** in the middle of ● **ir al centro** to go to town ● **ser el centro de** to be the centre of ● **centro comercial** shopping centre ● **centro juvenil** youth club ● **centro social** community centre ● **centro turístico** tourist resort ● **centro urbano** town centre

Centroamérica [,θentroa'merika] *s* Central America

ceñido, da [θe'ɲiðo, ða] *adj* tight

ceñir [θe'ɲir] *vt* **1.** (*ajustar*) to tighten **2.** (*rodear*) to surround ● **ceñirse a** *v + prep* to stick to

ceño ['θeɲo] *m* frown

cepa ['θepa] *f* (*vid*) vine

cepillar [θepi'ʎar] *vt* **1.** (*pelo, traje, etc*) to brush **2.** (*fam*) (*elogiar*) to butter up ● **cepillarse** *vp* **1.** (*fam*) (*acabar*) to polish off **2.** (*matar*) to bump off

cepillo [θe'piʎo] *m* brush ● **cepillo de dientes** toothbrush

cepo ['θepo] *m* **1.** (*de animales*) trap **2.** (*de coches*) wheelclamp (*UK*), Denver boot (*US*)

cera ['θera] *f* wax

cerámica [θe'ramika] *f* **1.** (*objeto*) piece of pottery **2.** (*arte*) pottery ● **de cerámica** ceramic

ceramista [θera'mista] *mf* potter

cerca ['θerka] ◇ *f* (*valla*) fence ◇ *adv* near ● **cerca de** (*en espacio*) near; (*casi*) nearly ● **son cerca de las cuatro** it's nearly four o'clock ● **de cerca** from close up

cercanías [θerka'nias] *fpl* (*alrededores*) outskirts

cercano, na [θer'kano, na] *adj* **1.** *(en espacio)* nearby **2.** *(en tiempo)* near

cercar [θer'kar] *vt* **1.** *(vallar)* to fence off **2.** *(rodear)* to surround

cerco ['θerko] *m (de vallas)* fence

cerda ['θerða] *f* bristle ➤ **cerdo**

cerdo, da ['θerðo, ða] ◇ *m,f* **1.** *(animal)* pig *(f sow)* **2.** *(despec) (persona)* pig ◇ *adj (despec)* filthy ◇ *m (carne)* pork

cereal [θere'al] *m* cereal ● **cereales** *mpl (para desayuno)* breakfast cereal *sg*

cerebro [θe'reβro] *m* **1.** *(del cráneo)* brain **2.** *(persona inteligente)* brainy person **3.** *(organizador, responsable)* brains *pl* ● **cerebro electrónico** computer

ceremonia [θere'monja] *f* ceremony

ceremonioso, sa [θeremo'njoso, sa] *adj* ceremonious

cereza [θe'reθa] *f* cherry

cerezo [θe'reθo] *m (árbol)* cherry tree

cerilla [θe'riʎa] *f* match

cerillo [θe'riʎo] *m (CAm & Méx)* match

cero ['θero] *núm* **1.** *(número)* zero, nought *(UK)* **2.** *(en fútbol)* nil *(UK)*, zero ● **bajo cero** below zero ● **sobre cero** above zero ➤ **seis**

cerquillo [θer'kiʎo] *m (Amér)* fringe *(UK)*, bangs *(US) pl*

cerrado, da [θe'raðo, ða] *adj* **1.** *(espacio, local, etc)* closed **2.** *(tiempo, cielo)* overcast **3.** *(introvertido)* introverted **4.** *(intransigente)* narrow-minded **5.** *(acento)* broad **6.** *(curva)* sharp ▼ **cerrado por vacaciones** closed for the holidays

cerradura [θera'ðura] *f* lock

cerrajería [θeraxe'ria] *f* locksmith's *(shop)*

cerrajero [θera'xero, ra] *m* locksmith

cerrar [θe'rar] ◇ *vt* **1.** to close **2.** *(con llave)* to lock **3.** *(grifo, gas)* to turn off **4.** *(local, negocio, fábrica)* to close down **5.** *(ir detrás de)* to bring up the rear of **6.** *(impedir)* to block **7.** *(pacto, trato)* to strike ◇ *vi (comercio, museo)* to close ● **cerrarse** *vp (en uno mismo)* to close o.s. off ● **cerrarse a** *v + prep (propuestas, innovaciones)* to close one's mind to

cerro ['θero] *m* hill

cerrojo [θe'roxo] *m* bolt

certamen [θer'tamen] *m* **1.** *(concurso)* competition **2.** *(fiesta)* awards ceremony

certeza [θer'teθa] *f* certainty

certidumbre [θerti'ðumbre] *f* certainty

certificado, da [θertifi'kaðo, ða] ◇ *adj (carta, paquete)* registered ◇ *m* certificate

certificar [θertifi'kar] *vt* **1.** *(documento)* to certify **2.** *(carta, paquete)* to register

cervecería [θerβeθe'ria] *f (establecimiento)* bar

cerveza [θer'βeθa] *f* beer ● **cerveza con gaseosa** ≃ shandy ● **cerveza negra** stout ● **cerveza rubia** lager

cesar [θe'sar] ◇ *vi* to stop ◇ *vt* ● **cesar a alguien de** *(cargo, ocupación)* to sack sb from ● **no cesa de estudiar** he keeps studying ● **sin cesar** non-stop

cesárea [θe'sarea] *f* Caesarean *(section)*

cese ['θese] *m* **1.** *(de empleo, cargo)* sacking **2.** *(de actividad)* stopping

cesión [θe'sjon] *f* transfer

césped ['θespeð] *m* **1.** *(superficie)* lawn **2.** *(hierba)* grass

cesta ['θesta] f basket ● **cesta de la compra** shopping basket

cesto ['θesto] m large basket

cetro ['θetɾo] m sceptre

cg (*abr de* centigramo) cg (*centigram*)

chabacano, na [tʃaβa'kano, na] ◇ *adj* vulgar ◇ *m* 1. (*Méx*) (*fruto*) apricot 2. (*árbol*) apricot tree

chabola [tʃa'βola] f shack ● **barrio de chabolas** shanty town

chacha ['tʃatʃa] f 1. (*fam*) (*criada*) maid 2. (*niñera*) nanny

cháchara ['tʃatʃaɾa] f chatter

chacra ['tʃakɾa] f (*Andes & RP*) small-holding

chafar [tʃa'faɾ] vt 1. (*aplastar*) to flatten 2. (*plan, proyecto*) to ruin 3. (*fam*) (*desmoralizar*) to depress

chal ['tʃal] m shawl

chalado, da [tʃa'laðo, ða] *adj* (*fam*) crazy ◇ **estar chalado por** (*estar enamorado*) to be crazy about

chalé [tʃa'le] m 1. (*en ciudad*) detached house 2. (*en el campo*) cottage 3. (*en alta montaña*) chalet

chaleco [tʃa'leko] m waistcoat (*UK*), vest (*US*)

chamaco, ca [tʃa'mako, ka] m,f (*CAm & Méx*) kid

chamba ['tʃamba] f (*Méx, Perú & Ven*) (*fam*) job

chambear [tʃambe'aɾ] vi (*Méx, Perú & Ven*) (*fam*) to work

champán [tʃam'pan] m champagne

champiñón [tʃampi'ɲon] m mushroom ● **champiñones con jamón** mushrooms fried slowly with garlic and cured ham

champú [tʃam'pu] m shampoo

chamuscado, da [tʃamus'kaðo, ða] *adj* (*madera*) scorched

chamuscarse [tʃamus'kaɾse] vp (*barba, pelo, tela*) to singe

chamusquina [tʃamus'kina] f ● **oler a chamusquina** (*fig*) to smell fishy

chance ['tʃanθe] f (*Amér*) chance

chanchada [tʃan'tʃaða] f 1. (*Andes, CAm & RP*) (*fig*) (*grosería*) rude thing 2. (*porquería*) filth

chancho [tʃantʃo] m (*Andes, CAm & CSur*) pig

chancleta [tʃan'kleta] f 1. (*de playa*) flip-flop 2. (*de vestir*) low sandal

chanclo [tʃanklo] m 1. (*de madera*) clog 2. (*de goma*) galosh

chándal ['tʃandal] m tracksuit (*UK*), sweatsuit (*US*)

changarro [tʃan'garro] m (*Amér*) small shop

chantaje [tʃan'taxe] m blackmail

chantajista [tʃanta'xista] mf blackmailer

chapa ['tʃapa] f 1. (*de metal*) plate 2. (*de botella*) top 3. (*Amér*) (*cerradura*) lock ● **chapa de madera** veneer

chapado, da [tʃa'paðo, ða] *adj* 1. (*con metal*) plated 2. (*con madera*) veneered ● **chapado a la antigua** old-fashioned

chapapote [tʃapa'pote] m tar

chapar [tʃa'paɾ] vt 1. (*con metal*) to plate 2. (*con madera*) to veneer

chaparrón [tʃapa'ron] m cloudburst

chapucería [tʃapuθe'ria] f botch (*job*)

chapucero, ra [tʃapu'θeɾo, ɾa] *adj* 1. (*trabajo, obra*) shoddy 2. (*persona*) bungling

chapuza [tʃa'puθa] f botch (*job*)

chaqué [tʃa'ke] *m* morning coat

chaqueta [tʃa'keta] *f* jacket

chaquetilla [tʃake'tiʎa] *f* short jacket

chaquetón [tʃake'ton] *m* three-quarter length coat

charca ['tʃarka] *f* pond

charco ['tʃarko] *m* puddle

charcutería [tʃarkute'ria] *f* **1.** *(tienda)* ≃ delicatessen **2.** *(productos)* cold cuts *pl* and cheese

charla ['tʃarla] *f* **1.** *(conversación)* chat **2.** *(conferencia)* talk

charlar [tʃar'lar] *vi* to chat

charlatán, ana [tʃarla'tan, ana] *adj* **1.** *(hablador)* talkative **2.** *(indiscreto)* gossipy

charola [tʃa'rola] *f (Méx)* tray

charro ['tʃaro] ◇ *adj (Méx)* typical of Mexican cowboys ◇ *m (Méx)* Mexican cowboy

charros

Charros are the stereotypical Mexican cowboys, famed for their great horsemanship. Their colourful dress comprises a broad-brimmed *sombrero*, tight-fitting trousers, a short, embroidered jacket and ankle boots. A *charro de agua dulce* is someone who styles himself as a *charro* without really being one.

chárter ['tʃarter] *adj inv* charter flight

chasco ['tʃasko] *m* **1.** *(decepción)* disappointment

chasis ['tʃasis] *m inv* chassis

chat *(pl* **chats**) *m* chat group,

discussion group ● **un chat de política/gastronomía** a politics/cookery chat group

chatarra [tʃa'tara] *f* **1.** *(metal)* scrap **2.** *(objetos, piezas)* junk

chatarrero, ra [tʃata'rero, ra] *m,f* scrap dealer

chato, ta ['tʃato, ta] ◇ *adj* **1.** *(nariz)* snub **2.** *(persona)* snub-nosed ◇ *m,f (apelativo)* love ◇ *m (de vino)* small glass of wine

chau ['tʃau] *interj (Andes & RP)* bye!

chavo, va ['tʃaβo, βa] *m,f (Méx) (fam)* kid

che ['tʃe] *interj (RP)* pah!

chef ['tʃef] *m* chef

cheque ['tʃeke] *m* cheque ● **cheque de viaje** traveller's cheque

chequeo [tʃe'keo] *m (médico)* check-up

chequera [tʃe'kera] *f (Amér)* chequebook

chévere ['tʃeβere] *adj (Andes & Carib)* great

chic ['tʃik] *adj inv* chic

chica ['tʃika] *f* **1.** *(muchacha)* girl **2.** *(novia)* girlfriend **3.** *(criada)* maid

chicha ['tʃitʃa] *f* **1.** *(fam)* meat **2.** *(Andes) (bebida)* fermented maize liquo

chícharo ['tʃitʃaro] *m (CAm & Méx)* pea

chicharrones [tʃitʃa'rones] *mpl* pork crackling *sg*

chichón [tʃi'tʃon] *m* bump

chicle ['tʃikle] *m* chewing gum

chico, ca ['tʃiko, ka] ◇ *adj* small ◇ *m* **1.** *(muchacho)* boy **2.** *(novio)* boyfriend

chifa ['tʃifa] *m (Amér)* Chinese restaurant

chiflado, da [tʃi'flaðo, ða] *adj (fam)* crazy

chiflar [tʃiˈflar] *vi* (*Amér*) (*aves*) to sing ◆ **me chifla** (*fam*) I love it ◆ **chiflarse** *vp* (*fam*) to go crazy

chiflido [tʃiˈfliðo] *m* (*Amér*) whistle

Chile [ˈtʃile] *s* Chile

chileno, na [tʃiˈleno, na] *adj* & *m,f* Chilean

chillar [tʃiˈʎar] *vi* (*gritar*) to scream

chillido [tʃiˈʎiðo] *m* scream

chillón, ona [tʃiˈʎon, ona] *adj* **1.** (*voz, sonido*) piercing **2.** (*color*) loud

chimenea [tʃimeˈnea] *f* **1.** (*de casa*) chimney **2.** (*de barco*) funnel **3.** (*hogar*) hearth

chimpancé [tʃimpanˈθe] *m* chimpanzee

china [ˈtʃina] *f* **1.** (*piedra*) pebble **2.** (*Amér*) (*criada*) Indian maid ◆ **le tocó la china** he drew the short straw

chinche [ˈtʃintʃe] ◆ *f* (*insecto*) bedbug ◇ *adj* (*pesado*) annoying

chincheta [tʃinˈtʃeta] *f* drawing pin (*UK*), thumbtack (*US*)

chinchín [tʃinˈtʃin] ◇ *m* **1.** (*en brindis*) toast **2.** (*sonido*) clash (*of a brass band*) ◇ *interj* cheers!

chingado, da [tʃinˈgaðo, ða] *adj* (*Amér*) (*vulg*) (*estropeado*) fucked

chingar [tʃinˈgar] *vt* (*Amér*) (*vulg*) (*estropear*) to fuck up

chino, na [ˈtʃino, na] *adj*, *m* & *f* Chinese

chip [ˈtʃip] *m* chip

chipirón [tʃipiˈron] *m* baby squid ◆ **chipirones en su tinta** baby squid served in its own ink

chirimoya [tʃiriˈmoja] *f* custard apple

chirucas [tʃiˈrukas] *fpl* canvas boots

chisme [ˈtʃizme] *m* **1.** (*habladuría*) piece of gossip **2.** (*fam*) (*objeto, aparato*) thingy

chismoso, sa [tʃizˈmoso, sa] *adj* gossipy

chispa [ˈtʃispa] *f* **1.** spark **2.** (*pizca*) bit **3.** (*de lluvia*) spot

chiste [ˈtʃiste] *m* joke

chistorra [tʃisˈtora] *f* cured pork and beef sausage typical of Aragon and Navarre

chistoso, sa [tʃisˈtoso, sa] *adj* funny

chivarse [tʃiˈβarse] *vp* **1.** (*fam*) (*niño*) to tell **2.** (*delincuente*) to grass

chivatazo [tʃiβaˈtaθo] *m* (*fam*) tip-off

chivato, ta [tʃiˈβato, ta] ◇ *m,f* **1.** (*fam*) (*niño*) telltale **2.** (*fam*) (*delincuente*) grass ◇ *m* **1.** (*Amér*) (*hombre valioso*) brave man **2.** (*Amér*) (*aprendiz*) apprentice

chocar [tʃoˈkar] ◇ *vi* **1.** (*coche, camión, etc*) to crash **2.** (*enfrentarse*) to clash ◇ *vt* **1.** (*las manos*) to shake **2.** (*copas, vasos*) to clink **3.** (*sorprender*) to shock

chocho, cha [ˈtʃotʃo, tʃa] *adj* **1.** (*viejo*) senile **2.** (*encariñado*) doting

choclo [ˈtʃoklo] *m* (*CSur* & *Perú*) maize (*UK*), corn (*US*)

chocolate [tʃokoˈlate] *m* **1.** (*alimento*) chocolate **2.** (*bebida*) drinking chocolate (*UK*), cocoa (*US*) ◆ **chocolate amargo** dark chocolate

chocolatería [tʃokolateˈria] *f* bar which serves drinking chocolate

chocolatina [tʃokolaˈtina] *f* chocolate bar

chófer [ˈtʃofer] *m* **1.** (*de coche*) chauffeur **2.** (*de autobús*) driver

chollo [ˈtʃoʎo] *m* **1.** (*fam*) (*ganga*) bargain **2.** (*trabajo*) cushy number

chomba [ˈtʃomba] (*Andes* & *Arg*),

chompa ['tʃompa] (*Andes*) *f* jumper (*UK*), sweater

chongo ['tʃoŋgo] *m* (*Amér*) bun

chopo ['tʃopo] *m* poplar

choque ['tʃoke] *m* **1.** (*colisión*) crash **2.** (*pelea, riña*) clash

chorizo [tʃo'riθo] *m* **1.** (*embutido*) spiced, smoked pork sausage **2.** (*fam*) (*ladrón*) thief

choro ['tʃoro] *m* (*Andes*) mussel

chorrada [tʃo'raða] *f* (*fam*) stupid thing

chorrear [tʃore'ar] *vi* (*ropa*) to drip

chorro ['tʃoro] *m* (*de líquido*) jet ● **salir a chorros** to gush out

choto, ta ['tʃoto, ta] *m.f* (*cabrito*) kid

choza ['tʃoθa] *f* hut

christma ['krizma] *m* Christmas card

chubasco [tʃu'βasko] *m* (heavy) shower

chubasquero [tʃuβas'kero] *m* raincoat

chúcaro, ra ['tʃukaro, ra] *adj* **1.** (*Andes & RP*) (*bravío*) wild **2.** (*huraño*) surly

chuchería [tʃutʃe'ria] *f* **1.** (*golosina*) sweet (*UK*), candy (*US*) **2.** (*trivialidad*) trinket

chucho, cha ['tʃutʃo, tʃa] *m.f* (*fam*) mutt

chueco, ca ['tʃueko, ka] *adj* **1.** (*Amér*) (*torcido*) twisted **2.** (*patizambo*) bowlegged

chufa ['tʃufa] *f* tiger nut

chuleta [tʃu'leta] *f* **1.** (*de carne*) chop **2.** (*de examen*) crib note (*UK*) ○ note (*US*) ● **chuleta de cerdo** pork chop ● **chuleta de ternera** veal cutlet

chuletón [tʃule'ton] *m* large cutlet

chulo, la ['tʃulo, la] ◇ *adj* **1.** (*engreído*)

cocky **2.** (*fam*) (*bonito*) lovely ◇ *m* (*d* *prostituta*) pimp

chumbera [tʃum'bera] *f* prickly pear

chupachup ® [tʃupa'tʃup] *m* lollipop

chupado, da [tʃu'paðo, ða] *adj* **1.** (*fig* *flaco*) skinny **2.** (*fam*) (*fácil*) dead eas' ● **está chupado** (*fam*) it's a cinch

chupar [tʃu'par] *vt* **1.** (*caramelo, fruta* *etc*) to suck **2.** (*suj: esponja, papel*) t soak up ● **chuparle algo a alguie** (*fam*) (*quitar*) to milk sb for sthg

chupe ['tʃupe] *m* (*Andes & Arg*) stev made with potatoes and meat or fish ● **chupe de camarones** thick potato an prawn soup

chupete [tʃu'pete] *m* **1.** (*de bebe* dummy (*UK*), pacifier (*US*)

chupito [tʃu'pito] *m* (*de licor*) tot (*UK*)' dram

churrasco [tʃu'rasko] *m* barbecued mea

churrería [tʃure'ria] *f* stall selling chu *rros*

churro ['tʃuro] *m* **1.** (*dulce*) stick dough fried in oil, usually eaten wit sugar or thick drinking chocolate **2** (*fam*) (*chapuza*) botch

---

churros

Churros are deep-fried, fluted sticks of dough that are sprinkled with sugar and eaten hot. They are a traditional fairground snack and are also popular for breakfast, dipped in thick drinking chocolate and eaten either at home or in a *churrería*, a kind of snack bar specializing in *churros*.

chusma ['tʃuzma] f mob

chutar [tʃu'tar] vt to kick

chute ['tʃute] m (fam) (en fútbol) shot

CI [θe'i] m (abr de **coeficiente de inteligencia**) IQ (intelligence quotient)

Cía ['θia] (abr de **compañía**) Co. (company)

cibercafé [θiβerka'fe] m Internet café

ciberespacio [θiβeres'paθio] m cyberspace

cibernauta [θiβer'nauta] mf Internet user

cibertienda [θiβer'tienda] f online store

cicatriz [θika'triθ, θes] (pl **-ces**) f scar

cicatrizar [θikatri'θar] vi to form a scar, to heal ● **cicatrizarse** vp to heal

ciclismo [θi'klizmo] m cycling

ciclista [θi'klista] mf cyclist

ciclo ['θiklo] m 1. (periodo de tiempo) cycle 2. (de actos, conferencias) series

ciclomotor [θiklomo'tor] m moped

ciclón [θi'klon] m cyclone

ciego, ga ['θieɣo, ɣa] ◇ adj blind ◇ m,f blind person ● **ciego de** (pasión, ira, etc) blinded by ● **los ciegos** the blind

cielo ['θielo] m 1. (de la tierra) sky 2. (de casa, habitación, etc) ceiling 3. (en religión) heaven 4. (apelativo) darling ● **como llovido del cielo** (fig) out of the blue ◆ **ielos** interj good heavens!

ciempiés [θiem'pies] m inv centipede

cien [θien] núm one hundred o a hundred ➤ **ciento**

iencia [θien'θia] f 1. (disciplina) science 2. (saber, sabiduría) knowledge ● **ciencia ficción** science fiction ● **ciencias económicas** economics sg ● **ciencias naturales** natural sciences ◆ **ciencias**

fpl (en educación) science sg

cienciología f Scientology

científico, ca [θien'tifiko, ka] ◇ adj scientific ◇ m,f scientist

ciento ['θiento] núm one hundred o a hundred ➤ **seis** ● **ciento cincuenta** one hundred and fifty ● **cien mil** one hundred thousand ● **por ciento** percent

cierre ['θiere] m 1. (mecanismo) fastener 2. (de local, tienda, negociación) closing 3. (de trato) striking 4. (de actividad, acto) closure ● **cierre centralizado** central locking ● **cierre relámpago** (Amér) zip (UK), zipper (US)

cierto, ta ['θierto, ta] adj 1. certain 2. (seguro, verdadero) true ● **cierto hombre** a certain man ● **cierta preocupación** a degree of unease ● **por cierto** by the way

ciervo, va ['θierβo, βa] m,f deer

CIF ['θif] m Spanish tax code

cifra ['θifra] f figure

cigala [θi'ɣala] f Dublin Bay prawn

cigarra [θi'ɣara] f cicada

cigarrillo [θiɣa'riɲo] m cigarette

cigarro [θi'ɣaro] m (cigarrillo) cigarette

cigüeña [θi'ɣweɲa] f stork

cilindrada [θilin'draða] f cylinder capacity

cilíndrico, ca [θi'lindriko, ka] adj cylindrical

cilindro [θi'lindro] m cylinder

cima ['θima] f (de montaña) summit

cimiento [θi'miento] m 1. (de edificio) foundations pl 2. (principio, raíz) basis

cinco ['θinko] ◇ adj inv five ◇ m 1. five 2. (día) fifth ◇ mpl 1. five 2. (temperatura) five (degrees) ◇ *fpl* ● **(son) las cinco** (it's) six o'clock ● **el cinco de agosto** the fifth of August ● **doscientos cinco** two hundred and five ● **treinta y cinco** thirty-five ● **de cinco en cinco** in fives ● **los cinco** the five of them ● **empataron a cinco** they drew five-all ● **cinco a cero** five-nil

cincuenta [θin'kuenta] *núm* fifty ➤ **seis**

cine ['θine] *m* **1.** *(arte)* cinema, the movies (US) **2.** *(edificio)* cinema, movie theater (US)

cineasta [θine'asta] *mf* (film) director

cinematografía [θinemato'ɣrafia] *f* (películas) films, movies (US)

cinematográfico, ca [θinemato'ɣrafiko, ka] *adj* film o movie (US) *(antes de s)*

cínico, ca ['θiniko, ka] *adj* shameless

cinismo [θi'nizmo] *m* shamelessness

cinta ['θinta] *f* **1.** *(de tela)* ribbon **2.** *(de papel, plástico)* strip **3.** *(para grabar, medir)* tape ● **cinta adhesiva** adhesive tape ● **cinta aislante** insulating tape ● **cinta magnética** recording tape ● **cinta de vídeo** videotape

cintura [θin'tura] *f* waist

cinturón [θintu'ron] *m* belt ● **cinturón de seguridad** seat belt

ciprés [θi'pres] *m* cypress

circo ['θirko] *m* circus

circuito [θir'kuito] *m* **1.** *(viaje)* tour **2.** *(en competiciones)* circuit ● **circuito eléctrico** electrical circuit

circulación [θirkula'θion] *f* **1.** *(de automóviles)* traffic **2.** *(de la sangre)* circulation

circular [θirku'lar] ◇ *adj* & *f* circular ◇ *vi* **1.** *(automóvil)* to drive (along) **2.** *(persona, grupo)* to move along **3.** *(información, noticia)* to circulate

círculo ['θirkulo] *m* circle ● **círculo polar** polar circle

circunferencia [θirkunfe'renθia] *f* circumference

circunscribir [θirkunskri'βir] *vt* ● **circunscribir algo a** to restrict sthg to

circunstancia [θirkuns'tanθia] *f* circumstance ● **las circunstancias** the circumstances

circunstancial [θirkunstan'θial] *adj* chance

cirio ['θirio] *m* large candle

cirrosis [θi'rosis] *f inv* cirrhosis

ciruela [θi'ruela] *f* plum

ciruelo [θi'ruelo] *m* plum tree

cirugía [θiru'xia] *f* surgery ● **cirugía estética** cosmetic surgery ● **cirugía plástica** plastic surgery

cirujano, na [θiru'xano, na] *m,f* surgeon

cisma ['θizma] *m* (en religión) schism

cisne ['θizne] *m* swan

cisterna [θis'terna] *f* (de agua) tank

cita ['θita] *f* **1.** *(con médico, jefe, etc.)* appointment **2.** *(de novios)* date **3.** *(nota)* quotation

citación [θita'θion] *f* summons

citar [θi'tar] *vt* **1.** *(convocar)* to summon **2.** *(mencionar)* to quote ● **citarse** *vp* to arrange to meet

cítrico, ca ['θitriko, ka] *adj* citric ● **cítricos** *mpl* citrus fruits

ciudad [θiu'ðað] *f* **1.** *(población grande)* city **2.** *(población pequeña)* town ● **ciudad universitaria** (university) campus

ciudadanía [θiuðaða'nia] *f* citizenship

ciudadano, na [θiuða'ðano, na] ◇ *adj* city/town *(antes de s)* ◇ *m,f* citizen

cívico, ca ['θiβiko, ka] *adj* 1. *(de la ciudad, ciudadano)* civic 2. *(educado, cortés)* public-spirited

civil [θi'βil] *adj* 1. civil 2. *(de la ciudad)* civic

civilización [θiβiliθa'θjon] *f* civilization

civilizado, da [θiβili'θaðo, ða] *adj* civilized

civismo [θi'βizmo] *m* *(educación, cortesía)* civility

cl *(abr de centilitro)* cl *(centilitre)*

clan ['klan] *m* clan

clara ['klara] *f* 1. *(de huevo)* white 2. *bebida)* shandy *(UK)*

claraboya [klara'βoja] *f* skylight

clarear [klare'ar] ◇ *vt* to make lighter ◇ *i* to brighten up ◇ *vi (amanecer)* ● **mpezaba a clarear** dawn was breaking

claridad [klari'ðað] *f* 1. *(en el hablar)* larity 2. *(sinceridad)* sincerity

clarinete [klari'nete] *m* clarinet

larividencia [klariβi'ðenθja] *f* farsight-edness

claro, ra ['klaro, ra] ◇ *adj* 1. clear 2. *(con uz)* bright 3. *(color)* light 4. *(sincero, anco)* straightforward ◇ *m* 1. *(de 'empo)* bright spell 2. *(en el bosque)* learing ◇ *adv* clearly ◇ *interj* of course! ● **poner en claro** to clear up ● **sacar en laro** to make out

lase ['klase] *f* 1. class 2. *(variedad, tipo)* ind 3. *(aula)* classroom ● **dar clases** to each ● **de primera clase** first-class ● **oda clase** of all sorts of ● **clase media** niddle class ● **clase preferente** club lass ● **clase turista** tourist class ●

primera/segunda clase first/second class

clásico, ca ['klasiko, ka] *adj* classical

clasificación [klasifika'θjon] *f* 1. *(lista)* classification 2. *(DEP)* league table

clasificador [klasifika'ðor, ra] *m* 1. *(carpeta)* divider *(for filing)* 2. *(mueble)* filing cabinet

clasificar [klasifi'kar] *vt* to classify ◆ **clasificarse** *vp (en competición)* to qualify

claudicar [klauði'kar] *vi (rendirse)* to give up

claustro ['klaustro] *m* 1. *(de iglesia, convento, etc)* cloister 2. *(de profesores)* senate

claustrofobia [klaustro'foβja] *f* claustrophobia

cláusula ['klausula] *f* clause

clausura [klau'sura] *f* 1. *(de acto)* closing ceremony 2. *(de curso)* end

clausurar [klausu'rar] *vt* 1. *(acto, celebración)* to close 2. *(curso)* to finish 3. *(local, establecimiento)* to close down

clavado, da [kla'βaðo, ða] *adj (en punto)* on the dot ● **ser clavado a** *(fam)* to be the spitting image of

clavar [kla'βar] *vt* 1. *(clavo, palo)* to drive in 2. *(cuchillo)* to thrust 3. *(alfiler)* to stick 4. *(sujetar, fijar)* to fix 5. *(fam) (en el precio)* to rip off

clave ['klaβe] ◇ *f* 1. *(explicación, solución)* key 2. *(de enigma, secreto)* code ◇ *adj inv* key

clavel [kla'βel] *m* carnation

clavícula [kla'βikula] *f* collar bone

clavija [kla'βixa] *f* 1. *(de madera)* peg 2. *(de metal)* pin

clavo ['klaβo] *m* **1.** *(para sujetar)* nail **2.** *(especia)* clove ● **dar en el clavo** to hit the nail on the head

claxon ['klakson] *m* horn

cleptomanía [kleptoma'nia] *f* kleptomania

clérigo ['kleriɣo] *m* clergyman

clero ['klero] *m* clergy

clicar, cliquear *vi* to click ● **para salir del programa, clica en 'cerrar'** to exit the program, click (on) 'close'

cliché [kli'tʒe] *m* **1.** *(de fotografía)* negative **2.** *(frase, actuación)* cliché

cliente [kli'ente] *mf* **1.** *(de médico, abogado)* client **2.** *(de tienda, comercio)* customer **3.** *(de hotel)* guest

clima ['klima] *m* climate

climático, ca [kli'matiko, ka] *adj* climatic

climatizado, da [klimati'θaðo, ða] *adj* air-conditioned

climatología [klimatolo'xia] *f* *(tiempo)* weather

clínica ['klinika] *f* clinic

clínico, ca ['kliniko, ka] *adj* clinical

clip ['klip] *m* **1.** *(para papeles)* paper clip **2.** *(para pelo)* hairclip

cliquear = **clicar**

cloaca [klo'aka] *f* sewer

clonación ◊ *f* cloning

cloro ['kloro] *m* chlorine

clorofila [kloro'fila] *f* chlorophyll

club ['kluβ] *m* club ● **club náutico** yacht club

cm (*abr de* **centímetro**) cm *(centimetre)*

coacción [koak'θion] *f* coercion

coaccionar [koakθio'nar] *vt* to coerce

coartada [koar'taða] *f* alibi

coba ['koβa] *f* ● **dar coba** to suck up to

cobarde [ko'βarðe] ◊ *adj* cowardly ◊ *mf* coward

cobardía [koβar'ðia] *f* cowardice

cobertizo [koβer'tiθo] *m* **1.** *(tejado)* lean-to **2.** *(barracón)* shed

cobija [ko'βixa] *f* *(Amér)* blanket

cobijar [koβi'xar] *vt* **1.** *(suj: edificio)* to house **2.** *(suj: persona)* to put up **3.** *(proteger)* to shelter ● **cobijarse** *vp* to (take) shelter

cobra ['koβra] *f* cobra

cobrador, ra [koβra'ðor, ra] *m,f* *(de autobús)* conductor (*f* conductress)

cobrar [ko'βrar] *vt* **1.** *(dinero)* to charge **2.** *(cheque)* to cash **3.** *(en el trabajo)* to earn **4.** *(importancia, fama)* to acquire ● **¿me cobra, por favor?** could I have the bill, please?

cobre ['koβre] *m* copper ● **no tener un cobre** *(Amér)* not to have a penny

cobro ['koβro] *m* **1.** *(de dinero)* collection **2.** *(de talón)* cashing ● **llamar a cobro revertido** to reverse the charges (*UK*), to call collect (*US*)

coca ['koka] *f* **1.** *(planta)* coca **2.** *(fam)* *(cocaína)* coke

cocaína [koka'ina] *f* cocaine

cocainómano, na [kokai̯'nomano, na] *m,f* cocaine addict

cocción [kok'θion] *f* **1.** *(en agua)* boiling **2.** *(en horno)* baking

cocear [koθe'ar] *vi* to kick

cocer [ko'θer] ◊ *vt* **1.** *(guisar)* to cook **2.** *(en agua)* to boil **3.** *(en horno)* to bake ◊ *vi* *(hervir)* to boil ● **cocerse** *vp* *(fig)* *(idea, plan)* to be brewing

coche ['kotʒe] *m* **1.** *(automóvil)* car **2.** *(de...*

tren, caballos) carriage ● **coche de alquiler** hire (*UK*) o rental (*US*) car ● **coche cama** sleeper ● **coche restaurante** dining car

cochinillo [kotʒiˈniʎo] *m*

cochino, na [koˈtʒino, na] ◇ *adj* filthy ◇ *m,f* (*animal*) pig (*f* sow)

cocido, da [koˈθiðo, ða] ◇ *adj* boiled ◇ *m* stew ● **cocido madrileño** stew made with meat, chickpeas, bacon and root vegetables, typical of Madrid

cocina [koˈθina] *f* **1.** (*estancia, habitación*) kitchen **2.** (*aparato*) cooker (*UK*), stove (*US*) **3.** (*arte, técnica*) cooking ● **cocina española** Spanish cuisine ● **cocina de butano** butane gas cooker ● **cocina eléctrica** electric cooker ● **cocina de gas** gas cooker

cocinar [koθiˈnar] *vt* & *vi* to cook

cocinero, ra [koθiˈnero, ra] *m,f* cook

coco [ˈkoko] *m* **1.** (*fruto*) coconut **2.** (*árbol*) coconut palm **3.** (*fam*) (*cabeza*) nut

cocodrilo [kokoˈðrilo] *m* **1.** (*animal*) crocodile **2.** (*piel*) crocodile skin

cocotero [kokoˈtero] *m* coconut palm

cóctel [ˈkoktel] *m* **1.** (*bebida*) cocktail **2.** (*reunión, fiesta*) cocktail party

coctelera [kokteˈlera] *f* cocktail shaker

codazo [koˈðaθo] *m* poke with the elbow

codiciar [koðiˈθjar] *vt* to covet

codificado, da [koðifiˈkaðo, ða] *adj* coded

código [ˈkoðiɣo] *m* code ● **código de barras** bar code ● **código de circulación** highway code ● **código penal** penal code ● **código postal** post code (*UK*), zip code (*US*)

codo [ˈkoðo] *m* elbow ● **codo a codo** side by side

codorniz [koðorˈniθ, θes] (*pl* -**ces**) *f* quail

coeficiente [koefiˈθjente] *m* coefficient ● **coeficiente intelectual** I.Q.

coetáneo, a [koeˈtaneo, a] *adj* contemporary

coexistencia [koeksisˈtenθja] *f* coexistence

cofia [ˈkofja] *f* **1.** (*de tendero, camarero*) cap **2.** (*de monja*) coif

cofradía [kofraˈðia] *f* religious fraternity

cofre [ˈkofre] *m* (*arca*) chest

coger [koˈxer] ◇ *vt* **1.** to take **2.** (*ladrón, pez, enfermedad, oír*) to catch **3.** (*frutos*) to pick **4.** (*objeto caído*) to pick up **5.** (*teléfono*) to pick up, to answer **6.** (*suj: toro*) to gore **7.** (*entender*) to get ◇ *vi* **1.** (*planta, árbol*) to take **2.** (*caber*) to fit **3.** (*contestar al teléfono*) to answer **4.** (*Méx, RP & Ven*) (*vulg*) (*copular*) to fuck **5.** ● **coger algo a alguien** to take sthg (away) from sb ● **coge cerca de aquí** it's not far from here ● **coger a la derecha** to turn right ◆ **cogerse** *vp* ◆ **cogerse de** (*agarrarse de*) to hold on to

cogida [koˈxiða] *f* (*de toro*) goring

cogollos [koˈɣoʎos] *mpl* (*brotes*) shoots

cogote [koˈɣote] *m* nape (of the neck)

cohabitar [koaβiˈtar] *vi* to live together

coherencia [koeˈrenθja] *f* coherence

coherente [koeˈrente] *adj* coherent

cohete [koˈete] *m* rocket

coima [ˈkoima] *f* (*Andes & RP*) (*fam*) bribe

coincidencia [koinθi'ðenθja] *f* coincidence

coincidir [koinθi'ðir] *vi* **1.** *(en un lugar)* to meet **2.** *(ser igual)* to coincide ◆ **coincidir con** *v + prep* **1.** *(ser de la misma opinión que)* to agree with **2.** *(ocurrir en el mismo momento que)* to coincide with

coito ['koito] *m* (sexual) intercourse

cojear [koxe'ar] *vi* **1.** *(persona)* to limp **2.** *(mueble)* to wobble

cojín [ko'xin] *m* cushion

cojo, ja ['koxo, xa] ◇ *adj* **1.** *(persona, animal)* lame **2.** *(mesa, silla)* wobbly ◇ *m,f* lame person

cojón [ko'xon] *m* (vulg) *(testículo)* ball ◆ **cojones** *interj* (vulg) balls!

cojudez [koxu'ðeθ] *f* *(Amér)* (fam) silly thing

cojudo, da [ko'xuðo, ða] *adj* (Andes) (fam) stupid

col ['kol] *f* cabbage ◆ **col de Bruselas** Brussels sprout

cola ['kola] *f* **1.** *(rabo, de avión)* tail **2.** *(fila)* queue (UK), line (US) **3.** *(de tren)* back **4.** *(de vestido)* train **5.** *(para pegar)* glue **6.** *(bebida)* cola ◆ **cola de caballo** ponytail ● **hacer cola** to queue (UK), to stand in line (US) ● **traer cola** *(fig)* to have repercussions

colaboración [kolaβora'θjon] *f* **1.** *(en trabajo, tarea)* collaboration **2.** *(en publicación)* article

colaborador, ra [kolaβora'ðor, ra] *m,f* **1.** *(en trabajo)* collaborator **2.** *(en periódico)* writer

colaborar [kolaβo'rar] *vi* ● **colaborar en una tarea** to collaborate on a task ●

colaborar en un periódico to write for a newspaper

colada [ko'laða] *f* *(de ropa)* laundry

colado, da [ko'laðo, ða] *adj* ◆ **estar colado por** (fam) to have a crush on

colador [kola'ðor] *m* **1.** *(para líquidos)* strainer **2.** *(para verduras)* colander

colar [ko'lar] ◇ *vt* **1.** *(líquido)* to strain **2.** *(café)* to filter **3.** *(lo falso, lo ilegal)* to slip through ◇ *vi* to wash ● **no cuela** it won't wash ◆ **colarse** *vp* **1.** *(en cine, metro)* to jump the queue (UK), to jump the line (US) **2.** *(equivocarse)* to get it wrong

colcha ['koltʃa] *f* bedspread

colchón [kol'tʃon] *m* mattress ● **colchón inflable** air bed

colchoneta [koltʃo'neta] *f* *(en la playa)* beach mat

colección [kolek'θjon] *f* collection

coleccionar [kolekθjo'nar] *vt* to collect

coleccionista [kolekθjo'nista] *mf* collector

colecta [ko'lekta] *f* collection

colectivo, va [kolek'tiβo, βa] ◇ *adj* collective ◇ *m* group

colega [ko'leya] *mf* colleague

colegiado, da [kole'xjaðo, ða] *m,f* referee

colegial, la [kole'xjal, la] *m,f* schoolchild

colegio [ko'lexjo] *m* **1.** *(de estudiantes)* school **2.** *(de profesionales)* professional association

cólera ['kolera] ◇ *m* *(enfermedad)* cholera ◇ *f* *(enfado)* rage

colérico, ca [ko'leriko, ka] *adj* bad-tempered

colesterol [koleste'rol] *m* cholesterol

coleta [ko'leta] *f* pigtail

colgador [kolɣa'ðor] *m* hanger

colgar [kol'ɣar] ◇ *vt* **1.** to hang **2.** *(la ropa)* to hang out **3.** *(fam) (abandonar)* to give up ◇ *vi* **1.** *(pender)* to hang **2.** *(al teléfono)* to hang up ● **colgar el teléfono** to hang up

coliflor [koli'flor] *f* cauliflower

colilla [ko'liʎa] *f* butt

colina [ko'lina] *f* hill

colirio [ko'lirjo] *m* eye drops

colitis [ko'litis] *f inv* colitis

collage [ko'ʎaxe] *m* collage

collar [ko'ʎar] *m* **1.** *(joya)* necklace **2.** *(para animales)* collar

collarín [koʎa'rin] *m* surgical collar

colmado [kol'maðo] *m* grocer's (shop)

colmar [kol'mar] *vt (cuchara, vaso, etc)* to fill to the brim ● **colmar a alguien de elogios** to shower sb with praise

colmena [kol'mena] *f* beehive

colmillo [kol'miʎo] *m* **1.** *(de persona)* eyetooth **2.** *(de elefante)* tusk

colmo ['kolmo] *m* ● **ser el colmo de** to be the height of ● **¡eso es el colmo!** that's the last straw!

colocación [koloka'θjon] *f* position

colocado, da [kolo'kaðo, ða] *adj* **1.** *(fam) (drogado)* high **2.** *(bebido)* plastered

colocar [kolo'kar] *vt* to place ◆ **colocarse** *vp (fam) (drogarse)* to get stoned

Colombia [ko'lombja] *s* Colombia

colombiano, na [kolom'bjano, na] *adj & m,f* Colombian

colonia [ko'lonja] *f* **1.** *(perfume)* (eau de) cologne **2.** *(grupo de personas, territorio)* colony **3.** *(Méx) (barrio)* area ● **colonia proletaria** *(Amér)* slum area ● **colonia de verano** summer camp ◆ **colonias** *fpl (para niños)* holiday camp *sg* (UK), summer camp *sg* (US) ● **ir de colonias** to go to a holiday camp

colonización [koloniθa'θjon] *f* colonization

colonizar [koloni'θar] *vt* to colonize

colono [ko'lono, na] *m* settler

coloquial [kolo'kjal] *adj* colloquial

coloquio [ko'lokjo] *m* debate

color [ko'lor] *m* **1.** colour **2.** *(colorante)* dye **3.** *(aspecto)* tone ● **en color** colour *(antes de s)*

colorado, da [kolo'raðo, ða] *adj (rojo)* red ● **ponerse colorado** to go red

colorante [kolo'rante] *m* colouring

colorete [kolo'rete] *m* blusher

colorido [kolo'riðo] *m* **1.** *(conjunto de colores)* colours *pl* **2.** *(animación)* colour

colosal [kolo'sal] *adj* **1.** *(extraordinario)* extraordinary **2.** *(muy grande)* colossal

columna [ko'lumna] *f* **1.** column **2.** *(de objetos)* stack ● **columna vertebral** spinal column

columpiarse [kolum'pjarse] *vp* to swing

columpio [ko'lumpjo] *m* swing

coma ['koma] ◇ *f* **1.** *(signo ortográfico)* comma **2.** *(signo matemático)* decimal point ◇ *m* ● **estar en coma** to be in a coma ● **cinco coma dos** five point two

comadre [ko'maðre] *f (Amér)* female friend (to a woman)

comadreja [koma'ðrexa] *f* weasel

comadrona [koma'ðrona] *f* midwife

comal [ko'mal] *m (CAm & Méx)* metal or ceramic griddle for making tortillas

comandante [koman'dante] *mf* major

comando [ko'mando] *m* commando

comarca [ko'marka] *f* area

comba ['komba] *f (juego)* skipping *(UK)*, jump rope *(US)* ● **saltar a la comba** to skip, to jump rope *(US)*

combate [kom'bate] *m* fight ● **combates** *mpl* fighting *sg*

combatir [komba'tir] ◇ *vi* to fight ◇ *vt* to combat

combinación [kombina'θjon] *f* **1.** combination **2.** *(de transportes)* connections *pl* **3.** *(prenda femenina)* slip

combinado [kombi'naðo] *m (cóctel)* cocktail

combinar [kombi'nar] ◇ *vt* **1.** *(unir, mezclar)* to combine **2.** *(bebidas)* to mix ◇ *vi* ● **combinar (con)** *(colores, ropa etc)* to go together (with) ● **combinar algo con** *(compaginar)* to combine sthg with

combustible [kombus'tiβle] *m* fuel

combustión [kombus'tjon] *f* combustion

comecocos [kome'kokos] *m inv (juego)* brainteaser

comedia [ko'meðja] *f* **1.** *(obra humorística)* comedy **2.** *(obra en general)* play ● **hacer comedia** *(fam)* to pretend

comediante [kome'ðjante] *mf* **1.** *(actor)* actor *(f* actress) **2.** *(farsante)* fraud

comedor [kome'ðor] *m* **1.** *(habitación)* dining room **2.** *(muebles)* dining room furniture

comensal [komen'sal] *mf* fellow diner

comentar [komen'tar] *vt* to comment on

comentario [komen'tarjo] *m* **1.** *(observación)* comment **2.** *(análisis)* commentary

comentarista [komenta'rista] *mf* commentator

comenzar [komen'θar] *vt & vi* to begin, to start ● **comenzó a llover** it begin to rain, it started to rain

comer [ko'mer] ◇ *vt* to eat ◇ *vi* **1.** *(alimentarse)* to eat **2.** *(almorzar)* to have lunch

comercial [komer'θjal] ◇ *adj* commercial ◇ *m (Amér)* TV advert *(UK)*, commercial *(US)*

comercializar [komerθjali'θar] *vt* to market

comerciante [komer'θjante] *mf* **1.** *(negociante)* trader **2.** *(tendero)* shopkeeper

comerciar [komer'θjar] *vi* to trade ● **comerciar con armas** to trade in arms

comercio [ko'merθjo] *m* **1.** *(negocio)* trade **2.** *(tienda)* shop **3.** *(actividad comercial)* business

comestible [komes'tiβle] *adj* edible

cometa [ko'meta] ◇ *m (astro)* comet ◇ *f (juguete)* kite

cometer [kome'ter] *vt* **1.** *(delito)* to commit **2.** *(error)* to make

cometido [kome'tiðo] *m* task

cómic ['komik] *m* comic *(UK)*, comic book *(US)*

comicios [ko'miθjos] *mpl (formal)* elections

cómico, ca ['komiko, ka] ◇ *adj* **1.** *(gracioso)* comical **2.** *(de la comedia)* comedy *(antes de s)* ◇ *m,f* comedian *(f* comedienne)

comida [ko'miða] *f* **1.** *(alimento)* food **2.** *(almuerzo, cena, etc)* meal **3.** *(almuerzo)* lunch ● **comida basura** junk food ● **comida rápida** fast food ● **comidas**

caseras home-made food *sg* ● **comidas para llevar** takeaway food *sg*

comienzo [ko'mienθo] *m* beginning, start ● **a comienzos de año** at the beginning of the year

comillas [ko'miʎas] *fpl* inverted commas (*UK*), parantheses (*US*) ● **entre comillas** in inverted commas

comilón, ona [komi'lon, ona] *adj* greedy

comilona [komi'lona] *f* (*fam*) blow-out (*UK*), feast

comino [ko'mino] *m* cumin ● **me importa un comino** (*fam*) I couldn't care less

comisaría [komisa'ria] *f* police station

comisario, ria [komi'sario, ria] *m,f* **1.** (*de policía*) police superintendent **2.** (*de exposición, museo*) curator

comisión [komi'sion] *f* **1.** (*grupo de personas*) committee **2.** (*cantidad de dinero*) commission

comisura [komi'sura] *f* (*de labios*) corner of the mouth

comité [komi'te] *m* committee

comitiva [komi'tiβa] *f* retinue

como ['komo] ◇ *adv* **1.** as **2.** (*comparativo*) like **3.** (*aproximadamente*) roughly, more or less ◇ *conj* **1.** (*ya que*) as **2.** (*si*) if **tan ...como ...** as ... as ... ● **como si** as if

cómo ['komo] ◇ *adv* how ◇ *m* ● **el cómo y el porqué** the whys and wherefores ● **¿cómo es?** what's it like? ● **¿cómo?** (*¿qué dices?*) sorry? ● **¡cómo no!** of course!

cómoda ['komoða] *f* chest of drawers

cómodamente [komoða'mente] *adv* comfortably

comodidad [komoði'ðað] *f* comfort ● **comodidades** *fpl* (*ventajas*) advantages ● **con todas las comodidades** all mod cons

comodín [komo'ðin] *m* joker

cómodo, da ['komoðo, ða] *adj* comfortable

comodón, ona [komo'ðon, ona] *adj* comfort-loving

compacto, ta [kom'pakto, ta] ◇ *adj* compact ● *m* compact disc

compadecer [kompaðe'θer] *vt* to feel sorry for ● **compadecerse de** *v + prep* to feel sorry for

compadre [kom'paðre] *m* (*CAm & Méx*) mate (*UK*), buddy (*US*)

compadrear [kompaðre'ar] *vi* (*Amér*) (*fam*) to brag

compadreo [kompa'ðreo] *m* (*Amér*) (*fam*) friendship

compaginar [kompaxi'nar] *vt* ● **compagina el trabajo con los estudios** she combines her job with her studies

compañerismo [kompaɲe'rizmo] *m* comradeship

compañero, ra [kompa'ɲero, ra] *m,f* **1.** (*acompañante*) companion **2.** (*de clase*) classmate **3.** (*de trabajo*) colleague **4.** (*de juego*) partner **5.** (*amigo*) partner

compañía [kompa'ɲia] *f* company ● **de compañía** (*animal*) pet ● **hacer compañía a alguien** to keep sb company

comparación [kompara'θion] *f* comparison

comparar [kompa'rar] *vt* to compare ● **compararse** *vp* ● **compararse con** to compare with

comparsa [kom'parsa] ◇ *f* **1.** (*de fiesta*)

group of masked revellers at carnival **2.** *(de teatro)* extras *pl* ◇ *mf* extra

compartimento *m* compartment

compartir [kompar'tir] *vt* to share ● **compartir algo con alguien** to share sthg with sb

compás [kom'pas] *m* **1.** *(en dibujo)* pair of compasses **2.** *(ritmo)* beat

compasión [kompa'sjon] *f* compassion

compasivo, va [kompa'siβo, βa] *adj* compassionate

compatible [kompa'tiβle] *adj* compatible ● **compatible con** compatible with

compatriota [kompa'trjota] *mf* compatriot

compenetrarse [kompene'trarse] *vp* to be in tune

compensación [kompensa'θjon] *f* compensation

compensar [kompen'sar] ◇ *vt* to compensate for ◇ *vi (satisfacer)* to be worthwhile ● **compensar algo con** to make up for sthg with

competencia [kompe'tenθja] *f* **1.** *(rivalidad)* competition **2.** *(incumbencia)* area of responsibility **3.** *(aptitud)* competence

competente [kompe'tente] *adj* competent

competición [kompeti'θjon] *f* competition

competir [kompe'tir] *vi* to compete

competitivo, va [kompeti'tiβo, βa] *adj* competitive

complacer [kompla'θer] ◇ *vt* to please ◇ *vi* to be pleasing ● **complacerse** *vp* ● **complacerse en** to take pleasure in

complaciente [kompla'θjente] *adj* obliging

complejidad [komplexi'ðað] *f* complexity

complejo, ja [kom'plexo, xa] *adj & m* complex

complementar [komplemen'tar] *vt* to complement ● **complementarse** *vp* to complement one another

complementario, ria [komplemen'tarjo, rja] *adj* complementary

complemento [komple'mento] *m* **1.** *(accesorio)* complement **2.** *(en gramática)* complement, object

completamente [kom.pleta'mente] *adv* completely

completar [komple'tar] *vt* **1.** to complete **2.** *(Amér) (rellenar)* to fill out

completo, ta [kom'pleto, ta] *adj* **1.** *(con todas sus partes)* complete **2.** *(lleno)* full ● **por completo** completely ▼ **completo** no vacancies

complexión [komplek'sjon] *f* build

complicación [komplika'θjon] *f* complication

complicado, da [kompli'kaðo, ða] *adj* complicated

complicar [kompli'kar] *vt (hacer difícil)* to complicate ● **complicar a alguien en** *(implicar)* to involve sb in ● **complicarse** *vp* **1.** *(situación, problema)* to get complicated **2.** *(enfermedad)* to get worse

cómplice ['kompliθe] *mf* accomplice

complot [kom'plot] *m* plot

componente [kompo'nente] *m* component

componer [kompo'ner] *vt* **1.** *(obra literaria)* to write **2.** *(obra musical)* to compose **3.** *(lo roto)* to repair **4.** *(lo desordenado)* to

tidy up (*UK*), to clean up (*US*) ◆
componerse de *v + prep* to consist of
● **componérselas** to manage
comportamiento [komporta'mjento] *m*
behaviour
comportar [kompor'tar] *vt* to involve ◆
comportarse *vp* to behave ● **portarse**
bien/mal to behave well/badly
composición [komposi'θjon] *f* composition
compositor, ra [komposi'tor, ra] *m,f*
composer
compostura [kompos'tura] *f* (*buena educación*) good behaviour
compota [kom'pota] *f* stewed fruit
(*UK*), compote ● **compota de manzana**
stewed apple
compra ['kompra] *f* purchase ● **hacer**
la compra to do the shopping ● **ir de**
compras to go shopping ● **compra a**
plazos hire purchase (*UK*), installment
plan (*US*)
comprador, ra [kompra'ðor, ra] *m,f*
buyer
comprar [kom'prar] *vt* to buy ● **le**
compraron una cámara digital they
bought him a digital camera
comprender [kompren'der] *vt* **1.** (*entender*) to understand **2.** (*abarcar*) to
comprise
comprensible [kompren'siβle] *adj* un-
derstandable
comprensión [kompren'sjon] *f* **1.** (*de
ejercicio, texto*) comprehension **2.** (*de
problema, situación*) understanding
comprensivo, va [kompren'siβo, βa] *adj*
understanding
compresa [kom'presa] *f* **1.** (*para higiene

femenina) sanitary towel (*UK*) o napkin
(*US*) **2.** (*para uso médico*) compress
compresor [kompre'sor] *m* (*máquina*)
compressor
comprimido, da [kompri'miðo, ða] ◇
adj compressed ◇ *m* pill
comprimir [kompri'mir] *vt* to compress
comprobación [komproβa'θjon] *f* checking
comprobar [kompro'βar] *vt* **1.** (*verificar*)
to check **2.** (*demostrar*) to prove
comprometer [komprome'ter] *vt* to
compromise ◆ **comprometerse** *vp* (*novios*) to get engaged ● **comprometerse**
(a) to commit o.s. (to) ● **comprometerse (con)** to commit o.s. (to)
comprometido, da [komprome'tiðo,
ða] *adj* (*empeñado*) committed
compromiso [kompro'miso] *m* **1.** (*obligación*) commitment **2.** (*acuerdo*) compromise **3.** (*apuro*) difficult situation ●
sin compromiso without obligation
compuerta [kom'pwerta] *f* sluice
gate
compuesto, ta [kom'pwesto, ta] ◇ *adj* **1.**
(*por varios elementos*) composed **2.** (*repa-
rado*) repaired ◇ *m* compound
compungido, da [kompun'xiðo, ða] *adj*
remorseful
comulgar [komul'ɣar] *vi* to take communion ◆ **comulgar con** *v + prep* (*ideas,
sentimientos*) to agree with
común [ko'mun] *adj* **1.** (*frecuente*) common **2.** (*compartido*) shared
comuna [ko'muna] *f* (*CSur & Perú*)
municipality
comunicación [komunika'θjon] *f* **1.** (*entre personas, animales*) communication **2.**

(escrito) communiqué **3.** *(por carretera, tren, etc)* communications *pl* ● **se cortó la comunicación** I was cut off

comunicado, da [komuni'kaðo, ða] ◇ *adj* connected ◇ *m* statement ● **bien/ mal comunicado** *(pueblo, ciudad)* with good/bad connections

comunicar [komuni'kar] ◇ *vt* to communicate ◇ *vi* *(al teléfono)* to get through ● **está comunicando** *(teléfono)* the line's engaged

comunicativo, va [komunika'tiβo, βa] *adj* communicative

comunidad [komuni'ðað] *f* community ● **comunidad autónoma** *Spanish autonomous region* ● **Comunidad Europea** European Community

comunidad autónoma

Devolution is more advanced in Spain than in Britain. The 1978 Constitution created 17 autonomous communities, including Ceuta and Melilla, with their own directly elected parliaments, governments and high courts. While some policy areas are still controlled by central government, the autonomous communities are responsible for matters ranging from taxation to housing and education, although these powers vary from one region to another.

comunión [komu'njon] *f* communion
comunismo [komu'nizmo] *m* communism

comunista [komu'nista] *mf* communist
comunitario, ria [komuni'tarjo, rja] *adj* community *(antes de s)*

con [kon] *prep* **1.** *(modo, medio)* with ● **hazlo con el martillo** do it with the hammer ● **lo ha conseguido con su esfuerzo** he has achieved it through his own efforts **2.** *(compañía)* with ● **trabaja con su padre** he works with his father **3.** *(junto a)* with ● **una cartera con varios documentos** a briefcase containing several documents **4.** *(a pesar de)* in spite of ● **con lo aplicado que es lo han suspendido** for all his hard work, they still failed him ● **con todo iremos a su casa** we'll go to her house anyway **5.** *(condición)* by ● **con salir a las cinco será suficiente** if we leave at five we'll have plenty of time **6.** *(en locuciones)* ● **con (tal) que** as long as

conato [ko'nato] *m* **1.** *(de agresión)* attempt **2.** *(de incendio)* beginnings *pl*
cóncavo, va ['konkaβo, βa] *adj* concave
concebir [konθe'βir] *vt* to conceive ● **no concibo cómo pudiste hacer eso** I can't believe you did that
conceder [konθe'ðer] *vt* **1.** *(dar)* to grant **2.** *(premio)* to award **3.** *(asentir)* to admit
concejal, la [konθe'xal, la] *m,f* councillor
concentración [konθentra'θjon] *f* **1.** *(de personas)* gathering **2.** *(de líquido)* concentration
concentrado, da [konθen'traðo, ða] ◇ *adj* **1.** *(reunido)* gathered **2.** *(espeso)* concentrated ◇ *m* ● **concentrado de ...** concentrated ...

concentrar [konθen'trar] *vt* **1.** *(interés, atención)* to concentrate **2.** *(lo desunido)* to bring together ◆ **concentrarse** *vp* ● **concéntrate en los estudios** concentrate on your studies ◆ **se concentraron en el centro de la ciudad** they gathered in the center of town

concepción [konθep'θjon] *f* conception

concepto [kon'θepto] *m* **1.** *(idea)* concept **2.** *(opinión)* opinion ● **en concepto de** by way of

concernir [konθer'nir] ◆ **concernir a** *v + prep* to concern

concertación [konθerta'θjon] *f* agreement

concertado, da [konθer'taðo, ða] *adj* agreed

concertar [konθer'tar] *vt* **1.** *(precio)* to agree on **2.** *(cita, entrevista)* to arrange **3.** *(acuerdo)* to reach

concesión [konθe'sjon] *f* award

concesionario, ria [konθesjo'narjo, rja] ◇ *adj* concessionary ◇ *m* licensee

concha ['kontʃa] *f* **1.** *(caparazón)* shell **2.** *(material)* tortoiseshell

conciencia [kon'θjenθja] *f* **1.** *(conocimiento)* awareness **2.** *(moral)* conscience ● **a conciencia** conscientiously ● **tener conciencia de** to be aware of

concienzudo, da [konθjen'θuðo, ða] *adj* conscientious

concierto [kon'θjerto] *m* **1.** *(actuación musical)* concert **2.** *(composición musical)* concerto **3.** *(convenio)* agreement

conciliación [konθilja'θjon] *f* reconciliation

conciliar [konθi'ljar] *vt* to reconcile ● **conciliar el sueño** to get to sleep ◆

conciliarse con *v + prep* to be reconciled with

concisión [konθi'sjon] *f* conciseness

conciso, sa [kon'θiso, sa] *adj* concise

concluir [konklu'ir] ◇ *vt* to conclude ◇ *vi* to (come to an) end

conclusión [konklu'sjon] *f* conclusion

concordancia [konkor'ðanθja] *f* agreement

concordar [konkor'ðar] ◇ *vt* to reconcile ◇ *vi* **1.** *(de género)* to agree **2.** *(de número)* to tally ● **concordar con** *(coincidir con)* to agree with

concordia [kon'korðja] *f* harmony

concretar [konkre'tar] *vt* **1.** *(especificar)* to specify **2.** *(reducir)* to cut down

concreto, ta [kon'kreto, ta] ◇ *adj* **1.** *(no abstracto)* concrete **2.** *(específico)* specific ◇ *m* ● **concreto armado** *(Amér)* concrete

concubina [konku'βina] *f* concubine

concurrencia [konku'renθja] *f* **1.** *(público)* audience **2.** *(de hechos)* concurrence **3.** *(asistencia)* attendance

concurrente [konku'rente] *adj* concurrent

concurrido, da [konku'riðo, ða] *adj* crowded

concurrir [konku'rir] *vi* **1.** *(asistir)* to attend **2.** *(coincidir)* to meet

concursante [konkur'sante] *mf* contestant

concursar [konkur'sar] *vi* to compete

concurso [kon'kurso] *m* **1.** *(de deportes, literatura)* competition **2.** *(en televisión)* game show

condado [kon'daðo] *m* county

condal [kon'dal] *adj* county *(antes de s)*

conde, desa ['konde, 'desa] *m,f* count (*f* countess)

condecoración [kondekora'θjon] *f* medal

condena [kon'dena] *f* sentence

condenado, da [konde'naðo, ða] ◇ *adj* convicted ◇ *m,f* convicted criminal

condenar [konde'nar] *vt* **1.** (*suj: juez*) to sentence **2.** (*desaprobar*) to condemn

condensación [kondensa'θjon] *f* condensation

condensar [konden'sar] *vt* to condense

condición [kondi'θjon] *f* **1.** (*supuesto*) condition **2.** (*modo de ser*) nature **3.** (*estado social*) status ◆ **condiciones** *fpl* (*situación*) conditions ● **estar en buenas/malas condiciones** to be/not to be in a fit state

condicional [kondiθjo'nal] *adj* conditional

condimentar [kondimen'tar] *vt* to season

condimento [kondi'mento] *m* seasoning

condominio [kondo'minjo] *m* **1.** (*Amér*) (*viviendas*) block of flats (*UK*), apartment building (*US*) **2.** (*oficinas*) office block (*UK*) o building (*US*)

conducción [konduk'θjon] *f* **1.** (*de vehículos*) driving **2.** (*cañerías*) pipes *pl*

conducir [kondu'θir] ◇ *vt* **1.** (*vehículo*) to drive **2.** (*llevar*) to lead **3.** (*dirigir*) to conduct ◇ *vi* to drive

conducta [kon'dukta] *f* behaviour

conducto [kon'dukto] *m* **1.** (*tubo*) pipe **2.** (*vía*) channel

conductor, ra [konduk'tor, ra] *m,f* driver

conectar [konek'tar] *vt* to connect ◆ **conectar con** *v + prep* **1.** (*contactar con*) to get in touch with **2.** (*comprender*) to get on well with

conejera [kone'xera] *f* (*madriguera*) warren

conejo, ja [ko'nexo, xa] *m,f* rabbit ● **conejo a la cazadora** *rabbit cooked in olive oil, with onion, garlic and parsley*

conexión [konek'sjon] *f* connection

confección [konfek'θjon] *f* (*de vestido*) dressmaking ◆ **confecciones** *fpl* (*tienda*) clothes shop *sg*

confederación [konfeðera'θjon] *f* confederation

conferencia [konfe'renθja] *f* **1.** (*disertación*) lecture **2.** (*por teléfono*) long-distance call

conferenciante [konferen'θjante] *mf* speaker (*at conference*)

confesar [konfe'sar] *vt* to confess ◆ **confesarse** *vp* to take confession

confesión [konfe'sjon] *f* **1.** (*de los pecados*) confession **2.** (*religión*) religion

confesionario [konfesjo'narjo] *m* confessional

confesor [konfe'sor] *m* confessor

confeti [kon'feti] *m* confetti

confiado, da [kon'fjaðo, ða] *adj* (*crédulo*) trusting

confianza [kon'fjanθa] *f* **1.** (*seguridad*) confidence **2.** (*fe*) faith **3.** (*trato familiar*) familiarity

confiar [konfi'ar] *vt* **1.** (*secreto*) to confide **2.** (*persona, cosa*) to entrust ◆ **confiar en** *v + prep* **1.** (*persona*) to trust **2.** (*esperar en*) to have faith in ● **confiar en que** to be confident that ◆

confiarse *vp* to be overconfident

confidencia [konfi'ðenθja] *f* confidence

confidencial [konfiðen'θjal] *adj* confidential

confidente [konfi'ðente] *mf* **1.** *(de un secreto)* confidante **2.** *(de la policía)* informer

configuración [konfiɣuɾa'θjon] *f* configuration

configurar [konfiɣu'ɾaɾ] *vt* to shape

confirmación [konfiɾma'θjon] *f* confirmation

confirmar [konfiɾ'maɾ] *vt* to confirm

confiscar [konfis'kaɾ] *vt* to confiscate

confitado, da [konfi'taðo, ða] *adj* crystallized

confite [kon'fite] *m* sweet (*UK*), candy (*US*)

confitería [konfite'ɾia] *f* (*tienda*) sweet shop (*UK*), candy store (*US*)

confitura [konfi'tuɾa] *f* preserve

conflictivo, va [konflik'tiβo, βa] *adj* difficult

conflicto [kon'flikto] *m* **1.** *(desacuerdo)* conflict **2.** *(situación difícil)* difficulty

confluencia [kon'flwenθja] *f* **1.** *(lugar)* intersection **2.** *(de ríos)* confluence

confluir [konflu'iɾ] ◆ **confluir en** *v + prep* to meet at

conformarse [konfoɾ'maɾse] ◆ **conformarse con** *v + prep* to settle for

conforme [kon'foɾme] ◇ *adj* in agreement ◇ *adv* as ● **conforme a** ○ **con** in accordance with

conformidad [konfoɾmi'ðað] *f* ● **dar la conformidad** to give one's consent

conformismo [konfoɾ'mizmo] *m* conformism

conformista [konfoɾ'mista] *mf* conformist

confort [kon'foɾ] *m* comfort ▼ **todo confort** all mod cons

confortable [konfoɾ'taβle] *adj* comfortable

confrontación [konfɾonta'θjon] *f* confrontation

confundir [konfun'diɾ] *vt* to confuse ● **me están confundiendo con otro** they're confusing me with someone else ◆ **confundirse** *vp* **1.** *(equivocarse)* to make a mistake **2.** *(al teléfono)* to get the wrong number ● **confundirse de casa** to get the wrong house ◆ **confundirse con** *v + prep* (*mezclarse con*) to merge into

confusión [konfu'sjon] *f* **1.** *(equivocación)* mix-up **2.** *(desorden)* confusion

confuso, sa [kon'fuso, sa] *adj* **1.** *(perplejo)* confused **2.** *(no diferenciado)* unclear

congelación [konxela'θjon] *f* freezing

congelado, da [konxe'laðo, ða] *adj* **1.** *(alimentos, productos)* frozen **2.** *(persona)* freezing ◆ **congelados** *mpl* (*alimentos*) frozen foods

congelador [konxela'ðoɾ] *m* freezer

congelar [konxe'laɾ] *vt* to freeze ◆ **congelarse** *vp* (*persona*) to be freezing

congénito, ta [kon'xenito, ta] *adj* congenital

congestión [konxes'tjon] *f* congestion

conglomerado [konglome'ɾaðo] *m* (*de madera*) hardboard

congregar [kongɾe'ɣaɾ] *vt* to gather together ◆ **congregarse** *vp* to gather

congresista [kongɾe'sista] *mf* delegate

congreso [kon'gɾeso] *m* **1.** *(de especialis-*

tas) conference **2.** (*de diputados*) parliament, congress ● **el congreso de diputados** *the lower house of the Spanish Parliament*

conjetura [konxe'tura] *f* conjecture

conjugación [konxuɣa'θi̯on] *f* **1.** (*de verbos*) conjugation **2.** (*de colores, estilos, etc*) combination

conjugar [konxu'ɣar] *vt* **1.** (*verbos*) to conjugate **2.** (*unir*) to combine

conjunción [konxun'θi̯on] *f* **1.** GRAM conjunction **2.** (*unión*) combining

conjuntamente [kon,xunta'mente] *adv* jointly

conjuntivitis [konxunti'βitis] *f inv* conjunctivitis

conjunto [kon'xunto] *m* **1.** (*grupo, de rock*) group **2.** (*ropa*) outfit **3.** (*en matemáticas*) set ● **en conjunto** as a whole

conmemoración [kommemora'θi̯on] *f* commemoration

conmemorar [kommemo'rar] *vt* to commemorate

conmigo [kom'miɣo] *pron* with me

conmoción [kommo'θi̯on] *f* shock ● **conmoción cerebral** concussion

conmover [kommo'βer] *vt* (*impresionar*) to move, to touch

conmutador [kommuta'ðor] *m* **1.** (*de electricidad*) switch **2.** (*Amér*) (*centralita*) switchboard

cono ['kono] *m* cone

conocer [kono'θer] *vt* **1.** to know **2.** (*persona por primera vez*) to meet **3.** (*distinguir*) to recognize ◆ **conocerse** *vp* **1.** (*tratarse*) to know one another **2.** (*por primera vez*) to meet **3.** (*reconocerse*) to recognize one another **4.** (*uno mismo*) to know o.s.

conocido, da [kono'θiðo, ða] ◇ *adj* well-known ◇ *m,f* acquaintance

conocimiento [konoθi'mi̯ento] *m* **1.** (*entendimiento*) knowledge **2.** MED consciousness ● **conocimientos** *mpl* knowledge *sg*

conque [koŋke] *conj* so

conquista [koŋ'kista] *f* conquest

conquistador, ra [koŋkista'ðor, ra] ◇ *adj* seductive ◇ *m,f* conqueror

conquistar [koŋkis'tar] *vt* **1.** (*país, territorio*) to conquer **2.** (*puesto, trabajo, etc*) to obtain **3.** (*persona*) to win over

consagrado, da [konsa'ɣraðo, ða] *adj* **1.** (*en religión*) consecrated **2.** (*dedicado*) dedicated

consagrar [konsa'ɣrar] *vt* **1.** (*monumento, calle, etc*) to dedicate **2.** (*acreditar*) to confirm

consciente [kons'θi̯ente] *adj* ● **estar consciente** to be conscious ● **soy consciente de la situación** I'm aware of the situation

consecuencia [konse'ku̯enθi̯a] *f* consequence ● **en consecuencia** consequently

consecuente [konse'ku̯ente] *adj* **1.** (*persona*) consistent **2.** (*hecho*) resultant (*antes de s*)

consecutivo, va [konseku'tiβo, βa] *adj* consecutive

conseguir [konse'ɣir] *vt* **1.** (*lograr*) to obtain **2.** (*objetivo*) to achieve

consejo [kon'sexo] *m* **1.** (*advertencias*) advice **2.** (*advertencia concreta*) piece of advice **3.** (*organismo*) council **4.** (*reunión*) meeting

consenso [kon'senso] *m* consensus

consentido, da [konsen'tiðo, ða] *adj* spoilt (*UK*), spoiled (*US*)

consentir [konsen'tir] *vt* (*permitir*) to allow

conserje [kon'serxe] *m* caretaker

conserjería [konserxe'ria] *f* reception (desk)

conserva [kon'serβa] *f* ● **en conserva** tinned (*UK*), canned ◆ **conservas** *fpl* tinned food *sg* (*UK*), canned food *sg* (*US*)

conservador, ra [konserβa'ðor, ra] *adj* 1. (*en ideología*) conservative 2. (*en política*) Conservative

conservadurismo [konserβaðu'rizmo] *m* conservatism

conservante [konser'βante] *m* preservative

conservar [konser'βar] *vt* 1. (*mantener, cuidar*) to preserve 2. (*guardar*) to keep ◆ **conservarse** *vp* 1. (*persona*) to look after o.s. 2. (*alimentos, productos*) to keep

conservatorio [konserβa'torjo] *m* conservatoire

considerable [konsiðe'raβle] *adj* 1. (*grande*) considerable 2. (*hecho*) notable

consideración [konsiðera'θjon] *f* (*respeto*) respect ● **de consideración** considerable

considerar [konsiðe'rar] *vt* 1. to consider 2. (*valorar*) to value

consigna [kon'siɣna] *f* 1. (*orden*) instructions *pl* 2. (*depósito*) left-luggage office (*UK*), baggage room (*US*) ● **consigna automática** (left-)luggage locker

consignación [konsiɣna'θjon] *f* consignment

consigo [kon'siɣo] *pron* 1. (*con él, con ella*) with him (*f* with her) 2. (*con usted*) with you 3. (*con uno mismo*) with o.s.

consiguiente [konsiɣi'ente] ◆ **por consiguiente** *adv* therefore

consistencia [konsis'tenθja] *f* consistency

consistente [konsis'tente] *adj* (*sólido*) solid

consistir [konsis'tir] ◆ **consistir en** *v* + *prep* 1. (*componerse de*) to consist of 2. (*estar fundado en*) to be based on

consistorio [konsis'torjo] *m* town council (*UK*), city hall (*US*)

consola [kon'sola] *f* 1. (*mesa*) console table 2. (*de videojuegos*) console

consolar [konso'lar] *vt* to console ◆ **consolarse** *vp* to console o.s.

consolidación [konsoliða'θjon] *f* consolidation

consolidar [konsoli'ðar] *vt* to consolidate

consomé [konso'me] *m* consommé ● **consomé al jerez** *consommé made with sherry*

consonante [konso'nante] *f* consonant

consorcio [kon'sorθjo] *m* consortium

consorte [kon'sorte] *mf* spouse

conspiración [konspira'θjon] *f* conspiracy

conspirar [konspi'rar] *vi* to conspire

constancia [kons'tanθja] *f* (*tenacidad*) perseverance

constante [kons'tante] ◇ *adj* 1. (*que dura*) constant 2. (*tenaz*) persistent ◇ *f* constant ● **constantes vitales** vital signs

constantemente [kons,tante'mente] *adv* constantly

constar [kons'tar] ◆ **constar de** v + prep to be made up of ◆ **constar en** v + prep (figurar en) to appear in ● **me consta que** I know that ● **que conste que estoy en contra del proyecto** let there be no doubt that I'm against the project

constelación [konstela'θion] f constellation

constipado [konsti'paðo] m cold

constiparse [konsti'parse] vp to catch a cold

constitución [konstitu'θion] f 1. (forma) make-up 2. (ley) constitution

constitucional [konstituθio'nal] adj constitutional

constituir [konstitu'ir] vt 1. (formar) to make up 2. (componer, fundar) to form 3. (ser) to be ◆ **constituirse** vp (formarse) to form ● **constituirse de** (estar compuesto de) to be made up of

construcción [konstruk'θion] f 1. (edificio) building 2. (arte) construction

constructivo, va [konstruk'tiβo, βa] adj constructive

constructor [konstruk'tor] m builder

constructora [konstruk'tora] f construction company

construir [konstru'ir] vt 1. to build 2. (máquina) to manufacture

consuelo [kon'suelo] m consolation

cónsul ['konsul] mf consul

consulado [konsu'laðo] m 1. (lugar) consulate

consulta [kon'sulta] f 1. (aclaración, examen médico) consultation 2. (pregunta) question ● **consulta (médica)** surgery

consultar [konsul'tar] vt 1. (persona, libro) to consult 2. (dato) to look up ●

consultarle algo a alguien to consult sb about sthg

consultorio [konsul'torio] m 1. (de médico) surgery (UK), doctor's office (US) 2. (de revista) problem page

consumición [konsumi'θion] f 1. (alimento) food 2. (bebida) drink ▼ **consumición obligatoria** minimum charge

consumidor, ra [konsumi'ðor, ra] m,f consumer

consumir [konsu'mir] ◇ vt 1. (gastar) to use 2. (acabar totalmente) to use up ◇ vi (gastar dinero) to spend ◆ **consumirse** vp (extinguirse) to burn out

consumismo [konsu'mizmo] m consumerism

consumo [kon'sumo] m consumption

contabilidad [kontaβili'ðað] f (cuentas) accounts pl

contable [kon'taβle] mf accountant

contacto [kon'takto] m 1. contact 2. (de coche) ignition

contador, ra [konta'ðor, ra] ◇ m,f 1. (Amér) (prestamista) moneylender 2. (contable) accountant ◇ m meter

contagiar [konta'xiar] vt 1. (persona) to infect 2. (enfermedad) to pass on, to give

contagio [kon'taxio] m infection ● **transmitirse por contagio** to be contagious

contagioso, sa [konta'xioso, sa] adj infectious

container [kontai'ner] m 1. (de mercancías) container 2. (de basuras) wheely bin for rubbish from blocks of flats etc, Dumpster® (US)

contaminación [kontamina'θion] f pollution

contaminado, da [kontami'naðo, ða] *adj* polluted

contaminar [kontami'nar] *vt* to pollute ◆ **contaminarse** *vp* to become polluted

contar [kon'tar] ◇ *vt* **1.** to count **2.** *(explicar)* to tell ◇ *vi* to count ◆ **contar con** *v + prep* **1.** *(tener en cuenta)* to take into account **2.** *(tener)* to have **3.** *(confiar en)* to count on

contemplaciones [kontempla'θjones] *fpl* indulgence *sg* ◆ **sin contemplaciones** without standing on ceremony

contemplar [kontem'plar] *vt* to contemplate

contemporáneo, a [kontempo'raneo, a] *adj* contemporary

contenedor [kontene'ðor] *m* container ◆ **contenedor de basura** *wheely bin for rubbish from blocks of flats etc,* Dumpster ® *(US)*

contener [konte'ner] *vt* **1.** *(llevar)* to contain **2.** *(impedir)* to hold back ◆ **contenerse** *vp* to hold back

contenido, da [konte'niðo, ða] ◇ *adj* restrained ◇ *m* contents *pl*

contentar [konten'tar] *vt* to please ◆ **contentarse con** *v + prep* to make do with

contento, ta [kon'tento, ta] *adj* **1.** *(alegre)* happy **2.** *(satisfecho)* pleased

contestación [kontesta'θjon] *f* answer

contestador [kontesta'ðor] *m* ◆ **contestador (automático)** answering machine

contestar [kontes'tar] ◇ *vt* to answer ◇ *vi* **1.** *(responder)* to answer **2.** *(responder mal)* to answer back

contexto [kon'teksto] *m* context

contigo [kon'tiɣo] *pron* with you

contiguo, gua [kon'tiɣwo, ɣwa] *adj* adjacent

continental [kontinen'tal] *adj* continental

continente [konti'nente] *m* continent

continuación [kontinua'θjon] *f* continuation ◆ **a continuación** then

continuamente [kon,tinua'mente] *adv* **1.** *(sin interrupción)* continuously **2.** *(repetidamente)* continually

continuar [kontinu'ar] *vt* to continue ◆ **continúa en la casa** it's still in the house

continuo, nua [kon'tinuo, nua] *adj* **1.** *(sin interrupción)* continuous **2.** *(repetido)* continual

contorno [kon'torno] *m (silueta)* outline

contra ['kontra] ◇ *prep* against ◇ *m* ◆ **los pros y los contras** the pros and cons ◆ **en contra** against ◆ **en contra de** against

contrabajo [kontra'βaxo] *m (instrumento)* double bass

contrabandista [kontraβan'dista] *mf* smuggler

contrabando [kontra'βando] *m* **1.** *(de mercancías, droga)* smuggling **2.** *(mercancías)* contraband

contracorriente [,kontrako'rjente] *f* cross current ◆ **a contracorriente** against the flow

contradecir [kontraðe'θir] *vt* to contradict ◆ **contradecirse** *vp* to be inconsistent

contradicción [kontraðik'θjon] *f* contradiction

contradictorio, ria [kontraðik'torjo,

ria] *adj* contradictory

contraer [kontra'er] *vt* **1.** to contract **2.** (*deuda*) to run up ● **contraer matrimonio** to marry

contraindicado, da [ˌkontrainˌdi'kaðo, ða] *adj* not recommended

contraluz [kontra'luθ] *m* picture taken against the light ● **a contraluz** against the light

contrapartida [ˌkontrapar'tiða] *f* compensation ● **en contrapartida** as compensation

contrapelo [kontra'pelo] *m* ● **a contrapelo** against the grain

contrapeso [kontra'peso] *m* counterbalance

contrariar [kontrari'ar] *vt* (*disgustar*) to upset

contrario, ria [kon'trarjo, rja] ◇ *adj* **1.** (*opuesto*) opposite **2.** (*equipo, etc*) opposing **3.** (*negativo*) contrary ◇ *m,f* opponent ● **al contrario** on the contrary ● **por el contrario** on the contrary ● **llevar la contraria** to always take an opposing view

contraseña [kontra'seɲa] *f* password

contrastar [kontras'tar] ◇ *vt* **1.** (*comparar*) to contrast **2.** (*comprobar*) to check ◇ *vi* to contrast

contraste [kon'traste] *m* contrast

contratar [kontra'tar] *vt* to hire

contratiempo [kontra'tjempo] *m* mishap

contrato [kon'trato] *m* contract

contribuir [kontriβu'ir] *vi* to contribute ● **contribuir a** to contribute to ● **contribuyó con cien euros** he contributed one hundred euros

contrincante [kontrin'kante] *mf* opponent

control [kon'trol] *m* **1.** (*comprobación*) inspection **2.** (*dominio*) control ● **control de pasaportes** passport control

controlar [kontro'lar] *vt* **1.** (*comprobar*) to check **2.** (*dominar*) to control ● **controlarse** *vp* to control o.s.

contusión [kontu'sjon] *f* bruise

convalidar [kombali'ðar] *vt* (*estudios*) to recognize

convencer [komben'θer] *vt* to convince ● **convencerse de** *v + prep* to convince o.s. of

convención [komben'θjon] *f* convention

convencional [kombenθjo'nal] *adj* conventional

conveniente [kombe'njente] *adj* **1.** (*oportuno*) suitable **2.** (*hora*) convenient **3.** (*aconsejable*) advisable **4.** (*útil*) useful

convenio [kom'benjo] *m* agreement

convenir [kombe'nir] ◇ *vt* to agree on ◇ *vi* (*ser adecuado*) to be suitable ● **conviene hacerlo** it's a good idea to do it

convento [kom'bento] *m* **1.** (*de monjas*) convent **2.** (*de monjes*) monastery

conversación [kombersa'θjon] *f* conversation

conversar [komber'sar] *vi* to have a conversation

convertir [komber'tir] *vt* ● **convertir algo/a alguien en** to turn sthg/sb into ● **convertirse** *vp* ● **se convirtió al cristianismo** he converted to Christianity ● **se convirtió en una rana** he turned into a frog

convicción [kombik'θion] *f* conviction

convincente [kombin'θente] *adj* convincing

convivencia [kombi'βenθja] *f* living together

convivir [kombi'βir] ◆ **convivir con** *v* + *prep* to live with

convocar [kombo'kar] *vt* 1. *(reunión)* to convene 2. *(huelga, elecciones)* to call

convocatoria [komboka'torja] *f* ● **la convocatoria de junio** the June exams

convulsión [kombul'sjon] *f* 1. *(espasmo)* convulsion 2. *(conmoción, revolución)* upheaval

cónyuge ['konjuxe] *mf* spouse

coña ['koɲa] *f* (vulg) *(guasa)* joke ● **estar de coña** to be pissing around (UK), to be kidding around (US)

coñac [ko'nak] *m* brandy

coñazo [ko'naθo] *m* (vulg) pain in the arse (UK) o ass (US)

coño ['kono] *interj* (vulg) fuck!

cooperar [koope'rar] *vi* to cooperate

cooperativa [koopera'tiβa] *f* cooperative

coordinación [koorðina'θjon] *f* coordination

coordinar [koorði'nar] *vt* to coordinate

copa ['kopa] *f* 1. *(para beber)* glass 2. *(trofeo)* cup 3. *(de árbol)* top ● **invitar a alguien a una copa** to buy sb a drink ● **tomar una copa** to have a drink ◆ **ir de copas** to go out drinking ◆ **copas** *fpl* *(de la baraja)* suit with pictures of goblets *in Spanish deck of cards*

copeo [ko'peo] *m* ● **ir de copeo** (fam) to go out drinking

copia ['kopja] *f* copy

copiar [ko'pjar] *vt* to copy

copiloto [kopi'loto] *m* copilot

copioso, sa [ko'pjoso, sa] *adj* copious

copla ['kopla] *f* 1. *(estrofa)* verse 2. *(canción)* popular song

copo ['kopo] *m* flake

coquetear [kokete'ar] *vi* to flirt

coqueto, ta [ko'keto, ta] *adj* *(que flirtea)* flirtatious

coraje [ko'raxe] *m* *(valor)* courage ● **dar coraje** to make angry

coral [ko'ral] ◇ *m* coral ◇ *f* *(coro)* choir

coraza [ko'raθa] *f* *(de soldado)* cuirass

corazón [kora'θon] *m* 1. heart 2. *(de fruta)* core ◆ **corazones** *(de la baraja)* hearts

corbata [kor'βata] *f* tie

corchete [kor'tʃete] *m* 1. *(cierre)* hook and eye 2. *(signo)* square bracket

corcho ['kortʃo] *m* cork

cordel [kor'ðel] *m* cord

cordero, ra [kor'ðero, ra] *m,f* lamb

cordial [kor'ðjal] *adj* cordial

cordialmente [kor,ðjal'mente] *adv* cordially

cordillera [korði'ʎera] *f* mountain range ● **la cordillera Cantábrica** the Cantabrian Mountains *pl*

cordón [kor'ðon] *m* 1. *(cuerda)* cord 2. *(de zapato)* lace 3. *(cable eléctrico)* flex (UK), cord (US) 4. *(policial)* cordon ● **cordón umbilical** umbilical cord

Corea [ko'rea] *s* Korea ● **Corea del Norte** North Korea ● **Corea del Sur** South Korea

coreografía [koreoɣra'fia] *f* choreography

corista [ko'rista] *mf* chorus singer

cornada [kor'naða] *f* goring

cornamenta [korna'menta] *f* 1. *(de toro)*

horns *pl* **2.** *(de ciervo)* antlers *pl*

córnea ['kornea] *f* cornea

corneja [kor'nexa] *f* crow

córner ['korner] *m* corner (kick)

cornete [kor'nete] *m* cone

cornisa [kor'nisa] *f* cornice

coro ['koro] *m* choir ● **a coro** in unison

corona [ko'rona] *f* **1.** *(de rey)* crown **2.** *(fig) (trono)* crown **3.** *(de flores)* garland

coronar [koro'nar] *vt* to crown

coronel [koro'nel] *m* colonel

coronilla [koro'niʎa] *f* crown *(of the head)* ● **estar hasta la coronilla** to be fed up to the back teeth

corporal [korpo'ral] *adj (olor)* body *(antes de s)*

corpulento, ta [korpu'lento, ta] *adj* corpulent

Corpus ['korpus] *m* Corpus Christi

corral [ko'ral] *m (para animales)* pen

correa [ko'rea] *f* **1.** *(de bolso, reloj)* strap **2.** *(de pantalón)* belt **3.** *(de animal)* lead *(UK)*, leash *(US)*

corrección [korek'θjon] *f* **1.** *(de errores)* correction **2.** *(de comportamiento)* correctness

correctamente [ko,rekta'mente] *adv* correctly

correcto, ta [ko'rekto, ta] *adj* **1.** *(sin errores)* correct **2.** *(educado)* polite

corredor, ra [kore'ðor, ra] ◇ *m,f* **1.** *(en deporte)* runner **2.** *(intermediario)* agent ◇ *m (pasillo)* corridor

corregir [kore'xir] *vt* **1.** *(error, comportamiento)* to correct **2.** *(exámenes)* to mark, to grade *(US)* ● **corregirse** *vp* to mend one's ways

correo [ko'reo] *m* post, mail ● **correo aéreo** airmail ● **correo certificado** ≃ registered post ● **correo electrónico** e-mail ● **correo de voz** voice mail ● **Correos** *m inv* the Post Office ▼ **Correos y Telégrafos** *sign outside a major post office indicating telegram service*

El correo electrónico

Cuando te diriges a alguien que no conoces, lo mejor es usar la misma fórmula que en una carta formal, como por ejemplo *Dear Professor Williams* o *Dear Julie Barker*. Muchos usan *Dear* incluso cuando escriben a amigos o colegas. El comienzo más común usado en cartas a amigos y colegas es *Hi* seguido por el nombre de la persona. En mensajes enviados en el trabajo, es bastante común poner únicamente el nombre de la persona y nada más. Para la despedida de un mensaje a alguien que no conoces, puedes usar frases como *I look forward to hearing from you* seguido de *Best wishes* o *Kind regards* o *Best regards* y tu nombre. En mensajes enviados entre colegas de trabajo lo normal es no poner ninguna despedida y simplemente colocar tu nombre. Entre amigos no hay ninguna fórmula fija, puedes usar expresiones como *Take care, Love, Jane, See you Friday, lots of love* o *Mark*.

correr [ko'rer] ◇ *vi* **1.** *(persona, animal)* to run **2.** *(río)* to flow **3.** *(tiempo)* to pass **4.**

(noticia, rumor) to go around ◇ *vt* **1.** *(mesa, silla, etc)* to move up **2.** *(cortinas)* to draw ● **dejar correr algo** to let sthg be ◆ **correrse** *vp* **1.** *(tintas, colores)* to run **2.** *(Amér) (medias)* to ladder *(UK)*, to run *(US)*

correspondencia [korespon'denθja] *f* **1.** correspondence **2.** *(de transporte)* connection ▼ **correspondencias** *(en metro)* to other lines

corresponder [korespon'der] *vi* ● **corresponder a alguien (con algo)** to repay sb (with sthg) ● **te corresponde hacerlo** it's your responsibility to do it

correspondiente [korespon'djente] *adj* corresponding

corresponsal [korespon'sal] *mf* correspondent

corrida [ko'riða] *f (de toros)* bullfight

corriente [ko'rjente] ◇ *adj* **1.** *(agua)* running **2.** *(común)* ordinary **3.** *(día, mes, año)* current ◇ *f* **1.** *(de aire)* draught **2.** *(de mar)* current ● **estar al corriente de** to be up to date with ● **ponerse al corriente de** to bring o.s. up to date with ● **corriente (eléctrica)** (electric) current

corro [ko'ro] *m* circle

corromper [korom'per] *vt* **1.** *(pervertir)* to corrupt **2.** *(sobornar)* to bribe **3.** *(pudrir)* to rot

corrupción [korup'θjon] *f* **1.** *(perversión)* corruption **2.** *(soborno)* bribery

corsé [kor'se] *m* corset

cortacésped [korta'θespeð] *m* lawnmower

cortado, da [kor'taðo, ða] ◇ *adj* **1.** *(leche)* off **2.** *(salsa)* curdled **3.** *(labios,*

manos) chapped **4.** *(carretera)* closed **5.** *(fam) (persona)* inhibited ◇ *m* small coffee with a drop of milk

cortante [kor'tante] *adj* **1.** *(cuchilla, etc)* sharp **2.** *(persona)* cutting **3.** *(viento, frío)* bitter

cortar [kor'tar] *vt* **1.** to cut **2.** *(calle)* to close **3.** *(conversación)* to cut short **4.** *(luz, gas, etc)* to cut off **5.** *(piel)* to chap **6.** *(hemorragia)* to stop ● **cortarse** *vp* **1.** *(herirse)* to cut o.s. **2.** *(avergonzarse)* to become tongue-tied **3.** *(leche, salsa)* to curdle

cortaúñas [korta'uɲas] *m inv* nailclippers *pl*

corte ['korte] *m* **1.** *(herida)* cut **2.** *(en vestido, tela, etc)* tear **3.** *(de corriente eléctrica)* power cut **4.** *(vergüenza)* embarrassment ● **corte y confección** *(para mujeres)* dressmaking ● **corte de pelo** haircut

Cortes [kor'tes] *fpl* ● **las Cortes** *the Spanish parliament*

cortés [kor'tes] *adj* polite

cortesía [korte'sia] *f* politeness

corteza [kor'teθa] *f* **1.** *(de árbol)* bark **2.** *(de pan)* crust **3.** *(de queso, limón)* rind **4.** *(de naranja)* peel ● **cortezas de cerdo** pork scratchings

cortijo [kor'tixo] *m* farm

cortina [kor'tina] *f* curtain

corto, ta ['korto, ta] *adj* **1.** *(breve)* short **2.** *(fam) (tonto)* thick ● **quedarse corto** *(al calcular)* to underestimate ● **corto de vista** short-sighted

cortometraje [,kortome'traxe] *m* short *(film)*

cosa ['kosa] *f* thing ● **¿alguna cosa**

más? anything else? ● **ser cosa de alguien** to be sb's business ● **como si tal cosa** as if nothing had happened

coscorrón [kosko'ron] *m* bump on the head

cosecha [ko'setʃa] *f* **1.** harvest **2.** (*de vino*) vintage

cosechar [kose'tʃar] ◇ *vt* to harvest ◇ *vi* to bring in the harvest

coser [ko'ser] *vt* & *vi* to sew

cosmopolita [kozmopo'lita] *adj* cosmopolitan

cosmos ['kozmos] *m* cosmos

coso ['koso] *m* (*CSur*) (*objeto, aparato*) thingy

cosquillas [kos'kiʎas] *fpl* ● **hacer cosquillas** to tickle ● **tener cosquillas** to be ticklish

cosquilleo [koski'ʎeo] *m* tickling sensation

costa ['kosta] *f* (*orilla*) coast ● **a costa de** at the expense of

costado [kos'taðo] *m* side

costar [kos'tar] *vi* (*valer*) to cost ● **me cuesta (mucho) hacerlo** it's (very) difficult for me to do it ● **¿cuánto cuesta?** how much is it?

Costa Rica [kosta'rika] *s* Costa Rica

costarriqueño, ña [ˌkostari'keɲo, ɲa] *adj* & *m,f* Costa Rican

coste ['koste] *m* **1.** (*de producción*) cost **2.** (*de producto, mercancía*) price

costero, ra [kos'tero, ra] *adj* coastal

costilla [kos'tiʎa] *f* rib ● **costillas de cordero** lamb chops

costo ['kosto] *m* **1.** (*de producción*) cost **2.** (*de producto, mercancía*) price

costoso, sa [kos'toso, sa] *adj* expensive

costra ['kostra] *f* (*de herida*) scab

costumbre [kos'tumbre] *f* habit ● **tener la costumbre de** to be in the habit of

costura [kos'tura] *f* **1.** (*labor*) sewing **2.** (*de vestido*) seam

costurera [kostu'rera] *f* seamstress

costurero [kostu'rero] *m* sewing box

cota ['kota] *f* (*altura*) height (above sea level)

cotejo [ko'texo] *m* comparison

cotidiano, na [koti'ðjano, na] *adj* daily

cotilla [ko'tiʎa] *mf* (*fam*) gossip

cotilleo [koti'ʎeo] *m* (*fam*) gossip

cotillón [koti'ʎon] *m* New Year's Eve party

cotización [kotiθa'θjon] *f* (*de la moneda*) price

cotizar [koti'θar] *vt* **1.** (*en la Bolsa*) to price **2.** (*cuota*) to pay

coto ['koto] *m* (*terreno*) reserve ● **coto (privado) de caza** (private) game preserve

cotorra [ko'tora] *f* **1.** (*pájaro*) parrot **2.** (*fam*) (*charlatán*) chatterbox

COU ['kou] *m* (*abr de* curso de orientación universitaria) *formerly, year of Spanish secondary education in which 17-18 year olds prepared for university entrance exams*

coyuntura [kojun'tura] *f* current situation

coz [koθ] *f* tick

cráneo ['kraneo] *m* skull

cráter ['krater] *m* crater

crawl ['krol] *m* crawl

creación [krea'θjon] *f* creation

creador, ra [krea'ðor, ra] *m,f* creator

crear [kre'ar] *vt* **1.** *(inventar)* to create **2.** *(fundar)* to found

creatividad [kreatiβi'ðað] *f* creativity

creativo, va [krea'tiβo, βa] *adj* creative

crecer [kre'θer] *vi* **1.** to grow **2.** *(río)* to rise **3.** *(luna)* to wax

crecimiento [kreθi'mjento] *m* growth

credencial [kreðen'θjal] *f* identification

crédito ['kreðito] *m* **1.** *(préstamo)* loan **2.** *(disponibilidad)* credit **3.** *(confianza)* confidence

credo ['kreðo] *m* *(oración)* Creed

creencia [kre'enθja] *f* **1.** *(en religión)* faith **2.** *(convicción)* belief

creer [kre'er] *vt* **1.** *(dar por verdadero)* to believe **2.** *(suponer)* to think ● **¡ya lo creo!** I should say so! ◆ **creer en** *v + prep* to believe in

creído, da [kre'iðo, ða] *adj (presuntuoso)* vain

crema ['krema] *f* **1.** *(nata, cosmético)* cream **2.** *(betún)* polish ● **crema de belleza** beauty cream ● **crema de cangrejos** crab bisque ● **crema de marisco** seafood bisque ● **crema (pastelera)** custard

cremallera [krema'ʎera] *f* zip (UK), zipper (US)

crepe ['krep] *f* crepe

cresta ['kresta] *f* crest

cretino, na [kre'tino, na] *adj (estúpido)* stupid

creyente [kre'jente] *mf* believer

cría ['kria] *f* **1.** *(de ganado)* breeding **2.** *(hijo de animal)* young ➤ **crío**

criadero [kria'ðero] *m* farm

criadillas [kria'ðiʎas] *fpl* bull's testicles

criado, da [kri'aðo, ða] *m,f* servant (*f* maid)

crianza [kri'anθa] *f* **1.** *(de animales)* breeding **2.** *(educación)* bringing up **3.** *(de vino)* vintage

criar [kri'ar] ◇ *vt* **1.** *(animales)* to breed **2.** *(educar)* to bring up ◇ *vi* to breed

criatura [kria'tura] *f* creature

cricket ['kriket] *m* cricket

crimen ['krimen] *m* crime

criminal [krimi'nal] *mf* criminal

crío, a ['krio, a] *m,f* kid

criollo, lla [kri'oʎo, ʎa] *m,f* Latin American of Spanish extraction

crisis ['krisis] *f inv* **1.** *(en política, economía)* crisis **2.** *(en enfermedad)* breakdown

cristal [kris'tal] *m* **1.** *(sustancia)* glass **2.** *(vidrio fino)* crystal **3.** *(de ventana)* pane

cristalería [kristale'ria] *f* **1.** *(tienda)* glassware shop **2.** *(objetos)* glassware

cristalino, na [krista'lino, na] *adj* crystalline

cristianismo [kristja'nizmo] *m* Christianity

cristiano, na [kris'tjano, na] *adj & m,f* Christian

Cristo ['kristo] *m* Christ

criterio [kri'terjo] *m* **1.** *(regla, norma)* criterion **2.** *(opinión)* opinion

crítica ['kritika] *f* **1.** *(de arte, cine, etc)* review **2.** *(censura)* criticism ➤ **crítico**

criticar [kriti'kar] ◇ *vt* **1.** *(obra, película, etc)* to review **2.** *(censurar)* to criticize ◇ *vi* to criticize

crítico, ca ['kritiko, ka] ◇ *adj* critical ◇ *m,f* critic

croar [kro'ar] *vi* to croak

croissant [krua'san] *m* croissant

croissantería [kruasante'ria] *f shop* selling filled croissants

crol ['krol] *m* (front) crawl

cromo ['kromo] *m* (estampa) transfer

crónica ['kronika] *f* **1.** (de historia) chronicle **2.** (en periódico) column

cronometrar [kronome'trar] *vt* to time

cronómetro [kro'nometro] *m* stopwatch

croqueta [kro'keta] *f* croquette

croquis ['krokis] *m inv* sketch

cruce ['kruθe] *m* **1.** (de calles, caminos) crossroads **2.** (en el teléfono) crossed line

crucero [kru'θero] *m* **1.** (en barco) cruise **2.** (de iglesia) transept

crucial [kru'θjal] *adj* crucial

crucifijo [kruθi'fixo] *m* crucifix

crucigrama [kruθi'ɣrama] *m* crossword

crudo, da ['kruðo, ða] *adj* **1.** (no cocido) raw **2.** (novela, película) harshly realistic **3.** (clima) harsh

cruel [kru'el] *adj* cruel

crueldad [kruel'dað] *f* cruelty

crujido [kru'xiðo] *m* creak

crujiente [kru'xjente] *adj* (alimento) crunchy

crustáceo [krus'taθeo] *m* crustacean

cruz ['kruθ] *f* **1.** cross **2.** (de la moneda) tails **3.** (fig) (carga) burden

cruzada [kru'θaða] *f* crusade

cruzar [kru'θar] *vt* to cross ♦ **cruzarse** *vp* ● **cruzarse de brazos** (fig) to twiddle one's thumbs ● **cruzarse con** *v + prep* (persona) to pass

cta. (abr de cuenta) a/c (account (current))

cte. (abr de corriente) inst. (instant)

cuaderno [kua'ðerno] *m* **1.** (libreta) notebook **2.** (de colegial) exercise book

cuadra ['kuaðra] *f* **1.** (lugar, conjunto) stable **2.** (Amér) (esquina) corner **3.** (Amér) (de casas) block

cuadrado, da [kua'ðraðo, ða] *adj & m* square

cuadriculado, da [kuaðriku'laðo, ða] *adj* squared

cuadrilla [kua'ðriʎa] *f* group, team

cuadro ['kuaðro] *m* **1.** (cuadrado) square **2.** (pintura) picture, painting **3.** (gráfico) diagram ● **a** o **de cuadros** checked

cuajada [kua'xaða] *f* curd ● **cuajada con miel** dish of curd covered in honey

cual ['kual] *pron* ● **el/la cual** (persona) who; (cosa) which ● **lo cual** which ● **sea cual sea su nombre** whatever his name may be

cuál ['kual] *pron* **1.** (qué) what **2.** (especificando) which ● **¿cuál te gusta más?** which do you prefer?

cualidad [kuali'ðað] *f* quality

cualificado, da [kualifi'kaðo, ða] *adj* skilled

cualquier [kual'kjer] *adj* ➤ **cualquiera**

cualquiera [kual'kjera] ♦ *adj* any ♦ *pron* anybody ♦ *mf* nobody ● **cualquier día iré a verte** I'll drop by one of these days

cuando ['kuando] ♦ *adv* when ♦ *conj* (si) if ♦ *prep* ● **cuando la guerra** when the war was on ● **de cuando en cuando** from time to time ● **de vez en cuando** from time to time

cuándo ['kuando] *adv* when

cuantía [kuan'tia] *f* amount

cuanto, ta ['kuanto, ta] ♦ *adj* **1.** (todo) ● **despilfarra cuanto dinero gana** he squanders all the money he earns **2.** *(compara cantidades)* **cuantas más mentiras digas, menos te creerán** the more you lie, the less people will believe you ◇ *pron* **1.** *(de personas)* everyone who **dio las gracias a todos cuantos le ayudaron** he thanked everyone who helped him **2.** *(todo lo que)* everything **come cuanto/cuantos quieras** eat as much/as many as you like ● **todo cuanto dijo era verdad** everything she said was true **3.** *(compara cantidades)* **cuanto más se tiene, más se quiere** the more you have, the more you want **4.** *(en locuciones)* ● **cuanto antes** as soon as possible ● **en cuanto** *(tan pronto como)* as soon as ● **en cuanto a** as regards ● **unos cuantos** a few

cuánto, ta ['kuanto, ta] ◇ *adj* **1.** *(interrogativo singular)* how much **2.** *(interrogativo plural)* how many **3.** *(exclamativo)* what a lot of ◇ *pron* **1.** *(interrogativo singular)* how much **2.** *(interrogativo plural)* how many ● **¿cuánto quieres?** how much do you want?

cuarenta [kua'renta] *núm* forty ➤ **seis**

cuaresma [kua'rezma] *f* Lent

cuartel [kuar'tel] *m* barracks *pl* ● **cuartel de la Guardia Civil** post of the *Guardia Civil*

cuartelazo [kuarte'laθo] *m* (*Amér*) military uprising

cuarteto [kuar'teto] *m* quartet

cuartilla [kuar'tiλa] *f* sheet of (quarto) paper

cuarto, ta ['kuarto, ta] ◇ *adj* fourth ◇ *m* **1.** *(parte, período)* quarter **2.** *(habitación)* room ◇ *m.f* ● **el cuarto, la cuarta**

(persona, cosa) the fourth; *(piso, planta)* the fourth floor ● **llegar el cuarto** to come fourth ● **capítulo cuarto** chapter four ● **el cuarto día** the fourth day ● **en cuarto lugar, en cuarta posición** in fourth place ● **cuarto de baño** bathroom ● **cuarto de estar** living room ● **un cuarto de hora** a quarter of an hour ● **un cuarto de kilo** a quarter of a kilo ● **la cuarta parte** a quarter

cuarzo ['kuarθo] *m* quartz

cuate, ta ['kuate, ta] *m.f* (*CAm* & *Méx*) *(fam)* mate (*UK*), buddy (*US*)

cuatro ['kuatro] ◇ *adj inv* four ◇ *m* **1.** four **2.** *(día)* fourth ◇ *mpl* **1.** four **2.** *(temperatura)* four (degrees) ◇ *fpl* **(son) las cuatro** (it's) four o'clock ● **el cuatro de agosto** the fourth of August ● **doscientos cuatro** two hundred and four ● **treinta y cuatro** thirty-four ● **de cuatro en cuatro** in fours ● **los cuatro** the four of them ● **empataron a cuatro** they drew four-all ● **cuatro a cero** four-nil

cuatrocientos, tas [kuatro'θjentos, tas] *núm* four hundred ➤ **seis**

Cuba ['kuβa] *s* Cuba

cubano, na [ku'βano, na] *adj* & *m.f* Cuban

cubertería [kuβerte'ria] *f* cutlery

cubeta [ku'βeta] *f* (*Amér*) bucket

cúbico, ca ['kuβiko, ka] *adj* cubic

cubierta [ku'βierta] *f* **1.** *(de libro)* cover **2.** *(de barco)* deck

cubierto, ta [ku'βierto, ta] ◇ *pp* ➤ **cubrir** ◇ *adj* **1.** *(tapado)* covered **2.** *(cielo)* overcast ◇ *m* **1.** *(pieza para comer)* piece of cutlery **2.** *(para comensal)* place setting ● **a cubierto** under cover

cubito [ku'βito] *m* ● **cubito de hielo** ice cube

cúbito ['kuβito] *m* ulna

cubo ['kuβo] *m* **1.** *(recipiente)* bucket **2.** *(en geometría, matemáticas)* cube ● **cubo de la basura** rubbish bin *(UK)*, trash can *(US)* ● **cubo de la ropa** laundry basket

cubrir [ku'βrir] *vt* **1.** to cover **2.** *(proteger)* to protect ● **cubrirse** *vp* to cover o.s.

cucaracha [kuka'ratʃa] *f* cockroach

cuchara [ku'tʃara] *f* spoon

cucharada [kutʃa'raða] *f* spoonful

cucharilla [kutʃa'riʎa] *f* teaspoon

cucharón [kutʃa'ron] *m* ladle

cuchilla [ku'tʃiʎa] *f* blade ● **cuchilla de afeitar** razor blade

cuchillo [ku'tʃiʎo] *m* knife

cuclillas [ku'kliʎas] *fpl* ● **en cuclillas** squatting

cucurucho [kuku'rutʃo] *m* cone

cuelgue *m* *(fam)* high ● **¡lleva un buen cuelgue!** hes (as) high as a kite!

cuello ['kueʎo] *m* **1.** *(del cuerpo)* neck **2.** *(de la camisa)* collar

cuenca ['kuenka] *f* *(de río, mar)* basin

cuenco ['kuenko] *m* bowl

cuenta ['kuenta] *f* **1.** *(cálculo)* sum **2.** *(factura)* bill, check *(US)* **3.** *(en banco)* account **4.** *(de collar)* bead ● **la cuenta, por favor** could I have the bill, please? ● **caer en la cuenta** to catch on ● **darse cuenta de** to notice ● **tener en cuenta** to take into account

cuentagotas [kuenta'γotas] *m inv* dropper ● **en cuentagotas** in dribs and

drabs

cuentakilómetros [,kuentaki'lometros] *m inv* **1.** *(de distancia)* ≃ mileometer *(UK)*, ≃ odometer *(US)* **2.** *(de velocidad)* speedometer

cuento ['kuento] *m* **1.** *(relato)* short story **2.** *(mentira)* story

cuerda ['kuerða] *f* **1.** *(fina, de instrumento)* string **2.** *(gruesa)* rope **3.** *(del reloj)* spring ● **cuerdas vocales** vocal cords ● **dar cuerda a** *(reloj)* to wind up

cuerno ['kuerno] *m* **1.** horn **2.** *(de ciervo)* antler

cuero ['kuero] *m* *(piel)* leather ● **cuero cabelludo** scalp ● **en cueros** stark naked

cuerpo ['kuerpo] *m* **1.** body **2.** *(de policía)* force **3.** *(militar)* corps

cuervo ['kuerβo] *m* raven

cuesta ['kuesta] *f* slope ● **cuesta arriba** uphill ● **cuesta abajo** downhill ● **a cuestas** on one's back

cuestión [kues'tjon] *f* question ● **ser cuestión de** to be a question of

cuestionario [kuestjo'narjo] *m* questionnaire

cueva ['kueβa] *f* cave

cuidado [kui'ðaðo] ◇ *m* care ◇ *interj* be careful! ● **¡cuidado con la cabeza!** mind your head! ● **de cuidado** dangerous ● **estar al cuidado de** to be responsible for ● **tener cuidado** to be careful

cuidadosamente [kuiða,ðosa'mente] *adv* carefully

cuidadoso, sa [kuiða'ðoso, sa] *adj* careful

cuidar [kui'ðar] ◇ *vt* to look after ◇ *vi*

cuidar de to look after ◆ **cuidarse** *vp* to look after o.s. ◆ **cuidarse de** *v + prep (encargarse de)* to look after

culata [ku'lata] *f* 1. *(de arma)* butt 2. *(de motor)* cylinder head

culebra [ku'leβra] *f* snake

culebrón [kule'βron] *m (fam)* soap opera

culo ['kulo] *m* 1. *(fam) (de persona)* bum *(UK)*, butt *(US)* 2. *(de botella, etc)* bottom

culpa ['kulpa] *f* fault ● **echar la culpa a alguien** to blame sb ● **tener la culpa de** to be to blame

culpabilidad [kulpaβili'ðað] *f* guilt

culpable [kul'paβle] ◇ *mf* guilty party ◇ *adj* ● **culpable de** guilty of

culpar [kul'par] *vt* 1. *(echar la culpa)* to blame 2. *(acusar)* to accuse ● **culpar a alguien de** to blame sb for

cultivar [kulti'βar] *vt* 1. *(plantas)* to grow 2. *(tierra)* to farm

cultivo [kul'tiβo] *m (plantas)* crop

culto, ta ['kulto, ta] ◇ *adj* 1. *(persona)* educated 2. *(estilo)* refined 3. *(lenguaje)* literary ◇ *m* worship

cultura [kul'tura] *f* 1. *(actividades)* culture 2. *(conocimientos)* knowledge

cultural [kultu'ral] *adj* cultural

culturismo [kultu'rizmo] *m* body-building

cumbre ['kumbre] *f* summit

cumpleaños [kumple'aɲos] *m inv* birthday

cumplido [kum'pliðo] *m* compliment

cumplir [kum'plir] ◇ *vt* 1. *(ley, orden)* to obey 2. *(promesa)* to keep 3. *(condena)* to serve ◇ *vi (plazo)* to expire ● **cumplió con el deber** he did his duty ● **cumplió su promesa** she kept her promise ● **hoy cumple 21 años** he's 21 today

cúmulo ['kumulo] *m* 1. *(de cosas)* pile 2. *(de nubes)* cumulus

cuna ['kuna] *f* 1. *(cama)* cot *(UK)*, crib *(UK)* 2. *(origen)* cradle 3. *(patria)* birthplace

cuneta [ku'neta] *f* 1. *(en carretera)* ditch 2. *(en la calle)* gutter

cuña ['kuɲa] *f* 1. *(calza)* wedge 2. *(en radio, televisión)* commercial break

cuñado, da [ku'ɲaðo, ða] *m,f* brother-in-law *(f* sister-in-law)

cuota ['kwota] *f* 1. *(a club, etc)* membership fee 2. *(a Hacienda)* tax (payment) 3. *(precio)* fee

cuplé [ku'ple] *m type of popular song*

cupo ['kupo] ◇ *v* ➞ **caber** ◇ *m* 1. *(cantidad máxima)* quota 2. *(cantidad proporcional)* share

cupón [ku'pon] *m* 1. *(vale)* coupon 2. *(de sorteo, lotería)* ticket

cúpula ['kupula] *f (de edificio)* dome

cura¹ ['kura] *m (sacerdote)* priest

cura² ['kura] *f* 1. *(restablecimiento)* recovery 2. *(tratamiento)* cure ● **cura de reposo** rest cure

curandero, ra [kuran'dero, ra] *m,f* quack

curar [ku'rar] *vt* 1. to cure 2. *(herida)* to dress 3. *(pieles)* to tan ◆ **curarse** *vp* to recover

curiosidad [kurjosi'ðað] *f* curiosity ● **tener curiosidad por** to be curious about

curioso, sa [ku'rjoso, sa] ◇ *adj* 1. *(de noticias, habladurías, etc)* curious 2. *(inte-*

resante, raro) strange ◇ *m,f* onlooker

curita [ku'rita] *f* (*Amér*) (sticking) plaster (*UK*), Band-Aid® (*US*)

curry ['kuri] *m* curry ● **al curry** curried

cursi ['kursi] *adj* **1.** (*persona*) pretentious **2.** (*vestido, canción*) naff (*UK*), cheesy (*US*)

cursillo [kur'siʎo] *m* **1.** (*curso breve*) short course **2.** (*de conferencias*) series of talks

curso ['kurso] *m* **1.** course **2.** (*año académico, alumnos*) year ● **en curso** (*año*) current

cursor [kur'sor] *m* cursor

curva ['kurβa] *f* **1.** curve **2.** (*de camino, carretera, etc*) bend

curvado, da [kur'βaðo, ða] *adj* curved

custodia [kus'toðja] *f* **1.** (*vigilancia*) safe-keeping **2.** (*de los hijos*) custody

cutis ['kutis] *m inv* skin, complexion

cutre ['kutre] *adj* **1.** (*fam*) (*sucio*) shabby **2.** (*fam*) (*pobre*) cheap and nasty

cuy ['kuj] *m* (*Andes & RP*) guinea-pig

cuyo, ya ['kujo, ja] *adj* **1.** (*de quien*) whose **2.** (*de que*) of which

CV *m* (*abr de* currículum vitae) CV (*curriculum vitae*)

D. *abrev* = **don**

dado ['daðo] *m* dice

daga ['daɣa] *f* dagger

dalia ['dalja] *f* dahlia

dama ['dama] *f* lady ● **damas** *fpl* (*juego*) draughts *sg*

damasco [da'masko] *m* (*Andes & RP*) apricot

danés, esa [da'nes, esa] ◇ *adj & m* Danish ◇ *m,f* Dane

danza ['danθa] *f* dance

danzar [dan'θar] *vt & vi* to dance

dañar [da'ɲar] *vt* **1.** (*persona*) to harm **2.** (*cosa*) to damage

dañino, na [da'ɲino, na] *adj* **1.** (*sustancia*) harmful **2.** (*animal*) dangerous

daño ['daɲo] *m* **1.** (*dolor*) pain **2.** (*perjuicio*) damage **3.** (*a persona*) harm ● **hacer daño** (*producir dolor*) to hurt ● **la cena me hizo daño** the meal didn't agree with me

dar ['dar]

◇ *vt* **1.** (*entregar, regalar, decir*) to give ● **da clases en la universidad** he teaches at the university ● **me dio las gracias/los buenos días** she thanked me/said good morning to me **2.** (*producir*) to produce **3.** (*causar, provocar*) to give ● **me da vergüenza** I'm embarrassed ● **me da risa/sueño** it makes me laugh/sleepy **4.** (*suj: reloj*) to strike ● **el reloj ha dado las diez** the clock struck ten **5.** (*encender*) to turn on ● **por favor, da la luz** turn on the lights, please **6.** (*comunicar, emitir*) to give **7.** (*película, programa*) to show; (*obra de teatro*) to put on **8.** (*mostrar*) to show ● **su aspecto daba señales de cansancio** she was showing signs of weariness **9.** (*expresa acción*) to give ● **dar un grito** to give a cry ● **le dio un golpe** he hit him **10.** (*banquete, baile*) to hold ● **van** a **dar una fiesta** they're going to throw a party **11.** *(considerar)* ● **dio la discusión por terminada** she considered the discussion to be over

◇ *vi* **1.** *(horas)* to strike ● **han dado las tres en el reloj** the clock's struck three **2.** *(golpear)* ● **le dieron en la cabeza** they hit her on the head ● **la piedra dio contra el cristal** the stone hit the glass **3.** *(sobrevenir)* ● **le dieron varios ataques al corazón** he had several heart attacks **4.** ● **dar a** *(balcón, ventana)* to look out onto; *(pasillo)* to lead to; *(casa, fachada)* to face **5.** *(proporcionar)* ● **dar de comer** to feed ● **dar de beber a alguien** to give sb something to drink **6.** ● **dar en** *(blanco)* to hit **7.** *(en locuciones)* ● **dar de sí** to stretch ● **dar que hablar** to set people talking ● **da igual** o **lo mismo** it doesn't matter ● **¡qué más da!** what does it matter!

◆ **dar a** *v + prep (llave)* to turn
◆ **dar con** *v + prep (encontrar)* to find
◆ **darse** *vp (suceder)* to happen; *(dilatarse)* to stretch ● **darse contra** to bump into ● **se le da bien/mal el latín** he's good/bad at Latin ● **darse prisa** to hurry ● **se las da de listo** he likes to make out that he's clever ● **darse por vencido** to give in
◆ **darse a** *v + prep (entregarse)* to take to

dardo ['darðo] *m* dart ● **dardos** *mpl (juego)* darts *sg*

dátil ['datil] *m* date

dato ['dato] *m* fact, piece of information ● **datos** information *sg* ● **datos personales** personal details

dcha. *(abr de* derecha*)* right

d. de J.C. *(abr de* después de Jesucristo*)* AD *(Anno Domini)*

de [de] *prep* **1.** *(posesión, pertenencia)* of ● **el coche de mi padre/mis padres** my father's/parents' car ● **la casa es de ella** the house is hers **2.** *(materia)* (made) of ● **un reloj de oro** a gold watch **3.** *(contenido)* of ● **un vaso de agua** a glass of water **4.** *(en descripciones)* ● **de fácil manejo** user-friendly ● **la señora de verde** the lady in green ● **difícil de creer** hard to believe ● **una bolsa de deporte** a sports bag **5.** *(asunto)* about ● **háblame de ti** tell me about yourself ● **libros de historia** history books **6.** *(en calidad de)* as ● **trabaja de bombero** he works as a fireman **7.**

(tiempo) • **trabaja de nueve a cinco** she works from nine to five • **trabaja de noche y duerme de día** he works at night and sleeps during the day • **a las tres de la tarde** at three in the afternoon • **llegamos de madrugada** we arrived early in the morning • **de pequeño** as a child **8.** *(procedencia, distancia)* from • **vengo de mi casa** I've come from home • **soy de Zamora** I'm from Zamora • **del metro a casa voy a pie** I walk home from the underground **9.** *(causa, modo)* with • **morirse de frío** to freeze to death • **llorar de alegría** to cry with joy • **de una (sola) vez** in one go **10.** *(con superlativos)* • **el mejor de todos** the best of all **11.** *(cantidad)* • **más/menos de** more/less than **12.** *(condición)* if • **de querer ayudarme, lo haría** if she wanted to help me, she would

debajo [de'βaxo] *adv* underneath • **debajo de** under

debate [de'βate] *m* debate

debatir [deβa'tir] *vt* to debate

deber [de'βer] ◇ *m* duty ◇ *vt* **1.** *(expresa obligación)* • **debes dominar tus impulsos** you should control your impulses • **nos debemos ir a casa a las diez** we must go home at ten **2.** *(adeudar)* to owe **3.** *(en locuciones)* • **debido a** due to • **me debes cincuenta euros** you owe me fifty euros • **¿cuánto te debo?** how much does it come to? • **deber de** *v + prep* • **debe de llegar a las nueve** she should arrive at nine • **deben de ser las doce** it must be twelve o'clock • **deberse a** *v + prep* **1.** *(ser consecuencia de)* to be due to **2.** *(dedicarse a)* to have a responsibility towards • **deberes** *mpl* *(trabajo escolar)* homework *sg*

debido, da [de'βiðo, ða] *adj* proper • **debido a** due to

débil ['deβil] *adj* **1.** *(sin fuerzas)* weak **2.** *(voz, sonido)* faint **3.** *(luz)* dim

debilidad [deβili'ðað] *f* weakness

debilitar [deβili'tar] *vt* to weaken

debut [de'βut] *m* *(de artista)* debut

década ['dekaða] *f* decade

decadencia [deka'ðenθja] *f* *(declive)* decline

decadente [deka'ðente] *adj* decadent

decaer [deka'er] *vi* **1.** *(fuerza, energía)* to fail **2.** *(esperanzas, país)* to decline **3.** *(ánimos)* to flag

decaído, da [deka'iðo, ða] *adj* *(deprimido)* gloomy

decano, na [de'kano, na] *m,f* **1.** *(de universidad)* dean **2.** *(el más antiguo)* senior member

decena [de'θena] *f* ten

decente [de'θente] *adj* **1.** *(honesto)* decent **2.** *(limpio)* clean

decepción [deθep'θjon] *f* disappointment

decepcionar [deθepθjo'nar] *vt* to disappoint • **decepcionarse** *vp* to be disappointed

decidido, da [deθi'ðiðo, ða] *adj* determined

decidir [deθi'ðir] *vt* to decide • **decidirse** *vp* • **decidirse a** to decide to

decimal [deθi'mal] *adj* decimal

décimo, ma ['deθimo, ma] ◇ *adj* tenth ◇ *m* *(en lotería)* tenth share in a lottery ticket ◇ *m,f* • **el décimo, la décima**

(persona, cosa) the tenth; *(piso, planta)* the tenth floor ● **llegar el décimo** to come tenth ● **capítulo décimo** chapter ten ● **el décimo día** the tenth day ● **en décimo lugar, en décima posición** in tenth place ● **la décima parte** a tenth

decir [de'θir] *vt* **1.** *(enunciar)* to say **2.** *(contar)* to tell ● **decir a alguien que haga algo** to tell sb to do sthg ● **decir que sí** to say yes ● **¿diga?, ¿dígame?** *(al teléfono)* hello? ● **es decir** than is ● **¿cómo se dice ...?** how do you say ...? ● **se dice ...** they say ...

decisión [deθi'sjon] *f* **1.** *(resolución)* decision **2.** *(de carácter)* determination ● **tomar una decisión** to take a decision

declaración [deklara'θjon] *f* **1.** statement **2.** *(de amor)* declaration ● **prestar declaración** to give evidence ● **tomar declaración** to take a statement ● **declaración de la renta** tax return

declarado, da [dekla'raðo, ða] *adj* declared

declarar [dekla'rar] ◇ *vt* **1.** to state **2.** *(afirmar, bienes, riquezas)* to declare ◇ *vi* *(dar testimonio)* to give evidence ● **declararse** *vp* **1.** *(incendio, epidemia, etc)* to break out **2.** *(en el amor)* to declare o.s. ● **me declaro a favor de ...** I'm in favour of ...

declinar [dekli'nar] *vt* to decline

decoración [dekora'θjon] *f* **1.** *(de casa, habitación)* décor **2.** *(adornos)* decorations *pl*

decorado [deko'raðo] *m* *(en teatro, cine)* set

decorar [deko'rar] *vt* to decorate

decretar [dekre'tar] *vt* to decree

decreto [de'kreto] *m* decree

dedal [de'ðal] *m* thimble

dedicación [deðika'θjon] *f* dedication

dedicar [deði'kar] *vt* **1.** *(tiempo, dinero, energía)* to devote **2.** *(obra)* to dedicate ● **dedicarse a** *v + prep* *(actividad, tarea)* to spend time on ● **¿a qué se dedica Vd?** what do you do for a living?

dedo ['deðo] *m.* **1.** *(de mano, bebida)* finger **2.** *(de pie)* toe **3.** *(medida)* centimetre ● **hacer dedo** *(fam)* to hitch-hike ● **dedo corazón** middle finger ● **dedo gordo** thumb

deducción [deðuk'θjon] *f* deduction

deducir [deðu'θir] *vt* **1.** *(concluir)* to deduce **2.** *(restar)* to deduct

defecar [defe'kar] *vi* *(formal)* to defecate

defecto [de'fekto] *m* **1.** *(físico)* defect **2.** *(moral)* fault

defender [defen'der] *vt* to defend ● **defenderse** *vp* *(protegerse)* to defend o.s. ● **defenderse de** *(ataque, insultos)* to defend o.s. against

defensa [de'fensa] *f* defence

defensor, ra [defen'sor, ra] *m,f* **1.** defender **2.** *(abogado)* counsel for the defence

deficiencia [defi'θjenθja] *f* **1.** *(defecto)* deficiency **2.** *(falta, ausencia)* lack

deficiente [defi'θjente] *adj* *(imperfecto)* deficient

déficit ['defiθit] *m inv* **1.** *(en economía)* deficit **2.** *(escasez)* shortage

definición [defini'θjon] *f* definition

definir [defi'nir] *vt* to define ● **definirse** *vp* *(fig)* to take a position

de

definitivo, va [defini'tiβo, βa] *adj* **1.** *(final, decisivo)* definitive **2.** *(terminante)* definite ● **en definitiva** in short

deformación [deforma'θjon] *f* deformation

deformar [defor'mar] *vt* to deform

defraudar [defrau'ðar] *vt* **1.** *(decepcionar)* to disappoint **2.** *(estafar)* to defraud

defunción [defun'θjon] *f (formal)* death

degenerado, da [dexene'raðo, ða] *m,f* degenerate

degenerar [dexene'rar] *vi* to degenerate

degustación [deɣusta'θjon] *f* tasting

dejadez [dexa'ðeθ] *f* neglect

dejar [de'xar]
◇ *vt* **1.** *(colocar, poner)* to leave ▼ **deje aquí su compra** *sign indicating lockers where bags must be left when entering a supermarket* **2.** *(prestar)* to lend ● **me dejó su pluma** she lent me her pen **3.** *(no tomar)* to leave ● **deja lo que no quieras** leave whatever you don't want ● **deja un poco de café para mí** leave a bit of coffee for me **4.** *(dar)* to give ● **déjame la llave** give me the key ● **dejé el perro a mi madre** I left the dog with my mother **5.** *(vicio, estudios)* to give up; *(casa, novia)* to leave; *(familia)* to abandon ● **dejó su casa** he left home **6.** *(producir)* to leave ● **este perfume deja mancha en la ropa** this perfume stains your clothing **7.** *(permitir)* to allow, to let ● **dejar a alguien hacer algo** to let sb do sthg ▼ **dejen salir antes de entrar** *(en metro, tren)* let the passengers off the train first, please ● **sus gritos no me dejaron**

dormir his cries prevented me from sleeping **8.** *(olvidar, omitir)* to leave out ● **dejar algo por** o **sin hacer** to fail to do sthg ● **déjalo para otro día** leave it for another day **9.** *(no molestar)* to leave alone ● **¡déjame!** let me be! **10.** *(esperar)* ● **dejó que acabara de llover para salir** she waited until it stopped raining before going out **11.** *(en locuciones)* ● **dejar algo aparte** to leave sthg to one side ● **dejar a/a alguien atrás** to leave sthg/sb behind ● **dejar caer algo** *(objeto)* to drop sthg
◇ *vi* **1.** *(parar)* ● **dejar de hacer algo** to stop doing sthg **2.** *(no olvidar)* ● **no dejar de hacer algo** to be sure to do sthg

● **dejarse** *vp (olvidarse)* to leave; *(descuidarse, abandonarse)* to let o.s. go ● **dejarse llevar por** to get carried away with ● **apenas se deja ver** we hardly see anything of her

● **dejarse de** *v + prep* ● **¡déjate de tonterías!** stop that nonsense!

del [del] > **de, el**

delantal [delan'tal] *m* apron

delante [de'lante] *adv* **1.** *(en primer lugar)* in front **2.** *(en la parte delantera)* at the front **3.** *(enfrente)* opposite ● **delante de** in front of

delantera [delan'tera] *f (de coche, avión, etc)* front ● **coger** o **tomar la delantera** to take the lead

delantero, ra [delan'tero, ra] ◇ *adj* front
◇ *m (en deporte)* forward

delatar [dela'tar] *vt* **1.** *(persona)* to denounce **2.** *(suj: gesto, acto)* to betray

delco ® ['delko] *m* distributor

delegación [deleɣa'θion] f 1. (oficina) (local) office 2. (representación) delegation 3. (Méx) (distrito municipal) borough (UK), district (US) 4. (Méx) (de policía) police station

delegado, da [dele'ɣaðo, ða] m.f delegate ● delegado de curso student elected to represent his/her classmates

delegar [dele'ɣar] vt to delegate

deletrear [deletre'ar] vt to spell

delfín [del'fin] m dolphin

delgado, da [del'ɣaðo, ða] adj 1. thin 2. (esbelto) slim

deliberadamente [deliβe̞ɾaða'mente] adv deliberately

deliberado, da [deliβe'ɾaðo, ða] adj deliberate

deliberar [deliβe'ɾar] vt to deliberate

delicadeza [delika'ðeθa] f 1. (atención, miramiento) consideration 2. (finura) delicacy 3. (cuidado) care

delicado, da [deli'kaðo, ða] adj 1. delicate 2. (respetuoso) considerate

delicia [de'liθja] f delight

delicioso, sa [deli'θjoso, sa] adj 1. (exquisito) delicious 2. (agradable) lovely

delincuencia [delin'kwenθja] f crime

delincuente [delin'kwente] mf criminal ● delincuente común common criminal

delirante [deli'rante] adj 1. (persona) delirious 2. (idea) mad

delirar [deli'rar] vi 1. (por la fiebre) to be delirious 2. (decir disparates) to talk rubbish (UK) o nonsense (US)

delirio [de'lirjo] m (perturbación) ravings pl

delito [de'lito] m crime

delta ['delta] m delta

demanda [de'manda] f 1. (petición) request 2. (reivindicación, de mercancías) demand 3. (en un juicio) action

demandar [deman'dar] vt 1. (pedir) to request 2. (reivindicar) to demand 3. (en un juicio) to sue

demás [de'mas] ◇ adj other ◇ pron los/las demás the rest ● lo demás the rest ● por lo demás apart from that

demasiado, da [dema'sjaðo, ða] ◇ adj 1. (con sustantivos singulares) too much 2. (con sustantivos plurales) too many ◇ adv too much ● demasiado rápido too fast ● hace demasiado frío it's too cold

demencia [de'menθja] f insanity

demente [de'mente] adj (formal) insane

democracia [demo'kraθja] f democracy

demócrata [de'mokrata] ◇ adj democratic ◇ mf democrat

democráticamente [demo,kratika-'mente] adv democratically

democrático, ca [demo'kratiko, ka] adj democratic

demoledor, ra [demole'ðor, ra] adj 1. (máquina, aparato) demolition (antes de s) 2. (argumento, crítica) devastating

demoler [demo'ler] vt to demolish

demonio [de'monjo] m devil ● ¿qué demonios ...? what the hell ...?

demora [de'mora] f delay

demostración [demostra'θjon] f 1. (de hecho) proof 2. (de afecto, sentimiento, etc) demonstration

demostrar [demos'trar] vt 1. (probar) to prove 2. (indicar) to demonstrate, to show

denominación [denomina'θion] *f* ● **denominación de origen** *certification that a product, especially wine, comes from a particular region*

densidad [densi'ðað] *f* density

denso, sa ['denso, sa] *adj* dense

dentadura [denta'ðura] *f* teeth *pl* ● **dentadura postiza** dentures *pl*

dentífrico [den'tifriko] *m* toothpaste

dentista [den'tista] *mf* dentist

dentro ['dentro] *adv* (*en el interior*) inside ● **dentro de** (*en el interior*) in; (*en el plazo de*) in, within

denunciante [denun'θiante] *mf* person who reports a crime

denunciar [denun'θiar] *vt* 1. (*delito, persona*) to report 2. (*situación irregular, escándalo*) to reveal

departamento [departa'mento] *m* 1. (*de empresa, organismo*) department 2. (*de armario, maleta*) compartment 3. (*Amér*) (*vivienda*) flat (*UK*), apartment (*US*)

dependencia [depen'denθja] *f* 1. (*subordinación*) dependence 2. (*habitación*) room 3. (*sección, departamento*) branch

depender [depen'der] *vi* ● **depende ...** it depends ... ● **depender de** *v + prep* to depend on

dependiente, ta [depen'djente, ta] *m,f* shop assistant (*UK*), sales associate (*US*)

depilarse [depi'larse] *vp* to remove hair from ● **depilarse las cejas** to pluck one's eyebrows

depilatorio, ria [depila'torjo, rja] *adj* hair-removing

deporte [de'porte] *m* sport ● **hacer deporte** to do sport ● **deportes de invierno** winter sports

deportista [depor'tista] *mf* sportsman (*f* sportswoman)

deportivo, va [depor'tiβo, βa] ◇ *adj* 1. (*zapatillas, pantalón, prueba*) sports (*antes de s*) 2. (*persona*) sporting ◇ *m* sports car

depositar [deposi'tar] *vt* 1. (*en un lugar*) to place 2. (*en el banco*) to deposit

depósito [de'posito] *m* 1. (*almacén*) store 2. (*de dinero*) deposit 3. (*recipiente*) tank ● **depósito de agua** water tank ● **depósito de gasolina** petrol tank (*UK*), gas tank (*US*)

depre (*fam*) ◇ *adj* ● **estar depre** to be on a downer ◇ *f* ● **tener la depre** to be on a downer

depresión [depre'sion] *f* depression

depresivo, va [depre'siβo, βa] *adj* MED depressive

deprimido, da [depri'miðo, ða] *adj* depressed

deprimir [depri'mir] *vt* to depress ● **deprimirse** *vp* to get depressed

deprisa [de'prisa] *adv* quickly

depuradora [depura'ðora] *f* purifier

depurar [depu'rar] *vt* (*sustancia*) to purify

derecha [de'retʒa] *f* ● **la derecha** (*mano derecha*) one's right hand; (*lado derecho, en política*) the right ● **a la derecha** on the right ● **gira a la derecha** turn right ● **ser de derechas** to be right wing

derecho, cha [de'retʒo, tʒa] ◇ *adj* 1. (*lado, mano, pie*) right 2. (*recto*) straight ◇ *m* 1. (*privilegio, facultad*) right 2. (*estudios*) law 3. (*de tela, prenda*) right side ◇ *adv* straight ● **todo derecho** straight on ● **¡no hay derecho!** it's not fair!

derivar [deri'βar] ◆ **derivar de** *v + prep* to derive from ◆ **derivar en** *v + prep* to end in

dermoprotector, ra [ˌdermoprotek'tor, ra] *adj* skin-protecting *(antes de s)*

derramar [dera'mar] *vt* **1.** *(por accidente)* to spill **2.** *(verter)* to pour ◆ **derramarse** *vp* to spill

derrame [de'rame] *m* spillage ● **derrame cerebral** brain haemorrhage

derrapar [dera'par] *vi* to skid

derretir [dere'tir] *vt* to melt ◆ **derretirse** *vp* **1.** *(hielo, mantequilla)* to melt **2.** *(persona)* to go weak at the knees

derribar [deri'βar] *vt* **1.** *(casa, muro, adversario)* to knock down **2.** *(gobierno)* to overthrow

derrochar [dero'tʃar] *vt* to waste

derroche [de'rotʃe] *m* **1.** *(de dinero)* waste **2.** *(de esfuerzo, simpatía)* excess

derrota [de'rota] *f* defeat

derrotar [dero'tar] *vt* to defeat

derrumbar [derum'bar] *vt* *(casa, muro)* to knock down ◆ **derrumbarse** *vp* **1.** *(casa, muro)* to collapse **2.** *(moralmente)* to be devastated

desabrochar [desaβro'tʃar] *vt* to undo ◆ **desabrocharse** *vp* ● **desabrocharse la camisa** to unbutton one's shirt

desaconsejable [adj] inadvisable

desacreditar [desakreði'tar] *vt* to discredit

desacuerdo [desa'kwerðo] *m* disagreement

desafiar [desafi'ar] *vt* **1.** *(persona)* to challenge **2.** *(elementos, peligros)* to defy ● **desafiar a alguien a** to challenge sb to

desafinar [desafi'nar] *vi* to be out of tune ◆ **desafinarse** *vp* to go out of tune

desafío [desa'fio] *m* challenge

desafortunadamente [desafortuˌnaða'mente] *adv* unfortunately

desafortunado, da [desafortu'naðo, ða] *adj* **1.** *(sin suerte)* unlucky **2.** *(inoportuno)* unfortunate

desagradable [desaɣra'ðaβle] *adj* unpleasant

desagradecido, da [desaɣraðe'θiðo, ða] *adj* **1.** *(persona)* ungrateful **2.** *(trabajo, tarea)* thankless

desagüe [de'saɣwe] *m* **1.** *(de bañera, fregadero, piscina)* drain **2.** *(cañería)* drainpipe

desahogarse [desao'ɣarse] *vp* to pour one's heart out

desaire [de'saire] *m* snub

desajuste [desa'xuste] *m* ● **desajuste horario** jet lag

desaliñado, da [desali'ɲaðo, ða] *adj* *(persona)* unkempt

desalojar [desalo'xar] *vt* **1.** *(por incendio, etc)* to evacuate **2.** *(por la fuerza)* to evict ● **lo desalojaron de su propia casa** he was evicted from his own home

desamparado, da [desampa'raðo, ða] *adj* abandoned

desangrarse [desan'grarse] *vp* to lose a lot of blood

desanimar [desani'mar] *vt* to discourage ◆ **desanimarse** *vp* to be discouraged

desaparecer [desapare'θer] *vi* to disappear

desaparecido, da [desapare'θiðo, ða] *m,f* missing person

desaparición [desapari'θiọn] *f* disappearance

desapercibido, da [desaperθi'βiðo, ða] *adj* ● **pasar desapercibido** to go unnoticed

desaprovechar [desaproβe'tʒar] *vt* to waste

desarmador [desarma'ðor] *m (Méx)* screwdriver

desarrollado, da [desaro'ʎaðo, ða] *adj* **1.** to develop **2.** *(persona)* well-developed

desarrollar [desaro'ʎar] *vt* to develop ● **desarrollarse** *vp* **1.** to develop **2.** *(suceder)* to take place

desarrollo [desa'roʎo] *m* development

desasosiego [desaso'sieɣo] *m* anxiety

desastre [de'sastre] *m* **1.** disaster **2.** *(objeto de mala calidad)* useless thing

desatar [desa'tar] *vt* **1.** to untie **2.** *(sentimiento)* to unleash

desatino [desa'tino] *m (equivocación)* mistake

desatornillar [desator'niʎar] *vt (Amér)* to unscrew

desavenencia [desaβe'nenθia] *f* disagreement

desayunar [desaju'nar] ◇ *vt* to have for breakfast ◇ *vi* to have breakfast

desayuno [desa'juno] *m* breakfast

desbarajuste [dezβara'xuste] *m* disorder

desbaratar [dezβara'tar] *vt* to ruin

desbordarse [dezβor'ðarse] *vp* **1.** *(río, lago)* to overflow **2.** *(sentimiento, pasión)* to erupt

descabellado, da [deskaβe'ʎaðo, ða] *adj* mad

descafeinado [deskafei'naðo] ◇ *adj* de-

caffeinated ◇ *m* decaffeinated coffee ● **café descafeinado** decaffeinated coffee

descalificar [deskalifi'kar] *vt* **1.** *(jugador)* to disqualify **2.** *(desacreditar)* to discredit

descalzarse [deskal'θarse] *vp* to take one's shoes off

descalzo, za [des'kalθo, θa] *adj* barefoot ● **ir descalzo** to go barefoot

descampado [deskam'paðo] *m* open ground

descansar [deskan'sar] *vi* **1.** *(reposar)* to rest **2.** *(dormir)* to sleep

descansillo [deskan'siʎo] *m* landing

descanso [des'kanso] *m* **1.** *(reposo)* rest **2.** *(pausa)* break **3.** *(intermedio)* interval **4.** *(alivio)* relief

descapotable [deskapo'taβle] *m* convertible

descarado, da [deska'raðo, ða] *adj* **1.** *(persona)* cheeky *(UK)*, shameless *(US)* **2.** *(intento, mentira)* blatant

descarga [des'karɣa] *f (de mercancías)* unloading ● **descarga eléctrica** electric shock

descargar [deskar'ɣar] *vt* **1.** *(camión, mercancías, equipaje)* to unload **2.** *(arma)* to fire ● **descargarse** *vp* **1.** *(batería)* to go flat *(UK)*, to die *(US)* **2.** *(encendedor)* to run out **3.** *(desahogarse)* to vent one's frustration

descaro [des'karo] *m* cheek

descarrilar [deskarri'lar] *vi* to be derailed

descartar [deskar'tar] *vt* **1.** *(ayuda)* to reject **2.** *(posibilidad)* to rule out

descendencia [desθen'denθia] *f (hijos)* offspring

de

descender [desθen'der] *vi* to go down

descendiente [desθen'diente] *mf* descendent

descenso [des'θenso] *m* **1.** *(bajada)* drop **2.** *(de un río, montaña)* descent

descifrar [desθi'frar] *vt* to decipher

descolgar [deskol'γar] ⋄ *vt* **1.** *(cortina, ropa, cuadro)* to take down **2.** *(teléfono)* to take off the hook ⋄ *vi* to pick up the receiver

descolorido, da [deskolo'riðo, ða] *adj* faded

descomponer [deskompo'ner] *vt* (*Amér*) to break ◆ **descomponerse** *vp* (*Amér*) to break down

descomposición [deskomposi'θjon] *f* *(de un alimento)* decomposition ● **descomposición (de vientre)** diarrhea

descompuesto, ta [deskom'puesto, ta] ⋄ *pp* ➢ **descomponer** ⋄ *adj* (*Amér*) broken

desconcertante [deskonθer'tante] *adj* disconcerting

desconcertar [deskonθer'tar] *vt* to disconcert

desconfianza [deskon'fjanθa] *f* distrust

desconfiar [deskonfi'ar] ◆ **desconfiar de** *v + prep* to distrust

descongelar [deskonxe'lar] *vt* **1.** *(alimentos)* to thaw **2.** *(nevera)* to defrost ◆ **descongelarse** *vp* **1.** *(alimentos)* to thaw **2.** *(nevera)* to defrost

descongestionarse [deskonxestjo'narse] *vp* to clear

desconocer [deskono'θer] *vt* not to know

desconocido, da [deskono'θiðo, ða] *m,f* stranger

desconocimiento [deskonoθi'mjento] *m* ignorance

desconsiderado, da [deskonsiðe'raðo, ða] *adj* inconsiderate

desconsolado, da [deskonso'laðo, ða] *adj* distressed

desconsuelo [deskon'suelo] *m* distress

descontar [deskon'tar] *vt* to deduct

descrédito [des'kreðito] *m* discredit

describir [deskri'βir] *vt* to describe

descripción [deskrip'θjon] *f* description

descuartizar [deskuarti'θar] *vt* to quarter

descubierto, ta [desku'βjerto, ta] ⋄ *pp* ➢ **descubrir** ⋄ *adj* **1.** *(sin tapar)* uncovered **2.** *(sin nubes)* clear ● **al descubierto** in the open

descubrimiento [deskuβri'mjento] *m* discovery

descubrir [desku'βrir] *vt* **1.** to discover **2.** *(averiguar, destapar)* to uncover

descuento [des'kuento] *m* discount

descuidado, da [deskui'ðaðo, ða] *adj* **1.** *(persona, aspecto)* untidy (*UK*), messy (*US*) **2.** *(lugar)* neglected

descuidar [deskui'ðar] *vt* to neglect ◆ **descuidarse** *de v + prep (olvidarse de)* to forget to

descuido [des'kuiðo] *m* **1.** *(imprudencia)* carelessness **2.** *(error)* mistake

desde [dezðe] *prep* **1.** *(en el tiempo)* from **2.** *(en el espacio)* from ● **desde ... hasta ...** from ... to ... ● **vivo aquí desde hace dos años** I've been living here for two years ● **desde luego** of course ● **desde que** since

desdén [dez'ðen] *m* disdain

desdentado, da [dezðen'taðo, ða] *adj* toothless

desdicha [dez'ðitʃa] *f (pena)* misfortune

desdoblar [dezðo'βlar] *vt (papel, servilleta)* to unfold

desear [dese'ar] *vt* 1. *(querer)* to want 2. *(anhelar)* to wish for 3. *(amar)* to desire ● ¿qué desea? what can I do for you?

desechable [dese'tʃaβle] *adj* disposable

desechar [dese'tʃar] *vt (tirar)* to throw away

desembarcar [desembar'kar] *vi* to disembark

desembocadura [desemboka'ðura] *f* 1. *(de río)* mouth 2. *(de calle)* opening

desembocar [desembo'kar] ● **desembocar en** *v + prep* 1. *(río)* to flow into 2. *(calle)* to lead into 3. *(situación, problema)* to end in

desempeñar [desempe'ɲar] *vt* 1. *(funciones)* to carry out 2. *(papel)* to play 3. *(objeto empeñado)* to redeem

desempleo [desem'pleo] *m* unemployment

desencadenar [desenkaðe'nar] *vt (provocar)* to unleash ● **desencadenarse** *vi* 1. *(tormenta)* to break 2. *(tragedia)* to strike

desencajarse [desenka'xarse] *vp* 1. *(piezas)* to come apart 2. *(rostro)* to become distorted

desencanto [desen'kanto] *m* disappointment

desenchufar [desentʃu'far] *vt* to unplug

desenfadado, da [desenfa'ðaðo, ða] *adj* 1. *(persona)* easy-going 2. *(estilo)* light

desenfrenado, da [desenfre'naðo, ða] *adj (ritmo)* frantic

desengañar [desenga'ɲar] *vt* to reveal

the truth to ● **desengañarse** *vp* ● desengáñate stop kidding yourself

desengaño [desen'gaɲo] *m* disappointment

desenlace [desen'laθe] *m* ending

desenmascarar [desemmaska'rar] *vt* to expose

desenredar [desenre'ðar] *vt* 1. *(pelo, madeja, ovillo)* to untangle 2. *(situación)* to unravel

desentenderse [desenten'derse] ● **desentenderse de** *v + prep* ● se desentendió de ello he refused to have anything to do with it

desenvolver [desembol'βer] *vt* to unwrap ● **desenvolverse** *vp (persona)* to cope

deseo [de'seo] *m* desire

desequilibrado, da [desekili'βraðo, ða] *adj (formal) (loco)* (mentally) unbalanced

desesperación [desespera'θion] *f* desperation

desesperarse [desespe'rarse] *vp* to lose hope

desfachatez [desfatʃa'teθ] *f* cheek *(UK)*, nerve *(US)*

desfallecer [desfaʎe'θer] *vi* 1. *(debilitarse)* to flag 2. *(desmayarse)* to faint

desfigurarse [desfiɣu'rarse] *vp* to be disfigured

desfiladero [desfila'ðero] *m (mountain)* pass

desfile [des'file] *m* 1. *(de militares)* parade 2. *(de carrozas, etc)* procession 3. *(de modelos)* fashion show

desgana [dez'ɣana] *f* 1. *(falta de apetito)* lack of appetite 2. *(falta de interés)* lack *de*

of enthusiasm ● **con desgana** unwillingly

desgastar [dezɣas'tar] *vt* **1.** *(objeto)* to wear out **2.** *(fuerza)* to wear down

desgracia [dez'ɣraθja] *f* **1.** *(suerte contraria)* bad luck **2.** *(suceso trágico)* disaster ● **por desgracia** unfortunately

desgraciadamente [dezɣraθjaða'mente] *adv* unfortunately

desgraciado, da [dezɣra'θjaðo, ða] *m,f* poor wretch

desgraciar [dezɣra'θjar] *vt (estropear)* to spoil

desgreñado, da [dezɣre'ɲaðo, ða] *adj* tousled ● **ir desgreñado** to be dishevelled

deshacer [desa'θer] *vt* **1.** *(lo hecho)* to undo **2.** *(cama)* to mess up **3.** *(las sábanas)* to strip **4.** *(las maletas)* to unpack **5.** *(destruir)* to ruin **6.** *(disolver)* to dissolve ◆ **deshacerse** *vp* **1.** *(disolverse)* to dissolve **2.** *(derretirse)* to melt **3.** *(destruirse)* to be destroyed ◆ **deshacerse de** *v + prep (desprenderse de)* to get rid of

deshecho, cha [de'setʃo, tʃa] ◇ *pp* > deshacer ◇ *adj* **1.** *(nudo, paquete)* undone **2.** *(cama)* unmade **3.** *(maletas)* unpacked **4.** *(estropeado)* ruined **5.** *(triste, abatido)* shattered

desheredar [desere'ðar] *vt* to disinherit

deshidratarse [desiðra'tarse] *vp* to be dehydrated

deshielo [dez'jelo] *m* thaw

deshonesto, ta [deso'nesto, ta] *adj* **1.** *(inmoral)* indecent **2.** *(poco honrado)* dishonest

deshonra [de'sonra] *f* dishonour

deshuesar [dezwe'sar] *vt* **1.** *(carne)* to

bone **2.** *(fruta)* to stone *(UK)*, to pit *(US)*

desierto, ta [de'sjerto, ta] ◇ *adj (lugar)* deserted ◇ *m* desert

designar [desiɣ'nar] *vt* **1.** *(persona)* to appoint **2.** *(lugar)* to decide on

desigual [desi'ɣwal] *adj* **1.** *(no uniforme)* different **2.** *(irregular)* uneven

desigualdad [desiɣwal'daθ] *f* inequality

desilusión [desilu'sjon] *f* disappointment

desilusionar [desilusjo'nar] *vt* to disappoint

desinfectante [desinfek'tante] *m* disinfectant

desinfectar [desinfek'tar] *vt* to disinfect

desinflar [desin'flar] *vt (balón, globo, rueda)* to let down

desintegración [desinteɣra'θjon] *f* disintegration

desinterés [desinte'res] *m* lack of interest

desinteresado, da [desintere'saðo, ða] *adj* unselfish

desistir [desis'tir] ◆ **desistir de** *v + prep* to give up

desliz [dez'liθ, θes] *(pl* **-ces***) m* slip

deslizar [dezli'θar] *vt* to slide ◆ **deslizarse** *vp (resbalar)* to slide

deslumbrar [dezlum'brar] *vt* to dazzle

desmadrarse [dezma'ðrarse] *vp (fam)* to go over the top

desmaquillador [dezmakiʎa'ðor] *m* make-up remover

desmaquillarse [dezmaki'ʎarse] *vp* to take one's make-up off

desmayarse [dezma'jarse] *vp* to faint

desmayo [dez'majo] *m (desvanecimiento)* fainting fit

desmentir [dezmen'tir] *vt* (*negar*) to deny

desmesurado, da [dezmesu'raðo, ða] *adj* excessive

desmontar [dezmon'tar] ◇ *vt* 1. (*estructura*) to take down 2. (*aparato*) to take apart ◇ *vi* to dismount

desmoralizar [dezmorali'θar] *vt* to demoralize

desnatado, da [dezna'taðo, ða] *adj* 1. (*leche*) skimmed 2. (*yogur*) low-fat

desnivel [dezni'βel] *m* (*del terreno*) unevenness

desnudar [deznu'ðar] *vt* to undress ◆ **desnudarse** *vp* to get undressed

desnudo, da [dez'nuðo, ða] *adj* 1. (*sin ropa*) naked 2. (*sin adorno*) bare

desnutrición [deznutri'θjon] *f* undernourishment

desobedecer [desoβeðe'θer] *vt* to disobey

desobediente [desoβe'ðjente] *adj* disobedient

desodorante [desoðo'rante] *m* deodorant

desorden [de'sorðen] *m* (*de objetos, papeles*) mess ◆ **en desorden** in disarray

desordenar [desorðe'nar] *vt* to mess up

desorganización [desorɣaniθa'θjon] *f* disorganization

desorientar [desorjen'tar] *vt* (*confundir*) to confuse ◆ **desorientarse** *vp* 1. (*perderse*) to lose one's bearings 2. (*confundirse*) to get confused

despachar [despa'tʃar] *vt* 1. (*vender*) to sell 2. (*despedir*) to sack (*UK*), to fire (*US*)

despacho [des'patʃo] *m* 1. (*oficina*) office 2. (*estudio*) study ◆ **despacho de billetes** ticket office

despacio [des'paθjo] ◇ *adv* slowly ◇ *interj* slow down!

despampanante [despampa'nante] *adj* stunning

desparpajo [despar'paxo] *m* self-assurance

despecho [des'petʃo] *m* bitterness

despectivo, va [despek'tiβo, βa] *adj* disdainful

despedida [despe'ðiða] *f* goodbye

despedir [despe'ðir] *vt* 1. (*decir adiós*) to say goodbye to 2. (*del trabajo*) to sack (*UK*), to fire (*US*) 3. (*arrojar*) to fling 4. (*producir*) to give off ◆ **despedirse** *vp* 1. (*decir adiós*) to say goodbye 2. (*del trabajo*) to hand in one's notice

despegar [despe'ɣar] ◇ *vt* to remove ◇ *vi* (*avión*) to take off

despegue [des'peɣe] *m* take-off

despeinarse [despei'narse] *vp* to mess up one's hair

despejado, da [despe'xaðo, ða] *adj* 1. (*cielo, día, camino*) clear 2. (*persona*) alert 3. (*espacio*) spacious

despejar [despe'xar] *vt* 1. (*lugar*) to clear 2. (*incógnita, dudas*) to clear up ◆ **despejarse** *vp* 1. (*cielo, día, noche*) to clear up 2. (*persona*) to clear one's head

despensa [des'pensa] *f* larder

despeñadero [despeɲa'ðero] *m* precipice

desperdiciar [desperði'θjar] *vt* to waste

desperdicio [desper'ðiθjo] *m* waste ◆ **desperdicios** *mpl* 1. (*basura*) waste *sg* 2. (*de cocina*) scraps

desperezarse [despere'θarse] *vp* to stretch

desperfecto [desper'fekto] *m* **1.** *(daño)* damage **2.** *(defecto)* fault

despertador [desperta'ðor] *m* alarm clock

despertar [desper'tar] *vt* **1.** *(persona)* to wake up **2.** *(sentimiento)* to arouse ◆ **despertarse** *vp* to wake up

despido [des'piðo] *m* dismissal

despierto, ta [des'pjerto, ta] *adj* **1.** *(que no duerme)* awake **2.** *(listo)* alert

despistado, da [despis'taðo, ða] *adj* absent-minded

despistarse [despis'tarse] *vp* **1.** *(desorientarse)* to get lost **2.** *(distraerse)* to get confused

despiste [des'piste] *m* **1.** *(olvido)* absent-mindedness **2.** *(error)* mistake

desplazarse [despla'θarse] *vp* **1.** *(moverse)* to move **2.** *(viajar)* to travel

desplegar [desple'ɣar] *vt* **1.** *(tela, periódico, mapa)* to unfold **2.** *(bandera)* to unfurl **3.** *(alas)* to spread **4.** *(cualidad)* to display

desplomarse [desplo'marse] *vp* to collapse

despojos [des'poxos] *mpl* **1.** *(de animal)* offal *sg* **2.** *(de persona)* remains **3.** *(sobras)* leftovers

despreciar [despre'θjar] *vt* **1.** *(persona, cosa)* to despise **2.** *(posibilidad, propuesta)* to reject

desprecio [des'preθjo] *m* contempt

desprender [despren'der] *vt* **1.** *(desenganchar)* to unfasten **2.** *(soltar)* to give off ◆ **desprenderse** *vp (soltarse)* to come off ◆ **desprenderse de** *v + prep*

(deshacerse de) to get rid of **2.** *(deducirse de)* to be clear from

desprendimiento [desprendi'mjento] *m (de tierra)* landslide

desprevenido, da [despreβe'niðo, ða] *adj* unprepared

desproporcionado, da [despropor-θjo'naðo, ða] *adj* disproportionate

después [des'pwes] *adv* **1.** *(más tarde)* afterwards; *(entonces)* then; *(justo lo siguiente)* next ● **lo haré después** I'll do it later ● **yo voy después** it's my turn next ● **años después** years later ● **poco/mucho después** soon/a long time after **2.** *(en el espacio)* next ● **¿qué calle viene después?** which street comes next? ● **hay una farmacia y después está mi casa** there's a chemist's and then you come to my house **3.** *(en una lista)* further down **4.** *(en locuciones)* ● **después de** after ● **después de que** after ● **después de todo** after all

destacar [desta'kar] ◇ *vt* to emphasize ◇ *vi (resaltar)* to stand out

destajo [des'taxo] *m* ● **trabajar a destajo** to do piecework

destapador [destapa'ðor] *m (Amér)* bottle opener

destapar [desta'par] *vt (caja, botella, etc)* to open

destello [des'teʎo] *m (de luz)* flash

destemplado, da [destem'plaðo, ða] *adj (persona)* out of sorts

desteñir [deste'ɲir] ◇ *vt* to bleach ◇ *vi* to run

desternillante *adj (fam)* hilarious

desterrar [deste'rrar] *vt* **1.** *(persona)* to

exile **2.** *(pensamiento, sentimiento)* to banish

destierro [des'tjero] *m* exile

destilación [destila'θjon] *f* distillation

destilar [desti'lar] *vt* to distil

destilería [destile'ria] *f* distillery

destinar [desti'nar] *vt* **1.** *(objeto)* to earmark **2.** *(persona)* to appoint **3.** *(programa, medidas)* to aim

destinatario, ria [destina'tarjo, rja] *m,f* addressee

destino [des'tino] *m* **1.** *(azar)* destiny **2.** *(de viaje)* destination **3.** *(finalidad)* use **4.** *(trabajo)* job ● **vuelos con destino a Londres** flights to London

destornillador [destorniʎa'ðor] *m* screwdriver

destornillar [destorni'ʎar] *vt* to unscrew

destrozar [destro'θar] *vt* **1.** *(objeto)* to smash **2.** *(plan, proyecto)* to ruin **3.** *(persona)* to shatter

destrucción [destruk'θjon] *f* destruction

destruir [destru'ir] *vt* **1.** *(objeto)* to destroy **2.** *(plan, proyecto)* to ruin

desuso [de'suso] *m* disuse ● **caer en desuso** to become obsolete

desvalijar [dezβali'xar] *vt* **1.** *(persona)* to rob **2.** *(casa)* to burgle

desván [dez'βan] *m* attic

desvanecimiento [dezβaneθi'mjento] *m* *(desmayo)* fainting fit

desvariar [dezβa'rjar] *vi* to rave

desvelar [dezβe'lar] *vt* **1.** *(persona)* to keep awake **2.** *(secreto)* to reveal ◆ **desvelarse** *vp* **1.** *(no dormir)* to be unable to sleep **2.** *(CAm & Méx)* *(quedarse levantado)* to have a late night

desventaja [dezβen'taxa] *f* disadvantage

desvergonzado, da [dezβeryon'θaðo, ða] *adj* shameless

desvestirse [dezβes'tirse] *vp* to get undressed

desviar [dezβi'ar] *vt* *(de un camino)* to divert ◆ **desviarse** *vp* ● **desviarse de** *(camino)* to turn off; *(propósito)* to be diverted from

desvío [dez'βio] *m* diversion

detallar [deta'ʎar] *vt* to describe in detail

detalle [de'taʎe] *m* **1.** *(pormenor, minucia)* detail **2.** *(delicadeza)* kind gesture ● **al detalle** *(minuciosamente)* in detail

detallista [deta'ʎista] *adj* *(minucioso)* painstaking

detectar [detek'tar] *vt* to detect

detective [detek'tiβe] *mf* detective

detener [dete'ner] *vt* **1.** *(parar)* to stop **2.** *(retrasar)* to hold up **3.** *(arrestar)* to arrest ◆ **detenerse** *vp* *(pararse)* to stop

detenido, da [dete'niðo, ða] *m,f* prisoner

detergente [deter'xente] *m* detergent

determinación [determina'θjon] *f* *(decisión)* decision ● **tomar una determinación** to take a decision

determinado, da [determi'naðo, ða] *adj* **1.** *(concreto)* specific **2.** *(en gramática)* definite

determinante [determi'nante] ◇ *adj* decisive ◇ *m* determiner

determinar [determi'nar] *vt* **1.** *(fijar)* to fix **2.** *(decidir)* to decide **3.** *(causar)* to cause

detestable [detes'taβle] *adj* detestable

detestar [detes'tar] *vt* to detest

detrás [de'tras] *adv* **1.** *(en el espacio)* behind **2.** *(en el orden)* then ● **el interruptor está detrás** the switch is at the back ● **detrás de** behind ● **por detrás** at/on the back

deuda ['deuða] *f* debt ● **contraer deudas** to get into debt

devaluación [deβalɣa'θjon] *f* devaluation

devaluar [deβalu'ar] *vt* to devalue

devoción [deβo'θjon] *f* devotion

devolución [deβolu'θjon] *f* **1.** *(de dinero)* refund **2.** *(de objeto)* return

devolver [deβol'βer] ◇ *vt* **1.** *(objeto, regalo comprado, favor)* to return **2.** *(dinero)* to refund **3.** *(cambio, objeto prestado)* to give back **4.** *(vomitar)* to bring up ◇ *vi* to be sick ▼ **devuelve cambio** change given

devorar [deβo'rar] *vt* to devour

devoto, ta [de'βoto, ta] *adj* **1.** *(en religión)* devout **2.** *(aficionado)* devoted

dg *(abr de decigramo)* dg. *(decigram)*

día ['dia] *m* day ● **es de día** it's daytime ● **de día** in the daytime ● **al día siguiente** the next day ● **del día** *(fresco)* fresh ● **el día seis** the sixth ● **por día** daily ● **¿qué tal día hace?** what's the weather like today? ● **día azul** *day for cheap travel on trains* ● **día del espectador** *day on which cinema tickets are sold at a discount* ● **día festivo** (public) holiday ● **Día de los Inocentes** *(Esp)* 28 December, ≃ April Fools' Day ● **día laborable** working day ● **día libre** day off ● **Día de los**

Muertos *(Méx)* Day of the Dead ● **día del santo** saint's day

Día de los Inocentes

Herod's massacre of the innocent children is commemorated on 28 December. It is traditional for children and adults in Spain and Latin America to play practical jokes on each other on this day, much like the pranks played by British people on April Fools' Day. However, unlike in the UK, the most common prank is for people to stick a paper doll on somebody's back without them realizing.

Día de los Muertos

The Day of the Dead is a major festival in Mexico and is celebrated on 2 November although the festivities begin the day before. Dead people's graves are colourfully decorated by their families who may also build altars in their homes decorated with pictures of them and things they liked while they were alive. Having remembered the dead, people then celebrate life with parties, various cakes and sweets, and by dressing up as skeletons, vampires, etc.

diabetes [dia'βetes] *f inv* diabetes

diabético, ca [dia'βetiko, ka] *m,f* diabetic

diablo [di'aβlo] *m* devil

diablura [dia'βlura] *f* prank

diabólico , ca [dia'βoliko, ka] *adj* diabolical

diadema [dia'ðema] *f* hairband

diagnosticar [diaɣnosti'kar] *vt* to diagnose

diagnóstico [diaɣ'nostiko] *m* diagnosis

dialecto [dia'lekto] *m* dialect

diálogo [di'aloɣo] *m (conversación)* conversation

diamante [dia'mante] *m* diamond

diamantes *mpl (palo de la baraja)* diamonds

diana ['diana] *f (blanco)* bull's-eye

diapositiva [diaposi'tiβa] *f* slide

diario , ria [di'arjo, rja] ◇ *adj* daily ◇ *m (daily)* newspaper ● **a diario** every day

diarrea [dia'rea] *f* diarrhea

dibujar [diβu'xar] *vt* to draw

dibujo [di'βuxo] *m* drawing ● **dibujos animados** cartoons

diccionario [dikθjo'narjo] *m* dictionary

dicha ['ditʃa] *f (felicidad)* joy

dicho , cha ['ditʃo] ◇ *pp* ➤ **decir** ◇ *m* saying ● **dicho y hecho** no sooner said than done ● **mejor dicho** rather

diciembre [di'θjembre] *m* December ● **a principios/mediados/finales de diciembre** at the beginning/in the middle/at the end of December ● **el nueve de diciembre** the ninth of December ● **el pasado/próximo (mes de)** diciembre last/next December ● **en diciembre** in December ● **este (mes de)** December *(pasado)* last December; *(próximo)* this (coming) December ●

para diciembre by December

dictado [dik'taðo] *m* dictation

dictador [dikta'ðor] *m* dictator

dictadura [dikta'ðura] *f* dictatorship

dictamen [dik'tamen] *m* opinion

dictar [dik'tar] *vt* **1.** *(texto)* to dictate **2.** *(decreto)* to issue **3.** *(ley)* to enact

dictatorial [diktato'rjal] *adj* dictatorial

diecinueve [dieθi'nueβe] *núm* nineteen ➤ **seis**

dieciocho [die'θjotʃo] *núm* eighteen ➤ **seis**

dieciséis [dieθi'seis] *núm* sixteen ➤ **seis**

diecisiete [dieθi'sjete] *núm* seventeen ➤ **seis**

diente ['diente] *m* tooth ● **diente de ajo** clove of garlic ● **diente de leche** milk tooth

diéresis ['djeresis] *f inv* diaeresis

diesel ['djesel] *m* diesel

diestro , tra ['djestro, tra] ◇ *adj* **1.** *(de la derecha)* right-hand **2.** *(experto)* skilful ◇ *m* matador

dieta ['djeta] *f* diet ● **dietas** *fpl (honorarios)* expenses

dietética [dje'tetika] *f* dietetics *sg* ● **tienda de dietética** health food shop

diez ['djeθ] ◇ *adj inv* ten ◇ *m* **1.** ten **2.** *(día)* tenth ◇ *mpl* **1.** ten **2.** *(temperatura)* ten (degrees) ◇ *fpl* ● **(son) las diez** (it's) ten o'clock ● **el diez de agosto** the tenth of August ● **doscientos diez** two hundred and ten ● **de seis en diez** in sixes ● **los diez** the ten of them ● **empataron a diez** they drew ten-all ● **diez a cero** ten-nil

diferencia [dife'renθja] *f* difference ●

a diferencia de in contrast to

diferenciar [diferen'θjar] *vt* to distinguish

diferente [dife'rente] ◇ *adj* different ◇ *adv* differently

diferido, da [dife'riðo, ða] *adj* ● **en diferido** recorded

diferir [dife'rir] *vt* to defer ◆ **diferir de** *v* + *prep* to differ from

difícil [di'fiθil] *adj* difficult

dificultad [difikul'tað] *f* **1.** *(complejidad)* difficulty **2.** *(obstáculo)* problem

difundir [difun'dir] *vt* **1.** *(calor, luz)* to diffuse **2.** *(noticia, idea)* to spread **3.** *(programa)* to broadcast

digerir [dixe'rir] *vt* to digest

digestión [dixes'tjon] *f* digestion ● **hacer la digestión** to digest

digital [dixi'tal] *adj* **1.** *(en electrónica)* digital **2.** *(de los dedos)* finger *(antes de s)*

dígito ['dixito] *m* digit

dignarse [diɣ'narse] *vp* to deign

dignidad [diɣni'ðað] *f* **1.** *(decoro)* dignity **2.** *(carga)* office

digno, na ['diɣno, na] *adj* **1.** *(merecedor)* worthy **2.** *(apropiado)* appropriate **3.** *(honrado)* honourable

dilema [di'lema] *m* dilemma

diligente [dili'xente] *adj* diligent

diluviar [dilu'βjar] *vi* ● **diluvió** it poured with rain

diluvio [di'luβjo] *m* flood

dimensión [dimen'sjon] *f* **1.** *(medida)* dimension **2.** *(importancia)* extent

diminuto, ta [dimi'nuto, ta] *adj* tiny

dimitir [dimi'tir] *vi* ● **dimitir (de)** to resign (from)

Dinamarca [dina'marka] *s* Denmark

dinámico, ca [di'namiko, ka] *adj* dynamic

dinamita [dina'mita] *f* dynamite

dinastía [dinas'tia] *f* dynasty

dinero [di'nero] *m* money ● **dinero de bolsillo** pocket money ● **dinero suelto** loose change

diócesis ['djoθesis] *f inv* diocese

dios ['djos] *m* god ◆ **Dios** *m* God ● **como Dios manda** properly ● **¡Dios mío!** my God! ● **¡por Dios!** for God's sake!

diploma [di'ploma] *m* diploma

diplomacia [diplo'maθja] *f* diplomacy

diplomado, da [diplo'maðo, ða] *m,f* qualified man *(f* qualified woman*)*

diplomarse [diplo'marse] ◆ **diplomarse en** *v* + *prep* to get a qualification in

diplomático, ca [diplo'matiko, ka] ◇ *adj* diplomatic ◇ *m,f* diplomat

diplomatura [diploma'tura] *f* degree awarded after three years of study

diptongo [dip'tongo] *m* diphthong

diputación [diputa'θjon] *f (edificio)* building that houses the *diputación provincial* ● **diputación provincial** *governing body of each province of an autonomous region in Spain,* ≃ county council *(UK),* ≃ state assembly *(US)*

diputado, da [dipu'taðo, ða] *m,f* ≃ MP *(UK),* ≃ representative *(US)*

dique ['dike] *m* dike ● **dique seco** dry dock

dirección [direk'θjon] *f* **1.** *(rumbo)* direction **2.** *(domicilio)* address **3.** *(de empresa)* management **4.** *(de vehículo)* steering ● **dirección de correo electrónico** e-mail address ● **calle de dirección única** one-way street ● **Dirección General de Tráfico** *Spanish traffic department*

para dar la dirección por escrito

Pon primero tu nombre, seguido del cargo en la empresa. Después, el nombre del departamento y la dirección de la empresa (como si fuera un sobre: número de la calle, nombre de la calle, ciudad y código postal). Luego, el número de teléfono, comenzando por el símbolo +, el prefijo (con el cero entre paréntesis, porque no se marca cuando se llama desde el extranjero. Así, un número de Londres, por ejemplo, se escribiría *+44 (0) 20* con el número después). Finalmente, coloca el número de fax y la dirección de correo electrónico.

direccionales [direkθjo'nales] *mpl* (Col & Méx) indicators

directa [di'rekta] *f (en el coche)* top gear

directo, ta [di'rekto, ta] *adj* direct ● **en directo** live

director, ra [direk'tor, ra] *m,f* **1.** *(de empresa)* director (*UK*), CEO (*US*) **2.** *(de hotel)* manager (*f* manageress) **3.** *(de orquesta)* conductor **4.** *(de colegio)* head (*UK*), principal (*US*)

directorio [direk'torjo] *m* directory ● **directorio telefónico** (*Amér*) phone book

dirigente [diri'xente] *mf* **1.** *(de partido)* leader **2.** *(de empresa)* manager

dirigir [diri'xir] *vt* **1.** *(destinar)* to address **2.** *(conducir, llevar)* to steer **3.** *(gobernar)* to run **4.** *(película, obra de teatro, enfocar)* to direct **5.** *(orquesta)* to conduct **6.** *(periódico)* to edit **7.** *(guiar, orientar)* to guide ● **dirigir la palabra a alguien** to speak to sb ● **dirigirse a** *v + prep* **1.** *(ir, marchar)* to head for **2.** *(hablar a)* to speak to

discapacidad *f* disability

discapacitado, da ◇ *adj* disabled ● **las personas discapacitadas** people with disabilities ◇ *m,f* disabled person ● **los discapacitados** people with disabilities

discar [dis'kar] *vt* (Amér) to dial

disciplina [disθi'plina] *f* discipline

discípulo, la [dis'θipulo, la] *m,f* disciple

disco [disko] *m* **1.** *(en música)* record **2.** *(cilindro)* disc **3.** *(semáforo)* (traffic) light **4.** *(en informática)* disk **5.** *(en deporte)* discus ● **disco compacto** compact disc

disconformidad [diskonformi'ðað] *f* disagreement

discoteca [disko'teka] *f* disco

discotequero, ra [diskote'kero, ra] *adj* (fam) disco *(antes de s)*

discreción [diskre'θjon] *f* discretion

discrepancia [diskre'panθja] *f* difference

discreto, ta [dis'kreto, ta] *adj* **1.** *(diplomático)* discreet **2.** *(mediano)* modest

discriminación [diskrimina'θjon] *f* discrimination

di

discriminar [diskrimi'nar] *vt* to discriminate against

disculpa [dis'kulpa] *f* **1.** *(pretexto)* excuse **2.** *(al pedir perdón)* apology ● **pedir disculpas** to apologize

disculpar [diskul'par] *vt* to excuse ● **disculparse** *vp* to apologize ● **se disculpó por llegar tarde** he apologized for arriving late

discurrir [disku'rir] *vi (pensar)* to reflect

discurso [dis'kurso] *m* speech

discusión [disku'sjon] *f* **1.** *(debate)* discussion **2.** *(riña)* argument

discutible [disku'tiβle] *adj* debatable

discutir [disku'tir] ◇ *vt* **1.** *(debatir)* to discuss **2.** *(contradecir)* to dispute ◇ *vi (reñir)* to argue

disecar [dise'kar] *vt* **1.** *(planta)* to dry **2.** *(animal)* to stuff

diseñador, ra [diseɲa'ðor, ra] *m,f* designer

diseñar [dise'ɲar] *vt* to design

diseño [di'seɲo] *m* design ● **de diseño** designer

disfraz [dis'fraθ, θes] *(pl* **-ces)** *m* disguise

disfrazar [disfra'θar] *vt* to disguise ● **disfrazarse** *vp* ● **disfrazarse (de)** to dress up (as)

disfrutar [disfru'tar] *vi* to enjoy o.s. ● **disfrutar de** *v + prep* to enjoy

disgustar [dizɣus'tar] *vt* to upset ● **disgustarse** *vp* to get upset

disgusto [diz'ɣusto] *m* annoyance ● **llevarse un disgusto** to be upset

disidente [disi'ðente] *mf* dissident

disimular [disimu'lar] ◇ *vt* to hide ◇ *vi* to pretend

disminución [dizminu'θjon] *f* decrease

disminuir [dizminu'ir] *vi* to decrease

disolvente [disol'βente] *m* solvent

disolver [disol'βer] *vt* to dissolve

disparar [dispa'rar] *vt & vi* to shoot ● **dispararse** *vp* **1.** *(actuar precipitadamente)* to go over the top **2.** *(precios)* to shoot up

disparate [dispa'rate] *m* stupid thing

disparo [dis'paro] *m* shot

dispensar [dispen'sar] *vt* ● **lo dispensaron de presentarse el examen** he was excused from sitting the exam

dispersar [disper'sar] *vt* to scatter

disponer [dispo'ner] *vt* **1.** *(colocar)* to arrange **2.** *(preparar)* to lay on **3.** *(suj: ley)* to stipulate ● **disponer de** *v + prep* **1.** *(tener)* to have **2.** *(usar)* to make use of ● **disponerse** *vp* ● **disponerse a** to get ready to

disponible [dispo'niβle] *adj* available

disposición [disposi'θjon] *f* **1.** *(colocación)* arrangement **2.** *(estado de ánimo)* mood **3.** *(orden)* order ● **a disposición de** at the disposal of

dispositivo [disposi'tiβo] *m* device

dispuesto, ta [dis'pwesto, ta] ◇ *pp* ➤ **disponer** ◇ *adj (preparado)* ready ● **dispuesto a** prepared to

disputa [dis'puta] *f* dispute

disputar [dispu'tar] *vt* **1.** *(competición)* to compete in **2.** *(premio)* to compete for ◇ *vi* to argue ● **disputarse** *vp (competir por)* to dispute

disquete [dis'kete] *m* disquette

disquetera [diske'tera] *f* disk drive

distancia [dis'tanθja] *f* **1.** distance **2.** *(en tiempo)* gap ● **¿a qué distancia?** how far away?

distanciarse [distanˈθjarse] *vp* (*perder afecto*) to grow apart

distante [disˈtante] *adj* **1.** (*lugar*) far away **2.** (*persona*) distant

distinción [distinˈθjon] *f* **1.** (*diferencia*) distinction **2.** (*elegancia*) refinement

distinguido, da [distinˈɡiðo, ða] *adj* **1.** (*elegante*) refined **2.** (*notable, destacado*) distinguished

distinguir [distinˈɡir] *vt* **1.** (*diferenciar*) to distinguish **2.** (*lograr ver*) to make out **3.** (*destacar*) to pick out

distintivo [distinˈtiβo] *m* distinctive

distinto, ta [disˈtinto, ta] *adj* different

distracción [distrakˈθjon] *f* **1.** (*falta de atención*) absent-mindedness **2.** (*descuido*) slip **3.** (*diversión*) entertainment

distraer [distraˈer] *vt* (*entretener*) to entertain ◆ **distraerse** *vp* **1.** (*descuidarse*) to get distracted **2.** (*no prestar atención*) to let one's mind wander **3.** (*entretenerse*) to enjoy o.s.

distraído, da [distraˈiðo, ða] *adj* **1.** (*entretenido*) entertaining **2.** (*despistado*) absent-minded

distribución [distriβuˈθjon] *f* **1.** (*de correo, mercancías*) delivery **2.** (*comercial*) distribution

distribuir [distriβuˈir] *vt* **1.** (*repartir*) to distribute **2.** (*correo, mercancías*) to deliver

distrito [disˈtrito] *m* district ● **distrito postal** postal district

disturbio [disˈturβjo] *m* **1.** (*tumulto*) disturbance **2.** (*del orden público*) riot

diurno, na [diˈurno, na] *adj* daytime

diva [ˈdiβa] *f* diva

diván [diˈβan] *m* couch

diversidad [diβersiˈðað] *f* diversity

diversión [diβerˈsjon] *f* entertainment

diverso, sa [diˈβerso, sa] *adj* diverse ● **diversos** various

divertido, da [diβerˈtiðo, ða] *adj* **1.** (*entretenido*) enjoyable **2.** (*que hace reír*) funny

divertirse [diβerˈtirse] *vp* to enjoy o.s.

dividir [diβiˈðir] *vt* to divide

divino, na [diˈβino, na] *adj* divine

divisar [diβiˈsar] *vt* to spy

divisas [diˈβisas] *fpl* foreign exchange *sg*

división [diβiˈsjon] *f* division

divorciado, da [diβorˈθjaðo, ða] *m,f* divorcé (*f* divorcée)

divorciarse [diβorˈθjarse] *vp* to get divorced

divorcio [diˈβorθjo] *m* divorce

divulgar [diβulˈɣar] *vt* **1.** (*secreto*) to reveal **2.** (*rumor*) to spread **3.** (*información*) to disseminate

DNI [ˈdeˈeneˈi] *m* (*abr de documento nacional de identidad*) ID card

dobladillo [doβlaˈðiʎo] *m* hem

doblaje [doˈβlaxe] *m* dubbing

doblar [doˈβlar] *vt* **1.** (*plegar*) to fold **2.** (*duplicar*) to double **3.** (*flexionar*) to bend **4.** (*en cine*) to dub ● **doblar la esquina** to go round the corner

doble [ˈdoβle] ◇ *adj* & *mf* double ◇ *m* ● **el doble (de)** twice as much ◆ **dobles** *mpl* (*en tenis*) doubles

doce [ˈdoθe] ◇ *adj inv* twelve ◇ *m* **1.** twelve **2.** (*día*) twelfth ◇ *mpl* **1.** twelve **2.** (*temperatura*) twelve (degrees) ◇ *fpl* ● **(son) las seis** (it's) twelve o'clock ● **el**

doce de agosto the twelfth of August ● **doscientos doce** two hundred and twelve ● **de doce en doce** in twelves ● **los doce** the twelve of them ● **empataron a doce** they drew twelve-all ● **doce a cero** twelve-nil

docena [do'θena] *f* dozen

docente [do'θente] *adj* teaching

dócil ['doθil] *adj* obedient

doctor, ra [dok'tor, ra] *m,f* doctor

doctorado [dokto'raðo] *m* doctorate

doctorarse [dokto'rarse] *vp* to get a doctorate

doctrina [dok'trina] *f* doctrine

documentación [dokumenta'θjon] *f* papers *pl* ● **documentación del coche** registration documents *pl*

documental [dokumen'tal] *m* documentary

documento [doku'mento] *m* 1. *(escrito)* document 2. *(de identidad)* identity card 3. *(en historia)* record

dogma ['doɣma] *m* dogma

dogmático, ca [doɣ'matiko, ka] *adj* dogmatic

dólar ['dolar] *m* dollar

doler [do'ler] *vi* to hurt ● **me duele la pierna** my leg hurts ● **me duele la garganta** I have a sore throat

dolor [do'lor] *m* 1. *(daño)* pain 2. *(pena)* sorrow ● **tener dolor de cabeza** to have a headache ● **tener dolor de estómago** to have a stomachache ● **tener dolor de muelas** to have toothache

doloroso, sa [dolo'roso, sa] *adj* painful

domador, ra [doma'ðor, ra] *m,f* tamer

domar [do'mar] *vt* to tame

domesticar [domesti'kar] *vt* to tame

doméstico, ca [do'mestiko, ka] *adj* domestic

domicilio [domi'θiljo] *m* 1. *(casa)* residence 2. *(dirección)* address ● **servicio a domicilio** home delivery

dominante [domi'nante] *adj* dominant

dominar [domi'nar] ◇ *vt* 1. *(persona, panorama)* to dominate 2. *(nación)* to rule 3. *(situación)* to be in control of 4. *(nervios, pasiones, etc)* to control 5. *(incendio)* to bring under control 6. *(idioma)* to be fluent in 7. *(divisar)* to overlook ◇ *vi* 1. *(sobresalir, destacar)* to stand out 2. *(ser característico)* to predominate ● **dominarse** *vp* to control o.s.

domingo [do'mingo] *m* Sunday ● **cada domingo, todos los domingos** every Sunday ● **caer en domingo** to be on a Sunday ● **el próximo domingo, el domingo que viene** next Sunday ● **viene el domingo** she's coming on Sunday ● **el domingo pasado** last Sunday ● **el domingo por la mañana/tarde/noche** (on) Sunday morning/afternoon/night ● **este domingo** *(pasado)* last Sunday; *(próximo)* this (coming) Sunday ● **los domingos** (on) Sundays ● **domingo de Pascua** Easter Sunday ● **domingo de Ramos** Palm Sunday

dominguero, ra [domin'gero, ra] *m,f* *(fam)* Sunday tripper

dominical [domini'kal] *m* Sunday supplement

dominio [do'minjo] *m* 1. *(control)* control 2. *(autoridad)* authority 3. *(de una lengua)* command 4. *(territorio)* domain

5. *(ámbito)* realm

dominó [domiˈno] *m (juego)* dominoes *sg*

don [ˈdon] *m* **1.** *(regalo, talento)* gift **2.** *(tratamiento)* ≃ Mr.

donante [doˈnante] *mf* donor

donativo [donaˈtiβo] *m* donation

donde [ˈdonde] ◇ *adv* where ◇ *pron* where ● **el bolso está donde lo dejaste** your bag is where you left it ● **de/ desde donde** from where ● **por donde** wherever ● **la casa donde nací** the house where I was born ● **la ciudad de donde vengo** the town I come from ● **por donde** from where

dónde [ˈdonde] *adv* where ● **de dónde** from where ● **por dónde** where

donut ® [ˈdonut] *m (ring)* doughnut

dopaje [doˈpaxe] *m* doping

doparse [doˈparse] *vp* to take artificial stimulants

doping [ˈdopin] *m* doping

dorado, da [doˈraðo, ða] *adj* golden

dormir [dorˈmir] ◇ *vi* to sleep ◇ *vt (niño)* to put to bed ● **dormir con alguien** to sleep with sb ● **dormirse** *vp* **1.** *(persona)* to fall asleep **2.** *(parte del cuerpo)* to go to sleep

dormitorio [dormiˈtorjo] *m* **1.** *(habitación)* bedroom **2.** *(mobiliario)* bedroom suite

dorsal [dorˈsal] *adj* back *(antes de s)*

dorso [ˈdorso] *m* back ● **dorso de la mano** back of the hand

dos [ˈdos] ◇ *adj inv* two ◇ *m* **1.** two **2.** *(día)* second ◇ *mpl* **1.** two **2.** *(temperatura)* two (degrees) ◇ *fpl* ● **(son) las dos** (it's) two o'clock ● **el dos de**

agosto the second of August ● **doscientos dos** two hundred and two ● **treinta y dos** thirty-two ● **de dos en dos** in twos ● **los dos** the two of them ● **empataron a dos** they drew two-all ● **dos a cero** two-nil ● **cada dos por tres** every five minutes

doscientos [dosˈθjentos] *núm* two hundred ➢ **seis**

dosis [ˈdosis] *f inv* dose

dotado, da [doˈtaðo, ða] *adj* gifted ● **dotado de paciencia** blessed with patience ● **dotado de ordenadores** equipped with computers

dotar [doˈtar] *vt* **1.** *(equipar, proveer)* to provide **2.** *(suj: naturaleza)* to endow

Dr. *(abr de doctor)* Dr. *(Doctor)*

Dra. *(abr de doctora)* Dr. *(Doctor)*

dragón [draˈɣon] *m* dragon

drama [ˈdrama] *m* **1.** *(obra)* play **2.** *(género)* drama **3.** *(desgracia)* tragedy

dramático, ca [draˈmatiko, ka] *adj* dramatic

dramaturgo, ga [dramaˈturɣo, ɣa] *m,f* playwright

droga [ˈdroɣa] *f* drug ● **la droga** drugs *pl*

drogadicción [droɣaðikˈθjon] *f* drug addiction

drogadicto, ta [droɣaˈðikto, ta] *m,f* drug addict

droguería [droɣeˈria] *f* shop selling paint, cleaning materials etc

dto. *abrev* = descuento

dual [duˈal] *adj (emisión)* that can be listened to either dubbed or in the original language version

ducha [ˈdutʃa] *f* shower ● **darse una**

ducha to have a shower

ducharse [du'tʃarse] *vp* to have a shower

duda ['duða] *f* doubt • **sin duda alguna** without a doubt

dudar [du'ðar] *vi* to be unsure • **dudar de** *v* + *prep* to have one's doubts about

duelo ['dwelo] *m* **1.** (*pelea*) duel **2.** (*en deporte*) contest **3.** (*pena*) grief

duende ['dwende] *m* **1.** (*de cuentos infantiles*) goblin **2.** (*gracia, encanto*) charm • **tener duende** to have a certain something

dueño, ña ['dweɲo, ɲa] *m,f* **1.** (*propietario*) owner **2.** (*de piso*) landlord (*f* landlady)

dulce ['dulθe] ◇ *adj* **1.** sweet **2.** (*agua*) fresh ◇ *m* **1.** (*caramelo, postre*) sweet, candy (*US*) **2.** (*pastel*) cake • **dulce de membrillo** quince jelly

dulzura [dul'θura] *f* sweetness

duna ['duna] *f* dune

dúo ['duo] *m* duet

dúplex ['dupleks] *m inv* duplex

duplicar [dupli'kar] *vt* to double

duración [dura'θjon] *f* length

durante [du'rante] *adv* during • **durante toda la semana** all week • **lo estuve haciendo durante dos horas** I was doing it for two hours

durar [du'rar] *vi* **1.** (*prolongarse*) to last **2.** (*resistir*) to wear well

durazno [du'raθno] *m* (*Amér*) peach

durex® [du'reks] *m* (*Amér*) Sellotape (*UK*), Scotch tape (*US*)

dureza [du'reθa] *f* **1.** hardness **2.** (*callosidad*) callus **3.** (*de carácter*) harshness

duro, ra ['duro, ra] ◇ *adj* **1.** hard **2.** (*carácter, persona, clima*) harsh **3.** (*carne*) tough **4.** (*pan*) stale ◇ *adv* hard

DVD (*abr de* Digital Video Disc o Digital Versatile Disc) *m* **1.** (*disco*) DVD **2.** (*aparato*) DVD drive

DVD-ROM *m* (*abr de* Disco Versátil Digital Read-Only Memory) DVD-ROM (*Digital Video or Versatile Disc read only memory*)

DYA *m* (*Esp*) (*abr de* detente y ayuda) *voluntary organisation giving assistance to motorists*

E (*abr de* este) E (*east*)

ébano ['eβano] *m* ebony

ebrio, ebria ['eβrjo, 'eβrja] *adj* (*formal*) drunk

ebullición [eβuʎi'θjon] *f* boiling

echado, da [e'tʃaðo, ða] *adj* (*acostado*) lying down

echar [e'tʃar]
◇ *vt* **1.** (*tirar*) to throw • **echó la pelota** she threw the ball **2.** (*añadir*) • **echar sal a la sopa** to add salt to the soup • **echar vino en la copa** to pour wine into the glass **3.** (*reprimenda, discurso*) to give • **me echaron la buenaventura** I had my fortune told **4.** (*carta, postal*) to post (*UK*), to mail (*US*) **5.** (*expulsar*) to throw out; (*del trabajo*) to sack • **lo echaron del colegio** they threw him out of school **6.** (*humo, vapor, chispas*) to give off **7.** (*accionar*) • **echar la llave/el**

cerrojo to lock/bolt the door ● **echar el freno** to brake **8.** *(flores, hojas)* to sprout **9.** *(acostar)* to lie (down) ● **echa al niño en el sofá** lie the child down on the sofa **10.** *(calcular)* ● **¿cuántos años me echas?** how old would you say I am? **11.** *(fam)* *(en televisión, cine)* to show ● **¿qué echan esta noche en la tele?** what's on telly tonight? **12.** *(en locuciones)* ● **echar abajo** *(edificio)* to pull down; *(gobierno)* to bring down; *(proyecto)* to ruin ● **echar de menos** to miss

◇ *vi* **1.** *(dirigirse)* ● **echó por el camino más corto** he took the shortest route **2.** *(empezar)* ● **echar a hacer algo** to begin to do sthg ● **echar a correr** to break into a run

● **echarse** *vp* *(lanzarse)* to throw o.s.; *(acostarse)* to lie down ● **nos echamos a la carretera** we set out on the road ● **echarse a hacer algo** *(empezar)* to begin to do sthg

eclesiástico, ca [ekle'sjastiko, ka] *adj* ecclesiastical

eclipse [e'klipse] *m* eclipse

eco ['eko] *m* echo ● **tener eco** to arouse interest

ecología [ekolo'xia] *f* ecology

ecológico, ca [eko'loxiko, ka] *adj* ecological

economía [ekono'mia] *f* **1.** *(administración)* economy **2.** *(ciencia)* economics ● **economías** *fpl* *(ahorros)* savings

económico, ca [eko'nomiko, ka] *adj* **1.** *(situación, crisis)* economic **2.** *(barato)* cheap **3.** *(motor, dispositivo)* economical

economista [ekono'mista] *mf* economist

ecosistema [ekosis'tema] *m* ecosystem

ecotasa *f* environmental tax, green tax

ecu ['eku] *m* ecu

ecuación [ekua'θjon] *f* equation

ecuador [ekua'ðor] *m* equator

Ecuador [ekua'ðor] *s* Equador

ecuatoriano, na [ekuato'rjano, na] *adj* & *m,f* Equadorian

edad [e'ðað] *f* age ● **tengo 15 años de edad** I'm 15 (years old) ● **la Edad Media** the Middle Ages *pl*

edición [eði'θjon] *f* **1.** *(publicación)* publication **2.** *(ejemplares)* edition

edificante [eðifi'kante] *adj* exemplary

edificar [eðifi'kar] *vt* to build

edificio [eði'fiθjo] *m* building

editar [eði'tar] *vt* **1.** *(publicar)* to publish **2.** *(disco)* to release

editor, ra [eði'tor, ra] *m,f* publisher

editorial [eðito'rjal] *f* publishing house

edredón [eðre'ðon] *m* duvet

educación [eðuka'θjon] *f* **1.** *(formación)* education **2.** *(cortesía, urbanidad)* good manners *pl*

educado, da [eðu'kaðo, ða] *adj* polite ● **bien educado** polite ● **mal educado** rude

educar [eðu'kar] *vt* **1.** *(hijos)* to bring up **2.** *(alumnos)* to educate **3.** *(sensibilidad, gusto)* to refine

educativo, va [eðuka'tiβo, βa] *adj* **1.** educational **2.** *(sistema)* education *(antes de s)*

EEUU *mpl* *(abr de Estados Unidos)* USA *(United States of America)*

efectivo [efek'tiβo] *m* cash ● **en efectivo** in cash

efecto [e'fekto] *m* **1.** (*resultado*) effect **2.** (*impresión*) impression ● **en efecto** indeed ● **efectos personales** personal belongings ● **efecto secundarios** side effects

efectuar [efektu'ar] *vt* **1.** (*realizar*) to carry out **2.** (*compra, pago, viaje*) to make

eficacia [efi'kaθja] *f* **1.** (*de persona*) efficiency **2.** (*de medidas, plan*) effectiveness

eficaz [efi'kaθ, θes] (*pl* **-ces**) *adj* **1.** (*persona*) efficient **2.** (*medidas, plan*) effective

eficiente [efi'θjente] *adj* **1.** (*medicamento, solución, etc*) effective **2.** (*trabajador*) efficient

EGB [exeβ'e] *f* (*abr de* **Enseñanza General Básica**) *former Spanish primary education system for pupils aged 6-14*

Egipto [e'xipto] *s* Egypt

egoísmo [eɣo'izmo] *m* selfishness

egoísta [eɣo'ista] *adj* selfish

egresado, da [eɣre'saðo, ða] *m,f* (*Amér*) graduate

egresar [eɣre'sar] *vi* (*Amér*) to graduate

ej. (*abr de* **ejemplo**) eg. (*exempli gratia*)

eje ['exe] *m* **1.** (*de rueda*) axle **2.** (*centro, en geometría*) axis

ejecución [exeku'θjon] *f* (*de condenado*) execution

ejecutar [exeku'tar] *vt* **1.** (*realizar*) to carry out **2.** (*matar*) to execute

ejecutivo, va [exeku'tiβo, βa] *m,f* executive

ejemplar [exem'plar] ◇ *adj* exemplary ◇ *m* **1.** (*de especie, raza*) specimen **2.** (*de libro*) copy **3.** (*de revista*) issue

ejemplo [e'xemplo] *m* example ● **poner un ejemplo** to give an example ● **por ejemplo** for example

ejercer [exer'θer] *vt* **1.** (*profesión, actividad*) to practise **2.** (*influencia, autoridad*) to have

ejercicio [exer'θiθjo] *m* **1.** exercise **2.** (*de profesión, actividad*) practising ● **ejercicio físico** physical exercise

ejército [e'xerθito] *m* army

ejote [e'xote] *m* (*Amér*) green bean

el, la [el, la] (*pl* **los, las**) *art* **1.** (*con sustantivo genérico*) the ● **el coche** the car ● **las niñas** the girls ● **el agua/hacha/águila** the water/axe/eagle **2.** (*con sustantivo abstracto*) ● **el amor** love ● **la vida** life ● **los celos** jealousy *sg* **3.** (*indica posesión, pertenencia*) ● **se rompió la pierna** he broke his leg ● **tiene el pelo oscuro** she has dark hair **4.** (*con días de la semana*) ● **vuelven el sábado** they're coming back on Saturday **5.** (*antes de adj*) ● **prefiero la blanca** I prefer the white one **6.** (*en locuciones*) ● **cogeré el de atrás** I'll take the one at the back ● **mi hermano y el de Juan** my brother and Juan's ● **el que** (*persona*) whoever; (*cosa*) whichever (one) ● **el que más me gusta** the one I like best

él, ella ['el, 'eʎa] (*pl* **ellos, ellas**) *pron* **1.** (*sujeto, predicado*) he (*f* she), they *pl*; (*animal, cosa*) it, they *pl* ● **la culpa la tiene él** he's to blame ● **ella es una amiga de la familia** she's a friend of the family **2.** (*complemento*) him (*f* her), them *pl*; (*animal, cosa*) it, them *pl* ● **voy a ir de vacaciones con ellos** I'm going on holiday with them **3.** (posesivo) • de él his • de ella hers

elaborar [elaβo'rar] *vt* **1.** (preparar) to make **2.** (idea) to work out **3.** (plan, lista) to draw up

elasticidad [elastiθi'ðað] *f* elasticity

elástico, ca [e'lastiko, ka] *adj* elastic ◆ **elásticos** *mpl* (para pantalones) braces (UK), suspenders (US)

elección [elek'θion] *f* **1.** (de regalo, vestido, etc) choice **2.** (de presidente, jefe, etc) election ◆ **elecciones** *fpl* elections

electricidad [elektriθi'ðað] *f* electricity

electricista [elektri'θista] *mf* electrician

eléctrico, ca [e'lektriko, ka] *adj* electric

electrocutar [elektroku'tar] *vt* to electrocute

electrodoméstico [elektroðo'mestiko] *m* electrical household appliance

electrónica [elek'tronika] *f* electronics

electrónico, ca [elek'troniko, ka] *adj* electronic

elefante [ele'fante] *m* elephant

elegancia [ele'yanθia] *f* **1.** elegance **2.** (de comportamiento) dignity

elegante [ele'yante] *adj* **1.** elegant **2.** (comportamiento) dignified

elegir [ele'xir] *vt* **1.** (escoger) to choose **2.** (en votación) to elect

elemental [elemen'tal] *adj* **1.** (sencillo) obvious **2.** (fundamental) basic

elemento [ele'mento] *m* **1.** element **2.** (factor) factor ◆ **elementos** *mpl* (fuerzas de la naturaleza) elements

elevación [eleβa'θion] *f* rise

elevado, da [ele'βaðo, ða] *adj* **1.** high **2.** (edificio, monte) tall

elevador [eleβa'ðor] *m* (CAm & Méx)

lift (UK), elevator (US)

elevadorista [eleβaðo'rista] *mf* (CAm & Méx) lift attendant (UK), elevator operator (US)

elevar [ele'βar] *vt* **1.** to raise **2.** (ascender) to promote ◆ **elevarse** *vp* (subir) to rise

eliminación [elimina'θion] *f* elimination

eliminar [elimi'nar] *vt* to eliminate

élite ['elite] *f* elite

ella ['eλa] ➤ **él**

ello ['eλo] *pron neutro* it

ellos, ellas ['eλos, 'eλas] *pron pl* **1.** (sujeto) they **2.** (complemento) them ◆ **de ellos/ellas** theirs

elocuencia [elo'kuenθia] *f* eloquence

elocuente [elo'kuente] *adj* eloquent

elogiar [elo'xiar] *vt* to praise

elogio [e'loxio] *m* praise

elote [e'lote] *m* (Méx & CAm) cob

eludir [elu'ðir] *vt* to avoid

emancipado, da [emanθi'paðo, ða] *adj* emancipated

emanciparse [emanθi'parse] *vp* to become emancipated

embajada [emba'xaða] *f* **1.** (lugar) embassy

embajador, ra [embaxa'ðor, ra] *m,f* ambassador

embalar [emba'lar] *vt* to wrap up ◆ **embalarse** *vp* to race away

embalsamar [embalsa'mar] *vt* to embalm

embalse [em'balse] *m* reservoir

embarazada [embara'θaða] *adj f* pregnant

embarazo [emba'raθo] *m* **1.** (de mujer) pregnancy **2.** (dificultad) obstacle

embarcación [embarka'θion] f boat

embarcadero [embarka'ðero] m jetty

embarcar [embar'kar] vi to board ◆

embarcarse vp 1. (pasajeros) to board 2. (en asunto, negocio) to get involved

embargar [embar'ɣar] vt (bienes, propiedades) to seize

embargo [em'barɣo] m (de bienes) seizure ● **sin embargo** however

embarque [em'barke] m 1. (de pasajeros) boarding 2. (de equipaje) embarkation

embestir [embes'tir] vt to attack

emblema [em'blema] m 1. (símbolo) symbol 2. (distintivo) emblem

emborracharse [emborra'tʃarse] vp to get drunk

emboscada [embos'kaða] f ambush

embotellado, da [embote'ʎaðo, ða] adj 1. (vino, licor) bottled 2. (calle, circulación) blocked

embotellamiento [emboteʎa'miento] m 1. (de tráfico) traffic jam 2. (de vino, agua) bottling

embotellar [embote'ʎar] vt (líquido) to bottle

embrague [em'braɣe] m clutch

embrión [embri'on] m embryo

embrujar [embru'xar] vt to bewitch

embudo [em'buðo] m funnel

embustero, ra [embus'tero, ra] m,f liar

embutidos [embu'tiðos] mpl cold meat sg (UK), cold cuts (US)

emergencia [emer'xenθia] f emergency

emigración [emiɣra'θion] f 1. (de familia, pueblo) emigration 2. (de animales) migration

emigrante [emi'ɣrante] mf emigrant

emigrar [emi'ɣrar] vi 1. (persona, pueblo) to emigrate 2. (animal) to migrate

eminente [emi'nente] adj eminent

emisión [emi'sion] f 1. (de sonido) emission 2. (del mensaje) transmission 3. (programa) broadcast 4. (de juicio, opinión, etc) expression

emisor, ra [emi'sor, ra] adj broadcasting

emisora [emi'sora] f radio station

emitir [emi'tir] vt 1. (palabras) to utter 2. (sonido) to emit 3. (programa, música, etc) to broadcast 4. (juicio, opinión, etc) to express

emoción [emo'θion] f emotion ● **¡qué emoción!** how exciting!

emocionado, da [emoθio'naðo, ða] adj excited

emocionante [emoθio'nante] adj exciting

emocionarse [emoθio'narse] vp to get excited

empacar [empa'kar] vi (Amér) to pack

empacho [em'patʃo] m (de comida) upset stomach

empanada [empa'naða] f pasty (UK), turnover (US) ● **empanada gallega** pasty containing tomato, tuna and peppers

empanadilla [empana'ðiʎa] f small pasty (UK), small turnover (US)

empapado, da [empa'paðo, ða] adj (mojado) soaked

empapar [empa'par] vt (mojar) to soak ◆

empaparse vp to get soaked

empapelar [empape'lar] vt to paper

empaquetar [empake'tar] vt to pack ▼ empaquetado para regalo gift-wrapped

empastar [empas'tar] vt to fill

empaste [em'paste] *m* filling

empatar [empa'tar] ◇ *vi* to draw ◇ *vt* (*Andes & Ven*) to connect

empate [em'pate] *m* **1.** (*en juego, deporte*) draw (*UK*), tie **2.** (*Andes & Ven*) (*empalme*) connection ● **empate a dos** two-two draw

empeñar [empe'ɲar] *vt* (*joyas, bienes*) to pawn ◆ **empeñarse** *vp* (*endeudarse*) to get into debt ◆ **empeñarse en** *v + prep* (*insistir en*) to insist on

empeño [em'peɲo] *m* (*constancia*) determination

empeorar [empeo'rar] ◇ *vt* to make worse ◇ *vi* to get worse

emperador, triz [empera'ðor, 'triθ] (*fpl* **-ces**) ◇ *m,f* emperor (*f* empress) ◇ *m* (*pez*) swordfish

empezar [empe'θar] *vt & vi* to begin, to start ● **empezar a hacer algo** to begin to do sthg, to start to do sthg ● **empezar por hacer algo** to begin by doing sthg

epidermis [epi'ðermis] *f inv* epidermis

empinado, da [empi'naðo, ða] *adj* steep

empleado, da [emple'aðo, ða] *m,f* employee ● **empleado de banco** bank clerk

emplear [emple'ar] *vt* **1.** (*trabajador*) to employ **2.** (*objeto, herramienta*) to use **3.** (*dinero, tiempo*) to spend ◆ **emplearse en** *v + prep* (*empresa, oficina*) to get a job in

empleo [em'pleo] *m* **1.** (*trabajo en general*) employment **2.** (*puesto*) job **3.** (*uso*) use

empotrado, da [empo'traðo, ða] *adj* built-in ● **armario empotrado** fitted wardrobe (*UK*), built-in closet (*US*)

emprender [empren'der] *vt* **1.** (*tarea, negocio, etc*) to start **2.** (*viaje*) to set off on

empresa [em'presa] *f* company

empresario, ria [empre'sarjo, rja] *m,f* businessman (*f* businesswoman)

empujar [empu'xar] *vt* to push ● **empujar alguien a hacer algo** to push sb into doing sthg

empujón [empu'xon] *m* shove ● **a empujones** by pushing

en [en] *prep* **1.** (*en el interior de*) in ● **viven en la capital** they live in the capital **2.** (*sobre la superficie de*) on ● **en el plato/la mesa** on the plate/table **3.** (*en un punto concreto de*) at ● **en casa/el trabajo** at home/work **4.** (*dirección*) into ● **el avión cayó en el mar** the plane fell into the sea ● **entraron en la habitación** they came into the room **5.** (*tiempo*) (*día*) on; (*período, momento*) at ● **llegará en mayo/Navidades** will arrive in May/at Christmas ● **nació en 1940/sábado** he was born in 1940/on a Saturday ● **en un par de días** in a couple of days **6.** (*medio de transporte*) by ● **ir en coche/tren/avión/barco** to go by car/train/plane/boat **7.** (*modo*) in ● **lo dijo en inglés** she said it in English ● **todo se lo gasta en ropa** he spends it all on clothes ● **en voz baja** in a low voice ● **aumentar en un 10%** to increase by 10% **8.** (*precio*) in ● **las ganancias se calculan en millones** profits are calculated in millions ● **te lo dejo en 500 euros** I'll let you have it for 500 euros **9.** (*tema*) ● **es un experto en matemáticas** he's an expert in mathematics ● **es doctor en medicina** he's a doctor of medicine **10.** (*cualidad*) ● **rápido en actuar** quick to act ● **le**

supera en inteligencia she is more intelligent than he is

enaguas [e'naɣuas] *fpl* underskirt *sg*, slip *sg* (US)

enamorado, da [enamo'raðo, ða] *adj* • **enamorado (de)** in love (with)

enamorarse [enamo'rarse] *vp* • **enamorarse (de)** to fall in love (with)

enano, na [e'nano, na] ◇ *adj* (verdura) baby (antes de s) ◇ *m.f* dwarf

encabezar [enkaβe'θar] *vt* 1. (lista, carta, escrito) to head 2. (grupo) to lead

encadenar [enkaðe'nar] *vt* 1. (atar) to chain 2. (enlazar) to link • **encadenarse** *vp* (hechos, sucesos) to happen one after the other

encajar [enka'xar] ◇ *vt* 1. (meter) to fit 2. (aceptar) to take ◇ *vi* 1. (caber) to fit 2. (cuadrar) to square

encaje [en'kaxe] *m* 1. (tejido) lace 2. (de vestido, camisa) lace trim

encalar [enka'lar] *vt* to whitewash

encantado, da [enkan'taðo, ða] ◇ *adj* 1. (satisfecho) delighted 2. (lugar, edificio) haunted 3. (persona) bewitched ◇ *interj* • **encantado (de conocerle)** pleased to meet you

encantador, ra [enkanta'ðor, ra] *adj* delightful

encantar [enkan'tar] *vt* (hechizar) to cast a spell on • **me encanta bailar** I love dancing • **¡me encanta!** I love it! ◆ **encantarse** *vp* (distraerse) to be entranced

encanto [en'kanto] *m* 1. (atractivo) charm 2. (hechizo) spell

encapotado, da [enkapo'taðo, ða] *adj* overcast

encapricharse [enkapri'tʒarse] *vp* • **encapricharse con** (obstinarse) to set one's mind on

encarar [enka'rar] *vt* (problema, riesgo) to face up to ◆ **encararse** *vp* • **encararse a** to confront

encarcelar [enkarθe'lar] *vt* to imprison

encarecer [enkare'θer] *vt* (precio) to make more expensive

encargado, da [enkar'ɣaðo, ða] *m.f* 1. (responsable) person in charge 2. (de tienda, negocio) manager (*f* manageress)

encargar [enkar'ɣar] *vt* 1. (pedir) to order 2. (poner al cuidado) to put in charge ◆ **encargarse de** *v + prep* to see to, to take care of

encargo [en'karɣo] *m* 1. (pedido) order 2. (tarea) task 3. (recado) errand

encariñarse [enkari'narse] • **encariñarse con** *v + prep* to become fond of

encarnado, da [enkar'naðo, ða] *adj* 1. (rojo) red 2. (personificado) incarnate

encausar [enkau'sar] *vt* to prosecute

encendedor [enθende'ðor] *m* lighter

encender [enθen'der] *vt* 1. (fuego, cigarrillo) to light 2. (luz, gas, aparato eléctrico) to turn on 3. (motor) to start up

encendido [enθen'diðo] *m* (de motor) ignition

encerado [enθe'raðo] *m* 1. (pizarra) blackboard 2. (del suelo) polishing

encerrar [enθe'rar] *vt* 1. (recluir) to lock up 2. (contener) to contain ◆ **encerrarse** *vp* to shut o.s. away

encestar [enθes'tar] *vi* to score a basket

enchilarse [entʒi'larse] *vp* 1. (Amér) (con chile) to eat a mouthful of very hot food **2.** *(fig)* *(enfadarse)* to get angry

enchinar [entʃi'nar] *vt* *(Amér)* to curl

enchufar [entʃu'far] *vt* **1.** *(conectar)* to plug in **2.** *(encender)* to turn on **3.** *(fam)* *(a una persona)* to pull strings for

enchufe [en'tʃufe] *m* **1.** *(de aparato)* plug **2.** *(de pared)* socket **3.** *(fam)* *(recomendación)* connections *pl*

encía [en'θia] *f* gum

enciclopedia [enθiklo'peðja] *f* encyclopedia

encierro [en'θjero] *m* **1.** *(de personas)* sit-in **2.** *(de toros)* running of the bulls to the enclosure where they are kept before a bullfight

encima [en'θima] *adv* **1.** *(arriba)* on top **2.** *(en edificio)* upstairs **3.** *(además)* on top of that ● no llevo dinero encima I haven't got any money on me ● encima de *(en lugar superior)* above; *(en edificio)* upstairs from; *(sobre)* on (top of) ● por encima *(superficialmente)* superficially ● por encima de *(más arriba de)* over ● por encima de sus posibilidades beyond his means ● por encima de todo more than anything

encimera [enθi'mera] *f* worktop *(UK)*, counter *(US)*

encina [en'θina] *f* holm oak

encinta [en'θinta] *adj f* pregnant

encoger [enko'xer] ◇ *vt* *(piernas)* to pull in ◇ *vi* to shrink ◆ **encogerse** *vp* **1.** *(tejido, ropa)* to shrink **2.** *(persona)* to get scared ● encogerse de hombros to shrug one's shoulders

encolar [enko'lar] *vt* *(pegar)* to glue

encolerizarse [enkoleri'θarse] *vp* to get angry

encomienda [enkomi'enða] *f* *(Amér)* parcel *(UK)*, package *(US)*

encontrar [enkon'trar] *vt* **1.** to find **2.** *(persona)* to meet ● encontrar trabajo to find work ◆ **encontrarse** *vp* **1.** *(coincidir)* to meet **2.** *(hallarse)* to be

encrespado, da [enkres'paðo, ða] *adj* **1.** *(pelo)* curly **2.** *(mar)* rough

encrucijada [enkruθi'xaða] *f* crossroads *sg*

encuadernar [enkuaðer'nar] *vt* to bind

encuadre [en'kuaðre] *m* *(de foto)* composition

encubrir [enku'βrir] *vt* to conceal

encuentro [en'kuentro] *m* **1.** *(con persona)* meeting **2.** *(partido)* match *(UK)*, game

encuesta [en'kuesta] *f* survey

encuestador, ra [enkuesta'ðor, ra] *m,f* pollster

enderezar [endere'θar] *vt* **1.** *(lo torcido)* to straighten **2.** *(lo caído)* to put upright **3.** *(persona, negocio, trabajo)* to set right

endeudado, da [endeu'ðaðo, ða] *adj* in debt

endivia [en'diβja] *f* endive ● endivias al roquefort endives in a Roquefort sauce

enemigo, ga [ene'miɣo, ɣa] *m,f* enemy ● ser enemigo de to hate

energía [ener'xia] *f* **1.** *(en física, etc)* energy **2.** *(de persona)* strength ● energía atómica nuclear power

enérgico, ca [e'nerxiko, ka] *adj* energetic

enero [e'nero] *m* January ➤ setiembre

enfadado, da [enfa'ðaðo, ða] *adj* angry

enfadarse [enfa'ðarse] *vp* to get angry

enfado [enˈfaðo] *m* anger

enfermar [enferˈmar] *vi* to fall ill (UK), to get sick (US) ◆ **enfermarse** *vp* (Amér) to fall ill (UK), to get sick (US)

enfermedad [enfermeˈðað] *f* 1. (caso concreto) illness 2. (morbo) disease

enfermería [enfermeˈria] *f* sick bay

enfermero, ra [enferˈmero, ra] *m,f* nurse

enfermizo, za [enferˈmiθo, θa] *adj* unhealthy

enfermo, ma [enˈfermo, ma] ◇ *adj* ill, sick ◇ *m,f* 1. (persona enferma) sick person 2. (en el hospital) patient ● **ponerse enfermo** to fall ill (UK), to get sick (US)

enfocar [enfoˈkar] *vt* 1. (luz, foco) to shine 2. (cámara) to focus 3. (tema, cuestión, problema) to look at

enfoque [enˈfoke] *m* 1. (de cámara) focus 2. (de cuestión, problema) approach

enfrentamiento [enfrentaˈmjento] *m* confrontation

enfrentarse [enfrenˈtarse] *vp* to clash ● **enfrentarse a** (oponerse a) to confront

enfrente [enˈfrente] *adv* opposite ● **enfrente de** opposite ● **la casa de enfrente** the house across the road

enfriamiento [enfriaˈmjento] *m* cold

enfriarse [enfriˈarse] *vp* 1. (comida, bebida) to get cold 2. (relación) to cool down 3. (resfriarse) to catch a cold

enganchar [enganˈtʃar] *vt* 1. (objeto, papel) to hang up 2. (caballos, caravana, coche) to hitch up ◆ **engancharse** *vp* (ropa, persona) to get caught

enganche [enˈgantʃe] *m* 1. (Méx) (depósito) deposit 2. (mecanismo, pieza) hook

● **$50 de enganche** (Amér) a $50 deposit

engañar [engaˈɲar] *vt* 1. (decir mentiras a) to deceive 2. (timar) to cheat 3. (a cónyuge) to cheat on ◆ **engañarse** *vp* (equivocarse) to be wrong

engaño [enˈgaɲo] *m* 1. (mentira) deceit 2. (timo) swindle 3. (infidelidad) cheating

engañoso, sa [engaˈɲoso, sa] *adj* 1. (apariencia) deceptive 2. (mirada, palabra) deceitful

engendrar [enxenˈdrar] *vt* 1. (persona, animal) to give birth to 2. (sentimiento) to give rise to

englobar [engloˈβar] *vt* to bring together

engordar [engorˈðar] *vi* 1. (persona) to put on weight 2. (alimento) to be fattening ◆ **engordarse** *vp* to put on weight

engranaje [engraˈnaxe] *m* (de coche) gears *pl*

engrapadora [engrapaˈðora] *f* (Amér) stapler

engrapar [engraˈpar] *f* (Amér) to staple

engrasar [engraˈsar] *vt* 1. (mecanismo, pieza) to lubricate 2. (ensuciar) to make greasy

engreído, da [engreˈiðo, ða] *adj* conceited

enhorabuena [enoraˈβwena] ◇ *f* congratulations *pl* ◇ *interj* congratulations! ● **dar la enhorabuena** to congratulate

enigma [eˈniɣma] *m* enigma

enjabonar [enxaβoˈnar] *vt* 1. (ropa) to soap 2. (fig) (persona) to butter up ◆ **enjabonarse** *vp* to soap o.s. down

enjuagar [enxwaˈɣar] *vt* to rinse ●

enjuagarse *vp* (boca) to rinse out one's mouth

enlace [en'laθe] ◇ *m* **1.** (de trenes) connection **2.** (de carreteras) link **3.** INFORM link **4.** (formal) (matrimonio) marriage ◇ *mf* (intermediario) go-between

enlazar [enla'θar] ◇ *vt* **1.** (conectar) to tie **2.** (relacionar) to connect ◇ *vi* ◆ **enlazar con** to connect with

enlosar [enlo'sar] *vt* to pave

enmendar [emmen'dar] *vt* (corregir) to correct ◆ **enmendarse** *vp* to mend one's ways

enmienda [em'mjenda] *f* **1.** (corrección) correction **2.** (de ley) amendment

enmudecer [emmuðe'θer] *vi* to be struck dumb

enojado, da [eno'xaðo, ða] *adj* annoyed

enojar [eno'xar] *vt* **1.** (enfadar) to anger **2.** (molestar) to annoy ◆ **enojarse** *vp* **1.** (enfadarse) to get angry **2.** (molestarse) to get annoyed

enojo [e'noxo] *m* **1.** (enfado) anger **2.** (molestia) annoyance

enorme [e'norme] *adj* huge

enredadera [enreða'ðera] *f* creeper

enredar [enre'ðar] *vt* (lana, hilo, pelo) to tangle ◆ **enredar a alguien en** (complicar) to involve sb in

enredo [en'reðo] *m* **1.** (de lana, hilo, etc) tangle **2.** (situación difícil, desorden) mess

enriquecer [enrike'θer] *vt* to make rich ◆ **enriquecerse** *vp* to get rich

enrojecer [enroxe'θer] ◇ *vt* to redden ◇ *vi* (sonrojarse) to blush

enrollar [enro'ʎar] *vt* to roll up ◆ **enrollarse** *vp* **1.** (fam) (hablar mucho) to go on and on **2.** (ligar) to get off with each other (UK), to hook up (US)

ensaimada [ensai'maða] *f* cake made of sweet, coiled pastry

ensalada [ensa'laða] *f* salad ● **ensalada de lechuga** lettuce salad ● **ensalada mixta** mixed salad ● **ensalada variada** o **del tiempo** salad of lettuce, tomato, carrot and onion ● **ensalada verde** green salad

ensaladera [ensala'ðera] *f* salad bowl

ensaladilla [ensala'ðiʎa] *f* ● **ensaladilla (rusa)** Russian salad

ensanchar [ensan'tʃar] *vt* **1.** (camino) to widen **2.** (falda, pantalón) to let out

ensayar [ensa'jar] *vt* **1.** (espectáculo) to rehearse **2.** (mecanismo, invento) to test

ensayo [en'sajo] *m* **1.** (de espectáculo) rehearsal **2.** (de mecanismo, invento) test **3.** (escrito) essay

enseguida [ense'ɣiða] *adv* **1.** (inmediatamente) immediately **2.** (pronto) very soon

ensenada [ense'naða] *f* cove

enseñanza [ense'nanθa] *f* **1.** (método, sistema) education **2.** (profesión) teaching

enseñar [ense'nar] *vt* **1.** (en escuela, universidad) to teach **2.** (indicar, mostrar) to show

enseres [en'seres] *mpl* belongings

ensopar [enso'par] *vt* (Col, RP & Ven) to soak

ensuciar [ensu'θjar] *vt* to make dirty ◆ **ensuciarse** *vp* to get dirty

ente ['ente] *m* **1.** (ser) being **2.** (asociación) organization

entender [enten'der] ◇ *vt* **1.** to understand **2.** *(opinar)* to think ◇ *vi* to understand ◆ **entender de** *v + prep (saber de)* to be an expert on ◆ **entenderse** *vp* **1.** *(comprenderse)* to understand each other **2.** *(llegar a un acuerdo)* to reach an agreement **3.** *(fam)* *(estar liado)* to be involved ◆ **entenderse bien/mal con** to get on well/badly with

entendido, da [enten'điðo, ða] *m,f* expert

enterarse [ente'rarse] ◆ **enterarse de** *v + prep* **1.** *(noticia, suceso)* to find out about **2.** *(fam)* *(darse cuenta de)* to realize

entero, ra [en'tero, ra] *adj* **1.** whole **2.** *(de carácter)* composed ● **por entero** entirely

enterrar [ente'rar] *vt* to bury

entidad [enti'ðaθ] *f (asociación)* body

entierro [en'tjero] *m* burial

entlo *abrev* = **entresuelo**

entonces [en'tonθes] *adv* then ● **desde entonces** since then

entrada [en'traða] *f* **1.** *(acción)* entry **2.** *(lugar)* entrance **3.** *(puerta)* doorway **4.** *(de espectáculo)* ticket **5.** *(plato)* starter (UK), appetizer (US) **6.** *(anticipo)* down payment ● **de entrada** *(en principio)* from the beginning ● **¿qué quiere de entrada?** what would you like for starters? ▼ **entrada** way in ▼ **entrada libre** admission free ▼ **entrada por la otra puerta** enter by other door ▼ **prohibida la entrada** no entry

entrantes [en'trantes] *mpl (entremeses)* hors d'oeuvres

entrañable [entra'naβle] *adj* **1.** *(digno de afecto)* likeable **2.** *(afectuoso)* affectionate

entrañas [en'traɲas] *fpl (vísceras)* entrails

entrar [en'trar]
◇ *vt* **1.** *(introducir)* to bring in ● **están entrando el carbón** they're bringing in the coal ● **ya puedes entrar el coche en el garaje** you can put your car in the garage now **2.** *INFORM* to enter
◇ *vi* **1.** *(introducirse)* to enter, to come/go in ● **la pelota entró por la ventana** the ball came in through the window ● **entramos en el bar** we went into the bar **2.** *(penetrar)* to go in ● **el enchufe no entra** the plug won't go in ● **el clavo ha entrado en la pared** the nail went into the wall **3.** *(caber)* to fit ● **este anillo no te entra** this ring doesn't fit you ● **en el garaje entran dos coches** you can fit two cars in the garage **4.** *(incorporarse)* to join ● **para entrar has de hacer un test** you have to do a test to get in ● **entró en el partido en abril** she joined the party in April ● **entró de secretaria** she started out as a secretary **5.** *(entender)* ● **no le entra la geometría** he can't get the hang of geometry **6.** *(estado físico o de ánimo)* ● **me entró mucha pena** I was filled with pity ● **me entraron ganas de hablar** I suddenly felt like talking **7.** *(estar incluido)* ● **entrar (en)** to be included (in) ● **la consumición no entra** *(en discoteca)* drinks are not included **8.** *(participar)* ● **entrar (en)** to participate (in) **9.** *(cantidad)* ● **¿cuántas peras entran en un kilo?** how many pears

do you get to the kilo? **10.** *AUTO* to engage ● **no entra la quinta** you can't get into fifth **11.** *(empezar)* ● **entrar a hacer algo** to start doing sthg

entre ['entre] *prep* **1.** *(en medio de dos términos)* between ● **aparcar entre dos coches** to park between two cars ● **vendré entre las tres y las cuatro** I'll come between three and four **2.** *(en medio de muchos)* among ● **estaba entre los asistentes** she was among those present ● **entre hombres y mujeres somos cien** there are a hundred of us, counting men and women **3.** *(participación, cooperación)* between ● **entre todos lo consiguieron** between them they managed it ● **entre nosotros** *(en confianza)* between you and me **4.** *(lugar)* among ● **encontré tu carta entre los libros** I found your letter among the books ● **entre tanto** meanwhile

entreacto [entre'akto] *m* interval

entrecejo [entre'θexo] *m* space between the brows ● **fruncir el entrecejo** to frown

entrecot [entre'kot] *m* entrecôte ● **entrecot a la pimienta verde** *entrecôte in a green peppercorn sauce* ● **entrecot al roquefort** *entrecôte in a Roquefort sauce*

entrega [en'treɣa] *f* **1.** *(acto)* handing over **2.** *(de pedido)* delivery **3.** *(de premio)* presentation **4.** *(dedicación)* devotion **5.** *(fascículo)* instalment **6.** *(de seriado)* episode

entregar [entre'ɣar] *vt* **1.** *(dar)* to hand over **2.** *(pedido, paquete)* to deliver ◆ **entregarse a** *v + prep* **1.** *(rendirse)* to

surrender to **2.** *(abandonarse a)* to surrender to **3.** *(dedicarse a)* to devote o.s. to

entrelazar [entrela'θar] *vt* to interlace

entremeses [entre'meses] *mpl* hors d'oeuvres

entrenador, ra [entrena'ðor, ra] *m,f* coach

entrenamiento [entrena'mjento] *m* training

entrenar [entre'nar] *vt* to train ◆ **entrenarse** *vp* to train

entrepierna [entre'pjerna] *f* crotch

entreplanta [entre'planta] *f* mezzanine

entresuelo [entre'swelo] *m* mezzanine

entretanto [entre'tanto] *adv* meanwhile

entretecho [entre'tetʃo] *m* (*Amér*) attic

entretener [entrete'ner] *vt* **1.** *(divertir)* to entertain **2.** *(hacer retrasar)* to hold up ◆ **entretenerse** *vp* **1.** *(divertirse)* to amuse o.s. **2.** *(retrasarse)* to be held up

entretenido, da [entrete'niðo, ða] *adj* **1.** *(divertido)* entertaining **2.** *(que requiere atención)* time-consuming

entretenimiento [entreteni'mjento] *m* *(diversión)* entertainment

entretiempo [entre'tjempo] *m* ● **de entretiempo** mild-weather

entrever [entre'ßer] *vt* **1.** *(ver)* to glimpse **2.** *(sospechar)* to suspect

entrevista [entre'ßista] *f* interview

entrevistador, ra [entreßista'ðor, ra] *m,f* interviewer

entrevistar [entreßis'tar] *vt* to interview

entrevisto, ta [entre'ßisto, ta] *pp* ➢ **entrever**

entristecer [entriste'θer] *vt* to make sad
◆ **entristecerse** *vp* to become sad

entrometerse [entrome'terse] *vp* to interfere

entusiasmado, da [entusjaz'maðo, ða] *adj* full of enthusiasm

entusiasmar [entusjaz'mar] *vt* ◆ **me entusiasma** I love it ◆ **entusiasmarse** *vp* to get excited

entusiasmo [entu'sjazmo] *m* enthusiasm

entusiasta [entu'sjasta] *adj* enthusiastic

envasar [emba'sar] *vt* to pack

envase [em'base] *m* (*recipiente*) container ◆ **envase sin retorno** non-returnable bottle

envejecer [embexe'θer] *vi* to grow old

envenenamiento [embenena'mjento] *m* poisoning

envenenar [embene'nar] *vt* to poison

envergadura [emberɣa'ðura] *f* (*importancia*) extent

enviar [embi'ar] *vt* to send

envidia [em'biðja] *f* envy

envidiar [embi'ðjar] *vt* to envy

envidioso, sa [embi'ðjoso, sa] *adj* envious

envío [em'bio] *m* **1.** (*acción*) delivery **2.** (*paquete*) package

enviudar [embiu'ðar] *vi* to be widowed

envolver [embol'βer] *vt* (*regalo, paquete*) to wrap (up)

enyesar [enje'sar] *vt* **1.** (*pared, muro*) to plaster **2.** (*pierna, brazo*) to put in plaster

epidemia [epi'ðemja] *f* epidemic

epidural *f* (*anestesia*) epidural

episodio [epi'soðjo] *m* **1.** (*suceso*) event **2.** (*capítulo*) episode

época ['epoka] *f* **1.** (*periodo*) period **2.** (*estación*) season

equilibrado, da [ekili'βraðo, ða] *adj* balanced

equilibrar [ekili'βrar] *vt* to balance

equilibrio [eki'liβrjo] *m* **1.** balance **2.** (*de persona*) level-headedness

equilibrista [ekili'βrista] *mf* tightrope walker

equipaje [eki'paxe] *m* luggage (*UK*), baggage (*US*) ◆ **equipaje de mano** hand luggage

equipar [eki'par] *vt* (*proveer*) to equip

equipo [e'kipo] *m* **1.** (*de personas*) team **2.** (*de objetos*) equipment **3.** (*de prendas*) kit (*UK*), gear (*US*)

equitación [ekita'θjon] *f* horse riding

equivalente [ekiβa'lente] *adj* & *m* equivalent

equivaler [ekiβa'ler] ◆ **equivaler a** *v* + *prep* to be equivalent to

equivocación [ekiβoka'θjon] *f* mistake

equivocado, da [ekiβo'kaðo, ða] *adj* wrong

equivocar [ekiβo'kar] *vt* (*confundir*) to mistake ◆ **equivocarse** *vp* **1.** (*cometer un error*) to make a mistake **2.** (*no tener razón*) to be wrong ◆ **equivocarse de nombre** to get the wrong name ◆ **me he equivocado** (*al teléfono*) sorry, wrong number

era ['era] ◇ *v* ➤ **ser** ◇ *f* era

erguido, da [er'ɣiðo, ða] *adj* erect

erizo [e'riθo] *m* hedgehog ◆ **erizo de mar** sea urchin

ermita [er'mita] *f* hermitage

erótico, ca [e'rotiko, ka] *adj* erotic

erotismo [ero'tizmo] *m* eroticism

errante [e'rante] *adj* wandering

errar [e'rar] *vi (equivocarse)* to make a mistake

erróneo, a [e'roneo, a] *adj* wrong

error [e'ror] *m* mistake, error

eructar [eruk'tar] *vi* to belch

eructo [e'rukto] *m* belch

erudito, ta [eru'ðito, ta] *m,f* erudite

erupción [erup'θjon] *f* **1.** *(de la piel)* rash **2.** *(de volcán)* eruption

esbelto, ta [ez'βelto, ta] *adj* slim

esbozo [ez'βoθo] *m* **1.** *(dibujo)* sketch **2.** *(resumen, guión)* outline

escabeche [eska'βetʃe] *m* ● **en escabeche** marinated

escala [es'kala] *f* **1.** scale **2.** *(de barco, avión)* stopover ● **a gran escala** *(fam)* on a large scale ● **escala musical** scale ● **hacer escala en** to stop over at

escalador, ra [eskala'ðor, ra] *m,f* climber

escalar [eska'lar] *vt* to climb

escalera [eska'lera] *f* **1.** *(de casa, edificio)* staircase, stairs *pl* **2.** *(portátil)* ladder ● **escalera de caracol** spiral staircase ● **escalera de incendios** fire escape ● **escalera mecánica** escalator ◆ **escaleras** *fpl* stairs

escalerilla [eskale'riʎa] *f* stairs *pl*

escalibada *f* Catalan dish of roasted vegetables

escalofrío [eskalo'frio] *m* shiver

escalón [eska'lon] *m* step

escalope [eska'lope] *m* escalope

escalopín [eskalo'pin] *m* ● **escalopines de ternera** escalope of veal *sg* (UK), veal scallopini *sg* (US)

escama [es'kama] *f* **1.** *(de pez, reptil)* scale **2.** *(en la piel)* flake

escampar [eskam'par] *vi* to clear up

escandalizar [eskandali'θar] *vt* to shock ◆ **escandalizarse** *vp* to be shocked

escándalo [es'kandalo] *m* **1.** *(inmoralidad)* scandal **2.** *(alboroto)* uproar

escaño [es'kaɲo] *m (de diputado)* seat *(in parliament)*

escapar [eska'par] *vi* ● **escapar (de)** to escape (from) ◆ **escaparse** *vp* **1.** *(persona)* to escape **2.** *(líquido, gas)* to leak

escaparate [eskapa'rate] *m (shop)* window

escape [es'kape] *m* **1.** *(de líquido, gas)* leak **2.** *(de coche)* exhaust ● **a escape** in a rush

escarabajo [eskara'βaxo] *m* beetle

escarbar [eskar'βar] *vt* to scratch

escarcha [es'kartʃa] *f* frost

escarmentar [eskarmen'tar] ◇ *vi* to learn (one's lesson) ◇ *vt* ● **escarmentar a alguien** to teach sb a lesson

escarola [eska'rola] *f* endive

escasear [eskase'ar] *vi* to be scarce

escasez [eska'seθ] *f* **1.** *(insuficiencia)* shortage **2.** *(pobreza)* poverty

escaso, sa [es'kaso, sa] *adj* **1.** *(recursos, número)* limited **2.** *(víveres)* scarce **3.** *(tiempo)* short **4.** *(visibilidad)* poor ● **un metro escaso** barely a metre ● **andar escaso de dinero** to be short of money

escayola [eska'jola] *f* plaster

escayolar [eskajo'lar] *vt* to put in plaster

escena [es'θena] *f* **1.** scene **2.** *(escenario)* stage

escenario [esθe'narjo] *m* **1.** *(de teatro)* stage **2.** *(de un suceso)* scene

escepticismo [esθepti'θizmo] *m* scepticism

escéptico, ca [es'θeptiko, ka] *adj* sceptical

esclavitud [esklaβi'tuð] *f* slavery

esclavo, va [es'klaβo, βa] *m,f* slave

esclusa [es'klusa] *f* lock

escoba [es'koβa] *f* broom

escobilla [esko'βiʎa] *f* **1.** brush **2.** (*Andes*) (*para dientes*) toothbrush

escocer [esko'θer] *vi* to sting

escocés, esa [esko'θes, esa] ◇ *adj* Scottish ◇ *m,f* Scot

Escocia [es'koθja] *s* Scotland

escoger [esko'xer] ◇ *vt* to choose ◇ *vi* **escoger entre** to choose between

escolar [esko'lar] ◇ *adj* school (*antes de s*) ◇ *mf* schoolboy (*f* schoolgirl)

escolaridad [eskolari'ðað] *f* schooling

escollo [es'koʎo] *m* (*roca*) reef

escolta [es'kolta] *f* escort

escombros [es'kombros] *mpl* rubble *sg*

esconder [eskon'der] *vt* to hide ◆ **esconderse** *vp* to hide

escondite [eskon'dite] *m* **1.** (*lugar*) hiding place **2.** (*juego*) hide-and-seek

escopeta [esko'peta] *f* shotgun

escorpión [eskor'pjon] *m* scorpion

escotado, da [esko'taðo, ða] *adj* low-cut

escote [es'kote] *m* (*de vestido*) neckline

escotilla [esko'tiʎa] *f* hatch

escribir [eskri'βir] *vt* & *vi* to write ◆ **escribir a mano** to write by hand ◆ **escribir a máquina** to type ◆ **escribirse** *vp* (*tener correspondencia*) to write to one another ◆ **¿cómo se escribe ...?** how do you spell ...?

escrito, ta [es'krito] ◇ *pp* ➤ **escribir** ◇ *m* **1.** (*texto*) text **2.** (*documento*) document

escritor, ra [eskri'tor, ra] *m,f* writer

escritorio [eskri'torjo] *m* desk

escritura [eskri'tura] *f* **1.** (*letra*) script **2.** (*documento*) deed

escrúpulo [es'krupulo] *m* scruple ◆ **escrúpulos** *mpl* (*reservas*) qualms

escuadra [es'kuaðra] *f* **1.** (*en dibujo*) set square (*UK*), triangle (*US*) **2.** (*de barcos*) squadron **3.** (*del ejército*) squad

escuchar [esku'tʃar] ◇ *vt* to listen to ◇ *vi* to listen ◆ **escuchar la radio** to listen to the radio

escudo [es'kuðo] *m* **1.** (*arma defensiva*) shield

escuela [es'kuela] *f* school ◆ **escuela privada/pública** private/state school ◆ **escuela universitaria** *university which awards degrees after three years' study*

esculpir [eskul'pir] *vt* to sculpt

escultor, ra [eskul'tor, ra] *m,f* sculptor (*f* sculptress)

escultura [eskul'tura] *f* sculpture

escupir [esku'pir] ◇ *vt* to spit out ◇ *vi* to spit

escurrir [esku'rir] *vt* **1.** (*ropa*) to wring out **2.** (*platos*) to drain **3.** (*deslizar*) to slide ◆ **escurrirse** *vp* (*deslizarse*) to slip

ese, esa ['ese, 'esa] *adj* that

ése, ésa ['ese, 'esa] *pron* that one

esencia [e'senθja] *f* essence

esencial [esen'θjal] *adj* essential

esfera [es'fera] *f* **1.** (*en geometría*) sphere **2.** (*del reloj*) face **3.** (*ámbito*) circle

esférico, ca [es'feriko, ka] *adj* spherical

esforzarse [esfor'θarse] *vp* to make an effort

esfuerzo [esˈfu̯erθo] *m* effort

esfumarse [esfuˈmarse] *vp* to vanish

esgrima [ezˈɣrima] *f* fencing

esguince [ezˈɣinθe] *m* sprain

eslabón [ezlaˈβon] *m* link

eslálom [ezˈlalom] *m* slalom

eslip [ezˈlip, ezˈlips] (*pl* **eslips**) *m* **1.** *(pieza interior)* briefs *pl* **2.** *(bañador)* swimming trunks *pl* (UK), swimsuit (US)

Eslovaquia [ezloˈβakja] *s* Slovakia

esmalte [ezˈmalte] *m* enamel ◆ **esmalte de uñas** nail varnish (UK) o polish (US)

esmeralda [ezmeˈralda] *f* emerald

esmerarse [ezmeˈrarse] *vp* to take great pains

esmero [ezˈmero] *m* great care

esmoquin [ezˈmokin] *m* dinner jacket (UK), tuxedo (US)

esnob [ezˈnoβ, ezˈnoβs] (*pl* **esnobs**) *mf* person who wants to be trendy

eso [ˈeso] *pron neutro* that ◆ **eso que tienes en la mano** that thing in your hand ◆ **a eso de** (at) around ◆ **por eso te lo digo** that's why I'm telling you ◆ **y eso que** even though

ESO (*abr de* **Enseñanza Secundaria Obligatoria**) *f* (*Esp*) compulsory secondary education for pupils aged 12-16

esos, esas [ˈesos, ˈesas] *adj pl* those

espaciador *m* space bar

espacial [espaˈθjal] *adj* space (*antes de s*)

espacio [esˈpaθjo] *m* **1.** space **2.** *(de tiempo)* period **3.** *(programa)* programme ◆ **espacio aéreo** air space ◆ **espacio publicitario** advertising spot

espacioso, sa [espaˈθjoso, sa] *adj* spacious

espada [esˈpaða] *f* sword ◆ **espadas** *fpl* (naipes) suit in Spanish deck of cards bearing swords

espaguetis [espaˈɣetis] *mpl* spaghetti *sg*

espalda [esˈpalda] ◇ *f* back ◇ *f inv* (en natación) backstroke ◆ **espaldas** *fpl* back *sg*

espantapájaros [espantaˈpaxaros] *m inv* scarecrow

espanto [esˈpanto] *m* fright

espantoso, sa [espanˈtoso, sa] *adj* **1.** (que asusta) horrific **2.** (muy feo, desagradable) horrible **3.** (enorme) terrible

España [esˈpaɲa] *s* Spain

español, la [espaˈɲol, la] ◇ *adj* & *m* Spanish ◇ *m,f* Spaniard

esparadrapo [esparaˈðrapo] *m* (sticking) plaster (UK), Band-Aid ® (US)

esparcir [esparˈθir] *vt* **1.** (extender) to spread **2.** (azúcar) to sprinkle **3.** (semillas, papeles) to scatter

espárrago [esˈparaɣo] *m* asparagus ◆ **espárragos trigueros** wild asparagus

espasmo [esˈpazmo] *m* spasm

espátula [esˈpatula] *f* (en cocina) spatula

especia [esˈpeθja] *f* spice

especial [espeˈθjal] *adj* **1.** special **2.** (fam) (persona) odd ◆ **especial para** specially for

especialidad [espeθjaliˈðað] *f* speciality (UK), specialty (US) ◆ **especialidad de la casa** house speciality

especialista [espeθjaˈlista] *mf* specialist

especializado, da [espeθjaliˈθaðo, ða] *adj* specialized

especialmente [espeˈθjalmente] *adv* especially

especie [esˈpeθje] *f* **1.** (familia) species **2.**

(fig) (tipo) type ● **en especie** in kind

especie protegida protected species

especificar [espeθifi'kar] *vt* to specify

específico, ca [espe'θifiko, ka] *adj* specific

espectáculo [espek'takulo] *m (en teatro, circo, etc)* performance, show

espectador, ra [espekta'ðor, ra] *m,f* **1.** *(en deporte)* spectator **2.** *(en cine, teatro)* member of the audience

especulación [espekula'θjon] *f* speculation

espejismo [espe'xizmo] *m* mirage

espejo [es'pexo] *m* mirror

espera [es'pera] *f* wait ● **en espera de** waiting for

esperanza [espe'ranθa] *f* **1.** *(deseo)* hope **2.** *(confianza)* expectation

esperar [espe'rar] ◇ *vt* **1.** *(aguardar)* to wait for **2.** *(confiar)* to expect **3.** *(recibir, buscar)* to meet **4.** *(en el futuro)* to await ◇ *vi (aguardar)* to wait ● **esperar que** to hope (that) ● **¡eso espero!** I hope so! ● **¡espera y verás!** wait and see! ● **espérate sentado** *(fig)* you're in for a long wait ● **esperarse** *vp* **1.** *(figurarse)* to expect **2.** *(aguardar)* to wait

esperma [es'perma] *m* sperm

espeso, sa [es'peso, sa] *adj* thick

espesor [espe'sor] *m* **1.** *(grosor)* thickness **2.** *(densidad)* density

espía [es'pia] *mf* spy

espiar [espi'ar] *vt* to spy on

espiga [es'piya] *f (de trigo)* ear

espina [es'pina] *f* **1.** *(de planta)* thorn **2.** *(de pez)* bone

espinacas [espi'nakas] *fpl* spinach *sg*

espinilla [espi'niʎa] *f* **1.** *(de la pierna)* shin **2.** *(en la piel)* blackhead

espionaje [espio'naxe] *m* espionage

espiral [espi'ral] *f* spiral ● **en espiral** spiral

espirar [espi'rar] *vi* to breathe out

espiritismo [espiri'tizmo] *m* spiritualism

espíritu [es'piritu] *m* **1.** *(alma)* spirit **2.** *(en religión)* soul

espiritual [espiritu'al] *adj* spiritual

espléndido, da [es'plendiðo, ða] *adj* **1.** *(magnífico)* splendid **2.** *(generoso)* lavish

esplendor [esplen'dor] *m* splendour

espliego [es'pljeyo] *m* lavender

esponja [es'ponxa] *f* sponge

esponjoso, sa [espon'xoso, sa] *adj* spongy

espontaneidad [espontanei'ðað] *f* spontaneity

espontáneo, a [espon'taneo, a] ◇ *adj* spontaneous ◇ *m* spectator who takes part in bullfight on the spur of the moment

esposas [es'posas] *fpl* handcuffs

esposo, sa [es'poso, sa] *m,f* husband *(f* wife*)*

espray [es'prai] *m* spray

esprint [es'prin] *m* sprint

esprínter [es'printer] *mf* sprinter

espuma [es'puma] *f* **1.** *(burbujas)* foam **2.** *(de jabón)* lather **3.** *(de cerveza)* head ● **espuma para el pelo** *(styling)* mousse

esquash [es'kuaʃ] *m* squash

esqueleto [eske'leto] *m* skeleton

esquema [es'kema] *m* **1.** *(esbozo)* outline **2.** *(gráfico)* diagram

esquematizar [eskemati'θar] *vt* to outline

esquí [es'ki] *m* **1.** *(patín)* ski **2.** *(deporte)* skiing ● **esquí acuático** water skiing

esquiador, ra [eskia'ðor, ra] *m,f* skier

esquiar [eski'ar] *vi* to ski

esquilar [eski'lar] *vt* to shear

esquimal [eski'mal] *adj & mf* Eskimo

esquina [es'kina] *f* corner

esquivar [eski'βar] *vt* to avoid

estabilidad [estaβili'ðað] *f* stability

estable [es'taβle] *adj* stable

establecer [estaβle'θer] *vt* **1.** *(fundar)* to establish **2.** *(suj: ley, decreto)* to stipulate ● **establecerse** *vp (con residencia)* to settle

establecimiento [estaβleθi'mjento] *m* **1.** *(acto)* setting up **2.** *(local)* establishment

establo [es'taβlo] *m* stable

estaca [es'taka] *f (de tienda de campaña)* peg

estación [esta'θjon] *f* **1.** *(de tren, autobús, etc)* station **2.** *(del año, temporada)* season ▼ **estación de servicio** service station ● **estación de tren** train station

estacionamiento [estaθjona'mjento] *m* *(aparcamiento)* parking ● **estacionamiento indebido** parking offence ▼ **estacionamiento limitado** restricted parking

estacionar [estaθjo'nar] *vt* to park ▼ **no estacionar** no parking ● **estacionarse** *vp* to park

estadía [esta'ðia] *f (Amér)* stay

estadio [es'taðjo] *m (de deporte)* stadium

estadística [esta'ðistika] *f (censo)* statistics *pl*

estado [es'taðo] *m* state ● **estar en estado** to be expecting ● **en buen/mal estado** in good/bad condition ● **estado civil** marital status ● **estado físico** physical condition ◆ **Estado** *m* ● **el Estado** the State

Estados Unidos [es'taðosu'niðos] *mpl* ● **(los) Estados Unidos** the United States

estadounidense [es,taðouni'ðense] ◇ *adj* United States ◇ *mf* United States citizen

estafa [es'tafa] *f* swindle

estafador, ra [estafa'ðor, ra] *m,f* swindler

estafar [esta'far] *vt* **1.** *(engañar)* to swindle **2.** *(robar)* to defraud

estalactita [estalak'tita] *f* stalactite

estalagmita [estalaγ'mita] *f* stalagmite

estallar [esta'ʎar] *vi* **1.** *(bomba)* to explode **2.** *(guerra, revolución)* to break out ● **estallar en sollozos** to burst into tears

estallido [esta'ʎiðo] *m (explosión)* explosion

estambre [es'tambre] *m* stamen

estamento [esta'mento] *m* class

estampado, da [estam'paðo, ða] ◇ *adj* printed ◇ *m (cotton)* print

estampida [estam'piða] *f* stampede

estampilla [estam'piʎa] *f* **1.** *(Amér) (sello)* stamp **2.** *(cromo)* transfer

estancado, da [estan'kaðo, ða] *adj* **1.** *(agua, río, etc)* stagnant **2.** *(mecanismo)* jammed

estancarse [estan'karse] *vp* **1.** *(agua, río, etc)* to stagnate **2.** *(mecanismo)* to jam

estanco [es'tanko] *m* tobacconist's (shop)

estand [es'tan, es'tans] (*pl* **estands**) *m* stand, stall

estándar [es'tandar] *adj* standard

estanque [es'tanke] *m* **1.** (*alberca*) pond **2.** (*para riego*) reservoir

estante [es'tante] *m* shelf

estantería [estante'ria] *f* **1.** (*estantes*) shelves *pl* **2.** (*para libros*) bookcase

estaño [es'taɲo] *m* tin

estar [es'tar]

◇ *vi* **1.** (*hallarse*) to be ● ¿está Juan? is Juan in? ● estaré allí a la hora convenida I'll be there at the agreed time **2.** (*con fechas*) ● ¿a qué estamos hoy? what's the date today? ● hoy estamos a martes 13 de julio today is Tuesday the 13th of July ● estamos en febrero/primavera it's February/spring **3.** (*quedarse*) to stay ● estaré un par de horas y me iré I'll stay a couple of hours and then I'll go ● estuvo toda la tarde en casa he was at home all afternoon **4.** (*hallarse listo*) to be ready ● la comida estará a las tres the meal will be ready at three **5.** (*expresa duración*) to be ● están golpeando la puerta they're banging on the door **6.** (*expresa valores, grados*) ● la libra está a 1,4 euros the pound is at 1.4 euros ● estamos a 20 grados it's 20 degrees here **7.** (*servir*) ● estar para to be (there) for **8.** (*faltar*) ● eso está por descubrir we have yet to find out that **9.** (*hallarse a punto de*) ● estar por hacer algo to be on the verge of doing sthg

◇ *v cop* **1.** (*expresa cualidad, estado*) to be ● ¿cómo estás? how are you? ● esta calle está sucia this street is dirty ● estar bien/mal (*persona*) to be well/unwell ● el cielo está con nubes the sky is cloudy ● estoy sin dinero I've got no money ● el jefe está que muerde the boss is furious **2.** (*sentar*) ● el traje te está muy bien the suit looks good on you **3.** (*expresa situación, ocupación, acción*) ● estar como camarero to be a waiter ● estar de suerte to be in luck ● estar de viaje to be on a trip **4.** (*expresa permanencia*) ● estar en uso to be in use **5.** (*consistir*) ● estar en to lie in

● **estarse** *vp* (*permanecer*) to stay

estárter [es'tarter] *m* starter

estatal [esta'tal] *adj* state

estático, ca [es'tatiko, ka] *adj* (*inmóvil*) stock-still

estatua [es'tatwa] *f* statue

estatura [esta'tura] *f* height

estatus [es'tatus] *m* status

estatuto [esta'tuto] *m* **1.** (*de compañía*) article (of association) **2.** (*de comunidad autónoma*) by-law

este¹, **esta** ['este, 'esta] *adj* this

este² ['este] *m east* ◆ **Este** *m* ● el Este (*de Europa*) Eastern Europe

éste, ésta ['este, 'esta] *pron* **1.** (*cercano en espacio*) this one **2.** (*cercano en el tiempo*) this

estera [es'tera] *f* mat

estéreo [es'tereo] *m* stereo

estéril [es'teril] *adj* **1.** (*persona, animal*) sterile **2.** (*envase, jeringuilla*) sterilized

esterilizar [esterili'θar] *vt* to sterilize

esternón [ester'non] *m* breastbone

estética [es'tetika] *f* (*aspecto*) look

estibador, ra [estiβa'ðor, ra] *m,f* stevedore

estiércol [es'tjerkol] *m* 1. *(excremento)* dung 2. *(abono)* manure

estilo [es'tilo] *m* 1. style 2. *(de natación)* stroke ● **algo por el estilo** something of the sort

estilográfica [estilo'γrafika] *f* fountain pen

estima [es'tima] *f* esteem

estimación [estima'θjon] *f* 1. *(aprecio)* esteem 2. *(valoración)* valuation

estimado, da [esti'maðo, ða] *adj* 1. *(querido)* esteemed 2. *(valorado)* valued ● **Estimado señor** Dear Sir

estimulante [estimu'lante] ◇ *adj (alentador)* encouraging ◇ *m* stimulant

estimular [estimu'lar] *vt* 1. *(animar)* to encourage 2. *(excitar)* to stimulate

estímulo [es'timulo] *m* incentive

estirado, da [esti'raðo, ða] *adj* 1. *(orgulloso)* haughty 2. *(ropa)* stretched

estirar [esti'rar] ◇ *vt* to stretch ◇ *vi* to pull ● **estirarse** *vp (desperezarse)* to stretch

estirpe [es'tirpe] *f* stock

esto [es'to] *pron neutro* this ● **esto que dices** what you're saying

estofado [esto'faðo] *m* stew

estoicismo [estoi'θizmo] *m* stoicism

estoico, ca [es'tojko, ka] *adj* stoical

estómago [es'tomaγo] *m* stomach

estorbar [estor'βar] ◇ *vt* 1. *(obstaculizar)* to hinder 2. *(molestar)* to bother ◇ *vi* 1. *(estar en medio)* to be in the way 2. *(molestar)* to be a bother

estorbo [es'torβo] *m (obstáculo)* hindrance

estornudar [estornu'ðar] *vi* to sneeze

estornudo [estor'nuðo] *m* sneeze

estos, tas ['estos, tas] *adj pl* these

éstos, tas ['estos, tas] *pron pl* 1. *(cercano en espacio)* these (ones) 2. *(cercano en el tiempo)* these

estrafalario, ria [estrafa'larjo, rja] *adj (fam)* eccentric

estrangulador, ra [estrangula'ðor, ra] *m,f* strangler

estrangular [estrangu'lar] *vt* to strangle

estrategia [estra'texja] *f* strategy

estratégico, ca [estra'texiko, ka] *adj* strategic

estrechar [estre'tʃar] *vt* 1. *(camino, calle)* to narrow 2. *(ropa)* to take in 3. *(amistad, relación)* to make closer ● **estrechar la mano a alguien** to shake sb's hand ● **estrecharse** *vp (apretarse)* to squeeze up

estrecho, cha [es'tretʃo, tʃa] ◇ *adj* 1. *(calle, camino, etc)* narrow 2. *(zapato, ropa, etc)* tight 3. *(amistad)* close ◇ *m* strait ● **estar estrecho** *(en un lugar)* to be cramped

estrella [es'treʎa] *f* star ● **estrella de cine** film star ● **estrella fugaz** shooting star ● **estrella de mar** starfish

estrellarse [estre'ʎarse] *vp (chocar)* to crash

estremecerse [estreme'θerse] ● **estremecerse de** *v + prep* to tremble with

estrenar [estre'nar] *vt* 1. *(ropa)* to wear for the first time 2. *(espectáculo)* to première 3. *(coche, vajilla, sábanas)* to use for the first time

estreno [es'treno] *m* 1. *(de espectáculo)* première 2. *(de cosa)* first use

estreñimiento [estreɲi'mjento] *m* constipation

estrepitoso, sa [estrepi'toso, sa] *adj (ruido, caída, etc)* noisy

estrés [es'tres] *m* stress

estría [es'tria] *f* groove

estribillo [estri'βiʎo] *m (de canción)* chorus

estribo [es'triβo] *m* **1.** *(del jinete)* stirrup **2.** *(del automóvil)* step ● **perder los estribos** to fly off the handle

estribor [estri'βor] *m* starboard

estricto, ta [es'trikto, ta] *adj* strict

estrofa [es'trofa] *f* verse

estropajo [estro'paxo] *m* scourer

estropeado, da [estrope'aðo, ða] *adj* **1.** *(coche)* broken down **2.** *(máquina)* out of order

estropear [estrope'ar] *vt* **1.** *(proyecto, plan, comida, etc)* to spoil **2.** *(averiar)* to break **3.** *(dañar)* to damage ● **estropearse** *vp (máquina, aparato)* to break down

estructura [estruk'tura] *f* structure

estuario [es'twarjo] *m* estuary

estuche [es'tutʃe] *m* case

estudiante [estu'ðjante] *mf* student

estudiar [estu'ðjar] *vt & vi* to study

estudio [es'tuðjo] *m* **1.** study **2.** *(de artista)* studio **3.** *(piso)* studio apartment ● **estudios** *mpl* **1.** *(de radio, televisión)* studios **2.** *(educación)* education *sg*

estudioso, sa [estu'ðjoso, sa] *adj* studious

estufa [es'tufa] *f* heater

estupefacto, ta [estupe'fakto, ta] *adj* astonished

estupendo, da [estu'pendo, da] ◇ *adj* great ◇ *interj* great!

estupidez [estupi'ðeθ] *f* **1.** *(calidad)* stupidity **2.** *(dicho, acto)* stupid thing

estúpido, da [es'tupiðo, ða] *adj* stupid

ETA ['eta] *f (abr de Euskadi ta Askatasuna)* ETA *(terrorist Basque separatist organization)*

etapa [e'tapa] *f* stage

etarra [e'tara] *mf* member of ETA

etc. *(abr de etcétera)* etc *(etcetera)*

etcétera [et'θetera] *adv* etcetera

eternidad [eterni'ðað] *f* eternity ● **una eternidad** *(fam)* ages *pl*

eterno, na [e'terno, na] *adj* **1.** *(perpetuo)* eternal **2.** *(fam) (que dura mucho, que se repite)* interminable

ética ['etika] *f* ethics *pl*

ético, ca ['etiko, ka] *adj* ethical

etimología [etimolo'xia] *f* etymology

etiqueta [eti'keta] *f* **1.** *(de paquete, vestido)* label **2.** *(normas)* etiquette ● **de etiqueta** formal

étnico, ca ['eðniko, ka] *adj* ethnic

ETS [ete'ese] *f* **1.** *(abr de Escuela Técnica Superior)* technical college offering degree courses **2.** *(abr de enfermedad de transmisión sexual)* STD

eucalipto [euka'lipto] *m* eucalyptus

eucaristía [eukaris'tia] *f* Eucharist

eufemismo [eufe'mizmo] *m* euphemism

eufórico, ca [eu'foriko, ka] *adj* elated

euro ['euro] *m* euro

Europa [eu'ropa] *s* Europe

europeo, a [euro'peo, a] *adj & m,f* European

Euskadi [eus'kaði] *s* the Basque Country

euskera [eus'kera] *adj & m* Basque

eutanasia [euta'nasja] *f* euthanasia

evacuación [eβakua'θjon] *f* evacuation

evacuar [eβa'kuar] *vt* to evacuate

evadir [eβa'ðir] *vt* to avoid ◆ **evadirse** *vp* ● evadirse de to escape from

evaluación [eβalua'θjon] *f* **1.** *(de trabajo, examen, etc)* assessment **2.** *(de casa, terreno, etc)* valuation

evaluar [eβalu'ar] *vt* **1.** *(trabajo, examen, etc)* to assess **2.** *(casa, terreno, etc)* to value

evangelio [eβan'xeljo] *m* gospel

evangelización [eβanxeliθa'θjon] *f* evangelization

evaporarse [eβapo'rarse] *vp* to evaporate

evasión [eβa'sjon] *f* **1.** *(distracción)* amusement **2.** *(fuga)* escape ● **evasión de capitales** capital flight

eventual [eβentu'al] *adj* **1.** *(posible)* possible **2.** *(trabajador)* casual

eventualidad [eβentuali'ðað] *f* *(posibilidad)* possibility

evidencia [eβi'ðenθja] *f* **1.** *(seguridad)* obviousness **2.** *(prueba)* evidence

evidente [eβi'ðente] *adj* evident

evidentemente [eβi,ðente'mente] *adv* evidently

evitar [eβi'tar] *vt* **1.** to avoid **2.** *(desastre, peligro)* to avert

evocar [eβo'kar] *vt* to evoke

evolución [eβolu'θjon] *f* **1.** *(desarrollo)* development **2.** *(cambio)* evolution **3.** *(movimiento)* manoeuvre

evolucionar [eβoluθjo'nar] *vi* **1.** *(progresar)* to evolve **2.** *(cambiar)* to change **3.** *(hacer movimientos)* to carry out manoeuvres

exactamente [ek,sakta'mente] *adv* exactly

exactitud [eksakti'tuð] *f* **1.** *(fidelidad)* accuracy **2.** *(rigurosidad)* exactness

exacto, ta [e'ksakto, ta] *adj* **1.** *(riguroso)* exact **2.** *(preciso)* accurate **3.** *(correcto)* correct **4.** *(cantidad, hora, etc)* precise **5.** *(igual)* exactly the same

exageración [eksaxera'θjon] *f* exaggeration

exagerado, da [eksaxe'raðo, ða] *adj* **1.** *(poco razonable)* exaggerated **2.** *(precio)* exorbitant

exagerar [eksaxe'rar] *vt & vi* to exaggerate

exaltarse [eksal'tarse] *vp* to get excited

examen [ek'samen] *m* **1.** *(prueba, ejercicio)* exam **2.** *(inspección)* examination

examinar [eksami'nar] *vt* to examine ◆ **examinarse** *vp* ● examinarse (de) to take an exam (in)

excavación [ekskaβa'θjon] *f* *(en arqueología)* dig

excavadora [ekskaβa'ðora] *f* *(mechanical)* digger

excavar [ekska'βar] *vt* *(en arqueología)* to excavate

excedencia [eksθe'ðenθja] *f* leave (of absence)

exceder [eksθe'ðer] *vt* to exceed ◆ **excederse** *vp* *(propasarse)* to go too far

excelencia [eksθe'lenθja] *f* **1.** *(calidad superior)* excellence **2.** *(tratamiento)* Excellency ● **por excelencia** par excellence

excelente [eksθe'lente] *adj* excellent

excentricidad [eksθentriθi'ðað] *f* eccentricity

excéntrico, ca [eks'θentriko, ka] *m,f* eccentric

excepción [eksθep'θion] *f* exception ● **a** o **con excepción de** except for ● **de excepción** exceptional

excepcional [eksθepθio'nal] *adj* excepcional

excepto [eks'θepto] *adv* except (for)

excesivo, va [eksθe'siβo, βa] *adj* excessive

exceso [eks'θeso] *m* excess ● **en exceso** excessively ● **exceso de equipaje** excess baggage ● **exceso de peso** excess weight ● **exceso de velocidad** speeding ● **excesos** *mpl* (*abusos*) excesses

excitar [eksθi'tar] *vt* 1. (*provocar nerviosismo*) to agitate 2. (*ilusionar*) to excite ● **excitarse** *vp* 1. (*ponerse nervioso*) to get agitated 2. (*ilusionarse*) to get excited

exclamación [eksklama'θion] *f* (*grito*) cry

excluir [esklu'ir] *vt* 1. (*descartar*) to rule out 2. (*no admitir*) to exclude

exclusiva [eksklu'siβa] *f* 1. (*periódico*) exclusive 2. COM exclusive rights ● **en exclusiva** exclusive ➤ **exclusivo**

exclusivo, va [eksklu'siβo, βa] *adj* exclusive

excursión [eskur'sion] *f* trip ▼ **excursiones** day trips

excusa [eks'kusa] *f* 1. (*pretexto*) excuse 2. (*disculpa*) apology

excusar [eksku'sar] *vt* (*disculpar*) to excuse ● **excusarse** *vp* to apologize

exento, ta [ek'sento, ta] *adj* exempt

exhaustivo, va [eksaus'tiβo, βa] *adj* exhaustive

exhibición [eksiβi'θion] *f* 1. (*demostración*) display 2. (*deportiva, artística*) exhibition 3. (*de películas*) showing

exhibir [eksi'βir] *vt* 1. (*productos*) to display 2. (*cuadros, etc*) to exhibit 3. (*película*) to show

exigencia [eksi'xenθia] *f* 1. (*petición*) demand 2. (*pretensión*) fussiness

exigente [eksi'xente] *adj* demanding

exigir [eksi'xir] *vt* 1. (*pedir*) to demand 2. (*requerir*) to require

exiliar [eksi'liar] *vt* to exile ● **exiliarse** *vp* to go into exile

exilio [ek'silio] *m* exile

existencia [eksis'tenθia] *f* existence ● **existencias** *fpl* stock *sg*

existir [eksis'tir] *vi* to exist ● **existen varias razones** there are several reasons

éxito ['eksito] *m* 1. success 2. (*canción*) hit ● **tener éxito** to be successful

exitoso, sa [eksi'toso, sa] *adj* (*Amér*) successful

exótico, ca [ek'sotiko, ka] *adj* exotic

expedición [ekspeði'θion] *f* 1. expedition 2. (*de carné*) issuing

expediente [ekspe'ðiente] *m* 1. (*de trabajador, empleado*) file 2. (*documentación*) documents *pl* 3. (*de alumno*) record, transcript (*US*)

expedir [ekspe'ðir] *vt* 1. (*paquete, mercancía, etc*) to send 2. (*documento*) to draw up 3. (*pasaporte, carné*) to issue

expendedor, ra [ekspende'ðor, ra] *m,f* 1. (*comerciante*) dealer 2. (*de lotería*) vendor ● **expendedor automático** vending machine ▼ **expendedora de billetes** ticket machine

expensas [eks'pensas] *fpl* expenses ● **a expensas de** at the expense of

experiencia [ekspe'rienθja] *f* **1.** experience **2.** *(experimento)* experiment

experimentado, da [eksperimen'taðo, ða] *adj* experienced

experimental [eksperimen'tal] *adj* experimental

experimentar [eksperimen'tar] *vt* **1.** *(en ciencia)* to experiment with **2.** *(probar)* to test **3.** *(sensación, sentimiento)* to experience

experimento [eksperi'mento] *m* experiment

experto, ta [eks'perto, ta] *m,f* expert ● **experto en** expert on

expirar [ekspi'rar] *vi (formal)* to expire

explicación [eksplika'θjon] *f* explanation

explicar [ekspli'kar] *vt* **1.** to explain **2.** *(enseñar)* to teach ◆ **explicarse** *vp* **1.** *(hablar)* to explain o.s. **2.** *(comprender)* to understand

explícito, ta [eks'pliθito, ta] *adj* explicit

explorador, ra [eksplora'ðor, ra] *m,f* explorer

explorar [eksplo'rar] *vt* to explore

explosión [eksplo'sjon] *f* **1.** *(de bomba, artefacto)* explosion **2.** *(de alegría, tristeza)* outburst

explosivo, va [eksplo'siβo, βa] *adj & m* explosive

explotación [eksplota'θjon] *f* **1.** *(de petróleo)* drilling **2.** *(agrícola)* farming **3.** *(de mina)* mining **4.** *(de negocio)* running **5.** *(de trabajador, obrero)* exploitation ● **explotación agrícola** *(instalación)* farm

explotar [eksplo'tar] ◇ *vi* to explode ◇ *vt* **1.** *(mina)* to work **2.** *(negocio)* to run **3.** *(terreno)* to farm **4.** *(obreros)* to exploit

expo *f* Expo, world exhibition

exponente [ekspo'nente] *m (ejemplo)* example

exponer [ekspo'ner] *vt* **1.** *(explicar)* to explain **2.** *(exhibir)* to display **3.** *(arriesgar)* to risk ◆ **exponerse a** *v + prep* to expose o.s. to

exportación [eksporta'θjon] *f* export

exportar [ekspor'tar] *vt* to export

exposición [eksposi'θjon] *f* **1.** *(de pinturas)* exhibition **2.** *(en fotografía)* exposure **3.** *(en escaparate)* display **4.** *(de automóviles)* show **5.** *(de tema, asunto)* explanation ● **exposición de arte** art exhibition

expositor, ra [eksposi'tor, ra] ◇ *m,f (persona)* exhibitor ◇ *m (mueble)* display cabinet

exprés [eks'pres] *adj* **1.** *(tren)* express **2.** *(café)* espresso

expresar [ekspre'sar] *vt* to express ◆ **expresarse** *vp* to express o.s.

expresión [ekspre'sjon] *f* expression

expresivo, va [ekspre'siβo, βa] *adj* **1.** *(elocuente)* expressive **2.** *(afectuoso)* affectionate

expreso, sa [eks'preso, sa] ◇ *adj* **1.** *(claro)* clear **2.** *(tren)* express ◇ *m (tren)* express train

exprimidor [eksprimi'ðor] *m* squeezer

exprimir [ekspri'mir] *vt (limón, naranja)* to squeeze

expuesto, ta [eks'puesto, ta] ◇ *pp* ➤ **exponer** ◇ *adj* ● **estar expuesto a** to be exposed to

expulsar [ekspul'sar] *vt* **1.** *(de clase, local)* to throw out **2.** *(de colegio)* to expel **3.** *(jugador)* to send off

expulsión [ekspul'sjon] *f* **1.** *(de local)* throwing-out **2.** *(de colegio)* expulsion **3.** *(de jugador)* sending-off

exquisito, ta [ekski'sito, ta] *adj (comida)* delicious

éxtasis ['ekstasis] *m inv* ecstasy

extender [eksten'der] *vt* **1.** *(desplegar)* to spread (out) **2.** *(brazos, piernas)* to stretch **3.** *(influencia, dominio)* to extend **4.** *(documento)* to draw up **5.** *(cheque)* to make out **6.** *(pasaporte)* to issue ● **extenderse** *vp* **1.** *(ocupar)* to extend **2.** *(durar)* to last **3.** *(hablar mucho)* to talk at length **4.** *(difundirse)* to spread

extensión [eksten'sjon] *f* **1.** *(en espacio)* area **2.** *(en tiempo)* length **3.** *(alcance)* extent **4.** *(de teléfono)* extension

extenso, sa [eks'tenso, sa] *adj* **1.** *(espacio)* extensive **2.** *(duración)* long

exterior [ekste'rjor] ◇ *adj* **1.** *(de fuera)* outside **2.** *(capa)* outer **3.** *(extranjero)* foreign ◇ *m (parte exterior)* outside

exterminar [ekstermi'nar] *vt* to exterminate

externo, na [eks'terno, na] ◇ *adj* outer ◇ *m,f* day boy *(f* day girl*)* (UK), day student (US) ▼ **uso externo** for external use only

extinguirse [ekstin'girse] *vp* **1.** *(luz, fuego)* to go out **2.** *(vida, amor)* to come to an end

extintor [ekstin'tor] *m* fire extinguisher

extirpar [ekstir'par] *vt (formal) (órgano)* to remove

extra ['ekstra] ◇ *adj* **1.** *(de calidad superior)* top-quality **2.** *(de más)* extra ◇ *m* extra

extracción [ekstrak'θjon] *f* **1.** *(formal) (de órgano)* removal **2.** *(de petróleo)* drilling **3.** *(de mineral)* mining

extracto [eks'trakto] *m* **1.** *(resumen)* summary **2.** *(sustancia)* extract ● **extracto de cuenta** bank statement

extractor [ekstrak'tor] *m* extractor (fan)

extradición [ekstraði'θjon] *f* extradition

extraer [ekstra'er] *vt* **1.** *(formal) (órgano)* to remove **2.** *(petróleo)* to drill for

extranjero, ra [ekstran'xero, ra] ◇ *adj* foreign ◇ *m,f* foreigner ◇ *m* foreign countries *pl* ● **en el/al extranjero** abroad

extrañar [ekstra'ɲar] *vt* **1.** *(echar de menos)* to miss **2.** *(sorprender)* to surprise ● **extrañarse de** *v + prep* to be surprised at

extrañeza [ekstra'ɲeθa] *f* surprise

extraño, ña [eks'traɲo, ɲa] ◇ *adj* strange ◇ *m,f* stranger

extraordinario, ria [ekstraorði'narjo, rja] *adj* extraordinary

extraterrestre [ekstrate'restre] *mf* extraterrestrial

extravagante [ekstraβa'ɣante] *adj* eccentric

extraviar [ekstraβi'ar] *vt (formal) (perder)* to mislay ● **extraviarse** *vp* **1.** *(formal) (objeto)* to go missing **2.** *(persona)* to get lost

extremar [ekstre'mar] *vt* to go to extremes with

extremaunción [ekstremaun'θjon] *f* extreme unction

extremidades [ekstremi'ðaðes] *fpl* extremities

extremista [ekstre'mista] *mf* extremist

extremo, ma [eks'tremo, ma] ◇ *adj* **1.** *(último)* furthest **2.** *(exagerado)* extreme ◇ *m* **1.** *(final)* end **2.** *(punto máximo)* extreme ● **en extremo** extremely

extrovertido, da [ekstroβer'tiðo, ða] *adj* extrovert (UK), extroverted (US)

fF

F *(abr de Fahrenheit)* F *(Fahrenheit)*

fabada [fa'βaða] *f* ● **fabada (asturiana)** *Asturian stew made of beans, pork sausage and bacon*

fábrica ['faβrika] *f* factory

fabricante [faβri'kante] *mf* manufacturer

fabricar [faβri'kar] *vt* to make, to manufacture ▼ **fabricado en** made in

fábula ['faβula] *f* *(relato)* fable

fabuloso, sa [faβu'loso, sa] *adj* **1.** *(extraordinario)* fabulous **2.** *(irreal)* mythical

faceta [fa'θeta] *f* facet

fachada [fa'tʒaða] *f* *(de edificio)* façade

fácil ['faθil] *adj* **1.** easy **2.** *(dócil)* easy-going **3.** *(probable)* likely

facilidad [faθili'ðað] *f* **1.** *(aptitud)* aptitude **2.** *(sencillez)* ease ● **tener facilidad para** to have a gift for ● **facilidades de pago** easy (payment) terms

facilitar [faθili'tar] *vt* **1.** *(hacer fácil)* to make easy **2.** *(hacer posible)* to make

possible **3.** *(proporcionar)* to provide

factor [fak'tor] *m* **1.** *(elemento, condición)* factor

factura [fak'tura] *f* **1.** *(de gas, teléfono, hotel)* bill **2.** *(por mercancías, etc)* invoice

facturación [faktura'θjon] *f* **1.** *(de equipaje)* checking-in **2.** *(de empresa)* turnover ▼ **facturación** check-in

facturar [faktu'rar] *vt* **1.** *(equipaje)* to check in **2.** *(cobrar)* to bill

facultad [fakul'tað] *f* **1.** faculty **2.** *(poder)* right ● **facultad de ciencias/letras** faculty (UK) o college (US) of science/arts

faena [fa'ena] *f* **1.** *(tarea, trabajo)* task **2.** *(en los toros)* bullfighter's performance

faisán [fai'san] *m* pheasant

faja ['faxa] *f* **1.** *(ropa interior)* girdle **2.** *(para cintura)* sash

fajo ['faxo] *m* *(de billetes)* wad

falange [fa'lanxe] *f* *(hueso)* phalanx

falda ['falda] *f* **1.** *(prenda de vestir)* skirt **2.** *(de montaña)* mountainside **3.** *(de persona)* lap ◆ **faldas** *fpl* *(fam)* *(mujeres)* girls

falla ['faʎa] *f* **1.** *(de terreno)* fault **2.** *(de cartón)* cardboard figure burned during Fallas ◆ **Fallas** *fpl celebrations in Valencia on 19 March during which fallas are burned*

Fallas de San José

Valencia celebrates its best-known festival, the *fallas*, on 19 March. *Fallas* are grotesque papier-mâché giants built by the local people that are surrounded by smaller figures called *ninots*, creating satirical scenes. They are displayed publicly from 15 March before being judged to decide which of the *ninots* will be burned in the *cremà* on the night of 19 March.

fallar [fa'ʎar] *vi* 1. *(equivocarse)* to get it wrong 2. *(no acertar)* to miss 3. *(fracasar, no funcionar)* to fail

fallecer [faʎe'θer] *vi (formal)* to pass away

fallo ['faʎo] *m* 1. *(equivocación)* mistake 2. *(de frenos, etc)* failure 3. *(sentencia)* verdict

falsedad [false'ðað] *f* falseness

falsete [fal'sete] *m* falsetto

falsificar [falsifi'kar] *vt* to forge

falso, sa ['falso, sa] *adj* 1. *(afirmación, noticia)* false 2. *(puerta, salida)* hidden 3. *(joya, piel)* fake 4. *(dinero, cuadro)* forged 5. *(hipócrita)* deceitful

falta ['falta] *f* 1. *(carencia)* lack 2. *(necesidad)* need 3. *(error)* mistake 4. *(de asistencia, puntualidad)* absence 5. *(en fútbol, etc)* foul 6. *(en tenis)* fault 7. *(infracción)* offence ● **echar en falta algo/a alguien** *(echar de menos)* to miss sthg/sb; *(notar la ausencia de)* to notice sthg/sb is missing ● **hacer falta** to be necessary ● **me hace falta suerte** I need some luck ● **falta de educación** rudeness

faltar [fal'tar] *vi* 1. *(no haber)* to be lacking 2. *(estar ausente)* to be absent ● **falta aire** there isn't enough air ● **falta sal** it needs some salt ● **me falta un lápiz** I need a pencil ● **le falta interés** she lacks interest ● **falta una**

semana there's a week to go ● **faltan 15 km para Londres** we're 15 km away from London ● **faltar a clase** not to attend one's classes ● **¡no faltaba más!** that's all I/we *etc* needed! ◆ **faltar a** *v + prep* 1. *(obligación)* to neglect 2. *(palabra, promesa)* to break 3. *(cita, trabajo)* not to turn up at 4. *(ofender)* to offend

fama ['fama] *f* 1. *(renombre)* fame 2. *(reputación)* reputation

familia [fa'milja] *f* family ● **familia numerosa** large family

familiar [fami'ljar] ◇ *adj* 1. *(de familia)* family *(antes de s)* 2. *(conocido)* familiar 3. *(llano)* informal ◇ *mf* relative

familiarizarse [familjari'θarse] ◆ **familiarizarse con** *v + prep* to familiarize o.s. with

famoseo *m (fam)* celebrities *pl*

famoso, sa [fa'moso, sa] *adj* famous

fanatismo [fana'tizmo] *m* fanaticism

fandango [fan'dango] *m* fandango

fanfarrón, ona [fanfa'ron, ona] *adj* boastful

fantasía [fanta'sia] *f* 1. *(imaginación)* imagination 2. *(imagen, ilusión)* fantasy

fantasma [fan'tazma] *m* 1. *(aparición)* ghost 2. *(fam) (persona presuntuosa)* show-off

fantástico, ca [fan'tastiko, ka] *adj* fantastic

farmacéutico, ca [farma'θeutiko, ka] *m,f* chemist

farmacia [far'maθja] *f* chemist's (shop) *(UK)*, pharmacy *(US)* ▼ **farmacia de guardia** duty chemist's

faro ['faro] *m (torre)* lighthouse ◆ **faros** *mpl (de coche)* headlights

farol [fa'rol] *m* **1.** (*lámpara*) street light **3.** (*en el juego*) bluff

farola [fa'rola] *f* **1.** (*poste*) lamppost **2.** (*farol*) street light

farolillo [faro'liʎo] *m* paper lantern

farsa ['farsa] *f* farce

farsante [far'sante] *adj* **1.** (*impostor*) fraudulent **2.** (*hipócrita*) deceitful

fascismo [fas'θizmo] *m* fascism

fascista [fas'θista] *mf* fascist

fase ['fase] *f* phase

fastidiar [fasti'ðjar] *vt* **1.** (*molestar*) to annoy **2.** (*fiesta, planes*) to ruin **3.** (*máquina, objeto*) to break ◆ **fastidiarse** *vp* **1.** (*fam*) (*persona*) to put up with it **2.** (*plan, proyecto*) to be ruined

fastidio [fas'tiðjo] *m* (*molestia*) bother

fatal [fa'tal] ◇ *adj* **1.** (*trágico*) fatal **2.** (*inevitable*) inevitable **3.** (*malo*) awful ◇ *adv* (*fam*) awfully ● **me siento fatal** I feel awful

fatalidad [fatali'ðað] *f* **1.** (*desgracia*) misfortune **2.** (*destino, suerte*) fate

fatiga [fa'tiɣa] *f* (*cansancio*) fatigue

fatigarse [fati'ɣarse] *vp* to get tired

fauna ['fauna] *f* fauna

favor [fa'βor] *m* favour ● **estar a favor de** to be in favour of ● **hacer un favor a alguien** to do sb a favour ● **pedir un favor a alguien** to ask sb a favour ● **por favor** please

favorable [faβo'raβle] *adj* favourable

favorecer [faβore'θer] *vt* **1.** (*quedar bien*) to suit **2.** (*beneficiar*) to favour

favorito, ta [faβo'rito, ta] *adj* favourite

fax [faks] *m inv* fax ● **mandar algo por fax** to fax sth

fayuquero [faju'kero] *m* (*CAm & Méx*) contraband dealer

fe ['fe] *f* faith ● **de buena/mala fe** (*fig*) in good/bad faith

fealdad [feal'dað] *f* ugliness

febrero [fe'βrero] *m* February ➤ **setiembre**

fecha ['fetʃa] *f* date ● **fecha de caducidad** (*de carne etc*) expiry date; (*de alimentos*) sell-by date (*UK*), best-before date (*US*); (*de medicamentos*) use-by date (*UK*), expiration date (*US*) ● **fecha de nacimiento** date of birth ◆ **fechas** *fpl* (*período, época*) time *sg*

fechar [fe'tʃar] *vt* to date

fecundo, da [fe'kundo, da] *adj* **1.** (*mujer*) fertile **2.** (*productivo, creativo*) prolific

federación [feðera'θjon] *f* federation

felicidad [feliθi'ðað] *f* happiness ◆ **felicidades** *interj* **1.** (*enhorabuena*) congratulations! **2.** (*en cumpleaños*) happy birthday!

felicitación [feliθita'θjon] *f* **1.** (*de palabra*) congratulations *pl* **2.** (*tarjeta*) greetings card

felicitar [feliθi'tar] *vt* to congratulate

feligrés, esa [feli'ɣres, esa] *m,f* parishioner

feliz [fe'liθ] *adj* **1.** happy ● **¡felices Pascuas!** Happy Easter ● **¡feliz Año Nuevo!** Happy New Year ● **¡feliz cumpleaños!** Happy Birthday ● **¡feliz Navidad!** Merry Christmas

felpudo [fel'puðo] *m* doormat

femenino, na [feme'nino, na] *adj* feminine

feminismo [femi'nizmo] *m* feminism

feminista [femi'nista] *mf* feminist

fémur ['femur] *m* thighbone

fi

fenomenal [fenome'nal] *adj* **1.** (estupendo) wonderful **2.** (fam) (muy grande) huge

fenómeno [fe'nomeno] ◇ *m* phenomenon ◇ *adv* (fam) brilliantly

feo, a ['feo, a] *adj* **1.** (rostro, decoración) ugly **2.** (actitud, comportamiento, tiempo) nasty

féretro ['feretro] *m* coffin

feria ['ferja] *f* fair ● **feria de muestras** trade fair ◆ **ferias** *fpl* (fiestas) festival *sg*

feriado [fe'rjaðo] *m* (Amér) (public) holiday

fermentación [fermenta'θjon] *f* fermentation

feroz [fe'roθ, θes] (*pl* **-ces**) *adj* **1.** (animal) fierce **2.** (cruel) savage

ferretería [ferete'ria] *f* ironmonger's (shop) (UK), hardware store (US)

ferrocarril [feroka'ril] *m* railway (UK), railroad (US)

ferroviario, ria [fero'βjarjo, rja] *adj* rail (antes de s)

ferry ['feri] *m* ferry

fértil ['fertil] *adj* fertile

fertilidad [fertili'ðað] *f* fertility

festival [festi'βal] *m* festival ● **festival de cine** film festival

festividad [festiβi'ðað] *f* festivity

festivo, va [fes'tiβo, βa] *adj* **1.** (traje) festive **2.** (humorístico) funny

feto ['feto] *m* foetus

fiambre ['fjambre] *m* cold meat (UK), cold cut (US)

fiambrera [fjam'brera] *f* lunch box

fianza ['fjanθa] *f* **1.** (de alquiler, venta) deposit **2.** (de preso) bail

fiar [fi'ar] *vt* (vender a crédito) to sell on credit ◆ **fiarse de** *v* + *prep* to trust

fibra ['fiβra] *f* fibre

ficción [fik'θjon] *f* fiction

ficha ['fitʃa] *f* **1.** (de datos) card **2.** (de datos personales) file **3.** (de guardarropa, parking) ticket **4.** (de casino) chip **5.** (de dominó, parchís, etc) counter **6.** (de deportista) contract

fichar [fi'tʃar] ◇ *vt* **1.** (contratar) to sign up **2.** (delincuente) to put on police files ◇ *vi* (empleado) to clock in/out

fichero [fi'tʃero] *m* file

ficticio, cia [fik'tiθjo, θja] *adj* fictitious

fidelidad [fiðeli'ðað] *f* **1.** (lealtad) loyalty **2.** (exactitud) accuracy

fideos [fi'ðeos] *mpl* noodles

fiebre ['fjeβre] *f* fever ● **tener fiebre** to have a temperature

fiel ['fjel] ◇ *adj* **1.** (amigo, seguidor) loyal **2.** (cónyuge) faithful **3.** (exacto) accurate ◇ *m* (cristiano) believer

fieltro ['fjeltro] *m* felt

fiera ['fjera] *f* (animal) wild animal

fiero, ra ['fjero, ra] *adj* savage

fierro ['fjero] *m* (Amér) iron

fiesta ['fjesta] *f* **1.** (de pueblo, etc)

festivities *pl* **2.** *(reunión)* party **3.** *(día festivo)* public holiday **4.** *(alegría)* delight ● **fiesta mayor** *local celebrations for the festival of a town's patron saint*

fiestas patronales

From the smallest village to the biggest city, everywhere in Spain has a festival in honour of its patron saint. Lasting between two days and a week, the celebrations involve various cultural and sporting activities not to mention much dancing and merrymaking in the streets at night.

fiestas patrias

The Spanish-speaking countries of Latin America all have their own *fiestas patrias*, marking the day that each country gained independence from Spain. The celebrations usually last two days and are the most important national festival.

figura [fiˈɣura] *f* **1.** *(forma exterior)* shape **2.** *(representación)* figure

figurar [fiɣuˈrar] ◇ *vt* **1.** *(representar)* to represent **2.** *(simular)* to feign ◇ *vi* **1.** *(constar)* to appear **2.** *(ser importante)* to be important ● **figurarse** *vp* *(imaginarse)* to imagine

figurativo, va [fiɣuraˈtiβo, βa] *adj* figurative

figurín [fiɣuˈrin] *m* **1.** *(dibujo)* fashion sketch **2.** *(revista)* fashion magazine

fijador [fixaˈðor] *m* **1.** *(de pelo)* hairspray **2.** *(crema)* line

fijar [fiˈxar] *vt* to fix ● **fijarse** *vp (prestar atención)* to pay attention ● **fijarse en** *(darse cuenta de)* to notice

fijo, ja [ˈfixo, xa] *adj* **1.** fixed **2.** *(sujeto)* secure **3.** *(fecha)* definite

fila [ˈfila] *f (hilera)* line

filatelia [filaˈtelja] *f* philately

filete [fiˈlete] *m* **1.** fillet **2.** *(de carne)* steak ● **filete de ternera** fillet of veal ● **filete de lenguado** fillet of sole

filiación [filjaˈθjon] *f* **1.** *(datos personales)* record **2.** *(procedencia)* relationship

filial [fiˈljal] ◇ *adj* filial ◇ *f* subsidiary

Filipinas [filiˈpinas] *fpl* ● **(las) Filipinas** the Philippines

filmar [filˈmar] *vt & vi* to film

filoso, sa [fiˈloso, sa] *adj (Amér)* sharp

filosofar [filosoˈfar] *vi (fam)* to philosophize

filosofía [filosoˈfia] *f* philosophy

filósofo, fa [fiˈlosofo, fa] *m,f* philosopher

filtrar [filˈtrar] *vt* **1.** *(líquido)* to filter **2.** *(noticia, información)* to leak

filtro [ˈfiltro] *m* filter ● **filtro solar** sun filter

fin [ˈfin] *m* **1.** end **2.** *(objetivo)* aim ● **a fin de que** in order that ● **a fines de** at the end of ● **en fin** anyway ● **por fin** finally ● **sin fin** endless ● **fin de año** New Year's Eve ● **fin de semana** weekend

final [fiˈnal] ◇ *adj & f* final ◇ *m* end

finalidad [finaliˈðað] *f* purpose

finalista [finaˈlista] *mf* finalist

finalizar [finaliˈθar] *vt & vi* to finish

financiación [finanθja'θjon] *f* financing

financiar [finan'θjar] *vt* to finance

financista [finan'θista] *mf* (*Amér*) financier

finanzas [fi'nanθas] *fpl* finance *sg*

finca ['finka] *f* **1.** (*bienes inmuebles*) property **2.** (*casa de campo*) country residence

finde *m* (*fam*) weekend

finger ['finger] *m* (*de aeropuerto*) jetway

fingir [fin'xir] *vt* to feign

finlandés, esa [finlan'des, esa] ◇ *adj* Finnish ◇ *m,f* Finn

Finlandia [fin'landja] *s* Finland

fino, na ['fino, na] ◇ *adj* **1.** (*delgado*) thin **2.** (*suave*) smooth **3.** (*esbelto*) slim **4.** (*restaurante, hotel*) posh **5.** (*persona*) refined **6.** (*de calidad, sabor, olor*) fine **7.** (*sutil*) subtle ◇ *m* dry sherry ● **finas hierbas** fines herbes

fiordo ['fjorðo] *m* fjord

firma ['firma] *f* **1.** (*de persona*) signature **2.** (*empresa*) firm

firmar [fir'mar] *vt* to sign

firme ['firme] *adj* **1.** firm **2.** (*bien sujeto*) stable **3.** (*carácter*) resolute

firmemente [,firme'mente] *adv* firmly

firmeza [fir'meθa] *f* **1.** (*solidez*) stability **2.** (*constancia*) firmness **3.** (*de carácter*) resolution

fiscal [fis'kal] ◇ *adj* tax (*antes de s*) ◇ *mf* public prosecutor (*UK*), district attorney (*US*)

fiscalía [fiska'lia] *f* **1.** (*oficio*) post of public prosecutor (*UK*), post of district attorney (*US*) **2.** (*oficina*) public prosecutor's office (*UK*), district attorney's office (*US*)

física ['fisika] *f* physics *sg* ➤ **físico**

físico, ca ['fisiko, ka] ◇ *adj* physical ◇ *m,f* physicist ◇ *m* (*aspecto exterior*) physique

fisioterapeuta [fisjotera'peuta] *mf* physiotherapist

fisonomía [fisono'mia] *f* appearance

fisonomista [fisono'mista] *adj* good at remembering faces

flaco, ca ['flako, ka] *adj* thin

flamante [fla'mante] *adj* **1.** (*llamativo*) resplendent **2.** (*nuevo*) brand-new

flamenco, ca [fla'menko, ka] ◇ *m* **1.** (*ave*) flamingo **2.** (*cante andaluz*) flamenco

---

flamenco

The term *flamenco* originates from Andalusia and refers not only to the famous dance but also to the traditional folk songs and the style of guitar playing. It is the result of a mixture of influences from various cultures. The different styles of flamenco are called *palos*.

---

flan ['flan] *m* crème caramel (*UK*), flan (*US*) ● **flan con nata** crème caramel with whipped cream

flaqueza [fla'keθa] *f* weakness

flash ['flas] *m* (*en fotografía*) flash

flauta ['flauta] *f* flute

flecha ['fletʃa] *f* arrow

fleco ['fleko] *m* (*de cortina, mantel*) fringe ● **flecos** *mpl* (*de pantalón, camisa*) frayed edges

flemón [fle'mon] *m* gumboil

flequillo [fle'kiʎo] *m* fringe

flexibilidad [fleksiβili'ðað] *f* flexibility

flexible [flek'siβle] *adj* flexible

flexión [flek'sjon] *f* (*ejercicio*) press-up (*UK*), push-up (*US*)

flojera [flo'xera] *f* (*fam*) lethargy

flojo, ja ['floxo, xa] *adj* 1. (*cuerda, clavo*) loose 2. (*carácter, persona*) weak 3. (*de poca calidad*) poor

flor ['flor] *f* flower

flora ['flora] *f* flora

florecer [flore'θer] *vi* 1. (*planta*) to flower 2. (*prosperar*) to flourish

florero [flo'rero] *m* vase

florido, da [flo'riðo, ða] *adj* 1. (*árbol*) blossoming 2. (*jardín*) full of flowers

florista [flo'rista] *mf* florist

floristería [floriste'ria] *f* florist's (shop)

flota ['flota] *f* fleet

flotador [flota'ðor] *m* 1. (*para la cintura*) rubber ring (*UK*), life saver (*US*) 2. (*para los brazos*) arm band (*UK*), water wing (*US*)

flotar [flo'tar] *vi* to float

flote ['flote] ● **a flote** *adv* afloat ● **salir a flote** (*fig*) to get back on one's feet

fluido, da ['flwiðo, ða] ◇ *adj* 1. (*líquido*) fluid 2. (*lenguaje, estilo*) fluent ◇ *m* fluid

fluir [flu'ir] *vi* to flow

flúor ['fluor] *m* (*en dentífrico*) fluoride

FM [efe'eme] *f* (*abr de* frecuencia modulada) FM (*frequency modulation*)

foca ['foka] *f* seal

foco ['foko] *m* 1. (*en teatro*) spotlight 2. (*en campo de fútbol*) floodlight 3. (*de infección, epidemia*) centre 4. (*Andes & Méx*) (*bombilla*) light bulb

foi-gras [fwa'ɣras] *m inv* foie-gras

foja ['foxa] *f* (*Amér*) (*folio*) sheet

folio ['foljo] *m* sheet (of paper)

folklórico, ca [fol'kloriko, ka] *adj* 1. (*tradición, baile*) traditional, popular 2. (*fam*) (*ridículo*) absurd

follaje [fo'ʎaxe] *m* foliage

folleto [fo'ʎeto] *m* 1. (*turístico, publicitario*) brochure 2. (*explicativo, de instrucciones*) leaflet

fomentar [fomen'tar] *vt* to encourage

fonda ['fonda] *f* boarding house

fondo ['fondo] *m* 1. bottom 2. (*de dibujo, fotografía*) background 3. (*dimensión*) depth ● **a fondo** thoroughly ● **al fondo de la calle** at the end of the street ● **al fondo de la habitación** at the back of the room ◆ **fondos** *mpl* 1. (*dinero*) funds 2. (*de archivo, biblioteca*) catalogue *sg*

fono ['fono] *m* (*Amér*) receiver

fontanero, ra [fonta'nero, ra] *m,f* plumber

footing ['futin] *m* jogging ● **hacer footing** to go jogging

forastero, ra [foras'tero, ra] *m,f* stranger

forense [fo'rense] *mf* pathologist

forestal [fores'tal] *adj* forest (*antes de s*)

forfait [for'fel] *f* ski pass

forjar [for'xar] *vt* 1. (*hierro*) to forge 2. (*crear*) to build up

forma ['forma] *f* 1. (*figura externa*) shape 2. (*modo, manera*) way ● **en forma de** in the shape of ◆ **formas** *fpl* (*modales*) social conventions

formación [forma'θjon] *f* 1. formation 2. (*educación*) training ● **formación profesional** Spanish vocational training

formal [for'mal] *adj* **1.** *(de forma)* formal **2.** *(de confianza)* reliable **3.** *(serio)* serious

formalidad [formali'ðað] *f* **1.** *(seriedad)* seriousness **2.** *(requisito)* formality

formar [for'mar] *vt* **1.** *(crear)* to form **2.** *(educar)* to train ◆ **formarse** *vp (educarse)* to be trained

formidable [formi'ðaβle] *adj* **1.** *(estupendo)* amazing **2.** *(grande)* tremendous

fórmula ['formula] *f* formula

formular [formu'lar] *vt* to formulate

formulario [formu'larjo] *m* form

forrar [fo'rar] *vt* **1.** *(libro)* to cover **2.** *(ropa)* to line ◆ **forrarse** *vp (fam)* to make a pile of money

forro ['foro] *m* **1.** *(de prenda de vestir)* lining **2.** *(de libro)* cover

fortaleza [forta'leθa] *f* **1.** *(fuerza)* strength **2.** *(recinto)* fortress

fortuna [for'tuna] *f* **1.** *(suerte)* (good) luck **2.** *(riqueza)* fortune

forzado, da [for'θaðo, ða] *adj* forced

forzar [for'θar] *vt* to force ● **forzar a alguien a hacer algo** to force sb to do sthg

forzosamente [for,θosa'mente] *adv* necessarily

fósforo ['fosforo] *m (cerilla)* match

fósil ['fosil] *m* fossil

foso ['foso] *m* **1.** *(de castillo)* moat **2.** *(de orquesta)* pit **3.** *(hoyo)* ditch

foto ['foto] *f* photo ● **sacar una foto** to take a photo

fotocopia [foto'kopja] *f* photocopy

fotocopiadora [fotokopja'ðora] *f* photocopier

fotocopiar [fotoko'pjar] *vt* to photocopy

fotografía [fotoɣra'fia] *f* **1.** *(imagen)* photograph **2.** *(arte)* photography

fotografiar [fotoɣrafi'ar] *vt* to photograph

fotográfico, ca [foto'ɣrafiko, ka] *adj* photographic

fotógrafo, fa [fo'toɣrafo, fa] *m,f* photographer

fotomatón [,fotoma'ton] *m* passport photo machine

fra. *(abr de factura)* invoice

fracasar [fraka'sar] *vi* to fail

fracaso [fra'kaso] *m* failure

fracción [frak'θjon] *f* fraction

fractura [frak'tura] *f* fracture

frágil ['fraxil] *adj* ▼ **frágil** fragile

fragmento [fraɣ'mento] *m* **1.** *(pedazo)* fragment **2.** *(de obra)* excerpt

fraile ['fraile] *m* friar

frambuesa [fram'bwesa] *f* raspberry

francamente [,franka'mente] *adv* **1.** *(sinceramente)* frankly **2.** *(muy)* really

francés, esa [fran'θes, esa] ◇ *adj & m* French ◇ *m,f* Frenchman *(f* Frenchwoman) ● **los franceses** the French

Francia ['franθja] *s* France

franco, ca ['franko, ka] ◇ *adj* **1.** *(sincero)* frank **2.** *(sin obstáculos)* free ◇ *m (moneda)* franc

francotirador, ra [,frankotira'ðor, ra] *m,f* sniper

franela [fra'nela] *f* flannel

franqueo [fran'keo] *m* postage

frasco ['frasko] *m* small bottle

frase ['frase] *f* sentence

fraternal [frater'nal] *adj* fraternal

fraternidad [fraterni'ðað] *f* brotherhood

fraude ['frauðe] *m* fraud

fray [frai] *m* brother

frazada [fra'θaða] *f* (*Amér*) blanket ● **frazada eléctrica** electric blanket

frecuencia [fre'kuenθja] *f* frequency ● **con frecuencia** often

frecuente [fre'kuente] *adj* 1. (*repetido*) frequent 2. (*usual*) common

fregadero [freɣa'ðero] *m* (kitchen) sink

fregado, da [fre'ɣaðo, ða] *adj* (*Amér*) (*fam*) annoying

fregar [fre'ɣar] *vt* 1. (*limpiar*) to wash 2. (*frotar*) to scrub 3. (*Amér*) (*fam*) (*molestar*) to bother ● **fregar los platos** to do the dishes

fregona [fre'ɣona] *f* 1. (*utensilio*) mop 2. (*despec*) (*mujer*) skivvy

freír [fre'ir] *vt* to fry

frenar [fre'nar] ◇ *vt* 1. (*parar*) to brake 2. (*contener*) to check ◇ *vi* to brake

frenazo [fre'naθo] *m* ● **dar un frenazo** to slam on the brakes

frenético, ca [fre'netiko, ka] *adj* 1. (*rabioso*) furious 2. (*exaltado*) frantic

freno ['freno] *m* brake ● **pisar el freno** to step on the brakes ● **freno de mano** hand brake (*UK*), parking brake (*US*)

frente¹ ['frente] *m* front ● **estar al frente de** (*dirigir*) to be at the head of

frente² ['frente] *f* (*de la cara*) forehead ● **de frente** head on ● **frente a** opposite ● **frente a frente** face to face

fresa ['fresa] *f* strawberry

fresco, ca ['fresko, ka] ◇ *adj* 1. fresh 2. (*frío*) cool 3. (*desvergonzado*) cheeky (*UK*), fresh (*US*) 4. (*tejido, ropa*) light ◇ *m,f* (*desvergonzado*) cheeky (*UK*) o impudent (*US*) person ◇ *m* 1. (*frío* suave) cool 2. (*pintura*) fresco ● **hace fresco** it's chilly ● **tomar el fresco** to get a breath of fresh air

fresno ['fresno] *m* ash (tree)

fresón [fre'son] *m* large strawberry

fricandó [frikan'do] *m* fricandeau

frigorífico [friɣo'rifiko] *m* refrigerator

frijol [fri'xol] *m* 1. (*judía*) bean 2. (*Amér*) (*tipo de judía*) pinto bean

frío, a ['frio, a] *adj* & *m* cold ● **hace frío** it's cold ● **tener frío** to be cold

fritada [fri'taða] *f* fried dish ● **fritada de pescado** dish of fried fish

frito, ta ['frito, ta] ◇ *pp* ➤ **freír** ◇ *adj* fried

fritura [fri'tura] *f* fried dish

frívolo, la ['friβolo, la] *adj* frivolous

frondoso, sa [fron'doso, sa] *adj* leafy

frontera [fron'tera] *f* border

fronterizo, za [fronte'riθo, θa] *adj* 1. (*cerca de la frontera*) border (*antes de s*) 2. (*vecino*) neighbouring

frontón [fron'ton] *m* 1. (*juego*) pelota, jai alai 2. (*de edificio*) pediment

frotar [fro'tar] *vt* to rub

frustración [frustra'θjon] *f* frustration

frustrar [frus'trar] *vt* (*plan, proyecto*) to thwart ● **frustrarse** *vp* 1. (*persona*) to get frustrated 2. (*plan, proyecto*) to fail

fruta ['fruta] *f* fruit ● **fruta del tiempo** fruit in season

frutal [fru'tal] *m* fruit tree

frutería [frute'ria] *f* fruit shop

frutero, ra [fru'tero, ra] ◇ *m,f* (*persona*) fruiterer ◇ *m* (*plato*) fruit bowl

frutilla [fru'tiʎa] *f* (*Andes & RP*) strawberry

fruto ['fruto] *m* 1. fruit 2. (*nuez, avellana,*

etc) nut ◆ **frutos** *mpl* produce *sg* ◆ **frutos del bosque** fruits of the forest ◆ **frutos secos** dried fruit and nuts

fuego ['fueɣo] *m* fire ◆ **a fuego lento** over a low heat ◆ *¿tienes fuego?* do you have a light? ◆ **fuegos artificiales** fireworks

fuelle ['fueʎe] *m* **1.** *(de aire)* bellows *pl* **2.** *(entre vagones)* concertina vestibule

fuente ['fuente] *f* **1.** *(manantial)* spring **2.** *(en la calle)* fountain **3.** *(recipiente)* (serving) dish **4.** *(origen)* source

fuera ['fuera] ◇ *v* > ir, ser ◇ *adv* **1.** *(en el exterior)* outside **2.** *(en otro lugar)* away ◇ *interj* get out! ◆ **sal fuera** go out ◆ **por fuera** (on the) outside ◆ **fuera borda** outboard motor ◆ **fuera de** *(a excepción de)* except for ◆ **fuera de combate** *(en boxeo)* knocked out ▼ **fuera de servicio** out of order

fuerte ['fuerte] ◇ *adj* **1.** strong **2.** *(frío, dolor)* intense **3.** *(lluvia)* heavy **4.** *(golpe, colisión)* hard **5.** *(alimento)* rich **6.** *(voz, sonido)* loud ◇ *m* **1.** *(fortaleza)* fort **2.** *(afición)* strong point ◇ *adv* **1.** *(con fuerza, intensidad)* hard **2.** *(gritar)* loudly

fuerza ['fuerθa] *f* **1.** force **2.** *(de persona, animal, resistencia)* strength ◆ **a fuerza de** by dint of ◆ **a la fuerza** by force ◆ **por fuerza** *(por obligación)* by force; *(por necesidad)* of necessity ◆ **las fuerzas armadas** the armed forces

fuga ['fuɣa] *f* **1.** *(de persona)* escape **2.** *(de gas)* leak

fugarse [fu'ɣarse] *vp* to escape ◆ **fugarse de casa** to run away (from home)

fugaz [fu'ɣaθ] *(pl* **-ces)** *adj* fleeting

fugitivo, va [fuxi'tiβo, βa] *m,f* fugitive

fulana [fu'lana] *f* tart *(UK)*, hussy *(US)* > **fulano**

fulano, na [fu'lano, na] *m,f* what's his/her name

fulminante [fulmi'nante] *adj (muy rápido)* sudden

fumador, ra [fuma'ðor, ra] *m,f* smoker ◆ *¿fumador o no fumador?* smoking or nonsmoking? ▼ **fumadores** smokers ▼ **no fumadores** nonsmokers

fumar [fu'mar] *vt* & *vi* to smoke ◆ **fumar en pipa** to smoke a pipe ▼ **no fumar** no smoking

función [fun'θjon] *f* **1.** *(utilidad)* function **2.** *(de teatro)* show

funcionar [funθjo'nar] *vi* to work ◆ **funciona con diesel** it runs on diesel ▼ **no funciona** out of order

funcionario, ria [funθjo'narjo, rja] *m,f* civil servant

funda ['funda] *f* **1.** *(cubierta)* cover **2.** *(de almohada)* pillowcase

fundación [funda'θjon] *f* foundation

fundador, ra [funda'ðor, ra] *m,f* founder

fundamental [fundamen'tal] *adj* fundamental

fundamento [funda'mento] *m (base)* basis ◆ **fundamentos** *mpl (conocimientos)* basics

fundar [fun'dar] *vt* **1.** *(crear)* to found **2.** *(apoyar)* to base ◆ **fundarse en** *v* + *prep* to be based on

fundición [fundi'θjon] *f* **1.** *(de metal)* smelting **2.** *(fábrica)* foundry

fundir [fun'dir] *vt* **1.** *(derretir)* to melt **2.** *(aparato)* to fuse **3.** *(bombilla, dinero)* to blow **4.** (unir) to merge ◆ **fundirse** *vp* (derretirse) to melt

funeral [fune'ral] *m* funeral

fungir [fun'xir] *vi* (Amér) to act

funicular [funiku'lar] *m* **1.** (por tierra) funicular railway **2.** (por aire) cable car (US)

furgón [fur'ɣon] *m* **1.** (coche grande) van **2.** (vagón de tren) wagon (UK), boxcar (US)

furgoneta [furɣo'neta] *f* van

furia ['furja] *f* fury

furioso, sa [fu'rjoso, sa] *adj* **1.** (lleno de ira) furious **2.** (intenso) intense

furor [fu'ror] *m* (furia) rage ◆ **hacer furor** (fam) to be all the rage

fusible [fu'siβle] *m* fuse

fusil [fu'sil] *m* rifle

fusilar [fusi'lar] *vt* to shoot

fusión [fu'sjon] *m* **1.** (de metal, cuerpo sólido) melting **2.** (de empresas) merger

fustán [fus'tan] *m* **1.** (Perú & Ven) (enaguas) underskirt, slip (US) **2.** (falda) skirt

fútbol ['fuðβol] *m* football (UK), soccer (US) ◆ **fútbol sala** indoor five-a-side (UK), indoor soccer (US)

futbolín [fuðβo'lin] *m* table football (UK), foosball (US)

futbolista [fuðβo'lista] *mf* footballer (UK), soccer player (US)

futuro, ra [fu'turo, ra] *adj & m* future

g (abr de gramo) g (gram)

g/ abrev = **giro**

gabán [ga'βan] *m* overcoat

gabardina [gaβar'ðina] *f* raincoat

gabinete [gaβi'nete] *m* **1.** (sala) study **2.** (gobierno) cabinet

gafas ['gafas] *fpl* glasses ◆ **gafas de sol** sunglasses

gaita ['gaita] *f* bagpipes *pl* ◆ **ser una gaita** (fam) to be a pain in the neck

gala ['gala] *f* (actuación) show ◆ **de gala** black tie (antes de s) ◆ **galas** *fpl* (vestidos) best clothes

galán [ga'lan] *m* **1.** (hombre atractivo) handsome man **2.** (actor) leading man **3.** (mueble) clothes stand

galaxia [ga'laksja] *f* galaxy

galería [gale'ria] *f* **1.** gallery **2.** (corredor descubierto) verandah ◆ **galería de arte** art gallery ◆ **galerías** *fpl* (tiendas) shopping arcade *sg*

Gales ['gales] *s* ◆ **(el País de) Gales** Wales

galés, esa [ga'les, esa] ◇ *adj & m* Welsh ◇ *m,f* Welshman (f Welshwoman) ◆ **los galeses** the Welsh

Galicia [ga'liθja] *s* Galicia

gallego, ga [ga'ʎeɣo, ɣa] *adj & m,f* Galician

galleta [ga'ʎeta] *f* biscuit (UK), cookie (US)

gallina [ga'ʎina] ◇ *f* (animal) hen ◇ *mf* (cobarde) chicken

gallinero [gaʎiˈneɾo] *m* **1.** (*corral*) hen-house **2.** (*de teatro*) gods *pl* (*UK*), gallery (*US*)

gallo [ˈgaʎo] *m* **1.** (*ave*) cock (*UK*), rooster (*US*) **2.** (*pescado*) John Dory **3.** (*fam*) (*nota falsa*) false note

galopar [galoˈpaɾ] *vi* to gallop

galope [gaˈlope] *m* gallop

gama [ˈgama] *f* range

gamba [ˈgamba] *f* prawn (*UK*), shrimp (*US*) ● **gambas al ajillo** *prawns cooked in an earthenware dish in a sauce of oil, garlic and chilli* ● **gambas a la plancha** grilled prawns

gamberro, rra [gamˈbeɾo, ra] *m,f* hooligan

gamuza [gaˈmuθa] *f* **1.** (*piel, para limpiar el coche, etc*) chamois **2.** (*para quitar el polvo*) duster

gana [ˈgana] *f* (*apetito*) appetite ● **de buena gana** willingly ● **de mala gana** unwillingly ● **no me da la gana de hacerlo** I don't feel like doing it ◆ **ganas** *fpl* ● **tener ganas de** to feel like

ganadería [ganaðeˈɾia] *f* **1.** (*ganado*) livestock **2.** (*actividad*) livestock farming **3.** (*en toros*) breed

ganadero, ra [ganaˈðeɾo, ra] *m,f* **1.** (*dueño*) livestock farmer **2.** (*cuidador*) cattle hand

ganado [gaˈnaðo] *m* **1.** (*animales de granja*) livestock **2.** (*vacuno*) cattle ● **ganado bovino** cattle ● **ganado ovino** sheep ● **ganado porcino** pigs

ganador, ra [ganaˈðoɾ, ra] *m,f* winner

ganancias [gaˈnanθjas] *fpl* profit *sg*

ganar [gaˈnaɾ] ◇ *vt* **1.** (*to win*) **2.** (*obtener*) to earn **3.** (*beneficio*) to make **4.** (*au-mentar*) to gain **5.** (*derrotar*) to beat ◇ *vi* **1.** (*ser vencedor*) to win **2.** (*mejorar*) to benefit ◆ **ganarse** *vp* (*conseguir*) to earn ● **ganarse la vida** to earn a living

ganchillo [ganˈtʃiʎo] *m* **1.** (*aguja*) cro-chet hook **2.** (*labor*) crochet

gancho [ˈgantʃo] *m* **1.** (*para colgar*) hook **2.** (*atractivo*) sex appeal **3.** (*Amér*) (*percha*) coat hanger

gandul, la [ganˈdul, la] *adj* lazy

ganga [ˈganga] *f* bargain

ganso [ˈganso] *m* goose

garabato [garaˈβato] *m* scribble

garaje [gaˈraxe] *m* garage

garantía [garanˈtia] *f* guarantee

garbanzo [garˈβanθo] *m* chickpea

garfio [ˈgarfjo] *m* hook

garganta [garˈɣanta] *f* **1.** (*de persona*) throat **2.** (*entre montañas*) gorge

gargantilla [garɣanˈtiʎa] *f* (*short*) neck-lace, choker

gárgaras [ˈgarɣaras] *fpl* ● **hacer gárga-ras** to gargle

garra [ˈgara] *f* (*de animal*) claw

garrafa [gaˈrafa] *f* large bottle usually in a wicker holder

garrapata [garaˈpata] *f* tick

garúa [gaˈrua] *f* (*Amér*) drizzle

gas [ˈgas] *m* gas ● **gases** *mpl* (*del estómago*) wind *sg*

gasa [ˈgasa] *f* gauze

gaseosa [gaseˈosa] *f* lemonade (*UK*), lemon-lime soda (*US*)

gaseoso, sa [gaseˈoso, sa] *adj* fizzy

gasfitería [gasfiteˈria] *f* (*Andes*) plumb-ing

gasfitero [gasfiˈteɾo] *m* (*Andes*) plumb-er

gasóleo [ga'soleo] *m* diesel oil

gasolina [gaso'lina] *f* petrol (*UK*), gas (*US*) ● **gasolina normal** ≃ two-star petrol (*UK*), ≃ leaded gas (*US*) ● **gasolina sin plomo** unleaded petrol (*UK*), ≃ regular gas (*US*) ● **gasolina súper** ≃ four-star petrol (*UK*), ≃ premium unleaded gas (*US*)

gasolinera [gasoli'nera] *f* petrol station (*UK*), gas station (*US*)

gastar [gas'tar] *vt* **1.** *(dinero)* to spend **2.** *(usar)* to use **3.** *(talla, número)* to take **4.** *(acabar)* to use up ● **gastarse** *vp* **1.** *(acabarse)* to run out **2.** *(desgastarse)* to wear out

gasto ['gasto] *m* **1.** *(acción de gastar)* expenditure **2.** *(cosa que pagar)* expense ● **gastos** *mpl* expenditure *sg*

gastritis [gas'tritis] *f inv* gastritis

gastronomía [gastrono'mia] *f* gastronomy

gastronómico, ca [gastro'nomiko, ka] *adj* gastronomic

gatear [gate'ar] *vi* to crawl

gatillo [ga'tiʎo] *m* trigger

gato, ta ['gato, ta] ◇ *m,f* cat ◇ *m* *(aparato)* jack ● **a gatas** on all fours

gaucho ['gautʃo] *m* gaucho

gaucho

The poncho-clad *gaucho* is a stereotypical figure of South America, a free-spirited but rather melancholy cowboy who roamed the *pampas* on horseback, herding cattle from one area of pasture to another. They were famed for their bravery during the 19th century wars of independence, but have since disappeared.

gavilán [gaβi'lan] *m* sparrowhawk

gaviota [ga'βjota] *f* seagull

gazpacho [gaθ'patʃo] *m* ● gazpacho *(andaluz)* gazpacho

Gb *(abr escrita de gigabyte)* *m* Gb, GB *(gigabyte)*

GB *(abr de Gran Bretaña)* GB *(Great Britain)*

gel ['xel] *m* gel

gelatina [xela'tina] *f* **1.** *(para cocinar)* gelatine **2.** *(postre)* jelly (*UK*), Jell-o ® (*US*)

gemelo, la [xe'melo, la] ◇ *adj & m,f* twin ◇ *m* *(músculo)* calf ● **gemelos** *mpl* **1.** *(botones)* cufflinks **2.** *(anteojos)* binoculars

gemido [xe'miðo] *m* moan

Géminis ['xeminis] *m inv* Gemini

gemir [xe'mir] *vi* to moan

generación [xenera'θjon] *f* generation

generador [xenera'ðor] *m* generator

general [xene'ral] *adj & m* general ● **en general** in general ● **por lo general** generally

generalizar [xenerali'θar] ◇ *vt* to make widespread ◇ *vi* to generalize

generalmente [xene,ral'mente] *adv* generally

generar [xene'rar] *vt* to generate

género ['xenero] *m* **1.** *(clase, especie)* type **2.** *GRAM* gender **3.** *(en literatura)* genre **4.** *(mercancía)* goods *pl* ● **géneros de punto** knitwear

generosidad [xenerosi'ðað] *f* generosity

generoso, sa [xene'roso, sa] *adj* generoso

genial [xe'njal] *adj* brilliant

genio ['xenjo] *m* **1.** (*carácter*) character **2.** (*mal carácter*) bad temper **3.** (*persona inteligente*) genius **4.** (*ser fantástico*) genie
● **tener mal genio** to be bad-tempered

genitales [xeni'tales] *mpl* genitals

gente ['xente] *f* **1.** people *pl* **2.** (*fam*) (*familia*) folks *pl*

gentil [xen'til] *adj* **1.** (*cortés*) kind **2.** (*elegante*) elegant

gentileza [xenti'leθa] *f* **1.** (*cortesía*) kindness **2.** (*elegancia*) elegance

genuino, na [xe'nwino, na] *adj* genuine

geografía [xeoɣra'fia] *f* geography ● **por toda la geografía nacional** throughout the country

geográficamente [xeo,ɣrafika'mente] *adv* geographically

geometría [xeome'tria] *f* geometry

geométrico, ca [xeo'metriko, ka] *adj* geometric

geranio [xe'ranjo] *m* geranium

gerente [xe'rente] *mf* manager (*f* manageress)

germen ['xermen] *m* germ

gestión [xes'tjon] *f* **1.** (*diligencia*) step **2.** (*administración*) management

gestionar [xestjo'nar] *vt* **1.** (*tramitar*) to work towards **2.** (*administrar*) to manage

gesto ['xesto] *m* **1.** (*con las manos*) gesture **2.** (*mueca*) grimace, face

gestor, ra [xes'tor, ra] *m,f* **1.** (*de gestoría*) *agent who deals with public bodies on behalf of private individuals* **2.** (*de empresa*) manager

gestoría [xesto'ria] *f* (*establecimiento*) office of a gestor

GHz *m* (*abr escrita de* **gigahercio**) GHz (*gigahertz*)

Gibraltar [xiβral'tar] *s* Gibraltar

gibraltareño, na [xiβralta'reno, na] *adj & m,f* Gibraltarian

gigahercio *m* gigahertz

gigante, ta [xi'ɣante] *adj & m,f* giant

gigantesco, ca [xiɣan'tesko, ka] *adj* gigantic

gimnasia [xim'nasja] *f* **1.** (*deporte*) gymnastics *sg* **2.** (*ejercicio*) exercises *pl*

gimnasio [xim'nasjo] *m* gymnasium

gimnasta [xim'nasta] *mf* gymnast

ginebra [xi'neβra] *f* gin

ginecólogo, ga [xine'koloɣo, ɣa] *m,f* gynaecologist

gin tonic [jin'tonik] *m* gin and tonic

gira ['xira] *f* tour

girar [xi'rar] ◇ *vt* **1.** (*hacer dar vueltas*) to turn **2.** (*rápidamente*) to spin **3.** (*letra, cheque*) to draw **4.** (*paquete*) to send **5.** (*dinero*) to transfer ◇ *vi* **1.** (*dar vueltas*) to turn **2.** (*rápidamente*) to spin ● **girarse** *vp* to turn round

girasol [xira'sol] *m* sunflower

giro ['xiro] *m* **1.** turn **2.** (*de letra, cheque*) draft **3.** (*expresión, dicho*) saying ● **giro postal** postal order

gis [xis] *m* (*Méx*) chalk

gitano, na [xi'tano, na] *adj & m,f* gypsy

glaciar [gla'θjar] *m* glacier

gladiolo [gla'ðjolo] *m* gladiolus

glándula ['glandula] *f* gland

global [glo'βal] *adj* **1.** (*aumento*) overall **2.** (*mundial*) global

globalización *f* globalization

globo ['gloβo] *m* 1. *(para jugar, volar)* balloon 2. *(cuerpo esférico)* sphere 3. *(la Tierra, de lámpara)* globe ● **globo aerostático** hot-air balloon ● **globo terráqueo** globe

glóbulo ['gloβulo] *m* corpuscle

gloria ['glorja] *f* 1. glory 2. *(fam)* *(placer)* bliss 3. *(persona)* star

glorieta [glo'rjeta] *f* 1. *(plaza)* square 2. *(redonda)* ≃ roundabout *(UK)*, ≃ traffic circle *(US)* 3. *(de jardín)* bower

glorioso, sa [glo'rjoso, sa] *adj* glorious

glucosa [glu'kosa] *f* glucose

gluten ['gluten] *m* gluten

gobernador, ra [goβerna'ðor, ra] *m,f* governor

gobernante [goβer'nante] *mf* leader

gobernar [goβer'nar] *vt* 1. *(nación, país)* to govern 2. *(nave, vehículo)* to steer

gobierno [go'βjerno] *m* 1. *(de país)* government 2. *(edificio)* governor's office 3. *(de nave, vehículo)* steering

goce ['goθe] *m* pleasure

gol ['gol] *m* goal

goleador, ra [golea'ðor, ra] *m,f* scorer

golf ['golf] *m* golf

golfo, fa ['golfo, fa] *m,f* 1. *(gamberro)* lout 2. *(pillo)* rascal ◇ *m* *(en geografía)* gulf

golondrina [golon'drina] *f* swallow

golosina [golo'sina] *f* *(dulce)* sweet *(UK)*, candy *(US)*

goloso, sa [go'loso, sa] *adj* sweet-toothed

golpe ['golpe] *m* 1. *(puñetazo, desgracia)* blow 2. *(bofetada)* smack, slap 3. *(en puerta)* knock 4. *(choque)* bump 5. DEP shot 6. *(gracia)* witticism 7. *(atraco,*

asalto) raid ● **de golpe** suddenly ● **golpe de Estado** coup

golpear [golpe'ar] ◇ *vt* to hit ◇ *vi* to bang

golpiza [gol'piθa] *f (Amér)* beating

goma ['goma] *f* 1. *(pegamento)* gum 2. *(material)* rubber 3. *(banda elástica)* elastic 4. *(gomita)* elastic band *(UK)*, rubber band *(US)* ● **goma de borrar** rubber *(UK)*, eraser *(US)*

gomina [go'mina] *f* hair gel

gordo, da ['gorðo, ða] ◇ *adj* 1. *(obeso)* fat 2. *(grueso)* thick 3. *(grave)* big 4. *(importante)* important ◇ *m,f* fat person ◇ *m* ● **el gordo** *(de la lotería)* first prize

gordura [gor'ðura] *f* fatness

gorila [go'rila] *m* 1. *(animal)* gorilla 2. *(fam)* *(guardaespaldas)* bodyguard 3. *(fam)* *(en discoteca)* bouncer

gorjeo [gor'xeo] *m* chirping

gorra ['gora] *f* cap ● **de gorra** for free

gorrión [go'rjon] *m* sparrow

gorro ['goro] *m* cap

gota ['gota] *f* 1. *(líquido)* drop 2. *(enfermedad)* gout ● **no veo ni gota** I can't see anything ◆ **gotas** *fpl (para nariz, ojos)* drops

gotera [go'tera] *f* 1. leak 2. *(mancha)* stain *(left by leaking water)*

gótico, ca ['gotiko, ka] ◇ *adj* Gothic ◇ *m (en arte)* Gothic *(art)*

gozar [go'θar] *vi* to enjoy o.s. ◆ **gozar de** *v + prep (disponer de)* to enjoy

gozo ['goθo] *m* joy

gr *(abr de grado)* deg. *(degree)*

grabación [graβa'θjon] *f* recording

grabado [gra'βaðo] *m* 1. *(arte)* engraving 2. *(lámina)* print

grabar [gra'βar] *vt* **1.** to engrave **2.** *(canción, voz, imágenes, etc)* to record

gracia ['graθja] *f* **1.** *(humor)* humour **2.** *(atractivo)* grace **3.** *(don)* talent **4.** *(chiste)* joke ● **no me hace gracia** *(no me gusta)* I'm not keen on it ● **tener gracia** to be funny ◆ **gracias** ◇ *fpl* thanks ◇ *interj* thank you ● **dar las gracias a** to thank ● **gracias a** thanks to ● **gracias por** thank you for ● **muchas gracias** thank you very much

gracioso, sa [gra'θjoso, sa] *adj* **1.** *(que da risa)* funny **2.** *(con encanto)* graceful

grada ['graða] *f* **1.** *(de plaza de toros)* row **2.** *(peldaño)* step ● **las gradas** the terraces (UK), the stands (US)

gradería [graðe'ria] *f* **1.** *(de plaza de toros)* rows *pl* **2.** *(de estadio)* terraces *pl*, stands *pl* (US) **3.** *(público)* crowd

grado ['graðo] *m* **1.** *(medida)* degree **2.** *(fase)* stage **3.** *(de enseñanza)* level **4.** *(del ejército)* rank ● **de buen grado** willingly

graduación [graðwa'θjon] *f* **1.** *(de bebida)* ≃ proof **2.** *(de militar)* rank **3.** *(acto)* grading

graduado, da [gra'ðwaðo, ða] ◇ *adj* **1.** *(persona)* graduate **2.** *(regla, termómetro)* graduated ◇ *m,f (persona)* graduate ◇ *m (título)* degree ● **graduado escolar** *qualification received on completing primary school*

gradual [graðu'al] *adj* gradual

gradualmente [graðual'mente] *adv* gradually

graduar [graðu'ar] *vt (calefacción, calentador)* to regulate ◆ **graduarse** *vp (militar)* to receive one's commission

● **graduarse (en)** *(estudiante)* to graduate (in)

graffiti [gra'fiti] *m* graffiti

grafía [gra'fia] *f* written symbol

gráfica ['grafika] *f (curva)* graph ➤ gráfico

gráfico, ca ['grafiko, ka] ◇ *adj* graphic ◇ *m o f (dibujo)* graph

gragea [gra'xea] *f* pill

gramática [gra'matika] *f* grammar

gramatical [gramati'kal] *adj* grammatical

Gran Bretaña ['grambre'taɲa] *s* Great Britain

gramo ['gramo] *m* gram

gran ['gran] *adj* ➤ grande

granada [gra'naða] *f* **1.** *(fruto)* pomegranate **2.** *(proyectil)* grenade

granadilla [grana'ðiʎa] *f (Amér)* passion fruit

granate [gra'nate] ◇ *adj inv* deep red ◇ *m* garnet

grande ['grande] ◇ *adj* **1.** *(de tamaño)* big **2.** *(de altura)* tall **3.** *(importante)* great ◇ *m (noble)* grandee ● **le va grande** *(vestido, zapato)* it's too big for him ● **grandes almacenes** department store *sg*

grandeza [gran'deθa] *f* **1.** *(importancia)* grandeur **2.** *(tamaño)* (great) size

grandioso, sa [gran'djoso, sa] *adj* grand

granel [gra'nel] ◆ **a granel** *adv* **1.** *(arroz, judías, etc)* loose **2.** *(líquidos)* by volume **3.** *(en abundancia)* in abundance

granero [gra'nero] *m* granary

granito [gra'nito] *m* granite

granizada [grani'θaða] *f* hailstorm

granizado [grani'θaðo] *m* ≃ Slush-Puppie®, *drink consisting of crushed* *ice with lemon juice, coffee etc*

granizar [grani'θar] *vi* ● **está granizando** it's hailing

granja ['granxa] *f* **1.** *(en el campo)* farm **2.** *(bar)* milk bar *(UK)*, ≃ snack bar *(US)*

granjero, ra [gran'xero, ra] *m,f* farmer

grano ['grano] *m* **1.** *(de cereal)* grain **2.** *(de la piel)* spot **3.** *(de fruto, planta)* seed **4.** *(de café)* bean ● **ir al grano** *(fam)* to get straight to the point

granuja [gra'nuxa] *mf* *(chiquillo)* rascal

grapa ['grapa] *f* staple

grapadora [grapa'ðora] *f* stapler

grapar [gra'par] *vt* to staple

grasa ['grasa] *f* **1.** *(de comida)* grease **2.** *(de persona, animal)* fat

grasiento, ta [gra'sjento, ta] *adj* greasy

graso, sa ['graso, sa] *adj* greasy

gratificar [gratifi'kar] *vt* *(recompensar)* to reward ▼ **se gratificará** reward

gratinado [grati'naðo] *m* gratin

gratinar [grati'nar] *vt* to cook au gratin

gratis ['gratis] *adv* free

gratitud [grati'tuð] *f* gratitude

grato, ta ['grato, ta] *adj* pleasant

gratuito, ta [gratu'ito, ta] *adj* **1.** *(gratis)* free **2.** *(sin fundamento)* unfounded

grave ['graβe] *adj* **1.** serious **2.** *(voz)* deep **3.** *(tono)* low **4.** *(palabra)* with the stress on the penultimate syllable

gravedad [graβe'ðað] *f* **1.** *(importancia)* seriousness **2.** *(de la Tierra)* gravity

gravilla [gra'βiʎa] *f* gravel

Grecia ['greθja] *s* Greece

gremio ['gremjo] *m* *(profesión)* profession, trade

greña ['greɲa] *f* mop of hair

griego, ga ['grjeɣo, ɣa] *adj & m,f* Greek

grieta ['grjeta] *f* crack

grifero, ra [gri'fero, ra] *m,f* *(Perú)* petrol-pump attendant *(UK)*, gas station attendant *(US)*

grifo ['grifo] *m* **1.** *(Esp)* *(de agua)* tap *(UK)*, faucet *(US)* **2.** *(Perú)* *(gasolinera)* petrol station *(UK)*, gas station *(US)*

grill ['gril] *m* grill

grillo ['griʎo] *m* cricket

gripa ['gripa] *f* *(Col & Méx)* flu

gripe ['gripe] *f* flu

gris ['gris] *adj & m* grey

gritar [gri'tar] *vi* **1.** *(hablar alto)* to shout **2.** *(chillar)* to scream

grito ['grito] *m* **1.** *(de dolor, alegría)* cry **2.** *(palabra)* shout ● **a gritos** at the top of one's voice

grosella [gro'seʎa] *f* redcurrant ● **grosella negra** blackcurrant

grosería [grose'ria] *f* **1.** *(dicho)* rude word **2.** *(acto)* rude thing

grosero, ra [gro'sero, ra] *adj* **1.** *(poco refinado)* coarse **2.** *(maleducado)* rude

grosor [gro'sor] *m* thickness

grotesco, ca [gro'tesko, ka] *adj* grotesque

grúa ['grua] *f* **1.** *(máquina)* crane **2.** *(para averías)* breakdown truck **3.** *(para aparcamientos indebidos)* towaway truck

grueso, sa ['grueso, sa] ◇ *adj* **1.** *(persona)* fat **2.** *(objeto)* thick ◇ *m* **1.** *(espesor, volumen)* thickness **2.** *(parte principal)* bulk

grumo ['grumo] *m* lump

gruñido [gru'ɲiðo] *m* grunt

gruñir [gru'ɲir] *vi* to grunt

grupa ['grupa] *f* hindquarters *pl*

grupo ['grupo] *m* group ● **en grupo** in

a group ● **grupo de riesgo** high risk group ● **grupo sanguíneo** blood group

gruta ['gruta] *f* grotto

guacamole [gwaka'mole] *m* (*Amér*) guacamole

guachimán [gwatʒi'man] *m* (*Amér*) security guard

guagua ['gwaɣwa] *f* 1. (*Carib*) (*fam*) (*autobús*) bus 2. (*Andes*) (*bebé*) baby

guante ['gwante] *m* glove

guantera [gwan'tera] *f* glove compartment

guapo, pa ['gwapo, pa] *adj* 1. (*mujer*) pretty 2. (*hombre*) handsome 3. (*fam*) (*objeto, ropa, etc*) nice

guardabarros [gwarða'βaros] *m inv* mudguard (*UK*), fender (*US*)

guardacoches [gwarða'kotʒes] *m inv* car park attendant

guardaespaldas [gwarðaes'paldas] *m inv* bodyguard

guardameta [gwarða'meta] *m* goalkeeper

guardapolvo [gwarða'polβo] *m* 1. (*prenda*) overalls *pl* 2. (*funda*) dust cover

guardar [gwar'ðar] *vt* 1. to keep 2. (*poner*) to put (away) 3. (*cuidar*) to look after 4. (*suj: guardia*) to guard 5. (*ley*) to observe ◆ **guardarse** *vp* ● **guardarse de** (*abstenerse de*) to be careful not to

guardarropa [gwarða'ropa] *m* 1. (*de local*) cloakroom 2. (*armario*) wardrobe

guardería [gwarðe'ria] *f* 1. (*escuela*) nursery (school) 2. (*en el trabajo*) crèche (*UK*), day care center (*US*)

guardia ['gwarðia] ◇ *mf* (*policía*) police officer ◇ *f* 1. (*vigilancia*) guard 2. (*turno*) duty ● **guardia civil** *member of the*

Guardia Civil ● **guardia municipal** o **urbano** *local police officer who deals mainly with traffic offences* ● **guardia de seguridad** security guard ● **farmacia de guardia** duty chemist's ◆ **Guardia Civil** *f Spanish police who patrol rural areas, highways and borders*

guardián, ana [gwar'ðian, ana] *m,f* guardian

guarida [gwa'riða] *f* lair

guarnición [gwarni'θion] *f* 1. (*de comida*) garnish 2. (*del ejército*) garrison

guarro, rra ['gwaro, ra] *adj* (*despec*) filthy

guasa ['gwasa] *f* 1. (*fam*) (*ironía*) irony 2. (*gracia*) humour

Guatemala [gwate'mala] *s* Guatemala

guatemalteco, ca [gwatemal'teko, ka] *adj & m,f* Guatemalan

guateque [gwa'teke] *m* party

guayaba [gwa'jaβa] *f* guava

guayabo [gwa'jaβo] *m* guava tree

güero, ra ['gwero, ra] *adj* (*Méx*) (*fam*) blond (*f* blonde)

guerra ['gera] *f* war ● **guerra civil** civil war ● **guerra mundial** world war

guerrera [ge'rera] *f* (*chaqueta*) military-style jacket ⇒ **guerrero**

guerrero, ra [ge'rero, ra] *m,f* warrior

guerrilla [ge'riʎa] *f* guerilla group

guerrillero, ra [geri'ʎero, ra] *m,f* guerrilla

guía ['gia] ◇ *mf* (*persona*) guide ◇ *f* (*libro, folleto, indicación*) guide ● **guía de carreteras** road atlas ● **guía de ferrocarriles** train timetable ● **guía telefónica** telephone directory ● **guía turística** tourist guide

guiar [gi'ar] vt **1.** (mostrar dirección) to guide **2.** (vehículo) to steer ◆ **guiarse por** v + prep to be guided by

guijarro [gi'xaro] m pebble

guillotina [giʎo'tina] f guillotine

guinda ['ginda] f morello cherry

guindilla [gin'diʎa] f chilli pepper

guiñar [gi'ɲar] vt ◆ **guiñar un ojo to wink**

guiñol [gi'ɲol] m puppet theatre

guión [gi'on] m **1.** (argumento) script **2.** (esquema) outline **3.** (signo) hyphen

guionista [gio'nista] mf scriptwriter

guiri ['giri] mf (fam) foreigner

guirnalda [gir'nalda] f garland

guisado [gi'saðo] m stew

guisante [gi'sante] m pea ◆ **guisantes salteados o con jamón** peas fried with jamón serrano

guisar [gi'sar] vt & vi to cook

guiso ['giso] m dish (food)

guitarra [gi'tara] f guitar

guitarrista [gita'rista] mf guitarist

gusa f (fam) ◆ **tener gusa** to be peckish ◆ **a estas horas me entra una gusa que no veas** I get really peckish around this time

gusano [gu'sano] m worm

gustar [gus'tar] vi ◆ **me gusta** I like it ◆ **me gustas** I like you ◆ **me gustan los pasteles** I like cakes ◆ **no me gusta ese libro** I don't like that book ◆ **me gusta ir al cine** I like going to the cinema

gusto ['gusto] m **1.** taste **2.** (placer) pleasure ◆ **a tu gusto** as you wish ◆ **vivir a gusto** (bien) to live comfortably ◆ **un filete al gusto** a steak done the

way you like it ◆ **con mucho gusto** with pleasure ◆ **mucho gusto** pleased to meet you

hH

h. (abr de hora) hr (hour)

haba ['aβa] f broad bean (UK), fava bean (US) ◆ **habas a la catalana** stew of broad beans, bacon, butifarra and wine

habano [a'βano] m Havana cigar

haber [a'βer]
◇ m (bienes) assets pl ◆ **tiene tres pisos en su haber** he owns three flats
◇ v aux **1.** (en tiempos compuestos) to have ◆ **los niños han comido** the children have eaten ◆ **habían desayunado antes** they'd had breakfast earlier **2.** (expresa reproche) ◆ **¡haberlo dicho!** why didn't you say so?
◇ vi **1.** (existir, estar, tener lugar) ◆ **hay** there is, there are ◆ pl ◆ **¿qué hay hoy para comer?** what's for dinner today? ◆ **¿no hay nadie en casa?** isn't anyone at home? ◆ **el jueves no habrá reparto** there will be no delivery on Thursday **2.** (expresa obligación) ◆ **haber que hacer algo** to have to do sthg ◆ **habrá que soportarlo** we'll have to put up with it **3.** (en locuciones) ◆ **habérselas con alguien** to confront sb ◆ **¡hay que ver!** honestly! ◆ **no hay de qué** don't mention it

● **haber de** *v + prep* to have to

habichuela [aβi'tʒuela] *f* bean

hábil ['aβil] *adj* **1.** *(diestro)* skilful **2.** *(astuto)* clever ● **día hábil** working day

habilidad [aβili'ðað] *f* **1.** *(destreza)* skill **2.** *(astucia)* cleverness

habiloso, sa [aβi'loso, sa] *adj (Amér)* shrewd

habitación [aβita'θjon] *f* **1.** *(cuarto)* room **2.** *(dormitorio)* bedroom ● **habitación doble** *(con cama de matrimonio)* double room; *(con dos camas)* twin room ● **habitación individual** single room

habitante [aβi'tante] *mf* inhabitant

habitar [aβi'tar] ◇ *vi* to live ◇ *vt* to live in

hábito ['aβito] *m* habit

habitual [aβitu'al] *adj* **1.** *(acostumbrado)* habitual **2.** *(cliente, lector)* regular

habitualmente [aβitu,al'mente] *adv* **1.** *(generalmente)* usually **2.** *(siempre)* regularly

hablador, ra [aβla'ðor, ra] *adj* talkative

habladurías [aβlaðu'rias] *fpl* gossip *sg*

hablar [a'βlar] ◇ *vi* **1.** to talk **2.** *(pronunciar discurso)* to speak ◇ *vt* **1.** *(saber)* to speak **2.** *(tratar)* to discuss ● **hablar de** to talk about ● **hablar por hablar** to talk for the sake of it ● **¡ni hablar!** no way! ● **hablarse** *vp (relacionarse)* to speak (to each other) ▼ **se habla inglés** English spoken

hacer [a'θer]

◇ *vt* **1.** *(elaborar, crear, cocinar)* to make ● **hacer planes/un vestido** to make plans/a dress ● **hacer un poema** to write a poem ● **hacer la comida** to make

lunch/dinner etc **2.** *(construir)* to build **3.** *(generar)* to produce ● **la carretera hace una curva** there's a bend in the road ● **el fuego hace humo** fire produces smoke ● **llegar tarde hace mal efecto** arriving late makes a bad impression **4.** *(realizar)* to make ● **hizo un gesto de dolor** he grimaced with pain ● **le hice una señal con la mano** I signalled to her with my hand ● **estoy haciendo segundo** I'm in my second year ● **haremos una excursión** we'll go on a trip **5.** *(practicar)* to do ● **deberías hacer deporte** you should start doing some sport **6.** *(colada)* to do; *(cama)* to make **7.** *(dar aspecto)* ● **este traje te hace más delgado** this suit makes you look slimmer **8.** *(transformar)* to make ● **hizo pedazos el papel** she tore the paper to pieces ● **hacer feliz a alguien** to make sb happy **9.** *(en cine y teatro)* to play ● **hace el papel de reina** she plays (the part of) the queen **10.** *(mandar)* ● **haré que tiñan el traje** I'll have this dress dyed **11.** *(comportarse como)* ● **hacer el tonto** to act the fool **12.** *(ser causa de)* ● **no me hagas reír/llorar** don't make me laugh/cry **13.** *(en cálculo, cuentas)* to make ● **éste hace cien** this one makes (it) a hundred

◇ *vi* **1.** *(intervenir)* ● **déjame hacer a mí** let me do it **2.** *(en cine y teatro)* ● **hacer de malo** to play the villain **3.** *(trabajar, actuar)* ● **hacer de cajera** to be a checkout girl **4.** *(aparentar)* ● **hacer como si** to act as if

◇ *vi (tiempo meteorológico)* ● **hace**

frío/calor/sol it's cold/hot/sunny ● **hace buen/mal tiempo** the weather is good/bad **2.** *(tiempo transcurrido)* ● **hace un año que no lo veo** it's a year since I saw him ● **no nos hablamos desde hace un año** we haven't spoken for a year

◆ **hacerse** *vp (convertirse en)* to become; *(formarse)* to form; *(desarrollarse, crecer)* to grow; *(cocerse)* to cook; *(resultar)* to get, to become ● **hacerse el rico** to pretend to be rich

◆ **hacerse a** *v + prep (acostumbrarse)* to get used to

◆ **hacerse con** *v + prep (apropiarse)* to take

◆ **hacerse de** *v + prep (Amér) (adquirir, obtener)* to get

hacha [ˈatʃa] *f* axe

hachís [xaˈtʃis] *m* hashish

hacia [ˈaθja] *prep* **1.** *(de dirección)* towards **2.** *(en el tiempo)* about ● **hacia abajo** downwards ● **hacia arriba** upwards ● **gira hacia la izquierda** turn left

hacienda [aˈθjenda] *f* **1.** *(finca)* farm **2.** *(bienes)* property ◆ **Hacienda** *f the Spanish Treasury*

hacker [ˈxaker] *mf* hacker

hada [ˈaða] *f* fairy

Haití [aiˈti] *s* Haiti

hala [ˈala] *interj* **1.** *(para dar prisa)* hurry up! **2.** *(expresa incredulidad)* you're joking!

halago [aˈlaɣo] *m* flattery

halcón [alˈkon] *m* falcon

hall [ˈxol] *m* foyer

hallar [aˈʎar] *vt* **1.** *(encontrar)* to find **2.** *(inventar)* to discover ◆ **hallarse** *vp* to be

halógeno, na [aˈloxeno, na] *adj* halogen *(antes de s)*

halterofilia [alteroˈfilja] *f* weightlifting

hamaca [aˈmaka] *f* **1.** *(en árbol, etc)* hammock **2.** *(en la playa)* deck chair

hambre [ˈambre] *f* hunger ● **tener hambre** to be hungry

hambriento, ta [amˈbrjento, ta] *adj* starving

hamburguesa [amburˈɣesa] *f* hamburger

hamburguesería [amburɣeseˈria] *f* hamburger joint

hámster [ˈxamster] *m* hamster

hangar [anˈɡar] *m* hangar

hardware [xarˈwar] *m* hardware

harina [aˈrina] *f* flour

hartar [arˈtar] *vt* **1.** *(saciar)* to fill up **2.** *(cansar)* to annoy ◆ **hartarse de** *v + prep (cansarse de)* to get fed up with ● **hartarse de algo** *(hacer en exceso)* to do sthg non-stop

harto, ta [ˈarto, ta] *adj (saciado)* full ● **estar harto de** *(cansado)* to be fed up with

hasta [ˈasta] ◇ *prep* **1.** *(en el espacio)* as far as **2.** *(en el tiempo)* until ◇ *adv (incluso)* even ● **el agua llega hasta el borde** the water comes up to the edge ● **desde ... hasta ...** from ... to ... ● **hasta la vista** see you ● **hasta luego** see you later ● **hasta mañana** see you tomorrow ● **hasta pronto** see you soon ● **hasta que** until

haya [ˈaja] ◇ *v* ➤ **haber** ◇ *f* beech

haz [ˈaθ] *(pl* **-ces**) ◇ *v* ➤ **hacer** ◇ *m* **1.** *(de luz)* beam **2.** *(de hierba, leña)* bundle

hi

hazaña [a'θaɲa] *f* exploit

hebilla [e'βiʎa] *f* buckle

hebra ['eβra] *f* **1.** *(de hilo)* thread **2.** *(de legumbres)* string

hebreo, a [e'βreo, a] *adj* & *m,f* Hebrew

hechizar [etʃi'θar] *vt* to bewitch

hechizo [e'tʃiθo] *m* **1.** *(embrujo)* spell **2.** *(fascinación)* charm

hecho, cha ['etʃo, tʃa] ◇ *pp* ➤ **hacer** ◇ *adj (carne)* done ◇ *m* **1.** *(suceso)* event ◇ *(dato)* fact **3.** *(acto)* action ● **muy hecho** well-done ● **poco hecho** rare ● **hecho de** *(material)* made of

hectárea [ek'tarea] *f* hectare

helada [e'laða] *f* frost

heladería [elaðe'ria] *f* **1.** *(tienda)* ice-cream parlour **2.** *(quiosco)* ice-cream stall *(UK)*, ice-cream stand *(US)*

helado, da [e'laðo, ða] ◇ *adj* **1.** *(muy frío)* freezing **2.** *(congelado)* frozen **3.** *(pasmado)* astonished ◇ *m* ice-cream ▼ **helados variados** assorted ice-creams

helar [e'lar] ◇ *vt* to freeze ◇ *vi* ● **heló** there was a frost ◆ **helarse** *vp* to freeze

hélice [e'liθe] *f (de barco, avión)* propeller

helicóptero [eli'koptero] *m* helicopter

hematoma [ema'toma] *m* bruise

hembra ['embra] *f* **1.** *(animal)* female **2.** *(de enchufe)* socket

hemorragia [emo'raxja] *f* haemorrhage

heno ['eno] *m* hay

hepatitis [epa'titis] *f inv* hepatitis

herboristería [erβoriste'ria] *f* herbalist's *(shop)*

heredar [ere'ðar] *vt* to inherit

heredero, ra [ere'ðero, ra] *m,f* heir *(f* heiress)

hereje [e'rexe] *mf* heretic

herejía [ere'xia] *f* **1.** *(en religión)* heresy **2.** *(disparate)* silly thing

herencia [e'renθja] *f* inheritance

herida [e'riða] *f* **1.** *(lesión)* injury **2.** *(en lucha, atentado)* wound ➤ **herido**

herido, da [e'riðo, ða] ◇ *adj* **1.** *(lesionado)* injured **2.** *(en lucha, atentado)* wounded **3.** *(ofendido)* hurt ◇ *m,f* ● **hubo 20 heridos** 20 people were injured

herir [e'rir] *vt* **1.** *(causar lesión)* to injure **2.** *(en lucha, atentado)* to wound **3.** *(ofender)* to hurt

hermanastro, tra [erma'nastro, tra] *m,f* stepbrother *(f* stepsister)

hermano, na [er'mano, na] *m,f* brother *(f* sister)

hermético, ca [er'metiko, ka] *adj* airtight

hermoso, sa [er'moso, sa] *adj* **1.** *(bello)* beautiful **2.** *(hombre)* handsome **3.** *(fam) (grande)* large

hermosura [ermo'sura] *f* **1.** beauty **2.** *(de hombre)* handsomeness

héroe ['eroe] *m* hero

heroico, ca [e'roiko, ka] *adj* heroic

heroína [ero'ina] *f* **1.** *(persona)* heroine **2.** *(droga)* heroin

heroinómano, na [eroi'nomano, na] *m,f* heroin addict

heroísmo [ero'izmo] *m* heroism

herradura [era'ðura] *f* horseshoe

herramienta [era'mjenta] *f* tool

herrero [e'rero] *m* blacksmith

hervir [er'βir] *vt* & *vi* to boil

heterosexual [eteroseksu'al] *mf* heterosexual

hidalgo [i'ðalɣo] *m* nobleman

hidratante [iðra'tante] *adj* moisturizing

hidratar [iðra'tar] *vt* to moisturize

hiedra ['jeðra] *f* ivy

hielo ['jelo] *m* ice

hiena ['jena] *f* hyena

hierba ['jerβa] *f* **1.** *(césped)* grass **2.** *(planta)* herb ● **mala hierba** weed

hierbabuena [jerβa'βwena] *f* mint

hierro ['jero] *m* iron

hígado ['iɣaðo] *m* liver

higiene [i'xjene] *f* **1.** *(aseo)* hygiene **2.** *(salud)* health

higiénico, ca [i'xjeniko, ka] *adj* hygienic

higo ['iɣo] *m* fig

higuera [i'ɣera] *f* fig tree

hijastro, tra [i'xastro, tra] *m,f* stepson *(f stepdaughter)*

hijo, ja ['ixo, xa] *m,f* son *(f daughter)* ● **hijo de la chingada** *(Amér)* *(vulg)* son of a bitch ● **hijo político** son-in-law ● **hija política** daughter-in-law ● **hijo de puta** *(vulg)* son of a bitch ◆ **hijos** *mpl* children

hilera [i'lera] *f* row

hilo ['ilo] *m* **1.** *(de coser, de conversación)* thread **2.** *(tejido)* linen **3.** *(alambre, cable)* wire ● **hilo musical** piped music

hilvanar [ilβa'nar] *vt* (coser) to tack *(UK)*, to baste *(US)*

hincapié [inka'pje] *m* ● **hacer hincapié en algo** *(insistir)* to insist on sthg; *(subrayar)* to emphasize sthg

hinchado, da [in'tʃaðo, ða] *adj* **1.** *(globo, colchón)* inflated **2.** *(parte del cuerpo)* swollen

hinchar [in'tʃar] *vt* to blow up ◆ **hincharse** *vp* (parte del cuerpo) to swell up ◆ **hincharse de** *v + prep* (hartarse de) to stuff o.s. with

hinchazón [intʃa'θon] *f* swelling

híper ['iper] *m* *(fam)* hypermarket *(UK)*, superstore *(US)*

hipermercado [iper'merkaðo] *m* hypermarket *(UK)*, superstore *(US)*

hipermetropía [ipermetro'pia] *f* long-sightedness

hipertensión [iperten'sjon] *f* high blood pressure

hipertenso, sa [iper'tenso, sa] *adj* suffering from high blood pressure

hipervínculo *m* hyperlink

hípica ['ipika] *f* **1.** *(carreras de caballos)* horseracing **2.** *(de obstáculos)* showjumping

hipnotizar [ipnoti'θar] *vt* to hypnotize

hipo ['ipo] *m* hiccups *pl*

hipocresía [ipokre'sia] *f* hypocrisy

hipócrita [i'pokrita] *adj* hypocritical

hipódromo [i'poðromo] *m* racecourse *(UK)*, racetrack *(US)*

hipopótamo [ipo'potamo] *m* hippopotamus

hipoteca [ipo'teka] *f* mortgage

hipótesis [i'potesis] *f inv* *(supuesto)* theory

hipotético, ca [ipo'tetiko, ka] *adj* hypothetical

hippy ['xipi] *mf* hippy

hispánico, ca [is'paniko, ka] *adj* Hispanic, Spanish-speaking

hispano, na [is'pano, na] *adj* **1.** *(hispanoamericano)* Spanish-American **2.** *(español)* Spanish

Hispanoamérica [is,panoa'merika] *s* Spanish America

hispanoamericano, na [is,panoameri'kano, na] *adj* & *m,f* Spanish-American, Hispanic

hispanohablante [is,panoa'βlante],
hispanoparlante [is,panopar'lante] ◇
adj Spanish-speaking ◇ *mf* Spanish speaker

histeria [is'terja] *f* hysteria

histérico, ca [is'teriko, ka] *adj* hysterical

historia [is'torja] *f* 1. *(hechos pasados)* history 2. *(narración)* story

histórico, ca [is'toriko, ka] *adj* 1. *(real, auténtico)* factual 2. *(de importancia)* historic

historieta [isto'rjeta] *f* 1. *(relato)* anecdote 2. *(cuento con dibujos)* comic strip

hobby ['xoβi] *m* hobby

hocico [o'θiko] *m* 1. *(de cerdo)* snout 2. *(de perro, gato)* nose

hockey ['xokei] *m* hockey

hogar [o'ɣar] *m* 1. *(casa)* home 2. *(de chimenea)* fireplace

hogareño, ña [oɣa'reɲo, ɲa] *adj (persona)* home-loving

hoguera [o'ɣera] *f* bonfire

hoja ['oxa] *f* 1. *(de plantas)* leaf 2. *(de papel)* sheet 3. *(de libro)* page 4. *(de cuchillo)* blade ● hoja de afeitar razor blade

hojalata [oxa'lata] *f* tinplate

hojaldre [o'xaldre] *m* puff pastry

hola ['ola] *interj* hello!

Holanda [o'landa] *s* Holland

holandés, esa [olan'des, esa] ◇ *adj* & *m,f* Dutch ◇ *m,f* Dutchman *(f* Dutchwoman) ● los holandeses the Dutch

holgado, da [ol'ɣaðo, ða] *adj* 1. *(ropa)* loose-fitting 2. *(vida, situación)* comfortable

holgazán, ana [olɣa'θan, ana] *adj* lazy

hombre ['ombre] ◇ *m* man ◇ *interj* wow! ● hombre de negocios businessman ● hombre del tiempo weatherman

hombrera [om'brera] *f (almohadilla)* shoulder pad

hombro ['ombro] *m* shoulder

homenaje [ome'naxe] *m* tribute ● en homenaje a in honour of

homeopatía [omeopa'tia] *f* homeopathy

homicida [omi'θiða] *mf* murderer

homicidio [omi'θiðjo] *m* murder

homosexual [omoseksu'al] *mf* homosexual

hondo, da ['ondo, da] *adj* 1. *(profundo)* deep 2. *(intenso)* deep

Honduras [on'duras] *s* Honduras

hondureño, ña [ondu'reɲo, ɲa] *adj* & *m,f* Honduran

honestidad [onesti'ðað] *f (sinceridad)* honesty

honesto, ta [o'nesto, ta] *adj (honrado)* honest

hongo ['ongo] *m* 1. *(comestible)* mushroom 2. *(no comestible)* toadstool

honor [o'nor] *m* honour ● en honor de in honour of

honorario [ono'rarjo] *adj* honorary ◆ honorarios *mpl* fees

honra ['onra] *f* honour ● ¡a mucha honra! and (I'm) proud of it!

honradez [onra'ðeθ] *f* honesty

honrado, da [on'raðo, ða] *adj* honest

honrar [on'rar] *vt* to honour

hora ['ora] *f* 1. *(período de tiempo)* hour 2. *(momento determinado)* time ● ¿a qué

hora ...? what time ...? ● **¿qué hora es?** what's the time? ● **media hora** half an hour ● **pedir hora para** to ask for an appointment for ● **tener hora (con)** to have an appointment with ● **a última hora** at the last minute ● **horas de visita** visiting times ● **hora punta** rush hour

horario [o'rarjo] *m* timetable ▼ **horario comercial** opening hours

horca ['orka] *f* **1.** *(de ejecución)* gallows *pl* **2.** *(en agricultura)* pitchfork

horchata [or'tʃata] *f* cold drink made from ground tiger nuts, milk and sugar

horizontal [oriθon'tal] *adj* horizontal

horizonte [ori'θonte] *m* horizon

horma ['orma] *f* **1.** *(molde)* mould **2.** *(para zapatos)* last

hormiga [or'miɣa] *f* ant

hormigón [ormi'ɣon] *m* concrete ● **hormigón armado** reinforced concrete

hormigonera [ormiɣo'nera] *f* concrete mixer

hormiguero [ormi'ɣero] *m* anthill

hormona [or'mona] *f* hormone

hornear [orne'ar] *vt* to bake

horno ['orno] *m* oven ● **al horno** *(carne)* roast; *(pescado)* baked

horóscopo [o'roskopo] *m* horoscope

horquilla [or'kiʎa] *f (para el pelo)* hairgrip *(UK)*, bobby pin *(US)*

hórreo ['oreo] *m* type of granary, on stilts, found in Galicia and Asturias

horrible [o'riβle] *adj* **1.** *(horroroso)* horrible **2.** *(pésimo)* awful

horror [o'ror] *m* terror ● **¡qué horror!** that's awful!

horrorizar [orori'θar] *vt* to terrify

horroroso, sa [oro'roso, sa] *adj* horrible

hortaliza [orta'liθa] *f* (garden) vegetable

hortelano, na [orte'lano, na] *m,f* market gardener *(UK)*, truck farmer *(US)*

hortensia [or'tensja] *f* hydrangea

hortera [or'tera] *adj (fam)* tacky

hospedarse [ospe'ðarse] *vp* to stay

hospital [ospi'tal] *m* hospital

hospitalario, ria [ospita'larjo, rja] *adj (persona)* hospitable

hospitalidad [ospitali'ðað] *f* hospitality

hospitalizar [ospitali'θar] *vt* to put in hospital

hostal [os'tal] *m* ≃ two-star hotel

hostelería [ostele'ria] *f* hotel trade

hostia ['ostja] ◊ *f* **1.** *(en religión)* host **2.** *(vulg) (golpe)* whack ◊ *interj (vulg)* bloody hell! ● **darse una hostia** *(vulg)* to have a smash-up

hostil [os'til] *adj* hostile

hotel [o'tel] *m* hotel ● **hotel de lujo** luxury hotel

hotelero, ra [ote'lero, ra] *adj* hotel *(antes de s)*

hoy ['oi] *adv* **1.** *(día presente)* today **2.** *(momento actual)* nowadays ● **hoy en día** nowadays ● **hoy por hoy** at the moment

hoyo ['ojo] *m* hole

hoz ['oθ] *f* sickle

huachafería [watʃafe'ria] *f (Amér)* tacky thing

huachafo, fa [wa'tʃafo, fa] *adj (Perú)* tacky

hucha ['utʃa] *f* moneybox

hueco, ca ['weko, ka] ◊ *adj (vacío)*

hollow ◇ *m* **1.** *(agujero)* hole **2.** *(de tiempo)* spare moment

huelga ['welɣa] *f* strike

huella ['weʎa] *f* **1.** *(de persona)* footprint **2.** *(de animal)* track ● **huellas dactilares** fingerprints

huérfano, na ['werfano, na] *m,f* orphan

huerta ['werta] *f* market garden (UK), truck farm (US)

huerto ['werto] *m* **1.** *(de hortalizas)* vegetable patch **2.** *(de frutales)* orchard

hueso ['weso] *m* **1.** *(del esqueleto)* bone **2.** *(de una fruta)* stone

huésped, da ['wespeð, ða] *m,f* guest

huevada [we'βaða] *f* (Andes) (fam) stupid thing

huevear [weβe'ar] *vi* (Chile & Perú) (fam) to mess about (UK), to goof off (US)

huevo ['weβo] *m* egg ● **huevo de la copa** o **tibio** (Amér) hard-boiled egg ● **huevo duro** hard-boiled egg ● **huevo escalfado** poached egg ● **huevo estrellado** (Amér) fried egg ● **huevo frito** fried egg ● **huevo pasado por agua** soft-boiled egg ● **huevos a la flamenca** *huevos al plato with fried pork sausage, black pudding and a tomato sauce* ● **huevos al plato** *eggs cooked in the oven in an earthenware dish* ● **huevos revueltos** scrambled eggs

huevón [we'βon] *m* (Andes & Ven) idiot

huida [u'iða] *f* escape

huir [u'ir] *vi* **1.** *(escapar)* to flee **2.** *(de cárcel)* to escape ● **huir de algo/alguien** *(evitar)* to avoid sthg/sb

humanidad [umani'ðað] *f* humanity ◆

humanidades *fpl* humanities

humanitario, ria [umani'tarjo, rja] *adj* humanitarian

humano, na [u'mano, na] ◇ *adj* **1.** *(del hombre)* human **2.** *(benévolo, compasivo)* humane ◇ *m* human (being)

humareda [uma'reða] *f* cloud of smoke

humedad [ume'ðað] *f* **1.** *(de piel)* moisture **2.** *(de atmósfera)* humidity **3.** *(en la pared)* damp

humedecer [umeðe'θer] *vt* to moisten

húmedo, da ['umeðo, ða] *adj* **1.** *(ropa, toalla, etc)* damp **2.** *(clima, país)* humid **3.** *(piel)* moist

humilde [u'milde] *adj* humble

humillación [umiʎa'θjon] *f* humiliation

humillante [umi'ʎante] *adj* humiliating

humillar [umi'ʎar] *vt* to humiliate

humo ['umo] *m* **1.** *(gas)* smoke **2.** *(de coche)* fumes *pl* ● **humos** *mpl* airs

humor [u'mor] *m* **1.** *(estado de ánimo)* mood **2.** *(gracia)* humour ● **estar de buen humor** to be in a good mood ● **estar de mal humor** to be in a bad mood

humorismo [umo'rizmo] *m* comedy

humorista [umo'rista] *mf* comedian (f comedienne)

humorístico, ca [umo'ristiko, ka] *adj* humorous

hundir [un'dir] *vt* **1.** *(barco)* to sink **2.** *(edificio)* to knock down **3.** *(techo)* to knock in **4.** *(persona)* to devastate ◆ **hundirse** *vp* **1.** *(barco)* to sink **2.** *(edificio, techo)* to collapse **3.** *(persona)* to be devastated

húngaro, ra ['ungaro, ra] *adj & m,f* Hungarian

Hungría [un'gria] *s* Hungary

huracán [ura'kan] *m* hurricane

hurtadillas [urta'ðiʎas] ◆ **a hurtadillas** *adv* stealthily

hurto ['urto] *m* theft

i I

IBERIA [i'βeria] *f* IBERIA *(Spanish national airline)*

ibérico, ca [i'βeriko, ka] *adj* Iberian

Ibiza [i'βiθa] *s* Ibiza

iceberg [iθe'βer] *m* iceberg

icono [i'kono] *m* icon

ida ['iða] *f* outward journey ● **(billete de) ida y vuelta** return (ticket)

idea [i'ðea] *f* **1.** idea **2.** *(propósito)* intention **3.** *(opinión)* impression ● **no tengo ni idea** I've no idea

ideal [iðe'al] *adj* & *m* ideal

idealismo [iðea'lizmo] *m* idealism

idealista [iðea'lista] *mf* idealist

idéntico, ca [i'ðentiko, ka] *adj* identical

identidad [iðenti'ðað] *f* identity

identificación [iðentifika'θjon] *f* identification

identificar [iðentifi'kar] *vt* to identify ◆ **identificarse** *vp (mostrar documentación)* to show one's identification

ideología [iðeolo'xia] *f* ideology

idilio [i'ðiljo] *m* love affair

idioma [i'ðjoma] *m* language

idiota [i'ðjota] ◇ *adj (despec)* stupid ◇ *mf* idiot

ídolo ['iðolo] *m* idol

idóneo, a [i'ðoneo, a] *adj* suitable

iglesia [i'ɣlesja] *f* church

ignorancia [iɣno'ranθja] *f* ignorance

ignorante [iɣno'rante] *adj* ignorant

ignorar [iɣno'rar] *vt* **1.** *(desconocer)* not to know **2.** *(no hacer caso)* to ignore

igual [i'ɣwal] ◇ *adj* **1.** *(idéntico)* the same **2.** *(parecido)* similar **3.** *(cantidad, proporción)* equal **4.** *(ritmo)* steady ◇ *adv* the same ● **ser igual que** to be the same as ● **da igual** it doesn't matter ● **me da igual** I don't care ● **es igual** it doesn't matter ● **al igual que** just like ● **por igual** equally

igualado, da [iɣwa'laðo, ða] *adj* level

igualdad [iɣwal'dað] *f* equality

igualmente [i,ɣwal'mente] *adv* likewise

ilegal [ile'ɣal] *adj* illegal

ilegalizar *vt* to outlaw

ilegítimo, ma [ile'xitimo, ma] *adj* illegitimate

ileso, sa [i'leso, sa] *adj* unhurt

ilimitado, da [ilimi'taðo, ða] *adj* unlimited

ilocalizable *adj* ● **está ilocalizable** he cant be found

ilógico, ca [i'loxiko, ka] *adj* illogical

iluminación [ilumina'θjon] *f (alumbrado)* lighting

iluminar [ilumi'nar] *vt (suj: luz, sol)* to light up

ilusión [ilu'sjon] *f* **1.** *(esperanza)* hope **2.** *(espejismo)* illusion ● **el regalo me ha hecho ilusión** I liked the present ● **me hace ilusión la fiesta** I'm looking forward to the party ● **hacerse ilusiones** to get one's hopes up

ilusionarse [ilusjo'narse] *vp* **1.** *(esperan-*

zarse) to get one's hopes up **2.** *(emocionarse)* to get excited

ilustración [ilustraˈθjon] *f* illustration

ilustrar [ilusˈtrar] *vt* to illustrate

ilustre [iˈlustre] *adj* illustrious

imagen [iˈmaxen] *f* **1.** image **2.** *(en televisión)* picture

imaginación [imaxinaˈθjon] *f* imagination

imaginar [imaxiˈnar] *vt* **1.** *(suponer)* to imagine **2.** *(inventar)* to think up ◆ **imaginarse** *vp* to imagine

imaginario, ria [imaxiˈnarjo, rja] *adj* imaginary

imaginativo, va [imaxinaˈtiβo, βa] *adj* imaginative

imán [iˈman] *m* magnet

imbécil [imˈbeθil] ◇ *adj (despec)* stupid ◇ *mf* idiot

imitación [imitaˈθjon] *f* **1.** *(de persona)* impression **2.** *(de obra de arte)* imitation

imitar [imiˈtar] *vt* to imitate

impaciencia [impaˈθjenθja] *f* impatience

impaciente [impaˈθjente] *adj* impatient ● **impaciente por** impatient to

impar [imˈpar] *adj* odd

imparable [impaˈraβle] *adj* unstoppable

imparcial [imparˈθjal] *adj* impartial

impasible [impaˈsiβle] *adj* impassive

impecable [impeˈkaβle] *adj* impeccable

impedimento [impeðiˈmento] *m* obstacle

impedir [impeˈðir] *vt* **1.** *(no permitir)* to prevent **2.** *(obstaculizar)* to hinder

impensable [impenˈsaβle] *adj* unthinkable

imperativo [imperaˈtiβo] *m (en gramática)* imperative

imperceptible [imperθepˈtiβle] *adj* imperceptible

imperdible [imperˈðiβle] *m* safety pin

imperdonable [imperðoˈnaβle] *adj* unforgivable

imperfecto, ta [imperˈfekto, ta] ◇ *adj* **1.** *(incompleto)* imperfect **2.** *(defectuoso)* faulty ◇ *m* imperfect tense

imperial [impeˈrjal] *adj* imperial

imperio [imˈperjo] *m* **1.** *(territorio)* empire **2.** *(dominio)* rule

impermeable [impermeˈaβle] ◇ *adj* waterproof ◇ *m* raincoat

impersonal [imersoˈnal] *adj* impersonal

impertinencia [impertiˈnenθja] *f* **1.** *(insolencia)* impertinence **2.** *(comentario)* impertinent remark

impertinente [impertiˈnente] *adj* impertinent

ímpetu [ˈimpetu] *m (energía)* force

implicar [impliˈkar] *vt* **1.** to involve **2.** *(significar)* to mean

implícito, ta [imˈpliθito, ta] *adj* implicit

imponer [impoˈner] ◇ *vt* **1.** *(obligación, castigo, impuesto)* to impose **2.** *(obediencia, respeto)* to command ◇ *vi* to be imposing

importación [importaˈθjon] *f (producto)* import

importancia [imporˈtanθja] *f* importance

importante [imporˈtante] *adj* **1.** *(destacado)* important **2.** *(cantidad)* large

importar [imporˈtar] ◇ *vt (mercancías)* to import ◇ *vi (interesar)* to matter ● ¿le importa que fume? do you mind if I smoke? ● ¿le importaría venir? would you mind coming? ● no importa it doesn't matter ● no me importa I don't care

importe [im'porte] *m* 1. *(precio)* price 2. *(en cuenta, factura)* total ▼ **importe del billete** ticket price

imposibilidad [imposiβili'ðað] *f* impossibility

imposible [impo'siβle] ◇ *adj* impossible ◇ *interj* never! ● **pedir un imposible** to ask the impossible

impostor, ra [impos'tor, ra] *m,f* impostor

impotencia [impo'tenθja] *f* impotence

impotente [impo'tente] *adj* impotent

impreciso, sa [impre'θiso, sa] *adj* vague

impregnar [impreɣ'nar] *vt (humedecer)* to soak

imprenta [im'prenta] *f* 1. *(arte)* printing 2. *(taller)* printer's (shop)

imprescindible [impresθin'diβle] *adj* indispensable

impresión [impre'sjon] *f* 1. *(de un libro)* edition 2. *(sensación)* feeling 3. *(opinión)* impression

impresionante [impresjo'nante] *adj* impressive

impresionar [impresjo'nar] ◇ *vt* to impress ◇ *vi (causar admiración)* to be impressive

impreso, sa [im'preso] ◇ *pp* ➢ **imprimir** ◇ *m (formulario)* form

impresora [impre'sora] *f* printer ● **impresora de chorro de tinta** inkjet printer ● **impresora láser** láser printer

imprevisto [impre'βisto] *m* unexpected event

imprimir [impri'mir] *vt* to print

improvisación [improβisa'θjon] *f* improvisation

improvisado, da [improβi'saðo, ða] *adj* improvised

improvisar [improβi'sar] *vt* to improvise

imprudente [impru'ðente] *adj* rash

impuesto, ta [im'pwesto] ◇ *pp* ➢ **imponer** ◇ *m* tax

impulsar [impul'sar] *vt (empujar)* to drive ● **impulsar a alguien a** to drive sb to

impulsivo, va [impul'siβo, βa] *adj* impulsive

impulso [im'pulso] *m* 1. *(empuje)* momentum 2. *(estímulo)* stimulus

impuro, ra [im'puro, ra] *adj* impure

inaceptable [inaθep'taβle] *adj* unacceptable

inadecuado, da [inaðe'kwaðo, ða] *adj* unsuitable

inadmisible [inaðmi'siβle] *adj* unacceptable

inaguantable [inaɣwan'taβle] *adj* unbearable

inauguración [inauɣura'θjon] *f* inauguration, opening

inaugurar [inauɣu'rar] *vt* to inaugurate, to open

incapacidad [inkapaθi'ðað] *f* 1. *(incompetencia)* incompetence 2. *(por enfermedad)* incapacity

incapaz [inka'paθ, θes] *(pl* **-ces)** *adj* incapable ● **ser incapaz de** to be unable to

incendio [in'θendjo] *m* fire ● **contra incendios** *(medidas)* fire-fighting; *(segu-*

ro, brigada) fire *(antes de s)*
incentivo [inθen'tiβo] *m* incentive
incidente [inθi'ðente] *m* incident
incineradora [inθinera'ðora] *f* incinerator
incinerar [inθine'rar] *vt* to incinerate
incitar [inθi'tar] *vt* 1. *(animar)* to encourage 2. *(a la violencia)* to incite
inclinación [inklina'θion] *f* 1. *(saludo)* bow 2. *(tendencia)* tendency 3. *(afecto)* fondness
incluido, da [inklu'iðo, ða] *adj* included
incluir [inklu'ir] *vt* 1. *(contener)* to include 2. *(adjuntar)* to enclose
inclusive [inklu'siβe] *adv* inclusive
incluso [in'kluso] *adv* even
incógnita [in'koɣnita] *f (cosa desconocida)* mystery
incoherente [inkoe'rente] *adj (contradictorio)* inconsistent
incoloro, ra [inko'loro, ra] *adj* colourless
incómodo, da [in'komoðo, ða] *adj* uncomfortable
incomparable [inkompa'raβle] *adj* incomparable
incompatibilidad [inkompatiβili'ðað] *f* incompatibility
incompetente [inkompe'tente] *adj* incompetent
incomprensible [inkompren'siβle] *adj* incomprehensible
incomunicado, da [inkomuni'kaðo, ða] *adj (pueblo)* cut off
incondicional [inkondiθio'nal] *adj* 1. *(apoyo, ayuda)* wholehearted 2. *(amigo)* staunch
inconfundible [inkonfun'diβle] *adj* unmistakable

inconsciencia [inkons'θienθia] *f (irresponsabilidad)* thoughtlessness
inconsciente [inkons'θiente] *adj* 1. *(sin conocimiento)* unconscious 2. *(insensato)* thoughtless
incontable [inkon'taβle] *adj* countless
inconveniente [inkombe'niente] *m* 1. *(dificultad)* difficulty 2. *(desventaja)* disadvantage
incorporación [inkorpora'θion] *f (unión)* inclusion
incorporar [inkorpo'rar] *vt* 1. *(agregar)* to incorporate 2. *(levantar)* to sit up ◆ **incorporarse** *vp (levantarse)* to sit up ◆ **incorporarse a un equipo** to join a team
incorrecto, ta [inko'rekto, ta] *adj* 1. *(erróneo)* incorrect 2. *(descortés)* impolite
incorregible [inkore'xiβle] *adj* incorrigible
incrédulo, la [in'kreðulo, la] *adj* sceptical
increíble [inkre'iβle] *adj* 1. *(inverosímil)* hard to believe 2. *(extraordinario)* incredible
incremento [inkre'mento] *m* increase
incubadora [inkuβa'ðora] *f* incubator
incubar [inku'βar] *vt* to incubate
inculpado, da [inkul'paðo, ða] *m,f* accused
inculto, ta [in'kulto, ta] *adj (persona)* uneducated
incumbir [inkum'bir] *vi* ◆ **no te incumbe hacerlo** it's not for you to do it
incurable [inku'raβle] *adj* incurable
incurrir [inku'rir] ◆ **incurrir en** *v + prep* 1. *(error)* to make 2. *(delito)* to commit
indecente [inde'θente] *adj* indecent

indeciso, sa [inde'θiso, sa] *adj* **1.** *(falta de iniciativa)* indecisive **2.** *(falto de decisión)* undecided **3.** *(poco claro)* inconclusive

indefenso, sa [inde'fenso, sa] *adj* defenceless

indefinido, da [indefi'niðo, ða] *adj* **1.** indefinite **2.** *(impreciso)* vague

indemnización [indemniθa'θjon] *f* compensation

indemnizar [indemni'θar] *vt* to compensate

independencia [indepen'denθja] *f* independence

independiente [indepen'djente] *adj* independent

independizarse [independi'θarse] ◆ **independizarse de** *v + prep* to become independent of

indeterminado, da [indetermi'naðo, ða] *adj* indefinite

India ['indja] *f* ◆ **(la) India** India

indicación [indika'θjon] *f* *(señal)* sign ◆ **indicaciones** *fpl* **1.** *(instrucciones)* instructions **2.** *(para llegar a un sitio)* directions

indicador [indika'ðor] *m* indicator ● **indicador de dirección** indicator

indicar [indi'kar] *vt* **1.** *(señalar)* to indicate **2.** *(lugar, dirección)* to show **3.** *(suj: señal, reloj)* to read

indicativo, va [indika'tiβo, βa] *adj* indicative

índice ['indiθe] *m* **1.** *(de libro, precios)* index **2.** *(de natalidad, mortalidad)* rate **3.** *(de la mano)* index finger

indicio [in'diθjo] *m* *(señal)* sign

indiferencia [indife'renθja] *f* indifference

indiferente [indife'rente] *adj* indifferent ● **es indiferente** it makes no difference

indígena [in'dixena] *mf* native

indigerible *adj* **1.** *(alimento)* stodgy **2.** *(libro)* ● **ser indigerible** to be heavy going

indigestión [indixes'tjon] *f* indigestion

indigesto, ta [indi'xesto, ta] *adj* hard to digest

indignación [indiɣna'θjon] *f* indignation

indignado, da [indiɣ'naðo, ða] *adj* indignant

indignante [indiɣ'nante] *adj* outrageous

indio, dia ['indjo, dja] *adj & m,f* Indian

indirecta [indi'rekta] *f* hint

indirecto, ta [indi'rekto, ta] *adj* indirect

indiscreto, ta [indis'kreto, ta] *adj* indiscreet

indiscriminado, da [indiskrimi'naðo, ða] *adj* indiscriminate

indiscutible [indisku'tiβle] *adj* indisputable

indispensable [indispen'saβle] *adj* indispensable

indispuesto, ta [indis'pwesto, ta] *adj* unwell

individual [indiβiðu'al] *adj* **1.** *(del individuo)* individual **2.** *(cama, habitación)* single ● **individuales** *DEP* singles

individuo [indi'βiðwo] *m* individual

índole ['indole] *f* *(tipo)* type

Indonesia [indo'nesja] *s* Indonesia

indudablemente [indu'ðaβle'mente] *adv* undoubtedly

indumentaria [indumen'tarja] *f* clothes *pl*

industria [in'dustrja] *f* **1.** *(actividad)* industry **2.** *(fábrica)* factory

industrial [indus'trjal] ◇ *adj* industrial ◇ *mf* industrialist

industrializado, da [industrjali'θaðo, ða] *adj* industrialized

inédito, ta [i'neðito, ta] *adj (desconocido)* unprecedented

inepto, ta [i'nepto, ta] *adj* inept

inequívoco, ca [ine'kiβoko, ka] *adj* **1.** *(clarísimo)* unequivocal **2.** *(inconfundible)* unmistakable

inesperado, da [inespe'raðo, ða] *adj* unexpected

inestable [ines'taβle] *adj* unstable

inevitable [ineβi'taβle] *adj* inevitable

inexperto, ta [ineks'perto, ta] *adj (sin experiencia)* inexperienced

infalible [infa'liβle] *adj* infallible

infancia [in'fanθja] *f* childhood

infanta [in'fanta] *f* princess

infantería [infante'ria] *f* infantry

infantil [infan'til] *adj* **1.** *(para niños)* children's **2.** *(despec) (inmaduro)* childish

infarto [in'farto] *m* heart attack

infección [infek'θjon] *f* infection

infeccioso, sa [infek'θjoso, sa] *adj* infectious

infectar [infek'tar] *vt* to infect ◆ **infectarse** *vp* to become infected

infelicidad [infeliθi'ðað] *f* unhappiness

infeliz [infe'liθ, θes] *(pl* **-ces**) ◇ *adj* unhappy ◇ *mf* **1.** *(desgraciado)* wretch **2.** *(fam) (ingenuo)* naive person

inferior [infe'rjor] ◇ *adj* **1.** *(de abajo, menos importante, cantidad)* lower **2.** *(de menos calidad)* inferior ◇ *mf* inferior

inferioridad [inferjori'ðað] *f* inferiority

infidelidad [infiðeli'ðað] *f* infidelity

infiel [in'fjel] ◇ *adj (a la pareja)* unfaithful ◇ *mf (no cristiano)* infidel

infierno [in'fjerno] *m* hell

ínfimo, ma ['infimo, ma] *adj* very low

infinito, ta [infi'nito, ta] ◇ *adj* infinite ◇ *m* infinity

inflación [infla'θjon] *f* inflation

inflar [in'flar] *vt* **1.** *(de aire)* to inflate **2.** *(globo)* to blow up ◆ **inflarse** *de v + prep (comer, beber)* to stuff o.s. with

inflexible [inflek'siβle] *adj* inflexible

influencia [influ'enθja] *f* influence ◆ **tener influencia** to have influence

influenciar [influen'θjar] *vt* to influence

influir [influ'ir] ◆ **influir en** *v + prep* to influence

influjo [in'fluxo] *m* influence

influyente [influ'jente] *adj* influential

información [informa'θjon] *f* **1.** *(datos)* information **2.** *(noticias)* news **3.** *(oficina)* information office **4.** *(mostrador)* information desk **5.** *(de teléfono)* directory enquiries *pl (UK)*, directory assistance *(US)*

informal [infor'mal] *adj* **1.** *(persona)* unreliable **2.** *(lenguaje, traje)* informal

informalidad [informali'ðað] *f (irresponsabilidad)* unreliability

informar [infor'mar] *vt* to tell ◆ **informarse** *vp* to find out

informática [infor'matika] *f* information technology, computing ➤ **informático**

informático, ca [infor'matiko, ka] *m,f* computer expert

informativo [informa'tiβo] *m* news bulletin

informe [in'forme] *m* report ◆ **informes** *mpl (referencias)* references

infracción [infrak'θjon] *f (delito)* offence

infundir [infun'dir] *vt* to inspire

infusión [infu'sjon] *f* infusion ● **infusión de manzanilla** camomile tea ● **infusión de tila** lime blossom tea

ingeniería [inxenje'ria] *f* engineering

ingeniero, ra [inxe'njero, ra] *m,f* engineer

ingenio [in'xenjo] *m* 1. *(agudeza)* wit 2. *(inteligencia)* ingenuity 3. *(máquina)* device

ingenioso, sa [inxe'njoso, sa] *adj* 1. *(agudo)* witty 2. *(inteligente)* ingenious

ingenuidad [inxenwi'ðað] *f* naivety

ingenuo, nua [in'xenwo, nwa] *adj* naive

Inglaterra [ingla'tera] *s* England

ingle ['ingle] *f* groin

inglés, esa [in'gles, esa] ◇ *adj* & *m* English ◇ *m,f* Englishman (*f* Englishwoman) ● **los ingleses** the English

ingrato, ta [in'grato, ta] *adj* 1. *(trabajo)* thankless 2. *(persona)* ungrateful

ingrediente [ingre'ðjente] *m* ingredient

ingresar [ingre'sar] ◇ *vt (dinero)* to deposit ◇ *vi* 1. *(en hospital)* to be admitted 2. *(en sociedad)* to join 3. *(en universidad)* to enter (*UK*), to enroll (*US*)

ingreso [in'greso] *m* 1. *(entrada, en universidad)* entry (*UK*), enrollment (*US*) 2. *(de dinero)* deposit 3. *(en hospital)* admission 4. *(en sociedad)* joining ◆ **ingresos** *mpl (sueldo)* income *sg*

inhabitable [inaβi'taβle] *adj* uninhabitable

inhalar [ina'lar] *vt* to inhale

inhibición [iniβi'θjon] *f* inhibition

inhumano, na [inu'mano, na] *adj* inhumane

iniciación [iniθja'θjon] *f (comienzo)* beginning

inicial [ini'θjal] *adj* & *f* initial

iniciar [ini'θjar] *vt (empezar)* to begin, to start ● **iniciarse** en *v + prep (conocimiento, práctica)* to learn

iniciativa [iniθja'tiβa] *f* initiative ● **tener iniciativa** to have initiative

inicio [i'niθjo] *m* beginning, start

inimaginable [inimaxi'naβle] *adj* unimaginable

injerto [in'xerto] *m* graft

injusticia [inxus'tiθja] *f* injustice

injusto, ta [in'xusto, ta] *adj* unfair

inmaduro, ra [imma'ðuro, ra] *adj* 1. *(persona)* immature 2. *(fruta)* unripe

inmediatamente [imme,ðjata'mente] *adv* immediately

inmediato, ta [imme'ðjato, ta] *adj* 1. *(tiempo)* immediate 2. *(contiguo)* next ● **de inmediato** immediately

inmejorable [immexo'raβle] *adj* unbeatable

inmenso, sa [im'menso, sa] *adj* immense

inmigración [immiɣra'θjon] *f* immigration

inmigrante [immi'ɣrante] *mf* immigrant

inmigrar [immi'ɣrar] *vi* to immigrate

inmobiliaria [immoβi'ljarja] *f* estate agency (*UK*), real-estate office (*US*)

inmoral [immo'ral] *adj* immoral

inmortal [immor'tal] *adj* immortal

inmóvil [in'moβil] *adj* 1. *(persona)* motionless **2.** *(coche, tren)* stationary

inmovilizar [immoβili'θar] *vt* to immobilize

inmueble [im'mueβle] *m* building

inmune [im'mune] *adj* immune

inmunidad [immuni'ðað] *f* immunity

innato, ta [in'nato, ta] *adj* innate

innecesario, ria [inneθe'sarjo, rja] *adj* unnecessary

innovación [innoβa'θjon] *f* innovation

inocencia [ino'θenθja] *f* innocence

inocentada [inoθen'taða] *f* **2.** *(broma)* practical joke

inocente [ino'θente] *adj* innocent

inofensivo, va [inofen'siβo, βa] *adj* harmless

inolvidable [inolβi'ðaβle] *adj* unforgettable

inoportuno, na [inopor'tuno, na] *adj* **1.** *(inadecuado)* inappropriate **2.** *(molesto)* inconvenient **3.** *(en mal momento)* untimely

inoxidable [inoksi'ðaβle] *adj* **1.** *(material)* rustproof **2.** *(acero)* stainless

inquietarse [inkie'tarse] *vp* to worry

inquieto, ta [inki'eto, ta] *adj* **1.** *(preocupado)* worried **2.** *(aventurero)* restless

inquietud [inkie'tuð] *f* worry

inquilino, na [inki'lino, na] *m,f* tenant

Inquisición [inkisi'θjon] *f* ◆ **la Inquisición** the (Spanish) Inquisition

insaciable [insa'θjaβle] *adj* insatiable

insalubre [insa'luβre] *adj* unhealthy

insatisfacción [insatisfak'θjon] *f* dissatisfaction

insatisfecho, cha [insatis'fetʃo, tʃa] *adj* dissatisfied

inscribir [inskri'βirse] ◆ **inscribirse en** *v*

+ *prep* to enrol on

inscripción [inskrip'θjon] *f* **1.** *(de moneda, piedra, etc)* inscription **2.** *(en registro)* enrolment

insecticida [insekti'θiða] *m* insecticide

insecto [in'sekto] *m* insect

inseguridad [inseɣuri'ðað] *f* **1.** *(falta de confianza)* insecurity **2.** *(peligro)* lack of safety

inseguro, ra [inse'ɣuro, ra] *adj* **1.** *(sin confianza)* insecure **2.** *(peligroso)* unsafe

insensato, ta [insen'sato, ta] *adj* foolish

insensible [insen'siβle] *adj* **1.** *(persona)* insensitive **2.** *(aumento, subida, bajada)* imperceptible

inseparable [insepa'raβle] *adj* inseparable

insertar [inser'tar] *vt* to insert ◆ **insertar algo en** to insert sthg into

inservible [inser'βiβle] *adj* useless

insignia [in'siɣnja] *f* **1.** *(distintivo)* badge **2.** *(de militar)* insignia **3.** *(estandarte)* flag

insignificante [insiɣnifi'kante] *adj* insignificant

insinuar [insinu'ar] *vt* to hint at ◆ **insinuarse** *vp* to make advances

insípido, da [in'sipiðo, ða] *adj* insipid

insistencia [insis'tenθja] *f* insistence

insistir [insis'tir] *vi* ◆ **insistir (en)** to insist (on)

insolación [insola'θjon] *f* *(indisposición)* sunstroke

insolencia [inso'lenθja] *f* *(dicho, hecho)* insolent thing

insolente [inso'lente] *adj* **1.** *(desconsiderado)* insolent **2.** *(orgulloso)* haughty

insólito, ta [in'solito, ta] *adj* unusual

insolvente [insol'βente] *adj* insolvent

insomnio [in'somnjo] *m* insomnia

insonorización [insonoriθa'θjon] *f* soundproofing

insoportable [insopor'taβle] *adj* unbearable

inspeccionar [inspekθjo'nar] *vt* to inspect

inspector, ra [inspek'tor, ra] *m,f* inspector ◆ **inspector de aduanas** customs official ◆ **inspector de Hacienda** tax inspector

inspiración [inspira'θjon] *f* **1.** *(de aire)* inhalation **2.** *(de un artista)* inspiration

inspirar [inspi'rar] *vt* **1.** *(aire)* to inhale **2.** *(ideas)* to inspire ◆ **inspirarse en** *v* + *prep* to be inspired by

instalación [instala'θjon] *f* **1.** *(acto)* installation **2.** *(equipo)* installations *pl* ◆ **instalación eléctrica** wiring ◆ **instalaciones** *fpl (edificios)* facilities ◆ **instalaciones deportivas** sports facilities

instalar [insta'lar] *vt* **1.** *(teléfono, antena, etc)* to install **2.** *(gimnasio, biblioteca, etc)* to set up **3.** *(alojar)* to settle ◆ **instalarse** *vp (en nueva casa)* to move in

instancia [ins'tanθja] *f (solicitud)* application

instantánea [instan'tanea] *f* snapshot

instantáneo, a [instan'taneo, a] *adj* instantaneous

instante [ins'tante] *m* instant ◆ **al instante** straight away

instintivo, va [instin'tiβo, βa] *adj* instinctive

instinto [ins'tinto] *m* instinct

institución [institu'θjon] *f* institution ◆ **instituciones** *fpl* institutions

institucional [instituθjo'nal] *adj* institutional

instituir [institu'ir] *vt* to set up

instituto [insti'tuto] *m* **1.** institute **2.** *(centro de enseñanza)* state secondary school, ≃ high school (*US*)

institutriz [institu'triθ, θes] *(pl* **-ces***) f* governess

instrucción [instruk'θjon] *f (formación)* education ◆ **instrucciones** *fpl (indicaciones)* instructions

instruir [instru'ir] *vt* **1.** *(enseñar)* to teach **2.** *(enjuiciar)* to prepare

instrumental [instrumen'tal] *m* instruments *pl*

instrumento [instru'mento] *m* instrument

insuficiente [insufi'θjente] ◇ *adj* insufficient ◇ *m* fail

insufrible [insu'friβle] *adj* insufferable

insultante [insul'tante] *adj* insulting

insultar [insul'tar] *vt* to insult ◆ **insultarse** *vp* to insult each other

insulto [in'sulto] *m* insult

insuperable [insupe'raβle] *adj* **1.** *(inmejorable)* unsurpassable **2.** *(problema)* insurmountable

intacto, ta [in'takto, ta] *adj* intact

integración [inteɣra'θjon] *f* integration

integrarse [inte'ɣrarse] ◆ **integrarse en** *v* + *prep* to become integrated in

íntegro, gra ['inteɣro, ɣra] *adj* **1.** *(cosa)* whole **2.** *(persona)* honourable

intelectual [intelektu'al] *mf* intellectual

inteligencia [inteli'xenθja] *f* intelligence

inteligente [inteli'xente] *adj* intelligent

intemperie [intem'perje] *f* ◆ **a la intemperie** in the open air

intención [inten'θjon] *f* intention ◆

con la intención de with the intention of ● tener la intención de to intend to

intencionado, da [inten'θjo'naðo, ða] *adj* deliberate ● **bien intencionado** well-meaning ● **mal intencionado** ill-intentioned

intensivo, va [inten'siβo, βa] *adj* intensive

intenso, sa [in'tenso, sa] *adj* 1. intense 2. *(luz)* bright 3. *(lluvia)* heavy

intentar [inten'tar] *vt* to try ● **intentar hacer algo** to try to do sthg

intento [in'tento] *m* 1. *(propósito)* intention 2. *(tentativa)* try

intercalar [interka'lar] *vt* to insert

intercambio [inter'kambjo] *m* exchange

interceder [interθe'ðer] ◆ **interceder por** *v + prep* to intercede on behalf of

interceptar [interθep'tar] *vt* to intercept

interés [inte'res] *m* 1. interest 2. *(provecho)* self-interest ◆ **intereses** *mpl* 1. *(dinero)* interest *sg* 2. *(fortuna, aspiraciones)* interests

interesado, da [intere'saðo, ða] *adj* 1. *(que tiene interés)* interested 2. *(egoísta)* self-interested

interesante [intere'sante] *adj* interesting

interesar [intere'sar] *vi* to be of interest ● **¿te interesa la música?** are you interested in music? ◆ **interesarse por** *v + prep* to take an interest in

interferencia [interfe'renθja] *f* interference

interina [inte'rina] *f (criada)* cleaning lady

interino, na [inte'rino, na] *adj (trabajador)* temporary

interior [inte'rjor] ◇ *adj* 1. inner 2. *(mercado, política)* domestic ◇ *m* 1. *(parte de dentro)* inside 2. *(fig) (mente)* inner self 3. *(en deporte)* inside forward ● **el interior de España** inland Spain

interlocutor, ra [interloku'tor, ra] *m,f* speaker

intermediario, ria [interme'ðjarjo, rja] *m,f* middleman

intermedio, dia [inter'meðjo, ðja] ◇ *adj* intermediate ◇ *m* interval

interminable [intermi'naβle] *adj* endless

intermitente [intermi'tente] *m* indicator

internacional [internaθjo'nal] *adj* international

internacionalmente [internaθjo'nal'mente] *adv* internationally

internado [inter'naðo] *m* boarding school

Internet [inter'net] *m* Internet ● **en Internet** on the Internet

interno, na [in'terno, na] ◇ *adj* internal ◇ *m,f* 1. *(en colegio)* boarder 2. *(en hospital)* intern

interponerse [interpo'nerse] *vp* to intervene

interpretación [interpreta'θjon] *f* 1. *(en teatro, cine, etc)* performance 2. *(traducción)* interpreting

interpretar [interpre'tar] *vt* 1. *(en teatro, cine, etc)* to perform 2. *(traducir)* to interpret

intérprete [in'terprete] *mf* 1. *(en teatro, cine, etc)* performer 2. *(traductor)* interpreter

interrogación [interoɣa'θjon] *f* 1. *(pregunta)* question 2. *(signo)* question mark

interrogante [intero'ɣante] *m o f* question mark

interrogar [intero'ɣar] *vt* to question

interrogatorio [interoɣa'torjo] *m* questioning

interrumpir [interum'pir] *vt* to interrupt

interrupción [interup'θjon] *f* interruption

interruptor [interup'tor] *m* switch

interurbano, na [interur'βano, na] *adj* long-distance

intervalo [inter'βalo] *m* 1. *(tiempo)* interval 2. *(espacio)* gap

intervención [interβen'θjon] *f* *(discurso)* speech • **intervención quirúrgica** operation

intervenir [interβe'nir] ◇ *vt* 1. *(en medicina)* to operate on 2. *(confiscar)* to seize ◇ *vi* *(tomar parte)* to participate

interviú [inter'βju] *f* interview

intestino [intes'tino] *m* intestine

intimidad [intimi'ðað] *f* *(vida privada)* private life

íntimo, ma ['intimo, ma] *adj* 1. *(cena, pensamiento, etc)* private 2. *(amistad, relación)* close 3. *(ambiente, restaurante)* intimate

intocable [into'kaβle] *adj* untouchable

intolerable [intole'raβle] *adj* intolerable

intolerante [intole'rante] *adj* intolerant

intoxicación [intoksika'θjon] *f* poisoning • **intoxicación alimenticia** food poisoning

intoxicarse [intoksi'karse] *vp* to be poisoned

intranet *f* intranet

intranquilo, la [intran'kilo, la] *adj* 1. *(nervioso)* restless 2. *(preocupado)* worried

intransigente [intransi'xente] *adj* intransigent

intransitable [intransi'taβle] *adj* impassable

intrépido, da [in'trepiðo, ða] *adj* intrepid

intriga [in'triɣa] *f* 1. *(maquinación)* intrigue 2. *(trama)* plot

intrigar [intri'ɣar] *vt & vi* to intrigue

introducción [introðuk'θjon] *f* introduction

introducir [introðu'θir] *vt* 1. to introduce 2. *(meter)* to put in ▼ **introducir monedas** insert coins

introvertido, da [introβer'tiðo, ða] *adj* introverted

intruso, sa [in'truso, sa] *m,f* intruder

intuición [intµi'θjon] *f* intuition

inundación [inunda'θjon] *f* flood

inundar [inun'dar] *vt* to flood

inusual [inusu'al] *adj* unusual

inútil [in'util] *adj* 1. useless 2. *(no provechoso)* unsuccessful 3. *(inválido)* disabled

invadir [imba'ðir] *vt* 1. *(país, territorio)* to invade 2. *(suj: alegría, tristeza)* to overwhelm

inválido, da [im'baliðo, ða] *m,f* disabled person

invasión [imba'sjon] *f* invasion

invasor, ra [imba'sor, ra] *m,f* invader

invención [imben'θjon] *f* invention

inventar [imben'tar] *vt* to invent

inventario [imben'tarjo] *m* inventory

invento [im'bento] *m* invention

invernadero [imberna'ðero] *m* greenhouse

inversión [imber'sjon] *f* **1.** (*de dinero*) investment **2.** (*de orden*) reversal

inverso, sa [im'berso, sa] *adj* opposite ● **a la inversa** the other way round

invertir [imber'tir] *vt* **1.** (*dinero, tiempo*) to invest **2.** (*orden*) to reverse

investigación [imbestiɣa'θjon] *f* **1.** (*de delito, crimen*) investigation **2.** (*en ciencia*) research

investigador, ra [imbestiɣa'ðor, ra] *m,f* researcher

investigar [imbesti'ɣar] *vt* **1.** (*delito, crimen*) to investigate **2.** (*en ciencia*) to research

invidente [imbi'ðente] *mf* blind person

invierno [im'bjerno] *m* winter ● **en invierno** in (the) winter

invisible [imbi'siβle] *adj* invisible

invitación [imbita'θjon] *f* invitation ● **es invitación de la casa** it's on the house

invitado, da [imbi'taðo, ða] *m,f* guest

invitar [imbi'tar] *vt* (*a fiesta, boda, etc*) to invite ● **os invito** (*a café, copa, etc*) it's my treat ● **te invito a cenar fuera** I'll take you out for dinner

involucrar [imbolu'krar] *vt* to involve ● **involucrarse en** *v + prep* to get involved in

invulnerable [imbulne'raβle] *adj* invulnerable

inyección [injek'θjon] *f* injection

ir ['ir] *vi* **1.** (*desplazarse*) to go ● **fuimos**

andando we went on foot ● **iremos en coche** we'll go by car ● **¡vamos!** let's go! **2.** (*asistir*) to go ● **nunca va a las reuniones** he never goes to meetings **3.** (*extenderse*) to go ● **la carretera va hasta Valencia** the road goes as far as Valencia **4.** (*funcionar*) to work ● **la televisión no va** the television's not working **5.** (*desenvolverse*) to go ● **le va bien en su trabajo** things are going well (for him) in his job ● **los negocios van mal** business is bad ● **¿cómo te va?** how are you doing? **6.** (*vestir*) ● **ir en o con** to wear ● **ir de azul/de uniforme** to wear blue/a uniform **7.** (*tener aspecto físico*) to look like ● **tal como voy no puedo entrar** I can't go in looking like this **8.** (*valer*) to be ● **¿a cuánto va el pollo?** how much is the chicken? **9.** (*expresa duración gradual*) ● **ir haciendo algo** to be doing sthg ● **voy mejorando mi estilo** I'm working on improving my style **10.** (*sentar*) ● **le va fatal el color negro** black doesn't suit him at all ● **le irían bien unas vacaciones** she could do with a holiday **11.** (*referirse*) ● **ir por o con alguien** to go for sb **12.** (*en locuciones*) ● **ni me va ni me viene** (*fam*) I'm not bothered ● **¡qué va!** you must be joking! ● **vamos, no te preocupes** come on, don't worry ● **¿vamos bien a Madrid?** is this the right way to Madrid?

◆ **ir a** *v + prep* (*expresa intención*) to be going to

◆ **ir de** *v + prep* (*película, libro*) to be about

◆ **ir por** *v + prep* (*buscar*) to go and fetch

• **voy por la mitad del libro** I'm halfway through the book

• **irse** *vp* to go • **irse abajo** *(edificio)* to fall down; *(negocio)* to collapse; *(proyecto)* to fall through

ira ['ira] *f* fury, rage

Irak [i'rak] *m* ◆ **(el) Iraq** Iraq

Irán [i'ran] *m* ◆ **(el) Irán** Iran

Irlanda [ir'landa] *s* Ireland • **Irlanda del Norte** Northern Ireland

irlandés, esa [irlan'des, esa] ◇ *adj* Irish ◇ *m,f* Irishman *(f* Irishwoman) • **los irlandeses** the Irish

ironía [iro'nia] *f* irony

irónico, ca [i'roniko, ka] *adj* ironic

IRPF [i,erepe'efe] *m* (abr de Impuesto sobre la Renta de las Personas Físicas) *Spanish income tax*

irracional [iraθjo'nal] *adj* irrational

irrecuperable [irekupe'raβle] *adj* irretrievable

irregular [ireɣu'lar] *adj* **1.** irregular **2.** *(objeto, superficie)* uneven

irregularidad [ireɣulari'ðað] *f* **1.** irregularity **2.** *(de superficie, contorno)* unevenness

irresistible [iresis'tiβle] *adj* **1.** *(inaguantable)* unbearable **2.** *(apetecible)* irresistible

irresponsable [irespon'saβle] *adj* irresponsible

irreversible [ireβer'siβle] *adj* irreversible

irrigar [iri'ɣar] *vt* to irrigate

irritable [iri'taβle] *adj* **1.** *(persona)* irritable **2.** *(piel, ojos)* itchy

irritación [irita'θjon] *f* irritation

irritante [iri'tante] *adj* irritating

irritar [iri'tar] *vt* to irritate • **irritarse** *vp* to get irritated

isla ['izla] *f* island

islam [iz'lam] *m* Islam

islandés, esa [izlan'des, esa] ◇ *adj* Icelandic ◇ *m,f* Icelander

Islandia [iz'landja] *s* Iceland

islote [iz'lote] *m* islet

Israel [izra'el] *s* Israel

istmo ['izðmo] *m* isthmus

Italia [i'talja] *s* Italy

italiano, na [ita'ljano, na] *adj, m & f* Italian

itinerario [itine'rarjo] *m* itinerary

IVA ['iβa] *m* **1.** (abr de impuesto sobre el valor añadido) VAT *(Value Added Tax)* **2.** *(Amér)* (abr de impuesto sobre el valor agregado) VAT *(Value Added Tax)*

izda (abr de izquierda) left

izquierda [iθ'kjerða] *f* • **la izquierda** *(lado izquierdo)* the left; *(mano izquierda)* one's left hand • **a la izquierda** on the left • **girar a la izquierda** to turn left • **ser de izquierdas** to be left-wing

izquierdo, da [iθ'kjerðo, ða] *adj* left

jJ

jabalí [xaβa'li] *m* wild boar

jabalina [xaβa'lina] *f* javelin

jabón [xa'βon] *m* soap

jabonera [xaβo'nera] *f* soap dish

jacuzzi® [ʝa'kusi] *m* Jacuzzi®

jade ['xaðe] *m* jade

jaguar [xa'ɣuar] *m* jaguar

jalar [xa'lar] *vt* (*Andes, CAm, Carib & Méx*) (*tirar hacia sí*) to pull

jalea [xa'lea] *f* jelly ● **jalea real** royal jelly

jaleo [xa'leo] *m* **1.** (*barullo*) row (*UK*), racket **2.** (*lío*) mess

Jamaica [xa'maika] *s* Jamaica

jamás [xa'mas] *adv* never ● **lo mejor que he visto jamás** the best I've ever seen ● **nunca jamás** never ever

jamón [xa'mon] *m* ham ● **jamón de bellota** *cured ham from pigs fed on acorns* ● **jamón de Jabugo** *type of top-quality cured ham from Jabugo* ● **jamón serrano** cured ham, Parma ham ● **jamón (de) York** boiled ham

Japón [xa'pon] *m* ● **(el) Japón** Japan

japonés, esa [xapo'nes, esa] *adj, m & f* Japanese

jarabe [xa'raβe] *m* syrup ● **jarabe para la tos** cough mixture (*UK*) o syrup (*US*)

jardín [xar'ðin] *m* garden ● **jardín botánico** botanical gardens *pl* ● **jardín de infancia** nursery school ● **jardín público** park

jardinera [xarði'nera] *f* (*recipiente*) plant pot holder (*UK*), cachepot (*US*) ➤ jardinero

jardinero, ra [xarði'nero, ra] *m,f* gardener ● **a la jardinera** garnished with vegetables

jarra ['xara] *f* jug (*UK*), pitcher (*US*) ● **en jarras** (*posición*) hands on hips

jarro ['xaro] *m* jug (*UK*), pitcher (*US*)

jarrón [xa'ron] *m* vase

jaula ['xaula] *f* cage

jazmín [xaθ'min] *m* jasmine

jazz ['jas] *m* jazz

jefatura [xefa'tura] *f* **1.** (*lugar*) headquarters *pl* **2.** (*cargo*) leadership ● **jefatura de policía** police headquarters

jefe, fa ['xefe, fa] *m,f* **1.** (*de trabajador*) boss **2.** (*de empresa*) manager **3.** (*de partido, asociación*) leader **4.** (*de departamento*) head ● **jefe de gobierno** head of state

jerez [xe'reθ] *m* sherry

jerga ['xerɣa] *f* **1.** (*argot*) slang **2.** (*lenguaje difícil*) jargon

jeringuilla [xerin'giʎa] *f* syringe

jeroglífico [xero'ɣlifiko] *m* **1.** (*escritura*) hieroglyphic **2.** (*pasatiempo*) rebus

jersey [xer'sei] *m* sweater ● **jersey de cuello alto** polo neck (*UK*), turtle neck (*US*)

Jesucristo [xesu'kristo] *s* Jesus Christ

jesús [xe'sus] *interj* **1.** (*después de estornudo*) bless you! **2.** (*de asombro*) good heavens!

jinete [xi'nete] *m* rider

jirafa [xi'rafa] *f* giraffe

jirón [xi'ron] *m (Perú)* avenue

jitomate [xito'mate] *m (CAm & Méx)* tomato

joder [xo'ðer] ◇ *vt (vulg) (fastidiar)* to fuck up ◇ *vi (vulg) (copular)* to fuck ◇ *interj (vulg)* fucking hell!

Jordania [xor'ðanja] *s* Jordan

jornada [xor'naða] *f* **1.** *(de trabajo)* working day **2.** *(de viaje, trayecto)* day's journey

jornal [xor'nal] *m* day's wage

jornalero, ra [xorna'lero, ra] *m,f* day labourer

jota ['xota] *f (baile) popular dance of Aragon and Galicia*

joven ['xoβen] ◇ *adj* young ◇ *mf* young man *(f young woman)* ● **jóvenes** *mpl (juventud)* ● **los jóvenes** young people

joya ['xoja] *f* **1.** jewel **2.** *(fig) (persona)* gem

joyería [xoje'ria] *f* jeweller's (shop)

joyero, ra [xo'jero, ra] ◇ *m,f* jeweller ◇ *m* jewellery box

joystick ['joistik] *m* joystick

jubilación [xuβila'θjon] *f* **1.** *(retiro)* retirement **2.** *(pensión)* pension

jubilado, da [xuβi'laðo, ða] *m,f* pensioner *(UK)*, retiree *(US)*

jubilarse [xuβi'larse] *vp* to retire

judaísmo [xuða'izmo] *m* Judaism

judía [xu'ðia] *f* bean ● **judía tierna** young, stringless bean ● **judías blancas** haricot beans *(UK)*, navy beans *(US)* ● **judías pintas** kidney beans ● **judías verdes** green beans ➢ **judío**

judío, a [xu'ðio, a] ◇ *adj* Jewish ◇ *m,f* Jew

judo ['xuðo] *m* judo

juego ['xweɣo] *m* **1.** *(entretenimiento, en tenis)* game **2.** *(acción)* play **3.** *(con dinero)* gambling **4.** *(conjunto de objetos)* set ● **hacer juego (con algo)** to match (sthg) ● **juego de azar** game of chance ● **juego de manos** (conjuring) trick ● **juegos de sociedad** parlour games ● **juegos olímpicos** Olympic Games

juerga ['xweɣra] *f* party ● **irse de juerga** to go out on the town

jueves ['xweβes] *m inv* Thursday ● **Jueves Santo** Maundy Thursday ➢ **sábado**

juez [xweθ, θes] *(pl -ces) mf* judge ● **juez de línea** *(en fútbol)* linesman

jugador, ra [xuɣa'ðor, ra] *m,f* **1.** *(participante)* player **2.** *(de dinero)* gambler

jugar [xu'ɣar] ◇ *vi* **1.** *(entretenerse)* to play **2.** *(con dinero)* to gamble ◇ *vt* to play ◆ **jugar a** *v + prep (fútbol, parchís, etc)* to play ◆ **jugar con** *v + prep (no tomar en serio)* to play with ◆ **jugarse** *vp* **1.** *(arriesgar)* to risk **2.** *(apostar)* to bet

jugo ['xuɣo] *m* **1.** *(líquido)* juice **2.** *(interés)* substance

jugoso, sa [xu'ɣoso, sa] *adj* juicy

juguete [xu'ɣete] *m* toy

juguetería [xuɣete'ria] *f* toy shop

juguetón, ona [xuɣe'ton, ona] *adj* playful

juicio ['xwiθjo] *m* **1.** *(sensatez)* judgment **2.** *(cordura)* sanity **3.** *(ante juez, tribunal)* trial **4.** *(opinión)* opinion ● **a mi juicio** in my opinion

julio ['xuljo] *m* July ➢ **setiembre**

junco ['xunko] *m* reed

jungla ['xungla] *f* jungle

junio ['xunjo] *m* June ➤ **setiembre**

junta ['xunta] *f* **1.** committee **2.** *(sesión)* meeting

juntar [xun'tar] *vt* **1.** *(dos cosas)* to put together **2.** *(personas)* to bring together **3.** *(fondos, provisiones)* to get together ◆ **juntarse** *vp* **1.** *(ríos, caminos)* to meet **2.** *(personas)* to get together **3.** *(pareja)* to live together

junto, ta ['xunto, ta] ◇ *adj (unido)* together ◇ *adv* at the same time ● **junto a** *(al lado de)* next to; *(cerca de)* near ● **todo junto** all together

jurado [xu'raðo] *m* **1.** *(de juicio)* jury **2.** *(de concurso, oposición)* panel of judges

jurar [xu'rar] *vt & vi* to swear

jurídico, ca [xu'riðiko, ka] *adj* legal

justicia [xus'tiθja] *f* **1.** justice **2.** *(organismo)* law

justificación [xustifika'θjon] *f* justification

justificar [xustifi'kar] *vt* **1.** to justify **2.** *(persona)* to make excuses for **3.** *(demostrar)* to prove ◆ **justificarse** *vp (excusarse)* to excuse o.s.

justo, ta ['xusto, ta] ◇ *adj* **1.** *(equitativo)* fair **2.** *(exacto)* exact **3.** *(adecuado)* right **4.** *(apretado)* tight ◇ *adv* just ● **justo en medio** right in the middle

juvenil [xuβe'nil] *adj (persona)* youthful

juventud [xuβen'tuð] *f* **1.** *(etapa de la vida)* youth **2.** *(jóvenes)* young people *pl*

juzgado [xuθ'ɣaðo] *m* **1.** court **2.** *(territorio)* jurisdiction

juzgar [xuθ'ɣar] *vt* **1.** *(procesar)* to try **2.** *(considerar, opinar)* to judge

karaoke [kara'oke] *m* **1.** *(juego)* karaoke **2.** *(lugar)* karaoke bar

kárate ['karate] *m* karate

Kb *(abr escrita de kilobyte) m* Kb, KB *(kilobyte)*

kg *(abr de kilogramo)* kg *(kilogram)*

kilo ['kilo] *m (fam)* kilo ● **un cuarto de kilo de ...** a quarter of a kilo of ...

kilobyte [kilo'βait] *m* kilobyte

kilogramo [kilo'ɣramo] *m* kilogram

kilómetro [ki'lometro] *m* kilometre ● **kilómetros por hora** kilometres per hour

kimono [ki'mono] *m* kimono

kiwi ['kiwi] *m* kiwi fruit

kleenex ® ['klineks] *m inv* tissue

km *(abr de kilómetro)* km *(kilometre)*

KO ['kao] *m (abr de knock-out)* KO *(knock-out)*

l *(abr de litro)* l *(litre)*

la [la] ➤ **el, lo**

laberinto [laβe'rinto] *m* labyrinth

labio ['laβjo] *m* lip

labor [la'βor] f **1.** (trabajo) work **2.** (tarea) task **3.** (en agricultura) farmwork **4.** (de costura) needlework

laborable [laβo'raβle] ◇ adj (día) working ◇ m ▼ sólo laborables working days only

laboral [laβo'ral] adj labour (antes de s)

laboratorio [laβora'torjo] m laboratory ● laboratorio fotográfico developer's (shop)

laborioso, sa [laβo'rjoso, sa] adj **1.** (trabajador) hard-working **2.** (complicado, difícil) laborious

labrador, ra [laβra'ðor, ra] m,f (agricultor) farmer

labrar [la'βrar] vt **1.** (tierra) to farm **2.** (madera, piedra, etc) to carve

laca ['laka] f **1.** (de cabello) hairspray **2.** (barniz) lacquer

lacio, cia ['laθjo, θja] adj (cabello) straight

lacón [la'kon] m shoulder of pork ● lacón con grelos Galician dish of shoulder of pork with turnip tops

lácteo, a ['lakteo, a] adj **1.** (de leche) milk (antes de s) **2.** (producto) dairy (antes de s)

ladera [la'ðera] f **1.** (de cerro) slope **2.** (de montaña) mountainside

lado ['laðo] m **1.** side **2.** (sitio) place ● al lado (cerca) nearby ● al lado de beside ● al otro lado de on the other side of ● de lado to one side ● en otro lado somewhere else ● la casa de al lado the house next door

ladrar [la'ðrar] vi to bark

ladrido [la'ðriðo] m bark

ladrillo [la'ðriʎo] m brick

ladrón, ona [la'ðron, ona] ◇ m,f **1.** (de coches) thief **2.** (de casas) burglar **3.** (de bancos) robber ◇ m (enchufe) adapter

lagartija [laɣar'tixa] f (small) lizard

lagarto [la'ɣarto] m lizard

lago ['laɣo] m lake

lágrima ['laɣrima] f tear

laguna [la'ɣuna] f **1.** (de agua) lagoon **2.** (de ley) loophole **3.** (de memoria) gap

lamentable [lamen'taβle] adj pitiful

lamentar [lamen'tar] vt to be sorry about ◆ lamentarse vp ▼ lamentarse (de) to complain (about)

lamer [la'mer] vt to lick

lámina ['lamina] f **1.** (de papel, metal, etc) sheet **2.** (estampa) plate

lámpara ['lampara] f lamp

lampista [lam'pista] m plumber

lana ['lana] f **1.** wool **2.** (Amér) (fam) (dinero) dough

lancha ['lantʃa] f boat ● lancha motora motorboat

langosta [lan'gosta] f **1.** (crustáceo) lobster **2.** (insecto) locust

langostino [langos'tino] m king prawn ● langostinos al ajillo king prawns cooked in an earthenware dish in garlic and chilli sauce ● langostinos a la plancha grilled king prawns

lanza ['lanθa] f (arma) spear

lanzar [lan'θar] vt **1.** (pelota, dardo, etc) to throw **2.** (producto, novedad) to launch ◆ lanzarse vp **1.** (al mar, piscina, etc) to dive **2.** (precipitarse) to rush into it

lapa ['lapa] f limpet

lapicera [lapi'θera] f (CSur) pen

lapicero [lapi'θero] m **1.** (lápiz) pencil **2.**

(*CAm & Perú*) (*de tinta*) pen

lápida ['lapiða] *f* memorial stone

lápiz ['lapiθ, θes] (*pl* **-ces**) *m* pencil ● **lápiz de labios** lipstick ● **lápiz de ojos** eyeliner

largavistas [larɣa'βistas] *m inv* (*CSur*) binoculars

largo, ga ['larɣo, ɣa] ◇ *adj* long ◇ *m* length ● **tiene 15 metros de largo** it's 15 metres long ● **a la larga** in the long run ● **a lo largo de** (*playa, carretera, etc*) along; (*en el transcurso de*) throughout ● **de largo recorrido** long-distance

largometraje [larɣome'traxe] *m* feature film

laringe [la'rinxe] *f* larynx

lástima ['lastima] *f* 1. (*compasión*) pity 2. (*disgusto, pena*) shame ● **¡qué lástima!** what a pity!

lata ['lata] *f* 1. (*envase, lámina*) tin (*UK*), can 2. (*de bebidas*) can ● **ser una lata** (*fam*) to be a pain

latido [la'tiðo] *m* beat

látigo ['latiɣo] *m* whip

latín [la'tin] *m* Latin

Latinoamérica [latinoa'merika] *s* Latin America

latinoamericano, na [la,tinoameri'kano, na] *adj & m,f* Latin American

latir [la'tir] *vi* to beat

laurel [lau'rel] *m* 1. (*hoja*) bay leaf 2. (*árbol*) laurel

lava ['laβa] *f* lava

lavabo [la'βaβo] *m* 1. (*cuarto de baño*) toilet (*UK*), bathroom (*US*) 2. (*pila*) washbasin (*UK*), sink (*US*)

lavadero [laβa'ðero] *m* (*de coches*) car-wash

lavado [la'βaðo] *m* wash ● **lavado automático** automatic wash

lavadora [laβa'ðora] *f* washing machine

lavanda [la'βanda] *f* lavender

lavandería [laβande'ria] *f* 1. (*establecimiento*) launderette (*UK*), laundromat (*US*) 2. (*de hotel, residencia*) laundry

lavaplatos [laβa'platos] ◇ *m inv* (*máquina*) dishwasher ◇ *mf inv* (*persona*) dishwasher

lavar [la'βar] *vt* 1. to wash 2. ● **lavar la ropa** to do the washing o laundry (*US*) 3. ● **lavar los platos** to do the dishes o washing-up ● **lavarse** *vp* to wash ● **lavarse las manos** to wash one's hands ● **lavarse los dientes** to brush one's teeth

lavavajillas [,laβaβa'xiʎas] *m inv* 1. (*máquina*) dishwasher 2. (*detergente*) washing-up liquid (*UK*), dish-washing detergent (*US*)

laxante [lak'sante] *m* laxative

lazo ['laθo] *m* 1. (*nudo*) bow 2. (*para animales*) lasso 3. (*vínculo*) tie, link

le [le] *pron* 1. (*a él*) him 2. (*a ella*) her 3. (*a usted*) you

leal [le'al] *adj* loyal

lealtad [leal'tað] *f* loyalty

lección [lek'θjon] *f* lesson

lechal [le'tʃal] *adj* ● **cordero lechal** baby lamb

leche ['letʃe] ◇ *f* 1. milk 2. (*vulg*) (*golpe*) whack ◇ *interj* shit! ● **leche condensada** condensed milk ● **leche desnatada** o **descremada** skimmed milk ● **leche semidesnatada** semiskimmed milk (*UK*), low-fat milk (*US*) ● **leche entera**

full-cream milk (*UK*), whole milk ● **leche frita** *sweet made from fried milk, cornflour and lemon rind* ● **leche limpiadora** cleansing milk (*UK*), cleansing cream (*US*)

lechera [le'tʒera] *f* (*jarra*) milk jug ➤ **lechero**

lechería [letʒe'ria] *f* dairy

lechero, ra [le'tʒero, ra] *m,f* milkman (*f* milkwoman)

lecho ['letʒo] *m* bed

lechuga [le'tʒuɣa] *f* lettuce

lechuza [le'tʒuθa] *f* owl

lector, ra [lek'tor, ra] ◇ *m,f* **1.** (*persona*) reader **2.** (*profesor*) language assistant ◇ *m* (*aparato*) reader ● **lector de DVD** DVD player

lectura [lek'tura] *f* reading

leer [le'er] *vt* & *vi* to read

legal [le'ɣal] *adj* legal

legalidad [leɣali'ðað] *f* **1.** (*cualidad*) legality **2.** (*conjunto de leyes*) law

legible [le'xiβle] *adj* legible

legislación [lexisla'θjon] *f* legislation

legislatura [lexisla'tura] *f* term (of office)

legítimo, ma [le'xitimo, ma] *adj* **1.** (*legal*) legitimate **2.** (*auténtico*) genuine

legumbre [le'ɣumbre] *f* pulse, legume

lejano, na [le'xano, na] *adj* distant

lejía [le'xia] *f* bleach

lejos ['lexos] *adv* **1.** (*en el espacio*) far (away) **2.** (*en el pasado*) long ago **3.** (*en el futuro*) far away ● **lejos de** far from ● **a lo lejos** in the distance

lencería [lenθe'ria] *f* **1.** (*ropa interior*) lingerie **2.** (*tienda*) draper's (shop) (*UK*), dry goods store (*US*)

lengua ['lengwa] *f* **1.** (*órgano*) tongue **2.** (*idioma*) language ● **lengua de gato** ≃ chocolate finger (biscuit) ● **lengua materna** mother tongue ● **lengua oficial** official language

lenguas amerindias

Although Spanish is the official language of all the Spanish-speaking countries of Latin America, the indigenous communities in many rural areas continue to speak pre-Columbian languages. The most widespread include *Náhuatl* (spoken in Mexico and El Salvador), *Aymara* (Bolivia and Peru) and *Quechua* (Bolivia, Peru and Ecuador).

lenguas oficiales

Although Spanish is the official language of the whole of Spain, some autonomous communities have a second official language (Catalan in Catalonia, the Balearics and Valencia, Galician in Galicia, and Basque in the Basque Country). These are often the language of choice for inhabitants of these regions and are also used in official settings. Spanish is the official language in most of Latin America.

lenguado [len'gwaðo] *m* sole ● **lenguado menier** sole meunière

lenguaje [len'gwaxe] *m* language

lengüeta [leŋˈgweta] f tongue

lentamente [ˌlentaˈmente] adv slowly

lente [ˈlente] m o f lens ◆ **lentes de contacto** contact lenses ◆ **lentes** mpl (formal) (gafas) spectacles

lenteja [lenˈtexa] f lentil ◆ **lentejas estofadas** lentil stew with wine

lentitud [lentiˈtuð] f slowness

lento, ta [ˈlento, ta] ◇ adj slow ◇ adv slowly

leña [ˈleɲa] f firewood

leñador, ra [leɲaˈðor, ra] m,f woodcutter

leño [ˈleɲo] m log

Leo [ˈleo] m Leo

león, ona [leˈon, ˈona] m,f lion (f lioness)

leopardo [leoˈparðo] m 1. (animal) leopard 2. (piel) leopard skin

leotardos [leoˈtarðos] mpl thick tights

lesbiana [lezˈβjana] f lesbian

lesión [leˈsjon] f (herida) injury

letal [leˈtal] adj lethal

letra [ˈletra] f 1. (signo) letter 2. (de persona) handwriting 3. (de canción) lyrics pl 4. (de una compra) bill of exchange ◆ **letra de cambio** bill of exchange ◆ **letras** fpl (en enseñanza) arts

letrero [leˈtrero] m sign

levantamiento [leβantaˈmjento] m (sublevación) uprising ◆ **levantamiento de pesos** weightlifting

levantar [leβanˈtar] vt 1. to raise 2. (caja, peso, prohibición) to lift 3. (edificio) to build ◆ **levantarse** vp 1. (de la cama) to get up 2. (ponerse de pie) to stand up 3. (sublevarse) to rise up

levante [leˈβante] m 1. (este) east 2.

(viento) east wind ◆ **Levante** m the east coast of Spain between Castellón and Cartagena

léxico [ˈleksiko] m vocabulary

ley [ˈlei] f 1. law 2. (parlamentaria) act

leyenda [leˈjenda] f legend

liar [liˈar] vt 1. (atar) to tie up 2. (envolver) to roll up 3. (fam) (complicar) to muddle up ◆ **liarse** vp (enredarse) to get muddled up ◆ **liarse a** (comenzar a) to start to

Líbano [ˈliβano] m ◆ **(el) Líbano** Lebanon

libélula [liˈβelula] f dragonfly

liberal [liβeˈral] adj liberal

liberar [liβeˈrar] vt to free

libertad [liβerˈtað] f freedom ◆ **libertades** fpl (atrevimiento) liberties

libertador, ra [liβertaˈðor, ra] m,f liberator

Libia [ˈliβja] s Libya

libra [ˈliβra] f (moneda, unidad de peso) pound ◆ **libra esterlina** pound (sterling)

librar [liˈβrar] ◇ vt 1. (de trabajo) to free 2. (de peligro) to save 3. (letra, orden de pago) to make out ◇ vi (tener fiesta) to be off work ◆ **librarse de** v + prep (peligro, obligación) to escape from

libre [ˈliβre] adj 1. free 2. (no ocupado) vacant 3. (soltero) available ◆ **libre de** free from ◆ **libre de impuestos** tax-free ◆ **libre** (taxi) for hire

librería [liβreˈria] f 1. (establecimiento) bookshop 2. (mueble) bookcase

librero [liˈβrero] m (Chile & Méx) bookshelf

libreta [liˈβreta] f 1. (cuaderno) notebook **2.** *(de ahorros)* savings book

libro [ˈliβɾo] *m* book ● **libro de bolsillo** paperback ● **libro de cheques** cheque book ● **libro de reclamaciones** complaints book ● **libro de texto** textbook

licencia [liˈθenθja] *f* licence ● **licencia de conducir** *o* **manejar** *(Amér)* driving licence *(UK)*, driver's license *(US)*

licenciado, da [liθenˈθjaðo, ða] *m,f* graduate

licenciarse [liθenˈθjaɾse] *vp* **1.** *(en universidad)* to graduate **2.** *(de servicio militar)* to be discharged

licenciatura [liθenθjaˈtuɾa] *f* degree

liceo [liˈθeo] *m* *(CSur & Ven)* secondary school *(UK)*, high school *(US)*

licor [liˈkoɾ] *m* liquor

licorería [likoɾeˈria] *f* *(tienda)* ≃ off-licence *(UK)*, ≃ liquor store *(US)*

licuadora [likwaˈðoɾa] *f* liquidizer *(UK)*, blender *(US)*

líder [ˈliðeɾ] *mf* leader

lidia [ˈliðja] *f* *(corrida)* bullfight ● **la lidia** bullfighting

liebre [ˈljeβɾe] *f* hare

lienzo [ˈljenθo] *m* **1.** *(tela)* canvas **2.** *(pintura)* painting

liga [ˈliɣa] *f* **1.** league **2.** *(para medias)* suspender *(UK)*, garter *(US)*

ligar [liˈɣaɾ] *vt* **1.** *(atar)* to tie **2.** *(relacionar)* to link *◇ vi* ● **ligar con** *(fam)* to get off with *(UK)*, to hook up with *(US)*

ligeramente [li,xeɾaˈmente] *adv (poco)* slightly

ligero, ra [liˈxeɾo, ɾa] *adj* **1.** light **2.** *(rápido)* quick **3.** *(ágil)* agile **4.** *(leve)* slight **5.** *(vestido, tela)* thin ● **a la ligera** lightly

light [ˈlait] *adj inv* **1.** *(comida)* low-calorie, light **2.** *(bebida)* diet *(antes de s)* **3.** *(cigarrillo)* light

ligue [ˈliɣe] *m (fam) (relación)* fling ● **ir de ligue** to go out on the pull *(UK)*, to go out on the make *(US)*

liguero [liˈɣeɾo] *m* suspender belt *(UK)*, garter belt *(US)*

lija [ˈlixa] *f (papel)* sandpaper

lijar [liˈxaɾ] *vt* to sandpaper

lila [ˈlila] *adj inv & f* lilac

lima [ˈlima] *f* **1.** *(herramienta)* file **2.** *(fruto)* lime ● **lima para uñas** nail file

límite [ˈlimite] *m* **1.** limit **2.** *(línea de separación)* boundary ● **límite de velocidad** speed limit

limón [liˈmon] *m* lemon

limonada [limoˈnaða] *f* lemonade

limonero [limoˈneɾo] *m* lemon tree

limosna [liˈmozna] *f* alms *pl* ● **dar limosna** to give money ● **pedir limosna** to beg

limpiabotas [limpjaˈβotas] *m inv* shoeshine *(UK)*, boot black *(US)*

limpiacristales [,limpjakɾisˈtales] *◇ m inv (detergente)* window-cleaning fluid *◇ mf inv (persona)* window cleaner

limpiador, ra [limpjaˈðoɾ, ɾa] *m,f* cleaner

limpiaparabrisas [,limpjaparaˈβɾisas] *m inv (de automóvil)* windscreen wiper *(UK)*, windshield wiper *(US)* *◇ mf inv (persona)* windscreen cleaner *(UK)*, windshield cleaner *(US)*

limpiar [limˈpjaɾ] *vt* **1.** *(quitar suciedad)* to clean **2.** *(zapatos)* to polish **3.** *(con trapo)* to wipe **4.** *(mancha)* to wipe away **5.** *(fam)* *(robar)* to pinch ● **limpiar la casa** to do the housework

limpieza [lim'pieθa] *f* **1.** *(cualidad)* cleanliness **2.** *(acción)* cleaning **3.** *(destreza)* skill **4.** *(honradez)* honesty ● **hacer la limpieza** to do the cleaning

limpio, pia ['limpio, pia] *adj* **1.** *(sin suciedad)* clean **2.** *(pulcro)* neat **3.** *(puro)* pure **4.** *(correcto)* honest **5.** *(dinero)* net ● **en limpio** *(escrito)* fair

linaje [li'naxe] *m* lineage

lince ['linθe] *m* lynx

lindo, da ['lindo, da] *adj* **1.** pretty **2.** *(Amér)* *(agradable)* lovely **3.** ● **de lo lindo** a great deal

línea ['linea] *f* **1.** line **2.** *(pauta)* course **3.** *(aspecto)* shape ● **línea aérea** airline ● **línea telefónica** (telephone) line

lingote [lin'gote] *m* ingot ● **lingote de oro** gold ingot

lingüística [lin'gwistika] *f* linguistics *sg*

lingüístico, ca [lin'gwistiko, ka] *adj* linguistic

lino ['lino] *m* **1.** *(tejido)* linen **2.** *(planta)* flax

linterna [lin'terna] *f* *(utensilio)* torch *(UK)*, flashlight *(US)*

lío ['lio] *m* **1.** *(paquete)* bundle **2.** *(fam)* *(desorden, embrollo)* mess **3.** *(fam)* *(relación amorosa)* affair ● **hacerse un lío** to get muddled up

liquidación [likiða'θion] *f* **1.** *(de cuenta)* settlement **2.** *(de mercancías, género)* clearance sale ▼ **liquidación total** closing down sale

liquidar [liki'ðar] *vt* **1.** *(cuenta)* to settle **2.** *(mercancías, existencias)* to sell off **3.**

(fam) *(matar)* to bump off

líquido, da ['likiðo] *m* liquid

lira ['lira] *f* *(instrumento)* lyre

lirio ['lirio] *m* iris

liso, sa ['liso, sa] ◇ *adj* **1.** *(llano)* flat **2.** *(sin asperezas)* smooth **3.** *(vestido, color)* plain **4.** *(pelo)* straight ◇ *m,f* *(Amér)* rude person

lista ['lista] *f* **1.** *(enumeración)* list **2.** *(de tela)* strip ● **lista de boda** wedding list ● **lista de correos** poste restante ● **lista de espera** waiting list ● **lista de precios** price list ● **lista de vinos** wine list

listín [lis'tin] *m* directory ● **listín telefónico** telephone directory

listo, ta ['listo, ta] ◇ *adj* **1.** *(inteligente, astuto)* clever **2.** *(preparado)* ready ◇ *interj* I'm/we're/it's ready!

listón [lis'ton] *m* **1.** *(de madera)* lath **2.** *(en deporte)* bar

lisura [li'sura] *f* *(Amér)* swearword

litera [li'tera] *f* **1.** *(de tren)* couchette **2.** *(de barco)* berth **3.** *(mueble)* bunk (bed)

literal [lite'ral] *adj* literal

literario, ria [lite'rario, ria] *adj* literary

literatura [litera'tura] *f* literature

litro ['litro] *m* litre

llaga ['ʎaɣa] *f* wound

llama ['ʎama] *f* **1.** *(de fuego)* flame **2.** *(animal)* llama

llamada [ʎa'maða] *f* call ● **hacer una llamada a cobro revertido** to reverse the charges *(UK)*, to call collect *(US)* ● **llamada en espera** call waiting ● **llamada interprovincial** national call ● **llamada interurbana** long-distance call ● **llamada local** local call ● **llamada**

metropolitana local call • **llamada provincial** ≃ local area call (*UK*), ≃ regional toll call (*US*) • **llamada telefónica** telephone call

llamada telefónica

Al responder al teléfono, lo normal es decir *hello*. Algunas personas dicen también su número de teléfono: *Hello. 842157.* En un ambiente de trabajo, lo normal es decir *hello* y el nombre de la persona que ha respondido la llamada. Si la persona que llama dice *can I speak to...?* y esa persona eres tú, respondes diciendo *speaking* en inglés británico y *this is she/he* en inglés americano. La persona que ha recibido la llamada dice *thanks for calling*. Para terminar una llamada de una forma más informal se puede decir *speak to you soon*, y cuando hablas con amigos o familiares, *lots of love*.

llamar [ʎa'mar] ◇ *vt* to call ◇ *vi* **1.** (*a la puerta*) to knock **2.** (*al timbre*) to ring • **llamar por teléfono** to phone • **llamarse** *vp* to be called • **¿cómo te llamas?** what's your name?

llano, na ['ʎano, na] ◇ *adj* **1.** (*superficie, terreno*) flat **2.** (*amable*) straightforward ◇ *m* plain

llanta ['ʎanta] *f* **1.** (*de rueda*) rim **2.** (*Amér*) (*rueda de coche, camión*) wheel, tyre

llanura [ʎa'nura] *f* plain

llave ['ʎaβe] *f* **1.** key **2.** (*para tuercas*) spanner (*UK*), wrench (*US*) **3.** (*signo ortográfico*) curly bracket • **echar la llave** to lock up • **llave de contacto** ignition key • **llave inglesa** monkey wrench • **llave maestra** master key • **llave de paso** mains tap

llegada [ʎe'ɣaða] *f* **1.** (*de viaje, trayecto, etc*) arrival **2.** (*en deporte*) finish • **llegadas** *fpl* (*de tren, avión, etc*) arrivals ▼ **llegadas internacionales** international arrivals

llegar [ʎe'ɣar] *vi* **1.** (*a un lugar*) to arrive **2.** (*fecha, momento*) to come **3.** (*ser suficiente*) to be enough • **llegar a** o **hasta** (*extenderse*) to reach • **no llegué a verla** I didn't manage to see her • **llegar a** *v + prep* **1.** (*presidente, director*) to become **2.** (*edad, altura, temperatura*) to reach • **llegar a conocer** to get to know • **llegar a ser** to become

llenar [ʎe'nar] *vt* **1.** (*recipiente, espacio*) to fill **2.** (*impreso*) to fill out • **llenarse** *vp* **1.** (*lugar*) to fill up **2.** (*hartarse*) to be full • **llenarse de** *v + prep* (*cubrirse*) to get covered with

lleno, na ['ʎeno, na] ◇ *adj* **1.** (*ocupado*) full **2.** (*espectáculo, cine*) sold out ◇ *m* (*en espectáculo*) full house • **de lleno** (*totalmente*) completely

llevar [ʎe'βar]
◇ *vt* **1.** (*transportar*) to carry • **el barco lleva carga y pasajeros** the boat carries cargo and passengers **2.** (*acompañar*) to take • **llevó al niño a casa** she took the child home • **me llevaron en coche** they drove me there **3.** (*prenda, objeto personal*) to wear • **lleva gafas** he wears glasses • **no llevamos dinero**

we don't have any money on us **4.** (*coche, caballo*) to handle **5.** (*conducir*) to drive **6.** (*ocuparse, dirigir*) to be in charge of ● **lleva muy bien sus estudios** he's doing very well in his studies **7.** (*tener*) to have ● **llevar el pelo largo** to have long hair ● **llevas las manos sucias** your hands are dirty **8.** (*soportar*) to deal with **9.** (*con tiempo*) ● **lleva tres semanas de viaje** he's been travelling for three weeks ● **me llevó mucho tiempo hacer el trabajo** I took a long time to get the work done **10.** (*sobrepasar*) ● **te llevo seis puntos** I'm six points ahead of you ● **le lleva seis años** she's six years older than him ◇ *vt* **1.** (*dirigirse*) to lead ● **este camino lleva a Madrid** this road leads to Madrid **2.** (*haber*) ● **llevo leída media novela** I'm halfway through the novel **3.** (*estar*) ● **lleva viniendo cada día** she's been coming every day ◆ **llevarse** *vp* (*coger*) to take; (*conseguir, recibir*) to get; (*estar de moda*) to be in (fashion) ● **llevarse bien/mal (con)** to get on well/badly (with)

llorar [ʎoˈɾaɾ] *vi* to cry ◇ *vt* to mourn

llorón, ona [ʎoˈɾon, ona] *m,f* crybaby

llover [ʎoˈβeɾ] *vi* ● **está lloviendo** it's raining ◇ *vi* (*ser abundante*) to rain down ● **llover a cántaros** to rain cats and dogs

llovizna [ʎoˈβiθna] *f* drizzle

lloviznar [ʎoβiðˈnaɾ] *vi* ● **está lloviznando** it's drizzling

lluvia [ˈʎuβja] *f* **1.** rain **2.** (*fig*) (*de preguntas*) barrage

lluvioso, sa [ʎuˈβjoso, sa] *adj* rainy

lo, la [lo, la] ◇ *pron* ll *pl* **2.** (*persona*) him (*f* her), them *pl* **3.** (*usted, ustedes*) you ◇ *pron neutro* it ◇ *art* ● **lo mejor** the best ● **lo bueno** del asunto the good thing about it ● **ella es guapa, él no lo es** she's good-looking, he isn't ● **siento lo de tu padre** I'm sorry about your father ● **lo que** what

lobo, ba [ˈloβo, βa] *m,f* wolf

local [loˈkal] ◇ *adj* local ◇ *m* (*lugar*) premises *pl*

localidad [lokaliˈðað] *f* **1.** (*población*) town **2.** (*asiento*) seat **3.** (*entrada*) ticket

localización [lokaliθaˈθjon] *f* location

localizar [lokaliˈθaɾ] *vt* **1.** (*encontrar*) to locate **2.** (*limitar*) to localize ◆ **localizarse** *vp* (*situarse*) to be located

loción [loˈθjon] *f* lotion ● **loción bronceadora** suntan lotion

loco, ca [ˈloko, ka] ◇ *adj* mad ◇ *m,f* madman (*f* madwoman) ● **loco por** (*aficionado*) mad *UK* ◇ crazy *US* about ● **a lo loco** (*sin pensar*) hastily ● **volver loco a alguien** to drive sb crazy

locomotora [lokomoˈtoɾa] *f* engine, locomotive

locura [loˈkuɾa] *f* **1.** (*falta de juicio*) madness **2.** (*acción insensata*) folly

locutor, ra [lokuˈtoɾ, ɾa] *m,f* presenter

locutorio [lokuˈtoɾjo] *m* **1.** (*de emisora*) studio **2.** (*de convento*) visiting room

lodo [ˈloðo] *m* mud

lógica [ˈloxika] *f* logic

lógico, ca [ˈloxiko, ka] *adj* logical

logrado, da [loˈɣɾaðo, ða] *adj* (*bien hecho*) accomplished

lograr [lo'ɣrar] *vt* **1.** *(resultado, objetivo)* to achieve **2.** *(beca, puesto)* to obtain ● **lograr hacer algo** to manage to do sthg ● **lograr que alguien haga algo** to manage to get sb to do sthg

logro ['loɣro] *m* achievement

lombriz [lom'briθ, θes] *(pl* **-ces)** *f* earthworm

lomo ['lomo] *m* **1.** *(de animal)* back **2.** *(carne)* loin **3.** *(de libro)* spine ● **lomo de cerdo** pork loin ● **lomo embuchado** pork loin stuffed with seasoned mince ● **lomo ibérico** cold, cured pork sausage ● **lomos de merluza** hake steak *sg*

lona ['lona] *f* canvas

loncha ['lontʃa] *f* slice

lonche ['lontʃe] *m (Amér)* lunch

Londres ['londres] *s* London

longaniza [longa'niθa] *f* type of spicy, cold pork sausage

longitud [lonxi'tuð] *f* length

lonja ['lonxa] *f* **1.** *(edificio)* exchange **2.** *(loncha)* slice

loro ['loro] *m* parrot

lote ['lote] *m (porción)* share

lotería [lote'ria] *f* lottery ● **lotería primitiva** twice-weekly state-run lottery

lotero, ra [lo'tero, ra] *m,f* lottery ticket seller

loza [lo'θa] *f* **1.** *(material)* earthenware **2.** *(porcelana)* china **3.** *(vajilla)* crockery

ltda. *(abr de* limitada) Ltd. *(limited)*

lubina [lu'βina] *f* sea bass

lubricante [luβri'kante] *m* lubricant

lucha ['lutʃa] *f* **1.** *(pelea)* fight **2.** *(oposición)* struggle ● **lucha libre** all-in wrestling

luchador, ra [lutʃa'ðor, ra] *m,f* fighter

luchar [lu'tʃar] *vi* **1.** *(pelear)* to fight **2.** *(esforzarse)* to struggle

luciérnaga [lu'θjernaɣa] *f* glow-worm

lucir [lu'θir] ◇ *vt (llevar puesto)* to wear ◇ *vi* **1.** to shine **2.** *(Amér) (verse bien)* to look good ◆ **lucirse** *vp* **1.** *(quedar bien)* to shine **2.** *(exhibirse)* to be seen **3.** *(fam) (hacer el ridículo)* to mess things up

lucro ['lukro] *m* profit

lúdico, ca ['luðiko, ka] *adj* ● **actividades lúdicas** fun and games

luego ['lweɣo] ◇ *adv* **1.** *(justo después)* then **2.** *(más tarde)* later **3.** *(Amér) (pronto)* soon ◇ *conj* so ● **desde luego** *(sin duda)* of course; *(para reprochar)* for heaven's sake ● **luego luego** *(Chile &* Méx) straight away

lugar [lu'ɣar] *m* place ● **tener lugar** to take place ● **en lugar de** instead of

lujo ['luxo] *m* **1.** luxury **2.** *(abundancia)* profusion ● **de lujo** luxury *(antes de s)*

lujoso, sa [lu'xoso, sa] *adj* luxurious

lujuria [lu'xurja] *f* lust

lumbago [lum'baɣo] *m* lumbago

luminoso, sa [lumi'noso, sa] *adj* bright

luna ['luna] *f* **1.** *(astro)* moon **2.** *(de vidrio)* window (pane)

lunar [lu'nar] *m (de la piel)* mole ◆ **lunares** *mpl (estampado)* spots *(UK)*, polka dots *(US)*

lunes ['lunes] *m inv* Monday ➢ **sábado**

luneta [lu'neta] *f (de coche)* windscreen *(UK)*, windshield *(US)* ● **luneta térmica** demister *(UK)*, defogger *(US)*

lupa ['lupa] *f* magnifying glass

lustrabotas [lustra'βotas] *m inv (Andes &* RP) bootblack

lustrador [lustra'ðor] *m* (*Andes & RP*) bootblack

luto ['luto] *m* mourning

luz ['luθ, θes] (*pl* **-ces**) *f* **1.** light **2.** (*electricidad*) electricity ● **luz solar** sunlight ● **dar a luz** to give birth ◆ **luces** *fpl* (*de coche*) lights

lycra ® ['likra] *f* Lycra ®

m (*abr de metro*) m (*metre*)

macanudo [maka'nuðo] *adj* (*CSur & Perú*) (*fam*) great

macarrones [maka'rones] *mpl* macaroni *sg*

macedonia [maθe'ðonja] *f* ● **macedonia (de frutas)** fruit salad

maceta [ma'θeta] *f* flowerpot

machacar [matʃa'kar] *vt* to crush

machismo [ma'tʃizmo] *m* machismo

machista [ma'tʃista] *mf* male chauvinist

macho ['matʃo] ◇ *adj* **1.** (*animal, pieza*) male **2.** (*hombre*) macho ◇ *m* **1.** (*animal*) male **2.** (*de enchufe*) male plug

macizo, za [ma'θiθo, θa] ◇ *adj* solid ◇ *m* **1.** (*de montañas*) massif **2.** (*de flores*) flowerbed

macramé [makra'me] *m* macramé

macuto [ma'kuto] *m* backpack

madeja [ma'ðexa] *f* hank

madera [ma'ðera] *f* **1.** wood **2.** (*pieza*) piece of wood ● **de madera** wooden

madrastra [ma'ðrastra] *f* stepmother

madre ['maðre] *f* mother ● **madre política** mother-in-law ● **madre soltera** single mother ● **¡madre mía!** Jesus!

madreselva [maðre'selβa] *f* honeysuckle

Madrid [ma'ðrið] *s* Madrid

madriguera [maðri'ɣera] *f* **1.** (*de tejón*) den **2.** (*de conejo*) burrow

madrileño, ña [maðri'leɲo, ɲa] ◇ *adj* of/relating to Madrid ◇ *m,f* native/inhabitant of Madrid

madrina [ma'ðrina] *f* **1.** (*de bautizo*) godmother **2.** (*de boda*) bridesmaid **3.** (*de fiesta, acto*) patroness

madrugada [maðru'ɣaða] *f* **1.** (*noche*) early morning **2.** (*amanecer*) dawn

madrugador, ra [maðruɣa'ðor, ra] *adj* early-rising

madrugar [maðru'ɣar] *vi* to get up early

madurar [maðu'rar] ◇ *vt* (*proyecto, plan, idea*) to think through ◇ *vi* **1.** (*fruto*) to ripen **2.** (*persona*) to mature

madurez [maðu'reθ] *f* **1.** (*sensatez*) maturity **2.** (*edad adulta*) adulthood **3.** (*de fruto*) ripeness

maduro, ra [ma'ðuro, ra] *adj* **1.** (*fruto, grano*) ripe **2.** (*sensato, mayor*) mature **3.** (*proyecto, plan, idea*) well thought-out

maestría [maes'tria] *f* (*habilidad*) mastery

maestro, tra [ma'estro, tra] *m,f* **1.** (*de escuela*) teacher **2.** (*de arte, oficio*) master **3.** (*músico*) maestro

mafia ['mafja] *f* mafia

magdalena [maɣða'lena] *f* fairy cake

(*UK*), cupcake (*US*)

magia [ˈmaxja] *f* magic

mágico, ca [ˈmaxiko, ka] *adj* **1.** (*maravilloso*) magical **2.** (*de la magia*) magic

magistrado, da [maxisˈtraðo, ða] *m,f* (*de justicia*) judge

magistratura [maxistraˈtura] *f* **1.** (*tribunal*) tribunal **2.** (*cargo*) judgeship

magnate [maɣˈnate] *m* magnate

magnesio [maɣˈnesjo] *m* magnesium

magnético, ca [maɣˈnetiko, ka] *adj* magnetic

magnetófono [maɣneˈtofono] *m* tape recorder

magnífico, ca [maɣˈnifiko, ka] *adj* magnificent

magnitud [maɣniˈtuð] *f* magnitude

magnolia [maɣˈnolja] *f* magnolia

mago, ga [ˈmaɣo, ɣa] *m,f* **1.** (*en espectáculo*) magician **2.** (*personaje fantástico*) wizard

magro, gra [ˈmaɣro, ɣra] *adj* (*carne*) lean

maicena [majˈθena] *f* cornflour (*UK*), cornstarch (*US*)

maillot [maˈʎot] *m* **1.** (*de ballet, deporte*) maillot **2.** (*de ciclista*) jersey

maíz [maˈiθ] *m* maize (*UK*), corn (*US*)

majestuoso, sa [maxesˈtwoso, sa] *adj* majestic

majo, ja [ˈmaxo, xa] *adj* **1.** (*agradable*) nice **2.** (*bonito*) pretty

mal [ˈmal] ⋄ *m* **1.** (*daño*) harm **2.** (*enfermedad*) illness ⋄ *adv* **1.** (*incorrectamente*) wrong **2.** (*inadecuadamente*) badly ⋄ *adj* ➢ **malo** ● **el mal** evil ● **encontrarse mal** to feel ill ● **oír/ver mal** to have poor hearing/eyesight ●

oler mal to smell bad ● **saber mal** to taste bad ● **sentar mal a alguien** (*ropa*) not to suit sb; (*comida*) to disagree with sb; (*comentario*) to upset sb ● **ir de mal en peor** to go from bad to worse

Malasia [maˈlasja] *s* Malaysia

malcriar [malkriˈar] *vt* to spoil

maldad [malˈdað] *f* **1.** (*cualidad*) evil **2.** (*acción*) evil thing

maldición [maldiˈθjon] *f* curse

maldito, ta [malˈdito, ta] *adj* damned ● **¡maldita sea!** damn it!

maleable [maleˈaβle] *adj* malleable

malecón [maleˈkon] *m* **1.** (*atracadero*) jetty **2.** (*rompeolas*) breakwater **3.** (*Amér*) (*passeo marítimo*) seafront promenade

maleducado, da [maleðuˈkaðo, ða] *adj* rude

malentendido [ˌmalentenˈdiðo] *m* misunderstanding

malestar [malesˈtar] *m* **1.** (*inquietud*) uneasiness **2.** (*dolor*) discomfort

maleta [maˈleta] *f* suitcase ● **hacer las maletas** to pack (one's bags)

maletero [maleˈtero] *m* boot (*UK*), trunk (*US*)

maletín [maleˈtin] *m* briefcase

malformación [ˌmalformaˈθjon] *f* malformation

malgastar [malɣasˈtar] *vt* (*dinero, esfuerzo, tiempo*) to waste

malhablado, da [malaˈβlaðo, ða] *adj* foul-mouthed

malhechor, ra [maleˈtʃor, ra] *adj* criminal

malhumorado, da [ˌmalumoˈraðo, ða] *adj* bad-tempered

malicia [ma'liθja] *f* **1.** *(maldad)* wickedness **2.** *(mala intención)* malice **3.** *(astucia)* sharpness

malintencionado, da [ˌmalintenθjo-'naðo, ða] *adj* malicious

malla ['maʎa] *f* **1.** *(tejido)* mesh **2.** *(traje)* leotard ◆ **mallas** *fpl* *(pantalones)* leggings

Mallorca [ma'ʎorka] *s* Majorca

malo, la ['malo, la] *(peor es el comparativo y el superlativo de malo) adj* **1.** bad **2.** *(travieso)* naughty ● **estar malo** *(enfermo)* to be ill ● **estar de malas** to be in a bad mood ● **por las malas** by force

malograr [malo'ɣrar] *vt (Amér)* to waste ◆ **malograrse** *vp (Amér)* to fail

malpensado, da [malpen'saðo, ða] *m,f* malicious person

maltratador, ra *m,f* domestic abuser

maltratar [maltra'tar] *vt* **1.** *(persona)* to ill-treat **2.** *(objeto)* to damage

mamá [ma'ma] *f (fam)* mum (UK), mom (US) ● **mamá grande** *(Amér)* grandma

mamadera [mama'ðera] *f* **1.** *(CSur & Perú)* *(biberón)* (baby's) bottle **2.** *(tetilla)* teat *(UK)*, nipple *(US)*

mamar [ma'mar] *vt & vi* to suckle

mamífero [ma'mifero] *m* mammal

mamila [ma'mila] *f (Cuba, Méx & Ven)* baby bottle

mampara [mam'para] *f* screen

manada [ma'naða] *f (de vacas)* herd

mánager ['manaxer] *m* manager

manantial [manan'tjal] *m* spring

mancha ['mantʃa] *f* stain

manchar [man'tʃar] *vt* **1.** *(ensuciar)* to make dirty **2.** *(con manchas)* to stain ◆

mancharse *vp* to get dirty

manco, ca ['manko, ka] *adj* one-handed

mancuerna [man'kwerna] *f (Amér)* cufflink

mandar [man'dar] *vt* **1.** *(suj: ley, orden)* to decree **2.** *(ordenar)* to order **3.** *(dirigir)* to be in charge of **4.** *(enviar)* to send ● **mandar hacer algo** to have sthg done ● **¿mande?** *(Amér)* eh? *(UK)*, excuse me? *(US)*

mandarina [manda'rina] *f* mandarin, tangerine

mandíbula [man'diβula] *f* jaw

mando ['mando] *m* **1.** *(autoridad)* command **2.** *(jefe)* leader **3.** *(instrumento)* control ● **mando a distancia** remote control

manecilla [mane'θiʎa] *f* hand *(of clock)*

manejable [mane'xaβle] *adj* manageable

manejar [mane'xar] *vt* **1.** *(herramienta, persona)* to handle **2.** *(aparato)* to operate **3.** *(dinero)* to manage **4.** *(Amér) (conducir)* to drive

manejo [ma'nexo] *m* **1.** *(de instrumento)* handling **2.** *(de aparato)* operation **3.** *(de dinero)* management **4.** *(engaño, astucia)* intrigue

manera [ma'nera] *f* way ● **lo hizo de cualquier manera** he did it any old how ● **de cualquier manera, no me queda dinero** anyway, I don't have any money left ● **de esta manera** *(así)* this way ● **de ninguna manera** certainly not ● **de manera que** *(así que)* so (that) ◆ **maneras** *fpl (comportamiento)* manners

manga ['manga] *f* **1.** *(de vestido)* sleeve **2.** *(tubo flexible)* hosepipe *(UK)*, hose *(US)* **3.** *(de campeonato)* round

mango ['mango] *m* **1.** *(asa)* handle **2.** *(fruto)* mango

manguera [man'gera] *f* hosepipe *(UK)*, hose *(US)*

maní [ma'ni] *m (Andes, CAm & RP)* peanut

manía [ma'nia] *f* **1.** *(obsesión)* obsession **2.** *(afición exagerada)* craze **3.** *(antipatía)* dislike

maniático, ca [mani'atiko, ka] ◇ *adj (tiquismiquis)* fussy ◇ *m,f* ● **es un maniático del fútbol** he's football crazy

manicomio [mani'komjo] *m* mental hospital

manicura [mani'kura] *f* manicure ● **hacerse la manicura** to have a manicure

manifestación [manifesta'θjon] *f* **1.** *(de personas)* demonstration **2.** *(muestra)* display **3.** *(declaración)* expression

manifestante [manifes'tante] *mf* demonstrator

manifestar [manifes'tar] *vt* **1.** *(declarar)* to express **2.** *(mostrar)* to show ◆ **manifestarse** *vp* to demonstrate

manifiesto, ta [mani'fjesto, ta] ◇ *adj* clear ◇ *m* manifesto

manillar [mani'ʎar] *m* handlebars *pl*

maniobra [ma'njoβra] *f* **1.** *(de coche, barco, tren)* manoeuvre **2.** *(astucia)* trick

manipular [manipu'lar] *vt* **1.** *(con las manos)* to handle **2.** *(persona, información)* to manipulate

maniquí [mani'ki] ◇ *m (muñeco)* dummy ◇ *mf (persona)* model

manito [ma'nito] *m (Amér) (fam)* pal

manivela [mani'βela] *f* crank

mano ['mano] ◇ *f* **1.** hand **2.** *(capa)* coat ◇ *m (CAm & Méx)* pal ● **tuve que escribirlo a mano** I had to write it by hand ● **¿tienes una calculadora a mano?** do you have a calculator to hand? ● **a mano derecha** on the right ● **de segunda mano** second-hand ● **dar la mano a alguien** to shake hands with sb ● **echar una mano a alguien** to lend sb a hand ● **mano de obra** *(trabajadores)* workforce

manoletina [manole'tina] *f (zapato)* type of open, low-heeled shoe, often with a bow

manopla [ma'nopla] *f* mitten

manosear [manose'ar] *vt* to handle roughly

mansión [man'sjon] *f* mansion

manso, sa ['manso, sa] *adj* **1.** *(animal)* tame **2.** *(persona)* gentle

manta ['manta] *f* blanket

manteca [man'teka] *f* **1.** *(de animal)* fat **2.** *(de cerdo)* lard **3.** *(de cacao, leche)* butter

mantecado [mante'kaðo] *m* **1.** *(dulce)* shortcake **2.** *(sorbete)* ice-cream made of milk, eggs and sugar

mantel [man'tel] *m* tablecloth

mantelería [mantele'ria] *f* table linen

mantener [mante'ner] *vt* **1.** to keep **2.** *(sujetar)* to support **3.** *(defender)* to maintain **4.** *(relación, correspondencia)* to have ◆ **mantenerse** *vp* **1.** *(edificio)* to be standing **2.** *(alimentarse)* to support o.s.

mantenimiento [manteni'mjento] *m* **1.** *(de persona)* sustenance **2.** *(de edificio, coche)* maintenance

mantequería [manteke'ria] *f* dairy

mantequilla [mante'kiʎa] *f* butter

mantero, ra *m,f* (*fam*) (*vendedor callejero*) *person who sells bootleg CDs displayed on a cloth on the pavement*

mantilla [man'tiʎa] *f* (*de mujer*) mantilla

mantón [man'ton] *m* shawl

manual [ma'nwal] *adj* & *m* manual

manuscrito [manus'krito] *m* manuscript

manzana [man'θana] *f* 1. (*fruto*) apple 2. (*de casas*) block ● **manzana al horno** baked apple

manzanilla [manθa'niʎa] *f* 1. (*infusión*) camomile tea 2. (*vino*) manzanilla (sherry)

manzano [man'θano] *m* apple tree

mañana [ma'ɲana] ◇ *f* morning ◇ *adv* & *m* tomorrow ● **las dos de la mañana** two o'clock in the morning ● **mañana por la mañana** tomorrow morning ● **por la mañana** in the morning

mapa ['mapa] *m* map

maqueta [ma'keta] *f* model

maquillaje [maki'ʎaxe] *m* 1. (*producto*) make-up 2. (*acción*) making-up

maquillar [maki'ʎar] *vt* to make up ● **maquillarse** *vp* to put on one's make up

máquina ['makina] *f* 1. (*aparato*) machine 2. (*locomotora*) engine 3. (*Amér*) (*coche*) car ● **a máquina** by machine ● **máquina de afeitar** electric razor ● **máquina de coser** sewing machine ● **máquina de escribir** typewriter ● **máquina fotográfica** camera ● **máquina tragaperras** slot machine

maquinaria [maki'narja] *f* (*conjunto de máquinas*) machinery

maquinilla [maki'niʎa] *f* razor

maquinista [maki'nista] *mf* (*de metro, tren*) engine driver (*UK*), engineer (*US*)

mar ['mar] *m* o *f* sea ● **Mar** *m* ● **el Mar del Norte** the North Sea

maracas [ma'rakas] *fpl* maracas

maratón [mara'ton] *m* 1. marathon

maravilla [mara'βiʎa] *f* 1. (*cosa extraordinaria*) marvel 2. (*impresión*) wonder

maravilloso, sa [maraβi'ʎoso, sa] *adj* marvellous

marca ['marka] *f* 1. (*señal, huella*) mark 2. (*nombre*) brand 3. (*en deporte*) record ● **de marca** (*ropa, producto*) designer (*antes de s*) ● **marca registrada** registered trademark

marcado, da [mar'kaðo, ða] *adj* marked

marcador [marka'ðor] *m* 1. (*panel*) scoreboard 2. (*rotulador*) marker (pen)

marcapasos [marka'pasos] *m inv* pacemaker

marcar [mar'kar] *vt* 1. (*poner señal*) to mark 2. (*anotar*) to note down 3. (*un tanto*) to score 4. (*suj: termómetro, contador*) to read 5. (*suj: reloj*) to say 6. (*número de teléfono*) to dial 7. (*pelo*) to set 8. (*con el precio*) to price ● **marcar un gol** to score a goal ● **marcar un número** to dial a number

marcha ['martʃa] *f* 1. (*partida*) departure 2. (*de vehículo*) gear 3. (*desarrollo*) progress 4. (*fam*) (*animación*) life 5. (*pieza musical*) march ● **dar marcha atrás** to reverse ● **en marcha** (*motor*) running ● **poner en marcha** to start

marchar [mar'tʃar] *vi* 1. (*aparato, meca-*

nismo) to work **2.** *(asunto, negocio)* to go well **3.** *(soldado)* to march ◆ **marcharse** *vp* **1.** *(irse)* to go **2.** *(partir)* to leave

marchitarse [martʃi'tarse] *vp* to wither

marchoso, sa [mar'tʃoso, sa] *adj (fam)* lively

marciano, na [mar'θjano, na] *m,f* **1.** *(de Marte)* Martian **2.** *(extraterrestre)* alien

marco ['marko] *m* **1.** frame **2.** *(límite)* framework

marea [ma'rea] *f* tide ● **marea negra** oil slick

mareado, da [mare'aðo, ða] *adj* **1.** *(con náuseas)* sick **2.** *(en coche)* carsick **3.** *(en barco)* seasick **4.** *(en avión)* airsick **5.** *(aturdido)* dizzy

marearse [mare'arse] *vp* **1.** *(en coche)* to be carsick **2.** *(en barco)* to be seasick **3.** *(en avión)* to be airsick **4.** *(aturdirse)* to get dizzy

marejada [mare'xaða] *f* heavy sea

marejadilla [marexa'ðiʎa] *f* slight swell

maremoto [mare'moto] *m* tidal wave

mareo [ma'reo] *m* **1.** *(náuseas)* sickness **2.** *(aturdimiento)* dizziness

marfil [mar'fil] *m* ivory

margarina [marɣa'rina] *f* margarine

margarita [marɣa'rita] *f* daisy

margen ['marxen] ◇ *m* **1.** *(de página, beneficio)* margin **2.** *(de camino)* side **3.** *(tiempo, de actuar)* leeway ◇ *f (de río)* bank

marginación [marxina'θjon] *f* exclusion

marginado, da [marxi'naðo, ða] *m,f* outcast

mariachi [ma'rjatʃi] *m (Méx) (orquesta)* mariachi band

maricón [mari'kon] *m (vulg)* poof

marido [ma'riðo] *m* husband

marihuana [mari'wana] *f* marijuana

marina [ma'rina] *f* **1.** *(armada)* navy **2.** *(cuadro)* seascape

marinero, ra [mari'nero, ra] *adj (ropa)* sailor *(antes de s)* ● **a la marinera** *cooked in a white wine and garlic sauce*

marino [ma'rino] *m* sailor

marioneta [marjo'neta] *f (muñeco)* puppet ◆ **marionetas** *fpl (teatro)* puppet show *sg*

mariposa [mari'posa] *f* butterfly

mariquita [mari'kita] *f* ladybird *(UK)*, ladybug *(US)*

mariscada [maris'kaða] *f* seafood dish

marisco [ma'risko] *m* seafood

marisma [ma'risma] *f* salt marsh

marítimo, ma [ma'ritimo, ma] *adj* **1.** *(paseo)* seaside *(antes de s)* **2.** *(barco)* seagoing

mármol ['marmol] *m* marble

marqués, esa [mar'kes, sa] *m,f* marquis *(f* marchioness*)*

marquesina [marke'sina] *f* **1.** *(de puerta, andén)* glass canopy **2.** *(parada de auto-*

bús) bus shelter

marrano, na [ma'rano, na] ◇ *adj* **1.** (*sucio*) filthy **2.** (*innoble*) contemptible ◇ *m,f* (*cerdo*) pig

marrón [ma'ron] *adj inv* brown

marroquí [maro'ki] *adj & mf* Moroccan

Marruecos [ma'ɾuekos] *s* Morocco

martes ['martes] *m inv* Tuesday ➤ sábado

martillo [mar'tiʎo] *m* hammer

mártir ['martir] *mf* martyr

marzo ['marθo] *m* March ➤ setiembre

más ['mas]

◇ *adv* **1.** (*comparativo*) more ● Pepe es más ambicioso Pepe is more ambitious ● tengo más hambre I'm hungrier ● más de/que more than ● más ... que ... more ... than ... ● de más (*de sobra*) left over **2.** (*superlativo*) more ● el/la más ... the most ... ● el más listo the cleverest **3.** (*en frases negativas*) any more ● no necesitas más trabajo you don't need any more work **4.** (*con pron interrogativo o indefinido*) else ● ¿quién/ qué más? who/what else? ● nadie más no one else **5.** (*indica intensidad*) ¡qué día más bonito! what a lovely day! ● ¡es más tonto! he's so stupid! **6.** (*indica suma*) plus ● dos más dos igual a cuatro two plus two is four **7.** (*indica preferencia*) ● más vale que te quedes en casa it would be better for you to stay at home **8.** (*en locuciones*) ● es más what is more ● más bien rather ● más o menos more or less ● poco más little more ● por más que however much ● por más que lo intente however hard she tries ● ¿qué más

da? what difference does it make? ◇ *m inv* ● tiene sus más y sus menos it has its good points and its bad points

masa ['masa] *f* **1.** mass **2.** (*de pan, bizcocho*) dough **3.** (*Amér*) (*dulce*) small cake

masaje [ma'saxe] *m* massage

masajista [masa'xista] *mf* masseur (*f* masseuse)

mascar [mas'kar] *vt* to chew

máscara ['maskara] *f* mask

mascarilla [maska'riʎa] *f* **1.** (*crema, loción*) face pack (*UK*) o mask (*US*) **2.** (*para nariz y boca*) mask

mascota [mas'kota] *f* mascot

masculino, na [masku'lino, na] *adj* **1.** (*sexo*) male **2.** (*viril*) manly **3.** (*en gramática*) masculine

masía [ma'sia] *f* farm (*in Aragon or Catalonia*)

masticar [masti'kar] *vt* to chew

mástil ['mastil] *m* (*de barco*) mast

matadero [mata'ðero] *m* slaughterhouse

matador [mata'ðor] *m* matador

matamoscas [mata'moskas] *m inv* **1.** (*palo*) flyswatter **2.** (*espray*) flyspray

matanza [ma'tanθa] *f* **1.** (*de personas, animales*) slaughter **2.** (*de cerdo*) pig-killing

matar [ma'tar] *vt* **1.** to kill **2.** (*hacer sufrir*) to drive mad **3.** (*brillo, color*) to tone down **4.** (*en cartas*) to beat **5.** (*en ajedrez*) to take ◆ **matarse** *vp* (*tomarse interés, trabajo*) to go to great lengths

matarratas [mata'ratas] *m inv* **1.** (*insecticida*) rat poison **2.** (*bebida mala*) rotgut

matasellos [mata'seʎos] *m inv* postmark

mate ['mate] ◇ *adj* matt ◇ *m* **1.** (*en ajedrez*) mate **2.** (*planta, infusión*) maté

mate

Mate is a herbal tea popular across much of Latin America and especially in Argentina. The term *mate* actually refers to the plant used to make the infusion and the hollowed-out gourd from which it is drunk as well as to the tea itself. It is drunk with sugar through a kind of metal straw.

matemáticas [mate'matikas] *fpl* mathematics

matemático, ca [mate'matiko, ka] *adj* mathematical

materia [ma'terja] *f* **1.** (*sustancia, tema*) matter **2.** (*material*) material **3.** (*asignatura*) subject ● **materia prima** raw material

material [mate'rjal] ◇ *adj* **1.** (*de materia*) material **2.** (*físico*) physical ◇ *m* **1.** (*componente*) material **2.** (*instrumento*) equipment

maternidad [materni'ðað] *f* **1.** (*cualidad*) motherhood **2.** (*clínica*) maternity hospital

materno, na [ma'terno, na] *adj* **1.** (*de madre*) maternal **2.** (*lengua*) mother (*antes de s*)

matinal [mati'nal] *adj* morning (*antes de s*)

matiz [ma'tiθ, θes] (*pl* **-ces**) *m* **1.** (*de color*) shade **2.** (*leve diferencia*) nuance

matizar [mati'θar] *vt* **1.** (*colores*) to tinge **2.** (*concepto, idea, proyecto*) to explain in detail

matón [ma'ton] *m* **1.** (*guardaespaldas*) bodyguard **2.** (*asesino*) hired assassin

matorral [mato'ral] *m* thicket

matrícula [ma'trikula] *f* **1.** (*de colegio*) registration **2.** (*de universidad*) matriculation (*UK*), enrollment (*US*) **3.** (*de vehículo*) numberplate (*UK*), license plate (*US*) ● **matrícula de honor** top marks *pl* (*UK*), honor roll (*US*)

matricular [matriku'lar] *vt* to register ◆ **matricularse** *vp* to register

matrimonio [matri'monjo] *m* **1.** (*ceremonia*) marriage **2.** (*pareja*) married couple

matutino, na [matu'tino, na] *adj* morning (*antes de s*)

maullar [mauˈʎar] *vi* to miaow

maullido [mauˈʎiðo] *m* miaow

máxima ['maksima] *f* **1.** (*temperatura*) highest temperature **2.** (*frase*) maxim

máximo, ma ['maksimo, ma] ◇ *adj* **1.** (*triunfo, pena, frecuencia*) greatest **2.** (*temperatura, puntuación, galardón*) highest ◇ *m* maximum ● **como máximo** at the most

maya ['maja] ◇ *adj* Mayan ◇ *mf* Maya Indian ◇ *m* (*lengua*) Maya

mayo ['majo] *m* May ➢ **setiembre**

mayonesa [majoˈnesa] *f* mayonnaise

mayor [ma'jor] ◇ *adj* **1.** (*en tamaño*) bigger **2.** (*en número*) higher **3.** (*en edad*) older **4.** (*en importancia*) greater **5.** (*adulto*) grown-up **6.** (*anciano*) elderly ◇ *m* (*en el ejército*) major ● **el/la mayor** (*en tamaño*) the biggest; (*en número*) the highest; (*en edad*) the oldest; (*en impor-*

tancia) the greatest • **al por mayor**
wholesale • **la mayor parte (de)** most
(of) • **ser mayor de edad** to be an
adult ✦ **mayores** *mpl* • **los mayores**
(adultos) grown-ups; *(ancianos)* the elderly

mayoreo [majo'reo] *m (Amér)* wholesale

mayoría [majo'ria] *f* majority • **la mayoría de** most of

mayúscula [ma'juskula] *f* capital letter
• **en mayúsculas** in capitals

mazapán [maθa'pan] *m* marzipan

mazo ['maθo] *m* **1.** *(de madera)* mallet **2.**
(Amér) (baraja) pack of cards

me [me] *pron* **1.** *(complemento directo)* me
2. *(complemento indirecto)* (to) me **3.**
(reflexivo) myself

mear [me'ar] *vi (fam)* to piss

mecánica [me'kanika] *f (mecanismo)*
mechanics *pl*

mecánico, ca [me'kaniko, ka] ◇ *adj*
mechanical ◇ *m* mechanic

mecanismo [meka'nizmo] *m* **1.** *(funcionamiento)* procedure **2.** *(piezas)* mechanism

mecanografía [mekanoɣra'fia] *f* typing

mecanógrafo, fa [meka'noɣrafo, fa] *m,f*
typist

mecedora [meθe'ðora] *f* rocking chair

mecer [me'θer] *vt* to rock

mecha ['metʃa] *f* **1.** *(de vela)* wick **2.** *(de
explosivo)* fuse **3.** *(de pelo)* highlight **4.**
(de tocino) strip of meat used as stuffing
for chicken etc

mechero [me'tʃero] *m (cigarette)* lighter

mechón [me'tʃon] *m (de pelo)* lock

medalla [me'ðaʎa] *f* medal

medallón [meða'ʎon] *m* medallion •
medallones de rape medallions of
monkfish • **medallones de solomillo**
medallions of sirloin steak

media ['meðja] *f* **1.** *(calcetín)* stocking **2.**
(punto) average ✦ **medias** *fpl* tights,
panty hose *(US)*

mediado, da [me'ðjaðo, ða] *adj* • **a
mediados de** in the middle of

mediana [me'ðjana] *f (de autopista)*
central reservation *(UK)*, median *(US)*

mediano, na [me'ðjano, na] *adj* **1.** *(en
tamaño)* medium **2.** *(en calidad)* average

medianoche [meðja'notʃe] *f* midnight

mediante [me'ðjante] *prep* by means of

mediar [me'ðjar] *vi* **1.** *(llegar a la mitad)*
to be halfway through **2.** *(transcurrir)* to
pass **3.** *(interceder)* to intercede •
mediar entre to be between

medicamento [meðika'mento] *m* medicine

medicina [meði'θina] *f* medicine

medicinal [meðiθi'nal] *adj* medicinal

médico, ca ['meðiko, ka] *m,f* doctor •
médico de familia GP • **médico de
guardia** duty doctor

medida [me'ðiða] *f* **1.** *(dimensión)* measurement **2.** *(cantidad, disposición)* measure **3.** *(intensidad)* extent • **tomar
medidas** to take measures • **medidas
de seguridad** safety measures • **a la
medida** *(ropa)* made-to-measure • **a
medida que** as • **en cierta medida** to
some extent

medieval [meðje'βal] *adj* medieval

medio, dia ['meðjo, ðja] ◇ *adj* **1.** half **2.**
(tamaño, estatura) medium **3.** *(posición,*

punto, clase) middle **4.** *(de promedio)* average ⋄ *m* **1.** *(centro)* middle **2.** *(entorno, ambiente)* environment **3.** *(manera, medida, de transporte)* means **4.** *(en matemáticas)* average ⋄ *adv* half ● **en medio de** *(entre dos)* between; *(entre varios, en mitad de)* in the middle of ● **a medias** *(partido entre dos)* half each ● **hacer algo a medias** to half-do something ● **medio ambiente** environment ● **media hora** an hour ● **medio kilo (de)** half a kilo (of) ● **media docena/libra (de)** half a dozen/pound (of) ● **un vaso y medio** a glass and a half ● **media pensión** half board ✦ **medios** *mpl (económicos)* resources ● **los medios de comunicación** the media

mediocre [me'ðjokre] *adj* mediocre

mediocridad [meðjokri'ðað] *f* mediocrity

mediodía [meðjo'ðia] *m* midday

mediopensionista [ˌmeðjopensjo'nista] *mf* child who has lunch at school

medir [me'ðir] *vt* **1.** *(dimensión, intensidad)* to measure **2.** *(comparar)* to weigh up **3.** *(fuerzas)* to compare **4.** *(palabras, acciones)* to weigh ● **¿cuánto mides?** how tall are you?

meditar [meði'tar] ⋄ *vt* to ponder ⋄ *vi* to meditate

mediterráneo, a [meðite'raneo, a] *adj* Mediterranean ✦ **Mediterráneo** *m* ● **el (mar) Mediterráneo** the Mediterranean (Sea)

médium ['meðjum] *mf inv* medium

medusa [me'ðusa] *f* jellyfish

megáfono [me'ɣafono] *m* megaphone

mejilla [me'xiʎa] *f* cheek

mejillón [mexi'ʎon] *m* mussel ● **mejillones a la marinera** moules marinières

mejor [me'xor] *adj* & *adv* better ● **el/la mejor** the best ● **a lo mejor** maybe

mejora [me'xora] *f* improvement

mejorar [mexo'rar] ⋄ *vt* **1.** to improve **2.** *(superar)* to be better than **3.** *(enfermo)* to make better ⋄ *vi* **1.** *(enfermo)* to get better **2.** *(tiempo, clima)* to improve ✦ **mejorarse** *vp* **1.** *(persona)* to get better **2.** *(tiempo, clima)* to improve

mejoría [mexo'ria] *f* improvement

melancolía [melanko'lia] *f* melancholy

melancólico, ca [melan'koliko, ka] *adj* melancholic

melena [me'lena] *f* **1.** *(de persona)* long hair **2.** *(de león)* mane

mella [ˈmeʎa] *f* **1.** *(en metal)* nick **2.** *(en diente)* chip ● **hacer mella** *(causar impresión)* to make an impression

mellizo, za [me'ʎiθo, θa] *adj* twin *(antes de s)* ✦ **mellizos** *mpl* twins

melocotón [meloko'ton] *m* peach ● **melocotón en almíbar** peaches *pl* in syrup

melocotonero [melokoto'nero] *m* peach tree

melodía [melo'ðia] *f* tune

melodrama [melo'ðrama] *m* melodrama

melodramático, ca [meloðra'matiko, ka] *adj* melodramatic

melón [me'lon] *m* melon ● **melón con jamón** melon with serrano ham

membrillo [mem'briʎo] *m* **1.** *(fruto)* quince **2.** *(dulce)* quince jelly

memorable [memo'raβle] *adj* memorable

memoria [me'morja] *f* **1.** memory **2.** *(estudio)* paper **3.** *(informe)* report ● **de memoria** by heart ● **memorias** *fpl* *(de persona)* memoirs

memorizar [memori'θaɾ] *vt* to memorize

menaje [me'naxe] *m* *(de cocina)* kitchenware

mención [men'θjon] *f* mention

mencionar [menθjo'naɾ] *vt* to mention

mendigo, ga [men'diɣo, ɣa] *m,f* beggar

menestra [me'nestɾa] *f* ● **menestra (de verduras)** vegetable stew

menor [me'noɾ] ◇ *adj* **1.** *(en edad)* younger **2.** *(en tamaño)* smaller **3.** *(en número)* lower **4.** *(en calidad)* lesser ◇ *m* *(persona)* minor ● **el/la menor** *(en tamaño)* the smallest; *(en edad)* the youngest; *(en número)* the lowest ● **menor de edad** under age

Menorca [me'norka] *s* Minorca

menos ['menos]
◇ *adv* **1.** *(comparativo)* less ● **está menos gordo** he's not as fat ● **tengo menos hambre** I'm not as hungry ● **menos leche** less milk ● **menos manzanas** fewer apples ● **menos de/que** fewer/less than ● **menos ... que ...** fewer/less ... than ... ● **me han dado 2 euros de menos** they've given me 2 euros too little **2.** *(superlativo)* ● **el/la menos ...** the least ... ● **lo menos que puedes hacer** the least you can do **3.** *(indica resta)* minus ● **tres menos dos igual a uno** three minus two is one **4.** *(con las horas)* ● **son las cuatro menos diez** it is ten to four **5.** *(en locuciones)* ● **a menos que** unless ● **poco menos de** just

under ● **¡menos mal!** thank God! ● **eso es lo de menos** that's the least of it ◇ *prep (excepto)* except (for) ● **acudieron todos menos él** everyone came except him ● **todo menos eso** anything but that
◇ *m inv* ● **al** o **por lo menos** at least

menospreciar [menospre'θjaɾ] *vt* **1.** *(despreciar)* to despise **2.** *(apreciar poco)* to undervalue

menosprecio [menos'preθjo] *m* **1.** *(desprecio)* scorn **2.** *(poco aprecio)* undervaluing

mensaje [men'saxe] *m* message

mensajero, ra [mensa'xeɾo, ɾa] *m,f* **1.** *(de paquetes, cartas)* courier **2.** *(de comunicados)* messenger

menstruación [menstɾwa'θjon] *f* menstruation

mensual [men'swal] *adj* monthly

menta ['menta] *f* mint ● **a la menta** with mint

mental [men'tal] *adj* mental

mente ['mente] *f* **1.** *(inteligencia)* mind **2.** *(forma de pensar)* mentality

mentir [men'tiɾ] *vi* to lie

mentira [men'tiɾa] *f* lie

mentiroso, sa [menti'roso, sa] *m,f* liar

mentón [men'ton] *m* chin

menú [me'nu] *m* **1.** menu **2.** *(de precio reducido)* set menu ● **menú de degustación** *meal consisting of several small portions of different dishes* ● **menú (del día)** set meal

menudeo [menu'ðeo] *m* *(Amér)* retail

menudo, da [me'nuðo, ða] *adj* small ● **a menudo** often ● **¡menudo gol!** what a goal!

meñique [me'ɲike] *m* little finger

mercadillo [merka'ðiʎo] *m* flea market

mercado [mer'kaðo] *m* market

mercancía [merkan'θia] *f* merchandise

mercantil [merkan'til] *adj* commercial

mercería [merθe'ria] *f* haberdasher's (shop) (*UK*), notions store (*US*)

mercurio [mer'kurjo] *m* mercury

merecer [mere'θer] *vt* to deserve

merecerse *vp* to deserve

merendar [meren'dar] ◇ *vt* ≃ to have for tea (*UK*) ◇ supper ◇ *vi* ≃ to have tea (*UK*) ◇ supper

merendero [meren'dero] *m* open air café or bar in the country or on the beach

merengue [me'renge] *m* meringue

meridiano, na [meri'ðjano, na] ◇ *adj* 1. (*evidente*) crystal-clear 2. (*del mediodía*) midday (*antes de s*) ◇ *m* meridian

meridional [meriðjo'nal] *adj* southern

merienda [me'rjenda] *f* 1. (*de media tarde*) tea (*UK*) (*light afternoon meal*) 2. (*para excursión*) picnic

mérito ['merito] *m* merit

merluza [mer'luθa] *f* hake • **merluza a la plancha** grilled hake • **merluza a la romana** hake fried in batter

mermelada [merme'laða] *f* jam

mero ['mero] *m* grouper • **mero a la plancha** grilled grouper

mes ['mes] *m* 1. month 2. (*salario mensual*) monthly salary • **en el mes de** in (the month of)

mesa ['mesa] *f* 1. table 2. (*escritorio*) desk 3. (*de personas*) committee • **poner la mesa** to lay the table • **quitar la mesa** to clear the table

mesero, ra [me'sero, ra] *m,f* (*Amér*) waiter (*f* waitress)

meseta [me'seta] *f* plateau

mesilla [me'siʎa] *f* • **mesilla de noche** bedside table

mesón [me'son] *m* (*restaurante*) old, country-style restaurant and bar

mestizo, za [mes'tiθo, θa] *m,f* person of mixed race

meta ['meta] *f* 1. goal 2. (*de carrera*) finishing line

metáfora [me'tafora] *f* metaphor

metal [me'tal] *m* metal

metálico, ca [me'taliko, ka] ◇ *adj* (*de metal*) metal ◇ *m* cash • **en metálico** in cash

meteorito [meteo'rito] *m* meteorite

meteorología [meteorolo'xia] *f* meteorology

meter [me'ter] *vt* 1. (*introducir, ingresar, invertir*) to put in • **meter algo en algo** to put sthg in sthg • **lo han metido en la cárcel** they've put him in prison 2. (*hacer participe*) to let in • **meter a alguien en algo** to get sb into sthg 3. (*fam*) (*hacer soportar*) • **nos meterá su discurso** she'll make us listen to her speech 4. (*fam*) (*imponer, echar*) to give • **me han metido una multa** they've given me a fine • **le metieron una bronca** they told him off 5. (*causar*) • **meter miedo/prisa a alguien** to scare/rush sb

◆ meterse *vp* (*entrar*) to get in; (*estar*) to get to; (*entrometerse*) to meddle • **meterse a** (*dedicarse a*) to become; (*empezar*) to start • **meterse en** (*mezclarse con*) to get involved in

◆ meterse con *v + prep* (*molestar*) to

hassle; *(atacar)* to go for

método [ˈmetoðo] *m* **1.** *(modo ordenado)* method **2.** *(de enseñanza)* course

metralla [meˈtraʎa] *f* **1.** *(munición)* shrapnel

metro [ˈmetro] *m* **1.** *(unidad de longitud)* metre **2.** *(transporte)* underground (UK), subway (US) **3.** *(instrumento)* tape measure

metrópoli [meˈtropoli] *f* metropolis

mexicano, na [mexiˈkano, na] *adj & m.f* Mexican

México [ˈmexiko] *s* Mexico

mezcla [ˈmeθkla] *f* mixture

mezclar [meθˈklar] *vt* **1.** to mix **2.** *(confundir, involucrar)* to mix up ◆ **mezclarse en** *v + prep* to get mixed up in

mezquino, na [meθˈkino, na] *adj* mean

mezquita [meθˈkita] *f* mosque

mg *(abr de miligramo)* mg *(milligram)*

mi [mi, mis] *(pl* **mis***) adj* my

mí [ˈmi] *pron* **1.** *(después de preposición)* me **2.** *(reflexivo)* myself ● **¡a mí qué!** so what! ● **por mí ...** as far as I'm concerned ...

mico [ˈmiko] *m* monkey

microbio [miˈkroβjo] *m* germ

micrófono [miˈkrofono] *m* microphone

microondas [mikroˈondas] *m inv* microwave (oven)

microscopio [mikrosˈkopjo] *m* microscope

miedo [ˈmjeðo] *m* fear ● **tener miedo de** to be afraid of

miedoso, sa [mjeˈðoso, sa] *adj* fearful

miel [ˈmjel] *f* honey

miembro [ˈmjembro] *m* **1.** *(de grupo,*

asociación) member **2.** *(extremidad)* limb

mientras [ˈmjentras] *conj (a la vez)* while ● **mientras no se apruebe** until it has been approved ● **mientras (que)** whilst ● **mientras (tanto)** in the meantime

miércoles [ˈmjerkoles] *m inv* Wednesday ➤ **sábado**

mierda [ˈmjerða] ◇ *f (vulg)* shit ◇ *interj (vulg)* shit!

miga [ˈmiɣa] *f* **1.** crumb **2.** *(parte sustanciosa)* substance ◆ **migas** *fpl (guiso)* fried breadcrumbs

migaja [miˈɣaxa] *f* crumb

migra [ˈmiɣra] *f (Amér) (fam)* ● **la migra** the US immigration police on the Mexican border

mil [ˈmil] *núm* a thousand ● **dos mil** two thousand ➤ **seis**

milagro [miˈlaɣro] *m* miracle ● **de milagro** miraculously

milenario, ria [mileˈnarjo, rja] ◇ *adj* ancient ◇ *m* millennium

milenio [miˈlenjo] *m* millennium

milésimo, ma [miˈlesimo, ma] *adj* thousandth

mili [ˈmili] *f (fam)* military service ● **hacer la mili** *(fam)* to do one's military service

miligramo [miliˈɣramo] *m* milligram

mililitro [miliˈlitro] *m* millilitre

milímetro [miˈlimetro] *m* millimetre

militante [miliˈtante] *mf* militant

militar [miliˈtar] ◇ *adj* military ◇ *m* soldier

milla [ˈmiʎa] *f* **1.** *(en tierra)* mile **2.** *(en mar)* nautical mile

millar [miˈʎar] *m* thousand

millón [mi'ʎon] *núm* million ● **dos millones** two million, seis

millonario, ria [miʎo'narjo, rja] *m,f* millionaire (f millionairess)

mimado, da [mi'maðo, ða] *adj* spoilt (UK), spoiled (US)

mimar [mi'mar] *vt* to spoil

mímica ['mimika] *f* mime

mimosa [mi'mosa] *f* mimosa

min (*abr de* minuto s) min (minute)

mina ['mina] *f* 1. mine 2. (*de lápiz*) lead

mineral [mine'ral] *adj & m* mineral

minero, ra [mi'nero, ra] *m,f* miner

miniatura [minja'tura] *f* miniature

minifalda [mini'falda] *f* mini skirt

mínimo, ma ['minimo, ma] *adj & m* minimum ● **como mínimo** at the very least

ministerio [minis'terjo] *m* ministry

ministro, tra [mi'nistro, tra] *m,f* minister

minoría [mino'ria] *f* minority

minoritario, ria [minori'tarjo, rja] *adj* minority (*antes de s*)

minucioso, sa [minu'θjoso, sa] *adj* 1. (*persona*) meticulous 2. (*trabajo*) very detailed

minúscula [mi'nuskula] *f* small letter ● **en minúscula** in lower-case letters

minúsculo, la [mi'nuskulo, la] *adj* (*muy pequeño*) minute

minusválido, da [minuz'βaliðo, ða] *m,f* disabled person

minutero [minu'tero] *m* minute hand

minuto [mi'nuto] *m* minute

mío, mía ['mio, 'mia] ◇ *adj* mine ◇ *pron* ● **el mío, la mía** mine ● **lo mío** (*lo que me gusta*) my thing ● **un amigo mío** a

friend of mine

miope [mi'ope] *adj* shortsighted

miopía [mio'pia] *f* shortsightedness

mirada [mi'raða] *f* 1. look 2. (*rápida*) glance ● **echar una mirada a** to have a quick look at

mirador [mira'ðor] *m* 1. (*lugar*) viewpoint 2. (*balcón cerrado*) enclosed balcony

mirar [mi'rar] ◇ *vt* 1. (*ver*) to look at 2. (*observar, vigilar*) to watch 3. (*considerar*) to consider ◇ *vi* (*buscar*) to look ● **mirar a** (*estar orientado*) to face ● **estoy mirando** (*en tienda*) I'm just looking ● **mirarse** *vp* to look at o.s.

mirilla [mi'riʎa] *f* spyhole

mirlo ['mirlo] *m* blackbird

mirón, ona [mi'ron, ona] *m,f* (*espectador*) onlooker

misa ['misa] *f* mass ● **misa del gallo** midnight mass

miserable [mise'raβle] *adj* 1. (*muy pobre*) poor 2. (*desgraciado, lastimoso*) wretched 3. (*mezquino*) mean

miseria [mi'serja] *f* 1. (*pobreza*) poverty 2. (*poca cantidad*) pittance

misericordia [miseri'korðja] *f* compassion

misil [mi'sil] *m* missile

misión [mi'sjon] *f* 1. mission 2. (*tarea*) task

misionero, ra [misjo'nero, ra] *m,f* missionary

mismo, ma ['mizmo, ma] ◇ *adj* (*igual*) same ◇ *pron* ● **el mismo, la misma** the same ● **el mismo que vi ayer** the same one I saw yesterday ● **ahora mismo** right now ● **lo mismo (que)** the same thing (as) ● **da lo mismo** it doesn't matter (as) ● **en este mismo cuarto** in this very room ● **yo mismo** I myself

misterio [mis'terjo] *m* **1.** *(secreto)* mystery **2.** *(sigilo)* secrecy

misterioso, sa [miste'rjoso, sa] *adj* mysterious

mitad [mi'tað] *f* **1.** *(parte)* half **2.** *(centro, medio)* middle ● **a mitad de camino** halfway there ● **a mitad de precio** half-price ● **en mitad de** in the middle of

mitin ['mitin] *m* rally

mito ['mito] *m* myth

mitología [mitolo'xia] *f* mythology

mixto, ta ['miksto, ta] ◇ *adj* **1.** *(colegio, vestuario)* mixed **2.** *(comisión, agrupación)* joint ◇ *m* ham and cheese toasted sandwich

ml *(abr de mililitro)* ml *(millilitre)*

mm *(abr de milímetro)* mm *(millimetre)*

mobiliario [moβi'ljarjo] *m* furniture

mocasín [moka'sin] *m* moccasin

mochila [mo'tʃila] *f* backpack

mocho ['motʃo] *m* *(fregona)* mop

mochuelo [mo'tʃuelo] *m* little owl

moco ['moko] *m* mucus ● **tener mocos** to have a runny nose

moda ['moða] *f* fashion ● **a la moda** fashionable ● **estar de moda** to be fashionable ● **pasado de moda** unfashionable

modalidad [moðali'ðað] *f* **1.** *(variante)* type **2.** *(en deporte)* discipline

modelo [mo'ðelo] ◇ *m* **1.** model **2.** *(vestido)* number ◇ *mf* model

módem ['moðem] *(pl* **modems)** *m* modem

moderno, na [mo'ðerno, na] *adj* modern

modestia [mo'ðestja] *f* modesty

modesto, ta [mo'ðesto, ta] *adj* modest

modificación [moðifika'θjon] *f* alteration

modificar [moðifi'kar] *vt* to alter

modisto, ta [mo'ðisto, ta] *m,f* *(sastre)* tailor *(f* dressmaker)

modo ['moðo] *m* **1.** *(manera)* way **2.** *(en gramática)* mood ● **de modo que** *(de manera que)* in such a way that ● **de ningún modo** in no way ● **de todos modos** in any case ● **en cierto modo** in some ways ● **modo de empleo** instructions *pl*

moflete [mo'flete] *m* chubby cheek

mogollón [moɣo'ʎon] *m* *(fam)* *(cantidad)* loads *pl*

moho ['moo] *m* *(hongo)* mould

mojado, da [mo'xaðo, ða] *adj* **1.** *(empapado)* wet **2.** *(húmedo)* damp

mojar [mo'xar] *vt* **1.** *(empapar)* to wet **2.** *(humedecer)* to dampen **3.** *(pan)* to dunk ● **mojarse** *vp* to get wet

molde ['molde] *m* mould

moldeado [molde'aðo] *m* *(en peluquería)* soft perm

moldear [molde'ar] *vt* **1.** *(dar forma)* to mould **2.** *(en peluquería)* to give a soft perm to

mole ['mole] *m* *(Méx)* dish featuring a spicy sauce made from ground chillies, spices, nuts and sometimes chocolate.

molestar [moles'tar] *vt* **1.** *(incordiar)* to annoy **2.** *(disgustar)* to bother **3.** *(doler)* to hurt ● **molestarse** *vp* **1.** *(enfadarse, ofenderse)* to take offence **2.** *(darse trabajo)* to bother

molestia [mo'lestja] *f* **1.** *(fastidio)* nuisance **2.** *(dolor)* discomfort

molesto, ta [mo'lesto, ta] *adj (fastidioso)* annoying ● **estar molesto** *(enfadado)* to be annoyed

molino [mo'lino] *m* mill ● **molino de viento** windmill

molusco [mo'lusko] *m* mollusc

momento [mo'mento] *m* **1.** moment **2.** *(época)* time ● **hace un momento** a moment ago ● **por el momento** for the moment ● **al momento** straightaway ● **de un momento a otro** any minute now ● **¡un momento!** just a moment!

momia ['momja] *f* mummy

monada [mo'naða] *f* **1.** *(fam) (cosa)* lovely thing **2.** *(niño)* little darling

monaguillo [mona'ɣiʎo] *m* altar boy

monarca [mo'narka] *m* monarch

monarquía [monar'kia] *f* monarchy

monasterio [monas'terjo] *m* monastery

Moncloa [mon'kloa] *f* ● **la Moncloa** the Moncloa palace

Palacio de la Moncloa

The Moncloa Palace is the official residence of the Spanish premier and the seat of the country's government. The term *la Moncloa* also refers to the Spanish government. Situated in a complex of government buildings in the northwest of Madrid, a series of important social and economic agreements known as the *pactos de la Moncloa* were signed at the palace in 1977-78.

moneda [mo'neða] *f* **1.** *(pieza)* coin **2.** *(divisa)* currency

monedero [mone'ðero] *m* purse

monitor, ra [moni'tor, ra] ◇ *m,f (persona)* instructor ◇ *m* monitor

monja ['monxa] *f* nun

monje ['monxe] *m* monk

mono, na ['mono, na] ◇ *adj* lovely ● *m,f (animal)* monkey ◇ *m* **1.** *(con peto)* dungarees *pl* (*UK*), overalls *pl* (*US*) **2.** *(con mangas)* overalls *pl* (*UK*), coveralls *pl* (*US*) ● **¡qué mono!** how lovely!

monólogo [mo'noloɣo] *m* monologue

monopatín [monopa'tin] *m* skateboard

monopolio [mono'poljo] *m* monopoly

monótono, na [mo'notono, na] *adj* monotonous

monovolumen [monoβo'lumen] *m* people carrier

monstruo ['monstruo] *m* monster

montacargas [monta'karɣas] *m inv* goods lift (*UK*), freight elevator (*US*)

montaje [mon'taxe] *m* **1.** *(de una máquina)* assembly **2.** *(de espectáculo)* staging **3.** *(de película)* editing **4.** *(estafa)* put-up job (*UK*), con job (*US*)

montaña [mon'taɲa] *f* mountain ● **montaña rusa** roller coaster

montañismo [monta'ɲizmo] *m* mountaineering

montañoso, sa [monta'ɲoso, sa] *adj* mountainous

montar [mon'tar] ◇ *vt* **1.** *(caballo, burro)* to ride **2.** *(tienda de campaña)* to put up **3.** *(máquina, instalación)* to assemble **4.** *(negocio, tienda)* to set up **5.** *(clara de huevo)* to beat **6.** *(nata)* to whip **7.** *(película)* to edit ◇ *vi (subir)* ● **montar**

en *(animal, bicicleta)* to get on; *(coche)* to get into ● **montar en bicicleta** to ride a bicycle ● **montar a caballo** to ride a horse

monte ['monte] *m* **1.** *(montaña)* mountain **2.** *(bosque)* woodland

montera [mon'tera] *f* bullfighter's cap

montón [mon'ton] *m* heap ● **un montón de** *(fam)* loads of

montura [mon'tura] *f* **1.** *(de gafas)* frame **2.** *(caballo, burro, etc)* mount

monumental [monumen'tal] *adj* **1.** *(lugar, ciudad)* famous for its monuments **2.** *(enorme)* monumental

monumento [monu'mento] *m* monument

moño ['moɲo] *m* bun

moqueta [mo'keta] *f* *(fitted)* carpet *(UK)*, wall-to-wall carpet *(US)*

mora ['mora] *f* blackberry ➤ **moro**

morado, da [mo'raðo, ða] ◇ *adj* purple ◇ *m* **1.** *(color)* purple **2.** *(herida)* bruise

moral [mo'ral] ◇ *adj* moral ◇ *f* **1.** morality **2.** *(ánimo)* morale

moraleja [mora'lexa] *f* moral

moralista [mora'lista] *mf* moralist

morcilla [mor'θiʎa] *f* ≃ black pudding *(UK)*, ≃ blood sausage *(US)*

mordaza [mor'ðaθa] *f* gag

mordedura [morðe'ðura] *f* bite

morder [mor'ðer] *vt* to bite

mordida [mor'ðiða] *f* *(Méx)* *(fam)* bribe

mordisco [mor'ðisko] *m* bite

moreno, na [mo'reno, na] *adj* **1.** *(por el sol)* tanned **2.** *(piel, pelo)* dark

moribundo, da [mori'βundo, da] *adj* dying

morir [mo'rir] *vi* to die ◆ **morirse** *vp* **1.** *(fallecer)* to die **2.** *(fig)* *(tener deseo fuerte)*

to be dying

moro, ra ['moro, ra] ◇ *adj* Moorish ◇ *m,f* Moor

morocho, cha [mo'rotʃo, tʃa] *adj* **1.** *(Amér)* *(fam)* *(robusto)* tough **2.** *(moreno)* dark

moroso, sa [mo'roso, sa] *m,f* defaulter

morralla [mo'raʎa] *f* *(Amér)* change

morro ['moro] *m* **1.** *(de animal)* snout **2.** *(vulg)* *(de persona)* thick lips *pl* ● **por el morro** *(fam)* without asking ● **¡qué morro!** what a cheek! *(UK)*, what a nerve! *(US)*

morsa ['morsa] *f* walrus

mortadela [morta'ðela] *f* Mortadella, *type of cold pork sausage*

mortal [mor'tal] *adj* **1.** *(vida)* mortal **2.** *(herida, accidente)* fatal **3.** *(fig)* *(aburrido)* deadly

mortero [mor'tero] *m* mortar

mosaico [mo'sajko] *m* mosaic

mosca ['moska] *f* fly ● **por si las moscas** just in case

moscatel [moska'tel] *m* Muscatel

mosquito [mos'kito] *m* mosquito

mostaza [mos'taθa] *f* mustard

mostrador [mostra'ðor] *m* **1.** *(en tienda)* counter **2.** *(en bar)* bar ● **mostrador de facturación** check-in desk

mostrar [mos'trar] *vt* to show ◆ **mostrarse** *vp* ● **se mostró muy interesado** he expressed great interest

motel [mo'tel] *m* motel

motivación [motiβa'θjon] *f* *(motivo)* motive

motivar [moti'βar] *vt* *(causar)* to cause

motivo [mo'tiβo] *m* **1.** *(causa, razón)* reason **2.** *(en música, pintura)* motif ●

con motivo de (a causa de) because of; (con ocasión de) on the occasion of

moto ['moto] f motorbike, motorcycle
● moto acuática jet-ski

motocicleta [motoθi'kleta] f motorbike, motorcycle

motociclismo [,motoθi'klizmo] m motorcycling

motociclista [,motoθi'klista] mf motorcyclist

motocross [moto'kros] m inv motocross

motoneta [moto'neta] f (Amér) moped

motor [mo'tor] m engine, motor ● motor de arranque starter

motora [mo'tora] f motorboat

motorista [moto'rista] mf motorcyclist

mountain bike ['mountaim'baik] f mountain biking

mousse ['mus] f mousse ● mousse de chocolate/limón chocolate/lemon mousse ● mousse de limón lemon mousse

mover [mo'ßer] vt 1. to move 2. (hacer funcionar) to drive ● moverse vp (fam) (realizar gestiones) to make an effort

movida [mo'ßiða] f (fam) scene

movida madrileña

The *movida madrileña* was a cultural and artistic movement born in Madrid in the 1980s as a reaction to the repression of the Franco years. The movement was spearheaded by provocative, liberal artists such as the film director Pedro Almodóvar, the singer and actor Miguel Bosé and bands such as Alaska and Mecano.

movido, da [mo'ßiðo, ða] adj (persona) restless

móvil ['moßil] ◇ adj mobile ◇ m 1. (motivo) motive 2. (teléfono) mobile (UK), cell phone (US)

movimiento [moßi'mjento] m 1. movement 2. (circulación) activity 3. (de cuenta corriente) transactions pl

mozo, za ['moθo, θa] ◇ m,f young boy (f young girl) ◇ m 1. (de hotel, estación) porter 2. (recluta) conscript 3. (Andes & RP) (camarero) waiter

MP3 m 1. (formato) MP3 2. (archivo) MP3 (file)

mucamo, ma [mu'kamo, ma] m,f (Amér) servant

muchacha [mu'tʃatʃa] f (fam) (criada) maid ➤ muchacho

muchachada [mutʃa'tʃaða] f (Amér) crowd of young people

muchacho, cha [mu'tʃatʃo, tʃa] m,f boy (f girl)

muchedumbre [mutʃe'ðumbre] f crowd

mucho, cha ['mutʃo, tʃa] ◇ adj a lot of ◇ pron a lot ◇ adv 1. a lot 2. (indica comparación) much ● tengo mucho sueño I'm very sleepy ● mucho antes long before ● mucho gusto (saludo) pleased to meet you ● como mucho at most ● ¡con mucho gusto! (encantado) with pleasure! ● vinieron muchos a lot of people came ● ni mucho menos by no means ● por mucho que no matter how much

mudanza [mu'ðanθa] f (de casa) move

mudar [mu'ðar] vt (piel, plumas) to moult ● mudarse vp (de ropa) to change ● mudarse (de casa) to move (house)

mú

mudo, da ['muðo, ða] ◇ *adj* **1.** *(que no habla)* dumb **2.** *(película, letra)* silent ◇ *m,f* mute

mueble ['mueβle] *m* piece of furniture ● **los muebles** the furniture

mueca ['mueka] *f* **1.** *(gesto)* face **2.** *(de dolor)* grimace

muela ['muela] *f (diente)* tooth

muelle ['mueʎe] *m* **1.** *(de colchón)* spring **2.** *(de puerto)* dock

muerte ['muerte] *f* **1.** *(fallecimiento)* death **2.** *(homicidio)* murder

muerto, ta ['muerto, ta] ◇ *pp* ➤ **morir** ◇ *adj* dead ◇ *m,f* dead person ● **muerto de frío** freezing ● **muerto de hambre** starving

muestra ['muestra] *f* **1.** *(de mercancía)* sample **2.** *(señal)* sign **3.** *(demostración)* demonstration **4.** *(exposición)* show **5.** *(prueba)* proof

mugido [mu'xiðo] *m* moo

mugir [mu'xir] *vi* to moo

mujer [mu'xer] *f* **1.** woman **2.** *(esposa)* wife

mulato, ta [mu'lato, ta] *m,f* mulatto

muleta [mu'leta] *f* **1.** *(bastón)* crutch **2.** *(de torero)* muleta, *red cape hanging from a stick used to tease the bull*

mulo, la ['mulo, la] *m,f* mule

multa ['multa] *f* fine

multar [mul'tar] *vt* to fine

multicine [multi'θine] *m* multiscreen cinema *(UK)*, multiplex *(US)*

multinacional [,multinaθjo'nal] *f* multinational

múltiple ['multiple] *adj* multiple ●

múltiples *adj pl (numerosos)* numerous

multiplicación [multiplika'θjon] *f* multiplication

multiplicar [multipli'kar] *vt* to multiply ● **multiplicarse** *vp (persona)* to do lots of things at the same time

múltiplo ['multiplo] *m* multiple

multitud [multi'tuð] *f (de personas)* crowd

mundial [mundi'al] *adj* world *(antes de s)*

mundo ['mundo] *m* world ● **un hombre de mundo** a man of the world ● **el mundo es un pañuelo** it's a small world ● **todo el mundo** everyone

munición [muni'θjon] *f* ammunition

municipal [muniθi'pal] ◇ *adj* municipal ◇ *m,f* local police officer who deals mainly with traffic offences

municipio [muni'θipjo] *m* **1.** *(territorio)* town **2.** *(organismo)* town council *(UK)*, city hall *(US)*

muñeca [mu'neka] *f (de la mano)* wrist ➤ **muñeco**

muñeco, ca [mu'neko, ka] *m,f* doll

muñeira [mu'neira] *f type of music and dance from Galicia*

muñequera [mune'kera] *f* wristband

mural [mu'ral] *m* mural

muralla [mu'raʎa] *f* wall

murciélago [mur'θjelaɣo] *m* bat

muro ['muro] *m* wall

musa ['musa] *f* muse

músculo ['muskulo] *m* muscle

museo [mu'seo] *m* museum ● **museo de arte** art gallery

musgo ['muzɣo] *m* moss

música ['musika] *f* music ● **música ambiental** background music ● **música clásica** classical music ● **música pop** pop music ➤ **músico**

musical [musiˈkal] *adj* musical

musicalmente [musiˌkalˈmente] *adv* musically

músico, ca [ˈmusiko, ka] *m,f* musician

muslo [ˈmuzlo] *m* thigh ● **muslo de pollo** chicken thigh

musulmán, ana [musulˈman, ana] *adj & m,f* Muslim

mutilado, da [mutiˈlaðo, ða] *m,f* cripple

mutua [ˈmutua] *f* mutual benefit society

muy [ˈmui] *adv* very

N (*abr de* Norte) N (*North*)

nabo [ˈnaβo] *m* turnip

nacer [naˈθer] *vi* 1. (*persona, animal*) to be born 2. (*vegetal*) to sprout 3. (*arroyo, río*) to rise

nacimiento [naθiˈmiento] *m* 1. (*de persona, animal*) birth 2. (*de vegetal*) sprouting 3. (*de río, arroyo*) source 4. (*belén*) Nativity scene

nación [naˈθion] *f* nation

nacional [naθioˈnal] *adj* 1. national 2. (*vuelo, mercado*) domestic

nacionalidad [naθionaliˈðað] *f* nationality

nada [ˈnaða] ◇ *pron* 1. (*ninguna cosa*) nothing 2. (*en negativas*) anything ◇ *adv* ● **no me gustó nada** I didn't like it at all ● **de nada** (*respuesta a "gracias"*) you're welcome ● **nada más** nothing

else ● **nada más llegar** as soon as he arrived

nadador, ra [naðaˈðor, ra] *m,f* swimmer

nadar [naˈðar] *vi* to swim

nadie [ˈnaðie] *pron* nobody ● **no se lo dije a nadie** I didn't tell anybody

nailon ® [ˈnailon] *m* nylon

naipe [ˈnaipe] *m* (playing) card

nalga [ˈnalɣa] *f* buttock ◆ **nalgas** *fpl* backside *sg*

nana [ˈnana] *f* 1. lullaby 2. (*Amér*) (*para niño*) nanny

naranja [naˈranxa] *adj inv, m & f* orange ● **naranja exprimida** freshly-squeezed orange juice

naranjada [naranˈxaða] *f* orangeade

naranjo [naˈranxo] *m* orange tree

narco *mf* drug trafficker ● **una red de narcos** a drug trafficking ring

narcotraficante [ˌnarkotrafiˈkante] *mf* drug trafficker

narcotráfico [narkoˈtrafiko] *m* drug trafficking

nariz [naˈriθ, θes] (*pl* **-ces**) *f* nose

narración [naraˈθion] *f* (*relato*) story

narrador, ra [naraˈðor, ra] *m,f* narrator

narrar [naˈrar] *vt* to tell

narrativa [naraˈtiβa] *f* narrative

nata [ˈnata] *f* cream ● **nata montada** whipped cream

natación [nataˈθion] *f* swimming

natillas [naˈtiʎas] *fpl* custard *sg*

nativo, va [naˈtiβo, βa] *m,f* native

natural [natuˈral] *adj* 1. natural 2. (*alimento*) fresh ● **ser natural de** to come from ● **al natural** (*fruta*) in its own juice

naturaleza [natura'leθa] *f* nature • **por naturaleza** by nature

naufragar [naufra'γar] *vi* to be wrecked

naufragio [nau'fraxjo] *m* shipwreck

náuseas ['nauseas] *fpl* nausea *sg* • **tener náuseas** to feel sick

náutico, ca ['nautiko, ka] *adj* **1.** *(de navegación)* nautical **2.** DEP water *(antes de s)*

navaja [na'βaxa] *f* **1.** *(pequeña)* penknife **2.** *(más grande)* jackknife **3.** *(de afeitar)* razor **4.** *(molusco)* razor clam

naval [na'βal] *adj* naval

nave ['naβe] *f* **1.** *(barco)* ship **2.** *(de iglesia)* nave **3.** *(en una fábrica)* plant • **nave espacial** spaceship

navegable [naβe'γaβle] *adj* navigable

navegador [naβeγa'ðor] *m* INFORM browser

navegar [naβe'γar] *vi (en barco)* to sail • **navegar por Internet** to surf the Net

Navidad [naβi'ðað] *f* Christmas (Day) • **Navidades** *fpl* Christmas *sg*

nazareno [naθa'reno] *m* man dressed in hood and tunic who takes part in Holy Week processions

NB (abr de nota bene) N.B. *(nota bene)*

neblina [ne'βlina] *f* mist

necedad [neθe'ðað] *f* **1.** *(cualidad)* stupidity **2.** *(dicho)* stupid thing

necesario, ria [neθe'sarjo, rja] *adj* necessary

neceser [neθe'ser] *m* toilet bag

necesidad [neθesi'ðað] *f* need • **de primera necesidad** essential • **necesidades** *fpl* • **hacer sus necesidades** to answer the call of nature

necesitar [neθesi'tar] *vt* to need ▼ **se**

necesita ... ... wanted

necio, cia ['neθjo, θja] *adj* foolish

nécora ['nekora] *f* fiddler crab

necrológicas [nekro'loxikas] *fpl* obituaries

negación [neγa'θjon] *f* **1.** *(desmentido)* denial **2.** *(negativa)* refusal

negado, da [ne'γaðo, ða] *adj* useless

negar [ne'γar] *vt* to deny • **negarse** *vp* • **negarse (a)** to refuse (to)

negativa [neγa'tiβa] *f* **1.** *(negativa)* refusal **2.** *(desmentido)* denial

negativo, va [neγa'tiβo, βa] *adj & m* negative

negociable [neγo'θjaβle] *adj* negotiable

negociación [neγoθja'θjon] *f* negotiation

negociador, ra [neγoθja'ðor, ra] *m,f* negotiator

negociar [neγo'θjar] ◇ *vt* to negotiate ◇ *vi (comerciar)* to do business • **negociar en** to deal in

negocio [ne'γoθjo] *m* **1.** business **2.** *(transacción)* deal **3.** *(beneficio)* good deal • **hacer negocios** to do business

negro, gra ['neγro, γra] ◇ *adj & m* black ◇ *m,f (persona)* black man *(f* black woman*)*

nene, na ['nene, na] *m,f (fam)* baby

nenúfar [ne'nufar] *m* water lily

nervio ['nerβjo] *m* **1.** *(de persona)* nerve **2.** *(de planta)* vein **3.** *(de carne)* sinew **4.** *(vigor)* energy • **nervios** *mpl (estado mental)* nerves

nerviosismo [nerβjo'sizmo] *m* nerves *pl*

nervioso, sa [ner'βjoso, sa] *adj* **1.** nervous **2.** *(irritado)* worked-up

neto, ta ['neto, ta] *adj* **1.** *(peso, precio)*

net 2. *(contorno, línea)* clean

neumático [neu'matiko] *m* tyre

neura *(fam)* **m 1.** *(obsesión)* obsession **2.** *(depresión)* ● **estar con la neura** to be on a real downer

neurosis [neu'rosis] *f inv* neurosis

neutral [neu'tral] *adj* neutral

neutro, tra ['neutro, tra] *adj* neutral

nevada [ne'βaða] *f* snowfall

nevado, da [ne'βaðo, ða] *adj* snowy

nevar [ne'βar] *vi* ● **está nevando** it's snowing

nevera [ne'βera] *f* fridge *(UK)*

ni [ni] ◇ *conj* ● **no ... ni ...** neither ... nor ... ● **no es alto ni bajo** he's neither tall nor short ● **ni mañana ni pasado** neither tomorrow nor the day after ● **ni un/una ...** not a single ... ● **ni siquiera lo ha probado** she hasn't even tried it ● **ni que** as if ◇ *adv* not even ● **está tan atareado que ni come** he's so busy he doesn't even eat

Nicaragua [nika'raɣwa] *s* Nicaragua

nicaragüense [nikara'ɣwense] *adj & mf* Nicaraguan

nicho ['nitʃo] *m* niche

nido ['niðo] *m* nest

niebla ['nieβla] *f* **1.** *(densa)* fog **2.** *(neblina)* mist ● **hay niebla** it's foggy

nieto, ta ['nieto, ta] *m,f* grandson (f granddaughter)

nieve ['nieβe] *f* snow

NIF ['nif] *m (abr de número de identificación fiscal)* tax reference number *(UK)*, TIN *(US)*

ningún [nin'gun] *adj* ➤ **ninguno**

ninguno, na [nin'guno, na] ◇ *adj no* ◇ *pron* **1.** *(ni uno)* no **2.** *(nadie)* nobody ● **no tengo ningún abrigo** I don't have a coat ● **ninguno me gusta** I don't like any of them ● **ninguno de los dos** neither of them

niña ['nina] *f (del ojo)* pupil ➤ **niño**

niñera [ni'nera] *f* nanny

niñez [ni'neθ] *f* childhood

niño, ña ['nino, na] *m,f* **1.** *(crío)* child, boy (f girl) **2.** *(bebé)* baby ● **los niños** the children

níquel ['nikel] *m* nickel

níspero ['nispero] *m* medlar

nítido, da ['nitiðo, ða] *adj* clear

nitrógeno [ni'troxeno] *m* nitrogen

nivel [ni'βel] *m* level ● **al nivel de** level with ● **nivel de vida** standard of living

no ['no] *adv* **1.** *(de negación)* not **2.** *(en respuestas)* no ● **¿no vienes?** aren't you coming? ● **estamos de acuerdo ¿no?** so, we're agreed then, are we? ● **no sé** I don't know ● **no veo nada** I can't see anything ● **¿cómo no?** of course ● **eso sí que no** certainly not ● **¡qué no!** I said no!

nº *(abr de número)* no. *(number)*

noble ['noβle] ◇ *adj* **1.** *(metal)* precious **2.** *(honrado)* noble ◇ *mf* noble

nobleza [no'βleθa] *f* nobility

noche ['notʃe] *f* **1.** *(más tarde)* night **2.** *(atardecer)* evening ● **ayer por la noche** last night ● **esta noche** tonight ● **por la noche** at night ● **las diez de la noche** ten o'clock at night

Nochebuena [notʃe'βwena] *f* Christmas Eve

Nochevieja [notʃe'βiexa] *f* New Year's Eve

Nochevieja

On New Year's Eve in Spain it is traditional to eat twelve grapes, one for each of the chimes of midnight. It is thought that this brings good luck for the coming year. The chimes are broadcast live from the clock at the Puerta del Sol in Madrid, where huge crowds congregate to see in the New Year.

noción [no'θjon] *f* notion ◆ **nociones** *fpl* ● **tener nociones de** to have a smattering of

nocivo, va [no'θiβo, βa] *adj* harmful

noctámbulo, la [nok'tambulo, la] *m,f* night owl

nocturno, na [nok'turno, rna] *adj* **1.** *(tren, vuelo, club)* night *(antes de s)* **2.** *(clase)* evening *(antes de s)*

nogal [no'ɣal] *m* walnut

nómada ['nomaða] *mf* nomad

nombrar [nom'brar] *vt* **1.** *(mencionar)* to mention **2.** *(para un cargo)* to appoint

nombre ['nombre] *m* **1.** name **2.** *(en gramática)* noun ● **a nombre de** *(cheque)* on behalf of; *(carta)* addressed to ● **nombre de pila** first name ● **nombre y apellidos** full name

nomeolvides [,nomeol'βiðes] *m inv* forget-me-not

nómina ['nomina] *f* **1.** *(lista de empleados)* payroll **2.** *(sueldo)* wages *pl*

nórdico, ca ['norðiko, ka] *adj* **1.** *(del norte)* northern

noreste [no'reste] *m* north-east

noria ['norja] *f (de feria)* Ferris wheel, big wheel *(UK)*

norma ['norma] *f* **1.** *(principio)* standard **2.** *(regla)* rule

normal [nor'mal] *adj* normal

normalmente [nor,mal'mente] *adv* normally

noroeste [noro'este] *m* north-west

norte ['norte] *m* north

Norteamérica [,nortea'merika] *s* North America

norteamericano, na [,norteameri'kano, na] *adj & m,f* (North) American

Noruega [no'rweɣa] *s* Norway

noruego, ga [no'rweɣo, ɣa] *adj, m & f* Norwegian

nos [nos] *pron* **1.** *(complemento directo)* us **2.** *(complemento indirecto)* (to) us **3.** *(reflexivo)* ourselves **4.** *(recíproco)* each other ● **nos vamos** we're going

nosotros, tras [no'sotros, tras] *pron* **1.** *(sujeto)* we **2.** *(complemento)* us

nostalgia [nos'talxja] *f (de país, casa)* homesickness

nostálgico, ca [nos'talxiko, ka] *adj (de país, casa)* homesick

nota ['nota] *f* **1.** note **2.** *(en educación)* mark, grade *(US)* **3.** *(cuenta)* bill *(UK)*, check *(US)* ● **tomar nota de** to note down

notable [no'taβle] *adj* remarkable

notar [no'tar] *vt* **1.** *(darse cuenta de)* to notice **2.** *(sentir)* to feel

notario, ria [no'tarjo, rja] *m,f* notary

noticia [no'tiθja] *f* piece of news ◆ **noticias** *fpl (telediario)* news *sg*

novatada [noβa'taða] *f (broma)* joke *(played on new arrivals)*

novato, ta [no'βato, ta] *m.f* beginner

novecientos, tas [noβe'θjentos, tas] *núm* nine hundred ➤ **seis**

novedad [noβe'ðað] *f* **1.** *(cualidad)* newness **2.** *(suceso)* new development **3.** *(cosa)* new thing ▼ **novedades** *(discos)* new releases; *(ropa)* latest fashion *sg*

novela [no'βela] *f* novel ● **novela de aventuras** adventure story ● **novela policíaca** detective story ● **novela rosa** romantic novel

novelesco, ca [noβe'lesko, ka] *adj* fictional

novelista [noβe'lista] *mf* novelist

noveno, na [no'βeno, na] *núm* ninth ➤ **sexto**

noventa [no'βenta] *núm* ninety ➤ **seis**

noviazgo [no'βjaθɣo] *m* engagement

noviembre [no'βjembre] *m* November ➤ **setiembre**

novillada [noβi'ʎaða] *f* bullfight with *young bulls*

novillero [noβi'ʎero] *m* apprentice bullfighter

novillo, lla [no'βiʎo, ʎa] *m.f* young bull *(f young cow)* (2-3 years old)

novio, via [no'βjo, βja] *m.f* **1.** *(prometido)* fiancé *(f* fiancée) **2.** *(amigo)* boyfriend *(f* girlfriend) ● **novios** *mpl (recién casados)* newlyweds ● **¡vivan los novios!** to the bride and groom!

nubarrón [nuβa'ron] *m* storm cloud

nube [nuβe] *f* cloud

nublado, da [nu'βlaðo, ða] *adj* cloudy

nublarse [nu'βlarse] *vi* ● **se está nublando** it's clouding over

nubosidad [nuβosi'ðað] *f* cloudiness

nuboso, sa [nu'βoso, sa] *adj* cloudy

nuca ['nuka] *f* nape

nuclear [nukle'ar] *adj* nuclear

núcleo ['nukleo] *m (parte central)* centre

nudillos [nu'ðiʎos] *mpl* knuckles

nudismo [nu'ðizmo] *m* nudism

nudista [nu'ðista] *mf* nudist

nudo ['nuðo] *m* **1.** *(de cuerda, hilo)* knot **2.** *(de comunicaciones)* major junction **3.** *(en argumento)* crux

nuera ['nwera] *f* daughter-in-law

nuestro, tra ['nwestro, tra] ◇ *adj* our ◇ *pron* ● **el nuestro, la nuestra** ours ● **lo nuestro** *(lo que nos gusta)* our thing ● **un amigo nuestro** a friend of ours

nuevamente [ˌnweβa'mente] *adv* again

Nueva Zelanda ['nweβaθe'landa] *s* New Zealand

nueve ['nweβe] *núm* nine ➤ **seis**

nuevo, va ['nweβo, βa] *adj* new ● **de nuevo** again

nuez ['nweθ, θes] *(pl* **-ces)** *f* **1.** *(fruto seco en general)* nut **2.** *(de nogal)* walnut **3.** *(del cuello)* Adam's apple

nulidad [nuli'ðað] *f* **1.** *(anulación)* nullity **2.** *(persona)* useless idiot

nulo, la ['nulo, la] *adj* **1.** *(sin valor legal)* null and void **2.** *(inepto)* useless

núm. *(abr de* **número)** no. *(number)*

numerado, da [nume'raðo, ða] *adj* numbered

número ['numero] *m* **1.** number **2.** *(de lotería)* ticket **3.** *(de una publicación)* issue **4.** *(talla)* size ● **¿qué número calzas?** what size shoe are you? ● **número de teléfono** telephone number

numeroso, sa [nume'roso, sa] *adj* numerous

numismática [numiz'matika] *f* coin-collecting

nunca ['nunka] *adv* **1.** never **2.** *(en negativas)* ever

nupcial [nup'θial] *adj* wedding *(antes de s)*

nupcias ['nupθias] *fpl* wedding *sg*

nutria ['nutria] *f* otter

nutrición [nutri'θion] *f* nutrition

nutritivo, va [nutri'tiβo, βa] *adj* nutritious

ñandú [ɲan'du] *m* rhea

ñato, ta ['ɲato, ta] *adj (Andes & RP)* snub

ñoñería [ɲoɲe'ria] *f* insipidity

ñoño, ña ['ɲoɲo, ɲa] *adj* **1.** *(remilgado)* squeamish **2.** *(quejica)* whining **3.** *(soso)* dull

ñoqui ['ɲoki] *m* gnocchi *pl*

o [o] *conj* or ● **o sea** in other words

O *(abr de oeste)* W *(west)*

oasis [o'asis] *m inv* oasis

obedecer [oβeðe'θer] *vt* to obey ◆ **obedecer a** *v + prep (ser motivado por)* to be due to

obediencia [oβe'ðienθia] *f* obedience

obediente [oβe'ðiente] *adj* obedient

obesidad [oβesi'ðað] *f* obesity

obeso, sa [o'βeso, sa] *adj* obese

obispo [o'βispo] *m* bishop

objeción [oβxe'θion] *f* objection

objetividad [oβxetiβi'ðað] *f* objectivity

objetivo, va [oβxe'tiβo, βa] ◇ *adj* objective ◇ *m* **1.** *(finalidad)* objective **2.** *(blanco)* target **3.** *(lente)* lens

objeto [oβ'xeto] *m* **1.** object **2.** *(finalidad)* purpose ● **con el objeto de** with the aim of ▼ **objetos perdidos** lost property

obligación [oβliɣa'θion] *f* **1.** *(deber)* obligation **2.** *(de una empresa)* bond

obligar [oβli'ɣar] *vt* to force ◆ **obligarse a** *v + prep (comprometerse a)* to undertake to

obligatorio, ria [oβliɣa'torio, ria] *adj* compulsory

obra ['oβra] *f* **1.** *(realización)* work **2.** *(en literatura)* book **3.** *(en teatro)* play **4.** *(en música)* opus **5.** *(edificio en construcción)* building site ● **obra de caridad** charity ● **obra (de teatro)** play ● **obras** *fpl (reformas)* alterations ▼ **obras** *(en carretera)* roadworks

obrador [oβra'ðor] *m* workshop

obrero, ra [o'βrero, ra] *m,f* worker

obsequiar [oβse'kiar] *vt* ● **obsequiar a alguien con algo** to present sb with sthg

obsequio [oβ'sekio] *m* gift

observación [oβserβa'θion] *f* observation

observador, ra [oβserβa'ðor, ra] *adj* observant

observar [oβser'βar] *vt* **1.** to observe **2.**

(*darse cuenta de*) to notice

observatorio [oβserβa'torjo] *m* observatory

obsesión [oβse'sjon] *f* obsession

obsesionar [oβsesjo'nar] *vt* to obsess ◆ **obsesionarse** *vp* to be obsessed

obstáculo [oβs'takulo] *m* obstacle

obstante [oβs'tante] ◆ **no obstante** *conj* nevertheless

obstinado, da [oβsti'naðo, ða] *adj* **1.** (*persistente*) persistent **2.** (*terco*) obstinate

obstruir [oβs'truir] *vt* to obstruct ◆ **obstruirse** *vp* (*agujero, cañería*) to get blocked (up)

obtener [oβte'ner] *vt* to get

obvio, via ['oβßjo, ßja] *adj* obvious

oca ['oka] *f* **1.** (*ave*) goose **2.** (*juego*) board game similar to snakes and ladders

ocasión [oka'sjon] *f* **1.** (*momento determinado*) moment **2.** (*vez*) occasion **3.** (*oportunidad*) chance ● **de ocasión** (*rebajado*) bargain (*antes de s*)

ocasional [okasjo'nal] *adj* **1.** (*eventual*) occasional **2.** (*casual*) accidental

ocaso [o'kaso] *m* **1.** (*de sol*) sunset **2.** (*fig*) (*decadencia*) decline

occidental [okθiðen'tal] *adj* western

occidente [okθi'ðente] *m* west ◆ **Occidente** *m* the West

océano [o'θeano] *m* ocean

ochenta [o'tʃenta] *núm* eighty ➢ **seis**

ocho ['otʃo] *núm* eight ➢ **seis**

ochocientos, tas [otʃo'θjentos, tas] *núm* eight hundred ➢ **seis**

ocio ['oθjo] *m* leisure

ocioso, sa [o'θjoso, sa] *adj* (*inactivo*) idle

ocre ['okre] *adj inv* ochre

octavo, va [ok'taβo, βa] *núm* eighth ➢ **sexto**

octubre [ok'tuβre] *m* October ➢ **septiembre**

oculista [oku'lista] *mf* ophthalmologist

ocultar [okul'tar] *vt* **1.** (*esconder*) to hide **2.** (*callar*) to cover up

oculto, ta [o'kulto, ta] *adj* hidden

ocupación [okupa'θjon] *f* **1.** occupation **2.** (*oficio*) job

ocupado, da [oku'paðo, ða] *adj* **1.** (*plaza, asiento*) taken **2.** (*aparcamiento*) full **3.** (*lavabo*) engaged (*UK*), occupied (*US*) **4.** (*atareado*) busy **5.** (*invadido*) occupied ▼ **ocupado** (*taxi*) sign indicating that a taxi is not for hire

ocupar [oku'par] *vt* **1.** to occupy **2.** (*habitar*) to live in **3.** (*mesa*) to sit at **4.** (*en tiempo*) to take up **5.** (*cargo, posición, etc*) to hold **6.** (*dar empleo*) to provide work for ◆ **ocuparse de** *v + prep* **1.** (*encargarse de*) to deal with **2.** (*persona*) to look after

ocurrir [oku'rir] *vi* to happen ◆ **ocurrirse** *vp* ● **no se me ocurre la respuesta** I can't think of the answer

odiar [o'ðjar] *vt* to hate

odio ['oðjo] *m* hatred

oeste [o'este] *m* west

ofensiva [ofen'siβa] *f* offensive

oferta [o'ferta] *f* **1.** (*propuesta*) offer **2.** (*en precio*) bargain **3.** (*surtido*) range

oficial [ofi'θjal] ◇ *adj* official ◇ *m,f* (*militar*) officer

oficina [ofi'θina] *f* office ● **oficina de cambio** bureau de change ● **oficina de correos** post office ● **oficina de objetos**

perdidos lost property office ● **oficina de turismo** tourist office

oficinista [ofiθi'nista] *mf* office worker

oficio [o'fiθjo] *m* 1. *(profesión)* trade 2. *(empleo)* job 3. *(misa)* service

ofrecer [ofre'θer] *vt* 1. to offer 2. *(mostrar)* to present ◆ **ofrecerse** *vp (ser voluntario)* to volunteer

oftalmología [oftalmolo'xia] *f* ophthalmology

OGM *m (abr de organismo genéticamente modificado)* GMO *(genetically modified organism)*

ogro ['oɣro] *m* ogre

oído [o'iðo] *m* 1. *(sentido)* hearing 2. *(órgano)* ear ● **hablar al oído a alguien** to have a word in sb's ear

oír [o'ir] *vt* 1. *(ruido, música, etc)* to hear 2. *(atender)* to listen to ● **¡oiga, por favor!** excuse me!

ojal [o'xal] *m* buttonhole

ojalá [oxa'la] *interj* if only!

ojeras [o'xeras] *fpl* bags under the eyes

ojo ['oxo] ◇ *m* 1. eye 2. *(de cerradura)* keyhole ◇ *interj* watch out! ● **ojo de buey** porthole ● **a ojo** *(fig)* roughly

OK [o'kei] *interj* OK

okupa [o'kupa] *mf (fam)* squatter

ola ['ola] *f* wave ● **ola de calor** heatwave ● **ola de frío** cold spell

ole ['ole] *interj* bravo!

oleaje [ole'axe] *m* swell

óleo ['oleo] *m* oil *(painting)*

oler [o'ler] *vt & vi* to smell ● **oler bien** to smell good ● **oler mal** to smell bad ◆ **olerse** *vp* to sense

olfato [ol'fato] *m* 1. *(sentido)* sense of smell 2. *(astucia)* nose

olimpiadas [olim'pjaðas] *fpl* Olympics

olímpico, ca [o'limpiko, ka] *adj* Olympic

oliva [o'liβa] *f* olive

olivo [o'liβo] *m* olive tree

olla ['oʎa] *f* pot ● **olla a presión** pressure cooker

olmo ['olmo] *m* elm (tree)

olor [o'lor] *m* smell

olvidar [olβi'ðar] *vt* 1. to forget 2. *(dejarse)* to leave ◆ **olvidarse de** *v + prep (dejarse)* to leave

olvido [ol'βiðo] *m* 1. *(en memoria)* forgetting 2. *(descuido)* oversight

ombligo [om'bliɣo] *m* 1. *(de vientre)* navel 2. *(fig) (centro)* heart

omitir [omi'tir] *vt* to omit

once ['onθe] *núm* eleven ➢ **seis**

ONCE ['onθe] *f* Spanish association for the blind

ONCE

This independent organization was originally founded to help the blind but now also covers other disabled people. Its members have the opportunity to work selling tickets for its daily national lottery, the proceeds of which are used to fund the organization's other activities. Friday's winning ticket, the *cuponazo*, gets an especially large prize.

onda ['onda] *f* wave

ondulado, da [ondu'laðo, ða] *adj* wavy

ONU ['onu] *f (abr de Organización de las Naciones Unidas)* UN *(United Nations)*

opaco, ca [o'pako, ka] *adj* opaque

opción [op'θjon] *f* option ● **tener opción a** to be eligible for

ópera ['opera] *f* opera

operación [opera'θjon] *f* 1. operation 2. *(negocio)* transaction ● **operación retorno/salida** *police operation to assist travel of holidaymakers to/from city homes, minimizing congestion and maximizing road safety*

operadora [opera'ðora] *f (de teléfonos)* operator

operar [ope'rar] *vt* 1. *(enfermo)* to operate on 2. *(realizar)* to bring about ◆ **operarse** *vp (del hígado, etc)* to have an operation

operario, ria [ope'rarjo, rja] *m,f* worker

opinar [opi'nar] ◇ *vt* to think ◇ *vi* to give one's opinion

opinión [opi'njon] *f* opinion ● **la opinión pública** public opinion

oponer [opo'ner] *vt* 1. *(obstáculo, resistencia)* to use against 2. *(razón, argumento, etc)* to put forward ◆ **oponerse** *vp (contrarios, fuerzas)* to be opposed ● **oponerse a** *v + prep* 1. *(ser contrario a)* to oppose 2. *(negarse a)* to refuse to

oportunidad [oportuni'ðað] *f* opportunity ▼ **oportunidades** bargains

oportuno, na [opor'tuno, na] *adj* 1. *(adecuado)* appropriate 2. *(propicio)* timely 3. *(momento)* right

oposición [oposi'θjon] *f* 1. *(impedimento)* opposition 2. *(resistencia)* resistance ● **la oposición** the opposition ◆ **oposiciones** *fpl (para empleo)* public entrance examinations

oprimir [opri'mir] *vt* 1. *(botón)* to press 2. *(reprimir)* to oppress

optar [op'tar] ◆ **optar a** *v + prep (aspirar a)* to go for ◆ **optar por** *v + prep* ● **optar por algo** to choose sthg ● **optar por hacer algo** to choose to do sthg

optativo, va [opta'tiβo, βa] *adj* optional

óptica ['optika] *f* 1. *(ciencia)* optics 2. *(establecimiento)* optician's (shop)

optimismo [opti'mizmo] *m* optimism

optimista [opti'mista] *adj* optimistic

opuesto, ta [o'pwesto, ta] ◇ *pp* ➢ **oponer** ◇ *adj (contrario)* conflicting ● **opuesto a** contrary to

oración [ora'θjon] *f* 1. *(rezo)* prayer 2. *(frase)* sentence

orador, ra [ora'ðor, ra] *m,f* speaker

oral [o'ral] *adj* oral

órale ['orale] *interj (Méx)* that's right!

orangután [orangu'tan] *m* orangutang

oratoria [ora'torja] *f* oratory

órbita ['orβita] *f* 1. *(de astro)* orbit 2. *(de ojo)* eye socket 3. *(ámbito)* sphere

orca ['orka] *f* killer whale

orden¹ ['orðen] *m* order ● **en orden** *(bien colocado)* tidy *(UK)*, neat *(US)*; *(en regla)* in order

orden² ['orðen] *f* order

ordenación [orðena'θjon] *f* 1. *(colocación)* arrangement 2. *(de sacerdote)* ordination

ordenado, da [orðe'naðo, ða] *adj (en orden)* tidy *(UK)*, neat *(US)*

ordenador [orðena'ðor] *m* computer ● **ordenador portátil** laptop computer

ordenar [orðe'nar] *vt* 1. *(colocar)* to arrange 2. *(armario, habitación)* to tidy up *(UK)*, to clean up *(US)* 3. *(mandar)* to order 4. *(sacerdote)* to ordain

ordeñar [orðe'ɲar] *vt* to milk

ordinario, ria [orði'narjo, rja] *adj* **1.** *(habitual)* ordinary **2.** *(basto, grosero)* coarse

orégano [o'reɣano] *m* oregano

oreja [o'rexa] *f* **1.** ear **2.** *(de sillón)* wing

orgánico, ca [or'ɣaniko, ka] *adj* organic

organillo [orɣa'niʎo] *m* barrel organ

organismo [orɣa'nizmo] *m* **1.** *(de ser vivo)* body **2.** *(institución)* organization

organización [orɣaniθa'θjon] *f* organization

organizador, ra [orɣaniθa'ðor, ra] *m,f* organizer

organizar [orɣani'θar] *vt* **1.** to organize **2.** *(negocio, empresa, etc)* to set up

órgano ['orɣano] *m* organ

orgullo [or'ɣuʎo] *m* pride

orgulloso, sa [orɣu'ʎoso, sa] *adj* proud
• **orgulloso de** proud of

oriental [orjen'tal] ◇ *adj* **1.** *(del este)* eastern **2.** *(del Lejano Oriente)* oriental ◇ *mf* oriental

orientar [orjen'tar] *vt (guiar)* to direct • **orientar algo hacia algo** to place sthg facing sthg

orientativo, va *adj* guideline *(antes de s)* • **precio orientativo** recommended price • **ser puramente orientativo** only to be intended as a guideline

oriente [o'rjente] *m* **1.** *(punto cardinal)* east **2.** *(viento)* east wind ◆ **Oriente** *m* • **el Oriente** the East

orificio [ori'fiθjo] *m* hole

origen [o'rixen] *m* **1.** origin **2.** *(motivo)* cause **3.** *(ascendencia)* birth

original [orixi'nal] *adj* **1.** original **2.** *(extraño)* eccentric

originario, ria [orixi'narjo, rja] *adj* **1.** *(país, ciudad)* native **2.** *(inicial)* original • **ser originario de** to come from

orilla [o'riʎa] *f* **1.** *(de mar, lago)* shore **2.** *(de río)* bank **3.** *(borde)* edge

orillarse [ori'ʎarse] *vp* (Col & Ven) to move to one side

orina [o'rina] *f* urine

orinal [ori'nal] *m* chamberpot

orinar [ori'nar] *vi* to urinate

oro ['oro] *m* **1.** *(metal)* gold **2.** *(riqueza)* riches *pl* ◆ **oros** *mpl* (de la baraja) suit of Spanish cards bearing gold coins

orquesta [or'kesta] *f* **1.** *(de música)* orchestra **2.** *(lugar)* orchestra pit

orquestar [orkes'tar] *vt* to orchestrate

orquídea [or'kiðea] *f* orchid

ortiga [or'tiɣa] *f* (stinging) nettle

ortodoxo, xa [orto'ðokso, sa] *adj* orthodox

oruga [o'ruɣa] *f* caterpillar

os [os] *pron* **1.** *(complemento directo)* you **2.** *(complemento indirecto)* (to) you **3.** *(reflexivo)* yourselves **4.** *(recíproco)* each other

oscilar [osθi'lar] *vi (moverse)* to swing • **oscilar (entre)** *(variar)* to fluctuate (between)

oscuridad [oskuri'ðað] *f* **1.** *(falta de luz)* darkness **2.** *(confusión)* obscurity

oscuro, ra [os'kuro, ra] *adj* **1.** dark **2.** *(confuso)* obscure **3.** *(nublado)* overcast • **a oscuras** in the dark

oso, osa ['oso, 'osa] *m,f* bear • **oso hormiguero** anteater

osobuco [oso'βuko] *m* osso bucco

ostra ['ostra] *f* oyster ◆ **ostras** *interj* (fam) wow!

OTAN ['otan] f NATO

otoño [o'toɲo] m autumn, fall (US)

otorrino, na [oto'rrino, na] m.f (fam) ear, nose and throat specialist

otorrinolaringólogo, ga [oto,rrinolarin'goloɣo, ɣa] m.f ear, nose and throat specialist

otro, otra ['otro, 'otra] ◇ adj indef sg, other pl ◇ pron **1.** (otra cosa) another sg, others pl **2.** (otra persona) someone else ● **el otro** the other one ● **los otros** the others ● **otro vaso** another glass ● **otros dos vasos** another two glasses ● **el otro día** the other day ● **la otra tarde** the other evening

ovalado, da [oβa'laðo, ða] adj oval

ovario [o'βarjo] m ovary

oveja [o'βexa] f sheep

ovni ['oβni] m UFO

óxido ['oksiðo] m (herrumbre) rust

oxígeno [ok'sixeno] m oxygen

oyente [o'jente] m listener

ozono [o'θono] m ozone

P

p. (abr de paseo) Ave (Avenue)

pabellón [paβe'ʎon] m **1.** (edificio) pavilion **2.** (de hospital) block **3.** (tienda de campaña) bell tent **4.** (de oreja) outer ear

pacer [pa'θer] vi to graze

pacharán [patʃa'ran] m liqueur made from brandy and sloes

paciencia [pa'θjenθja] f patience ●

perder la paciencia to lose one's patience ● **tener paciencia** to be patient

paciente [pa'θjente] adj & mf patient

pacificación [paθifika'θjon] f pacification

pacífico, ca [pa'θifiko, ka] adj peaceful ◆ **Pacífico** m ● **el Pacífico** the Pacific

pacifismo [paθi'fizmo] m pacifism

pacifista [paθi'fista] mf pacifist

pack ['pak] m pack

pacto ['pakto] m (entre personas) agreement

padecer [paðe'θer] ◇ vt **1.** (enfermedad) to suffer from **2.** (soportar) to endure ◇ vi to suffer ◇ **padece del hígado** she has liver trouble

padrastro [pa'ðrastro] m **1.** (pariente) stepfather **2.** (pellejo) hangnail

padre ['paðre] m father ◇ adj (Méx) (fam) (estupendo) brilliant ◆ **padres** mpl (de familia) parents

padrino [pa'ðrino] m **1.** (de boda) best man **2.** (de bautizo) godfather ◆ **padrinos** mpl godparents

padrísimo [pa'ðrisimo] adj (Amér) (fam) brilliant

paella [pa'eʎa] f paella

pág. (abr de página) p. (page)

paga ['paɣa] f (sueldo) wages pl

paga extraordinaria

In Spain, permanent employees' annual salaries are usually composed of 14 equal payments. This means that they receive double their standard monthly salary twice a year, in June and December. The extra cash is intended to help pay for summer holidays and Christmas presents.

pagadero, ra [paɣa'ðero, ra] *adj*

pagado, da [pa'ɣaðo, ða] *adj (deuda, cuenta, etc)* paid

pagano, na [pa'ɣano, na] *m,f* pagan

pagar [pa'ɣar] ◇ *vt* **1.** *(cuenta, deuda, etc)* to pay **2.** *(estudios, gastos, error)* to pay for **3.** *(corresponder)* to repay ◇ *vi* to pay ▼ **pague en caja antes de retirar su vehículo** please pay before leaving

página ['paxina] *f* page

pago ['paɣo] *m* **1.** payment **2.** *(recompensa)* reward

país [pa'is] *m* country

paisaje [pai'saxe] *m* **1.** landscape **2.** *(vista panorámica)* view

paisano, na [pai'sano, na] *m,f* **1.** *(persona no militar)* civilian **2.** *(de país)* compatriot **3.** *(de ciudad)* person from the same city

Países Bajos [pa'isez'βaxos] *mpl* ● **los Países Bajos** the Netherlands

País Vasco [pa'iz'βasko] *m* ● **el País Vasco** the Basque country

paja ['paxa] *f* **1.** straw **2.** *(parte desechable)* padding

pajarita [paxa'rita] *f (corbata)* bow tie ● **pajarita de papel** paper bird

pájaro ['paxaro] *m* bird

paje ['paxe] *m* page

pala ['pala] *f* **1.** *(herramienta)* spade **2.** *(de ping-pong)* bat *(UK)*, paddle *(US)* **3.** *(de cocina)* slice *(UK)*, spatula *(US)* **4.** *(de remo, hacha)* blade

palabra [pa'laβra] *f* word ● **dar la palabra a alguien** to give sb the floor ●

de palabra *(hablando)* by word of mouth ● **palabras** *fpl (discurso)* words

palacio [pa'laθjo] *m* palace ● **palacio municipal** *(Amér)* town hall

Palacio de la Moneda

This neoclassical building is the official residence of the Chilean president and the seat of the country's government. It also houses various other government departments. Its name comes from the fact that until 1929 it served as the national Mint.

Palacio de la Zarzuela

The Zarzuela palace is the current residence of the King of Spain and is situated in the el Pardo hills to the northwest of Madrid. Built in the neoclassical style between 1634 and 1638, it was renovated in the rococo style in the 18th century.

paladar [pala'ðar] *m* palate

paladear [palaðe'ar] *vt* to savour

palanca [pa'lanka] *f* lever ● **palanca de cambio** gear lever *(UK)*, gearshift *(US)*

palangana [palan'gana] *f* **1.** *(para fregar)* washing-up bowl *(UK)* **2.** *(para lavarse)* wash bowl

palco ['palko] *m* box *(at theatre)*

paletilla [pale'tiʎa] *f* shoulder blade ● **paletilla de cordero** shoulder of lamb

pálido, da ['paliðo, ða] *adj* pale

palillo [pa'liʎo] *m* **1.** *(para dientes)*

toothpick **2.** *(para tambor)* drumstick

paliza [pa'liθa] *f* **1.** *(zurra, derrota)* beating **2.** *(esfuerzo)* hard grind

palma ['palma] *f* **1.** *(de mano, palmera)* palm **2.** *(hoja de palmera)* palm leaf ◆ **palmas** *fpl* applause *sg* ● **dar palmas** to applaud

palmada [pal'maða] *f* **1.** *(golpe)* pat **2.** *(ruido)* clap

palmera [pal'mera] *f (árbol)* palm (tree)

palmitos [pal'mitos] *mpl (de cangrejo)* crab sticks ● **palmitos a la vinagreta** crab sticks in vinegar

palo ['palo] *m* **1.** *(de madera)* stick **2.** *(de golf)* club **3.** *(de portería)* post **4.** *(de tienda de campaña)* pole **5.** *(golpe)* blow *(with a stick)* **6.** *(de barco)* mast **7.** *(en naipes)* suit

paloma [pa'loma] *f* dove, pigeon

palomar [palo'mar] *m* dovecote

palomitas [palo'mitas] *fpl* popcorn *sg*

palpitar [palpi'tar] *vi* **1.** *(corazón)* to beat **2.** *(sentimiento)* to shine through

palta ['palta] *f (Andes & RP)* avocado

pamela [pa'mela] *f* sun hat

pampa ['pampa] *f* pampas *pl*

pan ['pan] *m* **1.** *(alimento)* bread **2.** *(hogaza)* loaf ● **pan dulce** *(Amér)* (sweet) pastry ● **pan integral** wholemeal bread ● **pan de molde** sliced bread ● **pan de muerto** *(Méx)* *sweet pastry eaten on All Saints' Day* ● **pan rallado** breadcrumbs *pl* ● **pan con tomate** *bread rubbed with tomato and oil* ● **pan tostado** toast

panadería [panaðe'ria] *f* bakery

panadero, ra [pana'ðero, ra] *m,f* baker

panal [pa'nal] *m* honeycomb

Panamá [pana'ma] *s* Panama

panameño, ña [pana'meɲo, ɲa] *adj & m,f* Panamanian

pancarta [paŋ'karta] *f* banner

pandereta [pande'reta] *f* tambourine

pandilla [pan'diʎa] *f* gang

panecillo [pane'θiʎo] *m* (bread) roll

panel [pa'nel] *m* panel

panera [pa'nera] *f* **1.** *(cesta)* bread basket **2.** *(caja)* bread bin *(UK)*, bread box *(US)*

pánico ['paniko] *m* panic

panorama [pano'rama] *m* **1.** *(paisaje)* panorama **2.** *(situación)* overall state

panorámica [pano'ramika] *f* panorama

panorámico, ca [pano'ramiko, ka] *adj* panoramic

pantaletas [panta'letas] *fpl (CAm & Ven)* knickers *(UK)*, panties *(US)*

pantalla [pan'taʎa] *f* **1.** *(de cine, televisión)* screen **2.** *(de lámpara)* lampshade

pantalones [panta'lones] *mpl* trouser *(UK)*, pants *(US)* ● **pantalones cortos** shorts ● **pantalones vaqueros** jeans

pantano [pan'tano] *m* **1.** *(embalse)* reservoir **2.** *(ciénaga)* marsh

pantanoso, sa [panta'noso, sa] *adj* marshy

pantera [pan'tera] *f* panther

pantimedias [panti'meðjas] *fpl (Méx)* tights *(UK)*, pantyhose *(US)*

pantorrilla [panto'riʎa] *f* calf

pantys ['pantis] *mpl* tights *(UK)*, pantyhose *(US)*

pañal [pa'nal] *m* nappy *(UK)*, diaper *(US)* ● **pañales higiénicos** disposable nappies

paño ['paɲo] *m* cloth ● **paño de cocina** tea towel *(UK)*, dishcloth

pañuelo [pa'nwelo] *m* **1.** *(para limpiarse)* handkerchief **2.** *(de adorno)* scarf

Papa ['papa] *m* ● **el Papa** the Pope

papa ['papa] *f* *(Amér)* potato ● **papas fritas** *(de cocina)* chips *(UK)*, French fries *(US)*; *(de paquete)* crisps *(UK)*, chips *(US)*

papá [pa'pa] *m* *(fam)* dad ● **papá grande** *(Amér)* grandad ◆ **papás** *mpl* *(fam)* *(padres)* parents

papachador, ra [papatʒa'ðor, ra] *adj* *(Amér)* pampering

papachar [papa'tʒar] *vt* *(Amér)* to spoil

papagayo [papa'yajo] *m* parrot

papel [pa'pel] *m* **1.** paper **2.** *(hoja)* sheet of paper **3.** *(función, de actor)* role ● **papel higiénico** toilet paper ● **papel pintado** wallpaper ◆ **papeles** *mpl* *(documentos)* papers

papeleo [pape'leo] *m* red tape

papelera [pape'lera] *f* wastepaper basket

papelería [papele'ria] *f* stationer's *(shop)*

papeleta [pape'leta] *f* **1.** *(de votación)* ballot paper **2.** *(de examen)* slip of paper with university exam results **3.** *(fig)* *(asunto difícil)* tricky thing

paperas [pa'peras] *fpl* mumps

papilla [pa'piʎa] *f* *(alimento)* baby food

paquete [pa'kete] *m* **1.** *(postal)* parcel **2.** *(de cigarrillos, klínex, etc)* pack ● **paquete turístico** package tour

Paquistán [pakis'tan] *m* ● **(el) Paquistán** Pakistan

paquistaní [pakista'ni] *adj & mf* Pakistani

par ['par] ◇ *adj (número)* even ◇ *m* **1.** *(de zapatos, guantes, etc)* pair **2.** *(de veces)* couple ● **abierto de par en par** wide open ● **sin par** matchless ● **un par de** ... a couple of ...

para [para] *prep* **1.** *(finalidad)* for ● **esta agua no es buena para beber** this water isn't fit for drinking ● **lo he comprado para ti** I bought it for you ● **te lo repetiré para que te enteres** I'll repeat it so you understand **2.** *(motivación)* (in order) to ● **lo he hecho para agradarte** I did it to please you **3.** *(dirección)* towards ● **ir para casa** to head (for) home ● **salir para el aeropuerto** to leave for the airport **4.** *(tiempo)* for ● **lo tendré acabado para mañana** I'll have it finished for tomorrow **5.** *(comparación)* considering ● **está muy delgado para lo que come** he's very thin considering how much he eats **6.** *(inminencia, propósito)* ● **la comida está lista para servir** the meal is ready to be served

parabólica [para'βolika] *f* satellite dish

parabrisas [para'βrisas] *m inv* windscreen *(UK)*, windshield *(US)*

paracaídas [paraka'iðas] *m inv* parachute

parachoques [para'tʒokes] *m inv* bumper *(UK)*, fender *(US)*

parada [pa'raða] *f* stop ● **parada de autobús** bus stop ● **parada de taxis** taxi rank ➤ **parado**

paradero [para'ðero] *m* *(Andes)* bus stop

parado, da [pa'raðo, ða] ◇ *adj* **1.** *(coche, máquina, etc)* stationary **2.** *(desempleado)* unemployed **3.** *(sin iniciativa)* unenterprising **4.** (*Amér*) (*de pie*) standing up ◇ *m,f* unemployed person

paradoja [para'ðoxa] *f* paradox

paradójico, ca [para'ðoxiko, ka] *adj* paradoxical

parador [para'ðor] *m* (*mesón*) roadside inn ● **parador nacional** *state-owned luxury hotel*

parador nacional

Paradors are surprisingly affordable luxury hotels run by the Spanish State. They are usually converted buildings of artistic or historic interest such as castles and palaces, and tend to be situated in areas of outstanding natural beauty. Their restaurants specialize in local or regional cuisine.

paraguas [para'raɣuas] *m inv* umbrella

Paraguay [para'ɣuaj] *m* ● (**el**) **Paraguay** Paraguay

paraguayo, ya [para'ɣuajo, ja] *adj & m,f* Paraguayan

paraíso [para'iso] *m* paradise

paraje [pa'raxe] *m* spot

paralelas [para'lelas] *fpl* parallel bars

paralelo, la [para'lelo, la] *adj & m* parallel

parálisis [pa'ralisis] *f inv* paralysis

paralítico, ca [para'litiko, ka] *m,f* paralytic

paralizar [parali'θar] *vt* to paralyse

parapente [para'pente] *m* paraskiing

parar [pa'rar] ◇ *vt* **1.** to stop **2.** (*Amér*) (*levantar*) to lift ◇ *vi* **1.** (*detenerse*) to stop

2. (*hacer huelga*) to go on strike ● **sin parar** non-stop ▼ **para en todas las estaciones** stopping at all stations ◆ **pararse** *vp* **1.** (*detenerse*) to stop **2.** (*Amér*) (*ponerse de pie*) to stand up

pararrayos [para'rajos] *m inv* lightning conductor

parasol [para'sol] *m* parasol

parchís [par'tʃis] *m inv* ludo (*UK*), Parcheesi ® (*US*)

parcial [par'θial] ◇ *adj* **1.** partial **2.** (*injusto*) biased ◇ *m* (*examen*) end-of-term examination

pardo, da ['parðo, ða] *adj* dun-coloured

parecer [pare'θer] ◇ *m* (*opinión*) opinion ◇ *v cop* to look, to seem ◇ *vi* ● **me parece que ...** I think (that) ... ● **parece que va a llover** it looks like it's going to rain ● **¿qué te parece?** what do you think? ● **de buen parecer** good-looking ◆ **parecerse** *vp* to look alike ● **parecerse a** to resemble

parecido, da [pare'θiðo, ða] ◇ *adj* similar ◇ *m* resemblance

pared [pa'reð] *f* (*muro*) wall

pareja [pa'rexa] *f* **1.** (*conjunto de dos*) pair **2.** (*de casados, novios*) couple **3.** (*compañero*) partner

parentesco [paren'tesko] *m* relationship

paréntesis [pa'rentesis] *m inv* **1.** (*signo de puntuación*) bracket (*UK*), parenthesis (*US*) **2.** (*interrupción*) break ● **entre paréntesis** in brackets

pareo [pa'reo] *m* wraparound skirt

pariente, ta [pa'rjente, ta] *m,f* relative

parking ['parkin] *m* car park (*UK*), parking lot (*US*)

parlamentario, ria [parlamen'tarjo, rja] *m,f* member of parliament

parlamento [parla'mento] *m* **1.** *(asamblea legislativa)* parliament **2.** *(discurso)* speech

parlanchín, ina [parlan'tʒin, ina] *adj* talkative

paro ['paro] *m* **1.** *(desempleo)* unemployment **2.** *(parada)* stoppage **3.** *(huelga)* strike ● **estar en paro** to be unemployed

parpadear [parpaðe'ar] *vi (ojos)* to blink

párpado ['parpaðo] *m* eyelid

parque ['parke] *m* **1.** *(jardín)* park **2.** *(de niños)* playpen **3.** *(de automóviles)* fleet ● **parque acuático** waterpark ● **parque de atracciones** amusement park ● **parque de bomberos** fire station ● **parque eólico** wind farm ● **parque infantil** children's playground ● **parque nacional** national park ● **parque zoológico** zoo

parque nacional

While access to national parks is free, there are strict rules governing the behaviour of visitors, in order to ensure adequate protection for these areas of outstanding natural beauty. The main national parks in Spain are the *Coto de Doñana* (Huelva), *Ordesa* (Huesca) and *Teide* (Santa Cruz de Tenerife), while Latin America boasts *los Glaciares* (Argentina), *Isla Cocos* (Costa Rica), *Darién* (Panama) and *Canaima* (Venezuela).

parqué [par'ke] *m* parquet

parquear [parke'ar] *vt (Col)* to park

parquímetro [par'kimetro] *m* parking meter

parra ['para] *f* vine

párrafo ['parafo] *m* paragraph

parrilla [pa'riʎa] *f* **1.** *(para cocinar)* grill **2.** *(Amér) (de coche)* roof rack ● **a la parrilla** grilled

parrillada [pari'ʎaða] *f* mixed grill ● **parrillada de carne** selection of grilled meats ● **parrillada de pescado** selection of grilled fish

parroquia [pa'rokja] *f* **1.** *(iglesia)* parish church **2.** *(conjunto de fieles)* parish **3.** *(fig) (clientela)* clientele

parte ['parte] ◇ *f* **1.** part **2.** *(bando, lado, cara)* side ◇ *m* report ● **dar parte de algo** to report sthg ● **de parte de** *(en nombre de)* on behalf of ● **¿de parte de quién?** *(en el teléfono)* who's calling? ● **en alguna parte** somewhere ● **en otra parte** somewhere else ● **en parte** partly ● **en o por todas partes** everywhere ● **parte meteorológico** weather forecast ● **por otra parte** *(además)* what is more

participación [partiθipa'θjon] *f* **1.** *(colaboración)* participation **2.** *(de boda, bautizo)* notice **3.** *(en lotería)* share

participar [partiθi'par] *vi* ● **participar (en)** to participate (in) ● **participar algo a alguien** to notify sb of sthg

partícula [par'tikula] *f* particle

particular [partiku'lar] *adj* **1.** *(privado)* private **2.** *(propio)* particular **3.** *(especial)* unusual ● **en particular** in particular

partida [par'tiða] *f* **1.** *(marcha)* departure 2. *(en el juego)* game 3. *(certificado)* certificate 4. *(de género, mercancías)* consignment

partidario, ria [parti'ðarjo, rja] *m,f* supporter ● **ser partidario de** to be in favour of

partidista [parti'ðista] *adj* partisan

partido [par'tiðo] *m* 1. *(en política)* party 2. *(en deporte)* game ● **sacar partido de** to make the most of ● **partido de ida** away leg ● **partido de vuelta** home leg

partir [par'tir] ◇ *vt* 1. *(dividir)* to divide 2. *(romper)* to break 3. *(nuez)* to crack 4. *(repartir)* to share ◇ *vi (ponerse en camino)* to set off ● **a partir de** from ◆ **partir de** *v + prep (tomar como base)* to start from

partitura [parti'tura] *f* score

parto ['parto] *m* birth

parvulario [parβu'larjo] *m* nursery school

pasa ['pasa] *f* raisin

pasable [pa'saβle] *adj* passable

pasada [pa'saða] *f* 1. *(con trapo)* wipe 2. *(de pintura, barniz)* coat 3. *(en labores de punto)* row ● **de pasada** in passing

pasado, da [pa'saðo, ða] ◇ *adj* 1. *(semana, mes, etc)* last 2. *(viejo)* old 3. *(costumbre)* old-fashioned 4. *(alimento)* off *(UK)*, bad ◇ *m* past ● **el año pasado** last year ● **bien pasado** *(carne)* well-done ● **pasado de moda** old-fashioned ● **pasado mañana** the day after tomorrow

pasaje [pa'saxe] *m* 1. *(de avión, barco)* ticket 2. *(calle)* alley 3. *(conjunto de pasajeros)* passengers *pl* 4. *(de novela, ópera)* passage

pasajero, ra [pasa'xero, ra] ◇ *adj* pas-

sing ◇ *m,f* passenger ▼ **pasajeros sin equipaje** passengers with hand luggage only

pasamanos [pasa'manos] *m inv (barandilla)* handrail

pasaporte [pasa'porte] *m* passport

pasar [pa'sar]
◇ *vt* 1. *(deslizar, filtrar)* to pass ● **me pasó la mano por el pelo** she ran her hand through my hair ● **pasar algo por** to pass sthg through 2. *(cruzar)* to cross ● **pasar la calle** to cross the road 3. *(acercar, hacer llegar)* to pass ● **¿me pasas la sal?** would you pass me the salt? 4. *(contagiar)* ● **me has pasado la tos** you've given me your cough 5. *(trasladar)* ● **pasar algo a** to move sthg to 6. *(llevar adentro)* to show in ● **nos pasó al salón** he showed us into the living room 7. *(admitir)* to accept 8. *(rebasar)* to go through ● **no pases el semáforo en rojo** don't go through a red light 9. *(sobrepasar)* ● **ya ha pasado los veinticinco** he's over twenty-five now 10. *(tiempo)* to spend ● **pasó dos años en Roma** she spent two years in Rome 11. *(padecer)* to suffer 12. *(adelantar)* to overtake 13. *(aprobar)* to pass 14. *(revisar)* to go over 15. *(en cine)* to show 16. *(en locuciones)* ● **pasarlo bien/mal** to have a good/bad time ● **pasar lista** to call the register ● **pasar visita** to see one's patients
◇ *vi* 1. *(ir, circular)* to go ● **el autobús pasa por mi casa** the bus goes past my house ● **el Manzanares pasa por Madrid** the Manzanares goes through Madrid ● **pasar de largo** to go by 2.

(entrar) to go in ▼ **no pasar** no entry ● **¡pase!** come in! ▼ **pasen por caja** please pay at the till **3.** *(poder entrar)* to get through ● **déjame más sitio, que no paso** move up, I can't get through **4.** *(ir un momento)* to pop in ● **pasaré por tu casa** I'll drop by (your place) **5.** *(suceder)* to happen ● **¿qué (te) pasa?** what's the matter (with you)? **2. ¿qué pasa aquí?** what's going on here? ● **pase lo que pase** whatever happens **6.** *(terminarse)* to be over ● **cuando pase el verano** when the summer's over **7.** *(transcurrir)* to go by ● **el tiempo pasa muy deprisa** time passes very quickly **8.** *(cambiar de acción, tema)* ● **pasar a** to move on to **9.** *(servir)* to be all right ● **puede pasar** it'll do **10.** *(fam)* *(prescindir)* ● **paso de política** I'm not into politics ◆ **pasarse** *vp* *(acabarse)* to pass; *(comida)* to go off *(UK)*, to go bad; *(flores)* to fade; *(fam)* *(propasarse)* to go over the top; *(tiempo)* to spend; *(omitir)* to miss out ● **se me pasó decírtelo** I forgot to mention it to you ● **no se le pasa nada** she doesn't miss a thing

pasarela [pasaˈrela] *f* **1.** *(de barco)* gangway **2.** *(para modelos)* catwalk *(UK)*, runway *(US)*

pasatiempo [pasaˈtjempo] *m* pastime

Pascua [ˈpaskwa] *f* *(en primavera)* Easter ◆ **Pascuas** *fpl* *(Navidad)* Christmas *sg*

pase [ˈpase] *m* pass

pasear [paseˈar] ◇ *vt* to take for a walk ◇ *vi* to go for a walk ● **pasearse** *vp* to walk

paseíllo [paseˈiʎo] *m* *opening procession of bullfighters*

paseo [paˈseo] *m* **1.** *(caminata)* walk **2.** *(calle ancha)* avenue **3.** *(distancia corta)* short walk ● **dar un paseo** to go for a walk ● **ir de paseo** to go for a walk ● **paseo marítimo** promenade

pasillo [paˈsiʎo] *m* corridor, hall *(US)*

pasión [paˈsjon] *f* passion

pasiva [paˈsiβa] *f* *(en gramática)* passive voice

pasividad [pasiβiˈðað] *f* passivity

pasivo, va [paˈsiβo, βa] ◇ *adj* passive ◇ *m* *(deudas)* debts *pl*

paso [ˈpaso] *m* **1.** step **2.** *(acción de pasar)* passing **3.** *(manera de andar)* walk **4.** *(ritmo)* pace **5.** *(en montaña)* pass ● **de paso** in passing ● **estar de paso** to be passing through ● **a dos pasos** *(muy cerca)* round the corner ● **paso de cebra** zebra crossing *(UK)*, crosswalk *(US)* ● **paso a nivel** level *(UK)* o grade *(US)* crossing ● **paso de peatones** pedestrian crossing ● **paso subterráneo** subway *(UK)*, underpass *(US)*

pasodoble [pasoˈðoβle] *m* paso doble

pasta [ˈpasta] *f* **1.** *(macarrones, espagueti, etc)* pasta **2.** *(para pastelería)* pastry **3.** *(pastelillo)* cake **4.** *(fam)* *(dinero)* dough ● **pasta de dientes** toothpaste

pastel [pasˈtel] *m* **1.** *(tarta)* cake **2.** *(salado)* pie **3.** *(en pintura)* pastel

pastelería [pasteleˈria] *f* **1.** *(establecimiento)* cake shop *(UK)*, bakery *(US)* **2.** *(bollos)* pastries *pl*

pastelero, ra [pasteˈlero, ra] *m,f* cake shop owner *(UK)*, baker *(US)*

pastilla [pasˈtiʎa] *f* **1.** *(medicamento)* pill **2.** *(de chocolate)* bar

pastor, ra [pasˈtor, ra] ◇ *m,f* *(de ganado)*

shepherd (*f* shepherdess) ◇ *m* (*sacerdote*) minister

pastoreo [pasto'reo] *m* shepherding

pata ['pata] ◇ *f* **1.** (*pierna, de mueble*) leg **2.** (*pie*) foot **3.** (*de perro, gato*) paw ◆ *m* (*Perú*) mate (*UK*), buddy (*US*) ● **pata negra** *type of top-quality cured ham* ● **estar patas arriba** (*fig*) to be upside-down ● **meter la pata** to put one's foot in it ● **tener mala pata** (*fig*) to be unlucky ➤ **pato**

patada [pa'taða] *f* kick

patata [pa'tata] *f* potato ● **patatas fritas** (*de sartén*) chips (*UK*), French fries (*US*); (*de bolsa*) crisps (*UK*), chips (*US*)

paté [pa'te] *m* paté

patente [pa'tente] ◇ *adj* obvious ◇ *f* **1.** (*documento*) patent **2.** (*CSur*) (*de coche*) number plate (*UK*), license plate (*US*)

paterno, na [pa'terno, na] *adj* paternal

patilla [pa'tiʎa] *f* **1.** (*de barba*) sideboard (*UK*), sideburn (*US*) **2.** (*de gafas*) arm

patín [pa'tin] *m* **1.** (*de ruedas*) roller skate **2.** (*de ruedas en línea*) rollerblade **3.** (*de hielo*) ice skate ● **patín (de pedales)** pedal boat

patinaje [pati'naxe] *m* skating ● **patinaje sobre hielo** ice skating

patinar [pati'nar] *vi* **1.** (*con patines*) to skate **2.** (*resbalar*) to skid **3.** (*fam*) (*equivocarse*) to put one's foot in it

patinazo [pati'naθo] *m* **1.** (*resbalón*) skid **2.** (*fam*) (*fallo*) blunder

patineta [pati'neta] *f* (*CSur, Méx & Ven*) skateboard

patinete [pati'nete] *m* scooter

patio ['patjo] *m* **1.** (*de casa*) patio **2.** (*de escuela*) playground ● **patio de butacas**

stalls *pl* (*UK*), orchestra (*US*) ● **patio interior** courtyard

pato, ta ['pato, ta] *m,f* duck ● **pato a la naranja** duck à l'orange

patoso, sa [pa'toso, sa] *adj* clumsy

patria ['patrja] *f* native country

patriota [pa'trjota] *mf* patriot

patriótico, ca [pa'trjotiko, ka] *adj* patriotic

patrocinador, ra [patroθina'ðor, ra] *m,f* sponsor

patrón, ona [pa'tron, ona] ◇ *m,f* **1.** (*de pensión*) landlord (*f* landlady) **2.** (*jefe*) boss **3.** (*santo*) patron saint ◇ *m* **1.** (*de barco*) skipper **2.** (*en costura*) pattern **3.** (*fig*) (*modelo*) standard

patronal [patro'nal] *f* (*de empresa*) management

patrono, na [pa'trono, na] *m,f* **1.** (*jefe*) boss **2.** (*protector*) patron (*f* patroness)

patrulla [pa'truʎa] *f* patrol ● **patrulla urbana** vigilante group

pausa ['pausa] *f* break

pauta ['pauta] *f* guideline

pavada [pa'βaða] *f* (*Perú & RP*) stupid thing

pavimento [paβi'mento] *m* road surface, pavement (*US*)

pavo, va ['paβo, βa] *m,f* turkey ● **pavo real** peacock

payaso, sa [pa'jaso, sa] *m,f* clown

paz [paθ, θes] (*pl* **-ces**) *f* peace ● **dejar en paz** to leave alone ● **hacer las paces** to make it up ● **que en paz descanse** may he/she rest in peace

pazo ['paθo] *m* Galician country house

PC ['pe'θe] *m* (*abr de* personal computer) PC (*personal computer*)

PD (abr de posdata) PS (postscript)
peaje [pe'axe] m toll
peatón [pea'ton] m pedestrian
peatonal [peato'nal] adj pedestrian (antes de s)
peca ['peka] f freckle
pecado [pe'kaðo] m sin
pecador, ra [peka'ðor, ra] m,f sinner
pecar [pe'kar] vi to sin
pecera [pe'θera] f (acuario) fish tank
pecho [pe'tʃo] m 1. (en anatomía) chest 2. (de la mujer) breast
pechuga [pe'tʃuɣa] f breast (meat)
pecoso, sa [pe'koso, sa] adj freckly
peculiar [peku'ljar] adj 1. (propio) typical 2. (extraño) peculiar
pedagogía [peðaɣo'xia] f education
pedagogo, ga [peða'ɣoɣo, ɣa] m,f (profesor) teacher
pedal [pe'ðal] m pedal
pedalear [peðale'ar] vi to pedal
pedante [pe'ðante] adj pedantic
pedazo [pe'ðaθo] m piece • **hacer pedazos** to break to pieces
pedestal [peðes'tal] m pedestal
pediatra [pe'ðjatra] mf pediatrician
pedido [pe'ðiðo] m order
pedir [pe'ðir] ◇ vt 1. (rogar) to ask for 2. (poner precio) to ask 3. (en restaurante, bar) to order 4. (exigir) to demand ◇ vi (mendigar) to beg • **pedir a alguien que haga algo** to ask sb to do sthg • **pedir disculpas** to apologize • **pedir un crédito** to ask for a loan • **pedir prestado algo** to borrow sthg
pedo ['peðo] m (vulg) (ventosidad) fart
pedófilo, la m,f paedophile
pedregoso, sa [peðre'ɣoso, sa] adj stony

pedrisco [pe'ðrisko] m hail
pega ['peɣa] f 1. (pegamento) glue 2. (fam) (inconveniente) hitch • **poner pegas** to find problems
pegajoso, sa [peɣa'xoso, sa] adj 1. (cosa) sticky 2. (fig) (persona) clinging
pegamento [peɣa'mento] m glue
pegar [pe'ɣar] ◇ vt 1. (sol) to beat down 2. (armonizar) to go (together) ◇ vt 1. (adherir, unir) to stick 2. (cartel) to put up 3. (golpear) to hit 4. (contagiar) to give, to pass on 5. (grito, salto) to give • **pegar la silla a la pared** to put the chair up against the wall • **pegarse** vp 1. (chocar) to hit o.s. 2. (adherirse) to stick 3. (a una persona) to attach o.s.
pegatina [peɣa'tina] f sticker
peinado [pei'naðo] m hairstyle
peinador, dora [peina'ðor, ðora] m,f (Méx & RP) hairdresser
peinar [pei'nar] vt to comb • **peinarse** vp to comb one's hair
peine ['peine] m comb
peineta [pei'neta] f ornamental comb
p.ej. (abr de por ejemplo) e.g. (exempli gratia)
peladilla [pela'ðiʎa] f sugared almond
pelar [pe'lar] vt 1. (patatas, fruta) to peel 2. (ave) to pluck • **pelarse** vp • **pelarse de frío** to be freezing cold
peldaño [pel'daɲo] m step
pelea [pe'lea] f fight
pelear [pele'ar] vi to fight • **pelearse** vp to fight
peletería [pelete'ria] f (tienda) furrier's (shop)
peli f (fam) movie
pelícano [pe'likano] m pelican

película [pe'likula] *f* film, movie (*US*)

peligro [pe'liɣro] *m* **1.** (*riesgo*) risk **2.** (*amenaza*) danger ● **correr peligro** to be in danger

peligroso, sa [peli'ɣroso, sa] *adj* dangerous

pelirrojo, ja [peli'roxo, xa] *adj* red-haired

pellejo [pe'ʎexo] *m* skin

pellizcar [peʎiθ'kar] *vt* to pinch

pellizco [pe'ʎiθko] *m* pinch

pelma ['pelma] *mf* (*fam*) pain

pelo ['pelo] *m* **1.** hair **2.** (*de animal*) coat **3.** (*fig*) (*muy poco*) tiny bit ● **con pelos y señales** in minute detail ● **por un pelo** by the skin of one's teeth ● **tomar el pelo a alguien** to pull sb's leg ● **pelo rizado** curly hair

pelota [pe'lota] ◇ *f* ball ◇ *mf* (*fam*) crawler (*UK*), brown-nose (*US*) ● **jugar a la pelota** to play ball ● **hacer la pelota** to suck up ● **pelota (vasca)** (*juego*) pelota, jai alai

pelotari [pelo'tari] *mf* pelota o jai alai player

pelotón [pelo'ton] *m* **1.** (*de gente*) crowd **2.** (*de soldados*) squad

pelotudo, da [pelo'tuðo, ða] *adj* (*RP*) (*fam*) thick (*UK*), dense (*US*)

peluca [pe'luka] *f* wig

peludo, da [pe'luðo, ða] *adj* hairy

peluquería [peluke'ria] *f* **1.** (*local*) hairdresser's (*salon*) **2.** (*oficio*) hairdressing ▼ **peluquería-estética** beauty salon

peluquero, ra [pelu'kero, ra] *m,f* hairdresser

pelvis ['pelβis] *f inv* pelvis

pena ['pena] *f* **1.** (*lástima*) pity **2.** (*tristeza*) sadness **3.** (*desgracia*) problem **4.** (*castigo*) punishment **5.** (*condena*) sentence **6.** (*CAm, Carib, Col, Méx & Ven*) (*vergüenza*) embarrassment ● **me da pena** (*lástima*) I feel sorry for him; (*vergüenza*) I'm embarrassed about it ● **a duras penas** with great difficulty ● **vale la pena** it's worth it ● **¡qué pena!** what a pity!

penalti [pe'nalti] *m* penalty

pendiente [pen'djente] ◇ *adj* (*por hacer*) pending ◇ *m* earring ◇ *f* slope

péndulo ['pendulo] *m* pendulum

pene ['pene] *m* penis

penetrar [pene'trar] ● **penetrar en** *v + prep* **1.** (*filtrarse por*) to penetrate **2.** (*entrar en*) to go into **3.** (*perforar*) to pierce

penicilina [peniθi'lina] *f* penicillin

península [pe'ninsula] *f* peninsula

peninsular [peninsu'lar] *adj* (*de la península española*) of/relating to mainland Spain

penitencia [peni'tenθja] *f* penance ● **hacer penitencia** to do penance

penitente [peni'tente] *m* (*en procesión*) *person in Holy Week procession wearing penitent's clothing*

penoso, sa [pe'noso, sa] *adj* **1.** (*lamentable*) distressing **2.** (*dificultoso*) laborious **3.** (*CAm, Carib, Col, Méx & Ven*) (*vergonzoso*) shy

pensador, ra [pensa'ðor, ra] *m,f* thinker

pensamiento [pensa'mjento] *m* thought

pensar [pen'sar] ◇ *vi* to think ◇ **1.**

(meditar) to think about **2.** *(opinar)* to think **3.** *(idear)* to think up ● **pensar hacer algo** to intend to do sth ● **pensar en algo** to think about sth ● **pensar en un número** to think of a number

pensativo, va [pensa'tiβo, βa] *adj* pensive

pensión [pen'sjon] *f* **1.** *(casa de huéspedes)* ≃ guesthouse **2.** *(paga)* pension ● **media pensión** half board ● **pensión completa** full board

peña ['peɲa] *f* **1.** *(piedra)* rock **2.** *(acantilado)* cliff **3.** *(de amigos)* group

peñasco [pe'ɲasko] *m* large rock

peón [pe'on] *m* **1.** *(obrero)* labourer **2.** *(en ajedrez)* pawn

peonza [pe'onθa] *f* (spinning) top

peor [pe'or] ◇ *adj & adv* worse ◇ *interj* too bad! ● **el/la peor** the worst ● **el que lo hizo peor** the one who did it worst

pepino [pe'pino] *m* cucumber

pepita [pe'pita] *f* **1.** *(de fruta)* pip *(UK)*, seed *(US)* **2.** *(de metal)* nugget

pequeño, ña [pe'keɲo, ɲa] *adj* **1.** small, little **2.** *(cantidad)* low **3.** *(más joven)* little

pera ['pera] *f* pear

peral [pe'ral] *m* pear tree

percebe [per'θeβe] *m* barnacle

percha ['pertʃa] *f* (coat) hanger

perchero [per'tʃero] *m* **1.** *(de pared)* clothes' rail **2.** *(de pie)* coat stand

percibir [perθi'βir] *vt* **1.** *(sentir, notar)* to notice **2.** *(cobrar)* to receive

perdedor, ra [perðe'ðor, ra] *m,f* loser

perder [per'ðer] ◇ *vt* **1.** to lose **2.** *(tiempo)* to waste **3.** *(tren, oportunidad)*

to miss ◇ *vi* **1.** *(en competición)* to lose **2.** *(empeorar)* to get worse ● **echar a perder** *(fam)* to spoil ● **perderse** *vp* *(extraviarse)* to get lost

pérdida ['perðiða] *f* loss

perdigón [perði'ɣon] *m* pellet

perdiz [per'ðiθ, θes] *(pl* **-ces** *) f* partridge

perdón [per'ðon] ◇ *m* forgiveness ◇ *interj* sorry! ● **perdón, ¿me deja entrar?** excuse me, can I come in?

perdonar [perðo'nar] *vt* *(persona)* to forgive ● **perdonar algo a alguien** *(obligación, castigo, deuda)* to let sb off sth; *(ofensa)* to forgive sb for sth

peregrinación [pereɣrina'θjon] *f* *(romería)* pilgrimage

peregrino, na [pere'ɣrino, na] *m,f* pilgrim

perejil [pere'xil] *m* parsley

pereza [pe'reθa] *f* **1.** *(gandulería)* laziness **2.** *(lentitud)* sluggishness

perezoso, sa [pere'θoso, sa] *adj* lazy

perfección [perfek'θjon] *f* perfection

perfeccionista [perfekθjo'nista] *mf* perfectionist

perfectamente [per.fekta'mente] *adv* **1.** *(sobradamente)* perfectly **2.** *(muy bien)* fine

perfecto, ta [per'fekto, ta] *adj* perfect

perfil [per'fil] *m* **1.** *(contorno)* outline **2.** *(de cara)* profile ● **de perfil** in profile

perforación [perfora'θjon] *f* MED puncture

perforar [perfo'rar] *vt* to make a hole in

perfumar [perfu'mar] *vt* to perfume ◆ **perfumarse** *vp* to put on perfume

perfume [per'fume] *m* perfume

perfumería [perfume'ria] *f* perfumery

pergamino [perɣa'mino] *m* parchment

pérgola ['perɣola] *f* pergola

periferia [peri'ferja] *f* (*de ciudad*) outskirts *pl*

periódico, ca [pe'rjoðiko, ka] ◇ *adj* periodic ● *m* newspaper

periodismo [perjo'ðismo] *m* journalism

periodista [perjo'ðista] *mf* journalist

período [pe'rjoðo] *m* period

periquito [peri'kito] *m* parakeet

peritaje [peri'taxe] *m* expert's report

perito, ta [pe'rito, ta] *m,f* **1.** (*experto*) expert **2.** (*ingeniero técnico*) technician

perjudicar [perxuði'kar] *vt* to harm

perjuicio [per'xwiθjo] *m* harm

perla ['perla] *f* pearl ● **me va de perlas** it's just what I need

permanecer [permane'θer] *vi* (*seguir*) to remain ● **permanecer (en)** (*quedarse en*) to stay (in)

permanencia [perma'nenθja] *f* continued stay

permanente [perma'nente] ◇ *adj* permanent ◇ *f* perm

permiso [per'miso] *m* **1.** (*autorización*) permission **2.** (*documento*) permit **3.** (*de soldado*) leave ● **permiso de conducir** driving licence (*UK*), driver's license (*US*)

permitir [permi'tir] *vt* to allow

pernoctar [pernok'tar] *vi* to spend the night

pero [pero] *conj* but ● **pero ¿no lo has visto?** you mean you haven't seen it?

perpendicular [perpendiku'lar] ◇ *adj* ◇ *f* perm

perpendicular ◇ *f* perpendicular line ● **perpendicular a** at right angles to

perpetuo, tua [per'petwo, twa] *adj* perpetual

perplejo, ja [per'plexo, xa] *adj* bewildered

perra ['pera] *f* **1.** (*rabieta*) tantrum **2.** (*dinero*) penny ● **perro**

perrito [pe'rito] *m* ● **perrito caliente** hot dog

perro, rra ['pero, ra] *m,f* dog (*f* bitch)

persecución [perseku'θjon] *f* (*seguimiento*) pursuit

perseguir [perse'ɣir] *vt* to pursue

persiana [per'sjana] *f* blind

persona [per'sona] *f* person ● **cuatro personas** four people ● **en persona** in person ● **las personas adultas** adults ● **ser buena persona** to be nice

personaje [perso'naxe] *m* **1.** (*celebridad*) celebrity **2.** (*en cine, teatro*) character

personal [perso'nal] ◇ *adj* personal ◇ *m* **1.** (*empleados*) staff **2.** (*fam*) (*gente*) people *pl* ▼ **sólo personal autorizado** staff only

personalidad [personali'ðað] *f* personality

perspectiva [perspek'tiβa] *f* **1.** (*vista, panorama*) view **2.** (*aspecto*) perspective **3.** (*esperanzas, porvenir*) prospect

persuadir [perswa'ðir] *vt* to persuade

persuasión [perswa'sjon] *f* persuasion

pertenecer [pertene'θer] *vi* ● **pertenecer a** to belong to; (*corresponder a*) to belong to

perteneciente [pertene'θjente] *adj* ● **perteneciente a** belonging to

pertenencias [perte'nenθjas] *fpl* (*objetos*

personales) belongings

Perú [pe'ru] *m* • (el) Perú Peru

peruano, na [pe'rµano, na] *adj* & *m/f* Peruvian

pesa ['pesa] *f* weight ◆ **pesas** *fpl* (en gimnasia) weights

pesadez [pesa'ðeθ] *f* 1. *(molestia)* drag 2. *(sensación)* heaviness

pesadilla [pesa'ðiʎa] *f* nightmare

pesado, da [pe'saðo, ða] *adj* 1. *(carga, sueño)* heavy 2. *(broma)* bad 3. *(agotador)* tiring 4. *(aburrido)* boring 5. *(persona)* annoying

pesadumbre [pesa'ðumbre] *f* sorrow

pésame ['pesame] *m* • dar el pésame to offer one's condolences

pesar [pe'sar] ◇ *vt* (pena) grief ◇ *vt* to weigh ◇ *vi* 1. *(tener peso)* to weigh 2. *(ser pesado)* to be heavy 3. *(influir)* to carry weight • me pesa tener que hacerlo it grieves me to have to do it • a pesar de in spite of

pesca ['peska] *f* 1. *(actividad)* fishing 2. *(captura)* catch

pescadería [peskaðe'ria] *f* fishmonger's (shop)

pescadero, ra [peska'ðero, ra] *m,f* fishmonger

pescadilla [peska'ðiʎa] *f* whiting

pescado [pes'kaðo] *m* fish

pescador, ra [peska'ðor, ra] *m,f* fisherman (*f* fisherwoman)

pescar [pes'kar] *vt* 1. *(peces)* to fish for 2. *(fam)* (pillar) to catch

pesebre [pe'seβre] *m* 1. *(establo)* manger 2. *(belén)* crib

pesero [pe'sero] *m* (CAm & Méx) small bus used in towns

peseta [pe'seta] *f* peseta

pesimismo [pesi'mizmo] *m* pessimism

pesimista [pesi'mista] *adj* pessimistic

pésimo, ma ['pesimo, ma] *adj* awful

peso ['peso] *m* 1. weight 2. *(moneda)* peso

pesquero, ra [pes'kero, ra] ◇ *adj* fishing ◇ *m (barco)* fishing boat

pestañas [pes'taɲas] *fpl* eyelashes

peste ['peste] *f* 1. *(mal olor)* stink 2. *(enfermedad)* plague

pesticida [pesti'θiða] *m* pesticide

pestillo [pes'tiʎo] *m* 1. *(cerrojo)* bolt 2. *(en verjas)* latch

pétalo ['petalo] *m* petal

petanca [pe'tanka] *f* boules *form of bowls using metal balls, played in public areas*

petardo [pe'tarðo] *m* firecracker

petición [peti'θjon] *f (solicitud)* request

peto ['peto] *m (vestidura)* bib

petróleo [pe'troleo] *m* oil

petrolero, ra [petro'lero, ra] ◇ *adj* oil (antes de s) ◇ *m (barco)* oil tanker

petrolífero, ra [petro'lifero, ra] *adj* oil (antes de s)

petulancia [petu'lanθja] *f (comentario)* opinionated remark

petulante [petu'lante] *adj* opinionated

petunia [pe'tunja] *f* petunia

pez ['peθ, θes] *(pl* **-ces***) m* fish • pez espada swordfish

pezón [pe'θon] *m (de mujer)* nipple

pezuña [pe'θuɲa] *f* hoof

pianista [pja'nista] *mf* pianist

piano ['pjano] *m* piano • piano bar piano bar • piano de cola grand piano

piar [pi'ar] *vi* to tweet

pibe, ba [ˈpiβe, βa] *m,f (RP) (fam)* boy (*f* girl)

picador, ra [pikaˈðor, ra] *m,f (torero)* picador

picadora [pikaˈðora] *f* mincer ➤ picador

picadura [pikaˈðura] *f* 1. *(de mosquito, serpiente)* bite 2. *(de avispa, ortiga)* sting 3. *(tabaco picado)* (loose) tobacco

picante [piˈkante] *adj* 1. *(comida)* spicy 2. *(broma, chiste)* saucy

picar [piˈkar] ◇ *vt* 1. *(suj: mosquito, serpiente, pez)* to bite 2. *(suj: avispa, ortiga)* to sting 3. *(al toro)* to goad 4. *(piedra)* to hack at 5. *(carne)* to mince *(UK)*, to grind *(US)* 6. *(verdura)* to chop 7. *(billete)* to clip ◇ *vi* 1. *(comer un poco)* to nibble 2. *(sal, pimienta, pimiento)* to be hot 3. *(la piel)* to itch 4. *(sol)* to burn

picarse *vp* 1. *(vino)* to go sour 2. *(muela)* to decay 3. *(fam) (enfadarse)* to get upset

pícaro, ra [ˈpikaro, ra] *adj (astuto)* crafty

picas [ˈpikas] *fpl (juego de la baraja)* spades

pichón [piˈtʃon] *m* (young) pigeon

picnic [ˈpiɣnik] *m* picnic

pico [ˈpiko] *m* 1. *(de ave)* beak 2. *(de montaña)* peak 3. *(herramienta)* pickaxe ● **cincuenta y pico** fifty-odd ● **a las tres y pico** just after three o'clock

picor [piˈkor] *m* itch

picoso, sa [piˈkoso, sa] *adj (Méx)* spicy

pie [ˈpie] *m* 1. foot 2. *(apoyo)* stand ● **a pie** on foot ● **en pie** *(válido)* valid ● **estar de pie** to be standing up ● **no hacer pie** *(en el agua)* to be out of one's depth ● **pies de cerdo** (pig's) trotters

piedad [pieˈðað] *f* pity

piedra [ˈpieðra] *f* 1. stone 2. *(granizo)* hailstone ● **piedra preciosa** precious stone

piel [ˈpiel] *f* 1. *(de persona, animal, fruta)* skin 2. *(cuero)* leather 3. *(pelo)* fur

pierna [ˈpierna] *f* leg ● **estirar las piernas** to stretch one's legs ● **pierna de cordero** leg of lamb

pieza [ˈpieθa] *f* 1. piece 2. *(en mecánica)* part 3. *(en pesca, caza)* specimen ● **pieza de recambio** spare part

pijama [piˈxama] *m* pyjamas *pl*

pila [ˈpila] *f* 1. *(de casete, radio, etc)* battery 2. *(montón)* pile 3. *(fregadero)* sink ● **pila alcalina** alkaline battery ● **pila recargable** rechargeable battery

pilar [piˈlar] *m* pillar

píldora [ˈpildora] *f* pill

pillar [piˈʎar] *vt* 1. *(agarrar)* to grab hold of 2. *(atropellar)* to hit 3. *(dedos, ropa, delincuente)* to catch ● **pillar una insolación** *(fam)* to get sunstroke ● **pillar un resfriado** *(fam)* to catch a cold

pilotar [piloˈtar] *vt* 1. *(avión)* to pilot 2. *(barco)* to steer

piloto [piˈloto] ◇ *mf* 1. *(de avión)* pilot 2. *(de barco)* navigator ◇ *m* 1. *(luz de coche)* tail light 2. *(llama)* pilot light ● **piloto automático** automatic pilot

pimentón [pimenˈton] *m* paprika

pimienta [piˈmienta] *f* pepper *(for seasoning)* ● **a la pimienta verde** *in a green peppercorn sauce*

pimiento [piˈmiento] *m (fruto)* pepper *(vegetable)* ● **pimientos del piquillo** *type of hot red pepper eaten baked*

pin [ˈpin] *m* pin *(badge)*

pincel [pinˈθel] *m* paintbrush

pincha *mf* (*fam*) DJ

pinchar [pin't∫ar] *vt* **1.** (*con aguja, pinchos*) to prick **2.** (*rueda*) to puncture **3.** (*globo, balón*) to burst **4.** (*provocar*) to annoy **5.** (*fam*) (*con inyección*) to jab ◆ **pincharse** *vp* (*fam*) (*drogarse*) to shoot up

pinchazo [pin't∫aθo] *m* **1.** (*de rueda*) puncture (*UK*), flat (*US*) **2.** (*en la piel*) prick

pinche ['pint∫e] *adj* (*Amér*) (*fam*) damned

pincho ['pint∫o] *m* **1.** (*punta*) point **2.** (*tapa*) aperitif on a stick, or a small sandwich ● **pincho moruno** shish kebab

ping-pong® ['pim'pon] *m* table tennis, ping-pong (*US*)

pingüino [pin'gwino] *m* penguin

pino ['pino] *m* pine tree ● **los Pinos** official residence of the Mexican president

Los Pinos

This has been the official residence of the Mexican president and the seat of the country's government since 1935. In 1934, President Cárdenas refused to take up residence in Chapultepec Castle, choosing instead to live to the south of Chapultepec Forest in the *Rancho La Hormiga* which was later renamed *Los Pinos*.

pintada [pin'taða] *f* graffiti

pintado, da [pin'taðo, ða] *adj* **1.** (*colo-*reado) coloured **2.** (*maquillado*) made-up ▼ **recién pintado** wet paint

pintalabios [pinta'laβjos] *m inv* lipstick

pintar [pin'tar] *vt* to paint ◆ **pintarse** *vp* to make o.s. up

pintor, ra [pin'tor, ra] *m,f* painter

pintoresco, ca [pinto'resko, ka] *adj* picturesque

pintura [pin'tura] *f* **1.** (*arte, cuadro*) painting **2.** (*sustancia*) paint

piña ['piɲa] *f* **1.** (*ananás*) pineapple **2.** (*del pino*) pine cone **3.** (*fam*) (*de gente*) close-knit group ● **piña en almíbar** pineapple in syrup ● **piña natural** fresh pineapple

piñata [pi'ɲata] *f* pot of sweets

piñón [pi'ɲon] *m* (*semilla*) pine nut

piojo ['pjoxo] *m* louse

pipa ['pipa] *f* **1.** (*de fumar*) pipe **2.** (*semilla*) seed ◆ **pipas** *fpl* (*de girasol*) salted sunflower seeds

pipí [pi'pi] *m* (*fam*) wee, pee ● **hacer pipí** to have a wee-wee

pipiolo, la *m,f* (*fam*) (*enfado*) kiddie

pique ['pike] *m* (*fam*) (*enfado*) bad feeling ● **irse a pique** (*barco*) to sink

piragua [pi'raɣua] *f* canoe

piragüismo [pira'ɣwizmo] *m* canoeing

pirámide [pi'ramiðe] *f* pyramid

piraña [pi'raɲa] *f* piranha

pirata [pi'rata] *adj & m* pirate

piratear [pirate'ar] *vt* (*programa informático*) to hack

Pirineos [piri'neos] *mpl* ● **los Pirineos** the Pyrenees

pirómano, na [pi'romano, na] *m,f* pyromaniac

piropo [pi'ropo] *m* flirtatious comment

pirueta [piˈrweta] *f* pirouette

pisada [piˈsaða] *f* **1.** *(huella)* footprint **2.** *(ruido)* footstep

pisar [piˈsar] *vt* to step on

piscina [pisˈθina] *f* swimming pool

Piscis [ˈpisθis] *m* Pisces

pisco [ˈpisko] *m* *(Amér)* strong liquor made from grapes, popular in Chile and Peru ● **pisco sour** *(Amér)* cocktail with pisco

piso [ˈpiso] *m* **1.** *(vivienda)* flat (UK), apartment (US) **2.** *(suelo, planta)* floor **3.** *(Amér)* *(fig)* *(influencia)* influence ● **piso bajo** ground floor

pisotón [pisoˈton] *m* stamp *(on sb's foot)*

pista [ˈpista] *f* **1.** track **2.** *(indicio)* clue ● **pista de aterrizaje** runway ● **pista de baile** dance floor ● **pista de despegue** runway ● **pista de esquí** ski slope ● **pista de tenis** tennis court

pistacho [pisˈtatʃo] *m* pistachio

pistola [pisˈtola] *f* pistol

pistolero [pistoˈlero] *m* gunman

pitar [piˈtar] *vi* **1.** *(tocar el pito)* to blow a whistle **2.** *(tocar la bocina)* to toot o honk (US) one's horn ● **salir pitando** *(fig)* to leave in a hurry

pitillera [pitiˈʎera] *f* cigarette case

pitillo [piˈtiʎo] *m* cigarette

pito [ˈpito] *m* whistle

pitón [piˈton] *m* **1.** *(del toro)* tip of the horn **2.** *(de botijo, jarra)* spout **3.** *(serpiente)* python

pizarra [piˈθara] *f* **1.** *(encerado)* blackboard **2.** *(roca)* slate

pizarrón [piθaˈron] *m* *(Amér)* blackboard

pizza [ˈpiðsa] *f* pizza

pizzería [piðseˈria] *f* pizzeria

pizzero, ra *m,f* **1.** *(repartidor)* pizza delivery boy *(f* girl*)* **2.** *(cocinero)* pizza chef

placa [ˈplaka] *f* **1.** *(lámina)* plate **2.** *(inscripción)* plaque **3.** *(insignia)* badge

placer [plaˈθer] *m* pleasure ● **es un placer** it's a pleasure

plan [ˈplan] *m* **1.** *(proyecto, intención)* plan **2.** *(programa)* programme ● **hacer planes** to make plans ● **plan de estudios** syllabus

plancha [ˈplantʃa] *f* **1.** *(para planchar)* iron **2.** *(para cocinar)* grill **3.** *(de metal)* sheet **4.** *(fam)* *(error)* boob (UK), blunder ● **a la plancha** grilled

planchar [planˈtʃar] *vt* to iron

planeta [plaˈneta] *m* planet

plano, na [ˈplano, na] ◇ *adj* flat ◇ *m* **1.** *(mapa)* plan **2.** *(nivel)* level **3.** *(en cine, fotografía)* shot **4.** *(superficie)* plane

planta [ˈplanta] *f* **1.** *(vegetal, fábrica)* plant **2.** *(del pie)* sole **3.** *(piso)* floor ● **planta baja** ground floor (UK), first floor (US) ● **segunda planta** second floor (UK), third floor (US)

plantar [planˈtar] *vt* **1.** *(planta, terreno)* to plant **2.** *(poste)* to put in **3.** *(tienda de campaña)* to pitch **4.** *(persona)* to stand up ◆ **plantarse** *vp* **1.** *(ponerse)* to plant o.s. **2.** *(en naipes)* to stick

planteamiento [plantea'mjento] *m* **1.** *(exposición)* raising **2.** *(perspectiva)* approach

plantear [plante'ar] *vt* **1.** *(plan, proyecto)* to set out **2.** *(problema, cuestión)* to raise ◆ **plantearse** *vp* to think about

plantilla [plan'tiʎa] *f* **1.** *(personal)* staff **2.** *(de zapato)* insole **3.** *(patrón)* template

plástico, ca ['plastiko] *adj & m* plastic ● **de plástico** plastic

plastificar [plastifi'kar] *vt* to plasticize

plastilina ® [plasti'lina] *f* Plasticine ®, modeling clay *(US)*

plata ['plata] *f* **1.** silver **2.** *(Andes & RP) (fam) (dinero)* money **3.** ● **de plata** silver

plataforma [plata'forma] *f* **1.** *(tarima)* platform **2.** *(del tren, autobús, etc)* standing room

plátano ['platano] *m* **1.** *(fruta)* banana **2.** *(árbol)* plane tree

platea [pla'tea] *f* stalls *pl (UK)*, orchestra *(US)*

plateresco, ca [plate'resko, ka] *adj* plateresque

plática ['platika] *f (Amér)* chat

platicar [plati'kar] *vi (Amér)* to have a chat

platillo [pla'tiʎo] *m* **1.** *(plato pequeño)* small plate **2.** *(de taza)* saucer **3.** *(de balanza)* pan ● **platillos** *mpl (en música)* cymbals

plato ['plato] *m* **1.** *(recipiente)* plate **2.** *(comida)* dish **3.** *(parte de una comida)* course ● **plato combinado** *single-course meal usually of meat or fish with chips and vegetables* ● **plato del día** today's special ● **plato principal** main course ● **platos caseros** home-made food *sg* ● **primer plato** starter

platudo, da [pla'tuðo, ða] *adj (Andes & RP) (fam)* loaded

playa ['plaja] *f* beach ● **ir a la playa de vacaciones** to go on holiday to the seaside ● **playa de estacionamiento** *(CSur & Perú)* car park *(UK)*, parking lot *(US)*

play-back ['pleiβak] *m* ● **hacer play-back** to mime (the lyrics)

playeras [pla'jeras] *fpl* **1.** *(de deporte)* tennis shoes **2.** *(para la playa)* canvas shoes

plaza ['plaθa] *f* **1.** *(en una población)* square **2.** *(sitio, espacio)* space **3.** *(puesto, vacante)* job **4.** *(asiento)* seat **5.** *(mercado)* market ● **plaza de toros** bullring

plazo ['plaθo] *m* **1.** *(de tiempo)* period **2.** *(pago)* instalment ● **hay 20 días de plazo** the deadline is in 20 days ● **a corto plazo** in the short term ● **a largo plazo** in the long term ● **a plazos** in instalments

plegable [ple'ɣaβle] *adj (silla)* folding

pleito ['pleito] *m (en un juicio)* lawsuit

plenamente [ˌplena'mente] *adv* completely

plenitud [pleni'tuð] *f (apogeo)* peak

pleno, na ['pleno, na] ◇ *adj* complete ◇ *m* plenary (session) ● **en pleno día** in broad daylight ● **en pleno invierno** in the middle of the winter

pliegue ['plieɣe] *m (en tela)* pleat

plomería [plome'ria] *f (Amér)* plumbing

plomero [plo'mero] *m (Amér)* plumber

plomo ['plomo] *m* **1.** *(metal)* lead **2.** *(bala)* bullet **3.** *(fam) (persona pesada)* pain **4.** *(fusible)* fuse

pluma ['pluma] *f* **1.** *(de ave)* feather **2.** *(para escribir)* pen ● **pluma estilográfica** fountain pen ● **pluma fuente** *(Amér)* fountain pen

plumaje [plu'maxe] *m* **1.** (de ave) plumage **2.** (adorno) plume

plumero [plu'mero] *m* **1.** (para el polvo) feather duster **2.** (estuche) pencil case **3.** (adorno) plume

plumier [plu'mjer, plu'mjers] (*pl* **plumiers**) *m* pencil case

plumilla [plu'miʎa] *f* nib

plumón [plu'mon] *m* down

plural [plu'ral] *adj & m* plural

pluralidad [plurali'ðað] *f* (diversidad) diversity

plusmarca [pluz'marka] *f* record

plusmarquista [pluzmar'kista] *mf* record holder

p.m. ['pe'eme] (abr de post meridiem) p.m. (post meridiem)

PM (abr de policía militar) MP (Military Police)

p.n. (abr de peso neto) nt. wt. (net weight)

p.o. (abr de por orden) by order

población [poβla'θjon] *f* **1.** (habitantes) population **2.** (ciudad) town **3.** (más grande) city **4.** (pueblo) village

poblado, da [po'βlaðo, ða] ◇ *adj* populated ◇ *m* **1.** (ciudad) town **2.** (pueblo) village

poblar [po'βlar] *vt* (establecerse en) to settle

pobre ['poβre] ◇ *adj* poor ◇ *mf* (mendigo) beggar

pobreza [po'βreθa] *f* **1.** (miseria) poverty **2.** (escasez) scarcity

pocilga [po'θilɣa] *f* pigsty

pocillo [po'θiʎo] *m* (Amér) small coffee cup

poco, ca ['poko, ka] ◇ *adj & pron* **1.** (en singular) little, not much **2.** (en plural) few, not many ◇ *adv* **1.** (con escasez) not much **2.** (tiempo corto) not long ● **tengo poco dinero** I don't have much money ● **unos pocos días** a few days ● **tengo pocos** I don't have many ● **come poco** he doesn't eat much ● **dentro de poco** shortly ● **hace poco** not long ago ● **poco a poco** bit by bit ● **por poco** almost ● **un poco (de)** a bit (of)

poda ['poða] *f* (acto) pruning

podar [po'ðar] *vt* to prune

poder [po'ðer]
◇ *m* **1.** (facultad, gobierno) power ● **poder adquisitivo** purchasing power ● **estar en el poder** to be in power **2.** (posesión) power ● **estar en poder de alguien** to be in sb's hands
◇ *v aux* **1.** (tener facultad para) can, to be able to ● **puedo hacerlo** I can do it **2.** (tener permiso para) can, to be allowed to ● **¿se puede fumar aquí?** can I smoke here? ● **no puedo salir por la noche** I'm not allowed to go out at night **3.** (ser capaz moralmente de) can ● **no podemos abandonarle** we can't abandon him **4.** (tener posibilidad de) may, can ● **puedo ir en barco o en avión** I can go by boat or by plane ● **podías haber cogido el tren** you could have caught the train **5.** (expresa queja, reproche) ● **¡podría habernos invitado!** she could have invited us! **6.** (en locuciones) ● **es tonto a o hasta más no poder** he's as stupid as can be ● **no poder más** (estar lleno) to be full (up); (estar enfadado) to have had enough; (estar

cansado) to be too tired to carry on • **¿se puede?** may I come in?
◇ *vi (ser posible)* may • **puede ser que lleva** it may rain • **no puede ser verdad** it can't be true • **¿vendrás mañana? - puede** will you come tomorrow? - I may do
◇ *vt (tener más fuerza que)* to be stronger than
♦ **poder con** *v + prep (enfermedad, rival)* to be able to overcome; *(tarea, problema)* to be able to cope with • **no puedo con tanto trabajo** I can't cope with all this work

poderoso, sa [poðe'roso, sa] *adj* powerful

podio ['poðjo] *m* podium

podrido, da [po'ðriðo, ða] ◇ *pp* ➤ pudrir ◇ *adj* rotten

poema [po'ema] *m* poem

poesía [poe'sia] *f* 1. *(poema)* poem 2. *(arte)* poetry

poeta [po'eta] *mf* poet

poético, ca [po'etiko, ka] *adj* poetic

polar [po'lar] *adj* polar

polaroid ® [pola'roið] *f* Polaroid ®

polea [po'lea] *f* pulley

polémica [po'lemika] *f* controversy

polémico, ca [po'lemiko, ka] *adj* controversial

polen ['polen] *m* pollen

polichinela [politʃi'nela] *m (títere)* marionette

policía [poli'θia] ◇ *f (cuerpo)* police ◇ *m* policeman o *(femenina)* policewoman • **policía municipal** o **urbana** *local police who deal mainly with traffic offences and administrative matters* • **policía nacional** national police

policíaco, ca [poli'θiako, ka] *adj* police *(antes de s)*

polideportivo [poliðepor'tiβo] *m* sports centre

poliéster [po'ljester] *m* polyester

políglota [po'liɣlota] *mf* polyglot

polígono [po'liɣono] *m* • **polígono industrial** industrial estate *(UK)* o park *(US)*

politécnica [poli'teɣnika] *f university faculty devoted to technical subjects*

política [po'litika] *f* 1. *(arte de gobernar)* politics 2. *(modo de gobernar)* policy ➤ político

político, ca [po'litiko, ka] ◇ *m,f* politician ◇ *adj* political • **hermano político** brother-in-law

póliza [po'liθa] *f* 1. *(de seguros)* policy 2. *(sello)* stamp on a document proving payment of tax

pollito [po'ʎito] *m* chick

pollo [po'ʎo] *m* chicken • **pollo al ajillo** chicken pieces fried in garlic until crunchy • **pollo asado** roast chicken • **pollo a l'ast** chicken roasted on a spit • **pollo al curry** chicken curry • **pollo a la plancha** grilled chicken

polluelo [po'ʎwelo] *m* chick

polo ['polo] *m* 1. *(helado)* ice lolly *(UK)*, Popsicle ® *(US)* 2. *(de una pila)* pole 3. *(jersey)* polo shirt 4. *(juego)* polo

Polonia [po'lonja] *s* Poland

Polo Norte ['polo'norte] *m* • **el Polo Norte** the North Pole

Polo Sur ['polo'sur] *m* • **el Polo Sur** the South Pole

polución [polu'θjon] *f* pollution

polvera [pol'βera] *f* powder compact

polvo ['polβo] *m* dust ◆ **polvos** *mpl* (*en cosmética, medicina*) powder *sg* ● **polvos de talco** talcum powder *sg*

pólvora ['polβora] *f* gunpowder

polvoriento, ta [polβo'rjento, ta] *adj* dusty

polvorón [polβo'c] *m* powdery sweet made of flour, sugar and butter

pomada [po'maða] *f* ointment

pomelo [po'melo] *m* grapefruit

pomo ['pomo] *m* knob

pómulo ['pomulo] *m* cheekbone

ponchar [pon'tʃar] *vt* (*CAm & Méx*) to puncture ◆ **poncharse** *vp* (*CAm & Méx*) to get a puncture (*UK*), flat (*US*)

poner [po'ner]

◇ *vt* **1.** (*colocar, añadir*) to put ● **pon el libro en el estante** put the book on the shelf ● **pon más azúcar al café** put some more sugar in the coffee **2.** (*vestir*) to put ● **poner algo a alguien** to put sthg on sb **3.** (*contribuir, invertir*) to put in ● **puso su capital en el negocio** he put his capital into the business **4.** (*hacer estar de cierta manera*) ● **me has puesto colorado** you've made me blush ● **lo puso de mal humor** it put him in a bad mood **5.** (*radio, televisión, luz, etc*) to switch on; (*gas, instalación*) to put in **6.** (*oponer*) ● **poner inconvenientes** to raise objections **7.** (*telegrama, fax*) to send; (*conferencia*) to make ● **¿me pones con Juan?** can you put me through to Juan? **8.** (*asignar, imponer*) to fix ● **le han puesto una multa** they've fined him ● **¿qué nombre le han puesto?** what have they called her? **9.** (*aplicar facultad*) to put ● **no**

pone ningún interés he shows no interest **10.** (*montar*) to set up; (*casa*) to do up; (*tienda de campaña*) to pitch ● **han puesto una tienda nueva** they've opened a new shop **11.** (*en cine, teatro, televisión*) to show ● **¿qué ponen en la tele?** what's on (the) telly? **12.** (*escribir, decir*) to say ● **no sé qué pone ahí** I don't know what that says **13.** (*suponer*) to suppose ● **pongamos que sucedió así** (let's) suppose that's what happened **14.** (*en locuciones*) ● **poner en marcha** (*iniciar*) to start

◇ *vi* (*ave*) to lay (*eggs*)

◆ **ponerse** *vp* (*ropa, gafas, maquillaje*) to put on; (*estar de cierta manera*) to become; (*astro*) to set ● **ponte aquí** stand here ● **se puso rojo** he went red ● **ponerse bien** (*de salud*) to get better ● **ponerse malo** to fall ill

poniente [po'njente] *m* (*oeste*) west

popa ['popa] *f* stern

popote [po'pote] *m* (*Méx*) straw

popular [popu'lar] *adj* **1.** (*del pueblo*) of the people **2.** (*arte, música*) folk **3.** (*famoso*) popular

popularidad [populari'ðað] *f* popularity

póquer ['poker] *m* poker

por [por] *prep* **1.** (*causa*) because of ● **se enfadó por tu comportamiento** she got angry because of your behaviour **2.** (*finalidad*) (in order) to ● **lo hizo por complacerte** he did it to please you ● **lo compré por ti** I bought it for you ● **luchar por algo** to fight for sthg **3.** (*medio, modo, agente*) by ● **por mensajero/fax** by courier/fax ● **por escrito** in writing ● **el récord fue batido por el**

atleta the record was broken by the athlete **4.** *(tiempo)* ● **por la mañana/tarde** in the morning/afternoon ● **por la noche** at night ● **por unos días** for a few days ● **creo que la boda será por abril** I think the wedding will be some time in April **5.** *(aproximadamente en)* ● **está por ahí** it's round there somewhere ● **¿por dónde vive?** whereabouts does she live? **6.** *(a través de)* through ● **pasar por la aduana** to go through customs ● **entramos en Francia por Irún** we entered France via Irún **7.** *(a cambio, en lugar de)* for ● **cambió el coche por una moto** he exchanged his car for a motorbike **8.** *(distribución)* per ● **cinco euros por unidad** five euros each ● **20 km por hora** 20 km an hour **9.** *(en matemáticas)* times ● **dos por dos igual a cuatro** two times two is four

porcelana [porθe'lana] *f* **1.** *(material)* porcelain **2.** *(vasija)* piece of porcelain

porcentaje [porθen'taxe] *m* percentage

porche ['portʃe] *m* porch

porción [por'θjon] *f* **1.** *(cantidad)* portion **2.** *(parte)* share

porno ['porno] *adj* *(fam)* porno, porn

pornografía [pornoɣra'fia] *f* pornography

pornográfico, ca [porno'ɣrafiko, ka] *adj* pornographic

porque ['porke] *conj* because

porqué [por'ke] *m* reason ● **el porqué de algo** the reason for sthg

porrón [po'ron] *m* wine jar with a long spout for drinking

portaaviones [portaaβi'ones] *m inv* aircraft carrier

portada [por'taða] *f* **1.** *(de libro)* title page **2.** *(de revista)* cover

portador, ra [porta'ðor, ra] *m,f* carrier ● **al portador** *(cheque)* to the bearer

portaequipajes [,portaeki'paxes] *m inv* boot *(UK)*, trunk *(US)*

portafolios [porta'foljos] *m inv* *(carpeta)* file

portal [por'tal] *m* **1.** *(vestíbulo)* hallway **2.** *(entrada)* main entrance **3.** *(de Internet)* portal

portalámparas [porta'lamparas] *m inv* socket

portarse [por'tarse] *vp* to behave ● **portarse bien/mal** to behave well/badly

portátil [por'tatil] *adj* portable

portavoz [porta'βoθ, θes] *(pl* **-ces)** *mf* spokesman *(f* spokeswoman)

portazo [por'taθo] *m* slam ● **dar un portazo** to slam the door

portería [porte'ria] *f* **1.** *(conserjería)* porter's office *(UK)*, ≃ doorman's desk *(US)* **2.** *(en deporte)* goal

portero, ra [r'rpoteo, ra] *m,f* **1.** *(conserje)* porter, ≃ doorman *(US)* **2.** *(en deporte)* goalkeeper ● **portero electrónico** entryphone

Portugal [portu'ɣal] *s* Portugal

portugués, esa [portu'ɣes, esa] *adj* & *m,f* Portuguese

porvenir [porβe'nir] *m* future

posada [po'saða] *f* **1.** *(alojamiento)* accommodation **2.** *(hostal)* guesthouse

posarse [po'sarse] *vp* **1.** *(ave)* to perch **2.** *(insecto)* to settle

posavasos [posa'βasos] *m inv* coaster

posdata [poz'ðata] *f* postscript

pose ['pose] f pose

poseedor, ra [posee'ðor, ra] m.f 1. *(dueño)* owner 2. *(de cargo, récord)* holder

poseer [pose'er] vt 1. *(ser dueño de)* to own 2. *(tener)* to have, to possess

posesión [pose'sjon] f possession

posesivo, va [pose'siβo, βa] adj & m possessive

posgrado m postgraduate course ● **estudios de posgrado** postgraduate studies

posibilidad [posiβili'ðað] f possibility

posible [po'siβle] adj possible

posición [posi'θjon] f 1. position 2. *(social)* status 3. *(económica)* situation

positivamente [positiβa'mente] adv positively

positivo, va [posi'tiβo, βa] ◇ adj positive ◇ m *(en fotografía)* print

posmoderno, na [pozmo'ðerno, na] adj postmodern

poso ['poso] m sediment

postal [pos'tal] f postcard

poste ['poste] m post

póster ['poster] m poster

posterior [poste'rjor] adj 1. *(en tiempo, orden)* subsequent 2. *(en espacio)* back ● **posterior a** after

postre ['postre] m dessert ● **¿qué hay de postre?** what's for dessert? ● **postre de la casa** chef's special dessert

póstumo, ma ['postumo, ma] adj posthumous

postura [pos'tura] f position

potable [po'taβle] adj 1. *(agua)* drinkable 2. *(fam)* *(aceptable)* palatable

potaje [po'taxe] m stew ● **potaje de garbanzos** chickpea stew

potencia [po'tenθja] f power

potenciar [poten'θjar] vt to foster

potro ['potro] m 1. *(caballo)* colt 2. *(en gimnasia)* vaulting horse

pozo ['poθo] m *(de agua)* well

p.p. *(abr de por poder)* p.p. *(per procurationem)*

práctica ['praktika] f 1. practice 2. *(de un deporte)* playing ● **prácticas** fpl *(de conducir)* lessons

practicante [prakti'kante] mf *(en religión)* practising member ● **practicante (ambulatorio)** medical assistant

practicar [prakti'kar] ◇ vt 1. *(ejercer)* to practise 2. *(deporte)* to play ◇ vi to practise

práctico, ca ['praktiko, ka] adj practical

pradera [pra'ðera] f large meadow, prairie

prado ['praðo] m meadow

pral. abrev = **principal**

precario, ria [pre'karjo, rja] adj precarious

precaución [prekau'θjon] f 1. *(medida)* precaution 2. *(prudencia)* care

precintado, da [preθin'taðo, ða] adj sealed

precio ['preθjo] m price ● **¿qué precio tiene?** how much is it? ● **precio fijo** fixed price ● **precio de venta al público** retail price ● **precios de coste** warehouse prices

preciosidad [preθjosi'ðað] f *(cosa preciosa)* beautiful thing

precioso, sa [pre'θjoso, sa] adj 1. *(bonito)* lovely 2. *(valioso)* precious

precipicio [preθi'piθjo] m precipice

precipitación [preθipita'θjon] *f* **1.** *(imprudencia, prisa)* haste **2.** *(lluvia)* rainfall

precipitado, da [preθipi'taðo, ða] *adj* hasty

precipitarse [preθipi'tarse] *vp (actuar sin pensar)* to act rashly

precisamente [preˌθisa'mente] *adv* precisely

precisar [preθi'sar] *vt* **1.** *(especificar)* to specify **2.** *(necesitar)* to need

preciso, sa [pre'θiso, sa] *adj* **1.** *(detallado, exacto)* precise **2.** *(imprescindible)* necessary

precoz [pre'koθ] *adj (persona)* precocious

predicar [preði'kar] *vt* to preach

predilecto, ta [preði'lekto, ta] *adj* favourite

predominar [preðomi'nar] *vi* to prevail

preescolar [preesko'lar] *adj* pre-school

preferencia [prefe'renθja] *f* **1.** preference **2.** *(en carretera)* right of way

preferible [prefe'riβle] *adj* preferable

preferir [prefe'rir] *vt* to prefer

prefijo [pre'fixo] *m* **1.** *(en gramática)* prefix **2.** *(de teléfono)* dialling code (*UK*), area code (*US*)

pregón [pre'ɣon] *m (de fiesta)* opening speech

pregonar [preɣo'nar] *vt* **1.** *(noticia)* to announce **2.** *(secreto)* to spread about

pregonero [preɣo'nero] *m* town crier

pregunta [pre'ɣunta] *f* question ◆ **hacer una pregunta** to ask a question

preguntar [preɣun'tar] *vt* to ask ◆ **preguntar por** *v + prep* to ask after ◆ **preguntarse** *vp* to wonder

prehistórico, ca [preis'toriko, ka] *adj* prehistoric

prejuicio [pre'xuiθjo] *m* prejudice

premamá *adj inv* maternity *(antes de s)*

prematuro, ra [prema'turo, ra] *adj* premature

premeditación [premeðita'θjon] *f* premeditation

premiar [pre'mjar] *vt* to award a prize to

premio ['premjo] *m* **1.** prize **2.** *(recompensa)* reward ● **premio gordo** first prize

prenatal [prena'tal] *adj* antenatal (*UK*), prenatal (*US*)

prenda ['prenda] *f* **1.** *(vestido)* item of clothing **2.** *(garantía)* pledge

prensa ['prensa] *f* press ● **la prensa** the press

preocupación [preokupa'θjon] *f* worry

preocupado, da [preoku'paðo, ða] *adj* worried

preocupar [preoku'par] *vt* to worry ◆ **preocuparse de** *v + prep (encargarse de)* to take care of ◆ **preocuparse por** *v + prep* to worry about

prepago *m* pre-payment ● **tarjeta de prepago** pre-paid card

preparación [prepara'θjon] *f* **1.** *(arreglo, disposición)* preparation **2.** *(formación)* training

preparar [prepa'rar] *vt* **1.** *(disponer)* to prepare **2.** *(maletas)* to pack **3.** *(estudiar)* to study for ◆ **prepararse** *vp (arreglarse)* to get ready

preparativos [prepara'tiβos] *mpl* preparations

preparatoria [prepara'torja] *f (Méx)* pre-university course in Mexico

preparatoria

The *preparatoria*, or *prepa* as it is colloquially known, is the name given to the three years of pre-university education undertaken by students in Mexico between the ages of 16 and 19.

preponderante [preponde'rante] *adj* prevailing

preposición [preposi'θjon] *f* preposition

prepotente [prepo'tente] *adj* dominant

presa ['presa] *f* **1.** *(de un animal)* prey **2.** *(embalse)* dam ➤ **preso**

presbiterio [prezβi'terjo] *m* chancel

prescindir [presθin'dir] ◆ **prescindir de** *v + prep (renunciar a)* to do without; *(omitir)* to dispense with

presencia [pre'senθja] *f* presence

presenciar [presen'θjar] *vt* to attend

presentable [presen'taβle] *adj* presentable

presentación [presenta'θjon] *f* **1.** presentation **2.** *(entre personas)* introduction

presentador, ra [presenta'ðor, ra] *m,f* presenter

presentar [presen'tar] *vt* **1.** to present **2.** *(queja)* to lodge **3.** *(a dos personas)* to introduce **4.** *(excusas, respetos)* to offer **5.** *(aspecto, apariencia)* to have ◆ **presentarse** *vp* **1.** *(comparecer)* to turn up **2.** *(como candidato, voluntario)* to put o.s. forward ◆ **presentarse a** *(examen)* to sit; *(elección)* to stand for

presente [pre'sente] *adj & m* ◆ **tener presente** to remember

presentimiento [presenti'mjento] *m* feeling, hunch

preservar [preser'βar] *vt* to protect

preservativo [preserβa'tiβo] *m* condom

presidencia [presi'ðenθja] *f* **1.** *(cargo)* presidency **2.** *(lugar)* president's office **3.** *(grupo de personas)* board

presidencial [presiðen'θjal] *adj* presidential

presidente, ta [presi'ðente, ta] *m,f* **1.** *(de nación)* president **2.** *(de asamblea)* chairperson

presidiario, ria [presi'ðjarjo, rja] *m,f* convict

presidir [presi'ðir] *vt* **1.** *(ser presidente de)* to preside over **2.** *(reunión)* to chair **3.** *(predominar)* to dominate

presión [pre'sjon] *f* pressure ◆ **presión sanguínea** blood pressure

preso, sa ['preso, sa] *m,f* prisoner

préstamo ['prestamo] *m* loan

prestar [pres'tar] *vt* **1.** *(dinero)* to lend **2.** *(colaboración, ayuda)* to give **3.** *(declaración)* to make **4.** *(atención)* to pay ◆ **prestarse a** *v + prep* **1.** *(ofrecerse a)* to offer to **2.** *(dar motivo a)* to be open to

prestigio [pres'tixjo] *m* prestige

presumido, da [presu'miðo, ða] *adj* conceited

presumir [presu'mir] ◇ *vt* to presume ◇ *vi* to show off ◆ **presumir de guapo** to think o.s. good-looking

presunción [presun'θjon] *f* **1.** *(suposición)* assumption **2.** *(vanidad)* conceit

presunto, ta [pre'sunto, ta] *adj (delincuente, etc)* alleged

presuntuoso, sa [presuntu'oso, sa] *adj* conceited

presupuesto [presu'puesto] *m* **1.** (*cálculo*) budget **2.** (*de costo*) estimate

pretencioso, sa [preten'θjoso, sa] *adj* pretentious

pretender [preten'der] *vt* **1.** (*aspirar a*) to aim at **2.** (*afirmar*) to claim ● **pretender hacer algo** to try to do sthg

pretendiente [preten'djente] *mf* **1.** (*al trono*) pretender **2.** (*a una mujer*) suitor

pretensión [preten'sjon] *f* **1.** (*intención*) aim **2.** (*aspiración*) aspiration

pretexto [pre'teksto] *m* pretext

prever [pre'βer] *vt* **1.** (*presagiar*) to foresee **2.** (*prevenir*) to plan

previo, via ['preβjo, βja] *adj* prior

previsor, ra [preβi'sor, ra] *adj* farsighted

previsto, ta [pre'βisto, ta] *adj* (*planeado*) anticipated

primaria [pri'marja] *f* (*enseñanza*) primary school

primario, ria [pri'marjo, rja] *adj* **1.** (*primordial*) primary **2.** (*elemental*) primitive

primavera [prima'βera] *f* spring

primer [pri'mer] *núm* ➤ **primero**

primera [pri'mera] *f* **1.** (*velocidad*) first gear **2.** (*clase*) first class ● **de primera** first-class ➤ **primero**

primero, ra [pri'mero, ra] ◇ *núm & adv* first ◇ *m,f* ● **el primero de la clase** top of the class ● **a primeros de** at the beginning of ● **lo primero** the main thing ● **primera clase** first class ● **primeros auxilios** first aid *sg* ➤ **sexto**

primo, ma ['primo, ma] *m,f* **1.** (*familiar*) cousin **2.** (*fam*) (*bobo*) sucker

primogénito, ta [primo'xenito, ta] *m,f* firstborn (child)

princesa [prin'θesa] *f* princess

principado [prinθi'paðo] *m* principality

principal [prinθi'pal] ◇ *adj* main ◇ *m* first floor

príncipe ['prinθipe] *m* prince

principiante [prinθi'pjante] *m* beginner

principio [prin'θipjo] *m* **1.** (*inicio*) beginning **2.** (*causa, origen*) origin **3.** (*norma*) principle ● **a principios de** at the beginning of ● **al principio** at the beginning ● **en principio** in principle ● **por principios** on principle

pringoso, sa [prin'goso, sa] *adj* (*pegajoso*) sticky

prioridad [priori'ðað] *f* priority

prisa ['prisa] *f* **1.** (*rapidez*) speed **2.** (*urgencia*) urgency ● **darse prisa** to hurry up ● **tener prisa** to be in a hurry

prisión [pri'sjon] *f* (*cárcel*) prison

prisionero, ra [prisjo'nero, ra] *m,f* prisoner

prisma ['prizma] *m* prism

prismáticos [priz'matikos] *mpl* binoculars

privado, da [pri'βaðo, ða] *adj* private

privar [pri'βar] *vt* to deprive ● **privarse de** *v + prep* to go without

privilegiado, da [priβile'xjaðo, ða] *adj* privileged

privilegio [priβi'lexjo] *m* privilege

proa ['proa] *f* bows *pl*

probabilidad [proβaβili'ðað] *f* **1.** (*cualidad*) probability **2.** (*oportunidad*) chance

probable [pro'βaβle] *adj* probable

probador [proβa'ðor] *m* changing room (*UK*), fitting room (*US*)

probar [pro'βar] ◇ *vt* **1.** *(demostrar)* to prove **2.** *(examinar)* to check **3.** *(comida, bebida)* to taste ◇ *vi* to try ◆ **probarse** *vp (ropa, zapato)* to try on

probeta [pro'βeta] *f* test tube

problema [pro'βlema] *m* problem

problemático, ca [proβle'matiko, ka] *adj* problematic

procedencia [proθe'ðenθja] *f (origen, fuente)* origin ● **con procedencia de** *(arriving)* from

procedente [proθe'ðente] *adj (oportuno)* appropriate ● **procedente de** from

proceder [proθe'ðer] ◇ *m* behaviour ◇ *vi* **1.** *(actuar)* to act **2.** *(ser oportuno)* to be appropriate ◆ **proceder de** *v + prep* to come from

procedimiento [proθeði'mjento] *m (método)* procedure

procesado, da [proθe'saðo, ða] *m,f* accused

procesar [proθe'sar] *vt (enjuiciar)* to try

procesión [proθe'sjon] *f* procession

proceso [pro'θeso] *m* **1.** process **2.** *(transcurso, evolución)* course **3.** *(juicio)* trial

proclamación [proklama'θjon] *f* proclamation

proclamar [prokla'mar] *vt* **1.** to proclaim **2.** *(aclamar)* to acclaim ◆ **proclamarse** *vp* to proclaim o.s.

procurar [proku'rar] *vt* ● **procurar hacer algo** to try to do sthg

prodigarse [proði'ɣarse] *vp (esforzarse)* to put o.s. out ● **prodigarse en algo** to overdo sthg

producción [proðuk'θjon] *f* **1.** production **2.** *(producto)* products *pl*

producir [proðu'θir] *vt* **1.** to produce **2.** *(provocar)* to cause ◆ **producirse** *vp (ocurrir)* to take place

productividad [proðuktiβi'ðað] *f* productivity

productivo, va [proðuk'tiβo, βa] *adj* **1.** *(que produce)* productive **2.** *(que da beneficio)* profitable

producto [pro'ðukto] *m* **1.** product **2.** *(de la tierra)* produce **3.** *(beneficios)* profit

productor, ra [proðuk'tor, ra] *m,f* producer

productora [proðuk'tora] *f (en cine)* production company ◆ **productor**

profecía [profe'θia] *f* prophecy

profesión [profe'sjon] *f* profession

profesional [profesjo'nal] *adj & mf* professional

profesionista [profesjo'nista] *mf (Amér)* professional

profesor, ra [profe'sor, ra] *m,f* teacher

profeta [pro'feta] *m* prophet

profiteroles [profite'roles] *mpl* profiteroles

profundidad [profundi'ðað] *f* depth ● **tiene dos metros de profundidad** it's two metres deep

profundo, da [pro'fundo, da] *adj* **1.** deep **2.** *(notable)* profound

programa [pro'ɣrama] *m* **1.** programme **2.** *(de estudios)* syllabus **3.** *(plan)* schedule **4.** *(en informática)* program

programación [proɣrama'θjon] *f* **1.** *(en televisión, radio)* programmes *pl* **2.** *(en informática)* programming

programador, ra [proɣrama'ðor, ra] *m,f* programmer

programar [proɣra'mar] *vt* **1.** *(planear)*

to plan **2.** *(en televisión, radio)* to put on **3.** *(en informática)* to program

progresar [proɣre'sar] *vi* to (make) progress

progresivo, va [proɣre'siβo, βa] *adj* progressive

progreso [pro'ɣreso] *m* progress

prohibición [proiβi'θion] *f* ban

prohibido, da [proi'βiðo, ða] *adj* prohibited ▼ **prohibido aparcar** no parking ▼ **prohibido el paso** no entry ▼ **prohibido el paso a personas ajenas a la obra** no entry for unauthorised personnel ▼ **prohibido fijar carteles** billposters will be prosecuted ● **prohibido fumar** no smoking ▼ **prohibida la entrada** no entry ▼ **prohibida la entrada a menores** adults only

prohibir [proi'βir] *vt* **1.** *(vedar)* to forbid **2.** *(por ley)* to prohibit **3.** *(práctica existente)* to ban

prójimo ['proximo] *m* fellow human being

proliferación [prolifera'θion] *f* proliferation

prólogo ['proloɣo] *m* (*en libro, revista*) introduction

prolongar [prolon'gar] *vt* **1.** *(alargar)* to extend **2.** *(hacer durar más)* to prolong ● **prolongarse** *vp* to go on

promedio [pro'meðio] *m* average

promesa [pro'mesa] *f* promise

prometer [prome'ter] ◇ *vt* to promise ◇ *vi* to show promise ● **prometerse** *vp* to get engaged

prometido, da [prome'tiðo, ða] *m,f* fiancé (*f* fiancée)

promoción [promo'θion] *f* **1.** *(ascenso)*

promotion **2.** *(curso)* class

promocionar [promoθio'nar] *vt* to promote ● **promocionarse** *vp* to promote o.s.

promotor, ra [promo'tor, ra] *m,f* promoter

pronóstico [pro'nostiko] *m* **1.** *(predicción)* forecast **2.** *(en medicina)* prognosis ● **pronóstico del tiempo** weather forecast

pronto ['pronto] *adv* **1.** *(temprano)* early **2.** *(dentro de poco)* soon **3.** *(rápidamente)* quickly ● **de pronto** suddenly ● ¡**hasta pronto!** see you soon! ● **tan pronto como** as soon as

pronunciación [pronunθia'θion] *f* pronunciation

pronunciar [pronun'θiar] *vt* **1.** to pronounce **2.** *(discurso)* to make

propaganda [propa'ɣanda] *f* advertising

propensión [propen'sion] *f* ● **propensión a** a tendency towards

propenso, sa [pro'penso, sa] *adj* ● **ser propenso a** to have a tendency to

propicio, cia [pro'piθio, θia] *adj* favourable

propiedad [propie'ðað] *f* **1.** property **2.** *(posesión)* ownership

propietario, ria [propie'tario, ria] *m,f* owner

propina [pro'pina] *f* tip

propina

A service charge is included in the bill in Spain, so people are not expected to leave a tip in bars and restaurants, although people do sometimes leave part or all of their change. It is also not customary to tip taxi drivers or hairdressers.

propio, pia ['propio, pia] *adj* **1.** *(de propiedad)* own **2.** *(peculiar)* characteristic **3.** *(apropiado)* appropriate **4.** *(natural)* natural ● **el propio presidente** the president himself

proponer [propo'ner] *vt* to propose ◆ **proponerse** *vp* to intend

proporcionado, da [proporθjo'naðo, ða] *adj* proportionate

proporcionar [proporθjo'nar] *vt* **1.** *(facilitar)* to give, to provide **2.** *(ser causa de)* to add

proposición [proposi'θjon] *f (propuesta)* proposal

propósito [pro'posito] *m* **1.** *(intención)* intention **2.** *(objetivo)* purpose ● **a propósito** *(adrede)* on purpose; *(por cierto)* by the way ● **a propósito de** with regard to

propuesta [pro'pwesta] *f* proposal

prórroga ['proroya] *f* **1.** *(aplazamiento)* extension **2.** *(en deporte)* extra time (UK), overtime (US)

prorrogar [proro'yar] *vt* to extend

prosa ['prosa] *f* prose

proscrito, ta [pros'krito, ta] *m,f* exile

prospecto [pros'pekto] *m* **1.** *(folleto)* leaflet **2.** *(de medicamento)* instructions leaflet

próspero, ra ['prospero, ra] *adj* prosperous

prostíbulo [pros'tiβulo] *m* brothel

prostitución [prostitu'θjon] *f* prostitution

prostituta [prosti'tuta] *f* prostitute

prota *mf* (*fam*) *(en cine, teatro)* lead

protagonista [protaγo'nista] *mf* **1.** *(de libro)* main character **2.** *(en cine, teatro)* lead

protección [protek'θjon] *f* protection

proteger [prote'xer] *vt* to protect ◆ **protegerse** *vp (resguardarse)* to shelter

protegido, da [prote'xiðo, ða] *m,f* protégé (*f* protégée)

proteína [prote'ina] *f* protein

protesta [pro'testa] *f* protest

protestante [protes'tante] *mf* Protestant

protestar [protes'tar] *vi* to protest

protocolo [proto'kolo] *m* protocol

provecho [pro'βetʃo] *m* benefit ● **¡buen provecho!** enjoy your meal! ● **sacar provecho de** to make the most of

provechoso, sa [proβe'tʃoso, sa] *adj* advantageous

provenir [proβe'nir] ◆ **provenir de** *v + prep* to come from

proverbio [pro'βerβjo] *m* proverb

provincia [pro'βinθja] *f* province

provisional [proβisjo'nal] *adj* provisional

provocación [proβoka'θjon] *f* provocation

provocar [proβo'kar] *vt* **1.** *(incitar, enojar)* to provoke **2.** *(excitar sexualmente)* to arouse **3.** *(causar)* to cause **4.** *(incendio)* to start ● **¿te provoca hacerlo?** (*Andes*) do you feel like doing it?

provocativo, va [proβoka'tiβo, βa] *adj* provocative

próximo, ma ['proksimo, ma] *adj* **1.** *(cercano)* near **2.** *(ciudad, casa)* nearby

3. *(siguiente)* next ▼ **próximas llegadas** arriving next

proyección [projek'θjon] *f* (*de película*) showing

proyectar [projek'tar] *vt* **1.** *(película)* to show **2.** *(luz)* to shine **3.** *(sombra, figura)* to cast **4.** *(idear)* to plan

proyecto [pro'jekto] *m* **1.** *(plan)* plan **2.** *(propósito)* project **3.** *(de ley)* bill

proyector [projek'tor] *m* (*de cine, diapositivas*) projector

prudencia [pru'ðenθja] *f* **1.** *(cautela)* caution **2.** *(moderación)* moderation

prudente [pru'ðente] *adj* **1.** *(cauteloso)* cautious **2.** *(sensato)* sensible

prueba ['prueβa] *f* **1.** *(testimonio)* proof **2.** *(ensayo, examen)* test **3.** *(competición)* event

psicoanálisis [sikoa'nalisis] *m inv* psychoanalysis

psicología [sikolo'xia] *f* psychology

psicológico, ca [siko'loxiko, ka] *adj* psychological

psicólogo, ga [si'koloɣo, ɣa] *m,f* psychologist

psicópata [si'kopata] *mf* psychopath

psiquiatra [si'kjatra] *mf* psychiatrist

psiquiátrico [si'kjatriko] *m* psychiatric hospital

psíquico, ca ['sikiko, ka] *adj* psychic

pta. *(abr de peseta)* pta. *(peseta)*

púa ['pua] *f* **1.** *(de planta)* thorn **2.** *(de peine)* tooth

pub [puβ] *m* upmarket pub

pubertad [puβer'tað] *f* puberty

pubis ['puβis] *m inv* pubis

publicación [puβlika'θjon] *f* publication

públicamente [ˌpuβlika'mente] *adv* publicly

publicar [puβli'kar] *vt* **1.** to publish **2.** *(noticia)* to make public

publicidad [puβliði'ðað] *f* **1.** *(propaganda)* advertising **2.** *(en televisión)* adverts *pl* (*UK*), commercials *pl* (*US*)

publicitario, ria [puβliθi'tarjo, rja] *adj* advertising *(antes de s)*

público, ca ['puβliko, ka] ◇ *adj* **1.** public **2.** *(colegio)* state (*UK*), public (*US*) ◇ *m* **1.** *(en cine, teatro, televisión)* audience **2.** *(en partido)* crowd ● **en público** in public

pucha ['putʃa] *interj (Andes & RP)* good heavens!

pudding ['puðin] *m* pudding

pudor [pu'ðor] *m* **1.** *(recato)* modesty **2.** *(timidez)* shyness

pudrir [pu'ðrir] *vt* to rot ● **pudrirse** *vp* to rot

pueblo ['pueβlo] *m* **1.** people **2.** *(localidad pequeña)* village **3.** *(más grande)* town

puente ['puente] *m* bridge ● **hacer puente** *to take a day off between two public holidays* ● **puente aéreo** shuttle

puerco, ca ['puerko, ka] ◇ *adj* filthy ◇ *m,f* pig

puerro ['puero] *m* leek

puerta ['puerta] *f* **1.** door **2.** *(de jardín, ciudad)* gate **3.** *(en deporte)* goal ● **puerta de embarque** boarding gate ● **puerta principal** front door

puerto ['puerto] *m* **1.** *(de mar)* port **2.** *(de montaña)* pass ● **puerto deportivo** marina

Puerto Rico ['puerto'riko] *s* Puerto Rico

pues ['pues] *conj* **1.** *(ya que)* since **2.** *(así* *que*) so **3.** *(uso enfático)* well

puesta ['puesta] *f* ● **puesta de sol** sunset

puesto, ta ['puesto, ta] ◇ *pp* ○ **poner** ◇ *adj (elegante)* smart ◇ *m* **1.** *(lugar)* place **2.** *(cargo)* job **3.** *(tienda pequeña)* stall *(UK)*, stand *(US)* **4.** *(de la Guardia Civil)* station

pulga ['pulɣa] *f* flea

pulgar [pul'ɣar] *m* thumb

pulidora [puli'ðora] *f* polisher

pulir [pu'lir] *vt* to polish

pulmón [pul'mon] *m* lung

pulmonía [pulmo'nia] *f* pneumonia

pulpa ['pulpa] *f* flesh

pulpo ['pulpo] *m* octopus ● **pulpo a la gallega** *octopus cooked with red pepper and spices*

pulsar [pul'sar] *vt* **1.** *(timbre, botón)* to press **2.** *(cuerdas de un instrumento)* to play

pulsera [pul'sera] *f* bracelet

pulso ['pulso] *m* **1.** *(latido)* pulse **2.** *(firmeza)* steady hand

puma ['puma] *m* puma

puna ['puna] *f (Andes & Arg)* altitude sickness

punk ['pank] *mf* punk

punta ['punta] *f* **1.** *(extremo agudo)* point **2.** *(extremo)* end **3.** *(de dedo)* tip **4.** *(de tierra)* point ● **en la punta de la lengua** on the tip of one's tongue

puntapié [punta'pie] *m* kick

puntera [pun'tera] *f* toecap

puntería [punte'ria] *f (habilidad)* marksmanship

puntiagudo, da [puntja'ɣuðo, ða] *adj* pointed

puntilla [pun'tiʎa] *f* point lace

punto ['punto] *m* **1.** point **2.** *(marca)* dot **3.** *(signo ortográfico)* full stop *(UK)*, period *(US)* **4.** *(lugar)* spot, place **5.** *(momento)* moment **6.** *(grado, intensidad)* level **7.** *(en cirugía, costura)* stitch ● **estar a punto de** to be about to ● **en punto** on the dot ● **hacer punto** to knit ● **dos puntos** colon *sg* ● **punto de encuentro** meeting point ● **punto muerto** neutral ● **punto de vista** point of view ● **punto y aparte** new paragraph ● **punto y coma** semi-colon ● **punto y seguido** full-stop ● **puntos suspensivos** suspension points

puntuación [puntwa'θjon] *f* **1.** *(en gramática)* punctuation **2.** *(en competición)* score **3.** *(en examen)* mark, grade *(US)*

puntual [puntu'al] *adj* **1.** *(persona)* punctual **2.** *(detallado)* detailed

puntualidad [puntwali'ðað] *f (de persona)* punctuality

puntualización [puntwaliθa'θjon] *f* detailed explanation

puntualizar [puntwali'θar] *vt* to explain in detail

puntuar [puntu'ar] *vt* **1.** *(texto)* to punctuate **2.** *(examen)* to mark, to grade *(US)*

punzón [pun'θon] *m* punch

puñado [pu'ɲaðo] *m* handful

puñal [pu'ɲal] *m* dagger

puñalada [puɲa'laða] *f* **1.** *(golpe)* stab **2.** *(herida)* stabwound

puñeta [pu'ɲeta] *interj* damn!

puñetazo [puɲe'taθo] *m* punch

puñetero, ra [puɲe'tero, ra] *adj (fam)* damn

puño ['puɲo] *m* **1.** *(mano cerrada)* fist **2.** *(de arma)* hilt **3.** *(de camisa)* cuff **4.** *(de bastón, paraguas)* handle

pupa ['pupa] *f* **1.** *(en el labio)* blister **2.** ● **hacerse pupa** *(fam) (daño)* to hurt o.s.

pupitre [pu'pitre] *m* desk

puré [pu're] *m* **1.** *(concentrado)* purée **2.** *(sopa)* thick soup ◇ **puré de patatas** o **papas** *(Amér)* mashed potatoes *pl*

puritano, na [puri'tano, na] *adj* puritanical

puro, ra ['puro, ra] ◇ *adj* **1.** pure **2.** *(cielo)* clear **3.** *(verdad)* simple ◇ *m* cigar

puta ['puta] *f (vulg)* whore

puzzle ['puθle] *m* jigsaw puzzle

PVP *abrev* ● precio de venta al público

pza. *(abr de plaza)* Sq. *(square)*

que [ke]
◇ *pron* **1.** *(cosa)* that, which ● **la moto que me gusta** the motorbike (that) I like ● **el libro que le regalé** the book (that) I gave her ● **la playa a la que fui** the beach I went to ● **el día en que me fui** the day I left **2.** *(persona: sujeto)* who, that ● **el hombre que corre** the man who's running **3.** *(persona: complemento)* whom, that ● **el hombre que conociste** the man you met ● **la chica a la que se lo presté** the girl to whom I lent it ● **la mujer con la que hablas** the woman you are talking to

◇ *conj* **1.** *(con oraciones de sujeto)* that ● **es importante que me escuches** it's important that you listen to me **2.** *(con oraciones de complemento directo)* that ● **me ha confesado que me quiere** he has told me that he loves me **3.** *(comparativo)* than ● **es más rápido que tú** he's quicker than you ● **antes morir que vivir la guerra** I'd rather die than live through a war **4.** *(expresa causa)* ● **hemos de esperar, que todavía no es la hora** we'll have to wait, as it isn't time yet **5.** *(expresa consecuencia)* that ● **tanto me lo pidió que se lo di** she asked for it so persistently that I gave it to her **6.** *(expresa finalidad)* so (that) ● **ven aquí que te vea** come here so (that) I can see you **7.** *(expresa deseo)* that ● **espero que te diviertas** I hope (that) you enjoy yourself ● **quiero que lo hagas** I want you to do it **8.** *(expresa disyunción)* or ● **quieras que no** whether you want to or not **9.** *(en oraciones exclamativas)* ● **¡que te diviertas!** have fun! ● **¡que sí/no!** I said yes/no!

qué ['ke] ◇ *adj* **1.** *(interrogativo)* what **2.** *(al elegir, concretar)* which ◇ *pron* what ◇ *adv* how ● **¿qué?** *(¿cómo?)* sorry?, excuse me? *(US)* ● **¿por qué (...)?** why (...)? ● **¿y qué?** so what?

quebrado [ke'βraðo] *m* fraction

quebrar [ke'βrar] ◇ *vt* to break ◇ *vi* to go bankrupt

quedar [ke'ðar] *vi* **1.** *(permanecer)* to remain, to stay **2.** *(haber suficiente, faltar)* to be left **3.** *(llegar a ser, resultar)* to turn out **4.** *(sentar)* to look **5.** *(estar situado)* to be ● **quedar en ridículo** to make a fool of o.s. ● **quedar por hacer** to remain to be done ● **quedar bien/mal con alguien** to make a good/bad impression on sb ● **quedar en nada** to come to nothing ◆ **quedar con** *v + prep (citarse)* to arrange to meet ◆ **quedar en** *v + prep (acordar)* to agree to ◆ **quedarse** *vp* **1.** *(permanecer)* to stay **2.** *(cambio)* to keep **3.** *(comprar)* to take ● **se quedó ciego** he went blind ◆ **quedarse con** *v + prep* **1.** *(preferir)* to go for **2.** *(fam) (burlarse de)* to take the mickey out of *(UK)*, to make fun of

quehacer [kea'θer] *m* task

quejarse [ke'xarse] *vp* **1.** *(protestar)* to complain **2.** *(lamentarse)* to cry out ●
quejarse de/por to complain about

quejido [ke'xiðo] *m* cry

quemadura [kema'ðura] *f* burn

quemar [ke'mar] ◇ *vt* to burn ◇ *vi* to be (scalding) hot ◆ **quemarse** *vp* **1.** *(casa, bosque, etc)* to burn down **2.** *(persona)* to get burnt

querer [ke'rer]
◇ *vt* **1.** *(desear)* to want **2.** *(amar)* to love **3.** *(en preguntas formales)* ● **¿quiere pasar?** would you like to come in? **4.** *(precio)* to want **5.** *(requerir)* to need ◇ *vi* **1.** *(apetecer)* to want **2.** *(en locuciones)* ●
queriendo *(con intención)* on purpose ●
querer decir to mean ● **sin querer** accidentally
◇ *v* ● **parece que quiere llover** it looks like rain ● **quiere una bicicleta** he wants a bicycle ● **queremos que las cosas vayan bien** we want things to go well ● **quiero que vengas** I want you

to come ● **quisiera hacerlo** I would like to do it ● **tal vez él quiera acompañarte** maybe he'll go with you ● **quiere mucho a su hijo** he loves his son very much ● **¿cuánto quiere por el coche?** how much does he want for the car? ● **esta habitación quiere más luz** this room needs more light ● **ven cuando quieras** come whenever you like o want ● **estoy aquí porque quiero** I'm here because I want to be ◆ **quererse** *vp* to love each other

querido, da [ke'riðo, ða] *adj* dear

queso ['keso] *m* cheese ● **queso de bola** Gouda ● **queso manchego** *hard, mild yellow cheese made in La Mancha* ●
queso parmesano Parmesan ●
queso rallado grated cheese

quiebra ['kjeβra] *f (de empresa)* bankruptcy

quien [kjen] *pron* **1.** *(relativo sujeto)* who **2.** *(relativo complemento)* whom **3.** *(indefinido)* whoever

quién [kjen] *pron* who ● **¡quién pudiera verlo!** if only I could have seen it! ●
¿quién es? *(en la puerta)* who is it?; *(al teléfono)* who's speaking?

quieto, ta ['kjeto, ta] *adj* **1.** *(inmóvil)* still **2.** *(inactivo)* at a standstill **3.** *(de carácter)* quiet

quilla ['kiʎa] *f* keel

quilo ['kilo] *m* = kilo

química ['kimika] *f* chemistry ➤ **químico**

químico, ca ['kimiko, ka] *m,f* chemist

quince ['kinθe] *núm* fifteen ➤ **seis** ●
quince días fortnight *(UK)*, two weeks *(US)*

quincena [kin'θena] *f* fortnight (*UK*), two weeks (*US*)

quiniela [ki'niela] *f* (juego) (football) pools *pl* (*UK*), ≃ sweepstakes *pl*

quinientos, tas [ki'nientos, tas] *núm* five hundred ➤ **seis**

quinqué [kin'ke] *m* oil lamp

quinteto [kin'teto] *m* quintet

quinto, ta [ˈkinto, ta] ◇ *núm* fifth ➤ (recluta) recruit ➤ **sexto**

quiosco [ki'osko] *m* **1.** (puesto) kiosk **2.** (de periódicos) newspaper stand

quirófano [ki'rofano] *m* operating theatre (*UK*), operating room (*US*)

quisquilla [kis'kiʎa] *f* shrimp

quisquilloso, sa [kiski'ʎoso, sa] *adj* **1.** (detallista) pernickety **2.** (susceptible) touchy

quitamanchas [kita'mantʃas] *m inv* stain remover

quitar [ki'tar] *vt* **1.** (robar) to take **2.** (separar, retirar, suprimir) to remove **3.** (ropa, zapatos) to take off ● **quitarle algo a alguien** to take sthg away from sb ● **quitarse** *vp* (apartarse) to get out of the way ● **quitarse la ropa** to take off one's clothes

quizá(s) [ki'θa(s)] *adv* perhaps

rábano [ˈraβano] *m* radish

rabia [ˈraβia] *f* **1.** (ira) rage **2.** (enfermedad) rabies

rabieta [ra'βieta] *f* tantrum

rabioso, sa [ra'βioso, sa] *adj* **1.** (enfermo) rabid **2.** (violento) furious

rabo [ˈraβo] *m* tail

racha [ˈratʃa] *f* **1.** (de viento, aire) gust **2.** (fam) (época) spell ● **buena/mala racha** good/bad patch

racial [ra'θial] *adj* racial

racimo [ra'θimo] *m* bunch

ración [ra'θion] *f* **1.** portion **2.** (en un bar) *large portion of a particular dish, served as a snack*

racismo [ra'θizmo] *m* racism

racista [ra'θista] *mf* racist

radar [ra'ðar] *m* radar

radiación [raðia'θion] *f* radiation

radiador [raðia'ðor] *m* radiator

radiante [ra'ðiante] *adj* radiant

radiar [ra'ðiar] *vt* **1.** (irradiar) to radiate **2.** (en la radio) to broadcast **3.** (en medicina) to give X-ray treatment to

radical [raði'kal] *adj* radical

radio [ˈraðio] ◇ *f* radio ◇ *m* **1.** radius **2.** (de una rueda) spoke

radioaficionado, da [ˌraðioafiˈθioˌnaðo, ða] *m,f* radio ham

radiocasete [ˌraðioka'sete] *m o f* radio cassette (player)

radiodespertador [ˌraðioðesperta'ðor] *m* clock radio (with alarm)

radiodifusión [ˌraðioðifu'sion] *f* broadcasting

radiodifusora [ˌraðioðifu'sora] *f* (Amér) radiostation

radiografía [raðioɣra'fia] *f* (fotografía) X-ray

radiólogo, ga [ra'ðioloɣo, ɣa] *m,f* radiologist

radionovela [ˌraðiono'βela] *f* radio soap opera

radiorreloj [ˌraðiore'lox] *m* clock radio

radioyente [raðio'jente] *mf* listener

ráfaga ['rafaɣa] *f* **1.** *(de viento, aire)* gust **2.** *(de luz)* flash **3.** *(de disparos)* burst

rafia ['rafia] *f* raffia

rafting ['raftin] *m* white-water rafting

rail [ra'il] *m* rail

raíz [ra'iθ] *f* root

raja ['raxa] *f* **1.** *(grieta)* crack **2.** *(porción)* slice

rajatabla [raxa'taβla] ◆ **a rajatabla** *adv* to the letter

rallador [raʎa'ðor] *m* grater

rallar [ra'ʎar] *vt* to grate

rally ['rali, 'ralis] *(pl* **rallys)** *m* rally

rama ['rama] *f* branch

rambla ['rambla] *f* avenue

ramo ['ramo] *m* **1.** *(de flores)* bunch **2.** *(de actividad)* branch

rampa ['rampa] *f* **1.** *(pendiente)* steep incline **2.** *(para ayudar el acceso)* ramp

rana ['rana] *f* frog

ranchera [ran'tʃera] *f* (*Méx*) *popular Mexican song and dance*

rancho ['rantʃo] *m* **1.** *(granja)* ranch **2.** *(comida)* mess

rancio, cia ['rantʃio, θia] *adj* **1.** *(vino)* mellow **2.** *(pasado)* rancid

rango ['rango] *m* **1.** *(categoría social)* standing **2.** *(en una jerarquía)* rank

ranura [ra'nura] *f* **1.** *(surco)* groove **2.** *(para monedas)* slot

rape ['rape] *m* monkfish ● **rape a la marinera** *monkfish cooked in a white wine and garlic sauce* ● **rape a la plancha** *grilled monkfish*

rápidamente [ˌrapiða'mente] *adv* quickly

rapidez [rapi'ðeθ] *f* speed

rápido, da ['rapiðo, ða] ◇ *adj* **1.** *(veloz)* fast **2.** *(que dura poco)* quick ◇ *adv* quickly ◇ *m (tren)* express train ◆ **rápidos** *mpl* rapids

raptar [rap'tar] *vt* to abduct

raqueta [ra'keta] *f* **1.** *(de tenis)* racquet **2.** *(para la nieve)* snowshoe

raramente [ˌrara'mente] *adv* rarely

raro, ra ['raro, ra] *adj* **1.** *(poco frecuente)* unusual **2.** *(extraño)* strange **3.** *(escaso)* rare **4.** *(extravagante)* odd

rascacielos [raska'θielos] *m inv* skyscraper

rascador [raska'ðor] *m* scraper

rascar [ras'kar] *vt* **1.** *(con las uñas)* to scratch **2.** *(limpiar)* to scrub **3.** *(pintura)* to scrape (off)

rasgar [raz'ɣar] *vt* to tear

rasgo ['razɣo] *m* **1.** *(de rostro)* feature **2.** *(característica)* characteristic **3.** *(trazo)* stroke

raso, sa ['raso, sa] ◇ *adj* **1.** *(superficie)* flat **2.** *(cucharada, etc)* level ◇ *m* satin ● **al raso** in the open (air)

rastrillo [ras'triʎo] *m* **1.** rake **2.** *(Méx)* *(para barbear)* razor

rastro ['rastro] *m* **1.** *(huella)* trace **2.** *(mercadillo)* flea market

rastro

Street markets with stalls selling a variety of antique, second-hand and new goods are found in the majority of Spanish towns. The most famous, however, is *El Rastro* in Madrid. It is situated near the *Plaza Mayor* and is usually particularly busy on Sunday mornings.

rata ['rata] *f* rat

ratero, ra [ra'tero, ra] *m,f* petty thief

rato ['rato] *m* while ● **a ratos** from time to time ● **pasar un buen rato** to have a good time ● **pasar un mal rato** to have a hard time of it ● **ratos libres** spare time *sg*

ratón [ra'ton] *m* mouse

rattán [ra'tan] *m* (*Amér*) wicker

raya ['raja] *f* 1. (*línea*) line 2. (*estampado*) stripe 3. (*del pelo*) parting 4. (*de pantalón*) crease 5. (*arañazo*) scratch 6. (*pez*) ray ● **a o de rayas** stripy

rayo ['rajo] *m* 1. ray 2. (*de tormenta*) bolt of lightning ● **rayos** lightning *sg* ● **rayos-X** X-rays

raza ['raθa] *f* 1. (*de personas*) race 2. (*de animales*) breed ● **de raza** pedigree

razón [ra'θon] *f* reason ● **dar la razón a alguien** to say that sb is right ● **entrar en razón** to see reason ● **tener razón** to be right ▼ **se vende piso: razón portería** flat for sale: enquire at caretaker's office

razonable [raθo'naβle] *adj* reasonable

razonamiento [raθona'mjento] *m* reasoning

razonar [raθo'nar] ◇ *vt* to reason out ◇ *vi* to reason

reacción [reak'θjon] *f* reaction

reaccionar [reakθjo'nar] *vi* 1. (*responder*) to react 2. (*a tratamiento*) to respond

reactor [reak'tor] *m* 1. (*avión*) jet (plane) 2. (*motor*) jet engine

real [re'al] *adj* 1. (*verdadero*) real 2. (*de rey*) royal

realeza [rea'leθa] *f* royalty

realidad [reali'ðað] *f* 1. (*existencia*) reality 2. (*verdad*) truth ● **en realidad** in fact

realismo [rea'lizmo] *m* realism

realización [realiθa'θjon] *f* 1. (*de tarea, trabajo*) carrying-out 2. (*de proyecto, plan*) implementation 3. (*de deseo, sueño*) fulfilment 4. (*de película*) production

realizar [reali'θar] *vt* 1. (*tarea, trabajo*) to carry out 2. (*proyecto, plan*) to implement 3. (*deseo, sueño*) to fulfil 4. (*película*) to produce

realmente [real'mente] *adv* 1. (*en verdad*) actually 2. (*muy*) really

realquilado, da [realki'laðo, ða] *m,f* sub-tenant

realquilar [realki'lar] *vt* to sublet

reanimación [reanima'θjon] *f* 1. (*de fuerzas, energía*) recovery 2. (*de enfermo*) revival 3. (*del ánimo*) cheering-up

rebaja [re'βaxa] *f* 1. (*de precio*) discount 2. (*de altura, nivel, etc*) reduction ●

rebajas *fpl* sales

rebajado, da [reβa'xaðo, ða] *adj* reduced

rebajar [reβa'xar] *vt* 1. (*precio*) to reduce 2. (*altura, nivel, etc*) to lower 3. (*humillar*) to humiliate

rebanada [reβa'naða] *f* slice

rebanar [reβa'nar] *vt* to slice

rebaño [re'βaɲo] *m* (*de ovejas*) flock

rebelarse [reβe'larse] *vp* to rebel

rebelde [re'βelde] ◇ *adj* 1. rebellious 2.

(niño, pelo) unruly **3.** *(enfermedad)* persistent ◇ *mf* rebel

rebeldía [reβel'dia] *f* **1.** *(cualidad)* rebelliousness **2.** *(acción)* rebellion

rebelión [reβe'ljon] *f* rebellion

rebozado, da [reβo'θaðo, ða] *adj* coated in batter or fried breadcrumbs

rebozo [re'βoθo] *m (Amér)* shawl

recado [re'kaðo] *m (aviso)* message

recaer [reka'er] *vi* **1.** *(en enfermedad)* to have a relapse **2.** *(en vicio, error, etc)* to relapse

recalcar [rekal'kar] *vt* to stress

recalentar [rekalen'tar] *vt* **1.** *(volver a calentar)* to warm up **2.** *(calentar demasiado)* to overheat ◆ **recalentarse** *vp* to overheat

recámara [re'kamara] *f (CAm, Col & Méx)* bedroom

recamarera [rekama'rera] *f (Amér)* maid

recambio [re'kambjo] *m* **1.** *(pieza)* spare (part) **2.** *(de pluma)* refill

recargar [rekar'ɣar] *vt* **1.** *(mechero, recipiente)* to refill **2.** *(batería)* to recharge **3.** *(arma)* to reload **4.** *(cargar demasiado)* to overload **5.** *(impuesto)* to increase

recato [re'kato] *m* **1.** *(pudor)* modesty **2.** *(prudencia)* caution

recepción [reθep'θjon] *f* reception

para presentarse en recepción

Si tienes una cita con alguien en una empresa, te presentas diciendo *hello, I'm Jenny Barton, I have an appointment with Michael Johnson.* Si representas a una empresa, puedes decir *hello, I'm Jenny Barton from Robinson Associates, I have an appointment with...* Si se trata de un grupo de personas, sólo hace falta decir el nombre de la empresa: *hello, we're from Robinson Associates and we have an appointment with...* En un hotel, sólo hace falta dar el nombre de la persona que hizo la reserva: *hello, we've booked a room for 2 nights in the name of Barker.*

recepcionista [reθepθjo'nista] *mf* receptionist

receptor [reθep'tor] *m* receiver

recesión [reθe'sjon] *f* recession

receta [re'θeta] *f (de guiso)* recipe ● **receta (médica)** prescription

recetar [reθe'tar] *vt* to prescribe

rechazar [retʃa'θar] *vt* **1.** to reject **2.** *(físicamente)* to push away **3.** *(denegar)* to turn down

rechazo [re'tʃaθo] *m* rejection

recibidor [reθiβi'ðor] *m* entrance hall

recibimiento [reθiβi'mjento] *m* reception

recibir [reθi'βir] *vt* **1.** to receive **2.** *(dar la bienvenida a)* to welcome **3.** *(ir a buscar)* to meet ◆ **recibirse** *vp (Amér)* to graduate

recibo [re'θiβo] *m* receipt

reciclado, da [reθi'klaðo, ða] *adj* recycled

reciclaje [reθi'klaxe] *m (de papel, plástico, etc)* recycling

reciclar [reθi'klar] *vt* to recycle ◆ **reciclarse** *vp (persona)* to retrain

recién [re'θjen] *adv* recently ● **recién hecho** fresh ● **recién nacido** newborn baby ▼ **recién pintado** wet paint

reciente [re'θjente] *adj* recent

recientemente [re,θjente'mente] *adv* recently

recinto [re'θinto] *m* area

recipiente [reθi'pjente] *m* container

recital [reθi'tal] *m* **1.** *(de música pop)* concert **2.** *(de música clásica)* recital

recitar [reθi'tar] *vt* to recite

reclamación [reklama'θjon] *f* **1.** *(queja)* complaint **2.** *(petición)* claim ▼ **reclamaciones y quejas** complaints

reclamar [rekla'mar] *vt* to demand

recluir [reklu'ir] *vt* to shut away

reclusión [reklu'sjon] *f* **1.** *(encarcelamiento)* imprisonment **2.** *(voluntaria)* seclusion

recobrar [reko'βrar] *vt* to recover ◆ **recobrarse de** *v + prep* to recover from

recogedor [rekoxe'ðor] *m* dustpan

recoger [reko'xer] *vt* **1.** *(coger)* to pick up **2.** *(reunir)* to collect **3.** *(fruta)* to pick **4.** *(ir a buscar)* to meet **5.** *(mesa)* to clear **6.** *(acoger)* to take in ◆ **recogerse** *vp* **1.** *(retirarse)* to withdraw **2.** *(acostarse)* to retire

recogida [reko'xiða] *f* **1.** *(de objetos, basura, etc)* collection **2.** *(de frutos)* harvest

recolección [rekolek'θjon] *f* *(de frutos)* harvesting

recomendar [rekomen'dar] *vt* to recommend

recompensa [rekom'pensa] *f* reward

recompensar [rekompen'sar] *vt* to reward

reconocer [rekono'θer] *vt* **1.** to recognize **2.** *(examinar)* to examine **3.** *(terreno)* to survey

reconocimiento [rekonoθi'mjento] *m* **1.** recognition **2.** *(agradecimiento)* gratitude **3.** *(en medicina)* examination

reconquista [rekon'kista] *f* *(Esp)* ● **la Rreconquista** the Reconquest *(of Spain)*

récord ['rekor] *m* record

recordar [rekor'ðar] *vt* to remember ● **me recuerda a mi tía** she reminds me of my aunt

recorrer [reko'rer] *vt* **1.** *(país, etc)* to travel across **2.** *(distancia)* to cover

recorrido [reko'riðo] *m* **1.** *(trayecto)* route **2.** *(viaje)* journey ● **tren de largo recorrido** intercity train

recortar [rekor'tar] *vt* **1.** *(pelo)* to trim **2.** *(papel)* to cut out **3.** *(tela, gastos, precio)* to cut

recostarse [rekos'tarse] *vp* to lie down

recreo [re'kreo] *m* **1.** *(diversión)* recreation **2.** *(de escolares)* break

recta ['rekta] *f* straight line

rectangular [rektangu'lar] *adj* rectangular

rectángulo [rek'tangulo] *m* rectangle

rectitud [rekti'tuð] *f* rectitude

recto, ta ['rekto, ta] *adj* **1.** *(camino, línea, etc)* straight **2.** *(severo, honesto)* upright ● **todo recto** straight on

rector, ra [rek'tor, ra] *m,f* vice chancellor *(UK)*, president *(US)*

recuerdo [re'kuerðo] *m* **1.** *(del pasado)* memory **2.** *(de viaje)* souvenir ◆ **recuerdos** *mpl* *(saludos)* regards ● **dar recuerdos a** to give one's regards to

recuperación [rekupera'θion] f recovery

recuperar [rekupe'rar] vt **1.** to recover **2.** (tiempo) to make up ◆ **recuperarse** vp (volver en sí) to come to ◆ **recuperarse de** v + prep to recover from

recurrir [reku'rir] vi (en juicio) to appeal ◆ **recurrir a** (pedir ayuda) to turn to

recurso [re'kurso] m **1.** (medio) resort **2.** (reclamación) appeal ◆ **recursos** mpl resources ● **recursos humanos** human resources

red [re'ð] f **1.** (malla, en deporte) net **2.** (de pelo) hairnet **3.** (de carreteras, conductos, etc) network **4.** (de tiendas, empresas, etc) chain

redacción [reðak'θion] f **1.** (de texto, periódico) editing **2.** (en escuela) essay **3.** (estilo) wording **4.** (conjunto de personas) editorial team **5.** (oficina) editorial office

redactar [reðak'tar] vt to write

redactor, ra [reðak'tor, ra] m,f **1.** (escritor) writer **2.** (editor) editor

redil [re'ðil] m (sheep) pen

redondeado, da [reðonde'aðo, ða] adj **1.** (material, forma, etc) rounded **2.** (precio, cantidad, etc) rounded up/down

redondel [reðon'del] m ring

redondo, da [re'ðondo, ða] adj **1.** round **2.** (perfecto) excellent

reducción [reðuk'θion] f reduction

reducir [reðu'θir] vt **1.** to reduce **2.** (someter) to suppress ◆ **reducirse a** v + prep to be reduced to

reembolsar [reembol'sar] vt **1.** (gastos) to reimburse **2.** (dinero) to refund **3.** (deuda) to repay

reembolso [reem'bolso] m **1.** (de gastos) reimbursement **2.** (de dinero) refund **3.** (de deuda) repayment ● **contra reembolso** cash on delivery

reemplazar [reempla'θar] vt to replace

reestrenar [reestre'nar] vt to re-release

reestreno [rees'treno] m re-release

reestructurar [reestruktu'rar] vt to restructure

refacción [refak'θion] f **1.** (Chile & Méx) spare (part) **2.** (Andes & RP) (en edificio) renovation

refaccionar [refakθio'nar] vt (Amér) to repair

referencia [refe'renθia] f reference ◆ **referencias** fpl references

referéndum [refe'rendum] m referendum

referente [refe'rente] adj ● **referente a** concerning

referirse [refe'rirse] ◆ **referirse a** v + prep to refer to

refinería [refine'ria] f refinery

reflector [reflek'tor] m spotlight

reflejar [refle'xar] vt to reflect ◆ **reflejarse** vp to be reflected

reflejo, ja [re'flexo, xa] ◇ adj (movimiento) reflex ◇ m **1.** (luz) gleam **2.** (imagen) reflection ◆ **reflejos** mpl (reacción rápida) reflexes ● **hacerse reflejos** to have highlights put in

reflexión [reflek'sion] f reflection

reflexionar [refleksio'nar] vi to reflect

reforma [re'forma] f **1.** reform **2.** (de casa, edificio) alteration **3.** (de idea, plan) change

reformar [refor'mar] vt **1.** to reform **2.** (casa, edificio) to do up **3.** (idea, plan) to alter ♦ **reformarse** *vp* to mend one's ways

reforzar [refor'θar] *vt* to reinforce

refrán [re'fran] *m* proverb

refrescante [refres'kante] *adj* refreshing

refresco [re'fresko] *m* soft drink

refrigerado, da [refrixe'raðo, ða] *adj* (con aire acondicionado) air-conditioned

refrigerador [refrixera'ðor] *m* refrigerator

refugiado, da [refu'xjaðo, ða] *m,f* refugee

refugiar [refu'xjar] *vt* to give refuge to ♦ **refugiarse** *vp* to take refuge

refugio [re'fuxjo] *m* 1. refuge 2. (de guerra) shelter

regadera [reγa'ðera] *f* 1. (para plantas) watering can 2. (Col, Méx & Ven) (ducha) shower head

regalar [reγa'lar] *vt* 1. (obsequiar) to give (as a present) 2. (dar gratis) to give away

regaliz [reγa'liθ] *m* liquorice

regalo [re'γalo] *m* present, gift

regañar [reγa'ɲar] ♦ *vt* to tell off ♦ *vi* (pelearse) to argue

regar [re'γar] *vt* 1. (campos, plantas) to water 2. (suj: río) to flow through

regata [re'γata] *f* 1. (competición) regatta 2. (canal) irrigation channel

regatear [reγate'ar] *vt* 1. (precio) to haggle over 2. (esfuerzos, ayuda) to be sparing with 3. (en deporte) to beat, to dribble past

regazo [re'γaβo] *m* lap

regenerar [rexene'rar] *vt* 1. (cosa) to regenerate 2. (persona) to reform ♦

regenerarse *vp* (persona) to mend one's ways

régimen ['reximen] *m* 1. (de alimentación) diet 2. (conjunto de normas) rules *pl* 3. (forma de gobierno) regime

región [re'xjon] *f* region

regional [rexjo'nal] *adj* regional

regir [re'xir] ♦ *vt* (dirigir) to run ♦ *vi* to apply

registrar [rexis'trar] *vt* 1. (inspeccionar) to search 2. (cachear) to frisk 3. (en lista, registro, cinta) to record ♦ **registrarse** *vp* (ocurrir) to occur

registro [re'xistro] *m* 1. (libro) register 2. (inspección) search 3. (de luz, agua, etc) cupboard containing electricity/water meter ● **registro (civil)** registry office

regla ['reγla] *f* 1. (norma) rule 2. (instrumento) ruler 3. (menstruación) period ● **en regla** in order ● **por regla general** as a rule ● **tener la regla** to have one's period

reglamento [reγla'mento] *m* regulations *pl*

regrabadora *f* rewriter

regresar [reγre'sar] ♦ *vt* (Amér) to return ♦ *vi* to return ♦ **regresarse** *vp* (Amér) to return

regreso [re'γreso] *m* return

regular [reγu'lar] ♦ *adj* 1. (uniforme) regular 2. (de tamaño) medium 3. (vuelo) scheduled 4. (habitual) normal 5. (mediocre) average ♦ *vt* 1. (reglamentar) to regulate 2. (mecanismo) to adjust ♦ *adv* all right

regularidad [reγulari'ðað] *f* regularity

rehabilitar [reaβili'tar] *vt* 1. (local, casa, etc) to restore 2. (persona) to rehabilitate

rehén [re'en] *mf* hostage

rehogar [reo'ɣar] *vt* to fry over a low heat

reina ['reina] *f* queen

reinado [rei'naðo] *m* reign

reinar [rei'nar] *vi* to reign

reincorporar [reinkorpo'rar] *vt* to reincorporate ◆ **reincorporarse a** *v* + *prep* to go back to

reino ['reino] *m* kingdom

Reino Unido ['reinou'niðo] *m* ◆ **el Reino Unido** the United Kingdom

reintegro [rein'teɣro] *m* 1. *(pago)* reimbursement 2. *(en banco)* withdrawal 3. *(en lotería)* return of one's stake

reír [re'ir] ◇ *vi* to laugh ◇ *vt* to laugh at ◆ **reírse de** *v* + *prep* to laugh at

reivindicación [reiβindika'θjon] *f* claim

reivindicar [reiβindi'kar] *vt* to claim

reja ['rexa] *f* *(de puerta, ventana)* bars *pl*

rejilla [re'xiʎa] *f* 1. *(para abertura)* grid 2. *(de ventana)* grille 3. *(de horno)* gridiron *(UK)*, rack *(US)* 4. *(de silla)* wickerwork 5. *(para equipaje)* luggage rack

rejuvenecer [rexuβene'θer] *vt* & *vi* to rejuvenate

relación [rela'θjon] *f* 1. *(nexo)* relation 2. *(trato)* relationship 3. *(enumeración)* list 4. *(narración)* account ◆ **relaciones** *fpl* 1. *(amistades)* relations 2. *(influencias)* connections 3. *(noviazgo)* relationship *sg*

relacionar [relaθjo'nar] *vt* to relate ◆ **relacionarse** *vp* 1. *(ideas, objetos, etc)* to be related 2. *(personas)* to mix

relajación [relaxa'θjon] *f* relaxation

relajar [rela'xar] *vt* to relax ◆ **relajarse** *vp* to relax

relajo [re'laxo] *m* *(Amér)* commotion

relámpago [re'lampaɣo] *m* flash of lightning

relampaguear [relampaɣe'ar] *vi* ◆ **relampagueó** lightning flashed

relatar [rela'tar] *vt* to relate

relativo, va [rela'tiβo, βa] *adj* 1. *(no absoluto)* relative 2. *(escaso)* limited ◆ **relativo a** concerning

relato [re'lato] *m* 1. *(cuento)* tale 2. *(exposición)* account

relevo [re'leβo] *m* 1. *(sustitución)* relief 2. *(en deporte)* relay ◆ **relevos** *mpl* relay *(race)* *sg*

relieve [re'ljeβe] *m* 1. relief 2. *(importancia)* importance

religión [reli'xjon] *f* religion

religioso, sa [reli'xjoso, sa] ◇ *adj* religious ◇ *m,f* monk *(f* nun)

relinchar [relin'tʃar] *vi* to neigh

relincho [re'lintʃo] *m* neigh

rellano [re'ʎano] *m* landing

rellenar [reʎe'nar] *vt* 1. *(volver a llenar)* to refill 2. *(pastel)* to fill 3. *(pollo, almohada)* to stuff 4. *(formulario, documento)* to fill in

relleno, na [re'ʎeno, na] ◇ *adj* stuffed ◇ *m* 1. stuffing 2. *(de pastel)* filling

reloj [re'lox] *m* clock ◆ **reloj de arena** hourglass ◆ **reloj (de pared)** clock ◆ **reloj (de pulsera)** watch

relojería [reloxe'ria] *f* 1. *(tienda)* watchmaker's (shop) 2. *(taller)* watchmaker's workshop

relojero, ra [relo'xero, ra] *m,f* watchmaker

remar [re'mar] *vi* to row

remediar [reme'ðjar] *vt* 1. *(solucionar)* to put right 2. *(problema)* to solve

remedio [reˈmeðjo] *m* **1.** *(solución)* solution **2.** *(auxilio)* help **3.** *(para enfermedad)* remedy ● **no queda más remedio** there's nothing for it ● **no tener más remedio** to have no choice ● **sin remedio** hopeless

remendar [remenˈdar] *vt* to mend

remite [reˈmite] *m* sender's name and address (*UK*), return address (*US*)

remitente [remiˈtente] *mf* sender

remitir [remiˈtir] *vt* to send ● **remitir a** *v + prep* to refer to

remo [ˈremo] *m* oar

remojar [remoˈxar] *vt* to soak

remojo [reˈmoxo] *m* ● **poner en remojo** to leave to soak

remolacha [remoˈlatʃa] *f* beetroot (*UK*), beet (*US*)

remolcador [remolkaˈðor] *m* **1.** *(embarcación)* tugboat **2.** *(camión)* breakdown lorry (*UK*), tow truck (*US*)

remolcar [remolˈkar] *vt* to tow

remolque [reˈmolke] *m* *(vehículo)* trailer

remontar [remonˈtar] *vt* to go up ● **remontarse a** *v + prep* to date back to

remordimiento [remorðiˈmjento] *m* remorse

remoto, ta [reˈmoto, ta] *adj* remote

remover [remoˈβer] *vt* **1.** *(café, sopa)* to stir **2.** *(tierra)* to dig up **3.** *(recuerdos)* to rake up

remuneración [remuneraˈθjon] *f* remuneration

renacuajo [renaˈkwaxo] *m* tadpole

rencor [renˈkor] *m* resentment

rendición [rendiˈθjon] *f* surrender

rendimiento [rendiˈmjento] *m* *(de motor)* performance

rendir [renˈdir] ◇ *vt* *(homenaje)* to pay ◇ *vi* **1.** *(máquina)* to perform well **2.** *(persona)* to be productive **3.** *(negocio, dinero)* to be profitable ● **rendirse** *vp* *(someterse)* to surrender

RENFE [ˈrenfe] *f* Spanish state railway company

reno [ˈreno] *m* reindeer

renovación [renoβaˈθjon] *f* **1.** *(de decoración, local)* renovation **2.** *(de contrato, carné)* renewal

renovar [renoˈβar] *vt* **1.** *(decoración, local)* to renovate **2.** *(contrato, carné, relación)* to renew **3.** *(vestuario)* to clear out

renta [ˈrenta] *f* **1.** *(ingresos)* income **2.** *(beneficio)* return **3.** *(alquiler)* rent

rentable [renˈtaβle] *adj* profitable

rentar [renˈtar] *vt* (*Amér*) to rent

renunciar [renunˈθjar] ● **renunciar a** *v + prep* **1.** *(prescindir de)* to give up **2.** *(declinar)* to refuse to

reñir [reˈɲir] ◇ *vt* *(reprender)* to tell off ◇ *vi* **1.** *(pelearse)* to argue **2.** *(romper relaciones)* to fall out

reo, a [ˈreo, a] *m,f* offender

reparación [reparaˈθjon] *f* **1.** *(de coche, avería, etc)* repair **2.** *(de daño, ofensa, etc)* reparation

reparar [repaˈrar] *vt* **1.** *(coche, máquina, etc)* to repair **2.** *(equivocación, ofensa, etc)* to make amends for ● **reparar en** *v + prep* to notice

repartidor, ra [repartiˈðor, ra] *m,f* deliveryman *f* deliverywoman

repartir [reparˈtir] *vt* **1.** *(dividir)* to share out **2.** *(distribuir)* to deliver

reparto [reˈparto] *m* **1.** *(de bienes, dinero, etc)* division **2.** *(de mercancías, periódicos,* *etc*) delivery **3.** (*de actores*) cast

repasar [repa'sar] *vt* **1.** to go over **2.** (*trabajo, lección*) to revise (*UK*), to review (*US*) **3.** (*releer*) to go over **4.** (*remendar*) to go over one's ✦ **repasar apuntes** to go over one's notes

repaso [re'paso] *m* **1.** revision (*UK*), review (*US*) **2.** (*fam*) (*reprensión*) telling off

repelente [repe'lente] *adj* repulsive

repente [re'pente] ✦ **de repente** *adv* suddenly

repentino, na [repen'tino, na] *adj* sudden

repercusión [reperku'sjon] *f* repercussion

repertorio [reper'torjo] *m* **1.** (*catálogo*) list **2.** (*de actor, compañía, etc*) repertoire

repetición [repeti'θjon] *f* repetition

repetidor, ra [repeti'ðor, ra] ◇ *m,f* (*alumno*) student repeating a year ◇ *m* (*en telecomunicaciones*) repeater

repetir [repe'tir] ◇ *vt* **1.** to repeat **2.** (*comida, bebida*) to have seconds of ◇ *vi* (*sabor*) to repeat

réplica ['replika] *f* **1.** (*copia*) replica **2.** (*contestación*) reply

replicar [repli'kar] *vt & vi* to answer back

repoblación [repoβla'θjon] *f* **1.** (*de ciudad, región, etc*) repopulation **2.** (*de bosque, campos*) replanting ✦ **repoblación forestal** reafforestation

repoblar [repo'βlar] *vt* **1.** (*ciudad, región, etc*) to repopulate **2.** (*bosque, campos, etc*) to replant

reponer [repo'ner] *vt* **1.** to replace **2.** (*película, obra de teatro*) to re-run ✦

reponerse *vp* to recover

reportaje [repor'taxe] *m* **1.** (*en radio, televisión*) report **2.** (*en periódico, revista*) article

reportar [repor'tar] *vt* (*Méx*) to report ✦

reportarse *vp* (*Andes, CAm & Méx*) to report

reporte [re'porte] *m* (*Méx*) report

reportero, ra [repor'tero, ra] *m,f* reporter

reposo [re'poso] *m* **1.** (*descanso*) rest **2.** (*quietud*) calm

repostería [reposte'ria] *f* confectionery

representación [representa'θjon] *f* **1.** representation **2.** (*de obra de teatro*) performance ✦ **en representación de** on behalf of

representante [represen'tante] *mf* **1.** (*de actor, cantante, etc*) agent **2.** (*vendedor*) representative

representar [represen'tar] *vt* **1.** to represent **2.** (*obra de teatro*) to perform **3.** (*edad*) to look **4.** (*importar*) to mean

representativo, va [representa'tiβo, βa] *adj* representative

represión [repre'sjon] *f* suppression

reprimir [repri'mir] *vt* to suppress ✦

reprimirse *vp* to restrain o.s.

reprochar [repro'tʃar] *vt* to reproach

reproche [re'protʃe] *m* reproach

reproducción [reproðuk'θjon] *f* reproduction

reproducir [reproðu'θir] *vt* to reproduce ✦ **reproducirse** *vp* (*seres vivos*) to reproduce

reptar [rep'tar] *vi* to crawl

reptil [rep'til] *m* reptile

república [re'puβlika] *f* republic

República Dominicana [re'puβlikaðo-mini'kana] *f* ● **la República Dominicana** the Dominican Republic

republicano, na [repuβli'kano, na] *adj* republican

repuesto, ta [re'pwesto] ◇ *pp* = **reponer** ◇ *m* (*recambio*) spare (part) ● **de repuesto** spare

repugnar [repuɣ'nar] *vt* ● **me repugna ese olor** I find that smell disgusting

reputación [reputa'θjon] *f* reputation

requerir [reke'rir] *vt* to require

requesón [reke'son] *m* cottage cheese

res ['res] *f* **1.** (*animal*) cow **2.** (*Col, Méx & Ven*) (*carne*) beef

resaca [re'saka] *f* **1.** (*de borrachera*) hangover **2.** (*del mar*) undertow

resbalada [rezβa'laða] *f* (*Amér*) slip

resbaladizo, za [rezβala'ðiðo, θa] *adj* slippery

resbalar [rezβa'lar] *vi* **1.** (*deslizarse*) to slide **2.** (*caer*) to slip **3.** (*equivocarse*) to slip up ◆ **resbalarse** *vp* to slip

rescatar [reska'tar] *vt* to rescue

rescate [res'kate] *m* (*dinero*) ransom

resentimiento [resenti'mjento] *m* resentment

reserva¹ [re'serβa] *f* **1.** (*de habitación, asiento, comedimiento*) reservation **2.** (*cautela*) discretion **3.** (*de alimentos, provisiones, etc*) reserves *pl* **4.** (*de animales*) reserve ● **reserva natural** nature reserve ▼ **reservas hoteles y pensiones** hotel and guest house reservations

reserva² [re'serβa] *m* (*vino*) vintage

reservación [reserβa'θjon] *f* (*Amér*) reservation

reservado, da [reser'βaðo, ða] ◇ *adj* reserved ◇ *m* (*compartimento*) reserved compartment

reservar [reser'βar] *vt* **1.** (*asiento, billete, etc*) to reserve, to book **2.** (*callar*) to keep to o.s. **3.** (*noticia, datos*) to keep to o.s. **4.** (*guardar*) to set aside

resfriado, da [res'frjaðo, ða] ◇ *m* cold ◇ *adj* ● **estar resfriado** to have a cold

resfriarse [res'frjarse] *vp* to catch a cold

resfrío [res'frio] *m* (*Amér*) cold

resguardar [rezɣwar'ðar] *vt* to protect ◆ **resguardarse de** *v* + *prep* to shelter from

resguardo [rez'ɣwarðo] *m* (*documento*) receipt

residencia [resi'ðenθja] *f* **1.** (*estancia*) stay **2.** (*casa*) residence **3.** (*de estudiantes*) hall of residence (*UK*), dormitory (*US*) **4.** (*de ancianos*) old people's home (*UK*), retirement home (*US*) **5.** (*pensión*) guest house

residuo [resi'ðjuo] *m* residue ◆ **residuos** *mpl* waste *sg*

resignarse [resiɣ'narse] *vp* to resign o.s.

resistencia [resis'tenθja] *f* **1.** resistance **2.** (*para correr, etc*) stamina **3.** (*de pared, material, etc*) strength

resistente [resis'tente] *adj* tough

resistir [resis'tir] ◇ *vt* **1.** (*carga, dolor, enfermedad*) to withstand **2.** (*tentación, deseo, ataque*) to resist **3.** (*tolerar*) to stand ◇ *vi* (*durar*) to keep going ◆ **resistirse a** *v* + *prep* to refuse to

resolver [resol'βer] *vt* **1.** (*duda, crisis*) to resolve **2.** (*problema, caso*) to solve

resonancia [reso'nanθja] *f* **1.** (*de sonido*)

resonance 2. *(repercusión)* repercussions *pl*

resorte [re'sorte] *m* spring

respaldo [res'paldo] *m (de asiento)* back

respectivo, va [respek'tiβo, βa] *adj* respective

respecto [res'pekto] *m* ● **al respecto** in this respect ● **(con) respecto a** regarding

respetable [respe'taβle] *adj* 1. *(digno de respeto)* respectable 2. *(considerable)* considerable

respetar [respe'tar] *vt* to respect

respeto [res'peto] *m* respect

respiración [respira'θjon] *f* breathing

respirar [respi'rar] *vi* 1. to breathe 2. *(sentir alivio)* to breathe again

respiro [res'piro] *m (alivio)* relief ● **darse un respiro** to have a breather

resplandor [resplan'dor] *m* brightness

responder [respon'der] ◇ *vt* to answer ◇ *vi* 1. *(contestar)* to answer 2. *(replicar)* to answer back 3. *(reaccionar)* to respond ● **responder a algo** to reply to sthg ● **responder a** *v + prep (deberse a)* to be due to ● **responder de** *v + prep* to answer for ● **responder por** *v + prep* to answer for

responsabilidad [responsaβili'ðað] *f* responsibility

responsable [respon'saβle] *adj* responsible ● **responsable de** responsible for

respuesta [res'pwesta] *f* 1. *(contestación)* answer 2. *(reacción)* response

resta ['resta] *f* subtraction

restar [res'tar] *vt* 1. *(quitar)* to take away 2. *(en matemáticas)* to subtract

restauración [restaura'θjon] *f* 1. restoration 2. *(en hostelería)* restaurant trade

restaurado, da [restau'raðo, ða] *adj* restored

restaurador, ra [restaura'ðor, ra] *m,f* 1. *(de pintura, escultura, etc)* restorer 2. *(en hostelería)* restaurateur

restaurante [restau'rante] *m* restaurant

restaurar [restau'rar] *vt* to restore

resto ['resto] *m* rest ● **restos** *mpl* 1. remains 2. *(de comida)* leftovers

restricción [restrik'θjon] *f* restriction

resucitar [resuθi'tar] ◇ *vt (persona)* to bring back to life ◇ *vi* to rise from the dead

resuelto, ta [re'swelto, ta] ◇ *pp* ➣ **resolver** ◇ *adj (decidido)* determined

resultado [resul'taðo] *m* result

resultar [resul'tar] *vi* 1. *(acabar en)* to turn out to be 2. *(tener éxito)* to work out 3. *(ser)* to be ● **resultar de** *v + prep* to result from

resumen [re'sumen] *m* summary

resumir [resu'mir] *vt* to summarize

retablo [re'taβlo] *m* altarpiece

retal [re'tal] *m* remnant

retención [reten'θjon] *f* 1. *(de tráfico)* hold-up 2. *(de líquidos, grasas)* retention

retirado, da [reti'raðo, ða] *adj* 1. *(apartado)* secluded 2. *(jubilado)* retired

retirar [reti'rar] *vt* 1. *(quitar, recoger)* to remove 2. *(carne, permiso, dinero, afirmación)* to withdraw ● **retirarse** *vp* to retire

reto ['reto] *m* challenge

retocar [reto'kar] *vt* 1. *(fotografía, pintura)* to touch up 2. *(trabajo)* to put the finishing touches to

retorcer [retor'θer] *vt* 1. *(brazo)* to twist 2. *(ropa)* to wring ● **retorcerse de** *v +*

prep 1. (dolor) to writhe in **2.** (risa) to double up with

retórica [re'torika] f rhetoric

retornable [retor'naβle] adj returnable

retorno [re'torno] m return

retransmisión [retranzmi'sjon] f **1.** broadcast **2.** (repetición) repeat

retransmitir [retranzmi'tir] vt **1.** to broadcast **2.** (repetir) to repeat

retrasado, da [retra'saðo, ða] adj **1.** (tren) delayed **2.** (trabajo) behind **3.** (reloj) slow **4.** (no actual) old-fashioned **5.** (persona) backward (UK), mentally handicapped

retrasar [retra'sar] vt **1.** (aplazar) to postpone **2.** (reloj) to put back **3.** (hacer más lento) to hold up ◇ **retrasarse** vp **1.** (tardar) to be late **2.** (reloj) to lose time **3.** (en el pago) to be behind

retraso [re'traso] m **1.** (de persona, tren, etc) delay **2.** (de reloj) slowness **3.** (de pueblo, cultura, etc) backwardness **4.** (deuda) arrears pl ● **con retraso** late ● **llevar retraso** to be late

retratar [retra'tar] vt **1.** (fotografiar) to photograph **2.** (dibujar, pintar) to do a portrait of **3.** (describir) to portray

retrato [re'trato] m **1.** (fotografía) photograph **2.** (dibujo, pintura) portrait **3.** (descripción) portrayal **4.** (imagen parecida) spitting image

retrete [re'trete] m toilet (UK), bathroom (US)

retroceder [retroθe'ðer] vi to go back

retrospectivo, va [retrospek'tiβo, βa] adj retrospective

retrovisor [retroβi'sor] m rear-view mirror

reuma ['reuma] m o f rheumatism

reunión [reu'njon] f meeting

reunir [reu'nir] vt **1.** (personas) to bring together **2.** (dinero, fondos) to raise **3.** (condiciones) to meet ◆ **reunirse** vp to meet

revancha [re'βantʃa] f revenge

revelado [reβe'laðo] m developing ● **revelado en color/blanco y negro** colour/black and white developing

revelar [reβe'lar] vt **1.** (secreto, noticia, etc) to reveal **2.** (fotografía) to develop

reventar [reβen'tar] ◇ vt **1.** (romper) to burst **2.** (fam) (fastidiar) to bug ◇ vi **1.** (cansar) to get exhausted **2.** (bomba) to explode **3.** (globo) to burst **4.** (fam) (morir) to kick the bucket ◆ **reventarse** vp (romperse) to burst

reventón [reβen'ton] m puncture

reverencia [reβe'renθja] f (inclinación) bow

reversa [re'βersa] f (Col & Méx) reverse

reversible [reβer'siβle] adj reversible

reverso [re'βerso] m back

revés [re'βes] m **1.** (de moneda, folio, etc) back **2.** (con raqueta) backhand **3.** (con mano) slap **4.** (desgracia) setback ● **al revés** (en orden contrario) the other way round; (en mal orden) the wrong way round; (al contrario) on the contrary

revestimiento [reβesti'mjento] m (de pintura) coat

revisar [reβi'sar] vt **1.** (corregir) to revise **2.** (coche) to service **3.** (Amér) (paciente) to examine

revisión [reβi'sjon] f **1.** (repaso) revision **2.** (arreglo) amendment

revisor, ra [reβi'sor, ra] m,f **1.** (en tren)

ticket inspector **2.** *(en autobús)* conductor

revista [re'βista] *f* **1.** *(publicación)* magazine **2.** *(espectáculo)* revue **3.** *(inspección)* inspection

revistero [reβis'tero] *m* magazine rack

revolcarse [reβol'karse] *vp* to roll about

revoltillo [reβol'tiʎo] *m* **1.** *(confusión)* jumble **2.** *(guiso)* scrambled egg, usually with fried prawns and mushrooms

revoltoso, sa [reβol'toso, sa] *adj* **1.** *(travieso)* naughty **2.** *(rebelde)* rebellious

revolución [reβolu'θion] *f* revolution

revolucionario, ria [reβoluθio'narjo, rja] *m,f* revolutionary

revolver [reβol'βer] *vt* **1.** *(mezclar)* to mix **2.** *(desordenar)* to mess up **3.** *(líquido)* to stir

revólver [re'βolβer] *m* revolver

revuelta [re'βwelta] *f* *(rebelión)* revolt

revuelto, ta [re'βwelto, ta] ◇ *pp* > revolver ◇ *adj* **1.** *(desordenado)* in a mess **2.** *(turbio)* cloudy **3.** *(tiempo)* unsettled **4.** *(mar)* choppy **5.** *(alborotado)* turbulent ◇ *m* scrambled eggs *pl*

rey ['rei] *m* king • **los Reyes Magos** the Three Wise Men • **Reyes** *m (fiesta)* Epiphany *6 January when Spanish children traditionally receive presents*

procession on the night of 5 January, where the Three Kings arrive in the town mounted on camels. Good children find presents in their shoes the following morning, but if they have been bad all they get is a lump of coal.

rezar [re'θar] ◇ *vt* to say ◇ *vi* to pray

rezo ['reθo] *m* prayer

ría ['ria] *f* estuary

riachuelo [ria'tʃwelo] *m* stream

riada [ri'aða] *f* flood

ribera [ri'βera] *f* **1.** *(del río)* bank **2.** *(del mar)* shore **3.** *(terreno)* plain *(irrigated by a river)*

ribete [ri'βete] *m* **1.** *(de vestido, zapato, etc)* edging **2.** *(añadido)* touch

rico, ca ['riko, ka] *adj* **1.** rich **2.** *(sabroso)* tasty **3.** *(fam) (simpático)* cute **4.** *(Amér) (día, casa, danza, etc)* wonderful

ridículo, la [ri'ðikulo, la] ◇ *adj* **1.** *(cómico)* ridiculous **2.** *(escaso)* laughable ◇ *m* • **hacer el ridículo** to make a fool of o.s.

riego ['rjeɣo] *m* irrigation

rienda ['rjenda] *f* rein

riesgo ['rjesɣo] *m* risk • **a todo riesgo** comprehensive

riesgoso, sa ['rjesɣoso, sa] *adj (Amér)* risky

rifar [ri'far] *vt* to raffle

rigidez [rixi'ðeθ] *f* **1.** *(de palo, tela, etc)* stiffness **2.** *(de carácter)* inflexibility **3.** *(de norma, regla)* strictness

rígido, da ['rixiðo, ða] *adj* **1.** *(palo, tela, etc)* stiff **2.** *(carácter, persona)* inflexible **3.** *(norma, regla)* strict

rigor [ri'ɣor] *m* **1.** *(exactitud)* accuracy **2.** *(severidad)* strictness **3.** *(del clima)* harshness ● **de rigor** essential

riguroso, sa [riɣu'roso, sa] *adj* **1.** *(exacto)* rigorous **2.** *(severo, normas, leyes, etc)* strict **3.** *(frío, calor)* harsh

rima ['rima] *f* rhyme

rímel ['rimel] *m* mascara

rincón [rin'kon] *m* corner

ring ['rin] *m* (boxing) ring

rinoceronte [rinoθe'ronte] *m* rhinoceros

riña ['riŋa] *f* **1.** *(discusión)* fight **2.** *(pelea)* fight

riñón [ri'ɲon] *m* kidney ◆ **riñones** *mpl* *(parte del cuerpo)* lower back *sg* ● **riñones al jerez** kidneys cooked in sherry

riñonera [riɲo'nera] *f* bum bag (UK), fanny pack (US)

río ['rio] *m* river

rioja [ri'oxa] *m* Rioja (wine)

RIP ['rip] *(abrev de requiescat in pace)* RIP

riqueza [ri'keθa] *f* **1.** *(fortuna)* wealth **2.** *(cualidad)* richness

risa ['risa] *f* laughter

ristra ['ristra] *f* string

ritmo ['riðmo] *m* **1.** *(armonía)* rhythm **2.** *(velocidad)* pace

rito ['rito] *m* **1.** rite **2.** *(costumbre)* ritual

ritual [ritu'al] *m* ritual

rival [ri'βal] *mf* rival

rizado, da [ri'θaðo, ða] *adj* **1.** *(pelo)* curly **2.** *(papel, tela, etc)* curly **3.** *(mar)* choppy

rizo ['riθo] *m* (de pelo) curl

RNE *(abr de Radio Nacional de España)* Spanish national radio station

robar [ro'βar] *vt* **1.** *(quitar)* to steal **2.**
(casa) to burgle **3.** *(cobrar demasiado)* to rob **4.** *(en naipes, dominó)* to draw

roble ['roβle] *m* oak

robo ['roβo] *m* **1.** robbery **2.** *(en casa)* burglary **3.** *(estafa)* rip-off ● **es un robo** it's daylight robbery

robot [ro'βot] *m* *(de cocina)* food processor

robusto, ta [ro'βusto, ta] *adj* robust

roca ['roka] *f* rock

roce ['roθe] *m* **1.** *(acción)* rub **2.** *(más suave)* brush **3.** *(desgaste)* wear **4.** *(trato)* close contact **5.** *(desavenencia)* brush

rociar [roθi'ar] *vt* **1.** *(mojar)* to sprinkle **2.** *(con spray)* to spray

rocío [ro'θio] *m* dew

rock ['rok] *m* rock

rocoso, sa [ro'koso, sa] *adj* rocky

rodaballo [roða'βaʎo] *m* turbot

rodaje [ro'ðaxe] *m* **1.** *(de película)* shooting **2.** *(de vehículo)* running-in

rodar [ro'ðar] ◇ *vt* **1.** *(película)* to shoot **2.** *(vehículo)* to run in ◇ *vi* **1.** *(bola, pelota, etc)* to roll **2.** *(coche)* to go, to travel **3.** *(caerse)* to tumble **4.** *(deambular)* to wander

rodeado, da [roðe'aðo, ða] *adj* surrounded **2.** *(de vehículo)* running-in ● **rodeado de** surrounded by

rodear [roðe'ar] *vt* **1.** *(cercar)* to surround **2.** *(dar la vuelta a)* to go around ◆ **rodearse de** *v + prep* to surround o.s. with

rodeo [ro'ðeo] *m* **1.** *(camino largo, vuelta)* detour **2.** *(al hablar)* evasiveness **3.** *(espectáculo)* rodeo ● **dar rodeos** to beat about the bush

rodilla [ro'ðiʎa] *f* knee ● **de rodillas** on one's knees

rodillo [ro'ðiλo] *m* **1.** (de máquina) roller **2.** (utensilio) rolling pin

roedor [roe'ðor] *m* rodent

roer [ro'er] *vt* **1.** (raspar, atormentar) to gnaw (at) **2.** (desgastar) to eat away (at)

rogar [ro'yar] *vt* (pedir) to ask

rojo, ja ['roxo, xa] *adj, m & f* red

rollito [ro'λito] *m* ◆ **rollito de primavera** spring roll

rollo ['roλo] *m* **1.** (cilindro) roll **2.** (película fotográfica) (roll of) film **3.** (fam) (persona, cosa, actividad aburrida) bore

romana [ro'mana] *f* ◆ **a la romana** fried in batter

románico, ca [ro'maniko, ka] ◇ *adj* **1.** (lengua) Romance **2.** (en arte) Romanesque ◇ *m* Romanesque

romano, na [ro'mano, na] *adj* Roman

romántico, ca [ro'mantiko, ka] *adj* **1.** (sentimental) romantic **2.** (en arte) Romantic

rombo ['rombo] *m* (símbolo) lozenge (UK), rhombus

romería [rome'ria] *f* (fiesta) popular religious festival combining a religious ceremony and dancing, eating etc

romero [ro'mero] *m* (planta) rosemary

romo, ma ['romo, ma] *adj* blunt

rompecabezas [,rompeka'βeθas] *m inv* **1.** (juego) jigsaw **2.** (asunto complicado) puzzle

rompedor, ra *adj* groundbreaking

rompeolas [rompe'olas] *m inv* breakwater

romper [rom'per] ◇ *vt* **1.** to break **2.** (rasgar) to tear **3.** (hacer añicos) to smash **4.** (terminar) to break off ◇ *vi* (olas, día) to break ● **romper con alguien** to split

up with sb ● **romper a hacer algo** to suddenly start doing sthg ◆ **romperse** *vp* **1.** (partirse) to break **2.** (desgarrarse) to tear

ron ['ron] *m* rum

roncar [ron'kar] *vi* **1.** (persona) to snore

ronco, ca ['ronko, ka] *adj* hoarse

ronda ['ronda] *f* **3.** (vigilancia) rounds *p* **4.** (fam) (de copas, tapas) round **5.** (de circunvalación) ring road

ronquido [ron'kiðo] *m* **1.** (de persona) snore

ronronear [ronrone'ar] *vi* to purr

ronroneo [ronro'neo] *m* purr

ropa ['ropa] *f* clothes *pl* ● **ropa interio** underwear ● **ropa íntima** underwear

roquefort [roke'fort] *m* Roquefort ● a roquefort in a Roquefort sauce

rosa ['rosa] ◇ *f* rose ◇ *adj inv* pink ● **rosa de los vientos** compass

rosado, da [ro'saðo, ða] ◇ *adj* pink ◇ *m* rosé

rosal [ro'sal] *m* rose(bush)

rosario [ro'sarjo] *m* rosary

roscón [ros'kon] *m* ◆ **roscón (de reyes** ring-shaped cake eaten on 6 January

rosetón [rose'ton] *m* rose window

rosquilla [ros'kiλa] *f* round biscuit with a hole in the middle

rostro ['rostro] *m* face

roto, ta ['roto, ta] ◇ *pp* ➤ **romper** ◇ *ad* broken ◇ *m* (en ropa) tear

rotonda [ro'tonda] *f* **1.** (en carretera) roundabout (UK), traffic circle (US) **2.** (plaza) circus **3.** (edificio) rotunda

rotulador [rotula'ðor] *m* **1.** (para dibujar) felt-tip pen **2.** (para marcar) marke (pen)

rótulo ['rotulo] *m (letrero)* sign
rotundo, da [ro'tundo, da] *adj (respuesta, negación)* emphatic
rozar [ro'θar] *vt* **1.** *(frotar)* to rub **2.** *(tocar)* to brush (against) ◆ **rozarse** *vp (desgastarse)* to get worn
r.p.m. *(abr de revoluciones por minuto)* rpm *(revolutions per minute)*
Rte. *abrev* = **remitente**
RTVE ['erte'uβe'e] *f Spanish state broadcasting company*
rubí [ru'βi] *m* ruby
rubio, bia ['ruβjo, βja] *adj* blond (*f* blonde)
rubor [ru'βor] *m* **1.** *(enrojecimiento)* blush **2.** *(vergüenza)* embarrassment
ruborizarse [ruβori'θarse] *vp* to blush
rudimentario, ria [ruðimen'tarjo, rja] *adj* rudimentary
rudo, da ['ruðo, ða] *adj* **1.** rough **2.** *(descortés)* rude
rueda ['rweða] *f* **1.** *(pieza)* wheel **2.** *(corro)* circle ● **rueda de prensa** press conference ● **rueda de repuesto** o **de recambio** spare wheel
ruedo ['rweðo] *m* **1.** *(plaza de toros)* bullring **2.** *(de falda)* hem
ruego ['rweyo] *m* request
rugby ['ruyβi] *m* rugby
rugido [ru'xiðo] *m* roar
rugir [ru'xir] *vi* to roar
rugoso, sa [ru'yoso, sa] *adj* **1.** *(áspero)* rough **2.** *(con arrugas)* wrinkled
ruido ['rwiðo] *m* **1.** *(sonido desagradable)* noise **2.** *(sonido cualquiera)* sound
ruidoso, sa [rwi'ðoso, sa] *adj* noisy
ruin ['rwin] *adj* mean
ruina ['rwina] *f* ruin ◆ **ruinas** *fpl* ruins

ruinoso, sa [rwi'noso, sa] *adj* **1.** *(edificio, puente)* tumbledown **2.** *(negocio, trabajo)* ruinous
ruiseñor [rwise'nor] *m* nightingale
ruleta [ru'leta] *f* roulette
rulo ['rulo] *m* **1.** *(rizo)* curl **2.** *(objeto)* curler
ruma ['ruma] *f (Andes)* pile
rumba ['rumba] *f* rumba
rumbo ['rumbo] *m (dirección)* direction ● **(con) rumbo a** heading for
rumiante [ru'mjante] *m* ruminant
rumiar [ru'mjar] *vt* **1.** *(masticar)* to chew **2.** *(fig) (reflexionar)* to chew over
rumor [ru'mor] *m* **1.** *(chisme)* rumour **2.** *(ruido)* murmur
ruptura [rup'tura] *f (de relaciones)* breaking-off
rural [ru'ral] *adj* rural
Rusia ['rusja] *s* Russia
ruso, sa ['ruso, sa] *adj, m & f* Russian
ruta ['ruta] *f* route
rutina [ru'tina] *f* routine

s [se'yundo] *(abr de* **segundo)** sec. *(second)*
S *(abr de* **San)** St. *(Saint)* *(abr de* **Sur)** S *(South)*
SA ['ese'a] *f (abr de* **sociedad anónima)** ≃ Ltd *(UK) (Limited)*, ≃ PLC *(UK) (Public Limited Company)*, ≃ Inc *(US) (Incorporated)*

sábado ['saβaðo] *m* Saturday ● **cada sábado, todos los sábados** every Saturday ● **caer en sábado** to be on a Saturday ● **el próximo sábado, el sábado que viene** next Saturday ● **viene el sábado** she's coming on Saturday ● **el sábado pasado** last Saturday ● **el sábado por la mañana/tarde/noche** (on) Saturday morning/afternoon/night ● **este sábado** *(pasado)* last Saturday; *(próximo)* this (coming) Saturday ● **los sábados** (on) Saturdays

sábana [saβana] *f* sheet

sabañón [saβaˈɲon] *m* chilblain

saber [saˈβer] ◇ *m* knowledge ◇ *vt* **1.** *(conocer)* to know **2.** *(entender de)* to know about **3.** *(poder hablar)* to speak ◇ *vi* ● **saber hacer algo** *(ser capaz de)* to know how to do sthg, to be able to do sthg; *(Amér)* *(soler)* to usually do sthg ● **¿sabes algo de él?** have you heard from him? ● **saber bien/mal** *(alimento, bebida)* to taste good/bad ● **saber mal a alguien** to upset sb ● **saber a** *v + prep* to taste of

sabiduría [saβiðuˈria] *f* **1.** *(prudencia)* wisdom **2.** *(conocimiento profundo)* knowledge

sabio, bia [saˈβio, βia] ◇ *adj* **1.** *(prudente)* wise **2.** *(con conocimientos profundos)* knowledgeable ◇ *m,f* **1.** *(persona prudente)* wise person **2.** *(persona sabia)* knowledgeable person

sable ['saβle] *m* sabre

sabor [saˈβor] *m* **1.** *(gusto)* taste **2.** *(variedad)* flavour ● **tener sabor a** to taste of ● **helado con sabor a fresa** strawberry-flavoured ice cream

saborear [saβoreˈar] *vt* to savour

sabotaje [saβoˈtaxe] *m* sabotage

sabroso, sa [saˈβroso, sa] *adj* **1.** *(comida)* tasty **2.** *(comentario, noticia, etc)* juicy **3.** *(cantidad)* substantial

sacacorchos [sakaˈkortʒos] *m inv* corkscrew

sacapuntas [sakaˈpuntas] *m inv* pencil sharpener

sacar [saˈkar] ◇ *vt* **1.** *(extraer, llevar)* to take out **2.** *(quitar)* to remove **3.** *(salvar, información)* to get out **4.** *(conseguir, obtener)* to get **5.** *(en el juego)* to play **6.** *(ensanchar)* to let out **7.** *(pecho, barriga)* to stick out **8.** *(crear, fabricar)* to bring out **9.** *(copia)* to make ◇ *vi* (en tenis) to serve ● **sacar billetes o entradas** to get tickets ● **sacar brillo** to polish ● **sacar dinero** to withdraw money ● **sacar fotos** to take photos ● **sacar la lengua** to stick one's tongue out ● **sacar nota** to get a good mark ● **sacar buenas/malas notas** to get good/bad marks ● **sacan tres puntos a sus rivales** they are three points ahead of their rivals ● **sacarse** *vp (carné, permiso)* to get

sacarina [sakaˈrina] *f* saccharine

sacerdote [saθerˈðote] *m* priest

saciar [saˈθiar] *vt* **1.** to satisfy **2.** *(sed)* to quench

saco ['sako] *m* **1.** sack, bag **2.** *(Amér)* *(chaqueta)* jacket ● **saco de dormir** sleeping bag

sacramento [sakraˈmento] *m* sacrament

sacrificar [sakrifiˈkar] *vt* **1.** *(renunciar a)* to sacrifice **2.** *(animal)* to slaughter ●

sacrificarse *vp* ● **sacrificarse por to** make sacrifices for

sacrificio [sakri'fiθjo] *m* **1.** sacrifice **2.** *(de animal)* slaughter

sacristán [sakris'tan] *m* sacristan

sacudida [saku'ðiða] *f* **1.** *(movimiento brusco)* shake **2.** *(de vehículo)* bump **3.** *(terremoto)* tremor

sacudir [saku'ðir] ◇ *vt* **1.** *(agitar)* to shake **2.** *(alfombra, sábana)* to shake out **3.** *(pegar)* to hit ◇ *vi* *(CSur & Méx)* *(limpiar)* to dust

safari [sa'fari] *m* **1.** *(expedición)* safari **2.** *(parque zoológico)* safari park

Sagitario [saxi'tarjo] *m* Sagittarius

sagrado, da [sa'ɣraðo, ða] *adj* sacred

sal ['sal] *f* **1.** *(condimento)* salt **2.** *(fig)* *(gracia)* wit ● **sales** *fpl* **1.** *(de baño)* bath salts **2.** *(para reanimar)* smelling salts

sala ['sala] *f* **1.** *(habitación)* room **2.** *(de hospital)* ward **3.** *(de cine)* screen, cinema (UK) **4.** *(tribunal)* court ● **sala de embarque** departure lounge ● **sala de espera** waiting room ● **sala de estar** living room ● **sala de fiestas** disco-thèque ● **sala de juegos** casino

salado, da [sa'laðo, ða] *adj* **1.** *(comida)* salty **2.** *(persona)* funny **3.** *(Amér)* *(pessoa)* jinxed

salamandra [sala'mandra] *f* salamander

salar [sa'lar] *vt* **1.** *(comida)* to add salt to **2.** *(para conservar)* to salt

salario [sa'larjo] *m* salary

salchicha [sal'tʃitʃa] *f* sausage

salchichón [saltʃi'tʃon] *m* ≃ salami

saldo ['saldo] *m* **1.** *(de cuenta)* balance **2.** *(pago)* payment **3.** *(mercancía)* remnant

salero [sa'lero] *m* **1.** *(recipiente)* salt cellar (UK), salt shaker (US) **2.** *(gracia)* wit

salida [sa'liða] *f* **1.** *(de lugar)* exit **2.** *(de tren, avión, autobús)* departure **3.** *(excursión)* outing **4.** *(ocurrencia)* witty remark **5.** *(recurso)* way out **6.** *(de productos)* market ● **salida de incendios** fire escape ● **salida de socorro** o **emergencia** emergency exit ● **salidas internacionales** international departures ▼ **salida sin compra** *sign in supermarkets etc indicating exit for people who have not bought anything*

salina [sa'lina] *f* saltmine ◆ **salinas** *fpl* saltworks *sg*

salir [sa'lir] *vi* **1.** *(ir fuera)* to go out; *(venir fuera)* to come out ● **salió a la calle** he went outside ● **¡sal aquí fuera!** come out here! ● **salir de** to leave **2.** *(marcharse)* to leave ● **el tren sale muy temprano** the train leaves very early ● **él ha salido para Madrid** he's left for Madrid **3.** *(ser novios)* to go out ● **Juan y María salen juntos** Juan and María are going out together **4.** *(separarse)* to come off ● **el anillo no le sale del dedo** the ring won't come off her finger **5.** *(resultar)* to turn out ● **ha salido muy estudioso** he has turned out to be very studious ● **ha salido perjudicado** he came off badly ● **salir bien/mal** to turn out well/badly ● **mi número ha salido premiado** my ticket won a prize **6.** *(resolverse)* ● **este problema no me sale** I can't solve this problem **7.** *(proceder)* ● **salir de** to come from **8.** *(surgir)* to come out ● **ha**

salido el sol (al amanecer) the sun has come up **9.** (aparecer) to appear; (publicación, producto, disco) to come out ● **¡qué bien sales en la foto!** you look great in the photo! ● **en la película sale tu actor favorito** your favourite actor is in the film **10.** (costar) ● **la comida le ha salido por sesenta euros** the meal worked out at sixty euros **11.** (sobresalir) to stick out **12.** (librarse) to get out of **13.** (en locuciones) ● **salir adelante** (persona, empresa) to get by; (proyecto, propuesta) to be successful ◆ **salirse** vp (marcharse) to leave; (rebosar) to overflow ● **salirse de** (desviarse) to come off; (fig) (escaparse) to deviate from

saliva [sa'liβa] f saliva

salmón [sal'mon] m salmon ● **salmón ahumado** smoked salmon ● **salmón fresco** fresh salmon

salmonete [salmo'nete] m red mullet

salón [sa'lon] m **1.** (de casa) living room **2.** (de edificio público) hall **3.** (muebles) lounge suite **4.** (exposición) show ● **salón del automóvil** motor show ● **salón de belleza** beauty parlour ● **salón recreativo** arcade

salpicadera [salpika'ðera] f (Méx) mudguard (UK), fender (US)

salpicadero [salpika'ðero] m dashboard

salpicar [salpi'kar] ◇ vt to splash ◇ vi (aceite) to spit

salpicón [salpi'kon] m ● **salpicón de marisco** cold dish of chopped seafood with pepper, salt, oil, vinegar and onion

salpimentar [salpimen'tar] vt to season

salsa ['salsa] f **1.** (para comidas) sauce **2.**

(de carne) gravy **3.** (gracia) spice **4.** (baile, música) salsa ● **salsa bechamel** bechamel sauce ● **salsa rosa** thousand island dressing ● **salsa de tomate** tomato sauce ● **salsa verde** sauce made with mayonnaise, parsley, capers and gherkins

salsera [sal'sera] f gravy boat

saltamontes [salta'montes] m inv grasshopper

saltar [sal'tar] ◇ vi **1.** to jump **2.** (tapón, corcho) to pop out **3.** (levantarse) to jump (up) **4.** (botón, pintura) to come off **5.** (enfadarse) to flare up **6.** (explotar) to explode ◇ vt to jump over ◆ **saltarse** vp **1.** (omitir) to miss out **2.** (cola, semáforo) to jump **3.** (ley, norma) to break

salteado, da [salte'aðo, ða] adj **1.** (discontinuo) unevenly spaced **2.** (frito) sautéed

saltear [salte'ar] vt (freír) to sauté

salto ['salto] m **1.** jump **2.** (en el tiempo, omisión) gap ● **salto de agua** waterfall ● **salto de altura** high jump ● **salto de cama** negligee ● **salto de longitud** long jump

salud [sa'luð] f health ● **tener buena/mala salud** to be healthy/in poor health ● **estar bien/mal de salud** to be healthy/in poor health ● **¡(a su) salud!** cheers!

saludable [salu'ðaβle] adj **1.** healthy **2.** (provechoso) beneficial

saludar [salu'ðar] vt to greet ◆ **saludarse** vp to greet each other

saludo [sa'luðo] m greeting ● **saludos** mpl (recuerdos) regards

salvación [salβa'θjon] f (rescate) rescue

Salvador [salβa'ðor] *m* ● **El Salvador** El Salvador

salvadoreño, ña [salβaðo'reɲo, ɲa] *adj & m.f* Salvadoran

salvaje [sal'βaxe] *adj* wild

salvamanteles [ˌsalβaman'teles] *m inv* tablemat

salvar [sal'βar] *vt* **1.** to save **2.** *(rescatar)* to rescue **3.** *(obstáculo)* to go round **4.** *(peligro, dificultad)* to get through **5.** *(distancia, espacio)* to cover ● **salvarse** *vp* to escape

salvaslip [salβaz'lip] *m* *(Esp)* panty liner

salvavidas [salβa'βiðas] *m inv* **1.** *(chaleco)* lifejacket *(UK)*, lifesaver *(US)* **2.** *(cinturón)* lifebelt

salvo [ˈsalβo] *adv* except ● **a salvo** safe

san [san] *adj* ➤ **santo**

sanatorio [sana'torjo] *m* sanatorium

sanción [san'θjon] *f* *(castigo)* punishment

sancochar [sanko'tʃar] *vt* *(Amér)* to stew

sandalia [san'dalja] *f* sandal

sandía [san'dia] *f* watermelon

sandwich [ˈsanwitʃ] *m* toasted *(UK)* o grilled *(US)* sandwich

sanfermines [sanfer'mines] *mpl* Pamplona bullfighting festival

---

sanfermines

Pamplona is famous for its *sanfermines* festival, held between 6 and 14 July in honour of the town's patron saint. The daily bullfights are preceded by the running of the bulls, where six bulls are released from the bullpen and members of the public run in front of them through the streets for about three minutes over an 800-metre course. Injuries are common and fatalities by no means unknown.

---

sangrar [san'grar] ◇ *vi* to bleed ◇ *vt* *(línea, párrafo)* to indent

sangre [ˈsangre] *f* *(líquido)* blood ● **sangre azul** blue blood ● **sangre fría** sangfroid

sangría [san'gria] *f* sangria

sangriento, ta [san'grjento, ta] *adj* bloody

sanidad [sani'ðað] *f* **1.** *(servicios de salud)* (public) health **2.** *(higiene)* health

sanitario, ria [sani'tarjo, rja] ◇ *adj* health *(antes de s)* ◇ *m.f* health worker ● **sanitarios** *mpl* *(instalaciones)* bathroom fittings

sano, na [ˈsano, na] *adj* **1.** healthy **2.** *(sin daño)* undamaged ● **sano y salvo** safe and sound

santiguarse [santi'ɣwarse] *vp* to make the sign of the Cross

santo, ta [ˈsanto, ta] ◇ *adj* holy ◇ *m.f* saint ◇ *m* *(festividad)* saint's day

---

santo

In Spain, each day in the year commemorates a particular saint. People with the same name as the saint, especially the more common ones such as Juan, José, Pedro, Jorge and María, celebrate their saint's day by buying drinks for their friends and family. In return, they receive small gifts.

santuario [santu'arjo] *m* shrine

sapo ['sapo] *m* toad

saque ['sake] *m (en tenis)* serve

saquear [sake'ar] *vt* **1.** *(tienda)* to loot **2.** *(vaciar)* to ransack

sarampión [sarampi'on] *m* measles

sarcástico, ca [sar'kastiko, ka] *adj* sarcastic

sardana [sar'ðana] *f* popular Catalan dance

sardina [sar'ðina] *f* sardine ● **sardinas a la plancha** grilled sardines

sargento [sar'xento] *m* sergeant

sarna ['sarna] *f (de persona)* scabies

sarpullido [sarpu'ʎiðo] *m* rash

sarro ['saro] *m (de dientes)* tartar

sartén [sar'ten] *f* frying pan

sastre ['sastre] *m* tailor

sastrería [sastre'ria] *f* **1.** *(tienda)* tailor's (shop) **2.** *(oficio)* tailoring

satélite [sa'telite] *m* satellite

sátira ['satira] *f* satire

satírico, ca [sa'tiriko, ka] *adj* satirical

satisfacción [satisfak'θjon] *f* satisfaction

satisfacer [satisfa'θer] *vt* **1.** to satisfy **2.** *(deuda)* to pay **3.** *(duda, pregunta, dificultad)* to deal with

satisfecho, cha [satis'fetʒo, tʒa] ◇ *pp* ➤ **satisfacer** ◇ *adj* satisfied

sauce ['sauθe] *m* willow

sauna ['sauna] *f* sauna

saxofón [sakso'fon] *m* saxophone

sazonar [saθo'nar] *vt* to season

se [se] *pron* **1.** *(reflexivo)* himself (f herself), themselves *pl*; *(usted mismo)* yourself, yourselves *pl*; *(de cosas, animales)* itself, themselves *pl* ● **se lavó los dientes** she cleaned her teeth **2.** *(recíproco)* each other ● **se aman** they love each other ● **se escriben** they write to each other **3.** *(en construcción pasiva)* ● **se ha suspendido la reunión** the meeting has been cancelled **4.** *(en construcción impersonal)* ▼ **se habla inglés** English spoken ● **se prohíbe fumar** no smoking ● **se dice que** it is said that **5.** *(complemento indirecto)* to him (f to her), to them *pl*; *(usted, ustedes)* to you; *(de cosa, animal)* to it, to them *pl* ● **yo se lo daré** I'll give it to him/her/*etc*

secador [seka'ðor] *m* dryer ● **secador de pelo** hairdryer

secadora [seka'ðora] *f* (tumble) dryer

secano [se'kano] *m* dry land

secar [se'kar] *vt* **1.** to dry **2.** *(sudor, sangre)* to wipe away ◆ **secarse** *vp* **1.** *(río, fuente)* to dry up **2.** *(planta, árbol)* to wilt **3.** *(ropa, cabello, superficie)* to dry

sección [sek'θjon] *f* **1.** section **2.** *(de empresa, oficina)* department

seco, ca [seko, ka] *adj* **1.** dry **2.** *(planta, árbol)* wilted **3.** *(delgado)* lean **4.** *(ruido, sonido)* dull **5.** *(brusco)* brusque ● **a secas** just, simply ● **parar en seco** to stop dead

secretaría [sekreta'ria] *f* **1.** *(oficina)* secretary's office **2.** *(cargo)* post of secretary

secretariado [sekreta'rjaðo] *m* **1.** *(estudios)* secretarial studies *pl* **2.** *(profesión)* secretaries *pl*

secretario, ria [sekre'tarjo, rja] *m,f* **1.** secretary **2.** *(de ministerio)* Secretary of State

secreto, ta [se'kreto, ta] ◇ *adj* secret ◇ *m* **1.** secret **2.** *(reserva)* secrecy ● **en secreto** in secret

secta ['sekta] *f* sect

sector [sek'tor] *m* sector

secuestrador, ra [sekuestra'ðor, ra] *m,f* **1.** *(de persona)* kidnapper **2.** *(de avión)* hijacker

secuestrar [sekues'trar] *vt* **1.** *(persona)* to kidnap **2.** *(avión)* to hijack

secuestro [se'kuestro] *m* **1.** *(de persona)* kidnap **2.** *(de avión)* hijacking

secundario, ria [sekun'darjo, rja] *adj* secondary

sed ['seð] ◇ *v* ➣ **ser** ◇ *f* thirst ● **correr me da sed** running makes me thirsty ● **tener sed** to be thirsty

seda ['seða] *f* silk

sedante [se'ðante] *m* sedative

sede ['seðe] *f* headquarters *pl*

sedentario, ria [seðen'tarjo, rja] *adj* sedentary

sediento, ta [se'ðjento, ta] *adj* thirsty

seductor, ra [seðuk'tor, ra] *adj* **1.** *(persona)* seductive **2.** *(oferta, libro)* enticing

segador, ra [seɣa'ðor, ra] *m,f* harvester

segadora [seɣa'ðora] *f* *(máquina)* reaping machine ➣ **segador**

segar [se'ɣar] *vt* **1.** *(hierba)* to mow **2.** *(cereal)* to reap

segmento [seɣ'mento] *m* segment

seguido, da [se'ɣiðo, ða] *adj* **1.** *(continuo)* continuous **2.** *(consecutivo)* consecutive ◇ *adv* **1.** *(en línea recta)* straight on **2.** *(Amér)* *(muitas vezes)* often **3.** ● **dos años seguidos** two years in a row ● **en seguida** straight away ● **todo seguido** straight ahead

seguir [se'ɣir] ◇ *vt* **1.** to follow **2.** *(perseguir)* to chase **3.** *(reanudar)* to continue ◇ *vi* to continue ● **seguir a algo** to follow sthg ● **sigue nevando** it's still snowing

según [se'ɣun] ◇ *prep* **1.** *(de acuerdo con)* according to **2.** *(dependiendo de)* depending on ◇ *adv* as ● **según yo/tú** in my/your opinion

segunda [se'ɣunda] *f* *(velocidad)* second (gear) ➣ **segundo**

segundero [seɣun'dero] *m* second hand

segundo, da [se'ɣundo, da] ◇ *núm* second ◇ *m,f* second-in-command ◇ *m* *(de tiempo)* second ➣ **sexto**

seguramente [se,ɣu'armente] *adv* **1.** *(con seguridad)* for certain **2.** *(probablemente)* probably

seguridad [seɣuri'ðað] *f* **1.** *(falta de peligro)* safety **2.** *(protección)* security **3.** *(certidumbre)* certainty **4.** *(confianza)* confidence ● **Seguridad Social** *f* Social Security

seguro, ra [se'ɣuro, ra] ◇ *adj* **1.** *(sin riesgo, peligro)* safe **2.** *(confiado)* sure **3.** *(infalible)* reliable **4.** *(amigo)* firm ◇ *adv* definitely ◇ *m* **1.** *(de coche, vida, casa)* insurance **2.** *(de arma, máquina)* safety catch **3.** *(CAm & Méx)* *(para ropa)* safety pin **4.** ● **estar seguro** *(sin temor)* to be safe; *(cierto, confiado)* to be sure ●

seguro Social *(Amér)* Social Security

seis ['seis] ◇ *adj inv* six ◇ *m* **1.** six **2.** *(día)* sixth ◇ *mpl* **1.** six **2.** *(temperatura)* six (degrees) ◇*fpl* ● **(son) las seis** (it's) six o'clock ● **el seis de agosto** the sixth of August ● **doscientos seis** two hundred and six ● **treinta y seis** thirty-six ● **de seis en seis** in sixes ● **los seis** the six of them ● **empataron a seis** they drew six-all ● **seis a cero** six-nil

seiscientos [sei̯s'θi̯entos] *núm* six hundred ≻ **seis**

selección [selek'θi̯on] *f* **1.** selection **2.** *(equipo nacional)* team

seleccionador, ra [selekθi̯ona'ðor, ra] *m,f* ≃ manager

seleccionar [selekθi̯o'nar] *vt* to pick

selectividad [selektiβi'ðað] *f (examen) Spanish university entrance examination*

selecto, ta [se'lekto, ta] *adj* fine, choice

selector [selek'tor] *m* selector

self-service [self'serβis] *m* self-service restaurant

sello ['seʎo] *m* **1.** *(de correos)* stamp **2.** *(tampón)* rubber stamp

selva ['selβa] *f* **1.** *(jungla)* jungle **2.** *(bosque)* forest

semáforo [se'maforo] *m* traffic lights *pl*

semana [se'mana] *f* week ◆ **Semana Santa** *f* **1.** Easter **2.** *RELIG* Holy Week

Semana Santa

Easter week in Spain and Latin America is marked by processions in which statues depicting scenes from the Passion of Christ are borne through the streets on people's shoulders. The processions are accompanied by penitents wearing long tunics and pointed hoods with cut-out holes for their eyes. The most famous processions are in Seville, Taxco (Mexico) and Lima (Peru).

semanal [sema'nal] *adj* **1.** *(que sucede cada semana)* weekly **2.** *(que dura una semana)* week-long

semanario [sema'nari̯o] *m* weekly (newspaper)

sembrar [sem'brar] *vt* to sow

semejante [seme'xante] ◇ *adj* **1.** *(parecido)* similar **2.** *(tal, uso despectivo)* such ◇ *m* fellow human being ● **semejante cosa** such a thing

semejanza [seme'xanθa] *f* similarity

semen ['semen] *m* semen

semestre [se'mestre] *m* six-month period

semidesnatado, da [semiðezna'taðo, ða] *adj* semi-skimmed (*UK*), low-fat (*US*)

semidirecto, ta [semiði'rekto, ta] *adj* ● **tren semidirecto** through train, *a section of which becomes a stopping train*

semifinal [semifi'nal] *f* semifinal

semilla [se'miʎa] *f* seed

sémola ['semola] *f* semolina

Senado [se'naðo] *m* ● **el Senado** the Senate

senador, ra [sena'ðor, ra] *m,f* senator

sencillo, lla [sen'θiʎo, ʎa] *adj* **1.** simple **2.** *(espontáneo)* unaffected **3.** *(Amér) (monedas)* small change

sendero [sen'dero] *m* track

seno ['seno] *m* **1.** *(pecho)* breast **2.** *(interior)* heart

sensación [sensa'θjon] f 1. sensation 2. *(premonición)* feeling

sensacional [sensaθjo'nal] adj sensational

sensacionalismo [sensaθjona'lizmo] m sensationalism

sensacionalista [sensaθjona'lista] adj sensationalist

sensato, ta [sen'sato, ta] adj sensible

sensibilidad [sensiβili'ðað] f 1. *(don)* feel 2. *(sentimentalismo, de aparato)* sensitivity 3. *(de los sentidos)* feeling

sensible [sen'siβle] adj sensitive

sensual [sen'sual] adj sensual

sentado, da [sen'taðo, ða] adj *(persona)* sensible • **dar por sentado** to take for granted

sentar [sen'tar] ◇ vt *(basar)* to base ◇ vi • **sentar bien/mal a alguien** *(comida, bebida)* to agree/disagree with sb; *(ropa, zapatos, joyas)* to suit/not to suit sb; *(dicho, hecho, broma)* to go down well/badly with sb • **sentarse** vp to sit (down)

sentencia [sen'tenθja] f 1. *(de juez, tribunal)* sentence 2. *(frase corta)* saying

sentenciar [senten'θjar] vt to sentence

sentido [sen'tiðo] m 1. sense 2. *(dirección)* direction 3. *(conocimiento)* consciousness • **sentido común** common sense

sentimental [sentimen'tal] adj sentimental

sentimiento [senti'mjento] m feeling • **le acompaño en el sentimiento** my deepest sympathy

sentir [sen'tir] ◇ m feeling ◇ vt 1. to feel 2. *(lamentar)* to be sorry about, to regret • **lo siento** I'm sorry • **sentirse** vp to feel • **sentirse bien/mal** *(de salud)* to feel well/ill; *(de ánimo)* to feel good/bad

seña ['seɲa] f 1. *(gesto)* sign 2. *(marca)* mark • **señas** fpl *(domicilio)* address sg • **señas personales** description sg

señal [se'ɲal] f 1. sign 2. *(aviso, orden)* signal 3. *(fianza)* deposit 4. *(cicatriz)* mark 5. *(de teléfono)* tone • **señal de tráfico** road sign

señalado, da [seɲa'laðo, ða] adj 1. *(fecha, día)* special 2. *(persona)* distinguished

señalar [seɲa'lar] vt 1. *(poner marca, herir)* to mark 2. *(con la mano, dedo)* to point out 3. *(lugar, precio, fecha)* to fix 4. *(nombrar)* to pick 5. *(ser indicio de)* to indicate

señor, ra [se'ɲor, ra] ◇ adj *(gran)* big ◇ m 1. *(hombre)* man 2. *(antes de nombre)* Mr 3. *(al dirigir la palabra)* Sir 4. *(dueño)* owner 5. *(caballero)* gentleman • **muy señor mío** Dear Sir

señora [se'ɲora] f 1. *(mujer, dama)* lady 2. *(antes de nombre)* Mrs 3. *(al dirigir la palabra)* Madam (UK), Ma'am (US) 4. *(esposa)* wife 5. *(dueña)* owner • **muy señora mía** Dear Madam

señorita [seɲo'rita] f 1. *(maestra)* teacher 2. *(mujer joven)* young woman 3. *(mujer soltera)* Miss

señorito, ta [seɲo'rito, ta] ◇ adj *(despec)* lordly ◇ m master

separación [separa'θjon] f 1. separation 2. *(espacio, distancia)* space

separado, da [sepa'raðo, ða] adj *(persona, matrimonio)* separated

separar [sepa'rar] *vt* **1.** to separate **2.** (silla, etc) to move away **3.** (reservar) to put aside ◆ **separarse** *vp* **1.** (persona) to leave **2.** (pareja) to separate

sepia ['sepja] *f* cuttlefish ● **sepia a la plancha** grilled cuttlefish

septentrional [septentrio'nal] *adj* northern

septiembre [sep'tjembre] *m* = setiembre

séptimo, ma ['septimo, ma] *núm* seventh ➤ **sexto**

sepulcro [se'pulkro] *m* tomb

sequía [se'kia] *f* drought

ser ['ser]
◇ *m* being
◇ *v aux* (forma la voz pasiva) to be
◇ *v cop* **1.** (descripción) to be **2.** (empleo, dedicación) to be **3.** ● **ser de** (materia) to be made of; (origen) to be from; (posesión) to belong to; (pertenencia) to be a member of
◇ *vi* **1.** (suceder, ocurrir) to be **2.** (haber, existir) to be **3.** (valer) to be **4.** (día, fecha, hora) to be **5.** (en locuciones) ● **a no ser que** unless ● **como sea** somehow or other ● **o sea** I mean
◇ *vi* (expresión de tiempo) to be ● **ser humano** human being ● **el atracador fue visto** the robber was seen ● **mi abrigo es lila** my coat is lilac ● **este señor es alto/gracioso** this man is tall/funny ● **ser como tu** to be like ● **su mujer es abogada** his wife is a lawyer ● **la final fue ayer** the final was yesterday ● **¿cuánto es? - son cinco euros** how much is it? - five euros, please ● **hoy es martes** it's Tuesday today ● **¿qué**

hora es? what time is it? ● **son las tres (de la tarde)** it's three o'clock (in the afternoon) ● **es de día/de noche** it's daytime/night ● **es muy tarde** it is very late
◆ **ser para** *v + prep* (servir para, adecuarse a) to be for

serenar [sere'nar] *vt* to calm ◆ **serenarse** *vp* **1.** (persona, ánimo) to calm down **2.** (mar) to become calm **3.** (tiempo) to clear up

serenidad [sereni'ðað] *f* calm

sereno, na [se'reno, na] *adj* **1.** calm **2.** (tiempo) fine

serie ['serje] *f* **1.** series **2.** (en deportes) heat

seriedad [serje'ðað] *f* **1.** seriousness **2.** (formalidad) responsible nature

serio, ria ['serjo, rja] *adj* **1.** serious **2.** (responsable) responsible **3.** (sin adornos) sober ● **en serio** seriously ● **ir en serio** to be serious ● **tomar en serio** to take seriously

sermón [ser'mon] *m* sermon

serpentina [serpen'tina] *f* streamer

serpiente [ser'pjente] *f* snake

serrar [se'rar] *vt* to sow

serrín [se'rin] *m* sawdust

serrucho [se'rut͡ʃo] *m* handsaw

servicio [ser'βiθjo] *m* **1.** service **2.** (retrete) toilet (UK), bathroom (US) ● **estar de servicio** to be on duty ● **servicio militar** military service ● **servicio público** public service ● **servicio de revelado rápido** ≃ developing in one hour ● **servicio urgente** express service ● **servicios mínimos** skeleton services *pl* ◆ **servicios** *mpl* (baño) toilets

(UK), restrooms (US)

servidumbre [serβi'ðumbre] _f_ **1.** (_criados_) servants _pl_ **2.** (_dependencia_) servitude

servilleta [serβi'ʎeta] _f_ serviette (UK), napkin (US)

servir [ser'βir] ◇ _vt_ **1.** (_bebida, comida_) to serve **2.** (_mercancía_) to supply **3.** (_ayudar_) to help ◇ _vi_ **1.** to serve **2.** (_ser útil_) to be useful • **no sirven** (_ropa, zapatos_) they're no good • **servir de algo** to serve as sthg • **¿en qué le puedo servir?** what can I do for you? • **servirse** _vp_ (_bebida, comida_) to help o.s. to ▼ **sírvase usted mismo** please help yourself • **servirse de** _v + prep_ to make use of

sesenta [se'senta] _núm_ sixty ➤ **seis**

sesión [se'sjon] _f_ **1.** session **2.** (_de cine_) showing **3.** (_de teatro_) performance • **sesión continua** continuous showing • **sesión golfa** late-night showing • **sesión matinal** matinée • **sesión de noche** evening showing • **sesión de tarde** afternoon matinée

sesos ['sesos] _mpl_ brains

seta ['seta] _f_ mushroom • **setas al ajillo** garlic mushrooms • **setas con gambas** mushrooms filled with prawns and egg

setecientos, tas [sete'θjentos, tas] _núm_ seven hundred ➤ **seis**

setenta [se'tenta] _núm_ seventy ➤ **seis**

setiembre [se'tjembre] _m_ September • **a principios/mediados/finales de setiembre** at the beginning/in the middle/at the end of September • **el nueve de setiembre** the ninth of

September • **el pasado/próximo (mes de) setiembre** last/next September • **en setiembre** in September • **este (mes de) setiembre** (_pasado_) last September; (_próximo_) this (coming) September • **para setiembre** by September

seto ['seto] _m_ hedge

severidad [seβeri'ðað] _f_ severity

severo, ra [se'βero, ra] _adj_ **1.** severe **2.** (_estricto_) strict

Sevilla [se'βiʎa] _s_ Seville

sevillanas [seβi'ʎanas] _fpl_ **1.** (_baile_) dance from Andalusia **2.** (_música_) music of the _sevillanas_

sexismo [sek'sizmo] _m_ sexism

sexista [sek'sista] _mf_ sexist

sexo ['sekso] _m_ **1.** sex **2.** (_órganos sexuales_) genitals _pl_

sexto, ta ['seksto, ta] ◇ _adj_ sixth ◇ _m,f_ • **el sexto, la sexta** (_persona, cosa_) the sixth; (_piso, planta_) the sixth floor • **llegar el sexto** to come sixth • **capítulo sexto** chapter six • **el sexto día** the sixth day • **en sexto lugar, en sexta posición** in sixth place • **la sexta parte** a sixth

sexual [sek'sual] _adj_ sexual

sexualidad [seksuali'ðað] _f_ sexuality

shorts ['tʃors] _mpl_ shorts

show ['tʃow] _m_ show

si [si] _conj_ if

sí ['si, 'sies] (_pl_ **síes**) ◇ _adv_ yes ◇ _pron_ **1.** (_de personas_) himself (_f_ herself), themselves _pl_ **2.** (_usted_) yourself, yourselves _pl_ **3.** (_de cosas, animales_) itself, themselves _pl_ **4.** (_impersonal_) oneself ◇ _m_ consent • **creo que sí** I think so • **creo**

que no I don't think so

sida ['siða] *m* AIDS

sidecar [siðe'kar] *m* sidecar

sidra ['siðra] *f* cider

siega ['sieɣa] *f* 1. *(acción)* harvesting 2. *(temporada)* harvest

siembra ['siembra] *f* 1. *(acción)* sowing 2. *(temporada)* sowing time

siempre ['siempre] *adv* 1. always 2. *(Amér) (con toda seguridad)* definitely ● **desde siempre** always

sien ['sien] *f* temple

sierra ['sierra] *f* 1. *(herramienta)* saw 2. *(de montañas)* mountain range

siesta ['siesta] *f* afternoon nap ● **echar una siesta** to have an afternoon nap

siete ['siete] ◇ *núm* seven ➤ **seis** ◇ *f* ● **¡la gran siete!** *(Amér) (fam)* Jesus!

sifón [si'fon] *m* 1. *(botella)* siphon 2. *(agua con gas)* soda water

siglas ['siɣlas] *fpl* acronym *sg*

siglo ['siɣlo] *m* 1. century 2. *(fam) (periodo muy largo)* ages *pl*

El siglo de oro

This term refers to Spain's Golden Age in the 16th and 17th centuries when the country was Europe's foremost political and economic power thanks to the discovery of the Americas. Some of Spain's greatest literature was written during this period, including the works of authors such as Quevedo, Lope de Vega and Calderón de la Barca.

significado [siɣnifi'kaðo] *m* meaning

significar [siɣnifi'kar] *vt* to mean

significativo, va [siɣnifika'tiβo, βa] *adj* significant

signo ['siɣno] *m* sign ● **signo de admiración** exclamation mark ● **signo de interrogación** question mark

siguiente [si'ɣiente] ◇ *adj* 1. *(en el tiempo, espacio)* next 2. *(a continuación)* following ◇ *mf* ● **el/la siguiente** the next one

sílaba ['silaβa] *f* syllable

silbar [sil'βar] ◇ *vi* to whistle ◇ *vt (abuchear)* to boo

silbato [sil'βato] *m* whistle

silbido [sil'βiðo] *m* whistle

silenciador [silenθia'ðor] *m* silencer

silencio [si'lenθio] *m* silence

silenciosamente [silen,θiosa'mente] *adv* silently

silencioso, sa [silen'θioso, sa] *adj* silent, quiet

silicona [sili'kona] *f* silicone

silla ['siʎa] *f* chair ● **silla de montar** saddle ● **silla de ruedas** wheelchair

sillín [si'ʎin] *m* saddle

sillón [si'ʎon] *m* armchair

silueta [si'lueta] *f* 1. figure 2. *(contorno)* outline

silvestre [sil'βestre] *adj* wild

símbolo ['simbolo] *m* symbol

simétrico, ca [si'metriko, ka] *adj* symmetrical

similar [simi'lar] *adj* similar

similitud [simili'tuð] *f* similarity

simpatía [simpa'tia] *f* 1. *(cariño)* affection 2. *(cordialidad)* friendliness

simpático, ca [sim'patiko, ka] *adj* 1. *(amable)* nice 2. *(amigable)* friendly

simpatizante [simpati'θante]   *mf* sympathizer

simpatizar [simpati'θar] *vi* • **simpatizar (con)** *(persona)* to get on/along (with); *(cosa)* to sympathize (with)

simple ['simple] ◇ *adj* **1.** simple **2.** *(sin importancia)* mere

simplicidad [simpliθi'ðað] *f* **1.** *(sencillez)* simplicity **2.** *(ingenuidad)* simpleness

simular [simu'lar] *vt* to feign

simultáneo, a [simul'taneo, a] *adj* simultaneous

sin [sin] *prep* without • **está sin hacer** it hasn't been done before • **estamos sin vino** we're out of wine • **sin embargo** however

sinagoga [sina'ɣoɣa] *f* synagogue

sinceridad [sinθeri'ðað] *f* sincerity

sincero, ra [sin'θero, ra] *adj* sincere

sincronizar [sinkroni'θar] *vt* to synchronize

sindicato [sindi'kato] *m* (trade) union

sinfonía [sinfo'nia] *f* symphony

sinfónico, ca [sin'foniko, ka] *adj* symphonic

singular [singu'lar] ◇ *adj* **1.** *(único)* unique **2.** *(extraordinario)* strange **3.** *(en gramática)* singular ◇ *m* singular

siniestro, tra [si'njestro, tra] ◇ *adj* sinister ◇ *m* **1.** *(accidente, desgracia)* disaster **2.** *(de coche, avión)* crash

sinnúmero [sin'numero] *m* • **un sinnúmero de** countless

sino [sino] *conj* **1.** *(para contraponer)* but **2.** *(excepto)* except

sinónimo [si'nonimo] *m* synonym

síntesis ['sintesis] *f inv* *(resumen)* summary

sintético, ca [sin'tetiko, ka] *adj* synthetic

sintetizador [sintetiθa'ðor] *m* synthesizer

síntoma ['sintoma] *m* symptom

sintonía [sinto'nia] *f* **1.** *(música, canción)* signature tune **2.** *(de televisión, radio)* tuning

sintonizar [sintoni'θar] *vt* to tune in to

sinvergüenza [simber'ɣwenθa] *mf* **1.** *(descarado)* cheeky (UK) o shameless (US) person **2.** *(estafador)* scoundrel

siquiera [siki'era] *adv* at least • **ni siquiera** not even

sirena [si'rena] *f* **1.** *(sonido)* siren **2.** *(en mitología)* mermaid

sirviente, ta [sir'βjente, ta] *m.f* servant

sisa ['sisa] *f* **1.** *(robo)* pilfering **2.** *(de vestido)* armhole

sistema [sis'tema] *m* **1.** system **2.** *(medio, método)* method • **por sistema** systematically

sistema educativo

In Spain, children begin primary school at the age of 6 after attending kindergarten for the previous 3 years. Compulsory secondary education is known as *educación secundaria obligatoria (ESO)* and lasts from the age of 12 to 16, when students choose between a broad-based academically-oriented course *(bachillerato)* and a vocational course *(formación profesional)* both of which last two years. In order to get into university you have to pass the *selectividad*, a two-day diet of exams.

sitiar [si'tjar] *vt* to besiege

sitio ['sitjo] *m* **1.** (*lugar*) place **2.** (*espacio*) space, room **3.** (*de ciudad, pueblo*) siege **4.** (*Amér*) (*de taxis*) rank (*UK*), stand (*US*) ● en otro sitio somewhere else ● hacer sitio to make room

situación [situa'θjon] *f* **1.** (*estado, condición, localización*) position **2.** (*circunstancias*) situation

situar [situ'ar] *vt* **1.** (*colocar*) to put ● **2.** (*localizar*) to locate ◆ **situarse** *vp* (*establecerse*) to get established

skin head [es'kin'xeð] *mf* skinhead

SL ['ese'ele] *f* (*abr de sociedad limitada*) ≃ Ltd (*UK*) (*Limited*), ≃ Inc (*US*) (*Incorporated*)

SM (*abr de Su Majestad*) HM (*His (or Her) Majesty*)

SMS ['ese'eme'ese] (*abr de Short Message System*) *m* (*mensaje*) text message, SMS ● enviar un SMS to send a text message ● enviar un SMS a alguien to text sb

s/n *abrev* = sin número

sobaco [so'βako] *m* armpit

sobado, da [so'βaðo, ða] *adj* **1.** (*vestido*) shabby **2.** (*libro*) dog-eared **3.** (*chiste, broma*) old

soberbia [so'βerβja] *f* arrogance

soberbio, bia [so'βerβjo, βja] *adj* **1.** (*orgulloso*) arrogant **2.** (*magnífico*) magnificent

soborno [so'βorno] *m* bribe

sobrar [so'βrar] *vi* **1.** (*haber demasiado*) to be more than enough **2.** (*estar de más*) to be superfluous **3.** (*quedar*) to be left (over)

sobras ['soβras] *fpl* (*de comida*) leftovers

sobrasada [soβra'saða] *f* spicy Mallorcan sausage

sobre[1] [soβre] *prep* **1.** (*encima de*) on (top of) **2.** (*por encima de*) over, above **3.** (*acerca de*) about **4.** (*alrededor de*) about **5.** (*en locuciones*) ● sobre todo above all ● el libro estaba sobre la mesa the book was on the table ● el pato vuela sobre el lago the duck is flying over the lake ● un libro sobre el amor a book about love ● llegaron sobre las diez they arrived at about ten o'clock

sobre[2] [soβre] *m* envelope

El sobre

Lo normal es no colocar ninguna puntuación separando las líneas. En cartas formales, el nombre del destinatario lleva un título delante (*Mr, Mrs, Ms, Dr, Professor*): *Ms Amanda Sutton, Dr James Parker*. El nombre de la empresa se coloca sin abreviarlo. El número del piso y de la calle va delante del nombre de la calle: *Flat 4, 23 Hereford Road*. Se suelen usar bastantes abreviaturas, como *Rd* (Road), *St* (Street), *Ave* (Avenue), *Tce* (Terrace), *Gdns* (Gardens) o *Sq* (Square). En la línea siguiente se coloca el nombre de la población, y en la que sigue el de la región o el estado. Muchas regiones británicas tienen formas abreviadas, como *N Yorks* (North Yorkshire) o *Hants* (Hampshire). El código postal se coloca después del nombre de la región o del estado: *Burke Virginia 22051 USA*

sobreático [soβre'atiko] *m* penthouse

sobrecarga [soβre'karɣa] *f* excess weight

sobredosis [soβre'ðosis] *f inv* overdose

sobrehumano, na [soβreu'mano, na] *adj* superhuman

sobremesa [soβre'mesa] *f period of time sitting around the table after lunch* ● **hacer la sobremesa** to have a chat after lunch

sobrenombre [soβre'nombre] *m* nickname

sobrepasar [soβrepa'sar] *vt* **1.** *(exceder)* to exceed **2.** *(aventajar)* to overtake

sobreponer [soβrepo'ner] *vt* *(poner delante)* to put first ● **sobreponerse** a *v* + *prep* to overcome

sobrepuesto, ta [soβre'pwesto, ta] *adj* superimposed

sobresaliente [soβresa'ljente] ◇ *adj* outstanding ◇ *m (nota)* excellent

sobresalir [soβresa'lir] *vi* **1.** *(en altura)* to jut out **2.** *(en importancia)* to stand out

sobresalto [soβre'salto] *m* fright

sobrevivir [soβreβi'βir] *vi* to survive

sobrevolar [soβreβo'lar] *vt* to fly over

sobrino, na [so'βrino, na] *m,f* nephew *(f* niece*)*

sobrio, bria [so'βrio, βria] *adj* **1.** sober **2.** *(moderado)* restrained

sociable [so'θjaβle] *adj* sociable

social [so'θjal] *adj* **1.** *(de la sociedad)* social **2.** *(de los socios)* company *(antes de s)*

socialista [soθja'lista] *mf* socialist

sociedad [soθje'ðað] *f* **1.** society **2.** *(empresa)* company

socio, cia ['soθjo, θja] *m,f* **1.** *(de club, asociación)* member **2.** *(de negocio)* partner

sociología [soθjolo'xia] *f* sociology

sociólogo, ga [so'θjoloɣo, ɣa] *m,f* sociologist

socorrer [soko'rer] *vt* to help

socorrismo [soko'rizmo] *m* **1.** *(primeros auxilios)* first aid **2.** *(en la playa)* lifesaving

socorrista [soko'rista] *mf* **1.** *(primeros auxilios)* first aid worker **2.** *(en la playa)* lifeguard

socorro [so'koro] ◇ *m* help ◇ *interj* help!

soda ['soða] *f* soda water

sofá [so'fa] *m* sofa, couch

sofisticado, da [sofisti'kaðo, ða] *adj* sophisticated

sofocante [sofo'kante] *adj* stifling

sofoco [so'foko] *m* **1.** *(ahogo)* breathlessness **2.** *(disgusto)* fit (of anger) **3.** *(vergüenza)* embarrassment

sofrito [so'frito] *m* tomato and onion sauce

software ['sofwar] *m* software

sol ['sol] *m* **1.** sun ● **hace sol** it's sunny ● **tomar el sol** to sunbathe

solamente [ˌsola'mente] *adv* only

solapa [so'lapa] *f* **1.** *(de vestido, chaqueta)* lapel **2.** *(de libro)* flap

solar [so'lar] ◇ *adj* solar ◇ *m* (undeveloped) plot

solárium [so'larjum] *m* solarium

soldado [sol'daðo] *m* soldier ● **soldado raso** private

soldador, ra [solda'ðor, ra] *m* soldering iron

soldar [sol'dar] *vt* to weld, to solder

soleado, da [sole'aðo, ða] *adj* sunny

soledad [sole'ðað] *f* **1.** (*falta de compañía*) solitude **2.** (*tristeza*) loneliness

solemne [so'lemne] *adj* **1.** solemn **2.** (*grande*) utter

solemnidad [solemni'ðað] *f* ceremony

soler [so'ler] *vi* ● **soler hacer algo** to do sthg usually ● **solíamos hacerlo** we used to do it

solicitar [soliθi'tar] *vt* **1.** (*pedir*) to request **2.** (*puesto*) to apply for

solicitud [soliθi'tuð] *f* **1.** (*petición*) request **2.** (*de puesto*) application **3.** (*impreso*) application form

solidaridad [soliðari'ðað] *f* solidarity

sólido, da [so'liðo, ða] ◇ *adj* **1.** (*cimientos, casa, muro*) solid **2.** (*argumento, conocimiento*) sound ◇ *m* solid

solista [so'lista] *mf* soloist

solitario, ria [soli'tarjo, rja] ◇ *adj* **1.** (*en compañía*) solitary **2.** (*lugar*) lonely ◇ *m,f* loner ◇ *m* **1.** (*juego*) patience **2.** (*joya*) solitaire

sollozar [soλo'θar] *vi* to sob

sollozo [so'λoθo] *m* sob

solo, la ['solo, la] *adj* **1.** (*sin compañía, familia*) alone **2.** (*único*) single **3.** (*sin añadidos*) on its own **4.** (*café*) black **5.** (*whisky*) neat, straight **6.** (*solitario*) lonely ● **a solas** on one's own

sólo ['solo] *adv* only

solomillo [solo'miλo] *m* sirloin ● **solomillo a la parrilla** grilled sirloin steak ●

solomillo de ternera veal sirloin

soltar [sol'tar] *vt* **1.** (*de la mano*) to let go of **2.** (*desatar*) to undo **3.** (*dejar libre*) to set free **4.** (*desenrollar*) to pay out **5.**

(*decir*) to come out with **6.** (*lanzar*) to let out

soltero, ra [sol'tero, ra] ◇ *adj* single ◇ *m,f* bachelor (*f* single woman)

solterón, ona [solte'ron, ona] *m,f* old bachelor (*f* old maid)

soltura [sol'tura] *f* fluency ● **con soltura** fluently

solución [solu'θjon] *f* solution

solucionar [soluθjo'nar] *vt* to solve

solvente [sol'βente] *adj* solvent

sombra ['sombra] *f* **1.** (*oscuridad*) shade **2.** (*de un cuerpo*) shadow ● **a la sombra** in the shade ● **el árbol da sombra** the tree is shady

sombrero [som'brero] *m* hat

sombrilla [som'briλa] *f* sunshade

someter [some'ter] *vt* **1.** (*dominar*) to subdue **2.** (*mostrar*) to submit ● **someter a alguien a algo** to subject sb to sthg ● **someterse** *vp* (*rendirse*) to surrender

somier [so'mjer] *m* (*de muelles*) divan

somnífero [som'nifero] *m* sleeping pill

sonajero [sona'xero] *m* rattle

sonar [so'nar] ◇ *vi* **1.** to sound **2.** (*teléfono, timbre*) to ring **3.** (*ser conocido*) to be familiar **4.** (*letra*) to be pronounced ◇ *vt* (*nariz*) to blow ● **suena a verdad** it sounds true ● **sonarse** *vp* to blow one's nose

sonido [so'niðo] *m* sound

sonoro, ra [so'noro, ra] *adj* **1.** resonant **2.** (*banda*) sound (*antes de s*) **3.** (*consonante, vocal*) voiced

sonreír [sonre'ir] *vi* to smile ● **sonreírse** *vp* to smile

sonriente [sonri'ente] *adj* smiling

sonrisa [son'risa] *f* smile

sonrojarse [sonro'xarse] *vp* to blush

sonso, sa ['sonso, sa] *adj* (*Amér*) (*fam*) dummy

soñar [so'ɲar] ◇ *vi* to dream ◇ *vt* to dream about ● **soñar con** to dream of ● **soñar con pescado frito** to dream of

sopa ['sopa] *f* soup ● **sopa de ajo** garlic soup ● **sopa de marisco** seafood bisque ● **sopa de pescado** fish soup

sopera [so'pera] *f* soup tureen

soplar [so'plar] ◇ *vi* to blow ◇ *vt* 1. (*polvo, migas*) to blow away 2. (*respuesta*) to whisper

soplete [so'plete] *m* blowtorch

soplido [so'pliðo] *m* puff

soplo ['soplo] *m* 1. (*soplido*) puff 2. (*del corazón*) murmur 3. (*fam*) (*chivatazo*) tip-off

soportales [sopor'tales] *mpl* arcade *sg*

soportar [sopor'tar] *vt* 1. (*carga, peso*) to support 2. (*persona*) to stand 3. (*dolor, molestia*) to bear

soporte [so'porte] *m* support

soprano [so'prano] *f* soprano

sorber [sor'βer] *vt* 1. (*beber*) to sip 2. (*haciendo ruido*) to slurp 3. (*absorber*) to soak up

sorbete [sor'βete] *m* sorbet ● **sorbete de frambuesa** raspberry sorbet ● **sorbete de limón** lemon sorbet

sordo, da ['sorðo, ða] ◇ *adj* 1. deaf 2. (*ruido, sentimiento*) dull ◇ *m,f* deaf person

sordomudo, da [sorðo'muðo, ða] *m,f* deaf-mute

soroche [so'rotʃe] *m* (*Andes*) altitude sickness

sorprendente [sorpren'dente] *adj* surprising

sorprender [sorpren'der] *vt* to surprise ● **sorprenderse** *vp* to be surprised

sorpresa [sor'presa] *f* surprise ● **por sorpresa** by surprise

sorpresivo, va [sorpre'siβo, βa] *adj* (*Amér*) unexpected

sortear [sorte'ar] *vt* 1. (*rifar*) to raffle 2. (*evitar*) to dodge

sorteo [sor'teo] *m* 1. (*lotería*) draw 2. (*rifa*) raffle

sortija [sor'tixa] *f* ring

SOS [ˌeso'ese] *m* (*abr de* save our souls) SOS (*save our souls*)

sosiego [so'sjeɣo] *m* peace, calm

soso, sa ['soso, sa] *adj* bland

sospechar [sospe'tʃar] *vt* to suspect ● **sospechar de** *v + prep* to suspect

sospechoso, sa [sospe'tʃoso, sa] ◇ *adj* suspicious ◇ *m,f* suspect

sostén [sos'ten] *m* 1. (*apoyo*) support 2. (*prenda femenina*) bra

sostener [soste'ner] *vt* 1. to support 2. (*defender, afirmar*) to defend ● **sostenerse** *vp* 1. (*sujetarse*) to stay fixed 2. (*tenerse en pie*) to stand up

sostenible *adj* 1. (*crecimiento, desarrollo*) sustainable ● **el desarrollo sostenible** sustainable development 2. (*teoría, razonamiento*) sound

sota ['sota] *f* (*baraja*) ≃ jack

sotana [so'tana] *f* cassock

sótano ['sotano] *m* basement

squash [es'kuaʃ] *m* squash

Sr. (*abr de* señor) Mr

Sra. (*abr de* señora) Mrs

Sres. (*abr de* señores) Messrs (*Messieurs*)

Srta. *abrev* = señorita

SSMM *abrev* = Sus Majestades

Sta. (*abr de santa*) St. (*Saint*)

Sto. (*abr de santo*) St. (*Saint*)

stock [es'tok] *m* stock

stop [es'top] *m* stop sign

su [su, sus] (*pl* **sus**) *adj* **1.** (*de él*) his **2.** (*de ella*) her **3.** (*de cosa, animal*) its **4.** (*de ellos, ellas*) their **5.** (*de usted, ustedes*) your

suave ['sṷaβe] *adj* **1.** (*agradable al tacto*) soft **2.** (*liso*) smooth **3.** (*cuesta, brisa*) gentle **4.** (*clima, temperatura*) mild

suavidad [sṷaβi'ðað] *f* **1.** (*al tacto*) softness **2.** (*de cuesta, brisa*) gentleness **3.** (*de clima, temperatura*) mildness

suavizante [sṷaβi'θante] *m* conditioner

subasta [su'βasta] *f* auction

subcampeón, ona [suβkampe'on, 'ona] *m,f* runner-up

subconsciente [suβkons'θjente] *m* subconscious

subdesarrollado, da [suβðesaro'ʎaðo, ða] *adj* underdeveloped

subdesarrollo [suβðesa'roʎo] *m* underdevelopment

subdirector, ra [suβðirek'tor, ra] *m,f* assistant manager (*f assistant manageress*)

subdirectorio [suβðirek'torjo] *m* subdirectory

súbdito, ta ['suβðito, ta] *m,f* (*de país*) citizen

subida [su'βiða] *f* **1.** (*de precios, temperatura*) increase **2.** (*pendiente, cuesta*) hill

subir [su'βir] ◇ *vt* **1.** (*escaleras, calle, pendiente*) to go up **2.** (*montaña*) to climb **3.** (*llevar arriba*) to take up **4.** (*brazo, precio, volumen, persiana*) to raise **5.**

(*ventanilla*) to close ◇ *vi* to rise ● **subir a** (*piso, desván*) to go up to; (*montaña, torre*) to go up; (*coche*) to get into; (*avión, barco, tren, bicicleta*) to get onto; (*cuenta, factura*) to come to ● **subir de** (*categoría*) to be promoted from

súbito, ta ['suβito, ta] *adj* sudden

subjetivo, va [suβxe'tiβo, βa] *adj* subjective

subjuntivo [suβxun'tiβo] *m* subjunctive

sublevar [suβle'βar] *vt* (*indignar*) to infuriate ● **sublevarse** *vp* to rebel

sublime [su'βlime] *adj* sublime

submarinismo [suβmari'nizmo] *m* scuba diving

submarinista [suβmari'nista] *mf* scuba diver

submarino [suβma'rino] *m* submarine

subrayar [suβra'jar] *vt* to underline

subsidio [suβ'siðjo] *m* benefit

subsistencia [suβsis'tenθja] *f* subsistence

subsuelo [suβ'sṷelo] *f* **1.** (*terreno*) subsoil **2.** (*Andes & RP*) (*sótano*) basement

subterráneo, a [suβte'raneo, a] ◇ *adj* underground ◇ *m* underground tunnel (*UK*), subway tunnel (*US*)

subtitulado, da [suβtitu'laðo, ða] *adj* with subtitles

subtítulo [suβ'titulo] *m* subtitle

suburbio [su'βurβjo] *m* poor suburb

subvención [suββen'θjon] *f* subsidy

sucedáneo [suθe'ðaneo] *m* substitute

suceder [suθe'ðer] *vi* to happen ● **suceder a** *v + prep* **1.** (*en un cargo, trono*) to succeed **2.** (*venir después de*) to follow

sucesión [suθe'sjon] *f* **1.** succession **2.** (*descendencia*) heirs *pl*

sucesivo, va [suθe'siβo, βa] *adj (consecutivo)* successive ● **en días sucesivos** over the next few days

suceso [su'θeso] *m* event

sucesor, ra [suθe'sor, ra] *m,f* **1.** *(en un cargo, trono)* successor **2.** *(heredero)* heir *(f* heiress*)*

suciedad [suθje'ðað] *f* **1.** *(cualidad)* dirtiness **2.** *(porquería)* dirt

sucio, cia [su'θjo, θja] ◇ *adj* **1.** dirty **2.** *(al comer, trabajar)* messy ◇ *adv (en juego)* dirty

suculento, ta [suku'lento, ta] *adj* tasty

sucumbir [sukum'bir] *vi* **1.** *(rendirse)* to succumb **2.** *(morir)* to die

sucursal [sukur'sal] *f* branch

sudadera [suða'ðera] *f* sweatshirt

Sudáfrica [su'ðafrika] *s* South Africa

Sudamérica [suða'merika] *s* South America

sudamericano, na [suðameri'kano, na] *adj & m,f* South American

sudar [su'ðar] *vi* to sweat

sudeste [su'ðeste] *m* southeast

sudoeste [suðo'este] *m* southwest

sudor [su'ðor] *m* sweat

Suecia ['sueθja] *s* Sweden

sueco, ca ['sueko, ka] ◇ *adj & m* Swedish ◇ *m,f* Swede

suegro, gra ['sueɣro, ɣra] *m,f* father-in-law *(f* mother-in-law*)*

suela ['suela] *f* sole

sueldo ['sueldo] *m* salary, wages *pl*

suelo ['suelo] *m* **1.** *(piso)* floor **2.** *(superficie terrestre)* ground **3.** *(terreno)* soil **4.** *(para edificar)* land ● **en el suelo** on the ground/floor

suelto, ta ['suelto, ta] ◇ *adj* **1.** loose **2.**

(separado) separate **3.** *(calcetín, guante)* odd **4.** *(arroz)* fluffy ◇ *m (dinero)* change

sueño ['sueɲo] *m* **1.** *(acto de dormir)* sleep **2.** *(ganas de dormir)* drowsiness **3.** *(imagen mental, deseo)* dream ● **coger el sueño** to get to sleep ● **tener sueño** to be sleepy

suero ['suero] *m (en medicina)* serum

suerte ['suerte] ◇ *f* **1.** *(azar)* chance **2.** *(fortuna, casualidad)* luck **3.** *(futuro)* fate **4.** *(en el toreo)* each of the three parts of a bullfight ● *interj* good luck! ● **por suerte** luckily ● **tener suerte** to be lucky

suéter ['sueter] *m* sweater

suficiente [sufi'θjente] ◇ *adj* enough ◇ *m (nota)* pass

sufragio [su'fraxjo] *m* suffrage

sufrido, da [su'friðo, ða] *adj* **1.** *(persona)* uncomplaining **2.** *(color)* that does not show the dirt

sufrimiento [sufri'mjento] *m* suffering

sufrir [su'frir] ◇ *vt* **1.** *(accidente, caída)* to have **2.** *(persona)* to bear ◇ *vi* to suffer ● **sufrir de** to suffer from ● **sufrir del estómago** to have a stomach complaint

sugerencia [suxe'renθja] *f* suggestion

sugerir [suxe'rir] *vt* **1.** to suggest **2.** *(evocar)* to evoke

suicidio [sui'θiðjo] *m* suicide

suite ['suit] *f* suite

Suiza ['suiθa] *s* Switzerland

suizo, za ['suiθo, θa] ◇ *adj & m,f* Swiss

sujetador [suxeta'ðor] *m* bra

sujetar [suxe'tar] *vt* **1.** *(agarrar)* to hold down **2.** *(asegurar, aguantar)* to fasten ●

sujetarse *vp (agarrarse)* to hold on

sujeto, ta [su'xeto, ta] ◇ *adj* fastened ◇ *m* **1.** subject **2.** (*despec*) (*individuo*) individual

suma ['suma] *f* **1.** (*operación*) addition **2.** (*resultado*) total **3.** (*conjunto de cosas, dinero*) sum

sumar [su'mar] *vt* to add together

sumario [su'marjo] *m* **1.** (*resumen*) summary **2.** (*de juicio*) indictment

sumergible [sumer'xiβle] *adj* waterproof

sumergirse [sumer'xirse] *vp* to plunge

suministrar [suminis'trar] *vt* to supply

suministro [sumi'nistro] *m* **1.** (*acción*) supplying **2.** (*abasto, víveres*) supply

sumiso, sa [su'miso, sa] *adj* submissive

súper ['super] ◇ *adj* (*fam*) great ◇ *m* (*fam*) supermarket ◇ *f* (*gasolina*) ≃ four-star (*UK*), ≃ premium (*US*)

superación [supera'θjon] *f* overcoming

superar [supe'rar] *vt* **1.** (*prueba, obstáculo*) to overcome **2.** (*persona*) to beat ♦ **superarse** *vp* (*mejorar*) to better o.s.

superficial [superfi'θjal] *adj* superficial

superficie [super'fiθje] *f* **1.** surface **2.** (*área*) area

superfluo, flua [su'perfluo, flua] *adj* superfluous

superior [supe'rjor] *adj* **1.** (*de arriba*) top **2.** (*excepcional*) excellent ● **superior a** (*mejor*) superior to; (*en cantidad, importancia*) greater than, superior

supermercado [supermer'kaðo] *m* supermarket

superstición [supersti'θjon] *f* superstition

supersticioso, sa [supersti'θjoso, sa] *adj* superstitious

superviviente [superβi'βjente] *mf* survivor

suplemento [suple'mento] *m* supplement

suplente [su'plente] *adj* **1.** (*médico*) locum (*UK*), *doctor who temporarily fills in for another* **2.** (*jugador*) substitute

supletorio [suple'torjo] *m* (*teléfono*) extension

súplica ['suplika] *f* plea

suplir [su'plir] *vt* **1.** (*falta, carencia*) to compensate for **2.** (*persona*) to replace

suponer [supo'ner] *vt* **1.** (*creer*) to suppose **2.** (*representar, implicar*) to involve **3.** (*imaginar*) to imagine

suposición [suposi'θjon] *f* assumption

supositorio [suposi'torjo] *m* suppository

suprimir [supri'mir] *vt* **1.** (*proyecto, puesto*) to axe **2.** (*anular*) to abolish **3.** (*borrar*) to delete

supuesto, ta [su'puesto, ta] ◇ *pp* ➢ **suponer** ◇ *adj* **1.** (*presunto*) supposed **2.** (*delincuente*) alleged **3.** (*falso*) false ◇ *m* assumption ● **por supuesto** of course

sur [sur] *m* **1.** south **2.** (*viento*) south wind

surco ['surko] *m* **1.** (*en la tierra*) furrow **2.** (*de disco*) groove **3.** (*de piel*) line

sureño, ña [su'reɲo, ɲa] *adj* southern

surf ['surf] *m* surfing

surfista [sur'fista] *mf* surfer

surgir [sur'xir] *vi* **1.** (*brotar*) to spring forth **2.** (*destacar*) to rise up **3.** (*producirse*) to arise

surtido, da [sur'tiðo, ða] ◇ *adj* assorted ◇ *m* range

surtidor [surti'ðor] *m* **1.** (*de agua*) spout

2. (de gasolina) pump

susceptible [susθep'tiβle] *adj* (sensible) oversensitive • **susceptible de** liable to

suscribir [suskri'βir] *vt* **1.** (escrito) to sign **2.** (opinión) to subscribe to • **suscribirse a** *v + prep* to subscribe to

suscripción [suskrip'θjon] *f* subscription

suspender [suspen'der] ◇ *vt* **1.** (interrumpir) to adjourn **2.** (aplazar) to postpone **3.** (examen) to fail **4.** (de empleo, sueldo) to suspend **5.** (colgar) to hang (up) ◇ *vi* (en un examen) to fail

suspense [sus'pense] *m* suspense

suspenso [sus'penso] *m* fail

suspirar [suspi'rar] *vi* to sigh • **suspirar por** *v + prep* to long for

suspiro [sus'piro] *m* to sigh

sustancia [sus'tanθja] *f* **1.** substance **2.** (esencia) essence **3.** (de alimento) nutritional value

sustancial [sustan'θjal] *adj* substantial

sustantivo [sustan'tiβo] *m* noun

sustituir [sustitu'ir] *vt* to replace • **sustituir algo por** to replace sthg with

susto ['susto] *m* fright • **¡qué susto!** what a fright!

sustracción [sustrak'θjon] *f* **1.** (robo) theft **2.** (resta) subtraction

sustraer [sustra'er] *vt* **1.** (robar) to steal **2.** (restar) to subtract

susurrar [susu'rar] *vt & vi* to whisper

suyo, ya ['sujo, ja] ◇ *adj* **1.** (de él) his **2.** (de ella) hers **3.** (de usted, ustedes) yours **4.** (de ellos, de ellas) theirs ◇ *pron* • **el suyo, la suya** (de él) his; (de ella) hers; (de usted, ustedes) yours; (de ellos, de

ellas) theirs • **lo suyo** his/her *etc* thing • **un amigo suyo** a friend of his/hers *etc*

tabaco [ta'βako] *m* **1.** tobacco **2.** (cigarrillos) cigarettes *pl*

tábano ['taβano] *m* horsefly

tabasco ® [ta'βasko] *m* tabasco sauce

taberna [ta'βerna] *f* country-style bar, usually cheap

tabique [ta'βike] *m* partition (wall)

tabla ['taβla] *f* **1.** (de madera) plank **2.** (lista, de multiplicar) table **3.** (de navegar, surf) board **4.** (en arte) panel • **tablas** *fpl* **1.** (en juego) stalemate *sg* **2.** (escenario) stage *sg*

tablao [ta'βlao] *m* • **tablao flamenco** flamenco show

tablero [ta'βlero] *m* board

tableta [ta'βleta] *f* **1.** (de chocolate) bar **2.** (medicamento) tablet

tablón [ta'βlon] *m* plank • **tablón de anuncios** notice (UK) o bulletin (US) board

tabú [ta'βu] *m* taboo

taburete [taβu'rete] *m* stool

tacaño, ña [ta'kaɲo, ɲa] *adj* mean

tachar [ta'tʃar] *vt* to cross out

tacho ['tatʃo] *m* (CSur) bin (UK), trash can (US)

tácito, ta ['taθito, ta] *adj* (acuerdo, trato) unwritten

taco ['tako] *m* **1.** (para pared) plug **2.** (de

billar) cue **3.** *(de jamón, queso)* hunk **4.** *(de papel)* wad **5.** *(fam) (palabrota)* swearword **6.** *(fam) (lío)* muddle **7.** *(CAm & Méx) (tortilla)* taco

tacón [ta'kon] *m* heel

tacto ['takto] *m* **1.** *(sentido)* sense of touch **2.** *(textura)* feel **3.** *(en el trato)* tact

taekwondo [tae'kwondo] *m* tae kwon do

Taiwán [tai'wan] *s* Taiwan

tajada [ta'xaða] *f* slice ● **agarrarse una tajada** *(fam)* to get sloshed

tal ['tal] ◇ *adj* such ◇ *pron* such a thing ● **tal cosa** such a thing ● **¿qué tal?** how are you doing? ● **tal vez** perhaps

taladradora [talaðra'ðora] *f* drill

taladrar [tala'ðrar] *vt* to drill

taladro [ta'laðro] *m* drill

talco ['talko] *m* talc

talento [ta'lento] *m* **1.** *(aptitud)* talent **2.** *(inteligencia)* intelligence

talgo ['talɣo] *m* Spanish intercity high-speed train

talla ['taʎa] *f* **1.** *(de vestido, calzado)* size **2.** *(estatura)* height **3.** *(de piedra preciosa)* cutting **4.** *(escultura)* sculpture

tallarines [taʎa'rines] *mpl* tagliatelle *sg*

taller [ta'ʎer] *m* **1.** *(de coches)* garage **2.** *(de trabajo manual)* workshop

tallo ['taʎo] *m* stem

talón [ta'lon] *m* **1.** *(en el pie)* heel **2.** *(cheque)* cheque **3.** *(resguardo)* stub

talonario [talo'narjo] *m* cheque book

tamaño [ta'maɲo] *m* size

también [tam'bjen] *adv* also ● **también dijo que...** she also said that ... ● **yo también** me too

tambor [tam'bor] *m* drum

tampoco [tam'poko] *adv* neither ● **yo tampoco** me neither ● **si a ti no te gusta a mí tampoco** if you don't like it, then neither do I

tampón [tam'pon] *m* **1.** *(sello)* stamp **2.** *(para la menstruación)* tampon

tan [tan] *adv* ➤ **tanto**

tanda ['tanda] *f* **1.** *(turno)* shift **2.** *(serie)* series

tándem ['tandem] *m* **1.** *(bicicleta)* tandem **2.** *(dúo)* duo

tanga ['tanga] *m* tanga

tango ['tango] *m* tango

tanque ['tanke] *m* **1.** *(vehículo cisterna)* tanker **2.** *(de guerra)* tank

tanto, ta ['tanto, ta] ◇ *adj* **1.** *(gran cantidad)* so much, so many *pl* **2.** *(cantidad indeterminada)* so much, so many *pl* **3.** *(en comparaciones)* ● **tanto... como** as much ... as, as many ... as *pl* ● **tiene tanta suerte como tú** she's as lucky as you ◇ *adv* **1.** *(gran cantidad)* so much **2.** *(en comparaciones)* ● **tanto ... como** as much ... as ● **sabe tanto como yo** she knows as much as I do **3.** *(en locuciones)* ● **por (lo) tanto** so, therefore ● **tanto (es así) que** so much so that ◇ *pron* **1.** *(gran cantidad)* so much, so many *pl* **2.** *(igual cantidad)* as much, as many *pl* **3.** *(cantidad indeterminada)* so much, so many *pl* **4.** *(en locuciones)* ● **eran las tantas** it was very late ◇ *m* **1.** *(punto)* point **2.** *(gol)* goal **3.** *(cantidad indeterminada)* ● **un tanto** so much ● **un tanto por ciento** a percentage ● **tiene tanto dinero** he's got so much money ● **tanta gente** so many people ● **tanto ... que** so much ... that ● **tantos euros al día** so many euros a day ● **cincuenta y tantos** fifty-something, fifty-odd ● **no merece la pena disgustarse tanto** it's not worth getting so upset ● **tanto que** so much that ● **él no tiene tantos** he doesn't have so many ● **había mucha gente allí, aquí no tanta** there were a lot of people there, but not as many here ● **supongamos que vengan tantos** let's suppose so many come ● **a tantos de agosto** to such-and-such a date in August ● **marcar un tanto** to score

tanto ['tanto, ta] *m* **1.** *(punto)* point **2.** *(gol)* goal ● **un tanto** so much ● **tanto por ciento** percentage

tapa ['tapa] *f* **1.** *(de recipiente)* lid **2.** *(de libro)* cover **3.** *(de comida)* tapa **4.** *(de zapato)* heel plate ▼ **tapas variadas** selection of tapas

tapas

Tapas (or *botanas* in Latin America) are small portions of food such as olives, cold meats, seafood or omelette served in bars as an aperitif or instead of a main meal. The north of Spain and Andalusia are particularly famous for their tapas bars, where you can go from one bar to another (known as *ir de tapas*) trying out their different specialities accompanied by a small glass of red wine.

tapadera [tapa'ðeɾa] *f* **1.** *(de recipiente)* lid **2.** *(para encubrir)* front

tapar [ta'par] *vt* **1.** *(cofre, caja, botella)* to close **2.** *(olla)* to put the lid on **3.** *(encubrir)* to cover up **4.** *(en la cama)* to tuck in **5.** *(con ropa)* to wrap up ● **taparse** *vp* **1.** *(en la cama)* to tuck o.s. in **2.** *(con ropa)* to wrap up

tapete [ta'pete] *m* runner

tapia ['tapja] *f* *(stone)* wall

tapicería [tapiθe'ria] *f* **1.** *(tela)* upholstery **2.** *(tienda)* upholsterer's (shop)

tapiz [ta'piθ, θes] *(pl* **-ces**) *m* tapestry

tapizado [tapi'θaðo] *m* upholstery

tapizar [tapi'θar] *vt* to upholster

tapón [ta'pon] *m* **1.** *(de botella)* stopper **2.** *(de rosca)* top **3.** *(de bañera, fregadero)* plug **4.** *(para el oído)* earplug

taquería [take'ria] *f* *(Méx)* taco restaurant

taquería

In Mexico, *taquerías* are cafés that serve traditional Mexican fare, especially *tacos*. Since the 1980s, taco bars have become very popular outside Mexico, particularly in Europe and the United States, although they are often a pale imitation of the real thing.

taquigrafía [takiɣra'fia] *f* shorthand

taquilla [ta'kiʎa] *f* **1.** *(de cine, teatro)* box office **2.** *(de tren)* ticket office **3.** *(armario)* locker **4.** *(recaudación)* takings *pl*

taquillero, ra [taki'ʎero, ra] ◇ *adj* who/that pulls in the crowds ◇ *m,f* ticket clerk

tara ['taɾa] *f* **1.** *(defecto)* defect **2.** *(peso)* tare

tardar [tar'ðar] ◇ *vt (tiempo)* to be late ◇ *vi (retrasarse)* to be late ● **el comienzo tardará aún dos horas** it doesn't start for another two hours

tarde ['tarðe] ◇ *f* **1.** *(hasta las cinco)* afternoon **2.** *(después de las cinco)* evening ◇ *adv* late ● **las cuatro de la tarde** four o'clock in the afternoon ● **por la tarde** in the afternoon/evening ● **buenas tardes** good afternoon/evening

tarea [ta'rea] *f* **1.** *(trabajo)* task **2.** *(deberes escolares)* homework

tarifa [ta'rifa] *f* **1.** *(de electricidad, etc)* charge **2.** *(en transportes)* fare **3.** *(lista de precios)* price list ▼ **tarifas del metro** underground fares

tarima [ta'rima] *f* platform

tarjeta [tar'xeta] *f* card ● **tarjeta de crédito** credit card ● **tarjeta de débito** debit card ● **tarjeta de embarque** boarding pass ● **tarjeta postal** postcard ● **tarjeta 10 viajes** *(en metro)* underground travelcard valid for ten journeys ▼ **tarjetas admitidas** credit cards accepted

tarro ['taro] *m* jar

tarta ['tarta] *f* **1.** cake **2.** *(plana, con base de pasta dura)* tart ● **tarta de la casa** chef's special cake ● **tarta de chocolate** chocolate cake ● **tarta helada** ice cream gâteau ● **tarta de Santiago** *sponge cake filled with almond paste* ● **tarta al whisky** *whisky-flavoured ice-cream gâteau*

tartamudo, da [tarta'muðo, ða] *m,f* stammerer

tasa ['tasa] *f* rate

tasca ['taska] *f* ≃ pub

tatuaje [tatu'axe] *m* tattoo

taurino, na [tau'rino, na] *adj* bullfighting *(antes de s)*

Tauro ['tauro] *m* Taurus

tauromaquia [tauro'makja] *f* bullfighting

taxi ['taksi] *m* taxi

taxímetro [tak'simetro] *m* taximeter

taxista [tak'sista] *mf* taxi driver

taza ['taθa] *f* **1.** cup **2.** *(de retrete)* bowl

tazón [ta'θon] *m* bowl

te [te] *pron* **1.** *(complemento directo)* you **2.** *(complemento indirecto)* (to) you **3.** *(reflexivo)* yourself

té ['te] *m* tea

teatral [tea'tral] *adj* **1.** *(de teatro)* theatre *(antes de s)* **2.** *(afectado)* theatrical

teatro [te'atro] *m* theatre

tebeo ® [te'βeo] *m* (children's) comic book

techo ['tetʃo] *m* **1.** *(de habitación, persona, avión)* ceiling **2.** *(tejado)* roof

tecla ['tekla] *f* key

teclado [te'klaðo] *m* keyboard

teclear [tekle'ar] *vi (en ordenador)* to type

técnica ['teɣnika] *f* **1.** technique **2.** *(de ciencia)* technology

técnico, ca ['teɣniko, ka] *adj* technical

tecnología [teɣnolo'xia] *f* technology

tecnológico, ca [teɣno'loxiko, ka] *adj* technological

teja ['texa] *f* tile

tejado [te'xaðo] *m* roof

tejanos [te'xanos] *mpl* jeans

tejer [te'xer] *vt* **1.** *(jersey, labor)* to knit **2.** *(tela)* to weave

tejido [te'xiðo] *m* **1.** *(tela)* fabric **2.** *(del cuerpo humano)* tissue

tejo ['texo] *m* *(juego)* hopscotch

tel. *(abr de* teléfono*)* tel. *(telephone)*

tela ['tela] *f* **1.** *(tejido)* material, cloth **2.** *(lienzo)* canvas **3.** *(fam) (dinero)* dough

telaraña [tela'raɲa] *f* spider's web

tele ['tele] *f* *(fam)* telly *(UK)*, TV

telearrastre [telea'rastre] *m* ski-tow

telebanca [tele'baŋka] *f* telebanking

telebasura [tele'basura] *f* junk TV

telecabina [teleka'βina] *f* cable-car

telecomunicación [telekomunika'θjon] *f* **1.** *(medio)* telecommunication **2.** *(estudios)* telecommunications

teleconferencia [telekonfe'renθja] *f* conference call

telediario [tele'ðjarjo] *m* television news

teledirigido, da [teleðiri'xido, ða] *adj* remote-controlled

telefax [tele'faks] *m inv* fax

teleférico [tele'feriko] *m* cable-car

telefonazo [telefo'naθo] *m* *(fam)* phone call

telefonear [telefone'ar] *vt* to phone

telefónico, ca [tele'foniko, ka] *adj* telephone *(antes de s)*

telefonillo *m* *(fam)* entryphone

telefonista [telefo'nista] *mf* telephonist

teléfono [te'lefono] *m* telephone ● **teléfono móvil** mobile telephone *(UK)*, cell telephone *(US)*

telégrafo [te'leɣrafo] *m* telegraph

telegrama [tele'ɣrama] *m* telegram ● **poner un telegrama** to send a telegram

telenovela [teleno'βela] *f* television soap opera

teleobjetivo [teleoβxe'tiβo] *m* telephoto lens

telepatía [telepa'tia] *f* telepathy

telerrealidad *f* TV reality TV

telescopio [teles'kopjo] *m* telescope

telesilla [tele'siʎa] *f* chair lift

telespectador, ra [telespekta'ðor, ra] *m,f* viewer

telesquí [teles'ki] *m* ski lift

teletaquilla *f* pay TV, pay-per-view

teletexto [tele'teksto] *m* Teletext ®

teletienda *f* home shopping

teletipo [tele'tipo] *m* teleprinter

televidente [teleβi'ðente] *mf* viewer

televisado, da [teleβi'saðo, ða] *adj* televised

televisión [teleβi'sjon] *f* television

televisor [teleβi'sor] *m* television (set)

télex ['teleks] *m inv* telex

telón [te'lon] *m* curtain

tema ['tema] *m* **1.** subject **2.** *(melodía)* theme **3.** *(lección)* topic

temática [te'matika] *f* subject matter

temático, ca [te'matiko, ka] *adj* thematic

temblar [tem'blar] *vi* **1.** to tremble **2.** *(de frío)* to shiver

temblor [tem'blor] *m* **1.** *(de persona)* trembling **2.** *(de suelo)* earthquake

temer [te'mer] *vt* to fear ● **temer por** to fear for ◆ **temerse** *vp* to fear

temor [te'mor] *m* fear

temperamento [tempera'mento] *m* temperament

temperatura [tempera'tura] *f* temperature

tempestad [tempes'tað] *f* storm

templado, da [tem'plaðo, ða] *adj* **1.**

(líquido, comida) lukewarm **2.** *(clima)* temperate

templo ['templo] *m* **1.** *(pagano)* temple **2.** *(iglesia)* church

temporada [tempo'raða] *f* **1.** *(periodo concreto)* season **2.** *(periodo indefinido)* time **3.** *(de una actividad)* period ● **de temporada** seasonal

temporal [tempo'ral] ◇ *adj* temporary ◇ *m* storm

temprano, na [tem'prano, na] *adj & adv* early

tenazas [te'naθas] *fpl* pliers

tendedero [tende'ðero] *m* clothes line

tendencia [ten'denθja] *f* tendency

tender [ten'der] *vt* **1.** *(colgar)* to hang out **2.** *(extender)* to spread **3.** *(tumbar)* to lay (out) **4.** *(cable)* to lay **5.** *(cuerda)* to stretch (out) **6.** *(entregar)* to hand **7.** **tender la cama** *(Amér)* to make the bed ● **tender a** *v + prep* to tend to ◆ **tenderse** *vp* to lie down

tenderete [tende'rete] *m* stall *(UK)*, stand *(US)*

tendero, ra [ten'dero, ra] *m,f* shopkeeper *(UK)*, storekeeper *(US)*

tendón [ten'don] *m* tendon

tenedor [tene'ðor] *m* fork

tener [te'ner]
◇ *vt* **1.** *(poseer, contener)* to have ● **tiene mucho dinero** she has a lot of money ● **tengo dos hijos** I have two children ● **tener un niño** *(parir)* to have a baby ● **la casa tiene cuatro habitaciones** the house has four bedrooms ● **tiene los ojos azules** she has blue eyes **2.** *(medidas, edad)* to be ● **la sala tiene cuatro metros de largo** the room is four metres long ● **¿cuántos años tienes?** how old are you? ● **tiene diez años** he's ten (years old) **3.** *(padecer, sufrir)* to have ● **tener dolor de muelas/fiebre** to have toothache/a temperature **4.** *(sujetar, coger)* to hold ● **tiene la olla por las asas** she's holding the pot by its handles ● **¡ten!** here you are! **5.** *(sentir)* to be ● **tener frío/calor** to be cold/hot ● **tener hambre/sed** to be hungry/thirsty **6.** *(sentimiento)* ● **nos tiene cariño** he's fond of us **7.** *(mantener)* to have ● **hemos tenido una discusión** we've had an argument **8.** *(para desear)* to have ● **que tengan unas felices fiestas** have a good holiday **9.** *(deber asistir a)* to have ● **hoy tengo clase** I have to go to school today ● **el médico no tiene consulta hoy** the doctor is not seeing patients today **10.** *(valorar, considerar)* ● **tener algo/a alguien por algo** to think sthg/sb is sthg ● **ten por seguro que lloverá** you can be sure it will rain **11.** *(haber de)* ● **tengo mucho que contaros** I have a lot to tell you **12.** *(Amér) (llevar)* ● **tengo tres años aquí** I've been here three years

◇ *v aux* **1.** *(haber)* ● **tiene alquilada una casa en la costa** she has a rented house on the coast **2.** *(hacer estar)* ● **me tienes loca** you're driving me mad **3.** *(obligación)* ● **tener que hacer algo** to have to do sthg ● **tenemos que estar a las ocho** we have to be there at eight

teniente [te'njente] *m* lieutenant

tenis ['tenis] *m* tennis ● **jugar al tenis** to play tennis ● **tenis de mesa** table tennis, ping-pong

tenista [te'nista] *mf* tennis player

tenor [te'nor] *m* tenor

tensión [ten'sjon] *f* **1.** tension **2.** *(de la sangre)* blood pressure **3.** *(fuerza)* stress **4.** *(voltaje)* voltage

tenso, sa ['tenso, sa] *adj* **1.** *(persona)* tense **2.** *(objeto, cuerda)* taut

tentación [tenta'θjon] *f* temptation

tentáculo [ten'takulo] *m* tentacle

tentempié [tentem'pje] *m (bebida, comida)* snack

tenue ['tenwe] *adj* **1.** *(color, luz)* faint **2.** *(tela, cortina)* fine

teñir [te'ɲir] *vt* to dye

teología [teolo'xia] *f* theology

teoría [teo'ria] *f* theory ● **en teoría** in theory

terapeuta [tera'peuta] *mf* therapist

tercermundista [terθermun'dista] *adj* third-world *(antes de s)*

tercero, ra [ter'θero, ra] ◇ *núm* third ◇ *m* **1.** *(persona)* third party **2.** *(piso)* third floor ➤ **sexto**

tercio ['terθjo] *m* **1.** *(tercera parte)* third

terciopelo [terθjo'pelo] *m* velvet

terco, ca ['terko, ka] *adj* stubborn

termas ['termas] *fpl* hot baths, spa *sg*

terminado, da [termi'naðo, ða] *adj* finished

terminal [termi'nal] ◇ *adj* **1.** *(enfermo)* terminal **2.** *(estación)* final ◇ *m* terminal ◇ *f* **1.** *(de aeropuerto)* terminal **2.** *(de autobús)* terminus

terminar [termi'nar] ◇ *vt* to finish ◇ *vi* **1.** to end **2.** *(tren)* to terminate ● **terminar en** to end in ● **termina en punta** it ends in a point ● **terminar por**

hacer algo to end up doing sthg

término ['termino] *m* **1.** end **2.** *(plazo)* period **3.** *(palabra)* term **4.** *(Col, Méx & Ven) (de carne)* level of cooking (of meat) ● **término municipal** district ● **términos** *mpl* terms

terminología [terminolo'xia] *f* terminology

termita [ter'mita] *f* termite

termo ['termo] *m* Thermos ® (flask)

termómetro [ter'mometro] *m* thermometer

termostato [termos'tato] *m* thermostat

ternera [ter'nera] *f* veal ● **ternera asada** roast veal

ternero, ra [ter'nero, ra] *m,f* calf

terno ['terno] *m (Andes, RP & Ven)* suit

ternura [ter'nura] *f* tenderness

terraplén [tera'plen] *m* embankment

terrateniente [terate'njente] *mf* landowner

terraza [te'raθa] *f* **1.** *(balcón)* balcony **2.** *(techo)* terrace roof **3.** *(de bar, restaurante, cultivo)* terrace

terremoto [tere'moto] *m* earthquake

terreno [te'reno] *m* **1.** *(suelo)* land **2.** *(parcela)* plot (of land) **3.** *(fig) (ámbito)* field

terrestre [te'restre] *adj* terrestrial

terrible [te'rißle] *adj* **1.** *(que causa terror)* terrifying **2.** *(horrible)* terrible

territorio [teri'torjo] *m* territory

terrón [te'ron] *m (de azúcar)* lump

terror [te'ror] *m* terror

terrorismo [tero'rizmo] *m* terrorism

terrorista [tero'rista] *mf* terrorist

tertulia [ter'tulja] *f* **1.** *(personas)* regular meeting of people for informal discussion *of a particular issue of common interest*

tesis ['tesis] *f inv* thesis

tesoro [te'soro] *m* 1. *(botín)* treasure 2. *(hacienda pública)* treasury

test ['tes] *m* test

testamento [testa'mento] *m* will

testarudo, da [testa'ruðo, ða] *adj* stubborn

testículo [tes'tikulo] *m* testicle

testigo [tes'tiɣo] *m* witness

testimonio [testi'monjo] *m* 1. *(prueba)* proof 2. *(declaración)* testimony

teta ['teta] *f (fam)* tit

tetera [te'tera] *f* teapot

tetrabrick [tetra'βrik] *m* tetrabrick

textil [teks'til] *adj* textile

texto ['teksto] *m* 1. text 2. *(pasaje, fragmento)* passage

textura [teks'tura] *f* texture

ti [ti] *pron* 1. *(después de preposición)* you 2. *(reflexivo)* yourself

tianguis ['tjangis] *m inv (Amér)* (open-air) market

tibia ['tiβja] *f* shinbone

tibio, bia ['tiβjo, βja] *adj* 1. *(cálido)* warm 2. *(falto de calor)* lukewarm

tiburón [tiβu'ron] *m* shark

ticket ['tiket] *m* 1. *(billete)* ticket 2. *(recibo)* receipt

tiempo ['tjempo] *m* 1. time 2. *(en meteorología)* weather 3. *(edad)* age 4. *(en deporte)* half 5. *(en gramática)* tense • **a tiempo** on time • **al mismo tiempo que** at the same time as • **con tiempo** in good time • **del tiempo** *(bebida)* at room temperature • **en otros tiempos** in a different age • **hace tiempo** a long time ago • **hace tiempo que no te**

veo it's a long time since I saw you • **tener tiempo** to have time • **todo el tiempo** *(todo el rato)* all the time; *(siempre)* always • **tiempo libre** spare time

tienda ['tjenda] *f* 1. shop 2. *(para acampar)* tent • **ir de tiendas** to go shopping • **tienda de campaña** tent • **tienda de comestibles** grocery (shop) • **tienda de confecciones** clothes shop

tierno, na ['tjerno, na] *adj* 1. tender 2. *(pan)* fresh

tierra ['tjerra] *f* 1. land 2. *(materia)* soil 3. *(suelo)* ground 4. *(patria)* homeland • **tierra adentro** inland • **tomar tierra** to touch down • **Tierra** *f* • **la Tierra** the Earth

tieso, sa ['tjeso, sa] *adj* 1. *(rígido)* stiff 2. *(erguido)* erect 3. *(antipático)* haughty

tiesto ['tjesto] *m* flowerpot

tigre, esa ['tiɣre, esa] *m,f* tiger *(f* tigress*)*

tijeras [ti'xeras] *fpl* scissors

tila ['tila] *f* lime blossom tea

tilde ['tilde] *f* 1. *(acento)* accent 2. *(de ñ)* tilde

timbal [tim'bal] *m* kettledrum

timbre ['timbre] *m* 1. *(aparato)* bell 2. *(de voz, sonido)* tone 3. *(sello)* stamp

tímido, da ['timiðo, ða] *adj* shy

timo ['timo] *m* swindle

timón [ti'mon] *m* 1. rudder 2. *(Andes) (de carro)* steering wheel

tímpano ['timpano] *m (del oído)* eardrum

tina ['tina] *f* 1. *(vasija)* pitcher 2. *(bañera)* bathtub

tino ['tino] *m* 1. *(juicio)* good judgment 2. *(moderación)* moderation

tinta [ˈtinta] *f* ink ● **en su tinta** cooked in its ink

tintero [tinˈteɾo] *m* (*en pupitre*) inkwell

tinto [ˈtinto] *m* red wine

tintorería [tintoɾeˈria] *f* dry cleaner's

tío, a [ˈtio, a] *m,f* **1.** (*pariente*) uncle (*f* aunt) **2.** (*fam*) (*compañero, amigo*) mate (*UK*), buddy (*US*) **3.** (*fam*) (*persona*) guy (*f* girl)

tiovivo [ˌtioˈβiβo] *m* merry-go-round

típico, ca [ˈtipiko, ka] *adj* **1.** typical **2.** (*traje, restaurante*) traditional

tipo [ˈtipo] *m* **1.** (*clase*) type **2.** (*figura de mujer*) figure **3.** (*figura de hombre*) build **4.** (*fam*) (*individuo*) guy **5.** (*modelo*) model ● **tipo de cambio** exchange rate

tipografía [tipoɣɾaˈfia] *f* (*arte*) printing

tira [ˈtiɾa] *f* strip

tirabuzón [tiɾaβuˈθon] *m* ringlet

tirada [tiˈɾaða] *f* **1.** (*número de ventas*) circulation **2.** (*en juegos*) throw **3.** (*distancia grande*) long way

tiradero [tiɾaˈðeɾo] *m* (*Amér*) dump

tirador [tiɾaˈðoɾ] *m* (*de puerta, cajón*) handle

tiranía [tiɾaˈnia] *f* tyranny

tirano, na [tiˈɾano, na] *m,f* tyrant

tirante [tiˈɾante] *adj* **1.** (*estirado*) taut **2.** (*relación, situación*) tense ● **tirantes** *mpl* braces (*UK*), suspenders (*US*)

tirar [tiˈɾaɾ] ◇ *vt* **1.** (*arrojar, lanzar*) to throw **2.** (*desechar, malgastar*) to throw away **3.** (*derribar*) to knock down **4.** (*dejar caer*) to drop **5.** (*volcar*) to knock over **6.** (*derramar*) to spill **7.** (*disparar*) to fire ◇ *vi* **1.** (*atraer*) to be attractive **2.** (*desviarse*) to head **3.** (*durar*) to

keep going **4.** (*en juegos*) to have one's go ● **tirar de** to pull ● **voy tirando** I'm O.K., I suppose ▼ **tirar** pull ◆ **tirar a** *v* + *prep* (*parecerse a*) to take after ● **tirar a gris** to be greyish ● **tirarse** *vp* **1.** to throw o.s. **2.** (*tiempo*) to spend

tirita ® [tiˈɾita] *f* (*sticking*) plaster (*UK*), Band-Aid ® (*US*)

tiritar [tiɾiˈtaɾ] *vi* to shiver

tiro [ˈtiɾo] *m* **1.** shot **2.** (*actividad*) shooting **3.** (*herida*) gunshot wound **4.** (*de chimenea*) draw **5.** (*de carruaje*) team

tirón [tiˈɾon] *m* **1.** (*estirón*) pull **2.** (*robo*) bagsnatching

tisú [tiˈsu] *m* lamé

títere [ˈtiteɾe] *m* puppet ◆ **títeres** *mpl* (*espectáculo*) puppet show *sg*

titular [tituˈlaɾ] ◇ *adj* official ◇ *m* headline ◇ *vt* to title ◆ **titularse** *vp* **1.** (*llamarse*) to be called **2.** (*en estudios*) to graduate

título [ˈtitulo] *m* **1.** title **2.** (*diploma*) qualification **3.** (*licenciatura*) degree

tiza [ˈtiθa] *f* chalk

tlapalería [tlapaleˈɾia] *f* (*Amér*) hardware shop

toalla [toˈaʎa] *f* towel ● **toalla de ducha** bath towel ● **toalla de manos** hand towel

tobillo [toˈβiʎo] *m* ankle

tobogán [toβoˈɣan] *m* **1.** (*en parque de atracciones*) helter-skelter (*UK*), slide **2.** (*rampa*) slide **3.** (*en piscina*) flume (*UK*), waterslide **4.** (*trineo*) toboggan

tocadiscos [tokaˈðiskos] *m inv* record player

tocador [tokaˈðoɾ] *m* **1.** (*mueble*) dressing table **2.** (*habitación*) powder room

tocar [to'kar] ◇ *vt* **1.** to touch **2.** *(palpar)* to feel **3.** *(instrumento musical)* to play **4.** *(alarma)* to sound **5.** *(timbre, campana)* to ring **6.** *(tratar)* to touch on ◇ *vi* **1.** *(a la puerta)* to knock **2.** *(al timbre)* to ring **3.** *(estar próximo)* to border • **te toca a ti** *(es tu turno)* it's your turn; *(es tu responsabilidad)* it's up to you • **le tocó la mitad** he got half of it • **le tocó el gordo** she won first prize ▼ **no tocar el género** do not touch

tocino [to'θino] *m* bacon fat • **tocino de cielo** *dessert made of sugar and eggs*

todavía [toða'βia] *adv* still • **todavía no** not yet

todo, da ['toðo, ða] ◇ *adj* **1.** all **2.** *(cada, cualquier)* every ◇ *pron* **1.** *(para cosas)* everything, all of them *pl* **2.** *(para personas)* everybody ◇ *m* whole • **todo el libro** all (of) the book • **todos los lunes** every Monday • **tenemos de todo** we've got all sorts of things • **ante todo** first of all • **sobre todo** above all

toga ['toɣa] *f* *(de abogado, juez)* gown

toldo ['toldo] *m* **1.** *(de tienda)* awning **2.** *(de playa)* sunshade

tolerado, da [tole'raðo, ða] *adj* *(Esp)* *(película, espectáculo)* ≃ PG

tolerancia [tole'ranθja] *f* tolerance

tolerante [tole'rante] *adj* tolerant

tolerar [tole'rar] *vt* **1.** to tolerate **2.** *(sufrir)* to stand

toma ['toma] *f* **1.** *(de leche)* feed **2.** *(de agua, gas)* inlet **3.** *(de luz)* socket

tomar [to'mar] *vt* **1.** to take **2.** *(contratar)* to take on **3.** *(comida, bebida, baño, ducha)* to have **4.** *(sentir)* to acquire

tomar a alguien por to take sb for • **tomar algo a mal** to take sth the wrong way • **¿quieres tomar algo?** *(comer, beber)* do you want anything to eat/drink? • **tomar el fresco** to get a breath of fresh air • **tomar el sol** to sunbathe • **tomar prestado** to borrow

tomate [to'mate] *m* tomato

tómbola ['tombola] *f* tombola

tomillo [to'miʎo] *m* thyme

tomo ['tomo] *m* volume

tonel [to'nel] *m* barrel

tonelada [tone'laða] *f* tonne

tónica ['tonika] *f* *(bebida)* tonic water

tónico, ca ['toniko, ka] ◇ *adj* **1.** *(vigorizante)* revitalizing **2.** *(con acento)* tonic ◇ *m* *(cosmético)* skin toner

tono ['tono] *m* **1.** tone **2.** *(de color)* shade

tontería [tonte'ria] *f* **1.** *(cualidad)* stupidity **2.** *(indiscreción)* stupid thing **3.** *(cosa sin valor)* trifle

tonto, ta ['tonto, ta] *adj* **1.** stupid **2.** *(ingenuo)* innocent

tope ['tope] *m* **1.** *(punto máximo)* limit **2.** *(pieza)* block

tópico, ca ['topiko, ka] ◇ *adj* *(medicamento)* topical ◇ *m* **1.** *(tema recurrente)* recurring theme **2.** *(frase muy repetida)* cliché

topo ['topo] *m* mole

tórax ['toraks] *m inv* thorax

torbellino [torβe'ʎino] *m* **1.** *(de viento)* whirlwind **2.** *(de sucesos, preguntas, etc)* spate

torcer [tor'θer] ◇ *vt* **1.** *(retorcer)* to twist **2.** *(doblar)* to bend **3.** *(girar)* to turn **4.** *(inclinar)* to tilt ◇ *vi* to turn ◆ **torcerse** *vp* **1.** *(fracasar)* to go wrong **2.** *(no* cumplirse) to be frustrated • **torcerse el brazo** to twist one's arm • **torcerse el tobillo** to sprain one's ankle

torcido, da [tor'θiðo, ða] adj 1. (retorcido) twisted 2. (doblado) bent 3. (inclinado) crooked

tordo ['torðo] m thrush

torear [tore'ar] ◇ vt 1. (toro, vaquilla) to fight 2. (fig) (evitar) to dodge 3. (fig) (burlarse de) to mess about ◇ vi to fight bulls

torera [to'rera] f bolero (jacket)

torero, ra [to'rero, ra] m,f bullfighter

tormenta [tor'menta] f storm

tormentoso, sa [tormen'toso, sa] adj stormy

torneo [tor'neo] m tournament

tornillo [tor'niʎo] m screw

torniquete [torni'kete] m (para hemorragia) tourniquet

toro ['toro] m bull • **toros** mpl 1. (corrida) bullfight sg 2. (fiesta) bullfighting sg

Los toros

Bullfighting remains popular in Spain and Latin America, although it is becoming increasingly controversial. Bullfights begin with the participants parading across the bullring in traditional costume. The fight has three parts: first of all, the mounted picador goads the bull with a lance; then the *banderillero* sticks barbed darts into it; finally, the *matador* performs a series of passes with his cape before killing the bull with his sword. A bullfighter who has performed well receives the ears and tail of the bull.

torpe ['torpe] adj 1. (poco ágil) clumsy 2. (poco inteligente, lento) slow

torpedo [tor'peðo] m torpedo

torpeza [tor'peθa] f 1. (falta de agilidad) clumsiness 2. (falta de inteligencia, lentitud) slowness

torre ['tore] f 1. tower 2. (de oficinas, etc) tower block (UK), high-rise (US) 3. (en ajedrez) castle, rook

torrente [to'rente] m torrent

torrija [to'rixa] f French toast

torta ['torta] f 1. (fam) (bofetada) thump 2. (fam) (accidente) bump 3. (Amér) (de verduras, de carne) pie 4. (CSur & Ven) (dulce) cake 5. (Méx) (de pan) sandwich 6. • **ni torta** (fam) not a thing

tortazo [tor'taθo] m 1. (fam) (bofetada) thump 2. (golpe fuerte) bump

tortilla [tor'tiʎa] f 1. omelette 2. (Méx) (de harina) tortilla • **tortilla de atún** tuna omelette • **tortilla de champiñón** mushroom omelette • **tortilla (a la) francesa** plain omelette • **tortilla de gambas** prawn omelette • **tortilla de jamón** ham omelette • **tortilla de patatas** Spanish omelette

tórtola ['tortola] f turtledove

tortuga [tor'tuɣa] f 1. (terrestre) tortoise 2. (marina) turtle

torturar [tortu'rar] vt to torture

tos ['tos] f cough

toser [to'ser] vi to cough

tosta ['tosta] f piece of toast with a topping

tostada [tos'taða] *f* piece of toast

tostador [tosta'ðor] *m* toaster

tostar [tos'tar] *vt* to toast ◆ **tostarse** *vp* (*broncearse*) to get brown

total [to'tal] ◇ *adj & m* total ◇ *adv* so, anyway

totalidad [totali'ðað] *f* ● **la totalidad de** all of

tóxico, ca ['toksiko, ka] *adj* poisonous

toxicomanía [toksikoma'nia] *f* drug addiction

toxicómano, na [toksi'komano, na] *m,f* drug addict

trabajador, ra [traβaxa'ðor, ra] ◇ *adj* hard-working ◇ *m,f* worker

trabajar [traβa'xar] *vt & vi* to work ● **trabajar de** to work as ● **trabajar de canguro** to babysit

trabajo [tra'βaxo] *m* **1.** work **2.** (*empleo*) job **3.** (*esfuerzo*) effort **4.** (*en el colegio*) essay ● **trabajos manuales** arts and crafts

trabalenguas [traβa'lenguas] *m inv* tongue-twister

traca ['traka] *f* string of firecrackers

tractor [trak'tor] *m* tractor

tradición [traði'θjon] *f* tradition .

tradicional [traðiθjo'nal] *adj* traditional

tradicionalmente [traðiθjo.nal'mente] *adv* traditionally

traducción [traðuk'θjon] *f* translation

traducir [traðu'θir] *vt* to translate

traductor, ra [traðuk'tor, ra] *m,f* translator

traer [tra'er] *vt* **1.** (*trasladar*) to bring; (*llevar*) to carry ● **me trajo un regalo** she brought me a present ● **¿qué traes ahí?** what have you got there? **2.** *(provocar, ocasionar)* to bring ● **le trajo graves consecuencias** it had serious consequences for him **3.** (*contener*) to have ● **el periódico trae una gran noticia** the newspaper has an important piece of news in it **4.** *(llevar puesto)* to wear

◆ **traerse** *vp* ● **se las trae** *(fam)* it's quite a lot to it

traficante [trafi'kante] *mf* trafficker

traficar [trafi'kar] *vi* to traffic

tráfico ['trafiko] *m* **1.** (*de vehículos*) traffic **2.** (*de drogas*) trafficking

tragar [tra'ɣar] ◇ *vt* **1.** (*ingerir*) to swallow **2.** (*fam*) (*devorar, consumir*) to guzzle **3.** (*soportar*) to put up with ◇ *vi* to swallow ● **no tragar a alguien** *(fam)* not to be able to stand sb ◆ **tragarse** *vp* *(fam)* to swallow

tragedia [tra'xeðja] *f* tragedy

trágico, ca ['traxiko, ka] *adj* tragic

tragicomedia [traxiko'meðja] *f* tragicomedy

trago ['traɣo] *m* **1.** (*de líquido*) mouthful **2.** (*fam*) (*copa*) drink **3.** (*disgusto*) difficult situation

traición [trai'θjon] *f* **1.** (*infidelidad*) betrayal **2.** (*delito*) treason

traje ['traxe] *m* **1.** (*vestido*) dress **2.** (*de hombre*) suit **3.** (*de chaqueta*) two-piece suit **4.** (*de región, época, etc*) costume ● **traje de baño** swimsuit ● **traje (de) chaqueta** woman's two-piece suit ● **traje de luces** matador's outfit

trama ['trama] *f* **1.** (*de novela, historia*) plot **2.** (*maquinación*) intrigue

tramar [tra'mar] *vt* to weave

tramitar [trami'tar] *vt* **1.** (*suj: autorida-*

des) to process (*document*) **2.** (*suj: solicitante*) to obtain

tramo ['tramo] *m* **1.** (*de camino, calle*) stretch **2.** (*de escalera*) flight (of stairs)

tramontana [tramon'tana] *f* north wind

tramoya [tra'moja] *f* (*en teatro*) stage machinery

tramoyista [tramo'jista] *mf* stage hand

trampa ['trampa] *f* **1.** (*para cazar*) trap **2.** (*engaño*) trick **3.** (*en juego*) cheating **4.** (*puerta*) trapdoor ● **hacer trampa** to cheat

trampolín [trampo'lin] *m* **1.** (*en piscina*) diving board **2.** (*en esquí*) ski jump **3.** (*en gimnasia*) springboard

trance ['tranθe] *m* **1.** (*momento difícil*) difficult situation **2.** (*estado hipnótico*) trance

tranquilidad [trankili'ðað] *f* **1.** (*de lugar*) peacefulness **2.** (*de carácter*) calmness **3.** (*despreocupación*) peace of mind

tranquilo, la [tran'kilo, la] *adj* **1.** (*lugar*) peaceful **2.** (*de carácter, mar, tiempo*) calm **3.** (*libre de preocupaciones*) unworried

transbordador [tranzβorða'ðor] *m* ferry

transbordar [tranzβor'ðar] *vt* to transfer

transbordo [tranz'βorðo] *m* change (of *train etc*) ● **hacer transbordo** to change

transcurrir [transku'rir] *vi* to take place

transeúnte [transe'unte] *mf* passer-by

transferencia [transfe'renθja] *f* transfer

transformación [transforma'θjon] *f* transformation

transformador [transforma'ðor] *m* transformer

transformar [transfor'mar] *vt* to transform ● **transformar algo en** to turn sthg into ● **transformarse** *vp* (*cambiar*) to be transformed ● **transformarse en** to be converted into

transfusión [transfu'sjon] *f* transfusion

transición [transi'θjon] *f* transition

transigir [transi'xir] *vi* **1.** (*ceder*) to compromise **2.** (*ser tolerante*) to be tolerant

transistor [transis'tor] *m* transistor

tránsito ['transito] *m* (*de vehículos*) traffic

translúcido, da [tranz'luθiðo, ða] *adj* translucent

transmitir [tranzmi'tir] *vt* **1.** (*difundir*) to broadcast **2.** (*comunicar*) to pass on **3.** (*contagiar*) to transmit

transparente [transpa'rente] *adj* transparent

transportar [transpor'tar] *vt* to transport

transporte [trans'porte] *m* transport (*UK*), transportation (*US*) ● **transporte público** public transport (*UK*), transportation (*US*)

transversal [tranzβer'sal] *adj* **1.** (*atravesado*) transverse **2.** (*perpendicular*) cross (*antes de s*)

tranvía [tram'bia] *m* tram

trapear [trape'ar] *vt* (*Amér*) to mop

trapecio [tra'peθjo] *m* trapeze

trapecista [trape'θista] *mf* trapeze artist

trapo ['trapo] *m* **1.** (*trozo de tela*) rag **2.** (*para limpiar*) cloth

tráquea ['trakea] *f* windpipe

tras [tras] *prep* **1.** *(detrás de)* behind **2.** *(después de)* after

trasero, ra [tra'sero, ra] ◇ *adj* back *(antes de s)* ◇ *m (fam)* backside

trasladar [trazla'ðar] *vt* **1.** *(mudar)* to move **2.** *(empleado, trabajador)* to transfer **3.** *(aplazar)* to postpone ◆ **trasladarse** *vp* **1.** *(desplazarse)* to go **2.** *(mudarse)* to move

traslado [traz'laðo] *m* **1.** *(de muebles, libros, etc)* moving **2.** *(de puesto, cargo, etc)* transfer

traspasar [traspa'sar] *vt* **1.** *(cruzar)* to cross (over) **2.** *(atravesar)* to go through **3.** *(suj: líquido)* to soak through **4.** *(negocio)* to sell (as a going concern)

traspiés [tras'pjes] *m inv* **1.** *(tropezón)* trip **2.** *(equivocación)* slip

trasplantar [trasplan'tar] *vt* to transplant

trasplante [tras'plante] *m* transplant

traste ['traste] *m (CSur) (trasero)* backside ◆ **trastes** mpl *(Andes, CAm & Méx)* things ● **lavar los traste** to do the dishes

trasto ['trasto] *m* **1.** *(objeto inútil)* piece of junk **2.** *(fig) (persona)* nuisance ◆ **trastos** mpl *(equipo)* things

tratado [tra'taðo] *m* **1.** *(acuerdo)* treaty **2.** *(escrito)* treatise

tratamiento [trata'mjento] *m* **1.** treatment **2.** *(título)* title

tratar [tra'tar] *vt* **1.** to treat **2.** *(discutir)* to discuss **3.** *(conocer)* to come into contact with ◆ **tratar de** *v + prep* **1.** *(hablar sobre)* to be about **2.** *(intentar)* to try to

tratativas [trata'tiβas] *fpl (CSur)* negotiations

trato ['trato] *m* **1.** *(de persona)* treatment **2.** *(acuerdo)* deal **3.** *(tratamiento)* dealings *pl*

trauma ['trauma] *m* trauma

través [tra'βez] ◆ **a través de** *prep* **1.** *(en espacio)* across **2.** *(en tiempo)* through

travesaño [traβe'saɲo] *m (de portería)* crossbar

travesía [traβe'sia] *f* **1.** *(calle)* cross-street **2.** *(por mar)* crossing **3.** *(por aire)* flight

travesti [tra'βesti] *m* transvestite

travieso, sa [tra'βjeso, sa] *adj* mischievous

trayecto [tra'jekto] *m* **1.** *(camino, distancia)* distance **2.** *(viaje)* journey **3.** *(ruta)* route

trayectoria [trajek'torja] *f* **1.** *(recorrido)* trajectory **2.** *(desarrollo)* path

trazado [tra'θaðo] *m* **1.** *(de carretera, canal)* course **2.** *(de edificio)* design

trazar [tra'θar] *vt* **1.** *(línea, dibujo)* to draw **2.** *(proyecto, plan)* to draw up

trazo ['traθo] *m* **1.** line **2.** *(de escritura)* stroke

trébol ['treβol] *m* **1.** *(planta)* clover **2.** *(en naipes)* club

trece ['treθe] *núm* thirteen ➤ **seis**

tregua ['treɣwa] *f* **1.** *(en conflicto)* truce **2.** *(en trabajo, estudios)* break

treinta ['treinta] *núm* thirty ➤ **seis**

tremendo, da [tre'mendo, da] *adj* **1.** *(temible)* terrible **2.** *(muy grande)* enormous **3.** *(travieso)* mischievous

tren ['tren] *m* train ● **tren de alta velocidad** high-speed train ● **tren de**

aterrizaje landing gear ● **tren de cercanías** local train ● **tren de lavado** car wash

trenza ['trenθa] *f* plait (*UK*), braid (*US*)

trepar [tre'par] *vt* to climb

tres ['tres] *núm* three ➤ **seis**

tresillo [tre'siʎo] *m* **1.** (*sofá*) three-piece suite **2.** (*juego*) ombre card game *for three players*

trial [tri'al] *m* trial

triangular [trjaŋgu'lar] *adj* triangular

triángulo [tri'aŋgulo] *m* triangle

tribu ['triβu] *f* tribe

tribuna [tri'βuna] *f* **1.** (*para orador*) rostrum **2.** (*para espectadores*) stand

tribunal [triβu'nal] *m* **1.** court **2.** (*en examen, oposición*) board of examiners

triciclo [tri'θiklo] *m* tricycle

trigo ['triɣo] *m* wheat

trilladora [triʎa'ðora] *f* threshing machine

trillar [tri'ʎar] *vt* to thresh

trillizos, zas [tri'ʎiθos, θas] *m,f pl* triplets

trimestral [trimes'tral] *adj* **1.** (*cada tres meses*) quarterly **2.** (*de tres meses*) three-month

trimestre [tri'mestre] *m* **1.** (*periodo*) quarter, three months *pl* **2.** (*en escuela*) term (*UK*), quarter (*US*)

trinchante [trin'tʃante] *m* **1.** (*cuchillo*) carving knife **2.** (*tenedor*) meat fork

trineo [tri'neo] *m* sledge

trío ['trio] *m* trio

tripa ['tripa] *f* **1.** (*barriga*) belly **2.** (*intestino*) gut ◆ **tripas** *fpl* (*interior*) insides

triple ['triple] ◇ *adj* triple ◇ *m* (*en*

baloncesto) three-pointer ● **el triple de** three times as much as

trípode ['tripoðe] *m* tripod

tripulación [tripula'θjon] *f* crew

tripulante [tripu'lante] *mf* crew member

triste ['triste] *adj* **1.** sad **2.** (*color, luz*) pale **3.** (*insuficiente*) miserable

tristeza [tris'teθa] *f* sadness

triturar [tritu'rar] *vt* **1.** (*desmenuzar*) to grind **2.** (*mascar*) to chew

triunfal [triun'fal] *adj* triumphant

triunfar [triun'far] *vi* **1.** (*vencer*) to win **2.** (*tener éxito*) to succeed

triunfo [tri'unfo] *m* **1.** (*victoria*) triumph **2.** (*en encuentro*) victory, win

trivial [tri'βjal] *adj* trivial

trizas ['triθas] *fpl abbr* ● **hacer trizas** (*hacer añicos*) to smash to pieces; (*desgarrar*) to tear to shreds

trofeo [tro'feo] *m* trophy

trombón [trom'bon] *m* trombone

trompa ['trompa] *f* **1.** (*de elefante*) trunk **2.** (*instrumento*) horn ● **coger una trompa** (*fam*) to get sloshed

trompazo [trom'paθo] *m* bump

trompeta [trom'peta] *f* trumpet

tronar [tro'nar] *vi* **tronaba** it was thundering

tronco ['tronko] *m* trunk ● **tronco de merluza** thick hake steak taken from the back of the fish

trono ['trono] *m* throne

tropa ['tropa] *f* **1.** (*de soldados*) troops *pl* **2.** (*de personas*) crowd ◆ **tropas** *fpl* troops

tropezar [trope'θar] *vi* to trip ● **tropezar con** to walk into

tropezón [trope'θon] *m* **1.** *(tropiezo)* trip **2.** *(de jamón, pan)* small chunk **3.** *(equivocación)* slip

tropical [tropi'kal] *adj* tropical

trópico [tropiko] *m* tropic

tropiezo [tro'pjeθo] *m* **1.** *(tropezón)* trip **2.** *(dificultad)* obstacle **3.** *(equivocación)* slip

trotar [tro'tar] *vi* **1.** *(caballo)* to trot **2.** *(persona)* to dash around

trote [trote] *m* **1.** *(de caballo)* trot **2.** *(trabajo, esfuerzo)* dashing around

trozo [troθo] *m* piece ● **a trozos** in patches ● **un trozo de** a piece of

trucaje [tru'kaxe] *m* *(en cine)* trick photography

trucha [trutʃa] *f* trout

truco [truko] *m* **1.** *(trampa, engaño)* trick **2.** *(en cine)* special effect

trueno [trweno] *m* **1.** *(durante tormenta)* (roll of) thunder **2.** *(de arma)* boom

trufa [trufa] *f* truffle ● **trufas heladas** frozen chocolate truffles

tu [tu] *(pl* **tus)** *adj* your

tú [tu] *pron* you ● **hablar o tratar de tú a alguien** to address sb as tú

tuberculosis [tuβerku'losis] *f inv* tuberculosis

tubería [tuβe'ria] *f* pipe

tubo [tuβo] *m* **1.** *(de agua, gas)* pipe **2.** *(recipiente)* tube ● **tubo de escape** exhaust pipe

tuerca [twerka] *f* nut

tuerto, ta [twerto, ta] *adj* *(sin un ojo)* one-eyed

tul [tul] *m* tulle

tulipán [tuli'pan] *m* tulip

tullido, da [tu'ʎiðo, ða] *adj* paralysed

tumba [tumba] *f* grave

tumbar [tum'bar] *vt* **1.** *(derribar)* to knock down **2.** *(fam)* *(suspender)* to fail ● **tumbarse** *vp* to lie down

tumbona [tum'bona] *f* **1.** *(en la playa)* deck chair **2.** *(en el jardín)* sun lounger

tumor [tu'mor] *m* tumour

tumulto [tu'multo] *m* **1.** *(disturbio)* riot **2.** *(confusión)* uproar

tuna [tuna] *f* group of student minstrels

---

tuna

Tunas (also called *estudiantinas* in some parts of Latin America) are musical groups made up of students wearing the traditional dress of black capes and coloured ribbons. They wander the streets playing folk songs on traditional instruments, either for fun or to make a bit of money.

---

túnel [tunel] *m* tunnel

Túnez [tuneθ] *s (país)* Tunisia

túnica [tunika] *f* tunic

tupido, da [tu'piðo, ða] *adj* thick

turbina [tur'βina] *f* turbine

turbio, bia [turβjo, βja] *adj* **1.** *(líquido, agua)* cloudy **2.** *(asunto)* shady

turbulencia [turβu'lenθja] *f* turbulence

turco, ca [turko, ka] ◇ *adj* Turkish ◇ *m,f* Turk

turismo [tu'rizmo] *m* **1.** tourism **2.** *(coche)* private car

turista [tu'rista] *mf* tourist

turistear [turiste'ar] *vi* *(Andes & Méx)* to go sightseeing

turístico, ca [tu'ristiko, ka] *adj* tourist (*antes de s*)

túrmix ® ['turmiks] *f inv* blender

turno ['turno] *m* **1.** (*momento*) turn **2.** (*en el trabajo*) shift ▼ **su turno** next customer, please

Turquía [tur'kia] *s* Turkey

turrón [tu'ron] *m* sweet eaten at Christmas, made with almonds and honey

tutear [tute'ar] *vt* to address as tú ◆

tutearse *vp* to address one another as tú

tuteo

Nowadays, it is much more common to use the *tu* form of address in Spain, even when talking to people you don't know. The formal *usted* is used much less frequently than in the past, and is confined to certain formal occasions or sometimes used as a mark of respect in professional situations.

tutor, ra [tu'tor, ra] *m,f* **1.** (*de bienes, menor*) guardian **2.** (*de curso*) class teacher

tuyo, ya ['tujo, ja] ◇ *adj* yours ◆ *pron* ◆ **el tuyo, la tuya** yours ● **lo tuyo** your thing ● **un amigo tuyo** a friend of yours

TV ['te'uβe] (*abr de* televisión) TV (*television*)

UCI ['uθi] *f* (*abr de* unidad de cuidados intensivos) ICU (*Intensive Care Unit*)

Ud. *abrev* = usted

Uds. *abrev* = ustedes

UE *f* (*abr de* Unión Europea) EU (*European Union*)

úlcera ['ulθera] *f* ulcer

último, ma ['ultimo, ma] *adj* **1.** last **2.** (*más reciente*) latest **3.** (*más bajo*) bottom **4.** (*más alto*) top ● **a últimos de** at the end of ● **por último** finally ● **última llamada** last call

ultramarinos [ultrama'rinos] *m inv* (*tienda*) grocer's (shop) (*UK*), grocery store (*US*)

ultravioleta [ultraβjo'leta] *adj* ultravioleta
let

umbral [um'bral] *m* threshold

un, una [un, 'una] ◇ *art* a, an (*antes de sonido vocálico*) ◇ *adj* ➤ **uno** ● **un hombre** a man ● **una mujer** a woman ● **un águila** an eagle

unánime [u'nanime] *adj* unanimous

UNED [u'neð] *f* Spanish open university

únicamente [ˌunika'mente] *adv* only

único, ca ['uniko, ka] *adj* **1.** (*solo*) only **2.** (*extraordinario*) unique **3.** (*precio*) single ● **lo único que quiero** all I want

unidad [uni'ðað] *f* **1.** unit **2.** (*unión, acuerdo*) unity

unido, da [u'niðo, ða] *adj* **1.** (*cariñosamente*) close **2.** (*físicamente*) joined

unifamiliar [unifami'ljar] *adj* detached

unificación [unifika'θjon] *f* unification

uniforme [uni'forme] ◇ *m* uniform ◇ *adj* even

unión [u'njon] *f* 1. union 2. (*coordinación, acuerdo*) unity 3. (*cariño*) closeness

unir [u'nir] *vt* 1. (*juntar*) to join 2. (*mezclar*) to mix 3. (*personas*) to unite 4. (*comunicar*) to link ● **unirse** *vp* to join together

unisex [uni'seks] *adj inv* unisex

universal [uniβer'sal] *adj* universal

universidad [uniβersi'ðað] *f* university

universitario, ria [uniβersi'tarjo, rja] *m,f* 1. (*estudiante*) student 2. (*licenciado*) graduate

universo [uni'βerso] *m* universe

uno, una ['uno, na]
◇ *adj* 1. (*indefinido*) one, some *pl* ● **un día volveré** one day I will return ● **unos coches** some cars 2. (*para expresar cantidades*) one ● **treinta y un días** thirty-one days 3. (*aproximadamente*) around, about ● **había unas doce personas** there were around twelve people
◇ *pron* 1. (*indefinido*) one, some *pl* ● **coge uno** take one ● **dame unas** give me some ● **uno de ellos** one of them ● **uno ... otro** one ... another, some ... others *pl* 2. (*fam*) (*referido a personas*) someone ● **ayer hablé con uno que te conoce** I spoke to someone who knows you yesterday 3. (*yo*) one 4. (*en locuciones*) ● **de uno en uno** one by one ● **uno a o por uno** one by one ● **más de uno** many people, seis

untar [un'tar] *vt* 1. (*pan, tostada*) to spread 2. (*manchar*) to smear ● **untarse** *vp* to smear o.s.

uña ['uɲa] *f* 1. (*de persona*) nail 2. (*de animal*) claw ● **hacerse las uñas** to do one's nails

uralita ® [ura'lita] *f corrugated material made from cement and asbestos, used for roofing*

uranio [u'ranjo] *m* uranium

urbanización [urβaniθa'θjon] *f* housing development

urbano, na [ur'βano, na] ◇ *adj* urban ◇ *m,f local police officer who deals mainly with traffic offences*

urgencia [ur'xenθja] *f* emergency ● **Urgencias** *fpl* casualty (department) *sg* (UK), emergency room *sg* (US)

urgente [ur'xente] *adj* urgent ▾ **urgente** (*en cartas*) express

urgentemente [ur,xente'mente] *adv* urgently

urinario [uri'narjo] *m* urinal

urna ['urna] *f* 1. (*de votación*) (ballot) box 2. (*para restos mortales*) urn 3. (*de exposición*) glass case

urraca [u'raka] *f* magpie

urticaria [urti'karja] *f* nettle rash

Uruguay [uru'ɣwai] *m* ● (el) Uruguay Uruguay

uruguayo, ya [uru'ɣwajo, ja] *adj & m,f* Uruguayan

usado, da [u'saðo, ða] *adj* (*gastado*) worn

usar [u'sar] *vt* 1. to use 2. (*llevar*) to wear ● **¿qué talla usa?** what size do you take?

uso ['uso] *m* 1. use 2. (*costumbre*) custom

usted [us'teð, ðes] (*pl* **-des**) *pron* you

usual [u'sual] *adj* usual

usuario, ria [u'suarjo, rja] *m,f* user

utensilio [uten'siljo] *m* **1.** *(herramienta)* tool **2.** *(de cocina)* utensil

útero ['utero] *m* womb

útil ['util] ◇ *adj* useful ◇ *m* tool

utilidad [utili'ðað] *f* **1.** *(cualidad)* usefulness **2.** *(provecho)* use

utilitario [utili'tarjo] *m* small car

utilizar [utili'θar] *vt* to use

uva ['uβa] *f* grape ◆ **uvas de la suerte** *twelve grapes eaten for luck as midnight chimes on New Year's Eve in Spain*

UVA *(abr de* ultravioleta*)* UV *(ultraviolet)*

vaca ['baka] *f* **1.** *(animal)* cow **2.** *(carne)* beef

vacaciones [baka'θjones] *fpl* holidays *(UK),* vacation *(US)* ● **estar de vacaciones** to be on holiday ● **ir de vacaciones** to go on holiday

vacante [ba'kante] *f* vacancy

vaciar [baθi'ar] *vt* **1.** *(recipiente)* to empty **2.** *(hacer hueco)* to hollow out

vacilar [baθi'lar] *vi* **1.** *(dudar)* to hesitate **2.** *(tambalearse)* to wobble

vacío, a [ba'θio, a] ◇ *adj* empty ◇ *m* **1.** *(espacio)* void **2.** *(hueco)* gap ◆ **envasado al vacío** vacuum-packed

vacuna [ba'kuna] *f* vaccine

vacunación [bakuna'θjon] *f* vaccination

vacunar [baku'nar] *vt* to vaccinate

vado ['baðo] *m* **1.** *(en la calle)* lowered kerb *(UK),* entrance **2.** *(de río)* ford ▼ **vado permanente** keep clear

vagabundo, da [baɣa'βundo, da] *m,f* tramp

vagamente [,baɣa'mente] *adv* vaguely

vagina [ba'xina] *f* vagina

vago, ga ['baɣo, ɣa] *adj* **1.** *(perezoso)* lazy **2.** *(impreciso)* vague

vagón [ba'ɣon] *m* *(de pasajeros)* carriage *(UK),* car *(US)*

vagoneta [baɣo'neta] *f* cart

vaho ['bao] *m* **1.** *(vapor)* steam **2.** *(aliento)* breath ◆ **vahos** *mpl* inhalation *sg*

vaina ['baina] *f* *(de guisantes, habas)* pod

vainilla [bai'niʎa] *f* vanilla

vajilla [ba'xiʎa] *f* dishes

vale ['bale] ◇ *m* **1.** *(papel)* voucher **2.** *(Ven) (amigo)* mate *(UK),* buddy *(US)* ◇ *interj* OK!

valentía [balen'tia] *f* bravery

valer [ba'ler] ◇ *vt* **1.** *(costar)* to cost **2.** *(tener un valor de)* to be worth **3.** *(originar)* to earn ◇ *vi* **1.** *(ser eficaz, servir)* to be of use **2.** *(persona)* to be good **3.** *(ser válido)* to be valid **4.** *(estar permitido)* to be allowed ● **¿cuánto vale?** how much is it? ● **¿vale?** OK? ● **vale la pena** it's worth it ◆ **valerse de** *v + prep* to make use of

valeriana [bale'rjana] *f* *(infusión)* valerian tea

validez [bali'ðeθ] *f* validity

válido, da ['baliðo, ða] *adj* *(documento, ley)* valid

valiente [ba'ljente] *adj* **1.** *(persona)* brave **2.** *(actitud, respuesta)* fine

valioso, sa [ba'ljoso, sa] *adj* valuable

valla [ba'ʎa] *f* 1. (*cercado*) fence 2. (*muro*) barrier 3. (*de publicidad*) billboard 4. (*en deporte*) hurdle

valle ['baʎe] *m* valley

valor [ba'lor] *m* 1. value 2. (*valentía*) bravery

valoración [balora'θjon] *f* (*de precio*) valuation

valorar [balo'rar] *vt* 1. (*tasar*) to value 2. (*evaluar*) to evaluate

vals ['bals] *m* waltz

válvula [ˈbalβula] *f* valve

vanguardista [banguar'ðista] *adj* avant-garde

vanidad [bani'ðað] *f* vanity

vanidoso, sa [bani'ðoso, sa] *adj* vain

vapor [ba'por] *m* 1. vapour 2. (*de agua*) steam 3. (*barco*) steamship ● **al vapor** steamed

vaporizador [baporiθa'ðor] *m* spray

vaquero, ra [ba'kero, ra] *adj* (*ropa*) denim ◆ **vaqueros** *mpl* (*pantalones*) jeans

vara ['bara] *f* 1. (*de árbol*) stick 2. (*de metal*) rod 3. (*de mando*) staff

variable [bari'aβle] *adj* changeable

variado, da [bari'aðo, ða] *adj* 1. (*que varía*) varied 2. (*bombones, dulces*) assorted

variar [bari'ar] ◇ *vt* 1. (*cambiar*) to change 2. (*dar variedad*) to vary ◇ *vi* ● **variar de** (*cambiar*) to change; (*ser diferente*) to be different from

varicela [bari'θela] *f* chickenpox

varices [ba'riθes] *fpl* varicose veins

variedad [barje'ðað] *f* variety ◆ **variedades** *fpl* (*espectáculo*) variety *sg*

varios, rias ['barjos, rjas] *adj pl* 1. (*algunos*) several 2. (*diversos*) various

varón [ba'ron] *m* male

varonil [baro'nil] *adj* 1. (*de varón*) male 2. (*valiente, fuerte*) manly

vasallo, lla [ba'saʎo, ʎa] *m,f* subject

vasco, ca ['basko, ka] *adj, m & f* Basque

vascohablante [baskoaˈβlante], **vascoparlante** [baskopar'lante] ◇ *adj* Basque-speaking, bascophone ◇ *mf* Basque speaker

vasija [ba'sixa] *f* container (*earthenware*)

vaso ['baso] *m* 1. glass 2. (*de plástico*) cup

vasto, ta ['basto, ta] *adj* vast

Vaticano [bati'kano] *m* ● **El Vaticano** the Vatican

vaya ['baja] ◇ *v* ➤ **ir** ◇ *interj* well!

Vda. *abrev* = **viuda**

Vdo. (*abr de* **viudo**) widower

vecindad [beθin'dað] *f* 1. (*vecindario*) community 2. (*alrededores*) neighbourhood

vecindario [beθin'darjo] *m* community

vecino, na [be'θino, na] ◇ *adj* neighbouring ◇ *m,f* 1. (*de una casa*) neighbour 2. (*de barrio*) resident 3. (*de pueblo*) inhabitant

vegetación [bexeta'θjon] *f* vegetation

vegetal [bexe'tal] ◇ *adj* 1. (*planta*) plant 2. (*sandwich*) salad (*antes de s*) ◇ *m* vegetable

vegetariano, na [bexeta'rjano, na] *m,f* vegetarian

vehículo [be'ikulo] *m* 1. vehicle 2. (*de infección*) carrier

veinte ['bejnte] *núm* twenty ➤ **seis**

vejez [be'xeθ] *f* old age

vejiga [be'xiɣa] *f* bladder

vela ['bela] *f* 1. *(cirio)* candle 2. *(de barco)* sail 3. *(vigilia)* vigil ● **pasar la noche en vela** not to sleep all night

velcro ® ['belkro] *m* velcro ®

velero [be'lero] *m* 1. *(más pequeño)* sailing boat 2. *(más grande)* sailing ship

veleta [be'leta] *f* weather vane

vello ['beʎo] *m* down

velo ['belo] *m* 1. *(prenda)* veil 2. *(tela)* cover

velocidad [beloθi'ðað] *f* 1. *(rapidez)* speed 2. *(marcha)* gear ▼ **velocidad controlada por radar** speed cameras in operation

velódromo [be'loðromo] *m* cycle track

velomotor [belomo'tor] *m* moped

velorio [be'lorjo] *m* wake

veloz [be'loθ] *adj* fast

vena ['bena] *f* vein

venado [be'naðo] *m (carne)* venison

vencedor, ra [benθe'ðor, ra] *m,f* winner

vencejo [ben'θexo] *m* swift

vencer [ben'θer] ◇ *vt* 1. *(rival, enemigo)* to beat 2. *(dificultad, suj: sueño)* to overcome ◇ *vi* 1. *(ganar)* to win 2. *(plazo, garantía)* to expire 3. *(pago)* to be due

vencido, da [ben'θiðo, ða] *adj* beaten ● **darse por vencido** to give in

vencimiento [benθi'mjento] *m* 1. *(de plazo, garantía)* expiry (UK), expiration (US) 2. *(de pago)* due date

venda ['benda] *f* bandage

vendaje [ben'daxe] *m* bandaging

vendar [ben'dar] *vt* to bandage

vendaval [benda'βal] *m* gale

vendedor, ra [bende'ðor, ra] *m,f* seller

vender [ben'der] *vt* to sell

vendimia [ben'dimja] *f* grape harvest

vendimiador, ra [bendimja'ðor, ra] *m,f* grape picker

vendimiar [bendi'mjar] *vt* to pick *(grapes)*

veneno [be'neno] *m* poison

venenoso, sa [bene'noso, sa] *adj* poisonous

venezolano, na [beneθo'lano, na] *adj & m,f* Venezuelan

Venezuela [bene'θwela] *s* Venezuela

venganza [ben'ganθa] *f* revenge

vengarse [ben'garse] *vp* to take revenge

venida [be'niða] *f* 1. *(llegada)* arrival 2. *(regreso)* return

venir [be'nir] *vi* 1. *(presentarse)* to come ● **vino a verme** he came to see me 2. *(llegar)* to arrive ● **vino a las doce** he arrived at twelve o'clock 3. *(seguir en el tiempo)* to come ● **el año que viene** next year ● **ahora viene la escena más divertida** the funniest scene comes next 4. *(suceder)* ● **le vino una desgracia inesperada** she suffered an unexpected misfortune ● **vino la guerra** the war came 5. *(proceder)* ● **venir de** to come from 6. *(hallarse, estar)* to be ● **el texto viene en inglés** the text is in English 7. *(ropa, zapatos)* ● **el abrigo le viene pequeño** the coat is too small for her ● **tus zapatos no me vienen** your shoes don't fit me 8. *(en locuciones)* ● **¿a qué viene esto?** what do you mean by that?

● **venirse** *vp (llegar)* to come back ● **venirse abajo** *(edificio, persona)* to collapse; *(proyecto)* to fall through

venta ['benta] *f* **1.** sale **2.** *(hostal)* country inn ● **venta anticipada** advance sale ● **venta al detalle** retail ● **venta al mayor** wholesale ▼ **venta de billetes** tickets on sale here ▼ **en venta** for sale

ventaja [ben'taxa] *f* advantage

ventana [ben'tana] *f* window

ventanilla [benta'niʎa] *f* **1.** *(de oficina, banco)* counter **2.** *(de cine, etc)* ticket office **3.** *(de coche)* window

ventilación [bentila'θjon] *f* ventilation

ventilador [bentila'ðor] *m* ventilator, fan

ventisca [ben'tiska] *f* blizzard

ventosa [ben'tosa] *f* sucker

ventoso, sa [ben'toso, sa] *adj* windy

ventrílocuo, cua [ben'trilokuo, kua] *m,f* ventriloquist

ver [ber]
◇ *vt* **1.** *(percibir)* to see; *(mirar)* to look at; *(televisión, partido)* to watch ● **desde casa vemos el mar** we can see the sea from our house ● **he estado viendo tu trabajo** I've been looking at your work ● **ver la televisión** to watch television **2.** *(visitar, encontrar)* to see ● **fui a ver a unos amigos** I went to see some friends **3.** *(darse cuenta de, entender)* to see ● **ya veo que estás de mal humor** I see you're in a bad mood ● **ya veo lo que pretendes** now I see what you're trying to do **4.** *(investigar)* to see ● **voy a ver si han venido** I'm going to see whether they've arrived **5.** *(juzgar)* ● **yo no lo veo tan mal** I don't think it's that bad **6.** *(en locuciones)* ● **hay que ver qué lista es** you wouldn't believe how clever she is ● **por lo visto** o **que se ve** apparently ● **ver mundo** to see the world
◇ *vi* to see ● **a ver** let's see
◆ **verse** *vp (mirarse)* to see o.s.; *(encontrarse)* to meet, to see each other ● **desde aquí se ve el mar** you can see the sea from here

veraneante [berane'ante] *mf* holidaymaker *(UK)*, vacationer *(US)*

veranear [berane'ar] *vi* to have one's summer holiday *(UK)*, to go on summer vacation *(US)*

veraneo [bera'neo] *m* summer holidays *pl (UK)* ○ vacation *(US)*

veraniego, ga [bera'njeɣo, ɣa] *adj* summer *(antes de o)*

verano [be'rano] *m* summer ● **en verano** in summer

veras ['beras] ◆ **de veras** *adv* really

verbena [ber'βena] *f* **1.** *(fiesta)* street party *(on the eve of certain saints' days)* **2.** *(planta)* verbena

verbo ['berβo] *m* verb ● **verbo auxiliar** auxiliary verb

verdad [ber'ðað] *f* **1.** truth ● **es verdad** it's true ● **de verdad** *(en serio)* really; *(auténtico)* real

verdadero, ra [berða'ðero, ra] *adj* **1.** *(cierto, real)* real **2.** *(no falso)* true

verde ['berðe] ◇ *adj inv* **1.** green **2.** *(obsceno)* blue, dirty ◇ *m* green

verdulería [berðule'ria] *f* greengrocer's *(shop)*

verdulero, ra [berðu'lero, ra] *m,f* greengrocer

verdura [ber'ðura] *f* vegetables *pl*, greens *pl* ● **verdura con patatas** starter *of boiled potatoes and vegetables, usually cabbage and green beans*

vereda [be'reða] *f* (*CSur & Perú*) pavement (UK), sidewalk (US)

veredicto [bere'ðikto] *m* verdict

vergonzoso, sa [beɾɣon'θoso, sa] *adj* 1. (*persona*) bashful 2. (*acción*) shameful

vergüenza [ber'ɣwenθa] *f* 1. (*timidez*) bashfulness 2. (*sofoco*) embarrassment 3. (*dignidad*) pride 4. (*pudor*) shame 5. (*escándalo*) disgrace ● **me dio vergüenza** I was embarrassed

verificar [berifi'kar] *vt* 1. (*comprobar*) to check, to verify 2. (*confirmar*) to confirm

verja ['berxa] *f* (*puerta*) iron gate

vermut [ber'mut] *m* vermouth

verosímil [bero'simil] *adj* probable

verruga [be'ruɣa] *f* wart

versión [ber'sjon] *f* version ● **versión original subtitulada** original language version with subtitles

verso ['berso] *m* 1. (*unidad*) line 2. (*poema*) poem

vertedero [berte'ðero] *m* (*de basuras*) (rubbish) dump

verter [ber'ter] *vt* 1. (*contenido, líquido*) to pour out 2. (*recipiente*) to empty 3. (*derramar*) to spill

vertical [berti'kal] *adj* vertical

vértice ['bertiθe] *m* vertex, apex

vertido [ber'tiðo] *m* (*residuo*) waste

vertiente [ber'tjente] *f* slope

vértigo ['bertiɣo] *m* 1. (*mareo*) dizziness 2. (*fobia*) vertigo

vestíbulo [bes'tiβulo] *m* 1. (*de casa*) hall 2. (*de hotel*) foyer, lobby (US)

vestido [bes'tiðo] *m* 1. (*ropa*) clothes *pl* 2. (*prenda de mujer*) dress

vestimenta [besti'menta] *f* clothes *pl*

vestir [bes'tir] ◇ *vt* 1. (*con ropa*) to dress 2. (*llevar puesto*) to wear 3. (*mantener*) to clothe ◇ *vi* to dress ● **vestirse** *vp* to get dressed

vestuario [bestu'arjo] *m* 1. (*ropa*) wardrobe 2. (*de gimnasio, etc*) changing room (UK), locker room (US) 3. (*de teatro*) dressing room

veterano, na [bete'rano, na] *m,f* veteran

veterinario, ria [beteri'narjo, rja] *m,f* vet

vez [beθ, θes] (*pl* **-ces**) *f* 1. time 2. (*turno*) turn ● **a veces** sometimes ● **¿lo has hecho alguna vez?** have you ever done it? ● **cada vez más** more and more ● **de vez en cuando** from time to time ● **dos veces** twice ● **en vez de** instead of ● **muchas veces** a lot, often ● **otra vez** again ● **pocas veces** hardly ever ● **tres veces por día** three times a day ● **una vez** once ● **unas veces** sometimes

VHS [uβe'atʒe'ese] *m* VHS

vía ['bia] *f* 1. (*raíl*) track (UK) 2. (*andén*) platform, track (US) 3. (*medio de transporte*) route 4. (*calzada, calle*) road 5. (*medio*) channel ● **en vías de** in the process of ● **por vía aérea/marítima** by air/sea ● **por vía oral** orally

viaducto [bja'ðukto] *m* viaduct

viajar [bja'xar] *vi* to travel

viaje ['bjaxe] *m* 1. (*trayecto*) journey 2. (*excursión*) trip 3. (*en barco*) voyage ● **ir de viaje** to go away ● **¡buen viaje!** have a good trip! ● **viaje de novios** honeymoon

viajero, ra [bja'xero, ra] *m,f* **1.** *(persona que viaja)* traveller **2.** *(pasajero)* passenger

víbora ['biβora] *f* viper

vibrar [bi'βrar] *vi* to vibrate

vicepresidente, ta [,biθepresi'ðente, ta] *m,f* vicepresident

vichysoisse [bitʃi'suas] *f* vichyssoise

viciarse [bi'θjarse] *vp* to get corrupted

vicio ['biθjo] *m* **1.** *(mala costumbre)* bad habit **2.** *(inmoralidad)* vice

vicioso, sa [bi'θjoso, sa] *adj* depraved

víctima ['biktima] *f* **1.** victim **2.** *(muerto)* casualty ● **ser víctima de** to be the victim of

victoria [bik'torja] *f* victory

vid ['bið] *f* vine

vida ['biða] *f* **1.** life **2.** *(medios de subsistencia)* living ● **de toda la vida** *(amigo, etc)* lifelong ● **buena vida** good life ● **mala vida** vice ● **vida familiar** family life

vidente [bi'ðente] *mf* clairvoyant

vídeo ['biðeo] *m* (*Amér*) video

vídeo ['biðeo] *m* video

videocámara [,biðeo'kamara] *f* camcorder

videocasete [,biðeoka'sete] *m* video (tape)

videojuego [,biðeo'xweɣo] *m* video game

videovigilancia *f* video surveillance

vidriera [bi'ðrjera] *f* (*de iglesia*) stained glass window

vidrio ['biðrjo] *m* glass

vieira ['bjejra] *f* scallop

viejo, ja ['bjexo, xa] ◇ *adj* old ◇ *m,f* **1.** *(anciano)* old man (*f* old woman) **2.** (*RP*

& *Ven*) *(amigo)* mate *(UK)*, buddy *(US)*

viento ['bjento] *m* wind ● **hace viento** it's windy

vientre ['bjentre] *m* stomach

viernes ['bjernes] *m inv* Friday ➤ **sábado** ● **Viernes Santo** *m* Good Friday

Vietnam [bjeð'nam] *s* Vietnam

viga ['biɣa] *f* **1.** *(de madera)* beam **2.** *(de hierro)* girder

vigencia [bi'xenθja] *f* **1.** *(de ley, documento)* validity **2.** *(de costumbre)* use

vigente [bi'xente] *adj* **1.** *(ley, documento)* in force **2.** *(costumbre)* in use

vigilante [bixi'lante] *mf* guard

vigilar [bixi'lar] *vt* **1.** *(niños, bolso)* to keep an eye on **2.** *(presos, banco)* to guard

vigor [bi'ɣor] *m* vigour ● **en vigor** in force

vigoroso, sa [biɣo'roso, sa] *adj* vigoroso

vil ['bil] *adj* despicable

villancico [biʎan'θiko] *m* Christmas carol

vinagre [bi'naɣɾe] *m* vinegar

vinagreras [bina'ɣɾeras] *fpl* cruet set *sg*

vinagreta [bina'ɣɾeta] *f* (*salsa*) vinagreta vinaigrette ● **a la vinagreta** with vinaigrette

vinculación [binkula'θjon] *f* link

vincular [binku'lar] *vt* to link

vino ['bino] ◇ *v* ➤ **venir** ◇ *m* wine ● **vino blanco** white wine ● **vino de la casa** house wine ● **vino corriente** cheap wine ● **vino de mesa** table wine ● **vino de Oporto** port ● **vino rosado** rosé ● **vino tinto** red wine

viña ['biɲa] *f* vineyard

violación [biola'θjon] f (de persona) rape

violador, ra [biola'ðor, ra] m,f rapist

violar [bio'lar] vt **1.** (ley, acuerdo) to break **2.** (mujer) to rape **3.** (territorio) to violate

violencia [bio'lenθja] f **1.** (agresividad) violence **2.** (fuerza) force **3.** (incomodidad) embarrassment

violento, ta [bio'lento, ta] adj **1.** violent **2.** (incómodo) awkward

violeta [bio'leta] f violet

violín [bio'lin] m violin

violinista [bioli'nista] mf violinist

violoncelo [biolon'tʒelo] m cello

VIP ['bip] m VIP

virgen ['birxen] adj **1.** (mujer) virgin **2.** (cinta) blank **3.** (película) new ◆ **Virgen** f ◆ **la Virgen** the Virgin Mary

Virgo ['birɣo] s Virgo

virtud [bir'tuð] f virtue ● **en virtud de** by virtue of

viruela [bi'ruela] f smallpox

virus ['birus] m inv virus

viruta [bi'ruta] f shaving ● **virutas de jamón** small flakes of serrano ham

visado [bi'saðo] m visa

víscera ['bisθera] f internal organ

viscosa [bis'kosa] f viscose

visera [bi'sera] f **1.** (en gorra) peak **2.** (suelta) visor

visible [bi'siβle] adj visible

visillos [bi'siλos] mpl net (UK) ○ lace (US) curtains

visita [bi'sita] f **1.** visit **2.** (persona) visitor ● **hacer una visita a** to visit

visitante [bisi'tante] mf visitor

visitar [bisi'tar] vt to visit

vislumbrar [bizlum'brar] vt **1.** (entrever)

to make out **2.** (adivinar) to get an idea of

víspera ['bispera] f eve

vista ['bista] f **1.** (sentido) sight **2.** (ojos) eyes pl **3.** (panorama) view **4.** (perspicacia) foresight **5.** (juicio) hearing ● **a primera vista** at first sight ● **a simple vista** at first sight ● **¡hasta la vista!** see you!

vistazo [bis'taθo] m glance ● **echar un vistazo a** to have a quick look at

visto, ta ['bisto, ta] ♦ **ver** > **ver** ◇ adj (pasado de moda) old-fashioned ● **estar bien/mal visto** to be approved of/ frowned on ● **por lo visto** apparently

vistoso, sa [bis'toso, sa] adj eye-catching

vital [bi'tal] adj **1.** (de la vida) life (antes de s) **2.** (fundamental) vital **3.** (con vitalidad) lively

vitalidad [bitali'ðað] f vitality

vitamina [bita'mina] f vitamin

vitrina [bi'trina] f **1.** glass cabinet **2.** (Amér) (de tienda) (shop) window

viudo, da ['bjuðo, ða] m,f widower (f widow)

viva ['biβa] interj hurray!

víveres ['biβeres] mpl supplies

vivienda [bi'βjenda] f (casa) dwelling

vivir [bi'βir] ◇ vi to live ◇ vt to experience ● **vivir de** to live on

vivo, va ['biβo, βa] adj **1.** alive **2.** (dolor, ingenio) sharp **3.** (detallado) vivid **4.** (ágil, enérgico) lively **5.** (color) bright

vizcaíno, na [biθka'ino, na] adj ● **a la vizcaína** in a thick sauce of olive oil, onion, tomato, herbs and red peppers

vocabulario [bokaβu'larjo] m vocabulary

vocación [boka'θjon] *f* vocation

vocal [bo'kal] *f* vowel

vodka ['boðka] *m* vodka

vol. (*abr de* **volumen**) *vol.* (*volume*)

volador, ra [bola'ðor, ra] *adj* flying

volante [bo'lante] ◇ *adj* flying ◇ *m* 1. (*de coche*) steering wheel 2. (*adorno*) frill

volar [bo'lar] ◇ *vi* 1. to fly 2. (*desaparecer*) to vanish ◇ *vt* to blow up

volcán [bol'kan] *m* volcano

volcánico, ca [bol'kaniko, ka] *adj* volcanic

volcar [bol'kar] ◇ *vt* 1. (*sin querer*) to knock over 2. (*vaciar*) to empty out ◇ *vi* 1. (*recipiente*) to tip over 2. (*camión, coche*) to overturn 3. (*barco*) to capsize

voleibol [bolej'βol] *m* volleyball

voley *m* (*fam*) volleyball ● **voley-playa** beach volleyball

volquete [bol'kete] *m* dumper truck

voltaje [bol'taxe] *m* voltage

voltear [bolte'ar] *vt* 1. (*Andes, CAm, Méx & Ven*) (*cuadro*) to turn 2. (*Amér*) (*derramar*) to knock over ◆ **voltearse** *vp* (*Andes, CAm, Carib & Méx*) (*dar la vuelta*) to turn over

voltereta [bolte'reta] *f* 1. (*en el aire*) somersault 2. (*en el suelo*) handspring

volumen [bo'lumen] *m* volume

voluntad [bolun'taθ] *f* 1. (*facultad, deseo*) will 2. (*resolución*) willpower

voluntario, ria [bolun'tarjo, rja] ◇ *adj* voluntary ◇ *m,f* volunteer

voluntarioso, sa [bolunta'rjoso, sa] *adj* willing

volver [bol'βer] ◇ *vt* 1. (*cabeza, ojos, vista*) to turn ● **volver la mirada** to look round 2. (*lo de*

arriba abajo) to turn over; (*boca abajo*) to turn upside down; (*lo de dentro fuera*) to turn inside out ● **he vuelto el abrigo** I've turned the coat inside out 3. (*convertir*) ● **lo volvió un delincuente** it turned him into a criminal ● **me vuelve loco** it makes me mad ◇ *vi* to return ● **volver a** (*tema*) to return to ● **volver a hacer algo** to do sthg again ◆ **volverse** *vp* (*darse la vuelta*) to turn round; (*ir de vuelta*) to return; (*convertirse*) to become ● **volverse loco** to go mad ● **volverse atrás** (*de decisión*) to back out; (*de afirmación*) to go back on one's word

vomitar [bomi'tar] *vt* to vomit

vos ['bos] *pron* (*Andes, CAm, Carib & RP*) you

VOSE *f* (*abr de* **versión original subtitulada en español**) *original language version with Spanish subtitles*

vosotros, tras [bo'sotros, tras] *pron* you

votación [bota'θjon] *f* vote

votante [bo'tante] *mf* voter

votar [bo'tar] ◇ *vt* to vote for ◇ *vi* to vote

voto ['boto] *m* 1. (*en elecciones*) vote 2. (*en religión*) vow

voz ['boθ, θes] (*pl* **-ces**) *f* 1. voice 2. (*grito*) shout 3. (*palabra*) word 4. (*rumor*) rumour ● **en voz alta** aloud ● **en voz baja** softly

VPO (*abr de* **vivienda de protección oficial**) *f* cheap flat or house subsidized by the State; ≃ council house (*UK*)

vuelo ['bwelo] *m* 1. flight 2. (*de un vestido*)

fullness ● **vuelo chárter** charter flight ● **vuelo regular** scheduled flight ▼ **vuelos nacionales** domestic flights

vuelta ['bwelta] *f* **1.** *(movimiento, de llave)* turn **2.** *(acción)* turning **3.** *(regreso)* return **4.** *(monedas)* change **5.** *(paseo)* walk **6.** *(en coche)* drive **7.** *(cambio)* twist ● **dar la vuelta a algo** *(rodear)* to go round sthg ● **dar una vuelta** to go for a walk/drive ● **dar vueltas** to spin ● **darse la vuelta** to turn round ● **estar de vuelta** to be back ● **a la vuelta** *(volviendo)* on the way back ● **a la vuelta de la esquina** round the corner ● **a vuelta de correo** by return of post ▼ **vuelta al colegio** back to school

vuelto, ta ['bwelto] ◇ *pp* > **volver** ◇ *m* *(Amér)* change

vuestro, tra ['bwestro, tra] ◇ *adj* your ◇ *pron* ● **el vuestro, la vuestra** yours ● **lo vuestro** your thing ● **un amigo vuestro** a friend of yours

vulgar [bul'γar] *adj* **1.** *(popular)* ordinary **2.** *(no técnico)* lay **3.** *(grosero)* vulgar

walkman ® ['walman] *m* Walkman ®

wáter ['bater] *m* toilet *(UK)*, bathroom *(US)*

waterpolo [bater'polo] *m* water polo

WC *m* WC

web ['weβ] *f* ● **la web** the Web ● **una** *(página)* web a web site

webmaster [weβ'master] *mf* webmaster

whisky ['wiski] *m* whisky

windsurf ['winsurf] *m* windsurfing ● **hacer windsurf** to windsurf

WWW *m* *(abr de World Wide Web)* WWW *(World Wide Web)*

xenofobia [seno'foβja] *f* xenophobia

xenófobo, ba [se'nofoβo, βa] *adj* xenophobic

xilófono [si'lofono] *m* xylophone

y [i] *conj* **1.** and **2.** *(pero)* and yet **3.** *(en preguntas)* what about

ya ['ja] ◇ *adv* **1.** *(ahora, refuerza al verbo)* now **2.** *(ahora mismo)* at once **3.** *(denota pasado)* already **4.** *(denota futuro)* some time soon ◇ *interj* **1.** *(expresa asentimiento)* that's it! **2.** *(expresa comprensión)* yes! ◇ *conj* ● **ya ... ya ...** whether ... or ... ● **ya que** since

yacimiento [jaθi'mjento] *m* deposit

yanqui ['janki] *mf* *(despec)* Yank

yate ['jate] *m* yacht

yegua ['jeγwa] *f* mare

yema ['jema] *f* **1.** *(de huevo)* yolk **2.** *(de*

dedo) fingertip **3.** (de planta) bud **4.** (dulce) sweet made of sugar and egg yolk, similar to marzipan

yen ['jen] *m* yen

yerbatero [jerβa'tero] *m* (Andes) herbalist

yerno ['jerno] *m* son-in-law

yeso ['jeso] *m* plaster

yo ['jo] *pron* I ● **soy yo** it's me ● **yo que tú/él**/etc if I were you/him/etc

yodo ['joðo] *m* iodine

yoga ['joγa] *m* yoga

yogur [jo'γur] *m* yoghurt

Yugoslavia [juγos'laβja] *s* Yugoslavia

yunque ['junke] *m* anvil

zafiro [θa'firo] *m* sapphire

zaguán [θa'γwan] *m* entrance hall

zambullida [θambu'λiða] *f* dive

zambullirse [θambu'λirse] *vp* to dive

zanahoria [θana'orja] *f* carrot

zancadilla [θanka'ðiλa] *f* trip

zanco ['θanko] *m* stilt

zancudo [θan'kuðo] *m* (Amér) mosquito

zanja ['θanxa] *f* ditch

zapateado [θapate'aðo] *m* type of flamenco foot-stamping dance

zapatería [θapate'ria] *f* **1.** (tienda) shoe shop (UK) ○ store (US) **2.** (taller) shoemaker's (shop)

zapatero, ra [θapa'tero, ra] ◇ *m,f* cobbler ◇ *m* (mueble) shoe cupboard

zapatilla [θapa'tiλa] *f* slipper ● **zapatilla de deporte** trainer (UK), tennis shoe (US)

zapato [θa'pato] *m* shoe ● **zapatos de caballero/señora** men's/women's shoes

zapeo [θa'peo] *m* channel-hopping (UK), channel-surfing (US)

zapping ['θapin] *m* channel-hopping (UK), channel-surfing (US)

zarandear [θarande'ar] *vt* to shake

zarpar [θar'par] *vi* to set sail

zarpazo [θar'paθo] *m* clawing

zarza ['θarθa] *f* bramble

zarzuela [θar'θwela] *f* **1.** (obra musical) light opera **2.** (guiso) spicy fish stew

Zarzuela

Zarzuela is a Spanish form of light opera in which singing and dancing alternate with spoken dialogue. It dates back to the 17th century and takes its name from the Zarzuela palace where it was initially performed for the Spanish court.

zinc ['θink] *m* zinc

zíper ['θiper] *m* (CAm, Carib & Méx) zip (UK), zipper (US)

zipizape [θipi'θape] *m* (fam) squabble

zócalo ['θokalo] *m* **1.** (del edificio) plinth **2.** (de muro, pared) skirting board (UK), baseboard (US)

zodíaco [θo'ðiako] *m* zodiac

zona ['θona] *f* **1.** area. **zona 2.** (parte) part ● **zona centro** city centre ▼ **zona de estacionamiento limitado y vigilado**

restricted parking ● **zona peatonal** pedestrian precinct

zona azul/zona verde

In Spain, blue lines on the road indicate an area where parking meters are in operation during certain hours. Green lines indicate parking spaces that are only free for residents. Anyone else wishing to park there pays a higher rate than for *zonas azules*, although people living within 500 to 1,000 metres get a reduced rate.

zonzo, za [ˈθonθo, θa] *adj (Amér)* stupid ● **hacerse el zonzo** to act dumb

zoo [ˈθoo] *m* zoo

zoología [θooloˈxia] *f* zoology

zoológico, ca [θooˈloxiko, ka] ◇ *adj* zoological ◇ *m* zoo

zopenco, ca [θoˈpenko, ka] *adj* stupid

zorra [ˈθora] *f (vulg) (prostituta)* whore > zorro

zorro, rra [ˈθoro, ra] ◇ *m.f* fox ◇ *m (piel)* fox(fur)

zueco [ˈθɥeko] *m* clog

zumbar [θumˈbar] ◇ *vt (fam)* to thump ◇ *vi* to buzz

zumbido [θumˈbiðo] *m* buzzing

zumo [ˈθumo] *m* juice ● **zumo de fruta** fruit juice ● **zumo de naranja** orange juice

zurcir [θurˈθir] *vt* to darn

zurdo, da [ˈθurðo, ða] *adj* **1.** *(izquierdo)* left **2.** *(que usa la mano izquierda)* left-handed

zurrar [θuˈrar] *vt* to hit

acertar :

pres ind : acierto, acertamos, etc.
● *pres subj :* acierte, acertemos, etc.
● *imperat :* acierta, acertemos, acertad, etc.

adquirir :

pres ind : adquiero, adquirimos, etc.
● *pres subj :* adquiera, adquiramos, etc. ● *imperat :* adquiere, adquiramos, adquirid, etc.

amar :

pres ind : amo, amas, ama, amamos, amáis, aman
● *imperf ind :* amaba, amabas, amaba, amábamos, amabais, amaban
● *pret indef :* amé, amaste, amó, amamos, amasteis, amaron ● *fut :* amaré, amarás, amará, amaremos, amaréis, amarán ● *cond :* amaría, amarías, amaría, amaríamos, amaríais, amarían

● *pres subj :* ame, ames, ame, amemos, améis, amen
● *imperf subj :* amara, amaras, amara, amáramos, amarais, amaran
● *imperat :* ama, ame, amemos, amad, amen ● *ger :* amando ● *partic :* amado, -da

andar :

pret indef : anduve, anduvimos, etc.
● *imperf subj :* anduviera, anduviéramos, etc.

avergonzar :

pres ind : avergüenzo, avergonzamos, etc. ● *pret indef :* avergoncé, avergonzó, avergonzamos, etc. ● *pres subj :* avergüence, avergoncemos, etc.
● *imperat :* avergüenza, avergüence, avergoncemos, avergonzad, etc.

caber :

pres ind : quepo,

cabe, cabemos, etc.
● *pret indef :* cupe, cupimos, etc. ● *fut :* cabré, cabremos, etc. ● *cond :* cabría, cabríamos, etc.
● *pres subj :* quepa, quepamos, etc.
● *imperf subj :* cupiera, cupiéramos, etc. ● *imperat :* cabe, quepa, quepamos, cabed, etc.

caer :

pres ind : caigo, cae, caemos, etc. ● *pret indef :* cayó, caímos, cayeron, etc.
● *pres subj :* caiga, caigamos, etc.
● *imperf subj :* cayera, cayéramos, etc. ● *imperat :* cae, caiga, caigamos, caed, etc. ● *ger :* cayendo

conducir :

pres ind : conduzco, conduce, conducimos, etc. ● *pret indef :* conduje, condujimos, etc.
● *pres subj :* conduzca, conduzca-

mos, etc. • *imperf subj* : condujera, condujéramos, etc. • *imperat* : conduce, conduzca, conduzcamos, conducid, etc.

conocer :

pres ind : conozco, conoce, conocemos, etc. • *pres subj* : conozca, conozcamos, etc. • *imperat* : conoce, conozca, conozcamos, etc.

dar :

pres ind : doy, da, damos, etc. • *pret indef* : di, dio, dimos, etc. • *pres subj* : dé, demos, etc. • *imperf subj* : diera, diéramos, etc. • *imperat* : da, dé, demos, dad, etc.

decir :

pres ind : digo, dice, decimos, etc. • *pret indef* : dije, dijimos, etc. • *fut* : diré, diremos, etc.

• *cond* : diría, diríamos, etc. • *pres subj* : diga, digamos, etc. • *imperf subj* : dijera, dijéramos, etc. • *imperat* : di, diga, digamos, decid, etc. • *ger* : diciendo • *partic* : dicho, -cha.

discernir :

pres ind : discierno, discernimos, etc. • *pres subj* : discierna, discernamos, etc. • *imperat* : discierne, discierna, discernamos, discernid, etc.

dormir :

pres ind : duermo, dormimos, etc. • *pret indef* : durmió, dormimos, durmieron, etc. • *pres subj* : duerma, durmamos, etc. • *imperf subj* : durmiera, durmiéramos, etc. • *imperat* : duerme, duerma, durmamos, dormid, etc. • *ger* : durmiendo

errar :

pres ind : yerro, erramos, etc. • *pres subj* : yerre, erremos, etc. • *imperat* : yerra, yerre, erremos, errad, etc.

estar :

pres ind : estoy, estás, está, estamos, estáis, están • *imperf ind* : estaba, estabas, estaba, estábamos, estabais, estaban • *pret indef* : estuve, estuviste, estuvo, estuvimos, estuvisteis, estuvieron • *fut* : estaré, estarás, estará, estaremos, estaréis, estarán • *cond* : estaría, estarías, estaría, estaríamos, estaríais, estarían • *pres subj* : esté, estés, esté, estemos, estéis, estén • *imperf subj* : estuviera, estuvieras, estuviera, estuviéramos, estuvierais, estuvieran • *imperat* : está, esté, estemos, estad, estén ● **ger**: estando ● **partic**: estado

haber:

pres ind: he, has, ha, hemos, habéis, han ● **imperf ind**: había, habías, había, habíamos, habíais, habían ● **pret indef**: hube, hubiste, hubo, hubimos, hubisteis, hubieron ● **fut**: habré, habrás, habrá, habremos, habréis, habrán ● **cond**: habría, habrías, habría, habríamos, habríais, habrían ● **pres subj**: haya, hayas, haya, hayamos, hayáis, hayan ● **imperf subj**: hubiera, hubieras, hubiera, hubiéramos, hubierais, hubieran ● **imperat**: he, haya, hayamos, habed, hayan ● **ger**: habiendo ● **partic**: habido, -da

hacer:

pres ind: hago, hace, hacemos, etc. ● **pret indef**: hice, hizo, hicimos, etc. ● **fut**: haré, haremos, etc. ● **cond**: haría, haríamos, etc. ● **pres subj**: haga, hagamos, etc. ● **imperf subj**: hiciera, hiciéramos, etc. ● **imperat**: haz, haga, hagamos, haced, etc. ● **partic**: hecho, -cha

huir:

pres ind: huyo, huimos, etc. ● **pret indef**: huyó, huimos, huyeron, etc. ● **pres subj**: huya, huyamos, etc. ● **imperf subj**: huyera, huyéramos, etc. ● **imperat**: huye, huya, huyamos, huid, etc. ● **ger**: huyendo

ir:

pres ind: voy, va, vamos, etc. ● **pret indef**: fui, fue, fuimos, etc. ● **pres subj**: vaya, vayamos, etc. ● **im-**

perf subj: fuera, fuéramos, etc. ● **imperat**: ve, vaya vayamos, id, etc. ● **ger**: yendo

leer:

pret indef: leyó, leímos, leyeron, etc. ● **imperf subj**: leyera, leyéramos ● **ger**: leyendo

lucir:

pres ind: luzco, luce, lucimos, etc. ● **pres subj**: luzca, luzcamos, etc. ● **imperat**: luce, luzca, luzcamos, lucid, etc.

mover:

pres ind: muevo, movemos, etc. ● **pres subj**: mueva, movamos, etc. ● **imperat**: mueve, mueva, movamos, moved, etc.

nacer:

pres ind: nazco, nace, nacemos, etc. ● **pres subj**: nazca, nazcamos, etc.

• *imperat*: nace, nazca, nazcamos, naced, etc.

oír :

pres ind: oigo, oye, oímos, etc. • *pret indef*: oyó, oímos, oyeron, etc. • *pres subj*: oiga, oigamos, etc. • *imperf subj*: oyera, oyéramos, etc. • *imperat*: oye, oiga, oigamos, oíd, etc. • *ger*: oyendo

oler :

pres ind: huelo, olemos, etc. • *pres subj*: huela, olamos, etc. • *imperat*: huele, huela, olamos, oled, etc.

parecer :

pres ind: parezco, parece, parecemos, etc. • *pres subj*: parezca, parezcamos, etc. • *imperat*: parece, parezca, parezcamos, pareced, etc.

partir :

pres ind: parto, partes, parte, partimos, partís, parten • *imperf ind*: partía, partías, partía, partíamos, partíais, partían • *pret indef*: partí, partiste, partió, partimos, partisteis, partieron • *fut*: partiré, partirás, partirá, partiremos, partiréis, partirán • *cond*: partiría, partirías, partiría, partiríamos, partiríais, partirían • *pres subj*: parta, partas, parta, partamos, partáis, partan • *imperf subj*: partiera, partieras, partiéramos, partierais, partieran • *imperat*: parte, parta, partamos, partid, partan • *ger*: partiendo • *partic*: partido, -da

pedir :

pres ind: pido, pedimos, etc. • *pret*

indef: pidió, pedimos, pidieron, etc. • *pres subj*: pida, pidamos, etc. • *imperf subj*: pidiera, pidiéramos, etc. • *imperat*: pide, pida, pidamos, pedid, etc. • *ger*: pidiendo

poder :

pres ind: puedo, podemos, etc. • *pret indef*: pude, pudimos, etc. • *fut*: podré, podremos, etc. • *cond*: podría, podríamos, etc. • *pres subj*: pueda, podamos, etc. • *imperf subj*: pudiera, pudiéramos, etc. • *imperat*: puede, pueda, podamos, poded, etc. • *ger*: pudiendo

poner :

pres ind: pongo, pone, ponemos, etc. • *pret indef*: puse, pusimos, etc. • *fut*: pondré, pondremos, etc. • *cond*: pondría,

pondríamos, etc. ● *pres subj*: ponga, pongamos, etc. ● *imperf subj*: pusiera, pusiéramos, etc. ● *imperat*: pon, ponga, pongamos, poned, etc. ● *partic*: puesto, -ta

querer:
pres ind: quiero, queremos, etc. ● *pret indef*: quise, quisimos, etc. ● *fut*: querré, querremos, etc. ● *cond*: querría, querríamos, etc. ● *pres subj*: quiera, queramos, etc. ● *imperf subj*: quisiera, quisiéramos, etc. ● *imperat*: quiere, quiera, queramos, quered, etc.

reír:
pres ind: río, reímos, etc. ● *pret indef*: rio, reímos, rieron, etc. ● *pres subj*: ría, riamos, etc. ● *imperf subj*: riera, riéramos, etc. ● *imperat*: ríe, ría, riamos, reíd, etc. ● *ger*: riendo

saber:
pres ind: sé, sabe, sabemos, etc. ● *pret indef*: supe, supimos, etc. ● *fut*: sabré, sabremos, etc. ● *cond*: sabría, sabríamos, etc. ● *pres subj*: sepa, sepamos, etc. ● *imperf subj*: supiera, supiéramos, etc. ● *imperat*: sabe, sepa, sepamos, sabed, etc.

salir:
pres ind: salgo, sale, salimos, etc. ● *fut*: saldré, saldremos, etc. ● *cond*: saldría, saldríamos, etc. ● *pres subj*: salga, salgamos, etc. ● *imperat*: sal, salga, salgamos, salid, etc.

sentir:
pres ind: siento, sentimos, etc. ● *pret indef*: sintió, sentimos, sintieron, etc. ● *pres subj*: sienta, sintamos, etc. ● *imperf subj*: sintiera, sintiéramos, etc. ● *imperat*: siente,

sienta, sintamos, sentid, etc. ● *ger*: sintiendo

ser:
pres ind: soy, eres, es, somos, sois, son ● *imperf ind*: era, eras, era, éramos, erais, eran ● *pret indef*: fui, fuiste, fue, fuimos, fuisteis, fueron ● *fut*: seré, serás, será, seremos, seréis, serán ● *cond*: sería, serías, sería, seríamos, seríais, serían ● *pres subj*: sea, seas, sea, seamos, seáis, sean ● *imperf subj*: fuera, fueras, fuera, fuéramos, fuerais, fueran ● *imperat*: sé, sea, seamos, sed, sean ● *ger*: siendo ● *partic*: sido, -da

sonar:
pres ind: sueno, sonamos, etc. ● *pres subj*: suene, sonemos, etc. ● *imperat*: suena, suene, sonemos, sonad, etc.

temer :

pres ind : temo, temes, teme, ememos, teméis, temen • *imperf ind :* temía, temías, temía, temíamos, temíais, temían • *pret indef :* temí, temiste, temió, temimos, temisteis, temieron • *fut :* temeré, temerás, temerá, tememeros, temeréis, temerán • *cond :* temería, temerías, temería, temeríamos, temeríais, temerían • *pres subj :* tema, temas, tema, tememos, temáis, teman • *imperf subj :* temiera, temieras, temiera, temiéramos, temierais, temieran • *imperat :* teme, tema, temamos, teemed, teman • *ger :* temiendo • *partic :* temido, -da

tender :

pres ind : tiendo, tendemos, etc. • *pres subj :* tienda, tenda-mos, etc. • *imperat :* tiende, tendamos, etc.

tener :

pres ind : tengo, tiene, tenemos, etc. • *pret indef :* tuve, tuvimos, etc. • *fut :* tendré, tendremos, etc. • *cond :* tendría, tendríamos, etc. • *pres subj :* tenga, tengamos, etc. • *imperf subj :* tuviera, tuviéramos, etc. • *imperat :* ten, tenga, tengamos, tened, etc.

traer :

pres ind : traigo, trae, traemos, etc. • *pret indef :* traje, trajimos, etc. • *pres subj :* traiga, traigamos, etc. • *imperf subj :* trajera, trajéramos, etc. • *imperat :* trae, trai-ga, traigamos, traed, etc. • *ger :* trayendo

valer :

pres ind : valgo, vale, valemos, etc. • *fut :* valdré, valdremos, etc. • *cond :* valdría, valdríamos, etc. • *pres subj :* valga, valgamos, etc. • *imperat :* vale, valga, valgamos, valed, etc.

venir :

pres ind : vengo, viene, venimos, etc. • *pret indef :* vine, vinimos, etc. • *fut :* vendré, vendremos, etc. • *cond :* vendría, vendríamos, etc. • *pres subj :* venga, vengamos, etc. • *imperf subj :* viniera, viniéramos, etc. • *imperat :* ven, venga, vengamos, venid, etc. • *ger :* viniendo

ver :

pres ind : veo, ve, vemos, etc. • *pret indef :* vi, vio, vimos, etc. • *imperf subj :* viera, viéramos, etc. • *imperat :* ve, vea, veamos, ved, etc. • *ger :* viendo, etc. • *partic :* visto, -ta

infinitive	past tense	past participle
arise	arose	arisen
awake	awoke	awoken
be	was	been/were
bear	bore	born(e)
beat	beat	beaten
begin	began	begun
bend	bent	bent
bet	bet/betted	bet/betted
bid	bid	bid
bind	bound	bound
bite	bit	bitten
bleed	bled	bled
blow	blew	blown
break	broke	broken
breed	bred	bred
bring	brought	brought
build	built	built
burn	burnt/burned	burnt/burned
burst	burst	burst
buy	bought	bought
can	could	-
cast	cast	cast
catch	caught	caught
choose	chose	chosen
come	came	come

infinitive	past tense	past participle
cost	cost	cost
creep	crept	crept
cut	cut	cut
deal	dealt	dealt
dig	dug	dug
do	did	done
draw	drew	drawn
dream	dreamed/dreamt	dreamed/dreamt
drink	drank	drunk
drive	drove	driven
eat	ate	eaten
fall	fell	fallen
feed	fed	fed
feel	felt	felt
fight	fought	fought
find	found	found
fling	flung	flung
fly	flew	flown
forget	forgot	forgotten
freeze	froze	frozen
get	got	got
give	gave	given
go	went	gone
grind	ground	ground
grow	grew	grown

infinitive	past tense	past participle
hang	hung/hanged	hung/hanged
have	had	had
hear	heard	heard
hide	hid	hidden
hit	hit	hit
hold	held	held
hurt	hurt	hurt
keep	kept	kept
kneel	knelt/kneeled	knelt/kneeled
know	knew	known
lay	laid	laid
lead	led	led
lean	leant/leaned	leant/leaned
leap	leapt/leaped	leapt/leaped
learn	learnt/learned	learnt/learned
leave	left	left
lend	lent	lent
let	let	let
lie	lay	lain
light	lit/lighted	lit/lighted
lose	lost	lost
make	made	made
may	might	-
mean	meant	meant
meet	met	met

infinitive	past tense	past participle
mow	mowed	mown/mowed
pay	paid	paid
put	put	put
quit	quit/quitted	quit/quitted
read	read	read
rid	rid	rid
ride	rode	ridden
ring	rang	rung
rise	rose	risen
run	ran	run
saw	sawed	sawn
say	said	said
see	saw	seen
seek	sought	sought
sell	sold	sold
send	sent	sent
set	set	set
shake	shook	shaken
shall	should	-
shed	shed	shed
shine	shone	shone
shoot	shot	shot
show	showed	shown
shrink	shrank	shrunk
shut	shut	shut

infinitive	past tense	past participle
sing	sang	sung
sink	sank	sunk
sit	sat	sat
sleep	slept	slept
slide	slid	slid
sling	slung	slung
smell	smelt/smelled	smelt/smelled
sow	sowed	sown/sowed
speak	spoke	spoken
speed	sped/speeded	sped/speeded
spell	spelt/spelled	spelt/spelled
spend	spent	spent
spill	spilt/spilled	spilt/spilled
spin	spun	spun
spit	spat	spat
split	split	split
spoil	spoiled/spoilt	spoiled/spoilt
spread	spread	spread
spring	sprang	sprung
stand	stood	stood
steal	stole	stolen
stick	stuck	stuck
sting	stung	stung
stink	stank	stunk
strike	struck/stricken	struck

infinitive	past tense	past participle
swear	swore	sworn
sweep	swept	swept
swell	swelled	swollen/swelled
swim	swam	swum
swing	swung	swung
take	took	taken
teach	taught	taught
tear	tore	torn
tell	told	told
think	thought	thought
throw	threw	thrown
tread	trod	trodden
wake	woke/waked	woken/waked
wear	wore	worn
weave	wove/weaved	woven/weaved
weep	wept	wept
win	won	won
wind	wound	wound
wring	wrung	wrung
write	wrote	written

ENGLISH-SPANISH

INGLÉS-ESPAÑOL

a A

a [stressed eɪ, unstressed ə] art **1.** (referring to indefinite thing, person) un (una) • **a friend** un amigo • **a table** una mesa • **an apple** una manzana • **to be a doctor** ser médico **2.** (instead of the number one) un(una) • **a hundred and twenty pounds** ciento veinte libras • **a month ago** hace un mes • **a thousand** mil • **four and a half** cuatro y medio **3.** (in prices, ratios) por • **they're £2 a kilo** están a dos libras el kilo • **three times a year** tres veces al año

AA [eɪeɪ] n **1.** (UK) (abbr of **Automobile Association**) asociación británica del automóvil, ≃ RACE m **2.** (abbr of **Alcoholics Anonymous**) AA mpl

AAA [eɪeɪeɪ] n (US) (abbr of **American Automobile Association**) ≃ RACE m

aback [əˈbæk] adv • **to be taken aback** quedarse atónito(ta)

abandon [əˈbændən] vt abandonar

abattoir [ˈæbətwɑː] n (UK) matadero m

abbey [ˈæbɪ] n abadía f

abbreviation [ə,briːvɪˈeɪʃn] n abreviatura f

abdomen [ˈæbdəmən] n abdomen m

abide [əˈbaɪd] vt • **I can't abide him** no le aguanto ◆ **abide by** vt insep (rule, law) acatar

ability [əˈbɪlətɪ] n **1.** (capability) capacidad f, facultad f **2.** (skill) dotes fpl

able [ˈeɪbl] adj capaz, competente • **to be able to do sthg** poder hacer algo

abnormal [æbˈnɔːml] adj anormal

aboard [əˈbɔːd] ◇ adv a bordo ◇ prep **1.** (ship, plane) a bordo de **2.** (train, bus) en

abolish [əˈbɒlɪʃ] vt abolir

aborigine [,æbəˈrɪdʒəni] n aborigen mf de Australia

abort [əˈbɔːt] vt abortar

abortion [əˈbɔːʃn] n aborto m • **to have an abortion** abortar

about [əˈbaut]
◇ adv **1.** (approximately) más o menos • **about 50** unos cincuenta • **at about six o'clock** a eso de las seis **2.** (referring to place) por ahí • **to walk about** pasearse **3.** (on the point of) • **to be about to do sthg** estar a punto de hacer algo • **it's about to rain** va a empezar a llover ◇ prep **1.** (concerning) acerca de • **a book about Scotland** un libro sobre Escocia • **what's it about?** ¿de qué (se) trata? • **what about a drink?** ¿qué tal si tomamos algo? **2.** (referring to place) por • **there are lots of hotels about the town** hay muchos hoteles por toda la ciudad

above [əˈbʌv] ◇ prep por encima de ◇ adv (higher) arriba • **children aged ten and above** niños mayores de diez años • **the room above** la habitación de arriba • **above all** sobre todo

abroad [əˈbrɔːd] adv **1.** (be, live, work) en el extranjero **2.** (go, move) al extranjero

abrupt [əˈbrʌpt] adj repentino(na)

ABS [eɪbiːˈes] n (abbr of anti-lock braking system) ABS m (anti-lock braking system)

abscess ['æbses] n absceso m

absence ['æbsəns] n ausencia f

absent ['æbsənt] adj ausente

absent-minded [-'maɪndɪd] adj despistado(da)

absolute ['æbsəlu:t] adj absoluto(ta)

absolutely ◇ adv ['æbsəlu:tlɪ] (completely) absolutamente ◇ excl [æbsə'lu:tlɪ] ¡por supuesto!

absorb [əb'sɔ:b] vt (liquid) absorber

absorbed [əb'sɔ:bd] adj ● to be absorbed in a book estar absorto(ta) en un libro

absorbent [əb'sɔ:bənt] adj absorbente

abstain [əb'steɪn] vi ● to abstain (from) abstenerse (de)

absurd [əb'sɜ:d] adj absurdo(da)

ABTA ['æbtə] n (abbr of Association of British Travel Agents) asociación británica de agencias de viajes

abuse ◇ n [ə'bju:s] 1. (insults) insultos mpl 2. (wrong use, maltreatment) abuso m ◇ vt [ə'bju:z] 1. (insult) insultar 2. (use wrongly) abusar de 3. (maltreat) maltratar

abusive [ə'bju:sɪv] adj insultante

AC [eɪ'si:] (abbr of alternating current) CA

academic [ˌækə'demɪk] ◇ adj (educational) académico(ca) ◇ n profesor m universitario, profesora universitaria f

academy [ə'kædəmɪ] n academia f

accelerate [ək'seləreɪt] vi acelerar

accelerator [ək'seləreɪtə'] n acelerador m

accent ['æksent] n acento m

accept [ək'sept] vt 1. aceptar 2. (blame, responsibility) admitir

acceptable [ək'septəbl] adj aceptable

access ['ækses] n acceso m

accessible [ək'sesəbl] adj accesible

accessories [ək'sesərɪz] npl 1. (extras) accesorios mpl 2. (fashion items) complementos mpl

accident ['æksɪdənt] n 1. accidente m 2. (by chance) por casualidad ● by accident sin querer

accidental [ˌæksɪ'dentl] adj accidental

accident insurance n seguro m contra accidentes

accident-prone adj propenso(sa) a los accidentes

acclimatize [ə'klaɪmətaɪz] vi aclimatarse

accommodate [ə'kɒmədeɪt] vt alojar

accommodation [əˌkɒmə'deɪʃn] n alojamiento m

accommodations [əˌkɒmə'deɪnz] npl (US) = accommodation

accompany [ə'kʌmpənɪ] vt acompañar

accomplish [ə'kʌmplɪʃ] vt conseguir, lograr

accord [ə'kɔ:d] n ● of one's own accord por propia voluntad

accordance [ə'kɔ:dəns] n ● in accordance with conforme a

according to [ə'kɔ:dɪŋ-] prep según

account [ə'kaʊnt] n 1. (at bank, shop) cuenta f 2. (spoken report) relato m ● to take into account tener en cuenta ● on no account bajo ningún pretexto ● on account of debido a ◆ account for vt insep 1. (explain) justificar 2. (constitute) representar

accountant [ə'kaʊntənt] n contable mf (Esp), contador mf (Amér)

account number *n* número *m* de cuenta

accumulate [ə'kju:mjʊleɪt] *vt* acumular

accurate ['ækjʊrət] *adj* **1.** *(description, report)* veraz **2.** *(work, measurement, figure)* exacto(ta)

accuse [ə'kju:z] *vt* ● to accuse sb of murder acusar a alguien de asesinato

accused [ə'kju:zd] *n* ● the accused el acusado *m*, la acusada *f*

ace [eɪs] *n* as *m*

ache [eɪk] ◇ *n* dolor *m* ◇ *vi* ● my leg aches me duele la pierna

achieve [ə'tʃi:v] *vt* conseguir

acid ['æsɪd] ◇ *adj* ácido(da) ◇ *n* ácido *m*

acid rain *n* lluvia *f* ácida

acknowledge [ək'nɒlɪdʒ] *vt* **1.** *(accept)* reconocer **2.** *(letter)* acusar recibo de

acne ['æknɪ] *n* acné *m*

acorn ['eɪkɔ:n] *n* bellota *f*

acoustic [ə'ku:stɪk] *adj* acústico(ca)

acquaintance [ə'kweɪntəns] *n (person)* conocido *m*, -da *f*

acquire [ə'kwaɪə⁽ʳ⁾] *vt* adquirir

acre ['eɪkə⁽ʳ⁾] *n* acre *m*

acrobat ['ækrəbæt] *n* acróbata *mf*

across [ə'krɒs] ◇ *prep* **1.** *(to, on other side of)* al otro lado de **2.** *(from one side to the other of)* de un lado a otro de ◇ *adv (to other side)* al otro lado ● it's ten miles across tiene diez millas de ancho ● we walked across the road cruzamos la calle ● across from en frente de

acrylic [ə'krɪlɪk] *n* acrílico *m*

act [ækt] ◇ *vi* **1.** actuar **2.** *(behave)* comportarse ◇ *n* **1.** *(action)* acto *m*, acción *f* **2.** POL ley *f* **3.** *(of play)* acto **4.** *(performance)* número *m* ● to act as *(serve as)* hacer de

action ['ækʃn] *n* acción *f* ● to take action tomar medidas ● to put a plan into action poner un plan en marcha ● out of action *(machine)* averiado; *(person)* fuera de combate

action movie *n* película *f* de acción

active ['æktɪv] *adj* activo(va)

activity [æk'tɪvətɪ] *n* actividad *f* ● **activities** *npl (leisure events)* atracciones *fpl*

activity holiday *n (UK)* vacaciones *organizadas con de actividades deportivas, etc*

actor ['æktə⁽ʳ⁾] *n* actor *m*, actriz *f*

actress ['æktrɪs] *n* actriz *f*

actual ['æktʃʊəl] *adj* **1.** *(exact, real)* verdadero(ra) **2.** *(for emphasis)* mismísimo(ma) **3.** *(final)* final

actually ['æktʃʊəlɪ] *adv* **1.** *(really)* realmente **2.** *(in fact)* la verdad es que

acupuncture ['ækjʊpʌŋktʃə⁽ʳ⁾] *n* acupuntura *f*

acute [ə'kju:t] *adj* **1.** *(feeling, pain)* intenso(sa) **2.** *(angle, accent)* agudo(da)

ad [æd] *n (inf)* anuncio *m*

AD [eɪ'di:] *(abbr of Anno Domini)* d.C., d. de J.C. *(después de Jesucristo)*

adapt [ə'dæpt] ◇ *vt* adaptar ◇ *vi* adaptarse

adapter [ə'dæptə⁽ʳ⁾] *n* **1.** *(for foreign plug)* adaptador *m* **2.** *(for several plugs)* ladrón *m*

add [æd] *vt* **1.** *(say in addition)* añadir **2.** *(numbers, prices)* sumar ◆ **add up** *vt sep* sumar ◆ **add up to** *vt insep (total)* venir a ser

adder ['ædə⁽ʳ⁾] *n* víbora *f*

addict ['ædɪkt] *n* adicto *m*, -ta *f*

addicted [ə'dɪktɪd] *adj* ● **to be addicted to sthg** ser adicto(ta) a algo

addiction [ə'dɪkʃn] *n* adicción *f*

addition [ə'dɪʃn] *n* **1.** (*added thing*) adición *f* **2.** (*in maths*) suma *f* ● **in addition** además ● **in addition to** además de

additional [ə'dɪʃənl] *adj* adicional

additive ['ædɪtɪv] *n* aditivo *m*

address [ə'dres] ◇ *n* (*on letter*) dirección *f* ◇ *vt* **1.** (*speak to*) dirigirse a **2.** (*letter*) dirigir

giving an address

When giving addresses verbally or in writing, don't forget that the house number comes after the street name, and the postcode goes before the name of the town. When giving a phone number, the numbers are grouped together in twos or threes. For example, 986 730025 would be *novecientos ochenta y seis - setenta y tres - cero cero - veinticinco*. When giving an e-mail address verbally, note that @ is pronounced *arroba*, dot is *punto*, and all one word is *todo junto*, e.g.: *lauragarrido@terra.es* (laura garrido todo junto arroba terra punto es).

address book *n* agenda *f* de direcciones

addressee [,ædre'siː] *n* destinatario *m*, -ria *f*

adequate ['ædɪkwət] *adj* **1.** (*sufficient*)

suficiente **2.** (*satisfactory*) aceptable

adhere [əd'hɪə'] *vi* ● **to adhere to** (*stick to*) adherirse a; (*obey*) observar

adhesive [əd'hiːsɪv] ◇ *adj* adhesivo(va) ◇ *n* adhesivo *m*

adjacent [ə'dʒeɪsənt] *adj* adyacente

adjective ['ædʒɪktɪv] *n* adjetivo *m*

adjoining [ə'dʒɔɪnɪŋ] *adj* contiguo(gua)

adjust [ə'dʒʌst] ◇ *vt* ajustar ◇ *vi* ● **to adjust to** adaptarse a

adjustable [ə'dʒʌstəbl] *adj* ajustable

adjustment [ə'dʒʌstmənt] *n* ajuste *m*

administration [əd,mɪnɪ'streɪʃn] *n* administración *f*

administrator [əd'mɪnɪstreɪtə'] *n* administrador *m*, -ra *f*

admire [əd'maɪə'] *vt* admirar

admission [əd'mɪʃn] *n* **1.** (*permission to enter*) admisión *f* **2.** (*entrance cost*) entrada *f* **3.** (*confession*) confesión *f*

admission charge *n* entrada *f*

admit [əd'mɪt] ◇ *vt* admitir ◇ *vi* ● **to admit to a crime** admitir un crimen ▼ **admits one** (*on ticket*) válido para una persona

adolescent [,ædə'lesnt] *n* adolescente *mf*

adopt [ə'dɒpt] *vt* adoptar

adopted [ə'dɒptɪd] *adj* adoptivo(va)

adorable [ə'dɔːrəbl] *adj* adorable

adore [ə'dɔː'] *vt* adorar

adult ['ædʌlt] ◇ *n* adulto *m*, -ta *f* ◇ *adj* **1.** (*entertainment, films*) para adultos **2.** (*animal*) adulto(ta)

adult education *n* educación *f* para adultos

adultery [ə'dʌltərɪ] *n* adulterio *m*

advance [əd'vɑːns] ◇ *n* **1.** (*money*) anticipo m **2.** (movement) avance m ◇ adj **1.** (warning) previo(via) **2.** (payment) anticipado(da) ◇ vt adelantar ◇ vi avanzar

advance booking n reserva f OR reservación f (Amér) anticipada

advanced [əd'vɑ:nst] adj (student, level) avanzado(da)

advantage [əd'vɑ:ntɪdʒ] n (benefit) ventaja f ● **to take advantage of** (opportunity, offer) aprovechar; (person) aprovecharse de

adventure [əd'ventʃə*] n aventura f

adventurous [əd'ventʃərəs] adj (person) aventurero(ra)

adverb ['ædvɜ:b] n adverbio m

adverse ['ædvɜ:s] adj adverso(sa)

advert ['ædvɜ:t] = **advertisement**

advertise ['ædvətaɪz] vt (product, event) anunciar

advertisement [əd'vɜ:tɪsmənt] n anuncio m

advice [əd'vaɪs] n consejos mpl ● **a piece of advice** un consejo

advisable [əd'vaɪzəbl] adj aconsejable

advise [əd'vaɪz] vt aconsejar ● **to advise sb to do sthg** aconsejar a alguien que haga algo ● **to advise sb against doing sthg** aconsejar a alguien que no haga algo

advocate ◇ n ['ædvəkət] LAW abogado m, -da f ◇ vt ['ædvəkeit] abogar por

aerial ['eərɪəl] n (UK) antena f

aerobics [eə'rəʊbɪks] n aerobic m

aeroplane ['eərəpleɪn] n avión m

aerosol ['eərəsɒl] n aerosol m

affair [ə'feə*] n **1.** (matter) asunto m **2.** (love affair) aventura f (amorosa) **3.** (event) acontecimiento m

affect [ə'fekt] vt (influence) afectar

affection [ə'fekʃn] n afecto m

affectionate [ə'fekʃnət] adj cariñoso (sa)

affluent ['æfluənt] adj opulento(ta)

afford [ə'fɔ:d] vt ● **to be able to afford sthg** (holiday, new coat) poder permitirse algo ● **I can't afford it** no me lo puedo permitir ● **I can't afford the time** no tengo tiempo

affordable [ə'fɔ:dəbl] adj asequible

afloat [ə'fləʊt] adj a flote

afraid [ə'freɪd] adj ● **to be afraid of** (person) tener miedo a; (thing) tener miedo de ● **I'm afraid so/not** me temo que sí/no

Africa ['æfrɪkə] n África

African ['æfrɪkən] ◇ adj africano(na) ◇ n africano m, -na f

African American adj afroamericano(na)

African American

El término *African American* se usa para referirse a los ciudadanos estadounidenses de origen africano. La mayoría de los afroamericanos son descendientes de los esclavos africanos llevados a la fuerza a América entre el siglo XVI y el XIX. Los afroamericanos están ahora completamente integrados en la sociedad estadounidense.

after ['ɑ:ftə*] ◇ prep después de ◇ conj después de que ◇ adv después ● **a quarter after ten** (US) las diez y cuarto

● **to be after sth/sb** *(in search of)* buscar algo/a alguien ● **after all** *(in spite of everything)* después de todo; *(it should be remembered)* al fin y al cabo

aftereffects [ˈɑːftərɪˌfekts] *npl* efectos *mpl* secundarios

afternoon [ˌɑːftəˈnuːn] *n* tarde *f* ● **good afternoon!** ¡buenas tardes!

afternoon tea *n* ≃ merienda *f*

aftershave [ˈɑːftəʃeɪv] *n* colonia *f* para después del afeitado

aftersun [ˈɑːftəsʌn] *n* aftersún *m*

afterwards [ˈɑːftəwədz] *adv* después

again [əˈgen] *adv* de nuevo, otra vez ● **again and again** una y otra vez ● **never again** nunca jamás

against [əˈgenst] *prep* **1.** contra **2.** *(in disagreement)* en contra de ● **to lean against sth** apoyarse en algo ● **against the law** ilegal

age [eɪdʒ] *n* **1.** edad *f* **2.** *(old age)* vejez *f* ● **under age** menor de edad ● **I haven't seen her for ages** *(inf)* hace siglos que no la veo

aged [eɪdʒd] *adj* ● **aged eight** de ocho años de edad

age group *n* grupo *m* de edad

age limit *n* edad *f* máxima/mínima

agency [ˈeɪdʒənsɪ] *n* agencia *f*

agenda [əˈdʒendə] *n* orden *m* del día

agent [ˈeɪdʒənt] *n* agente *mf*

aggression [əˈgreʃn] *n* agresividad *f*

aggressive [əˈgresɪv] *adj* agresivo(va)

agile [*(UK)* ˈædʒaɪl, *(US)* ˈædʒəl] *adj* ágil

agitated [ˈædʒɪteɪtɪd] *adj* agitado(da)

ago [əˈgəʊ] *adv* ● **a month ago** hace un mes ● **how long ago?** ¿cuánto tiempo hace?

agonizing [ˈægənaɪzɪŋ] *adj* **1.** *(delay)* angustioso(sa) **2.** *(pain)* atroz

agony [ˈægənɪ] *n* dolor *m* intenso

agree [əˈgriː] *vi* **1.** *(be in agreement)* estar de acuerdo **2.** *(consent)* acceder **3.** *(correspond)* concordar ● **it doesn't agree with me** *(food)* no me sienta bien ● **to agree to sth** acceder a algo ● **to agree to do sth** acceder a hacer algo ◆ **agree on** *vt insep* *(time, price)* acordar

agreed [əˈgriːd] *adj* acordado(da) ● **to be agreed** *(person)* estar de acuerdo

agreement [əˈgriːmənt] *n* acuerdo *m* ● **in agreement with** de acuerdo con

agriculture [ˈægrɪkʌltʃə] *n* agricultura *f*

ahead [əˈhed] *adv* **1.** *(in front)* delante **2.** *(forwards)* adelante ● **the months ahead** los meses que vienen ● **to be ahead** *(winning)* ir ganando ● **ahead of** *(in front of)* delante de; *(in better position than)* por delante de ● **ahead of schedule** por delante de lo previsto ● **go straight ahead** sigue todo recto ● **they're two points ahead** llevan dos puntos de ventaja

aid [eɪd] ◇ *n* ayuda *f* ◇ *vt* ayudar ● **in aid of** a beneficio de ● **with the aid of** con la ayuda de

AIDS [eɪdz] *n* SIDA *m*

ailment [ˈeɪlmənt] *n* *(fml)* achaque *m*

aim [eɪm] ◇ *n* *(purpose)* propósito *m* ◇ *vt* apuntar ◇ *vi* ● **to aim (at)** apuntar (a) ● **to aim to do sth** aspirar a hacer algo

air [eə] ◇ *n* aire *m* ◇ *vt* *(room)* ventilar ◇ *adj* aéreo(a) ● **by air** *(travel)* en avión; *(send)* por avión

airbed [ˈeəbed] *n* colchón *m* de aire

airborne ['eəbɔːn] *adj* en el aire

air-conditioned [-kən'dɪʃnd] *adj* climatizado(da)

air-conditioning [-kən'dɪʃnɪŋ] *n* aire m acondicionado

aircraft ['eəkrɑːft] (*pl inv*) *n* avión m

airforce ['eəfɔːs] *n* fuerzas *fpl* aéreas

air freshener [-ˌfreʃnə] *n* ambientador m

airhostess ['eəˌhəʊstɪs] *n* azafata f, aeromoza f (*Amér*)

airletter ['eəˌletə] *n* aerograma m

airline ['eəlaɪn] *n* línea f aérea

airliner ['eəˌlaɪnə] *n* avión m (grande) de pasajeros

airmail ['eəmeɪl] *n* correo m aéreo ● **by airmail** por avión

airplane ['eəpleɪn] *n* (*US*) avión m

airport ['eəpɔːt] *n* aeropuerto m

airsick ['eəsɪk] *adj* mareado(da) (*en avión*)

air steward *n* auxiliar m de vuelo, sobrecargo *mf* (*Amér*)

air stewardess *n* azafata f, aeromoza f (*Amér*)

air traffic control *n* (*people*) personal m de la torre de control

aisle [aɪl] *n* **1.** (*in church*) nave f lateral **2.** (*in plane, cinema, supermarket*) pasillo m

aisle seat *n* (*on plane*) asiento m junto al pasillo

ajar [ə'dʒɑː] *adj* entreabierto(ta)

alarm [ə'lɑːm] *n* alarma f ◇ *vt* alarmar

alarm clock *n* despertador m

alarmed [ə'lɑːmd] *adj* **1.** (*anxious*) alarmado(da) **2.** (*door, car*) con alarma

alarming [ə'lɑːmɪŋ] *adj* alarmante

album ['ælbəm] *n* álbum m

alcohol ['ælkəhɒl] *n* alcohol m

alcohol-free *adj* sin alcohol

alcoholic [ˌælkə'hɒlɪk] ◇ *adj* alcohólico(ca) ◇ *n* alcohólico m, -ca f

alcoholism ['ælkəhɒlɪzm] *n* alcoholismo m

alcove ['ælkəʊv] *n* hueco m

ale [eɪl] *n* cerveza oscura de sabor amargo y alto contenido en alcohol

alert [ə'lɜːt] ◇ *adj* atento(ta) ◇ *vt* alertar

A-level *n* examen necesario para acceder a la universidad

algebra ['ældʒɪbrə] *n* álgebra f

Algeria [æl'dʒɪərɪə] *n* Argelia f

alias ['eɪlɪəs] *adv* alias

alibi ['ælɪbaɪ] *n* coartada f

alien ['eɪlɪən] *n* **1.** (*foreigner*) extranjero m, -ra f **2.** (*from outer space*) extraterrestre *mf*

alight [ə'laɪt] ◇ *adj* ardiendo ◇ *vi* (*fml*) (*from train, bus*) ● **to alight (from)** apearse (de)

align [ə'laɪn] *vt* alinear

alike [ə'laɪk] ◇ *adj* parecido(da) ◇ *adv* igual ● **to look alike** parecerse

alive [ə'laɪv] *adj* vivo(va)

all [ɔːl]
◇ *adj* **1.** (*with singular noun*) todo(da) ● **all the money** todo el dinero ● **all the time** todo el rato ● **all day** todo el día **2.** (*with plural noun*) todos(das) ● **all the houses** todas las casas ● **all trains stop at Tonbridge** todos los trenes hacen parada en Tonbridge ● **all three died** los tres murieron
◇ *adv* **1.** (*completely*) completamente ● **all alone** completamente solo **2.** (*in scores*) ● **it's two all** van empatados a

dos **3.** *(in phrases)* ● **all but empty** casi vacío ● **all over** *(finished)* terminado, por todo
◇ *pron* **1.** *(everything)* todo *m*, -da *f* ● **all of the work** todo el trabajo ● **is that all?** *(in shop)* ¿algo más? ● **the best of all** lo mejor de todo **2.** *(everybody)* todos *mpl*, -das *f* ● **all of us went** fuimos todos **3.** *(in phrases)* ● **in all** *(in total)* en total ● **can I help you at all?** ¿le puedo ayudar en algo?

Allah ['ælə] *n* Alá *m*

allege [ə'ledʒ] *vt* alegar

allergic [ə'lɜːdʒɪk] *adj* ● **to be allergic to** ser alérgico(ca) a

allergy ['ælədʒɪ] *n* alergia *f*

alleviate [ə'liːvɪeɪt] *vt* aliviar

alley ['ælɪ] *n (narrow street)* callejón *m*

alligator ['ælɪgeɪtə'] *n* caimán *m*

all-in *adj (UK) (inclusive)* con todo incluido

all-night *adj (bar, petrol station)* abierto(ta) toda la noche

allocate ['æləkeɪt] *vt* asignar

allow [ə'laʊ] *vt* **1.** *(permit)* permitir ● **to allow sb to do sthg** dejar a alguien hacer algo ● **to be allowed to do sthg** poder hacer algo ◆ **allow for** *vt insep* contar con

allowance [ə'laʊəns] *n* **1.** *(state benefit)* subsidio *m* **2.** *(for expenses)* dietas *fpl* **3.** *(US) (pocket money)* dinero *m* de bolsillo

all right ◇ *adj* bien ◇ *adv* **1.** *(satisfactorily)* bien **2.** *(yes, okay)* vale

ally ['ælaɪ] *n* aliado *m*, -da *f*

almond ['ɑːmənd] *n* almendra *f*

almost ['ɔːlməʊst] *adv* casi

alone [ə'ləʊn] *adj & adv* solo(la) ● **to**

leave sb alone dejar a alguien en paz ● **to leave sthg alone** dejar algo

along [ə'lɒŋ] ◇ *prep* **1.** *(towards one end of)* por **2.** *(alongside)* a lo largo de ◇ *adv* ● **she was walking along** iba caminando ● **to bring sthg along** traerse algo ● **all along** siempre, desde el principio ● **along with** junto con

alongside [ə,lɒŋ'saɪd] ◇ *prep* junto a ◇ *adv* ● **to come alongside** ponerse al lado

aloud [ə'laʊd] *adv* en voz alta

alphabet ['ælfəbet] *n* alfabeto *m*

Alps [ælps] *npl* ● **the Alps** los Alpes

already [ɔːl'redɪ] *adv* ya

also ['ɔːlsəʊ] *adv* también

altar ['ɔːltə'] *n* altar *m*

alter ['ɔːltə'] *vt* alterar

alteration [ˌɔːltə'reɪʃn] *n* alteración *f*

alternate [(UK) ɔːl'tɜːnət, (US) 'ɔːltərnət] *adj* alterno(na)

alternative [ɔːl'tɜːnətɪv] ◇ *adj* alternativo(va) ◇ *n* alternativa *f*

alternatively [ɔːl'tɜːnətɪvlɪ] *adv* o bien

although [ɔːl'ðəʊ] *conj* aunque

altitude ['æltɪtjuːd] *n* altitud *f*

altogether [ˌɔːltə'geðə'] *adv* **1.** *(completely)* completamente **2.** *(in total)* en total

aluminium [ˌæljʊ'mɪnɪəm] *n (UK)* aluminio *m*

aluminum [ə'luːmɪnəm] *(US)* = **aluminium**

always ['ɔːlweɪz] *adv* siempre

Alzheimer's disease ['ælts,haɪmərz-] *n* (enfermedad *f* de) Alzheimer *m*

am [æm] ➤ **be**

a.m. [eɪ'em] *(abbr of ante meridiem)* ●

at 2 a.m. a las dos de la mañana
amateur ['æmətə'] *n* aficionado *m*, -da *f*
amazed [ə'meɪzd] *adj* asombrado(da)
amazing [ə'meɪzɪŋ] *adj* asombroso(sa)
ambassador [æm'bæsədə'] *n* embajador *m*, -ra *f*
amber ['æmbə'] *adj* **1.** (traffic lights) (de color) ámbar **2.** (jewellery) de ámbar
ambiguous [æm'bɪgjʊəs] *adj* ambiguo (gua)
ambition [æm'bɪʃn] *n* ambición *f*
ambitious [æm'bɪʃəs] *adj* ambicioso(sa)
ambulance ['æmbjʊləns] *n* ambulancia *f*
ambush ['æmbʊʃ] *n* emboscada *f*
amenities [ə'miːnətɪz] *npl* instalaciones *fpl*
America [ə'merɪkə] *n* América
American [ə'merɪkən] ◇ *adj* americano(na) ◇ *n* (person) americano *m*, -na *f*
amiable ['eɪmɪəbl] *adj* amable
ammunition [ˌæmjʊ'nɪʃn] *n* municiones *fpl*
amnesia [æm'niːzɪə] *n* amnesia *f*
among(st) [ə'mʌŋ(st)] *prep* entre
amount [ə'maʊnt] *n* cantidad *f* ◆ **amount to** *vt insep* (total) ascender a
amp [æmp] *n* amperio *m* ◆ **a 13-amp plug** un enchufe con un fusible de 13 amperios
ample ['æmpl] *adj* más que suficiente
amplifier ['æmplɪfaɪə'] *n* amplificador *m*
amputate ['æmpjʊteɪt] *vt* amputar
Amtrak ['æmtræk] *n* organismo que regula los ferrocarriles en EEUU
amuse [ə'mjuːz] *vt* **1.** (make laugh) divertir **2.** (entertain) entretener
amusement arcade [ə'mjuːzmənt-] *n*

(UK) salón *m* de juegos
amusement park [ə'mjuːzmənt-] *n* parque *m* de atracciones
amusements [ə'mjuːzmənts] *npl* atracciones *fpl*
amusing [ə'mjuːzɪŋ] *adj* divertido(da)
an [stressed æn, unstressed ən] ≻ **a**
anaemic [ə'niːmɪk] *adj* (UK) (person) anémico(ca)
anaesthetic [ˌænɪs'θetɪk] *n* (UK) anestesia *f*
analgesic [ˌænæl'dʒiːzɪk] *n* analgésico *m*
analyse ['ænəlaɪz] *vt* analizar
analyst ['ænəlɪst] *n* (psychoanalyst) psicoanalista *mf*
analyze ['ænəlaɪz] (US) = **analyse**
anarchy ['ænəkɪ] *n* anarquía *f*
anatomy [ə'nætəmɪ] *n* anatomía *f*
ancestor ['ænsestə'] *n* antepasado *m*, -da *f*
anchor ['æŋkə'] *n* ancla *f*
anchovy ['æntʃəvɪ] *n* **1.** (salted) anchoa *f* **2.** (fresh) boquerón *m*
ancient ['eɪnʃənt] *adj* antiguo(gua)
and [strong form ænd, weak form ənd, ən] *conj* **1.** y **2.** (before i or hi) e ◆ **and you?** ¿y tú? ◆ **a hundred and one** ciento uno ◆ **more and more** cada vez más ◆ **to try and do sthg** intentar hacer algo ◆ **to go and see** ir a ver
Andalusia [ˌændə'luːzɪə] *n* Andalucía *f*
Andes ['ændiːz] *npl* ◆ **the Andes** los Andes
anecdote ['ænɪkdəʊt] *n* anécdota *f*
anemic [ə'niːmɪk] (US) = **anaemic**
anesthetic [ˌænɪs'θetɪk] (US) = **anaesthetic**
angel ['eɪndʒl] *n* ángel *m*

anger ['æŋgə'] *n* ira *f*, furia *f*

angina [æn'dʒaɪnə] *n* angina *f* de pecho

angle ['æŋgl] *n* ángulo *m* ● **at an angle** torcido

angler ['æŋglə'] *n* pescador *m*, -ra *f (con caña)*

angling ['æŋglɪŋ] *n* pesca *f (con caña)*

angry ['æŋgrɪ] *adj* **1.** *(person)* enfadado (da) **2.** *(words, look, letter)* airado(da) ● **to get angry (with sb)** enfadarse (con alguien)

animal ['ænɪml] *n* animal *m*

aniseed ['ænɪsiːd] *n* anís *m*

ankle ['æŋkl] *n* tobillo *m*

annex ['æneks] *n (building)* edificio *m* anejo

anniversary [,ænɪ'vɜːsərɪ] *n* aniversario *m*

announce [ə'naʊns] *vt* anunciar

announcement [ə'naʊnsmənt] *n* anuncio *m*

announcer [ə'naʊnsə'] *n* **1.** *(on TV)* presentador *m*, -ra *f* **2.** *(on radio)* locutor *m*, -ra *f*

annoy [ə'nɔɪ] *vt* molestar, fastidiar

annoyed [ə'nɔɪd] *adj* molesto(ta) ● **to get annoyed (with)** enfadarse (con)

annoying [ə'nɔɪɪŋ] *adj* molesto(ta), fastidioso(sa)

annual ['ænjʊəl] *adj* anual

anonymous [ə'nɒnɪməs] *adj* anónimo (ma)

anorak ['ænəræk] *n* anorak *m*

another [ə'nʌðə'] ◇ *adj* otro *m*, otra *f* ◇ *pron* otro *m*, otra *f* ● **another one** otro(otra) ● **one another** el uno al otro(la una a la otra) ● **they love one another** se quieren ● **with one another**

el uno con el otro(la una con la otra) ● **one after another** uno tras otro(una tras otra)

answer ['ɑːnsə'] ◇ *n* respuesta *f* ◇ *vt* **1.** *(person, question)* contestar a **2.** *(letter, advert)* responder a ◇ *vi* contestar ● **answer the door** abrir la puerta ● **to answer the phone** coger el teléfono ● **answer back** *vi* replicar

answering machine ['ɑːnsərɪŋ-] = **answerphone**

answerphone ['ɑːnsəfəʊn] *n* contestador *m* automático

ant [ænt] *n* hormiga *f*

Antarctic [æn'tɑːktɪk] *n* ● **the Antarctic** el Antártico

antenna [æn'tenə] *n (US) (aerial)* antena *f*

anthem ['ænθəm] *n* himno *m*

antibiotics [,æntɪbaɪ'ɒtɪks] *npl* antibióticos *mpl*

anticipate [æn'tɪsɪpeɪt] *vt* prever

anticlimax [,æntɪ'klaɪmæks] *n* anticlímax *m inv*

anticlockwise [,æntɪ'klɒkwaɪz] *adv (UK)* en sentido contrario al de las agujas del reloj

antidote ['æntɪdəʊt] *n* antídoto *m*

antifreeze ['æntɪfriːz] *n* anticongelante *m*

antihistamine [,æntɪ'hɪstəmɪn] *n* antihistamínico *m*

antiperspirant [,æntɪ'pɜːspərənt] *n* desodorante *m*

antique [æn'tiːk] *n* antigüedad *f*

antique shop *n* tienda *f* de antigüedades

antiseptic [,æntɪ'septɪk] *n* antiséptico *m*

antisocial [ˌæntɪˈsəʊʃl] *adj* **1.** *(person)* insociable **2.** *(behaviour)* antisocial

antlers [ˈæntləz] *npl* cornamenta *f*

anxiety [æŋˈzaɪətɪ] *n* inquietud *f*, ansiedad *f*

anxious [ˈæŋkʃəs] *adj* **1.** *(worried)* preocupado(da) **2.** *(eager)* ansioso(sa)

any [ˈenɪ]
◇ *adj* **1.** *(in questions)* algún(una) • have you got any money? ¿tienes (algo de) dinero? • have you got any postcards? ¿tienes alguna postal? • have you got any rooms? ¿tienes habitaciones libres? **2.** *(in negatives)* ningún(una) • I haven't got any money no tengo (nada de) dinero • we don't have any rooms no tenemos ninguna habitación **3.** *(no matter which)* cualquier • take any one you like coge el que quieras
◇ *pron* **1.** *(in questions)* alguno *m*, -na *f* • I'm looking for a hotel - are there any nearby? estoy buscando un hotel ¿hay alguno por aquí cerca? **2.** *(in negatives)* ninguno *m*, -na *f* • I don't want any (of them) no quiero ninguno • I don't want any (of it) no quiero (nada) **3.** *(no matter which one)* cualquiera • you can sit at any of the tables puede sentarse en cualquier mesa
◇ *adv* **1.** *(in questions)* • is that any better? ¿es así mejor? • is there any more cheese? ¿hay más queso? • any other questions? ¿alguna otra pregunta? **2.** *(in negatives)* • he's not any better no se siente nada mejor • we can't wait any longer ya no podemos esperar más

anybody [ˈenɪˌbɒdɪ] = **anyone**

anyhow [ˈenɪhaʊ] *adv* **1.** *(carelessly)* de cualquier manera **2.** *(in any case)* en cualquier caso **3.** *(in spite of that)* de todos modos

anyone [ˈenɪwʌn] *pron* **1.** *(in questions)* alguien **2.** *(any person)* cualquiera • I don't like anyone no me gusta nadie

anything [ˈenɪθɪŋ] *pron* **1.** *(in questions)* algo **2.** *(no matter what)* cualquier cosa • he didn't say anything no dijo nada

anyway [ˈenɪweɪ] *adv* de todos modos

anywhere [ˈenɪweə°] *adv* **1.** *(in questions)* en/a algún sitio **2.** *(any place)* en/a cualquier sitio • I can't find it anywhere no lo encuentro en ningún sitio • anywhere you like donde quieras

apart [əˈpɑːt] *adv* aparte • they're miles apart están muy separados • to come apart romperse • apart from *(except for)* salvo; *(as well as)* además de

apartheid [əˈpɑːtheɪt] *n* apartheid *m*

apartment [əˈpɑːtmənt] *n* piso *m* *(Esp)*, apartamento *m*

apathetic [ˌæpəˈθetɪk] *adj* apático(ca)

ape [eɪp] *n* simio *m*

aperitif [əˌperəˈtiːf] *n* aperitivo *m*

aperture [ˈæpətʃə°] *n* *(of camera)* abertura *f*

APEX [ˈeɪpeks] *n* **2.** *(UK)* *(train ticket)* billete de precio reducido no transferible que se compra con dos días de antelación

apiece [əˈpiːs] *adv* cada uno(una)

apologetic [əˌpɒləˈdʒetɪk] *adj* lleno(na) de disculpas

apologize [əˈpɒlədʒaɪz] *vi* • to apologize to sb for your behaviour pedir perdón a alguien por tu comportamiento

apology [ə'pɒlədʒɪ] *n* disculpa *f*

apostrophe [ə'pɒstrəfɪ] *n* apóstrofo *m*

appal [ə'pɔːl] *vt* horrorizar

appall [ə'pɔːl] (US) = **appal**

appalling [ə'pɔːlɪŋ] *adj* horrible

apparatus [ˌæpə'reɪtəs] *n* aparato *m*

apparently [ə'pærəntlɪ] *adv* **1.** *(it seems)* por lo visto **2.** *(evidently)* aparentemente

appeal [ə'piːl] ◇ *n* **1.** LAW apelación *f* **2.** *(fundraising campaign)* campaña *f* para recaudar fondos ◇ *vi* LAW apelar ● **to appeal to sb (for sthg)** hacer un llamamiento a alguien (para algo) ● **it doesn't appeal to me** no me atrae

appear [ə'pɪə'] *vi* **1.** *(come into view)* aparecer **2.** *(seem)* parecer **3.** *(in play, on TV)* salir **4.** *(before court)* comparecer ● **it appears that** parece que

appearance [ə'pɪərəns] *n* **1.** *(arrival)* aparición *f* **2.** *(look)* aspecto *m*

appendicitis [ə,pendɪ'saɪtɪs] *n* apendicitis *f inv*

appendix [ə'pendɪks] *(pl* **-dices***) n* apéndice *m*

appetite ['æpɪtaɪt] *n* apetito *m*

appetizer ['æpɪtaɪzə'] *n* aperitivo *m*

appetizing ['æpɪtaɪzɪŋ] *adj* apetitoso(sa)

applaud [ə'plɔːd] *vt & vi* aplaudir

applause [ə'plɔːz] *n* aplausos *mpl*

apple ['æpl] *n* manzana *f*

apple crumble *n* budín de manzana cubierto con una masa de harina, azúcar y mantequilla que se sirve caliente

apple juice *n* zumo *m* de manzana

(Esp), jugo *m* de manzana *(Amér)*

apple pie *n* pastel de hojaldre relleno de compota de manzana

apple tart *n* tarta *f* de manzana

appliance [ə'plaɪəns] *n* aparato *m* ● **electrical/domestic appliance** electrodoméstico *m*

applicable [ə'plɪkəbl] *adj* ● **to be applicable (to)** ser aplicable (a) ● **if applicable** si corresponde

applicant ['æplɪkənt] *n* solicitante *mf*

application [ˌæplɪ'keɪʃn] *n* solicitud *f*

application form *n* impreso *m* de solicitud

apply [ə'plaɪ] ◇ *vt* **1.** *(lotion)* aplicar **2.** *(brakes)* pisar ◇ *vi* ● **to apply to the bank for a loan** *(make request)* solicitar un préstamo al banco ● **to apply (to sb)** *(be applicable)* ser aplicable (a alguien)

appointment [ə'pɔɪntmənt] *n* **1.** *(with businessman)* cita *f* **2.** *(with doctor, hairdresser)* hora *f* ● **to have an appointment (with)** *(businessman)* tener una cita (con); *(doctor, hairdresser)* tener hora (con) ● **to make an appointment (with)** *(businessman)* pedir una cita (con); *(doctor, hairdresser)* pedir hora (a) ● **by appointment** mediante cita

appreciable [ə'priːʃəbl] *adj* apreciable

appreciate [ə'priːʃɪeɪt] *vt* **1.** *(be grateful for)* agradecer **2.** *(understand)* ser consciente de **3.** *(like, admire)* apreciar

apprehensive [ˌæprɪ'hensɪv] *adj* inquieto(ta)

apprentice [ə'prentɪs] *n* aprendiz *m,* -za *f*

apprenticeship [ə'prentɪsʃɪp] *n* aprendizaje *m*

approach [əˈprəʊtʃ] ◇ n **1.** *(road)* acceso m **2.** *(to problem, situation)* enfoque m, planteamiento m ◇ vt **1.** *(come nearer to)* acercarse a **2.** *(problem, situation)* enfocar ◇ vi acercarse

appropriate [əˈprəʊprɪət] adj apropiado(da)

approval [əˈpruːvl] n **1.** *(favourable opinion)* aprobación f. *(permission)* permiso m

approve [əˈpruːv] vi ● **to approve of sb's behaviour** ver con buenos ojos el comportamiento de alguien

approximate [əˈprɒksɪmət] adj aproximado(da)

approximately [əˈprɒksɪmətlɪ] adv aproximadamente

Apr. *(abbr of April)* abr. *(abril)*

apricot [ˈeɪprɪkɒt] n albaricoque m

April [ˈeɪprəl] n abril m ● **at the beginning of April** a principios de abril ● **at the end of April** a finales de abril ● **during April** en abril ● **every April** todos los años en abril ● **in April** en abril ● **last April** en abril del año pasado ● **this April** en abril de este año ● **2 April 2001** *(in letters etc)* 2 de abril de 2001

April Fools' Day n ≃ Día m de los Santos Inocentes

apron [ˈeɪprən] n delantal m

apt [æpt] adj *(appropriate)* acertado(da) ● **to be apt to do sthg** ser propenso(sa) a hacer algo

aquarium [əˈkweərɪəm] *(pl* **-ria** *)* n acuario m

Aquarius [əˈkweərɪəs] n Acuario m

aqueduct [ˈækwɪdʌkt] n acueducto m

Arab [ˈærəb] ◇ adj árabe ◇ n *(person)* árabe mf

Arabic [ˈærəbɪk] ◇ adj árabe ◇ n *(language)* árabe m

arbitrary [ˈɑːbɪtrərɪ] adj arbitrario(ria)

arc [ɑːk] n arco m

arcade [ɑːˈkeɪd] n **1.** *(for shopping)* centro m comercial **2.** *(of video games)* salón m de juegos

arch [ɑːtʃ] n arco m

archaeology [ˌɑːkɪˈɒlədʒɪ] n arqueología f

archbishop [ˌɑːtʃˈbɪʃəp] n arzobispo m

archery [ˈɑːtʃərɪ] n tiro m con arco

archipelago [ˌɑːkɪˈpeləgəʊ] n archipiélago m

architect [ˈɑːkɪtekt] n arquitecto m, -ta f

architecture [ˈɑːkɪtektʃəʳ] n arquitectura f

archive [ˈɑːkaɪv] n archivo m

Arctic [ˈɑːktɪk] n ● **the Arctic** el Ártico

are [*weak form* əʳ, *strong form* ɑːʳ] ➙ **be**

area [ˈeərɪə] n **1.** *(region, space, zone)* zona f, área f **2.** *(surface size)* área f

area code n prefijo m *(telefónico)*

arena [əˈriːnə] n **1.** *(at circus)* pista f **2.** *(at sportsground)* campo m

aren't [ɑːnt] = **are not**

Argentina [ˌɑːdʒənˈtiːnə] n Argentina f

Argentinian [ˌɑːdʒənˈtɪnɪən] ◇ adj argentino(na) ◇ n argentino m, -na f

argue [ˈɑːgjuː] vi ● **to argue with your partner about money** discutir de dinero con tu compañero ● **to argue (that)** sostener que

argument ['ɑːgjʊmənt] n 1. (quarrel) discusión f 2. (reason) argumento m

arid ['ærɪd] adj árido(da)

Aries ['eəriːz] n Aries m

arise [ə'raɪz] (pt arose, pp arisen) vi to arise (from) surgir (de)

aristocracy [ˌærɪ'stɒkrəsɪ] n aristocracia f

arithmetic [ə'rɪθmətɪk] n aritmética f

arm [ɑːm] n 1. (of person, chair) brazo m 2. (of garment) manga f

arm bands npl (for swimming) brazaletes mpl (de brazos), alitas fpl (Amér)

armchair ['ɑːmtʃeəʳ] n sillón m

armed [ɑːmd] adj armado(da)

armed forces npl ● the armed forces las fuerzas armadas

armor ['ɑːmər] (US) = **armour**

armour ['ɑːməʳ] n (UK) armadura f

armpit ['ɑːmpɪt] n axila f

arms [ɑːmz] npl (weapons) armas fpl

army ['ɑːmɪ] n ejército m

A-road n (UK) ≃ carretera f nacional

aroma [ə'rəʊmə] n aroma m

aromatic [ˌærə'mætɪk] adj aromático(ca)

arose [ə'rəʊz] pt ➤ **arise**

around [ə'raʊnd] ◇ adv 1. (about, round) por ahí 2. (present) por ahí/aquí ◇ prep 1. (surrounding, approximately) alrededor de 2. (to the other side of) al otro lado de 3. (near, all over) por ● around here (in the area) por aquí ● to go around the corner doblar la esquina ● to turn around volverse ● to look around (turn head) volver la mirada; (visit) visitar ● is Paul around? ¿está Paul por aquí?

arouse [ə'raʊz] vt (suspicion, interest) suscitar

arrange [ə'reɪndʒ] vt 1. (flowers, books) colocar 2. (meeting, event) organizar 3. ● we've arranged to meet at seven hemos quedado para las siete ● to arrange to go to the cinema with a friend acordar ir al cine con un amigo

arrangement [ə'reɪndʒmənt] n 1. (agreement) acuerdo m 2. (layout) disposición f ● by arrangement sólo con cita previa ● to make arrangements to do sthg hacer los preparativos para hacer algo

arrest [ə'rest] ◇ n detención f ◇ vt detener ● to be under arrest estar detenido

arrival [ə'raɪvl] n llegada f ● on arrival al llegar ● new arrival (person) recién llegado m, -da f

arrive [ə'raɪv] vi llegar ● to arrive at llegar a

arrogant ['ærəgənt] adj arrogante

arrow ['ærəʊ] n flecha f

arson ['ɑːsn] n incendio m provocado

art [ɑːt] n arte m ◆ **arts** npl (humanities) letras fpl ● the arts (fine arts) las bellas artes

artefact ['ɑːtɪfækt] n artefacto m

artery ['ɑːtərɪ] n arteria f

art gallery n 1. (commercial) galería f (de arte) 2. (public) museo m (de arte)

arthritis [ɑː'θraɪtɪs] n artritis f inv

artichoke ['ɑːtɪtʃəʊk] n alcachofa f

article ['ɑːtɪkl] n artículo m

articulate [ɑː'tɪkjʊlət] adj elocuente

artificial [ˌɑːtɪ'fɪʃl] adj artificial

artist ['ɑːtɪst] n artista mf

artistic [ɑː'tɪstɪk] adj 1. (person) con sensibilidad artística 2. (design) artístico(ca)

arts centre n ≃ casa f de cultura

arty ['ɑːti] adj (pej) con pretensiones artísticas

as [unstressed əz, stressed æz] ◇ adv (in comparisons) • **as ... as** tan ... como • **he's as tall as I am** es tan alto como yo • **twice as big as** el doble de grande que • **as many as** tantos como • **as much as** tanto como ◇ conj 1. (referring to time) mientras 2. (referring to manner) como 3. (introducing a statement) como 4. (because) como, ya que 5. (in phrases) • **as for** en cuanto a • **as from** a partir de • **as if** como si ◇ prep 1. (referring to function) como 2. (referring to job) de • **as the plane was coming in to land** cuando el avión iba a aterrizar • **do as you like** haz lo que quieras • **as expected** (tal) como era de esperar • **as you know** como sabes • **I work as a teacher** soy profesor

asap [eɪeseɪ'piː] (abbr of as soon as possible) a la mayor brevedad posible

ascent [ə'sent] n ascenso m

ascribe [ə'skraɪb] vt • **to ascribe her success to luck** atribuir su éxito a la suerte

ash [æʃ] n 1. (from cigarette, fire) ceniza f 2. (tree) fresno m

ashore [ə'ʃɔː'] adv (be) en tierra • **to go ashore** desembarcar

ashtray ['æʃtreɪ] n cenicero m

Asia [(UK) 'eɪʃə, (US) 'eɪʒə] n Asia

Asian [(UK) 'eɪʃn, (US) 'eɪʒn] ◇ adj asiático(ca) ◇ n asiático m, -ca f

aside [ə'saɪd] adv a un lado • **to move aside** apartarse

ask [ɑːsk] ◇ vt 1. (person) preguntar 2.

(request) pedir 3. (invite) invitar 4. • **to ask a question** hacer una pregunta ◇ vi • **to ask about sthg** preguntar acerca de algo • **to ask the man his name** preguntarle el nombre al señor • **to ask her about her new job** preguntarle por su nuevo trabajo • **to ask them to help** pedirles que ayuden • **to ask your boss for a rise** pedir un aumento de sueldo al jefe • **ask for** vt insep 1. (ask to talk to) preguntar por 2. (request) pedir

asleep [ə'sliːp] adj dormido(da) • **to fall asleep** quedarse dormido

AS level n (UK) examen de asignaturas complementarias al examen de A level

asparagus [ə'spærəgəs] n espárragos mpl

aspect ['æspekt] n aspecto m

aspirin ['æsprɪn] n aspirina f

ass [æs] n 1. (animal) asno m, -na f

assassinate [ə'sæsɪneɪt] vt asesinar

assault [ə'sɔːlt] ◇ n agresión f ◇ vt agredir

assemble [ə'sembl] ◇ vt (bookcase, model) montar ◇ vi reunirse

assembly [ə'semblɪ] n (at school) reunión cotidiana de todos los alumnos y profesores en el salón de actos

assembly hall n (at school) salón m de actos

assembly point n punto m de reunión

assert [ə'sɜːt] vt 1. (fact, innocence) afirmar 2. (authority) imponer • **to assert o.s.** imponerse

assess [ə'ses] vt evaluar

assessment [ə'sesmənt] n evaluación f

asset ['æset] n *(valuable person, thing)* elemento m valioso

assign [ə'saɪn] vt ● **to assign a task to an employee** asignar una tarea a un empleado ● **to assign police officers to watch a building** asignar policías a la vigilancia de un edificio

assignment [ə'saɪnmənt] n 1. *(task)* misión f 2. *SCH* trabajo m

assist [ə'sɪst] vt ayudar

assistance [ə'sɪstəns] n ayuda f ● **to be of assistance (to sb)** ayudar (a alguien)

assistant ◇ [ə'sɪstənt] n ayudante mf

associate ◇ n [ə'səʊʃɪət] socio m, -cia f ◇ vt [ə'səʊʃɪeɪt] ● **to associate sthg/sb with** asociar algo/a alguien con ● **to be associated with** estar asociado con

association [ə,səʊsɪ'eɪʃn] n asociación f

assorted [ə'sɔːtɪd] adj surtido(da), variado(da)

assortment [ə'sɔːtmənt] n surtido m

assume [ə'sjuːm] vt 1. *(suppose)* suponer 2. *(control, responsibility)* asumir

assurance [ə'ʃʊərəns] n 1. *(promise)* garantía f 2. *(insurance)* seguro m

assure [ə'ʃʊə'] vt asegurar ● **to assure sb (that) ...** asegurar a alguien que ...

asterisk ['æstərɪsk] n asterisco m

asthma ['æsmə] n asma f

asthmatic [æs'mætɪk] adj asmático(ca)

astonished [ə'stɒnɪʃt] adj estupefacto(ta), pasmado(da)

astonishing [ə'stɒnɪʃɪŋ] adj asombroso(sa)

astound [ə'staʊnd] vt asombrar, pasmar

astray [ə'streɪ] adv ● **to go astray** extraviarse

astrology [ə'strɒlədʒɪ] n astrología f

astronomy [ə'strɒnəmɪ] n astronomía f

at [unstressed ət, stressed æt] prep 1. *(indicating place, position)* en ● **at the bottom of the hill** al pie de la colina ● **at school** en la escuela ● **at the hotel** en el hotel ● **at home** en casa ● **at my mother's** en casa de mi madre 2. *(indicating direction)* a ● **to throw stones at a dog** tirar piedras a un perro ● **to look at a picture** mirar un cuadro ● **to smile at a neighbour** sonreír a un vecino 3. *(indicating time)* a ● **at Christmas** en Navidades ● **at nine o'clock** a las nueve ● **at night** por la noche 4. *(indicating rate, level, speed)* a ● **it works out at £5 each** sale a 5 libras cada uno ● **at 60 km/h** a 60 km/h 5. *(indicating activity)* ● **to be at lunch** estar comiendo ● **I'm good/bad at maths** se me dan bien/mal las matemáticas 6. *(indicating cause)* ● **shocked at sthg** horrorizado ante algo ● **angry at sb** enfadado con alguien ● **delighted at sthg** encantado con algo

ate [(*UK*) et, (*US*) eɪt] pt > eat

atheist ['eɪθɪɪst] n ateo m, -a f

athlete ['æθliːt] n atleta mf

athletics [æθ'letɪks] n atletismo m

Atlantic [ət'læntɪk] n ● **the Atlantic (Ocean)** el (océano) Atlántico

atlas ['ætləs] n atlas m inv

ATM [eɪtiː'em] n *(abbr of automatic or automated teller machine)* cajero automático

atmosphere ['ætməsfɪə'] n atmósfera f

atrocious [ə'trəʊʃəs] adj atroz

attach [ə'tætʃ] vt sujetar ● **to attach a**

padlock to a bicycle ponerle un candado a una bicicleta

attachment [ə'tætʃmənt] *n* **1.** *(device)* accesorio *m* **2.** COMPUT anexo *m*

attack [ə'tæk] ◇ *n* ataque *m* ◇ *vt* atacar

attacker [ə'tækə'] *n* atacante *mf*

attain [ə'tein] *vt (fml)* alcanzar, conseguir

attempt [ə'tempt] ◇ *n* intento *m* ◇ *vt* intentar ● **to attempt to do sthg** intentar hacer algo

attend [ə'tend] *vt* asistir a ● **attend to** *insep* ocuparse de

attendance [ə'tendəns] *n* asistencia *f*

attendant [ə'tendənt] *n* **1.** *(in museum)* conserje *mf* **2.** *(in car park)* encargado *m*, -da *f*

attention [ə'tenʃn] *n* atención *f* ● **to pay attention (to)** prestar atención (a)

attic ['ætik] *n* desván *m*

attitude ['ætitjuːd] *n* actitud *f*

attorney [ə'tɜːni] *n (US)* abogado *m*, -da *f*

attract [ə'trækt] *vt* atraer

attraction [ə'trækʃn] *n* **1.** atracción *f* **2.** *(attractive feature)* atractivo *m*

attractive [ə'træktiv] *adj* atractivo(va)

attribute [ə'tribjuːt] *vt* ● **to attribute his success to hard work** atribuir su éxito al trabajo duro

aubergine ['əʊbəʒiːn] *n (UK)* berenjena *f*

auburn ['ɔːbən] *adj* castaño rojizo

auction ['ɔːkʃn] *n* subasta *f*

audience ['ɔːdiəns] *n* **1.** *(of play, concert, film)* público *m* **2.** *(of TV, radio)* audiencia *f*

audio ['ɔːdiəʊ] *adj (store, department)* de sonido

audio-visual [-'vizʊəl] *adj* audiovisual

Aug. *(abbr of* August) ago. *(agosto)*

August ['ɔːgəst] *n* agosto *m* ● **at the beginning of August** a principios de agosto ● **at the end of August** a finales de agosto ● **during August** en agosto ● **every August** todos los años en agosto ● **in August** en agosto ● **last August** en agosto del año pasado ● **next August** en agosto del próximo año ● **this August** en agosto de este año ● **2 August 2001** *(in letters etc)* 2 de agosto de 2001

aunt [ɑːnt] *n* tía *f*

au pair [ˌəʊ'peə'] *n* au pair *f*

aural ['ɔːrəl] *adj* auditivo(va)

Australia [ɒ'streiliə] *n* Australia

Australian [ɒ'streiliən] ◇ *adj* australiano(na) ◇ *n (person)* australiano *m*, -na *f*

Austria ['ɒstriə] *n* Austria

Austrian ['ɒstriən] ◇ *adj* austríaco(ca) ◇ *n (person)* austríaco *m*, -ca *f*

authentic [ɔː'θentik] *adj* auténtico(ca)

author ['ɔːθə'] *n* **1.** *(of book, article)* autor *m*, -ra *f* **2.** *(by profession)* escritor *m*, -ra *f*

authority [ɔː'θɒrəti] *n* autoridad *f* ● **the authorities** las autoridades

authorization [ˌɔːθəraɪ'zeiʃn] *n* autorización *f*

authorize ['ɔːθəraiz] *vt* autorizar ● **to authorize your son to act on your behalf** autorizar a tu hijo a que actúe en nombre tuyo

autobiography [ˌɔːtəbaɪ'ɒgrəfi] *n* autobiografía *f*

autograph ['ɔːtəgrɑːf] *n* autógrafo *m*

automatic [ˌɔːtə'mætik] ◇ *n (car)* coche *m* automático ◇ *adj* automático(ca) ●

you will receive an automatic fine Vd. será multado en el acto

automatically [ˌɔːtəˈmætɪklɪ] *adv* automáticamente

automobile [ˈɔːtəməbiːl] *n* (US) coche *m*, automóvil *m*

autumn [ˈɔːtəm] *n* otoño *m* ● in (the) autumn en otoño

auxiliary (verb) [ɔːgˈzɪljərɪ-] *n* verbo *m* auxiliar

available [əˈveɪləbl] *adj* disponible

avalanche [ˈævəlɑːnʃ] *n* avalancha *f*

Ave. (abbr of avenue) Avda (avenida)

avenue [ˈævənjuː] *n* avenida *f*

average [ˈævərɪdʒ] ◇ *adj* **1.** medio(dia) **2.** (not very good) regular ◇ *n* media *f*, promedio *m* ● on average por término medio

aversion [əˈvɜːʃn] *n* aversión *f*

aviation [ˌeɪvɪˈeɪʃn] *n* aviación *f*

avid [ˈævɪd] *adj* ávido(da)

avocado [ˌævəˈkɑːdəʊ] *n* (fruit) aguacate *m*

avoid [əˈvɔɪd] *vt* evitar ● to avoid doing sthg evitar hacer algo

await [əˈweɪt] *vt* esperar, aguardar

awake [əˈweɪk] (pt awoke, pp awoken) ◇ *adj* despierto(ta) ◇ *vi* despertarse

award [əˈwɔːd] ◇ *n* premio *m*, galardón *m* ◇ *vt* ● to award a student a prize otorgar un premio a un estudiante ● to award an accident victim compensation otorgar una compensación a la víctima de un accidente

aware [əˈweə[r]] *adj* consciente ● to be aware of ser consciente de

away [əˈweɪ] *adv* **1.** (move, look, turn)

hacia otra parte **2.** (not at home, in office) fuera ● put your toys away! ¡recoge tus juguetes! ● to take a knife away from an attacker quitarle el cuchillo a un atacante ● far away lejos ● it's 10 miles away (from here) está a 10 millas (de aquí) ● it's two weeks away faltan dos semanas ● to look away apartar la vista ● to walk/drive away alejarse ● we're going away on holiday nos vamos de vacaciones

awesome [ˈɔːsəm] *adj* impresionante

awful [ˈɔːfəl] *adj* **1.** (very bad) fatal **2.** (very great) tremendo(da) ● how awful! ¡qué horror!

awfully [ˈɔːflɪ] *adv* (very) tremendamente

awkward [ˈɔːkwəd] *adj* **1.** (movement) torpe **2.** (position, situation) incómodo(da) **3.** (shape, size) poco manejable **4.** (time) inoportuno(na) **5.** (question, task) difícil

awning [ˈɔːnɪŋ] *n* toldo *m*

awoke [əˈwəʊk] *pt* ➢ awake

awoken [əˈwəʊkən] *pp* ➢ awake

axe [æks] *n* hacha *f*

axle [ˈæksl] *n* eje *m*

BA [biːˈeɪ] (abbr of Bachelor of Arts) (titular de una) licenciatura de letras

babble [ˈbæbl] *vi* (person) farfullar

baby [ˈbeɪbɪ] *n* **1.** (newborn baby) bebé *m*

2. (infant) niño m, -ña f ● **to have a baby** tener un niño

baby carriage n (US) cochecito m de niños

baby food n papilla f

baby-sit vi cuidar a niños

baby wipe n toallita f húmeda para bebés

back [bæk] ◇ n **1.** (of person) espalda f **2.** (of chair) respaldo m **3.** (of room) fondo m **4.** (of car, book) parte f trasera **5.** (of hand, banknote) dorso m ◇ adj trasero(ra) ◇ vi (car, driver) dar marcha atrás ◇ vt (support) respaldar ◇ adv **1.** (towards the back) hacia atrás **2.** (to previous position, state) de vuelta ● **to get back** llegar ● **to give back** devolver ● **to put sthg back** devolver algo a su sitio ● **to stand back** apartarse ● **to write back** contestar ● **at the back of** detrás de ● **in back of** (US) detrás de ● **back to front** al revés ● **back up** ◇ vt sep (support) apoyar ◇ vi (car, driver) dar marcha atrás, meter reversa (Col & Méx)

backache ['bækeɪk] n dolor m de espalda

backbone ['bækbəʊn] n columna f vertebral

back door n puerta f trasera

backfire [,bæk'faɪə] vi (car) petardear

background ['bækgraʊnd] n **1.** (in picture, on stage) fondo m **2.** (to situation) trasfondo m **3.** (upbringing) origen m

backlog ['bæklɒg] n acumulación f

backpack ['bækpæk] n mochila f

backpacker ['bækpækə] n mochilero m, -ra f

back seat n asiento m trasero OR de atrás

backside [,bæk'saɪd] n (inf) trasero m

back street n callejuela en una zona periférica y deprimida

backstroke ['bækstrəʊk] n espalda f (en natación)

backwards ['bækwədz] adv **1.** (move, look) hacia atrás **2.** (the wrong way round) al revés

bacon ['beɪkən] n tocino m, panceta f (RP), bacon m (Esp) ● **bacon and eggs** huevos fritos con bacon

bacteria [bæk'tɪərɪə] npl bacterias fpl

bad [bæd] (compar **worse**, superl **worse**) adj **1.** malo(la) **2.** (accident, wound) grave **3.** (cold) fuerte **4.** (poor, weak) débil ● **not bad** (bastante) bien ● **to go bad** echarse a perder

badge [bædʒ] n chapa f, botón m (Amér)

badger ['bædʒə] n tejón m

badly ['bædlɪ] (compar **worse**, superl **worst**) adv **1.** (poorly) mal **2.** (seriously) gravemente **3.** (very much) mucho

badly paid [-peɪd] adj mal pagado(da)

badminton ['bædmɪntən] n bádminton m

bad-tempered [-'tempəd] adj de mal genio

bag [bæg] n **1.** (of paper, plastic) bolsa f **2.** (handbag) bolso m (Esp), cartera f (Amér) **3.** (suitcase) maleta f ● **a bag of crisps** una bolsa de patatas fritas

bagel ['beɪgəl] n bollo de pan en forma de rosca

baggage ['bægɪdʒ] n equipaje m

baggage allowance n equipaje m permitido

baggage reclaim *n* (*UK*) recogida *f* de equipajes

baggy ['bægɪ] *adj* holgado(da)

bagpipes ['bægpaɪps] *npl* gaita *f*

bail [beɪl] *n* fianza *f*

bait [beɪt] *n* cebo *m*

bake [beɪk] ◇ *vt* cocer al horno ◇ *n* CULIN gratén *m*

baked [beɪkt] *adj* asado(da) al horno

baked beans *npl* alubias *fpl* (*Esp*) OR frijoles *mpl* (*Amér*) cocidas en salsa de tomate

baked potato *n* patata *f* (*Esp*) OR papa *f* (*Amér*) asada OR al horno (*con piel*)

baker ['beɪkə^r] *n* panadero *m*, -ra *f*

baker's (*shop*) panadería *f*

balance ['bæləns] ◇ *n* **1.** (*of person*) equilibrio *m* **2.** (*of bank account*) saldo *m* **3.** (*remainder*) resto *m* ◇ *vt* mantener en equilibrio

balcony ['bælkənɪ] *n* **1.** (*small*) balcón *m* **2.** (*big*) terraza *f*

bald [bɔːld] *adj* calvo(va)

bale [beɪl] *n* (*of cloth, hay*) fardo *m*

Balearic Islands [ˌbælɪˈærɪk-] *npl* ● Balearic Islands (las) Baleares

ball [bɔːl] *n* **1.** (*in tennis, golf, table tennis*) pelota *f* **2.** (*in football*) balón *m* **3.** (*in snooker, pool, of paper*) bola *f* **4.** (*of wool, string*) ovillo *m* **5.** (*dance*) baile *m* ● **on the ball** (*fig*) al tanto de todo

ballerina [ˌbæləˈriːnə] *n* bailarina *f*

ballet ['bæleɪ] *n* ballet *m*

ballet dancer *n* bailarín *m*, -ina *f*

balloon [bəˈluːn] *n* globo *m*

ballot ['bælət] *n* votación *f*

ballpoint pen ['bɔːlpɔɪnt-] *n* bolígrafo *m*

ballroom ['bɔːlrom] *n* salón *m* de baile

ballroom dancing *n* baile *m* de salón

bamboo [bæmˈbuː] *n* bambú *m*

ban [bæn] ◇ *n* prohibición *f* ◇ *vt* prohibir ● **to ban sb from doing sthg** prohibir a alguien hacer algo

banana [bəˈnɑːnə] *n* plátano *m*

band [bænd] *n* **1.** (*pop group*) grupo *m* **2.** (*military orchestra*) banda *f* **3.** (*strip of paper, rubber*) cinta *f*

bandage ['bændɪdʒ] ◇ *n* venda *f* ◇ *vt* vendar

B and B [ˌbiːənˈbiː-] *abbr* = bed and breakfast

bandstand ['bændstænd] *n* quiosco *m* de música

bang [bæŋ] ◇ *n* estruendo *m* ◇ *vt* **1.** (*hit loudly*) golpear **2.** (*shut loudly*) cerrar de golpe ● **to bang one's head** golpearse la cabeza

banger ['bæŋə^r] *n* (*UK*) (*inf*) (*sausage*) salchicha *f* ● **bangers and mash** salchichas con puré de patatas

bangle ['bæŋgl] *n* brazalete *m*

bangs [bæŋz] *npl* (*US*) flequillo *m* ● cerquillo *m* (*Amér*)

banister ['bænɪstə^r] *n* barandilla *f*

banjo ['bændʒəʊ] *n* banjo *m*

bank [bæŋk] *n* **1.** (*for money*) banco *m* **2.** (*of river, lake*) orilla *f*, ribera *f* **3.** (*slope*) loma *f*

bank account *n* cuenta *f* bancaria

bank book *n* libreta *f* (*del banco*)

bank charges *npl* comisiones *fpl* bancarias

bank clerk *n* empleado *m* de banco

bank draft *n* giro *m* bancario

banker ['bæŋkə^r] *n* banquero *m*, -ra *f*

banker's card *n* tarjeta *f* de identificación bancaria

bank holiday *n* (*UK*) día *m* festivo

bank holiday

En el Reino Unido, un *bank holiday* es un día festivo. Recibe ese nombre porque los bancos no abren ese día (muchas tiendas y supermercados sí lo hacen). El número de festivos (unos 8 por año) de los que disfrutan los británicos es mucho menor que el de otros europeos.

bank manager *n* director *m*, -ra *f* de banco

bank note *n* billete *m* de banco

bankrupt ['bæŋkrʌpt] *adj* quebrado(da)

bank statement *n* extracto *m* de cuenta

banner ['bænə'] *n* **1.** (*flag*) pancarta *f* **2.** COMPUT banner *m*

bannister ['bænɪstə'] = **banister**

banquet ['bæŋkwɪt] *n* **1.** (*formal dinner*) banquete *m*

bap [bæp] *n* (*UK*) panecillo *m*, bollo *m*

baptize [(*UK*) bæp'taɪz, (*US*) 'bæptaɪz] *vt* bautizar

bar [bɑː'] ◇ *n* **1.** (*pub, in restaurant, hotel*) bar *m* **2.** (*counter in pub, metal rod*) barra *f* **3.** (*of wood*) tabla *f* **4.** (*of soap*) pastilla *f* **5.** (*of chocolate*) tableta *f* ◇ *vt* (*obstruct*) bloquear

barbecue ['bɑːbɪkjuː] ◇ *n* barbacoa *f* ◇ *vt* asar a la parrilla

barbed wire [bɑːbd-] *n* alambre *m* de espino

barber ['bɑːbə'] *n* barbero *m* ● **barber's** (*shop*) barbería *f*, peluquería *f*

bar code *n* código *m* de barras

bare [beə'] *adj* **1.** (*feet*) descalzo(za) **2.** (*head*) descubierto(ta) **3.** (*arms*) desnudo(da) **4.** (*room, cupboard*) vacío(a) **5.** (*facts, minimum*) esencial

barefoot [,beə'fʊt] *adv* ● **to go barefoot** ir descalzo

barely ['beəlɪ] *adv* apenas

bargain ['bɑːgɪn] ◇ *n* **1.** (*agreement*) trato *m*, acuerdo *m* **2.** (*cheap buy*) ganga *f* ◇ *vi* negociar ◆ **bargain for** *vt insep* contar con

bargain basement *n* sección *f* de oportunidades

barge [bɑːdʒ] *n* barcaza *f* ◆ **barge in** *vi* ● **to barge in (on sb)** interrumpir (a alguien)

bark [bɑːk] ◇ *n* (*of tree*) corteza *f* ◇ *vi* ladrar

barley ['bɑːlɪ] *n* cebada *f*

barmaid ['bɑːmeɪd] *n* camarera *f* (*Esp*), mesera *f* (*Amér*)

barman ['bɑːmən] (*pl* **-men**) *n* camarero *m* (*Esp*), barman *m* (*Esp*)

barn [bɑːn] *n* granero *m*

barometer [bə'rɒmɪtə'] *n* barómetro *m*

baron ['bærən] *n* barón *m*

baroque [bə'rɒk] *adj* barroco(ca)

barracks ['bærəks] *npl* cuartel *m*

barrage ['bærɑːʒ] *n* (*of questions, criticism*) lluvia *f*, alud *m*

barrel ['bærəl] *n* **1.** (*of beer, wine, oil*) barril *m* **2.** (*of gun*) cañón *m*

barren ['bærən] *adj* (*land, soil*) estéril

barricade [,bærɪ'keɪd] *n* barricada *f*

barrier ['bærɪə'] *n* barrera *f*

barrister ['bærɪstə'] n abogado m, -da f (de tribunales superiores)

bartender ['bɑ:tendə'] n (US) camarero m, -ra f (Esp), barman m

barter ['bɑ:tə'] vi hacer trueques

base [beɪs] ◇ n base f ◇ vt ● to base sthg on basar algo en ● to be based (company) tener la sede; (person) trabajar

baseball ['beɪsbɔ:l] n béisbol m

baseball cap n gorra f de béisbol

basement ['beɪsmənt] n sótano m

bases ['beɪsi:z] pl ➤ basis

bash [bæʃ] vt (door) dar un porrazo a ● to bash one's head darse un porrazo en la cabeza

basic ['beɪsɪk] adj 1. (fundamental) básico(ca) 2. (accommodation, meal) simple ◆ **basics** npl ● the basics los fundamentos

basically ['beɪsɪklɪ] adv en realidad

basil ['bæzl] n albahaca f

basin ['beɪsn] n 1. (washbasin) lavabo m 2. (bowl) barreño m

basis ['beɪsɪs] n (pl -ses) n base f ● on a weekly basis semanalmente ● on the basis of partiendo de

basket ['bɑ:skɪt] n cesto m, cesta f

basketball ['bɑ:skɪtbɔ:l] n baloncesto m

basmati rice [bæz'mɑ:tɪ] n arroz m de origen pakistaní utilizado en muchos platos de cocina oriental

Basque [bɑ:sk] ◇ adj vasco(ca) ◇ n 1. (person) vasco m, -ca f 2. (language) euskera m

Basque Country n ● the Basque Country el País Vasco, Euskadi

bass¹ [beɪs] n (singer) bajo m

bass² [bæs] n (fish) lubina f, róbalo m

bass guitar [beɪs-] n bajo m

bassoon [bə'su:n] n fagot m

bastard ['bɑ:stəd] n (vulg) cabrón m, -ona f

bat [bæt] n 1. (in cricket, baseball) bate m 2. (in table tennis) paleta f 3. (animal) murciélago m

batch [bætʃ] n lote m

bath [bɑ:θ] ◇ n (tub) bañera f, tina f (Amér) ◇ vt bañar ● to have a bath (UK) bañarse ◆ **baths** npl (UK) (public swimming pool) piscina f municipal

bathe [beɪð] vt bañar

bathrobe ['bɑ:θrəʊb] n 1. (for bathroom, swimming pool) albornoz m (Esp), bata f (Amér) 2. (dressing gown) bata f

bathroom ['bɑ:θrʊm] n 1. (room with bath) cuarto m de baño 2. (US) (toilet) servicio m, baño m (Amér)

bathroom cabinet n armario m de aseo

bathtub ['bɑ:θtʌb] n bañera f, tina f (Amér)

baton ['bætən] n 1. (of conductor) batuta f 2. (truncheon) porra f

batter ['bætə'] ◇ n CULIN masa f para rebozar ◇ vt (wife, child) maltratar

battered ['bætəd] adj CULIN rebozado(-da)

battery ['bætərɪ] n 1. (for radio, torch etc) pila f 2. (for car) batería f

battery charger [-,tʃɑ:dʒə'] n cargador m de pilas

battle ['bætl] n 1. (in war) batalla f 2. (struggle) lucha f

bay [beɪ] n 1. (on coast) bahía f 2. (for parking) plaza f

bay leaf *n* hoja *f* de laurel

bay window *n* ventana *f* saldiza

B & B [biːəndbiː] *abbr* = **bed and breakfast**

BC [biːˈsiː] (*abbr of before Christ*) a.C., a. de J.C. *(antes de J.C.)*

Bcc [ˌbiːsiːˈsiː] *n* (*abbr of blind carbon copy*) Cco

be [biː] (*pt* **was** OR **were**, *pp* **been**)
◊ *vi* **1.** (*exist*) ser ● **there is/are** hay ● **are there any shops near here?** ¿hay alguna tienda por aquí? **2.** (*referring to location*) estar ● **the hotel is near the airport** el hotel está cerca del aeropuerto **3.** (*go, come*) estar ● **have you ever been to Ireland?** ¿has estado alguna vez en Irlanda? ● **I'll be there in five minutes** estaré ahí dentro de cinco minutos **4.** (*occur*) ser ● **the final is in May** la final es en mayo **5.** (*describing quality, permanent condition*) ser ● **he's a doctor** es médico ● **I'm British** soy británico **6.** (*describing state, temporary condition*) estar ● **I'm angry** estoy enfadado ● **I'm hot/cold** tengo calor/frío **7.** (*referring to health*) estar ● **how are you?** ¿cómo estás? ● **I'm fine** estoy bien ● **she's ill** está enferma **8.** (*referring to age*) ● **how old are you?** ¿cuántos años tienes? ● **I'm 14 (years old)** tengo 14 años (de edad) **9.** (*referring to cost*) valer, costar ● **how much is it?** ¿cuánto es? ● **it's ten pounds** son diez libras **10.** (*referring to time, dates*) ser ● **what time is it?** ¿qué hora es? ● **it's ten o'clock** son las diez ● **it's the 9th of April** estamos a 9 de abril **11.** (*referring to measurement*) ● **it's 2 metres wide/**long mide 2 metros de ancho/largo ● **he's 2 metres tall** mide 2 metros ● **I'm 60 kilos** peso 60 kilos **12.** (*referring to weather*) hacer ● **it's hot/cold** hace calor/frío ● **it's sunny/windy** hace sol/viento ● **it's going to be nice today** hoy va a hacer buen tiempo

◊ *aux vb* **1.** (*forming continuous tense*) estar ● **I'm learning French** estoy aprendiendo francés ● **we've been visiting the museum** hemos estado visitando el museo ● **I was eating when ...** estaba comiendo cuando ... **2.** (*forming passive*) ser ● **to be loved** ser amado ● **the flight was delayed** el avión se retrasó **3.** (*with infinitive to express order*) ● **all rooms are to be vacated by ten a.m.** las habitaciones han de ser desocupadas antes de las diez de la mañana **4.** (*with infinitive to express future tense*) ● **the race is to start at noon** la carrera empezará a mediodía **5.** (*in tag questions*) ● **it's cold, isn't it?** hace frío ¿no?

beach [biːtʃ] *n* playa *f*

bead [biːd] *n* **1.** cuenta *f* **2.** (*glass*) abalorio *m*

beak [biːk] *n* pico *m*

beaker ['biːkər] *n* taza *f* (*sin asa*)

beam [biːm] ◊ *n* **1.** (*of light*) rayo *m* **2.** (*of wood, concrete*) viga *f* ◊ *vi* (*smile*) sonreír resplandeciente

bean [biːn] *n* **1.** (*haricot*) judía *f* (*Esp*), frijol *m* (*Amér*) **2.** (*pod*) judía *f* verde **3.** (*of coffee*) grano *m*

beansprouts ['biːnsprauts] *npl* brotes *mpl* de soja (*Esp*) OR soya (*Amér*)

bear [beər] (*pt* **bore**, *pp* **borne**) ◊ *n* (*animal*) oso *m*, osa *f* ◊ *vt* aguantar, soportar • **to bear left/right** torcer a la izquierda/derecha

bearable ['beərəbl] *adj* soportable

beard [bɪəd] *n* barba *f*

bearer ['beərə'] *n* **1.** *(of cheque)* portador *m*, -ra *f* **2.** *(of passport)* titular *mf*

bearing ['beərɪŋ] *n* *(relevance)* relación *f* • **to get one's bearings** orientarse

beast [biːst] *n* bestia *f*

beat [biːt] *(pt* **beat**, *pp* **beaten**) ◇ *n* **1.** *(of heart, pulse)* latido *m* **2.** *MUS* ritmo *m* ◇ *vt* **1.** *(defeat)* ganar, derrotar **2.** *(hit)* golpear **3.** *(eggs, cream)* batir • **beat down** ◇ *vt sep* convencer que rebaje el precio ◇ *vi* **1.** *(rain)* descargar **2.** *(sun)* pegar fuerte • **beat up** *vt sep* dar una paliza a

beautiful ['bjuːtɪfʊl] *adj* **1.** *(in appearance, very good)* precioso(sa) **2.** *(person)* guapo(pa)

beauty ['bjuːtɪ] *n* belleza *f*

beauty parlour *n* salón *m* de belleza

beauty spot *n* *(place)* bello paraje *m*

beaver ['biːvə'] *n* castor *m*

became [bɪ'keɪm] *pt* ➢ **become**

because [bɪ'kɒz] *conj* porque • **because of** a causa de

beckon ['bekən] *vi* • **to beckon (to)** hacer señas para atraer la atención (a)

become [bɪ'kʌm] *(pt* **became**, *pp inv)* *vi* **1.** hacerse **2.** *(ill, angry, cloudy)* ponerse **3.** *(champion, prime minister)* llegar a ser • **what became of him?** ¿qué fue de él?

bed [bed] *n* **1.** *(for sleeping in)* cama *f* **2.** *(of river, CULIN)* lecho *m* **3.** *(of sea)* fondo *m* • **in bed** en la cama • **to get out of bed** levantarse (de la cama) • **to go to**
bed irse a la cama • **to go to bed with sb** acostarse con alguien • **to make the bed** hacer la cama

bed and breakfast *n* *(UK)* casa privada donde se ofrece cama y desayuno a precios asequibles

bed and breakfast

Un *bed and breakfast* es un hostal familiar en el que el desayuno está incluido en el precio del alojamiento. Su localización está bien señalizada y hay de todos los tipos. Se encuentran no sólo en el Reino Unido sino también en los Estados Unidos, Canadá, Australia y Nueva Zelanda.

bedclothes ['bedkləʊðz] *npl* ropa *f* de cama

bedding ['bedɪŋ] *n* ropa *f* de cama

bed linen *n* sábanas *y* fundas de almohada

bedroom ['bedrʊm] *n* **1.** *(en casa)* dormitorio *m* **2.** *(en hotel)* habitación *f*

bedside table ['bedsaɪd-] *n* mesita *f* de noche

bedsit ['bed,sɪt] *n* *(UK)* habitación *f* alquilada con cama e instalaciones para cocinar y lavarse

bedspread ['bedspred] *n* colcha *f*

bedtime ['bedtaɪm] *n* hora *f* de dormir

bee [biː] *n* abeja *f*

beech [biːtʃ] *n* haya *f*

beef [biːf] *n* carne *f* de vaca OR res *(Amér)*

beefburger ['biːf,bɜːgə'] *n* *(UK)* hamburguesa *f*

beehive ['biːhaɪv] *n* colmena *f*

been [biːn] *pp* ➤ **be**

beer [bɪə'] *n* cerveza *f* ● **to have a couple of beers** tomarse un par de cervezas

beer garden *n* patio *m* de bar

beer mat *n* posavasos *m inv* (de bar)

beetle ['biːtl] *n* escarabajo *m*

beetroot ['biːtruːt] *n* (UK) remolacha *f*

before [bɪˈfɔː'] ◇ *adv* antes ◇ *prep* **1.** (earlier than) antes de **2.** (in order) antes que **3.** (fml) (in front of) frente a ◇ *conj* antes de ● **before you leave** antes de irte ● **the day before** el día anterior ● **the week before last** la semana pasada no, la anterior

beforehand [bɪˈfɔːhænd] *adv* con antelación

befriend [bɪˈfrend] *vt* hacer amistad con

beg [beg] ◇ *vi* mendigar ◇ *vt* ● **to beg sb to do sthg** rogar a alguien que haga algo

began [bɪˈgæn] *pt* ➤ **begin**

beggar ['begə'] *n* mendigo *m*, -ga *f*

begin [bɪˈgɪn] (*pt* **began**, *pp* **begun**) *vt & vi* empezar, comenzar ● **to begin doing** OR **to do sthg** empezar a hacer algo ● **to begin by doing sthg** empezar haciendo algo ● **to begin with** (firstly) en primer lugar; (in restaurant) de primero

beginner [bɪˈgɪnə'] *n* principiante *mf*

beginning [bɪˈgɪnɪŋ] *n* comienzo *m* ● **at the beginning of** a principios de

begun [bɪˈgʌn] *pp* ➤ **begin**

behalf [bɪˈhɑːf] *n* ● **on behalf of** en nombre de

behave [bɪˈheɪv] *vi* comportarse ● **to**

behave (o.s.) (be good) portarse bien

behavior [bɪˈheɪvjə'] (US) = **behaviour**

behaviour [bɪˈheɪvjə'] *n* comportamiento *m*

behind [bɪˈhaɪnd] ◇ *adv* detrás ◇ *n* (inf) trasero *m* ◇ *prep* (at the back of) detrás de ● **to be behind sb** (supporting) apoyar a alguien ● **to be behind** (schedule) ir retrasado ● **to leave sthg behind** dejarse algo (olvidado) ● **to stay behind** quedarse

beige [beɪʒ] *adj* beige (inv)

being ['biːɪŋ] *n* ser *m* ● **to come into being** nacer

belated [bɪˈleɪtɪd] *adj* tardío(a)

belch [beltʃ] *vi* eructar

Belgian ['beldʒən] ◇ *adj* belga ◇ *n* belga *mf*

Belgian waffle *n* (US) gofre *m* (Esp), wafle *m* (Amér)

Belgium ['beldʒəm] *n* Bélgica *f*

belief [bɪˈliːf] *n* **1.** (faith) creencia *f* **2.** (opinion) opinión *f*

believe [bɪˈliːv] ◇ *vt* creer ◇ *vi* ● **to believe in** creer en ● **to believe in doing sthg** ser partidario de hacer algo

believer [bɪˈliːvə'] *n* creyente *mf*

bell [bel] *n* **1.** (of church) campana *f* **2.** (of phone, door) timbre *m*

bellboy ['belbɔɪ] *n* botones *m inv*

bellow ['beləʊ] *vi* rugir

bell pepper *n* (US) pimiento *m*

belly ['belɪ] *n* (inf) barriga *f*

belly button *n* (inf) ombligo *m*

belong [bɪˈlɒŋ] *vi* (be in right place) ir ● **to belong to** (property) pertenecer a; (to club, party) ser miembro de

belongings [bɪˈlɒŋɪŋz] *npl* **1.** pertenencias *fpl* **2.** ● **personal belongings** efectos *mpl* personales

below [brˈləʊ] ◇ *prep* por debajo de ◇ *adv* **1.** *(lower down)* abajo **2.** *(in text)* más abajo ● **the flat below** el piso de abajo ● **below zero** bajo cero ● **children below the age of ten** niños menores de diez años

belt [belt] *n* **1.** *(for clothes)* cinturón *m* **2.** *TECH* correa *f*

beltway [ˈbeltweɪ] *n (US)* carretera *f* de circunvalación

bench [bentʃ] *n* banco *m*

bend [bend] *(pt & pp* bent) ◇ *n* curva *f* ◇ *vt* doblar ◇ *vi* torcerse ◆**bend down** *vi* agacharse ◆**bend over** *vi* inclinarse

beneath [brˈniːθ] ◇ *adv* debajo ◇ *prep* bajo

beneficial [ˌbenɪˈfɪʃl] *adj* beneficioso(-sa)

benefit [ˈbenɪfɪt] ◇ *n* **1.** *(advantage)* ventaja *f* **2.** *(money)* subsidio *m* ◇ *vt* beneficiar ◇ *vi* ● **to benefit (from)** beneficiarse (de) ● **for the benefit of** en atención a

benign [brˈnaɪn] *adj MED* benigno(-na)

bent [bent] *pt & pp* ➢ **bend**

bereaved [brˈriːvd] *adj* desconsolado(-da)

beret [ˈbereɪ] *n* boina *f*

Bermuda shorts [bəˈmjuːdə-] *npl* bermudas *fpl*

berry [ˈberɪ] *n* baya *f*

berserk [bəˈzɜːk] *adj* ● **to go berserk** ponerse hecho(cha) una fiera

berth [bɜːθ] *n* **1.** *(for ship)* amarradero *m* **2.** *(in ship, train)* litera *f*

beside [brˈsaɪd] *prep* junto a ● **it's**

beside the point no viene al caso

besides [brˈsaɪdz] ◇ *adv* además ◇ *prep* además de

best [best] ◇ *adj & adv* mejor ◇ *n* ● **the best** el mejor(la mejor) ● **I like it best** me gusta más ● **the best thing to do is ...** lo mejor es ... ● **to make the best of it** apañárselas ● **to do one's best** hacer lo mejor que uno puede ▼ **best before ...** consumir preferentemente antes de ... ● **at best** en el mejor de los casos ● **all the best!** *(in letter)* saludos

best man *n* padrino *m* de boda

best man

La figura del *best man*, o padrino, es típica de las bodas británicas. El *best man* suele ser un pariente o un amigo del novio, que actúa de testigo y se encarga de pronunciar un discurso durante el banquete, además de organizar la despedida de soltero del novio.

best-seller [-ˈseləʳ] *n (book)* éxito *m* editorial

bet [bet] *(pt & pp* inv) ◇ *n* apuesta *f* ◇ *vt (gamble)* apostar ◇ *vi* ● **to bet (on)** apostar (por) ● **I bet (that) you can't do it** a que no puedes hacerlo

betray [brˈtreɪ] *vt* traicionar

better [ˈbetəʳ] *adj & adv* mejor ● **you had better go** más vale que te vayas ● **to get better** mejorar

betting [ˈbetɪŋ] *n* apuestas *fpl*

betting shop *n (UK)* casa *f* de apuestas

between [brˈtwiːn] ◇ *prep* entre ◇ *adv (in*

time) entremedias ● **in between** entre; *(in space)* en medio; *(in time)* entremedias ▼ **closed between 1 and 2** cerrado de 1 a 2

beverage ['bevərɪdʒ] *n (fml)* bebida *f*

beware [bɪ'weə] *vi* ● **to beware of** tener cuidado con ▼ **beware of the dog** cuidado con el perro

bewildered [bɪ'wɪldəd] *adj* desconcertado(da)

beyond [bɪ'jɒnd] ◇ *prep* más allá de ◇ *adv* más allá ● **to be beyond doubt** estar fuera de toda duda

biased ['baɪəst] *adj* parcial

bib [bɪb] *n (for baby)* babero *m*

bible ['baɪbl] *n* biblia *f* ● **the Bible** la Biblia

biceps ['baɪseps] *n* bíceps *m inv*

bicycle ['baɪsɪkl] *n* bicicleta *f*

bicycle path *n* camino *m* para bicicletas

bicycle pump *n* bomba *f* (de bicicleta)

bid [bɪd] *(pt & pp inv)* ◇ *n* **1.** *(at auction)* puja *f* **2.** *(attempt)* intento *m* ◇ *vt* pujar ◇ *vi* ● **to bid (for)** pujar (por)

bidet ['bi:deɪ] *n* bidé *m*

big [bɪg] *adj* grande ● **a big problem** un gran problema ● **my big brother** mi hermano mayor ● **how big is it?** ¿cómo es de grande?

Big Ben

El *Big Ben* es el reloj que se encuentra en la torre del parlamento británico. Sus campanadas marcan el comienzo del Año Nuevo. Cuando el parlamento se encuentra

reunido, una luz brilla en cada una de las cuatro caras del reloj.

bike [baɪk] *n* **1.** *(inf) (bicycle)* bici *f* **2.** *(motorcycle)* moto *f*

biking ['baɪkɪŋ] *n* ● **to go biking** ir en bici

bikini [bɪ'ki:nɪ] *n* biquini *m*

bikini bottom *n* bragas *fpl* de biquini

bikini top *n* sujetador *m* de biquini

bilingual [baɪ'lɪŋgwəl] *adj* bilingüe

bill [bɪl] *n* **1.** *(for meal)* cuenta *f* **2.** *(for electricity, hotel room)* factura *f* **3.** *(US) (bank note)* billete *m* **4.** *(at cinema, theatre)* programa *m* **5.** POL proyecto *m* de ley ● **can I have the bill please?** la cuenta, por favor

billboard ['bɪlbɔːd] *n* cartelera *f*

billfold ['bɪlfəʊld] *n (US)* billetera *f*, cartera *f*

billiards ['bɪljədz] *n* billar *m*

billion ['bɪljən] *n* **1.** *(thousand million)* millar *m* de millones **2.** *(US) (million million)* billón *m* de millones

bin [bɪn] *n* **1.** *(rubbish bin)* cubo *m* de la basura **2.** *(wastepaper bin)* papelera *f* **3.** *(for bread)* panera *f* **4.** *(for flour)* bote *m*

bind [baɪnd] *(pt & pp* **bound)** *vt* atar

binding ['baɪndɪŋ] *n* **1.** *(of book)* encuadernación *f* **2.** *(for ski)* fijación *f*

bingo ['bɪŋgəʊ] *n* bingo *m*

binoculars [bɪ'nɒkjʊləz] *npl* prismáticos *mpl*

biodegradable [ˌbaɪəʊdɪ'greɪdəbl] *adj* biodegradable

biography [baɪ'ɒgrəfɪ] *n* biografía *f*

biological [ˌbaɪə'lɒdʒɪkl] *adj* biológico (ca)

biological weapon *n* arma *f* biológica

biology [baɪˈɒlədʒɪ] *n* biología *f*

biotechnology [ˌbaɪəʊtekˈnɒlədʒɪ] *n* biotecnología *f*

bioterrorism [ˌbaɪəʊˈterərɪzm] *n* bioterrorismo *m*

birch [bɜːtʃ] *n* abedul *m*

bird [bɜːd] *n* **1.** (smaller) pájaro *m* **2.** (large) ave *f* **3.** (UK) (inf) (woman) tía *f* (Esp), chica *f*

bird-watching [-ˌwɒtʃɪŋ] *n* observación *f* de aves

Biro ® [ˈbaɪərəʊ] *n* bolígrafo *m*

birth [bɜːθ] *n* nacimiento *m* ● **by birth** de nacimiento ● **to give birth to** dar a luz

birth certificate *n* partida *f* de nacimiento

birth control *n* control *m* de natalidad

birthday [ˈbɜːθdeɪ] *n* cumpleaños *m inv* ● **happy birthday!** ¡feliz cumpleaños!

birthday card *n* tarjeta *f* de cumpleaños

birthday party *n* fiesta *f* de cumpleaños

birthplace [ˈbɜːθpleɪs] *n* lugar *m* de nacimiento

biscuit [ˈbɪskɪt] *n* **1.** (UK) galleta *f* **2.** (US) (scone) masa cocida al horno que se suele comer con salsa de carne

bishop [ˈbɪʃəp] *n* **1.** RELIG obispo *m* **2.** (in chess) alfil *m*

bistro [ˈbiːstrəʊ] *n* ≃ bar-restaurante *m*

bit [bɪt] ◇ *pt* ➤ **bite** ◇ *n* **1.** (piece) trozo *m* **2.** (of drill) broca *f* **3.** (of bridle) bocado *m*, freno *m* ● **a bit of** un poco de ● **a bit** un poco ● **not a bit interested** nada interesado ● **bit by bit** poco a poco

bitch [bɪtʃ] *n* **1.** (vulg) (woman) bruja *f* **2.** (dog) perra *f*

bite [baɪt] (*pt* **bit**, *pp* **bitten**) ◇ *n* **1.** (when eating) mordisco *m* **2.** (from insect, snake) picadura *f* ◇ *vt* **1.** (subj: person, dog) morder **2.** (subj: insect, snake) picar ● **to have a bite to eat** comer algo

bitter [ˈbɪtə^r] ◇ *adj* **1.** (taste, food) amargo(ga) **2.** (lemon, grapefruit) agrio(agria) **3.** (cold, wind) penetrante **4.** (person) resentido(da) **5.** (argument, conflict) enconado(da) ◇ *n* (UK) (beer) tipo de cerveza amarga

bitter lemon *n* bíter *m* de limón

bizarre [bɪˈzɑː^r] *adj* extravagante

black [blæk] ◇ *adj* **1.** negro(gra) **2.** (coffee, tea) solo ◇ *n* **1.** (colour) negro *m* **2.** (person) negro *m*, -gra *f* ● **black out** *vi* desmayarse

black and white *adj* en blanco y negro

blackberry [ˈblækbrɪ] *n* mora *f*

blackbird [ˈblækbɜːd] *n* mirlo *m*

blackboard [ˈblækbɔːd] *n* pizarra *f*, pizarrón *m* (Amér)

blackcurrant [ˌblækˈkʌrənt] *n* grosella *f* negra

black eye *n* ojo *m* morado

black ice *n* hielo transparente en el suelo

blackmail [ˈblækmeɪl] ◇ *n* chantaje *m* ◇ *vt* chantajear

blackout [ˈblækaʊt] *n* (power cut) apagón *m*

black pepper *n* pimienta *f* negra

black pudding *n* (UK) ≃ morcilla *f*

blacksmith [ˈblæksmɪθ] *n* herrero *m*

bladder [ˈblædə^r] *n* vejiga *f*

blade [bleɪd] *n* **1.** *(of knife, saw)* hoja *f* **2.** *(of propeller, oar)* aleta *f* **3.** *(of grass)* brizna *f*

blame [bleɪm] ◇ *n* culpa *f* ◇ *vt* echar la culpa a ● **to blame sb for the failure of a plan** culpar a alguien por el fracaso de un plan ● **to blame the bombings on extremists** echar la culpa de las bombas a extremistas

bland [blænd] *adj* soso(sa)

blank [blæŋk] ◇ *adj* **1.** *(space, page)* en blanco **2.** *(cassette)* virgen **3.** *(expression)* vacío(a) ◇ *n (empty space)* espacio *m* en blanco

blank cheque *n* cheque *m* en blanco

blanket ['blæŋkɪt] *n* manta *f*

blast [blɑːst] ◇ *n* **1.** *(explosion)* explosión *f* **2.** *(of air, wind)* ráfaga *f* ◇ *excl (inf)* ¡maldita sea! ● **at full blast** a todo trapo

blaze [bleɪz] ◇ *n (fire)* incendio *m* ◇ *vi* **1.** *(fire)* arder **2.** *(sun, light)* resplandecer

blazer ['bleɪzə^r] *n* chaqueta *f* de sport generalmente con la insignia de un equipo, colegio, etc

bleach [bliːtʃ] ◇ *n* lejía *f*, cloro *m* (Amér) ◇ *vt* **1.** *(hair)* decolorar **2.** *(clothes)* blanquear

bleak [bliːk] *adj* **1.** *(weather)* desapacible **2.** *(day, city)* sombrío(a)

bleed [bliːd] *(pt & pp bled)* *vi* sangrar

blend [blend] ◇ *n (of coffee, whisky)* mezcla *f* ◇ *vt* mezclar

blender ['blendə^r] *n* licuadora *f*

bless [bles] *vt* bendecir ● **bless you!** ¡jesús!

blessing ['blesɪŋ] *n* bendición *f*

blew [bluː] *pt* ➤ **blow**

blind [blaɪnd] ◇ *adj* ciego(ga) ◇ *n (for window)* persiana *f* ◇ *npl* ● **the blind** los ciegos

blind corner *n* curva *f* sin visibilidad

blindfold ['blaɪndfəʊld] ◇ *n* venda *f* (en los ojos) ◇ *vt* vendar los ojos a

blind spot *n* AUT ángulo *m* muerto

blink [blɪŋk] *vi* parpadear

blinkers ['blɪŋkəz] *npl* (UK) anteojeras *fpl*

bliss [blɪs] *n* gloria *f*

blister ['blɪstə^r] *n* ampolla *f*

blizzard ['blɪzəd] *n* ventisca *f* (de nieve)

bloated ['bləʊtɪd] *adj (after eating)* hinchado(da)

blob [blɒb] *n* gota *f*

block [blɒk] ◇ *n* **1.** bloque *m* **2.** (US) *(in town, city)* manzana *f* ◇ *vt* bloquear ● **to have a blocked (up) nose** tener la nariz bloqueada ● **block up** *vt sep* obstruir

blockage ['blɒkɪdʒ] *n* obstrucción *f*

block capitals *npl* mayúsculas *fpl*

block of flats *n* (UK) bloque *m* de pisos (Esp), edificio *m* de departamentos (Amér)

bloke [bləʊk] *n* (UK) *(inf)* tipo *m*

blond [blɒnd] ◇ *adj* rubio ◇ *n* rubio *m*

blonde [blɒnd] ◇ *adj* rubia ◇ *n* rubia *f*

blood [blʌd] *n* sangre *f*

blood donor *n* donante *mf* de sangre

blood group *n* grupo *m* sanguíneo

blood poisoning *n* septicemia *f*

blood pressure *n* tensión *f* ● **to have high blood pressure** tener la tensión alta ● **to have low blood pressure** tener la tensión baja

bloodshot ['blʌdʃɒt] *adj* **1.** *(eye)* rojo **2.**

inyectado(da) de sangre

blood test *n* análisis *m inv* de sangre

blood transfusion *n* transfusión *f* de sangre

bloody ['blʌdɪ] ◇ *adj* **1.** (*hands, handkerchief*) ensangrentado(da) **2.** (*UK*) (*vulg*) (*damn*) maldito(ta) ◇ *adv* (*UK*) (*vulg*) acojonantemente

Bloody Mary [-'meəɪ] *n* (*drink*) Bloody Mary *m*, vodka con zumo de tomate

bloom [bluːm] ◇ *n* flor *f* ◇ *vi* florecer ● **in bloom** en flor

blossom ['blɒsəm] *n* flor *f*

blot [blɒt] *n* borrón *m*

blotch [blɒtʃ] *n* mancha *f*

blotting paper ['blɒtɪŋ-] *n* papel *m* secante

blouse [blaʊz] *n* blusa *f*

blow [bləʊ] (*pt* blew, *pp* blown) ◇ *vt* **1.** (*subj: wind*) hacer volar **2.** (*whistle, trumpet*) tocar **3.** (*bubbles*) hacer ◇ *vi* **1.** (*wind, person*) soplar **2.** (*fuse*) fundirse ◇ *n* (*hit*) golpe *m* ● **to blow one's nose** sonarse la nariz ● **blow up** ◇ *vt sep* **1.** (*cause to explode*) volar **2.** (*inflate*) inflar ◇ *vi* estallar

blow-dry ◇ *n* secado *m* (con secador) ◇ *vt* secar (con secador)

blown [bləʊn] *pp* ➤ blow

BLT [biːel'tiː] *n* (*sandwich*) (*abbr of* bacon, lettuce and tomato) sándwich de bacon, lechuga y tomate

blue [bluː] ◇ *adj* **1.** (*colour*) azul **2.** (*film*) porno ◇ *n* azul *m* ● **blues** *n* MUS blues *m inv*

bluebell ['bluːbel] *n* campanilla *f*

blueberry ['bluːbərɪ] *n* arándano *m*

bluebottle ['bluːˌbɒtl] *n* moscardón *m*

blue cheese *n* queso *m* azul

bluff [blʌf] ◇ *n* (*cliff*) peñasco *m* ◇ *vi* farolear

blunder ['blʌndəʳ] *n* metedura *f* de pata

blunt [blʌnt] *adj* **1.** (*knife, pencil*) desafilado(da) **2.** (*fig*) (*person*) franco(ca)

blurred [blɜːd] *adj* borroso(sa)

blush [blʌʃ] *vi* ruborizarse

blusher ['blʌʃəʳ] *n* colorete *m*

blustery ['blʌstərɪ] *adj* borrascoso(sa)

board [bɔːd] ◇ *n* **1.** (*plank*) tabla *f* **2.** (*notice board*) tablón *m* **3.** (*for games*) tablero *m* **4.** (*blackboard*) pizarra *f*, pizarrón *m* (*Amér*) **5.** (*of company*) junta *f* directiva **6.** (*hardboard*) conglomerado *m* ◇ *vt* **1.** (*plane, ship*) embarcar en **2.** (*bus*) subir a ● **board and lodging** comida y habitación ● **full board** pensión completa ● **half board** media pensión ● **on board** ◇ *adj* (*plane, ship*) a bordo de; (*bus*) dentro de

board game *n* juego *m* de tablero

boarding ['bɔːdɪŋ] *n* embarque *m*

boarding card *n* tarjeta *f* de embarque

boarding school *n* internado *m*

board of directors *n* junta *f* directiva

boast [bəʊst] *vi* ● **to boast (about sthg)** alardear (de algo)

boat [bəʊt] *n* **1.** (*large*) barco *m* **2.** (*small*) barca *f* ● **by boat** en barco

bob [bɒb] *n* (*hairstyle*) media melena *f* (en una capa)

bobby pin ['bɒbɪ-] *n* (*US*) horquilla *f*

bodice ['bɒdɪs] *n* cuerpo *m*

body ['bɒdɪ] *n* **1.** (*of person, wine*) cuerpo *m* **2.** (*corpse*) cadáver *m* **3.** (*of car*) carrocería *f* **4.** (*organization*) organismo *m*

bodyguard ['bɒdɪgɑːd] *n* guardaespaldas *m inv*

body piercing [-'pɪəsɪŋ] *n* piercing *m*

bodywork ['bɒdɪwɜːk] *n* carrocería *f*

bog [bɒg] *n* cenagal *m*

bogus ['bəʊgəs] *adj* falso(sa)

boil [bɔɪl] ◇ *vt* **1.** *(water)* hervir **2.** *(kettle)* poner a hervir **3.** *(food)* cocer ◇ *vi* hervir ◇ *n* pústula *f*

boiled egg [bɔɪld-] *n* huevo *m* pasado por agua

boiled potatoes [bɔɪld-] *npl* patatas *fpl* *(Esp)* OR papas *fpl* *(Amér)* cocidas

boiler ['bɔɪlə'] *n* caldera *f*

boiling (hot) ['bɔɪlɪŋ-] *adj* **1.** *(inf)* *(person)* asado(da) de calor **2.** *(weather)* abrasador(ra) **3.** *(water)* ardiendo

bold [bəʊld] *adj (brave)* audaz

Bolivia [bə'lɪvɪə] *n* Bolivia

Bolivian [bə'lɪvɪən] ◇ *adj* boliviano(na) ◇ *n* boliviano *m*, -na *f*

bollard ['bɒlɑːd] *n (UK) (on road)* poste *m*

bolt [bəʊlt] ◇ *n* **1.** *(on door, window)* cerrojo *m* **2.** *(screw)* tornillo *m* ◇ *vt (door, window)* echar el cerrojo a

bomb [bɒm] ◇ *n* bomba *f* ◇ *vt* bombardear

bombard [bɒm'bɑːd] *vt* bombardear

bomb scare *n* amenaza *f* de bomba

bond [bɒnd] *n* **1.** *(tie, connection)* lazo *m*, vínculo *m*

bone [bəʊn] *n* **1.** *(of person, animal)* hueso *m* **2.** *(of fish)* espina *f*

boned [bəʊnd] *adj* **1.** *(chicken)* deshuesado(da) **2.** *(fish)* limpio(pia)

boneless ['bəʊnləs] *adj (chicken, pork)* deshuesado(da)

bonfire ['bɒn,faɪə'] *n* hoguera *f*

bonnet ['bɒnɪt] *n (UK) (of car)* capó *m*, cofre *m (Méx)*

bonus ['bəʊnəs] *(pl* **-es)** *n* **1.** *(extra money)* paga *f* extra **2.** *(additional advantage)* beneficio *m* adicional

bony ['bəʊnɪ] *adj* **1.** *(hand, face)* huesudo(da) **2.** *(fish)* lleno(na) de espinas

boo [buː] *vi* abuchear

book [bʊk] ◇ *n* **1.** *(for reading)* libro *m* **2.** *(for writing in)* libreta *f*, cuaderno *m* **3.** *(of stamps)* librillo *m* **4.** *(of matches)* cajetilla *f* **5.** *(of tickets)* talonario *m* ◇ *vt (reserve)* reservar ◆ **book in** *vi* registrarse

bookable ['bʊkəbl] *adj (seats, flight)* reservable

bookcase ['bʊkkeɪs] *n* estantería *f*

booking ['bʊkɪŋ] *n (reservation)* reserva *f*, reservación *f (Amér)*

booking office *n (UK)* taquilla *f*

bookkeeping ['bʊk,kiːpɪŋ] *n* contabilidad *f*

booklet ['bʊklɪt] *n* folleto *m*

bookmaker's ['bʊk,meɪkəz] *n* casa *f* de apuestas

bookmark ['bʊkmɑːk] *n* separador *m*

bookshelf ['bʊkʃelf] *(pl* **-shelves)** *n* **1.** *(shelf)* estante *m* **2.** *(bookcase)* estantería *f*

bookshop ['bʊkʃɒp] *n* librería *f*

bookstall ['bʊkstɔːl] *n* puesto *m* de libros

bookstore ['bʊkstɔː'] = **bookshop**

book token *n (UK)* vale *m* para comprar libros

boom [buːm] ◇ *n (sudden growth)* auge *m* ◇ *vi (voice, guns)* retumbar

boost [buːst] vt **1.** (profits, production) incrementar **2.** (confidence, spirits) estimular

booster ['buːstə'] n (injection) inyección f de revacunación

boot [buːt] n **1.** (shoe) bota f **2.** (UK) (of car) maletero m

booth [buːð] n **1.** (for telephone) cabina f **2.** (at fairground) puesto m

booze [buːz] ◇ n (inf) bebida f, alcohol m ◇ vi (inf) empinar el codo

bop [bɒp] n (inf) (dance) ● **to have a bop** mover el esqueleto

border ['bɔːdə'] n **1.** (of country) frontera f **2.** (edge) borde m ● **the Borders** región de Escocia que linda con Inglaterra, especialmente las zonas central y oriental

bore [bɔː'] ◇ pt ➤ **bear** ◇ n **1.** (person) pelmazo m, -za f **2.** (thing) rollo m ◇ vt **1.** (person) aburrir **2.** (hole) horadar

bored [bɔːd] adj aburrido(da)

boredom ['bɔːdəm] n aburrimiento m

boring ['bɔːrɪŋ] adj aburrido(da)

born [bɔːn] adj ● **to be born** nacer

borne [bɔːn] pp ➤ **bear**

borough ['bʌrə] n municipio m

borrow ['bɒrəʊ] vt ● **to borrow money from a friend** tomar dinero prestado de un amigo

bosom ['buzəm] n pecho m

boss [bɒs] n jefe m, -fa f ● **boss around** vt sep mangonear

bossy ['bɒsɪ] adj mandón(ona)

botanical garden [bə'tænɪkl-] n jardín m botánico

both [bəʊθ] ◇ adj ambos(bas) ◇ pron los dos mpl, las dos f ◇ adv ● **she speaks both French and German** habla francés y alemán ● **both of them/us** los dos(las dos) ● **both of us** los dos(las dos)

bother ['bɒðə'] ◇ vt **1.** (worry) preocupar **2.** (annoy, pester) molestar ◇ vi molestarse ◇ n molestia f ● **I can't be bothered** no tengo ganas ● **it's no bother!** ¡no es molestia!

Botox ® ['bəʊtɒks] n Botox ® m

bottle ['bɒtl] n **1.** (container, contents) botella f **2.** (of shampoo) bote m **3.** (of medicine) frasco m **4.** (for baby) biberón m

bottle bank n (UK) contenedor m de vidrio (para reciclaje)

bottled ['bɒtld] adj embotellado(da) ● **bottled beer** cerveza f de botella ● **bottled water** agua f mineral (embotellada)

bottle opener [-ˌəʊpnə'] n abrebotellas m inv

bottom ['bɒtəm] ◇ adj **1.** (shelf, line, object in pile) inferior **2.** (floor) bajo(ja) **3.** (last, worst) peor ◇ n **1.** (of sea, bag) fondo m **2.** (of hill, stairs, ladder) pie m **3.** (of page) final m **4.** (of glass, bin) culo m **5.** (farthest part) final m, fondo m **6.** (buttocks) trasero m

bought [bɔːt] pt & pp ➤ **buy**

boulder ['bəʊldə'] n canto m rodado

bounce [baʊns] vi **1.** (rebound) rebotar **2.** (jump) saltar **3.** (cheque) ser rechazado por el banco

bouncer ['baʊnsə'] n (inf) matón m (en discoteca, bar, etc)

bouncy ['baʊnsɪ] adj (person) dinámico(ca)

bound [baʊnd] ◇ pt & pp ➤ **bind** ◇ vi dando saltos ◇ adj ● **it's bound to rain**

seguro que llueve ● **to be bound for** ir rumbo a ● **to be out of bound** estar en zona prohibida

boundary ['baʊndrɪ] *n* frontera *f*

bouquet [buˈkeɪ] *n* **1.** *(of flowers)* ramo *m* **2.** *(of wine)* buqué *m*

bout [baʊt] *n* **1.** *(of illness)* ataque *m* **2.** *(of activity)* racha *f*

boutique [buːˈtiːk] *n* boutique *f*

bow¹ [baʊ] ⋄ *n* **1.** *(of head)* reverencia *f* **2.** *(of ship)* proa *f* ⋄ *vi* inclinarse

bow² [bəʊ] *n* **1.** *(knot)* lazo *m* **2.** *(weapon, MUS)* arco *m*

bowels ['baʊəlz] *npl* intestinos *mpl*

bowl [bəʊl] *n* **1.** *(for salad, fruit, sugar)* bol *m*, cuenco *m* **2.** *(for soup, of soup)* tazón *m* **3.** *(for washing-up)* barreño *m* **4.** *(of toilet)* taza *f* ◆ **bowls** *npl* bochas *fpl*

bowling alley ['bəʊlɪŋ-] *n* bolera *f*

bow tie [ˌbəʊ-] *n* pajarita *f* (*Esp*), corbata *f* de mono (*Amér*)

box [bɒks] ⋄ *n* **1.** *(container, contents)* caja *f* **2.** *(of jewels)* estuche *m* **3.** *(on form)* casilla *f* **4.** *(in theatre)* palco *m* ⋄ *vi* boxear ● **a box of chocolates** una caja de bombones

boxer ['bɒksə'] *n* boxeador *m*

boxer shorts *npl* calzoncillos *mpl* boxer

boxing ['bɒksɪŋ] *n* boxeo *m*

Boxing Day *n* el 26 de diciembre, fiesta nacional en Gran Bretaña

Boxing Day

El 26 de diciembre es un día festivo en el Reino Unido y recibe el nombre de *Boxing Day*, porque antaño en esa fecha las familias, como obsequio navideño, daban cajas con comida y bebida a sus empleados y a los comerciantes del lugar.

boxing gloves *npl* guantes *mpl* de boxeo

boxing ring *n* cuadrilátero *m*

box office *n* taquilla *f*, boletería *f* (*Amér*)

boy [bɔɪ] ⋄ *n* **1.** *(male)* chico *m*, niño *m* **2.** *(son)* hijo *m* ⋄ *excl* (*US*) (*inf*) ● **(oh) boy!** ¡jolín!

boycott ['bɔɪkɒt] *vt* boicotear

boyfriend ['bɔɪfrend] *n* novio *m*

boy scout *n (boy)* scout *m*

bra [brɑː] *n* sujetador *m* (*Esp*), sosten *m*

brace [breɪs] *n* *(for teeth)* aparato *m* corrector ◆ **braces** *npl* (*UK*) tirantes *mpl*

bracelet ['breɪslɪt] *n* pulsera *f*

bracken ['brækn] *n* helecho *m*

bracket ['brækɪt] *n* **1.** *(written symbol)* paréntesis *m inv* **2.** *(support)* soporte *m*

brag [bræg] *vi* fanfarronear

brain [breɪn] *n* cerebro *m*

brainy ['breɪnɪ] *adj* (*inf*) listo(ta)

braised [breɪzd] *adj* cocido(da) a fuego lento

brake [breɪk] ⋄ *n* freno *m* ⋄ *vi* frenar

brake light *n* luz *f* de freno

brake pad *n* pastilla *f* de frenos

brake pedal *n* pedal *m* de freno

bran [bræn] *n* salvado *m*

branch [brɑːntʃ] *n* **1.** *(of tree, subject)* rama *f* **2.** *(of bank, company)* sucursal *f* ● **branch off** *vi* desviarse

branch line n ramal m

brand [brænd] ◇ n marca f ◇ vt ● **to brand sb (as)** tildar a alguien (de)

brand-new adj completamente nuevo(va)

brandy ['brændi] n coñac m

brash [bræʃ] adj (pej) insolente

brass [brɑːs] n latón m

brass band n banda f de metal

brasserie ['bræsəri] n restaurante m

brassiere [(UK) 'bræsɪəʳ, (US) brə'zɪr] n sujetador m (Esp), sosten m

brat [bræt] n (inf) mocoso m, -sa f

brave [breɪv] adj valiente

bravery ['breɪvəri] n valentía f

bravo [ˌbrɑː'vəʊ] excl ¡bravo!

brawl [brɔːl] n gresca f

Brazil [brə'zɪl] n Brasil m

brazil nut n nuez f de Pará

breach [briːtʃ] vt 1. (contract) incumplir 2. (confidence) abusar de

bread [bred] n pan m ● **bread and butter** pan con mantequilla

bread bin n (UK) panera f

breadboard ['bredbɔːd] n tabla f (de cortar pan)

bread box (US) = bread bin

breadcrumbs ['bredkrʌmz] npl pan m rallado

breaded ['bredɪd] adj empanado(da)

bread knife n cuchillo m de pan

bread roll n panecillo m

breadth [bretθ] n anchura f

break [breɪk] (pt **broke**, pp **broken**) ◇ n 1. (interruption) interrupción f 2. (in transmission) corte m 3. (in line) espacio m 4. (rest, pause) descanso m 5. SCH (playtime) recreo m ◇ vt 1. (cup, window,

record) romper 2. (machine) estropear 3. (disobey) violar, infringir 4. (fail to fulfil) incumplir 5. (journey) interrumpir 6. (news) dar ◇ vi 1. (cup, window, chair) romperse 2. (machine) estropearse 3. (dawn) romper 4. (voice) cambiar ● **without a break** sin parar ● **a lucky break** un golpe de suerte ● **to break one's leg** romperse la pierna ◆ **break down** ◇ vi (car, machine) estropearse ◇ vt sep (door, barrier) derribar ◆ **break in** vi entrar a la fuerza ◆ **break off** vt 1. (detach) partir 2. (holiday) interrumpir ◇ vi (stop speaking) pararse, detenerse ◆ **break out** vi 1. (fire, war) desencadenarse 2. (panic) cundir ● **he broke out in a rash** le salió un sarpullido ◆ **break up** vi 1. (with spouse, partner) romper 2. (meeting) disolverse 3. (marriage) deshacerse 4. (school, pupils) terminar el curso

breakage ['breɪkɪdʒ] n rotura f

breakdown ['breɪkdaʊn] n 1. (of car) avería f 2. (in communications, negotiations) ruptura f 3. (acute depression) crisis f nerviosa

breakdown truck n (UK) camión m grúa

breakfast ['brekfəst] n desayuno m ● **to have breakfast** desayunar ● **to have sthg for breakfast** desayunar algo

breakfast cereal n cereales mpl (para desayuno)

break-in n robo m (con allanamiento de morada)

breakwater ['breɪkˌwɔːtəʳ] n rompeolas m inv

breast [brest] n 1. (of woman) pecho m,

seno *m* **2.** *(of chicken, duck)* pechuga *f*
breastbone ['brestbəʊn] *n* esternón *m*
breast-feed *vt* dar el pecho a
breaststroke ['breststrəʊk] *n* braza *f*
breath [breθ] *n* aliento *m* ● out of
breath sin aliento ● to go for a breath
of fresh air salir a tomar un poco de
aire ● to take a deep breath respirar
hondo
Breathalyser ® ['breθəlaɪzə'] *n* (UK)
alcoholímetro *m*
Breathalyzer ® ['breθəlaɪzə'] (US) =
Breathalyser
breathe [bri:ð] *vi* respirar ◆ **breathe in**
vi aspirar ◆ **breathe out** *vi* espirar
breathtaking ['breθ,teɪkɪŋ] *adj* sobreco-
gedor(ra)
breed [bri:d] *(pt & pp* **bred**) ◇ *n* **1.** *(of
animal)* raza *f* **2.** *(of plant)* especie *f* ◇ *vt*
criar ◇ *vi* reproducirse
breeze [bri:z] *n* brisa *f*
breezy ['bri:zɪ] *adj* ● it's breezy hace
aire
brew [bru:] ◇ *vt* **1.** *(beer)* elaborar **2.** *(tea,
coffee)* preparar ◇ *vi* *(tea, coffee)* reposar
brewery ['brʊərɪ] *n* fábrica *f* de cerveza
bribe [braɪb] ◇ *n* soborno *m* ◇ *vt*
sobornar
bric-a-brac ['brɪkəbræk] *n* baratijas *fpl*
brick [brɪk] *n* ladrillo *m*
bricklayer ['brɪk,leɪə'] *n* albañil *m*
brickwork ['brɪkwɜːk] *n* enladrillado *m*
bride [braɪd] *n* novia *f*
bridegroom ['braɪdgrʊm] *n* novio *m*
bridesmaid ['braɪdzmeɪd] *n* dama *f* de
honor
bridge [brɪdʒ] *n* **1.** *(across road, river)*
puente *m* **2.** *(of ship)* puente *m* de

mando **3.** *(card game)* bridge *m*
brief [bri:f] ◇ *adj* breve ◇ *vt* informar ●
in brief en resumen ◆ **briefs** *npl* **1.**
(underpants) calzoncillos *mpl* **2.** *(UK)*
(knickers) bragas *fpl* (Esp), calzones *mpl*
(Amér)
briefcase ['bri:fkeɪs] *n* cartera *f*
briefly ['bri:flɪ] *adv* **1.** *(for a short time)*
brevemente **2.** *(in few words)* en pocas
palabras
brigade [brɪ'geɪd] *n* brigada *f*
bright [braɪt] *adj* **1.** *(light)* brillante **2.**
(sun, smile) radiante **3.** *(weather)* despe-
jado(da) **4.** *(room)* luminoso(sa) **5.**
(colour) vivo(va) **6.** *(clever)* listo(ta),
inteligente **7.** *(idea)* genial
brilliant ['brɪljənt] *adj* **1.** *(colour)* vivo
(va) **2.** *(light, sunshine)* resplandeciente
3. *(idea, person)* genial **4.** *(inf) (wonderful)*
fenomenal
brim [brɪm] *n* *(of hat)* ala *f* ● it's full to
the brim está lleno hasta el borde
brine [braɪn] *n* salmuera *f*
bring [brɪŋ] *(pt & pp* **brought**) *vt* **1.**
traer **2.** *(cause)* producir ◆ **bring along**
vt sep traer ◆ **bring back** *vt sep* devolver
◆ **bring in** *vt sep* **1.** *(introduce)* introducir
2. *(earn)* ganar ◆ **bring out** *vt sep* *(new
product)* sacar ◆ **bring up** *vt sep* **1.** *(child)*
criar **2.** *(subject)* sacar a relucir **3.** *(food)*
devolver
brink [brɪŋk] *n* ● on the brink of al
borde de
brisk [brɪsk] *adj* **1.** *(quick)* rápido(da) **2.**
(efficient) enérgico(ca)
bristle ['brɪsl] *n* **1.** *(of brush)* cerda *f* **2.**
(on chin) pelillo *m*
Britain ['brɪtn] *n* Gran Bretaña

British [ˈbrɪtɪʃ] ◊ adj británico(ca) ◊ npl
● **the British** los británicos
British Telecom [-ˈtelɪkɒm] n principal
empresa británica de telecomunicaciones
Briton [ˈbrɪtn] n británico m, -ca f
brittle [ˈbrɪtl] adj quebradizo(za)
broad [brɔːd] adj **1.** (wide) ancho(cha) **2.**
(wide-ranging) amplio(plia) **3.** (description, outline) general **4.** (accent) cerrado(da)
B road n (UK) ≃ carretera f comarcal
broadband [ˈbrɔːdbænd] n COMPUT
banda f ancha
broad bean n haba f de mayo
broadcast [ˈbrɔːdkɑːst] (pt & pp inv) ◊
n emisión f ◊ vt emitir
broadly [ˈbrɔːdlɪ] adv en general ●
broadly speaking en líneas generales
broadsheet n (UK) periódico serio en
formato grande

broadsheet

Los broadsheets, llamados broadsides
en los Estados Unidos, son los
periódicos de gran tamaño, la imagen tradicional del periodismo de
calidad. Muchos broadsheets han
cambiado de formato en los últimos
años, por razones prácticas, y son
publicados ahora en el formato
tabloide asociado tradicionalmente
al periodismo sensacionalista.

broccoli [ˈbrɒkəlɪ] n brócoli m, brécol m
brochure [ˈbrəʊʃə] n folleto m
broiled [brɔɪld] adj (US) a la parrilla
broke [brəʊk] ◊ pt ➤ break ◊ adj (inf)

sin blanca (Esp), sin dinero
broken [ˈbrəʊkn] ◊ pp ➤ break ◊ adj **1.**
(window, glass, leg) roto(ta) **2.** (machine)
estropeado(da) **3.** (English, Spanish) macarrónico(ca)
bronchitis [brɒŋˈkaɪtɪs] n bronquitis f
inv
bronze [brɒnz] n bronce m
brooch [brəʊtʃ] n broche m
brook [brʊk] n arroyo m
broom [bruːm] n escoba f
broomstick [ˈbruːmstɪk] n palo m de
escoba
broth [brɒθ] n caldo m
brother [ˈbrʌðə] n hermano m
brother-in-law n cuñado m
brought [brɔːt] pt & pp ➤ bring
brow [braʊ] n **1.** (forehead) frente f **2.**
(eyebrow) ceja f
brown [braʊn] ◊ adj **1.** (earth, paint,
wood) marrón, café (Amér) **2.** (hair,
eyes) castaño(ña) **3.** (skin) moreno(na)
4. (tanned) bronceado(da) ◊ n marrón
m, café m (Amér)
brown bread n pan m moreno
brownie [ˈbraʊnɪ] n CULIN pequeño
bizcocho de chocolate y nueces de forma
cuadrada
Brownie [ˈbraʊnɪ] n guía f (de 7-10
años)
brown rice n arroz m integral
brown sugar n azúcar m moreno
browse [braʊz] vi (in shop) mirar,
curiosear ● **to browse through sthg**
hojear algo
browser [ˈbraʊzə] n **1.** COMPUT navegador m **2.** ▼ **browsers welcome** le
invitamos a curiosear

bruise [bru:z] *n* cardenal *m*

brunch [brʌntʃ] *n* desayuno-almuerzo que se toma por la mañana tarde

brunette [bru:'net] *n* morena *f*

brush [brʌʃ] ◇ *n* **1.** (for hair, teeth) cepillo *m* **2.** (of artist) pincel *m* **3.** (for decorating) brocha *f* ◇ *vt* **1.** (floor) barrer **2.** (clothes) cepillar **3.** (move with hand) quitar • **to brush one's hair** cepillarse el pelo • **to brush one's teeth** cepillarse los dientes

Brussels sprouts ['brʌslz-] *npl* coles *fpl* de Bruselas

brutal ['bru:tl] *adj* brutal

BSc [bi:es'si:] *n* (abbr of Bachelor of Science) (titular de una) licenciatura de ciencias

BT [bi:'ti:] *abbr* = British Telecom

bubble ['bʌbl] *n* burbuja *f*

bubble bath *n* espuma *f* de baño

bubble gum *n* chicle *m* (para hacer globos)

bubbly ['bʌblɪ] *n* (inf) champán *m*

buck [bʌk] *n* **1.** (US) (inf) (dollar) dólar *m* **2.** (male animal) macho *m*

bucket ['bʌkɪt] *n* cubo *m*

Buckingham Palace ['bʌkɪŋəm-] *n* el palacio de Buckingham

Buckingham Palace

El Palacio de Buckingham es la residencia oficial de la monarquía inglesa. El Cambio de la Guardia, que tiene lugar en la parte delantera del palacio, es una de las principales atracciones turísticas de Londres. Los turistas pueden visitar una parte del palacio por dentro.

buckle ['bʌkl] ◇ *n* hebilla *f* ◇ *vt* (fasten) abrochar (con hebilla) ◇ *vi* (warp) combarse

bud [bʌd] ◇ *n* **1.** (shoot) brote *m* **2.** (flower) capullo *m* ◇ *vi* brotar

Buddhist ['bʊdɪst] *n* budista *mf*

buddy ['bʌdɪ] *n* (inf) amiguete *m*, -ta *f*

budge [bʌdʒ] *vi* moverse

budgerigar ['bʌdʒərɪga:'] *n* periquito *m*

budget ['bʌdʒɪt] ◇ *adj* (holiday, travel) económico(ca) ◇ *n* presupuesto *m* • **the Budget** (UK) los presupuestos del Estado ◆ **budget for** *vt insep* contar con

budgie ['bʌdʒɪ] *n* (inf) periquito *m*

buff [bʌf] *n* (inf) aficionado *m*, -da *f*

buffalo ['bʌfələʊ] *n* búfalo *m*

buffer ['bʌfə'] *n* (on train) tope *m*

buffet [(UK) 'bʊfeɪ, (US) bə'feɪ] *n* **1.** (meal) bufé *m* **2.** (cafeteria) cafetería *f*

buffet car ['bʊfeɪ-] *n* coche *m* restaurante (sólo mostrador)

bug [bʌg] ◇ *n* **1.** (insect) bicho *m* **2.** (inf) (mild illness) virus *m inv* ◇ *vt* (inf) (annoy) fastidiar

buggy ['bʌgɪ] *n* **1.** (UK) (pushchair) silla *f* de niño **2.** (US) (pram) cochecito *m* de niño

build [bɪld] (pt & pp **built**) ◇ *n* complexión *f* ◇ *vt* construir ◆ **build up** ◇ *vt sep* (strength, speed) ir aumentando ◇ *vi* acumularse

builder ['bɪldə'] *n* constructor *m*, -ra *f*

building ['bɪldɪŋ] *n* edificio *m*

building site *n* solar *m*

building society *n* (UK) ≃ caja *f* de ahorros

built [bɪlt] *pt & pp* ➢ **build**

built-in *adj* empotrado(da)

built-up area *n* zona *f* urbanizada
bulb [bʌlb] *n* **1.** *(for lamp)* bombilla *f* **2.** *(of plant)* bulbo *m*
Bulgaria [bʌlˈgeərɪə] *n* Bulgaria *f*
bulge [bʌldʒ] *vi* hacer bulto
bulk [bʌlk] *n* ◆ **the bulk of** la mayor parte de ● **in bulk** a granel
bulky ['bʌlkɪ] *adj* voluminoso(sa)
bull [bʊl] *n* toro *m*
bulldog ['bʊldɒg] *n* buldog *m*
bulldozer ['bʊldəʊzəʳ] *n* bulldozer *m*
bullet ['bʊlɪt] *n* bala *f*
bulletin ['bʊlətɪn] *n* boletín *m*
bullfight ['bʊlfaɪt] *n* corrida *f* (de toros)
bull's-eye *n* diana *f*
bully ['bʊlɪ] ◇ *n* abusón *m*, -ona *f* ◇ *vt* intimidar
bum [bʌm] *n* **1.** *(UK) (inf) (bottom)* culo *m* **2.** *(US) (inf) (tramp)* vagabundo *m*, -da *f*
bum bag *n (UK)* riñonera *f*
bumblebee ['bʌmblbiː] *n* abejorro *m*
bump [bʌmp] ◇ *n* **1.** *(on surface)* bulto *m* **2.** *(on road)* bache *m* **3.** *(on head, leg)* chichón *m* **4.** *(sound, minor accident)* golpe *m* ◇ *vt* to bump one's head golpearse la cabeza ◆ **bump into** *vt insep* **1.** *(hit)* darse con **2.** *(meet)* toparse con
bumper ['bʌmpəʳ] *n* **1.** *(on car)* parachoques *m inv* **2.** *(US) (on train)* tope *m*
bumpy ['bʌmpɪ] *adj* **1.** *(road)* lleno(na) de baches **2.** *(flight, journey)* con muchas sacudidas
bun [bʌn] *n* **1.** *(cake)* bollo *m* **2.** *(bread roll)* panecillo *m* **3.** *(hairstyle)* moño *m*
bunch [bʌntʃ] *n* **1.** *(of people)* grupo *m* **2.** *(of flowers)* ramo *m* **3.** *(of grapes, bananas)* racimo *m* **4.** *(of keys)* manojo *m*
bundle ['bʌndl] *n* **1.** *(of clothes)* bulto *m* **2.** *(of notes, papers)* fajo *m*
bungalow ['bʌngaləʊ] *n* bungalow *m*
bunion ['bʌnjən] *n* juanete *m*
bunk [bʌnk] *n* litera *f*
bunk bed *n* litera *f*
bunker ['bʌnkəʳ] *n* **1.** *(shelter)* búnquer *m* **2.** *(for coal)* carbonera *f* **3.** *(in golf)* búnker *m*
bunny ['bʌnɪ] *n* conejito *m*
buoy [(UK) bɔɪ, (US) 'buːɪ] *n* boya *f*
buoyant ['bɔɪənt] *adj* *(that floats)* boyante
BUPA ['buːpə] *n* seguro médico privado en Gran Bretaña
burden ['bɜːdn] *n* carga *f*
bureaucracy [bjʊəˈrɒkrəsɪ] *n* burocracia *f*
bureau de change [ˌbjʊərəʊdəˈʃɒndʒ] *n* casa *f* de cambio
burger ['bɜːgəʳ] *n* **1.** *(hamburger)* hamburguesa *f* **2.** *(made with nuts, vegetables etc)* hamburguesa vegetariana
burglar ['bɜːgləʳ] *n* ladrón *m*, -ona *f*
burglar alarm *n* alarma *f* antirrobo
burglarize ['bɜːgləraɪz] *(US)* = burgle
burglary ['bɜːglərɪ] *n* robo *m* (de una casa)
burgle ['bɜːgl] *vt* robar *(una casa)*
burial ['berɪəl] *n* entierro *m*
burn [bɜːn] *(pt & pp* burnt *OR* burned*)* ◇ *n* quemadura *f* ◇ *vt* quemar ◇ *vi* *(be on fire)* arder ● **to burn one's hand** quemarse la mano ◆ **burn down** ◇ *vt sep* incendiar ◇ *vi* incendiarse
burning (hot) ['bɜːnɪŋ] *adj* muy caliente

Burns' Night [bɜːnz-] *n fiesta escocesa del 25 de enero*

burnt [bɜːnt] *pt & pp* → burn

burp [bɜːp] *vi* (*inf*) eructar

burrow ['bʌrəʊ] *n* madriguera *f*

burst [bɜːst] (*pt & pp inv*) ◇ *n* (*of gunfire, applause*) estallido *m* ◇ *vt & vi* reventar ● **he burst into the room** irrumpió en la habitación ● **to burst into tears** romper a llorar ● **to burst open** (*door*) abrirse de golpe

bury ['berɪ] *vt* enterrar

bus [bʌs] *n* autobús *m*, bús *m* (*Amér*) ● **by bus** en autobús

busboy ['bʌsbɔɪ] *n* (*US*) ayudante *m* (*de camarero*)

bus conductor [-kən'dʌktə^r] *n* cobrador *m*, -ra *f* de autobús

bus driver *n* conductor *m*, -ra *f* de autobús

bush [bʊʃ] *n* arbusto *m*

business ['bɪznɪs] *n* **1.** (*commerce*) negocios *mpl* **2.** (*shop, firm, trade*) negocio *m* **3.** (*things to do*) asuntos *mpl*, tareas *fpl* **4.** (*affair*) asunto *m* ● **mind your own business!** ¡no te metas donde no te llaman! ▼ **business as usual** abierto como de costumbre

business card *n* tarjeta *f* de visita

business class *n* clase *f* preferente

business hours *npl* horario *m* de apertura

businessman ['bɪznɪsmæn] (*pl* **-men**) *n* hombre *m* de negocios

business studies *npl* empresariales *fpl*

businesswoman ['bɪznɪs,wʊmən] (*pl* **-women**) *n* mujer *f* de negocios

busker ['bʌskə^r] *n* (*UK*) músico *m* callejero, música callejera *f*

bus lane *n* carril *m* de autobús

bus pass *n* abono *m* (de autobús)

bus shelter *n* marquesina *f* (de parada de autobús)

bus station *n* estación *f* de autobuses

bus stop *n* parada *f* de autobús

bust [bʌst] ◇ *n* (*of woman*) busto *m* ◇ *adj* ● **to go bust** (*inf*) quebrar

bustle ['bʌsl] *n* bullicio *m*

bus tour *n* excursión *f* (en autobús)

busy ['bɪzɪ] *adj* **1.** (*person, telephone, line*) ocupado(da) **2.** (*day*) ajetreado(da) **3.** (*schedule*) lleno(na) **4.** (*street, office*) concurrido(da) ● **to be busy doing sthg** estar ocupado haciendo algo

busy signal *n* (*US*) señal *f* de comunicando (*Esp*) OR ocupado (*Amér*)

but [bʌt] ◇ *conj* pero ◇ *prep* menos ● **not just one but two** no uno sino dos ● **you've done nothing but moan** no has hecho más que quejarte ● **the last but one** el penúltimo ● **but for** de no ser por

butcher ['bʊtʃə^r] *n* carnicero *m*, -ra *f* ● **butcher's** (*shop*) carnicería *f*

butt [bʌt] *n* **1.** (*of rifle*) culata *f* **2.** (*of cigarette, cigar*) colilla *f*

butter ['bʌtə^r] ◇ *n* mantequilla *f* ◇ *vt* untar con mantequilla

butter bean *n* judía *f* blanca (*Esp*), frijol *m* blanco (*Amér*)

buttercup ['bʌtəkʌp] *n* ranúnculo *m*

butterfly ['bʌtəflaɪ] *n* mariposa *f*

butterscotch ['bʌtəskɒtʃ] *n* dulce hecho hirviendo azúcar y mantequilla

buttocks ['bʌtəks] *npl* nalgas *fpl*

button ['bʌtn] *n* **1.** (on clothing, machine)

botón *m* **2.** (*US*) (*badge*) chapa *f*, botón *m* (*Amér*)

buttonhole ['bʌtnhəʊl] *n* (*hole*) ojal *m*

button mushroom *n* champiñón *m* pequeño

buy [baɪ] (*pt & pp* **bought**) ◇ *vt* comprar ◇ *n* ● a good buy una buena compra ● **to buy a bike for your son**, to buy your son a bike comprarle una bici a tu hijo ● **to buy a car from your neighbour** comprarle un coche al vecino

buzz [bʌz] ◇ *vi* zumbar ◇ *n* (*inf*) (*phone call*) telefonazo a alguien ◇ **to give sb a buzz** dar un telefonazo a alguien

buzzer ['bʌzə] *n* timbre *m*

by [baɪ]
◇ *prep* **1.** (*expressing cause, agent*) por ● **funded by the government** subvencionado por el gobierno ● **a book by Joyce** un libro de Joyce **2.** (*expressing method, means*) ● **by car/train/plane** en coche/tren/avión ● **by post/phone** por correo/teléfono ● **to pay by credit card** pagar con tarjeta de crédito ● **to win by cheating** ganar haciendo trampa **3.** (*near to, beside*) junto a ● **by the sea** junto al mar **4.** (*past*) por delante de ● **a car went by the house** pasó un coche por delante de la casa **5.** (*via*) ● **exit by the door on the left** salgan por la puerta a la izquierda **6.** (*with time*) ● **be there by nine** estate allí para las nueve ● **by day/night** de día/ noche ● **by now** ya **7.** (*expressing quantity*) por ● **prices fell by 20%** los precios bajaron en un 20% ● **we charge by the hour** cobramos por horas

8. (*expressing meaning*) por ● **what do you mean by that?** ¿qué quieres decir con eso? **9.** (*in division, multiplication*) por ● **two metres by five** dos metros por cinco **10.** (*according to*) según ● **by law** según la ley ● **it's fine by me** por mí no hay problema **11.** (*expressing gradual process*) ● **one by one** uno a uno ● **day by day** día a día **12.** (*in phrases*) ● **by mistake** por equivocación ● **by oneself** (*alone*) solo ● **he did it by himself** lo hizo él solo ● **by profession** de profesión
◇ *adv* (*past*) ● **to go/drive by** pasar

bye(-bye) [baɪ('baɪ)] *excl* (*inf*) ¡hasta luego!

bypass ['baɪpɑːs] *n* carretera *f* de circunvalación

C [siː] (*abbr of* Celsius, centigrade) C (*centígrado*)

cab [kæb] *n* **1.** (*taxi*) taxi *m* **2.** (*of lorry*) cabina *f*

cabaret ['kæbəreɪ] *n* cabaret *m*

cabbage ['kæbɪdʒ] *n* col *f*

cabin ['kæbɪn] *n* **1.** (*on ship*) camarote *m* **2.** (*of plane*) cabina *f* **3.** (*wooden house*) cabaña *f*

cabin crew *n* personal *m* de cabina

cabinet ['kæbɪnɪt] *n* **1.** (*cupboard*) armario *m* **2.** POL consejo *m* de ministros

cable ['keɪbl] *n* cable *m*

cable car *n* teleférico *m*

cable television *n* televisión *f* por cable

cactus ['kæktəs] (*pl* **-tuses** OR **-ti**) *n* cactus *m inv*

Caesar salad [,si:zə-] *n* ensalada verde con anchoas, aceitunas, queso parmesano y croutons

cafe ['kæfeɪ] *n* cafetería *f*

cafeteria [,kæfɪ'tɪərɪə] *n* cantina *f*

cafetière [kæf'tjeəʳ] *n* cafetera *f* de émbolo

caffeine ['kæfi:n] *n* cafeína *f*

cage [keɪdʒ] *n* jaula *f*

cagoule [kə'gu:l] *n* (*UK*) chubasquero *m*

Cajun ['keɪdʒən] *adj* cajún

Cajun

Los *cajuns* son los habitantes de Luisiana descendientes de inmigrantes franceses. Los *cajuns* se habían establecido inicialmente en Canadá, de donde fueron deportados más tarde a Luisiana. Hablan una forma arcaica de francés, tienen una cultura tradicional muy rica y son conocidos por su deliciosa cocina picante.

cake [keɪk] *n* **1.** (*sweet*) pastel *m* **2.** (*savoury*) medallón *m* empanado **3.** (*of soap*) pastilla *f*

calculate ['kælkjʊleɪt] *vt* calcular

calculator ['kælkjʊleɪtəʳ] *n* calculadora *f*

calendar ['kælɪndəʳ] *n* calendario *m*

calf [kɑ:f] (*pl* **calves**) *n* **1.** (*of cow*)

ternero *m*, **-ra** *f* **2.** (*part of leg*) pantorrilla *f*

call [kɔ:l] ◇ *n* **1.** (*visit*) visita *f* **2.** (*phone call, at airport*) llamada *f* **3.** (*of bird*) reclamo *m* ◇ *vt* **1.** llamar **2.** (*meeting, elections, strike*) convocar **3.** (*flight*) anunciar ◇ *vi* (*phone*) llamar ● **to call at** (*visit*) pasarse (por) ● **to be called** llamarse ● **what is he called?** ¿cómo se llama? ● **could I have a call for eight o'clock?** por favor, llámeme a las ocho ● **on call** (*nurse, doctor*) de guardia ● **she called my name** me llamó ● **to pay sb a call** hacer una visita a alguien ● **this train calls at ...** este tren para en ... ● **who's calling?** ¿de parte de quién? ● **call back** ◇ *vt sep* llamar (más tarde) ◇ *vi* **1.** (*phone again*) llamar (más tarde) **2.** (*visit again*) volver a pasarse ◆ **call for** *vt insep* **1.** (*come to fetch*) ir a buscar **2.** (*demand*) pedir **3.** (*require*) requerir ◆ **call on** *vt insep* (*visit*) visitar ● **to call on the government to take action** pedirle al gobierno que actúe ◆ **call out** ◇ *vt sep* **1.** (*name, winner*) anunciar **2.** (*doctor, fire brigade*) llamar ◇ *vi* gritar ◆ **call up** *vt sep* **1.** MIL llamar a filas a **2.** (*telephone*) llamar (por teléfono)

call box *n* cabina *f* telefónica

caller ['kɔ:ləʳ] *n* **1.** (*visitor*) visita *f* **2.** (*on phone*) persona *f* que llama

calm [kɑ:m] ◇ *adj* **1.** (*person*) tranquilo(la) **2.** (*sea*) en calma **3.** (*weather, day*) apacible ◇ *vt* calmar ◆ **calm down** ◇ *vt sep* calmar ◇ *vi* calmarse

calorie ['kælərɪ] *n* caloría *f*

calves [kɑ:vz] *pl* > **calf**

camcorder ['kæm,kɔːdəʳ] *n* cámara *f* de vídeo

came [keɪm] *pt* > come

camel [ˈkæml] *n* camello *m*

camera [ˈkæmərə] *n* cámara *f*

cameraman [ˈkæmərəmæn] (*pl* **-men**) *n* cámara *m*

camera shop *n* tienda *f* de fotografía

camisole [ˈkæmɪsəʊl] *n* picardías *m inv* (*Esp*), camisola *f*

camp [kæmp] ◇ *n* **1.** (*for holidaymakers*) colonia *f* de vacaciones *para toda la familia, con parque de atracciones, etc* **2.** (*for soldiers*) campamento *m* **3.** (*for prisoners*) campo *m* ◇ *vi* acampar

campaign [kæmˈpeɪn] ◇ *n* campaña *f* ◇ *vi* ● to campaign (for/against) hacer campaña (a favor de/contra)

camp bed *n* (*UK*) cama *f* de campaña

camper [ˈkæmpə] *n* **1.** (*person*) campista *mf* **2.** (*van*) caravana *f*

camping [ˈkæmpɪŋ] *n* ● to go camping ir de camping

camping stove *n* cocina *f* de camping

campsite [ˈkæmpsaɪt] *n* camping *m*

campus [ˈkæmpəs] (*pl* **-es**) *n* campus *m inv*

can¹ [kæn] *n* (*container*) lata *f*

can² [*weak form* kən, *strong form* kæn, *conditional and preterite form* **could**] *aux vb* **1.** poder **2.** (*know how to*) saber **●** (*expressing occasional occurrence*) ● it can get cold at night a veces hace frío por la noche ● can you help me? ¿puedes ayudarme? ● I can see the sea veo el mar ● can you drive? ¿sabes conducir? ● I can speak Spanish hablo español ● can I speak to the manager? ¿puedo hablar con el director? ● can you tell me the time? ¿me puedes decir

la hora? ● I could do it podría hacerlo ● they could be lost puede que se hayan perdido

Canada [ˈkænədə] *n* Canadá *m*

Canadian [kəˈneɪdɪən] ◇ *adj* canadiense ◇ *n* canadiense *mf*

canal [kəˈnæl] *n* canal *m*

canapé [ˈkænəpeɪ] *n* canapé *m*

Canaries [kəˈneərɪz] *npl* ● the Canaries (las islas) Canarias

Canary Islands [kəˈneərɪ-] *npl* ● the Canary Islands (las islas) Canarias

cancel [ˈkænsl] *vt* cancelar

cancellation [ˌkænsəˈleɪʃn] *n* cancelación *f*

cancer [ˈkænsə] *n* cáncer *m*

Cancer [ˈkænsə] *n* Cáncer *m*

candidate [ˈkændɪdət] *n* **1.** (*for parliament, job*) candidato *m*, -ta *f* **2.** (*in exam*) examinando *m*, -da *f*

candle [ˈkændl] *n* vela *f*

candlelit dinner [ˈkændllɪt-] *n* cena *f* a la luz de las velas

candy [ˈkændɪ] *n* (*US*) **1.** (*confectionery*) golosinas *fpl*, dulces *mpl* (*Amér*) **2.** (*sweet*) caramelo *m*, dulce *m* (*Amér*)

cane [keɪn] *n* **1.** (*for walking*) bastón *m* **2.** (*stick*) vara *f* **3.** (*for furniture, baskets*) caña *f*

canister [ˈkænɪstə] *n* **1.** (*for tea*) bote *m* **2.** (*for gas*) bombona *f*

cannabis [ˈkænəbɪs] *n* cannabis *m*

canned [kænd] *adj* (*food, drink*) en lata

cannot [ˈkænɒt] = can not

canoe [kəˈnuː] *n* SPORT piragua *f*

canoeing [kəˈnuːɪŋ] *n* piragüismo *m*

canopy [ˈkænəpɪ] *n* (*over bed etc*) dosel *m*

can't [kɑːnt] = cannot

canteen [kæn'tiːn] n cantina f

canvas ['kænvəs] n (for tent, bag) lona f

cap [kæp] n **1.** (hat) gorra f **2.** (without peak) gorro m **3.** (of pen) capuchón m **4.** (of bottle) tapón m **5.** (contraceptive) diafragma m

capable ['keɪpəbl] adj (competent) competente, hábil ● **to be capable of doing sthg** ser capaz de hacer algo

capacity [kə'pæsɪtɪ] n **1.** (ability) habilidad f, facultad f **2.** (of stadium, theatre) capacidad f

cape [keɪp] n **1.** (of land) cabo m **2.** (cloak) capa f

capers ['keɪpəz] npl alcaparras fpl

capital ['kæpɪtl] n **1.** (of country) capital f **2.** (money) capital m **3.** (letter) mayúscula f

capital punishment n pena f capital

cappuccino [,kæpʊ'tʃiːnəʊ] n capuchino m

Capricorn ['kæprɪkɔːn] n Capricornio m

capsicum ['kæpsɪkəm] n pimiento m

capsize [kæp'saɪz] vi volcar

capsule ['kæpsjuːl] n cápsula f

captain ['kæptɪn] n capitán m, -ana f

caption ['kæpʃn] n pie m, leyenda f

capture ['kæptʃəʳ] vt **1.** (person, animal) capturar **2.** (town, castle) tomar

car [kɑːʳ] n **1.** (motorcar) coche m, carro m (Amér) **2.** (railway wagon) vagón m

carafe [kə'ræf] n vasija sin mango para servir vino y agua

car alarm n alarma f antirrobo (en un coche)

caramel ['kærəmel] n **1.** (sweet) caramelo hecho con leche y azúcar **2.** (burnt sugar) azúcar m quemado

carat ['kærət] n quilate m ● **24-carat gold** oro de 24 quilates

caravan ['kærəvæn] n (UK) caravana f

caravanning ['kærəvænɪŋ] n (UK) ● **to go caravanning** ir de vacaciones en caravana

caravan site n (UK) camping m para caravanas

carbohydrate [,kɑːbəʊ'haɪdreɪt] n hidrato m de carbono

carbon ['kɑːbən] n carbono m

carbon dioxide [-daɪ'ɒksaɪd] n dióxido m de carbono

car boot sale n (UK) mercadillo de objetos usados exhibidos en el maletero del coche

carburetor [,kɑːbə'retəʳ] (US) = carburettor

carburettor [,kɑːbə'retəʳ] n (UK) carburador m

car crash n accidente m de tráfico

card [kɑːd] n **1.** tarjeta f **2.** (postcard) postal f **3.** (playing card) carta f, naipe m **4.** (cardboard) cartulina f ● **cards** (game) las cartas

cardboard ['kɑːdbɔːd] n cartón m

cardiac arrest [,kɑːdɪæk-] n paro m cardíaco

cardigan ['kɑːdɪgən] n cárdigan m

cardphone ['kɑːdfəʊn] n (UK) teléfono m de tarjeta

care [keəʳ] ◇ n (attention) cuidado m ◇ vi (mind) ● **I don't care** no me importa ● **to take care of** (look after) cuidar de; (deal with) encargarse de ● **would you care to ...?** (fml) ¿le importaría ...? ● **to take care to do sthg** tener cuidado de hacer algo ● **take care!** (goodbye)

¡cuídate! • **with care** con cuidado ▼
handle with care frágil • **to care about**
(think important) preocuparse por; *(person)* tener aprecio a

career [kəˈrɪəʳ] *n* carrera *f*

carefree [ˈkeəfriː] *adj* despreocupado(-da)

careful [ˈkeəfʊl] *adj* 1. *(cautious)* cuidadoso(sa) 2. *(driver)* prudente 3. *(thorough)* esmerado(da) • **be careful!** ¡ten cuidado!

carefully [ˈkeəflɪ] *adv* 1. *(cautiously)* cuidadosamente 2. *(drive)* con prudencia 3. *(thoroughly)* detenidamente, con atención

careless [ˈkeələs] *adj* 1. *(inattentive)* descuidado(da) 2. *(unconcerned)* despreocupado(da)

caretaker [ˈkeəˌteɪkəʳ] *n (UK) (of school, flats)* conserje *mf*

car ferry *n* transbordador *m* de coches

cargo [ˈkɑːɡəʊ] *(pl* **-es** OR **-s)** *n* cargamento *m*

car hire *n (UK)* alquiler *m* de coches

Caribbean [*(UK)* ˌkærɪˈbiːən *(US)* kəˈrɪbɪən] *n* • **the Caribbean** el Caribe

caring [ˈkeərɪŋ] *adj* solícito(ta)

carnation [kɑːˈneɪʃn] *n* clavel *m*

carnival [ˈkɑːnɪvl] *n* carnaval *m*

carousel [ˌkærəˈsel] *n* 1. *(for luggage)* cinta *f* transportadora 2. *(US) (merry-go-round)* tiovivo *m (Esp)*, carrusel *m*

car park *n (UK)* aparcamiento *m (Esp)*, estacionamiento *m (Amér)*

carpenter [ˈkɑːpəntəʳ] *n* carpintero *m*, -ra *f*

carpentry [ˈkɑːpəntrɪ] *n* carpintería *f*

carpet [ˈkɑːpɪt] *n* 1. *(not fitted)* alfombra

f 2. *(fitted)* moqueta *f*

carport [ˈkɑːrpɔːrt] *n (US)* cochera *f*

car rental *n (US)* alquiler *m* de coches

carriage [ˈkærɪdʒ] *n* 1. *(UK) (of train)* vagón *m* 2. *(horse-drawn)* carruaje *m*

carriageway [ˈkærɪdʒweɪ] *n (UK)* carril *m*

carrier (bag) [ˈkærɪəʳ-] *n (UK)* bolsa *f (de papel o plástico)*

carrot [ˈkærət] *n* zanahoria *f*

carrot cake *n* pastel *m* de bizcocho hecho con zanahoria rallada y cubierto con azúcar glaseado

carry [ˈkærɪ] ◇ *vt* 1. llevar 2. *(disease)* transmitir ◇ *vi (voice, sound)* oírse a lo lejos ◆ **carry on** ◇ *vi* continuar ◇ *vt insep* 1. *(continue)* continuar 2. *(conduct)* mantener • **to carry on doing sthg** seguir haciendo algo ◆ **carry out** *vt sep* 1. *(perform)* llevar a cabo 2. *(fulfil)* cumplir

carrycot [ˈkærɪkɒt] *n (UK)* moisés *m inv*

carryout [ˈkærɪaʊt] *n* comida *f* para llevar

carsick [ˈkɑːˌsɪk] *adj* mareado(da) *(en coche)*

cart [kɑːt] *n* 1. *(for transport)* carro *m* 3. *(US) (in supermarket)* carrito *m*

carton [ˈkɑːtn] *n* cartón *m*, envase *m*

cartoon [kɑːˈtuːn] *n* 1. *(film)* dibujos *mpl* animados 2. *(drawing)* chiste *m (en viñeta)*

cartridge [ˈkɑːtrɪdʒ] *n* 1. *(for gun)* cartucho *m* 2. *(for pen)* recambio *m*

carve [kɑːv] *vt* 1. *(wood, stone)* tallar 2. *(meat)* cortar, trinchar

carvery [ˈkɑːvərɪ] *n (UK)* restaurante donde se sirve un bufé de carne que se trincha delante del cliente

car wash *n* lavado *m* de coches

case [keɪs] *n* **1.** (*UK*) (*suitcase*) maleta *f* **2.** (*container*) estuche *m* **3.** (*instance, patient*) caso *m* **4.** LAW (*trial*) pleito *m* ● **in any case** de todas formas ● **in case of** en caso de ● **(just) in case** por si acaso ● **in that case** en ese caso

cash [kæʃ] ⋄ *n* **1.** (*coins, notes*) efectivo *m* **2.** (*money in general*) dinero *m* ⋄ *vt* ● **to cash a cheque** cobrar un cheque ● **to pay cash** pagar en efectivo

cashback [ˈkæʃbæk] *n* (*UK*) opción de sacar dinero de la cuenta en el momento de pagar alguna compra con una tarjeta de débito

cash desk *n* caja *f*

cash dispenser [-ˌdɪˈspensəʳ] *n* (*UK*) cajero *m* automático

cashew (nut) [ˈkæʃuː-] *n* anacardo *m*

cashier [kæˈʃɪəʳ] *n* cajero *m*, -ra *f*

cashless [ˈkæʃlɪs] *adj* ● **cashless society** sin dinero

cashmere [kæʃˈmɪəʳ] *n* cachemir *m*

cashpoint [ˈkæʃpɔɪnt] *n* (*UK*) cajero *m* automático

cash register *n* caja *f* (registradora)

casino [kəˈsiːnəʊ] (*pl* -**s**) *n* casino *m*

casserole [ˈkæsərəʊl] *n* (*stew*) guiso *m*

casserole (dish) *n* cacerola *f*

cassette [kæˈset] *n* casete *m*, cinta *f*

cassette recorder *n* casete *m*

cast [kɑːst] (*pt & pp inv*) ⋄ *n* **1.** (*actors*) reparto *m* **2.** (*for broken bone*) escayola *f* (*Esp*), yeso *m* ⋄ *vt* **1.** (*shadow, light*) proyectar **2.** (*look*) echar **3.** (*vote*) emitir ● **to cast doubt on** poner en duda ●

cast off *vi* (*boat, ship*) soltar amarras

caster sugar *n* (*UK*) azúcar *m* extrafino

Castile [kæsˈtiːl] *n* Castilla

castle [ˈkɑːsl] *n* **1.** (*building*) castillo *m* **2.** (*in chess*) torre *f*

casual [ˈkæʒʊəl] *adj* **1.** (*relaxed*) despreocupado(da) **2.** (*offhand*) superficial **3.** (*clothes*) informal ● **casual work** trabajo eventual

casualty [ˈkæʒjʊəltɪ] *n* víctima *f* ● **casualty (department)** (*UK*) urgencias *fpl*

cat [kæt] *n* gato *m*

Catalan [ˈkætəˌlæn] ⋄ *adj* catalán(ana) ⋄ *n* **1.** (*person*) catalán *m*, -ana *f* **2.** (*language*) catalán *m*

catalog [ˈkætəlɒg] (*US*) = **catalogue**

catalogue [ˈkætəlɒg] *n* catálogo *m*

Catalonia [ˌkætəˈləʊnɪə] *n* Cataluña

Catalonian [ˌkætəˈləʊnɪən] *adj* catalán(ana)

catapult [ˈkætəpʌlt] *n* tirachinas *m inv*

cataract [ˈkætərækt] *n* (*in eye*) catarata *f*

catarrh [kəˈtɑː] *n* catarro *m*

catastrophe [kəˈtæstrəfi] *n* catástrofe *f*

catch [kætʃ] (*pt & pp* **caught**) ⋄ *vt* **1.** coger, agarrar (*Amér*) **2.** (*fish*) pescar **3.** (*bus, train, plane, taxi*) coger, tomar (*Amér*) **4.** (*hear*) coger, escuchar (*Amér*) **5.** (*attract*) despertar ⋄ *vi* (*become hooked*) engancharse ⋄ *n* **1.** (*of window, door*) pestillo *m* **2.** (*snag*) pega *f* ● **catch up** ⋄ *vt sep* alcanzar ⋄ *vi* ● **to catch up (with)** ponerse a la misma altura (que)

catching [ˈkætʃɪŋ] *adj* (*inf*) contagioso(sa)

category [ˈkætəgəri] *n* categoría *f*

cater ['keɪtə'] ◆ **cater for** vt insep **1.** (UK) (needs, tastes) atender a, satisfacer **2.** (anticipate) contar con

caterpillar ['kætəpɪlə'] n oruga f

cathedral [kə'θiːdrəl] n catedral f

Catholic ['kæθlɪk] ◇ adj católico(ca) ◇ n católico m, -ca f

Catseyes ® ['kætsaɪz] npl (UK) catafaros mpl

cattle ['kætl] npl ganado m (vacuno)

caught [kɔːt] pt & pp ➤ **catch**

cauliflower ['kɒlɪˌflaʊə'] n coliflor f

cauliflower cheese n coliflor en salsa bechamel con queso

cause [kɔːz] ◇ n **1.** causa f **2.** (justification) motivo m ◇ vt causar ● **to cause sb to do sthg** hacer que alguien haga algo

causeway ['kɔːzweɪ] n carretera f elevada

caution ['kɔːʃn] n **1.** (care) cautela f **2.** (warning) amonestación f

cautious ['kɔːʃəs] adj cauteloso(sa)

cave [keɪv] n cueva f ◆ **cave in** vi hundirse, derrumbarse

caviar(e) ['kævɪɑː'] n caviar m

cavity ['kævɪtɪ] n (in tooth) caries f inv

CD [ˌsiː'diː] n (abbr of compact disc) CD m (compact disc)

CD player n reproductor m de CD

CD-ROM [ˌsiːdiː'rɒm] n (abbr of compact disc read-only memory) CD-ROM m (compact disc read-only memory)

cease [siːs] ◇ vt (fml) suspender ◇ vi (fml) cesar

ceasefire ['siːsˌfaɪə'] n alto m el fuego, cese m del fuego (Amér)

ceilidh ['keɪlɪ] n baile popular en Escocia e Irlanda

ceiling ['siːlɪŋ] n techo m

celebrate ['selɪbreɪt] ◇ vt celebrar ◇ vi ● **let's celebrate** ¡hay que celebrarlo!

celebration [ˌselɪ'breɪʃn] n (event) festejo m ◆ **celebrations** npl (festivities) conmemoraciones fpl

celebrity [sɪ'lebrətɪ] n (person) celebridad f

celeriac [sɪ'lerɪæk] n apio m nabo

celery ['selərɪ] n apio m

cell [sel] n **1.** (of plant, body) célula f **2.** (in prison) celda f

cellar ['selə'] n sótano m

cello ['tʃeləʊ] n violoncelo m

Cellophane ® ['seləfeɪn] n celofán ® m

cell phone n (US) teléfono m móvil (Esp), celular m (Amér)

Celsius ['selsɪəs] adj centígrado(da)

cement [sɪ'ment] n cemento m

cemetery ['semɪtrɪ] n cementerio m

cent [sent] n centavo m

center ['sentə'] (US) = **centre**

centigrade ['sentɪgreɪd] adj centígrado(da) ● **five degrees centigrade** cinco grados (centígrados)

centimeter ['sentɪˌmiːtə'] (US) = **centimetre**

centimetre ['sentɪˌmiːtə'] n (UK) centímetro m

centipede ['sentɪpiːd] n ciempiés m inv

central ['sentrəl] adj **1.** (in the middle) central **2.** (near town centre) céntrico(ca)

central heating n calefacción f central

central locking [-'lɒkɪŋ] n cierre m centralizado

central reservation n (UK) mediana f, camellón m (Amér)

centre ['sentə^r] ◇ *n* (*UK*) centro *m* ◇ *adj* (*UK*) central ● **the centre of attention** el centro de atención

century ['sentʃʊri] *n* siglo *m*

ceramic [sɪ'ræmɪk] *adj* de cerámica ◆

ceramics *npl* cerámicas *fpl*

cereal ['sɪərɪəl] *n* (*breakfast food*) cereales *mpl*

ceremony ['serɪmənɪ] *n* ceremonia *f*

certain ['sɜːtn] *adj* **1.** (*sure*) seguro(ra) **2.** (*particular*) cierto(ta) ● **she's certain to be late** seguro que llega tarde ● **to be certain of sthg** estar seguro de algo ● **to make certain (that)** asegurarse de que

certainly ['sɜːtnlɪ] *adv* desde luego

certificate [sə'tɪfɪkət] *n* **1.** (*of studies, medical*) certificado *m* **2.** (*of birth*) partida *f* de nacimiento

certify ['sɜːtɪfaɪ] *vt* (*declare true*) certificar

chain [tʃeɪn] ◇ *n* cadena *f* ◇ *vt* ● **to chain a bike to a lamppost** encadenar una bici a una farola

chain store *n* tienda *f* de una cadena

chair [tʃeə^r] *n* silla *f*

chair lift *n* telesilla *m*

chairman ['tʃeəmən] (*pl* **-men**) *n* presidente *m*, -ta *f*

chairperson ['tʃeə,pɜːsn] *n* presidente *m*, -ta *f*

chairwoman ['tʃeə,wʊmən] (*pl* **-women**) *n* presidenta *f*

chalet ['ʃæleɪ] *n* chalé *m*

chalk [tʃɔːk] *n* **1.** (*for writing*) tiza *f*, gis *m* (*Méx*) **2.** (*substance*) creta *f* ● **a piece of chalk** una tiza

chalkboard ['tʃɔːkbɔːd] *n* (*US*) pizarra *f*,

pizarrón *m* (*Amér*)

challenge ['tʃælɪndʒ] ◇ *n* desafío *m* ◇ *vt* (*question*) poner en tela de juicio ● **to challenge sb to a fight** desafiar a alguien a una pelea

chamber ['tʃeɪmbə^r] *n* (*room*) cámara *f*

chambermaid ['tʃeɪmbəmeɪd] *n* camarera *f*

champagne [,ʃæm'peɪn] *n* champán *m*

champion ['tʃæmpjən] *n* (*of competition*) campeón *m*, -ona *f*

championship ['tʃæmpjənʃɪp] *n* campeonato *m*

chance [tʃɑːns] ◇ *n* **1.** (*luck*) azar *m* **2.** (*possibility*) posibilidad *f* **3.** (*opportunity*) oportunidad *f* ◇ *vt* ● **to chance it** (*inf*) arriesgarse ● **to take a chance** correr un riesgo ● **by chance** por casualidad ● **on the off chance** por si acaso

Chancellor of the Exchequer [,tʃɑːnsələrəvðəɪks'tʃekə^r] *n* ministro de economía y hacienda en Gran Bretaña

chandelier [,ʃændə'lɪə^r] *n* lámpara *f* de araña

change [tʃeɪndʒ] ◇ *n* **1.** cambio *m* **2.** (*coins*) suelto *m* (*Esp*), cambio *m* ◇ *vt* **1.** cambiar **2.** (*job*) cambiar de ◇ *vi* **1.** (*become different*) cambiar **2.** (*on bus, train*) hacer transbordo **3.** (*change clothes*) cambiarse ● **a change of clothes** una muda ● **do you have change for a pound?** ¿tienes cambio de una libra? ● **for a change** para variar ● **to get changed** cambiarse ● **to change money** cambiar dinero ● **to change a nappy** cambiar un pañal ● **to change a wheel** cambiar una rueda ● **to change trains/planes** cambiar de tren/avión ● **all**

change! *(on train)* ¡cambio de tren!

changeable ['tʃeɪndʒəbl] *adj (weather)* variable

change machine *n* máquina *f* de cambio

changing room ['tʃeɪndʒɪŋ-] *n* **1.** *(for sport)* vestuario *m*, vestidor *m* (Amér) **2.** *(UK) (in shop)* probador *m*

channel ['tʃænl] *n* canal *m* ● **the (English) Channel** el Canal de la Mancha

Channel Islands *npl* ● **the Channel Islands** las islas del Canal de la Mancha

Channel Tunnel *n* ● **the Channel Tunnel** el túnel del Canal de la Mancha

chant [tʃɑːnt] *vt* **1.** *RELIG* cantar **2.** *(words, slogan)* corear

chaos ['keɪɒs] *n* caos *m inv*

chaotic [keɪ'ɒtɪk] *adj* caótico(ca)

chap [tʃæp] *n (UK) (inf)* chico *m*, tío *m* (Esp)

chapatti [tʃə'pætɪ] *n tipo de pan ázimo de origen indio*

chapel ['tʃæpl] *n* capilla *f*

chapped [tʃæpt] *adj* agrietado(da)

chapter ['tʃæptə] *n* capítulo *m*

character ['kærəktə] *n* **1.** carácter *m* **2.** *(in film, book, play)* personaje *m* **3.** *(inf) (person, individual)* tipo *m*

characteristic [,kærəktə'rɪstɪk] ◇ *adj* característico(ca) ◇ *n* característica *f*

charcoal ['tʃɑːkəʊl] *n (for barbecue)* carbón *m (vegetal)*

charge [tʃɑːdʒ] ◇ *n* **1.** *(price)* tarifa *f* **2.** *LAW* cargo *m* ◇ *vt* **1.** *(money, customer)* cobrar **2.** *LAW* acusar **3.** *(battery)* cargar ◇ *vi (ask money)* cobrar ● **she charged in** entró en tromba ● **to be in charge (of)** ser el encargado (de) ● **to take charge (of)** hacerse cargo (de) ● **extra charge** suplemento *m* ● **free of charge** gratis ● **there is no charge for service** el servicio está incluido

chargrilled ['tʃɑːgrɪld] *adj* asado(da) a la parrilla

charity ['tʃærətɪ] *n (organization)* organización *f* benéfica ● **to give to charity** hacer donaciones a organizaciones benéficas

charity shop *n (UK)* tienda de objetos usados cuyas ventas se destinan a organizaciones benéficas

charm [tʃɑːm] ◇ *n (attractiveness)* encanto *m* ◇ *vt* encantar, hechizar

charming ['tʃɑːmɪŋ] *adj* encantador(ra)

chart [tʃɑːt] *n (diagram)* gráfico *m* ● **the charts** la lista de éxitos

chartered accountant [,tʃɑːtəd-] *n* contable *m* colegiado, contable colegiada *f*

charter flight ['tʃɑːtə-] *n* vuelo *m* chárter

chase [tʃeɪs] ◇ *n* persecución *f* ◇ *vt* perseguir

chat [tʃæt] ◇ *n* charla *f* ◇ *vi* charlar ● **to have a chat (with)** charlar (con) ● **chat up** *vt sep (UK) (inf)* ligarse

chat room *n COMPUT* chat *m*, sala *f* de charla

chat show *n (UK)* programa *m* de entrevistas

chatty ['tʃætɪ] *adj* **1.** *(letter)* informal **2.** *(person)* hablador(ra), dicharachero (ra)

chauffeur [ˈʃəʊfəʳ] *n* chófer *mf*

cheap [tʃiːp] *adj* **1.** *(inexpensive)* barato (ta) **2.** *(pej)* *(low-quality)* de mala calidad

cheap day return *n* (*UK*) billete de ida y vuelta más barato que se ha de utilizar en el día y después de las 9.15

cheaply [ˈtʃiːplɪ] *adv* barato

cheat [tʃiːt] ◇ *n* tramposo *m*, -sa *f* ◇ *vi* hacer trampa ◇ *vt* ● **to cheat sb out of their inheritance** estafarle la herencia a alguien

Chechnya [ˈtʃetʃnɪə] *n* Chechenia *f*

check [tʃek] ◇ *n* **1.** *(inspection)* inspección *f* **2.** *(US)* *(bill)* cuenta *f* **3.** *(US)* *(tick)* señal *f (de visto bueno)* **4.** *(US)* = **cheque** ◇ *vt* **1.** *(inspect)* revisar **2.** *(verify)* comprobar ◇ *vi* ● **to check for sthg** comprobar algo ● **to check on sthg** comprobar algo ● **to check with sb** consultar con alguien ◆ **check in** ◇ *vt sep (luggage)* facturar, documentar *(Méx)* ◇ *vi* **1.** *(at hotel)* registrarse **2.** *(at airport)* facturar, documentar *(Méx)* ◆ **check off** *vt sep* ir comprobando *(en una lista)* ◆ **check out** *vi* dejar el hotel ◆ **check up** *vi* ● **to check up (on)** informarse *(acerca de)*

checked [tʃekt] *adj* a cuadros

checkers [ˈtʃekəz] *n (US)* damas *fpl*

check-in desk *n* mostrador *m* OR documentación *f (Méx)* de facturación

checking account [ˈtʃekɪŋ-] *n (US)* cuenta *f* corriente

checkout [ˈtʃekaʊt] *n* caja *f*

checkpoint [ˈtʃekpɔɪnt] *n* control *m*

checkroom [ˈtʃekrʊm] *n (US)* guardarropa *m*

checkup [ˈtʃekʌp] *n* chequeo *m*

cheddar [ˈtʃedəʳ] *n* cheddar *m*

cheek [tʃiːk] *n* mejilla *f* ● **what a cheek!** *(UK)* ¡qué cara!

cheeky [ˈtʃiːkɪ] *adj (UK)* descarado(da)

cheer [tʃɪəʳ] ◇ *n* aclamación *f* ◇ *vi* gritar con entusiasmo

cheerful [ˈtʃɪəfʊl] *adj* alegre

cheerio [ˌtʃɪərɪˈəʊ] *excl (UK)* *(inf)* ¡hasta luego!

cheers [tʃɪəz] *excl* **1.** *(when drinking)* ¡salud! **2.** *(UK)* *(inf)* *(thank you)* ¡gracias!

cheese [tʃiːz] *n* queso *m*

cheeseboard [ˈtʃiːzbɔːd] *n (cheese and biscuits)* tabla *f* de quesos

cheeseburger [ˈtʃiːzˌbɜːgəʳ] *n* hamburguesa *f* con queso

cheesecake [ˈtʃiːzkeɪk] *n* tarta *f* de queso *(fresco, sin hornear)*

chef [ʃef] *n* jefe *m* de cocina

chef's special *n* especialidad *f* de la casa

chemical [ˈkemɪkl] ◇ *adj* químico(ca) ◇ *n* sustancia *f* química

chemist [ˈkemɪst] *n* **1.** *(UK)* *(pharmacist)* farmacéutico *m*, -ca *f* **2.** *(scientist)* químico *m*, -ca *f* ● **chemist's** *(UK)* *(shop)* farmacia *f*

chemistry [ˈkemɪstrɪ] *n* química *f*

cheque [tʃek] *n (UK)* cheque *m* ● **to pay by cheque** pagar con cheque

chequebook [ˈtʃekbʊk] *n* talonario *m* de cheques

cheque card *n* tarjeta *f* de identificación bancaria

cherry [ˈtʃerɪ] *n* cereza *f*

chess [tʃes] *n* ajedrez *m*

chest [tʃest] *n* **1.** *(of body)* pecho *m* **2.** *(box)* arca *f*

chestnut ['tʃesnʌt] ◇ n castaña f ◇ adj (colour) castaño(ña)

chest of drawers n cómoda f

chew [tʃu:] ◇ vt masticar ◇ n (UK) (sweet) gominola f

chewing gum ['tʃu:ɪŋ-] n chicle m

chic [ʃi:k] adj elegante

chicken ['tʃɪkɪn] n **1.** (bird) gallina f **2.** (meat) pollo m

chickenpox ['tʃɪkɪnpɒks] n varicela f

chickpea ['tʃɪkpi:] n garbanzo m

chicory ['tʃɪkərɪ] n achicoria f

chief [tʃi:f] ◇ adj **1.** (highest-ranking) jefe(fa) **2.** (main) principal ◇ n jefe m, -fa f

chiefly ['tʃi:flɪ] adv **1.** (mainly) principalmente **2.** (especially) por encima de todo

child [tʃaɪld] (pl **children**) n **1.** (young boy, girl) niño m, -ña f **2.** (son, daughter) hijo m, -ja f

child abuse n maltrato m de niños

child benefit n subsidio pagado a todas las familias británicas por cada hijo

childhood ['tʃaɪldhʊd] n infancia f

childish ['tʃaɪldɪʃ] adj (pej) (immature) infantil

childminder ['tʃaɪld,maɪndə'] n (UK) niñera f (durante el día)

children ['tʃɪldrən] pl ➤ **child**

child seat n asiento m de seguridad para niños

Chile ['tʃɪlɪ] n Chile

Chilean ['tʃɪlɪən] ◇ adj chileno(na) ◇ n chileno m, -na f

chill [tʃɪl] ◇ n (illness) resfriado m ◇ vt enfriar ● there's a chill in the air hace un poco de fresco

chilled [tʃɪld] adj frío(a) ▼ serve chilled sírvase muy frío

chilli ['tʃɪlɪ] (pl **-ies**) n (UK) **1.** (vegetable) guindilla f (Esp), chile m, ají m (Amér) **2.** (dish) = chilli con carne

chilli con carne [-kɒn'kɑ:nɪ] n (UK) picadillo de carne en una salsa picante de guindilla con cebolla, tomate y judías pintas

chilly ['tʃɪlɪ] adj frío(a)

chimney ['tʃɪmnɪ] n chimenea f

chimneypot ['tʃɪmnɪpɒt] n cañón m de chimenea

chimpanzee [,tʃɪmpən'zi:] n chimpancé mf

chin [tʃɪn] n barbilla f

china ['tʃaɪnə] n (material) porcelana f

China ['tʃaɪnə] n la China

Chinese [,tʃaɪ'ni:z] ◇ adj chino(na) ◇ n (language) chino m ◇ npl ● the Chinese los chinos ● a Chinese restaurant un restaurante chino

chip [tʃɪp] n **1.** (small piece) pedacito m **2.** (mark) mella f **3.** (counter) ficha f **4.** COMPUT chip m ◇ vt desportillar ●

chips npl **1.** (UK) (French fries) patatas fpl fritas (de sartén) **2.** (US) (crisps) patatas fpl fritas (de bolsa)

chiropodist [kɪ'rɒpədɪst] n pódologo m, -ga f

chives [tʃaɪvz] npl cebollino m, cebolleta f

chlorine ['klɔ:ri:n] n cloro m

choc-ice ['tʃɒkaɪs] n (UK) tipo de bombón helado en forma de bloque y sin palo

chocolate ['tʃɒkələt] ◇ n **1.** (food, drink) chocolate m **2.** (sweet) bombón m ◇ adj de chocolate

chocolate biscuit n (UK) galleta f de chocolate

choice [tʃɔɪs] ◇ n **1.** (option) elección f **2.** (person or thing chosen) opción f **3.** (variety) variedad f ◇ adj de primera calidad ▼ pizzas with the topping of your choice elija los ingredientes de su pizza

choir ['kwaɪə'] n coro m

choke [tʃəʊk] ◇ n AUT estárter m ◇ vt asfixiar ◇ vi **1.** (on fishbone etc) atragantarse **2.** (to death) asfixiarse

cholera ['kɒlərə] n cólera m

choose [tʃuːz] (pt chose, pp chosen) vt & vi elegir ● to choose to do sthg decidir hacer algo

chop [tʃɒp] ◇ n (of meat) chuleta f ◇ vt cortar ◆ **chop down** vt sep talar, cortar ◆ **chop up** vt sep picar

chopper ['tʃɒpə'] n (inf) (helicopter) helicóptero m

chopping board ['tʃɒpɪŋ-] n (UK) tabla f de cocina

choppy ['tʃɒpɪ] adj picado(da)

chopsticks ['tʃɒpstɪks] npl palillos mpl (chinos)

chord [kɔːd] n acorde m

chore [tʃɔː'] n tarea f

chorus ['kɔːrəs] n **1.** (part of song) estribillo m **2.** (group of singers, dancers) coro m

chose [tʃəʊz] pt ➢ choose

chosen ['tʃəʊzn] pp ➢ choose

Christ [kraɪst] n Cristo m

christen ['krɪsn] vt (baby) bautizar

Christian ['krɪstʃən] ◇ adj cristiano(na) ◇ n cristiano m, -na f

Christian name n nombre m de pila

Christmas ['krɪsməs] n **1.** (day) Navidad f **2.** (period) Navidades fpl ● Happy Christmas! ¡Felices Navidades!

Christmas card n tarjeta f de Navidad

Christmas carol [-'kærəl] n villancico m

Christmas Day n día m de Navidad

Christmas Eve n Nochebuena f

Christmas pudding n pudín de frutas que se come caliente el día de Navidad

Christmas tree n árbol m de Navidad

chrome [krəʊm] n cromo m

chuck [tʃʌk] vt (inf) **1.** (throw) tirar **2.** (UK) (boyfriend, girlfriend) mandar a paseo, dejar ◆ **chuck away** vt sep tirar

chunk [tʃʌŋk] n trozo m

church [tʃɜːtʃ] n iglesia f ● to go to church ir a misa

churchyard ['tʃɜːtʃjɑːd] n cementerio m

chute [ʃuːt] n vertedor m

cider ['saɪdə'] n sidra f

cigar [sɪ'gɑː'] n puro m

cigarette [ˌsɪgə'ret] n cigarrillo m

cigarette lighter n mechero m (Esp), encendedor m

cinema ['sɪnəmə] n cine m

cinnamon ['sɪnəmən] n canela f

circle ['sɜːkl] ◇ n **1.** círculo m **2.** (in theatre) anfiteatro m ◇ vt **1.** (draw circle around) rodear con un círculo **2.** (move round) dar vueltas alrededor de ◇ vi dar vueltas

circuit ['sɜːkɪt] n **1.** (track) circuito m **2.** (lap) vuelta f

circular ['sɜːkjʊlə'] ◇ adj circular ◇ n circular f

circulation [ˌsɜːkjʊ'leɪʃn] n **1.** (of blood) circulación f **2.** (of newspaper, magazine) tirada f

circumstances ['sɜːkəmstənsɪz] *npl* circunstancias *fpl* ● **in** OR **under the circumstances** dadas las circunstancias

circus ['sɜːkəs] *n* circo *m*

cistern ['sɪstən] *n (of toilet)* cisterna *f*

citizen ['sɪtɪzn] *n* **1.** *(of country)* ciudadano *m*, -na *f* **2.** *(of town)* habitante *mf*

city ['sɪtɪ] *n* ciudad *f* ● **the City** (UK) la City

city centre *n* (UK) centro *m* de la ciudad

city council *n* (US) consejo *m* municipal

city hall *n* (US) ayuntamiento *m*

civilian [sɪ'vɪljən] *n* civil *mf*

civilized ['sɪvɪlaɪzd] *adj* **1.** *(society)* civilizado(da) **2.** *(person, evening)* agradable

civil rights [ˌsɪvl-] *npl* derechos *mpl* civiles

civil servant [ˌsɪvl-] *n* funcionario *m*, -ria *f*

civil service [ˌsɪvl-] *n* administración *f* pública

civil war [ˌsɪvl-] *n* guerra *f* civil

cl [siː'el] *(abbr of* centilitre*)* cl *(centilitro)*

claim [kleɪm] ◇ *n* **1.** *(assertion)* afirmación *f*, declaración *f* **2.** *(demand)* demanda *f*, reivindicación *f* **3.** *(for insurance)* reclamación *f* ◇ *vt* **1.** *(allege)* afirmar **2.** *(demand)* reclamar **3.** *(credit, responsibility)* reivindicar ◇ *vi (on insurance)* reclamar

claimant ['kleɪmənt] *n (of benefit)* solicitante *mf*

claim form *n* impreso *m* de solicitud

clam [klæm] *n* almeja *f*

clamp [klæmp] ◇ *n* (UK) *(for car)* cepo *m* ◇ *vt (car)* poner un cepo a

clap [klæp] *vi* aplaudir

claret ['klærət] *n* burdeos *m inv*

clarinet [ˌklærə'net] *n* clarinete *m*

clash [klæʃ] ◇ *n* **1.** *(noise)* estruendo *m* **2.** *(confrontation)* enfrentamiento *m* ◇ *vi* **1.** *(colours)* desentonar **2.** *(event, date)* coincidir

clasp [klɑːsp] ◇ *n* cierre *m* ◇ *vt* agarrar

class [klɑːs] ◇ *n* clase *f* ◇ *vt* ● **to class cocaine as a hard drug** clasificar la cocaína como droga dura

classic ['klæsɪk] ◇ *adj (typical)* clásico(ca) ◇ *n* clásico *m*

classical ['klæsɪkl] *adj* clásico(ca)

classical music *n* música *f* clásica

classification [ˌklæsɪfɪ'keɪʃn] *n* clasificación *f*

classified ads [ˌklæsɪfaɪd-] *npl* anuncios *mpl* por palabras

classroom ['klɑːsrʊm] *n* aula *f*

claustrophobic [ˌklɔːstrə'fəʊbɪk] *adj* claustrofóbico(ca)

claw [klɔː] *n* **1.** *(of bird, cat, dog)* garra *f* **2.** *(of crab, lobster)* pinza *f*

clay [kleɪ] *n* arcilla *f*

clean [kliːn] ◇ *adj* **1.** limpio(pia) **2.** *(page)* en blanco **3.** *(driving licence)* sin sanciones ◇ *vt* limpiar ● **to clean one's teeth** lavarse los dientes

cleaner ['kliːnər] *n* **1.** *(person)* hombre *m* de la limpieza, mujer de la limpieza *f* **2.** *(substance)* producto *m* de limpieza

cleanse [klenz] *vt* limpiar

cleanser ['klenzər] *n* tónico *m*

clear [klɪər] ◇ *adj* **1.** claro(ra) **2.** *(road, view, sky)* despejado(da) ◇ *vt* **1.** *(remove obstructions from)* limpiar, despejar **2.**

(jump over) saltar **3.** *(declare not guilty)* declarar inocente **4.** *(authorize)* aprobar **5.** *(cheque)* compensar ◇ *vi (weather, fog)* despejarse ● **to be clear** *(about sthg)* entender (algo) ● **to be clear of sthg** *(not touching)* no estar en contacto con algo ● **to clear one's throat** carraspear ● **to clear the table** quitar la mesa ◆ **clear up** ◇ *vt sep* **1.** *(room, toys)* ordenar **2.** *(problem, confusion)* aclarar ◇ *vi* **1.** *(weather)* despejarse **2.** *(tidy up)* recoger

clearance ['klɪərəns] *n* **1.** *(authorization)* permiso *m* **2.** *(free distance)* distancia *f* de seguridad **3.** *(for take-off)* autorización *f (para despegar)*

clearing ['klɪərɪŋ] *n* claro *m*

clearly ['klɪəlɪ] *adv* **1.** claramente **2.** *(obviously)* obviamente

clementine ['kleməntaɪn] *n* clementina *f*

clerk [(UK) klɑːk, (US) klɜːrk] *n* **1.** *(in office)* oficinista *mf* **2.** *(US) (in shop)* dependiente *m*, -ta *f*

clever ['klevə'] *adj* **1.** *(person)* listo(ta) **2.** *(idea, device)* ingenioso(sa)

click [klɪk] ◇ *n* chasquido *m* ◇ *vi (make sound)* hacer clic

client ['klaɪənt] *n* cliente *m*, -ta *f*

cliff [klɪf] *n* acantilado *m*

climate ['klaɪmɪt] *n* clima *m*

climax ['klaɪmæks] *n* clímax *m inv*

climb [klaɪm] ◇ *vt* **1.** *(tree)* trepar a **2.** *(ladder)* subir **3.** *(mountain)* escalar ◇ *vi* **1.** *(person)* ascender **2.** *(plane)* subir ◆ **climb down** *vt insep* **1.** *(tree, mountain)* descender de **2.** *(ladder)* bajar ◇ *vi* bajar ◆ **climb up** *vt insep* **1.** *(tree)* trepar a **2.** *(ladder)* subir **3.** *(mountain)* escalar

climber ['klaɪmə'] *n (person)* escalador *m*, -ra *f*

climbing ['klaɪmɪŋ] *n* montañismo *m* ● **to go climbing** ir de montañismo

climbing frame *n (UK)* barras de metal para trepar los niños

clingfilm ['klɪŋfɪlm] *n (UK)* film *m* de plástico adherente

clinic ['klɪnɪk] *n* clínica *f*

clip [klɪp] ◇ *n* **1.** *(fastener)* clip *m* **2.** *(of film, programme)* fragmento *m* ◇ *vt* **1.** *(fasten)* sujetar **2.** *(cut)* recortar **3.** *(ticket)* picar

cloak [kləʊk] *n* capa *f*

cloakroom ['kləʊkrʊm] *n* **1.** *(for coats)* guardarropa *m* **2.** *(UK) (toilet)* servicios *mpl*, baños *mpl*

clock [klɒk] *n* **1.** *(for telling time)* reloj *m* **2.** *(mileometer)* cuentakilómetros *m inv* ● **round the clock** día y noche

clockwise ['klɒkwaɪz] *adv* en el sentido de las agujas del reloj

clog [klɒg] ◇ *n* zueco *m* ◇ *vt* obstruir

close¹ [kləʊs] ◇ *adj* **1.** *(near)* cercano(na) **2.** *(friend)* íntimo(ma) **3.** *(relation, family)* cercano(na) **4.** *(contact, cooperation, link)* estrecho(cha) **5.** *(resemblance)* grande **6.** *(examination)* detallado(da) **7.** *(race, contest)* reñido(da) ◇ *adv* cerca ● **close by** cerca ● **close to** *(near)* cerca de ● **close to tears** a punto de llorar

close² [kləʊz] ◇ *vt* cerrar ◇ *vi* **1.** *(door, jar, eyes)* cerrarse **2.** *(shop, office)* cerrar **3.** *(deadline, offer, meeting)* terminar ◆ **close down** *vt sep & vi* cerrar *(definitivamente)*

closed [kləʊzd] *adj* cerrado(da)

closely ['kləʊslɪ] *adv* **1.** *(related, involved)*

estrechamente 2. *(follow, examine)* atentamente

closet ['klɒzɪt] *n* (US) *(cupboard)* armario *m*, closet *m* (Amér)

close-up ['kləʊs-] *n* primer plano *m*

closing time ['kləʊzɪŋ-] *n* hora *f* de cierre

clot [klɒt] *n* (of blood) coágulo *m*

cloth [klɒθ] *n* 1. *(fabric)* tela *f* 2. *(piece of cloth)* trapo *m*

clothes [kləʊðz] *npl* ropa *f*

clothesline ['kləʊðzlaɪn] *n* cuerda *f* para tender la ropa

clothes peg *n* (UK) pinza *f* (para la ropa)

clothespin ['kləʊðzpɪn] (US) = **clothes peg**

clothes shop *n* (UK) tienda *f* de ropa

clothing ['kləʊðɪŋ] *n* ropa *f*

clotted cream [ˌklɒtɪd-] *n* nata muy espesa típica de Cornualles

cloud [klaʊd] *n* nube *f*

cloudy ['klaʊdɪ] *adj* 1. *(sky, day)* nublado(da) 2. *(liquid)* turbio(bia)

clove [kləʊv] *n* (of garlic) diente *m* ◆ **cloves** *npl* (spice) clavos *mpl*

clown [klaʊn] *n* payaso *m*

club [klʌb] *n* 1. *(organization)* club *m* 2. *(nightclub)* ≈ sala *f* de fiestas *(abierta sólo por la noche)* 3. *(stick)* garrote *m* ◆ **clubs** *npl* (in cards) tréboles *mpl*

clubbing ['klʌbɪŋ] *n* ● **to go clubbing** *(inf)* ir de disco

club class *n* clase *f* club

club sandwich *n* sándwich *m* de tres pisos

club soda *n* (US) soda *f*

clue [kluː] *n* 1. *(information)* pista *f* 2. *(in* crossword) clave *f* ● **I haven't got a clue** no tengo ni idea

clumsy ['klʌmzɪ] *adj* (person) torpe

clutch [klʌtʃ] ◇ *n* 1. (on car, motorbike) embrague *m*, clutch *m* (Amér) 2. *(clutch pedal)* pedal *m* de embrague OR clutch *m* (Amér) ◇ *vt* agarrar

cm [siː'em] *(abbr of centimetre)* cm *(centímetro)*

c/o [siː'əʊ] *(abbr of care of)* c/d *(en casa de)*

Co. [kəʊ] *(abbr of company)* Cía *(compañía)*

coach [kəʊtʃ] *n* 1. *(UK)* (bus) autocar *m* (Esp), autobús *m* 2. *(UK)* (of train) vagón *m* 3. SPORT entrenador *m*, -ra *f*

coach station *n* (UK) estación *f* de autocares (Esp) OR autobuses

coach trip *n* (UK) excursión *f* en autocar (Esp) OR autobús

coal [kəʊl] *n* carbón *m*

coal mine *n* mina *f* de carbón

coarse [kɔːs] *adj* 1. (rough) áspero(ra) 2. *(vulgar)* ordinario(ria)

coast [kəʊst] *n* costa *f*

coaster ['kəʊstəʳ] *n* posavasos *m inv*

coastguard ['kəʊstɡɑːd] *n* 1. *(person)* guardacostas *mf inv* 2. *(organization)* guardacostas *m*

coastline ['kəʊstlaɪn] *n* litoral *m*

coat [kəʊt] ◇ *n* 1. *(garment)* abrigo *m* 2. *(of animal)* pelaje *m* ◇ *vt* ● **to coat sthg (with)** rebozar algo (en)

coat hanger *n* percha *f*

coating ['kəʊtɪŋ] *n* 1. *(of chocolate)* baño *m* 2. *(on surface)* capa *f* ● **with a coating of breadcrumbs** rebozado en pan rallado

cobbles ['kɒblz] *npl* adoquines *mpl*

cobweb ['kɒbweb] *n* telaraña *f*

Coca-Cola ® [ˌkəʊkə'kəʊlə] *n* Coca-Cola ® *f*

cocaine [kəʊ'keɪn] *n* cocaína *f*

cock [kɒk] *n* (male chicken) gallo *m*

cockles ['kɒklz] *npl* berberechos *mpl*

cockpit ['kɒkpɪt] *n* cabina *f*

cockroach ['kɒkrəʊtʃ] *n* cucaracha *f*

cocktail ['kɒkteɪl] *n* cóctel *m*

cocktail party *n* cóctel *m*

cock-up *n* (UK) (inf) ● **to make a cock-up of sthg** joroбar algo

cocoa ['kəʊkəʊ] *n* (drink) chocolate *m*

coconut ['kəʊkənʌt] *n* coco *m*

cod [kɒd] (*pl* **cod**) *n* bacalao *m*

code [kəʊd] *n* 1. (system) código *m* 2. (dialling code) prefijo *m*

coeducational [ˌkəʊedjuː'keɪʃənl] *adj* mixto(ta)

coffee ['kɒfɪ] *n* café *m* ● **black/white coffee** café solo/con leche ● **ground/instant coffee** café molido/instantáneo

coffee bar *n* cafetería *f* (en aeropuerto, etc)

coffee break *n* descanso en el trabajo, por la mañana y por la tarde

coffeepot ['kɒfɪpɒt] *n* cafetera *f*

coffee shop *n* (cafe) cafetería *f*

coffee table *n* mesita *f* baja

coffin ['kɒfɪn] *n* ataúd *m*

cog(wheel) ['kɒg(wiːl)] *n* rueda *f* dentada

coil [kɔɪl] ◇ *n* 1. (of rope) rollo *m* 2. (UK) (contraceptive) DIU *m* ◇ *vt* enrollar

coin [kɔɪn] *n* moneda *f*

coincide [ˌkəʊɪn'saɪd] *vi* ● **to coincide (with)** coincidir (con)

coincidence [kəʊ'ɪnsɪdəns] *n* coincidencia *f*

Coke ® [kəʊk] *n* Coca-Cola ® *f*

colander ['kʌləndə'] *n* colador *m*

cold [kəʊld] ◇ *adj* frío(a) ◇ *n* 1. (illness) resfriado *m* 2. (low temperature) frío *m* ● **I'm cold** tengo frío ● **it's cold** hace frío ● **to get cold** enfriarse ● **to catch (a) cold** resfriarse

cold calling *n* llamadas *fpl* en frío

cold cuts (US) = **cold meats**

cold meats *npl* fiambres *mpl*

coleslaw ['kəʊlslɔː] *n* ensalada de col, zanahoria, cebolla y mayonesa

colic ['kɒlɪk] *n* cólico *m*

collaborate [kə'læbəreɪt] *vi* colaborar

collapse [kə'læps] *vi* 1. (building, tent) desplomarse 2. (person) sufrir un colapso

collar ['kɒlə'] *n* 1. (of shirt, coat) cuello *m* 2. (of dog, cat) collar *m*

collarbone ['kɒləbəʊn] *n* clavícula *f*

colleague ['kɒliːg] *n* colega *mf*

collect [kə'lekt] ◇ *vt* 1. (gather) reunir 2. (as a hobby) coleccionar 3. (go and get) recoger 4. (money) recaudar ◇ *vi* acumularse ◇ *adv* (US) ● **to call (sb) collect** llamar (a alguien) a cobro revertido

collection [kə'lekʃn] *n* 1. colección *f* 2. (of money) recaudación *f* 3. (of mail) recogida *f*

collector [kə'lektə'] *n* (as a hobby) coleccionista *mf*

college ['kɒlɪdʒ] *n* 1. (school) instituto *m*, escuela *f* 2. (UK) (of university) colegio universitario que forma parte de ciertas universidades **3.** (US) (university) universidad f

collide [kə'laɪd] vi ● **to collide (with)** colisionar (con)

collision [kə'lɪʒn] n colisión f

cologne [kə'ləʊn] n colonia f

Colombia [kə'lɒmbɪə] n Colombia

Colombian [kə'lɒmbɪən] ◇ adj colombiano(na) ◇ n colombiano m, -na f

colon ['kəʊlən] n GRAM dos puntos mpl

colony ['kɒlənɪ] n (country) colonia f

color ['kʌlər] (US) = **colour**

colour ['kʌlər] ◇ n (UK) color m ◇ adj (photograph, film) en color ◇ vt **1.** (hair) teñir **2.** (food) colorear ● **colour in** vt sep colorear

colour-blind adj daltónico(ca)

colourful ['kʌləfʊl] adj **1.** (picture, garden, scenery) de vivos colores **2.** (fig) (person, place) pintoresco(ca)

colouring ['kʌlərɪŋ] n **1.** (of food) colorante m **2.** (complexion) tez f

colouring book n libro m de colorear

colour supplement n suplemento m en color

colour television n televisión f en color

column ['kɒləm] n columna f

coma ['kəʊmə] n coma m

comb [kəʊm] ◇ n peine m ◇ vt ● **to comb one's hair** peinarse (el pelo)

combination [ˌkɒmbɪ'neɪʃn] n combinación f

combine [kəm'baɪn] vt ● **to combine sthg (with)** combinar algo (con)

come [kʌm] (pt **came**, pp inv) vi **1.** (move) venir ● **we came by taxi** vinimos en taxi ● **come here!** ¡ven

aquí! **2.** (arrive) llegar ● **they still haven't come** todavía no han llegado ▼ **coming soon** próximamente **3.** (in order) ● **to come first/last** (in race) llegar el primero/el último; (in exam) quedar el primero/el último **4.** (reach) ● **the water comes up to my ankles** el agua me llega hasta los tobillos **5.** (become) ● **to come loose** aflojarse ● **to come undone** deshacerse **6.** (be sold) venir ● **they come in packs of six** vienen en paquetes de seis

◆ **come across** vt insep encontrarse con

◆ **come along** vi (progress) ir; (arrive) venir ● **come along!** ¡venga!

◆ **come apart** vi (book, clothes) deshacerse

◆ **come back** vi (return) volver

◆ **come down** vi (price) bajar

◆ **come down with** vt insep (illness) coger, agarrar (Amér)

◆ **come from** vt insep (person) ser de; (noise, product) venir de

◆ **come in** vi (enter) entrar; (arrive) llegar; (tide) crecer ● **come in!** ¡adelante!

◆ **come off** vi (become detached) desprenderse; (succeed) salir bien

◆ **come on** vi (progress) ir; (improve) mejorar ● **come on!** ¡venga!

◆ **come out** vi salir; (film) estrenarse; (stain) quitarse

◆ **come over** vi (visit) venir

◆ **come round** vi (visit) venir; (regain consciousness) volver en sí

◆ **come to** vt insep (subj: bill) ascender a

◆ **come up** vi (go upstairs) subir; (be mentioned, arise) surgir; (sun, moon) salir

◆ **come up with** vt insep ● **she came up**

with a brilliant idea se le ocurrió una idea estupenda

comedian [kə'miːdjən] *n* humorista *mf*

comedy ['kɒmədɪ] *n* **1.** *(TV programme, film, play)* comedia *f* **2.** *(humour)* humor *m*

comfort ['kʌmfət] ◇ *n* **1.** comodidad *f* **2.** *(consolation)* consuelo *m* ◇ *vt* consolar

comfortable ['kʌmftəbl] *adj* **1.** cómodo(da) **2.** *(after illness, operation)* en estado satisfactorio **3.** *(financially)* acomodado(da)

comforter ['kʌmfərtər] *n* (US) edredón *m*

comic ['kɒmɪk] ◇ *adj* cómico(ca) ◇ *n* **1.** *(person)* humorista *mf* **2.** *(adult magazine)* cómic *m* **3.** *(children's magazine)* tebeo *m* (*Esp*), revista *f* de historietas

comical ['kɒmɪkl] *adj* cómico(ca)

comic strip *n* tira *f* cómica

comma ['kɒmə] *n* coma *f*

command [kə'mɑːnd] ◇ *n* **1.** *(order)* orden *f* **2.** *(mastery)* dominio *m* ◇ *vt* **1.** *(order)* ordenar **2.** *(be in charge of)* estar al mando de

commander [kə'mɑːndər] *n* comandante *m*

commemorate [kə'meməreɪt] *vt* conmemorar

commence [kə'mens] *vi* (*fml*) comenzar

comment ['kɒment] ◇ *n* comentario *m* ◇ *vi* hacer comentarios

commentary ['kɒməntrɪ] *n* (*on TV, radio*) comentario *m*

commentator ['kɒmənteɪtər] *n* (*on TV, radio*) comentarista *mf*

commerce ['kɒmɜːs] *n* comercio *m*

commercial [kə'mɜːʃl] ◇ *adj* comercial ◇ *n* anuncio *m* (*televisivo o radiofónico*), comercial *m* (*Amér*)

commercial break *n* pausa *f* para la publicidad

commission [kə'mɪʃn] *n* comisión *f*

commit [kə'mɪt] *vt* (*crime, sin*) cometer ● **to commit o.s.** (**to sthg**) comprometerse (a algo) ● **to commit suicide** suicidarse

committee [kə'mɪtɪ] *n* comité *m*

commodity [kə'mɒdətɪ] *n* producto *m*

common ['kɒmən] ◇ *adj* **1.** común **2.** (*pej*) (*vulgar*) ordinario(ria) ◇ *n* **1.** (UK) (*land*) zona de hierba abierta accesible a todo el mundo ● **in common** en común

commonly ['kɒmənlɪ] *adv* (*generally*) generalmente

common sense *n* sentido *m* común

Commonwealth ['kɒmənwelθ] *n* Commonwealth *f*

communal ['kɒmjʊnl] *adj* comunal

communicate [kə'mjuːnɪkeɪt] *vi* ● **to communicate (with)** comunicarse (con)

communication [kə,mjuːnɪ'keɪʃn] *n* comunicación *f*

communication cord *n* (UK) alarma *f* (*de un tren o metro*)

communist ['kɒmjʊnɪst] *n* comunista *mf*

community [kə'mjuːnətɪ] *n* comunidad *f*

community centre *n* centro *m* social

commute [kə'mjuːt] *vi* *viajar diariamente al lugar de trabajo, especialmente en tren*

commuter [kə'mjuːtər] *n* persona que

viaja diariamente al lugar de trabajo, especialmente en tren

compact ◇ *adj* [kəm'pækt] compacto (ta) ◇ *n* ['kɒmpækt] **1.** *(for make-up)* polvera *f* **2.** *(US) (car)* utilitario *m (Esp)*, coche *m* de compact

compact disc [ˌkɒmpækt-] *n* disco *m* compacto

compact disc player [ˌkɒmpækt-] compact *m* (disc)

company ['kʌmpəni] *n* compañía *f* ● **to keep sb company** hacer compañía a alguien

company car *n* coche *m* de la empresa

comparatively [kəm'pærətɪvlɪ] *adv* relativamente

compare [kəm'peə^r] *vt* ● **to compare sthg (with)** comparar algo (con) ● **compared with** en comparación con

comparison [kəm'pærɪsn] *n* comparación *f* ● **in comparison with** en comparación con

compartment [kəm'pɑːtmənt] *n* compartimento *m*

compass ['kʌmpəs] *n* brújula *f* ● **(a pair of) compasses** (un) compás

compatible [kəm'pætəbl] *adj* compatible

compensate ['kɒmpenseɪt] ◇ *vt* compensar ◇ *vi* ● **to compensate for sthg** compensar algo ● **to compensate sb for the damage** compensar a alguien por los daños

compensation [ˌkɒmpen'seɪʃn] *n (money)* indemnización *f*

compete [kəm'piːt] *vi* competir ● **to compete with ten other teams for the cup** competir por la copa contra otros diez equipos

competent ['kɒmpɪtənt] *adj* competente

competition [ˌkɒmpɪ'tɪʃn] *n* **1.** SPORT competición *f (Esp)*, competencia *f (Amér)* **2.** *(of writing, music etc)* concurso *m* **3.** *(rivalry)* competencia *f* ● **the competition** la competencia

competitive [kəm'petətɪv] *adj* competitivo(va)

competitor [kəm'petɪtə^r] *n* **1.** *(in race, contest)* participante *mf* **2.** *(in game show)* concursante *mf* **3.** COMM competidor *m*, -ra *f*

complain [kəm'pleɪn] *vi* ● **to complain (about)** quejarse (de)

complaint [kəm'pleɪnt] *n* **1.** *(statement)* queja *f* **2.** *(illness)* dolencia *f*

complement ['kɒmplɪment] *vt* complementar

complete [kəm'pliːt] ◇ *adj* **1.** *(whole)* completo(ta) **2.** *(finished)* terminado(da) **3.** *(change, disaster)* total **4.** *(idiot)* consumado(da) ◇ *vt* **1.** *(finish)* terminar **2.** *(a form)* rellenar **3.** *(make whole)* completar ● **complete with** con

completely [kəm'pliːtlɪ] *adv* completamente

complex ['kɒmpleks] ◇ *adj* complejo(ja) ◇ *n* complejo *m*

complexion [kəm'plekʃn] *n (of skin)* cutis *m inv*

complicated ['kɒmplɪkeɪtɪd] *adj* complicado(da)

compliment ◇ *n* ['kɒmplɪmənt] cumplido *m* ◇ *vt* ['kɒmplɪment] felicitar

complimentary [ˌkɒmplɪ'mentərɪ] *adj* **1.** *(seat, ticket)* gratuito(ta) **2.** *(words, person)* halagador(ra)

compose [kəm'pəuz] *vt* componer ● **to be composed of** estar compuesto de

composed [kəm'pəuzd] *adj* tranquilo (la)

composer [kəm'pəuzə^r] *n* compositor *m*, -ra *f*

composition [ˌkɒmpə'zɪʃn] *n* (*essay*) redacción *f*

compound ['kɒmpaund] *n* **1.** (*substance*) compuesto *m* **2.** (*word*) palabra *f* compuesta

comprehensive [ˌkɒmprɪ'hensɪv] *adj* amplio(plia)

comprehensive (school) *n* (UK) instituto de enseñanza media no selectiva en Gran Bretaña

comprise [kəm'praɪz] *vt* comprender

compromise ['kɒmprəmaɪz] *n* arreglo *m*, acuerdo *m*

compulsory [kəm'pʌlsərɪ] *adj* obligatorio(ria)

computer [kəm'pju:tə^r] *n* ordenador *m* (*Esp*), computadora *f* (*Amér*)

computer game *n* videojuego *m*

computer-generated [-'dʒenəreɪtɪd] *adj* generado(da) por ordenador (*Esp*) OR computadora (*Amér*)

computerized [kəm'pju:təraɪzd] *adj* informatizado(da)

computer-literate *adj* competente en el uso de ordenadores (*Esp*) OR computadoras (*Amér*)

computer operator *n* operador *m*, -ra *f* de ordenador (*Esp*) OR computadora (*Amér*)

computer programmer [-'prəugræmə^r] *n* programador *m*, -ra *f* (de ordenadores)

computing [kəm'pju:tɪŋ] *n* informática *f*

con [kɒn] *n* (*inf*) (*trick*) timo *m*, estafa *f* ● **all mod cons** (UK) con todas las comodidades

conceal [kən'si:l] *vt* ocultar

conceited [kən'si:tɪd] *adj* (*pej*) engreído(da)

concentrate ['kɒnsəntreɪt] ◇ *vi* concentrarse ◇ *vt* ● **to be concentrated** (*in one place*) concentrarse ● **to concentrate on sthg** concentrarse en algo

concentrated ['kɒnsəntreɪtɪd] *adj* concentrado(da)

concentration [ˌkɒnsən'treɪʃn] *n* concentración *f*

concern [kən'sɜːn] ◇ *n* **1.** (*worry*) preocupación *f* **2.** (*matter of interest*) asunto *m* **3.** COMM empresa *f* ◇ *vt* **1.** (*be about*) tratar de **2.** (*worry*) preocupar **3.** (*involve*) concernir ● **to be concerned about** estar preocupado por ● **to be concerned with** tratar de ● **to concern o.s. with sthg** preocuparse por algo ● **as far as I'm concerned** por lo que a mí respecta

concerned [kən'sɜːnd] *adj* preocupado(da)

concerning [kən'sɜːnɪŋ] *prep* acerca de

concert ['kɒnsət] *n* concierto *m*

concession [kən'seʃn] *n* (*reduced price*) descuento *m*

concise [kən'saɪs] *adj* conciso(sa)

conclude [kən'klu:d] ◇ *vt* (*fml*) concluir ◇ *vi* (*fml*) (*end*) concluir

conclusion [kən'klu:ʒn] *n* **1.** (*decision*) conclusión *f* **2.** (*end*) final *m*

concrete ['kɒŋkri:t] ◇ *adj* **1.** (*building, path*) de hormigón, concreto *m* (*Amér*)

2. (*idea, plan*) concreto(ta) ◇ *n* hormigón *m*

concussion [kən'kʌʃn] *n* conmoción *f* cerebral

condensation [ˌkɒndən'seɪʃn] *n* (*on window*) vaho *m*

condition [kən'dɪʃn] *n* **1.** (*state*) estado *m* **2.** (*proviso*) condición *f* **3.** (*illness*) afección *f* ● **to be out of condition** no estar en forma ● **on condition that a** condición de que ● **conditions** *npl* (*circumstances*) condiciones *fpl*

conditioner [kən'dɪʃnə'] *n* suavizante *m* (*Esp*), enjuague *m* (*Amér*)

condo ['kɒndəʊ] (*US*) (*inf*) = **condominium**

condom ['kɒndəm] *n* condón *m*

condominium [ˌkɒndə'mɪnɪəm] *n* (*US*) apartamento *m*, condominio *m* (*Amér*)

conduct ◇ *vt* [kən'dʌkt] **1.** (*investigation, business*) llevar a cabo **2.** MUS dirigir ◇ *n* ['kɒndʌkt] (*fml*) conducta *f* ● **to conduct o.s.** (*fml*) comportarse

conductor [kən'dʌktə'] *n* **1.** MUS director *m*, -ra *f* **2.** (*on bus*) cobrador *m*, -ra *f* **3.** (*US*) (*on train*) revisor *m*, -ra *f*

cone [kəʊn] *n* **1.** (*shape, on roads*) cono *m* **2.** (*UK*) (*for ice cream*) cucurucho *m*, barquillo *m*

confectioner's sugar [kən'fekʃnərz-] *n* (*US*) azúcar *m* glas

confectionery [kən'fekʃnərɪ] *n* dulces *mpl*

conference ['kɒnfərəns] *n* conferencia *f*, congreso *m*

confess [kən'fes] *vi* ● **to confess (to** sthg) confesar (algo)

confession [kən'feʃn] *n* confesión *f*

confidence ['kɒnfɪdəns] *n* **1.** (*self-assu-*

rance) seguridad *f* (en sí mismo) **2.** (*trust*) confianza *f* ● **to have confidence in** tener confianza en

confident ['kɒnfɪdənt] *adj* **1.** (*self-assured*) seguro de sí mismo(segura de sí misma) **2.** (*certain*) seguro(ra)

confined [kən'faɪnd] *adj* limitado(da)

confirm [kən'fɜːm] *vt* confirmar

confirmation [ˌkɒnfə'meɪʃn] *n* confirmación *f*

conflict ◇ *n* ['kɒnflɪkt] conflicto *m* ◇ *vi* [kən'flɪkt] ● **to conflict (with)** estar en desacuerdo (con)

conform [kən'fɔːm] *vi* ● **to conform (to)** ajustarse a

confuse [kən'fjuːz] *vt* confundir ● **to confuse kindness with weakness** confundir amabilidad con debilidad

confused [kən'fjuːzd] *adj* confuso(sa)

confusing [kən'fjuːzɪŋ] *adj* confuso(sa)

confusion [kən'fjuːʒn] *n* confusión *f*

congested [kən'dʒestɪd] *adj* (*street*) congestionado(da)

congestion [kən'dʒestʃn] *n* (*traffic*) congestión *f*

congratulate [kən'grætʃʊleɪt] *vt* ● **to congratulate the team on its success** felicitar al equipo por su éxito

congratulations [kənˌgrætʃʊ'leɪʃənz] *excl* ¡enhorabuena!

congregate ['kɒŋgrɪgeɪt] *vi* congregarse

Congress ['kɒŋgres] *n* (*US*) el Congreso

Congress

El Congreso estadounidense está formado por dos cámaras: el Senado (o Cámara Alta) y la Cámara de

Representantes. Su sede es el Capitolio, en Washington. Cada estado elige dos senadores. La Cámara de Representantes tiene 435 diputados. Para que una ley sea aprobada, tiene que pasar por las dos cámaras.

conifer ['kɒnɪfə'] *n* conífera *f*

conjunction [kən'dʒʌŋkʃn] *n* GRAM conjunción *f*

conjurer ['kʌndʒərə'] *n* prestidigitador *m*, -ra *f*

connect [kə'nekt] ◇ *vt* **1.** conectar **2.** *(caller on phone)* comunicar, poner ◆ **to connect with** *(train, plane)* enlazar con ◆ **to connect one event with another** *(associate)* relacionar un acontecimiento con otro

connecting flight [kə'nektɪŋ-] *n* vuelo *m* de enlace

connection [kə'nekʃn] *n* **1.** *(link)* conexión *f* **2.** *(train, plane)* enlace *m* ◆ **a bad connection** *(on phone)* mala línea ◆ **a loose connection** *(in machine)* un hilo suelto ◆ **in connection with** con relación a

conquer ['kɒŋkə'] *vt* conquistar

conscience ['kɒnʃəns] *n* conciencia *f*

conscientious [ˌkɒnʃɪ'enʃəs] *adj* concienzudo(da)

conscious ['kɒnʃəs] *adj* **1.** *(awake)* consciente **2.** *(deliberate)* deliberado(da) ◆ **to be conscious of** ser consciente de

consent [kən'sent] *n* consentimiento *m*

consequence ['kɒnsɪkwəns] *n* *(result)* consecuencia *f*

consequently ['kɒnsɪkwəntlɪ] *adv* por consiguiente

conservation [ˌkɒnsə'veɪʃn] *n* conservación *f*

conservative [kən'sɜːvətɪv] *adj* conservador(ra) ◆ **Conservative** ◇ *adj* conservador(ra) ◇ *n* conservador *m*, -ra *f*

conservatory [kən'sɜːvətrɪ] *n* pequeña habitación acristalada aneja a la casa

consider [kən'sɪdə'] *vt* considerar ◆ **to consider doing sthg** pensarse si hacer algo

considerable [kən'sɪdrəbl] *adj* considerable

consideration [kənˌsɪdə'reɪʃn] *n* consideración *f* ◆ **to take sthg into consideration** tener algo en cuenta

considering [kən'sɪdərɪŋ] *prep* teniendo en cuenta

consist [kən'sɪst] ◆ **consist in** *vt insep* consistir en ◆ **consist of** *vt insep* consistir en

consistent [kən'sɪstənt] *adj* **1.** *(coherent)* coherente **2.** *(worker, performance)* constante

consolation [ˌkɒnsə'leɪʃn] *n* consuelo *m*

console ['kɒnsəʊl] *n* consola *f*

consonant ['kɒnsənənt] *n* consonante *f*

conspicuous [kən'spɪkjʊəs] *adj* visible

constable ['kʌnstəbl] *n* *(UK)* policía *mf*

constant ['kɒnstənt] *adj* constante

constantly ['kɒnstəntlɪ] *adv* *(all the time)* constantemente

constipated ['kɒnstɪpeɪtɪd] *adj* estreñido(da)

constitution [ˌkɒnstɪ'tjuːʃn] *n* *(health)* constitución *f*

construct [kən'strʌkt] *vt* construir

construction [kən'strʌkʃn] *n* construcción *f* ▼ **under construction** en construcción

consul ['kɒnsəl] *n* cónsul *mf*

consulate ['kɒnsjʊlət] *n* consulado *m*

consult [kən'sʌlt] *vt* consultar

consultant [kən'sʌltənt] *n* (*UK*) (*doctor*) especialista *mf*

consume [kən'sju:m] *vt* consumir

consumer [kən'sju:mə^r] *n* consumidor *m*, -ra *f*

contact ['kɒntækt] ◇ *n* contacto *m* ◇ *vt* ponerse en contacto con ● **in contact with** en contacto con

contact lens *n* lentilla *f* (*Esp*), lente *m* de contacto (*Amér*)

contagious [kən'teɪdʒəs] *adj* contagioso(sa)

contain [kən'teɪn] *vt* contener

container [kən'teɪnə^r] *n* (*box etc*) envase *m*

contaminate [kən'tæmɪneɪt] *vt* contaminar

contemporary [kən'tempərəri] ◇ *adj* contemporáneo(a) ◇ *n* contemporáneo *m*, -a *f*

contend [kən'tend] ● **contend with** *vt insep* afrontar

content ◇ *adj* [kən'tent] contento(ta) ◇ *n* ['kɒntent] (*of vitamins, fibre etc*) contenido *m* ● **contents** *npl* **1.** (*things inside*) contenido *m* **2.** (*at beginning of book*) índice *m* (de materias)

contest ◇ *n* ['kɒntest] **1.** (*competition*) competición *f*, concurso *m* **2.** (*struggle*) contienda *f* ◇ *vt* [kən'test] **1.** (*election, seat*) presentarse como candidato a **2.** (*decision, will*) impugnar

context ['kɒntekst] *n* contexto *m*

continent ['kɒntɪnənt] *n* continente *m* ● **the Continent** (*UK*) la Europa continental

continental [,kɒntɪ'nentl] *adj* (*UK*) (*European*) de la Europa continental

continental breakfast *n* desayuno *m* continental

continental quilt *n* (*UK*) edredón *m*

continual [kən'tɪnjʊəl] *adj* continuo (nua)

continually [kən'tɪnjʊəlɪ] *adv* continuamente

continue [kən'tɪnju:] *vt* & *vi* continuar ● **to continue doing sthg** continuar haciendo algo ● **to continue with sthg** continuar con algo

continuous [kən'tɪnjʊəs] *adj* continuo (nua)

continuously [kən'tɪnjʊəslɪ] *adv* continuamente

contraception [,kɒntrə'sepʃn] *n* anticoncepción *f*

contraceptive [,kɒntrə'septɪv] *n* anticonceptivo *m*

contract ◇ *n* ['kɒntrækt] contrato *m* ◇ *vt* [kən'trækt] (*fml*) (*illness*) contraer

contradict [,kɒntrə'dɪkt] *vt* contradecir

contrary ['kɒntrərɪ] *n* ● **on the contrary** al contrario

contrast ◇ *n* ['kɒntrɑːst] contraste *m* ◇ *vt* [kən'trɑːst] contrastar ● **in contrast to** a diferencia de

contribute [kən'trɪbjuːt] ◇ *vt* (*help, money*) contribuir ◇ *vi* ● **to contribute to** contribuir a

contribution [,kɒntrɪ'bjuːʃn] *n* contribución *f*

control [kən'trəʊl] ◇ *n* control *m* ◇ *vt* **1.**

control 2. *(restrict)* restringir ● **to be in control** estar al mando ● **out of control** fuera de control ● **under control** bajo control ◆ **controls** *npl* 2. *(of plane)* mandos *mpl*

control tower *n* torre *f* de control

controversial [ˌkɒntrə'vɜːʃl] *adj* controvertido(da)

convenience [kən'viːnjəns] *n* 1. *(convenient nature)* conveniencia *f* 2. *(convenient thing)* comodidad *f* ● **at your convenience** cuando le venga bien

convenient [kən'viːnjənt] *adj* 1. *(suitable)* conveniente 2. *(well-situated)* bien situado(da) ● **would tomorrow be convenient?** ¿le viene bien mañana?

convent ['kɒnvənt] *n* convento *m*

conventional [kən'venʃənl] *adj* convencional

conversation [ˌkɒnvə'seɪʃn] *n* conversación *f*

conversion [kən'vɜːʃn] *n* 1. *(change)* conversión *f* 2. *(to building)* reforma *f*

convert [kən'vɜːt] *vt* convertir ● **to convert sthg into** convertir algo en

converted [kən'vɜːtɪd] *adj* *(barn, loft)* acondicionado(da)

convertible [kən'vɜːtəbl] *n* descapotable *m*, convertible *m* *(Amér)*

convey [kən'veɪ] *vt* 1. *(fml)* *(transport)* transportar 2. *(idea, impression)* transmitir

convict ◇ *n* ['kɒnvɪkt] presidiario *m*, -ria *f* ◇ *vt* [kən'vɪkt] ● **to convict sb (of)** declarar a alguien culpable (de)

convince [kən'vɪns] *vt* ● **to convince sb of the truth** convencer a alguien de la verdad ● **to convince sb to do sthg**

convencer a alguien para que haga algo

convoy ['kɒnvɔɪ] *n* convoy *m*

cook [kʊk] ◇ *n* cocinero *m*, -ra *f* ◇ *vt* 1. *(meal)* preparar 2. *(food)* cocinar, guisar ◇ *vi* 1. *(person)* cocinar, guisar 2. *(food)* cocerse, hacerse

cookbook ['kʊkˌbʊk] = **cookery book**

cooker ['kʊkə^r] *n* *(UK)* cocina *f* *(aparato)*, estufa *f* *(Col & Méx)*

cookery ['kʊkərɪ] *n* cocina *f* *(arte)*

cookery book *n* *(UK)* libro *m* de cocina

cookie ['kʊkɪ] *n* 1. *(US)* galleta *f* 2. COMPUT cookie *m*

cooking ['kʊkɪŋ] *n* cocina *f*

cooking apple *n* manzana *f* para asar

cooking oil *n* aceite *m* para cocinar

cool [kuːl] ◇ *adj* 1. *(temperature)* fresco(-ca) 2. *(calm)* tranquilo(la) 3. *(unfriendly)* frío(a) 4. *(inf)* *(great)* chachi *(Esp)*, sensacional ◇ *vt* refrescar ● **cool down** *vi* 1. *(become colder)* enfriarse 2. *(become calmer)* calmarse

cooperate [kəʊ'ɒpəreɪt] *vi* cooperar

cooperation [kəʊˌɒpə'reɪʃn] *n* cooperación *f*

cooperative [kəʊ'ɒpərətɪv] *adj* dispuesto(ta) a cooperar

coordinates [kəʊ'ɔːdɪnəts] *npl* *(clothes)* conjuntos *mpl*

cope [kəʊp] *vi* ● **to cope with** *(problem, situation)* hacer frente a; *(work)* poder con

copilot ['kəʊˌpaɪlət] *n* copiloto *mf*

copper ['kɒpə^r] *n* 1. *(metal)* cobre *m*

copy ['kɒpɪ] ◇ *n* 1. copia *f* 2. *(of newspaper, book)* ejemplar *m* ◇ *vt* 1.

(duplicate) hacer una copia de **2.** *(imitate)* copiar

cord(uroy) ['kɔːd(ərɔɪ)] *n* pana *f*

core [kɔːʳ] *n (of fruit)* corazón *m*

coriander [ˌkɒrɪ'ændəʳ] *n* cilantro *m*

cork [kɔːk] *n (in bottle)* corcho *m*

corkscrew ['kɔːkskruː] *n* sacacorchos *m inv*

corn [kɔːn] *n* **1.** *(UK) (crop)* cereal *m* **2.** *(US) (maize)* maíz *m* **3.** *(on foot)* callo *m*

corned beef [ˌkɔːnd-] *n* carne de vaca cocinada y enlatada

corner ['kɔːnəʳ] *n* **1.** *(outside angle, bend in road)* esquina *f* **2.** *(inside angle)* rincón *m* **3.** *(in football)* córner *m* ● **it's just around the corner** está a la vuelta de la esquina

corner shop *n (UK)* pequeña tienda de ultramarinos de barrio

cornflakes ['kɔːnfleɪks] *npl* copos *mpl* de maíz

corn-on-the-cob [-'kɒb] *n* mazorca *f*

corporal ['kɔːpərəl] *n* cabo *mf*

corpse [kɔːps] *n* cadáver *m*

correct [kə'rekt] ◇ *adj* correcto(ta) ◇ *vt* corregir

correction [kə'rekʃn] *n* corrección *f*

correspond [ˌkɒrɪ'spɒnd] *vi* ● **to correspond (to)** *(match)* concordar (con) ● **to correspond (with)** *(exchange letters)* cartearse (con)

corresponding [ˌkɒrɪ'spɒndɪŋ] *adj* correspondiente

corridor ['kɒrɪdɔːʳ] *n* pasillo *m*

corrugated iron ['kɒrəgeɪtɪd-] *n* chapa *f* ondulada

corrupt [kə'rʌpt] *adj* corrupto(ta)

cosmetics [kɒz'metɪks] *npl* cosméticos *mpl*

cost [kɒst] *(pt & pp inv)* ◇ *n* coste *m* ◇ *vt* costar ● **how much does it cost?** ¿cuánto cuesta?

Costa Rica [ˌkɒstərɪːkə] *n* Costa Rica

Costa Rican [ˌkɒstərɪːkən] ◇ *adj* costarricense ◇ *n* costarricense *mf*

costly ['kɒstlɪ] *adv (expensive)* costoso(sa)

costume ['kɒstjuːm] *n* traje *m*

cosy ['kəʊzɪ] *adj (UK) (room, house)* acogedor(ra)

cot [kɒt] *n* **1.** *(UK) (for baby)* cuna *f* **2.** *(US) (camp bed)* cama *f* plegable

cottage ['kɒtɪdʒ] *n* casita *f* de campo

cottage cheese *n* requesón *m*

cottage pie *n (UK)* pastel de carne de vaca picada y cebollas con una capa de puré de patatas cocinado al horno

cotton ['kɒtn] ◇ *adj (dress, shirt)* de algodón ◇ *n* **1.** *(cloth)* algodón *m* **2.** *(thread)* hilo *m* (de algodón)

cotton wool *n (UK)* algodón *m* (hidrófilo)

couch [kaʊtʃ] *n* **1.** *(sofa)* sofá *m* **2.** *(at doctor's)* camilla *f*

couchette [kuː'ʃet] *n* **1.** *(bed on train)* litera *f* **2.** *(seat on ship)* butaca *f*

cough [kɒf] ◇ *n* tos *f* ◇ *vi* toser ● **to have a cough** tener tos

cough mixture *n (UK)* jarabe *m* para la tos

could [kʊd] *pt* ➤ **can**

couldn't ['kʊdnt] = **could not**

could've ['kʊdəv] = **could have**

council ['kaʊnsl] *n* **1.** *(of town)* ayuntamiento *m* **2.** *(of county)* ≃ diputación

f **3.** *(organization)* consejo m
council house n *(UK)* ≃ casa f de protección oficial
councillor ['kaʊnsələ'] n *(UK)* concejal mf
council tax n *(UK)* ≃ contribución f urbana
count [kaʊnt] ◇ vt & vi contar ◇ n *(nobleman)* conde m ◆ **count on** vt insep contar con
counter ['kaʊntə'] n **1.** *(in shop)* mostrador m **2.** *(in bank)* ventanilla f **3.** *(in board game)* ficha f
counterclockwise [,kaʊntə'klɒkwaɪz] adv *(US)* en sentido opuesto a las agujas del reloj
counterfoil ['kaʊntəfɔɪl] n matriz f *(Esp)*, talón m *(Amér)*
countess ['kaʊntɪs] n condesa f
country ['kʌntrɪ] ◇ n **1.** *(state)* país m **2.** *(countryside)* campo m **3.** *(population)* pueblo m ◇ adj campestre
country and western n música f country
country house n casa f de campo
country road n camino m vecinal
countryside ['kʌntrɪsaɪd] n campo m
county ['kaʊntɪ] n **1.** *(in Britain)* condado m **2.** *(in US)* división administrativa de un estado en EEUU
couple ['kʌpl] n pareja f ● a couple (of) un par (de)
coupon ['kuːpɒn] n cupón m
courage ['kʌrɪdʒ] n valor m
courgette [kɔː'ʒet] n *(UK)* calabacín m
courier ['kʊrɪə'] n **1.** *(for holidaymakers)* guía mf **2.** *(for delivering letters)* mensajero m, -ra f

course [kɔːs] n **1.** curso m **2.** *(of meal)* plato m **3.** *(of treatment, injections)* tratamiento m **4.** *(for golf)* campo m (de golf) ● of course por supuesto, claro ● of course not claro que no ● in the course of en el curso de
court [kɔːt] n **1.** LAW *(building, room)* juzgado m **2.** SPORT cancha f **3.** *(of king, queen)* corte f
court shoes npl *(UK)* zapatos de señora de tacón alto y sin adornos
courtyard ['kɔːtjɑːd] n patio m
cousin ['kʌzn] n primo m, -ma f
cover ['kʌvə'] ◇ n **1.** *(soft covering)* funda f **2.** *(lid)* tapa f **3.** *(of book, magazine)* cubierta f **4.** *(blanket)* manta f **5.** *(insurance)* cobertura f ◇ vt **1.** cubrir **2.** *(travel)* recorrer **3.** *(apply to)* afectar **4.** *(discuss)* abarcar ● to be covered in estar cubierto de ● to cover the body with a blanket cubrir el cuerpo con una manta ● to take cover refugiarse ◆ **cover up** vt sep **1.** *(put cover on)* cubrir **2.** *(facts, truth)* encubrir
cover charge n precio m del cubierto
cover note n *(UK)* póliza f provisional
cow [kaʊ] n vaca f
coward ['kaʊəd] n cobarde mf
cowboy ['kaʊbɔɪ] n vaquero m
crab [kræb] n cangrejo m
crack [kræk] ◇ n **1.** *(in cup, glass, wood)* grieta f **2.** *(gap)* rendija f ◇ vt **1.** *(cup, glass, wood)* agrietar, rajar **2.** *(nut, egg)* cascar **3.** *(inf)* *(joke)* contar **4.** *(whip)* chasquear ◇ vi agrietarse, rajarse
cracker ['krækə'] n **1.** *(biscuit)* galleta f salada **2.** *(for Christmas)* tubo con sorpresa típico de Navidades que produ-

ce un pequeño restallido al ser abierto

cradle ['kreidl] *n* cuna *f*

craft [krɑ:ft] *n* **1.** *(skill, trade)* oficio *m* **2.** *(boat: pl inv)* embarcación *f*

craftsman ['krɑ:ftsmən] *(pl* **-men)** *n* artesano *m*

cram [kræm] *vt* ● **to cram sthg into** embutir algo en ● **to be crammed with** estar atestado de

cramp [kræmp] *n* calambres *mpl* ● **stomach cramps** retortijones *mpl*

cranberry ['krænbəri] *n* arándano *m* (agrio)

cranberry sauce *n* salsa de arándanos agrios que se suele comer con pavo

crane [krem] *n* *(machine)* grúa *f*

crap [kræp] ◇ *adj (vulg)* de mierda ◇ *n (vulg) (excrement)* mierda *f*

crash [kræʃ] ◇ *n* **1.** *(accident)* colisión *f* **2.** *(noise)* estruendo *m* ◇ *vt (car)* estrellar ◇ *vi* **1.** *(two vehicles)* chocar **2.** *(into wall, ground)* estrellarse ● **crash into** *vt insep* estrellarse contra

crash helmet *n* casco *m* protector

crash landing *n* aterrizaje *m* forzoso

crate [kreit] *n* caja *f* *(para embalaje o transporte)*

crawl [krɔ:l] ◇ *vi* **1.** *(baby)* gatear **2.** *(person, insect)* arrastrarse **3.** *(traffic)* ir a paso de tortuga ◇ *n (swimming stroke)* crol *m*

crayfish ['kreifiʃ] *(pl inv)* *n* **1.** *(freshwater)* cangrejo *m* de río **2.** *(sea)* cigala *f*

crayon ['kreıon] *n* **1.** lápiz *m* de color **2.** *(wax)* lápiz *m* de cera

craze [kreiz] *n* moda *f*

crazy ['kreizi] *adj* loco(ca) ● **to be crazy about** estar loco por

crazy golf *n (UK)* minigolf *m*, golfito *m (Amér)*

cream [kri:m] ◇ *n* **1.** *(food)* nata *f (Esp)*, crema *f (Amér)* **2.** *(for face, burns)* crema *f* ◇ *adj (in colour)* crema *(inv)*

cream cheese *n* queso *m* cremoso *(Esp)*, queso *m* crema *(Amér)*

cream tea *n (UK)* merienda de té con bollos, nata cuajada y mermelada

creamy ['kri:mi] *adj* cremoso(sa)

crease [kri:s] *n* arruga *f*

creased [kri:st] *adj* arrugado(da)

create [kri:'eit] *vt* **1.** *(make)* crear **2.** *(impression, interest)* producir

creative [kri:'eitiv] *adj* creativo(va)

creature ['kri:tʃə] *n* criatura *f*

crèche [kreʃ] *n (UK)* guardería *f*

credit ['kredit] *n* **1.** *(praise)* mérito *m* **2.** *(money, for studies)* crédito *m* ● **to be in credit** estar con saldo acreedor ◆ **credits** *npl (of film)* rótulos *mpl* de crédito, créditos *mpl*

credit card *n* tarjeta *f* de crédito ● **to pay by credit card** pagar con tarjeta de crédito ● **all major credit cards accepted** se aceptan las principales tarjetas de crédito

creek [kri:k] *n* **1.** *(inlet)* cala *f* **2.** *(US) (river)* riachuelo *m*

creep [kri:p] *(pt & pp* **crept)** ◇ *vi* arrastrarse ◇ *n (inf) (groveller)* pelotillero *m*, -ra *f (Esp)*, adulador *m*, -ra *f*

cremate [krı'meit] *vt* incinerar

crematorium [,kremə'tɔ:riəm] *n* crematorio *m*

crepe [kreip] *n (thin pancake)* crepe *f*

crept [krept] *pt & pp* ➤ **creep**

cress [kres] *n* berro *m*

crest [krest] *n* **1.** (of hill) cima *f* **2.** (of wave) cresta *f* **3.** (emblem) blasón *m*

crew [kru:] *n* (of ship, plane) tripulación *f*

crew neck *n* cuello *m* redondo

crib [krɪb] *n* (US) (cot) cuna *f*

cricket ['krɪkɪt] *n* **1.** (game) críquet *m* **2.** (insect) grillo *m*

crime [kraɪm] *n* **1.** (serious offence) crimen *m* **2.** (less serious offence) delito *m* **3.** (illegal activity) delincuencia *f*

criminal ['krɪmɪnl] ◇ *adj* criminal ◇ *n* **1.** (serious) criminal *mf* **2.** (less serious) delincuente *mf* ● **criminal offence** *n* delito *m*

cripple ['krɪpl] ◇ *vt* dejar inválido

crisis ['kraɪsɪs] (*pl* **crises**) *n* crisis *f*

crisp [krɪsp] *adj* crujiente ◆ **crisps** *npl* (UK) patatas *fpl* (Esp) OR papas *fpl* (Amér) fritas (de bolsa)

crispy ['krɪspɪ] *adj* crujiente

critic ['krɪtɪk] *n* (reviewer) crítico *m*, -ca *f*

critical ['krɪtɪkl] *adj* **1.** (serious, dangerous) grave **2.** (very serious, dangerous) grave

criticize ['krɪtɪsaɪz] *vt* criticar

crockery ['krɒkərɪ] *n* vajilla *f*

crocodile ['krɒkədaɪl] *n* cocodrilo *m*

crocus ['krəʊkəs] (*pl* **-es**) *n* azafrán *m* (flor)

crooked ['krʊkɪd] *adj* torcido(da)

crop [krɒp] *n* **1.** (kind of plant) cultivo *m* **2.** (harvest) cosecha *f* ◆ **crop up** *vi* surgir

cross [krɒs] ◇ *adj* enfadado(da) ◇ *n* **1.** cruz *f* **2.** (mixture) mezcla *f* ◇ *vt* cruzar ◇ *vi* cruzarse ◆ **cross out** *vt sep* tachar ◆ **cross over** *vt insep* cruzar

crossbar ['krɒsbɑ:ʳ] *n* **1.** (of goal) larguero *m* **2.** (of bicycle) barra *f*

cross-Channel ferry *n* ferry que hace la travesía del Canal de la Mancha

cross-country (running) *n* cross *m*

crossing ['krɒsɪŋ] *n* **1.** (on road) cruce *m* **2.** (sea journey) travesía *f*

crossroads ['krɒsrəʊdz] (*pl inv*) *n* cruce *m*

crosswalk ['krɒswɔ:k] *n* (US) paso *m* (Esp) OR cruce *m* (Amér) de peatones

crossword (puzzle) ['krɒswɜ:d-] *n* crucigrama *m*

crotch [krɒtʃ] *n* entrepierna *f*

crouton ['kru:tɒn] *n* cuscurro *m*, crutón *m*

crow [krəʊ] *n* cuervo *m*

crowbar ['krəʊbɑ:ʳ] *n* palanca *f*

crowd [kraʊd] *n* **1.** (large group of people) multitud *f* **2.** (at match) público *m*

crowded ['kraʊdɪd] *adj* atestado(da)

crown [kraʊn] *n* **1.** corona *f* **2.** (of head) coronilla *f*

Crown Jewels *npl* joyas de la corona británica

crucial ['kru:ʃl] *adj* crucial

crude [kru:d] *adj* **1.** (rough) tosco(ca) **2.** (rude) ordinario(ria)

cruel [krʊəl] *adj* cruel

cruelty ['krʊəltɪ] *n* crueldad *f*

cruet (set) ['kru:ɪt-] *n* vinagreras *fpl*

cruise [kru:z] ◇ *n* crucero *m* ◇ *vi* (car, plane, ship) ir a velocidad de crucero

cruiser ['kru:zəʳ] *n* crucero *m*

crumb [krʌm] *n* miga *f*

crumble ['krʌmbl] ◇ *n* (UK) compota de fruta cubierta con una masa de harina, azúcar y mantequilla que se sirve caliente ◇ *vi* **1.** (building, cliff) desmoronarse **2.** (cheese) desmenuzarse

crumpet ['krʌmpɪt] *n* (UK) bollo que se come tostado y con mantequilla

crunchy ['krʌntʃi] *adj* crujiente

crush [krʌʃ] *vt* **1.** (flatten) aplastar **2.** (garlic, ice) triturar

crust [krʌst] *n* corteza f

crusty ['krʌsti] *adj* crujiente

crutch [krʌtʃ] *n* **1.** (stick) muleta f **2.** (UK) (between legs) = **crotch**

cry [kraɪ] ◇ *n* grito m ◇ *vi* **1.** (weep) llorar **2.** (shout) gritar ✦ **cry out** *vi* gritar

crystal ['krɪstl] *n* cristal m

cub [kʌb] *n* (animal) cachorro m

Cuba ['kjuːbə] *n* Cuba

Cuban ['kjuːbən] ◇ *adj* cubano(na) ◇ *n* cubano m, -na f

cube [kjuːb] *n* **1.** (shape) cubo m **2.** (of sugar) terrón m **3.** (of ice) cubito m

cubicle ['kjuːbɪkl] *n* **1.** (at swimming pool) caseta f **2.** (in shop) probador m

Cub (Scout) explorador de entre 8 y 11 años

cuckoo ['kʊkuː] *n* cuclillo m

cucumber ['kjuːkʌmbə'] *n* pepino m

cuddle ['kʌdl] *n* abrazo m

cuddly toy ['kʌdlɪ-] *n* (UK) muñeco m de peluche

cue [kjuː] *n* (in snooker, pool) taco m

cuff [kʌf] *n* **1.** (of sleeve) puño m **2.** (US) (of trousers) vuelta f

cuff links *npl* gemelos *mpl*

cuisine [kwɪˈziːn] *n* cocina f

cul-de-sac ['kʌldəsæk] *n* callejón m sin salida

cult [kʌlt] ◇ *n* culto m ◇ *adj* de culto

cultivate ['kʌltɪveɪt] *vt* cultivar

cultivated ['kʌltɪveɪtɪd] *adj* (person) culto(ta)

cultural ['kʌltʃərəl] *adj* cultural

culture ['kʌltʃə'] *n* cultura f

cumbersome ['kʌmbəsəm] *adj* aparatoso(sa)

cumin ['kjuːmɪn] *n* comino m

cunning ['kʌnɪŋ] *adj* astuto(ta)

cup [kʌp] *n* **1.** (for drinking, cupful) taza f **2.** (trophy, competition, of bra) copa f

cupboard ['kʌbəd] *n* armario m

curator [kjʊəˈreɪtə'] *n* director m, -ra f (de museo, biblioteca, etc)

curb [kɜːb] (US) = **kerb**

curd cheese [,kɜːd-] *n* requesón m

cure [kjʊə'] ◇ *n* cura f ◇ *vt* curar

curious ['kjʊərɪəs] *adj* curioso(sa)

curl [kɜːl] ◇ *n* (of hair) rizo m ◇ *vt* (hair) rizar

curler ['kɜːlə'] *n* rulo m

curly ['kɜːlɪ] *adj* rizado(da)

currant ['kʌrənt] *n* pasa f de Corinto

currency ['kʌrənsɪ] *n* (money) moneda f

current ['kʌrənt] ◇ *adj* actual ◇ *n* corriente f

current account *n* (UK) cuenta f corriente

current affairs *npl* temas *mpl* de actualidad

currently ['kʌrəntlɪ] *adv* actualmente

curriculum [kəˈrɪkjələm] *n* temario m, plan m de estudios

curriculum vitae [-ˈviːtaɪ] *n* (UK) currículum m (vitae)

curried ['kʌrɪd] *adj* al curry

curry ['kʌrɪ] *n* curry m

curse [kɜːs] *vi* maldecir

cursor ['kɜːsə'] *n* cursor m

curtain ['kɜːtn] *n* **1.** (in house) cortina f **2.** (in theatre) telón m

curve [kɜːv] ◇ *n* curva *f* ◇ *vi* torcer

curved [kɜːvd] *adj* curvo(va)

cushion ['kʊʃn] *n* cojín *m*

custard ['kʌstəd] *n* natillas *fpl*

custom ['kʌstəm] *n* (*tradition*) costumbre *f* ▼ thank you for your custom gracias por su visita

customary ['kʌstəmri] *adj* habitual

customer ['kʌstəmə'] *n* (*of shop*) cliente *m*, -ta *f*

customer services *n* (*department*) servicio *m* de atención al cliente

customs ['kʌstəmz] *n* aduana *f* ● to go through customs pasar por la aduana

customs duty *n* derechos *mpl* de aduana

customs officer *n* empleado *m*, -da *f* de aduana

cut [kʌt] (*pt & pp inv*) ◇ *n* **1.** corte *m* **2.** (*reduction*) reducción *f*, recorte *m* ◇ *vt* **1.** cortar **2.** (*reduce*) reducir ◇ *vi* (*knife, scissors*) cortar ● cut and blow-dry corte y peinado ● to cut one's finger cortarse el dedo ● to cut one's nails cortarse las uñas ● to cut o.s. cortarse ● to have one's hair cut cortarse el pelo ● to cut the grass cortar el césped ● to cut sthg open abrir algo (*cortándolo*) ◆ cut back *vi* ● to cut back on sthg reducir algo ◆ cut down *vt sep* (*tree*) talar ◆ cut down on *vt insep* to cut down on sweets comer menos golosinas ◆ cut off *vt sep* (*remove, disconnect*) cortar ● I've been cut off (*on phone*) me han desconectado ● to be cut off (*isolated*) estar aislado ◆ cut out ◇ *vt sep* (*newspaper article, photo*) recortar ◇ *vi* (*engine*) calarse (*Esp*), pararse ● to cut out smoking dejar de fumar ● cut it out! (*inf*) ¡basta ya! ◆ cut up *vt sep* desmenuzar

cute [kjuːt] *adj* mono(na)

cut-glass *adj* de cristal labrado

cutlery ['kʌtləri] *n* cubertería *f*

cutlet ['kʌtlɪt] *n* **1.** (*of meat*) chuleta *f* **2.** (*of nuts, vegetables*) ≃ croqueta *f*

cut-price *adj* de oferta

cutting ['kʌtɪŋ] *n* (*UK*) (*from newspaper*) recorte *m*

CV [siː'viː] *n* (*UK*) (*abbr of curriculum vitae*) CV *m* (*currículum vitae*)

cwt *abbr* = hundredweight

cycle ['saɪkl] ◇ *n* **1.** (*bicycle*) bicicleta *f* **2.** (*series*) ciclo *m* ◇ *vi* ir en bicicleta

cycle hire *n* alquiler *m* de bicicletas

cycle lane *n* carril-bici *m*

cycle path *n* camino *m* para bicicletas

cycling ['saɪklɪŋ] *n* ciclismo *m* ● to go cycling ir en bicicleta

cycling shorts *npl* pantalones *mpl* de ciclista

cyclist ['saɪklɪst] *n* ciclista *mf*

cylinder ['sɪlɪndə'] *n* **1.** (*container*) bombona *f* (*Esp*), tanque *m* **2.** (*in engine*) cilindro *m*

cynical ['sɪnɪkl] *adj* cínico(ca)

Czech [tʃek] ◇ *adj* checo(ca) ◇ *n* **1.** (*person*) checo *m*, -ca *f* **2.** (*language*) checo *m*

Czech Republic *n* ● the Czech Republic la República Checa

dab [dæb] *vt (ointment, cream)* aplicar una pequeña cantidad de

dad [dæd] *n (inf)* papá *m*

daddy ['dædɪ] *n (inf)* papá *m*

daddy longlegs [-'lɒŋlegz] *(pl inv) n* típula *f*

daffodil ['dæfədɪl] *n* narciso *m*

daft [dɑːft] *adj (UK) (inf)* tonto(ta)

daily ['deɪlɪ] ◇ *adj* diario(ria) ◇ *adv* diariamente ◇ *n* ● a daily (newspaper) un diario

dairy ['deərɪ] *n* 1. *(on farm)* vaquería *f* 2. *(shop)* lechería *f*

dairy product *n* producto *m* lácteo

daisy ['deɪzɪ] *n* margarita *f*

dam [dæm] *n* presa *f*

damage ['dæmɪdʒ] ◇ *n* 1. *(physical harm)* daño *m* 2. *(fig) (to reputation, chances)* perjuicio *m* ◇ *vt* 1. *(house, car)* dañar 2. *(back, leg)* hacerse daño en, lastimarse *(Amér)* 3. *(fig) (reputation, chances)* perjudicar

damn [dæm] ◇ *excl (inf)* ¡maldita sea! ◇ *adj (inf)* maldito(ta) ◇ *n* ● I don't give a damn me importa un rábano

damp [dæmp] ◇ *adj* húmedo(da) ◇ *n* humedad *f*

dance [dɑːns] ◇ *n* baile *m* ◇ *vi* bailar ● to have a dance bailar

dance floor *n* pista *f* de baile

dancer ['dɑːnsər] *n* bailarín *m*, -ina *f*

dancing ['dɑːnsɪŋ] *n* baile *m* ● to go dancing ir a bailar

dandelion ['dændɪlaɪən] *n* diente *m* de león

dandruff ['dændrʌf] *n* caspa *f*

Dane [deɪn] *n* danés *m*, -esa *f*

danger ['deɪndʒər] *n* peligro *m* ● in danger en peligro

dangerous ['deɪndʒərəs] *adj* peligroso (sa)

Danish ['deɪnɪʃ] ◇ *adj* danés(esa) ◇ *n (language)* danés *m*

dare [deər] *vt* ● to dare to do sthg atreverse a hacer algo ● he dared me to dive in me desafió a que me tirara de cabeza ● how dare you! ¿cómo te atreves?

daring ['deərɪŋ] *adj* atrevido(da)

dark [dɑːk] ◇ *adj* 1. oscuro(ra) 2. *(day, weather)* sombrío(a) ◇ *n* ● after dark después del anochecer ● the dark la oscuridad

dark chocolate *n* chocolate *m* amargo

darkness ['dɑːknɪs] *n* oscuridad *f*

darling ['dɑːlɪŋ] *n (term of affection)* querido *m*, -da *f*

dart [dɑːt] *n* dardo *m* ● darts *n (game)* dardos *mpl*

dartboard ['dɑːtbɔːd] *n* diana *f*

dash [dæʃ] ◇ *n* 1. *(of liquid)* gotas *fpl* 2. *(in writing)* guión *m* ◇ *vi* ir de prisa

dashboard ['dæʃbɔːd] *n* salpicadero *m (Esp)*, tablero *m* de mandos

data ['deɪtə] *n* datos *mpl*

database ['deɪtəbeɪs] *n* base *f* de datos

data protection *n COMPUT* protección *m* de datos

date [deɪt] ◇ n **1.** *(day)* fecha f **2.** *(meeting)* cita f **3.** *(US)* *(person)* pareja f *(con la que se sale)* **4.** *(fruit)* dátil m ◇ vt **1.** *(cheque, letter)* fechar **2.** *(person)* salir con ◇ vi *(become unfashionable)* pasar de moda ● **what's the date?** ¿qué fecha es? ● **to have a date with sb** tener una cita con alguien

date of birth n fecha f de nacimiento

daughter ['dɔːtə[r]] n hija f

daughter-in-law n nuera f

dawn [dɔːn] n amanecer m

day [deɪ] n día m ● **what day is it today?** ¿qué día es hoy? ● **what a lovely day!** ¡qué día más bonito! ● **to have a day off** tomarse un día libre ● **to have a day out** ir de excursión ● **by day** de día ● **the day after tomorrow** pasado mañana ● **the day before** el día anterior ● **the day before yesterday** anteayer ● **the following day** el día siguiente ● **have a nice day!** ¡adiós y gracias!

daylight ['deɪlaɪt] n luz f del día

day return n *(UK)* billete de ida y vuelta para un día

dayshift ['deɪʃɪft] n turno m de día

daytime ['deɪtaɪm] n día m

day-to-day adj cotidiano(na)

day trip n excursión f *(de un día)*

dazzle ['dæzl] vt deslumbrar

DC [diː'siː] *(abbr of direct current)* CC *(corriente continua)*

dead [ded] ◇ adj **1.** *(not alive)* muerto(ta) **2.** *(not lively)* sin vida **3.** *(telephone, line)* cortado(da) **4.** *(battery)* descargado(da) ◇ adv **1.** *(precisely)* justo **2.** *(inf)* *(very)* la mar de ● **it's dead ahead** está justo

enfrente ▼ **dead slow** al paso

dead end n *(street)* callejón m sin salida

deadline ['dedlaɪn] n fecha f límite

deaf [def] ◇ adj sordo(da) ◇ npl ● **the deaf** los sordos

deal [diːl] *(pt & pp* **dealt)** ◇ n *(agreement)* trato m ◇ vt *(cards)* repartir ● **to be a good/bad deal** estar bien/mal de precio ● **a great deal of** mucho ● **it's a deal!** ¡trato hecho! ● **deal in** vt insep comerciar en ● **deal with** vt insep **1.** *(handle)* hacer frente a **2.** *(be about)* tratar de

dealer ['diːlə[r]] n **1.** COMM comerciante mf **2.** *(in drugs)* traficante mf *(que vende)*

dealt [delt] pt & pp → **deal**

dear [dɪə[r]] ◇ adj **1.** *(loved)* querido(da) **2.** *(expensive)* caro(ra) ◇ n ● **my dear** querido m, -da f ● **Dear Sir** Muy señor mío ● **Dear Madam** Estimada señora ● **Dear John** Querido John ● **oh dear!** ¡vaya por Dios!

death [deθ] n muerte f

debate [dɪ'beɪt] ◇ n debate m ◇ vt *(wonder)* pensar, considerar

debit ['debɪt] ◇ n debe m ◇ vt ● **to debit sb's account with an amount** deducir una cantidad de la cuenta de alguien

debit card n tarjeta f de débito

debt [det] n deuda f ● **to be in debt** tener deudas

Dec. *(abbr of December)* dic. *(diciembre)*

decaff ['diːkæf] n *(inf)* descafeinado m

decaffeinated [dɪ'kæfɪneɪtɪd] adj descafeinado(da)

decanter [dɪ'kæntə[r]] n licorera f

decay [dɪ'keɪ] ◇ n 1. (of building, wood) deterioro m 2. (of tooth) caries f inv ◇ vi descomponerse

deceive [dɪ'siːv] vt engañar

decelerate [ˌdiː'seləreɪt] vi desacelerar

December [dɪ'sembə'] n diciembre m ● at the beginning of December a principios de diciembre ● at the end of December a finales de diciembre ● during December en diciembre ● every December todos los años en diciembre ● in December en diciembre ● last December en diciembre del año pasado ● next December en diciembre del próximo año ● this December en diciembre de este año ● 2 December 2001 (in letters etc) 2 de diciembre de 2001

decent ['diːsnt] adj 1. decente 2. (kind) amable

decide [dɪ'saɪd] vt & vi decidir ● to decide to do sthg decidir hacer algo ● decide on vt insep decidirse por

decimal ['desɪml] adj decimal, punto m decimal

decimal point n coma f decimal

decision [dɪ'sɪʒn] n decisión f ● to make a decision tomar una decisión

decisive [dɪ'saɪsɪv] adj 1. (person) decidido(da) 2. (event, factor) decisivo(va)

deck [dek] n 1. (of ship) cubierta f 2. (of bus) piso m 3. (of cards) baraja f

deckchair ['dektʃeə'] n tumbona f (Esp), silla f de playa

declare [dɪ'kleə'] vt declarar ● to declare that declarar que ▼ goods to declare cartel que indica la ruta para personas con objetos que declarar en la

aduana ▼ nothing to declare cartel que indica la ruta para personas sin objetos que declarar en la aduana

decline [dɪ'klaɪn] ◇ n declive m ◇ vi 1. (get worse) disminuir 2. (refuse) rehusar

decorate ['dekəreɪt] vt 1. (with wallpaper) empapelar 2. (with paint) pintar 3. (make attractive) decorar

decoration [ˌdekə'reɪʃn] n 1. (wallpaper, paint, furniture) decoración f 2. (decorative object) adorno m

decorator ['dekəreɪtə'] n 1. (painter) pintor m, -ra f 2. (paperhanger) empapelador m, -ra f

decrease ◇ n ['diːkriːs] disminución f ◇ vi [dɪ'kriːs] disminuir

dedicated ['dedɪkeɪtɪd] adj dedicado(-da)

deduce [dɪ'djuːs] vt deducir

deduct [dɪ'dʌkt] vt deducir

deduction [dɪ'dʌkʃn] n deducción f

deep [diːp] ◇ adj 1. profundo(da) 2. (colour) intenso(sa) 3. (breath, sigh) hondo(da) 4. (voice) grave ◇ adv hondo ● it's two metres deep tiene dos metros de profundidad

deep end n (of swimming pool) parte f honda

deep freeze n congelador m

deep-fried [-'fraɪd] adj frito(ta) en aceite abundante

deep-pan adj de masa doble

deer [dɪə'] (pl inv) n ciervo m

defeat [dɪ'fiːt] ◇ n derrota f ◇ vt derrotar

defect ['diːfekt] n defecto m

defective [dɪ'fektɪv] adj defectuoso(sa)

defence [dɪ'fens] n (UK) defensa f

defend [dɪ'fend] *vt* defender

defense [dɪ'fens] (*US*) = defence

deficiency [dɪ'fɪʃnsɪ] *n* (*lack*) deficiencia *f*

deficit ['defɪsɪt] *n* déficit *m inv*

define [dɪ'faɪn] *vt* definir

definite ['defɪnɪt] *adj* **1.** (*answer, plans*) definitivo(va) **2.** (*improvement*) claro(ra) **3.** (*person*) concluyente ● it's not definite no es seguro

definite article *n* artículo *m* definido

definitely ['defɪnɪtlɪ] *adv* (*certainly*) sin duda alguna

definition [defɪ'nɪʃn] *n* (*of word*) definición *f*

deflate [dɪ'fleɪt] *vt* (*tyre*) desinflar

deflect [dɪ'flekt] *vt* desviar

defogger [ˌdiː'fɒɡər] *n* (*US*) luneta *f* térmica

deformed [dɪ'fɔːmd] *adj* deforme

defrost [ˌdiː'frɒst] *vt* **1.** (*food, fridge*) descongelar **2.** (*US*) (*demist*) desempañar

degree [dɪ'ɡriː] *n* **1.** grado *m* **2.** (*qualification*) ≃ licenciatura *f* ● to have a degree in sthg ser licenciado(da) en algo

dehydrated [ˌdiːhaɪ'dreɪtɪd] *adj* deshidratado(da)

de-ice [diː'aɪs] *vt* descongelar

de-icer [diː'aɪsər] *n* descongelante *m*

dejected [dɪ'dʒektɪd] *adj* abatido(da)

delay [dɪ'leɪ] ◇ *n* retraso *m* ◇ *vt* retrasar ◇ *vi* retrasarse ● without delay sin demora

delayed [dɪ'leɪd] *adj* ● to be delayed ir con retraso ● our train was delayed by two hours nuestro tren llegó con dos horas de retraso

delegate ◇ *n* ['delɪɡət] delegado *m*, -da *f* ◇ *vt* ['delɪɡeɪt] (*person*) delegar

delete [dɪ'liːt] *vt* borrar

deli ['delɪ] *n* (*inf*) (*abbr of* **delicatessen**) ≃ charcutería *f*

deliberate [dɪ'lɪbərət] *adj* (*intentional*) deliberado(da)

deliberately [dɪ'lɪbərətlɪ] *adv* (*intentionally*) deliberadamente

delicacy ['delɪkəsɪ] *n* (*food*) manjar *m*

delicate ['delɪkət] *adj* **1.** delicado(da) **2.** (*object, china*) frágil **3.** (*taste, smell*) suave

delicatessen [ˌdelɪkə'tesn] *n* ≃ charcutería *f*

delicious [dɪ'lɪʃəs] *adj* delicioso(sa)

delight [dɪ'laɪt] ◇ *n* (*feeling*) gozo *m* ◇ *vt* encantar ● to take (a) delight in doing sthg deleitarse haciendo algo

delighted [dɪ'laɪtɪd] *adj* encantado(da)

delightful [dɪ'laɪtfʊl] *adj* encantador(ra)

deliver [dɪ'lɪvər] *vt* **1.** (*goods, letters, newspaper*) entregar **2.** (*speech, lecture*) pronunciar **3.** (*baby*) traer al mundo

delivery [dɪ'lɪvərɪ] *n* **1.** (*of goods, letters*) entrega *f* **2.** (*birth*) parto *m*

delude [dɪ'luːd] *vt* engañar

de-luxe [də'lʌks] *adj* de lujo

demand [dɪ'mɑːnd] ◇ *n* **1.** demanda *f* **2.** (*requirement*) requisito *m* ◇ *vt* **1.** (*request forcefully*) exigir **2.** (*require*) requerir ● to demand to do sthg exigir hacer algo ● in demand solicitado

demanding [dɪ'mɑːndɪŋ] *adj* absorbente

demerara sugar [deməˈreərə-] *n* (*UK*) azúcar *m* moreno

demist [ˌdiː'mɪst] *vt* (*UK*) desempañar

demister [ˌdiːˈmɪstə^r] n (UK) luneta f térmica

democracy [dɪˈmɒkrəsɪ] n democracia f

Democrat [ˈdeməkræt] n (US) demócrata mf

democratic [deməˈkrætɪk] adj democrático(ca)

demolish [dɪˈmɒlɪʃ] vt (building) demoler

demonstrate [ˈdemənstreɪt] ◇ vt 1. (prove) demostrar 2. (machine, appliance) hacer una demostración de ◇ vi manifestarse

demonstration [demənˈstreɪʃn] n 1. (protest) manifestación f 2. (of machine, proof) demostración f

denial [dɪˈnaɪəl] n negación f

denim [ˈdenɪm] n tela f vaquera, mezclilla f (Chile & Méx) ◆ **denims** npl vaqueros mpl

denim jacket n cazadora f vaquera (Esp), chaqueta f vaquera

Denmark [ˈdenmɑːk] n Dinamarca

dense [dens] adj (crowd, forest) denso(sa)

dent [dent] n abolladura f

dental [ˈdentl] adj dental

dental floss [-flɒs] n hilo m dental

dental surgeon n odontólogo m, -ga f

dental surgery n (UK) (place) clínica f dental

dentist [ˈdentɪst] n dentista mf ● **to go to the dentist's** ir al dentista

dentures [ˈdentʃəz] npl dentadura f postiza

deny [dɪˈnaɪ] vt 1. (declare untrue) negar 2. (refuse) denegar

deodorant [diːˈəʊdərənt] n desodorante m

depart [dɪˈpɑːt] vi salir ● **this train will depart from platform 3** este tren efectuará su salida de la vía 3

department [dɪˈpɑːtmənt] n 1. departamento m 2. (of government) ministerio m

department store n grandes almacenes mpl

departure [dɪˈpɑːtʃə^r] n salida f ▼ departures salidas

departure lounge n 1. (at airport) sala f de embarque 2. (at coach station) vestíbulo m de salidas

depend [dɪˈpend] vi ● **it depends** depende ◆ **depend on** vt insep 1. (be decided by) depender de 2. (rely on) confiar en ● **depending on** dependiendo de

dependable [dɪˈpendəbl] adj fiable

deplorable [dɪˈplɔːrəbl] adj deplorable

deport [dɪˈpɔːt] vt deportar

deposit [dɪˈpɒzɪt] ◇ n 1. (in bank) ingreso m (Esp), depósito m 2. (part-payment) entrada f (Esp), depósito m 3. (against damage) depósito m 4. (substance) sedimento m ◇ vt 1. (put down) depositar 2. (money in bank) ingresar

deposit account n (UK) cuenta f de ahorro a plazo fijo

depot [ˈdiːpəʊ] n (US) (for buses, trains) terminal f

depressed [dɪˈprest] adj deprimido(da)

depressing [dɪˈpresɪŋ] adj deprimente

depression [dɪˈpreʃn] n depresión f

deprive [dɪˈpraɪv] vt ● **to deprive sb of a right** privar a alguien de un derecho

depth [depθ] n profundidad f • I'm out of my depth *(when swimming)* he perdido pie; *(fig) (unable to cope)* no puedo • depth of field profundidad de campo

deputy ['depjʊtɪ] adj suplente • deputy head subdirector m, -a f

derailment [dɪ'reɪlmənt] n descarrilamiento m

derelict ['derəlɪkt] adj abandonado(da)

descend [dɪ'send] ◇ vt descender por ◇ vi descender

descendant [dɪ'sendənt] n descendiente mf

descent [dɪ'sent] n 1. *(going down)* descenso m 2. *(downward slope)* pendiente f

describe [dɪ'skraɪb] vt describir

description [dɪ'skrɪpʃn] n descripción f

desert ◇ n ['dezət] desierto m ◇ vt [dɪ'zɜːt] abandonar

deserted [dɪ'zɜːtɪd] adj desierto(ta)

deserve [dɪ'zɜːv] vt merecer

design [dɪ'zaɪn] ◇ n diseño m ◇ vt diseñar • to be designed for estar diseñado para

designer [dɪ'zaɪnə'] ◇ n diseñador m, -ra f ◇ adj *(clothes, sunglasses)* de marca

desirable [dɪ'zaɪərəbl] adj deseable

desire [dɪ'zaɪə'] ◇ n deseo m ◇ vt desear • it leaves a lot to be desired deja mucho que desear

desk [desk] n 1. *(in home, office)* escritorio m 2. *(in school)* pupitre m 3. *(at airport, station, hotel)* mostrador m

desktop ['desktɒp] n COMPUT escritorio m

desktop publishing n autoedición f de textos

despair [dɪ'speə'] n desesperación f

despatch [dɪ'spætʃ] = dispatch

desperate ['despərət] adj desesperado (da) • to be desperate for sthg necesitar algo desesperadamente

despicable [dɪ'spɪkəbl] adj despreciable

despise [dɪ'spaɪz] vt despreciar

despite [dɪ'spaɪt] prep a pesar de

dessert [dɪ'zɜːt] n postre m

dessertspoon [dɪ'zɜːtspuːn] n 1. *(spoon)* cuchara f de postre 2. *(spoonful)* cucharada f (de postre)

destination [,destɪ'neɪʃn] n destino m

destroy [dɪ'strɔɪ] vt destruir

destruction [dɪ'strʌkʃn] n destrucción f

detach [dɪ'tætʃ] vt separar

detached house [dɪ'tætʃt-] n casa f individual

detail ['diːteɪl] n 1. *(minor point)* detalle m 2. *(facts, information)* detalles mpl • in detail detalladamente • details npl *(facts)* información f

detailed ['diːteɪld] adj detallado(da)

detect [dɪ'tekt] vt detectar

detective [dɪ'tektɪv] n detective mf • a detective story una novela policíaca

detention [dɪ'tenʃn] n SCH castigo de permanecer en la escuela después de clase

detergent [dɪ'tɜːdʒənt] n detergente m

deteriorate [dɪ'tɪərɪəreɪt] vi deteriorarse

determination [dɪ,tɜːmɪ'neɪʃn] n determinación f

determine [dɪ'tɜːmɪn] vt determinar

determined [dɪ'tɜːmɪnd] adj decidido (da) • to be determined to do sthg estar decidido a hacer algo

deterrent [dɪ'terənt] *n* fuerza *f* disuasoria

detest [dɪ'test] *vt* detestar

detour ['diː,tʊə] *n* desvío *m*

deuce [djuːs] *excl (in tennis)* cuarenta iguales

devastate ['devəsteɪt] *vt* devastar

develop [dɪ'veləp] ◇ *vt* **1.** *(idea, company)* desarrollar **2.** *(land)* urbanizar **3.** *(film)* revelar **4.** *(machine, method)* elaborar **5.** *(illness)* contraer **6.** *(habit, interest)* adquirir ◇ *vi (evolve)* desarrollarse

developing country [dɪ'veləpɪŋ-] *n* país *m* en vías de desarrollo

development [dɪ'veləpmənt] *n* **1.** *(growth)* desarrollo *m* **2.** *(new event)* (nuevo) acontecimiento *m* ● a housing development (US) una urbanización

device [dɪ'vaɪs] *n* dispositivo *m*

devil ['devl] *n* diablo *m* ● what the devil ...? *(inf)* ¿qué demonios ...?

devise [dɪ'vaɪz] *vt* diseñar

devolution [devə'luːʃn] *n (UK)* traspaso *de competencias del gobierno central a asambleas legislativas autónomas*

devoted [dɪ'vəʊtɪd] *adj* dedicado(da), leal

dew [djuː] *n* rocío *m*

diabetes [daɪə'biːtiːz] *n* diabetes *f inv*

diabetic [daɪə'betɪk] ◇ *adj* **1.** *(person)* diabético(ca) **2.** *(chocolate)* para diabéticos ◇ *n* diabético *m*, -ca *f*

diagnosis [daɪəg'nəʊsɪs] *(pl* -oses*)* *n* diagnóstico *m*

diagonal [daɪ'ægənl] *adj* diagonal

diagram ['daɪəgræm] *n* diagrama *m*

dial ['daɪəl] ◇ *n* **1.** *(of telephone, radio)* dial *m* **2.** *(of clock)* esfera *f* ◇ *vt* marcar, discar *(Amér)*

dialling code ['daɪəlɪŋ-] *n (UK)* prefijo *m* (telefónico)

dialling tone ['daɪəlɪŋ-] *n (UK)* señal *f* de llamada

dial tone *(US)* = **dialling tone**

diameter [daɪ'æmɪtə] *n* diámetro *m*

diamond ['daɪəmənd] *n* diamante *m* ●

diamonds *npl (in cards)* diamantes *mpl*

diaper ['daɪpə] *n (US)* pañal *m*

diarrhea *(US)* = **diarrhoea**

diarrhoea [daɪə'rɪə] *n (UK)* diarrea *f*

diary ['daɪərɪ] *n* **1.** *(for appointments)* agenda *f* **2.** *(journal)* diario *m*

dice [daɪs] *(pl inv)* *n* dado *m*

diced [daɪst] *adj* cortado(da) en cuadraditos

dictate [dɪk'teɪt] *vt* dictar

dictation [dɪk'teɪʃn] *n* dictado *m*

dictator [dɪk'teɪtə] *n* dictador *m*, -ra *f*

dictionary ['dɪkʃənrɪ] *n* diccionario *m*

did [dɪd] *pt* ➤ **do**

die [daɪ] *(cont dying)* *vi* morir ● to be dying for sthg *(inf)* morirse por algo ● to be dying to do sthg *(inf)* morirse por hacer algo ● **die away** *vi* desvanecerse ● **die out** *vi* extinguirse

diesel ['diːzl] *n* **1.** *(fuel)* gasóleo *m* **2.** *(car)* vehículo *m* diésel

diet ['daɪət] ◇ *n* **1.** *(for slimming, health)* dieta *f*, régimen *m* **2.** *(food eaten)* dieta *f* ◇ *vi* estar a régimen ◇ *adj* bajo(ja) en calorías

diet Coke ® *n* Coca-Cola ® *f* light

differ ['dɪfə] *vi* ● to differ (from) *(be dissimilar)* ser distinto (de); *(disagree)* discrepar (de)

difference ['dɪfrəns] *n* diferencia *f* ● **it makes no difference** da lo mismo ● **a difference of opinion** un desacuerdo

different ['dɪfrənt] *adj* distinto(ta) ● **to be different (from)** ser distinto (de)

differently ['dɪfrəntlɪ] *adv* de otra forma

difficult ['dɪfɪkəlt] *adj* difícil

difficulty ['dɪfɪkəltɪ] *n* dificultad *f*

dig [dɪg] (*pt & pp* **dug**) ◇ *vt* **1.** (*hole, tunnel*) excavar **2.** (*garden, land*) cavar ◇ *vi* cavar ◆**dig out** *vt sep* sacar ◆**dig up** *vt sep* desenterrar

digest [dɪ'dʒest] *vt* digerir

digestion [dɪ'dʒestʃn] *n* digestión *f*

digestive (biscuit) [dɪ'dʒestɪv-] *n* (*UK*) galleta hecha con harina integral

digit ['dɪdʒɪt] *n* **1.** (*figure*) dígito *m* **2.** (*finger, toe*) dedo *m*

digital ['dɪdʒɪtl] *adj* digital

digital radio *n* radio *f* digital

dill [dɪl] *n* eneldo *m*

dilute [daɪ'lu:t] *vt* diluir

dim [dɪm] ◇ *adj* **1.** (*light*) tenue **2.** (*room*) sombrío(a) **3.** (*inf*) (*stupid*) torpe ◇ *vt* atenuar

dime [daɪm] *n* (*US*) *moneda de diez centavos*

dimensions [dɪ'menʃnz] *npl* **1.** (*measurements*) dimensiones *fpl* **2.** (*extent*) dimensión *f*

din [dɪn] *n* estrépito *m*

dine [daɪn] *vi* cenar ◆ **dine out** *vi* cenar fuera

diner ['daɪnə'] *n* **1.** (*US*) (*restaurant*) restaurante *m* económico **2.** (*person*) cliente *mf* (*en un restaurante*)

dinghy ['dɪŋgɪ] *n* bote *m*

dingy ['dɪndʒɪ] *adj* lóbrego(ga)

dining car ['daɪnɪŋ-] *n* vagón *m* restaurante

dining hall ['daɪnɪŋ-] *n* SCH comedor *m*

dining room ['daɪnɪŋ-] *n* comedor *m*

dinner ['dɪnə'] *n* **1.** (*at lunchtime*) almuerzo *m* **2.** (*in evening*) cena *f* ● **to have dinner** (*at lunchtime*) almorzar; (*in evening*) cenar

dinner jacket *n* esmoquin *m*

dinner party *n* cena *f* (*de amigos en casa*)

dinner set *n* vajilla *f*

dinner suit *n* traje *m* de esmoquin

dinnertime ['dɪnətaɪm] *n* **1.** (*at lunchtime*) hora *f* del almuerzo **2.** (*in evening*) hora de la cena

dinosaur ['daɪnəsɔ:'] *n* dinosaurio *m*

dip [dɪp] ◇ *n* **1.** (*in road, land*) pendiente *f* **2.** (*food*) salsa *f* ◇ *vt* (*into liquid*) mojar ◇ *vi* descender ligeramente ● **to have a dip** darse un chapuzón ● **to dip one's headlights** (*UK*) poner las luces de cruce

diploma [dɪ'pləʊmə] *n* diploma *m*

dipstick ['dɪpstɪk] *n* varilla *f* (*para medir el nivel*) del aceite

direct [dɪ'rekt] ◇ *adj* directo(ta) ◇ *vt* **1.** dirigir **2.** (*give directions to*) indicar el camino a ◇ *adv* directamente

direction [dɪ'rekʃn] *n* dirección *f* ● **to ask for directions** pedir señas ◆ **directions** *npl* (*instructions*) instrucciones *fpl* (*de uso*)

directly [dɪ'rektlɪ] *adv* **1.** (*exactly*) directamente **2.** (*soon*) pronto

director [dɪ'rektə'] *n* director *m*, -ra *f*

directory [dɪˈrektərɪ] *n* guía *f* (telefónica)

directory assistance *n* (US) servicio *m* de información telefónica

directory enquiries *n* (UK) servicio *m* de información telefónica

dirt [dɜːt] *n* 1. suciedad *f* 2. (earth) tierra *f*

dirty [ˈdɜːtɪ] *adj* 1. sucio(cia) 2. (joke) verde

disability [ˌdɪsəˈbɪlətɪ] *n* minusvalía *f*

disabled [dɪsˈeɪbld] ◇ *adj* minusválido (da) ◇ *npl* ▪ the disabled los minusválidos ▪ disabled toilet aseo para minusválidos

disadvantage [ˌdɪsədˈvɑːntɪdʒ] *n* desventaja *f*

disagree [ˌdɪsəˈgriː] *vi* (people) discrepar ● to disagree with sb (about) no estar de acuerdo con alguien (sobre) ● those mussels disagreed with me los mejillones me sentaron mal

disagreement [ˌdɪsəˈgriːmənt] *n* 1. (argument) discusión *f* 2. (dissimilarity) discrepancia *f*

disappear [ˌdɪsəˈpɪə^r] *vi* desaparecer

disappearance [ˌdɪsəˈpɪərəns] *n* desaparición *f*

disappoint [ˌdɪsəˈpɔɪnt] *vt* decepcionar

disappointed [ˌdɪsəˈpɔɪntɪd] *adj* decepcionado(da)

disappointing [ˌdɪsəˈpɔɪntɪŋ] *adj* decepcionante

disappointment [ˌdɪsəˈpɔɪntmənt] *n* decepción *f*

disapprove [ˌdɪsəˈpruːv] *vi* ● to disapprove of censurar

disarmament [dɪsˈɑːməmənt] *n* desarme *m*

disaster [dɪˈzɑːstə^r] *n* desastre *m*

disastrous [dɪˈzɑːstrəs] *adj* desastroso (sa)

disc [dɪsk] *n* 1. (UK) (circular object, record) disco *m* 2. (CD) disco compacto ● to slip a disc sufrir una hernia discal

discard [dɪsˈkɑːd] *vt* desechar

discharge [dɪsˈtʃɑːdʒ] *vt* 1. (prisoner) poner en libertad 2. (patient) dar de alta 3. (soldier) licenciar 4. (liquid, smoke, gas) emitir

discipline [ˈdɪsɪplɪn] *n* disciplina *f*

disc jockey *n* pinchadiscos *mf inv* (Esp), disc jockey *mf*

disco [ˈdɪskəʊ] *n* 1. (place) discoteca *f* 2. (event) baile *m*

discoloured [dɪsˈkʌləd] *adj* descolorido(da)

discomfort [dɪsˈkʌmfət] *n* (pain) malestar *m*

disconnect [ˌdɪskəˈnekt] *vt* 1. (unplug) desenchufar 2. (telephone, gas supply, pipe) desconectar

discontinued [ˌdɪskənˈtɪnjuːd] *adj* (product) que ya no se fabrica

discount [ˈdɪskaʊnt] *n* descuento *m*

discover [dɪsˈkʌvə^r] *vt* descubrir

discovery [dɪsˈkʌvərɪ] *n* descubrimiento *m*

discreet [dɪsˈkriːt] *adj* discreto(ta)

discrepancy [dɪsˈkrepənsɪ] *n* discrepancia *f*

discriminate [dɪsˈkrɪmɪneɪt] *vi* ● to discriminate against sb discriminar a alguien

discrimination [dɪˌskrɪmɪˈneɪʃn] *n* discriminación f

discuss [dɪ'skʌs] vt discutir

discussion [dɪ'skʌʃn] n discusión f

disease [dɪ'ziːz] n enfermedad f

disembark [ˌdɪsɪm'bɑːk] vi desembarcar

disgrace [dɪs'greɪs] n vergüenza f ● it's a disgrace! ¡es una vergüenza!

disgraceful [dɪs'greɪsfʊl] adj vergonzoso(sa)

disguise [dɪs'gaɪz] ◇ n disfraz m ◇ vt disfrazar ● in disguise disfrazado

disgust [dɪs'gʌst] ◇ n asco m ◇ vt asquear

disgusting [dɪs'gʌstɪŋ] adj asqueroso(sa)

dish [dɪʃ] n 1. (container) fuente f 2. (food) plato m 3. (US) (plate) plato ● to do the dishes fregar los platos ▼ dish of the day plato del día ◆ dish up vt sep servir

dishcloth [ˈdɪʃklɒθ] n trapo m de fregar los platos

disheveled [dɪ'ʃevəld] (US) = **dishevelled**

dishevelled [dɪ'ʃevəld] (UK) (person) desaliñado(da)

dishonest [dɪs'ɒnɪst] adj deshonesto(ta)

dish towel n (US) paño m de cocina

dishwasher [ˈdɪʃˌwɒʃəʳ] n (machine) lavavajillas m inv

dishwashing liquid [ˈdɪʃˌwɒʃɪŋ-] n (US) lavavajillas m inv

disinfectant [ˌdɪsɪn'fektənt] n desinfectante m

disintegrate [dɪs'ɪntɪgreɪt] vi desintegrarse

disk [dɪsk] n 1. (US) = **disc** 2. COMPUT

disquete m, disco m

disk drive n disquetera f

dislike [dɪs'laɪk] ◇ n (poor opinion) aversión f ◇ vt tener aversión a ● to take a dislike to cogerle manía a

dislocate [ˈdɪsləkeɪt] vt dislocar

dismal [ˈdɪzml] adj 1. (weather, place) sombrío(a) 2. (terrible) lamentable

dismantle [dɪs'mæntl] vt desmontar

dismay [dɪs'meɪ] n consternación f

dismiss [dɪs'mɪs] vt 1. (not consider) desechar 2. (from job) despedir 3. (from classroom) echar

disobedient [ˌdɪsə'biːdjənt] adj desobediente

disobey [ˌdɪsə'beɪ] vt desobedecer

disorder [dɪs'ɔːdəʳ] n 1. (confusion) desorden m 2. (violence) disturbios mpl 3. (illness) afección f

disorganized [dɪs'ɔːgənaɪzd] adj desorganizado(da)

dispatch [dɪ'spætʃ] vt enviar

dispense [dɪ'spens] ◆ dispense with vt insep prescindir de

dispenser [dɪ'spensəʳ] n máquina f expendedora

dispensing chemist [dɪ'spensɪŋ-] n (UK) 1. (person) farmacéutico m, -ca f 2. (shop) farmacia f

disperse [dɪ'spɜːs] ◇ vt dispersar ◇ vi dispersarse

display [dɪ'spleɪ] ◇ n 1. (of goods in window) escaparate m 2. (public event) demostración f 3. (readout) pantalla f ◇ vt 1. (goods, information) exponer 2. (feeling, quality) mostrar ● on display expuesto

displeased [dɪs'pliːzd] adj disgustado(da)

disposable [dɪ'spəʊzəbl] *adj* desechable

diposable camera *n* cámara m desechable

dispute [dɪ'spjuːt] ◇ *n* **1.** *(argument)* disputa f **2.** *(industrial)* conflicto m ◇ *vt* cuestionar

disqualify [ˌdɪs'kwɒlɪfaɪ] *vt* descalificar
● **he has been disqualified from driving** *(UK)* se le ha retirado el permiso de conducir

disregard [ˌdɪsrɪ'gɑːd] *vt* hacer caso omiso de

disrupt [dɪs'rʌpt] *vt* trastornar

disruption [dɪs'rʌpʃn] *n* trastorno m

dissatisfied [ˌdɪs'sætɪsfaɪd] *adj* descontento(ta)

dissolve [dɪ'zɒlv] ◇ *vt* disolver ◇ *vi* disolverse

dissuade [dɪ'sweɪd] *vt* ● **to dissuade sb from doing sthg** disuadir a alguien de hacer algo

distance ['dɪstəns] *n* distancia f ● **from a distance** desde lejos ● **in the distance** a lo lejos

distant ['dɪstənt] *adj* **1.** lejano(na) **2.** *(reserved)* distante

distilled water [dɪ'stɪld-] *n* agua f destilada

distillery [dɪ'stɪlərɪ] *n* destilería f

distinct [dɪ'stɪŋkt] *adj* **1.** *(separate)* distinto(ta) **2.** *(noticeable)* notable

distinction [dɪ'stɪŋkʃn] *n* **1.** *(difference)* distinción f **2.** *(mark for work)* sobresaliente m

distinctive [dɪ'stɪŋktɪv] *adj* característico(ca)

distinguish [dɪ'stɪŋgwɪʃ] *vt* distinguir ● **to distinguish one thing from another** distinguir una cosa de otra

distorted [dɪ'stɔːtɪd] *adj* **1.** *(figure, shape)* deformado(da) **2.** *(sound)* distorsionado(da)

distract [dɪ'strækt] *vt* distraer

distraction [dɪ'strækʃn] *n* distracción f

distress [dɪ'stres] *n* **1.** *(pain)* dolor m **2.** *(anxiety)* angustia f

distressing [dɪ'stresɪŋ] *adj* angustioso(sa)

distribute [dɪ'strɪbjuːt] *vt* distribuir

distributor [dɪ'strɪbjʊtə] *n* **1.** COMM distribuidor m, -ra f **2.** AUT delco m

district ['dɪstrɪkt] *n* **1.** *(region)* región f **2.** *(of town)* distrito m

district attorney *n* *(US)* fiscal mf *(del distrito)*

disturb [dɪ'stɜːb] *vt* **1.** *(interrupt)* molestar **2.** *(worry)* inquietar **3.** *(move)* mover ▼ **do not disturb** no molestar

disturbance [dɪ'stɜːbəns] *n* **1.** *(riot)* disturbio m **2.** *(small altercation)* altercado m

ditch [dɪtʃ] *n* zanja f

ditto ['dɪtəʊ] *adv* ídem

divan [dɪ'væn] *n* diván m

dive [daɪv] *(pt* *(US)* **-d** OR **dove,** *(UK)* **-d)** ◇ *n* *(of swimmer)* zambullida f, clavado m *(Amér)* ◇ *vi* **1.** *(from diving-board, rock)* zambullirse, echarse un clavado *(Amér)* **2.** *(under water)* bucear **3.** *(bird, plane)* bajar en picada **4.** *(rush)* lanzarse

diver ['daɪvə] *n* **1.** *(from divingboard, rock)* saltador m, -ra f, clavadista mf *(Amér)* **2.** *(under water)* buceador m, -ra f

diversion [daɪ'vɜːʃn] *n* **1.** *(of traffic)* desvío m **2.** *(amusement)* diversión f

divert [daɪˈvɜːt] vt **1.** *(traffic, river)* desviar **2.** *(attention)* distraer

divide [dɪˈvaɪd] vt **1.** dividir **2.** *(share out)* repartir ◆ **divide up** vt sep **1.** *(into two parts)* dividir **2.** *(share out)* repartir

diving [ˈdaɪvɪŋ] n **1.** *(from divingboard, rock)* salto m **2.** *(under water)* buceo m ● **to go diving** bucear

divingboard [ˈdaɪvɪŋbɔːd] n trampolín m

division [dɪˈvɪʒn] n división f

divorce [dɪˈvɔːs] ◇ n divorcio m ◇ vt divorciarse de

divorced [dɪˈvɔːst] adj divorciado(da)

DIY [ˌdiːaɪˈwaɪ] n *(UK)* *(abbr of* **do-it-yourself**) bricolaje m

dizzy [ˈdɪzɪ] adj mareado(da)

DJ [diːˈdʒeɪ] n *(abbr of* **disc jockey**) pinchadiscos mf inv *(Esp)*, discjockey mf

DNA [ˌdiːenˈeɪ] n *(abbr of* **deoxyribonucleic acid**) ADN m *(ácido desoxirribonucleico)*

do [duː] *(pt* **did**, *pp* **done** *pl* **dos**)
◇ aux vb **1.** *(in negatives)* ● **don't do that!** ¡no hagas eso! ● **she didn't listen no hizo caso 2.** *(in questions)* ● **do you like it?** ¿te gusta? ● **how do you do it?** ¿cómo se hace? **3.** *(referring to previous verb)* ● **I eat more than you do** como más que tú ● **do you smoke? - yes, I do**/no, **I don't** ¿fumas? - sí/no ● **so do I** yo también **4.** *(in question tags)* ● **so, you like Scotland, do you?** así que te gusta Escocia ¿no?
◇ vt **1.** *(gen)* hacer ● **to do one's homework** hacer los deberes ● **what can I do for you?** ¿en qué puedo servirle? ● **to do one's hair** peinarse ● **to do one's teeth** lavarse los dientes ● **to do damage** hacer daño ● **the rest will do you good** el descanso te sentará bien **2.** *(have as job)* ● **what do you do?** ¿a qué te dedicas? **3.** *(provide, offer)* hacer ● **we do pizzas for under £4** vendemos pizzas a menos de 4 libras **4.** *(study)* hacer **5.** *(subj: vehicle)* ir a **6.** *(inf)* *(visit)* recorrer
◇ vi **1.** *(behave, act)* hacer ● **do as I say** haz lo que te digo **2.** *(progress, get on)* ir ● **I did well/badly** me fue bien/mal **3.** *(be sufficient)* valer ● **will £5 do?** ¿llegará con cinco libras? **4.** *(in phrases)* ● **how do you do?** *(greeting)* ¿cómo está usted?; *(answer)* mucho gusto ● **what has that got to do with it?** ¿y eso qué tiene que ver?
◇ n *(party)* fiesta f ● **dos and don'ts** normas fpl de conducta

◆ **do out of** vt sep *(inf)* timar

◆ **do up** vt sep *(shirt, buttons)* abrochar; *(shoes, laces)* atar; *(zip)* subir; *(decorate)* renovar; *(wrap up)* envolver

◆ **do with** vt insep ● **I could do with a drink** no me vendría mal una copa

◆ **do without** vt insep pasar sin

dock [dɒk] ◇ n **1.** *(for ships)* muelle m **2.** LAW banquillo m *(de los acusados)* ◇ vi atracar

doctor [ˈdɒktəʳ] n **1.** *(of medicine)* médico m, -ca f **2.** *(academic)* doctor m, -ra f ● **to go to the doctor's** ir al médico

document [ˈdɒkjʊmənt] n documento m

documentary [ˌdɒkjʊˈmentərɪ] n documental m

Dodgems ® ['dɒdʒəmz] *npl* (*UK*) coches *mpl* de choque

dodgy ['dɒdʒɪ] *adj* (*UK*) (*inf*) **1.** (*plan, car*) poco fiable **2.** (*health*) delicado(da)

does [*weak form* dəz, *strong form* [dʌz] > **do**

doesn't ['dʌznt] = **does not**

dog [dɒg] *n* perro *m*

dog food *n* comida *f* para perros

doggy bag ['dɒgɪ-] *n* bolsa que da el restaurante para llevarse las sobras

do-it-yourself *n* bricolaje *m*

dole [dəʊl] *n* ● **to be on the dole** (*UK*) estar parado (*Esp*), estar cobrando subsidio de desempleo

doll [dɒl] *n* muñeca *f*

dollar ['dɒlə'] *n* dólar *m*

dolphin ['dɒlfɪn] *n* delfín *m*

dome [dəʊm] *n* cúpula *f*

domestic [də'mestɪk] *adj* **1.** (*of house, family*) doméstico(ca) **2.** (*of country*) nacional

domestic appliance *n* electrodoméstico *m*

domestic flight *n* vuelo *m* nacional

dominate ['dɒmɪneɪt] *vt* dominar

dominoes ['dɒmɪnəʊz] *n* dominó *m*

donate [də'neɪt] *vt* donar

donation [də'neɪʃn] *n* donación *f*

done [dʌn] *pp* > **do** ◇ *adj* **1.** (*finished*) listo(ta) **2.** (*cooked*) hecho(cha) (*Esp*), cocido(da)

donkey ['dɒŋkɪ] *n* burro *m*

don't [dəʊnt] = **do not**

door [dɔː'] *n* puerta *f*

doorbell ['dɔːbel] *n* timbre *m*

doorknob ['dɔːnɒb] *n* pomo *m*, perilla *f* (*Amér*)

doorman ['dɔːmən] (*pl* **-men**) *n* portero *m*

doormat ['dɔːmæt] *n* felpudo *m*

doormen ['dɔːmən] *pl* > **doorman**

doorstep ['dɔːstep] *n* **1.** (*in front of door*) peldaño *m* de la puerta **2.** (*UK*) (*piece of bread*) rebanada de pan muy gruesa

doorway ['dɔːweɪ] *n* portal *m*

dope [dəʊp] *n* **1.** (*inf*) (*any illegal drug*) droga *f* **2.** (*marijuana*) maría *f* (*Esp*), hierba *f*

dormitory ['dɔːmətrɪ] *n* dormitorio *m*

Dormobile ® ['dɔːmə,biːl] *n* (*UK*) autocaravana *f*, cámper *m*

dosage ['dəʊsɪdʒ] *n* dosis *f inv*

dose [dəʊs] *n* **1.** (*amount*) dosis *f inv* **2.** (*of illness*) ataque *m*

dot [dɒt] *n* punto *m* ● **on the dot** (*fig*) en punto

dotted line ['dɒtɪd-] *n* línea *f* de puntos

double ['dʌbl] ◇ *adj* doble ◇ *n* **1.** (*twice the amount*) el doble **2.** (*alcohol*) doble *m* ◇ *vt* doblar ◇ *vi* doblarse ◇ *adv* ● **it's double the size** es el doble de grande ● **to bend sthg double** doblar algo ● **a double whisky** un whisky doble ● **double three, four, two** (*reading out a number*) treinta y tres, cuarenta y dos ● **it's spelt with a double s** se escribe con dos eses ● **doubles** *n* dobles *mpl*

double bed *n* cama *f* de matrimonio

double-breasted [-'brestɪd] *adj* cruzado(da)

double-click ◇ *vt* COMPUT hacer doble clic en ◇ *vi* COMPUT hacer doble clic ◇ *n* COMPUT doble clic *m*

double cream *n* (*UK*) nata *f* enriquecida (*Esp*), crema *f* doble (*Amér*)

double-decker (bus) [-'dekə'] *n* autobús *m* de dos pisos

double doors *npl* puerta *f* de dos hojas

double-glazing [-'gleɪzɪŋ] *n* (UK) doble acristalamiento *m*

double room *n* habitación *f* doble

doubt [daʊt] ◇ *n* duda *f* ◇ *vt* (distrust) dudar de ● **I doubt it** lo dudo ● **I doubt she'll be there** dudo que esté ahí ● **to be in doubt** (person) estar dudando; (matter, outcome) ser incierto ● **no doubt** sin duda

doubtful ['daʊtfʊl] *adj* (uncertain) dudoso(sa) ● **it's doubtful that ...** es improbable que ...

dough [dəʊ] *n* masa *f*

doughnut ['dəʊnʌt] *n* 1. (without hole) buñuelo *m* 2. (with hole) dónut® *m* (Esp), rosquilla *f*

dove¹ [dʌv] *n* (bird) paloma *f*

dove² [dəʊv] *pt* (US) ➣ **dive**

down [daʊn] ◇ *adv* 1. (towards the bottom) (hacia) abajo ● **down here/there** aquí/allí abajo ● **to fall down** caer 2. (along) ● **I'm going down to the shops** voy a acercarme a las tiendas 3. (downstairs) abajo ● **I'll come down later** bajaré más tarde 4. (southwards) hacia el sur ● **we're going down to London** vamos a bajar a Londres 5. (in writing) ● **to write sthg down** apuntar algo 6. (in phrases) ● **to go down with** (illness) pillar

◇ *prep* 1. (towards the bottom of) ● **they ran down the hill** corrieron cuesta abajo 2. (along) por ● **I was walking**

down the street iba andando por la calle

◇ *adj* (inf) (depressed) deprimido(da)

◇ *n* (feathers) plumón *m*

● **downs** *npl* (UK) montes en el sur de Inglaterra

downhill [,daʊn'hɪl] *adv* cuesta abajo

Downing Street ['daʊnɪŋ-] *n* Downing Street *m*

Downing Street

El número 10 de Downing Street, en el centro de Londres, es la residencia oficial del Primer Ministro británico. En el número 11 se encuentra la residencia del Ministro de Hacienda. Con frecuencia, *Downing Street* se usa como sinónimo del ''gobierno británico''.

downpour ['daʊnpɔːʳ] *n* chaparrón *m*

downstairs [,daʊn'steəz] ◇ *adj* de abajo ◇ *adv* abajo ● **to go downstairs** bajar (la escalera)

downtown [,daʊn'taʊn] (US) ◇ *adj* céntrico(ca) ◇ *adv* [,daʊn'taʊn] (US) 1. (live) en el centro 2. (go) al centro ● **downtown New York** el centro de Nueva York

down under *adv* (UK) (inf) en/a Australia

downwards ['daʊnwədz] *adv* hacia abajo

doz. *abbr* = **dozen**

doze [dəʊz] *vi* dormitar

dozen ['dʌzn] *n* docena *f* ● **a dozen eggs** una docena de huevos

Dr (*abbr of* Doctor) Dr. (*Doctor*)

drab [dræb] *adj* (*clothes, wallpaper*) deslustrado(da)

draft [drɑːft] *n* **1.** (*early version*) borrador *m* **2.** (*money order*) giro *m* **3.** (*US*) = **draught**

drafty [drɑːftɪ] (*US*) = **draughty**

drag [dræg] ◇ *vt* arrastrar ◇ *vi* (*along ground*) arrastrarse ● **what a drag!** (*inf*) ¡qué rollo! ◆ **drag on** *vi* ser interminable

dragonfly [ˈdrægnflaɪ] *n* libélula *f*

drain [dreɪn] ◇ *n* **1.** (*sewer*) desagüe *m* **2.** (*grating in street*) sumidero *m*, resumidero *m* (*Amér*) ◇ *vt* (*tank, radiator*) vaciar ◇ *vi* (*vegetables, washing-up*) escurrirse

draining board [ˈdreɪnɪŋ-] *n* (*UK*) escurridero *m*

drainpipe [ˈdreɪnpaɪp] *n* tubo *m* de desagüe

drama [ˈdrɑːmə] *n* **1.** (*play, excitement*) drama *m* **2.** (*art*) teatro *m*

dramatic [drəˈmætɪk] *adj* (*impressive*) dramático(ca)

drank [dræŋk] *pt* ➤ **drink**

drapes [dreɪps] *npl* (*US*) cortinas *fpl*

drastic [ˈdræstɪk] *adj* **1.** (*extreme*) drástico(ca) **2.** (*change, improvement*) radical

drastically [ˈdræstɪklɪ] *adv* drásticamente

draught [drɑːft] *n* (*UK*) (*of air*) corriente *f* de aire

draught beer *n* (*UK*) cerveza *f* de barril

draughts [drɑːfts] *n* (*UK*) damas *fpl*

draughty [ˈdrɑːftɪ] *adj* (*UK*) ● **it's draughty** hay corriente

draw [drɔː] (*pt* drew, *pp* drawn) ◇ *vt* **1.** (*picture, map*) dibujar **2.** (*line*) trazar **3.** (*pull*) tirar de **4.** (*attract*) atraer **5.** (*comparison*) señalar **6.** (*conclusion*) llegar a ◇ *vi* **1.** (*with pen, pencil*) dibujar **2.** (*UK*) SPORT empatar ◇ *n* **1.** (*UK*) SPORT (*result*) empate *m* **2.** (*lottery*) sorteo *m* ● **to draw the curtains** (*open*) descorrer las cortinas; (*close*) correr las cortinas ◆ **draw out** *vt sep* (*money*) sacar ◆ **draw up** ◇ *vt sep* (*list, plan*) preparar ◇ *vi* (*car, bus*) pararse

drawback [ˈdrɔːbæk] *n* desventaja *f*

drawer [drɔːʳ] *n* cajón *m*

drawing [ˈdrɔːɪŋ] *n* dibujo *m*

drawing pin *n* (*UK*) chincheta *f*

drawing room *n* cuarto *m* de estar

drawn [drɔːn] *pp* ➤ **draw**

dreadful [ˈdredfʊl] *adj* terrible

dream [driːm] ◇ *n* sueño *m* ◇ *vt* **1.** (*when asleep*) soñar **2.** (*imagine*) imaginar ◇ *vi* ● **to dream (of)** soñar (con) ● **a dream house** una casa de ensueño

dress [dres] ◇ *n* **1.** (*for woman, girl*) vestido *m* **2.** (*clothes*) traje *m* ◇ *vt* **1.** (*person, baby*) vestir **2.** (*wound*) vendar **3.** (*salad*) aliñar ◇ *vi* **1.** (*get dressed*) vestirse **2.** (*in particular way*) vestir ● **to be dressed in** ir vestido de ● **to get dressed** vestirse ◆ **dress up** *vi* **1.** (*in costume*) disfrazarse **2.** (*in best clothes*) engalanarse

dress circle *n* piso *m* principal

dresser [ˈdresəʳ] *n* **1.** (*UK*) (*for crockery*) aparador *m* **2.** (*US*) (*chest of drawers*) cómoda *f*

dressing [ˈdresɪŋ] *n* **1.** (*for salad*) aliño *m*, aderezo *m* **2.** (*for wound*) vendaje *m*

dressing gown *n* bata *f*

dressing room *n* vestuario *m*, vestidor *m*

dressing table *n* tocador *m*

dressmaker ['dres,meɪkə'] *n* modisto *m*, -ta *f*

dress rehearsal *n* ensayo *m* general

drew [druː] *pt* ➤ draw

dribble ['drɪbl] *vi* 1. *(liquid)* gotear 2. *(baby)* babear

drier ['draɪə'] = dryer

drift [drɪft] ◇ *n (of snow)* ventisquero *m* ◇ *vi* 1. *(in wind)* dejarse llevar por el viento 2. *(in water)* dejarse llevar por el agua

drill [drɪl] ◇ *n* 1. *(tool)* taladro *m* 2. *(of dentist)* fresa *f* ◇ *vt (hole)* taladrar

drink [drɪŋk] *(pt* drank, *pp* drunk) ◇ *n* 1. *(of water, tea etc)* bebida *f* 2. *(alcoholic)* copa *f* ◇ *vt & vi* beber ● **to have a drink** *(alcoholic)* tomar una copa ● **would you like a drink?** ¿quieres beber algo?

drinkable ['drɪŋkəbl] *adj* 1. *(safe to drink)* potable 2. *(wine)* agradable

drinking water ['drɪŋkɪŋ-] *n* agua *f* potable

drip [drɪp] ◇ *n* 1. *(drop)* gota *f* 2. MED gotero *m* ◇ *vi* gotear

drip-dry *adj* de lava y pon

dripping (wet) ['drɪpɪŋ-] *adj* empapado(da)

drive [draɪv] *(pt* drove, *pp* driven) ◇ *n* 1. *(journey)* viaje *m* (en coche) 2. *(in front of house)* camino *m* (de entrada) ◇ *vt* 1. *(car, bus, train)* conducir 2. *(take in car)* llevar (en coche) 3. *(operate, power)* impulsar ◇ *vi* 1. *(drive car)* conducir 2. *(travel in car)* ir en coche ● **to drive sb to do sthg** llevar a alguien a hacer algo

● **to go for a drive** dar una vuelta en coche ● **to drive sb mad** volver loco a alguien

drivel ['drɪvl] *n* tonterías *fpl*

driven ['drɪvn] *pp* ➤ drive

driver ['draɪvə'] *n* 1. *(of car, bus)* conductor *m*, -ra *f* 2. *(of train)* maquinista *mf*

driver's license *(US)* = **driving licence**

driveway ['draɪvweɪ] *n* camino *m* de entrada

driving lesson ['draɪvɪŋ-] *n* clase *f* de conducir

driving licence ['draɪvɪŋ-] *n (UK)* permiso *m (Esp)* OR licencia *f* de conducir

driving test ['draɪvɪŋ-] *n* examen *m* de conducir

drizzle ['drɪzl] *n* llovizna *f*

drop [drop] ◇ *n* 1. *(drip, small amount)* gota *f* 2. *(distance down)* caída *f* 3. *(decrease)* descenso *m* 4. *(in wages)* disminución *f* ◇ *vt* 1. *(let fall)* dejar caer 2. *(reduce)* reducir 3. *(from vehicle)* dejar 4. *(omit)* omitir ◇ *vi* 1. *(fall)* caer 2. *(decrease)* disminuir 3. *(price, temperature)* bajar ● **to drop a hint** lanzar una indirecta ● **to drop sb a line** escribir unas líneas a alguien ● **drop in** *vi (inf)* ● **to drop in on sb** pasarse por casa de alguien ● **drop off** ◇ *vt sep (from vehicle)* dejar ◇ *vi* 1. *(fall asleep)* quedarse dormido(da) 2. *(fall off)* desprenderse ● **drop out** *vi* 1. *(of college)* abandonar los estudios 2. *(of race)* retirarse

drought [draʊt] *n* sequía *f*

drove [drəʊv] *pt* ➤ drive

drown [draʊn] *vi* ahogarse

drug [drʌg] ◇ n 1. MED medicamento m 2. (stimulant) droga f ◆ vt drogar

drug addict n drogadicto m, -ta f

druggist ['drʌgɪst] n (US) farmacéutico m, -ca f

drum [drʌm] n 1. MUS tambor m 2. (container) bidón m ◆ **drums** npl (in pop music) batería f

drummer ['drʌmər] n (in pop music) batería mf

drumstick ['drʌmstɪk] n (of chicken) pata f

drunk [drʌŋk] ◇ pp ➤ **drink** ◇ adj borracho(cha) ◇ n borracho m, -cha f ● **to get drunk** emborracharse

dry [draɪ] ◇ adj 1. seco(ca) 2. (day) sin lluvia ◇ vt secar ◇ vi secarse ● **to dry o.s.** secarse ● **to dry one's hair** secarse el pelo ● **to dry one's hands** secarse las manos ◆ **dry up** vi 1. (become dry) secarse 2. (dry the dishes) secar

dry-clean vt limpiar en seco

dry cleaner's n tintorería f

dryer ['draɪər] n 1. (for clothes) secadora f 2. (for hair) secador m

DTP [diːtiːˈpiː] n (abbr of desktop publishing) autoed. f (autoedición)

dual carriageway n (UK) autovía f

dubbed [dʌbd] adj (film) doblado(da)

dubious ['djuːbjəs] adj (suspect) sospechoso(sa)

duchess ['dʌtʃɪs] n duquesa f

duck [dʌk] ◇ n 1. (bird) pato m, -ta f 2. (food) pato m ◇ vi agacharse

due [djuː] adj (bill, rent) pagadero(ra) ● **when is the train due?** ¿cuándo debería llegar el tren? ● **the money due to me** el dinero que se me debe ● **in due course** a su debido tiempo ● **due to** debido a

duet [djuːˈet] n dúo m

duffel bag ['dʌfl-] n morral m

duffel coat ['dʌfl-] n trenca f

dug [dʌg] pt & pp ➤ **dig**

duke [djuːk] n duque m

dull [dʌl] adj 1. (boring) aburrido(da) 2. (not bright) torpe 3. (weather) gris 4. (pain) sordo(da)

dumb [dʌm] adj 1. (inf) (stupid) estúpido(da) 2. (unable to speak) mudo(da)

dummy ['dʌmɪ] n 1. (UK) (for baby) chupete m, chupón m (Amér) 2. (for clothes) maniquí m

dump [dʌmp] ◇ n 1. (for rubbish) vertedero m, basural m (Amér) 2. (place) tugurio m ◇ vt 1. (drop carelessly) dejar 2. (get rid of) deshacerse de

dumpling ['dʌmplɪŋ] n bola de masa que se guisa al vapor con carne y verduras

dune [djuːn] n duna f

dungarees [ˌdʌŋgəˈriːz] npl 1. (UK) (for work) mono m (Esp), overol m 2. (UK) (fashion item) pantalones mpl de peto 3. (US) (jeans) vaqueros de tela gruesa utilizados para trabajar

dungeon ['dʌndʒən] n mazmorra f

duo ['djuːəʊ] n ● **with a duo of sauces** con dos salsas distintas

duplicate ['djuːplɪkət] n copia f

during ['djʊərɪŋ] prep durante

dusk [dʌsk] n crepúsculo m

dust [dʌst] ◇ n polvo m ◇ vt quitar el polvo a, sacudir (Amér)

dustbin ['dʌstbɪn] n (UK) cubo m de la basura

dustcart ['dʌstkɑːt] n (UK) camión m de la basura

duster ['dʌstə'] n trapo m (de quitar el polvo)

dustman ['dʌstmən] (pl -men) n (UK) basurero m

dustpan ['dʌstpæn] n recogedor m

dusty ['dʌstı] adj lleno(na) de polvo

Dutch [dʌtʃ] ◇ adj holandés(esa) ◇ n (language) holandés m ◇ npl ● **the Dutch** los holandeses

Dutchman ['dʌtʃmən] (pl -men) n holandés m

Dutchwoman ['dʌtʃ,wʊmən] (pl -women) n holandesa f

duty ['djuːtı] n 1. (moral obligation) deber m 2. (tax) impuesto m ● **to be on duty** estar de servicio ● **to be off duty** no estar de servicio ● **duties** npl (job) tareas fpl

duty chemist's n farmacia f de guardia

duty-free ◇ adj libre de impuestos ◇ n (article) artículo m libre de impuestos

duvet ['duːveɪ] n (UK) edredón m

DVD [diːviːˈdiː] n noun (abbr of Digital Video or Versatile Disc) DVD m (Disco Versátil Digital)

DVD player n reproductor m de DVD

DVD-ROM [diːviːdiːˈrɒm] noun (abbr of Digital Video or Versatile Disc read only memory) DVD-ROM m (Disco Versátil Digital Read-Only Memory)

dwarf [dwɔːf] (pl **dwarves**) n enano m, -na f

dwelling ['dwelɪŋ] n (fml) morada f

dye [daɪ] ◇ n tinte m ◇ vt teñir

dying ['daɪɪŋ] cont ➤ **die**

dynamite ['daɪnəmaɪt] n dinamita f

dynamo ['daɪnəməʊ] (pl -s) n dínamo f

dyslexic [dɪsˈleksɪk] adj disléxico(ca)

E

E (abbr of east) E (este)

E111 [iːwʌnɪˈlevn] n (UK) E111 m impreso para obtener asistencia médica en otros países de la Unión Europea

each [iːtʃ] ◇ adj cada ◇ pron cada uno m, cada una f ● **each one** cada uno(cada una) ● **each of them** cada uno(cada una) ● **each other** el uno al otro ● **they hate each other** se odian ● **we know each other** nos conocemos ● **one each** uno cada uno(una cada una) ● **one of each** uno de cada

eager ['iːgə'] adj 1. (pupil) entusiasta 2. (expression) de entusiasmo ● **to be eager to do sthg** estar deseoso(sa) de hacer algo

eagle ['iːgl] n águila f

ear [ɪə'] n 1. (of person, animal) oreja f 2. (of corn) espiga f

earache ['ɪəreɪk] n ● **to have earache** tener dolor de oídos

earl [ɜːl] n conde m

early ['ɜːlı] ◇ adj temprano(na) ◇ adv temprano ● **early last year** a principios del año pasado ● **early morning** la madrugada ● **it arrived an hour early** llegó con una hora de adelanto ● **at the earliest** como muy pronto ●

early on al principio ● **to have an early night** irse a la cama temprano

earn [ɜːn] vt **1.** (money) ganar **2.** (praise, success) ganarse ● **to earn a living** ganarse la vida

earnings ['ɜːnɪŋz] npl ingresos mpl

earphones ['ɪəfəʊnz] npl auriculares mpl, audífonos mpl

earplugs ['ɪəplʌgz] npl tapones mpl para los oídos

earrings ['ɪərɪŋz] npl pendientes mpl (Esp), aretes mpl (Amér)

earth [ɜːθ] ◇ n **1.** tierra f **2.** (UK) (electrical connection) toma f de tierra ◇ vt (UK) conectar a tierra ● **how on earth ...?** ¿cómo demonios ...?

earthenware ['ɜːθnweə] adj de loza

earthquake ['ɜːθkweɪk] n terremoto m

ease [iːz] ◇ n facilidad f ◇ vt **1.** (pain) aliviar **2.** (problem) atenuar ● **at ease** cómodo ● **with ease** con facilidad ◆ **ease off** vi **1.** (pain) calmarse **2.** (rain) amainar

easily ['iːzɪlɪ] adv **1.** (without difficulty) fácilmente **2.** (by far) sin lugar a dudas

east [iːst] ◇ n este m ◇ adv **1.** (fly, walk) hacia el este **2.** (be situated) al este ● **in the east of England** al este de Inglaterra ● **the East** (Asia) el Oriente

eastbound ['iːstbaʊnd] adj con dirección este

Easter ['iːstə] n **1.** (day) Domingo m de Pascua **2.** (period) Semana f Santa

eastern ['iːstən] adj del este ◆ **Eastern** adj (Asian) oriental

Eastern Europe n Europa del Este

eastwards ['iːstwədz] adv hacia el este

easy ['iːzɪ] adj **1.** (not difficult) fácil **2.** (without problems) cómodo(da) ● **to take it easy** (relax) relajarse

easygoing [ˌiːzɪ'gəʊɪŋ] adj tranquilo(la)

eat [iːt] (pt **ate**, pp **eaten**) vt & vi comer ◆ **eat out** vi comer fuera

ebony ['ebənɪ] n ébano m

e-business ['iːbɪznɪs] n negocio m electrónico

EC [iː'siː] n (abbr of European Community) CE f (Comunidad Europea)

e-cash ['iːkæʃ] n dinero m electrónico

eccentric [ɪk'sentrɪk] adj excéntrico(ca)

echo ['ekəʊ] (pl -es) ◇ n eco m ◇ vi resonar

eco-friendly [ɪkəʊ-] adj que no daña el ambiente

ecological [ˌiːkə'lɒdʒɪkl] adj ecológico (ca)

ecology [ɪ'kɒlədʒɪ] n ecología f

e-commerce [ɪ'kɒmɜːs] n (U) comercio m electrónico

economic [ˌiːkə'nɒmɪk] adj **1.** (relating to the economy) económico(ca) **2.** (profitable) rentable ◆ **economics** n economía f

economical [ˌiːkə'nɒmɪkl] adj económico(ca)

economize [ɪ'kɒnəmaɪz] vi economizar

economy [ɪ'kɒnəmɪ] n economía f

economy class n clase f turista

economy size adj de tamaño económico

ecstasy ['ekstəsɪ] n éxtasis m inv

Ecuador ['ekwədɔː] n Ecuador

Ecuadorian [ˌekwə'dɔːrɪən] ◇ adj ecuatoriano(na) ◇ n ecuatoriano m, -na f

eczema ['eksɪmə] n eccema m

edge [edʒ] n **1.** (border) borde m **2.** (of

table, coin, ruler) canto *m* **3.** *(of knife)* filo *m*

edible ['edɪbl] *adj* comestible

Edinburgh ['edɪmbrə] *n* Edimburgo

Edinburgh Festival *n* ● **the Edinburgh Festival** el festival de Edimburgo

edition [ɪ'dɪʃn] *n* edición *f*

editor ['edɪtə'] *n* **1.** *(of newspaper, magazine)* director *m*, -ra *f* **2.** *(of book)* autor *m*, -ra *f* de la edición, redactor *m*, -ra *f* **3.** *(of film, TV programme)* montador *m*, -ra *f* *(Esp)*, editor *m*, -ra *f*

editorial [,edɪ'tɔːrɪəl] *n* editorial *m*

educate ['edʒʊkeɪt] *vt* educar

education [,edʒʊ'keɪʃn] *n* **1.** *(field)* enseñanza *f* **2.** *(process or result of teaching)* educación *f*

eel [iːl] *n* anguila *f*

effect [ɪ'fekt] *n* efecto *m* ● **to put sthg into effect** hacer entrar algo en vigor ● **to take effect** *(medicine)* hacer efecto; *(law)* entrar en vigor

effective [ɪ'fektɪv] *adj* **1.** *(successful)* eficaz **2.** *(law, system)* operativo(va)

effectively [ɪ'fektɪvlɪ] *adv* **1.** *(successfully)* eficazmente **2.** *(in fact)* de hecho

efficient [ɪ'fɪʃnt] *adj* eficiente

effort ['efət] *n* esfuerzo *m* ● **to make an effort to do sthg** hacer un esfuerzo por hacer algo ● **it's not worth the effort** no merece la pena

e.g. *adv* p. ej.

egg [eg] *n* huevo *m*

egg cup *n* huevera *f*

egg mayonnaise *n* relleno de bocadillo consistente en huevo duro triturado con mayonesa

eggplant ['egplɑːnt] *n* (*US*) berenjena *f*

egg white *n* clara *f* (de huevo)

egg yolk *n* yema *f* (de huevo)

Egypt ['iːdʒɪpt] *n* Egipto

eiderdown ['aɪdədaʊn] *n* (*UK*) edredón *m*

eight [eɪt] *num* ocho ● **to be eight (years old)** tener ocho años (de edad) ● **it's eight (o'clock)** son las ocho ● **a hundred and eight** ciento ocho ● **eight Hill St** Hill St, número ocho ● **it's minus eight (degrees)** hay ocho grados bajo cero ● **eight out of ten** ocho sobre diez

eighteen [,eɪ'tiːn] *num* dieciocho

eighteenth [,eɪ'tiːnθ] *num* decimoctavo(va)

eighth [eɪtθ] ◇ *num adj* octavo(va) ◇ *pron* octavo *m*, -va *f* ◇ *num n* (*fraction*) octavo *m* ◇ *num adv* octavo ● **an eighth (of)** la octava parte (de) ● **the eighth (of September)** el ocho (de septiembre)

eightieth ['eɪtɪθ] *num* octogésimo(ma)

eighty ['eɪtɪ] *num* ochenta

Eire ['eərə] *n* Eire

either[1] ['aɪðə', 'iːðə'] *adj* ● **either book will do** cualquiera de los dos libros vale

either[2] ['aɪðə', 'iːðə'] *pron* ● **I'll take either (of them)** me llevaré cualquiera (de los dos) ● **I don't like either (of them)** no me gusta ninguno (de los dos)

either[3] ['aɪðə', 'iːðə'] *adv* ● **I can't either** yo tampoco (puedo) ● **either ... or o ...** o ● **I don't speak either French or Spanish** no hablo ni francés ni español ● **on either side** a ambos lados

eject [ɪ'dʒekt] *vt (cassette)* expulsar
elaborate [ɪ'læbrət] *adj* elaborado(da)
elastic [ɪ'læstɪk] *n* elástico *m*
elastic band *n (UK)* goma *f* (elástica)
elbow ['elbəʊ] *n* codo *m*
elder ['eldə'] *adj* mayor
elderly ['eldəlɪ] ◊ *adj* anciano(na) ◊ *npl* ● **the elderly** los ancianos
eldest ['eldɪst] *adj* mayor
elect [ɪ'lekt] *vt (by voting)* elegir
election [ɪ'lekʃn] *n* elección *f*
electric [ɪ'lektrɪk] *adj* eléctrico(ca)
electrical goods [ɪ'lektrɪkl-] *npl* electrodomésticos *mpl*
electric blanket *n* manta *f* eléctrica
electric drill *n* taladro *m* eléctrico
electric fence *n* cercado *m* electrificado
electrician [ˌɪlek'trɪʃn] *n* electricista *mf*
electricity [ˌɪlek'trɪsətɪ] *n* electricidad *f*
electric shock *n* descarga *f* eléctrica
electrocute [ɪ'lektrəkju:t] *vt* electrocutar
electronic [ˌɪlek'trɒnɪk] *adj* electrónico(ca)
elegant ['elɪɡənt] *adj* elegante
element ['elɪmənt] *n* **1.** *(part, chemical)* elemento *m* **2.** *(degree)* toque *m*, matiz *m* **3.** *(of fire, kettle)* resistencia *f* ● **the elements** los elementos
elementary [ˌelɪ'mentərɪ] *adj* elemental
elephant ['elɪfənt] *n* elefante *m*
elevator ['elɪveɪtə'] *n (US)* ascensor *m*
eleven [ɪ'levn] ◊ *num adj* once ◊ *num n* once *m inv* ● **to be eleven (years old)** tener once años (de edad) ● **it's eleven (o'clock)** son las once ● **a**

hundred and eleven ciento once ●
eleven Hill St Hill St, número once ●
it's minus eleven (degrees) hay once grados bajo cero
eleventh [ɪ'levnθ] ◊ *num adj* undécimo(ma) ◊ *pron* undécimo *m*, -ma *f* ◊ *num n (fraction)* undécimo *m* ◊ *num adv* undécimo ● **an eleventh (of)** la undécima parte (de) ● **the eleventh (of September)** el undécimo (de septiembre)
eligible ['elɪdʒəbl] *adj* elegible
eliminate [ɪ'lɪmɪneɪt] *vt* eliminar
Elizabethan [ɪˌlɪzə'bi:θn] *adj* isabelino(na)
elm [elm] *n* olmo *m*
El Salvador [ˌel'sælvədɔ:'] *n* El Salvador
else [els] *adv* ● **I don't want anything else** no quiero nada más ● **anything else?** ¿algo más? ● **everyone else** todos los demás(todas las demás) ● **nobody else** nadie más ● **nothing else** nada más ● **somebody else** otra persona ● **something else** otra cosa ● **somewhere else** a/en otra parte ● **what else?** ¿qué más? ● **who else?** ¿quién más? ● **or else** si no
elsewhere [els'weə'] *adv* a/en otra parte
e-mail ['i:meɪl] ◊ *n* **1.** *(system)* correo electrónico, email *m* **2.** *(message)* mensaje *m* (de correo) electrónico, mail *m*, email *m* ◊ *vt* ● **to e-mail sb** mandarle a alguien un mensaje (de correo) electrónico ● **I'll e-mail the details to you** te enviaré los detalles por correo electrónico

e-mails

You can start an e-mail (colloquially known as *un emilio* in Spanish) with formal phrases such as *Sra. Caravaca:* or *Estimado Sr. Hernández:*. However, in the majority of contexts less formal phrases are preferred, for example: *Querido Gustavo:*, *Hola, Carmen:* or *¿Qué tal, Pedro?* Remember that unlike in English, these phrases are followed by a colon and not a comma. You can end a formal e-mail with *Cordialmente*, but it is more usual to sign off with informal phrases like *Saludos*, *Abrazos*, *Nos vemos* or *Hasta pronto*. For close friends and family, you can also use *Besos* or *Besitos*.

e-mail address *n* dirección *f* de correo electrónico (*Esp*), dirección *f* electrónica (*Amér*)

embankment [ɪmˈbæŋkmənt] *n* **1.** (*next to river*) dique *m* **2.** (*next to road, railway*) terraplén *m*

embark [ɪmˈbɑːk] *vi* (*board ship*) embarcar

embarrass [ɪmˈbærəs] *vt* avergonzar

embarrassed [ɪmˈbærəst] *adj* ● I was embarrassed me daba vergüenza OR pena (*Amér*)

embarrassing [ɪmˈbærəsɪŋ] *adj* embarazoso(sa), penoso(sa)

embarrassment [ɪmˈbærəsmənt] *n* vergüenza *f*, pena *f* (*Amér*)

embassy [ˈembəsɪ] *n* embajada *f*

emblem [ˈembləm] *n* emblema *m*

embrace [ɪmˈbreɪs] *vt* abrazar

embroidered [ɪmˈbrɔɪdəd] *adj* bordado(da)

embroidery [ɪmˈbrɔɪdərɪ] *n* bordado *m*

emerald [ˈemərəld] *n* esmeralda *f*

emerge [ɪˈmɜːdʒ] *vi* **1.** (*from place*) salir **2.** (*fact, truth*) salir a la luz

emergency [ɪˈmɜːdʒənsɪ] ◇ *n* emergencia *f* ◇ *adj* de emergencia ● **in an emergency** en caso de emergencia

emergency exit *n* salida *f* de emergencia

emergency landing *n* aterrizaje *m* forzoso

emergency services *npl* servicios *mpl* de emergencia

emigrate [ˈemɪgreɪt] *vi* emigrar

emit [ɪˈmɪt] *vt* emitir

emotion [ɪˈməʊʃn] *n* emoción *f*

emotional [ɪˈməʊʃənl] *adj* emotivo(va)

emphasis [ˈemfəsɪs] (*pl* **-ases**) *n* énfasis *m* inv

emphasize [ˈemfəsaɪz] *vt* enfatizar, subrayar

empire [ˈempaɪə[r]] *n* imperio *m*

employ [ɪmˈplɔɪ] *vt* emplear

employed [ɪmˈplɔɪd] *adj* empleado(da)

employee [ɪmˈplɔɪiː] *n* empleado *m*, -da *f*

employer [ɪmˈplɔɪə[r]] *n* patrono *m*, -na *f*

employment [ɪmˈplɔɪmənt] *n* empleo *m*

employment agency *n* agencia *f* de trabajo

empty [ˈemptɪ] ◇ *adj* **1.** vacío(a) **2.** (*threat, promise*) vano(na) ◇ *vt* vaciar

EMU [iːemˈjuː] *n* (*abbr* of **European Monetary Union**) UME *f* (*Unión mone-

taria europea)

emulsion (paint) [ɪ'mʌl∫n-] n pintura f
mate

enable [ɪ'neɪbl] vt ● **to enable sb to do
sthg** permitir a alguien hacer algo

enamel [ɪ'næml] n esmalte m

enclose [ɪn'kləʊz] vt 1. *(surround)* rodear
2. *(with letter)* adjuntar

enclosed [ɪn'kləʊzd] adj *(space)* cerra-
do(da)

encounter [ɪn'kaʊntəʳ] vt encontrarse
con

encourage [ɪn'kʌrɪdʒ] vt *(person)* animar
● **to encourage sb to do sthg** animar a
alguien a hacer algo

encouragement [ɪn'kʌrɪdʒmənt] n
aliento m, ánimo m

encrypt [en'krɪpt] vt *COMPUT* codificar

encyclopedia [ɪnˌsaɪklə'piːdjə] n enciclopedia f

end [end] ⋄ n 1. fin m 2. *(furthest point)*
extremo m 3. *(of finger, toe)* punta f ⋄ vt
terminar ⋄ vi acabarse ● **to come to
an end** acabarse ● **to put an end to
sthg** poner fin a algo ● **for days on end**
día tras día ● **in the end** al final ● **to
make ends meet** llegar al final de mes
● **at the end of** *(street, garden)* al final
de ● **at the end of April** a finales de
abril ● **end up** vi acabar, terminar ●
to end up doing sthg acabar por hacer
algo

endangered species [ɪn'deɪndʒəd-] n
especie f en peligro

ending ['endɪŋ] n 1. *(of story, film)* final m
2. *GRAM* terminación f

endive ['endaɪv] n 1. *(curly)* endibia f 2.
(chicory) achicoria f

endless ['endlɪs] adj interminable

endorsement [ɪn'dɔːsmənt] n *(UK) (of
driving licence)* nota de sanción en el
carné de conducir

endurance [ɪn'djʊərəns] n resistencia
f

endure [ɪn'djʊəʳ] vt soportar

enemy ['enɪmɪ] n enemigo m, -ga f

energy ['enədʒɪ] n energía f

enforce [ɪn'fɔːs] vt hacer cumplir

engaged [ɪn'geɪdʒd] adj 1. *(to be married)*
prometido(da) 2. *(UK) (phone)* ocupa-
do(da), comunicando *(Esp)* 3. *(toilet)*
ocupado(da) ● **to get engaged** prometerse

engaged tone n *(UK)* señal f de
comunicando OR ocupado

engagement [ɪn'geɪdʒmənt] n 1. *(to
marry)* compromiso m 2. *(appointment)*
cita f

engagement ring n anillo m de
compromiso

engine ['endʒɪn] n 1. *(of vehicle)* motor m
2. *(of train)* máquina f

engineer [ˌendʒɪ'nɪəʳ] n ingeniero m, -ra
f

engineering [ˌendʒɪ'nɪərɪŋ] n ingeniería
f

engineering works npl *(on railway line)*
trabajos mpl de mejora en la línea

England ['ɪŋglənd] n Inglaterra f

English ['ɪŋglɪ∫] ⋄ adj inglés(esa) ⋄ n
(language) inglés m ⋄ npl ● **the English**
los ingleses

English breakfast n desayuno m
inglés

English Channel n ● **the English
Channel** el Canal de la Mancha

Englishman ['ɪŋglɪʃmən] (*pl* **-men**) *n* inglés *m*

Englishwoman ['ɪŋglɪʃˌwumən] (*pl* **-women**) *n* inglesa *f*

engrave [ɪn'greɪv] *vt* grabar

engraving [ɪn'greɪvɪŋ] *n* grabado *m*

enjoy [ɪn'dʒɔɪ] *vt* ● I enjoyed the film me gustó la película ● I enjoy swimming me gusta nadar ● to enjoy o.s. divertirse ● enjoy your meal! ¡que aproveche!

enjoyable [ɪn'dʒɔɪəbl] *adj* agradable

enjoyment [ɪn'dʒɔɪmənt] *n* placer *m*

enlargement [ɪn'lɑːdʒmənt] *n* (*of photo*) ampliación *f*

enormous [ɪ'nɔːməs] *adj* enorme

enough [ɪ'nʌf] *adj*, *pron* & *adv* bastante ● enough time bastante tiempo ● is that enough? ¿es bastante? ● it's not big enough no es lo bastante grande ● to have had enough (of) estar harto (de)

enquire [ɪn'kwaɪə^r] *vi* informarse

enquiry [ɪn'kwaɪərɪ] *n* 1. (*question*) pregunta *f* 2. (*investigation*) investigación *f* ▼ Enquiries Información

enquiry desk *n* información *f*

enrol [ɪn'rəʊl] *vi* (*UK*) matricularse, inscribirse

enroll [ɪn'rəʊl] (*US*) = enrol

en suite bathroom [ɒn'swiːt-] *n* baño *m* adjunto

ensure [ɪn'ʃʊə^r] *vt* asegurar

ENT [iːenˈtiː] *n* (*abbr of* Ear, Nose and Throat) otorrinolaringilogía *f*

entail [ɪn'teɪl] *vt* conllevar

enter ['entə^r] ◇ *vt* 1. (*room, building*) entrar en 2. (*plane, bus*) subir a 3.

(*college*) matricularse a, inscribirse en 4. (*army*) alistarse en 5. (*competition*) presentarse a 6. (*on form*) escribir ◇ *vi* 1. (*come in*) entrar 2. (*in competition*) presentarse, participar

enterprise ['entəpraɪz] *n* empresa *f*

entertain [ˌentə'teɪn] *vt* (*amuse*) entretener

entertainer [ˌentə'teɪnə^r] *n* artista *mf*

entertaining [ˌentə'teɪnɪŋ] *adj* entretenido(da)

entertainment [ˌentə'teɪnmənt] *n* 1. (*amusement*) diversión *f* 2. (*show*) espectáculo *m*

enthusiasm [ɪn'θjuːzɪæzm] *n* entusiasmo *m*

enthusiast [ɪn'θjuːzɪæst] *n* entusiasta *mf*

enthusiastic [ɪnˌθjuːzɪ'æstɪk] *adj* entusiasta

entire [ɪn'taɪə^r] *adj* entero(ra)

entirely [ɪn'taɪəlɪ] *adv* enteramente

entitle [ɪn'taɪtl] *vt* ● to entitle sb to sthg dar a alguien derecho a algo ● to entitle sb to do sthg autorizar a alguien a hacer algo

entrance ['entrəns] *n* entrada *f*

entrance fee *n* precio *m* de entrada

entry ['entrɪ] *n* 1. entrada *f* 2. (*in competition*) respuesta *f* ▼ no entry prohibido el paso

envelope ['envələʊp] *n* sobre *m*

envelopes

When addressing envelopes in Spanish, the house number comes after the street name and the postcode goes before the name of the town. For flats, you write the number of the floor followed by the flat number, e.g. *5º 2ª* (fifth floor, flat no. 2). A typical address might be: *c/ Trapiche nº 177 5º 2ª, 29600 Marbella, MÁLAGA*. In this example, *c/* is the abbreviation for *calle, nº 177* is the main door number for the block of flats, *29600* is the postcode and *MÁLAGA* is the province (written in capitals).

envious ['envɪəs] *adj* envidioso(sa)

environment [ɪn'vaɪərənmənt] *n (surroundings)* entorno *m* ♦ **the environment** el medio ambiente

environmental [ɪn,vaɪərən'mentl] *adj* medioambiental

environmentally friendly [ɪn,vaɪərən-'mentəlɪ-] *adj* ecológico(ca)

envy ['envɪ] *vt* envidiar

epic ['epɪk] *n* epopeya *f*

epidemic [,epɪ'demɪk] *n* epidemia *f*

epileptic [,epɪ'leptɪk] *adj* epiléptico(ca)

episode ['epɪsəʊd] *n* episodio *m*

equal ['iːkwəl] ◇ *adj* igual ◇ *vt (number)* ser igual a ♦ **to be equal to** ser igual a

equality [ɪ'kwɒlətɪ] *n* igualdad *f*

equalize ['iːkwəlaɪz] *vi* marcar el empate

equally ['iːkwəlɪ] *adv* **1.** igualmente **2.** *(pay, treat)* equitativamente **3.** *(share)* por igual

equation [ɪ'kweɪʒn] *n* ecuación *f*

equator [ɪ'kweɪtəʳ] *n* ● **the equator** el ecuador

equip [ɪ'kwɪp] *vt* ● **to equip sb with** proveer a alguien (de) ● **to equip sthg**

with equipar algo (con)

equipment [ɪ'kwɪpmənt] *n* equipo *m*

equipped [ɪ'kwɪpt] *adj* ● **to be equipped with** estar provisto(ta) de

equivalent [ɪ'kwɪvələnt] ◇ *adj* equivalente ◇ *n* equivalente *m*

ER [iː'ɑːʳ] *n (US) (abbr of emergency room)* urgencias *fpl*

erase [ɪ'reɪz] *vt* borrar

eraser [ɪ'reɪzəʳ] *n* goma *f* de borrar

erect [ɪ'rekt] ◇ *adj (person, posture)* erguido(da) ◇ *vt* **1.** *(tent)* montar **2.** *(monument)* erigir

erotic [ɪ'rɒtɪk] *adj* erótico(ca)

errand ['erənd] *n* recado *m*

erratic [ɪ'rætɪk] *adj* irregular

error ['erəʳ] *n* error *m*

escalator ['eskəleɪtəʳ] *n* escalera *f* mecánica

escalope ['eskəlɒp] *n* escalope *m*

escape [ɪ'skeɪp] ◇ *n* **1.** *(flight)* fuga *f* **2.** *(of gas, water)* escape *m* ◇ *vi* ● **to escape (from)** *(prison, danger)* escaparse (de); *(leak)* fugarse (de)

escort *n* [ɪ'eskɔːt] *(guard)* escolta *f* ◇ *vt* [ɪ'skɔːt] escoltar

especially [ɪ'speʃəlɪ] *adv* especialmente

esplanade [,esplə'neɪd] *n* paseo *m* marítimo

essay ['eseɪ] *n* **1.** *(at school)* redacción *f* **2.** *(at university)* trabajo *m*

essential [ɪ'senʃl] *adj* esencial ♦ **essentials** *npl* ● **the (bare) essentials** lo (mínimo) indispensable

essentially [ɪ'senʃəlɪ] *adv* esencialmente

establish [ɪ'stæblɪʃ] *vt* **1.** *(set up, create)* establecer **2.** *(fact, truth)* verificar

establishment [ɪ'stæblɪʃmənt] *n (business)* establecimiento *m*

estate [ɪ'steɪt] *n* **1.** *(land in country)* finca *f* **2.** *(UK) (for housing)* urbanización *f* **3.** *(UK) (car)* = estate car

estate agent *n (UK)* agente *m* inmobiliario, agente *f* inmobiliaria

estate car *n (UK)* coche *m* familiar, coche *m* ranchera, camioneta *f (Amér)*

estimate ◇ *n* ['estɪmət] **1.** *(guess)* estimación *f* **2.** *(for job)* presupuesto *m* ◇ *vt* ['estɪmeɪt] calcular

estuary ['estjʊərɪ] *n* estuario *m*

etc. *(abbr of etcetera)* etc. *(etcétera)*

ethnic minority ['eθnɪk-] *n* minoría *f* étnica

EU [iː'juː] *n (abbr of European Union)* UE *f (Unión Europea)* ● **EU policy** directriz *f* de la UE

euro ['jʊərə] *n* euro *m*

Eurocheque ['jʊərəʊ,tʃek] *n* eurocheque *m*

Europe ['jʊərəp] *n* Europa

European [,jʊərə'pɪən] ◇ *adj* europeo(a) ◇ *n* europeo *m*, -a *f*

European Central Bank *n* Banco *m* Central Europeo

European Commission *n* Comisión *f* Europea

Eurostar ® ['jʊərəʊstɑːʳ] *n* Eurostar ® *m*

euro zone *n* zona *f* del euro

evacuate [ɪ'vækjʊeɪt] *vt* evacuar

evade [ɪ'veɪd] *vt* eludir

eve [iːv] *n* ● **on the eve of** en la víspera de

even ['iːvn] ◇ *adj* **1.** *(uniform)* constante, uniforme **2.** *(level, flat)* llano(na), liso

(sa) **3.** *(equal)* igualado(da) **4.** *(number)* par ◇ *adv* **1.** *(emphasizing surprise)* hasta **2.** *(in comparisons)* aun ● **to break even** acabar sin ganar ni perder ● **even so** aun así ● **even though** aunque ● **not even** ni siquiera

evening ['iːvnɪŋ] *n* **1.** *(from 5 p.m. to 8 p.m.)* tarde *f* **2.** *(from 9 p.m. onwards)* noche *f* **3.** *(event)* velada *f* ● **good evening!** ¡buenas tardes!, ¡buenas noches! ● **in the evening** por la tarde, por la noche

evening classes *npl* clases *fpl* nocturnas

evening dress *n* **1.** *(formal clothes)* traje *m* de etiqueta **2.** *(woman's garment)* traje de noche

evening meal *n* cena *f*

event [ɪ'vent] *n* **1.** *(occurrence)* suceso *m* **2.** *SPORT* prueba *f* ● **in the event of** *(fml)* en caso de

eventual [ɪ'ventʃʊəl] *adj* final, definitivo(va)

eventually [ɪ'ventʃʊəlɪ] *adv* finalmente

ever ['evəʳ] *adv* **1.** *(at any time)* alguna vez **2.** *(in negatives)* nunca ● **I don't ever do that** no hago eso nunca ● **the best I've ever seen** lo mejor que nunca he visto ● **he was ever so angry** *(UK)* estaba muy enfadado ● **for ever** *(eternally)* para siempre ● **we've been waiting for ever** hace siglos que esperamos ● **hardly ever** casi nunca ● **ever since** desde entonces, desde, desde que

every ['evrɪ] *adj* cada ● **every day** cada día ● **every other day** un día sí y otro no ● **one in every ten** uno de cada diez ● **we make every effort ...** hacemos todo lo posible ... ● **every so often** de vez en cuando

everybody ['evrɪˌbɒdɪ] = **everyone**

everyday ['evrɪdeɪ] *adj* diario(ria)

everyone ['evrɪwʌn] *pron* todo el mundo, todos *mpl*, -das *f*

everyplace ['evrɪˌpleɪs] *(US)* = **everywhere**

everything ['evrɪθɪŋ] *pron* todo

everywhere ['evrɪweəᶜ] *adv* **1.** *(be, search)* por todas partes **2.** *(with verbs of motion)* a todas partes ● **everywhere you go** por todas partes

evidence ['evɪdəns] *n* **1.** *(proof)* prueba *f* **2.** *LAW* declaración *f*

evident ['evɪdənt] *adj* evidente

evidently ['evɪdəntlɪ] *adv* **1.** *(apparently)* aparentemente **2.** *(obviously)* evidentemente

evil ['iːvl] ◇ *adj* malvado(da) ◇ *n* mal *m*

ex [eks] *n (inf)* ex *mf*

exact [ɪgˈzækt] *adj* exacto(ta) ▼ **exact fare ready please** tenga listo el precio exacto del billete

exactly [ɪgˈzæktlɪ] ◇ *adv* exactamente ◇ *excl* ¡exacto!

exaggerate [ɪgˈzædʒəreɪt] *vt & vi* exagerar

exaggeration [ɪgˌzædʒəˈreɪʃn] *n* exageración *f*

exam [ɪgˈzæm] *n* examen *m* ● **to take an exam** examinarse, presentarse a un examen

examination [ɪgˌzæmɪˈneɪʃn] *n* **1.** *(exam)* examen *m* **2.** *MED* reconocimiento *m*

examine [ɪgˈzæmɪn] *vt* **1.** *(inspect)* examinar **2.** *(consider carefully)* considerar **3.** *MED* reconocer

example [ɪgˈzɑːmpl] *n* ejemplo *m* ● **for example** por ejemplo

exceed [ɪkˈsiːd] *vt* **1.** *(be greater than)* exceder **2.** *(go beyond)* rebasar

excellent ['eksələnt] *adj* excelente

except [ɪkˈsept] *prep & conj* salvo ● **except for** aparte de ▼ **except for access** cartel que indica que el tránsito no está permitido ▼ **except for loading** salvo carga y descarga

exception [ɪkˈsepʃn] *n* excepción *f*

exceptional [ɪkˈsepʃnəl] *adj* excepcional

excerpt ['eksɜːpt] *n* extracto *m*, pasaje *m*

excess [ɪkˈses] *(before noun* ['ekses]) ◇ *adj* excedente ◇ *n* exceso *m*

excess baggage *n* exceso *m* de equipaje

excess fare *n (UK)* suplemento *m*

excessive [ɪkˈsesɪv] *adj* excesivo(va)

exchange [ɪksˈtʃeɪndʒ] ◇ *n* **1.** *(of telephones)* central *f* telefónica **2.** *(of students)* intercambio *m* ◇ *vt* intercambiar ● **to be on an exchange** estar de intercambio

exchange rate *n* tipo *m* de cambio

excited [ɪkˈsaɪtɪd] *adj* emocionado(da)

excitement [ɪkˈsaɪtmənt] *n* emoción *f* ● **excitements** *(exciting things)* emociones *fpl*

exciting [ɪkˈsaɪtɪŋ] *adj* emocionante

exclamation mark [ˌekskləˈmeɪʃn-] *n* signo *m* de admiración

exclamation point [ˌekskləˈmeɪʃn-] *(US)* = **exclamation mark**

exclude [ɪkˈskluːd] *vt* excluir

excluding [ɪkˈskluːdɪŋ] *prep* excepto, con excepción de

exclusive [ɪkˈskluːsɪv] ◇ *adj* **1.** *(high-class)* selecto(ta) **2.** *(sole)* exclusivo(va) ◇ *n* exclusiva *f* ● **exclusive of** excluyendo

excursion [ɪkˈskɜːʃn] *n* excursión *f*

excuse ◇ *n* [ɪkˈskjuːs] excusa *f* ◇ *vt* [ɪkˈskjuːz] **1.** *(forgive)* perdonar **2.** *(let off)* dispensar ● **excuse me!** *(attracting attention)* ¡perdone!; *(trying to get past)* ¿me deja pasar, por favor?; *(as apology)* perdone

ex-directory *adj* (UK) *que no figura en la guía telefónica*

execute [ˈeksɪkjuːt] *vt* ejecutar

executive [ɪgˈzekjʊtɪv] ◇ *adj (desk, suite)* para ejecutivos ◇ *n (person)* ejecutivo *m*, -va *f*

exempt [ɪgˈzempt] *adj* ● **exempt (from)** exento(ta) (de)

exemption [ɪgˈzempʃn] *n* exención *f*

exercise [ˈeksəsaɪz] ◇ *n* ejercicio *m* ◇ *vi* hacer ejercicio ● **to do exercises** hacer ejercicio

exercise book *n* cuaderno *m* de ejercicios

exert [ɪgˈzɜːt] *vt* ejercer

exhaust [ɪgˈzɔːst] ◇ *vt* agotar ◇ *n* ● **exhaust (pipe)** tubo *m* de escape

exhausted [ɪgˈzɔːstɪd] *adj* agotado(da)

exhibit [ɪgˈzɪbɪt] ◇ *n (in museum, gallery)* objeto *m* expuesto ◇ *vt (in exhibition)* exponer

exhibition [ˌeksɪˈbɪʃn] *n (of art)* exposición *f*

exist [ɪgˈzɪst] *vi* existir

existence [ɪgˈzɪstəns] *n* existencia *f* ● **to be in existence** existir

existing [ɪgˈzɪstɪŋ] *adj* existente

exit [ˈeksɪt] ◇ *n* salida *f* ◇ *vi* salir

exotic [ɪgˈzɒtɪk] *adj* exótico(ca)

expand [ɪkˈspænd] *vi* **1.** *(in size)* extenderse, expandirse **2.** *(in number)* aumentarse, ampliarse

expect [ɪkˈspekt] *vt* esperar ● **to expect to do sthg** esperar hacer algo ● **I expect you to get to work on time** *(require)* espero que llegues al trabajo puntual ● **to be expecting** *(be pregnant)* estar embarazada

expedition [ˌekspɪˈdɪʃn] *n* **1.** *(to explore etc)* expedición *f* **2.** *(short outing)* salida *f*

expel [ɪkˈspel] *vt (from school)* expulsar

expense [ɪkˈspens] *n* gasto *m* ● **at the expense of** a costa de ◆ **expenses** *npl (of business person)* gastos *mpl*

expensive [ɪkˈspensɪv] *adj* caro(ra)

experience [ɪkˈspɪərɪəns] ◇ *n* experiencia *f* ◇ *vt* experimentar

experienced [ɪkˈspɪərɪənst] *adj* experimentado(da)

experiment [ɪkˈsperɪmənt] ◇ *n* experimento *m* ◇ *vi* experimentar

expert [ˈekspɜːt] ◇ *adj* experto(ta) ◇ *n* experto *m*, -ta *f*

expire [ɪkˈspaɪə^r] *vi* caducar

expiry date [ɪkˈspaɪərɪ-] *n* fecha *f* de caducidad

explain [ɪkˈspleɪn] *vt* explicar

explanation [ˌekspləˈneɪʃn] *n* explicación *f*

explode [ɪkˈspləʊd] *vi* estallar

exploit [ɪkˈsplɔɪt] *vt* explotar

explore [ɪkˈsplɔː^r] *vt* explorar

explosion [ɪkˈspləʊʒn] *n* explosión *f*

explosive [ɪkˈspləʊsɪv] n explosivo m

export ◇ n [ˈekspɔːt] exportación f ◇ vt [ɪkˈspɔːt] exportar

exposed [ɪkˈspəʊzd] adj (place) al descubierto

exposure [ɪkˈspəʊʒəʳ] n 1. exposición f 2. MED hipotermia f

express [ɪkˈspres] ◇ adj 1. (letter, delivery) urgente 2. (train) rápido(da) ◇ n (train) expreso m ◇ vt expresar ◇ adv urgente

expression [ɪkˈspreʃn] n expresión f

expresso [ɪkˈspresəʊ] n café m exprés

expressway [ɪkˈspresweɪ] n (US) autopista f

extend [ɪkˈstend] ◇ vt 1. (visa, permit) prorrogar 2. (road, railway) prolongar 3. (hand) tender ◇ vi (stretch) extenderse

extension [ɪkˈstenʃn] n 1. (of building) ampliación f 2. (for phone, permit, essay) extensión f

extension cord (US) = extension lead

extension lead [-liːd] n (UK) alargador m, extensión f

extensive [ɪkˈstensɪv] adj 1. (damage, area) extenso(sa) 2. (selection) amplio(plia)

extent [ɪkˈstent] n (of damage, knowledge) extensión f ● to a certain extent hasta cierto punto ● to what extent ...? ¿hasta qué punto ... ?

exterior [ɪkˈstɪərɪəʳ] ◇ adj exterior ◇ n (of car, building) exterior m

external [ɪkˈstɜːnl] adj externo(na)

extinct [ɪkˈstɪŋkt] adj extinto(ta)

extinction [ɪkˈstɪŋkʃn] n extinción f

extinguish [ɪkˈstɪŋgwɪʃ] vt 1. (fire) extinguir 2. (cigarette) apagar

extinguisher [ɪkˈstɪŋgwɪʃəʳ] n extintor m

extortionate [ɪkˈstɔːʃnət] adj exorbitante

extra [ˈekstrə] ◇ adj 1. (additional) extra inv 2. (spare) de más ◇ n 1. (bonus) paga f extraordinaria 2. (optional thing) extra m ◇ adv (more) más ● an extra special offer una oferta muy especial ● be extra careful ten mucho cuidado ● I need some extra help necesito más ayuda ● extra charge suplemento m ● extra large extra-grande ◆ extras npl (in price) suplementos mpl

extract ◇ n [ˈekstrækt] 1. (of yeast, malt) extracto m 2. (from book, opera) fragmento m ◇ vt [ɪkˈstrækt] (tooth) extraer

extraordinary [ɪkˈstrɔːdnrɪ] adj extraordinario(ria)

extravagant [ɪkˈstrævəgənt] adj 1. (wasteful) derrochador(ra) 2. (expensive) exorbitante

extreme [ɪkˈstriːm] ◇ adj extremo(ma) ◇ n extremo

extremely [ɪkˈstriːmlɪ] adv extremadamente

extrovert [ˈekstrəvɜːt] n extrovertido m, -da f

eye [aɪ] ◇ n ojo m ◇ vt mirar detenidamente ● to keep an eye on vigilar

eyebrow [ˈaɪbraʊ] n ceja f

eyeglasses [ˈaɪglɑːsɪz] npl (US) (fml) gafas fpl (Esp), anteojos mpl (Amér)

eyelash [ˈaɪlæʃ] n pestaña f

eyelid [ˈaɪlɪd] n párpado m

eyeliner [ˈaɪlaɪnəʳ] n lápiz m de ojos, delineador m

eye shadow n sombra f de ojos
eyesight ['aɪsaɪt] n vista f
eye test n prueba f de visión
eyewitness [,aɪ'wɪtnɪs] n testigo mf presencial

F [ef] (abbr of **Fahrenheit**) F (fahrenheit)
fab [fæb] adj (inf) genial
fabric ['fæbrɪk] n (cloth) tejido m
fabulous ['fæbjʊləs] adj fabuloso(sa)
facade [fə'sɑːd] n fachada f
face [feɪs] ◇ n 1. cara f 2. (of clock, watch) esfera f ◇ vt 1. (look towards) mirar a 2. (confront, accept) hacer frente a 3. (cope with) soportar ● **to be faced with** enfrentarse con ◆ **face up** vt insep hacer frente a
facecloth ['feɪsklɒθ] n toalla f de cara
facial ['feɪʃl] n limpieza f de cutis
facilitate [fə'sɪlɪteɪt] vt (fml) facilitar
facilities [fə'sɪlɪtiːz] npl instalaciones fpl
facsimile [fæk'sɪmɪlɪ] n facsímil m
fact [fækt] n 1. (established truth) hecho m 2. (piece of information) dato m ● **in fact** (in reality) en realidad; (moreover) de hecho
factor ['fæktə'] n 1. (condition) factor m 2. (of suntan lotion) factor m (de protección solar) ● **factor ten suntan lotion** bronceador m con factor de protección diez

factory ['fæktərɪ] n fábrica f
faculty ['fæklti] n (at university) facultad f
fade [feɪd] vi 1. (light, sound) irse apagando 2. (flower) marchitarse 3. (jeans, wallpaper) descolorarse
faded ['feɪdɪd] adj (jeans) desteñido(da)
fag [fæg] n 1. (UK) (inf) (cigarette) pitillo m, tabaco m
Fahrenheit ['færənhaɪt] adj Fahrenheit (inv)
fail [feɪl] ◇ vt (exam) suspender (Esp), reprobar (Amér) ◇ vi 1. (not succeed) fracasar 2. (in exam) suspender, reprobar (Amér) 3. (engine) fallar ● **to fail to do sthg** (not do) no hacer algo
failing ['feɪlɪŋ] ◇ n defecto m ◇ prep • **failing that** en su defecto
failure ['feɪljə'] n 1. fracaso m 2. (unsuccessful person) fracasado m, -da f ● **failure to comply with the regulations** el incumplimiento de las normas
faint [feɪnt] adj 1. (sound, colour) débil 2. (outline) impreciso(sa) 3. (dizzy) mareado(da) ◇ vi desmayarse ● **I haven't the faintest idea** no tengo la más mínima idea
fair [feə'] ◇ adj 1. (just) justo(ta) 2. (quite large) considerable 3. (quite good) bastante bueno(na) 4. SCH satisfactorio (ria) 5. (hair, person) rubio(bia) 6. (skin) blanco(ca) 7. (weather) bueno(na) ◇ n feria f ● **fair enough!** ¡vale!
fairground ['feəgraʊnd] n recinto m de la feria
fair-haired [-'heəd] adj rubio(bia)
fairly ['feəlɪ] adv (quite) bastante
fairy ['feərɪ] n hada f

fairy tale n cuento m de hadas

faith [feɪθ] n fe f

faithfully ['feɪθfʊlɪ] adv • Yours faithfully le saluda atentamente

fake [feɪk] ◊ n (false thing) falsificación f ◊ vt (signature, painting) falsificar

fall [fɔːl] (pt fell, pp fallen) • vi 1. caer 2. (lose balance) caerse 3. (decrease) bajar ◊ n 1. (accident) caída f 2. (decrease) descenso m 3. (of snow) nevada f 4. (US) (autumn) otoño m • to fall asleep dormirse • to fall ill ponerse enfermo • to fall in love enamorarse • falls npl (waterfall) cataratas fpl ◆ fall behind vi (with work, rent) retrasarse ◆ fall down vi (lose balance) caerse ◆ fall off vi 1. (person) caerse 2. (handle, branch) desprenderse ◆ fall out vi (argue) pelearse • my tooth fell out se me cayó un diente ◆ fall over vi caerse ◆ fall through vi fracasar

false [fɔːls] adj 1. falso(sa) 2. (artificial) postizo(za)

false alarm n falsa alarma f

false teeth npl dentadura f postiza

fame [feɪm] n fama f

familiar [fə'mɪljəʳ] adj 1. (known) familiar 2. (informal) demasiado amistoso(sa) • to be familiar with (know) estar familiarizado(da) con

family ['fæmlɪ] ◊ n familia f ◊ adj 1. (large) familiar 2. (film, holiday) para toda la familia

family planning clinic [-'plænɪŋ-] n clínica f de planificación familiar

family room n 1. (at hotel) habitación f familiar

famine ['fæmɪn] n hambruna f

famished ['fæmɪʃt] adj (inf) muerto(ta) de hambre

famous ['feɪməs] adj famoso(sa)

fan [fæn] n 1. (held in hand) abanico m 2. (electric) ventilador m 3. (enthusiast) admirador m, -ra f 4. (supporter) aficionado m, -da f

fan belt n correa f OR banda f (Méx) del ventilador

fancy ['fænsɪ] ◊ adj 1. (elaborate) recargado(da) 2. (food) elaborado(da) ◊ vt (UK) (inf) • I fancy an ice cream me apetece tomar un helado • he fancies Jane le gusta Jane • fancy (that)! ¡fíjate!

fancy dress n disfraz m

fantastic [fæn'tæstɪk] adj fantástico(ca)

fantasy ['fæntəsɪ] n fantasía f

FAQ [fak] n COMPUT (abbr of frequently asked questions) fichero m de preguntas frecuentes

far [fɑːʳ] (compar further OR farther, superl furthest OR farthest) ◊ adv 1. (in distance, time) lejos 2. (in degree) mucho ◊ adj 1. (end) extremo(ma) 2. (side) opuesto(ta) • have you come far? ¿vienes de lejos? • how far is it? ¿está lejos? • how far is it to London? ¿cuánto hay de aquí a Londres? • as far as (place) hasta • as far as I'm concerned por lo que a mí se refiere • as far as I know que yo sepa • far better mucho mejor • by far con mucho • it's far too difficult es demasiado difícil • so far hasta ahora • to go too far pasarse

farce [fɑːs] n farsa f

fare [feəʳ] ◊ n 1. (on bus, train etc) precio

m del billete **2.** (*fml*) (*food*) comida *f* ◇
vi ● she fared well le fue bien

Far East *n* ● the Far East el Lejano Oriente

farm [fɑːm] *n* granja *f*

farmer ['fɑːməʳ] *n* agricultor *m*, -ra *f*

farmhouse ['fɑːmhaʊs] (*pl* [-hauzɪz]) *n* caserío *m*

farming ['fɑːmɪŋ] *n* agricultura *f*

farmland ['fɑːmlænd] *n* tierras *fpl* de labranza

farmyard ['fɑːmjɑːd] *n* corral *m*

farther ['fɑːðəʳ] *compar* ➤ far

farthest ['fɑːðəst] *superl* ➤ far

fascinating ['fæsɪneɪtɪŋ] *adj* fascinante

fascination [,fæsɪ'neɪʃn] *n* fascinación *f*

fashion ['fæʃn] *n* **1.** (*trend, style*) moda *f* **2.** (*manner*) manera *f* ● to be in fashion estar de moda ● to be out of fashion estar pasado de moda

fashionable ['fæʃnəbl] *adj* de moda

fashion show *n* desfile *m* de moda

fast [fɑːst] ◇ *adj* **1.** (*quick*) rápido(da) **2.** (*clock, watch*) adelantado(da) ◇ *adv* **1.** (*quickly*) rápidamente **2.** (*securely*) firmemente ● fast asleep profundamente dormido ● a fast train un tren rápido

fasten ['fɑːsn] *vt* **1.** (*belt, coat*) abrochar **2.** (*two things*) sujetar

fastener ['fɑːsnəʳ] *n* **1.** (*of window, box*) cierre *m* **2.** (*of dress*) corchete *m*

fast food *n* comida *f* rápida

fat [fæt] ◇ *adj* **1.** (*person*) gordo(da) **2.** (*meat*) con mucha grasa ◇ *n* **1.** grasa *f* **2.** (*for cooking*) manteca *f*

fatal ['feɪtl] *adj* (*accident, disease*) mortal

fat-free *adj* sin grasa

father ['fɑːðəʳ] *n* padre *m*

Father Christmas *n* (UK) Papá *m* Noel

father-in-law *n* suegro *m*

fattening ['fætnɪŋ] *adj* que engorda

fatty ['fætɪ] *adj* graso(sa)

faucet ['fɔːsɪt] *n* (US) grifo *m* (*Esp*), llave *f*

fault ['fɔːlt] *n* **1.** (*responsibility*) culpa *f* **2.** (*flaw*) defecto *m* **3.** (*in machine*) fallo *m* ● it's your fault tú tienes la culpa

faulty ['fɔːltɪ] *adj* defectuoso(sa)

favor ['feɪvəʳ] (US) = **favour**

favour ['feɪvəʳ] ◇ *n* (UK) (*kind act*) favor *m* ◇ *vt* (*prefer*) preferir ● to be in favour of estar a favor de ● to do sb a favour hacerle un favor a alguien

favorable ['feɪvrəbl] (US) = **favourable**

favorite ['feɪvrət] (US) = **favourite**

favorites ['feɪvrɪts] *n* COMPUT favoritos *mpl*

favourable 'feɪvrəbl] *adj* (UK) favorable

favourite ['feɪvrɪt] ◇ *adj* (UK) favorito (ta) ◇ *n* favorito *m*, -ta *f*

fawn [fɔːn] *adj* beige *inv*

fax [fæks] ◇ *n* fax *m inv* ◇ *vt* **1.** (*document*) enviar por fax **2.** (*person*) enviar un fax a

fear [fɪəʳ] ◇ *n* **1.** (*sensation*) miedo *m* **2.** (*thing feared*) temor *m* ◇ *vt* (*be afraid of*) temer ● for fear of por miedo a

feast [fiːst] *n* banquete *m*

feather ['feðəʳ] *n* pluma *f*

feature ['fiːtʃəʳ] ◇ *n* **1.** (*characteristic*) característica *f* **2.** (*of face*) rasgo *m* **3.** (*in newspaper*) artículo *m* de fondo **4.** (*on radio, TV*) programa *m* especial ◇ *vt* (*subj: film*) estar protagonizado por

feature film *n* largometraje *m*

Feb [feb] (*abbr of* February) feb. (*febrero*)

February ['februəri] *n* febrero *m* ● **at the beginning of February** a principios de febrero ● **at the end of February** a finales de febrero ● **during February** en febrero ● **every February** todos los años en febrero ● **in February** en febrero ● **last February** en febrero del año pasado ● **next February** en febrero del próximo año ● **this February** en febrero de este año ● **2 February 2001** (*in letters etc*) 2 de febrero de 2001

fed [fed] *pt & pp* ➢ **feed**

fed up *adj* harto(ta) ● **to be fed up with** estar harto de

fee [fi:] *n* **1.** (*for entry*) precio *m* **2.** (*for service*) tarifa *f* **3.** (*of doctor, lawyer*) honorarios *mpl*

feeble ['fi:bəl] *adj* (*weak*) débil

feed [fi:d] (*pt & pp* **fed**) *vt* **1.** (*person, animal*) dar de comer a **2.** (*insert*) introducir

feel [fi:l] (*pt & pp* **felt**) *vt* **1.** (*touch*) tocar **2.** (*experience*) sentir **3.** (*think*) pensar ⋄ *vi* **1.** (*tired, ill, better*) encontrarse **2.** (*sad, angry, safe*) sentirse ⋄ *n* (*of material*) tacto *m* ● **my nose feels cold** tengo la nariz fría ● **to feel cold** tener frío ● **to feel hungry** tener hambre ● **I feel like a cup of tea** me apetece una taza de té ● **to feel up to doing sthg** sentirse con ánimos de hacer algo

feeling ['fi:lɪŋ] *n* **1.** (*emotion*) sentimiento *m* **2.** (*sensation*) sensación *f* **3.** (*belief*) impresión *f* ● **to hurt sb's feelings** herir los sentimientos de alguien

feet [fi:t] *pl* ➢ **foot**

fell [fel] ⋄ *pt* ➢ **fall** ⋄ *vt* talar

fellow ['feləʊ] ⋄ *n* (*man*) tío *m* ⋄ *adj* ● **my fellow students** mis compañeros de clase

felt [felt] ⋄ *pt & pp* ➢ **feel** ⋄ *n* fieltro *m*

felt-tip pen *n* rotulador *m*, marcador *m* (*Amér*)

female ['fi:meil] ⋄ *adj* **1.** (*animal*) hembra **2.** (*person*) femenino(na) ⋄ *n* hembra *f*

feminine ['feminin] *adj* femenino(na)

feminist ['feminist] *n* feminista *mf*

fence [fens] *n* valla *f*

fencing ['fensɪŋ] *n* SPORT esgrima *f*

fend [fend] *vi* ● **to fend for o.s.** valerse por sí mismo(ma)

fender ['fendə(r)] *n* **1.** (*for fireplace*) guardafuego *m* **2.** (*US*) (*on car*) guardabarros *m inv*

fennel ['fenl] *n* hinojo *m*

fern [fɜ:n] *n* helecho *m*

ferocious [fə'rəʊʃəs] *adj* feroz

ferry ['feri] *n* ferry *m*

fertile ['fɜ:tail] *adj* fértil

fertilizer ['fɜ:tɪlaɪzə(r)] *n* abono *m*

festival ['festəvl] *n* **1.** (*of music, arts etc*) festival *m* **2.** (*holiday*) día *m* festivo

feta cheese ['fetə-] *n* queso blando de origen griego fabricado con leche de oveja

fetch [fetʃ] *vt* **1.** (*person*) ir a buscar **2.** (*object*) traer **3.** (*be sold for*) alcanzar

fete [feit] *n* fiesta *f* al aire libre

fever ['fi:və(r)] *n* fiebre *f* ● **to have a fever** tener fiebre

feverish ['fi:vərɪʃ] *adj* febril

few [fju:] ⋄ *adj* pocos(cas) ⋄ *pron* pocos

mpl, **-cas** *fpl* ● **few people** poca gente ● **a few** algunos, **-nas** *fpl*, unos pocos *mpl*, unas pocas *fpl* ● **quite a few** bastantes

fewer ['fju:ə^r] *adj & pron* menos

fiancé [fɪ'ɒnseɪ] *n* prometido *m*

fiancée [fɪ'ɒnseɪ] *n* prometida *f*

fib [fɪb] *n* (*inf*) bola *f*, mentira *f*

fiber ['faɪbə^r] (*US*) = **fibre**

fibre ['faɪbə^r] *n* (*UK*) fibra *f*

fibreglass ['faɪbəglɑ:s] *n* fibra *f* de vidrio

fickle ['fɪkl] *adj* voluble

fiction ['fɪkʃn] *n* ficción *f*

fiddle ['fɪdl] ◇ *n* (*violin*) violín *m* ◇ *vi* ● **to fiddle with sthg** juguetear con algo

fidget ['fɪdʒɪt] *vi* moverse inquietamente

field [fi:ld] *n* campo *m*

field glasses *npl* prismáticos *mpl*

fierce [fɪəs] *adj* **1.** (*animal, person*) feroz **2.** (*storm, heat*) fuerte

fifteen [fɪf'ti:n] *num* quince

fifteenth [ˌfɪf'ti:nθ] *num* decimoquinto(ta)

fifth [fɪfθ] ◇ *num adj* quinto(ta) ◇ *pron* quinto *m*, **-ta** *f* ◇ *num n* (*fraction*) quinto *m* ◇ *num adv* quinto ● **a fifth (of)** la quinta parte (de) ● **the fifth (of September)** el cinco (de septiembre)

fiftieth ['fɪftɪəθ] *num* quincuagésimo(-ma)

fifty ['fɪftɪ] *num* cincuenta

fig [fɪg] *n* higo *m*

fight [faɪt] (*pt & pp* **fought**) ◇ *n* **1.** (*physical clash, argument*) pelea *f* **2.** (*struggle*) lucha *f* ◇ *vt* **1.** (*enemy, crime, illness*) luchar contra **2.** (*in punch-up*)

pelearse con ◇ *vi* **1.** (*in war, struggle*) luchar **2.** (*quarrel*) discutir ● **to have a fight with sb** pelearse con alguien ● **fight back** *vi* defenderse ◆ **fight off** *vt sep* **1.** (*attacker*) rechazar **2.** (*illness*) sanar de

fighting ['faɪtɪŋ] *n* **1.** (*at football match, in streets*) violencia *f* **2.** (*in war*) combate *m*

figure [(*UK*) 'fɪgə^r, (*US*) 'fɪgjər] *n* **1.** (*number, statistic*) cifra *f* **2.** (*shape of body*) tipo *m* **3.** (*outline of person*) figura *f* **4.** (*diagram*) gráfico *m* ● **figure out** *vt sep* (*answer*) dar con ● **I can't figure out how to do it** no sé cómo hacerlo

file [faɪl] ◇ *n* **1.** (*document holder*) carpeta *f* **2.** (*information on person*) expediente *m* **3.** COMPUT fichero *m*, archivo *m* **4.** (*tool*) lima *f* ◇ *vt* **1.** (*complaint, petition*) presentar **2.** (*nails*) limar ● **in single file** en fila india

filing cabinet ['faɪlɪŋ-] *n* archivador *m*

fill [fɪl] *vt* **1.** (*make full*) llenar **2.** (*hole*) rellenar **3.** (*role*) desempeñar **4.** (*tooth*) empastar ◆ **fill in** *vt sep* (*form*) rellenar ◆ **fill out** *vt sep* = **fill in** ◆ **fill up** *vt sep* llenar (hasta el tope) ● **fill her up!** (*with petrol*) ¡llénelo!

filled roll ['fɪld-] *n* bocadillo *m* (*de bollo*)

fillet ['fɪlɪt] *n* filete *m*

fillet steak *n* filete *m* de carne de vaca

filling ['fɪlɪŋ] ◇ *n* **1.** (*of cake, sandwich*) relleno *m* **2.** (*in tooth*) empaste *m* ◇ *adj* que llena mucho

filling station *n* estación *f* de servicio, gasolinera *f*

film [fɪlm] ◇ *n* película *f* ◇ *vt* rodar

film star *n* estrella *f* de cine

filter ['fɪltə'] *n* filtro *m*

filthy ['fɪlθɪ] *adj (very dirty)* sucísimo(-ma)

fin [fɪn] *n* **1.** *(of fish)* aleta *f* **2.** *(US) (of swimmer)* aleta *f*

final ['faɪnl] ◇ *adj* **1.** *(last)* último(ma) **2.** *(decision, offer)* definitivo(va) ◇ *n* final *f*

finalist ['faɪnəlɪst] *n* finalista *mf*

finally ['faɪnəlɪ] *adv* **1.** *(at last)* por fin **2.** *(lastly)* finalmente

finance [*n* 'faɪnæns] **1.** *(money)* fondos *mpl* **2.** *(management of money)* finanzas *fpl* ◇ *vt* [faɪ'næns] financiar ◆ **finances** *npl* finanzas *fpl*

financial [fɪ'nænʃl] *adj* financiero(ra)

find [faɪnd] *(pt & pp* **found)** ◇ *vt* **1.** encontrar **2.** *(find out)* enterarse de ◇ *n* hallazgo *m* ● **to find the time to do sthg** encontrar tiempo para hacer algo ◆ **find out** ◇ *vt sep (fact, truth)* averiguar ◇ *vi* ● **to find out about sthg** averiguar algo

fine [faɪn] ◇ *adj* **1.** *(good)* bueno(na) **2.** *(food, wine)* excelente **3.** *(thin)* fino(na) ◇ *adv* **1.** *(thinly)* finamente **2.** *(well)* bien ◇ *n* multa *f* ◇ *vt* multar ◇ *excl* vale ● **I'm fine** estoy bien ● **it's fine** está bien

fine art *n* bellas artes *fpl*

finger ['fɪŋɡə'] *n* dedo *m*

fingernail ['fɪŋɡəneɪl] *n* uña *f* de la mano

fingertip ['fɪŋɡətɪp] *n* yema *f* del dedo

finish ['fɪnɪʃ] ◇ *n* **1.** *(end)* final *m* **2.** *(on furniture)* acabado *m* ◇ *vt & vi* acabar ● **to finish doing sthg** terminar de hacer algo ◆ **finish off** *vt sep* **1.** *(complete)* acabar del todo **2.** *(eat or drink)* acabar ◆ **finish up** *vi* acabar ● **to finish up doing**

sthg acabar haciendo algo

Finland ['fɪnlənd] *n* Finlandia

Finn [fɪn] *n* finlandés *m*, -esa *f*

Finnish ['fɪnɪʃ] ◇ *adj* finlandés(esa) ◇ *n (language)* finlandés *m*

fir [fɜː'] *n* abeto *m*

fire ['faɪə'] ◇ *n* **1.** fuego *m* **2.** *(uncontrolled)* incendio *m* **3.** *(device)* estufa *f* ◇ *vt* **1.** *(gun)* disparar **2.** *(from job)* despedir ● **on fire** en llamas ● **to catch fire** prender fuego ● **to make a fire** encender un fuego

fire alarm *n* alarma *f* antiincendios

fire brigade *n (UK)* cuerpo *m* de bomberos

fire department *(US)* = **fire brigade**

fire engine *n* coche *m* de bomberos

fire escape *n* escalera *f* de incendios

fire exit *n* salida *f* de incendios

fire extinguisher *n* extintor *m*

fire hazard *n* ● **it's a fire hazard** podría causar un incendio

fireman ['faɪəmən] *(pl* **-men)** *n* bombero *m*

fireplace ['faɪəpleɪs] *n* chimenea *f*

fire regulations *npl* ordenanzas *fpl* en caso de incendio

fire station *n* parque *m* *(Esp)* OR estación *f* de bomberos

firewall ['faɪəwɔːl] *n* COMPUT cortafuegos *m inv*

firewood ['faɪəwʊd] *n* leña *f*

firework display ['faɪəwɜːk-] *n* espectáculo *m* de fuegos artificiales

fireworks ['faɪəwɜːks] *npl* fuegos *mpl* artificiales

firm [fɜːm] ◇ *adj* firme ◇ *n* firma *f*, empresa *f*

first [fɜːst] ◇ *adj* primero(ra) ◇ *adv* **1.** primero **2.** *(for the first time)* por primera vez ◇ *n (event)* acontecimiento *m* sin precedentes ◇ *pron* ● **the first** el primero ● **first (gear)** primera *f* (marcha) ● **first thing (in the morning)** a primera hora (de la mañana) ● **for the first time** por primera vez ● **the first of January** el uno de enero ● **at first** al principio ● **first of all** antes de nada

first aid *n* primeros auxilios *mpl*

first-aid kit *n* botiquín *m* (de primeros auxilios)

first class *n* **1.** *(mail)* correo que se distribuye el día siguiente **2.** *(on train, plane, ship)* primera clase *f*

first-class *adj* **1.** *(stamp)* para la UE y distribución al día siguiente **2.** *(ticket)* de primera (clase) **3.** *(very good)* de primera

first floor *n* **1.** *(UK) (floor above ground floor)* primer piso *m* **2.** *(US) (ground floor)* bajo *m* (*Esp*), planta *f* baja

firstly ['fɜːstlɪ] *adv* en primer lugar

First World War *n* ● **the First World War** la Primera Guerra Mundial

fish [fɪʃ] *(pl inv)* ◇ *n* **1.** *(animal)* pez *m* **2.** *(food)* pescado *m* ◇ *vi* pescar

fish and chips *n* filete de pescado blanco rebozado, con patatas fritas

fishcake ['fɪʃkeɪk] *n* tipo de croqueta de pescado

fisherman ['fɪʃəmən] *(pl* **-men**) *n* pescador *m*

fish farm *n* piscifactoría *f*

fish fingers *npl (UK)* palitos *mpl* de pescado

fishing ['fɪʃɪŋ] *n* pesca *f* ● **to go fishing** ir de pesca

fishing boat *n* barco *m* de pesca

fishing rod *n* caña *f* de pescar

fishmonger's ['fɪʃˌmʌŋɡəz] *n (UK) (shop)* pescadería *f*

fish sticks *(US)* = **fish fingers**

fist [fɪst] *n* puño *m*

fit [fɪt] ◇ *adj (healthy)* en forma ◇ *vt* **1.** *(be right size for)* sentar bien a **2.** *(a lock, kitchen, bath)* instalar **3.** *(insert)* insertar ◇ *vi* **1.** *(clothes, shoes)* estar bien de talla **2.** *(in space)* caber ◇ *n* ataque *m* ● **to be fit for sthg** ser apto(ta)para algo ● **fit to eat** apto para el consumo ● **it's a good fit** sienta bien ● **it doesn't fit** no cabe ● **to get fit** ponerse en forma ● **to keep fit** mantenerse en forma ● **fit in** ◇ *vt sep (find time to do)* hacer un hueco a ◇ *vi (belong)* encajar

fitness ['fɪtnɪs] *n (health)* estado *m* físico

fitted carpet [ˌfɪtəd-] *n (UK)* moqueta *f* (*Esp*), alfombra *f* de pared a pared

fitted sheet [ˌfɪtəd-] *n (UK)* sábana *f* ajustable

fitting room ['fɪtɪŋ-] *n* probador *m*

five [faɪv] ◇ *num adj* cinco ◇ *num n* cinco *m inv* ● **to be five (years old)** tener cinco años (de edad) ● **it's five (o'clock)** son las cinco ● **a hundred and five** ciento cinco ● **five Hill St** Hill St, número cinco ● **it's minus five (degrees)** hay cinco grados bajo cero ● **five out of ten** cinco sobre diez

fiver ['faɪvə'] *n (UK) (inf)* **1.** *(£5)* cinco libras *fpl* **2.** *(£5 note)* billete *m* de cinco libras

fix [fɪks] *vt* **1.** *(attach, decide on)* fijar **2.**

(mend) reparar **3.** *(drink, food)* preparar ● **have you fixed anything for tonight?** ¿tienes planes para esta noche? ◆ **fix up** *vt sep* ● **to fix sb up with a lift home** buscarle a alguien alguien que le lleve a casa

fixture ['fɪkstʃə'] *n* SPORT encuentro *m* ● **fixtures and fittings** instalaciones *fpl* domésticas

fizzy ['fɪzɪ] *adj* gaseoso(sa)

flag [flæg] *n* bandera *f*

flake [fleɪk] ◇ *n (of snow)* copo *m* ◇ *vi* descamarse

flame [fleɪm] *n* llama *f*

flammable ['flæməbl] *adj* inflamable

flan [flæn] *n* tarta *f*

flannel ['flænl] *n* **1.** *(material)* franela *f* **2.** *(UK) (for washing face)* toalla *f* de cara ◆

flannels *npl* pantalones *mpl* de franela

flap [flæp] ◇ *n* **1.** *(of envelope, pocket)* solapa *f* **2.** *(of tent)* puerta *f* ◇ *vt (wings)* batir

flapjack ['flæpdʒæk] *n (UK)* torta *f* de avena

flare [fleə'] *n (signal)* bengala *f*

flared [fleəd] *adj* acampanado(da)

flash [flæʃ] ◇ *n* **1.** *(of light)* destello *m* **2.** *(for camera)* flash *m* ◇ *vi (light)* destellar ● **a flash of lightning** un relámpago ● **to flash one's headlights** dar las luces

flashlight ['flæʃlaɪt] *n (US)* linterna *f*

flask [flɑːsk] *n* **1.** *(Thermos)* termo *m* **2.** *(hip flask)* petaca *f*

flat [flæt] ◇ *adj* **1.** *(level)* llano(na) **2.** *(battery)* descargado(da) **3.** *(drink)* muerto(ta), sin gas **4.** *(rate, fee)* único(ca) ◇ *n (UK)* piso *m (Esp)*, apartamento *m* ◇ *adv* ● **to lie flat** estar

extendido ● **a flat (tyre)** un pinchazo ● **flat out** a toda velocidad

flatter ['flætə'] *vt* adular

flavor ['fleɪvə'] *(US)* = **flavour**

flavour ['fleɪvə'] *n (UK)* sabor *m*

flavoured ['fleɪvəd] *adj* de sabores

flavouring ['fleɪvərɪŋ] *n* aroma *m*

flaw [flɔː] *n* fallo *m*

flea [fliː] *n* pulga *f*

flea market *n* mercado *de objetos curiosos y de segunda mano*, ≃ rastro *m (Esp)*

fleece [fliːs] *n (downy material)* vellón *m*

fleet [fliːt] *n* flota *f*

Fleet Street

La calle Fleet, en el centro de Londres, ha estado asociada al periodismo desde el siglo XVI. Hasta la década de 1980, era la sede de la mayoría de los periódicos nacionales. El nombre de *Fleet Street* se usa muchas veces como sinónimo de "la prensa británica".

Flemish ['flemɪʃ] ◇ *adj* flamenco(ca) ◇ *n (language)* flamenco *m*

flesh [fleʃ] *n* **1.** *(of person, animal)* carne *f* **2.** *(of fruit, vegetable)* pulpa *f*

flew [fluː] *pt* → **fly**

flex [fleks] *n (UK)* cable *m*

flexible ['fleksəbl] *adj* flexible

flick [flɪk] *vt* **1.** *(a switch)* apretar **2.** *(with finger)* golpear rápidamente ◆ **flick through** *vt insep* hojear rápidamente

flies [flaɪz] *npl (UK)* bragueta *f*

flight [flaɪt] *n* vuelo *m* ● **a flight (of**

stairs) un tramo (de escaleras)

flight attendant *n* auxiliar *mf* de vuelo, sobrecargo *mf*

flimsy ['flɪmzɪ] *adj* **1.** *(object)* frágil, poco sólido(da) **2.** *(clothes)* ligero(ra)

fling [flɪŋ] *(pt & pp* **flung)** *vt* arrojar

flint [flɪnt] *n (of lighter)* piedra *f*

flip-flop [flɪp-] *n* chancleta *f*

flipper ['flɪpə'] *n* aleta *f*

flirt [flɜːt] *vi* ● **to flirt (with sb)** coquetear (con alguien)

float [fləʊt] ◇ *n* **1.** *(for swimming)* flotador *m* **2.** *(for fishing)* corcho *m* **3.** *(in procession)* carroza *f* **4.** *(drink)* bebida con una bola de helado flotando ◇ *vi* flotar

flock [flɒk] ◇ *n* **1.** *(of birds)* bandada *f* **2.** *(of sheep)* rebaño *m* ◇ *vi (people)* acudir en masa

flood [flʌd] ◇ *n* inundación *f* ◇ *vt* inundar ◇ *vi* desbordarse

floodlight ['flʌdlaɪt] *n* foco *m*

floor [flɔː'] *n* **1.** *(of room)* suelo *m* **2.** *(storey)* piso *m* **3.** *(of nightclub)* pista *f* de baile

floorboard ['flɔːbɔːd] *n* tabla *f* del suelo

flop [flɒp] *n (inf)* fracaso *m*

floppy disk ['flɒpɪ-] *n* floppy disk *m*

floral ['flɔːrəl] *adj (pattern)* floreado(da)

Florida Keys ['flɒrɪdə-] *npl* ● **the Florida Keys** las Florida Keys

florist's ['flɒrɪsts] *n (shop)* floristería *f*, florería *f (Amér)*

flour ['flaʊə'] *n* harina *f*

flow [fləʊ] ◇ *n* corriente *f* ◇ *vi* correr

flower ['flaʊə'] *n* flor *f*

flowerbed ['flaʊəbed] *n* arriate *m*

flowerpot ['flaʊəpɒt] *n* tiesto *m (Esp)*, maceta *f*

flown [fləʊn] *pp* ➤ fly

fl oz *abbr* = fluid ounce

flu [fluː] *n* gripe *f*

fluent ['fluːənt] *adj* ● **to be fluent in/to speak fluent Spanish** dominar el español

fluff [flʌf] *n* pelusa *f*

flume [fluːm] *n* tobogán *m* acuático

flung [flʌŋ] *pt & pp* ➤ fling

flunk [flʌŋk] *vt (US) (inf)* catear *(Esp)*, reprobar *(Amér)*

fluorescent [flʊə'resənt] *adj* fluorescente

flush [flʌʃ] ◇ *vi (toilet)* funcionar ◇ *vt* ● **to flush the toilet** tirar de la cadena

flute [fluːt] *n* flauta *f*

fly [flaɪ] *(pt* **flew**, *pp* **flown)** ◇ *n* **1.** *(insect)* mosca *f* **2.** *(of trousers)* bragueta *f* ◇ *vt* **1.** *(plane, helicopter)* pilotar **2.** *(travel by)* volar con **3.** *(transport)* transportar en avión ◇ *vi* **1.** volar **2.** *(pilot a plane)* pilotar **3.** *(flag)* ondear

fly-drive *n (UK)* paquete turístico que incluye vuelo y coche alquilado

flying ['flaɪɪŋ] ● **I like flying** me gusta ir en avión

flyover ['flaɪˌəʊvə'] *n (UK)* paso *m* elevado

flysheet ['flaɪʃiːt] *n* doble techo *m*

FM [ef'em] *n (abbr of frequency modulation)* FM *f (frecuencia modulada)*

foal [fəʊl] *n* potro *m*

foam [fəʊm] *n* **1.** *(bubbles)* espuma *f* **2.** *(foam rubber)* gomaespuma *f*

focus ['fəʊkəs] ◇ *n (of camera)* foco *m* ◇ *vi (with camera, binoculars)* enfocar ● **in focus** enfocado ● **out of focus** desenfocado

fog [fɒg] *n* niebla *f*

fogbound ['fɒgbaʊnd] *adj (airport)* cerrado(da) a causa de la niebla

foggy ['fɒgɪ] *adj (weather)* brumoso(sa)

fog lamp *n* faro *m* antiniebla

foil [fɔɪl] *n* papel *m* de aluminio

fold [fəʊld] ◇ *n* pliegue *m* ◇ *vt* **1.** *(paper, material)* doblar **2.** *(wrap)* envolver ● **to fold one's arms** cruzarse de brazos ● **fold up** *vi* plegarse

folder ['fəʊldə'] *n* carpeta *f*

foliage ['fəʊlɪdʒ] *n* follaje *m*

folk [fəʊk] ◇ *npl (people)* gente *f* ◇ *n* ● **folk** *(music)* folk *m* ● **folks** *npl (inf) (relatives)* familia *f*

follow ['fɒləʊ] ◇ *vt* **1.** seguir **2.** *(understand)* comprender ◇ *vi* **1.** *(go behind)* ir detrás **2.** *(in time)* seguir **3.** *(understand)* comprender ● **followed by** seguido de ● **as follows** como sigue ● **follow on** *vi* ir detrás

following ['fɒləʊɪŋ] ◇ *adj* siguiente ◇ *prep* tras

fond [fɒnd] *adj* ● **to be fond of** *(person)* tener cariño a; *(thing)* ser aficionado(da) a

fondue ['fɒndu:] *n* fondue *f*

food [fu:d] *n* **1.** *(nourishment)* comida *f* **2.** *(type of food)* alimento *m*

food poisoning [-ˌpɔɪznɪŋ] *n* intoxicación *f* alimenticia

food processor [-ˌprəʊsesə'] *n* robot *m* de cocina (*Esp*), procesador *m* de cocina

foodstuffs ['fu:dstʌfs] *npl* comestibles *mpl*

fool [fu:l] ◇ *n* **1.** *(idiot)* tonto *m*, -ta *f* **2.** *(pudding)* mousse de nata y fruta ◇ *vt* engañar

foolish ['fu:lɪʃ] *adj* tonto(ta)

foot [fʊt] *n* (*pl* **feet**) *n* **1.** pie *m* **2.** *(of animal, wardrobe, tripod)* pata *f* ● **by foot** a pie ● **on foot** a pie

football ['fʊtbɔ:l] *n* **1.** *(UK) (soccer)* fútbol *m* **2.** *(US) (American football)* fútbol americano **3.** *(UK) (in soccer)* balón *m* de (fútbol) **4.** *(US) (in American football)* balón (de fútbol americano)

footballer ['fʊtbɔ:lə'] *n* (*UK*) futbolista *mf*

football pitch *n* (*UK*) campo *m* de fútbol

footbridge ['fʊtbrɪdʒ] *n* pasarela *f*

footpath ['fʊtpɑ:θ] *n* sendero *m*

footprint ['fʊtprɪnt] *n* huella *f*

footstep ['fʊtstep] *n* paso *m*

footwear ['fʊtweə'] *n* calzado *m*

for [fɔ:'] *prep* **1.** *(expressing intention, purpose, destination)* para ● **this book is for you** este libro es para ti ● **what did you do that for?** ¿por qué hiciste eso? ● **what's it for?** ¿para qué es? ● **to go for a walk** dar un paseo ● **for sale** se vende ● **a ticket for Edinburgh** un billete para Edimburgo ● **the train for London** el tren de Londres **2.** *(expressing reason)* por ● **a town famous for its wine** una ciudad famosa por sus vinos ● **the reason for it** el motivo de ello **3.** *(during)* durante ● **I've lived here for ten years** llevo diez años viviendo aquí ● **we've lived here for years** vivimos aquí desde hace años ● **we talked for hours** estuvimos hablando durante horas y horas **4.** *(by, before)* para ● **be there for 8 p.m.** estate allí para las ocho de la tarde **5.** *(on the occasion of)* por ● what's for dinner? ¿qué hay de cena? ● for the first time por primera vez **6.** *(on behalf of)* por ● to work for sb trabajar para alguien **7.** *(with time and space)* para ● there's no room/time for it no hay sitio/tiempo para eso **8.** *(expressing distance)* ● road works for 20 miles obras por espacio de 20 millas ● we walked for miles andamos millas y millas **9.** *(expressing price)* por ● I bought it for five pounds lo compré por cinco libras ● they sell for a pound se venden a una libra **10.** *(expressing meaning)* ● what's the Spanish for boy? ¿cómo se dice "boy" en español? **11.** *(with regard to)* por ● it's cold for summer para ser verano, hace frío ● I'm sorry for them me dan pena **12.** *(introducing more information)* para ● it's too far for us to walk nos queda demasiado lejos para ir andando ● it's time for dinner es hora de cenar

forbid [fə'bɪd] *(pt* **-bade**, *pp* **-bidden)** *vt* prohibir ● **I forbid you to go there** te prohibo que vayas ahí

forbidden [fə'bɪdn] *adj* prohibido(da)

force [fɔːs] ◇ *n* fuerza *f* ◇ *vt* forzar ● **to force sb to do sthg** forzar a alguien a hacer algo ● **to force one's way through** abrirse camino ● **the forces** las fuerzas armadas

ford [fɔːd] *n* vado *m*

forecast ['fɔːkɑːst] *n* pronóstico *m*

forecourt ['fɔːkɔːt] *n* patio *m*

forefinger ['fɔːˌfɪŋgə] *n* dedo *m* índice

foreground ['fɔːgraʊnd] *n* primer plano *m*

forehead ['fɔːhed] *n* frente *f*

foreign ['fɒrən] *adj* extranjero(ra)

foreign currency *n* divisa *f*

foreigner ['fɒrənə] *n* extranjero *m*, -ra *f*

foreign exchange *n* divisas *fpl*

Foreign Secretary *n* (UK) ministro *m*, -tra *f* de Asuntos Exteriores

foreman ['fɔːmən] *(pl* **-men)** *n* capataz *m*

forename ['fɔːneɪm] *n (fml)* nombre *m* de pila

foresee [fɔː'siː] *(pt* **-saw**, *pp* **-seen)** *vt* prever

forest ['fɒrɪst] *n* bosque *m*

forever [fə'revə] *adv* **1.** *(eternally)* para siempre **2.** *(continually)* siempre

forgave [fə'geɪv] *pt* > **forgive**

forge [fɔːdʒ] *vt* falsificar

forgery ['fɔːdʒərɪ] *n* falsificación *f*

forget [fə'get] *(pt* **-got**, *pp* **-gotten)** ◇ *vt* olvidar ◇ *vi* olvidarse ● **to forget about sthg** olvidarse de algo ● **to forget how to do sthg** olvidar cómo se hace algo ● **to forget to do sthg** olvidarse de hacer algo ● **forget it!** ¡no importa!

forgetful [fə'getfʊl] *adj* olvidadizo(za)

forgive [fə'gɪv] *(pt* **-gave**, *pp* **-given)** *vt* perdonar

forgot [fə'gɒt] *pt* > **forget**

forgotten [fə'gɒtn] *pp* > **forget**

fork [fɔːk] *n* **1.** *(for eating with)* tenedor *m* **2.** *(for gardening)* horca *f* **3.** *(of road, path)* bifurcación *f*

form [fɔːm] ◇ *n* **1.** *(type, shape)* forma *f* **2.** *(piece of paper)* impreso *m* **3.** *(UK) SCH* clase *f* ◇ *vt* formar ◇ *vi* formarse ● **off form** en baja forma ● **on form** en forma ● **to form part of** formar parte de

formal ['fɔ:ml] *adj* formal

formality [fɔ:'mælətɪ] *n* formalidad *f* ● **it's just a formality** es una pura formalidad

format ['fɔ:mæt] *n* formato *m*

former ['fɔ:mə] ◇ *adj* **1.** *(previous)* antiguo(gua) **2.** *(first)* primero(ra) ◇ *pron* ● **the former** el primero(la primera)

formerly ['fɔ:məlɪ] *adv* previamente, antiguamente

formula ['fɔ:mjʊlə] *(pl* **-as** OR **-ae)** *n* fórmula *f*

fort [fɔ:t] *n* fortaleza *f*

forthcoming [fɔ:θ'kʌmɪŋ] *adj (future)* próximo(ma)

fortieth ['fɔ:tɪɪθ] *num* cuadragésimo(ma)

fortnight ['fɔ:tnaɪt] *n (UK)* quincena *f*

fortunate ['fɔ:tʃnət] *adj* afortunado(da)

fortunately ['fɔ:tʃnətlɪ] *adv* afortunadamente

fortune ['fɔ:tʃu:n] *n* **1.** *(money)* fortuna *f* **2.** *(luck)* suerte *f* ● **it costs a fortune** *(inf)* cuesta un riñón

forty ['fɔ:tɪ] *num* cuarenta

forward ['fɔ:wəd] ◇ *adv* hacia adelante ◇ *n* delantero *m*, -ra *f* ◇ *vt* reenviar ● **to look forward to** esperar (con ilusión)

forwarding address ['fɔ:wədɪŋ-] *n* nueva dirección *f* para reenvío del correo

forward slash *n* barra *f* inclinada *(hacia delante)*

fought [fɔ:t] *pt & pp* ➤ **fight**

foul [faʊl] ◇ *adj (unpleasant)* asqueroso(sa) ◇ *n* falta *f*

found [faʊnd] ◇ *pt & pp* ➤ **find** ◇ *vt* fundar

foundation (cream) [faʊn'deɪʃn-] *n* base *f* (hidratante)

foundations [faʊn'deɪʃnz] *npl* cimientos *mpl*

fountain ['faʊntɪn] *n* fuente *f*

fountain pen *n* pluma *f*, pluma *f* fuente *(Amér)*

four [fɔ:] ◇ *num adj* cuatro ◇ *num n* cuatro *m inv* ● **to be four (years old)** tener cuatro años (de edad) ● **it's four (o'clock)** son las cuatro ● **a hundred and four** ciento cuatro ● **four Hill St** Hill St, número cuatro ● **it's minus four (degrees)** hay cuatro grados bajo cero ● **four out of ten** cuatro sobre diez

fourteen [,fɔ:'ti:n] *num* catorce

fourteenth [,fɔ:'ti:nθ] *num* decimocuarto(ta)

fourth [fɔ:θ] ◇ *num adj* cuarto(ta) ◇ *pron* cuarto *m*, -ta *f* ◇ *num n (fraction)* cuarto *m* ◇ *num adv* cuarto ● **a fourth (of)** la cuarta parte (de) ● **the fourth (of September)** el cuarto (de septiembre)

Fourth of July

El 4 de julio, también conocido como Día de la Independencia, es la fiesta nacional de los Estados Unidos. En ella se conmemora la firma de la Declaración de Independencia en 1776. Por todo el país hay fiestas, desfiles y castillos de fuegos artificiales.

four-wheel drive *n* coche *m* con tracción a las cuatro ruedas

fowl [faʊl] (*pl inv*) *n* volatería *f*

fox [fɒks] *n* zorro *m*

foyer ['fɔɪeɪ] *n* vestíbulo *m*

fraction ['frækʃn] *n* fracción *f*

fracture ['fræktʃə⁰] ◇ *n* fractura *f* ◇ *vt* fracturar, romper

fragile ['frædʒaɪl] *adj* frágil

fragment ['frægmənt] *n* fragmento *m*

fragrance ['freɪɡrəns] *n* fragancia *f*

frail [freɪl] *adj* débil

frame [freɪm] ◇ *n* **1.** (*of window, photo, door*) marco *m* **2.** (*of glasses*) montura *f* **3.** (*of tent, bicycle, bed*) armazón *m* ◇ *vt* (*photo, picture*) enmarcar

France [frɑːns] *n* Francia

frank [fræŋk] *adj* franco(ca)

frankfurter ['fræŋkfɜːtə⁰] *n* salchicha *f* de Francfort

frankly ['fræŋklɪ] *adv* francamente

frantic ['fræntɪk] *adj* frenético(ca)

fraud [frɔːd] *n* (*crime*) fraude *m*

freak [friːk] ◇ *adj* estrafalario(ria) ◇ *n* (*inf*) (*fanatic*) fanático *m*, -ca *f*

freckles ['freklz] *npl* pecas *fpl*

free [friː] ◇ *adj* **1.** libre **2.** (*costing nothing*) gratis *inv* ◇ *vt* (*prisoner*) liberar ◇ *adv* (*without paying*) gratis ● **for free** gratis ● **free of charge** gratis ● **to be free to do sthg** ser libre de hacer algo

freedom ['friːdəm] *n* libertad *f*

freefone ['friːfəʊn] *n* (*UK*) teléfono *m* gratuito

free gift *n* obsequio *m*

free house *n* (*UK*) pub *no* controlado por una compañía cervecera

free kick *n* tiro *m* libre

freelance ['friːlɑːns] *adj* autónomo (ma)

freely ['friːlɪ] *adv* **1.** (*available*) fácilmente **2.** (*speak*) francamente **3.** (*move*) libremente

free period *n* hora *f* libre

freepost ['friːpəʊst] *n* (*UK*) franqueo *m* pagado

free-range *adj* de granja

free time *n* tiempo *m* libre

freeway ['friːweɪ] *n* (*US*) autopista *f*

freeze [friːz] (*pt* **froze**, *pp* **frozen**) ◇ *vt* congelar ◇ *vi* helarse ◇ *impers vb* helar

freezer ['friːzə⁰] *n* **1.** (*deep freeze*) arcón *m* congelador *m* **2.** (*part of fridge*) congelador *m*

freezing ['friːzɪŋ] *adj* helado(da) ● **it's freezing** hace un frío cortante

freezing point *n* ● **below freezing point** bajo cero

freight [freɪt] *n* (*goods*) mercancías *fpl*

French [frentʃ] ◇ *adj* francés(esa) ◇ *n* (*language*) francés *m* ◇ *npl* ● **the French** los franceses

French bean *n* judía *f* verde

French bread *n* pan *m* de barra

French dressing *n* **1.** (*in UK*) vinagreta *f* **2.** (*in US*) salsa *f* rosa

French fries *npl* patatas *fpl* (*Esp*) OR papas *fpl* (*Amér*) fritas

Frenchman ['frentʃmən] (*pl* **-men**) *n* francés *m*

French windows *npl* puertaventanas *fpl*

Frenchwoman ['frentʃˌwʊmən] (*pl* **-women**) *n* francesa *f*

frequency ['friːkwənsɪ] *n* frecuencia *f*

frequent ['friːkwənt] *adj* frecuente

frequently ['fri:kwəntlɪ] *adv* frecuentemente

fresh [freʃ] *adj* 1. fresco(ca) 2. *(bread)* del día 3. *(coffee)* recién hecho 4. *(refreshing)* refrescante 5. *(water)* dulce 6. *(developments, instructions, start)* nuevo(va) 7. *(news)* reciente • **to get some fresh air** tomar el aire

freshen ['freʃn] ◆ **freshen up** *vi* refrescarse

freshly ['freʃlɪ] *adv* recién

fresh orange (juice) *n* zumo *m* de naranja

Fri (*abbr of* Friday) viernes

Friday ['fraɪdɪ] *n* viernes *m inv* • **it's Friday** es viernes • **Friday morning** el viernes por la mañana • **on Friday** el viernes • **on Fridays** los viernes • **last Friday** el viernes pasado • **this Friday** este viernes • **next Friday** el viernes de la semana que viene • **Friday week, a week on Friday** el viernes en ocho días

fridge [frɪdʒ] *n* nevera *f*, refrigerador *m*

fried egg [fraɪd-] *n* huevo *m* frito

fried rice [fraɪd-] *n* arroz frito, mezclado a veces con huevo, carne o verduras, servido como acompañamiento de platos chinos

friend [frend] *n* amigo *m*, -ga *f* • **to be friends with sb** ser amigo de alguien • **to make friends with sb** hacerse amigo de alguien

friendly ['frendlɪ] *adj* (*kind*) amable • **to be friendly with sb** ser amigo(ga) de alguien

friendship ['frendʃɪp] *n* amistad *f*

fries [fraɪz] = **French fries**

fright [fraɪt] *n* terror *m* • **to give sb a fright** darle un susto a alguien

frighten ['fraɪtn] *vt* asustar

frightened ['fraɪtnd] *adj* asustado(da) • **I'm frightened we won't finish** me temo que no vamos a acabar • **to be frightened of** tener miedo a

frightening ['fraɪtnɪŋ] *adj* aterrador(ra)

frilly ['frɪlɪ] *adj* con volantes

fringe [frɪndʒ] *n* 1. (*UK*) (*of hair*) flequillo *m*, cerquillo *m* (*Amér*) 2. (*of clothes, curtain etc*) fleco *m*

frisk [frɪsk] *vt* cachear

fritter ['frɪtə'] *n* buñuelo *m*

fro [frəʊ] *adv* ➤ **to**

frog [frɒg] *n* rana *f*

from [frɒm] *prep* 1. (*expressing origin, source*) de • **I'm from Spain** soy de España • **I bought it from a supermarket** lo compré en un supermercado • **the train from Manchester** el tren (procedente) de Manchester 2. (*expressing removal, separation*) de • **away from home** fuera de casa • **the policeman took the knife (away) from the man** el policía le quitó el cuchillo al hombre • **10% will be deducted from the total** se descontará un 10% del total 3. (*expressing distance*) de • **five miles from London** a cinco millas de Londres 4. (*expressing position*) desde • **from here you can see the valley** desde aquí se ve el valle 5. (*expressing starting point*) desde • **from now on** de ahora en adelante • **open from nine to five** abierto de nueve a cinco • **tickets from £10** hay entradas desde 10 libras 6. (*expressing change*) de • **the price has gone up from**

£1 to £2 el precio ha subido de 1 a 2 libras **7.** *(expressing range)* ● **it could take from two to six months** podría tardar entre dos y seis meses **8.** *(as a result of)* de ● **I'm tired from walking** estoy cansado de haber andado tanto **9.** *(expressing protection)* de ● **sheltered from the wind** resguardado del viento **10.** *(in comparisons)* ● **different from** diferente a

fromage frais [ˌfrɒmɑːʒ'freɪ] *n* tipo de queso fresco

front [frʌnt] ◇ *adj* delantero(ra) ◇ *n* **1.** *(foremost part)* parte *f* delantera **2.** *(of building)* fachada *f* **3.** *(of weather)* frente *m* **4.** *(by the sea)* paseo *m* marítimo ● **in front** delante, adelante (*Amér*) ● **to be in front** ir ganando ● **in front of** delante de

front door *n* puerta *f* principal

frontier [frʌn'tɪəʳ] *n* frontera *f*

front page *n* portada *f*, primera plana *f*

front seat *n* asiento *m* delantero

frost [frɒst] *n* **1.** *(on ground)* escarcha *f* **2.** *(cold weather)* helada *f*

frosty ['frɒsti] *adj (morning, weather)* de helada

froth [frɒθ] *n* espuma *f*

frown [fraʊn] ◇ *n* ceño *m* ◇ *vi* fruncir el ceño

froze [frəʊz] *pt* > freeze

frozen [frəʊzn] ◇ *pp* > freeze ◇ *adj* **1.** helado(da) **2.** *(food)* congelado(da)

fruit [fruːt] *n* fruta *f* ● **a piece of fruit** una fruta ● **fruits of the forest** frutas del bosque

fruit cake *n* pastel de pasas y frutas confitadas

fruit juice *n* zumo *m* (*Esp*) OR jugo *m* (*Amér*) de fruta

fruit machine *n* (*UK*) máquina *f* tragaperras (*Esp*) OR tragamonedas

fruit salad *n* macedonia *f* (de frutas)

frustrating [frʌ'streɪtɪŋ] *adj* frustrante

frustration [frʌ'streɪʃn] *n* frustración *f*

fry [fraɪ] *vt* freír

frying pan [fraɪŋ-] *n* sartén *f*

ft *abbr* = foot, feet

fudge [fʌdʒ] *n* caramelo fabricado con leche, azúcar y mantequilla

fuel [fjʊəl] *n* combustible *m*

fuel pump *n* surtidor *m* de gasolina

fulfil [fʊl'fɪl] *vt* (*UK*) **1.** *(promise, duty, conditions)* cumplir **2.** *(need)* satisfacer **3.** *(role)* desempeñar

fulfill [fʊl'fɪl] (*US*) = fulfil

full [fʊl] ◇ *adj* **1.** *(filled)* lleno(na) **2.** *(complete)* completo(ta) **3.** *(maximum)* máximo(ma) **4.** *(busy)* atareado(da) **5.** *(flavour)* rico(ca) ◇ *adv* de lleno ● **I'm full (up)** estoy lleno ● **full of** lleno de ● **in full** íntegramente

full board *n* (*UK*) pensión *f* completa

full-cream milk *n* (*UK*) leche *f* entera

full-length *adj (skirt, dress)* largo(ga) *(hasta los pies)*

full moon *n* luna *f* llena

full stop *n* (*UK*) punto *m*

full-time ◇ *adj* de jornada completa ◇ *adv* a tiempo completo

fully ['fʊli] *adv (completely)* completamente

fumble ['fʌmbl] *vi* ● **to fumble for sthg** buscar algo a tientas

fun [fʌn] *n (amusement)* diversión *f* ● **it's great fun** es muy divertido ● **for**

fun de broma ● **to have fun** divertirse ● **to make fun of** burlarse de

function ['fʌŋkʃn] ◇ n **1.** (role) función f **2.** (formal event) acto m ◇ vi funcionar

fund [fʌnd] ◇ n fondo m ◇ vt financiar ◆

funds npl fondos mpl

fundamental [ˌfʌndə'mentl] adj fundamental

funeral ['fju:nərəl] n funeral m

funfair ['fʌnfeə'] n parque m de atracciones

funky ['fʌŋkɪ] adj (inf) (music) funky (inv)

funnel ['fʌnl] n **1.** (for pouring) embudo m **2.** (on ship) chimenea f

funny ['fʌnɪ] adj **1.** (person) gracioso(sa) **2.** (thing) divertido(da) **3.** (strange) raro(ra) ● **to feel funny** (ill) sentirse raro

fur [fɜː'] n **1.** (on animal) pelaje m **2.** (garment) piel f

furious ['fjʊərɪəs] adj furioso(sa)

furnished ['fɜːnɪʃt] adj amueblado(da)

furnishings ['fɜːnɪʃɪŋz] npl mobiliario m.

furniture ['fɜːnɪtʃə'] n muebles mpl. ● **a piece of furniture** un mueble

furry ['fɜːrɪ] adj peludo(da)

further ['fɜːðə'] ◇ compar ≻ **far** ◇ adv **1.** (in distance) más lejos **2.** (more) más ◇ adj (additional) otro(otra) ● **until further notice** hasta nuevo aviso

furthermore [ˌfɜːðə'mɔː'] adv además

furthest ['fɜːðɪst] ◇ superl ≻ **far** ◇ adj (most distant) más lejano(na) ◇ adv (in distance) más lejos

fuse [fju:z] ◇ n **1.** (of plug) fusible m **2.** (on bomb) mecha f ◇ vi **1.** (plug) fundirse **2.** (electrical device) estropearse

fuse box n caja f de fusibles

fuss [fʌs] n **1.** (agitation) jaleo m **2.** (complaints) quejas fpl

fussy ['fʌsɪ] adj (person) quisquilloso (sa)

future ['fju:tʃə'] ◇ n futuro m ◇ adj futuro(ra) ● **in future** de ahora en adelante

g G

g (abbr of gram) g (gramo)

gable ['geɪbl] n aguilón m

gadget ['gædʒɪt] n artilugio m

Gaelic ['geɪlɪk] n gaélico m

gag [gæg] n (inf) (joke) chiste m

gain [geɪn] ◇ vt **1.** (get more of) ganar **2.** (achieve) conseguir **3.** (subj: clock, watch) adelantarse ◇ vi (get benefit) beneficiarse ◇ n **1.** (improvement) mejora f **2.** (profit) ganancia f

gale [geɪl] n vendaval m

gallery ['gælərɪ] n **1.** (for art etc) galería f **2.** (at theatre) gallinero m

gallon ['gælən] n **1.** (in UK) = 4,546 litros, galón m **2.** (in US) = 3,785 litros, galón m

gallop ['gæləp] vi galopar

gamble ['gæmbl] ◇ n riesgo m ◇ vi (bet money) apostar

gambling ['gæmblɪŋ] n juego m (de dinero)

game [geɪm] n **1.** juego m **2.** (of football, tennis, cricket) partido m **3.** (of chess, *cards, snooker)* partida *f* 4. *(wild animals, meat)* caza *f* ♦ **games** ◇ *n (UK) SCH* deportes *mpl* ◇ *npl (sporting event)* juegos *mpl*

game show *n* programa *m* concurso

gammon ['gæmən] *n (UK)* jamón *m*

gang [gæŋ] *n* 1. *(of criminals)* banda *f* 2. *(of friends)* pandilla *f*

gangster ['gæŋstə'] *n* gángster *m*

gaol [dʒeɪl] *(UK)* = **jail**

gap [gæp] *n* 1. *(space)* hueco *m* 2. *(of time)* intervalo *m* 3. *(difference)* discordancia *f*

gap year *n (UK)* año libre que algunos estudiantes se toman antes de entrar en la universidad, frecuentemente para viajar

garage ['gærɑːʒ, 'gærɪdʒ] *n* 1. *(for keeping car)* garaje *m*, garage *m (Amér)* 2. *(for petrol)* gasolinera *f* 3. *(for repairs)* taller *m* (de reparaciones) 4. *(UK) (for selling cars)* concesionario *m* (de automóviles)

garbage ['gɑːbɪdʒ] *n (US) (refuse)* basura *f*

garbage can *n (US)* cubo *m* de la basura

garbage truck *n (US)* camión *m* de la basura

garden ['gɑːdn] ◇ *n* jardín *m* ◇ *vi* trabajar en el jardín ♦ **gardens** *npl (public park)* jardines *mpl*

garden centre *n (UK)* centro *m* de jardinería

gardener ['gɑːdnə'] *n* jardinero *m*, -ra *f*

gardening ['gɑːdnɪŋ] *n* jardinería *f*

garden peas *npl* guisantes *mpl*

garlic ['gɑːlɪk] *n* ajo *m*

garlic bread *n* pan untado con mantequilla y ajo y cocido al horno

garlic butter *n* mantequilla *f* con ajo

garment ['gɑːmənt] *n (fml)* prenda *f* (de vestir)

garnish ['gɑːnɪʃ] ◇ *n* 1. *(herbs, vegetables)* adorno *m* 2. *(sauce)* guarnición *f* ◇ *vt* adornar

gas [gæs] *n* 1. gas *m* 2. *(US) (petrol)* gasolina *f*

gas cooker *n (UK)* cocina *f* OR estufa *f (Col & Méx)* de gas

gas cylinder *n* bombona *f* OR tanque *m* de gas

gas fire *n* estufa *f* de gas

gasket ['gæskɪt] *n* junta *f* (de culata)

gas mask *n* máscara *f* antigás

gasoline ['gæsəliːn] *n (US)* gasolina *f*

gasp [gɑːsp] *vi (in shock, surprise)* ahogar un grito

gas pedal *n (US)* acelerador *m*

gas station *n (US)* gasolinera *f*

gas stove = **gas cooker**

gas tank *n (US)* depósito *m* OR tanque *m* de gasolina

gasworks ['gæswɜːks] *(pl inv)* *n* fábrica *f* de gas

gate [geɪt] *n* 1. *(to garden, field)* puerta *f* 2. *(at airport)* puerta *f* de embarque

gâteau ['gætəʊ] *(pl* **-x***)* *n (UK)* tarta *f* *(con nata)*

gateway ['geɪtweɪ] *n* entrada *f*

gather ['gæðə'] ◇ *vt* 1. *(collect)* recoger 2. *(speed)* ganar 3. *(understand)* deducir ◇ *vi* reunirse

gaudy ['gɔːdɪ] *adj* chillón(ona)

gauge [geɪdʒ] ◇ *n* 1. *(for measuring)* indicador *m* 2. *(of railway track)* ancho *m* de vía ◇ *vt* (*calculate*) calibrar

gauze [gɔːz] *n* gasa *f*

gave [geɪv] *pt* ➢ **give**

gay [geɪ] *adj* (*homosexual*) homosexual

gaze [geɪz] *vi* ● **to gaze at** mirar fijamente

GB [dʒiːˈbiː] (*abbr of* **Great Britain**) GB *f* (*Gran Bretaña*)

GCSE [dʒiːsiːesˈiː] *n* (*abbr of* **General Certificate of Secondary Education**) examen final de enseñanza media en Gran Bretaña

gear [gɪəʳ] *n* **1.** (*wheel*) engranaje *m* **2.** (*speed*) marcha *f*, velocidad *f* **3.** (*equipment, clothes*) equipo *m* **4.** (*belongings*) cosas *fpl* ● **in gear** con una marcha metida

gearbox [ˈgɪəbɒks] *n* caja *f* de cambios OR velocidades

gear lever *n* (*UK*) palanca *f* de cambios

gear shift (*US*) = **gear lever**

gear stick (*UK*) = **gear lever**

geese [giːs] *pl* ➢ **goose**

gel [dʒel] *n* **1.** (*for hair*) gomina *f*, gel *m* **2.** (*for shower*) gel *m* (de ducha)

gelatine [ˌdʒeləˈtiːn] *n* gelatina *f*

gem [dʒem] *n* piedra *f* preciosa

Gemini [ˈdʒemɪnaɪ] *n* Géminis *m inv*

gender [ˈdʒendəʳ] *n* género *m*

general [ˈdʒenərəl] ◇ *adj* general ◇ *n* general *m* ● **in general** (*as a whole*) en general; (*usually*) generalmente

general anaesthetic *n* (*UK*) anestesia *f* general

general election *n* elecciones *fpl* generales

generally [ˈdʒenərəlɪ] *adv* en general

general practitioner [-prækˈtɪʃənəʳ] *n* médico *m*, -ca *f* de cabecera

general store *n* (*US*) tienda *f* de ultramarinos

generate [ˈdʒenəreɪt] *vt* generar

generation [ˌdʒenəˈreɪʃn] *n* generación *f*

generator [ˈdʒenəreɪtəʳ] *n* generador *m*

generosity [ˌdʒenəˈrɒsətɪ] *n* generosidad *f*

generous [ˈdʒenərəs] *adj* generoso(sa)

genetically [dʒɪˈnetɪklɪ] *adv* genéticamente ● **genetically modified** transgénico(ca), modificado genéticamente

genitals [ˈdʒenɪtlz] *npl* genitales *mpl*

genius [ˈdʒiːnjəs] *n* genio *m*

gentle [ˈdʒentl] *adj* **1.** (*careful*) cuidadoso(sa) **2.** (*kind*) dulce, amable **3.** (*movement, breeze*) suave

gentleman [ˈdʒentlmən] (*pl* **-men**) *n* **1.** (*man*) señor *m* **2.** (*well-behaved man*) caballero *m* ▼ **gentlemen** caballeros

gently [ˈdʒentlɪ] *adv* (*carefully*) con cuidado

gents [dʒents] *n* (*UK*) caballeros *mpl*

genuine [ˈdʒenjuɪn] *adj* **1.** (*authentic*) auténtico(ca) **2.** (*sincere*) sincero(ra)

geographical [dʒɪəˈgræfɪkl] *adj* geográfico(ca)

geography [dʒɪˈɒgrəfɪ] *n* geografía *f*

geology [dʒɪˈɒlədʒɪ] *n* geología *f*

geometry [dʒɪˈɒmətrɪ] *n* geometría *f*

Georgian [ˈdʒɔːdʒən] *adj* georgiano(na)

geranium [dʒɪˈreɪnjəm] *n* geranio *m*

German [ˈdʒɜːmən] ◇ *adj* alemán(ana) ◇ *n* **1.** (*person*) alemán *m*, -ana *f* **2.** (*language*) alemán *m*

German measles *n* rubéola *f*

Germany ['dʒɜːmənɪ] *n* Alemania

germs [dʒɜːmz] *npl* microbios *mpl*

gesture ['dʒestʃə'] *n (movement)* gesto *m*

get [get] ((UK) *pt & pp* **got**, (US) *pp* **gotten**)

◇ *vt* **1.** *(obtain)* conseguir ● I got some crisps from the shop me compré unas patatas fritas en la tienda ● she got a job consiguió un trabajo ● I get a lot of enjoyment from it me gusta mucho (hacerlo) **2.** *(receive)* recibir ● I've got a book for Christmas me regalaron un libro por Navidades **3.** *(means of transport)* coger, tomar *(Amér)* ● let's get a taxi ¡vamos a coger un taxi! **4.** *(fetch)* traer ● could you get me the boss? *(in shop)* ¿puedo ver al jefe?; *(on phone)* ¿puede ponerme con el jefe? ● get me a drink tráeme algo de beber **5.** *(illness)* coger, agarrar *(Amér)* ● I've got a cold tengo un catarro **6.** *(cause to become, do)* ● to get sthg done mandar hacer algo ● I'll get him to call you haré que te llame ● can I get my car repaired here? ¿pueden arreglarme el coche aquí? ● to get sthg ready preparar algo **7.** *(move)* ● to get sthg out sacar algo ● I can't get it through the door no puedo meterlo por la puerta **8.** *(understand)* entender ● to get a joke coger un chiste **9.** *(time, chance)* tener ● we didn't get the chance to see everything no tuvimos la oportunidad de verlo todo **10.** *(phone)* contestar **11.** *(in phrases)* ● you get a lot of rain here in winter aquí llueve mucho en invierno

◇ *vi* **1.** *(become)* ponerse ● it's getting late se está haciendo tarde ● to get dark oscurecer ● to get lost perderse ● to get ready prepararse ● get lost! *(inf)* ¡vete a la porra! **2.** *(into particular state, position)* meterse ● how do you get to Luton from here? ¿cómo se puede ir a Luton desde aquí? ● to get into the car meterse en el coche **3.** *(arrive)* llegar ● when does the train get here? ¿a qué hora llega el tren? **4.** *(in phrases)* ● to get to do sthg llegar a hacer algo

◇ *aux vb* ● to get delayed retrasarse ● to get killed resultar muerto

●**get back** *vi (return)* volver

●**get in** *vi (arrive)* llegar; *(enter)* entrar

●**get off** *vi (leave train, bus)* bajarse; *(depart)* salir

●**get on** *vi (enter train, bus)* subirse; *(in relationship)* llevarse ● how are you getting on? ¿cómo te va?

●**get out** *vi (of car, bus, train)* bajarse

●**get through** *vi (on phone)* conseguir comunicar

●**get up** *vi* levantarse

get-together *n (inf)* reunión *f*

ghastly ['gɑːstlɪ] *adj (inf) (very bad)* horrible

gherkin ['gɜːkɪn] *n* pepinillo *m*

ghetto blaster ['getəʊˌblɑːstə'] *n (inf)* radiocasete portátil de gran tamaño y potencia

ghost [gəʊst] *n* fantasma *m*

giant ['dʒaɪənt] ◇ *adj* gigantesco(ca) ◇ *n (in stories)* gigante *m*

giblets ['dʒɪblɪts] *npl* menudillos *mpl*

giddy ['gɪdɪ] *adj (dizzy)* mareado(da)

gift [gɪft] *n* **1.** *(present)* regalo *m* **2.**

(talent) don *m*

gifted ['gɪftɪd] *adj* **1.** *(talented)* dotado (da) **2.** *(very intelligent)* superdotado(da)

gift shop *n* tienda *f* de souvenirs

gift voucher *n (UK)* vale *m (para canjear por un regalo)*

gig [gɪg] *n (inf)* concierto *m* (de música pop)

gigabyte [gɪgə'baɪt] *n* gigabyte *m*

gigantic [dʒaɪ'gæntɪk] *adj* gigantesco (ca)

giggle ['gɪgl] *vi* reírse a lo tonto

gimmick ['gɪmɪk] *n* reclamo *m*

gin [dʒɪn] *n* ginebra *f* ● **gin and tonic** gin tonic *m*

ginger ['dʒɪndʒəʳ] ◇ *n* jengibre *m* ◇ *adj (colour)* rojizo(za)

ginger ale *n* ginger-ale *m*

ginger beer *n* refresco de jengibre con bajo contenido en alcohol

gingerbread ['dʒɪndʒəbred] *n* pan *m* de jengibre

gipsy ['dʒɪpsɪ] *n* gitano *m*, -na *f*

giraffe [dʒɪ'rɑːf] *n* jirafa *f*

girl [gɜːl] *n* **1.** *(child, daughter)* niña *f* **2.** *(young woman)* chica *f*

girlfriend ['gɜːlfrend] *n* **1.** *(of boy, man)* novia *f* **2.** *(of girl, woman)* amiga *f*

Girl Guide *n (UK)* exploradora *f*

Girl Scout *(US)* = **Girl Guide**

giro ['dʒaɪrəʊ] *(pl* **-s)** *n (UK) (system)* giro *m*

give [gɪv] *(pt* **gave,** *pp* **given)** *vt* **1.** dar **2.** *(a laugh, look)* echar **3.** *(attention)* prestar **4.** *(time)* dedicar ● **to give sb a sweet** dar un caramelo a alguien ● **to give sb a present** dar un regalo a alguien ● **to give sthg a push** empujar

algo ● **to give sb a kiss** dar un beso a alguien ● **give or take** más o menos ▼ **give way** ceda el paso ◆**give away** *vt sep* **1.** *(get rid of)* regalar **2.** *(reveal)* revelar ◆ **give back** *vt sep* devolver ◆**give in** *vi* ceder ◆**give off** *vt insep* despedir ◆**give out** *vt sep (distribute)* repartir ◆**give up** ◇ *vt sep (seat)* ceder ◇ *vi* **1.** *(stop smoking)* dejar de fumar **2.** *(admit defeat)* darse por vencido ● **to give up cigarettes** OR **smoking** dejar de fumar

given name ['gɪvn-] *n (US)* nombre *m* de pila

glacier ['glæsjəʳ] *n* glaciar *m*

glad [glæd] *adj* contento(ta) ● **to be glad to do sthg** tener mucho gusto en hacer algo

gladly ['glædlɪ] *adv (willingly)* con mucho gusto

glamorous ['glæmərəs] *adj* atractivo (va)

glance [glɑːns] ◇ *n* vistazo *m* ◇ *vi* ● **to glance (at)** echar un vistazo (a)

gland [glænd] *n* glándula *f*

glandular fever ['glændjʊlə-] *n (UK)* mononucleosis *f inv* infecciosa

glare [gleəʳ] *vi* **1.** *(person)* lanzar una mirada asesina **2.** *(sun, light)* brillar

glass [glɑːs] ◇ *n* **1.** *(material)* cristal *m* **2.** *(container, glassful)* vaso *m* ◇ *adj* de cristal ◆ **glasses** *npl* gafas *fpl*

glassware ['glɑːsweəʳ] *n* cristalería *f*

glider ['glaɪdəʳ] *n* planeador *m*

glimpse [glɪmps] *vt* vislumbrar

glitter ['glɪtəʳ] *vi* relucir

global warming [,gləʊbl'wɔːmɪŋ] *n* calentamiento *m* de la atmósfera

globe [gləʊb] *n (with map)* globo *m*

(terráqueo) ● **the globe** (*Earth*) la vuelta ● **to go and do sthg** ir a hacer
Tierra

gloomy ['glu:mɪ] *adj* **1.** (*room, day*)
oscuro(ra) **2.** (*person*) melancólico(ca)

glorious ['glɔ:rɪəs] *adj* **1.** (*weather, sight*)
espléndido(da) **2.** (*victory, history*) glorioso(sa)

glory ['glɔ:rɪ] *n* gloria *f*

gloss [glɒs] *n* (*shine*) brillo *m* ● **gloss**
(**paint**) pintura *f* de esmalte

glossary ['glɒsərɪ] *n* glosario *m*

glossy ['glɒsɪ] *adj* (*magazine, photo*) de
papel satinado

glove [glʌv] *n* guante *m*

glove compartment *n* guantera *f*

glow [gləʊ] ◇ *n* fulgor *m* ◇ *vi* brillar,
lucir

glucose ['glu:kəʊs] *n* glucosa *f*

glue [glu:] ◇ *n* pegamento *m* ◇ *vt* pegar

GM [dʒi:'em] *adj* (*abbr of genetically
modified*) transgénico(ca) ● **GM
foods/products** alimentos/productos
mpl transgénicos

GMT [dʒi:em'ti:] *n* (*abbr of Greenwich
Mean Time*) hora *f* del meridiano del
Greenwich

gnat [næt] *n* mosquito *m*

gnaw [nɔ:] *vt* roer

GNVQ [dʒi:envi'kju:] *n* (*UK*) (*abbr of
general national vocational qualification*) curso de formación profesional
de dos años

go [gəʊ] (*pt* went, *pp* gone, *pl* goes)
◇ *vi* **1.** (*move, travel, attend*) ir ● **to go
home** irse a casa ● **to go to Spain** ir a
España ● **to go by bus** ir en autobús ●
to go to church/school ir a misa/la
escuela ● **to go for a walk** ir a dar una

algo ● **to go shopping** ir de compras ●
where does this path go? ¿adónde lleva
este camino? **2.** (*leave*) irse; (*bus*) salir
● **it's time to go** ya es hora de irse ●
go away! ¡largo de aquí! **3.** (*become*)
ponerse ● **she went pale** se puso
pálida ● **the milk has gone sour** la
leche se ha cortado **4.** (*expressing intention, probability, certainty*) ● **to be going
to do sthg** ir a hacer algo **5.** (*function*)
funcionar ● **the car won't go** el coche
no funciona **6.** (*stop working*) estropearse ● **the fuse has gone** se ha fundido el
plomo **7.** (*pass*) pasar **8.** (*progress*) ir ●
to go well ir bien ● **how's it going?**
¿qué tal te va? **9.** (*bell, alarm*) sonar **10.**
(*match, be appropriate*) ● **to go with** ir
bien con **11.** (*be sold*) venderse ▼
everything must go liquidación total
12. (*fit*) caber **13.** (*belong*) ir **14.** (*in
phrases*) ● **go on!** ¡venga! ● **to let go of
sthg** soltar algo ● **to go** (*US*) (*to take
away*) para llevar ● **there are three
weeks to go** faltan tres semanas

◇ *n* **1.** (*turn*) turno *m* ● **it's your go**
toca a ti **2.** (*attempt*) jugada *f* ● **to have
a go at sthg** probar algo ▼ **50p a go** a
50 peniques la jugada

● **go ahead** *vi* (*take place*) tener lugar ●
go ahead! ¡adelante!

● **go back** *vi* volver

● **go down** *vi* (*price, standard*) bajar; (*sun*)
ponerse; (*tyre*) deshincharse

● **go down with** *vt insep* (*inf*) pillar,
pescar

● **go in** *vi* entrar

● **go off** *vi* (*alarm, bell*) sonar; (*food*)

estropearse; *(milk)* cortarse; *(stop operating)* apagarse

♦ **go on** *vi (happen)* ocurrir, pasar; *(start operating)* encenderse ● **to go on doing sthg** seguir haciendo algo

♦ **go out** *vi (leave house)* salir; *(light, fire, cigarette)* apagarse ● **to go out (with sb)** salir (con alguien) ● **to go out for a meal** cenar fuera

♦ **go over** *vt insep (check)* repasar

♦ **go round** *vi (revolve)* girar ● **there isn't enough to go round** no hay bastante para todos

♦ **go through** *vt insep (experience)* pasar (por); *(spend)* gastar; *(search)* registrar

♦ **go up** *vi (increase)* subir

♦ **go with** *vt insep (be included with)* venir con

♦ **go without** *vt insep* pasar sin

goal [gəʊl] *n* **1.** *(posts)* portería *f* **2.** *(point scored)* gol *m* **3.** *(aim)* objetivo *m*

goalkeeper ['gəʊl,kiːpəʳ] *n* portero *m*, -ra *f*

goalpost ['gəʊlpəʊst] *n* poste *m* (de la portería)

goat [gəʊt] *n* cabra *f*

gob [gɒb] *n (UK) (inf) (mouth)* pico *m*

god [gɒd] *n* dios *m* ♦ **God** *n* Dios *m*

goddaughter ['gɒd,dɔːtəʳ] *n* ahijada *f*

godfather ['gɒd,fɑːðəʳ] *n* padrino *m*

godmother ['gɒd,mʌðəʳ] *n* madrina *f*

gods [gɒdz] *npl* ● **the gods** *(UK) (inf) (in theatre)* el gallinero

godson ['gɒdsʌn] *n* ahijado *m*

goes [gəʊz] ≥ **go**

goggles ['gɒglz] *npl* **1.** *(for swimming)* gafas *fpl (Esp)* OR anteojos *mpl (Amér)* submarinas **2.** *(for skiing)* gafas *fpl (Esp)*

OR anteojos *mpl (Amér)* de esquí

going ['gəʊɪŋ] *adj (available)* disponible ● **the going rate** el precio actual

go-kart [-kɑːt] *n (UK)* kart *m*

gold [gəʊld] ◇ *n* oro *m* ◇ *adj* de oro

goldfish ['gəʊldfɪʃ] *(pl inv)* n pez *m* de colores

gold-plated [-'pleɪtɪd] *adj* chapado(da) en oro

golf [gɒlf] *n* golf *m*

golf ball *n* pelota *f* de golf

golf club *n* **1.** *(place)* club *m* de golf **2.** *(piece of equipment)* palo *m* de golf

golf course *n* campo *m* de golf

golfer ['gɒlfəʳ] *n* jugador *m*, -ra *f* de golf

gone [gɒn] ◇ *pp* > **go** ◇ *prep (UK)* ● **it's gone ten** ya pasa de las diez

good [gʊd] *(compar* **better**, *superl* **best)** ◇ *adj* bueno(na) ◇ *n* el bien ● **that's very good of you** es muy amable por tu parte ● **be good!** ¡pórtate bien! ● **to have a good time** pasarlo bien ● **I'm good at maths** se me dan bien las matemáticas ● **a good ten minutes** diez minutos por lo menos ● **in good time** a tiempo de sobra ● **for good** para siempre ● **for the good of** en bien de ● **a walk will do you good** un paseo te sentará bien ● **it's no good** *(there's no point)* no vale la pena ● **good afternoon!** ¡buenas tardes! ● **good evening!** *(in the evening)* ¡buenas tardes!; *(at night)* ¡buenas noches! ● **good morning!** ¡buenos días! ● **good night!** ¡buenas noches! ♦ **goods** *npl* productos *mpl*

goodbye [,gʊd'baɪ] *excl* ¡adiós!

Good Friday *n* Viernes *m inv* Santo

good-looking [-'lʊkɪŋ] *adj* guapo(pa)

goose [guːs] (*pl* **geese**) *n* ganso *m*

gooseberry ['gʊzbərɪ] *n* grosella *f* espinosa

gorge [gɔːdʒ] *n* desfiladero *m*

gorgeous ['gɔːdʒəs] *adj* (day, meal, countryside) magnífico(ca) ● **to be gorgeous** (inf) (good-looking) estar buenísimo(ma)

gorilla [gə'rɪlə] *n* gorila *mf*

gossip ['gɒsɪp] ◇ *n* (talk) cotilleo *m* ◇ *vi* cotillear

gossip column *n* ecos *mpl* OR crónica *f* de sociedad

got [gɒt] *pt* & *pp* > **get**

gotten ['gɒtn] *pp* (US) > **get**

goujons ['guːdʒɒnz] *npl* fritos *mpl* (rebozados)

goulash ['guːlæʃ] *n* gulasch *m*

gourmet ['gʊəmeɪ] ◇ *n* gastrónomo *m*, -ma *f* ◇ *adj* para gastrónomos

govern ['gʌvən] *vt* gobernar

government ['gʌvnmənt] *n* gobierno *m*

gown [gaʊn] *n* (dress) vestido *m* (de noche)

GP [dʒiː'piː] *n* (abbr of general practitioner) médico de cabecera

grab [græb] *vt* **1.** (grasp) agarrar **2.** (snatch away) arrebatar

graceful ['greɪsfʊl] *adj* elegante

grade [greɪd] *n* **1.** (quality) clase *f* **2.** (in exam) nota *f*, calificación *f* **3.** (US) (year at school) curso *m*

grade crossing *n* (US) paso *m* a nivel

gradient ['greɪdjənt] *n* pendiente *f*

gradual ['grædʒʊəl] *adj* paulatino(na)

gradually ['grædʒʊəlɪ] *adv* paulatinamente

graduate ◇ *n* ['grædʒʊət] **1.** (from university) licenciado *m*, -da *f* **2.** (US) (from high school) ≃ bachiller *mf* ◇ *vi* ['grædʒʊeɪt] **1.** (from university) licenciarse **2.** (US) (from high school) ≃ obtener el título de bachiller

graduation [ˌgrædʒʊ'eɪʃn] *n* (ceremony) graduación *f*

graffiti [grə'fiːtɪ] *n* pintadas *fpl*, graffiti *mpl*

grain [greɪn] *n* **1.** (seed, granule) grano *m* **2.** (crop) cereales *mpl*

gram [græm] *n* gramo *m*

grammar ['græmə'] *n* gramática *f*

grammar school *n* (in UK) colegio de enseñanza secundaria tradicional para alumnos de 11 a 18 años, con examen de acceso

gramme [græm] = **gram**

gran [græn] *n* (UK) (inf) abuelita *f*

grand [grænd] ◇ *adj* (impressive) grandioso(sa) ◇ *n* (inf) **1.** (£1,000) mil libras *fpl* **2.** ($1,000) mil dólares *mpl*

grandchild ['græntʃaɪld] (*pl* **-children**) *n* nieto *m*, -ta *f*

granddad ['grændæd] *n* (inf) abuelito *m*

granddaughter ['græn,dɔːtə'] *n* nieta *f*

grandfather ['grænd,fɑːðə'] *n* abuelo *m*

grandma ['grænmɑː] *n* (inf) abuelita *f*

grandmother ['græn,mʌðə'] *n* abuela *f*

grandpa ['grænpɑː] *n* (inf) abuelito *m*

grandparents ['græn,peərənts] *npl* abuelos *mpl*

grandson ['grænsʌn] *n* nieto *m*

granite ['grænɪt] *n* granito *m*

granny ['grænɪ] *n* (inf) abuelita *f*

grant [grɑːnt] ◇ *n* **1.** (for study) beca *f* **2.** POL subvención *f* ◇ *vt* (fml) (give)

conceder ● **to take sthg/sb for granted** no saber apreciar algo/a alguien por lo que vale

grape [greɪp] *n* uva *f*

grapefruit ['greɪpfruːt] *n* pomelo *m* (*Esp*), toronja *f* (*Amér*)

grapefruit juice *n* zumo *m* de pomelo, jugo *m* de toronja (*Amér*)

graph [grɑːf] *n* gráfico *m*

graph paper *n* papel *m* cuadriculado

grasp [grɑːsp] *vt* **1.** (*grip*) agarrar **2.** (*understand*) entender

grass [grɑːs] *n* **1.** (*plant*) hierba *f*, pasto *m* (*Amér*) **2.** (*lawn*) césped *m*, pasto *m* (*Amér*) ▼ **keep off the grass** prohibido pisar el césped

grasshopper ['grɑːsˌhɒpəʳ] *n* saltamontes *m inv*

grate [greɪt] *n* parrilla *f*

grated ['greɪtɪd] *adj* rallado(da)

grateful ['greɪtfʊl] *adj* agradecido(da)

grater ['greɪtəʳ] *n* rallador *m*

gratitude ['grætɪtjuːd] *n* agradecimiento *m*

gratuity [grə'tjuːɪtɪ] *n* (*fml*) propina *f*

grave¹ [greɪv] ◇ *adj* (*mistake, news, concern*) grave ◇ *n* tumba *f*

grave² [grɑːv] *adj* (*accent*) grave

gravel ['grævl] *n* gravilla *f*

graveyard ['greɪvjɑːd] *n* cementerio *m*

gravity ['grævɪtɪ] *n* gravedad *f*

gravy ['greɪvɪ] *n* salsa *f* de carne

gray [greɪ] (*US*) = **grey**

graze [greɪz] *vt* (*injure*) rasguñar

grease [griːs] *n* grasa *f*

greaseproof paper ['griːspruːf-] *n* papel *m* de cera

greasy ['griːsɪ] *adj* **1.** (*tools, clothes, food*) grasiento(ta) **2.** (*skin, hair*) graso(sa)

great [greɪt] *adj* **1.** grande **2.** (*very good*) estupendo(da) ● **great success** gran éxito ● (*that's*) great! ¡genial! ● **to have a great time** pasarlo genial

Great Britain *n* Gran Bretaña

great-grandfather *n* bisabuelo *m*

great-grandmother *n* bisabuela *f*

greatly ['greɪtlɪ] *adv* enormemente

Greece [griːs] *n* Grecia

greed [griːd] *n* **1.** (*for food*) glotonería *f* **2.** (*for money*) codicia *f*

greedy ['griːdɪ] *adj* **1.** (*for food*) glotón(ona) **2.** (*for money*) codicioso(sa)

Greek [griːk] ◇ *adj* griego(ga) ◇ *n* **1.** (*person*) griego *m*, -ga *f* **2.** (*language*) griego *m*

green [griːn] ◇ *adj* **1.** verde **2.** (*inf*) (*inexperienced*) novato(ta) ◇ *n* **1.** (*colour*) verde *m* **2.** (*in village*) pequeña zona de hierba accesible a todo el mundo **3.** (*on golf course*) green *m* ◆ **greens** *npl* (*vegetables*) verduras *fpl*

green beans *npl* judías *fpl* verdes

green card *n* **1.** (*UK*) (*for car*) seguro *m* de automóvil para viajar al extranjero **2.** (*US*) (*work permit*) permiso *m* de residencia y trabajo (*para EEUU*)

green card

El *Green Card* es el permiso de trabajo emitido por las autoridades estadounidenses. Cualquier persona que quiera trabajar legalmente en los Estados Unidos necesita uno. El proceso para conseguirlo es largo y complicado. A pesar de su nombre, el permiso ya no es de color verde.

green channel *n* pasillo *m* en la aduana para la gente sin artículos que declarar

greengage ['gri:ngeɪdʒ] *n* ciruela *f* claudia

greengrocer's ['gri:n,grəʊsəz] *n* (*UK*) (*shop*) verdulería *f*

greenhouse ['gri:nhaʊs] *n* invernadero *m*

greenhouse effect *n* efecto *m* invernadero

green light *n* luz *f* verde

green pepper *n* pimiento *m* verde

Greens [gri:nz] *npl* ● **the Greens** los Verdes

green salad *n* ensalada *f* verde

greet [gri:t] *vt* (*say hello to*) saludar

greeting ['gri:tɪŋ] *n* saludo *m*

grenade [grə'neɪd] *n* granada *f*

grew [gru:] *pt* > **grow**

grey [greɪ] ◇ *adj* **1.** (*in colour*) gris *m*. **2.** (*weather*) nublado(da) ◇ *n* gris *m* ● he's going grey se están saliendo canas

greyhound ['greɪhaʊnd] *n* galgo *m*

grid [grɪd] *n* **1.** (*grating*) reja *f* **2.** (*on map etc*) cuadrícula *f*

grief [gri:f] *n* pena *f*, aflicción *f* ● **to come to grief** (*plan*) ir al traste

grieve [gri:v] *vi* ● **to grieve for** llorar por

grill [grɪl] ◇ *n* **1.** (*on cooker*) grill *m* **2.** (*for open fire, part of restaurant*) parrilla *f* **3.** (*beefburger*) hamburguesa *f* ◇ *vt* asar a la parrilla

grille [grɪl] *n* AUT rejilla *f*

grilled [grɪld] *adj* asado(da) a la parrilla

grim [grɪm] *adj* **1.** (*expression*) adusto(ta) **2.** (*news, reality*) deprimente

grimace ['grɪməs] *n* mueca *f*

grimy ['graɪmɪ] *adj* mugriento(ta)

grin [grɪn] ◇ *n* sonrisa *f* (amplia) ◇ *vi* sonreír (ampliamente)

grind [graɪnd] (*pt & pp* **ground**) *vt* (*pepper, coffee*) moler

grip [grɪp] ◇ *vt* (*hold*) agarrar ◇ *n* **1.** (*of tyres*) adherencia *f* **2.** (*handle*) asidero *m* ● **to have a grip on sthg** agarrar algo

gristle ['grɪsl] *n* cartílago *m*

groan [grəʊn] ◇ *n* gemido *m* ◇ *vi* **1.** (*in pain*) gemir **2.** (*complain*) quejarse

groceries ['grəʊsərɪz] *npl* comestibles *mpl*

grocer's ['grəʊsəz] *n* (*UK*) (*shop*) tienda *f* de comestibles

grocery ['grəʊsərɪ] *n* (*shop*) tienda *f* de comestibles

groin [grɔɪn] *n* ingle *f*

groove [gru:v] *n* ranura *f*

grope [grəʊp] *vi* ● **to grope around for sthg** buscar algo a tientas

gross [grəʊs] *adj* (*weight, income*) bruto(ta)

grossly ['grəʊslɪ] *adv* (*extremely*) enormemente

grotty ['grɒtɪ] *adj* (*UK*) (*inf*) cochambroso(sa)

ground [graʊnd] ◇ *pt & pp* > **grind** ◇ *n* **1.** (*surface of earth*) suelo *m* **2.** (*soil*) tierra *f* **3.** SPORT campo *m* ◇ *adj* (*coffee*) molido(da) ◇ *vt* ● **to be grounded** (*plane*) tener que permanecer en tierra; (*US*) (*child*) no poder salir por estar castigado; (*US*) (*electrical connection*) estar conectado a tierra ● **below ground** bajo tierra ◆ **grounds** npl **1.** (of building) jardines mpl **2.** (of coffee) poso m **3.** (reason) razones fpl

ground floor n (UK) planta f baja

groundsheet ['graʊndʃiːt] n (UK) lona f impermeable (para tienda de campaña)

group [gruːp] n grupo m

grouse [graʊs] (pl inv) n urogallo m

grovel ['grɒvl] vi (be humble) humillarse

grow [grəʊ] (pt **grew**, pp **grown**) ◇ vi **1.** crecer **2.** (become) volverse ◇ vt **1.** (plant, crop) cultivar **2.** (beard) dejarse crecer ◆ **grow up** vi hacerse mayor

growl [graʊl] vi (dog) gruñir

grown [grəʊn] pp ➤ **grow**

grown-up ◇ adj adulto(ta) ◇ n persona f mayor

growth [grəʊθ] n **1.** (increase) aumento m **2.** MED bulto m

grub [grʌb] n (inf) (food) papeo m

grubby ['grʌbɪ] adj mugriento(ta)

grudge [grʌdʒ] ◇ n rencor m ◇ vt ● **she grudges him his success** siente rencor por su éxito

grueling ['gruːəlɪŋ] (US) = **gruelling**

gruelling ['gruːəlɪŋ] adj (UK) agotador(ra)

gruesome ['gruːsəm] adj horripilante

grumble ['grʌmbl] vi refunfuñar

grumpy ['grʌmpɪ] adj (inf) cascarrabias (inv)

grunt [grʌnt] vi gruñir

guarantee [ˌgærən'tiː] ◇ n garantía f ◇ vt garantizar

guard [gɑːd] ◇ n **1.** (of prisoner etc) guardia mf **2.** (UK) (on train) jefe m de tren **3.** (protective cover) protector m ◇ vt

(watch over) guardar ● **to be on one's guard** estar en guardia

Guatemala [ˌgwɑːtə'mɑːlə] n Guatemala

Guatemalan [ˌgwɑːtə'mɑːlən] ◇ adj guatemalteco(ca) ◇ n guatemalteco m, -ca f

guess [ges] ◇ n suposición f ◇ vt adivinar ◇ vi suponer ● **I guess (so)** me imagino (que sí)

guest [gest] n **1.** (in home) invitado m, -da f **2.** (in hotel) huésped mf

guesthouse ['gesthaʊs] n casa f de huéspedes

guestroom ['gestrʊm] n cuarto m de los huéspedes

guidance ['gaɪdəns] n orientación f

guide [gaɪd] ◇ n **1.** (for tourists) guía mf **2.** (guidebook) guía f ◇ vt guiar ◆ **Guide** n (UK) exploradora f

guidebook ['gaɪdbʊk] n guía f

guide dog n (UK) perro m lazarillo

guided tour ['gaɪdɪd-] n visita f guiada

guidelines ['gaɪdlaɪnz] npl directrices fpl

guilt [gɪlt] n **1.** (feeling) culpa f **2.** LAW culpabilidad f

guilty ['gɪltɪ] adj culpable

guinea pig ['gɪnɪ-] n conejillo m de Indias

guitar [gɪ'tɑːʳ] n guitarra f

guitarist [gɪ'tɑːrɪst] n guitarrista mf

gulf [gʌlf] n (of sea) golfo m

Gulf War n ● **the Gulf War** la Guerra del Golfo

gull [gʌl] n gaviota f

gullible ['gʌləbl] adj ingenuo(nua)

gulp [gʌlp] n trago m

gum [gʌm] *n* **1.** (*chewing gum, bubble gum*) chicle *m* **2.** (*adhesive*) pegamento *m* ◆
gums *npl* (*in mouth*) encías *fpl*

gun [gʌn] *n* **1.** (*pistol*) pistola *f* **2.** (*rifle*) escopeta *f* **3.** (*cannon*) cañón *m*

gunfire ['gʌnfaɪə'] *n* disparos *mpl*

gunshot ['gʌnʃɒt] *n* tiro *m*

gust [gʌst] *n* ráfaga *f*

gut [gʌt] *n* (*inf*) (*stomach*) buche *m*, barriga *f* ◆ **guts** *npl* (*inf*) **1.** (*intestines*) tripas *fpl* **2.** (*courage*) agallas *fpl*

gutter ['gʌtə'] *n* **1.** (*beside road*) cuneta *f* **2.** (*of house*) canalón *m* (*Esp*), canaleta *f*

guy [gaɪ] *n* (*inf*) (*man*) tío *m* (*Esp*), tipo *m* ◆ **guys** *npl* (*inf*) (*people*) tíos *mpl* (*Esp*), gente *f*

Guy Fawkes Night [-'fɔ:ks-] *n* (*UK*) el 5 de noviembre

Guy Fawkes Night

El 5 de noviembre, los británicos conmemoran el fracaso del intento de volar el parlamento por parte de Guy Fawkes, en 1605, que habría acabado con la vida del rey. En pueblos y ciudades se queman grandes hogueras, a la cuales se arrojan muñecos que representan a Guy Fawkes.

guy rope *n* cuerda *f* (*de tienda de campaña*)

gym [dʒɪm] *n* **1.** (*place*) gimnasio *m* **2.** (*school lesson*) gimnasia *f*

gymnast ['dʒɪmnæst] *n* gimnasta *mf*

gymnastics [dʒɪm'næstɪks] *n* gimnasia *f*

gym shoes *npl* zapatillas *fpl* de gimnasia

gynecologist [,gaɪnə'kɒlədʒɪst] (*US*) = **gynaecologist**

gynaecologist [,gaɪnə'kɒlədʒɪst] *n* (*UK*) ginecólogo *m*, -ga *f*

gypsy ['dʒɪpsɪ] = **gipsy**

hH

H (*abbr of hot*) C (*en grifo*) (*abbr of hospital*) H.

habit ['hæbɪt] *n* costumbre *f*

hacksaw ['hæksɔ:] *n* sierra *f* para metales

had [hæd] *pt & pp* ➤ **have**

haddock ['hædək] (*pl inv*) *n* eglefino *m*

hadn't ['hædnt] = **had not**

haggis ['hægɪs] *n* plato típico escocés hecho con las asaduras del cordero, harina de avena y especias

haggle ['hægl] *vi* regatear

hail [heɪl] ◇ *n* granizo *m* ◇ *impers vb* ● **it's hailing** está granizando

hailstone ['heɪlstəʊn] *n* granizo *m*

hair [heə'] *n* **1.** pelo *m* **2.** (*on skin*) vello *m* ● **to have one's hair cut** cortarse el pelo ● **to wash one's hair** lavarse el pelo

hairband ['heəbænd] *n* turbante *m* (*banda elástica*)

hairbrush ['heəbrʌʃ] *n* cepillo *m* (*del pelo*)

hairclip ['heəklɪp] *n* prendedor *m* (del pelo)

haircut ['heəkʌt] *n (style)* corte *m* (de pelo) ● **to have a haircut** cortarse el pelo

hairdo ['heədu:] *(pl* -s) *n* peinado *m*

hairdresser ['heə,dresə'] *n* peluquero *m*, -ra *f* ● **hairdresser's** *(salon)* peluquería *f* ● **to go to the hairdresser's** ir a la peluquería

hairdryer ['heə,draɪə'] *n* secador *m* (del pelo)

hair gel *n* gomina *f*

hairgrip ['heəgrɪp] *n (UK)* horquilla *f*

hairpin bend ['heəpɪn-] *(UK)* curva *f* muy cerrada

hair remover [-rɪ,mu:və'] *n* depilatorio *m*

hair slide *n (UK)* prendedor *m*

hairspray ['heəspreɪ] *n* laca *f* (para el pelo)

hairstyle ['heəstaɪl] *n* peinado *m*

hairy ['heərɪ] *adj* peludo(da)

half [(UK) hɑ:f, (US) hæf] *(pl* **halves**) ◇ *n* **1.** *(50%)* mitad *f* **2.** *(of match)* tiempo *m* **3.** *(UK) (half pint)* media pinta *f* **4.** *(child's ticket)* billete *m* medio ◇ *adj* medio(dia) ◇ *adv* ● **half cooked** a medio cocinar ● **half full** medio lleno ● **I'm half Scottish** soy medio escocés ● **four and a half** cuatro y medio ● **half past seven** las siete y media ● **half as big as** la mitad de grande que ● **an hour and a half** una hora y media ● **half an hour** media hora ● **half a dozen** media docena ● **half price** a mitad de precio

half board *n (UK)* media pensión *f*

half-day *n* media jornada *f*

half fare *n* medio billete *m (Esp)*, medio boleto *m (Amér)*

half portion *n* media ración *f*

half-price *adj* a mitad de precio

half term *n (UK)* semana de vacaciones escolares a mitad de cada trimestre

half time *n* descanso *m*

halfway [hɑ:f'weɪ] *adv* ● **halfway between** a mitad de camino entre ● **halfway through the film** a mitad de la película

halibut ['hælɪbət] *(pl inv)* halibut *m*

hall [hɔ:l] *n* **1.** *(of house)* vestíbulo *m* **2.** *(large room)* sala *f* **3.** *(building)* pabellón *m* **4.** *(country house)* mansión *f*

hallmark ['hɔ:lmɑ:k] *n (on silver, gold)* contraste *m*

hallo [hə'ləʊ] *(UK)* = hello

hall of residence *n (UK)* colegio *m* mayor *(Esp)*, residencia *f* universitaria

Halloween [,hæləʊ'i:n] *n el 31 de octubre*

Halloween

Halloween se celebra el 31 de octubre. Las fiestas de *Halloween*, a las que hay que ir disfrazado, son muy populares. También es tradicional que grupos de niños pequeños, disfrazados de brujas y fantasmas, vayan de puerta en puerta pidiendo dinero o caramelos.

---

halt [hɔ:lt] ◇ *vi* detenerse ◇ *n* ● **to come to a halt** detenerse

halve [(UK) hɑ:v, (US) hæv] *vt* **1.** *(reduce*

by half) reducir a la mitad **2.** *(divide in two)* partir por la mitad

halves [*(UK)* hɑːvz, *(US)* hævz] *pl* ➤ half

ham [hæm] *n* jamón *m*

hamburger ['hæmbɜːgəʳ] *n* **1.** *(beefburger)* hamburguesa *f* **2.** *(US)* *(mince)* carne *f* picada *(Esp)* OR molida

hamlet ['hæmlɪt] *n* aldea *f*

hammer ['hæməʳ] ◇ *n* martillo *m* ◇ *vt (nail)* clavar

hammock ['hæmək] *n* hamaca *f*

hamper ['hæmpəʳ] *n* cesta *f*

hamster ['hæmstəʳ] *n* hámster *m*

hamstring ['hæmstrɪŋ] *n* tendón *m* de la corva

hand [hænd] *n* **1.** mano *f* **2.** *(of clock, watch, dial)* aguja *f* ● **to give sb a hand** echar una mano a alguien ● **to get out of hand** hacerse incontrolable ● **by hand** a mano ● **in hand** *(time)* de sobra ● **on the one hand** por una parte ● **on the other hand** por otra parte ● **hand in** *vt sep* entregar ◆ **hand out** *vt sep (give)* repartir ◆ **hand over** *vt sep (give)* entregar

handbag ['hændbæg] *n* bolso *m (Esp)*, cartera *f*

handbasin ['hændbeɪsn] *n (UK)* lavabo *m*

handbook ['hændbʊk] *n* manual *m*

handbrake ['hændbreɪk] *n (UK)* freno *m* de mano

hand cream *n (UK)* crema *f* de manos

handcuffs ['hændkʌfs] *npl* esposas *fpl*

handful ['hændfʊl] *n (amount)* puñado *m*

handheld PC [hænd'held-] *n* ordenador *m* de bolsillo

handicap ['hændɪkæp] *n* **1.** *(physical, mental)* incapacidad *f* **2.** *(disadvantage)* desventaja *f*

handicapped ['hændɪkæpt] ◇ *adj* disminuido(da) ◇ *npl* ● **the handicapped** los minusválidos

handkerchief ['hæŋkətʃɪf] *(pl* **-chiefs** OR **-chieves**) *n* pañuelo *m*

handle ['hændl] ◇ *n* **1.** *(round)* pomo *m* **2.** *(long)* manilla *f* **3.** *(of knife, pan)* mango *m* **4.** *(of suitcase)* asa *f* ◇ *vt* **1.** *(touch)* tocar **2.** *(deal with)* encargarse de ● **handle with care** frágil

handlebars ['hændlbɑːz] *npl* manillar *m*, manubrio *m (Amér)*

hand luggage *n* equipaje *m* de mano

handmade [ˌhænd'meɪd] *adj* hecho(cha) a mano

handout ['hændaʊt] *n (leaflet)* hoja *f* informativa

handrail ['hændreɪl] *n* barandilla *f*

handset ['hændset] *n* auricular *m (de teléfono)* ▼ **please replace the handset** mensaje que avisa que el teléfono está descolgado

handshake ['hændʃeɪk] *n* apretón *m* de manos

handsome ['hænsəm] *adj (man)* guapo

handstand ['hændstænd] *n* pino *m*

handwriting ['hændˌraɪtɪŋ] *n* letra *f*

handy ['hændɪ] *adj* **1.** *(useful)* práctico(ca) **2.** *(good with one's hands)* mañoso(sa) **3.** *(near)* a mano ● **to come in handy** *(inf)* venir de maravilla

hang [hæŋ] *(pt & pp* **hung** OR **hanged**) ◇ *vt* **1.** *(on hook, wall etc)* colgar **2.** *(pt & pp* **hanged)** *(execute)* ahorcar ◇ *vi (be suspended)* colgar ◇ *n* ● **to get the hang**

of sthg (inf) coger el tranquillo a algo
◆ **hang about** vi (UK) (inf) pasar el rato
◆ **hang around** (inf) = hang about ◆
hang down vi (inf) estar colgado ◆
hang on vi (inf) (wait) esperar ◆ **hang
out** ◇ vt sep tender ◇ vi (inf) (spend time)
pasar el rato ◆ **hang up** vi (on phone)
colgar

hanger ['hæŋə'] n percha f (Esp),
gancho m (Amér)

hang gliding [-'glaɪdɪŋ] n vuelo m con
ala delta

hangover ['hæŋ,əʊvə'] n resaca f

hankie ['hæŋkɪ] n (inf) pañuelo m

happen ['hæpən] vi pasar ● I happened
to be alone dio la casualidad de que
estaba solo

happily ['hæpɪlɪ] adv (luckily) afortunadamente

happiness ['hæpɪnɪs] n felicidad f

happy ['hæpɪ] adj feliz ● **to be happy
about sthg** (satisfied) estar contento(ta)
con algo ● **to be happy to do sthg**
estar muy dispuesto(ta) a hacer algo ●
to be happy with sthg estar contento
con algo ● **Happy Birthday!** ¡Feliz
Cumpleaños! ● **Happy Christmas!**
¡Feliz Navidad! ● **Happy New Year!**
¡Feliz Año Nuevo!

happy hour n (inf) tiempo en que las
bebidas se venden a precio reducido en
un bar

harassment ['hærəsmənt] n acoso m

harbor ['hɑːrbər] (US) = harbour

harbour ['hɑːbə'] n (UK) puerto m

hard [hɑːd] ◇ adj 1. duro(ra) 2. (difficult,
strenuous) difícil 3. (blow, push, frost)
fuerte ◇ adv 1. (try, work, rain) mucho

2. (listen) atentamente 3. (hit) con
fuerza

hardback ['hɑːdbæk] n edición f en
pasta dura

hardboard ['hɑːdbɔːd] n aglomerado m

hard-boiled egg [-bɔɪld-] n huevo m
duro

hardcover ['hɑːrd,kʌvər] n (US) edición
f en pasta dura

hard disk n disco m duro

hardly ['hɑːdlɪ] adv apenas ● **hardly
ever** casi nunca

hardship ['hɑːdʃɪp] n 1. (difficult conditions) privaciones fpl 2. (difficult circumstance) dificultad f

hard shoulder n (UK) arcén m

hard up adj (inf) sin un duro

hardware ['hɑːdweə'] n 1. (tools, equipment) artículos mpl de ferretería 2.
COMPUT hardware m

hardwearing [,hɑːd'weərɪŋ] adj (UK)
resistente

hardworking [,hɑːd'wɜːkɪŋ] adj trabaja-
dor(ra)

hare [heə'] n liebre f

harm [hɑːm] ◇ n daño m ◇ vt 1. (person)
hacer daño a 2. (object) dañar 3.
(chances, reputation) perjudicar

harmful ['hɑːmfʊl] adj perjudicial

harmless ['hɑːmlɪs] adj inofensivo(va)

harmonica [hɑː'mɒnɪkə] n armónica
f

harmony ['hɑːmənɪ] n armonía f

harness ['hɑːnɪs] n 1. (for horse) arreos
mpl 2. (for child) andadores mpl

harp [hɑːp] n arpa f

harsh [hɑːʃ] adj 1. (conditions, winter)
duro(ra) 2. (cruel) severo(ra) 3. (weath-

er, *clima*) inclemente **4.** *(sound, voice)* áspero(ra)

harvest ['hɑ:vɪst] *n* cosecha *f*

has [weak form həz, strong form hæz] > **have**

hash browns [hæ∫-] *npl patatas cortadas en trozos y fritas en forma de bola*

hasn't ['hæznt] = **has not**

hassle ['hæsl] *n* **1.** *(inf)* *(problems)* jaleo *m* **2.** *(annoyance)* fastidio *m*

hastily ['heɪstɪlɪ] *adv (rashly)* a la ligera

hasty ['heɪstɪ] *adj* **1.** *(hurried)* precipitado(da) **2.** *(rash)* irreflexivo(va)

hat [hæt] *n* sombrero *m*

hatch [hæt∫] ◇ *n (for serving food)* ventanilla *f* ◇ *vi (egg)* romperse

hatchback ['hæt∫,bæk] *n* coche *m* con puerta trasera

hatchet ['hæt∫ɪt] *n* hacha *f*

hate [heɪt] ◇ *n* odio *m* ◇ *vt* odiar ● **to hate doing sthg** odiar hacer algo

hatred ['heɪtrɪd] *n* odio *m*

haul [hɔ:l] ◇ *vt* arrastrar ◇ *n* ● **a long haul** un buen trecho

haunted ['hɔ:ntɪd] *adj (house)* encantado(da)

have [hæv] *(pt & pp* **had)**

◇ *aux vb* **1.** *(to form perfect tenses)* haber ● **I have finished** he terminado ● **have you been there?** - No, I haven't ¿has estado allí? - No ● **we had already left** ya nos habíamos ido **2.** *(must)* ● **to have (got) to do sthg** tener que hacer algo ● **do you have to pay?** ¿hay que pagar?

◇ *vt* **1.** *(possess)* ● **to have (got)** tener ● **do you have OR have you got a double room?** ¿tiene una habitación doble? ●

she has (got) brown hair tiene el pelo castaño **2.** *(experience)* tener ● **to have a cold** tener catarro ● **to have a good time** pasarlo bien **3.** *(replacing other verbs)* ● **to have breakfast** desayunar ● **to have dinner** cenar ● **to have lunch** comer ● **to have a drink** tomar algo ● **to have a shower** ducharse ● **to have a swim** ir a nadar ● **to have a walk** dar un paseo **4.** *(feel)* tener ● **I have no doubt about it** no tengo ninguna duda **5.** *(invite)* ● **to have sb round for dinner** invitar a alguien a cenar **6.** *(cause to be)* ● **to have sthg done** hacer que se haga algo ● **to have one's hair cut** cortarse el pelo **7.** *(be treated in a certain way)* ● **I've had my wallet stolen** me han robado la cartera

havoc ['hævək] *n* estragos *mpl*

hawk [hɔ:k] *n* halcón *m*

hawker ['hɔ:kə°] *n* vendedor *m*, -ra *f* ambulante

hay [heɪ] *n* heno *m*

hay fever *n* alergia *f* primaveral

haystack ['heɪ,stæk] *n* almiar *m*

hazard ['hæzəd] *n* riesgo *m*

hazardous ['hæzədəs] *adj* arriesgado(da)

hazard warning lights *npl (UK)* luces *fpl* de emergencia

haze [heɪz] *n* neblina *f*

hazel ['heɪzl] *adj* avellanado

hazelnut ['heɪzl,nʌt] *n* avellana *f*

hazy ['heɪzɪ] *adj (misty)* neblinoso(sa)

he [hi:] *pron* él ● **he's tall** (él) es alto

head [hed] ◇ *n* **1.** cabeza *f* **2.** *(of queue, page, letter)* principio *m* **3.** *(of table, bed)* cabecera *f* **4.** *(of company, department,* *school)* director *m*, -ra *f* 5. *(of beer)* espuma *f* ◇ *vt* estar a la cabeza de ◇ *vi* dirigirse hacia ● £10 a head diez libras por persona ● heads or tails? ¿cara o cruz? ● head for *vt insep (place)* dirigirse a

headache ['hedeɪk] *n (pain)* dolor *m* de cabeza ● I have a headache me duele la cabeza

head band *n (US)* turbante *m (banda elástica)*

heading ['hedɪŋ] *n* encabezamiento *m*

headlamp ['hedlæmp] *(UK)* = **headlight**

headlight ['hedlaɪt] *n* faro *m*

headline ['hedlaɪn] *n* titular *m*

headmaster [,hed'mɑːstəʳ] *n (UK)* director *m (de colegio)*

headmistress [,hed'mɪstrɪs] *n (UK)* directora *f (de colegio)*

head of state *n* jefe *m*, -fa *f* de estado

headphones ['hedfəʊnz] *npl* auriculares *mpl*

headquarters [,hed'kwɔːtəz] *npl* sede *f* central

headrest ['hedrest] *n* apoyacabezas *m inv*

headroom ['hedrʊm] *n (under bridge)* altura *f* libre

headscarf ['hedskɑːf] *(pl* -scarves) *n* pañoleta *f*

head start *n* ventaja *f (desde el comienzo)*

head teacher *n* director *m*, -ra *f (de colegio)*

head waiter *n* jefe *m (de camareros)*

heal [hiːl] ◇ *vt* curar ◇ *vi* cicatrizar

health [helθ] *n* salud *f* ● to be in good health tener buena salud ● to be in poor health tener mala salud ● your (very) good health! ¡a tu salud!

health center *(US)* = **health centre**

health centre *n (UK)* centro *m* de salud

health food *n* alimentos *mpl* naturales

health food shop *n* tienda *f* de alimentos naturales

health insurance *n* seguro *m* médico

healthy ['helθɪ] *adj* 1. *(person, skin)* sano(na) 2. *(good for one's health)* saludable

heap [hiːp] *n* montón *m* ● heaps of *(inf)* montones de

hear [hɪəʳ] *(pt & pp* heard) ◇ *vt* 1. oír 2. LAW ver ◇ *vi* oír ● to hear about sthg enterarse de algo ● to hear from sb tener noticias de alguien ● to have heard of haber oído hablar de

hearing ['hɪərɪŋ] *n* 1. *(sense)* oído *m* 2. *(at court)* vista *f* ● to be hard of hearing ser duro de oído

hearing aid *n* audífono *m*

heart [hɑːt] *n* corazón *m* ● to know sthg (off) by heart saberse algo de memoria ● to lose heart desanimarse ● hearts *npl (in cards)* corazones *mpl*

heart attack *n* infarto *m*

heartbeat ['hɑːtbiːt] *n* latido *m*

heartburn ['hɑːtbɜːn] *n* ardor *m* de estómago

heart condition *n* ● to have a heart condition padecer del corazón

hearth [hɑːθ] *n* chimenea *f*

hearty ['hɑːtɪ] *adj (meal)* abundante

heat [hiːt] *n* 1. calor *m* 2. *(specific temperature)* temperatura *f* ◆ **heat up** *vt sep* calentar

he

heater ['hi:tə'] n calentador m

heath [hi:θ] n brezal m

heather ['heðə'] n brezo m

heating ['hi:tɪŋ] n calefacción f

heat wave n ola f de calor

heave [hi:v] vt **1.** (push) empujar **2.** (pull) tirar de

Heaven ['hevn] n el cielo

heavily ['hevɪlɪ] adv mucho

heavy ['hevɪ] adj **1.** (in weight) pesado (da) **2.** (rain, fighting, traffic) intenso(sa) **3.** (losses, defeat) grave **4.** (food) indigesto(ta) ● **how heavy is it?** ¿cuánto pesa? ● **to be a heavy smoker** fumar mucho

heavy cream n (US) nata f para montar (Esp), crema f doble (Amér)

heavy goods vehicle n (UK) vehículo m pesado

heavy industry n industria f pesada

heavy metal n heavy metal m

heckle ['hekl] vt reventar

hectic ['hektɪk] adj ajetreado(da)

hedge [hedʒ] n seto m

hedgehog ['hedʒhɒg] n erizo m

heel [hi:l] n **1.** (of person) talón m **2.** (of shoe) tacón m, taco m (CSur)

hefty ['heftɪ] adj **1.** (person) fornido(da) **2.** (fine) considerable

height [haɪt] n **1.** altura f **2.** (of person) estatura f **3.** (peak period) punto m álgido ● **what height is it?** ¿cuánto mide?

heir [eə'] n heredero m

heiress ['eərɪs] n heredera f

held [held] pt & pp ➤ **hold**

helicopter ['helɪkɒptə'] n helicóptero m

Hell [hel] n el infierno

he'll [hi:l] = **he will**

hello [hə'ləʊ] excl **1.** (as greeting) ¡hola! **2.** (when answering phone) ¡diga!, ¡bueno! (Amér) **3.** (when phoning, to attract attention) ¡oiga!

helmet ['helmɪt] n casco m

help [help] ◇ n ayuda f ◇ vt & vi ayudar ◇ excl ¡socorro! ● **I can't help it** no puedo evitarlo ● **let me help you (to) carry that** déjame que te ayude a llevar eso ● **help yourself (to some more)** sírvete (más) ● **can I help you?** (in shop) ¿en qué puedo servirle? ◆ **help out** vi echar una mano

help desk n mostrador m de ayuda

helper ['helpə'] n **1.** (assistant) ayudante mf **2.** (US) (cleaner) mujer f de la limpieza

helpful ['helpfʊl] adj **1.** (person) atento (ta), servicial **2.** (useful) útil

helping ['helpɪŋ] n ración f

helpless ['helplɪs] adj (person) indefenso(sa)

hem [hem] n dobladillo m

hemophiliac [,hi:mə'fɪliæk] n hemofílico m

hemorrhage ['hemərɪdʒ] n hemorragia f

hen [hen] n (chicken) gallina f

hepatitis [,hepə'taɪtɪs] n hepatitis f inv

her [hɜː'] ◇ adj su, sus pl ◇ pron ● **I know her** la conozco ● **it's her** es ella ● **send it to her** envíaselo ● **tell her to come** dile que venga ● **he's worse than her** él es peor que ella

herb [hɜːb] n hierba f

herbal tea ['hɜːbl-] n infusión f

herd [hɜːd] n **1.** (of sheep) rebaño m **2.**

(of cattle) manada f
here [hɪəʳ] adv aquí ● **here's your book** aquí tienes tu libro ● **here you are** aquí tienes
heritage ['herɪtɪdʒ] n patrimonio m
hernia ['hɜːnjə] n hernia f
hero ['hɪərəʊ] (pl **-es**) n héroe m
heroin ['herəʊɪn] n heroína f
heroine ['herəʊɪn] n heroína f
heron ['herən] n garza f real
herring ['herɪŋ] n arenque m
hers [hɜːz] pron suyo m, -ya f, suyos mpl, -yas fpl ● **a friend of hers** un amigo suyo
herself [hɜːˈself] pron 1. (reflexive) se 2. (after prep) sí misma ● **she did it herself** lo hizo ella sola
hesitant ['hezɪtənt] adj indeciso(sa)
hesitate ['hezɪteɪt] vi vacilar
hesitation [ˌhezɪˈteɪʃn] n vacilación f
heterosexual [ˌhetərəʊˈsekʃʊəl] ◇ adj heterosexual ◇ n heterosexual m
hey [eɪtdʒiːˈviː] excl (inf) ¡eh!, ¡oye!
HGV abbr (UK) = **heavy goods vehicle**
hi [haɪ] excl (inf) ¡hola!
hiccup ['hɪkʌp] n ● **to have (the) hiccups** tener hipo
hide [haɪd] (pt **hid**, pp **hidden**) ◇ vt 1. esconder 2. (truth, feelings) ocultar ◇ vi esconderse ◇ n (of animal) piel f
hideous ['hɪdɪəs] adj horrible
hi-fi ['haɪfaɪ] n equipo m de alta fidelidad
high [haɪ] ◇ adj 1. alto(ta) 2. (winds) fuerte 3. (good) bueno(na) 4. (position, rank) elevado(da) 5. (inf) (from drugs)

flipado(da) (Esp), drogado(da) ◇ n (weather front) zona f de altas presiones ◇ adv alto ● **how high is it?** ¿cuánto mide? ● **it's 10 metres high** mide 10 metros de alto
high chair n silla f alta
high-class adj de categoría
Higher ['haɪəʳ] n examen al final de la enseñanza secundaria en Escocia
higher education n enseñanza f superior
high heels npl tacones mpl altos
high jump n salto m de altura
Highland Games ['haɪlənd-] npl festival típico de Escocia
Highlands ['haɪləndz] npl ● **the Highlands** las tierras altas del norte de Escocia
highlight ['haɪlaɪt] ◇ n (best part) mejor parte f ◇ vt (emphasize) destacar ●
highlights npl 1. (of football match etc) momentos mpl más interesantes 2. (in hair) mechas fpl, reflejos mpl
highly ['haɪlɪ] adv 1. (extremely) enormemente 2. (very well) muy bien
high-pitched [-'pɪtʃt] adj agudo(da)
high-rise building n rascacielos m inv
high school n ≃ instituto m de bachillerato
high season n temporada f alta
high-speed train n tren m de alta velocidad
high street n (UK) calle f mayor (Esp) OR principal
high tide n marea f alta
highway ['haɪweɪ] n 1. (US) (between towns) autopista f 2. (UK) (any main road) carretera f

Highway Code n (UK) código m de la circulación

hijack ['haɪdʒæk] vt secuestrar

hijacker ['haɪdʒækə'] n secuestrador m, -ra f

hike [haɪk] ◇ n caminata f ◇ vi ir de excursión

hiking ['haɪkɪŋ] n ● to go hiking ir de excursión

hilarious [hɪ'leərɪəs] adj desternillante

hill [hɪl] n colina f

hillwalking ['hɪlwɔːkɪŋ] n senderismo m

hilly ['hɪlɪ] adj montañoso(sa)

him [hɪm] pron ● I know him le conozco, lo conozco ● it's him es él ● send it to him envíaselo ● tell him to come dile que venga ● she's worse than him ella es peor que él

himself [hɪm'self] pron 1. (reflexive) se 2. (after prep) sí mismo ● he did it himself lo hizo él solo

hinder ['hɪndə'] vt estorbar

Hindu ['hɪnduː] (pl -s) ◇ adj hindú ◇ n (person) hindú mf

hinge [hɪndʒ] n bisagra f

hint [hɪnt] ◇ n 1. (indirect suggestion) indirecta f 2. (piece of advice) consejo m 3. (slight amount) asomo m ◇ vi ● to hint at sthg insinuar algo

hip [hɪp] n cadera f

hippopotamus [ˌhɪpə'pɒtəməs] n hipopótamo m

hippy ['hɪpɪ] n hippy mf

hire ['haɪə'] vt alquilar ● for hire (taxi) libre ▼ boats for hire se alquilan barcos ◆ **hire out** vt sep alquilar

hire car n (UK) coche m de alquiler

hire purchase n (UK) compra f a plazos

his [hɪz] ◇ adj su, sus pl ◇ pron suyo m, -ya f, suyos mpl, -yas fpl ● a friend of his un amigo suyo

historical [hɪ'stɒrɪkəl] adj histórico(ca)

history ['hɪstərɪ] n 1. historia f 2. (record) historial m

hit [hɪt] (pt & pp inv) ◇ vt 1. (strike on purpose) pegar 2. (collide with) chocar contra 3. (bang) golpearse 4. (a target) alcanzar ◇ n 1. (record, play, film) éxito m 2. COMPUT visita f, hit m

hit-and-run adj (accident) en que el conductor se da a la fuga

hitch [hɪtʃ] ◇ n obstáculo m ◇ vi hacer autoestop ◇ vt ● to hitch a lift conseguir que le lleven a uno en coche

hitchhike ['hɪtʃhaɪk] vi hacer autoestop

hitchhiker ['hɪtʃhaɪkə'] n autoestopista mf

hive [haɪv] n (of bees) colmena f

HIV-positive [eɪtʃaɪviː-] adj seropositivo(va)

hoarding ['hɔːdɪŋ] n (UK) (for adverts) valla f publicitaria

hoarse [hɔːs] adj ronco(ca)

hoax [həʊks] n engaño m

hob [hɒb] n (UK) encimera f

hobby ['hɒbɪ] n hobby m

hockey ['hɒkɪ] n 1. (on grass) hockey m (sobre hierba) 2. (US) (ice hockey) hockey m sobre hielo

hoe [həʊ] n azada f

Hogmanay ['hɒɡməneɪ] n (Scot) Nochevieja f

Hogmanay

En Escocia la Nochevieja se llama *Hogmanay*. Lo tradicional ese día es visitar a los amigos y vecinos justo después de la medianoche, para desearles un feliz año. Hoy en día también se organizan grandes fiestas para dar la bienvenida al Año Nuevo.

hold [həʊld] (pt & pp **held**) ◇ vt **1.** (in hand, arms etc) tener cogido OR agarrado (Amér) **2.** (keep in position) sujetar **3.** (organize) celebrar **4.** (contain) contener **5.** (number of people) tener cabida para **6.** (possess) poseer ◇ vi **1.** (weather, luck) mantenerse **2.** (offer) seguir en pie **3.** (on telephone) esperar ◇ n (of ship, aircraft) bodega f ● **to have a hold on sthg** agarrar algo ● **to hold sb prisoner** tener a alguien como prisionero ● **hold the line, please** no cuelgue, por favor ● **to put sb on hold** poner a alguien en espera ◆ **hold back** vt sep **1.** (restrain) contener **2.** (keep secret) ocultar ◆ **hold on** vi **1.** (wait) esperar **2.** (on telephone) no colgar ● **to hold on to sthg** (grip) agarrarse a algo ◆ **hold out** vt sep (extend) extender ◆ **hold up** vt sep (delay) retrasar

holdall ['həʊldɔ:l] n (UK) bolsa f de viaje

holder ['həʊldə'] n **1.** (of passport, licence) titular mf **2.** (container) soporte m

holdup ['həʊldʌp] n (delay) retraso m

hole [həʊl] n **1.** agujero m **2.** (in ground, in golf) hoyo m

holiday ['hɒlɪdeɪ] ◇ n **1.** (UK) (period of time) vacaciones fpl **2.** (day off) fiesta f, día m festivo ◇ vi (UK) veranear, ir de vacaciones ● **to be on holiday** estar de vacaciones ● **to go on holiday** ir de vacaciones

holidays

Al contrario de lo que ocurre en el mundo hispanohablante, los días de los santos patronos no son festivos en el Reino Unido. En los Estados Unidos, además de los festivos nacionales, en los que se conmemoran fechas históricas o a personajes célebres, cada estado tiene sus propios días festivos.

holidaymaker ['hɒlɪdɪˌmeɪkə'] n (UK) turista mf

holiday pay n (UK) sueldo m de vacaciones

Holland ['hɒlənd] n Holanda

hollow ['hɒləʊ] adj hueco(ca)

holly ['hɒlɪ] n acebo m

holy ['həʊlɪ] adj (sacred) sagrado(da), santo(ta)

home [həʊm] ◇ n **1.** (house) casa f **2.** (own country) tierra f **3.** (one's family) hogar m **4.** (for old people) residencia f de ancianos ◇ adv **1.** (to one's house) a casa **2.** (in one's house) en casa ◇ adj **1.** (not foreign) nacional **2.** (cooking) casero(ra) ● **at home** en casa ● **make yourself at home** estás como en casa ● **to go home** ir a casa ● **home address** domicilio m particular ● **home num-**

ber número *m* particular

home help *n* (UK) asistente que ayuda en las tareas domésticas a enfermos y ancianos

homeless ['həʊmlɪs] *npl* ● **the homeless** los sin hogar

homemade [ˌhəʊm'meɪd] *adj* casero(ra)

homeopathic [ˌhəʊmɪəʊ'pæθɪk] *adj* homeopático(ca)

Home Secretary *n* (UK) Ministro *m* del Interior

homesick ['həʊmsɪk] *adj* ● **to be homesick** tener morriña

homework ['həʊmwɜːk] *n* deberes *mpl*

homosexual [ˌhɒmə'sekʃʊəl] ◇ *adj* homosexual ◇ *n* homosexual *mf*

Honduran [hɒn'djʊərən] ◇ *adj* hondureño(ña) ◇ *n* hondureño *m*, -ña *f*

Honduras [hɒn'djʊərəs] *n* Honduras

honest ['ɒnɪst] *adj* **1.** (trustworthy) honrado(da) **2.** (frank) sincero(ra)

honestly ['ɒnɪstlɪ] *adv* **1.** (truthfully) honradamente **2.** (frankly) sinceramente

honey ['hʌnɪ] *n* miel *f*

honeymoon ['hʌnɪmuːn] *n* luna *f* de miel

honor ['ɒnər] (US) = honour

honour ['ɒnə'] *n* (UK) honor *m*

honourable ['ɒnrəbl] *adj* honorable

hood [hʊd] *n* **1.** (of jacket, coat) capucha *f* **2.** (on convertible car) capota *f* **3.** (US) (car bonnet) capó *m*, cofre *m* (Méx)

hoof [huːf] *n* **1.** (of horse) casco *m* **2.** (of cow, goat) pezuña *f*

hook [hʊk] *n* **1.** (for picture, coat) gancho *m* **2.** (for fishing) anzuelo *m* ● **off the hook** (telephone) descolgado

hooligan ['huːlɪgən] *n* gamberro *m*, -rra *f*

hoop [huːp] *n* aro *m*

hoot [huːt] *vi* (driver) sonar

Hoover ® ['huːvə'] *n* (UK) aspiradora *f*

hop [hɒp] *vi* saltar a la pata coja

hope [həʊp] ◇ *n* esperanza *f* ◇ *vt* esperar que ● **to hope for sthg** esperar algo ● **to hope to do sthg** esperar hacer algo ● **I hope so** espero que sí

hopeful ['həʊpfʊl] *adj* (optimistic) optimista

hopefully ['həʊpfəlɪ] *adv* (with luck) con suerte

hopeless ['həʊplɪs] *adj* **1.** (inf) (useless) inútil **2.** (without any hope) desesperado(da)

horizon [hə'raɪzn] *n* horizonte *m*

horizontal [ˌhɒrɪ'zɒntl] *adj* horizontal

horn [hɔːn] *n* **1.** (of car) claxon *m* **2.** (on animal) cuerno *m*

horoscope ['hɒrəskəʊp] *n* horóscopo *m*

horrible ['hɒrəbl] *adj* horrible

horrid ['hɒrɪd] *adj* **1.** (person) antipático(ca) **2.** (place) horroroso(sa)

horrific [hɒ'rɪfɪk] *adj* horrendo(da)

hors d'oeuvres [ɔː'dɜːvr] *npl* entremeses *mpl*

horse [hɔːs] *n* caballo *m*

horseback ['hɔːsbæk] *n* ● **on horseback** a caballo

horse chestnut *n* castaña *f* de Indias

horsepower ['hɔːs,paʊə'] *n* caballos *mpl* de vapor

horse racing *n* carreras *fpl* de caballos

horseradish (sauce) ['hɔːs,rædɪʃ-] *n* salsa picante de rábano silvestre, que se suele servir con rosbif

horse riding n (UK) equitación f

horseshoe ['hɔːʃuː] n herradura f

hose [həuz] n manguera f

hose(pipe) ['həuzpaɪp] n manguera f

hosiery ['həuzɪərɪ] n medias fpl y calcetines

hospitable [hɒ'spɪtəbl] adj hospitalario(ria)

hospital ['hɒspɪtl] n hospital m ● **in hospital** en el hospital

hospitality [ˌhɒspɪ'tælətɪ] n hospitalidad f

host [həust] n **1.** (of party, event) anfitrión m, -ona f **2.** (of show, TV programme) presentador m, -ra f

hostage ['hɒstɪdʒ] n rehén m

hostel ['hɒstl] n (youth hostel) albergue m

hostess ['həustes] n **1.** (on plane) azafata f, aeromoza f (Amér) **2.** (of party, event) anfitriona f

host family n familia f de acogida

hostile [(UK) 'hɒstaɪl, (US) 'hɒstl] adj hostil

hostility [hɒ'stɪlətɪ] n hostilidad f

hot [hɒt] adj **1.** caliente **2.** (spicy) picante ● **to be hot** (person) tener calor ● **it's hot** (weather) hace calor

hot chocolate n chocolate m (bebida)

hot-cross bun n bollo con pasas y dibujo en forma de cruz que se come en Semana Santa

hot dog n perrito m caliente

hotel [həu'tel] n hotel m

hot line n teléfono m rojo

hotplate ['hɒtpleɪt] n calentador m

hot-water bottle n bolsa f de agua caliente

hour ['auəʳ] n hora f ● **I've been waiting for hours** llevo horas esperando

hourly ['auəlɪ] ◇ adj por hora ◇ adv **1.** (pay, charge) por hora **2.** (depart) cada hora

house ◇ n [haus] **1.** casa f **2.** SCH división de los alumnos de una escuela para actividades extra-académicas ◇ vt [hauz] (person) alojar

household ['haushəuld] n hogar m

housekeeping ['hausˌkiːpɪŋ] n quehaceres mpl domésticos

House of Commons n Cámara f de los Comunes

House of Lords n Cámara f de los Lores

Houses of Parliament npl (UK) Parlamento m británico

Houses of Parliament

El Parlamento británico se reúne en el Palacio de Westminster. Contiene dos cámaras: la de los Comunes y la de los Lores. La primera está formada por diputados elegidos democráticamente. La de los Lores está formada por miembros nombrados por el gobierno, y por representantes de la aristocracia británica.

housewife ['hauswaɪf] (pl **-wives**) n ama f de casa

house wine n vino m de la casa

housework ['hauswɜːk] n quehaceres mpl domésticos

housing ['hauzɪŋ] n (houses) vivienda f

housing estate n (UK) *urbanización de viviendas de protección oficial*

housing project (US) = **housing estate**

hovercraft ['hɒvəkrɑːft] n *aerodeslizador m*

hoverport ['hɒvəpɔːt] n *terminal f de aerodeslizador*

how [haʊ] adv **1.** (asking about way or manner) *cómo* ● **how does it work?** ¿cómo funciona? ● **tell me how to do it** *dime cómo se hace* **2.** (asking about health, quality, event) *cómo* ● **how are you?** ¿cómo estás? ● **how are you doing?** ¿qué tal estás? ● **how are things?** ¿cómo van las cosas? ● **how do you do?** (greeting) ¿cómo está usted?; (answer) *mucho gusto* ● **how is your room?** ¿qué tal es tu habitación? **3.** (asking about degree, amount) ● **how far?** ¿a qué distancia? ● **how long?** ¿cuánto tiempo? ● **how many?** ¿cuántos? ● **how much?** ¿cuánto? ● **how much is it?** ¿cuánto es? **4.** (in phrases) ● **how about a drink?** ¿qué tal si tomamos algo? ● **how lovely!** ¡qué precioso!

however [haʊˈevəʳ] adv (nevertheless) *sin embargo* ● **however hard I try** por mucho que lo intente ● **however easy it may be** por muy fácil que sea

howl [haʊl] vi **1.** (dog) *aullar* **2.** (person) *gritar* **3.** (wind) *bramar*

HP [eɪtʃˈpiː] abbr (UK) = **hire purchase** = **horsepower**

HQ [eɪtʃˈkjuː] abbr = **headquarters**

hubcap ['hʌbkæp] n *tapacubos m inv*

hug [hʌg] ◇ vt *abrazar* ◇ n ● **to give sb**

a hug *abrazar a alguien*

huge [hjuːdʒ] adj *enorme*

hum [hʌm] vi **1.** (bee, machine) *zumbar* **2.** (person) *canturrear*

human ['hjuːmən] ◇ adj *humano(na)* ◇ n ● **human (being)** *ser m humano*

humanities [hjuːˈmænətiz] npl *humanidades fpl*

human rights npl *derechos mpl humanos*

humble ['hʌmbl] adj *humilde*

humid ['hjuːmɪd] adj *húmedo(da)*

humidity [hjuːˈmɪdəti] n *humedad f*

humiliating [hjuːˈmɪlieɪtɪŋ] adj *humillante*

humiliation [hjuːˌmɪliˈeɪʃn] n *humillación f*

hummus ['huməs] n *puré de garbanzos, ajo y pasta de sésamo*

humor ['hjuːmər] (US) = **humour**

humorous ['hjuːmərəs] adj *humorístico(ca)*

humour ['hjuːməʳ] n (UK) *humor m* ● **a sense of humour** *un sentido del humor*

hump [hʌmp] n **1.** (bump) *montículo m* **2.** (of camel) *joroba f*

hunch [hʌntʃ] n *presentimiento m*

hundred ['hʌndrəd] num *cien* ● **a hundred** *cien* ● **a hundred and ten** *ciento diez*

hundredth ['hʌndrətθ] num *centésimo(ma)*

hung [hʌŋ] pt & pp → **hang**

Hungarian [hʌŋˈgeəriən] ◇ adj *húngaro(ra)* ◇ n **1.** (person) *húngaro m, -ra f* **2.** (language) *húngaro m*

Hungary ['hʌŋgəri] n *Hungría*

hunger ['hʌŋgəʳ] n *hambre f*

hungry ['hʌŋgrɪ] *adj* hambriento(ta) ● to be hungry tener hambre

hunt [hʌnt] ◇ *n (UK) (for foxes)* caza *f* (del zorro) ◇ *vt (animals)* cazar ◇ *vi (animals)* cazar ● to hunt (for sthg) *(search)* buscar (algo)

hunting ['hʌntɪŋ] *n* **1.** *(for animals)* caza *f* **2.** *(UK) (for foxes)* caza del zorro

hurl [hɜːl] *vt* arrojar

hurricane ['hʌrɪkən] *n* huracán *m*

hurry ['hʌrɪ] ◇ *vt (person)* meter prisa a ◇ *vi* apresurarse ◇ *n* ● to be in a hurry tener prisa ● to do sthg in a hurry hacer algo de prisa ● hurry up *vi* darse prisa

hurt [hɜːt] *(pt & pp inv)* ◇ *vt* **1.** hacerse daño en, lastimarse *(Amér)* **2.** *(emotionally)* herir ◇ *vi* doler ● my arm hurts me duele el brazo ● to hurt o.s. hacerse daño

husband ['hʌzbənd] *n* marido *m*

hustle ['hʌsl] *n* ● hustle and bustle bullicio *m*

hut [hʌt] *n* cabaña *f*

hyacinth ['haɪəsɪnθ] *n* jacinto *m*

hydrofoil ['haɪdrəfɔɪl] *n* hidrofoil *m*

hygiene ['haɪdʒiːn] *n* higiene *f*

hygienic [haɪ'dʒiːnɪk] *adj* higiénico(ca)

hymn [hɪm] *n* himno *m*

hyperlink ['haɪpəlɪŋk] *n* hiperenlace *m*, hipervínculo *m*

hypermarket ['haɪpə,mɑːkɪt] *n* hipermercado *m*

hyphen ['haɪfn] *n* guión *m*

hypocrite ['hɪpəkrɪt] *n* hipócrita *mf*

hypodermic needle [,haɪpə'dɜːmɪk-] *n* aguja *f* hipodérmica

hysterical [hɪs'terɪkl] *adj* **1.** histérico (ca) **2.** *(inf) (very funny)* tronchante

I [aɪ] *pron* yo ● I'm a doctor soy médico

ice [aɪs] *n* **1.** hielo *m* **2.** *(ice cream)* helado *m*

iceberg ['aɪsbɜːg] *n* iceberg *m*

iceberg lettuce *n* lechuga *f* iceberg

ice-cold *adj* helado(da)

ice cream *n* helado *m*

ice cube *n* cubito *m* de hielo

ice hockey *n* hockey *m* sobre hielo

Iceland ['aɪslənd] *n* Islandia

ice lolly *n (UK)* polo *m (Esp)*, paleta *f* helada

ice rink *n* pista *f* de hielo

ice skates *npl* patines *mpl* de cuchilla

ice-skating *n* patinaje *m* sobre hielo ● to go ice-skating ir a patinar

icicle ['aɪsɪkl] *n* carámbano *m*

icing ['aɪsɪŋ] *n* glaseado *m*

icing sugar *n (UK)* azúcar *m* glas

icy ['aɪsɪ] *adj* helado(da)

I'd [aɪd] = I would, I had

ID [aɪ'diː] *n (abbr of* identification*)* documentos *mpl* de identificación

ID card *n* carné *m* de identidad

idea [aɪ'dɪə] *n* idea *f* ● I've no idea no tengo ni idea

ideal [aɪ'dɪəl] ◇ *adj* ideal ◇ *n* ideal *m*

ideally [aɪ'dɪəlɪ] *adv* **1.** idealmente **2.** *(suited)* perfectamente

identical [aɪ'dentɪkl] *adj* idéntico(ca)

identification [aɪ,dentɪfɪ'keɪʃn] *n* identificación *f*

identify [aɪˈdentɪfaɪ] *vt* identificar

identity [aɪˈdentətɪ] *n* identidad *f*

idiom [ˈɪdɪəm] *n (phrase)* locución *f*

idiot [ˈɪdɪət] *n* idiota *mf*

idle [ˈaɪdl] ◇ *adj* **1.** *(lazy)* perezoso(sa) **2.** *(not working)* parado(da) ◇ *vi (engine)* estar en punto muerto

idol [ˈaɪdl] *n (person)* ídolo *m*

idyllic [ɪˈdɪlɪk] *adj* idílico(ca)

i.e. [aɪˈiː] *(abbr of id est)* i.e. *(id est)*

if [ɪf] *conj* si ● **if I were you** yo que tú ● **if not** *(otherwise)* si no

ignition [ɪgˈnɪʃn] *n* AUT ignición *f*

ignorant [ˈɪgnərənt] *adj (pej)* ignorante ● **to be ignorant of** desconocer

ignore [ɪgˈnɔːʳ] *vt* ignorar

ill [ɪl] *adj* **1.** enfermo(ma) **2.** *(bad)* malo(la)

I'll [aɪl] = I will, I shall

illegal [ɪˈliːgl] *adj* ilegal

illegible [ɪˈledʒəbl] *adj* ilegible

illegitimate [ˌɪlɪˈdʒɪtɪmət] *adj* ilegítimo(ma)

illiterate [ɪˈlɪtərət] *adj* analfabeto(ta)

illness [ˈɪlnɪs] *n* enfermedad *f*

illuminate [ɪˈluːmɪneɪt] *vt* iluminar

illusion [ɪˈluːʒn] *n* **1.** *(false idea)* ilusión *f* **2.** *(visual)* ilusión óptica

illustration [ˌɪləˈstreɪʃn] *n* ilustración *f*

I'm [aɪm] = I am

image [ˈɪmɪdʒ] *n* imagen *f*

imaginary [ɪˈmædʒɪnrɪ] *adj* imaginario(ria)

imagination [ɪˌmædʒɪˈneɪʃn] *n* imaginación *f*

imagine [ɪˈmædʒɪn] *vt* **1.** imaginar **2.** *(suppose)* imaginarse que

imitate [ˈɪmɪteɪt] *vt* imitar

imitation [ˌɪmɪˈteɪʃn] ◇ *n* imitación *f* ◇ *adj* de imitación

immaculate [ɪˈmækjʊlət] *adj* **1.** *(very clean)* inmaculado(da) **2.** *(perfect)* impecable

immature [ˌɪməˈtjʊəʳ] *adj* inmaduro(ra)

immediate [ɪˈmiːdjət] *adj (without delay)* inmediato(ta)

immediately [ɪˈmiːdjətlɪ] ◇ *adv (at once)* inmediatamente ◇ *conj (UK)* en cuanto

immense [ɪˈmens] *adj* inmenso(sa)

immersion heater [ɪˈmɜːʃn-] *n* calentador *m* de inmersión

immigrant [ˈɪmɪgrənt] *n* inmigrante *mf*

immigration [ˌɪmɪˈgreɪʃn] *n* inmigración *f*

imminent [ˈɪmɪnənt] *adj* inminente

immune [ɪˈmjuːn] *adj* ● **to be immune to** MED ser inmune a

immunity [ɪˈmjuːnətɪ] *n* MED inmunidad *f*

immunize [ˈɪmjʊnaɪz] *vt* inmunizar

impact [ˈɪmpækt] *n* impacto *m*

impair [ɪmˈpeəʳ] *vt* **1.** *(sight)* dañar **2.** *(ability)* mermar **3.** *(movement)* entorpecer

impatient [ɪmˈpeɪʃnt] *adj* impaciente ● **to be impatient to do sthg** estar impaciente por hacer algo

imperative [ɪmˈperətɪv] *n* imperativo *m*

imperfect [ɪmˈpɜːfɪkt] *n* imperfecto *m*

impersonate [ɪmˈpɜːsəneɪt] *vt (for amusement)* imitar

impertinent [ɪmˈpɜːtɪnənt] *adj* impertinente

implement ◇ *n* [ˈɪmplɪmənt] herramienta *f* ◇ *vt* [ˈɪmplɪment] llevar a cabo

implication [ˌɪmplɪˈkeɪʃn] *n (conse-*

quence) consecuencia f

imply [ɪm'plaɪ] *vt (suggest)* insinuar

impolite [ˌɪmpə'laɪt] *adj* maleducado (da)

import ◇ *n* ['ɪmpɔːt] importación f ◇ *vt* [ɪm'pɔːt] importar

importance [ɪm'pɔːtns] *n* importancia f

important [ɪm'pɔːtnt] *adj* importante

impose [ɪm'pəʊz] ◇ *vt* imponer ◇ *vi* abusar ● **to impose sthg on** imponer algo a

impossible [ɪm'pɒsəbl] *adj* **1.** imposible **2.** *(person, behaviour)* inaguantable

impractical [ɪm'præktɪkl] *adj* poco práctico(ca)

impress [ɪm'pres] *vt* impresionar

impression [ɪm'preʃn] *n* impresión f

impressive [ɪm'presɪv] *adj* impresionante

improbable [ɪm'prɒbəbl] *adj* improbable

improper [ɪm'prɒpə] *adj* **1.** *(incorrect, illegal)* indebido(da) **2.** *(rude)* indecoroso(sa)

improve [ɪm'pruːv] *vt & vi* mejorar ● **improve on** *vt insep* mejorar

improvement [ɪm'pruːvmənt] *n* **1.** mejora f **2.** *(to home)* reforma f

improvise ['ɪmprəvaɪz] *vi* improvisar

impulse ['ɪmpʌls] *n* impulso m ● **on impulse** sin pensárselo dos veces

impulsive [ɪm'pʌlsɪv] *adj* impulsivo(va)

in [ɪn]

◇ *prep* **1.** *(expressing location, position)* en ● **it comes in a box** viene en una caja ● **in the bedroom** en la habitación ● **in Scotland** en Escocia ● **in the sun** al sol ● **in here/there** aquí/allí dentro ●

in the middle en el medio ● **I'm not in the photo** no estoy en la foto **2.** *(participating in)* en ● **who's in the play?** ¿quién actúa? **3.** *(expressing arrangement)* en ● **in a row** en fila ● **they come in packs of three** vienen en paquetes de tres **4.** *(with time)* en ● **in April** en abril ● **in the afternoon** por la tarde ● **in the morning** por la mañana ● **at ten o'clock in the morning** a las diez de la mañana ● **in 1994** en 1994 ● **it'll be ready in an hour** estará listo en una hora ● **they're arriving in two weeks** llegarán dentro de dos semanas **5.** *(expressing means)* en ● **in writing** por escrito ● **they were talking in English** estaban hablando en inglés ● **write in ink** escribe a bolígrafo **6.** *(wearing)* de ● **the man in the suit** el hombre del traje **7.** *(expressing condition)* en ● **in good health** bien de salud ● **to be in pain** tener dolor ● **in ruins** en ruinas ● **a rise in prices** una subida de precios ● **to be 50 metres in length** medir 50 metros de largo ● **she's in her twenties** tiene unos veintitantos años **8.** *(with numbers)* ● **one in ten** uno de cada diez **9.** *(with colours)* ● **it comes in green or blue** viene en verde o en azul **10.** *(with superlatives)* de ● **the best in the world** el mejor del mundo

◇ *adv* **1.** *(inside)* dentro ● **you can go in now** puedes entrar ahora **2.** *(at home, work)* ● **she's not in** no está ● **to stay in** quedarse en casa **3.** *(train, bus, plane)* ● **the train's not in yet** el tren todavía no ha llegado **4.** *(tide)* ● **the tide is in** la marea está alta

◇ *adj* (*inf*) (*fashionable*) de moda

inability [ˌɪnəˈbɪlətɪ] *n* ● **inability (to do sthg)** incapacidad *f* (de hacer algo)

inaccessible [ˌɪnəkˈsesəbl] *adj* inaccesible

inaccurate [ɪnˈækjʊrət] *adj* incorrecto (ta)

inadequate [ɪnˈædɪkwət] *adj* (*insufficient*) insuficiente

inappropriate [ˌɪnəˈprəʊprɪət] *adj* impropio(pia)

inauguration [ɪˌnɔːgjʊˈreɪʃn] *n* **1.** (*of leader*) investidura *f* **2.** (*of building*) inauguración *f*

inbox [ˈɪnbɒks] *n* COMPUT buzón *m* de entrada

Inc. [ɪŋk] (*abbr of Incorporated*) ≃ S.A. (*Sociedad Anónima*)

incapable [ɪnˈkeɪpəbl] *adj* ● **to be incapable of doing sthg** ser incapaz de hacer algo

incense [ˈɪnsens] *n* incienso *m*

incentive [ɪnˈsentɪv] *n* incentivo *m*

inch [ɪntʃ] *n* = 2,5 cm pulgada *f*

incident [ˈɪnsɪdənt] *n* incidente *m*

incidentally [ˌɪnsɪˈdentəlɪ] *adv* por cierto

incline [ˈɪnklaɪn] *n* pendiente *f*

inclined [ɪnˈklaɪnd] *adj* (*sloping*) inclinado(da) ● **to be inclined to do sthg** tener tendencia a hacer algo

include [ɪnˈkluːd] *vt* incluir

included [ɪnˈkluːdɪd] *adj* incluido(da) ● **to be included in sthg** estar incluido en algo

including [ɪnˈkluːdɪŋ] *prep* inclusive

inclusive [ɪnˈkluːsɪv] *adj* ● **from the 8th to the 16th inclusive** del ocho al

dieciseis inclusive ● **inclusive of VAT** incluido IVA

income [ˈɪnkʌm] *n* ingresos *mpl*

income support *n* (*UK*) subsidio para personas con muy bajos ingresos o desempleados sin derecho a subsidio de paro

income tax *n* impuesto *m* sobre la renta

incoming [ˈɪnˌkʌmɪŋ] *adj* (*train, plane*) que efectúa su llegada ▼ **incoming calls only** cartel que indica que sólo se pueden recibir llamadas en un teléfono

incompetent [ɪnˈkɒmpɪtənt] *adj* incompetente

incomplete [ˌɪnkəmˈpliːt] *adj* incompleto(ta)

inconsiderate [ˌɪnkənˈsɪdərət] *adj* desconsiderado(da)

inconsistent [ˌɪnkənˈsɪstənt] *adj* inconsecuente

incontinent [ɪnˈkɒntɪnənt] *adj* incontinente

inconvenient [ˌɪnkənˈviːnjənt] *adj* **1.** (*time*) inoportuno(na) **2.** (*place*) mal situado(da) ● **tomorrow's inconvenient** mañana no me viene bien

incorporate [ɪnˈkɔːpəreɪt] *vt* incorporar

incorrect [ˌɪnkəˈrekt] *adj* incorrecto(ta)

increase ◇ *n* [ˈɪnkriːs] aumento *m* ◇ *vt* & *vi* [ɪnˈkriːs] aumentar ● **an increase in sthg** un aumento en algo

increasingly [ɪnˈkriːsɪŋlɪ] *adv* cada vez más

incredible [ɪnˈkredəbl] *adj* increíble

incredibly [ɪnˈkredəblɪ] *adv* increíblemente

incur [ɪnˈkɜː'] *vt* incurrir en

indecisive [ˌɪndɪˈsaɪsɪv] *adj* indeciso(sa)

indeed [ɪnˈdiːd] *adv* **1.** *(for emphasis)* verdaderamente **2.** *(certainly)* ciertamente

indefinite [ɪnˈdefɪnɪt] *adj* **1.** *(time, number)* indefinido(da) **2.** *(answer, opinion)* impreciso(sa)

indefinitely [ɪnˈdefɪnətlɪ] *adv* (closed, delayed) indefinidamente

independence [ˌɪndɪˈpendəns] *n* independencia *f*

independent [ˌɪndɪˈpendənt] *adj* independiente

independently [ˌɪndɪˈpendəntlɪ] *adv* independientemente

independent school *n* (UK) colegio *m* privado

index [ˈɪndeks] *n* **1.** *(of book)* índice *m* **2.** *(in library)* catálogo *m*

index finger *n* dedo *m* índice

India [ˈɪndjə] *n* India

Indian [ˈɪndjən] ◇ *adj* indio(dia) (de India) ◇ *n* indio *m*, -dia *f* (de India) ● **Indian restaurant** restaurante indio

Indian Ocean *n* océano *m* Índico

indicate [ˈɪndɪkeɪt] *vt & vi* indicar

indicator [ˈɪndɪkeɪtəʳ] *n* (UK) AUT intermitente *m*

indifferent [ɪnˈdɪfrənt] *adj* indiferente

indigestion [ˌɪndɪˈdʒestʃən] *n* indigestión *f*

indigo [ˈɪndɪɡəʊ] *adj* añil

indirect [ˌɪndɪˈrekt] *adj* indirecto(ta)

individual [ˌɪndɪˈvɪdʒʊəl] ◇ *adj* **1.** *(tuition, case)* particular **2.** *(portion)* individual ◇ *n* individuo *m*

individually [ˌɪndɪˈvɪdʒʊəlɪ] *adv* individualmente

Indonesia [ˌɪndəˈniːzjə] *n* Indonesia

indoor [ˈɪndɔːʳ] *adj* **1.** *(swimming pool)* cubierto(ta) **2.** *(sports)* en pista cubierta

indoors [ˌɪnˈdɔːz] *adv* dentro

indulge [ɪnˈdʌldʒ] *vi* ● **to indulge in** sthg permitirse algo

industrial [ɪnˈdʌstrɪəl] *adj* industrial

industrial estate *n* (UK) polígono *m* industrial (*Esp*), zona *m* industrial

industry [ˈɪndəstrɪ] *n* industria *f*

inedible [ɪnˈedɪbl] *adj* no comestible

inefficient [ˌɪnɪˈfɪʃnt] *adj* ineficaz

inequality [ˌɪnɪˈkwɒlətɪ] *n* desigualdad *f*

inevitable [ɪnˈevɪtəbl] *adj* inevitable

inevitably [ɪnˈevɪtəblɪ] *adv* inevitablemente

inexpensive [ˌɪnɪkˈspensɪv] *adj* barato(ta)

infamous [ˈɪnfəməs] *adj* infame

infant [ˈɪnfənt] *n* **1.** *(baby)* bebé *m* **2.** *(young child)* niño *m* pequeño, niña pequeña *f*

infant school *n* (UK) colegio *m* preescolar

infatuated [ɪnˈfætjʊeɪtɪd] *adj* ● **to be infatuated with** estar encaprichado(da) con

infected [ɪnˈfektɪd] *adj* infectado(da)

infectious [ɪnˈfekʃəs] *adj* contagioso(sa)

inferior [ɪnˈfɪərɪəʳ] *adj* inferior

infinite [ˈɪnfɪnət] *adj* infinito(ta)

infinitely [ˈɪnfɪnətlɪ] *adv* infinitamente

infinitive [ɪnˈfɪnɪtɪv] *n* infinitivo *m*

infinity [ɪnˈfɪnətɪ] *n* infinito *m*

infirmary [ɪnˈfɜːmərɪ] *n* hospital *m*

inflamed [ɪnˈfleɪmd] *adj* inflamado(da)

inflammation [ˌɪnfləˈmeɪʃn] *n* inflamación *f*

inflatable [ɪnˈfleɪtəbl] *adj* hinchable (*Esp*), inflable

inflate [ɪnˈfleɪt] *vt* inflar

inflation [ɪnˈfleɪʃn] *n* inflación *f*

inflict [ɪnˈflɪkt] *vt* infligir

in-flight *adj* de a bordo

influence [ˈɪnfluəns] ◇ *vt* influenciar ◇ *n* ● **influence (on)** influencia *f* (en)

inform [ɪnˈfɔːm] *vt* informar

informal [ɪnˈfɔːml] *adj* (*occasion, dress*) informal

information [ˌɪnfəˈmeɪʃn] *n* información *f* ● **a piece of information** un dato

information desk *n* información *f*

information superhighway [-ˈsuːpəˌhaɪweɪ] *n* COMPUT superautopista *f* de la información

information office *n* oficina *f* de información

informative [ɪnˈfɔːmətɪv] *adj* informativo(va)

infuriating [ɪnˈfjʊərɪeɪtɪŋ] *adj* exasperante

ingenious [ɪnˈdʒiːnjəs] *adj* ingenioso(sa)

ingredient [ɪnˈɡriːdjənt] *n* ingrediente *m*

inhabit [ɪnˈhæbɪt] *vt* habitar

inhabitant [ɪnˈhæbɪtənt] *n* habitante *mf*

inhale [ɪnˈheɪl] *vi* respirar

inhaler [ɪnˈheɪləʳ] *n* inhalador *m*

inherit [ɪnˈherɪt] *vt* heredar

inhibition [ˌɪnhɪˈbɪʃn] *n* inhibición *f*

initial [ɪˈnɪʃl] ◇ *adj* inicial ◇ *vt* poner las iniciales a ● **initials** *npl* iniciales *fpl*

initially [ɪˈnɪʃəlɪ] *adv* inicialmente

initiative [ɪˈnɪʃətɪv] *n* iniciativa *f*

injection [ɪnˈdʒekʃn] *n* inyección *f*

injure [ˈɪndʒəʳ] *vt* **1.** herir **2.** (*leg, arm*) lesionarse ● **to injure o.s.** hacerse daño

injured [ˈɪndʒəd] *adj* herido(da)

injury [ˈɪndʒərɪ] *n* lesión *f*

ink [ɪŋk] *n* tinta *f*

inland ◇ *adj* [ˈɪnlənd] interior ◇ *adv* [ɪnˈlænd] hacia el interior

Inland Revenue *n* (*UK*) ≃ Hacienda *f*

inn [ɪn] *n* (*UK*) *posada que ofrece comida y alojamiento*

inner [ˈɪnəʳ] *adj* (*on inside*) interior

inner city *n* núcleo *m* urbano

inner tube *n* cámara *f* (de aire)

innocence [ˈɪnəsəns] *n* inocencia *f*

innocent [ˈɪnəsənt] *adj* inocente

inoculate [ɪˈnɒkjʊleɪt] *vt* ● **to inoculate sb against smallpox** inocular a alguien contra la viruela

inoculation [ɪˌnɒkjʊˈleɪʃn] *n* inoculación *f*

input [ˈɪnpʊt] (*pt & pp inv* OR **-ted**) *vt* COMPUT entrar

inquire [ɪnˈkwaɪəʳ] = **enquire**

inquiry [ɪnˈkwaɪərɪ] = **enquiry**

insane [ɪnˈseɪn] *adj* demente

insect [ˈɪnsekt] *n* insecto *m*

insect repellent [-rəˈpelənt] *n* loción *f* antiinsectos

insensitive [ɪnˈsensətɪv] *adj* insensible

insert [ɪnˈsɜːt] *vt* introducir

inside [ɪnˈsaɪd] ◇ *prep* dentro de ◇ *adv* **1.** (*be, remain*) dentro **2.** (*go, run*) adentro ◇ *adj* interior ◇ *n* ● **the inside** (*interior*) el interior; AUT (*in UK*) el carril de la izquierda; AUT (*in Europe, US*) el carril de la derecha ● **inside out** (*clothes*) al revés

inside lane *n* **1.** AUT *(in UK)* carril *m* de la izquierda **2.** *(in Europe, US)* carril *m* de la derecha

inside leg *n* (UK) medida *f* de la entrepierna

insight ['ɪnsaɪt] *n (glimpse)* idea *f*

insignificant [,ɪnsɪg'nɪfɪkənt] *adj* insignificante

insinuate [ɪn'sɪnjʊeɪt] *vt* insinuar

insist [ɪn'sɪst] *vi* insistir ● **to insist on doing sthg** insistir en hacer algo

insole ['ɪnsəʊl] *n* plantilla *f*

insolent ['ɪnsələnt] *adj* insolente

insomnia [ɪn'sɒmnɪə] *n* insomnio *m*

inspect [ɪn'spekt] *vt* examinar

inspection [ɪn'spekʃn] *n* examen *m*

inspector [ɪn'spektə'] *n* **1.** *(on bus, train)* revisor, -ra *f* **2.** *(in police force)* inspector *m*, -ra *f*

inspiration [,ɪnspə'reɪʃn] *n* **1.** *(quality)* inspiración *f* **2.** *(source of inspiration)* fuente *f* de inspiración

install [ɪn'stɔːl] *vt (equipment)* instalar

installment [ɪn'stɔːlmənt] *(US)* = **instalment**

instalment [ɪn'stɔːlmənt] *n* (UK) **1.** *(payment)* plazo *m* **2.** *(episode)* episodio *m*

instance ['ɪnstəns] *n* ejemplo *m* ● **for instance** por ejemplo

instant ['ɪnstənt] ◇ *adj* instantáneo(nea) ◇ *n* instante *m*

instant coffee *n* café *m* instantáneo

instead [ɪn'sted] *adv* en cambio ● **instead of** en vez de

instep ['ɪnstep] *n* empeine *m*

instinct ['ɪnstɪŋkt] *n* instinto *m*

institute ['ɪnstɪtjuːt] *n* instituto *m*

institution [,ɪnstɪ'tjuːʃn] *n (organization)* institución *f*

instructions [ɪn'strʌkʃnz] *npl (for use)* instrucciones *fpl*

instructor [ɪn'strʌktə'] *n* monitor *m*, -ra *f*

instrument ['ɪnstrʊmənt] *n* instrumento *m*

insufficient [,ɪnsə'fɪʃnt] *adj* insuficiente

insulating tape ['ɪnsjʊleɪtɪŋ-] *n* (UK) cinta *f* aislante

insulation [,ɪnsjʊ'leɪʃn] *n* aislamiento *m*

insulin ['ɪnsjʊlɪn] *n* insulina *f*

insult ◇ *n* ['ɪnsʌlt] insulto *m* ◇ *vt* [ɪn'sʌlt] insultar

insurance [ɪn'ʃʊərəns] *n* seguro *m*

insurance certificate *n* certificado *m* de seguro

insurance company *n* compañía *f* de seguros

insurance policy *n* póliza *f* de seguros

insure [ɪn'ʃʊə'] *vt* asegurar

insured [ɪn'ʃʊəd] *adj* ● **to be insured** estar asegurado(da)

intact [ɪn'tækt] *adj* intacto(ta)

intellectual [,ɪntə'lektjʊəl] ◇ *adj* intelectual ◇ *n* intelectual *mf*

intelligence [ɪn'telɪdʒəns] *n (cleverness)* inteligencia *f*

intelligent [ɪn'telɪdʒənt] *adj* inteligente

intend [ɪn'tend] *vt* ● **it's intended as a handbook** está pensado como un manual ● **to intend to do sthg** tener la intención de hacer algo

intense [ɪn'tens] *adj* intenso(sa)

intensity [ɪn'tensətɪ] *n* intensidad *f*

intensive [ɪn'tensɪv] *adj* intensivo(va)

intensive care *n* cuidados *mpl* intensivos

intent [ɪn'tent] *adj* ● **to be intent on doing sthg** estar empeñado(da) en hacer algo

intention [ɪn'tenʃn] *n* intención *f*

intentional [ɪn'tenʃənl] *adj* deliberado (da)

intentionally [ɪn'tenʃənlɪ] *adv* deliberadamente

interchange ['ɪntətʃeɪndʒ] *n* (on motorway) cruce *m*

Intercity ® [ˌɪntə'sɪtɪ] *n tren rápido de largo recorrido*

intercom ['ɪntəkɒm] *n* portero *m* automático (Esp) OR eléctrico

interest ['ɪntrəst] ◇ *n* interés *m* ◇ *vt* interesar ● **to take an interest in sthg** interesarse en algo

interested ['ɪntrəstɪd] *adj* interesado(da) ● **to be interested in sthg** estar interesado en algo

interesting ['ɪntrəstɪŋ] *adj* interesante

interest rate *n* tipo *m* (Esp) OR tasa *f* de interés

interfere [ˌɪntə'fɪə˚] *vi* (meddle) entrometerse ● **to interfere with sthg** (damage) interferir en algo

interference [ˌɪntə'fɪərəns] *n* (on TV, radio) interferencia *f*

interior [ɪn'tɪərɪə˚] ◇ *adj* interior ◇ *n* interior *m*

intermediate [ˌɪntə'miːdjət] *adj* intermedio(dia)

intermission [ˌɪntə'mɪʃn] *n* descanso *m*

internal [ɪn'tɜːnl] *adj* **1.** (not foreign) nacional **2.** (on the inside) interno(na)

internal flight *n* vuelo *m* nacional

Internal Revenue Service *n* (US) ≃ Hacienda *f*

international [ˌɪntə'næʃənl] *adj* internacional

international flight *n* vuelo *m* internacional

Internet ['ɪntənet] *n* ● **the Internet** el (Esp) OR la (Amér) Internet ● **on the Internet** en Internet

Internet café *n* cibercafé *m*

Internet Service Provider *n* Proveedor *m* de Acceso a Internet, Proveedor *m* de Servicios Internet

interpret [ɪn'tɜːprɪt] *vi* hacer de intérprete

interpreter [ɪn'tɜːprɪtə˚] *n* intérprete *mf*

interrogate [ɪn'terəgeɪt] *vt* interrogar

interrupt [ˌɪntə'rʌpt] *vt* interrumpir

intersection [ˌɪntə'sekʃn] *n* intersección *f*

interval ['ɪntəvl] *n* **1.** intervalo *m* **2.** (UK) (at cinema, theatre) intermedio *m*

intervene [ˌɪntə'viːn] *vi* **1.** (person) intervenir **2.** (event) interponerse

interview ['ɪntəvjuː] ◇ *n* entrevista *f* ◇ *vt* entrevistar

interviewer ['ɪntəvjuːə˚] *n* entrevistador *m*, -ra *f*

intestine [ɪn'testɪn] *n* intestino *m*

intimate ['ɪntɪmət] *adj* íntimo(ma)

intimidate [ɪn'tɪmɪdeɪt] *vt* intimidar

into ['ɪntʊ] *prep* **1.** (inside) en **2.** (against) con **3.** (concerning) en relación con ● **into 20 goes 5 (times)** veinte entre cuatro a cinco ● **to translate into Spanish** traducir al español ● **to change into sthg** transformarse en algo ● **I'm into music** (inf) lo mío es la música

intolerable [ɪn'tɒlrəbl] *adj* intolerable

intransitive [ɪnˈtrænzətɪv] *adj* intransitivo(va)

intricate [ˈɪntrɪkət] *adj* intrincado(da)

intriguing [ɪnˈtriːgɪŋ] *adj* intrigante

introduce [ˌɪntrəˈdjuːs] *vt* presentar • I'd like to introduce you to Fred me gustaría presentarte a Fred

introduction [ˌɪntrəˈdʌkʃn] *n* **1.** (*to book, programme*) introducción *f* **2.** (*to person*) presentación *f*

introverted [ˈɪntrəˌvɜːtɪd] *adj* introvertido(da)

intruder [ɪnˈtruːdəʳ] *n* intruso *m*, -sa *f*

intuition [ˌɪntjuːˈɪʃn] *n* intuición *f*

invade [ɪnˈveɪd] *vt* invadir

invalid ◇ *adj* [ɪnˈvælɪd] nulo(la) ◇ *n* [ˈɪnvəlɪd] inválido *m*, -da *f*

invaluable [ɪnˈvæljʊəbl] *adj* inestimable

invariably [ɪnˈveərɪəblɪ] *adv* siempre

invasion [ɪnˈveɪʒn] *n* invasión *f*

invent [ɪnˈvent] *vt* inventar

invention [ɪnˈvenʃn] *n* invención *f*

inventory [ˈɪnvəntrɪ] *n* **1.** (*list*) inventario *m* **2.** (*US*) (*stock*) existencias *fpl*

inverted commas [ɪnˈvɜːtɪd-] *npl* (*UK*) comillas *fpl*

invest [ɪnˈvest] ◇ *vt* invertir ◇ *vi* • to invest in sthg invertir en algo

investigate [ɪnˈvestɪgeɪt] *vt* investigar

investigation [ɪnˌvestɪˈgeɪʃn] *n* investigación *f*

investment [ɪnˈvestmənt] *n* inversión *f*

invisible [ɪnˈvɪzɪbl] *adj* invisible

invitation [ˌɪnvɪˈteɪʃn] *n* invitación *f*

invite [ɪnˈvaɪt] *vt* invitar • to invite sb to do sthg invitar a alguien a hacer algo • to invite sb round invitar a alguien a casa

invoice [ˈɪnvɔɪs] *n* factura *f*

involve [ɪnˈvɒlv] *vt* (*entail*) conllevar • what does it involve? ¿qué implica? • to be involved in a scheme estar metido en una intriga • to be involved in an accident verse envuelto en un accidente

involved [ɪnˈvɒlvd] *adj* • what is involved? ¿qué supone?

inwards [ˈɪnwədz] *adv* hacia dentro

IOU [ˌaɪəʊˈjuː] *n* (*abbr of* I owe you) pagaré *m*

IQ [aɪˈkjuː] *n* (*abbr of* intelligence quotient*) CI *m* (*coeficiente de inteligencia*)

Iran [ɪˈrɑːn] *n* Irán

Iraq [ɪˈrɑːk] *n* Irak

Ireland [ˈaɪələnd] *n* Irlanda

iris [ˈaɪərɪs] (*pl* -es) *n* (*flower*) lirio *m*

Irish [ˈaɪrɪʃ] ◇ *adj* irlandés(esa) ◇ *n* (*language*) irlandés *m* ◇ *npl* • the Irish los irlandeses

Irish coffee *n* café irlandés

Irishman [ˈaɪrɪʃmən] (*pl* -men) *n* irlandés *m*

Irishwoman [ˈaɪrɪʃˌwʊmən] (*pl* -women) *n* irlandesa *f*

iron [ˈaɪən] ◇ *n* **1.** (*for clothes*) plancha *f* **2.** (*metal, golf club*) hierro *m* ◇ *vt* planchar

ironing board [ˈaɪənɪŋ-] *n* tabla *f* de planchar

ironic [aɪˈrɒnɪk] *adj* irónico(ca)

ironmonger's [ˈaɪənˌmʌŋgəz] *n* (*UK*) ferretería *f*

irrelevant [ɪˈreləvənt] *adj* irrelevante

irresistible [ˌɪrɪˈzɪstəbl] *adj* irresistible

irrespective [ˌɪrɪˈspektɪv] • irrespective

of *prep* con independencia de

irresponsible [ˌɪrɪˈspɒnsəbl] *adj* irresponsable

irrigation [ˌɪrɪˈgeɪʃn] *n* riego *m*

irritable [ˈɪrɪtəbl] *adj* irritable

irritate [ˈɪrɪteɪt] *vt* irritar

irritating [ˈɪrɪteɪtɪŋ] *adj* irritante

IRS [ˌaɪɑːˈres] *n* (*US*) (*abbr of* Internal Revenue Service) ≃ Hacienda *f*

is [ɪz] ➢ be

Islam [ˈɪzlɑːm] *n* islam *m*

island [ˈaɪlənd] *n* 1. (*in water*) isla *f* 2. (*in road*) isleta *f*

isle [aɪl] *n* isla *f*

isolated [ˈaɪsəleɪtɪd] *adj* aislado(da)

ISP [ˌaɪesˈpiː] *n abbr of* Internet Service Provider

Israel [ˈɪzreɪəl] *n* Israel

issue [ˈɪʃuː] ◇ *n* 1. (*problem, subject*) cuestión *f* 2. (*of newspaper, magazine*) edición *f* ◇ *vt* 1. (*statement*) hacer público 2. (*passport, document*) expedir 3. (*stamps, bank notes*) emitir

it [ɪt] *pron* 1. (*referring to specific thing: subj*) él *m*, ella *f*; (*direct object*) lo *m*, la *f*; (*indirect object*) le *mf* • it's big es grande • she hit it lo golpeó • give it to me dámelo 2. (*nonspecific*) ello • it's nice here se está bien aquí • I can't remember it no me acuerdo (de ello) • tell me about it cuéntamelo • it's me soy yo • who is it? ¿quién es? 3. (*used impersonally*) • it's hot hace calor • it's six o'clock son las seis • it's Sunday es domingo

Italian [ɪˈtæljən] ◇ *adj* italiano(na) ◇ *n* 1. (*person*) italiano *m*, -na *f* 2. (*language*) italiano *m* • Italian restaurant restau-

rante italiano

Italy [ˈɪtəlɪ] *n* Italia

itch [ɪtʃ] *vi* • my arm is itching me pica el brazo

item [ˈaɪtəm] *n* 1. artículo *m* 2. (*on agenda*) asunto *m* • a news item una noticia

itemized bill [ˈaɪtəmaɪzd-] *n* factura *f* detallada

its [ɪts] *adj* su, sus *pl*

it's [ɪts] = it is, it has

itself [ɪtˈself] *pron* 1. (*reflexive*) se 2. (*after prep*) sí mismo(ma) • the house itself is fine la casa en sí está bien

I've [aɪv] = I have

ivory [ˈaɪvərɪ] *n* marfil *m*

ivy [ˈaɪvɪ] *n* hiedra *f*

Ivy League

El *Ivy League* es un grupo formado por ocho universidades privadas del noreste de los Estados Unidos que gozan de un gran prestigio tanto académico como social. La más conocida de las ocho universidades es la de Harvard, la universidad más prestigiosa del país.

jab [dʒæb] *n* (*UK*) (*inf*) (*injection*) pinchazo *m*

jack [dʒæk] *n* 1. (*for car*) gato *m* 2.

(playing card) ≃ sota f

jacket ['dʒækɪt] n **1.** *(garment)* chaqueta f **2.** *(of book)* sobrecubierta f **3.** *(US) (of record)* cubierta f **4.** *(UK) (of potato)* piel f *(Esp)*, cáscara f *(Amér)*

jacket potato n *(Amér)* patata f asada con piel *(Esp)*, papa f asada con cáscara *(Amér)*

jack-knife vi derrapar la parte delantera

Jacuzzi ® [dʒə'ku:zɪ] n jacuzzi ® m

jade [dʒeɪd] n jade m

jail [dʒeɪl] n cárcel f

jam [dʒæm] ⋄ n **1.** *(food)* mermelada f **2.** *(of traffic)* atasco m **3.** *(inf) (difficult situation)* apuro m ⋄ vt *(pack tightly)* apiñar ⋄ vi atascarse ● **the roads are jammed** las carreteras están atascadas

jam-packed [-'pækt] adj *(inf)* a tope

Jan. [dʒæn] *(abbr of January)* ene. *(enero)*

January ['dʒænjʊərɪ] n enero m ● **at the beginning of January** a principios de enero ● **at the end of January** a finales de enero ● **during January** en enero ● **every January** todos los años en enero ● **in January** en enero ● **last January** en enero del año pasado ● **next January** en enero del próximo año ● **this January** en enero de este año ● **2 January 2001** *(in letters etc)* 2 de enero de 2001

Japan [dʒə'pæn] n Japón m

Japanese [,dʒæpə'ni:z] ⋄ adj japonés(esa) ⋄ n *(language)* japonés m ⋄ npl ● **the Japanese** los japoneses

jar [dʒɑ:ʳ] n tarro m

javelin ['dʒævlɪn] n jabalina f

jaw [dʒɔ:] n *(of person)* mandíbula f

jazz [dʒæz] n jazz m

jealous ['dʒeləs] adj celoso(sa)

jeans [dʒi:nz] npl vaqueros mpl

Jeep ® [dʒi:p] n jeep m

Jello ® ['dʒeləʊ] n *(US)* gelatina f

jelly ['dʒelɪ] n **1.** *(UK) (dessert)* gelatina f **2.** *(US) (jam)* mermelada f

jellyfish ['dʒelɪfɪʃ] *(pl inv)* n medusa f

jeopardize ['dʒepədaɪz] vt poner en peligro

jerk [dʒɜ:k] n **1.** *(movement)* movimiento m brusco **2.** *(inf) (idiot)* idiota mf

jersey ['dʒɜ:zɪ] *(pl -s)* n *(UK) (garment)* jersey m

jet [dʒet] n **1.** *(aircraft)* reactor m **2.** *(of liquid, gas)* chorro m **3.** *(outlet)* boquilla f

jet lag n jet lag m

jet-ski n moto f acuática

jetty ['dʒetɪ] n embarcadero m

Jew [dʒu:] n judío m, -a f

jewel ['dʒu:əl] n piedra f preciosa ● **jewels** npl *(jewellery)* joyas fpl

jeweler's ['dʒu:ələz] *(US)* = **jeweller's**

jeweller's ['dʒu:ələz] n *(UK) (shop)* joyería f

jewellery ['dʒu:əlrɪ] n *(UK)* joyas fpl

jewelry ['dʒu:əlrɪ] *(US)* = **jewellery**

Jewish ['dʒu:ɪʃ] adj judío(a)

jigsaw (puzzle) ['dʒɪgsɔ:-] n puzzle m *(Esp)*, rompecabezas m

jingle ['dʒɪŋgl] n *(of advert)* sintonía f *(de anuncio)*

job [dʒɒb] n **1.** trabajo m **2.** *(function)* cometido m ● **to lose one's job** perder el trabajo

job centre n *(UK)* oficina f de empleo

jockey ['dʒɒkɪ] *(pl -s)* n jockey mf

jog [dʒɒg] ◇ *vt* (bump) golpear ligeramente ◇ *vi* hacer footing ◇ *n* ● **to go for a jog** hacer footing

jogging ['dʒɒgɪŋ] *n* footing *m* ● **to go jogging** hacer footing

join [dʒɔɪn] *vt* 1. (club, organization) hacerse socio de 2. (fasten together) unir, juntar 3. (come together with, participate in) unirse a 4. (connect) conectar ◆ **join in** ◇ *vt insep* participar en ◇ *vi* participar

joint [dʒɔɪnt] ◇ *adj* 1. (responsibility, effort) compartido(da) 2. (bank account, ownership) conjunto(ta) ◇ *n* 1. (of body) articulación *f* 2. (of meat) corte *m* 3. (in structure) juntura *f*

joke [dʒəʊk] ◇ *n* chiste *m* ◇ *vi* bromear

joker ['dʒəʊkə'] *n* (playing card) comodín *m*

jolly ['dʒɒlɪ] ◇ *adj* (cheerful) alegre ◇ *adv* (UK) (inf) muy

jolt [dʒəʊlt] *n* sacudida *f*

jot [dʒɒt] ◆ **jot down** *vt sep* apuntar

journal ['dʒɜːnl] *n* 1. (magazine) revista *f* 2. (diary) diario *m*

journalist ['dʒɜːnəlɪst] *n* periodista *mf*

journey ['dʒɜːnɪ] (*pl* -s) *n* viaje *m*

joy [dʒɔɪ] *n* (happiness) alegría *f*

joypad ['dʒɔɪpæd] *n* (of video game) mando *m*

joyrider ['dʒɔɪraɪdə'] *n* persona que se pasea en un coche robado y luego lo abandona

joystick ['dʒɔɪstɪk] *n* (of video game) joystick *m*

judge [dʒʌdʒ] ◇ *n* juez *mf* ◇ *vt* 1. (competition) juzgar 2. (evaluate) calcular

judg(e)ment ['dʒʌdʒmənt] *n* 1. juicio *m* 2. LAW fallo *m*

judo ['dʒuːdəʊ] *n* judo *m*

jug [dʒʌg] *n* jarra *f*

juggernaut ['dʒʌgənɔːt] *n* (UK) camión *m* grande

juggle ['dʒʌgl] *vi* hacer malabarismo

juice [dʒuːs] *n* 1. zumo *m* (Esp), jugo *m* (Amér) 2. (from meat) jugo *m*

juicy ['dʒuːsɪ] *adj* (food) jugoso(sa)

jukebox ['dʒuːkbɒks] *n* máquina *f* de discos

Jul. (abbr of July) jul. (julio)

July [dʒuː'laɪ] *n* julio *m* ● **at the beginning of July** a principios de septiembre ● **at the end of July** a finales de julio ● **during July** en julio ● **every July** todos los años en julio ● **in July** en julio ● **last July** en julio del año pasado ● **next July** en julio del próximo año ● **this July** en julio de este año ● **2 July 2001** (in letters etc) 2 de julio de 2001

jumble sale ['dʒʌmbl-] *n* (UK) rastrillo *m* benéfico

jumbo ['dʒʌmbəʊ] *adj* (inf) 1. (pack) familiar 2. (sausage, sandwich) gigante

jumbo jet *n* jumbo *m*

jump [dʒʌmp] ◇ *n* salto *m* ◇ *vi* 1. (through air) saltar 2. (with fright) sobresaltarse 3. (increase) aumentar de golpe ◇ *vt* (US) (train, bus) montarse sin pagar en ● **to jump the queue** (UK) colarse

jumper ['dʒʌmpə'] *n* 1. (UK) (pullover) jersey *m* (Esp), suéter *m* 2. (US) (dress) pichi *m* (Esp), jumper *m* (Amér)

jumper cables *npl* (US) cables *mpl* de empalme

jump leads *npl* (*UK*) cables *mpl* de empalme

Jun. (*abbr of June*) jun. (*junio*)

junction ['dʒʌŋkʃn] *n* **1.** (*of roads*) cruce *m* **2.** (*of railway lines*) empalme *m*

June [dʒu:n] *n* junio *m* ● **at the beginning of June** a principios de septiembre ● **at the end of June** a finales de junio ● **during June** en junio ● **every June** todos los años en junio ● **in June** en junio ● **last June** en junio del año pasado ● **next June** en junio del próximo año ● **this June** en junio de este año ● **2 June 2001** (*in letters etc*) 2 de junio de 2001

jungle ['dʒʌŋgl] *n* selva *f*

junior ['dʒu:njə'] ⋄ *adj* **1.** (*of lower rank*) de rango inferior **2.** (*after name*) júnior (*inv*) ⋄ *n* ● **she's my junior** es más joven que yo

junior school *n* (*UK*) escuela *f* primaria

junk [dʒʌŋk] *n* (*inf*) (*unwanted things*) trastos *mpl*

junk food *n* (*inf*) comida preparada poco nutritiva o saludable

junkie ['dʒʌŋki] *n* (*inf*) yonqui *mf*

junk shop *n* tienda *f* de objetos de segunda mano

jury ['dʒʊərɪ] *n* jurado *m*

just [dʒʌst] ⋄ *adj* justo(ta) ⋄ *adv* **1.** (*exactly*) justamente **2.** (*only*) sólo ● **I'm just coming** ahora voy ● **we were just leaving** justo íbamos a salir ● **just a bit more** un poquito más ● **just as good** igual de bueno ● **just over an hour** poco más de una hora ● **passengers just arriving** los pasajeros que acaban de llegar ● **to be just about to do sthg** estar a punto de hacer algo ● **to have just done sthg** acabar de hacer algo ● **just about** casi ● **(only) just** (*almost not*) por los pelos ● **just a minute!** ¡un minuto!

justice ['dʒʌstɪs] *n* justicia *f*

justify ['dʒʌstɪfaɪ] *vt* justificar

jut [dʒʌt] ● **jut out** *vi* sobresalir

juvenile ['dʒu:vənaɪl] *adj* **1.** (*young*) juvenil **2.** (*childish*) infantil

kangaroo [ˌkæŋgə'ru:] (*pl* **-s**) *n* canguro *m*

karaoke [ˌkærɪ'əʊkɪ] *n* karaoke *m*

karate [kə'rɑːtɪ] *n* kárate *m*

kebab [kɪ'bæb] *n* (*UK*) **1.** (*shish kebab*) pincho *m* moruno **2.** (*doner kebab*) pan árabe relleno de ensalada y carne de cordero, con salsa

keel [kiːl] *n* quilla *f*

keen [kiːn] *adj* **1.** (*enthusiastic*) entusiasta **2.** (*eyesight, hearing*) agudo(da) ● **to be keen on** (*UK*) ser aficionado(a) a ● **to be keen to do sthg** (*UK*) tener ganas de hacer algo

keep [kiːp] (*pt* & *pp* **kept**) ⋄ *vt* **1.** (*change, book, object loaned*) quedarse con **2.** (*old clothes*) conservar **3.** (*store, not tell*) guardar **4.** (*cause to remain*) mantener **5.** (*promise*) cumplir

6. (*appointment*) acudir a **7.** (*delay*) retener **8.** (*record, diary*) llevar ◇ *vi* **1.** (*food*) conservarse **2.** (*remain*) mantenerse ● **to keep (on) doing sthg** (*do continuously*) seguir haciendo algo; (*do repeatedly*) no dejar de hacer algo ● **to keep sb from doing sthg** impedir a alguien hacer algo ● **keep back!** ¡atrás! ● **to keep clear (of)** mantenerse alejado (de) ▼ **keep in lane!** *señal que advierte a los conductores que se mantengan en el carril* ▼ **keep left** ¡circula por la izquierda! ▼ **keep off the grass!** no pisar la hierba ▼ **keep out!** prohibida la entrada ▼ **keep your distance!** *señal que incita a mantener la distancia de prudencia* ● **keep up** ◇ *vt sep* mantener ◇ *vi* (*maintain pace, level etc*) mantener el ritmo

keep-fit *n* (*UK*) ejercicios *mpl* de mantenimiento

kennel ['kenl] *n* caseta *f* del perro

kept [kept] *pt & pp* ➢ **keep**

kerb [kɜːb] *n* (*UK*) bordillo *m*

kerosene ['kerəsiːn] *n* (*US*) queroseno *m*

ketchup ['ketʃəp] *n* catsup *m*

kettle ['ketl] *n* tetera *f* para hervir ● **to put the kettle on** (*UK*) poner a hervir la tetera

key [kiː] ◇ *n* **1.** (*for lock*) llave *f* **2.** (*of piano, typewriter*) tecla *f* **3.** (*of map*) clave *f* ◇ *adj* clave (*inv*)

keyboard ['kiːbɔːd] *n* teclado *m*

keyhole ['kiːhəʊl] *n* ojo *m* de la cerradura

keypad ['kiːpæd] *n* teclado *m*

key ring *n* llavero *m*

kg (*abbr of* kilogram) kg (*kilogramo*)

kick [kɪk] ◇ *n* (*of foot*) patada *f* ◇ *vt* (*with foot*) dar una patada

kickoff ['kɪkɒf] *n* saque *m* inicial

kid [kɪd] ◇ *n* **1.** (*inf*) (*child*) crío *m*, -a *f* **2.** (*young person*) chico *m*, -ca *f* ◇ *vi* bromear

kidnap ['kɪdnæp] *vt* secuestrar

kidnaper ['kɪdnæpər] (*US*) = **kidnapper**

kidnapper ['kɪdnæpər] *n* (*UK*) secuestrador *m*, -ra *f*

kidney ['kɪdnɪ] (*pl* **-s**) *n* riñón *m*

kidney bean *n* judía *f* pinta

kill [kɪl] *vt* matar ● **my feet are killing me!** ¡los pies me están matando!

killer ['kɪlər] *n* asesino *m*, -na *f*

kilo ['kiːləʊ] (*pl* **-s**) *n* kilo *m*

kilogram ['kɪlə,ɡræm] *n* kilogramo *m*

kilometer [kɪ'lɒmɪtər] *n* (*US*) = **kilometre**

kilometre ['kɪlə,miːtər] *n* (*UK*) kilómetro *m*

kilt [kɪlt] *n* falda *f* escocesa

kind [kaɪnd] ◇ *adj* amable ◇ *n* tipo *m* ● **kind of** (*inf*) un poco, algo

kindergarten ['kɪndə,ɡɑːtn] *n* jardín *m* de infancia

kindly ['kaɪndlɪ] *adv* ● **would you kindly ...?** ¿sería tan amable de ...?

kindness ['kaɪndnɪs] *n* amabilidad *f*

king [kɪŋ] *n* rey *m*

kingfisher ['kɪŋ,fɪʃər] *n* martín *m* pescador

king prawn *n* langostino *m*

king-size bed *n* cama *f* gigante

kiosk ['kiːɒsk] *n* **1.** (*for newspapers etc*) quiosco *m* **2.** (*phone box*) cabina *f*

kipper ['kɪpə'] *n* arenque *m* ahumado

kiss [kɪs] ◇ *n* beso *m* ◆ *vt* besar

kiss of life *n* boca a boca *m inv*

kit [kɪt] *n* 1. (*UK*) (*set, clothes*) equipo *m* 2. (*for assembly*) modelo *m* para armar

kitchen ['kɪtʃɪn] *n* cocina *f*

kitchen unit *n* módulo *m* de cocina

kite [kaɪt] *n* (*toy*) cometa *f*

kitesurfing ['kaɪtsɜːfɪŋ] *n* kitesurf *m*, modalidad de surf que se practica colgado de una especie de cometa

kitten ['kɪtn] *n* gatito *m*

kitty ['kɪtɪ] *n* (*for regular expenses*) fondo *m* común

kiwi fruit ['kiːwiː-] *n* kiwi *m*

Kleenex ® ['kliːneks] *n* kleenex ® *m* (*inv*)

km (*abbr of* kilometre) km (*kilómetro*)

km/h (*abbr of* kilometres per hour) km/h (*kilómetros por hora*)

knack [næk] *n* ● I've got the knack (of it) he cogido el tranquillo

knackered ['nækəd] *adj* (*UK*) (*inf*) hecho(cha) polvo

knapsack ['næpsæk] *n* mochila *f*

knee [niː] *n* rodilla *f*

kneecap ['niːkæp] *n* rótula *f*

kneel [niːl] (*pt & pp* knelt) *vi* 1. (*be on one's knees*) estar de rodillas 2. (*go down on one's knees*) arrodillarse

knew [njuː] *pt* ➢ know

knickers ['nɪkəz] *npl* (*UK*) (*underwear*) bragas *fpl* (*Esp*), calzones *mpl* (*Amér*)

knife [naɪf] (*pl* knives) *n* cuchillo *m*

knight [naɪt] *n* 1. (*in history*) caballero *m* 2. (*in chess*) caballo *m*

knit [nɪt] *vt* tejer

knitted ['nɪtɪd] *adj* de punto, tejido(da)

knitting ['nɪtɪŋ] *n* 1. (*thing being knitted*) punto *m* (*Esp*), tejido *m* 2. (*activity*) labor *f* de punto (*Esp*), tejido *m*

knitting needle *n* aguja *f* de hacer punto (*Esp*), aguja *f* de tejer

knitwear ['nɪtweə'] *n* género *m* de punto

knives [naɪvz] *pl* ➢ knife

knob [nɒb] *n* 1. (*on door etc*) pomo *m*, perilla *f* (*Amér*) 2. (*on machine*) botón *m*

knock [nɒk] ◇ *n* (*at door*) golpe *m* ◇ *vt* 1. (*hit*) golpear 2. (*one's head, leg*) golpearse ◇ *vi* (*at door etc*) llamar ◆ **knock down** *vt sep* 1. (*UK*) (*pedestrian*) atropellar 2. (*building*) derribar 3. (*price*) bajar ◆ **knock out** *vt sep* 1. (*make unconscious*) dejar sin conocimiento 2. (*of competition*) eliminar ◆ **knock over** *vt sep* 1. (*glass, vase*) volcar 2. (*UK*) (*pedestrian*) atropellar

knocker ['nɒkə'] *n* (*on door*) aldaba *f*

knot [nɒt] *n* nudo *m*

know [nəʊ] (*pt* knew, *pp* known) *vt* 1. (*have knowledge of*) saber 2. (*language*) saber hablar 3. (*person, place*) conocer ● to get to know sb llegar a conocer a alguien ● to know about sthg (*understand*) saber de algo; (*have heard*) saber algo ● to know how to do sthg saber hacer algo ● to know of conocer ● to be known as ser conocido como ● to let sb know sthg avisar a alguien de algo ● you know (*for emphasis*) ¿sabes?

knowledge ['nɒlɪdʒ] *n* conocimiento *m* ● to my knowledge que yo sepa

known [nəʊn] *pp* ➢ know

knuckle ['nʌkl] *n* 1. (*of hand*) nudillo *m*

2. *(of pork)* jarrete *m*

Koran [kɒ'rɑːn] *n* ● **the Koran** el Corán

kph *(abbr of kilometres per hour)* k.p.h. *(kilómetros por hora)*

L

l *(abbr of litre)* l. *(litro)*

L *(abbr of learner)* placa *f* de la L

lab [læb] *n (inf)* laboratorio *m*

label ['leɪbl] *n* etiqueta *f*

labor ['leɪbər] *(US)* = **labour**

Labor Day *n (US)* día *m* del Trabajador

Labor Day

El día del Trabajador se celebra en los Estados Unidos el primero de septiembre. Las playas y otros destinos turísticos se llenan de gente que sale a disfrutar los últimos días del verano. Esta fecha marca también la vuelta al colegio.

laboratory [(UK) lə'bɒrətrɪ, (US) 'læbrə,tɔːrɪ] *n* laboratorio *m*

labour ['leɪbər] *n (UK) (work)* trabajo *m* ● **in labour** MED de parto

labourer ['leɪbərə'] *n (UK)* obrero *m*, -ra *f*

Labour Party *n (UK)* partido *m* Laborista

labour-saving *adj (UK)* que ahorra trabajo

lace [leɪs] *n* **1.** *(material)* encaje *m* **2.** *(for shoe)* cordón *m*

lace-ups *npl* zapatos *mpl* con cordones

lack [læk] ◇ *n* falta *f* ◇ *vt* carecer de ◇ *vi* ● **to be lacking** faltar

lacquer ['lækə'] *n* laca *f*

lad [læd] *n (UK) (inf)* chaval *m (Esp)*, muchacho *m*

ladder ['lædə'] *n* **1.** *(for climbing)* escalera *f* (de mano) **2.** *(UK) (in tights)* carrera *f*

ladies ['leɪdɪz] *n (UK)* lavabo *m* de señoras

ladies' room *(US)* = **ladies**

ladieswear ['leɪdɪz,weə'] *n (fml)* ropa *f* de señoras

ladle ['leɪdl] *n* cucharón *m*

lady ['leɪdɪ] *n* **1.** *(woman)* señora *f* **2.** *(woman of high status)* dama *f*

ladybird ['leɪdɪbɜːd] *n (UK)* mariquita *f*

ladybug ['leɪdɪbʌg] *n (US)* = **ladybird**

lag [læg] *vi* retrasarse ● **to lag behind** *(move more slowly)* rezagarse

lager ['lɑːgə'] *n* cerveza *f* rubia

lagoon [lə'guːn] *n* laguna *f*

laid [leɪd] *pt & pp* ➤ **lay**

lain [leɪn] *pp* ➤ **lie**

lake [leɪk] *n* lago *m*

lamb [læm] *n* cordero *m*

lamb chop *n* chuleta *f* de cordero

lame [leɪm] *adj* cojo(ja)

lamp [læmp] *n* **1.** *(light)* lámpara *f* **2.** *(in street)* farola *f*

lamppost ['læmppəʊst] *n* farol *m*

lampshade ['læmpʃeɪd] *n* pantalla *f*

land [lænd] ◇ *n* **1.** tierra *f* **2.** *(property)* tierras *fpl* ◇ *vi* **1.** *(plane)* aterrizar **2.** *(passengers)* desembarcar **3.** *(fall)* caer

landing ['lændɪŋ] *n* **1.** *(of plane)* aterrizaje *m* **2.** *(on stairs)* rellano *m*

landlady ['lænd,leɪdɪ] *n* **1.** *(of house)* casera *f* **2.** *(UK) (of pub)* dueña *f*

landlord ['lændlɔːd] *n* **1.** *(of house)* casero *m* **2.** *(UK) (of pub)* dueño *m*

landmark ['lændmɑːk] *n* punto *m* de referencia

landscape ['lændskeɪp] *n* paisaje *m*

landslide ['lændslaɪd] *n* *(of earth, rocks)* desprendimiento *m* de tierras

lane [leɪn] *n* **1.** *(in town)* calleja *f* **2.** *(in country, on road)* camino *m* ▼ **get in lane** señal que advierte a los conductores que tomen el carril adecuado

language ['læŋgwɪdʒ] *n* **1.** *(of a people, country)* idioma *m* **2.** *(system of communication, words)* lenguaje *m*

lap [læp] *n* **1.** *(of person)* regazo *m* **2.** *(of race)* vuelta *f*

lapel [lə'pel] *n* solapa *f*

lapse [læps] *vi* *(membership, passport)* caducar

lard [lɑːd] *n* manteca *f* de cerdo

larder ['lɑːdə*r*] *n* (UK) despensa *f*

large [lɑːdʒ] *adj* grande

largely ['lɑːdʒlɪ] *adv* en gran parte

large-scale *adj* de gran escala

lark [lɑːk] *n* alondra *f*

laryngitis [,lærɪn'dʒaɪtɪs] *n* laringitis *f* *inv*

lasagne [lə'zænjə] *n* lasaña *f*

laser ['leɪzə*r*] *n* láser *m*

lass [læs] *n* (UK) *(inf)* chavala *f*

last [lɑːst] ◇ *adj* último(ma) ◇ *adv* **1.** *(most recently)* por última vez **2.** *(at the end)* en último lugar ◇ *pron* ● **the last to come** el último en venir ● **the last but one** el penúltimo(la penúltima) ●

the time before last la penúltima vez ● last year el año pasado ● the last year el año pasado ● at last por fin

lastly ['lɑːstlɪ] *adv* por último

last-minute *adj* de última hora

latch [lætʃ] *n* pestillo *m* ● to be on the latch tener el pestillo echado

late [leɪt] ◇ *adj* **1.** *(not on time)* con retraso **2.** *(after usual time)* tardío(a) **3.** *(dead)* difunto(ta) ◇ *adv* **1.** *(not on time)* con retraso **2.** *(after usual time)* tarde ● in late June a finales de junio ● in the late afternoon al final de la tarde ● late in June a finales de junio ● to be (running) late ir con retraso

lately ['leɪtlɪ] *adv* últimamente

late-night *adj* de última hora, de noche

later ['leɪtə*r*] ◇ *adj* posterior ◇ *adv* ● later (on) más tarde ● at a later date en una fecha posterior

latest ['leɪtɪst] *adj* ● the latest fashion la última moda ● the latest lo último ● at the latest como muy tarde

lather ['lɑːðə*r*] *n* espuma *f*

Latin ['lætɪn] *n* latín *m*

Latin America *n* América Latina

Latin American ◇ *adj* latinoamericano(na) ◇ *n* latinoamericano *m*, -na *f*

latitude ['lætɪtjuːd] *n* latitud *f*

latter ['lætə*r*] *n* ● the latter éste *m*, -ta *f*

laugh [lɑːf] ◇ *n* risa *f* ◇ *vi* reírse ● to have a laugh (UK) *(inf)* pasarlo bomba ● laugh at *vt insep* reírse de

laughter ['lɑːftə*r*] *n* risa *f*

launch [lɔːntʃ] *vt* **1.** *(boat)* botar **2.** *(new product)* lanzar

laund(e)rette [lɔːn'dret] *n* lavandería *f*

Laundromat ['lɔːndrəmæt] *n* (US) = laund(e)rette

laundry ['lɔːndrɪ] *n* 1. (washing) ropa *f* sucia 2. (place) lavandería *f*

lavatory ['lævətrɪ] *n* servicio *m*

lavender ['lævəndə'] *n* lavanda *f*

lavish ['lævɪʃ] *adj* (meal, decoration) espléndido(da)

law [lɔː] *n* 1. ley *f* 2. (study) derecho *m* ● **the law** LAW (set of rules) la ley ● **to be against the law** estar en contra de la ley

lawn [lɔːn] *n* césped *m*

lawnmower ['lɔːn,məʊə'] *n* cortacésped *m*

lawyer ['lɔːjə'] *n* abogado *m*, -da *f*

laxative ['læksətɪv] *n* laxante *m*

lay [leɪ] (*pt & pp* **laid**) ◇ *pt* ➤ **lie** ◇ *vt* 1. (place) colocar 2. (egg) poner ● **to lay the table** (UK) poner la mesa ◆ **lay off** *vt sep* (worker) despedir ◆ **lay on** *vt sep* (UK) proveer ◆ **lay out** *vt sep* (display) disponer

lay-by (*pl* **lay-bys**) *n* (UK) área *f* de descanso

layer ['leɪə'] *n* capa *f*

layman ['leɪmən] (*pl* -**men**) *n* lego *m*, -ga *f*

layout ['leɪaʊt] *n* (of building, streets) trazado *m*

lazy ['leɪzɪ] *adj* perezoso(sa)

lb (abbr of pound) libra *f*

lead[1] [liːd] (*pt & pp* **led**) ◇ *vt* 1. (take) llevar a (be in charge of) estar al frente de 3. (be in front of) encabezar ◇ *vi* (be winning) ir en cabeza ◇ *n* 1. (UK) (for dog) correa *f* 2. (UK) (cable) cable *m* ● **to lead sb to do sthg** llevar a alguien a hacer algo ● **to lead to** (go to) conducir

a; (result in) llevar a ● **to lead the way** guiar ● **to be in the lead** llevar la delantera

lead[2] [led] ◇ *n* 1. (metal) plomo *m* 2. (for pencil) mina *f* ◇ *adj* de plomo

leaded petrol ['ledɪd-] *n* (UK) gasolina *f* con plomo

leader ['liːdə'] *n* líder *mf*

leadership ['liːdəʃɪp] *n* (position of leader) liderazgo *m*

lead-free [led-] *adj* sin plomo

leading ['liːdɪŋ] *adj* (most important) destacado(da)

lead singer [liːd-] *n* cantante *mf* (de un grupo)

leaf [liːf] (*pl* **leaves**) *n* (of tree) hoja *f*

leaflet ['liːflɪt] *n* folleto *m*

league [liːg] *n* liga *f*

leak [liːk] ◇ *n* 1. (hole) agujero *m* 2. (of gas, water) escape *m* ◇ *vi* (roof, tank) tener goteras

lean [liːn] (*pt & pp* **leant** OR -**ed**) ◇ *adj* 1. (meat) magro(gra) 2. (person, animal) delgado y musculoso (delgada y musculosa) ◇ *vi* (bend) inclinarse ◇ *vt* ● **to lean a ladder against a wall** apoyar una escalera contra una pared ● **to lean on** apoyarse en ● **to lean forward** inclinarse hacia delante ● **to lean over** inclinarse

leap [liːp] (*pt & pp* **leapt** OR -**ed**) *vi* saltar

leap year *n* año *m* bisiesto

learn [lɜːn] (*pt & pp* **learnt** OR -**ed**) *vt* aprender ● **to learn (how) to do sthg** aprender a hacer algo ● **to learn about sthg** (hear about) enterarse de algo; (study) aprender algo

learner (driver) ['lɜːnəʳ] *n* conductor *m* principiante

learnt [lɜːnt] *pt & pp* ➤ **learn**

lease [liːs] ◇ *n* arriendo *m* ◇ *vt* arrendar ● **to lease a house from sb** arrendar una casa de alguien ● **to lease a house to sb** arrendar una casa a alguien

leash [liːʃ] *n* correa *f*

least [liːst] ◇ *adj & adv* menos ◇ *pron* ➤ **(the) least** menos ● **I have least food** soy la que menos comida tiene ● **I like him least** él es el que menos me gusta ● **he paid (the) least** es el que menos pagó ● **it's the least you could do** es lo menos que puedes hacer ● **at least** *(with quantities, numbers)* por lo menos; *(to indicate an advantage)* al menos

leather ['leðəʳ] *n* piel *f* ● **leathers** *npl* cazadora *y* pantalón de cuero utilizados por motociclistas

leave [liːv] *(pt & pp* **left)** ◇ *vt* **1.** dejar **2.** *(go away from)* salir de **3.** *(not take away)* dejarse ◇ *vi* **1.** *(person)* marcharse **2.** *(train, bus etc)* salir ◇ *n* *(time off work)* permiso *m* ● **to leave a message** dejar un mensaje ◆ **leave behind** *vt sep (not take away)* dejar ◆**leave out** *vt sep* omitir

leaves [liːvz] *pl* ➤ **leaf**

Lebanon ['lebənən] *n* Líbano

lecture ['lektʃəʳ] *n* **1.** *(at university)* clase *f* **2.** *(at conference)* conferencia *f*

lecturer ['lektʃərəʳ] *n* profesor *m*, -ra *f* *(de universidad)*

lecture theatre *n (UK)* aula *f*

led [led] *pt & pp* ➤ **lead**

ledge [ledʒ] *n (of window)* alféizar *m*

leek [liːk] *n* puerro *m*

left [left] ◇ *pt & pp* ➤ **leave** ◇ *adj (not right)* izquierdo(da) ◇ *adv* a la izquierda ◇ *n* izquierda *f* ● **on the left** a la izquierda ● **there are none left** no queda ninguno (más)

left-hand *adj* izquierdo(da)

left-hand drive *n* vehículo *m* con el volante a la izquierda

left-handed [-'hændɪd] *adj* **1.** *(person)* zurdo(da) **2.** *(implement)* para zurdos

left-luggage locker *n (UK)* consigna *f* automática

left-luggage office *n (UK)* consigna *f*

left-wing *adj* de izquierdas

leg [leg] *n* **1.** *(of person)* pierna *f* **2.** *(of animal, table, chair)* pata *f* **3.** *(of trousers)* pernera *f* ● **leg of lamb** pierna de cordero

legal ['liːgl] *adj* legal

legal aid *n* ayuda financiera para personas que no poseen posibilidades económicas para pagar a un abogado

legal holiday *n (US)* día *m* festivo

legalize ['liːgəlaɪz] *vt* legalizar

legal system *n* sistema *m* jurídico

legend ['ledʒənd] *n* leyenda *f*

leggings ['legɪŋz] *npl* mallas *fpl*

legible ['ledʒɪbl] *adj* legible

legislation [,ledʒɪs'leɪʃn] *n* legislación *f*

legitimate [lɪ'dʒɪtɪmət] *adj* legítimo (ma)

leisure [(*UK*)'leʒəʳ, (*US*) 'liːʒər] *n* ocio *m*

leisure centre *n (UK)* centro *m* deportivo y cultural

lemon ['lemən] *n* limón *m*

lemonade [,lemə'neɪd] *n* **1.** *(UK)* gaseosa *f* **2.** *(US)* limonada *f*

lemon curd [-kɜːd] *n (UK)* dulce para

untar hecho con limón, huevos, mantequilla y azúcar

lemon juice *n* zumo *m* (*Esp*) OR jugo *m*
(*Amér*) de limón

lemon sole *n* platija *f*

lemon tea *n* té *m* con limón

lend [lend] (*pt & pp* **lent**) *vt* prestar ● **can you lend me some money?** ¿me podrías prestar dinero?

length [leŋθ] *n* **1.** (*in distance*) longitud *f* **2.** (*in time*) duración *f* **3.** (*of swimming pool*) largo *m*

lengthen [ˈleŋθən] *vt* alargar

lens [lenz] *n* **1.** (*of camera*) objetivo *m* **2.** (*of glasses*) lente *f* **3.** (*contact lens*) lentilla *f* (*Esp*), lente *m* de contacto (*Amér*)

lent [lent] *pt & pp* ➢ **lend**

Lent [lent] *n* Cuaresma *f*

lentils [ˈlentlz] *npl* lentejas *fpl*

Leo [ˈliːəʊ] *n* Leo *m*

leopard [ˈlepəd] *n* leopardo *m*

leopard-skin *adj* estampado(da) en piel de leopardo

leotard [ˈliːətɑːd] *n* body *m*

leper [ˈlepəʳ] *n* leproso *m*, -sa *f*

lesbian [ˈlezbɪən] ◇ *adj* lesbiano(na) ◇ *n* lesbiana *f*

less [les] *adj*, *adv & pron* menos ● **less than 20** menos de 20 ● **I eat less than her** yo como menos que ella

lesson [ˈlesn] *n* (*class*) clase *f*

let [let] (*pt & pp inv*) *vt* **1.** (*allow*) dejar **2.** (*UK*) (*rent out*) alquilar ● **to let sb do sthg** dejar hacer algo a alguien ● **to let go of sthg** soltar algo ● **to let sb have sthg** prestar algo a alguien ● **to let sb know sthg** avisar a alguien de

algo ● **let's go!** ¡vamos! ▼ **to let** (*UK*) **se alquila** ● **let in** *vt sep* dejar entrar ◆ **let off** *vt sep* (*UK*) (*not punish*) perdonar ● **she let me off doing it** me dejó no hacerlo ● **can you let me off at the station?** ¿puede dejarme en la estación? ● **let out** *vt sep* (*allow to go out*) dejar salir

letdown [ˈletdaʊn] *n* (*inf*) desilusión *f*

lethargic [ləˈθɑːdʒɪk] *adj* aletargado(da)

letter [ˈletəʳ] *n* **1.** (*written message*) carta *f* **2.** (*of alphabet*) letra *f*

letters

In Spanish letters, the date is written in full on the right-hand side e.g.: *12 de febrero de 2006*. Formal letters to people whose name you don't know begin with *Muy Sr. Mío* for men and *Muy Sra. Mía* for women, or *Muy Sres. Míos* if you don't know whether they are male or female. If you know the person's surname, then you use *Apreciado Sr. X* or *Distinguida Sra. X*. Letters to friends begin with *Querido/a* plus the person's first name, e.g. *Querida Pilar*. All these introductions are followed by a colon rather than a comma. The following phrases are used to conclude a formal letter: *Reciba un cordial saludo*; *Le saluda atentamente*; *Cordialmente*; *Atentamente*. Phrases for signing off letters to friends include: *Afectuosos saludos, Un abra-*

zo and *Un fuerte abrazo*, while letters to even closer friends or family members can end with *Con todo mi cariño, Besos* or *Un beso muy cariñoso*. All these phrases are followed by a comma.

letterbox ['letəbɒks] *n* (UK) buzón *m*

letter carrier *n* (US) cartero *m*, -ra *f*

lettuce ['letɪs] *n* lechuga *f*

leuk(a)emia [luːˈkiːmɪə] *n* leucemia *f*

level ['levl] ◇ *adj* (horizontal) plano(na) ◇ *n* **1.** nivel *m* **2.** (storey) planta *f* ● to be level with (in height) estar a nivel de; (in standard) estar al mismo nivel que

level crossing *n* (UK) paso *m* a nivel

lever [(UK)ˈliːvəʳ, (US) ˈlevər] *n* palanca *f*

liability [ˌlaɪəˈbɪlətɪ] *n* (responsibility) responsabilidad *f*

liable ['laɪəbl] *adj* ● to be liable to do sthg tener tendencia a hacer algo ● to be liable for sthg ser responsable de algo

liaise [lɪˈeɪz] *vi* ● to liaise with mantener contacto con

liar ['laɪəʳ] *n* mentiroso *m*, -sa *f*

liberal ['lɪbərəl] *adj* **1.** (tolerant) liberal **2.** (generous) generoso(sa)

Liberal Democrat Party *n* partido *m* demócrata liberal

liberate ['lɪbəreɪt] *vt* liberar

liberty ['lɪbətɪ] *n* libertad *f*

Libra ['liːbrə] *n* Libra *f*

librarian [laɪˈbreərɪən] *n* bibliotecario *m*, -ria *f*

library ['laɪbrərɪ] *n* biblioteca *f*

Libya ['lɪbɪə] *n* Libia *f*

lice [laɪs] *npl* piojos *mpl*

licence ['laɪsəns] *n* (UK) permiso *m*

license ['laɪsəns] ◇ *vt* autorizar ◇ *n* (US) = licence

licensed ['laɪsənst] *adj* (UK) (restaurant, bar) autorizado(da) para vender bebidas alcohólicas

licensing hours ['laɪsənsɪŋ-] *npl* (UK) horario en que se autoriza la venta de bebidas alcohólicas al público en un pub

lick [lɪk] *vt* lamer

lid [lɪd] *n* (cover) tapa *f*

lie [laɪ] ◇ *n* mentira *f* ◇ *vi* (pt **lay**, pp **lain**, cont **lying**) **1.** (pt & pp **lied**) (tell untruth) mentir **2.** (be horizontal) estar echado **3.** (lie down) echarse **4.** (be situated) encontrarse ● to tell lies contar mentiras ● to lie about sthg mentir respecto a algo ● **lie down** *vi* acostarse

lieutenant [(UK) lefˈtenənt, (US) luːˈtenənt] *n* teniente *m*

life [laɪf] (pl **lives**) *n* vida *f*

life assurance *n* (UK) seguro *m* de vida

life belt *n* salvavidas *m inv*

lifeboat ['laɪfbəʊt] *n* **1.** (launched from shore) bote *m* salvavidas **2.** (launched from ship) lancha *f* de salvamento

lifeguard ['laɪfɡɑːd] *n* socorrista *mf*

life jacket *n* chaleco *m* salvavidas

lifelike ['laɪflaɪk] *adj* realista

life preserver [-prɪˈzɜːvər] *n* (US) **1.** (life belt) salvavidas *m inv* **2.** (life jacket) chaleco *m* salvavidas

life-size *adj* de tamaño natural

lifespan ['laɪfspæn] *n* vida *f*

lifestyle ['laɪfstaɪl] *n* estilo *m* de vida

lift [lɪft] ◇ *n* (UK) (elevator) ascensor *m* ◇

vt (raise) levantar ◇ *vi (fog)* despejarse ● **to give sb a lift** llevar a alguien *(en automóvil)* ◆ **lift up** *vt sep* levantar

light [laɪt] *(pt & pp* **lit** OR **-ed**) ◇ *adj* **1.** ligero(ra) **2.** *(in colour)* claro(ra) **3.** *(rain)* fino(na) ◇ *n* **1.** luz *f* **2.** *(for cigarette)* fuego *m* ◇ *vt* **1.** *(fire, cigarette)* encender **2.** *(room, stage)* iluminar ● **have you got a light?** ¿tienes fuego? ● **to set light to sthg** prender fuego a algo ◆ **lights** *(traffic lights)* semáforo *m* ◆ **light up** ◇ *vt sep (house, road)* iluminar ◇ *vi (inf) (light a cigarette)* encender un cigarrillo

light bulb *n* bombilla *f*

lighter ['laɪtə'] *n* mechero *m* (*Esp*), encendedor *m*

light-hearted [-'hɑːtɪd] *adj* alegre

lighthouse ['laɪthaʊs] *n* faro *m*

lighting ['laɪtɪŋ] *n* iluminación *f*

light meter *n* contador *m* OR medidor *m* (*Amér*) de la luz

lightning ['laɪtnɪŋ] *n* relámpagos *mpl*

lightweight ['laɪtweɪt] *adj (clothes, object)* ligero(ra)

like [laɪk] ◇ *prep* **1.** como **2.** *(typical of)* típico de ◇ *vt (want)* querer ● **I like beer** me gusta la cerveza ● **I like them** me gustan ● **I like doing it** me gusta hacerlo ● **what's it like?** ¿cómo es? ● **like that** así ● **like this** así ● **he looks like his father** se parece a su padre ● **I'd like to come** me gustaría venir ● **I'd like to sit down** quisiera sentarme ● **I'd like a drink** me apetece tomar algo

likelihood ['laɪklɪhʊd] *n* probabilidad *f*

likely ['laɪklɪ] *adj* probable

likeness ['laɪknɪs] *n (similarity)* parecido *m*

likewise ['laɪkwaɪz] *adv* del mismo modo

lilac ['laɪlək] *adj* lila *(inv)*

Lilo ® ['laɪləʊ] *(pl* **-s**) *n (UK)* colchoneta *f*

lily ['lɪlɪ] *n* azucena *f*

lily of the valley *n* lirio *m* de los valles

limb [lɪm] *n* miembro *m*

lime [laɪm] *n (fruit)* lima *f* ● **lime (juice)** refresco *m* de lima

limestone ['laɪmstəʊn] *n* piedra *f* caliza

limit ['lɪmɪt] ◇ *n* límite *m* ◇ *vt* limitar ● **the city limits** los límites de la ciudad

limited ['lɪmɪtɪd] *adj* limitado(da)

limp [lɪmp] ◇ *adj* flojo(ja) ◇ *vi* cojear

line [laɪn] ◇ *n* **1.** línea *f* **2.** *(row)* fila *f* **3.** *(US) (queue)* cola *f* **4.** *(of words on page)* renglón *m* **5.** *(of poem, song)* verso *m* **6.** *(for fishing)* sedal *m* **7.** *(for washing, rope)* cuerda *f* **8.** *(railway track)* vía *f* **9.** *(of business, work)* especialidad *f* **10.** *(type of food)* surtido *m* ◇ *vt (coat, drawers)* forrar ● **in line** *(aligned)* alineado(da) ● **it's a bad line** hay interferencias ● **the line is engaged** está comunicando ● **to drop sb a line** *(inf)* escribir unas letras a alguien ● **to stand in line** *(US)* hacer cola ◆ **line up** ◇ *vt sep (arrange)* planear ◇ *vi* alinearse

lined [laɪnd] *adj (paper)* de rayas

linen ['lɪnɪn] *n* **1.** *(cloth)* lino *m* **2.** *(tablecloths, sheets)* ropa *f* blanca

liner ['laɪnə'] *n (ship)* transatlántico *m*

linesman ['laɪnzmən] *(pl* **-men**) *n* juez *mf* de línea

linger ['lɪŋgə'] vi (in place) rezagarse

lingerie ['lænʒərɪ] n lencería f

lining ['laɪnɪŋ] n forro m

link [lɪŋk] ◇ n **1.** (connection) conexión f **2.** (between countries, companies) vínculo m ◇ vt (connect) conectar ● **rail link** enlace m ferroviario ● **road link** conexión de carreteras

lino ['laɪnəʊ] n (UK) linóleo m

lion ['laɪən] n león m

lioness ['laɪənes] n leona f

lip [lɪp] n labio m

lip salve [-sælv] n protector m labial

lipstick ['lɪpstɪk] n barra f de labios, lápiz m labial (Amér)

liqueur [lɪ'kjʊə'] n licor m

liquid ['lɪkwɪd] n líquido m

liquor ['lɪkə'] n (US) bebida f alcohólica

liquor store n (US) tienda de bebidas alcohólicas para llevar

liquorice ['lɪkərɪs] n regaliz m

lisp [lɪsp] n ceceo m

list [lɪst] ◇ n lista f ◇ vt hacer una lista de

listen ['lɪsn] vi ● **to listen (to)** (to person, sound, radio) escuchar; (to advice) hacer caso (de)

listener ['lɪsnə'] n (to radio) oyente mf

lit [lɪt] pt & pp > **light**

liter ['liːtə'] (US) = **litre**

literally ['lɪtərəlɪ] adv literalmente

literary ['lɪtərərɪ] adj literario(ria)

literature ['lɪtrətʃə'] n **1.** literatura f **2.** (printed information) folletos mpl informativos

litre ['liːtə'] n (UK) litro m

litter ['lɪtə'] n basura f

litterbin ['lɪtəbɪn] n (UK) papelera f (en la calle)

little ['lɪtl] ◇ adj **1.** pequeño(ña) **2.** (distance, time) corto(ta) **3.** (not much) poco(ca) ◇ adv poco ◇ pron ● **I have very little** tengo muy poco ● **as little as possible** lo menos posible ● **little by little** poco a poco ● **a little** un poco ● **a little sugar** un poco de azúcar ● **a little while** un rato

little finger n meñique m

live¹ [lɪv] vi vivir ● **to live with sb** vivir con alguien ◆ **live together** vi vivir juntos

live² [laɪv] ◇ adj **1.** (alive) vivo(va) **2.** (programme, performance) en directo **3.** (wire) cargado(da) ◇ adv en directo

lively ['laɪvlɪ] adj **1.** (person) vivaz **2.** (place, atmosphere) animado(da)

liver ['lɪvə'] n hígado m

lives [laɪvz] pl > **life**

living ['lɪvɪŋ] ◇ adj (alive) vivo(va) ◇ n ● **to earn a living** ganarse la vida ● **what do you do for a living?** ¿en qué trabajas?

living room n sala f de estar

lizard ['lɪzəd] n lagartija f

load [ləʊd] ◇ n (thing carried) carga f ◇ vt cargar ● **loads of** (inf) un montón de

loaf [ləʊf] n (pl **loaves**) n ● **loaf (of bread)** barra f de pan

loan [ləʊn] ◇ n préstamo m ◇ vt prestar

loathe [ləʊð] vt detestar

loaves [ləʊvz] pl > **loaf**

lobby ['lɒbɪ] n (hall) vestíbulo m

lobster ['lɒbstə'] n langosta f

local ['ləʊkl] ◇ adj local ◇ n **1.** (inf) (local person) vecino m (del lugar) **2.** (UK) *(pub)* ≃ bar *m* del barrio **3.** *(US)* *(bus)* autobús *m* urbano **4.** *(US)* *(train)* tren *m* de cercanías

local anaesthetic *n* *(UK)* anestesia *f* local

local call *n* llamada *f* urbana

local government *n* administración *f* local

locate [*(UK)* ləʊˈkeɪt, *(US)* ˈləʊkeɪt] *vt* *(find)* localizar ● **to be located** estar situado

location [ləʊˈkeɪʃn] *n* *(place)* situación *f*

loch [lɒk] *n* lago *m*

lock [lɒk] ◇ *n* **1.** *(on door, drawer)* cerradura *f* **2.** *(for bike)* candado *m* **3.** *(on canal)* esclusa *f* ◇ *vt* **1.** *(fasten with key)* cerrar con llave **2.** *(keep safely)* poner bajo llave ◇ *vi* *(become stuck)* bloquearse ● **lock in** *vt sep* *(accidentally)* dejar encerrado ● **lock out** *vt sep* *(accidentally)* dejar fuera accidentalmente ● **lock up** ◇ *vt sep* *(imprison)* encarcelar ◇ *vi* cerrar con llave

locker [ˈlɒkə^r] *n* taquilla *f*, locker *m* *(Amér)*

locker room *n* vestuario *m* *(con taquillas)*

locket [ˈlɒkɪt] *n* guardapelo *m*

locum [ˈləʊkəm] *n* interino *m*, -na *f*

lodge [lɒdʒ] ◇ *n* *(for hunters, skiers)* refugio *m* ◇ *vi* alojarse

lodger [ˈlɒdʒə^r] *n* *(UK)* huésped *mf*

lodgings [ˈlɒdʒɪŋz] *npl* habitación *f* alquilada

loft [lɒft] *n* **1.** desván *m* **2.** *(US)* *(apartment)* apartamento convertido de un almacén

log [lɒg] *n* tronco *m* ● **log on** *vi* COMPUT

acceder OR entrar al sistema ● **log off** *vi* COMPUT salir del sistema

logic [ˈlɒdʒɪk] *n* lógica *f*

logical [ˈlɒdʒɪkl] *adj* lógico(ca)

logo [ˈləʊgəʊ] *(pl* **-s)** *n* logotipo *m*

loin [lɔɪn] *n* lomo *m*

loiter [ˈlɔɪtə^r] *vi* merodear

London [ˈlʌndən] *n* Londres

Londoner [ˈlʌndənə^r] *n* londinense *mf*

lonely [ˈləʊnlɪ] *adj* **1.** *(person)* solo(la) **2.** *(place)* solitario(ria)

long [lɒŋ] ◇ *adj* largo(ga) ◇ *adv* mucho *(tiempo)* ● **it's 2 metres long** mide 2 metros de largo ● **it's two hours long** dura dos horas ● **how long is it?** *(in distance)* ¿cuánto mide (de largo)?; *(in time)* ¿cuánto tiempo dura? ● **a long time** mucho tiempo ● **all day long** todo el día ● **as long as** mientras (que) ● **for long** mucho tiempo ● **I'm no longer interested** ya no me interesa ● **so long!** *(inf)* ¡hasta luego! ● **long for** *vt insep* desear vivamente

long-distance call *n* conferencia *f* (telefónica) *(Esp)*, llamada *f* de larga distancia

long drink *n* combinado de alcohol y refresco

long-haul *adj* de larga distancia

longitude [ˈlɒndʒɪtjuːd] *n* longitud *f*

long jump *n* salto *m* de longitud

long-life *adj* *(UK)* de larga duración

longsighted [ˌlɒŋˈsaɪtɪd] *adj* *(UK)* présbita

long-term *adj* a largo plazo

longwearing [ˌlɒŋˈweərɪŋ] *adj* *(US)* duradero(ra)

loo [luː] *(pl* **-s)** *n* *(UK)* *(inf)* wáter *m*

(*Esp*), baño *m* (*Amér*)

look [lʊk] ◇ *n* **1.** (*act of looking*) mirada *f* **2.** (*appearance*) aspecto *m* ◇ *vi* **1.** (*with eyes, search*) mirar **2.** (*seem*) parecer ● **you don't look well** no tienes muy buen aspecto ● **to look onto** dar a ● **to have a look** (*see*) echar un vistazo; (*search*) buscar ● (*good*) **looks** atractivo *m* (*físico*) ● **I'm just looking** (*in shop*) solamente estoy mirando ● **look out!** ¡cuidado! ◆ **look after** *vt insep* **1.** (*person*) cuidar **2.** (*matter, arrangements*) encargarse de ◆ **look at** *vt insep* **1.** (*observe*) mirar **2.** (*examine*) examinar ◆ **look for** *vt insep* buscar ◆ **look forward to** *vt insep* esperar (con ilusión) ◆ **look out for** *vt insep* estar atento a ◆ **look round** ◇ *vt insep* **1.** (*city, museum*) visitar **2.** (*shop*) mirar ◇ *vi* volver la cabeza ◆ **look up** *vt sep* (*in dictionary, phone book*) buscar

loony ['luːnɪ] *n* (*inf*) chiflado *m*, -da *f*

loop [luːp] *n* lazo *m*

loose [luːs] *adj* **1.** (*not fixed firmly*) flojo(ja) **2.** (*sweets, sheets of paper*) suelto(ta) **3.** (*clothes*) ancho(cha)

loosen ['luːsn] *vt* aflojar

lop-sided [-'saɪdɪd] *adj* ladeado(da)

lord [lɔːd] *n* (*member of nobility*) lord *m*, título de nobleza británica

lorry ['lɒrɪ] *n* (*UK*) camión *m*

lorry driver *n* (*UK*) camionero *m*, -ra *f*

lose [luːz] (*pt & pp* **lost**) ◇ *vt* **1.** perder **2.** (*subj: watch, clock*) atrasarse ◇ *vi* perder ● **to lose weight** adelgazar

loser ['luːzə'] *n* (*in contest*) perdedor *m*, -ra *f*

loss [lɒs] *n* pérdida *f*

lost [lɒst] ◇ *pt & pp* ➤ **lose** ◇ *adj* perdido(da) ● **to get lost** (*lose way*) perderse

lost-and-found office *n* (*US*) oficina *f* de objetos perdidos

lost property office *n* (*UK*) oficina *f* de objetos perdidos

lot [lɒt] *n* **1.** (*group of things*) grupo *m* **2.** (*at auction*) lote *m* **3.** (*US*) (*car park*) aparcamiento *m* (*Esp*), estacionamiento *m* (*Amér*) ● **a lot** (*large amount*) mucho *m*, -cha *f*, muchos *mpl*, -chas *fpl*; (*to a great extent, often*) mucho ● **a lot of time** mucho tiempo ● **a lot of problems** muchos problemas ● **lots (of)** mucho *m*, -cha *f*, muchos *mpl*, -chas *fpl* ● **the lot** (*everything*) todo

lotion ['ləʊʃn] *n* loción *f*

lottery ['lɒtərɪ] *n* lotería *f*

loud [laʊd] *adj* **1.** (*voice, music, noise*) alto(ta) **2.** (*colour, clothes*) chillón(ona)

loudspeaker [ˌlaʊd'spiːkə'] *n* altavoz *m*

lounge [laʊndʒ] *n* **1.** (*in house*) salón *m* **2.** (*at airport*) sala *f* de espera

lounge bar *n* (*UK*) salón-bar *m*

lousy ['laʊzɪ] *adj* (*inf*) (*poor-quality*) cochambroso(sa)

lout [laʊt] *n* gamberro *m*, -rra *f* (*Esp*), patán *m*

love [lʌv] ◇ *n* **1.** amor *m* **2.** (*strong liking*) pasión *f* **3.** (*in tennis*) cero *m* ◇ *vt* querer ● **I love music** me encanta la música ● **I'd love a coffee** un café me vendría estupendamente ● **I love playing tennis** me encanta jugar al tenis ● **to be in love (with)** estar enamorado (de) ● **(with) love from** (*in letter*) un abrazo (de)

love affair n aventura f amorosa

lovely ['lʌvlɪ] adj **1.** (very beautiful) guapísimo(ma) **2.** (very nice) precioso (sa)

lover ['lʌvə'] n amante mf

loving ['lʌvɪŋ] adj cariñoso(sa)

low [ləʊ] ◇ adj **1.** bajo(ja) **2.** (quality, opinion) malo(la) **3.** (sound, note) grave **4.** (supply) escaso(sa) **5.** (depressed) deprimido(da) ◇ n (area of low pressure) zona f de baja presión (atmosférica) ● **we're low on petrol** se está terminando la gasolina

low-alcohol adj bajo(ja) en alcohol

low-calorie adj bajo(ja) en calorías

low-cut adj escotado(da)

lower ['ləʊə'] ◇ adj inferior ◇ vt **1.** (move downwards) bajar **2.** (reduce) reducir

lower sixth n (UK) primer curso de enseñanza secundaria pre-universitaria para alumnos de 17 años que preparan sus A-levels

low-fat adj de bajo contenido graso

low tide n marea f baja

loyal ['lɔɪəl] adj leal

loyalty ['lɔɪəltɪ] n lealtad f

lozenge ['lɒzɪndʒ] n (sweet) caramelo m para la tos

L-plate n (UK) placa f de la L (de prácticas)

Ltd (UK) (abbr of limited) ≃ S.A. (Sociedad Anónima)

lubricate ['luːbrɪkeɪt] vt lubricar

luck [lʌk] n suerte f ● **bad luck** mala suerte ● **good luck!** ¡buena suerte! ● **with luck** con un poco de suerte

luckily ['lʌkɪlɪ] adv afortunadamente

lucky ['lʌkɪ] adj **1.** (person, escape) afortunado(da) **2.** (event, situation) oportuno(na) **3.** (number, colour) de la suerte ● **to be lucky** tener suerte

ludicrous ['luːdɪkrəs] adj ridículo(la)

lug [lʌg] vt (inf) arrastrar

luggage ['lʌgɪdʒ] n equipaje m

luggage compartment n maletero m (en tren)

luggage locker n consigna f automática

luggage rack n (on train) redecilla f (para equipaje)

lukewarm ['luːkwɔːm] adj tibio(bia)

lull [lʌl] n intervalo m

lullaby ['lʌləbaɪ] n nana f

luminous ['luːmɪnəs] adj luminoso(sa)

lump [lʌmp] n **1.** (of coal, mud, butter) trozo m **2.** (of sugar) terrón m **3.** (on body) bulto m

lump sum n suma f global

lumpy ['lʌmpɪ] adj **1.** (sauce) grumoso (sa) **2.** (mattress) lleno(na) de bultos

lunatic ['luːnətɪk] n (pej) loco m, -ca f

lunch [lʌntʃ] n comida f, almuerzo m ● **to have lunch** comer, almorzar

lunch hour n hora f del almuerzo

lunchtime ['lʌntʃtaɪm] n hora f del almuerzo

lung [lʌŋ] n pulmón m

lunge [lʌndʒ] vi ● **to lunge at** arremeter contra

lure [ljʊə'] vt atraer con engaños

lurk [lɜːk] vi (person) estar al acecho

lush [lʌʃ] adj exuberante

lust [lʌst] n (sexual desire) lujuria f

Luxembourg ['lʌksəmbɜːg] n Luxemburgo

luxurious [lʌg'ʒʊərɪəs] adj lujoso(sa)

luxury ['lʌkʃərɪ] *adj* de lujo ◇ *n* lujo *m*

lying ['laɪɪŋ] *cont* ➤ lie

lyrics ['lɪrɪks] *npl* letra *f*

m M

m ◇ (*abbr of* metre) m (*metro*) ◇ *abbr* = mile

M (*UK*) (*abbr of* motorway) A (*autopista*); (*abbr of* medium) M (*mediano*)

MA [em'eɪ] *n* (*abbr of* Master of Arts) máster en letras

mac [mæk] *n* (*UK*) (*inf*) gabardina *f*

macaroni [,mækə'rəʊnɪ] *n* macarrones *mpl*

machine [mə'ʃiːn] *n* máquina *f*

machinegun [mə'ʃiːngʌn] *n* ametralladora *f*

machinery [mə'ʃiːnərɪ] *n* maquinaria *f*

machine-washable *adj* lavable a máquina

mackerel ['mækrəl] (*pl inv*) *n* caballa *f*

mackintosh ['mækɪntɒʃ] *n* (*UK*) gabardina *f*

mad [mæd] *adj* 1. loco(ca) 2. (*angry*) furioso(sa) 3. (*uncontrolled*) desenfrenado(da) ● **to be mad about** (*inf*) (*like a lot*) estar loco por ● **like mad** (*run*) como un loco

Madam ['mædəm] *n* señora *f*

made [meɪd] *pt* & *pp* ➤ make

made-to-measure *adj* hecho(cha) a medida

madness ['mædnɪs] *n* locura *f*

magazine [,mægə'ziːn] *n* revista *f*

maggot ['mægət] *n* gusano *m* (*larva*)

magic ['mædʒɪk] *n* magia *f*

magician [mə'dʒɪʃn] *n* (*conjurer*) prestidigitador *m*, -ra *f*

magistrate ['mædʒɪstreɪt] *n* magistrado *m*, -da *f*

magnet ['mægnɪt] *n* imán *m*

magnetic [mæg'netɪk] *adj* magnético(ca)

magnificent [mæg'nɪfɪsənt] *adj* magnífico(ca)

magnifying glass ['mægnɪfaɪɪŋ-] *n* lupa *f*

mahogany [mə'hɒgənɪ] *n* caoba *f*

maid [meɪd] *n* (*servant*) criada *f*

maiden name ['meɪdn-] *n* nombre *m* de soltera

mail [meɪl] ◇ *n* 1. (*letters*) correspondencia *f* 2. (*system*) correo *m* ◇ *vt* (*US*) enviar por correo

mailbox ['meɪlbɒks] *n* (*US*) buzón *m*

mailing list ['meɪlɪŋ-] *n* COMPUT lista m de correo

mailman ['meɪlmən] (*pl* -men) *n* (*US*) cartero *m*

mail order *n* pedido *m* por correo

main [meɪn] *adj* principal

main course *n* plato *m* principal

mainland ['meɪnlənd] *n* ● **the mainland** el continente

main line *n* línea *f* férrea principal

mainly ['meɪnlɪ] *adv* principalmente

main road *n* carretera *f* principal

mains [meɪnz] *npl* ● **the mains** (*UK*) (*for electricity*) la red eléctrica; (*for gas, water*) la tubería principal

main street *n* (*US*) calle *f* principal

maintain [meɪnˈteɪn] vt mantener

maintenance [ˈmeɪntənəns] n 1. (of car, machine) mantenimiento m 2. (money) pensión f de manutención

maisonette [ˌmeɪzəˈnet] n (UK) piso m dúplex

maize [meɪz] n (UK) maíz m

major [ˈmeɪdʒə] ◇ adj 1. (important) importante 2. (most important) principal ◇ n MIL comandante m ◇ vi (US) ● to major in especializarse en

Majorca [məˈjɔːkə, məˈdʒɔːkə] n Mallorca

majority [məˈdʒɒrətɪ] n mayoría f

major road n carretera f principal

make [meɪk] (pt & pp **made**)
◇ n (of product) marca f
◇ vt 1. (produce, construct) hacer ● to be made of estar hecho de ● to make lunch/supper hacer la comida/cena ● made in Japan fabricado en Japón 2. (perform, do) hacer ● to make a mistake cometer un error ● to make a phone call hacer una llamada 3. (cause to be, do) hacer ● to make sb sad poner triste a alguien ● to make sb happy hacer feliz a alguien ● the ice made her slip el hielo le hizo resbalar ● to make sb do sthg (force) obligar a alguien a hacer algo 4. (amount to, total) hacer ● that makes £5 eso hace 5 libras 5. (calculate) calcular ● I make it seven o'clock calculo que serán las siete 6. (money) ganar; (profit) obtener; (loss) sufrir 7. (inf) (arrive in time for) ● I don't think we'll make the 10 o'clock train no creo que lleguemos al tren de las diez 8. (friend, enemy) hacer 9. (have qualities for) ser ● this would make a

lovely bedroom esta habitación sería preciosa como dormitorio 10. (bed) hacer 11. (in phrases) ● to make do arreglárselas ● to make good (compensate for) indemnizar ● to make it (arrive in time) llegar a tiempo; (be able to go) poder ir

● **make out** vt sep (form) rellenar; (cheque, receipt) extender; (see) divisar; (hear) entender

● **make up** vt sep (invent) inventar; (comprise) formar; (difference) cubrir

● **make up for** vt insep compensar

makeover [ˈmeɪkəʊvə] n 1. (person) cambio m de imagen 2. (building, area) remodelación f

makeshift [ˈmeɪkʃɪft] adj improvisado (da)

make-up n maquillaje m

malaria [məˈleərɪə] n malaria f

Malaysia [məˈleɪzɪə] n Malasia

male [meɪl] ◇ adj 1. (person) masculino(na) 2. (animal) macho ◇ n (animal) macho m

malfunction [mælˈfʌŋkʃn] vi (fml) funcionar mal

malignant [məˈlɪgnənt] adj (disease, tumour) maligno(na)

mall [mɔːl] n zona f comercial peatonal

mallet [ˈmælɪt] n mazo m

maltreat [ˌmælˈtriːt] vt maltratar

malt whisky n whisky m de malta

mammal [ˈmæml] n mamífero m

man [mæn] (pl **men**) ◇ n 1. hombre m 2. (mankind) el hombre ◇ vt ● the lines are manned 24 hours a day las líneas están abiertas las 24 horas

manage ['mænɪdʒ] ◇ *vt* **1.** *(company, business)* dirigir **2.** *(suitcase, job, food)* poder con ◇ *vi* *(cope)* arreglárselas ● can you manage Friday? ¿te viene bien el viernes? ● to manage to do sthg conseguir hacer algo

management ['mænɪdʒmənt] *n* **1.** *(people in charge)* dirección *f* **2.** *(control, running)* gestión *f*

manager ['mænɪdʒə^r] *n* **1.** *(of business, bank)* director *m*, -ra *f* **2.** *(of shop)* jefe *m*, -fa *f* **3.** *(of sports team)* ≃ entrenador *m*, -ra *f*

managing director ['mænɪdʒɪŋ-] *n* director *m*, -ra *f* general

mandarin ['mændərɪn] *n* *(fruit)* mandarina *f*

mane [meɪn] *n* crin *f*

maneuver [mə'nu:vər] *(US)* = **manoeuvre**

mangetout [,mɒnʒ'tu:] *n* *(UK)* vaina de guisante tierna que se come entera

mangle ['mæŋgl] *vt* aplastar

mango ['mæŋgəʊ] *(pl* -es *or* -s*)* *n* mango *m*

Manhattan [mæn'hætən] *n* Manhattan

manhole ['mænhəʊl] *n* registro *m* (de alcantarillado)

maniac ['meɪnɪæk] *n* *(inf)* *(wild person)* maníaco *m*, -ca *f*

manicure ['mænɪkjʊə^r] *n* manicura *f*

manifold ['mænɪfəʊld] *n* colector *m*

manipulate [mə'nɪpjʊlət] *vt* **1.** *(person)* manipular **2.** *(machine, controls)* manejar

mankind [mæn'kaɪnd] *n* la humanidad

manly ['mænlɪ] *adj* varonil

man-made *adj* artificial

manner ['mænə^r] *n* *(way)* manera *f* ●

manners *npl* modales *mpl*

manoeuvre [mə'nu:və^r] ◇ *n* *(UK)* maniobra *f* ◇ *vt* *(UK)* maniobrar

manor ['mænə^r] *n* casa *f* solariega

mansion ['mænʃn] *n* casa *f* solariega

manslaughter ['mæn,slɔ:tə^r] *n* homicidio *m* no premeditado

mantelpiece ['mæntlpi:s] *n* repisa *f* de la chimenea

manual ['mænjʊəl] ◇ *adj* manual ◇ *n* manual *m*

manufacture [,mænjʊ'fæktʃə^r] ◇ *n* fabricación *f* ◇ *vt* fabricar

manufacturer [,mænjʊ'fæktʃərə^r] *n* fabricante *mf*

manure [mə'njʊə^r] *n* estiércol *m*

many ['menɪ] *(compar* **more***, superl* **most***)* ◇ *adj* muchos(chas) ◇ *pron* muchos *mpl*, -chas *fpl* ● as many as ... tantos(tas) como ... ● twice as many as el doble que ● how many? ¿cuántos (tas)? ● so many tantos(tas) ● too many demasiados(das)

map [mæp] *n* **1.** *(of town)* plano *m* **2.** *(of country)* mapa *m*

maple syrup ['meɪpl-] *n* jarabe *m* de arce que se come con crepes *etc*

Mar. *(abbr of* March*)* mar. *(marzo)*

marathon ['mærəθn] *n* maratón *m*

marble ['mɑ:bl] *n* **1.** *(stone)* mármol *m* **2.** *(glass ball)* canica *f*

march [mɑ:tʃ] ◇ *n* *(demonstration)* manifestación *f* ◇ *vi* *(walk quickly)* dirigirse resueltamente

March [mɑ:tʃ] *n* marzo *m* ● at the beginning of March a principios de marzo ● at the end of March a finales

de marzo ● **during March** en marzo ●
every March todos los años en marzo ●
in March en marzo ● **last March** en
marzo del año pasado ● **next March**
en marzo del próximo año ● **this
March** en marzo de este año ● **2
March 2001** *(in letters etc)* 2 de marzo de
2001

mare [meə'] *n* yegua *f*

margarine [,mɑːdʒə'riːn] *n* margarina *f*

margin ['mɑːdʒɪn] *n* margen *m*

marina [mə'riːnə] *n* puerto *m* deportivo

marinated ['mærɪneɪtɪd] *adj* marinado
(da)

marital status ['mærɪtl-] *n* estado *m*
civil

mark [mɑːk] ◇ *n* **1.** marca *f* **2.** SCH nota
f ◇ *vt* **1.** *(blemish)* manchar **2.** *(put symbol
on)* marcar **3.** *(correct)* corregir **4.** *(show
position of)* señalar ● **(gas) mark five**
(UK) número cinco (del horno)

marker pen ['mɑːkə-] *n* rotulador *m*,
marcador *m (Amér)*

market ['mɑːkɪt] *n* mercado *m*

marketing ['mɑːkɪtɪŋ] *n* marketing *m*

marketplace ['mɑːkɪtpleɪs] *n* mercado
m

markings ['mɑːkɪŋz] *npl (on road)* mar-
cas *fpl* viales

marmalade ['mɑːməleɪd] *n* mermelada
f (de frutos cítricos)

marquee [mɑː'kiː] *n* carpa *f*

marriage ['mærɪdʒ] *n* **1.** *(event)* boda *f* **2.**
(time married) matrimonio *m*

married ['mærɪd] *adj* casado(da) ● **to
get married** casarse

marrow ['mærəʊ] *n (UK) (vegetable)*
calabacín *m* grande

marry ['mærɪ] ◇ *vt* casarse con ◇ *vi*
casarse

marsh [mɑːʃ] *n (area)* zona *f* pantanosa

martial arts [,mɑːʃl-] *npl* artes *fpl*
marciales

marvellous ['mɑːvələs] *adj (UK)* mara-
villoso(sa)

marvelous ['mɑːvələs] *(US)* = **marvellous**

marzipan ['mɑːzɪpæn] *n* mazapán *m*

mascara [mæs'kɑːrə] *n* rímel *m*

masculine ['mæskjʊlɪn] *adj* **1.** masculi-
no(na) **2.** *(woman)* hombruno(na)

mashed potatoes [mæʃt-] *npl* puré *m*
de patatas *(Esp)* OR papas *(Amér)*

mask [mɑːsk] *n* máscara *f*

masonry ['meɪsnrɪ] *n* ● **falling masonry**
materiales que se desprenden de un edificio

mass [mæs] *n* **1.** *(large amount)* montón
m **2.** RELIG misa *f* ● **masses (of)** *(inf)*
montones (de)

massacre ['mæsəkə'] *n* masacre *f*

massage [*(UK)* 'mæsɑːʒ, *(US)* mə'sɑːʒ]
◇ *n* masaje *m* ◇ *vt* dar masajes a

masseur [mæ'sɜː'] *n* masajista *m*

masseuse [mæ'sɜːz] *n* masajista *f*

massive ['mæsɪv] *adj* enorme

mast [mɑːst] *n (on boat)* mástil *m*

master ['mɑːstə'] ◇ *n* **1.** *(at primary
school)* maestro *m* **2.** *(at secondary school)*
profesor *m* **3.** *(of servant, dog)* amo *m* ◇
vt (skill, language) dominar

masterpiece ['mɑːstəpiːs] *n* obra *f*
maestra

mat [mæt] *n* **1.** *(small rug)* esterilla *f*,
tapete *m* (*Col & Méx*) **2.** *(for plate)*
salvamanteles *m inv* **3.** *(for glass)*
posavasos *m inv*

match [mætʃ] ◇ n 1. *(for lighting)* cerilla f *(Esp)*, fósforo m 2. *(game)* partido m ◇ vt 1. *(in colour, design)* hacer juego con 2. *(be the same as)* coincidir con 3. *(be as good as)* competir con ◇ vi *(in colour, design)* hacer juego

matchbox ['mætʃbɒks] n caja f de cerillas *(Esp)* OR fósforos

matching ['mætʃɪŋ] adj a juego

mate [meɪt] ◇ n *(UK) (inf)* colega mf ◇ vi aparearse

material [mə'tɪərɪəl] n 1. *(substance)* material m 2. *(cloth)* tela f 3. *(information)* información f ◆ **materials** npl ◇ writing materials objetos mpl de escritorio

maternity leave [mə'tɜːnɪt-] n baja f por maternidad

maternity ward [mə'tɜːnɪt-] n sala f de maternidad

math [mæθ] *(US)* = maths

mathematics [,mæθə'mætɪks] n matemáticas fpl

maths [mæθs] n *(UK)* mates fpl

matinée ['mætɪneɪ] n 1. *(at cinema)* primera sesión f 2. *(at theatre)* función f de tarde

matt [mæt] adj mate

matter ['mætə'] ◇ n 1. *(issue, situation)* asunto m 2. *(physical material)* materia f ◇ vi ◇ winning is all that matters lo único que importa es ganar ● it doesn't matter no importa ● no matter what happens pase lo que pase ● there's something the matter with my car algo le pasa a mi coche ● what's the matter? ¿qué pasa? ● as a matter of course rutinariamente ● as a matter of fact en realidad

mattress ['mætrɪs] n colchón m

mature [mə'tjʊə'] adj 1. *(person, behaviour)* maduro(ra) 2. *(cheese)* curado (da) 3. *(wine)* añejo(ja)

mauve [məʊv] adj malva *(inv)*

max. [mæks] *(abbr of maximum)* máx. *(máximo)*

maximum ['mæksɪməm] ◇ adj máximo(ma) ◇ n máximo m

may [meɪ] aux vb 1. *(expressing possibility)* poder ● it may rain puede que llueva ● they may have got lost puede que se hayan perdido 2. *(expressing permission)* ● may I smoke? ¿puedo fumar? ● you may sit, if you wish puede sentarse si lo desea 3. *(when conceding a point)* ● it may be a long walk, but it's worth it puede que sea una caminata, pero merece la pena

May [meɪ] n mayo m ● at the beginning of May a principios de mayo ● at the end of May a finales de mayo ● during May en mayo ● every May todos los años en mayo ● in May en mayo ● last May en mayo del año pasado ● next May en mayo del próximo año ● this May en mayo de este año ● 2 May 2006 *(in letters etc)* 2 de mayo de 2006

maybe ['meɪbiː] adv quizás

mayonnaise [,meɪə'neɪz] n mayonesa f

mayor [meə'] n alcalde m

mayoress ['meərɪs] n esposa f del alcalde

maze [meɪz] n laberinto m

MD [em'diː] n *(abbr of Managing Director)* director m, -ra f gerente

me [miː] *pron* me ● she knows me me conoce ● it's me soy yo ● send it to me envíamelo ● tell me dime ● he's worse than me él aún es peor que yo ● with me conmigo ● without me sin mí

meadow ['medəʊ] *n* prado *m*

meal [miːl] *n* comida *f*

mealtime ['miːltaɪm] *n* hora *f* de comer

mean [miːn] (*pt & pp* **meant**) ◇ *adj* 1. *(miserly)* tacaño(ña) 2. *(unkind)* mezquino(na) ◇ *vt* 1. *(signify, matter)* significar 2. *(intend)* querer decir 3. *(be a sign of)* indicar ● I mean it hablo en serio ● to mean to do sthg pensar hacer algo ● I didn't mean to hurt you no quería hacerte daño ● to be meant to do sthg deber hacer algo ● it's meant to be good dicen que es bueno

meaning ['miːnɪŋ] *n* 1. *(of word, phrase)* significado *m* 2. *(intention)* sentido *m*

meaningless ['miːnɪŋlɪs] *adj (irrelevant)* sin importancia

means [miːnz] (*pl inv*) ◇ *n (method)* medio *m* ◇ *npl (money)* medios *mpl* ● by all means! ¡por supuesto! ● by means of por medio de

meant [ment] *pt & pp* ➢ **mean**

meantime ['miːntaɪm] ♦ in the meantime *adv* mientras tanto

meanwhile ['miːnwaɪl] *adv* mientras tanto

measles ['miːzlz] *n* sarampión *m*

measure ['meʒəʳ] ◇ *vt* medir ◇ *n* medida *f* ● the room measures 10 m² la habitación mide 10 m²

measurement ['meʒəmənt] *n* medida *f* ♦ measurements *npl (of person)* medidas *fpl*

meat [miːt] *n* carne *f* ● red meat carnes rojas ● white meat carnes blancas

meatball ['miːtbɔːl] *n* albóndiga *f*

mechanic [mɪ'kænɪk] *n* mecánico *m*, -ca *f*

mechanical [mɪ'kænɪkl] *adj (device)* mecánico(ca)

mechanism ['mekənɪzm] *n* mecanismo *m*

medal ['medl] *n* medalla *f*

media ['miːdjə] *n* OR *npl* ● the media los medios de comunicación

Medicaid, Medicare ['medɪkeɪd, 'medɪkeəʳ] *n (US)* un seguro de enfermedad para los pobres, ancianos y minusválidos

medical ['medɪkl] ◇ *adj* médico(ca) ◇ *n* chequeo *m* (médico)

medication [,medɪ'keɪʃn] *n* medicación *f*

medicine ['medsɪn] *n* 1. *(substance)* medicamento *m* 2. *(science)* medicina *f*

medicine cabinet *n* botiquín *m*

medieval [,medɪ'iːvl] *adj* medieval

mediocre [,miːdɪ'əʊkəʳ] *adj* mediocre

Mediterranean [,medɪtə'reɪnjən] *n* ●

the Mediterranean el Mediterráneo ● **the Mediterranean (Sea)** el (Mar) Mediterráneo

medium ['miːdjəm] *adj* **1.** *(middle-sized)* mediano(na) **2.** *(wine)* suave, semi **3.** *(sherry)* medium

medium-dry *adj* semiseco(ca)

medium-sized [-saɪzd] *adj* de tamaño mediano

medley ['medlɪ] *n* CULIN selección *f*

meet [miːt] *(pt & pp* met*)* ◇ *vt* **1.** *(by arrangement)* reunirse con **2.** *(by chance)* encontrarse con **3.** *(get to know)* conocer **4.** *(go to collect)* ir a buscar **5.** *(need, requirement)* satisfacer **6.** *(cost, expenses)* cubrir ◇ *vi* **1.** *(by arrangement)* reunirse **2.** *(by chance)* encontrarse **3.** *(get to know each other)* conocerse **4.** *(intersect)* unirse ● **meet me at the bar** espérame en el bar ◆ **meet up** *vi* reunirse ◆ **meet with** *vt insep* **1.** *(problems, resistance)* encontrarse con **2.** *(US) (by arrangement)* reunirse con

meeting ['miːtɪŋ] *n (for business)* reunión *f*

meeting point *n* punto *m* de encuentro

megabyte ['megəbaɪt] *n* megabyte *m*

melody ['melədɪ] *n* melodía *f*

melon ['melən] *n* melón *m*

melt [melt] *vi* derretirse

member ['membə'] *n* **1.** *(of group, party, organization)* miembro *mf* **2.** *(of club)* socio *m*, -cia *f*

Member of Congress *n* miembro *mf* del Congreso *(de EEUU)*

Member of Parliament *n* diputado *m*, -da *f (del parlamento británico)*

● **membership** ['membəʃɪp] *n* **1.** *(state of being a member)* afiliación *f* **2.** *(members)* miembros *mpl* **3.** *(of club)* socios *mpl*

memorial [mɪ'mɔːrɪəl] *n* monumento *m* conmemorativo

memorize ['meməraɪz] *vt* memorizar

memory ['memərɪ] *n* **1.** *(ability to remember, of computer)* memoria *f* **2.** *(thing remembered)* recuerdo *m*

men [men] *pl* ➤ **man**

menacing ['menəsɪŋ] *adj* amenazador(ra)

mend [mend] *vt* arreglar

menopause ['menəpɔːz] *n* menopausia *f*

men's room *n (US)* servicio *m* OR baño *m* de caballeros

menstruate ['menstrʊeɪt] *vi* menstruar

menswear ['menzweə'] *n* confección *f* de caballeros

mental ['mentl] *adj* mental

mentally handicapped ['mentlɪ-] ◇ *adj* disminuido *m* psíquico, disminuida psíquica *f* ◇ *npl* ● **the mentally handicapped** los disminuidos psíquicos

mentally ill ['mentlɪ-] *adj* ● **to be mentally ill** ser un enfermo mental (ser una enferma mental)

mention ['menʃn] *vt* mencionar ● **don't mention it!** ¡no hay de qué!

menu ['menjuː] *n* menú *m* ● **children's menu** menú infantil

merchandise ['mɜːtʃəndaɪz] *n* géneros *mpl*

merchant marine [ˌmɜːtʃəntmə'riːn] *(US)* = **merchant navy**

merchant navy [ˌmɜːtʃənt-] *n (UK)* marina *f* mercante

mercury ['mɜːkjʊrɪ] n mercurio m

mercy ['mɜːsɪ] n compasión f

mere [mɪə'] adj simple ● **a mere two pounds** tan sólo dos libras

merely ['mɪəlɪ] adv solamente

merge [mɜːdʒ] vi (combine) mezclarse ▼

merge (US) cartel que indica que los coches que acceden a un autopista deben entrar en el carril de la derecha

merger ['mɜːdʒə'] n fusión f

meringue [mə'ræŋ] n merengue m

merit ['merɪt] n 1. mérito m 2. (in exam) ≃ notable m

merry ['merɪ] adj 1. (cheerful) alborozado(da) 2. (inf) (tipsy) achispado(da) ● Merry Christmas! ¡Feliz Navidad!

merry-go-round n tiovivo m (Esp), carrusel m

mess [mes] n 1. (untidiness) desorden m 2. (difficult situation) lío m ● **in a mess** (untidy) desordenado ◆ **mess about** vi 1. (inf) (have fun) divertirse 2. (behave foolishly) hacer el tonto ● **to mess about with sthg** (interfere) manosear algo ◆ **mess up** vt sep (inf) (ruin, spoil) estropear

message ['mesɪdʒ] n mensaje m

messenger ['mesɪndʒə'] n mensajero m, -ra f

messy ['mesɪ] adj desordenado(da)

met [met] pt & pp > meet

metal ['metl] ◇ adj metálico(ca) ◇ n metal m

metalwork ['metəlwɜːk] n (craft) metalistería f

meter ['miːtə'] n 1. (device) contador m, medidor m (Amér) 2. (US) = metre

method ['meθəd] n método m

methodical [mɪ'θɒdɪkl] adj metódico(ca)

meticulous [mɪ'tɪkjʊləs] adj meticuloso(sa)

metre ['miːtə'] n (UK) metro m

metric ['metrɪk] adj métrico(ca)

Mexican ['meksɪkn] ◇ adj mejicano(na) (Esp), mexicano(na) ◇ n mejicano m, -na f (Esp), mexicano m, -na f

Mexico ['meksɪkəʊ] n Méjico (Esp), México

mg (abbr of milligram) mg (miligramo)

miaow [miː'aʊ] n (UK) maullar

mice [maɪs] pl ➤ mouse

microchip ['maɪkrəʊtʃɪp] n microchip m

microphone ['maɪkrəfəʊn] n micrófono m

microscope ['maɪkrəskəʊp] n microscopio m

microwave (oven) ['maɪkrəweɪv-] n microondas m inv

midday [,mɪd'deɪ] n mediodía m

middle ['mɪdl] ◇ n 1. (in space) centro m 2. (in time) medio m ◇ adj del medio ● **in the middle of the road** en (el) medio de la carretera ● **in the middle of April** a mediados de abril ● **to be in the middle of doing sthg** estar haciendo algo

middle-aged adj de mediana edad

middle-class adj de clase media

Middle East n ● **the Middle East** el Oriente Medio

middle name n segundo nombre m (de pila) (en un nombre compuesto)

midge [mɪdʒ] n mosquito m

midget ['mɪdʒɪt] n enano m, -na f

midnight ['mɪdnaɪt] n medianoche f

midsummer ['mɪd'sʌmər] *n* pleno verano *m*

midway [ˌmɪd'weɪ] *adv* **1.** *(in space)* a medio camino **2.** *(in time)* a la mitad

midweek ◇ *adj* ['mɪdwi:k] de entre semana ◇ *adv* [mɪd'wi:k] entre semana

midwife ['mɪdwaɪf] *(pl* **-wives***)* *n* comadrona *f*

midwinter ['mɪd'wɪntər] *n* pleno invierno *m*

midwives ['mɪdwaɪvz] *pl* ➢ **midwife**

might [maɪt]
◇ *aux vb* **1.** *(expressing possibility)* poder ● I suppose they might still come supongo que aún podrían venir **2.** *(fml)* *(expressing permission)* ● might I have a few words? ¿podría hablarle un momento? **3.** *(when conceding a point)* ● it might be expensive, but it's good quality puede que sea caro, pero es de buena calidad **4.** *(would)* ● I'd hoped you might come too esperaba que tú vinieras también
◇ *n* fuerzas *fpl*

migraine ['mi:greɪn, 'maɪgreɪn] *n* jaqueca *f*

mild [maɪld] ◇ *adj* **1.** *(taste, weather, detergent)* suave **2.** *(illness, discomfort)* leve **3.** *(slight)* ligero(ra) **4.** *(person, nature)* apacible ◇ *n* *(UK)* cerveza *f* de sabor suave

mile [maɪl] *n* milla *f* ● it's miles away está muy lejos

mileage ['maɪlɪdʒ] *n* distancia *f* en millas, ≃ kilometraje *m*

mileometer [maɪ'lɒmɪtər] *n* *(UK)* cuentamillas *m inv*, ≃ cuentakilómetros *m inv*

military ['mɪlɪtrɪ] *adj* militar

milk [mɪlk] ◇ *n* leche *f* ◇ *vt* *(cow)* ordeñar

milk chocolate *n* chocolate *m* con leche

milkman ['mɪlkmən] *(pl* **-men***)* *n* lechero *m*

milk shake *n* batido *m*, malteada *f* *(Amér)*

milky ['mɪlkɪ] *adj* *(drink)* con mucha leche

mill [mɪl] *n* **1.** *(flour-mill)* molino *m* **2.** *(for grinding)* molinillo *m* **3.** *(factory)* fábrica *f*

millennium [mɪ'lenɪəm] *n* milenio *m*

milligram ['mɪlɪgræm] *n* miligramo *m*

milliliter ['mɪlɪ,li:tər] *(US)* = **millilitre**

millilitre ['mɪlɪ,li:tər] *n* *(UK)* mililitro *m*

millimeter ['mɪlɪ,mi:tər] *(US)* = **millimetre**

millimetre ['mɪlɪ,mi:tər] *n* *(UK)* milímetro *m*

million ['mɪljən] *n* millón *m* ● **millions of** *(fig)* millones de

millionaire [ˌmɪljə'neər] *n* millonario *m*, **-ria** *f*

mime [maɪm] *vi* hacer mímica

min. [mɪn] *(abbr of* **minute***)* min. *(minuto)*; *(abbr of* **minimum***)* mín. *(mínimo)*

mince [mɪns] *n* *(UK)* carne *f* picada

mincemeat ['mɪnsmiːt] *n* **1.** *(sweet filling)* dulce de fruta confitada con especias **2.** *(mince)* carne *f* picada *(Esp)* OR molida

mince pie *n* pastelillo navideño de pasta quebrada, rellena de fruta confitada y especias

mind [maɪnd] ◇ *n* **1.** mente *f* **2.** *(memory)*

memoria f ◇ vt *(look after)* cuidar de ◇ vi
● **do you mind if ...?** ¿le importa si ...?
● **I don't mind** *(it won't disturb me)* no
me molesta; *(I'm indifferent)* me da igual
● **it slipped my mind** se me olvidó
● **state of mind** estado *m* de ánimo ● **to
my mind** en mi opinión ● **to bear sth**
in mind tener algo en cuenta ● **to**
change one's mind cambiar de opinión
● **to have sth in mind** tener algo en
mente ● **to have sth on one's mind**
estar preocupado por algo ● **do you**
mind the noise? ¿te molesta el ruido?
● **to make one's mind up** decidirse ● **I**
wouldn't mind a drink no me importaría tomar algo ▼ **mind the gap!** *(UK)*
advertencia a los pasajeros de tener
cuidado con el hueco entre el andén y
el metro ▼ **mind the step** cuidado con
el escalón ● **never mind!** *(don't worry)*
¡no importa!

mine[1] [maɪn] *pron* mío *m*, -a *f* ● **a**
friend of mine un amigo mío

mine[2] *n* mina *f*

miner ['maɪnə[r]] *n* minero *m*, -ra *f*

mineral ['mɪnərəl] *n* mineral *m*

mineral water *n* agua *f* mineral

minestrone [,mɪnɪ'strəʊni] *n* minestrone *f*

miniature ['mɪnətʃə[r]] ◇ *adj* en miniatura ◇ *n (bottle of alcohol)* botellín *m (de
bebida alcohólica)*

minibar ['mɪnɪbɑː[r]] *n* minibar *m*

minibus ['mɪnɪbʌs] *(pl* **-es***) n* microbús
m

minicab ['mɪnɪkæb] *n (UK)* radiotaxi *m*

minimal ['mɪnɪml] *adj* mínimo(ma)

minimum ['mɪnɪməm] ◇ *adj* mínimo

(ma) ◇ *n* mínimo *m*

miniskirt ['mɪnɪskɜːt] *n* minifalda *f*

minister ['mɪnɪstə[r]] *n* **1.** *(in government)*
ministro *m*, -tra *f* **2.** *(in Church)* pastor *m*

ministry ['mɪnɪstri] *n (of government)*
ministerio *m*

minor ['maɪnə[r]] ◇ *adj* menor ◇ *n (fml)*
menor *mf* de edad

Minorca [mɪ'nɔːkə] *n* Menorca *f*

minority [maɪ'nɒrəti] *n* minoría *f*

minor road *n* carretera *f* secundaria

mint [mɪnt] *n* **1.** *(sweet)* caramelo *m* de
menta **2.** *(plant)* menta *f*

minus ['maɪnəs] *prep (in subtraction)*
menos ● **it's minus 10°C** estamos a
10°C bajo cero

minuscule ['mɪnəskjuːl] *adj* minúscu-
lo(la)

minute[1] ['mɪnɪt] *n* minuto *m* ● **any**
minute en cualquier momento ● **just**
a minute! ¡espera un momento!

minute[2] [maɪ'njuːt] *adj* diminuto(ta)

minute steak [,mɪnɪt-] *n* filete muy fino
que se hace rápido al cocinarlo

miracle ['mɪrəkl] *n* milagro *m*

miraculous [mɪ'rækjʊləs] *adj* milagro-
so(sa)

mirror ['mɪrə[r]] *n* **1.** *(on wall, hand-held)*
espejo *m* **2.** *(on car)* retrovisor *m*

misbehave [,mɪsbɪ'heɪv] *vi* portarse mal

miscarriage [,mɪs'kærɪdʒ] *n* aborto *m*
(natural)

miscellaneous [,mɪsə'leɪnjəs] *adj* diver-
so(sa)

mischievous ['mɪstʃɪvəs] *adj* travieso(-
sa)

misconduct [,mɪs'kɒndʌkt] *n* mala conducta *f*

miser ['maɪzə^r] *n* avaro *m*, -ra *f*

miserable ['mɪzrəbl] *adj* 1. *(unhappy)* infeliz 2. *(depressing, small)* miserable 3. *(weather)* horrible

misery ['mɪzərɪ] *n* 1. *(unhappiness)* desdicha *f* 2. *(poor conditions)* miseria *f*

misfire [,mɪs'faɪə^r] *vi (car)* no arrancar

misfortune [mɪs'fɔːtʃuːn] *n (bad luck)* mala suerte *f*

mishap ['mɪshæp] *n* contratiempo *m*

misjudge [,mɪs'dʒʌdʒ] *vt* 1. *(distance, amount)* calcular mal 2. *(person, character)* juzgar mal

mislay [,mɪs'leɪ] *(pt & pp* **-laid**) *vt* extraviar

mislead [,mɪs'liːd] *(pt & pp* **-led**) *vt* engañar

miss [mɪs] ◇ *vt* 1. perder 2. *(not notice)* no ver 3. *(regret absence of)* echar de menos 4. *(appointment)* faltar a 5. *(programme)* perderse ◇ *vi* fallar ● **you can't miss it** no tiene pérdida ● **miss out** ◇ *vt sep* pasar por alto ◇ *vi* ● **to miss out on sthg** perderse algo

Miss [mɪs] *n* señorita *f*

missile [*(UK)* 'mɪsaɪl, *(US)* 'mɪsl] *n* 1. *(weapon)* misil *m* 2. *(thing thrown)* proyectil *m*

missing ['mɪsɪŋ] *adj (lost)* perdido(da) ● **to be missing** *(not there)* faltar

missing person *n* desaparecido *m*, -da *f*

mission ['mɪʃn] *n* misión *f*

missionary ['mɪʃənrɪ] *n* misionario *m*, -ria *f*

mist [mɪst] *n* neblina *f*

mistake [mɪ'steɪk] *(pt* **-took**, *pp* **-taken**) ◇ *n* error *m* ◇ *vt (misunderstand)* malentender ● **by mistake** por error

● **to make a mistake** equivocarse ● **I always mistake him for his brother** siempre lo confundo con su hermano

Mister ['mɪstə^r] *n* señor *m*

mistook [mɪ'stʊk] *pp* ➢ **mistake**

mistress ['mɪstrɪs] *n* 1. *(lover)* amante *f* 2. *(UK) (primary teacher)* maestra *f* 3. *(UK) (secondary teacher)* profesora *f*

mistrust [,mɪs'trʌst] *vt* desconfiar de

misty ['mɪstɪ] *adj* neblinoso(sa)

misunderstanding [,mɪsʌndə'stændɪŋ] *n* malentendido *m*

misuse [,mɪs'juːs] *n* uso *m* indebido

mitten ['mɪtn] *n* manopla *f*

mix [mɪks] ◇ *vt* mezclar ◇ *vi (socially)* alternar ◇ *n (for cake, sauce)* mezcla *f* ● **to mix the butter with the flour** mezclar la mantequilla con la harina ● **mix up** *vt sep* 1. *(confuse)* confundir 2. *(put into disorder)* mezclar

mixed [mɪkst] *adj (school)* mixto(ta)

mixed grill *n (UK)* parrillada mixta de carne, champiñones y tomate

mixed salad *n* ensalada *f* mixta

mixed vegetables *npl* selección *f* de verduras

mixer ['mɪksə^r] *n* 1. *(for food)* batidora *f* 2. *(drink)* bebida no alcohólica que se mezcla con las bebidas alcohólicas

mixture ['mɪkstʃə^r] *n* mezcla *f*

mix-up *n (inf)* confusión *f*

ml *(abbr of* millilitre*)* ml *(mililitro)*

mm *(abbr of* millimetre*)* mm *(milímetro)*

MMR [,emem'ɑː^r] *n* MED *(abbr of* measles, mumps & rubella*)* triple *f* vírica

moan [məʊn] *vi* 1. *(in pain, grief)* gemir 2. *(inf) (complain)* quejarse

mobile ['məʊbaɪl] *adj* móvil

mobile phone *n* (*UK*) teléfono *m* móvil (*Esp*), celular *m* (*Amér*)

mock [mɒk] ◇ *adj* fingido(da) ◇ *vt* burlarse de ◇ *n* (*UK*) (*exam*) simulacro *m* de examen

mode [məʊd] *n* modo *m*

model ['mɒdl] *n* **1.** modelo *m* **2.** (*small copy*) maqueta *f* **3.** (*fashion model*) modelo *mf*

moderate ['mɒdərət] *adj* moderado(da)

modern ['mɒdən] *adj* moderno(na)

modernized ['mɒdənaɪzd] *adj* modernizado(da)

modern languages *npl* lenguas *fpl* modernas

modest ['mɒdɪst] *adj* **1.** modesto(ta) **2.** (*price*) módico(ca) **3.** (*increase, improvement*) ligero(ra)

modify ['mɒdɪfaɪ] *vt* modificar

mohair ['məʊheə'] *n* mohair *m*

moist [mɔɪst] *adj* húmedo(da)

moisture ['mɔɪstʃə'] *n* humedad *f*

moisturizer ['mɔɪstʃəraɪzə'] *n* crema *f* hidratante

molar ['məʊlə'] *n* muela *f*

mold [məʊld] (*US*) = **mould**

mole [məʊl] *n* **1.** (*animal*) topo *m* **2.** (*spot*) lunar *m*

molest [mə'lest] *vt* **1.** (*child*) abusar sexualmente **2.** (*woman*) acosar

mom [mɒm] *n* (*US*) (*inf*) mamá *f*

moment ['məʊmənt] *n* momento *m* ● **at the moment** en este momento ● **for the moment** de momento

Mon. (*abbr of* **Monday**) lun. (*lunes*)

monarchy ['mɒnəkɪ] *n* ● **the monarchy** la familia real

monastery ['mɒnəstri] *n* monasterio *m*

Monday ['mʌndɪ] *n* lunes *m inv* ● **it's Monday** es lunes ● **Monday morning** el lunes por la mañana ● **on Monday** el lunes ● **on Mondays** los lunes ● **last Monday** el lunes pasado ● **this Monday** este lunes ● **next Monday** el lunes de la semana que viene ● **Monday week, a week on Monday** del lunes en ocho días

money ['mʌnɪ] *n* dinero *m*

money belt *n* riñonera *f*

money order *n* giro *m* postal

mongrel ['mʌŋgrəl] *n* perro *m* cruzado

monitor ['mɒnɪtə'] ◇ *n* (*computer screen*) monitor *m* ◇ *vt* (*check, observe*) controlar

monk [mʌŋk] *n* monje *m*

monkey ['mʌŋkɪ] (*pl* **monkeys**) *n* mono *m*

monkfish ['mʌŋkfɪʃ] *n* rape *m*

monopoly [mə'nɒpəlɪ] *n* monopolio *m*

monorail ['mɒnəreɪl] *n* monorraíl *m* (*Esp*), monorriel *m* (*Amér*)

monotonous [mə'nɒtənəs] *adj* monótono(na)

monsoon [mɒn'suːn] *n* monzón *m*

monster ['mɒnstə'] *n* monstruo *m*

month [mʌnθ] *n* mes *m* ● **every month** cada mes ● **in a month's time** en un mes

monthly ['mʌnθlɪ] ◇ *adj* mensual ◇ *adv* mensualmente

monument ['mɒnjʊmənt] *n* monumento *m*

mood [muːd] *n* humor *m* ● **to be in a (bad) mood** estar de mal humor ● **to be in a good mood** estar de buen humor

moody ['muːdɪ] *adj* **1.** (*bad-tempered*) malhumorado(da) **2.** (*changeable*) de humor variable

moon [muːn] *n* luna *f*

moonlight ['muːnlaɪt] *n* luz *f* de luna

moor [mɔːʳ] ◇ *n* (*UK*) páramo *m* ◇ *vt* amarrar

mop [mɒp] ◇ *n* (*for floor*) fregona *f* (*Esp*), trapeador *m* (*Amér*) ◇ *vt* (*floor*) pasar la fregona por (*Esp*), trapear (*Amér*) ● **mop up** *vt sep* (*clean up*) limpiar

moped ['məʊped] *n* ciclomotor *m*

moral ['mɒrəl] ◇ *adj* moral ◇ *n* (*lesson*) moraleja *f*

morality [mə'rælɪtɪ] *n* moralidad *f*

more [mɔːʳ]
◇ *adj* **1.** (*a larger amount of*) más ● there are more tourists than usual hay más turistas que de costumbre **2.** (*additional*) más ● are there any more cakes? ¿hay más pasteles? ● there's no more wine no hay más vino ● have some more rice come un poco más de arroz **3.** (*in phrases*) ● more and more cada vez más
◇ *adv* **1.** (*in comparatives*) más ● it's more difficult than before es más difícil que antes ● speak more clearly habla con más claridad **2.** (*to a greater degree*) más ● we ought to go to the cinema more deberíamos ir más al cine **3.** (*longer*) más ● I don't go there any more ya no voy más allí **4.** (*again*) ● once more una vez más **5.** (*in phrases*) ● more or less más o menos ● we'd be more than happy to help estaríamos encantados de ayudarle

◇ *pron* **1.** (*a larger amount*) más ● I've got more than you tengo más que tú ● more than 20 types of pizza más de 20 clases de pizzas **2.** (*an additional amount*) más ● is there any more? ¿hay más?

moreover [mɔː'rəʊvə] *adv* (*fml*) además

morning ['mɔːnɪŋ] *n* mañana *f* ● two o'clock in the morning las dos de la mañana ● good morning! ¡buenos días! ● in the morning (*early in the day*) por la mañana; (*tomorrow morning*) mañana por la mañana

morning-after pill *n* píldora *f* del día siguiente

morning sickness *n* náuseas *fpl* de por la mañana

Morocco [mə'rɒkəʊ] *n* Marruecos *m*

moron ['mɔːrɒn] *n* (*inf*) imbécil *mf*

mortgage ['mɔːgɪdʒ] *n* hipoteca *f*

mosaic [mə'zeɪk] *n* mosaico *m*

mosque [mɒsk] *n* mezquita *f*

mosquito [mə'skiːtəʊ] (*pl* **-es**) *n* mosquito *m*

mosquito net *n* mosquitero *m*

moss [mɒs] *n* musgo *m*

most [məʊst]
◇ *adj* **1.** (*the majority of*) la mayoría de ● most people la mayoría de la gente **2.** (*the largest amount of*) más ● I drank (the) most beer yo fui el que bebió más cerveza
◇ *adv* **1.** (*in superlatives*) más ● the most expensive hotel el hotel más caro **2.** (*to the greatest degree*) más ● I like this one most éste es el que más me gusta **3.** (*fml*) (*very*) muy ● we would be most grateful les agradeceríamos mucho

◇ *pron* **1.** *(the majority)* la mayoría ● **most of the villages** la mayoría de los pueblos ● **most of the time** la mayor parte del tiempo **2.** *(the largest amount)* ● **she earns (the) most** es la que más gana **3.** *(in phrases)* ● **at most** como máximo ● **to make the most of sthg** aprovechar algo al máximo

mostly ['məʊstlɪ] *adv* principalmente

MOT [eməʊ'tiː] *n* (UK) *(test)* revisión anual obligatoria para todos los coches de más de tres años, ≃ ITV *f*

motel [məʊ'tel] *n* motel *m*

moth [mɒθ] *n* polilla *f*

mother ['mʌðə^r] *n* madre *f*

mother-in-law *n* suegra *f*

mother-of-pearl *n* nácar *m*

motif [məʊ'tiːf] *n* motivo *m*

motion ['məʊʃn] ◇ *n* *(movement)* movimiento *m* ◇ *vi* ● **to motion to sb** hacer una señal a alguien

motionless ['məʊʃənlɪs] *adj* inmóvil

motivate ['məʊtɪveɪt] *vt* motivar

motive ['məʊtɪv] *n* motivo *m*

motor ['məʊtə^r] *n* motor *m*

motorbike ['məʊtəbaɪk] *n* (UK) moto *f*

motorboat ['məʊtəbəʊt] *n* lancha *f* motora

motorcar ['məʊtəkɑː^r] *n* (UK) automóvil *m*

motorcycle ['məʊtəˌsaɪkl] *n* motocicleta *f*

motorcyclist ['məʊtəˌsaɪklɪst] *n* motociclista *mf*

motorist ['məʊtərɪst] *n* automovilista *mf*

motor racing *n* automovilismo *m* *(deporte)*

motorway ['məʊtəweɪ] *n* (UK) autopista *f*

motto ['mɒtəʊ] *(pl* -s*)* *n* lema *m*

mould [məʊld] ◇ *n* (UK) **1.** *(shape)* molde *m* **2.** *(substance)* moho *m* ◇ *vt* (UK) moldear

mound [maʊnd] *n* **1.** *(hill)* montículo *m* **2.** *(pile)* montón *m*

mount [maʊnt] ◇ *n* **1.** *(for photo)* marco *m* **2.** *(mountain)* monte *m* ◇ *vt* **1.** *(horse)* montar en **2.** *(photo)* enmarcar ◇ *vi* *(increase)* aumentar

mountain ['maʊntɪn] *n* montaña *f*

mountain bike *n* bicicleta *f* de montaña

mountaineer [ˌmaʊntɪ'nɪə^r] *n* montañero *m*, -ra *f*

mountaineering [ˌmaʊntɪ'nɪərɪŋ] *n* ● **to go mountaineering** hacer montañismo

mountainous ['maʊntɪnəs] *adj* montañoso(sa)

Mount Rushmore [-'rʌʃmɔː^r] *n* el monte Rushmore

mourning ['mɔːnɪŋ] *n* ● **to be in mourning** estar de luto

mouse [maʊs] *(pl* **mice***)* *n* ratón *m*

mouse mat (UK), **mouse pad** (US) *n* alfombrilla *f*

moussaka [muː'sɑːkə] *n* plato griego de berenjenas, tomate, salsa de queso y carne picada

mousse [muːs] *n* **1.** *(food)* mousse *m* **2.** *(for hair)* espuma *f*

moustache [mə'stɑːʃ] *n* (UK) bigote *m*

mouth [maʊθ] *n* **1.** boca *f* **2.** *(of river)* desembocadura *f*

mouthful ['maʊθfʊl] *n* **1.** *(of food)*

bocado m **2.** *(of drink)* trago m

mouthpiece ['maʊθpiːs] n **1.** *(of telephone)* micrófono m **2.** *(of musical instrument)* boquilla f

mouthwash ['maʊθwɒʃ] n elixir m bucal

move [muːv] ◇ n **1.** *(change of house)* mudanza f **2.** *(movement)* movimiento m **3.** *(in games)* jugada f **4.** *(turn to play)* turno m **5.** *(course of action)* medida f ◇ vt **1.** *(shift)* mover **2.** *(emotionally)* conmover ◇ vi *(shift)* moverse ◆ **to move (house)** mudarse ◆ **to make a move** *(leave)* irse ◆ **move along** vi hacerse a un lado ◆ **move in** vi *(to house)* instalarse ◆ **move off** vi *(train, car)* ponerse en marcha ◆ **move on** vi *(after stopping)* reanudar la marcha ◆ **move out** vi *(from house)* mudarse ◆ **move over** vi hacer sitio ◆ **move up** vi hacer sitio

movement ['muːvmənt] n movimiento m

movie ['muːvɪ] n película f

movie theater n *(US)* cine m

moving ['muːvɪŋ] adj *(emotionally)* conmovedor(ra)

mow [məʊ] vt ◆ **to mow the lawn** cortar el césped

mozzarella [ˌmɒtsəˈrelə] n mozzarella f

MP abbr *(UK)* = Member of Parliament

MP3 [ˌempiːˈθriː] n *(abbr of MPEG-1 Audio Layer-3)* MP3 m

mph *(abbr of miles per hour)* millas fpl por hora

Mr ['mɪstər] n *(abbr of Mister)* Sr. *(Señor)*

Mrs ['mɪsɪz] n *(abbr of Mistress)* Sra. *(Señora)*

MRSA [ˌemɑːresˈeɪ] n MED *(abbr of methicillin resistant Staphylococcus aureus)* MRSA m

Ms [mɪz] n *(abbr of Miss OR Mrs)* abreviatura que se utiliza delante del apellido cuando no se quiere decir el estado civil de la mujer

MSc [emesˈsiː] n *(abbr of Master of Science)* título postuniversitario de dos años en ciencias

MSP [emesˈpiː] n *(UK)* abbr of Member of the Scottish Parliament

much [mʌtʃ] *(compar* more, *superl* most*)*
◇ adj mucho(cha) ● **I haven't got much money** no tengo mucho dinero ● **as much food as you can eat** tanta comida como puedas comer ● **how much time is left?** ¿cuánto tiempo queda? ● **they have so much money** tienen tanto dinero ● **we have too much food** tenemos demasiada comida
◇ adv mucho ● **it's much better** es mucho mejor ● **he's much too good** es demasiado bueno ● **I like it very much** me gusta muchísimo ● **it's not much good** no vale mucho ● **thank you very much** muchas gracias ● **we don't go there much** no vamos mucho allí
◇ pron mucho ● **I haven't got much** no tengo mucho ● **as much as you like** tanto como quieras ● **how much is it?** ¿cuánto es? ● **you've got so much** tienes tanto ● **you've got too much** tienes demasiado

muck [mʌk] n mugre f ◆ **muck about** vi

(UK) (inf) hacer el indio ● **muck up** vt sep (inf) fastidiar

mud [mʌd] n barro m

muddle ['mʌdl] n ● **to be in a muddle** estar hecho un lío

muddy ['mʌdɪ] adj lleno(na)de barro

mud flap n (US) = **mudguard**

mudguard ['mʌdgɑːd] n guardabarros m inv

muesli ['mjuːzlɪ] n muesli m

muffin ['mʌfɪn] n **1.** (UK) (roll) panecillo m **2.** (cake) especie de bollo que se come caliente

muffler ['mʌflə'] n (US) (silencer) silenciador m

mug [mʌg] ◇ n (cup) tanque m, taza f grande (cilíndrica) ◇ vt asaltar

mugging ['mʌgɪŋ] n atraco m

muggy ['mʌgɪ] adj bochornoso(sa)

mule [mjuːl] n mula f

multicoloured ['mʌltɪˌkʌləd] adj multicolor

multiple ['mʌltɪpl] adj múltiple

multiplex cinema ['mʌltɪpleks-] n multicine m

multiplication [ˌmʌltɪplɪ'keɪʃn] n multiplicación f

multiply ['mʌltɪplaɪ] ◇ vt multiplicar ◇ vi multiplicarse

multistorey (car park) [ˌmʌltɪ'stɔːrɪ-] n (UK) aparcamiento m de muchas plantas (Esp), estacionamiento m de varios pisos (Amér)

multivitamin [(UK)'mʌltɪvɪtəmɪn, (US) 'mʌltɪvaɪtəmɪn] n multivitamina f

mum [mʌm] n (UK) (inf) mamá f

mummy ['mʌmɪ] n (UK) (inf) (mother) mamá f

mumps [mʌmps] n paperas fpl

munch [mʌntʃ] vt masticar

municipal [mjuː'nɪsɪpl] adj municipal

mural ['mjuːərəl] n mural m

murder ['mɜːdə'] ◇ n asesinato m ◇ vt asesinar

murderer ['mɜːdərə'] n asesino m, -na f

muscle ['mʌsl] n músculo m

museum [mjuː'ziːəm] n museo m

mushroom ['mʌʃrʊm] n **1.** (small and white) champiñón m **2.** (darker and flatter) seta f

music ['mjuːzɪk] n música f

musical ['mjuːzɪkl] ◇ adj **1.** (connected with music) musical **2.** (person) con talento para la música ◇ n musical m

musical instrument n instrumento m musical

musician [mjuː'zɪʃn] n músico m, -ca f

Muslim ['mʊzlɪm] ◇ adj musulmán (ana) ◇ n musulmán m, -ana f

mussels ['mʌslz] npl mejillones mpl

must [mʌst] ◇ aux vb deber, tener que ◇ n (inf) ● it's a must no te lo puedes perder ● I must go debo irme ● the room must be vacated by ten la habitación debe quedar libre para las diez ● you must have seen it tienes que haberlo visto ● you must see that film no te puedes perder esa película ● you must be joking! estás de broma ¿no?

mustache ['mʌstæʃ] (US) = **moustache**

mustard ['mʌstəd] n mostaza f

mustn't ['mʌsənt] = **must not**

mutter ['mʌtə'] vt musitar

mutual ['mjuːtʃʊəl] adj **1.** (feeling) mutuo(tua) **2.** *(friend, interest)* común

muzzle ['mʌzl] *n (for dog)* bozal *m*

my [maɪ] *adj* mi, mis *pl*

myself [maɪ'self] *pron* **1.** *(reflexive)* me **2.** *(after prep)* mí mismo(ma) • **I did it myself** lo hice yo solo

mysterious [mɪ'stɪərɪəs] *adj* misterioso(sa)

mystery ['mɪstərɪ] *n* misterio *m*

myth [mɪθ] *n* mito *m*

N *(abbr of north)* N *(norte)*

nag [næg] *vt* regañar

nail [neɪl] ◇ *n* **1.** *(of finger, toe)* uña *f* **2.** *(metal)* clavo *m* ◇ *vt (fasten)* clavar

nailbrush ['neɪlbrʌʃ] *n* cepillo *m* de uñas

nail file *n* lima *f* de uñas

nail scissors *npl* tijeras *fpl* para las uñas

nail varnish *n (UK)* esmalte *m* de uñas

nail varnish remover [-rə'muːvəʳ] *n (UK)* quitaesmaltes *m inv*

naive [naɪ'iːv] *adj* ingenuo(nua)

naked ['neɪkɪd] *adj (person)* desnudo(da)

name [neɪm] ◇ *n* **1.** nombre *m* **2.** *(surname)* apellido *m* **3.** *(reputation)* reputación *f* ◇ *vt (date, price)* fijar • **they named him John** le pusieron John de nombre • **first name** nombre • **last name** apellido • **what's your**

name? ¿cómo te llamas? • **my name is ...** me llamo ...

namely ['neɪmlɪ] *adv* a saber

nanny ['nænɪ] *n* **1.** *(childminder)* niñera *f* **2.** *(UK) (inf) (grandmother)* abuelita *f*

nap [næp] *n* • **to have a nap** echar una siesta

napkin ['næpkɪn] *n* servilleta *f*

nappy ['næpɪ] *n (UK)* pañal *m*

narcotic [nɑː'kɒtɪk] *n* narcótico *m*

narrow ['nærəʊ] ◇ *adj (road, gap)* estrecho(cha) ◇ *vi (road, gap)* estrecharse

narrow-minded [-'maɪndɪd] *adj* estrecho(cha) de miras

nasty ['nɑːstɪ] *adj* **1.** *(spiteful)* malintencionado(da) **2.** *(accident, fall)* grave **3.** *(unpleasant)* desagradable

nation ['neɪʃn] *n* nación *f*

national ['næʃənl] ◇ *adj* nacional ◇ *n* súbdito *m*, -ta *f*

national anthem *n* himno *m* nacional

National Health Service *n (UK) organismo gestor de la salud pública en Gran Bretaña*

National Health Service (NHS)

El *National Health Service* es el sistema público de asistencia sanitaria del Reino Unido. La asistencia es universal y gratuita, aunque se paga una pequeña cantidad de dinero por las medicinas. Las consultas con el dentista o el oftalmólogo se pagan aparte.

National Insurance *n (UK) (contributions)* ≃ Seguridad *f* Social

National Insurance (NI)

En el Reino Unido todos los trabajadores tienen que cotizar a la Seguridad Social (*National Insurance*). Todos los afiliados a la Seguridad Social reciben un número, llamado *National Insurance Number*, sin el cual no se puede trabajar legalmente en el país.

nationality [ˌnæʃəˈnælətɪ] *n* nacionalidad *f*

National Lottery *n* (UK) ● the National Lottery la Lotería Nacional

national park *n* parque *m* nacional

nationwide [ˈneɪʃənwaɪd] *adj* a escala nacional

native [ˈneɪtɪv] ◇ *adj* 1. (country) natal 2. (customs) originario(ria) 3. (population) indígeno(na) ◇ *n* natural *mf* ● **a native speaker of English** un hablante nativo de inglés

Native American

Native American es el término usado en los Estados Unidos para referirse a los indios que ya vivían en el continente antes de la colonización. Muchos de estos indios han salido de las reservas y se han integrado completamente en la sociedad americana. Otros continúan viviendo en las reservas.

NATO [ˈneɪtəʊ] *n* (abbr of North Atlantic Treaty Organization) OTAN *f* (*Organización del Tratado del Atlántico Norte*)

natural [ˈnætʃrəl] *adj* 1. (ability, charm) natural 2. (swimmer, actor) nato(ta)

natural gas *n* gas *m* natural

naturally [ˈnætʃrəlɪ] *adv* (of course) naturalmente

natural yoghurt *n* yogur *m* natural

nature [ˈneɪtʃə*ʳ*] *n* naturaleza *f*

nature reserve *n* reserva *f* natural

naughty [ˈnɔːtɪ] *adj* (child) travieso(sa)

nausea [ˈnɔːzɪə] *n* náusea *f*

navigate [ˈnævɪgeɪt] *vi* 1. (in boat, plane) dirigir 2. (in car) guiar

navy [ˈneɪvɪ] ◇ *n* (ships) armada *f* ◇ *adj* ● **navy (blue)** azul marino

NB [enˈbiː] *adv* (abbr of nota bene) N.B. (nota bene)

near [nɪə*ʳ*] ◇ *adv* cerca ◇ *adj* 1. (place, object) cerca 2. (relation) cercano(na) ◇ *prep* ● **near (to)** (edge, object, place) cerca de ● **in the near future** en el futuro próximo

nearby [nɪəˈbaɪ] ◇ *adv* cerca ◇ *adj* cercano(na)

nearly [ˈnɪəlɪ] *adv* casi

nearsighted [ˈnɪəˈsaɪtəd] *adj* (US) miope

neat [niːt] *adj* 1. (writing, work) bien hecho(cha) 2. (room) ordenado(da) 3. (whisky, vodka etc) solo(la) 4. (US) (very good) genial

neatly [ˈniːtlɪ] *adv* 1. (placed, arranged) cuidadosamente, con pulcritud 2. (written) con buena letra

necessarily [ˌnesəˈserɪlɪ (UK), ˈnesəsrəlɪ] *adv* ● **not necessarily** no necesariamente

necessary [ˈnesəsrɪ] *adj* necesario(ria) ● **it is necessary to do it** es necesario hacerlo

necessity [nɪˈsesətɪ] *n* necesidad *f* ◆ **necessities** *npl* artículos *mpl* de primera necesidad

neck [nek] *n* **1.** *(of person, jumper, shirt)* cuello *m* **2.** *(of animal)* pescuezo *m*

necklace [ˈneklɪs] *n* **1.** *(long)* collar *m* **2.** *(short)* gargantilla *f*

nectarine [ˈnektərɪn] *n* nectarina *f*

need [niːd] ◇ *n* necesidad *f* ◇ *vt* necesitar ● **to need to do sthg** *(require)* necesitar hacer algo; *(be obliged)* tener que hacer algo

needle [ˈniːdl] *n* aguja *f*

needlework [ˈniːdlwɜːk] *n* SCH costura *f*

needn't [ˈniːdənt] = **need not**

needy [ˈniːdɪ] *adj* necesitado(da)

negative [ˈnegətɪv] ◇ *adj* negativo(va) ◇ *n* **1.** *(in photography)* negativo *m* **2.** GRAM negación *f*

neglect [nɪˈglekt] *vt (child, garden, work)* descuidar

negligence [ˈneglɪdʒəns] *n* negligencia *f*

negotiations [nɪˌgəʊʃɪˈeɪʃnz] *npl* negociaciones *fpl*

negro [ˈniːgrəʊ] *(pl* -es*)* *n* negro *m*, -gra *f*

neighbor [ˈneɪbər] *(US)* = **neighbour**

neighbour [ˈneɪbər] *n (UK)* vecino *m*, -na *f*

neighbourhood [ˈneɪbəhʊd] *n* barrio *m*

neighbouring [ˈneɪbərɪŋ] *adj* vecino(na)

neither [ˈnaɪðər, ˈniːðər] ◇ *adj* ● **neither bag is big enough** ninguna de las dos bolsas es bastante grande ◇ *pron* ● **neither of us** ninguno *m* de nosotros, ninguna de nosotras *f* ◇ *conj* ● **neither do I** yo tampoco ● **neither ... nor ...** ni ... ni ...

neon light [ˈniːɒn-] *n* luz *f* de neón

nephew [ˈnefjuː] *n* sobrino *m*

nerve [nɜːv] *n* **1.** *(in body)* nervio *m* **2.** *(courage)* coraje *m* ● **what a nerve!** ¡qué caradura!

nervous [ˈnɜːvəs] *adj* **1.** *(tense by nature)* nervioso(sa) **2.** *(apprehensive)* aprensivo(va) **3.** *(uneasy)* preocupado(da)

nervous breakdown *n* crisis *f inv* nerviosa

nest [nest] *n* nido *m*

net [net] ◇ *n* **1.** red *f* **2.** ● **the Net** la Red ◇ *adj* neto(ta)

netball [ˈnetbɔːl] *n* deporte parecido al baloncesto femenino

Netherlands [ˈneðələndz] *npl* ● **the Netherlands** los Países Bajos

nettle [ˈnetl] *n* ortiga *f*

network [ˈnetwɜːk] *n* **1.** *(of streets, trains)* red *f* **2.** RADIO & TV cadena *f*

neurotic [ˌnjʊəˈrɒtɪk] *adj* neurótico(ca)

neutral [ˈnjuːtrəl] ◇ *adj* **1.** *(country, person)* neutral **2.** *(in colour)* incoloro(ra) ◇ *n* AUT ● **in neutral** en punto muerto

never [ˈnevər] *adv* nunca ● **I've never been to Berlin** no he estado nunca en Berlín ● **she's never late** (ella) nunca llega tarde ● **never mind!** ¡no importa!

nevertheless [ˌnevəðəˈles] *adv* sin embargo

new [njuː] *adj* nuevo(va)

newly [ˈnjuːlɪ] *adv* recién

news [njuːz] *n* noticias *fpl* ● **a piece of news** una noticia

newsagent ['nju:zeɪdʒənt] *n* (*UK*) (*shop*) ≃ quiosco *m* de periódicos

newspaper ['nju:z,peɪpə'] *n* periódico *m*

New Year *n* Año *m* Nuevo

New Year's Day *n* día *m* de Año Nuevo

New Year's Eve *n* Nochevieja *f*

New Zealand [-'zi:lənd] *n* Nueva Zelanda

next [nekst] ◇ *adj* **1.** (*in the future, following*) próximo(ma) **2.** (*room, house*) de al lado ◇ *adv* **1.** (*afterwards*) después **2.** (*on next occasion*) la próxima vez ● **when does the next bus leave?** ¿a qué hora sale el próximo autobús? ● **next year/Monday** el año/el lunes que viene ● **next to** (*by the side of*) junto a ● **the week after next** la semana que viene no, la otra

next door *adv* en la casa de al lado

next of kin [-kɪn] *n* pariente *m* más próximo, pariente más próxima *f*

NHS *abbr* (*UK*) = National Health Service

nib [nɪb] *n* plumilla *f*

nibble ['nɪbl] *vt* mordisquear

Nicaragua [,nɪkə'rægjʊə] *n* Nicaragua

Nicaraguan [,nɪkə'rægjʊən] ◇ *adj* nicaragüense ◇ *n* nicaragüense *mf*

nice [naɪs] *adj* **1.** (*pleasant*) agradable **2.** (*pretty*) bonito(ta) **3.** (*kind*) amable ● **to have a nice time** pasarlo bien ● **nice to see you!** ¡encantado(da) de verle!

nickel ['nɪkl] *n* **1.** (*metal*) níquel *m* **2.** (*US*) (*coin*) moneda *f* de cinco centavos

nickname ['nɪkneɪm] *n* apodo *m*

niece [ni:s] *n* sobrina *f*

night [naɪt] *n* **1.** (*time when asleep*) noche

f **2.** (*evening*) tarde *f* ● **at night** de noche ● **by night** por la noche ● **last night** anoche

nightclub ['naɪtklʌb] *n* ≃ sala *f* de fiestas (*abierta sólo por las noches*)

nightdress ['naɪtdres] *n* camisón *m*

nightie ['naɪtɪ] *n* (*inf*) camisón *m*

nightlife ['naɪtlaɪf] *n* vida *f* nocturna

nightly ['naɪtlɪ] *adv* cada noche

nightmare ['naɪtmeə'] *n* pesadilla *f*

night safe *n* (*UK*) caja *f* nocturna (*en un banco*)

night school *n* escuela *f* nocturna

nightshift ['naɪtʃɪft] *n* turno *m* de noche

nil [nɪl] *n* SPORT cero *m*

Nile [naɪl] *n* ● **the Nile** el Nilo

nine [naɪn] ◇ *num adj* nueve *inv* ◇ *num n* nueve *m inv* ● **to be nine (years old)** tener nueve años (de edad) ● **it's nine (o'clock)** son las nueve ● **a hundred and nine** ciento nueve ● **nine Hill St** Hill St, número nueve ● **it's minus nine (degrees)** hay nueve grados bajo cero ● **nine out of ten** nueve sobre diez

nineteen [,naɪn'ti:n] *num* diecinueve ● **nineteen ninety-five** mil novecientos noventa y cinco

nineteenth [,naɪn'ti:nθ] *num* decimonoveno(na)

ninetieth ['naɪntɪəθ] *num* nonagésimo(ma)

ninety ['naɪntɪ] *num* noventa

ninth [naɪnθ] ◇ *num adj* noveno(na) ◇ *pron* noveno *m*, -na *f* ◇ *num n* (*fraction*) noveno *m* ◇ *num adv* noveno ● **the ninth (of)** la novena parte ● **the ninth**

(of September) el nueve (de septiembre)

nip [nɪp] *vt* (*pinch*) pellizcar

nipple ['nɪpl] *n* **1.** (*of breast*) pezón *m* **2.** (*US*) (*of bottle*) tetilla *f*

no [nəʊ] ◇ *adv* no ◇ *adj* ninguno(na) ◇ *n* no *m* ● **I've got no time** no tengo tiempo ● **I've got no money left** no me queda (ningún) dinero

noble ['nəʊbl] *adj* noble

nobody ['nəʊbədɪ] *pron* nadie

nod [nɒd] *vi* (*in agreement*) asentir con la cabeza

noise [nɔɪz] *n* ruido *m*

noisy ['nɔɪzɪ] *adj* ruidoso(sa)

nominate ['nɒmɪneɪt] *vt* proponer

nonalcoholic [ˌnɒnælkə'hɒlɪk] *adj* sin alcohol

none [nʌn] *pron* ninguno *m*, -na *f* ● **there's none left** no queda nada

nonetheless [ˌnʌnðə'les] *adv* no obstante

nonfiction [ˌnɒn'fɪkʃn] *n* no ficción *f*

non-iron *adj* que no necesita plancha

nonsense ['nɒnsəns] *n* tonterías *fpl*

nonsmoker [ˌnɒn'sməʊkəʳ] *n* no fumador *m*, -ra *f*

nonstick [ˌnɒn'stɪk] *adj* antiadherente

nonstop [ˌnɒn'stɒp] ◇ *adj* **1.** (*talking, arguing*) continuo(nua) **2.** (*flight*) sin escalas ◇ *adv* **1.** (*run, rain*) sin parar **2.** (*fly, travel*) directamente

noodles ['nuːdlz] *npl* fideos *mpl*

noon [nuːn] *n* mediodía *m*

no one = **nobody**

nor [nɔːʳ] *conj* tampoco ● **nor do I** yo tampoco, neither

normal ['nɔːml] *adj* normal

normally ['nɔːməlɪ] *adv* normalmente

north [nɔːθ] ◇ *n* norte *m* ◇ *adv* **1.** (*fly, walk*) hacia el norte **2.** (*be situated*) al norte ● **in the north of England** en el norte de Inglaterra

North America *n* Norteamérica

northbound ['nɔːθbaʊnd] *adj* con dirección norte

northeast [ˌnɔːθ'iːst] *n* nordeste *m*

northern ['nɔːðən] *adj* del norte

Northern Ireland *n* Irlanda del Norte

North Pole *n* Polo *m* Norte

North Sea *n* Mar *m* del Norte

northwards ['nɔːθwədz] *adv* hacia el norte

northwest [ˌnɔːθ'west] *n* noroeste *m*

Norway ['nɔːweɪ] *n* Noruega

Norwegian [nɔː'wiːdʒən] ◇ *adj* noruego(ga) ◇ *n* **1.** (*person*) noruego *m*, -ga *f* **2.** (*language*) noruego *m*

nose [nəʊz] *n* **1.** (*of person*) nariz *f* **2.** (*of animal*) hocico *m* **3.** (*of plane, rocket*) morro *m*

nosebleed ['nəʊzbliːd] *n* ● **he had a nosebleed** le sangraba la nariz

nostril ['nɒstrəl] *n* **1.** (*of person*) ventana *f* de la nariz **2.** (*of animal*) orificio *m* nasal

nosy ['nəʊzɪ] *adj* fisgón(ona)

not [nɒt] *adv* no ● **she's not there** no está allí ● **I hope not** espero que no ● **not yet** todavía no ● **not at all** (*pleased, interested*) en absoluto; (*in reply to thanks*) no hay de qué

notably ['nəʊtəblɪ] *adv* especialmente

note [nəʊt] ◇ *n* **1.** nota *f* **2.** (*UK*) (*bank note*) billete *m* ◇ *vt* **1.** (*notice*) notar **2.**

(write down) anotar ● **to take notes** tomar apuntes

notebook ['nəʊtbʊk] *n* libreta *f*

noted ['nəʊtɪd] *adj* célebre

notepaper ['nəʊtpeɪpəʳ] *n* papel *m* de escribir *(para cartas)*

nothing ['nʌθɪŋ] *pron* nada ● he did nothing no hizo nada ● **nothing new/ interesting** nada nuevo/interesante ● **for nothing** *(for free)* gratis; *(in vain)* para nada

notice ['nəʊtɪs] ◇ *vt* notar ◇ *n* **1.** *(written announcement)* anuncio *m* **2.** *(warning)* aviso *m* ● **to take notice of** hacer caso de ● **to hand in one's notice** presentar la dimisión

noticeable ['nəʊtɪsəbl] *adj* perceptible

notice board *n* (UK) tablón *m* (Esp) OR tablero *m* de anuncios

notion ['nəʊʃn] *n* noción *f*

notorious [nəʊ'tɔːrɪəs] *adj* de mala reputación

nougat ['nuːgɑː] *n* turrón de frutos secos y frutas confitadas

nought [nɔːt] *n* cero *m*

noun [naʊn] *n* nombre *m*, sustantivo *m*

nourishment ['nʌrɪʃmənt] *n* alimento *m*

Nov. *(abbr of November)* nov. *(noviembre)*

novel ['nɒvl] ◇ *n* novela *f* ◇ *adj* original

novelist ['nɒvəlɪst] *n* novelista *mf*

November [nə'vembəʳ] *n* noviembre *m* ● **at the beginning of November** a principios de septiembre ● **at the end of November** a finales de noviembre ● **during November** en noviembre ● **every November** todos los años en noviembre ● **in November** en no-

viembre ● **last November** en noviembre del año pasado ● **next November** en noviembre del próximo año ● **this November** en noviembre de este año ● **2 November 2001** *(in letters etc)* 2 de noviembre de 2001

now [naʊ] ◇ *adv* ahora ◇ *conj* ● **now (that)** ahora que ● **just now** ahora mismo ● **right now** *(at the moment)* en este momento; *(immediately)* ahora mismo ● **by now** ya ● **from now on** de ahora en adelante

nowadays ['naʊədeɪz] *adv* hoy en día

nowhere ['nəʊweəʳ] *adv* en ninguna parte

nozzle ['nɒzl] *n* boquilla *f*

nuclear ['njuːklɪəʳ] *adj* nuclear

nude [njuːd] *adj* desnudo(da)

nudge [nʌdʒ] *vt* dar un codazo a

nuisance ['njuːsns] *n* ● **it's a real nuisance!** ¡es una lata! ● **he's such a nuisance!** ¡es tan pelma!

numb [nʌm] *adj* **1.** *(person)* entumecido(da) **2.** *(leg, arm)* dormido(da)

number ['nʌmbəʳ] ◇ *n* número *m* ◇ *vt (give number to)* numerar

telephone numbers

The international dialling code for calling Britain from Spain is *0044*. The code for the US is *001*. The emergency number for the local police is *092*, but the emergency services all have different numbers: *080* for the fire brigade, *061* for the ambulance service and *112* for other emergencies. Phone cards for public phone booths can be bought from newspaper stands (*quioscos*) and tobacconists (*estancos*).

numberplate ['nʌmbəpleɪt] *n* (UK) matrícula *f*, placa *f* (*Amér*)

numeral ['nju:mərəl] *n* número *m*

numerous ['nju:mərəs] *adj* numeroso (sa)

nun [nʌn] *n* monja *f*

nurse [nɜːs] ◇ *n* enfermera *f* ◇ *vt* (look after) cuidar de ● **male nurse** enfermero *m*

nursery ['nɜːsərɪ] *n* **1.** (in house) cuarto *m* de los niños **2.** (childcare) guardería *f* **3.** (for plants) vivero *m*

nursery (school) *n* escuela *f* de párvulos, guardería *f*

nursery slope *n* (UK) pista *f* para principiantes

nursing ['nɜːsɪŋ] *n* (profession) enfermería *f*

nut [nʌt] *n* **1.** (to eat) nuez *f* (frutos secos en general) **2.** (of metal) tuerca *f*

nutcrackers ['nʌt,krækəz] *npl* cascanueces *m inv*

nutmeg ['nʌtmeg] *n* nuez *f* moscada

NVQ [envi:'kju:] *n* (abbr of National Vocational Qualification) en Gran Bretaña, una titulación profesional orientada a personas que ya forman parte del mundo laboral

nylon ['naɪlɒn] ◇ *n* nylon *m* ◇ *adj* de nylon

o' [ə] *abbr* = **of**

oak [əʊk] ◇ *n* roble *m* ◇ *adj* de roble

OAP [əʊeɪ'pi:] *abbr* (UK) = **old age pensioner**

oar [ɔːʳ] *n* remo *m*

oatcake ['əʊtkeɪk] *n* galleta *f* de avena

oath [əʊθ] *n* (promise) juramento *m*

oatmeal ['əʊtmiːl] *n* harina *f* de avena

oats [əʊts] *npl* avena *f*

obedient [ə'biːdjənt] *adj* obediente

obey [ə'beɪ] *vt* obedecer

object ◇ *n* ['ɒbdʒɪkt] **1.** objeto *m* **2.** GRAM objeto *m*, complemento *m* ◇ *vi* [əb'dʒekt] ● **to object (to)** oponerse (a)

objection [əb'dʒekʃn] *n* objeción *f*

objective [əb'dʒektɪv] *n* objetivo *m*

obligation [,ɒblɪ'geɪʃn] *n* obligación *f*

obligatory [ə'blɪgətrɪ] *adj* obligatorio (ria)

oblige [ə'blaɪdʒ] *vt* ● **to oblige sb to do sthg** obligar a alguien a hacer algo

oblique [ə'bliːk] *adj* oblicuo(cua)

oblong ['ɒblɒŋ] ◇ *adj* rectangular ◇ *n* rectángulo *m*

obnoxious [əb'nɒkʃəs] *adj* detestable

oboe ['əʊbəʊ] *n* oboe *m*

obscene [əb'siːn] *adj* obsceno(na)

obscure [əb'skjʊəʳ] *adj* **1.** (difficult to understand) oscuro(ra) **2.** (not well-known) desconocido(da)

observant [əb'zɜːvnt] *adj* observador(ra)

observation [ˌɒbzəˈveɪʃn] *n* observación *f*

observe [əbˈzɜːv] *vt* observar

obsessed [əbˈsest] *adj* obsesionado(da)

obsession [əbˈseʃn] *n* obsesión *f*

obsolete [ˈɒbsəliːt] *adj* obsoleto(ta)

obstacle [ˈɒbstəkl] *n* obstáculo *m*

obstinate [ˈɒbstənət] *adj* obstinado(da)

obstruct [əbˈstrʌkt] *vt* (road, path) obstruir

obstruction [əbˈstrʌkʃn] *n* (in road, path) obstáculo *m*

obtain [əbˈteɪn] *vt* obtener

obtainable [əbˈteɪnəbl] *adj* asequible

obvious [ˈɒbvɪəs] *adj* obvio(via)

obviously [ˈɒbvɪəslɪ] *adv* 1. (of course) evidentemente 2. (clearly) claramente

occasion [əˈkeɪʒn] *n* 1. (instance) vez *f* 2. (important event) acontecimiento *m* 3. (opportunity) ocasión *f*

occasional [əˈkeɪʒənl] *adj* esporádico(ca)

occasionally [əˈkeɪʒnəlɪ] *adv* de vez en cuando

occupant [ˈɒkjʊpənt] *n* 1. (of house) inquilino *m*, -na *f* 2. (of car, plane) ocupante *mf*

occupation [ˌɒkjʊˈpeɪʃn] *n* 1. (job) empleo *m* 2. (pastime) pasatiempo *m*

occupied [ˈɒkjʊpaɪd] *adj* (toilet) ocupado(da)

occupy [ˈɒkjʊpaɪ] *vt* 1. ocupar 2. (building) habitar

occur [əˈkɜː] *vi* 1. (happen) ocurrir 2. (exist) encontrarse

occurrence [əˈkʌrəns] *n* acontecimiento *m*

ocean [ˈəʊʃn] *n* océano *m* ● **the ocean** (US) (sea) el mar

o'clock [əˈklɒk] *adv* ● **it's one o'clock** es la una ● **it's two o'clock** son las dos ● **at one/two o'clock** a la una/las dos

Oct. (abbr of October) oct. (octubre)

October [ɒkˈtəʊbə'] *n* octubre *m* ● **at the beginning of October** a principios de octubre ● **at the end of October** a finales de octubre ● **during October** en octubre ● **every October** todos los años en octubre ● **in October** en octubre ● **last October** en octubre del año pasado ● **next October** en octubre del próximo año ● **this October** en octubre de este año ● **2 October 2001** (in letters etc) 2 de octubre de 2001

octopus [ˈɒktəpəs] *n* pulpo *m*

odd [ɒd] *adj* 1. (strange) raro(ra) 2. (number) impar 3. (not matching) sin pareja 4. (occasional) ocasional ● **sixty odd miles** sesenta y pico millas ● **some odd bits of paper** algunos que otros cachos de papel ● **odd jobs** chapuzas *fpl*

odds [ɒdz] *npl* 1. (in betting) apuestas *fpl* 2. (chances) probabilidades *fpl* ● **odds and ends** chismes *mpl*

odor [ˈəʊdər] (US) = **odour**

odour [ˈəʊdə'] *n* (UK) olor *m*

of [ɒv] *prep* 1. (gen) de ● **the handle of the door** el pomo de la puerta ● **fear of spiders** miedo a las arañas ● **he died of cancer** murió de cáncer ● **the city of Glasgow** la ciudad de Glasgow ● **that was very kind of you** fue muy amable por tu parte 2. (describing amounts, contents) de ● **a piece of cake**

un trozo de pastel ● **a glass of beer** un vaso de cerveza ● **a fall of 20%** un descenso del 20% **3.** *(made from)* de ● **it's made of wood** es de madera **4.** *(referring to time)* de ● **the summer of 1969** el verano de 1969 ● **the 26th of August** el 26 de agosto **5.** *(US) (in telling the time)* ● **it's ten of four** son las cuatro menos diez

off [ɒf]

◇ *adv* **1.** *(away)* ● **to drive/walk off** alejarse ● **to get off** *(bus, train etc)* bajarse ● **we're off to Austria next week** nos vamos a Austria la semana que viene **2.** *(expressing removal)* ● **to take sthg off** *(clothes, shoes)* quitarse algo; *(lid, wrapper)* quitar algo; *(money)* descontar algo **3.** *(so as to stop working)* ● **to turn sthg off** *(TV, radio, engine)* apagar algo; *(tap)* cerrar algo **4.** *(expressing distance or time away)* ● **it's a long way off** *(in distance)* está muy lejos **5.** *(not at work)* libre ● **I'm taking a week off** voy a tomar una semana libre ● **she's off ill** está enferma **6.** *(expressing completion)* ● **to finish sthg off** terminar algo

◇ *prep* **1.** *(away from)* ● **to get off sthg** bajarse de algo ● **she fell off the chair** se cayó de la silla **2.** *(indicating removal)* ● **take the lid off the jar** quita la tapa del tarro ● **we'll take £20 off the price** le descontaremos 20 libras del precio **3.** *(adjoining)* ● **it's just off the main road** está al lado de la carretera principal **4.** *(absent from)* ● **to be off work** no estar en el trabajo **5.** *(inf) (from)* ● **I bought it off her** se lo compré (a ella) **6.** *(inf) (no longer liking)* ● **I'm off my food** no me apetece comer

◇ *adj* **1.** *(meat, cheese)* pasado(da); *(milk)* cortado(da); *(beer)* agrio(agria) **2.** *(not working)* apagado(da); *(tap)* cerrado(da) **3.** *(cancelled)* cancelado(da) **4.** *(not available)* ● **the soup's off** no hay sopa

offence [əˈfens] *n (UK)* **1.** *(crime)* delito *m* **2.** *(upset)* ofensa *f*

offend [əˈfend] *vt* ofender

offender [əˈfendəʳ] *n* delincuente *mf*

offense [əˈfens] *(US)* = **offence**

offensive [əˈfensɪv] *adj (insulting)* ofensivo(va)

offer [ˈɒfəʳ] ◇ *n* oferta *f* ◇ *vt* ofrecer ● **on offer** *(available)* disponible; *(reduced)* en oferta ● **to offer to do sthg** ofrecerse a hacer algo ● **he offered her a drink** le ofreció una bebida

office [ˈɒfɪs] *n* **1.** oficina *f* **2.** *(US) (building)* bloque *m (Esp)* OR edificio *m* de oficinas

office block *n (UK)* bloque *m (Esp)* OR edificio *m* de oficinas

officer [ˈɒfɪsəʳ] *n* **1.** *(MIL)* oficial *mf* **2.** *(policeman)* agente *mf* de policía

official [əˈfɪʃl] ◇ *adj* oficial ◇ *n (of government)* funcionario *m*, -ria *f*

officially [əˈfɪʃəlɪ] *adv* oficialmente

off-licence *n (UK)* tienda de bebidas alcohólicas para llevar

off-peak *adj* de tarifa reducida

off-season *n* temporada *f* baja

offshore [ˈɒfʃɔːʳ] *adj (breeze)* costero (ra)

off side *n* **1.** *(for right-hand drive)* lado *m*

izquierdo **2.** *(for left-hand drive)* lado derecho

off-the-peg *adj* *(UK)* confeccionado (da)

often ['ɒfn, 'ɒftn] *adv* a menudo, con frecuencia ● **how often do the buses run?** ¿cada cuánto tiempo pasan los autobuses? ● **every so often** cada cierto tiempo

oh [əʊ] *excl* ¡ah!, ¡oh!

oil [ɔɪl] *n* **1.** aceite *m* **2.** *(fuel)* petróleo *m*

oil rig *n* plataforma *f* petrolífera

oily ['ɔɪlɪ] *adj* **1.** *(cloth, hands)* grasiento(ta) **2.** *(food)* aceitoso(sa)

ointment ['ɔɪntmənt] *n* pomada *f*

OK [,əʊ'keɪ] ◇ *adv* **1.** *(inf)* *(expressing agreement)* vale *(Esp)*, okey *(Amér)* **2.** *(satisfactorily, well)* bien ◇ *adj* *(inf)* **is that OK with you?** ¿te parece bien? ● **everyone's OK** todos están bien ● **the film was OK** la película estuvo bien

okay [,əʊ'keɪ] = **OK**

old [əʊld] *adj* **1.** viejo(ja) **2.** *(former)* antiguo(gua) ● **how old are you?** ¿cuántos años tienes? ● **I'm 36 years old** tengo 36 años ● **to get old** hacerse viejo

old age *n* vejez *f*

old age pensioner *n* *(UK)* pensionista *mf*

olive ['ɒlɪv] *n* aceituna *f*

olive oil *n* aceite *m* de oliva

Olympic Games [ə'lɪmpɪk-] *npl* Juegos *mpl* Olímpicos

omelette ['ɒmlɪt] *n* tortilla *f* ● **mushroom omelette** tortilla de champiñones

ominous ['ɒmɪnəs] *adj* siniestro(tra)

omit [ə'mɪt] *vt* omitir

on [ɒn]
◇ *prep* **1.** *(indicating position)* en; *(on top of)* en, sobre ● **it's on the table** está en la mesa ● **it's on the floor** está en el suelo ● **a picture on the wall** un cuadro en la pared ● **the exhaust on the car** el tubo de escape del coche ● **on the left/right** a la izquierda/derecha ● **we stayed on a farm** estuvimos en una granja ● **on the banks of the river** a orillas del río ● **the instructions on the packet** las instrucciones en el paquete **2.** *(with forms of transport)* ● **on the train/plane** en el tren/avión ● **to get on a bus** subirse a un autobús **3.** *(expressing means, method)* en ● **on foot** a pie ● **to lean on one's elbows** apoyarse en los codos ● **on the radio** en la radio ● **on TV** en la televisión ● **it runs on unleaded petrol** funciona con gasolina sin plomo **4.** *(about)* sobre, acerca de ● **a book on Germany** un libro sobre Alemania **5.** *(expressing time)* ● **on arrival** al llegar ● **on Tuesday** el martes ● **on Tuesdays** los martes ● **on 25th August** el 25 de agosto **6.** *(with regard to)* en, sobre ● **a tax on imports** un impuesto sobre las importaciones ● **the effect on Britain** el impacto en Gran Bretaña **7.** *(describing activity, state)* ● **on holiday** de vacaciones ● **on offer** *(reduced)* en oferta ● **on sale** en venta **8.** *(in phrases)* ● **do you have any money on you?** ¿llevas dinero? ● **the drinks are on me** (a las copas) invito yo
◇ *adv* **1.** *(in place, covering)* ● **put the lid on** pon la tapa ● **to put one's clothes**

on vestirse **2.** *(film, play, programme)* ● **what's on at the cinema?** ¿qué ponen en el cine? **3.** *(with transport)* ● **to get on** subirse **4.** *(functioning)* ● **to turn sthg on** *(TV, radio, engine)* encender algo; *(tap)* abrir algo **5.** *(taking place)* ● **the match is already on** ya ha empezado el partido **6.** *(indicating continuing action)* ● **to keep on doing sthg** seguir haciendo algo ● **to drive on** seguir conduciendo **7.** *(in phrases)* ● **have you anything on tonight?** ¿haces algo esta noche?
◇ *adj* (TV, radio, light, engine) encendido(da); *(tap)* abierto(ta) ● **is the game on?** ¿se va a celebrar el partido?

once [wʌns] ◇ *adv* **1.** *(one time)* una vez **2.** *(in the past)* en otro tiempo ◇ *conj* una vez que ● **at once** *(immediately)* inmediatamente; *(at the same time)* a la vez ● **for once** por una vez ● **once a month** una vez al mes ● **once more** *(one more time)* una vez más; *(again)* otra vez

oncoming ['ɒn,kʌmɪŋ] *adj (traffic)* que viene en dirección contraria

one [wʌn] ◇ *num* uno(una) ◇ *adj (only)* único(ca) ◇ *pron (fml)* (you) uno m, una f ● **the green one** el verde(la verde) ● **I want a blue one** quiero uno azul ● **thirty-one** treinta y uno ● **a hundred and one** ciento uno ● **one fifth** un quinto ● **that one** ése m, ésa f ● **this one** éste m, -ta f ● **which one?** ¿cuál? ● **the one I told you about** aquél que te conté ● **one of my friends** uno de mis amigos ● **one day** *(in past)* un día; *(in future)* algún día

oneself [wʌn'self] *pron* **1.** *(reflexive)* se **2.** *(after prep)* uno mismo m, una misma f ● **to wash oneself** lavarse

one-way *adj* **1.** *(street)* de dirección única **2.** *(ticket)* de ida

onion ['ʌnjən] *n* cebolla f

online ['ɒn'laɪn] *adj* COMPUT on-line

online banking *n* COMPUT banca f online

online shopping *n* COMPUT compras *fpl* online

only ['əʊnlɪ] ◇ *adj* único(ca) ◇ *adv* sólo ● **an only child** hijo único ● **I only want one** sólo quiero uno ● **we've only just arrived** acabamos de llegar ● **there's only just enough** apenas hay lo justo ● **not only** no sólo ▼ **members only** miembros sólo

onto ['ɒntu:] *prep (with verbs of movement)* encima de, sobre ● **to get onto sb** *(telephone)* ponerse en contacto con alguien

onward ['ɒnwəd] ◇ *adv* = **onwards** ◇ *adj* ● **your onward journey** el resto de su viaje

onwards ['ɒnwədz] *adv (forwards)* adelante ● **from now onwards** de ahora en adelante ● **from October onwards** de octubre en adelante

opal ['əʊpl] *n* ópalo m

opaque [əʊ'peɪk] *adj* opaco(ca)

open ['əʊpn] ◇ *adj* **1.** abierto(ta) **2.** *(honest)* sincero(ra) ◇ *vt* **1.** abrir **2.** *(start)* dar comienzo a ◇ *vi* **1.** *(door, window, lock)* abrirse **2.** *(shop, office, bank)* abrir **3.** *(start)* dar comienzo ● **are you open at the weekend?** ¿abres el fin de semana? ● **wide open** abierto de par en par ● **in the open (air)** al aire libre ●

open onto *vt insep* dar a ◆ **open up** *vi* abrir

open-air *adj* al aire libre

opening ['əʊpnɪŋ] *n* **1.** *(gap)* abertura *f* **2.** *(beginning)* comienzo *m* **3.** *(opportunity)* oportunidad *f*

opening hours *npl* horario *m* de apertura

open-minded [-'maɪndɪd] *adj* sin prejuicios

open-plan *adj* de plano abierto

Open University *n* (UK) universidad *f* a distancia

opera ['ɒpərə] *n* ópera *f*

opera house *n* teatro *m* de la ópera

operate ['ɒpəreɪt] ◇ *vt (machine)* hacer funcionar ◇ *vi (work)* funcionar ● **to operate on sb** operar a alguien

operating room ['ɒpəreɪtɪŋ-] *n* (US) = **operating theatre**

operating theatre ['ɒpəreɪtɪŋ-] *n* (UK) quirófano *m*

operation [,ɒpə'reɪʃn] *n* operación *f* ● **to be in operation** *(law, system)* estar en vigor ● **to have an operation** operarse

operator ['ɒpəreɪtə'] *n (on phone)* operador *m*, -ra *f*

opinion [ə'pɪnjən] *n* opinión *f* ● **in my opinion** en mi opinión

opponent [ə'pəʊnənt] *n* **1.** SPORT contrincante *mf* **2.** *(of idea, policy, party)* adversario *m*, -ria *f*

opportunity [,ɒpə'tjuːnətɪ] *n* oportunidad *f*

oppose [ə'pəʊz] *vt* oponerse a

opposed [ə'pəʊzd] *adj* ● **to be opposed to** oponerse a

opposite ['ɒpəzɪt] ◇ *adj* **1.** *(facing)* de enfrente **2.** *(totally different)* opuesto(ta) ◇ *prep* enfrente de ◇ *n* ● **the opposite (of)** lo contrario (de)

opposition [,ɒpə'zɪʃn] *n* **1.** *(objections)* oposición *f* **2.** SPORT oponentes *mf pl* ● **the Opposition** la oposición

opt [ɒpt] *vt* ● **to opt to do sthg** optar por hacer algo

optician's [ɒp'tɪʃnz] *n (shop)* óptica *f*

optimist ['ɒptɪmɪst] *n* optimista *mf*

optimistic [,ɒptɪ'mɪstɪk] *adj* optimista

option ['ɒpʃn] *n* opción *f*

optional ['ɒpʃənl] *adj* opcional

or [ɔː'] *conj* **1.** o, u *(before o or ho)* **2.** *(after negative)* ni ● **I can't read or write** no sé (ni) leer ni escribir

oral ['ɔːrəl] ◇ *adj* **1.** *(spoken)* oral **2.** *(of the mouth)* bucal ◇ *n* examen *m* oral

orange ['ɒrɪndʒ] ◇ *adj* naranja *(inv)* ◇ *n* naranja *f*

orange juice *n* zumo *m* (Esp) OR jugo *m* (Amér) de naranja

orange squash *n* (UK) naranjada *f*

orbit ['ɔːbɪt] *n* órbita *f*

orchard ['ɔːtʃəd] *n* huerto *m*

orchestra ['ɔːkɪstrə] *n* orquesta *f*

ordeal [ɔː'dɪːl] *n* calvario *m*

order ['ɔːdə'] ◇ *n* **1.** *(sequence, neatness, discipline)* orden *m* **2.** *(command, in restaurant)* orden *f* **3.** COMM pedido *m* ◇ *vt* **1.** *(command)* ordenar **2.** *(food, drink, taxi)* pedir **3.** COMM encargar ◇ *vi (in restaurant)* pedir ● **in order to** para ● **out of order** *(not working)* estropeado ● **in working order** en funcionamiento ● **to order sb to do sthg** ordenar a alguien que haga algo

order form *n* hoja *f* de pedido

ordinary ['ɔːdənrı] *adj* corriente

oregano [ˌɒrɪ'gɑːnəʊ] *n* orégano *m*

organ ['ɔːgən] *n* órgano *m*

organic [ɔː'gænɪk] *adj* orgánico(ca)

organization [ˌɔːgənaɪ'zeɪʃn] *n* organización *f*

organize ['ɔːgənaɪz] *vt* organizar

organizer ['ɔːgənaɪzəʳ] *n* **1.** *(person)* organizador *m*, -ra *f* **2.** *(diary)* agenda *f* **3.** *(electronic)* agenda *f* electrónica

orient ['ɔːrɪent] *vt* (*US*) ● **to orient o.s.** orientarse

oriental [ˌɔːrɪ'entl] *adj* oriental

orientate ['ɔːrɪenteɪt] *vt* ● **to orientate o.s.** orientarse

origin ['ɒrɪdʒɪn] *n* origen *m*

original [ə'rɪdʒənl] *adj* **1.** *(first)* originario(ria) **2.** *(novel)* original

originally [ə'rɪdʒənəlɪ] *adv* originalmente

originate [ə'rɪdʒəneɪt] *vi* ● **to originate (from)** nacer (de)

ornament ['ɔːnəmənt] *n* adorno *m*

ornamental [ˌɔːnə'mentl] *adj* ornamental

orphan ['ɔːfn] *n* huérfano *m*, -na *f*

orthodox ['ɔːθədɒks] *adj* ortodoxo(xa)

ostentatious [ˌɒsten'teɪʃəs] *adj* ostentoso(sa)

ostrich ['ɒstrɪtʃ] *n* avestruz *m*

other ['ʌðəʳ] ◇ *adj* otro(otra) ◇ *adv* ● **other than** excepto ● **the other (one)** el otro(la otra) ● **the other day** el otro día ● **one after the other** uno después del otro ◆ **others** *pron (additional ones)* otros *mpl*, otras *f* ● **the others** *(remaining ones)* los demás (las demás), los otros (las otras)

otherwise ['ʌðəwaɪz] *adv* **1.** *(or else)* sino **2.** *(apart from that)* por lo demás **3.** *(differently)* de otra manera

otter ['ɒtəʳ] *n* nutria *f*

ought [ɔːt] *aux vb* deber ● **it ought to be ready** debería de estar listo ● **you ought to do it** deberías hacerlo

ounce [aʊns] *n* = 28,35g, onza *f*

our ['aʊəʳ] *adj* nuestro(tra)

ours ['aʊəz] *pron* nuestro *m*, -tra *f* ● **a friend of ours** un amigo nuestro

ourselves [aʊə'selvz] *pron* **1.** *(reflexive)* nos **2.** *(after prep)* nosotros *mpl* mismos, nosotras mismas *f* ● **we did it ourselves** lo hicimos nosotros mismos

out [aʊt]
◇ *adj (light, cigarette)* apagado(da)
◇ *adv* **1.** *(outside)* fuera ● **to get out (of)** *(car)* bajar (de) ● **to go out (of)** salir (de) ● **it's cold out today** hace frío fuera hoy **2.** *(not at home, work)* fuera ● **to go out** salir ● **she's out** está fuera **3.** *(extinguished)* ● **put your cigarette out** apaga tu cigarrillo **4.** *(expressing removal)* ● **to take sthg out (of)** sacar algo (de) ● **to pour sthg out** *(liquid)* echar algo **5.** *(outwards)* hacia fuera ● **to stick out** sobresalir **6.** *(expressing exclusion)* fuera ▼ **keep out** prohibida la entrada **7.** ● **to be out** *(of game, competition)* perder **8.** *(in phrases)* ● **stay out of the sun** no te pongas al sol ● **made out of wood** (hecho) de madera ● **five out of ten women** cinco de cada diez mujeres ● **I'm out of cigarettes** no tengo (más) cigarrillos

outbreak ['aʊtbreɪk] *n* **1.** *(of war)* comienzo *m* **2.** *(of illness)* epidemia *f*

outburst ['aʊtbɜːst] *n* explosión *f*

outcome ['aʊtkʌm] *n* resultado *m*

outdated [,aʊt'deɪtɪd] *adj* anticuado (da)

outdo [,aʊt'duː] *vt* aventajar

outdoor ['aʊtdɔː'] *adj (swimming pool, activities)* al aire libre

outdoors [aʊt'dɔːz] *adv* al aire libre

outer ['aʊtə'] *adj* exterior

outer space *n* el espacio exterior

outfit ['aʊtfɪt] *n (clothes)* traje *m*

outing ['aʊtɪŋ] *n* excursión *f*

outlet ['aʊtlet] *n (pipe)* desagüe *m* ▼ no outlet *(US)* señal que indica que una carretera no tiene salida

outline ['aʊtlaɪn] *n* **1.** *(shape)* contorno *m* **2.** *(description)* esbozo *m*

outlook ['aʊtlʊk] *n* **1.** *(for future)* perspectivas *fpl* **2.** *(of weather)* pronóstico *m* **3.** *(attitude)* enfoque *m*

out-of-date *adj* **1.** *(old-fashioned)* anticuado(da) **2.** *(passport, licence)* caducado(da), vencido(da) *(Amér)*

outpatients' (department) ['aʊt-,peɪʃnts-] *n* departamento *m* de pacientes externos

output ['aʊtpʊt] *n* **1.** *(of factory)* producción *f* **2.** COMPUT *(printout)* impresión *f*

outrage ['aʊtreɪdʒ] *n (cruel act)* atrocidad *f*

outrageous [aʊt'reɪdʒəs] *adj (shocking)* indignante

outright [,aʊt'raɪt] *adv* **1.** *(tell, deny)* categóricamente **2.** *(own)* totalmente

outside ◇ *adv* [,aʊt'saɪd] fuera, afuera *(Amér)* ◇ *prep* ['aʊtsaɪd] fuera de, afuera de *(Amér)* ◇ *adj* ['aʊtsaɪd] **1.** *(exterior)*

exterior **2.** *(help, advice)* independiente ◇ *n* ['aʊtsaɪd] ● **the outside** *(of building, car, container)* el exterior; AUT *(in UK)* carril *m* de adelantamiento; AUT *(in Europe, US)* carril lento ● **an outside line** una línea exterior ● **outside of** *(US) (on the outside of)* fuera de; *(apart from)* aparte de

outside lane *n* **1.** *(in UK)* carril *m* de adelantamiento **2.** *(in Europe, US)* carril *m* lento

outsize ['aʊtsaɪz] *adj (clothes)* de talla grande

outskirts ['aʊtskɜːts] *npl* afueras *fpl*

outsource ['aʊtsɔːs] *vt* subcontratar

outsourcing ['aʊtsɔːsɪŋ] *n* subcontratación *f*

outstanding [,aʊt'stændɪŋ] *adj* **1.** *(remarkable)* destacado(da) **2.** *(problem, debt)* pendiente

outward ['aʊtwəd] *adj* **1.** *(journey)* de ida **2.** *(external)* visible

outwards ['aʊtwədz] *adv* hacia afuera

oval ['əʊvl] *adj* oval

ovation [əʊ'veɪʃn] *n* ovación *f*

oven ['ʌvn] *n* horno *m*

oven glove *n (UK)* guante *m* de horno

ovenproof ['ʌvnpruːf] *adj* refractario (ria)

oven-ready *adj* listo(ta) para hornear

over ['əʊvə'] ◇ *prep* **1.** *(above)* encima de ● **a lamp over the table** una lámpara encima de la mesa **2.** *(across)* por encima de ● **to walk over sthg** cruzar algo *(andando)* ● **it's just over the road** está mismo enfrente **3.** *(covering)* sobre ● **to smear the cream over the wound** untar la herida con la crema **4.** *(more than)* más de ● **it cost over £1,000** costó más de mil libras **5.** *(during)* durante ● **over the past two years** en los dos últimos años **6.** *(with regard to)* sobre ● **an argument over the price** una discusión sobre el precio

◇ *adv* **1.** *(downwards)* ● **to fall over** caerse ● **to push sthg over** empujar algo **2.** *(referring to position, movement)* ● **to drive/walk over** cruzar ● **over here** aquí ● **over there** allí **3.** *(round to other side)* ● **to turn sthg over** dar la vuelta a algo **4.** *(more)* ● **children aged 12 and over** niños de 12 años en adelante **5.** *(remaining)* ● **to be (left) over** quedar **6.** *(to one's house)* ● **to invite sb over for dinner** invitar a alguien a cenar **7.** *(in phrases)* ● **all over** *(finished)* terminado(da); *(throughout)* por todo

◇ *adj* *(finished)* ● **to be over** haber terminado

overall ◇ *adv* [ˌəʊvəˈrɔːl] en conjunto ◇ *n* [ˈəʊvərɔːl] **1.** *(UK)* *(coat)* guardapolvo *m* **2.** *(US)* *(boiler suit)* mono *m* (*Esp*), overol *m* (*Amér*) ● **how much does it cost overall?** ¿cuánto cuesta en total?

◆ **overalls** *npl* **1.** *(UK)* *(boiler suit)* mono *m* (*Esp*), overol *m* (*Amér*) **2.** *(US)* *(dungarees)* pantalones *mpl* de peto

overboard [ˈəʊvəbɔːd] *adv* *(from ship)* por la borda

overbooked [ˌəʊvəˈbʊkt] *adj* ● **to be overbooked** tener overbooking

overcame [ˌəʊvəˈkeɪm] *pt* ➤ overcome

overcast [ˌəʊvəˈkɑːst] *adj* cubierto(ta)

overcharge [ˌəʊvəˈtʃɑːdʒ] *vt* cobrar en exceso

overcoat [ˈəʊvəkəʊt] *n* abrigo *m*

overcome [ˌəʊvəˈkʌm] *(pt* **-came**, *pp* **-come)** *vt* *(defeat)* vencer

overcooked [ˌəʊvəˈkʊkt] *adj* demasiado hecho(cha) *(Esp)*, sobrecocido(da)

overcrowded [ˌəʊvəˈkraʊdɪd] *adj* atestado(da)

overdo [ˌəʊvəˈduː] *(pt* **-did**, *pp* **-done)** *vt* *(exaggerate)* exagerar ● **to overdo it** exagerar

overdone [ˌəʊvəˈdʌn] ◇ *pp* ➤ overdo ◇ *adj* *(food)* demasiado hecho(cha) *(Esp)*, sobrecocido(da)

overdose [ˈəʊvədəʊs] *n* sobredosis *f inv*

overdraft [ˈəʊvədrɑːft] *n* **1.** *(money owed)* saldo *m* deudor **2.** *(credit limit)* descubierto *m*

overdue [ˌəʊvəˈdjuː] *adj* **1.** *(bus, flight)* retrasado(da) **2.** *(rent, payment)* vencido(da)

over easy *adj* *(US)* *(egg)* frito(ta) por ambos lados

overexposed [ˌəʊvərɪkˈspəʊzd] *adj* sobreexpuesto(ta)

overflow ◇ *vi* [ˌəʊvəˈfləʊ] desbordarse ◇ *n* [ˈəʊvəfləʊ] *(pipe)* cañería *f* de desagüe

overgrown [ˌəʊvəˈɡrəʊn] *adj* cubierto (ta) de matojos

overhaul [ˌəʊvəˈhɔːl] *n* *(of machine, car)* revisión *f*

overhead ◇ *adj* [ˈəʊvəhed] aéreo(a) ◇ *adv* [ˌəʊvəˈhed] por lo alto

overhead locker *n* maletero *m* superior

overhear [ˌəʊvəˈhɪər] *(pt & pp* **-heard)** *vt* oír por casualidad

overheat [ˌəʊvəˈhiːt] *vi* recalentarse

overland ['əʊvəlænd] *adv* por vía terrestre

overlap [ˌəʊvəˈlæp] *vi* superponerse

overleaf [ˈəʊvəliːf] *adv* al dorso

overload [ˌəʊvəˈləʊd] *vt* sobrecargar

overlook ◇ *vt* [ˌəʊvəˈlʊk] **1.** (*subj: building, room*) dar a **2.** (*miss*) pasar por alto ◇ *n* ['əʊvəlʊk] ● **(scenic) overlook** (*US*) mirador *m*

overnight [*adv* ˌəʊvəˈnaɪt, *adj* 'əʊvənaɪt] ◇ *adv* **1.** (*during the night*) durante la noche **2.** (*until next day*) toda la noche ◇ *adj* (*train, journey*) de noche

overnight bag *n* bolso *m* de fin de semana

overpass [ˈəʊvəpɑːs] *n* (*US*) paso *m* elevado

overpowering [ˌəʊvəˈpaʊərɪŋ] *adj* arrollador(ra)

oversaw [ˌəʊvəˈsɔː] *pt* > **oversee**

overseas ◇ *adv* [ˌəʊvəˈsiːz] **1.** (*go*) al extranjero **2.** (*live*) en el extranjero ◇ *adj* ['əʊvəsiːz] **1.** (*holiday, branch*) en el extranjero **2.** (*student*) extranjero(ra)

oversee [ˌəʊvəˈsiː] (*pt* -**saw**, *pp* -**seen**) *vt* supervisar

overshoot [ˌəʊvəˈʃuːt] (*pt & pp* -**shot**) *vt* pasarse

oversight ['əʊvəsaɪt] *n* descuido *m*

oversleep [ˌəʊvəˈsliːp] (*pt & pp* -**slept**) *vi* dormirse, no despertarse a tiempo

overtake [ˌəʊvəˈteɪk] (*pt* -**took**, *pp* -**taken**) *vt & vi* (*UK*) adelantar ▼ **no overtaking** prohibido adelantar

overtime ['əʊvətaɪm] *n* horas *fpl* extra

overtook [ˌəʊvəˈtʊk] *pt* > **overtake**

overture ['əʊvəˌtjʊəʳ] *n* MUS obertura *f*

overturn [ˌəʊvəˈtɜːn] *vi* volcar

overweight [ˌəʊvəˈweɪt] *adj* gordo(da)

overwhelm [ˌəʊvəˈwelm] *vt* abrumar

owe [əʊ] *vt* deber ● **you owe me £50** me debes 50 libras ● **owing to** debido a

owl [aʊl] *n* búho *m*

own [əʊn] ◇ *adj* propio(pia) ◇ *vt* poseer ◇ *pron* ● **my own** el mío(la mía) ● **her own** la suya ● **his own** el suyo ● **on my own** solo(la) ● **to get one's own back** tomarse la revancha ◆ **own up** *vi* ● **to own up (to sthg)** confesar (algo)

owner ['əʊnəʳ] *n* propietario *m*, -ria *f*

ownership ['əʊnəʃɪp] *n* propiedad *f*

ox [ɒks] (*pl* **oxen**) *n* buey *m*

Oxbridge ['ɒksbrɪdʒ] *n las* universidades *de Oxford y Cambridge*

Oxbridge

Oxbridge es un término que combina las palabras Oxford y Cambridge, y que se usa para referirse a las dos universidades británicas más prestigiosas. Son universidades que se destacan por su calidad de enseñanza y de investigación. Para entrar en ellas hay que pasar por un riguroso proceso de selección.

oxtail soup ['ɒksteɪl-] *n* sopa *f* de rabo de buey

oxygen ['ɒksɪdʒən] *n* oxígeno *m*

oyster ['ɔɪstəʳ] *n* ostra *f*

oz *abbr* = **ounce**

ozone-friendly ['əʊzəʊn-] *adj* que no daña la capa de ozono

pP

p [pi:] *abbr* **1.** = penny, pence **2.** (*abbr of page*) pág.

pace [peɪs] *n* paso *m*

pacemaker ['peɪsˌmeɪkə'] *n* (*for heart*) marcapasos *m inv*

Pacific [pə'sɪfɪk] *n* ● **the Pacific (Ocean)** el (océano) Pacífico

pacifier ['pæsɪfaɪə'] *n* (*US*) (*for baby*) chupete *m*, chupón *m* (*Amér*)

pacifist ['pæsɪfɪst] *n* pacifista *mf*

pack [pæk] ◇ *n* **1.** (*packet*) paquete *m* **2.** (*of crisps*) bolsa *f* **3.** (*UK*) (*of cards*) baraja *f* **4.** (*rucksack*) mochila *f* ◇ *vt* **1.** (*suitcase, bag*) hacer **2.** (*clothes, camera etc*) meter en la maleta **3.** (*to package*) empaquetar ◇ *vi* hacer la maleta ● **a pack of lies** una sarta de mentiras ● **they packed all their possessions into the van** metieron todas sus posesiones en la furgoneta ● **to pack one's bags** hacerse las maletas ◆ **pack up** *vi* **1.** (*pack suitcase*) hacer las maletas **2.** (*tidy up*) recoger **3.** (*UK*) (*inf*) (*machine, car*) fastidiarse, fdescomponerse (*Amér*)

package ['pækɪdʒ] ◇ *n* paquete *m* ◇ *vt* envasar

package holiday *n* (*UK*) vacaciones *fpl* con todo incluido

packaging ['pækɪdʒɪŋ] *n* embalaje *m*

packed [pækt] *adj* (*crowded*) repleto(ta)

packed lunch *n* (*UK*) almuerzo preparado que se lleva al colegio, trabajo etc

packet ['pækɪt] *n* paquete *m* ● **it cost a packet** (*UK*) (*inf*) costó un dineral

packing ['pækɪŋ] *n* (*material*) embalaje *m* ● **to do one's packing** hacer el equipaje

pad [pæd] *n* **1.** (*of paper*) bloc *m* **2.** (*of cloth, cotton wool*) almohadilla *f* ● **shoulder pads** hombreras *fpl*

padded ['pædɪd] *adj* acolchado(da)

padded envelope *n* sobre *m* acolchado

paddle ['pædl] ◇ *n* (*pole*) pala *f* ◇ *vi* **1.** (*UK*) (*wade*) pasear por la orilla **2.** (*in canoe*) remar

paddling pool ['pædlɪŋ-] *n* (*in park*) estanque *m* para chapotear

padlock ['pædlɒk] *n* candado *m*

page [peɪdʒ] ◇ *n* página *f* ◇ *vt* **1.** (*on public system*) llamar por megafonía **2.** (*on pager*) contactar a alguien en el buscapersonas **3.** ▼ **paging Mr Hill** llamando a Mr Hill

pager ['peɪdʒə'] *n* buscapersonas *m*, bíper *m* (*Méx*)

paid [peɪd] ◇ *pt & pp* ➤ **pay** ◇ *adj* pagado(da)

pain [peɪn] *n* **1.** (*physical*) dolor *m* **2.** (*emotional*) pena *f* ● **to be in pain** sufrir dolor ● **he's such a pain!** (*inf*) ¡es una plasta! ◆ **pains** *npl* (*trouble*) esfuerzos *mpl*

painful ['peɪnfʊl] *adj* doloroso(sa) ● **my leg is painful** me duele la pierna

painkiller ['peɪnˌkɪlə'] *n* calmante *m*

paint [peɪnt] ◇ *n* pintura *f* ◇ *vt & vi* pintar ● **to paint one's nails** pintarse las uñas ◆ **paints** *npl* (*tubes, pots etc*) pinturas *fpl*

paintbrush ['peɪntbrʌʃ] n 1. (of decorator) brocha f 2. (of artist) pincel m

painter ['peɪntə'] n pintor m, -ra f

painting ['peɪntɪŋ] n 1. (picture) cuadro m 2. (artistic activity, trade) pintura f

pair [peə'] n (of two things) par m • in pairs por pares • a pair of pliers unos alicates • a pair of scissors unas tijeras • a pair of shorts unos pantalones cortos • a pair of tights un par de medias • a pair of trousers unos pantalones

pajamas [pə'dʒɑːməz] (US) = pyjamas

Pakistan [(UK) ,pɑːkɪ'stɑːn, (US) ,pækɪ'stæn] n Paquistán

Pakistani [(UK) ,pɑːkɪ'stɑːnɪ, (US) ,pækɪ'stænɪ] ◇ adj paquistaní ◇ n paquistaní mf

pakora [pə'kɔːrə] npl verduras rebozadas muy fritas y picantes, al estilo indio

pal [pæl] n (inf) colega mf

palace ['pælɪs] n palacio m

palatable ['pælətəbl] adj sabroso(sa)

palate ['pælət] n paladar m

pale [peɪl] adj 1. (not bright) claro(ra) 2. (skin) pálido(da)

pale ale n tipo de cerveza rubia

palm [pɑːm] n (of hand) palma f • palm (tree) palmera f

palpitations [,pælpɪ'teɪʃnz] npl palpitaciones fpl

pamphlet ['pæmflɪt] n folleto m

pan [pæn] n cazuela f

Panama [,pænə'mɑː] n Panamá

Panamanian [,pænə'meɪnjən] ◇ adj panameño(ña) ◇ n panameño m, -ña f

pancake ['pænkeɪk] n crepe f

panda ['pændə] n panda m

pane [peɪn] n cristal m

panel ['pænl] n 1. (of wood, on TV, radio) panel m 2. (group of experts) equipo m

paneling ['pænəlɪŋ] (US) = **panelling**

panelling ['pænəlɪŋ] n (UK) paneles mpl

panic ['pænɪk] (pt & pp **-ked**, cont **-king**) ◇ n pánico m ◇ vi aterrarse

panniers ['pænɪəz] npl (for bicycle) bolsas fpl para equipaje

panoramic [,pænə'ræmɪk] adj panorámico(ca)

pant [pænt] vi jadear

panties ['pæntɪz] npl (inf) bragas fpl (Esp), calzones mpl (Amér)

pantomime ['pæntəmaɪm] n (UK) musical humorístico infantil de Navidades

pantry ['pæntrɪ] n despensa f

pants [pænts] npl 1. (UK) (underwear) calzoncillos mpl 2. (US) (trousers) pantalones mpl

panty hose ['pæntɪ-] npl (US) medias fpl

paper ['peɪpə'] ◇ n 1. (material) papel m 2. (newspaper) periódico m 3. (exam) examen m ◇ adj de papel ◇ vt empapelar • a piece of paper (sheet) un papel; (scrap) un trozo de papel ♦ papers npl (documents) documentación f

paperback ['peɪpəbæk] n libro m en rústica

paper bag n bolsa f de papel

paperboy ['peɪpəbɔɪ] n repartidor m de periódicos

paper clip n clip m

papergirl ['peɪpəɡɜːl] n repartidora f de periódicos

paper shop n (UK) ≃ quiosco m de periódicos

paperweight ['peɪpəweɪt] *n* pisapapeles *m inv*

paprika ['pæprɪkə] *n* pimentón *m*

paracetamol [ˌpærəˈsiːtəmɒl] *n* paracetamol *m*

parachute ['pærəʃuːt] *n* paracaídas *m inv*

parade [pəˈreɪd] *n* **1.** *(procession)* desfile *m*

paradise ['pærədaɪs] *n* paraíso *m*

paraffin ['pærəfɪn] *n* parafina *f*

paragraph ['pærəgrɑːf] *n* párrafo *m*

Paraguay ['pærəgwaɪ] *n* (el) Paraguay

Paraguayan [ˌpærəˈgwaɪən] ◇ *adj* paraguayo(ya) ◇ *n* paraguayo *m*, -ya *f*

parallel ['pærəlel] *adj* ● parallel (to) paralelo(la)(a)

paralysed ['pærəlaɪzd] *adj* (*UK*) paralizado(da)

paralyzed ['pærəlaɪzd] (*US*) = **paralysed**

paramedic [ˌpærəˈmedɪk] *n* auxiliar *m* sanitario, auxiliar sanitaria *f*

paranoid ['pærənɔɪd] *adj* paranoico(ca)

parasite ['pærəsaɪt] *n* **1.** *(animal)* parásito *m* **2.** *(pej) (person)* parásito *m*, -ta *f*

parasol ['pærəsɒl] *n* sombrilla *f*

parcel ['pɑːsl] *n* paquete *m*

parcel post *n* servicio *m* de paquete postal

pardon ['pɑːdn] *excl* ● pardon? ¿perdón? ● pardon (me)! ¡perdone! ● I beg your pardon! *(apologizing)* ¡le ruego me perdone! ● I beg your pardon? *(asking for repetition)* ¿cómo dice?

parents ['peərənts] *npl* padres *mpl*

parish ['pærɪʃ] *n* **1.** *(of church)* parroquia *f* **2.** *(village area)* municipio *m*

park [pɑːk] ◇ *n* parque *m* ◇ *vt & vi* aparcar (*Esp*), estacionar (*Amér*)

park and ride *n* aparcamiento en las afueras de la ciudad en donde hay autobuses al centro

parking ['pɑːkɪŋ] *n* aparcamiento *m* (*Esp*), estacionamiento *m* (*Amér*)

parking brake *n* (*US*) freno *m* de mano

parking lot *n* (*US*) aparcamiento *m* (al aire libre), estacionamiento *m* (*Amér*)

parking meter *n* parquímetro *m*

parking space *n* sitio *m* (para aparcar)

parking ticket *n* multa *f* por aparcamiento (*Esp*) OR estacionamiento (*Amér*) indebido

parkway ['pɑːkweɪ] *n* (*US*) avenida *f* *(con zona ajardinada en el medio)*

parliament ['pɑːləmənt] *n* parlamento *m*

Parmesan (cheese) [pɑːmɪˈzæn-] *n* parmesano *m*

parrot ['pærət] *n* loro *m*

parsley ['pɑːslɪ] *n* perejil *m*

parsnip ['pɑːsnɪp] *n* chirivía *f*

parson ['pɑːsn] *n* párroco *m*

part [pɑːt] ◇ *n* **1.** parte *f*. **2.** *(of machine, car)* pieza *f* **3.** *(in play, film)* papel *m* **4.** (*US*) *(in hair)* raya *f* ◇ *adv* en parte ◇ *vi* *(couple)* separarse ● in this part of France en esta parte de Francia ● to form part of formar parte de ● to play a part in desempeñar un papel en ● to take part in tomar parte en ● for my part por mi parte ● for the most part en su mayoría ● in these parts por aquí

partial ['pɑːʃl] *adj* *(not whole)* parcial ●

to be partial to sthg ser aficionado(da) a algo

participant [paː'tisipənt] *n* participante *mf*

participate [paː'tisipeit] *vi* • **to participate (in)** participar (en)

particular [pə'tikjʊlə] *adj* **1.** (*specific, fussy*) particular **2.** (*special*) especial • **in particular** en particular • **nothing in particular** nada en particular • **particulars** *npl* (*details*) datos *mpl* personales

particularly [pə'tikjʊləli] *adv* especialmente

parting ['paːtiŋ] *n* (*UK*) (*in hair*) raya *f*

partition [paː'tiʃn] *n* (*wall*) tabique *m*

partly ['paːtli] *adv* en parte

partner ['paːtnə] *n* **1.** pareja *f* **2.** COMM socio *m*, -cia *f*

partnership ['paːtnəʃip] *n* asociación *f*

partridge ['paːtridʒ] *n* perdiz *f*

part-time *adj* & *adv* a tiempo parcial

party ['paːti] *n* **1.** (*for fun*) fiesta *f* **2.** POL partido *m* **3.** (*group of people*) grupo *m* • **to have a party** hacer una fiesta

pass [paːs] ◇ *vt* **1.** pasar **2.** (*house, entrance etc*) pasar por delante de **3.** (*person in street*) cruzarse con **4.** (*test, exam*) aprobar **5.** (*overtake*) adelantar **6.** (*law*) aprobar ◇ *vi* **1.** pasar **2.** (*overtake*) adelantar **3.** (*in test, exam*) aprobar ◇ *n* **1.** (*document, SPORT*) pase *m* **2.** (*in mountain*) desfiladero *m* **3.** (*in exam*) aprobado *m* • **please pass me the salt** pásame la sal, por favor ◆ **pass by** ◇ *vt insep* (*building, window etc*) pasar por ◇ *vi* pasar cerca ◆ **pass on** *vt sep* transmitir ◆ **pass out** *vi* (*faint*) desmayarse ◆ **pass up** *vt sep* (*opportunity*) dejar pasar

passable ['paːsəbl] *adj* **1.** (*road*) transitable **2.** (*satisfactory*) pasable

passage ['pæsidʒ] *n* **1.** (*corridor*) pasadizo *m* **2.** (*in book*) pasaje *m* **3.** (*sea journey*) travesía *f*

passageway ['pæsidʒwei] *n* pasadizo *m*

passenger ['pæsindʒə] *n* pasajero *m*, -ra *f*

passerby [,paːsə'bai] *n* transeúnte *mf*

passing place ['paːsiŋ-] *n* (*for cars*) apartadero *m*

passion ['pæʃn] *n* pasión *f*

passionate ['pæʃənət] *adj* apasionado (da)

passive ['pæsiv] *n* pasiva *f*

passport ['paːspɔːt] *n* pasaporte *m*

passport control *n* control *m* de pasaportes

passport photo *n* foto *f* de pasaporte

password ['paːswɜːd] *n* contraseña *f*

past [paːst] ◇ *adj* **1.** (*at earlier time*) anterior **2.** (*finished*) terminado(da) **3.** (*last*) último(ma) **4.** (*former*) antiguo(gua) ◇ *prep* **1.** (*further than*) más allá de **2.** (*in front of*) por delante de, por enfrente de (*Amér*) ◇ *n* pasado *m* ◇ *adv* • **to run past** pasar corriendo • **past (tense)** pasado • **the past month** el mes pasado • **twenty past four** las cuatro y veinte • **in the past** en el pasado

pasta ['pæstə] *n* pasta *f*

paste [peist] ◇ *adj* **1.** (*spread*) paté *m* **2.** (*glue*) engrudo *m*

pastel ['pæstl] *n* pastel *m*

pasteurized ['paːstʃəraizd] *adj* pasteurizado(da)

pastille ['pæstil] *n* pastilla *f*

pastime ['pɑːstaɪm] n pasatiempo m

pastry ['peɪstrɪ] n **1.** (for pie) pasta f **2.** (cake) pastel m

pasture ['pɑːstʃəʳ] n pasto m

pat [pæt] vt golpear ligeramente

patch [pætʃ] n **1.** (for clothes) remiendo m **2.** (of colour, damp, for eye) parche m **3.** (for skin) esparadrapo m ● **a bad patch** (fig) un mal momento

pâté ['pæteɪ] n paté m

patent [(UK) 'peɪtənt, (US) 'pætənt] n patente f

path [pɑːθ] n (in garden, park, country) camino m

pathetic [pə'θetɪk] adj (pej) (useless) inútil

patience ['peɪʃns] n **1.** (quality) paciencia f **2.** (UK) (card game) solitario m

patient ['peɪʃnt] ◇ adj paciente ◇ n paciente mf

patio ['pætɪəʊ] n patio m

patriotic [(UK) ˌpætrɪˈɒtɪk, (US) ˌpeɪtrɪˈɒtɪk] adj patriótico(ca)

patrol [pə'trəʊl] ◇ vt patrullar ◇ n patrulla f

patrol car n coche m patrulla

patron ['peɪtrən] n (fml) (customer) cliente mf ▼ **patrons only** sólo para clientes

patronizing ['pætrənaɪzɪŋ] adj condesciente

pattern ['pætn] n **1.** (of shapes, colours) diseño m **2.** (for sewing) patrón m

patterned ['pætənd] adj estampado(da)

pause [pɔːz] ◇ n pausa f ◇ vi **1.** (when speaking) hacer una pausa **2.** (in activity) detenerse

pavement ['peɪvmənt] n **1.** (UK) (beside road) acera f **2.** (US) (roadway) calzada f

pavilion [pə'vɪljən] n pabellón m

paving stone ['peɪvɪŋ-] n losa f

pavlova [pæv'ləʊvə] n postre de merengue relleno de fruta y nata montada

paw [pɔː] n pata f

pawn [pɔːn] ◇ vt empeñar ◇ n (in chess) peón m

pay [peɪ] (pt & pp **paid**) ◇ vt pagar ◇ vi **1.** (give money) pagar **2.** (be profitable) ser rentable ◇ n paga f ● **have you paid the waiter for the drinks?** ¿le has pagado las bebidas al camarero? ● **to pay money into an account** ingresar dinero en una cuenta ● **to pay attention (to)** prestar atención (a) ● **to pay sb a visit** hacer una visita a alguien ● **to pay by credit card** pagar con tarjeta de crédito ◆ **pay back** vt sep **1.** (money) devolver **2.** (person) devolver el dinero a ◆ **pay for** vt insep pagar ◆ **pay in** vt sep ingresar (Esp), depositar (Amér) ◆ **pay out** vt sep (money) pagar ◆ **pay up** vi pagar

payable ['peɪəbl] adj (bill) pagadero(ra) ● **payable to** (cheque) a favor de

payment ['peɪmənt] n pago m

pay-per-view adj (television, distributor) de pago (Esp), pago (Amér)

payphone ['peɪfəʊn] n teléfono m público

pay television, pay TV n televisión f de pago (Esp) OR paga (Amér)

PC [ˌpiːˈsiː] n **1.** (abbr of personal computer) ordenador personal PC m **2.** (UK) (abbr of police constable) policía mf

PDF [ˌpiːdiːˈef] n (abbr of portable document format) PDF m

PE *abbr* = physical education

pea [pi:] *n* guisante *m* (*Esp*), arveja *m*

peace [pi:s] *n* paz *f* ● **to leave sb in peace** dejar a alguien en paz ● **peace and quiet** tranquilidad *f*

peaceful ['pi:sful] *adj* **1.** (*place, day, feeling*) tranquilo(la) **2.** (*demonstration*) pacífico(ca)

peach [pi:tʃ] *n* melocotón *m* (*Esp*), durazno *m* (*Amér*)

peacock ['pi:kɒk] *n* pavo *m* real

peak [pi:k] *n* **1.** (*of mountain*) pico *m* **2.** (*of hat*) visera *f* **3.** (*fig*) (*highest point*) apogeo *m*

peak hours *npl* horas *fpl* punta (*Esp*) OR pico (*Amér*)

peak rate *n* (*on telephone*) tarifa *f* de hora punta (*Esp*) OR pico (*Amér*)

peanut ['pi:nʌt] *n* cacahuete *m* (*Esp*), maní *m* (*Amér*)

peanut butter *n* manteca *f* de cacahuete (*Esp*), mantequilla *f* de maní (*Amér*)

pear [peə'] *n* pera *f*

pearl [pɜ:l] *n* perla *f*

peasant ['peznt] *n* campesino *m*, -na *f*

pebble ['pebl] *n* guijarro *m*

pecan pie ['pi:kæn-] *n* tartaleta de pacanas

peck [pek] *vi* picotear

peculiar [pɪ'kju:ljə'] *adj* (*strange*) peculiar ● **to be peculiar to** ser propio(pia) de

peculiarity [pɪ,kju:lɪ'ærətɪ] *n* (*special feature*) peculiaridad *f*

pedal ['pedl] ◇ *n* pedal *m* ◇ *vi* pedalear

pedalo ['pedələʊ] (*pl* **-s**) *n* (*UK*) patín *m* (*de agua*)

pedestrian [pɪ'destrɪən] *n* peatón *m*

pedestrian crossing *n* (*UK*) paso *m* de peatones

pedestrianized [pɪ'destrɪənaɪzd] *adj* peatonal

pedestrian precinct *n* (*UK*) zona *f* peatonal

pedestrian zone (*US*) = **pedestrian precinct**

pee [pi:] ◇ *vi* (*inf*) mear ◇ *n* ● **to have a pee** (*inf*) echar una meada

peel [pi:l] ◇ *n* piel *f* ◇ *vt* pelar ◇ *vi* **1.** (*paint*) descascarillarse **2.** (*skin*) pelarse

peep [pi:p] *n* ● **to have a peep** echar una ojeada

peer [pɪə'] *vi* mirar con atención

peg [peg] *n* **1.** (*for tent*) estaca *f* **2.** (*hook*) gancho *m* **3.** (*UK*) (*for washing*) pinza *f*

pelican crossing ['pelɪkən-] *n* (*UK*) paso de peatones con semáforo que el usuario puede accionar apretando un botón

pelvis ['pelvɪs] *n* pelvis *f*

pen [pen] *n* **1.** (*ballpoint pen*) bolígrafo *m* **2.** (*fountain pen*) pluma *f* (estilográfica) (*Esp*), pluma *f* fuente (*Amér*) **3.** (*for animals*) corral *m*

penalty ['penltɪ] *n* **1.** (*fine*) multa *f* **2.** (*in football*) penalti *m*

pence [pens] *npl* (*UK*) peniques *mpl*

pencil ['pensl] *n* lápiz *m*

pencil case *n* estuche *m*

pencil sharpener [-'ʃɑ:pnə'] *n* sacapuntas *m inv*

pendant ['pendənt] *n* colgante *m*

pending ['pendɪŋ] *prep* (*fml*) a la espera de

penetrate ['penɪtreɪt] *vt* (*pierce*) penetrar en

penfriend ['penfrend] *n* (UK) amigo *m*, -ga *f* por correspondencia

penguin ['peŋgwɪn] *n* pingüino *m*

penicillin [,penɪ'sɪlɪn] *n* penicilina *f*

peninsula [pə'nɪnsjʊlə] *n* península *f*

penis ['piːnɪs] *n* pene *m*

penknife ['pennaɪf] (*pl* **-knives**) *n* navaja *f*

penny ['penɪ] (*pl* **pennies**) *n* **1.** (in UK) penique *m* **2.** (in US) centavo *m*

pension ['penʃn] *n* pensión *f*

pensioner ['penʃənə'] *n* pensionista *mf*

penthouse ['penthaʊs] *n* ático *m*, penthouse *m* (Amér)

penultimate [pe'nʌltɪmət] *adj* penúltimo(ma)

people ['piːpl] ◇ *npl* **1.** (persons) personas *fpl* **2.** (in general) gente *f* ◇ *n* (nation) pueblo *m* ● **the people** (citizens) el pueblo

people carrier *n* (UK) monovolumen *m*

pepper ['pepə'] *n* **1.** (spice) pimienta *f* **2.** (vegetable) pimiento *m*

peppermint ['pepəmɪnt] ◇ *adj* de menta ◇ *n* (sweet) caramelo *m* de menta

per [pɜː'] *prep* por ● **per person** por persona ● **per week** por semana ● **£20 per night** 20 libras por noche

perceive [pə'siːv] *vt* percibir

per cent *adv* por ciento

percentage [pə'sentɪdʒ] *n* porcentaje *m*

perch [pɜːtʃ] *n* (for bird) percha *f*

percolator ['pɜːkəleɪtə'] *n* percolador *m*

perfect ◇ *adj* ['pɜːfɪkt] perfecto(ta) ◇ *vt* [pə'fekt] perfeccionar ◇ *n* ['pɜːfɪkt] ● **the perfect** (tense) el perfecto

perfection [pə'fekʃn] *n* ● **to do sthg to**

perfection hacer algo a la perfección

perfectly ['pɜːfɪktlɪ] *adv* (very well) perfectamente

perform [pə'fɔːm] ◇ *vt* **1.** (task, operation) realizar **2.** (play) representar **3.** (concert) interpretar ◇ *vi* (actor, singer) actuar

performance [pə'fɔːməns] *n* **1.** (of play, concert, film) función *f* **2.** (by actor, musician) actuación *f* **3.** (of car) rendimiento *m*

performer [pə'fɔːmə'] *n* intérprete *mf*

perfume ['pɜːfjuːm] *n* perfume *m*

perhaps [pə'hæps] *adv* quizás

perimeter [pə'rɪmɪtə'] *n* perímetro *m*

period ['pɪərɪəd] ◇ *n* **1.** periodo *m* **2.** SCH hora *f* **3.** (US) (full stop) punto *m* ◇ *adj* de época ● **sunny periods** intervalos *mpl* de sol

periodic [,pɪərɪ'ɒdɪk] *adj* periódico(ca)

period pains *npl* dolores *mpl* menstruales

periphery [pə'rɪfərɪ] *n* periferia *f*

perishable ['perɪʃəbl] *adj* perecedero(ra)

perk [pɜːk] *n* beneficio *m* adicional

perm [pɜːm] ◇ *n* permanente *f* ◇ *vt* ● **to have one's hair permed** hacerse una permanente

permanent ['pɜːmənənt] *adj* permanente

permanent address *n* domicilio *m* fijo

permanently ['pɜːmənəntlɪ] *adv* permanentemente

permissible [pə'mɪsəbl] *adj* (fml) lícito(ta)

permission [pə'mɪʃn] *n* permiso *m*

permit ◇ *vt* [pə'mɪt] permitir ◇ *n*

['pɜ:mɪt] permiso m ● **to permit sb to do sthg** permitir a alguien hacer algo ▼ **permit holders only** aparcamiento prohibido a personas no autorizadas

perpendicular [,pɜ:pən'dɪkjələʳ] *adj* perpendicular

persevere [,pɜ:sɪ'vɪəʳ] *vi* perseverar

persist [pə'sɪst] *vi* persistir ● **to persist in doing sthg** empeñarse en hacer algo

persistent [pə'sɪstənt] *adj* **1.** persistente **2.** tenaz

person ['pɜ:sn] (*pl* **people**) *n* persona *f* ● **in person** en persona

personal ['pɜ:sənl] *adj* **1.** personal **2.** (*life, letter*) privado(da) **3.** (*rude*) ofensivo(va) ● **a personal friend** un amigo íntimo

personal assistant *n* asistente *m*, -ta *f* personal

personal belongings *npl* efectos *mpl* personales

personal computer *n* ordenador *m* personal (*Esp*), computadora *f* personal (*Amér*)

personality [,pɜ:sə'nælətɪ] *n* personalidad *f*

personally ['pɜ:snəlɪ] *adv* personalmente

personal property *n* bienes *mpl* muebles

personal stereo *n* walkman ® *m*

personnel [,pɜ:sə'nel] *npl* personal *m*

perspective [pə'spektɪv] *n* perspectiva *f*

perspiration [,pɜ:spə'reɪʃn] *n* transpiración *f*

persuade [pə'sweɪd] *vt* ● **to persuade sb (to do sthg)** persuadir a alguien (para que haga algo) ● **to persuade sb**

that ... persuadir a alguien de que ...

persuasive [pə'sweɪsɪv] *adj* persuasivo(va)

Peru [pə'ru:] *n* Perú

Peruvian [pə'ru:vjən] ◇ *adj* peruano(na) ◇ *n* peruano *m*, -na *f*

pervert [pə'vɜ:t] *n* pervertido *m*, -da *f*

pessimist ['pesɪmɪst] *n* pesimista *mf*

pessimistic [,pesɪ'mɪstɪk] *adj* pesimista

pest [pest] *n* **1.** (*insect*) insecto *m* nocivo **2.** (*animal*) animal *m* nocivo **3.** (*inf*) (*person*) pelma *mf*

pester ['pestəʳ] *vt* incordiar

pesticide ['pestɪsaɪd] *n* pesticida *m*

pet [pet] *n* animal *m* de compañía ● **the teacher's pet** el favorito(la favorita) del maestro

petal ['petl] *n* pétalo *m*

pet food *n* alimentos *mpl* para animales de compañía

petition [pɪ'tɪʃn] *n* petición *f*

petrified ['petrɪfaɪd] *adj* (*frightened*) aterrado(da)

petrol ['petrəl] *n* (*UK*) gasolina *f*

petrol gauge *n* (*UK*) indicador *m* del nivel de carburante

petrol pump *n* (*UK*) surtidor *m* de gasolina

petrol station *n* (*UK*) gasolinera *f*

petrol tank *n* (*UK*) depósito *m* de gasolina

pet shop *n* tienda *f* de animales de compañía

petticoat ['petɪkəʊt] *n* combinación *f*

petty ['petɪ] *adj* (*pej*) (*person, rule*) mezquino(na)

petty cash *n* dinero *m* para pequeños gastos

pew [pju:] *n* banco *m* (*de iglesia*)

pewter ['pju:tə'] *n* peltre *m*

PG [pi:'dʒi:] (*UK*) (*film*) (*abbr of* parental guidance) *con algunas escenas no aptas para menores de 15 años*

pharmacist ['fɑ:məsɪst] *n* farmacéutico *m*, -ca *f*

pharmacy ['fɑ:məsɪ] *n* (*shop*) farmacia *f*

phase [feɪz] *n* fase *f*

PhD *n* (*degree*) doctorado *m*

pheasant ['feznt] *n* faisán *m*

phenomena [fɪ'nɒmɪnə] *pl* ➤ phenomenon

phenomenal [fɪ'nɒmɪnl] *adj* fenomenal

phenomenon [fɪ'nɒmɪnən] (*pl* -mena) *n* fenómeno *m*

Philippines ['fɪlɪpi:nz] *npl* ● the Philippines (las) Filipinas

philosophy [fɪ'lɒsəfɪ] *n* filosofía *f*

phlegm [flem] *n* (*in throat*) flema *f*

phone [fəʊn] ◇ *n* teléfono *m* ◇ *vt & vi* telefonear ● on the phone (*talking*) al teléfono ● **phone up** *vt sep & vi* llamar (por teléfono)

phone book *n* guía *f* telefónica

phone booth *n* teléfono *m* público

phone box *n* (*UK*) cabina *f* de teléfono

phone call *n* llamada *f* telefónica

phonecard ['fəʊnkɑ:d] *n* tarjeta *f* telefónica

phone number *n* número *m* de teléfono

photo ['fəʊtəʊ] *n* foto *f* ● to take a photo of (*person*) sacar una foto a; (*thing*) sacar una foto de

photo album *n* álbum *m* de fotos

photocopier [,fəʊtəʊ'kɒpɪə'] *n* fotocopiadora *f*

photocopy ['fəʊtəʊ,kɒpɪ] ◇ *n* fotocopia *f* ◇ *vt* fotocopiar

photograph ['fəʊtəgrɑ:f] ◇ *n* fotografía *f* ◇ *vt* fotografiar

photographer [fə'tɒgrəfə'] *n* fotógrafo *m*, -fa *f*

photography [fə'tɒgrəfɪ] *n* fotografía *f*

phrase [freɪz] *n* frase *f*

phrasebook ['freɪzbʊk] *n* libro *m* de frases

physical ['fɪzɪkl] ◇ *adj* físico(ca) ◇ *n* reconocimiento *m* médico

physical education *n* educación *f* física

physics ['fɪzɪks] *n* física *f*

physiotherapy [,fɪzɪəʊ'θerəpɪ] *n* (*UK*) fisioterapia *f*

pianist ['pɪənɪst] *n* pianista *mf*

piano [pɪ'ænəʊ] (*pl* -s) *n* piano *m*

pick [pɪk] ◇ *vt* **1.** (*select*) escoger **2.** (*fruit, flowers*) coger ◇ *n* (*pickaxe*) piqueta *f* ● to pick a fight buscar camorra ● to pick one's nose hurgarse la nariz ● to take one's pick escoger lo que uno quiera ● **pick on** *vt insep* meterse con ◆ **pick out** *vt sep* **1.** (*select*) escoger **2.** (*see*) distinguir ◆ **pick up** ◇ *vt sep* **1.** recoger **2.** (*lift up*) recoger (del suelo) **3.** (*bargain, habit*) adquirir **4.** (*language, hints*) aprender **5.** (*inf*) (*woman, man*) ligar con ◇ *vi* (*improve*) mejorar

pickle ['pɪkl] *n* **1.** (*UK*) (*food*) condimento hecho con trozos de frutas y verduras maceradas hasta formar una salsa agridulce **2.** (*US*) (*pickled cucumber*) pepinillo *m* encurtido

pickled onion ['pɪkld-] *n* cebolleta *f* en vinagre

pickpocket ['pɪk,pɒkɪt] *n* carterista *mf*
pick-up (truck) *n* camioneta *f*
picnic ['pɪknɪk] *n* comida *f* campestre
picnic area *n* ≃ zona *f* de picnics
picture ['pɪktʃəʳ] *n* **1.** (painting) cuadro *m* **2.** (drawing) dibujo *m* **3.** (photograph) foto *f* **4.** (on TV) imagen *f* **5.** (film) película *f*
picture frame *n* marco *m* (para fotos)
picturesque [,pɪktʃəˈresk] *adj* pintoresco(ca)
pie [paɪ] *n* **1.** (savoury) empanada *f* **2.** (sweet) tarta *f* (cubierta de hojaldre)
piece [piːs] *n* **1.** (part, bit) trozo *m* **2.** (component, in chess, of music) pieza *f* ● a 20p piece una moneda de 20 peniques ● a piece of advice un consejo ● a piece of clothing una prenda de vestir ● a piece of furniture un mueble ● a piece of paper una hoja de papel ● to fall to pieces deshacerse ● in one piece (intact) intacto; (unharmed) sano y salvo
pier [pɪəʳ] *n* paseo *m* marítimo (sobre malecón)
pierce [pɪəs] *vt* perforar ● to have one's ears pierced hacerse agujeros en las orejas
pig [pɪg] *n* **1.** (animal) cerdo *m* **2.** (inf) (greedy person) tragón *m*, -ona *f*
pigeon ['pɪdʒɪn] *n* paloma *f*
pigeonhole ['pɪdʒɪnhəʊl] *n* casilla *f*
pigtail ['pɪgteɪl] *n* trenza *f*
pike [paɪk] *n* (fish) lucio *m*
pilau rice ['pɪlaʊ-] *n* arroz de distintos colores, condimentado con especias orientales
pilchard ['pɪltʃəd] *n* sardina *f*
pile [paɪl] ◇ *n* **1.** (heap) montón *m* **2.**

(neat stack) pila *f* ◇ *vt* amontonar ● piles of (inf) (a lot) un montón de ◆
pile up ◇ *vt sep* amontonar ◇ *vi* (accumulate) acumularse
piles [paɪlz] *npl* MED almorranas *fpl*
pileup ['paɪlʌp] *n* colisión *f* en cadena
pill [pɪl] *n* pastilla *f* ● the pill la píldora
pillar ['pɪləʳ] *n* pilar *m*
pillar box *n* (UK) buzón *m*
pillion ['pɪljən] *n* ● to ride pillion ir sentado atrás (en moto)
pillow ['pɪləʊ] *n* **1.** (for bed) almohada *f* **2.** (US) (on chair, sofa) cojín *m*
pillowcase ['pɪləʊkeɪs] *n* funda *f* de la almohada
pilot ['paɪlət] *n* piloto *mf*
pilot light *n* piloto *m*
pimple ['pɪmpl] *n* grano *m*
pin [pɪn] ◇ *n* **1.** (for sewing) alfiler *m* **2.** (drawing pin) chincheta *f* **3.** (safety pin) imperdible *m* **4.** (US) (brooch) broche *m* **5.** (US) (badge) chapa *f*, pin *m* ◇ *vt* (fasten) prender ● a two-pin plug un enchufe de dos clavijas ● pins and needles hormigueo *m*
pinafore ['pɪnəfɔːʳ] *n* **1.** (UK) (apron) delantal *m* **2.** (dress) pichi *m* (Esp), jumper *m* (Amér)
pinball ['pɪnbɔːl] *n* flípper *m*
pincers ['pɪnsəz] *npl* (tool) tenazas *fpl*
pinch [pɪntʃ] ◇ *vt* **1.** (squeeze) pellizcar **2.** (UK) (inf) (steal) mangar ◇ *n* (of salt) pizca *f*
pine [paɪn] ◇ *n* pino *m* ◇ *adj* de pino
pineapple ['paɪnæpl] *n* piña *f*
pink [pɪŋk] ◇ *adj* rosa (inv) ◇ *n* (colour) rosa *m*
pinkie ['pɪŋkɪ] *n* dedo *m* meñique

PIN number *n* número *m* personal de identificación

pint [paɪnt] *n* **1.** *(in UK)* = 0,568 litros pinta *f* **2.** *(in US)* = 0,473 litros pinta ● **a pint (of beer)** *(UK)* *(UK)* una jarra de cerveza

pip [pɪp] *n* *(UK)* *(of fruit)* pepita *f*

pipe [paɪp] *n* **1.** *(for smoking)* pipa *f* **2.** *(for gas, water)* tubería *f*

pipe cleaner *n* limpiapipas *m inv*

pipeline ['paɪplaɪn] *n* *(for oil)* oleoducto *m*

pirate ['paɪrət] *n* pirata *m*

Pisces ['paɪsi:z] *n* Piscis *m inv*

piss [pɪs] ◇ *vi* *(vulg)* mear, hacer pís ● *n* ● **to have a piss** *(vulg)* echar una meada ● **it's pissing down** *(vulg)* está lloviendo que te cagas

pissed [pɪst] *adj* **1.** *(UK)* *(vulg)* *(drunk)* mamado(da) *(Esp)*, tomado(da) *(Amér)* **2.** *(US)* *(vulg)* *(angry)* cabreado(da)

pissed off *adj* *(vulg)* cabreado(da)

pistachio [pɪˈstɑːʃɪəʊ] ◇ *n* pistacho *m* ◇ *adj* de pistacho

pistol ['pɪstl] *n* pistola *f*

piston ['pɪstən] *n* pistón *m*

pit [pɪt] *n* **1.** *(hole)* hoyo *m* **2.** *(coalmine)* mina *f* **3.** *(for orchestra)* foso *m* de la orquesta **4.** *(US)* *(in fruit)* hueso *m*

pitch [pɪtʃ] ◇ *n* *(UK)* SPORT campo *m* ◇ *vt* *(throw)* lanzar ● **to pitch a tent** montar una tienda de campaña

pitcher ['pɪtʃə^r] *n* **1.** *(UK)* *(large jug)* cántaro *m* **2.** *(US)* *(small jug)* jarra *f*

pitfall ['pɪtfɔːl] *n* escollo *m*

pith [pɪθ] *n* *(of orange)* parte blanca de la corteza

pitta (bread) ['pɪtə-] *n* fina torta de pan ácimo

pitted ['pɪtɪd] *adj* *(olives)* deshuesado (da)

pity ['pɪtɪ] *n* *(compassion)* lástima *f* ● **to have pity on sb** compadecerse de alguien ● **it's a pity (that) ...** es una pena que ... ● **what a pity!** ¡qué pena!

pivot ['pɪvət] *n* eje *m*

pizza ['pi:tsə] *n* pizza *f*

pizzeria [ˌpi:tsə'rɪə] *n* pizzería *f*

Pl. *(abbr of Place)* nombre de ciertas calles en Gran Bretaña

placard ['plækɑːd] *n* pancarta *f*

place [pleɪs] ◇ *n* **1.** *(location)* sitio *m*, lugar *m* **2.** *(house, flat)* casa *f* **3.** *(seat)* asiento *m* **4.** *(proper position)* sitio *m* **5.** *(in race, list)* lugar *m* **6.** *(at table)* cubierto *m* ◇ *vt* **1.** *(put)* colocar **2.** *(an order, bet)* hacer ● **in the first place ...** en primer lugar ... ● **to take place** tener lugar ● **to take sb's place** sustituir a alguien ● **all over the place** por todas partes ● **in place of** en lugar de

place mat *n* mantel *m* individual

placement ['pleɪsmənt] *n* *(UK)* colocación *f* temporal

place of birth *n* lugar *m* de nacimiento

plague [pleɪg] *n* peste *f*

plaice [pleɪs] *n* platija *f*

plain [pleɪn] ◇ *adj* **1.** *(not decorated)* liso(sa) **2.** *(simple)* sencillo(lla) **3.** *(clear)* claro(ra) **4.** *(paper)* sin rayas **5.** *(pej)* *(not attractive)* sin ningún atractivo ◇ *n* llanura *f*

plain chocolate *n* *(UK)* chocolate *m* amargo

plainly ['pleɪnlɪ] *adv* **1.** *(obviously)* evidentemente **2.** *(distinctly)* claramente

plait [plæt] ◇ *n* (UK) trenza *f* ◇ *vt* (UK) trenzar

plan [plæn] ◇ *n* **1.** *(scheme, project)* plan *m* **2.** *(drawing)* plano *m* ◇ *vt* *(organize)* planear ● **have you any plans for tonight?** ¿tienes algún plan para esta noche? ● **according to plan** según lo previsto ● **to plan to do sthg, to plan on doing sthg** pensar hacer algo

plane [pleɪn] *n* **1.** *(aeroplane)* avión *m* **2.** *(tool)* cepillo *m*

planet ['plænɪt] *n* planeta *m*

plank [plæŋk] *n* tablón *m*

plant [plɑːnt] ◇ *n* planta *f* ◇ *vt* **1.** *(seeds, tree)* plantar **2.** *(land)* sembrar ▼ **heavy plant crossing** *cartel que indica peligro por salida de vehículos pesados*

plaque [plɑːk] *n* placa *f*

plaster ['plɑːstə'] *n* **1.** (UK) *(for cut)* tirita ® *f* (Esp), curita ® *f* (Amér) **2.** *(for walls)* escayola *f* (Esp), yeso *m* (Amér) ● **in plaster** escayolado

plaster cast *n* *(for broken bones)* escayola *f* (Esp), yeso *m* (Amér)

plastic ['plæstɪk] ◇ *n* plástico *m* ◇ *adj* de plástico

plastic bag *n* bolsa *f* de plástico

Plasticine ® ['plæstɪsiːn] *n* (UK) plastilina ® *f*

plate [pleɪt] *n* **1.** *(for food)* plato *m* **2.** *(of metal)* placa *f*

plateau ['plætəʊ] *n* meseta *f*

plate-glass *adj* de vidrio cilindrado

platform ['plætfɔːm] *n* **1.** *(at railway station)* andén *m* **2.** *(raised structure)* plataforma *f* ● **platform 12** la vía 12

platinum ['plætɪnəm] *n* platino *m*

platter ['plætə'] *n* CULIN combinado, *especialmente de mariscos, servido en una fuente alargada*

play [pleɪ] ◇ *vt* **1.** *(sport, game)* jugar a **2.** *(music, instrument)* tocar **3.** *(opponent)* jugar contra **4.** *(CD, tape, record)* poner **5.** *(role, character)* representar ◇ *vi* **1.** *(child, in sport, game)* jugar **2.** *(musician)* tocar ◇ *n* **1.** *(in theatre, on TV)* obra *f* (de teatro) **2.** *(button on CD, tape recorder)* botón *m* del "play" ● **play back** *vt sep* volver a poner ● **play up** *vi* dar guerra

player ['pleɪə'] *n* **1.** *(of sport, game)* jugador *m*, -ra *f* **2.** *(of musical instrument)* intérprete *mf*

playful ['pleɪfʊl] *adj* juguetón(ona)

playground ['pleɪgraʊnd] *n* **1.** *(in school)* patio *m* de recreo **2.** *(in park etc)* zona *f* recreativa

playgroup ['pleɪgruːp] *n* (UK) *grupo para niños de edad preescolar*

playing card ['pleɪɪŋ-] *n* carta *f*

playing field ['pleɪɪŋ-] *n* campo *m* de deportes

playroom ['pleɪrʊm] *n* cuarto *m* de los juguetes

playschool ['pleɪskuːl] (UK) = **playgroup**

playtime ['pleɪtaɪm] *n* recreo *m*

playwright ['pleɪraɪt] *n* dramaturgo *m*, -ga *f*

plc [piːel'siː] (UK) *(abbr of* public limited company*)* ≃ S.A. *(sociedad anónima)*

pleasant ['pleznt] *adj* agradable

please [pliːz] ◇ *adv* por favor ◇ *vt* complacer ● **yes please!** ¡sí, gracias! ● **whatever you please** lo que desee

pleased [pli:zd] *adj* contento(ta) ● **to be pleased with** estar contento con ● **pleased to meet you!** ¡encantado(da) de conocerle!

pleasure ['pleʒəʳ] *n* placer *m* ● **with pleasure** con mucho gusto ● **it's a pleasure!** ¡es un placer!

pleat [pli:t] *n* pliegue *m*

pleated ['pli:tɪd] *adj* plisado(da)

plentiful ['plentɪfʊl] *adj* abundante

plenty ['plentɪ] *pron* de sobra ● **plenty of money** dinero de sobra ● **plenty of chairs** sillas de sobra

pliers ['plaɪəz] *npl* alicates *mpl*

plonk [plɒŋk] *n* (UK) (inf) (wine) vino *m* peleón

plot [plɒt] *n* 1. (scheme) complot *m* 2. (of story, film, play) trama *f* 3. (of land) parcela *f*

plough [plaʊ] ◇ *n* (UK) arado *m* ◇ *vt* (UK) arar

ploughman's (lunch) ['plaʊmənz-] *n* (UK) tabla de queso servida con pan, cebolla, ensalada y salsa agridulce

plow [plaʊ] (US) = **plough**

ploy [plɔɪ] *n* estratagema *f*

pluck [plʌk] *vt* 1. (eyebrows) depilar (con pinzas) 2. (chicken) desplumar

plug [plʌg] *n* 1. (electrical) enchufe *m* 2. (for bath, sink) tapón *m* ● **plug in** *vt sep* enchufar

plughole ['plʌghəʊl] *n* (UK) agujero *m* del desagüe

plum [plʌm] *n* ciruela *f*

plumber ['plʌməʳ] *n* fontanero *m*, -ra *f*

plumbing ['plʌmɪŋ] *n* (pipes) tuberías *fpl*

plump [plʌmp] *adj* regordete

plunge [plʌndʒ] *vi* 1. (fall, dive) zambu-llirse 2. (decrease) caer vertiginosamente

plunger ['plʌndʒəʳ] *n* (for unblocking pipe) desatascador *m*

pluperfect (tense) [,plu:'pɜ:fɪkt-] *n* ● **the pluperfect tense** el pluscuamperfecto

plural ['plʊərəl] *n* plural *m* ● **in the plural** en plural

plus [plʌs] ◇ *prep* más ◇ *adj* ● **30 plus** treinta o más

plush [plʌʃ] *adj* lujoso(sa)

Pluto ['plu:təʊ] *n* Plutón *m*

plywood ['plaɪwʊd] *n* contrachapado *m*

p.m. [pi:'em] (abbr of post meridiem) ● **at 4 p.m.** a las cuatro de la tarde ● **at 10 p.m.** a las diez de la noche

PMS [pi:em'es] *n* (UK) (abbr of premenstrual syndrome) SPM *m* (síndrome premenstrual)

PMT [pi:em'ti:] *n* (UK) (abbr of premenstrual tension) SPM *m* (síndrome premenstrual)

pneumatic drill [nju:'mætɪk-] *n* (UK) taladradora *f* neumática

pneumonia [nju:'məʊnjə] *n* pulmonía *f*

poached egg [pəʊtʃt-] *n* huevo *m* escalfado

poached salmon [pəʊtʃt-] *n* salmón *m* hervido

poacher ['pəʊtʃəʳ] *n* 1. (hunting) cazador *m* furtivo 2. (fishing) pescador *m* furtivo

PO Box *n* (abbr of Post Office Box) apdo. *m* (apartado)

pocket ['pɒkɪt] ◇ *n* 1. bolsillo *m* 2. (on car door) bolsa *f* ◇ *adj* de bolsillo

pocketbook ['pɒkɪtbʊk] *n* 1. (notebook) libreta *f* 2. (US) (handbag) bolso *m*

(*Esp*), cartera *f* (*Amér*)

pocket money *n* (*UK*) propina *f* semanal

podiatrist [pə'daɪətrɪst] *n* (*US*) podólogo *m*, -ga *f*

poem ['pəʊɪm] *n* poema *m*

poet ['pəʊɪt] *n* poeta *m*, -tisa *f*

poetry ['pəʊɪtrɪ] *n* poesía *f*

point [pɔɪnt] ◇ *n* **1.** punto *m* **2.** (*tip*) punta *f* **3.** (*most important thing*) razón *f* **4.** (*UK*) (*electric socket*) enchufe *m* ◇ *vi* ● to point to señalar ● **five point seven** cinco coma siete ● **what's the point?** ¿para qué? ● **there's no point** no vale la pena ● **to be on the point of doing sthg** estar a punto de hacer algo ● **to come to the point** ir al grano ◆ **points** *npl* (*UK*) (*on railway*) agujas *fpl* ◆ **point out** *vt sep* **1.** (*object, person*) señalar **2.** (*fact, mistake*) hacer notar

pointed ['pɔɪntɪd] *adj* (*in shape*) puntiagudo(da)

pointless ['pɔɪntlɪs] *adj* sin sentido

point of view *n* punto *m* de vista

poison ['pɔɪzn] ◇ *n* veneno *m* ◇ *vt* **1.** (*intentionally*) envenenar **2.** (*unintentionally*) intoxicar

poisoning ['pɔɪznɪŋ] *n* **1.** (*intentional*) envenenamiento *m* **2.** (*unintentional*) intoxicación *f*

poisonous ['pɔɪznəs] *adj* **1.** (*food, gas, substance*) tóxico(ca) **2.** (*snake, spider*) venenoso(sa)

poke [pəʊk] *vt* **1.** (*with finger, stick*) dar **2.** (*with elbow*) dar un codazo

poker ['pəʊkə'] *n* (*card game*) póker *m*

Poland ['pəʊlənd] *n* Polonia

polar bear ['pəʊlə-] *n* oso *m* polar

pole [pəʊl] *n* (*of wood*) palo *m*

Pole [pəʊl] *n* (*person*) polaco *m*, -ca *f*

police [pə'liːs] *npl* ● **the police** la policía

police car *n* coche *m* patrulla

police force *n* cuerpo *m* de policía

policeman [pə'liːsmən] (*pl* **-men**) *n* policía *m*

police officer *n* agente *mf* de policía

police station *n* comisaría *f* de policía

policewoman [pə'liːsˌwʊmən] (*pl* **-women**) *n* mujer *f* policía

policy ['pɒləsɪ] *n* **1.** (*approach, attitude*) política *f* **2.** (*for insurance*) póliza *f*

policy-holder *n* asegurado *m*, -da *f*

polio ['pəʊlɪəʊ] *n* polio *f*

polish ['pɒlɪʃ] ◇ *n* (*for cleaning*) abrillantador *m* ◇ *vt* sacar brillo a

Polish ['pəʊlɪʃ] ◇ *adj* polaco(ca) ◇ *n* (*language*) polaco *m* ◇ *npl* ● **the Polish** los polacos

polite [pə'laɪt] *adj* educado(da)

political [pə'lɪtɪkl] *adj* político(ca)

politician [ˌpɒlɪ'tɪʃn] *n* político *m*, -ca *f*

politics ['pɒlətɪks] *n* política *f*

poll [pəʊl] *n* (*survey*) encuesta *f* ● **the polls** (*election*) los comicios

pollen ['pɒlən] *n* polen *m*

pollute [pə'luːt] *vt* contaminar

pollution [pə'luːʃn] *n* **1.** (*of sea, air*) contaminación *f* **2.** (*substances*) agentes *mpl* contaminantes

polo neck ['pəʊləʊ-] *n* (*UK*) (*jumper*) jersey *m* de cuello de cisne (*Esp*), suéter *m* de cuello alto

polyester [ˌpɒlɪ'estə'] *n* poliéster *m*

polystyrene [ˌpɒlɪ'staɪriːn] *n* poliestireno *m*

polythene ['pɒlɪθiːn] n polietileno m

pomegranate ['pɒmɪˌɡrænɪt] n granada f

pompous ['pɒmpəs] adj (person) engreído(da)

pond [pɒnd] n estanque m

pony ['pəʊnɪ] n poni m

ponytail ['pəʊnɪteɪl] n cola f de caballo (peinado)

pony-trekking [-ˌtrekɪŋ] n (UK) excursión f en poni

poodle ['puːdl] n caniche m

pool [puːl] n 1. (for swimming) piscina f 2. (of water, blood, milk) charco m 3. (small pond) estanque m 4. (game) billar m americano ◆ **pools** npl (UK) ● **the pools** las quinielas

poor [pɔːʳ] ◇ adj 1. pobre 2. (bad) malo(la) ◇ npl ● **the poor** los pobres

poorly ['pɔːlɪ] ◇ adj (UK) pachucho (cha) (Esp), mal ◇ adv mal

pop [pɒp] ◇ n (music) música f pop ◇ vt (inf) (put) meter ◇ vi (balloon) reventar ● **my ears popped** me estallaron los oídos ◆ **pop in** vi (UK) entrar un momento

popcorn ['pɒpkɔːn] n palomitas fpl (de maíz)

Pope [pəʊp] n ● **the Pope** el Papa

pop group n grupo m de música pop

poplar (tree) ['pɒpləʳ] n álamo m

pop music n música f pop

popper ['pɒpəʳ] n (UK) corchete m, broche m de presión (Amér)

poppy ['pɒpɪ] n amapola f

Popsicle ® ['pɒpsɪkl] n (US) polo m (Esp), paleta f helada (Amér)

pop socks npl calcetines de nylon

pop star n estrella f del pop

popular ['pɒpjʊləʳ] adj 1. (person, activity) popular 2. (opinion, ideas) generalizado(da)

popularity [ˌpɒpjʊ'lærɪtɪ] n popularidad f

populated ['pɒpjʊleɪtɪd] adj poblado(da)

population [ˌpɒpjʊ'leɪʃn] n población f

porcelain ['pɔːsəlɪn] n porcelana f

porch [pɔːtʃ] n porche m

pork [pɔːk] n carne f de cerdo

pork chop n chuleta f de cerdo

pornographic [ˌpɔːnə'ɡræfɪk] adj pornográfico(ca)

porridge ['pɒrɪdʒ] n (UK) papilla f de avena

port [pɔːt] n 1. (town, harbour) puerto m 2. (drink) oporto m

portable ['pɔːtəbl] adj portátil

porter ['pɔːtəʳ] n 1. (at hotel, museum) conserje mf 2. (at station, airport) mozo m

portion ['pɔːʃn] n 1. (part) porción f 2. (of food) ración f

portrait ['pɔːtreɪt] n retrato m

Portugal ['pɔːtʃʊɡl] n Portugal

Portuguese [ˌpɔːtʃʊ'ɡiːz] ◇ adj portugués(esa) ◇ n (language) portugués m ◇ npl ● **the Portuguese** los portugueses

pose [pəʊz] ◇ vt 1. (problem) plantear 2. (threat) suponer ◇ vi (for photo) posar

posh [pɒʃ] adj 1. (inf) (person, accent) de clase alta 2. (hotel, restaurant) de lujo

position [pə'zɪʃn] n 1. posición f 2. (situation) situación f 3. (rank, importance) rango m 4. (fml) (job) puesto m ▼ **position closed** cerrado

positive ['pɒzətɪv] *adj* **1.** positivo(va) **2.** *(certain, sure)* seguro(ra) **3.** *(optimistic)* optimista

possess [pə'zes] *vt* poseer

possession [pə'zeʃn] *n* posesión *f*

possessive [pə'zesɪv] *adj* posesivo(va)

possibility [,pɒsə'bɪlətɪ] *n* posibilidad *f*

possible ['pɒsəbl] *adj* posible ● it's possible that we may be late puede (ser) que lleguemos tarde ● would it be possible for me to use the phone? ¿podría usar el teléfono? ● as much as possible tanto como sea posible ● if possible si es posible

possibly ['pɒsəblɪ] *adv (perhaps)* posiblemente

post [pəʊst] ◇ *n* **1.** *(UK) (system, letters)* correo *m* **2.** *(UK) (delivery)* reparto *m* **3.** *(pole)* poste *m* **4.** *(fml) (job)* puesto *m* ◇ *vt (letter, parcel)* echar al correo ● by post *(UK)* por correo

postage ['pəʊstɪdʒ] *n* franqueo *m* ● postage and packing *(UK)* gastos *mpl* de envío ● postage paid franqueo pagado

postage stamp *n (fml)* sello *m*, estampilla *f (Amér)*

postal order ['pəʊstl-] *n (UK)* giro *m* postal

postbox ['pəʊstbɒks] *n (UK)* buzón *m*

postcard ['pəʊstkɑːd] *n* postal *f*

postcode ['pəʊstkəʊd] *n (UK)* código *m* postal

poster ['pəʊstəʳ] *n* póster *m*

postgraduate [,pəʊst'grædʒʊət] *n* posgraduado *m*, -da *f*

Post-it (note) ® *n* Post-it ® *m*

postman ['pəʊstmən] *(pl -men)* *n (UK)* cartero *m*

postmark ['pəʊstmɑːk] *n* matasellos *m inv*

post office *n (building)* oficina *f* de correos ● the Post Office ≃ Correos *m inv*

postpone [,pəʊst'pəʊn] *vt* aplazar

posture ['pɒstʃəʳ] *n* postura *f*

postwoman ['pəʊst,wʊmən] *(pl -women)* *n (UK)* cartera *f*

pot [pɒt] *n* **1.** *(for cooking)* olla *f* **2.** *(for jam)* tarro *m* **3.** *(for paint)* bote *m* **4.** *(for tea)* tetera *f* **5.** *(for coffee)* cafetera *f* **6.** *(inf) (cannabis)* maría *f (Esp)*, hierba *f* ● a pot of tea una tetera

potato [pə'teɪtəʊ] *(pl -es)* *n* patata *f*

potato salad *n* ensalada *f* de patatas *(Esp)* OR papas *(Amér)*

potential [pə'tenʃl] ◇ *adj* potencial ◇ *n* potencial *m*

pothole ['pɒthəʊl] *n (in road)* bache *m*

pot plant *n (UK)* planta *f* de interior

potted ['pɒtɪd] *adj* **1.** *(meat, fish)* en conserva **2.** *(plant)* en maceta

pottery ['pɒtərɪ] *n* cerámica *f*

potty ['pɒtɪ] *n (inf)* orinal *m*

pouch [paʊtʃ] *n* **1.** *(for money)* monedero *m* de atar **2.** *(for tobacco)* petaca *f*

poultry ['pəʊltrɪ] ◇ *n (meat)* carne *f* de pollería ◇ *npl (animals)* aves *fpl* de corral

pound [paʊnd] ◇ *n* **1.** *(unit of money)* libra *f* **2.** *(unit of weight)* = 453,6 *g* libra ◇ *vi (heart, head)* palpitar

pour [pɔːʳ] ◇ *vt* **1.** *(liquid etc)* verter **2.** *(drink)* servir ◇ *vi (flow)* manar ● it's pouring (with rain) está lloviendo a cántaros ◆ **pour out** *vt sep (drink)* servir

poverty ['pɒvətɪ] *n* pobreza *f*

powder ['paʊdə'] *n* polvo *m*

power ['paʊə'] ◇ *n* **1.** *(control, authority)* poder *m* **2.** *(ability)* capacidad *f* **3.** *(strength, force)* fuerza *f* **4.** *(energy)* energía *f* **5.** *(electricity)* corriente *f* ◇ *vt* impulsar ● **to be in power** estar en el poder

power cut *n* *(UK)* apagón *m*

power failure *n* corte *m* de corriente

powerful ['paʊəfʊl] *adj* **1.** *(having control)* poderoso(sa) **2.** *(physically strong, forceful)* fuerte **3.** *(machine, drug, voice)* potente **4.** *(smell)* intenso(sa)

power point *n* *(UK)* toma *f* de corriente

power station *n* *(UK)* central *f* eléctrica

power steering *n* dirección *f* asistida

practical ['præktɪkl] *adj* práctico(ca)

practically ['præktɪklɪ] *adv* *(almost)* prácticamente

practice ['præktɪs] ◇ *n* **1.** *(training, training session)* práctica *f* **2.** SPORT entrenamiento *m* **3.** *(of doctor)* consulta *f* **4.** *(of lawyer)* bufete *m* **5.** *(regular activity, custom)* costumbre *f* ● **to be out of practice** tener falta de práctica = **practise**

practise ['præktɪs] ◇ *vt* *(sport, music, technique)* practicar ◇ *vi* **1.** *(train)* practicar **2.** *(doctor, lawyer)* ejercer

praise [preɪz] ◇ *n* elogio *m* ◇ *vt* elogiar

pram [præm] *n* *(UK)* cochecito *m* de niño

prank [præŋk] *n* travesura *f*

prawn [prɔ:n] *n* gamba *f* *(Esp)*, camarón *m* *(Amér)*

prawn cracker *n* pan *m* de gambas *(Esp)* OR camarones *(Amér)*

pray [preɪ] *vi* rezar ● **to pray for sthg** *(fig)* rogar por algo

prayer [preə'] *n* *(to God)* oración *f*

precarious [prɪ'keərɪəs] *adj* precario (ria)

precaution [prɪ'kɔ:ʃn] *n* precaución *f*

precede [prɪ'si:d] *vt* *(fml)* preceder

preceding [prɪ'si:dɪŋ] *adj* precedente

precinct ['pri:sɪŋkt] *n* **1.** *(UK)* *(for shopping)* zona *f* comercial peatonal **2.** *(US)* *(area of town)* distrito *m*

precious ['preʃəs] *adj* **1.** precioso(sa) **2.** *(memories)* entrañable **3.** *(possession)* de gran valor sentimental

precious stone *n* piedra *f* preciosa

precipice ['presɪpɪs] *n* precipicio *m*

precise [prɪ'saɪs] *adj* preciso(sa), exacto(ta)

precisely [prɪ'saɪslɪ] *adv* **1.** *(accurately)* con precisión **2.** *(exactly)* exactamente

predecessor ['pri:dɪsesə'] *n* predecesor *m*, -ra *f*

predicament [prɪ'dɪkəmənt] *n* apuro *m*

predict [prɪ'dɪkt] *vt* predecir

predictable [prɪ'dɪktəbl] *adj* **1.** *(foreseeable)* previsible **2.** *(pej)* *(unoriginal)* poco original

prediction [prɪ'dɪkʃn] *n* predicción *f*

preface ['prefɪs] *n* prólogo *m*

prefect ['pri:fekt] *n* *(UK)* *(at school)* alumno de un curso superior elegido por los profesores para mantener el orden fuera de clase

prefer [prɪ'fɜ:'] *vt* ● **to prefer sthg (to)** preferir algo (a) ● **to prefer to do sthg** preferir hacer algo

preferable ['prefrəbl] *adj* preferible

preferably ['prefrəbli] *adv* preferiblemente

preference ['prefərəns] *n* preferencia *f*

prefix ['pri:fɪks] *n* prefijo *m*

pregnancy ['pregnənsɪ] *n* embarazo *m*

pregnant ['pregnənt] *adj* embarazada

prejudice ['predʒʊdɪs] *n* prejuicio *m*

prejudiced ['predʒʊdɪst] *adj* parcial

preliminary [prɪ'lɪmɪnərɪ] *adj* preliminar

premature ['premə,tjʊəʳ] *adj* **1.** prematuro(ra) **2.** *(arrival)* anticipado(da)

premier ['premjəʳ] ◇ *adj* primero(ra) ◇ *n (UK)* primer ministro *m*, primera ministra *f*

premiere ['premɪeəʳ] *n* estreno *m*

premises ['premɪsɪz] *npl* local *m*

premium ['pri:mjəm] *n (for insurance)* prima *f*

premium-quality *adj (meat)* de calidad superior

preoccupied [pri:'ɒkjʊpaɪd] *adj* preocupado(da)

prepacked [,pri:'pækt] *adj* preempaquetado(da)

prepaid ['pri:peɪd] *adj (envelope)* con porte pagado

preparation [,prepə'reɪʃn] *n (preparing)* preparación *f* ◆ **preparations** *npl (arragements)* preparativos *mpl*

preparatory school [prɪ'pærətrɪ-] *n* **1.** *(in UK)* colegio privado que prepara a alumnos de 7 a 12 años para la enseñanza secundaria **2.** *(in US)* colegio privado de enseñanza media que prepara a sus alumnos para estudios superiores

prepare [prɪ'peəʳ] ◇ *vt* preparar ◇ *vi* prepararse

prepared [prɪ'peəd] *adj (ready)* preparado(da) ● **to be prepared to do sthg** estar dispuesto(ta) a hacer algo

preposition [,prepə'zɪʃn] *n* preposición *f*

prep school [prep-] = **preparatory school**

prescribe [prɪ'skraɪb] *vt* prescribir

prescription [prɪ'skrɪpʃn] *n* receta *f*

presence ['prezns] *n* presencia *f* ● **in sb's presence** en presencia de alguien

present ◇ *adj* ['preznt] **1.** *(in attendance)* presente **2.** *(current)* actual ◇ *n* ['preznt] *(gift)* regalo *m* ◇ *vt* [prɪ'zent] **1.** *(give as present)* obsequiar **2.** *(problem, challenge, play)* representar **3.** *(portray, on radio or TV)* presentar ● **the present (tense)** el presente ● **at present** actualmente ● **the present** el presente ● **may I present you to the mayor?** ¿te puedo presentar al alcalde?

presentable [prɪ'zentəbl] *adj* presentable

presentation [,prezn'teɪʃn] *n* **1.** *(way of presenting)* presentación *f* **2.** *(ceremony)* ceremonia *f* de entrega

presenter [prɪ'zentəʳ] *n (UK) (of TV, radio programme)* presentador *m*, -ra *f*

presently ['prezntlɪ] *adv* **1.** *(soon)* dentro de poco **2.** *(now)* actualmente

preservation [,prezə'veɪʃn] *n* conservación *f*

preservative [prɪ'zɜ:vətɪv] *n* conservante *m*

preserve [prɪ'zɜ:v] ◇ *n (jam)* confitura *f* ◇ *vt* conservar

president ['prezɪdənt] n presidente m, -ta f

press [pres] ◇ vt 1. (push) apretar 2. (iron) planchar ◇ n ● **the press** la prensa ● **to press sb to do sthg** presionar a alguien para que haga algo

press conference n rueda f de prensa

press-up n (UK) flexión f

pressure ['preʃə'] n presión f

pressure cooker n olla f a exprés

prestigious [pre'stɪdʒəs] adj prestigioso(sa)

presumably [prɪ'zju:məblɪ] adv probablemente

presume [prɪ'zju:m] vt suponer

pretend [prɪ'tend] vt ● **to pretend to do sthg** fingir hacer algo

pretentious [prɪ'tenʃəs] adj pretencioso(sa)

pretty ['prɪtɪ] ◇ adj 1. (person) guapo (pa) 2. (thing) bonito(ta), lindo(da) (Amér) ◇ adv (inf) 1. (quite) bastante 2. (very) muy

prevent [prɪ'vent] vt prevenir ● **they prevented him from leaving** le impidieron que se marchara

prevention [prɪ'venʃn] n prevención f

preview ['pri:vju:] n 1. (of film) preestreno m 2. (short description) reportaje m (sobre un acontecimiento futuro)

previous ['pri:vjəs] adj 1. (earlier) previo(via) 2. (preceding) anterior

previously ['pri:vjəslɪ] adv anteriormente

price [praɪs] ◇ n precio m ◇ vt ● **attractively priced** con un precio atractivo

priceless ['praɪslɪs] adj 1. (expensive) de un valor incalculable 2. (valuable) valiosísimo(ma)

price list n lista f de precios

pricey ['praɪsɪ] adj (inf) caro(ra)

prick [prɪk] vt 1. (skin, finger) pinchar 2. (sting) picar

prickly ['prɪklɪ] adj (plant, bush) espinoso(sa)

prickly heat n sarpullido causado por el calor

pride [praɪd] ◇ n orgullo m ◇ vt ● **to pride o.s. on sthg** estar orgulloso de algo

priest [pri:st] n sacerdote m

primarily ['praɪmərɪlɪ] adv primordialmente

primary school ['praɪmərɪ-] n escuela f primaria

prime [praɪm] adj 1. (chief) primero(ra) 2. (quality, beef, cut) de calidad superior

prime minister n primer ministro m, primera ministra f

primitive ['prɪmɪtɪv] adj (simple) rudimentario(ria)

primrose ['prɪmrəʊz] n primavera f

prince [prɪns] n príncipe m

princess [prɪn'ses] n princesa f

principal ['prɪnsəpl] ◇ adj principal ◇ n (of school, university) director m, -ra f

principle ['prɪnsəpl] n principio m ● **in principle** en principio

print [prɪnt] ◇ n 1. (words) letras fpl de imprenta 2. (photo) foto f 3. (of painting) reproducción f 4. (mark) huella f ◇ vt 1. (book, newspaper, photo) imprimir 2. (publish) publicar 3. (write) escribir en letra de imprenta ● **out of**

print agotado ◆ **print out** *vt sep* imprimir

printed matter ['prɪntɪd-] *n* impresos *mpl*

printer ['prɪntər] *n* **1.** *(machine)* impresora *f* **2.** *(person)* impresor *m*, -ra *f*

printout ['prɪntaʊt] *n* copia *f* de impresora

prior ['praɪər] *adj (previous)* anterior ◆ **prior to** *(fml)* con anterioridad a

priority [praɪˈɒrətɪ] *n* prioridad *f* ◆ **to have priority over** tener prioridad sobre

prison ['prɪzn] *n* cárcel *f*

prisoner ['prɪznər] *n* preso *m*, -sa *f*

prisoner of war *n* prisionero *m*, -ra *f* de guerra

prison officer *n* funcionario *m*, -ria *f* de prisiones

privacy ['prɪvəsɪ] *n* intimidad *f*

private ['praɪvɪt] ◇ *adj* **1.** privado(da) **2.** *(class, lesson)* particular **3.** *(matter, belongings)* personal **4.** *(quiet)* retirado(da) ◇ *n MIL* soldado *m* raso ◆ **in private** en privado

private education

Los colegios privados británicos no reciben dinero del gobierno, y son una alternativa para aquellos padres con más recursos financieros para pagar la educación de sus hijos. Aunque el nombre pueda engañar, en Inglaterra a los colegios privados se los suele llamar *public schools.*

private health care *n* asistencia *f* sanitaria privada

private property *n* propiedad *f* privada

private school *n* colegio *m* privado

privilege ['prɪvɪlɪdʒ] *n* privilegio *m* ◆ **it's a privilege!** ¡es un honor!

prize [praɪz] *n* premio *m*

prize-giving [-ˌgɪvɪŋ] *n* entrega *f* de premios

pro [prəʊ] *(pl* **-s)** *n (inf) (professional)* profesional *mf* ◆ **pros** *npl* ◆ **the pros and cons** los pros y los contras

probability [ˌprɒbəˈbɪlətɪ] *n* probabilidad *f*

probable ['prɒbəbl] *adj* probable

probably ['prɒbəblɪ] *adv* probablemente

probation officer [prəˈbeɪʃn-] *n* oficial encargado de la vigilancia de presos en libertad condicional

problem ['prɒbləm] *n* problema *m* ◆ **no problem!** *(inf)* ¡no hay problema!

procedure [prəˈsiːdʒər] *n* procedimiento *m*

proceed [prəˈsiːd] *vi (fml)* **1.** *(continue)* proseguir **2.** *(act)* proceder **3.** *(advance)* avanzar ▼ **proceed with caution** conduzca con precaución

proceeds ['prəʊsiːdz] *npl* recaudación *f*

process ['prəʊses] *n* proceso *m* ◆ **to be in the process of doing sthg** estar haciendo algo

processed cheese ['prəʊsest-] *n* queso *m* para sandwiches

procession [prəˈseʃn] *n* desfile *m*

prod [prɒd] *vt* empujar repetidamente

produce ◇ *vt* [prəˈdjuːs] **1.** producir **2.**

(show) mostrar **3.** *(play)* poner en escena ◇ *n* ['prɒdjuːs] productos *mpl* agrícolas

producer [prəˈdjuːsəʳ] *n* **1.** *(manufacturer)* fabricante *mf* **2.** *(of film)* productor *m*, -ra *f* **3.** *(of play)* director *m*, -ra *f* de escena

product ['prɒdʌkt] *n* producto *m*

production [prəˈdʌkʃn] *n* **1.** *(manufacture)* producción *f* **2.** *(of film, play)* realización *f* **3.** *(play)* representación *f*

productivity [ˌprɒdʌkˈtɪvɪtɪ] *n* productividad *f*

profession [prəˈfeʃn] *n* profesión *f*

professional [prəˈfeʃənl] ◇ *adj* profesional ◇ *n* profesional *mf*

professor [prəˈfesəʳ] *n* **1.** *(in UK)* catedrático *m*, -ca *f* **2.** *(in US)* profesor *m*, -ra *f* de universidad

profile ['prəʊfaɪl] *n* **1.** *(silhouette, outline)* perfil *m* **2.** *(description)* corta biografía *f*

profit ['prɒfɪt] ◇ *n* *(financial)* beneficio *m* ◇ *vi* ● to profit (from) sacar provecho (de)

profitable ['prɒfɪtəbl] *adj* rentable

profiteroles [prəˈfɪtərəʊlz] *npl* profiteroles *mpl*

profound [prəˈfaʊnd] *adj* profundo(da)

program ['prəʊɡræm] ◇ *n* **1.** COMPUT programa *m* **2.** *(US)* = **programme** ◇ *vt* COMPUT programar

programme ['prəʊɡræm] *n* *(UK)* programa *m*

progress ◇ *n* ['prəʊɡres] **1.** *(improvement)* progreso *m* **2.** *(forward movement)* avance *m* ◇ *vi* [prəˈɡres] **1.** *(work, talks, student)* progresar **2.** *(day, meeting)* avanzar ● to make progress *(improve)*

progresar; *(in journey)* avanzar ● in progress en curso

progressive [prəˈɡresɪv] *adj (forward-looking)* progresista

prohibit [prəˈhɪbɪt] *vt* prohibir ▼ smoking strictly prohibited está terminantemente prohibido fumar

project ['prɒdʒekt] *n* **1.** *(plan)* proyecto *m* **2.** *(at school)* trabajo *m*

projector [prəˈdʒektəʳ] *n* proyector *m*

prolong [prəˈlɒŋ] *vt* prolongar

prom [prɒm] *n* **1.** *(US) (dance)* baile *m* de gala *(en colegios)*

promenade [ˌprɒməˈnɑːd] *n* *(by the sea)* paseo *m* marítimo, malecón *m (Amér)*

prominent ['prɒmɪnənt] *adj* **1.** *(person)* eminente **2.** *(noticeable)* prominente

promise ['prɒmɪs] ◇ *n* promesa *f* ◇ *vt* prometer ◇ *vi* ● I promise te lo prometo ● to show promise ser prometedor ● I promise (that) I'll come te prometo que vendré ● you promised me a lift home me prometiste que me llevarías a casa ● to promise to do sthg prometer hacer algo

promising ['prɒmɪsɪŋ] *adj* prometedor(ra)

promote [prəˈməʊt] *vt (in job)* ascender

promotion [prəˈməʊʃn] *n* **1.** *(in job)* ascenso *m* **2.** *(of product)* promoción *f*

prompt [prɒmpt] ◇ *adj* inmediato(ta) ◇ *adv* ● at six o'clock prompt a las seis en punto

prone [prəʊn] *adj* ● to be prone to sthg ser propenso(sa) a algo ● to be prone to do sthg tender a hacer algo

prong [prɒŋ] *n* diente *m*

pronoun ['prəʊnaʊn] *n* pronombre *m*

pronounce [prə'naʊns] *vt (word)* pronunciar

pronunciation [prə,nʌnsɪ'eɪʃn] *n* pronunciación *f*

proof [pruːf] *n (evidence)* prueba *f* ● it's 12% proof *(alcohol)* tiene 12 grados

prop [prɒp] ◆ **prop up** *vt sep (support)* apuntalar

propeller [prə'pelə⁰] *n* hélice *f*

proper ['prɒpə⁰] *adj* 1. *(suitable)* adecuado(da) 2. *(correct, socially acceptable)* correcto(ta)

properly ['prɒpəlɪ] *adv* 1. *(suitably)* bien 2. *(correctly)* correctamente

property ['prɒpətɪ] *n* 1. propiedad *f* 2. *(land)* finca *f* 3. *(fml) (building)* inmueble *m*

proportion [prə'pɔːʃn] *n* proporción *f*

proposal [prə'pəʊzl] *n (suggestion)* propuesta *f*

propose [prə'pəʊz] ◇ *vt (suggest)* proponer ◇ *vi* ● **to propose to sb** pedir la mano a alguien

proposition [,prɒpə'zɪʃn] *n (offer)* propuesta *f*

proprietor [prə'praɪətə⁰] *n (fml)* propietario *m*, -ria *f*

prose [prəʊz] *n* 1. *(not poetry)* prosa *f* 2. SCH traducción *f* inversa

prosecution [,prɒsɪ'kjuːʃn] *n* LAW *(charge)* procesamiento *m*

prospect ['prɒspekt] *n (possibility)* posibilidad *f* ● **I don't relish the prospect** no me apasiona la perspectiva ◆ **prospects** *npl (for the future)* perspectivas *fpl*

prospectus [prə'spektəs] *(pl* **-es)** *n* folleto *m* informativo

prosperous ['prɒspərəs] *adj* próspero (ra)

prostitute ['prɒstɪtjuːt] *n* prostituta *f*

protect [prə'tekt] *vt* proteger ● **to protect sb from harm** proteger a alguien de cualquier daño ● **plans to protect the country against attack** planes para proteger al país contra el ataque

protection [prə'tekʃn] *n* protección *f*

protection factor *n* factor *m* de protección solar

protective [prə'tektɪv] *adj* protector(ra)

protein ['prəʊtiːn] *n* proteína *f*

protest ◇ *n* ['prəʊtest] 1. *(complaint)* protesta *f* 2. *(demonstration)* manifestación *f* ◇ *vt* [prə'test] *(US) (protest against)* protestar contra ◇ *vi* ● **to protest (against)** protestar (contra)

Protestant ['prɒtɪstənt] *n* protestante *mf*

protester [prə'testə⁰] *n* manifestante *mf*

protrude [prə'truːd] *vi* sobresalir

proud [praʊd] *adj* 1. *(pleased)* orgulloso(sa) 2. *(pej) (arrogant)* soberbio(bia) ● **to be proud of** estar orgulloso de

prove [pruːv] *(pp* **-d** OR **proven)** *vt* 1. *(show to be true)* probar 2. *(turn out to be)* resultar

proverb ['prɒvɜːb] *n* proverbio *m*

provide [prə'vaɪd] *vt* proporcionar ● **to provide sb with information** proporcionar información a alguien ◆ **provide for** *vt insep (person)* mantener

provided (that) [prə'vaɪdɪd-] *conj* con tal de que

providing (that) [prə'vaɪdɪŋ-] = provided (that)

province ['prɒvɪns] *n* provincia *f*

provisional [prə'vɪʒənl] *adj* provisional

provisions [prə'vɪʒnz] *npl* provisiones *fpl*

provocative [prə'vɒkətɪv] *adj* provocador(ra)

provoke [prə'vəʊk] *vt* provocar

prowl [praʊl] *vi* merodear

prune [pruːn] ◇ *n* ciruela *f* pasa ◇ *vt* podar

PS [piː'es] (*abbr of* postscript) P.D. (*posdata*)

psychiatrist [saɪ'kaɪətrɪst] *n* psiquiatra *mf*

psychic ['saɪkɪk] *adj* clarividente

psychological [ˌsaɪkə'lɒdʒɪkl] *adj* psicológico(ca)

psychologist [saɪ'kɒlədʒɪst] *n* psicólogo *m*, -ga *f*

psychology [saɪ'kɒlədʒɪ] *n* psicología *f*

psychotherapist [ˌsaɪkəʊ'θerəpɪst] *n* psicoterapeuta *mf*

pt *abbr* = pint

PTO [piːtiː'əʊ] (*abbr of* please turn over) sigue

pub [pʌb] *n* (*UK*) ≃ bar *m*

pub

Los pubs británicos son un tipo de bar muy popular en los que se reúne para charlar y tomar unas copas. Las bebidas se pagan en la barra del bar en el momento de pedirlas. Muchos pubs sirven también comidas.

puberty ['pjuːbətɪ] *n* pubertad *f*

public ['pʌblɪk] ◇ *adj* público(ca) ◇ *n* ● **the public** el público ● **in public** en público

publican ['pʌblɪkən] *n* (*UK*) patrón de un pub

publication [ˌpʌblɪ'keɪʃn] *n* publicación *f*

public bar *n* (*UK*) bar cuya decoración es más sencilla y cuyos precios son más bajos

public convenience *n* (*UK*) aseos *mpl* públicos

public footpath *n* (*UK*) camino *m* público

public holiday *n* fiesta *f* nacional

public house *n* (*UK*) (*fml*) ≃ bar *m*

publicity [pʌb'lɪsɪtɪ] *n* publicidad *f*

public school *n* **1.** (*in UK*) colegio *m* privado **2.** (*in US*) escuela *f* pública

public telephone *n* teléfono *m* público

public transport *n* (*UK*) transporte *m* público

public transportation (*US*) = public transport

publish ['pʌblɪʃ] *vt* publicar

publisher ['pʌblɪʃə] *n* **1.** (*person*) editor *m*, -ra *f* **2.** (*company*) editorial *f*

publishing ['pʌblɪʃɪŋ] *n* (*industry*) industria *f* editorial

pub lunch *n* (*UK*) almuerzo generalmente sencillo en un pub

pudding ['pʊdɪŋ] *n* **1.** (*sweet dish*) pudín *m* **2.** (*UK*) (*course*) postre *m*

puddle ['pʌdl] *n* charco *m*

puff [pʌf] ◇ *vi* (*breathe heavily*) resollar ◇ *n* **1.** (*of air*) soplo *m* **2.** (*of smoke*) bocanada *f* ● **to puff at** dar caladas a

puff pastry *n* hojaldre *m*

pull [pʊl] ◇ *vt* 1. tirar de, jalar *(Amér)* 2. *(tow)* arrastrar 3. *(trigger)* apretar ◇ *vi* tirar, jalar *(Amér)* ◇ *n* ● **to give sthg a pull** darle un tirón a algo ● **to pull a face** hacer muecas ● **to pull a muscle** dar un tirón en un músculo ▼ **pull (on door)** tirar ◆ **pull apart** *vt sep (machine)* desmontar ◆ **pull down** *vt sep* 1. *(lower)* bajar 2. *(demolish)* derribar ◆ **pull in** *vi* pararse ◆ **pull out** ◇ *vt sep* sacar ◇ *vi* 1. *(train, car)* salir 2. *(withdraw)* retirarse ◆ **pull over** *vi (car)* hacerse a un lado ◆ **pull up** ◇ *vt sep (socks, trousers, sleeve)* subirse ◇ *vi* parar

pulley ['pʊli] *(pl* **pulleys)** *n* polea *f*

pull-out *n (US)* área *f* de descanso

pullover ['pʊl,əʊvə] *n* jersey *m (Esp)*, suéter *m (Amér)*

pulpit ['pʊlpɪt] *n* púlpito *m*

pulse [pʌls] *n* MED pulso *m*

pump [pʌmp] *n* 1. *(device, bicycle pump)* bomba *f* 2. *(for petrol)* surtidor *m* ◆ **pump up** *vt sep* inflar

pumpkin ['pʌmpkɪn] *n* calabaza *f*

pun [pʌn] *n* juego *m* de palabras

punch [pʌntʃ] ◇ *n* 1. *(blow)* puñetazo *m* 2. *(drink)* ponche *m* ◇ *vt* 1. *(hit)* dar un puñetazo 2. *(ticket)* picar

punctual ['pʌŋktʃʊəl] *adj* puntual

punctuation [,pʌŋktʃʊ'eɪʃn] *n* puntuación *f*

puncture ['pʌŋktʃə] ◇ *n* pinchazo *m* ◇ *vt* pinchar

punish ['pʌnɪʃ] *vt* ● **to punish sb for a crime** castigar a alguien por un delito

punishment ['pʌnɪʃmənt] *n* castigo *m*

punk [pʌŋk] *n* 1. *(person)* punki *mf* 2.

(music) punk *m*

punnet ['pʌnɪt] *n (UK)* canasta *f* pequeña

pupil ['pju:pl] *n* 1. *(student)* alumno *m*, -na *f* 2. *(of eye)* pupila *f*

puppet ['pʌpɪt] *n* títere *m*

puppy ['pʌpɪ] *n* cachorro *m*

purchase ['pɜːtʃəs] ◇ *vt (fml)* comprar ◇ *n (fml)* compra *f*

pure [pjʊə] *adj* puro(ra)

puree ['pjʊəreɪ] *n* puré *m*

purely ['pjʊəlɪ] *adv* puramente

purity ['pjʊərətɪ] *n* pureza *f*

purple ['pɜːpl] *adj* morado(da)

purpose ['pɜːpəs] *n* propósito *m* ● **on purpose** a propósito

purr [pɜː] *vi (cat)* ronronear

purse [pɜːs] *n* 1. *(UK) (for money)* monedero *m* 2. *(US) (handbag)* bolso *m (Esp)*, cartera *f (Amér)*

pursue [pə'sju:] *vt* 1. *(follow)* perseguir 2. *(study, inquiry, matter)* continuar con

pus [pʌs] *n* pus *m*

push [pʊʃ] ◇ *vt* 1. *(shove)* empujar 2. *(press)* apretar 3. *(product)* promocionar ◇ *vi (shove)* empujar ◇ *n* ● **to give a push** dar un empujón a un coche ● **to push sb into doing sthg** obligar a alguien a hacer algo ▼ **push (on door)** empujar ◆ **push in** *vi (UK) (in queue)* colarse ◆ **push off** *vi (UK) (inf) (go away)* largarse

push-button telephone *n* teléfono *m* de botones

pushchair ['pʊʃtʃeə] *n (UK)* silla *f (de paseo)*

pushed [pʊʃt] *adj (inf)* ● **to be pushed (for time)** andar corto(ta) de tiempo

push-ups *npl* flexiones *fpl*

put [put] (*pt & pp inv*) *vt* poner; *(pressure)* ejercer; *(blame)* echar; *(express)* expresar; *(a question)* hacer ● **to put sthg at** *(estimate)* estimarse algo en ● **to put a child to bed** acostar a un niño ● **to put money into an account** depositar dinero en una cuenta

◆ **put aside** *vt sep (money)* apartar

◆ **put away** *vt sep (tidy up)* poner en su sitio

◆ **put back** *vt sep (replace)* volver a poner en su sitio; *(postpone)* aplazar; *(clock, watch)* atrasar

◆ **put down** *vt sep (on floor, table, from vehicle)* dejar; *(animal)* matar; *(deposit)* pagar como depósito

◆ **put forward** *vt sep (clock, watch)* adelantar; *(suggest)* proponer

◆ **put in** *vt sep (insert)* meter; *(install)* instalar

◆ **put off** *vt sep (postpone)* posponer; *(distract)* distraer; *(repel)* repeler; *(passenger)* dejar

◆ **put on** *vt sep (clothes, glasses, make-up)* ponerse; *(weight)* ganar; *(television, light, radio)* encender; *(CD, tape, record)* poner; *(play, show)* representar ● **to put the kettle on** *(UK)* poner la tetera a hervir

◆ **put out** *vt sep (cigarette, fire, light)* apagar; *(publish)* hacer público; *(hand, arm, leg)* extender; *(inconvenience)* causar molestias a ● **to put one's back out** fastidiarse la espalda

◆ **put together** *vt sep (assemble)* montar; *(combine)* juntar

◆ **put up**

◆ *vt sep (tent, statue, building)* construir; *(umbrella)* abrir; *(a notice, sign)* pegar; *(price, rate)* subir; *(provide with accommodation)* alojar

◆ *vi (in hotel)* alojarse

◆ **put up with** *vt insep* aguantar

putting green ['pʌtɪŋ-] *n* minigolf *m* *(con césped y sin obstáculos)*

putty ['pʌtɪ] *n* masilla *f*

puzzle ['pʌzl] ◇ *n* **1.** *(game)* rompecabezas *m inv* **2.** *(jigsaw)* puzzle *m* **3.** *(mystery)* misterio *m* ◇ *vt* desconcertar

puzzling ['pʌzlɪŋ] *adj* desconcertante

pyjamas [pə'dʒɑːməz] *npl (UK)* pijama *m*, piyama *m (Amér)*

pylon ['paɪlən] *n* torre *f* de alta tensión

pyramid ['pɪrəmɪd] *n* pirámide *f*

Pyrenees [,pɪrə'niːz] *npl* ● **the Pyrenees** los Pirineos

Pyrex ® ['paɪreks] *n* pírex ® *m*

quail [kweɪl] *n* codorniz *f*

quail's eggs *npl* huevos *mpl* de codorniz

quaint [kweɪnt] *adj* pintoresco(ca)

qualification [,kwɒlɪfɪ'keɪʃn] *n* **1.** *(diploma)* título *m* **2.** *(ability)* aptitud *f*

qualified ['kwɒlɪfaɪd] *adj (having qualifications)* cualificado(da)

qualify ['kwɒlɪfaɪ] *vi* **1.** *(for competition)* clasificarse **2.** *(pass exam)* sacar el título

quality ['kwɒlətɪ] ◇ *n* **1.** *(standard, high standard)* calidad *f* **2.** *(feature)* cualidad *f*

◇ *adj* de calidad

quarantine ['kwɒrəntiːn] *n* cuarentena *f*

quarrel ['kwɒrəl] ◇ *n* riña *f* ◇ *vi* reñir

quarry ['kwɒrɪ] *n (for stone, sand)* cantera *f*

quart [kwɔːt] *n (in US)* = 0,946 l, ≃ litro

quarter ['kwɔːtə] *n* **1.** *(fraction)* cuarto *m* **2.** *(US) (coin)* cuarto de dólar **3.** *(UK) (4 ounces)* cuatro onzas *fpl* **4.** *(three months)* trimestre *m* **5.** *(part of town)* barrio *m* ● **(a) quarter to five** *(UK)* las cinco menos cuarto ● **(a) quarter of five** *(US)* las cinco menos cuarto ● **(a) quarter past five** *(UK)* las cinco y cuarto ● **(a) quarter after five** *(US)* las cinco y cuarto ● **(a) quarter of an hour** un cuarto de hora

quarterpounder [ˌkwɔːtə'paʊndə] *n* hamburguesa *f* de un cuarto de libra

quartet [kwɔː'tet] *n* cuarteto *m*

quartz [kwɔːts] *adj* de cuarzo

quay [kiː] *n* muelle *m*

queasy ['kwiːzɪ] *adj (inf)* mareado(da)

queen [kwiːn] *n* **1.** reina *f* **2.** *(in cards)* dama *f*

queer [kwɪə] ◇ *adj* **1.** *(strange)* raro(ra) **2.** *(inf) (ill)* pachucho(cha) *(Esp)*, mal ◇ *n (inf & offens)* marica *m*

quench [kwentʃ] *vt* ● **to quench one's thirst** apagar la sed

query ['kwɪərɪ] *n* pregunta *f*

question ['kwestʃn] *n* **1.** *(query, in exam, on questionnaire)* pregunta *f* **2.** *(issue)* cuestión *f* ◇ *vt (person)* interrogar ● **it's out of the question** es imposible

question mark *n* signo *m* de interrogación

questionnaire [ˌkwestʃə'neə] *n* cuestionario *m*

queue [kjuː] ◇ *n (UK)* cola *f* ◇ *vi (UK)* hacer cola ◆ **queue up** *vi (UK)* hacer cola

quiche [kiːʃ] *n* quiche *f*

quick [kwɪk] ◇ *adj* rápido(da) ◇ *adv* rápidamente

quickly ['kwɪklɪ] *adv* de prisa

quid [kwɪd] *(pl inv) n (UK) (inf)* libra *f*

quiet ['kwaɪət] ◇ *adj* **1.** *(silent, not noisy)* silencioso(sa) **2.** *(calm, peaceful)* tranquilo(la) **3.** *(voice)* bajo(ja) ◇ *n* tranquilidad *f* ● **keep quiet!** ¡silencio! ● **to keep quiet** quedarse callado(da) ● **to keep quiet about sthg** callarse algo

quieten ['kwaɪətn] ◆ **quieten down** *vi* tranquilizarse

quietly ['kwaɪətlɪ] *adv* **1.** *(silently)* silenciosamente **2.** *(not noisily)* sin hacer ruido **3.** *(calmly)* tranquilamente

quilt [kwɪlt] *n* **1.** *(UK) (duvet)* edredón *m* **2.** *(eiderdown)* colcha *f*

quince [kwɪns] *n* membrillo *m*

quirk [kwɜːk] *n* manía *f*, rareza *f*

quit [kwɪt] *(pt & pp inv)* ◇ *vi* **1.** *(resign)* dimitir **2.** *(give up)* rendirse ◇ *vt (school, job)* abandonar ● **to quit doing sthg** dejar de hacer algo

quite [kwaɪt] *adv* **1.** *(fairly)* bastante **2.** *(completely)* totalmente ● **there's not quite enough** no alcanza por poco ● **quite a lot of (children)** bastantes (niños) ● **quite a lot of money** bastante dinero

quiz [kwɪz] *(pl -zes) n* concurso *m*

quota ['kwəʊtə] *n* cuota *f*

quotation [kwəʊ'teɪʃn] *n* **1.** *(phrase)* cita

f 2. *(estimate)* presupuesto m

quotation marks *npl* comillas *fpl*

quote [kwəʊt] ◇ vt **1.** *(phrase, writer)* citar **2.** *(price)* dar ◇ n **1.** *(phrase)* cita *f* **2.** *(estimate)* presupuesto m

rR

rabbit ['ræbɪt] *n* conejo m

rabies ['reɪbiːz] *n* rabia *f*

RAC [ɑːreɪˈsiː] *n (abbr of Royal Automobile Club)* asociación británica del automóvil, ≃ RACE m

race [reɪs] ◇ n **1.** *(competition)* carrera *f* **2.** *(ethnic group)* raza *f* ◇ vi **1.** *(compete)* competir **2.** *(go fast)* ir corriendo **3.** *(engine)* acelerarse ◇ vt *(compete against)* competir con

racecourse ['reɪskɔːs] *n (UK)* hipódromo m

racehorse ['reɪshɔːs] *n* caballo m de carreras

racetrack ['reɪstræk] *n (for horses)* hipódromo m

racial ['reɪʃl] *adj* racial

racing ['reɪsɪŋ] *n* ● *(horse)* racing carreras *fpl* de caballos

racing car *n* coche m de carreras

racism ['reɪsɪzm] *n* racismo m

racist ['reɪsɪst] *n* racista *mf*

rack [ræk] *n* **1.** *(for coats)* percha *f* **2.** *(for plates)* escurreplatos m *inv* **3.** *(for bottles)* botellero m ● rack of lamb costillar m de cordero

racket ['rækɪt] *n* **1.** *SPORT* raqueta *f* **2.** *(inf)* *(noise)* jaleo m

racquet ['rækɪt] *n* raqueta *f*

radar ['reɪdɑː] *n* radar m

radiation [ˌreɪdɪˈeɪʃn] *n* radiación *f*

radiator ['reɪdɪeɪtə] *n* radiador m

radical ['rædɪkl] *adj* radical

radii ['reɪdɪaɪ] *pl* ➤ **radius**

radio ['reɪdɪəʊ] *(pl* **-s)** ◇ n radio *f* ◇ vt radiar ● on the radio *(hear, be broadcast)* por la radio

radioactive [ˌreɪdɪəʊˈæktɪv] *adj* radiactivo(va)

radio alarm *n* radiodespertador m

radish ['rædɪʃ] *n* rábano m

radius ['reɪdɪəs] *(pl* **radii)** *n* radio m

raffle ['ræfl] *n* rifa *f*

raft [rɑːft] *n* **1.** *(of wood)* balsa *f* **2.** *(inflatable)* bote m

rafter ['rɑːftə] *n* par m

rag [ræg] *n (old cloth)* trapo m

rage [reɪdʒ] *n* rabia *f*

raid [reɪd] ◇ n **1.** *(attack)* incursión *f* **2.** *(by police)* redada *f* **3.** *(robbery)* asalto m ◇ vt **1.** *(subj: police)* hacer una redada en **2.** *(subj: thieves)* asaltar

rail [reɪl] ◇ n **1.** *(bar)* barra *f* **2.** *(for curtain, train)* carril m **3.** *(on stairs)* barandilla *f* ◇ adj ferroviario(ria) ● by rail por ferrocarril

railcard ['reɪlkɑːd] *n (UK)* tarjeta que da derecho a un descuento al viajar en tren

railings ['reɪlɪŋz] *npl* reja *f*

railroad ['reɪlrəʊd] *(US)* = **railway**

railway ['reɪlweɪ] *n (UK)* **1.** *(system)* ferrocarril m **2.** *(track)* vía *f* (férrea)

railway line *n (UK)* **1.** *(route)* línea *f* de ferrocarril **2.** *(track)* vía *f* (férrea)

railway station n (UK) estación f de ferrocarril

rain [reɪn] ◇ n lluvia f ◇ impers vb llover • it's raining está lloviendo

rainbow ['reɪnbəʊ] n arco m iris

raincoat ['reɪnkəʊt] n impermeable m

raindrop ['reɪndrɒp] n gota f de lluvia

rainfall ['reɪnfɔːl] n pluviosidad f

rainy ['reɪnɪ] adj lluvioso(sa)

raise [reɪz] ◇ vt **1.** (lift) levantar **2.** (increase) aumentar **3.** (money) recaudar **4.** (child, animals) criar **5.** (question, subject) plantear ◇ n (US) (pay increase) aumento m

raisin ['reɪzn] n pasa f

rake [reɪk] n (tool) rastrillo m

rally ['rælɪ] n **1.** (public meeting) mitin m **2.** (motor race) rally m **3.** (in tennis, badminton, squash) peloteo m

ram [ræm] ◇ n carnero m ◇ vt (bang into) chocar con

Ramadan [,ræmə'dæn] n Ramadán m

ramble ['ræmbl] n paseo m por el campo

ramp [ræmp] n **1.** (slope) rampa f **2.** (UK) (in roadworks) rompecoches m inv **3.** (US) (to freeway) acceso m ▼ **ramp** (UK) rampa

ramparts ['ræmpɑːts] npl murallas fpl

ran [ræn] pt ➤ run

ranch [rɑːntʃ] n rancho m

rancid ['rænsɪd] adj rancio(cia)

random ['rændəm] ◇ adj fortuito(ta) ◇ n • at random al azar

rang [ræŋ] pt ➤ ring

range [reɪndʒ] ◇ n **1.** (of radio, telescope) alcance m **2.** (of aircraft) autonomía f **3.** (of prices, temperatures, ages) escala f **4.**

(of goods, services) variedad f **5.** (of hills, mountains) sierra f **6.** (for shooting) campo m de tiro **7.** (cooker) fogón m ◇ vi (vary) oscilar

ranger ['reɪndʒə'] n guardabosques mf inv

rank [ræŋk] ◇ n (in armed forces, police) grado m ◇ adj (smell, taste) pestilente

ransom ['rænsəm] n rescate m

rap [ræp] n (music) rap m

rape [reɪp] ◇ n (crime) violación f ◇ vt violar

rapid ['ræpɪd] adj rápido(da) • **rapids** npl rápidos mpl

rapidly ['ræpɪdlɪ] adv rápidamente

rapist ['reɪpɪst] n violador m

rare [reə'] adj **1.** (not common) raro(ra) **2.** (meat) poco hecho(cha)

rarely ['reəlɪ] adv raras veces

rash [ræʃ] ◇ n (on skin) sarpullido m ◇ adj precipitado(da)

raspberry ['rɑːzbərɪ] n frambuesa f

rat [ræt] n rata f

ratatouille [,rætə'twiː] n guiso de tomate, cebolla, pimiento, calabacín, berenjenas, etc

rate [reɪt] ◇ n **1.** (level) índice m **2.** (of interest) tipo m (Esp), tasa f **3.** (charge) precio m **4.** (speed) velocidad f ◇ vt **1.** (consider) considerar **2.** (deserve) merecer • **rate of exchange** tipo de cambio • **at any rate** de todos modos • **at this rate** a este paso

rather ['rɑːðə'] adv (quite) bastante • I'd rather have a beer prefiero tomar una cerveza • I'd rather not mejor que no • would you rather ...? ¿preferirías ...? • **rather a lot** bastante • **rather than** antes que

ratio ['reɪʃɪəʊ] (*pl* **-s**) *n* proporción *f*

ration ['ræʃn] *n* ración *f* ♦ **rations** *npl* (*food*) víveres *mpl*

rational ['ræʃnl] *adj* racional

rattle ['rætl] ◇ *n* (*of baby*) sonajero *m* ◇ *vi* golpetear

rave [reɪv] *n* (*UK*) (*party*) rave *f*

raven ['reɪvn] *n* cuervo *m*

ravioli [,rævɪ'əʊlɪ] *n* raviolis *mpl*

raw [rɔː] *adj* **1.** (*uncooked*) crudo(da) **2.** (*sugar*) sin refinar

raw material *n* materia *f* prima

ray [reɪ] *n* rayo *m*

razor ['reɪzəʳ] *n* **1.** (*with blade*) navaja *f* **2.** (*electric*) maquinilla *f* de afeitar, rasuradora *f* (*Amér*)

razor blade *n* hoja *f* de afeitar

Rd *abbr* = **Road**

re [riː] *prep* con referencia a

RE [ɑːr'iː] *n* (*abbr of* religious education) religión *f* (*materia*)

reach [riːtʃ] ◇ *vt* **1.** llegar a **2.** (*manage to touch*) alcanzar **3.** (*contact*) contactar con ◇ *n* out of reach fuera de alcance ● **within reach of the beach** a poca distancia de la playa ♦ **reach out** *vi* ● **to reach out (for)** alargar la mano (para)

react [rɪ'ækt] *vi* reaccionar

reaction [rɪ'ækʃn] *n* reacción *f*

read [riːd] (*pt* & *pp* *inv*) ◇ *vt* **1.** leer **2.** (*subj: sign, note*) decir **3.** (*subj: meter, gauge*) marcar ◇ *vi* leer ● **I read about it in the paper** lo leí en el periódico ♦ **read out** *vt sep* leer en voz alta

reader ['riːdəʳ] *n* (*of newspaper, book*) lector *m*, -ra *f*

readily ['redɪlɪ] *adv* **1.** (*willingly*) de

buena gana **2.** (*easily*) fácilmente

reading ['riːdɪŋ] *n* lectura *f*

reading matter *n* lectura *f*

ready ['redɪ] *adj* (*prepared*) listo(ta) ● **to be ready for sthg** (*prepared*) estar listo para algo ● **to be ready to do sthg** (*willing*) estar dispuesto(ta) a hacer algo; (*likely*) estar a punto de hacer algo ● **to get ready** prepararse ● **to get sthg ready** preparar algo

ready cash *n* dinero *m* contante

ready-cooked [-kʊkt] *adj* precocinado(da)

ready-to-wear *adj* confeccionado(da)

real ['rɪəl] ◇ *adj* **1.** (*existing*) real **2.** (*genuine*) auténtico(ca) **3.** (*for emphasis*) verdadero(ra) ◇ *adv* (*US*) (*inf*) muy

real ale *n* (*UK*) cerveza criada en toneles, a la manera tradicional

real estate *n* (*US*) propiedad *f* inmobiliaria

realistic [,rɪə'lɪstɪk] *adj* realista

reality [rɪ'ælətɪ] *n* realidad *f* ● **in reality** en realidad

reality TV *n* reality shows *mpl*

realize ['rɪəlaɪz] *vt* **1.** (*become aware of, know*) darse cuenta de **2.** (*ambition, goal*) realizar

really ['rɪəlɪ] *adv* realmente ● **not really** en realidad no ● **really?** (*expressing surprise*) ¿de verdad?

realtor ['rɪəltəʳ] *n* (*US*) agente *m* inmobiliario, agente inmobiliaria *f*

rear [rɪəʳ] ◇ *adj* trasero(ra) ◇ *n* (*back*) parte *f* de atrás

rearrange [,riːə'reɪndʒ] *vt* **1.** (*room, furniture*) colocar de otro modo **2.** (*meeting*) volver a concertar

rearview mirror [ˈrɪəvjuː-] *n* espejo *m* retrovisor

rear-wheel drive *n* coche *m* con tracción trasera

reason [ˈriːzn] *n* **1.** *(motive, cause)* razón *f* **2.** *(justification)* razones *fpl* ● **for some reason** por alguna razón

reasonable [ˈriːznəbl] *adj* razonable

reasonably [ˈriːznəblɪ] *adv* *(quite)* razonablemente

reasoning [ˈriːznɪŋ] *n* razonamiento *m*

reassure [ˌriːəˈʃɔːʳ] *vt* tranquilizar

reassuring [ˌriːəˈʃɔːrɪŋ] *adj* tranquilizador(ra)

rebate [ˈriːbeɪt] *n* devolución *f*

rebel ◇ *n* [ˈrebl] rebelde *mf* ◇ *vi* [rɪˈbel] rebelarse

rebound [rɪˈbaʊnd] *vi* rebotar

rebuild [ˌriːˈbɪld] *(pt & pp* **rebuilt**) *vt* reconstruir

rebuke [rɪˈbjuːk] *vt* reprender

recall [rɪˈkɔːl] *vt* *(remember)* recordar

receipt [rɪˈsiːt] *n* *(for goods, money)* recibo *m* ● **on receipt of** al recibo de

receive [rɪˈsiːv] *vt* recibir

receiver [rɪˈsiːvəʳ] *n* *(of phone)* auricular *m*

recent [ˈriːsnt] *adj* reciente

recently [ˈriːsntlɪ] *adv* recientemente

receptacle [rɪˈseptəkl] *n* *(fml)* receptáculo *m*

reception [rɪˈsepʃn] *n* recepción *f*

introducing yourself at reception

When arriving for a meeting at a company, you tell the receptionist your name, your company and the person you are meeting: *Buenos días. Soy de ADM Internacional. Tengo una cita con el señor Lajunta.* When arriving at a hotel, you give your first name and surname: *Tengo una habitación reservada a nombre de Diego Villalobos.*

reception desk *n* recepción *f*

receptionist [rɪˈsepʃənɪst] *n* recepcionista *mf*

recess [rɪˈses] *n* **1.** *(in wall)* hueco *m* **2.** (US) SCH recreo *m*

recession [rɪˈseʃn] *n* recesión *f*

recipe [ˈresɪpɪ] *n* receta *f*

recite [rɪˈsaɪt] *vt* **1.** *(poem)* recitar **2.** *(list)* enumerar

reckless [ˈreklɪs] *adj* imprudente

reckon [ˈrekn] *vt* *(inf)* *(think)* pensar ● **reckon on** *vt insep* contar con ● **reckon with** *vt insep* *(expect)* contar con

reclaim [rɪˈkleɪm] *vt* *(baggage)* reclamar

reclining seat [rɪˈklaɪnɪŋ-] *n* asiento *m* reclinable

recognition [ˌrekəgˈnɪʃn] *n* reconocimiento *m*

recognize [ˈrekəgnaɪz] *vt* reconocer

recollect [ˌrekəˈlekt] *vt* recordar

recommend [ˌrekəˈmend] *vt* recomendar ● **to recommend sb to do sthg** recomendar a alguien hacer algo

recommendation [ˌrekəmenˈdeɪʃn] *n* recomendación *f*

reconsider [ˌriːkənˈsɪdəʳ] *vt* reconsiderar

reconstruct [ˌriːkənˈstrʌkt] *vt* reconstruir

record ◇ *n* [ˈrekɔːd] **1.** MUS disco *m* **2.**

(best performance, highest level) récord m **3.** *(account)* anotación f ⋄ vt [rɪˈkɔːd] **1.** *(keep account of)* anotar **2.** *(on tape)* grabar

recorded delivery [rɪˈkɔːdɪd-] n *(UK)* ≃ correo m certificado

recorder [rɪˈkɔːdə'] n **1.** *(tape recorder)* magnetófono m **2.** *(instrument)* flauta f

recording [rɪˈkɔːdɪŋ] n grabación f

record shop n tienda f de música

recover [rɪˈkʌvə'] ⋄ vt *(stolen goods, lost property)* recuperar ⋄ vi recobrarse

recovery [rɪˈkʌvərɪ] n recuperación f

recovery vehicle n *(UK)* grúa f remolcadora

recreation [ˌrekrɪˈeɪʃn] n recreo m

recreation ground n *(UK)* campo m de deportes

recruit [rɪˈkruːt] ⋄ n *(to army)* recluta mf ⋄ vt *(staff)* contratar

rectangle [ˈrektæŋgl] n rectángulo m

rectangular [rekˈtæŋgjʊlə'] adj rectangular

recycle [ˌriːˈsaɪkl] vt reciclar

recycle bin n COMPUT papelera f de reciclaje

red [red] ⋄ adj rojo(ja) ⋄ n *(colour)* rojo m ● **she has red hair** es pelirroja ● **in the red** en números rojos

red cabbage n lombarda f

Red Cross n Cruz f Roja

redcurrant [ˈredkʌrənt] n grosella f

redecorate [ˌriːˈdekəreɪt] vt cambiar la decoración de

redhead [ˈredhed] n pelirrojo m, -ja f

red-hot adj al rojo vivo

redial [riːˈdaɪəl] vi volver a marcar OR discar *(Amér)*

redirect [ˌriːdɪˈrekt] vt **1.** *(letter)* reexpedir **2.** *(traffic, plane)* redirigir

red pepper n pimiento m rojo

reduce [rɪˈdjuːs] ⋄ vt **1.** *(make smaller)* reducir **2.** *(make cheaper)* rebajar ⋄ vi *(US)* *(slim)* adelgazar

reduced price [rɪˈdjuːst-] n precio m rebajado

reduction [rɪˈdʌkʃn] n **1.** *(in size)* reducción f **2.** *(in price)* descuento m

redundancy [rɪˈdʌndənsɪ] n *(UK)* *(job loss)* despido m

redundant [rɪˈdʌndənt] adj *(UK)* ● **to be made redundant** perder el empleo

red wine n vino m tinto

reed [riːd] n carrizo m

reef [riːf] n arrecife m

reek [riːk] vi apestar

reel [riːl] n carrete m

refectory [rɪˈfektərɪ] n refectorio m

refer [rɪˈfɜː'] ◆ **refer to** vt insep **1.** *(speak about, relate to)* referirse a **2.** *(consult)* consultar

referee [ˌrefəˈriː] n SPORT árbitro m

reference [ˈrefrəns] ⋄ n **1.** *(mention)* referencia f **2.** *(letter for job)* referencias fpl ⋄ adj *(book, library)* de consulta ● **with reference to** con referencia a

referendum [ˌrefəˈrendəm] n referéndum m

refill ⋄ vt [ˌriːˈfɪl] volver a llenar ⋄ n [ˈriːfɪl] *(for pen)* cartucho m de recambio ● **would you like a refill?** *(inf)* *(drink)* ¿quieres tomar otra copa de lo mismo?

refinery [rɪˈfaɪnərɪ] n refinería f

reflect [rɪˈflekt] ⋄ vt reflejar ⋄ vi *(think)* reflexionar

reflection [rɪˈflekʃn] n (image) reflejo m

reflector [rɪˈflektəʳ] n reflector m

reflex [ˈriːfleks] n reflejo m

reflexive [rɪˈfleksɪv] adj reflexivo(va)

reform [rɪˈfɔːm] ◇ n reforma f ◇ vt reformar

refresh [rɪˈfreʃ] vt refrescar

refreshing [rɪˈfreʃɪŋ] adj refrescante

refreshments [rɪˈfreʃmənts] npl refrigerios mpl

refrigerator [rɪˈfrɪdʒəreɪtəʳ] n refrigerador m

refugee [ˌrefjʊˈdʒiː] n refugiado m, -da f

refund ◇ n [ˈriːfʌnd] reembolso m ◇ vt [rɪˈfʌnd] reembolsar

refundable [rɪˈfʌndəbl] adj reembolsable

refusal [rɪˈfjuːzl] n negativa f

refuse[1] [rɪˈfjuːz] ◇ vt **1.** (not accept) rechazar **2.** (not allow) denegar ◇ vi negarse ● to refuse to do sthg negarse a hacer algo

refuse[2] [ˈrefjuːs] n (fml) basura f

refuse collection [ˈrefjuːs-] n (fml) recogida f de basuras

regard [rɪˈɡɑːd] ◇ vt (consider) considerar ◇ n ● with regard to respecto a ● as regards por lo que se refiere a ● regards npl (in greetings) recuerdos mpl ● give them my regards salúdales de mi parte

regarding [rɪˈɡɑːdɪŋ] prep respecto a

regardless [rɪˈɡɑːdlɪs] adv a pesar de todo ● regardless of sin tener en cuenta

reggae [ˈreɡeɪ] n reggae m

regiment [ˈredʒɪmənt] n regimiento m

region [ˈriːdʒən] n región f ● in the region of alrededor de

regional [ˈriːdʒənl] adj regional

register [ˈredʒɪstəʳ] ◇ n (official list) registro m ◇ vt registrar ◇ vi **1.** (be officially recorded) inscribirse **2.** (at hotel) registrarse

registered [ˈredʒɪstəd] adj (letter, parcel) certificado(da)

registration [ˌredʒɪˈstreɪʃn] n **1.** (for course) inscripción f **2.** (at conference) entrega f de documentación

registration (number) n (of car) número m de matrícula OR placa (Amér)

registry office [ˈredʒɪstrɪ-] n (UK) registro m civil

regret [rɪˈɡret] ◇ n pesar m ◇ vt lamentar ● to regret doing sthg lamentar haber hecho algo ● we regret any inconvenience caused lamentamos las molestias ocasionadas

regrettable [rɪˈɡretəbl] adj lamentable

regular [ˈreɡjʊləʳ] ◇ adj **1.** regular **2.** (frequent) habitual **3.** (normal, of normal size) normal ◇ n cliente mf habitual

regularly [ˈreɡjʊləlɪ] adv con regularidad

regulate [ˈreɡjʊleɪt] vt regular

regulation [ˌreɡjʊˈleɪʃn] n (rule) regla f

rehearsal [rɪˈhɜːsl] n ensayo m

rehearse [rɪˈhɜːs] vt ensayar

reign [reɪn] ◇ n reinado m ◇ vi reinar

reimburse [ˌriːɪmˈbɜːs] vt (fml) reembolsar

reindeer [ˈreɪnˌdɪəʳ] (pl inv) n reno m

reinforce [ˌriːɪnˈfɔːs] vt reforzar

reinforcements [ˌriːɪnˈfɔːsmənts] npl refuerzos mpl

reins [reɪnz] npl **1.** (for horse) riendas fpl

reject [rɪ'dʒekt] vt rechazar

rejection [rɪ'dʒekʃn] n rechazo m

rejoin [ˌriː'dʒɔɪn] vt (motorway) reincorporarse a

relapse [rɪ'læps] n recaída f

relate [rɪ'leɪt] ◇ vt (connect) relacionar ◇ vi ● to relate to (be connected with) estar relacionado con; (concern) referirse a

related [rɪ'leɪtɪd] adj 1. (of same family) emparentado(da) 2. (connected) relacionado(da)

relation [rɪ'leɪʃn] n 1. (member of family) pariente mf 2. (connection) relación f ● in relation to en relación con ◆ **relations** npl (international etc) relaciones fpl

relationship [rɪ'leɪʃnʃɪp] n relación f

relative ['relətɪv] ◇ adj relativo(va) ◇ n pariente mf

relatively ['relətɪvlɪ] adv relativamente

relax [rɪ'læks] vi relajarse

relaxation [ˌriːlæk'seɪʃn] n relajación f

relaxed [rɪ'lækst] adj 1. (person) tranquilo(la) 2. (atmosphere) desenfadado(da)

relaxing [rɪ'læksɪŋ] adj relajante

relay ['riːleɪ] n (race) carrera f de relevos

release [rɪ'liːs] ◇ vt 1. (set free) liberar 2. (hand, brake, catch) soltar 3. (film) estrenar 4. (record) sacar ◇ n 1. (film) estreno m 2. (record) lanzamiento m

relegate ['relɪgeɪt] vt ● to be relegated SPORT descender

relevant ['reləvənt] adj 1. (connected, appropriate) pertinente 2. (important) importante

reliable [rɪ'laɪəbl] adj (person, machine) fiable

relic ['relɪk] n (vestige) reliquia f

relief [rɪ'liːf] n 1. (gladness) alivio m 2. (aid) ayuda f

relief road n (UK) carretera f auxiliar de descongestión

relieve [rɪ'liːv] vt (pain, headache) aliviar

relieved [rɪ'liːvd] adj aliviado(da)

religion [rɪ'lɪdʒn] n religión f

religious [rɪ'lɪdʒəs] adj religioso(sa)

relish ['relɪʃ] n (sauce) salsa f picante

reluctant [rɪ'lʌktənt] adj reacio(cia)

rely [rɪ'laɪ] ◆ **rely on** vt insep 1. (trust) contar con 2. (depend on) depender de

remain [rɪ'meɪn] vi 1. (stay) permanecer 2. (continue to exist) quedar ◆ **remains** npl restos mpl

remainder [rɪ'meɪndər] n resto m

remaining [rɪ'meɪnɪŋ] adj restante

remark [rɪ'mɑːk] ◇ n comentario m ◇ vt comentar

remarkable [rɪ'mɑːkəbl] adj excepcional

remedy ['remədɪ] n remedio m

remember [rɪ'membər] ◇ vt recordar ◇ vi acordarse ● to remember doing sthg acordarse de haber hecho algo ● to remember to do sthg acordarse de hacer algo

remind [rɪ'maɪnd] vt ● to remind sb of sb recordarle a alguien a alguien ● to remind sb to do sthg recordar a alguien hacer algo

reminder [rɪ'maɪndər] n (for bill, library book) notificación f

remittance [rɪ'mɪtns] n (fml) giro m

remote [rɪ'məʊt] adj remoto(ta)

remote control *n (device)* mando *m* (de control remoto)

removal [rɪˈmuːvl] *n (taking away)* extracción *f*

removal van *n (UK)* camión *m* de mudanzas

remove [rɪˈmuːv] *vt* quitar

renew [rɪˈnjuː] *vt* renovar

renovate [ˈrenəveɪt] *vt* reformar

renowned [rɪˈnaʊnd] *adj* renombrado(-da)

rent [rent] ◇ *n* alquiler *m* ◇ *vt* alquilar

rental [ˈrentl] *n* alquiler *m*

repaid [riːˈpeɪd] *pt & pp* ➤ **repay**

repair [rɪˈpeəʳ] ◇ *vt* reparar ◇ *n* • **in good repair** en buen estado • **repairs** *npl* reparaciones *fpl*

repay [riːˈpeɪ] *(pt & pp* **repaid)** *vt (money, favour)* devolver

repayment [riːˈpeɪmənt] *n* devolución *f*

repeat [rɪˈpiːt] ◇ *vt* repetir ◇ *n (on TV, radio)* reposición *f*

repetition [ˌrepɪˈtɪʃn] *n* repetición *f*

repetitive [rɪˈpetɪtɪv] *adj* repetitivo(va)

replace [rɪˈpleɪs] *vt* **1.** *(substitute)* sustituir **2.** *(faulty goods)* reemplazar **3.** *(put back)* poner en su sitio

replacement [rɪˈpleɪsmənt] *n (substitute)* sustituto *m*, -ta *f*

replay [ˈriːpleɪ] *n* **1.** *(rematch)* partido *m* de desempate **2.** *(on TV)* repetición *f*

reply [rɪˈplaɪ] ◇ *n* respuesta *f* ◇ *vt & vi* responder

report [rɪˈpɔːt] ◇ *n* **1.** *(account)* informe *m* **2.** *(in newspaper, on TV, radio)* reportaje *m* **3.** *(UK)* SCH boletín *m* de evaluación ◇ *vt* **1.** *(announce)* informar de **2.** *(theft, disappearance, person)* denunciar ◇ *vi*

informar • **to report to sb** *(go to)* presentarse a alguien

reporter [rɪˈpɔːtəʳ] *n* reportero *m*, -ra *f*

represent [ˌreprɪˈzent] *vt* representar

representative [ˌreprɪˈzentətɪv] *n* representante *mf*

repress [rɪˈpres] *vt* reprimir

reprieve [rɪˈpriːv] *n (delay)* tregua *f*

reprimand [ˈreprɪmɑːnd] *vt* reprender

reproach [rɪˈprəʊtʃ] *vt* reprochar

reproduction [ˌriːprəˈdʌkʃn] *n* reproducción *f*

reptile [ˈreptaɪl] *n* reptil *m*

republic [rɪˈpʌblɪk] *n* república *f*

Republican [rɪˈpʌblɪkən] ◇ *n (in US)* republicano *m*, -na *f* ◇ *adj (in US)* republicano(na)

repulsive [rɪˈpʌlsɪv] *adj* repulsivo(va)

reputable [ˈrepjʊtəbl] *adj* de buena reputación

reputation [ˌrepjʊˈteɪʃn] *n* reputación *f*

request [rɪˈkwest] ◇ *n* petición *f* ◇ *vt* solicitar • **to request sb to do sthg** rogar a alguien que haga algo • **available on request** disponible a petición del interesado

require [rɪˈkwaɪəʳ] *vt (need)* necesitar • **passengers are required to show their tickets** los pasajeros han de mostrar los billetes

requirement [rɪˈkwaɪəmənt] *n* requisito *m*

resat [ˌriːˈsæt] *pt & pp* ➤ **resit**

rescue [ˈreskjuː] *vt* rescatar

research [rɪˈsɜːtʃ] *n* investigación *f*

resemblance [rɪˈzembləns] *n* parecido *m*

resemble [rɪˈzembl] *vt* parecerse a

resent [rɪ'zent] *vt* tomarse a mal

reservation [ˌrezə'veɪʃn] *n* **1.** *(booking)* reserva *f* **2.** *(doubt)* duda *f* ● **to make a reservation** hacer una reserva

reserve [rɪ'zɜːv] ◇ *vt* **1.** SPORT suplente *mf* **2.** *(UK) (for wildlife)* reserva *f* ◇ *vt* reservar

reserved [rɪ'zɜːvd] *adj* reservado(da)

reservoir ['rezəvwɑː'] *n* pantano *m*

reset [ˌriː'set] *(pt & pp inv)* *vt (watch, meter, device)* reajustar

residence ['rezɪdəns] *n (fml)* residencia *f* ● **place of residence** *(fml)* domicilio *m*

residence permit *n* permiso *m* de residencia

resident ['rezɪdənt] *n* **1.** *(of country)* residente *mf* **2.** *(of hotel)* huésped *mf* **3.** *(of area, house)* vecino *m*, -na *f* ▼ **residents only** *(for parking)* sólo para residentes

residential [ˌrezɪ'denʃl] *adj (area)* residencial

residue ['rezɪdjuː] *n* residuo *m*

resign [rɪ'zaɪn] ◇ *vi* dimitir ◇ *vt* ● **to resign o.s. to sthg** resignarse a algo

resignation [ˌrezɪg'neɪʃn] *n (from job)* dimisión *f*

resilient [rɪ'zɪliənt] *adj* resistente

resist [rɪ'zɪst] *vt* **1.** *(fight against)* resistir a **2.** *(temptation)* resistir ● **I can't resist cream cakes** me encantan los pasteles de nata ● **to resist doing sthg** resistirse a hacer algo

resistance [rɪ'zɪstəns] *n* resistencia *f*

resit [ˌriː'sɪt] *(pt & pp* **resat**) *vt (UK)* volver a presentarse a

resolution [ˌrezə'luːʃn] *n (promise)* propósito *m*

resolve [rɪ'zɒlv] *vt (solve)* resolver

resort [rɪ'zɔːt] *n (for holidays)* lugar *m* de vacaciones ● **as a last resort** como último recurso ♦ **resort to** *vt insep* recurrir a ● **to resort to doing sthg** recurrir a hacer algo

resource [rɪ'sɔːs] *n* recurso *m*

resourceful [rɪ'sɔːsful] *adj* habilidoso(sa)

respect [rɪ'spekt] ◇ *n* **1.** respeto *m* **2.** *(aspect)* aspecto *m* ◇ *vt* respetar ● **in some respects** en algunos aspectos ● **with respect to** con respecto a

respectable [rɪ'spektəbl] *adj* respetable

respective [rɪ'spektɪv] *adj* respectivo(va)

respond [rɪ'spɒnd] *vi* responder

response [rɪ'spɒns] *n* respuesta *f*

responsibility [rɪˌspɒnsə'bɪlətɪ] *n* responsabilidad *f*

responsible [rɪ'spɒnsəbl] *adj* responsable ● **to be responsible (for)** *(accountable)* ser responsable (de)

rest [rest] ◇ *n* **1.** *(relaxation, for foot)* descanso *m* **2.** *(for head)* respaldo *m* ◇ *vi (relax)* descansar ● **the rest** el resto ● **to have a rest** descansar ● **to rest against** apoyarse contra

restaurant ['restərɒnt] *n* restaurante *m*

restaurant car *n (UK)* vagón *m* restaurante

restful ['restful] *adj* tranquilo(la)

restless ['restlɪs] *adj* **1.** *(bored, impatient)* impaciente **2.** *(fidgety)* inquieto(ta)

restore [rɪ'stɔː'] *vt* **1.** *(reintroduce)* restablecer **2.** *(renovate)* restaurar

restrain [rɪ'streɪn] *vt* controlar

restrict [rɪ'strɪkt] *vt* restringir

restricted [rɪˈstrɪktɪd] *adj* limitado(da)

restriction [rɪˈstrɪkʃn] *n* **1.** (*rule*) restricción *f* **2.** (*limitation*) limitación *f*

rest room *n* (*US*) aseos *mpl*

result [rɪˈzʌlt] ⋄ *n* resultado *m* ⋄ *vi* **to result in** resultar en ● **as a result of** como resultado de ◆ **results** *npl* (*of test, exam*) resultados *mpl*

resume [rɪˈzjuːm] *vi* volver a empezar

résumé [ˈrezjuːmeɪ] *n* **1.** (*summary*) resumen *m* **2.** (*US*) (*curriculum vitae*) currículum *m*

retail [ˈriːteɪl] ⋄ *n* venta *f* al por menor ⋄ *vt* vender (al por menor) ⋄ *vi* **to retail at** venderse a

retailer [ˈriːteɪləʳ] *n* minorista *mf*

retail price *n* precio *m* de venta al público

retain [rɪˈteɪn] *vt* (*fml*) retener

retaliate [rɪˈtælieɪt] *vi* desquitarse

retire [rɪˈtaɪəʳ] *vi* (*stop working*) jubilarse

retired [rɪˈtaɪəd] *adj* jubilado(da)

retirement [rɪˈtaɪəmənt] *n* **1.** (*leaving job*) jubilación *f* **2.** (*period after retiring*) retiro *m*

retreat [rɪˈtriːt] ⋄ *vi* retirarse ⋄ *n* (*place*) refugio *m*

retrieve [rɪˈtriːv] *vt* recobrar

return [rɪˈtɜːn] ⋄ *n* **1.** (*arrival back*) vuelta *f* **2.** (*UK*) (*ticket*) billete *m* (*Esp*) OR boleto *m* (*Amér*) de ida y vuelta ⋄ *vt* **1.** (*put back*) volver a poner **2.** (*ball, serve*) devolver **3.** (*give back*) devolver ⋄ *vi* **1.** (*go back, come back*) volver **2.** (*reappear*) reaparecer ⋄ *adj* (*journey*) de vuelta ● **the police returned the wallet to its owner** la policía devolvió la cartera a su dueño ● **by return of post** (*UK*) a vuelta de correo ● **many happy returns!** ¡y que cumplas muchos más! ● **in return (for)** en recompensa (por)

return flight *n* vuelo *m* de regreso

return ticket *n* (*UK*) billete *m* (*Esp*) OR boleto *m* (*Amér*) de ida y vuelta

reunite [ˌriːjuːˈnaɪt] *vt* reunir

reveal [rɪˈviːl] *vt* revelar

revelation [ˌrevəˈleɪʃn] *n* revelación *f*

revenge [rɪˈvendʒ] *n* venganza *f*

reverse [rɪˈvɜːs] ⋄ *adj* inverso(sa) ⋄ *n* **1.** AUT marcha *f* atrás, reversa *f* (*Col* & *Méx*) **2.** (*of coin*) reverso *m* **3.** (*of document*) dorso *m* ⋄ *vt* **1.** (*car*) dar marcha atrás a, echar en reversa (*Col* & *Méx*) **2.** (*decision*) revocar ⋄ *vi* dar marcha atrás, echar en reversa (*Col* & *Méx*) ● **the reverse** (*opposite*) lo contrario ● **in reverse order** al revés ● **reverse the charges** (*UK*) llamar a cobro revertido

reverse-charge call *n* (*UK*) llamada *f* a cobro revertido, llamada *f* por cobrar (*Chile* & *Méx*)

review [rɪˈvjuː] ⋄ *n* **1.** (*of book, record, film*) reseña *f* **2.** (*examination*) repaso *m* ⋄ *vt* (*US*) (*for exam*) repasar

revise [rɪˈvaɪz] ⋄ *vt* revisar ⋄ *vi* (*UK*) repasar

revision [rɪˈvɪʒn] *n* (*UK*) repaso *m*

revive [rɪˈvaɪv] *vt* **1.** (*person*) reanimar **2.** (*economy, custom*) resucitar

revolt [rɪˈvəʊlt] *n* rebelión *f*

revolting [rɪˈvəʊltɪŋ] *adj* asqueroso(sa)

revolution [ˌrevəˈluːʃn] *n* revolución *f*

revolutionary [ˌrevəˈluːʃnərɪ] *adj* revolucionario(ria)

revolver [rɪ'vɒlvəʳ] *n* revólver *m*

revolving door [rɪ'vɒlvɪŋ-] *n* puerta *f* giratoria

revue [rɪ'vju:] *n* revista *f* teatral

reward [rɪ'wɔːd] ◇ *n* recompensa *f* ◇ *vt* recompensar

rewind [,ri:'waɪnd] (*pt & pp* **rewound**) *vt* rebobinar

rheumatism ['ru:mətɪzm] *n* reumatismo *m*

rhinoceros [raɪ'nɒsərəs] (*pl inv* OR **-es**) *n* rinoceronte *m*

rhubarb ['ru:bɑ:b] *n* ruibarbo *m*

rhyme [raɪm] ◇ *n* (*poem*) rima *f* ◇ *vi* rimar

rhythm ['rɪðm] *n* ritmo *m*

rib [rɪb] *n* costilla *f*

ribbon ['rɪbən] *n* cinta *f*

rice [raɪs] *n* arroz *m*

rice pudding *n* arroz *m* con leche

rich [rɪtʃ] ◇ *adj* rico(ca) ◇ *npl* ● **the rich** los ricos ● **to be rich in sthg** abundar en algo

ricotta cheese [rɪ'kɒtə-] *n* queso *m* de ricotta

rid [rɪd] *vt* ● **to get rid of** deshacerse de

ridden ['rɪdn] *pp* ➢ **ride**

riddle ['rɪdl] *n* 1. (*puzzle*) acertijo *m* 2. (*mystery*) enigma *m*

ride [raɪd] (*pt* **rode**, *pp* **ridden**) ◇ *n* 1. (*on horse, bike*) paseo *m* 2. (*in vehicle*) vuelta *f* ◇ *vt* 1. (*horse*) montar a 2. (*bike*) montar en ◇ *vi* 1. (*on horse*) montar a caballo 2. (*bike*) ir en bici 3. (*in car*) ir en coche ● **to go for a ride** (*in car*) darse una vuelta en coche

rider ['raɪdəʳ] *n* 1. (*on horse*) jinete *m*, amazona *f* 2. (*on bike*) ciclista *mf*

ridge [rɪdʒ] *n* 1. (*of mountain*) cresta *f* 2. (*raised surface*) rugosidad *f*

ridiculous [rɪ'dɪkjʊləs] *adj* ridículo(la)

riding ['raɪdɪŋ] *n* equitación *f*

riding school *n* escuela *f* de equitación

rifle ['raɪfl] *n* fusil *m*

rig [rɪg] ◇ *n* torre *f* de perforación ◇ *vt* amañar

right [raɪt]
◇ *adj* 1. (*correct*) correcto(ta) ● **to be right** tener razón ● **have you got the right time?** ¿tienes buena hora? ● **to be right to do sthg** hacer bien en hacer algo 2. (*most suitable*) adecuado(da) ● **is this the right way?** ¿así está bien? 3. (*fair*) justo(ta) ● **that's not right!** ¡eso no es justo! 4. (*on the right*) derecho(cha) ● **the right side of the road** la derecha de la carretera
◇ *n* 1. (*side*) ● **the right** la derecha 2. (*entitlement*) derecho *m* ● **to have the right to do sthg** tener el derecho a hacer algo
◇ *adv* 1. (*towards the right*) a la derecha ● **turn right** tuerza a la derecha 2. (*correctly*) bien ● **am I pronouncing it right?** ¿lo pronuncio bien? 3. (*for emphasis*) justo ● **right here** aquí mismo ● **right the way down the road** por toda la calle abajo 4. (*immediately*) ● **I'll be right back** vuelvo enseguida ● **right after** justo después ● **right away** enseguida

right angle *n* ángulo *m* recto

right-hand *adj* derecho(cha)

right-hand drive *n* vehículo *m* con el volante a la derecha

right-handed [-'hændɪd] *adj* **1.** *(person)* diestro(tra) **2.** *(implement)* para personas diestras

rightly ['raɪtlɪ] *adv* **1.** *(correctly)* correctamente **2.** *(justly)* debidamente

right of way *n* **1.** AUT prioridad *f* **2.** *(path)* camino *m* público

right-wing *adj* derechista

rigid ['rɪdʒɪd] *adj* rígido(da)

rim [rɪm] *n* borde *m*

rind [raɪnd] *n* corteza *f*

ring [rɪŋ] *(pt* **rang**, *pp* **rung**) ◇ *n* **1.** *(for finger)* anillo *m* **2.** *(circle)* círculo *m* **3.** *(sound)* timbrazo *m* **4.** *(on cooker)* quemador *m* **5.** *(for boxing)* cuadrilátero *m* **6.** *(in circus)* pista *f* ◇ *vt* **1.** *(UK) (on phone)* llamar (por teléfono) **2.** *(bell)* tocar ◇ *vi* **1.** *(bell, telephone)* sonar **2.** *(UK) (make phone call)* llamar (por teléfono) ● **to give sb a ring** *(UK)* llamar a alguien (por teléfono) ● **to ring the bell** tocar el timbre ◆**ring back** *vt sep & vi (UK)* volver a llamar ◆**ring off** *vi (UK)* colgar ◆**ring up** *vt sep & vi (UK)* llamar (por teléfono)

ring road *n (UK)* carretera *f* de circunvalación

ring tone *n (on mobile phone)* melodía *f*

rink [rɪŋk] *n* pista *f*

rinse [rɪns] *vt* aclarar *(Esp)*, enjuagar ◆ **rinse out** *vt sep* enjuagar

riot ['raɪət] *n* disturbio *m*

rip [rɪp] ◇ *n* rasgón *m* ◇ *vt* rasgar ◇ *vi* rasgarse ◆ **rip up** *vt sep* desgarrar

ripe [raɪp] *adj* maduro(ra)

ripen ['raɪpn] *vi* madurar

rip-off *n (inf)* estafa *f*

rise [raɪz] *(pt* **rose**, *pp* **risen**) ◇ *vi* **1.**

(move upwards) elevarse **2.** *(sun, moon)* salir **3.** *(increase)* aumentar **4.** *(stand up)* levantarse ◇ *n* **1.** *(increase)* ascenso *m* **2.** *(UK) (pay increase)* aumento *m* **3.** *(slope)* subida *f*

risk [rɪsk] ◇ *n* **1.** *(danger)* peligro *m* **2.** *(in insurance)* riesgo *m* ◇ *vt* arriesgar ● **to take a risk** arriesgarse ● **at your own risk** bajo su cuenta y riesgo ● **to risk doing sthg** exponerse a hacer algo ● **to risk it** arriesgarse

risky ['rɪskɪ] *adj* peligroso(sa)

risotto [rɪ'zɒtəʊ] *(pl* **-s**) *n* arroz con carne, marisco o verduras

ritual ['rɪtjʊəl] *n* ritual *m*

rival ['raɪvl] ◇ *adj* rival ◇ *n* rival *mf*

river ['rɪvə'] *n* río *m*

river bank *n* orilla *f* del río

riverside ['rɪvəsaɪd] *n* ribera *f* del río

Riviera [,rɪvɪ'eərə] *n* ● **the (French) Riviera** la Riviera (francesa)

roach [rəʊtʃ] *n (US)* cucaracha *f*

road [rəʊd] *n* **1.** *(major, roadway)* carretera *f* **2.** *(minor)* camino *m* **3.** *(street)* calle *f* ● **by road** por carretera

road map *n* mapa *m* de carreteras

road safety *n* seguridad *f* en carretera

roadside ['rəʊdsaɪd] *n* ● **the roadside** el borde de la carretera

road sign *n* señal *f* de tráfico

road tax *n (UK)* impuesto *m* de circulación

roadway ['rəʊdweɪ] *n* calzada *f*

road works *npl* obras *fpl* (en la carretera)

roam [rəʊm] *vi* vagar

roar [rɔː'] ◇ *n* *(of crowd, aeroplane)* estruendo *m* ◇ *vi* rugir

roast [rəʊst] ◇ *n* asado *m* ◇ *vt* asar ◇ *adj* asado(da) ● **roast beef** rosbif *m* ● **roast chicken** pollo *m* asado ● **roast lamb** cordero *m* asado ● **roast pork** cerdo *m* asado ● **roast potatoes** patatas *fpl* asadas

rob [rɒb] *vt* robar

robber [ˈrɒbə*] *n* ladrón *m*, -ona *f*

robbery [ˈrɒbərɪ] *n* robo *m*

robe [rəʊb] *n* (*US*) (*bathrobe*) bata *f*

robin [ˈrɒbɪn] *n* petirrojo *m*

robot [ˈrəʊbɒt] *n* robot *m*

rock [rɒk] ◇ *n* **1.** (*boulder*) peñasco *m* **2.** (*US*) (*stone*) piedra *f* **3.** (*substance*) roca *f* **4.** (*music*) rock *m* **5.** (*UK*) (*sweet*) palo *m* de caramelo ◇ *vt* (*baby, boat*) mecer ● **on the rocks** (*drink*) con hielo

rock climbing *n* escalada *f* (de rocas) ● **to go rock climbing** ir de escalada

rocket [ˈrɒkɪt] *n* cohete *m*

rocking chair [ˈrɒkɪŋ-] *n* mecedora *f*

rock 'n' roll [ˌrɒkənˈrəʊl] *n* rock and roll *m*

rocky [ˈrɒkɪ] *adj* rocoso(sa)

rod [rɒd] *n* **1.** (*wooden*) vara *f* **2.** (*metal*) barra *f* **3.** (*for fishing*) caña *f*

rode [rəʊd] *pt* → **ride**

role [rəʊl] *n* papel *m*

roll [rəʊl] ◇ *n* **1.** (*of bread*) bollo *m*, panecillo *m* **2.** (*of film, paper*) rollo *m* ◇ *vi* **1.** (*ball, rock*) rodar **2.** (*vehicle*) avanzar **3.** (*ship*) balancearse ◇ *vt* **1.** (*ball, rock*) hacer rodar **2.** (*cigarette*) liar **3.** (*dice*) rodar ◆ **roll over** *vi* **1.** (*person, animal*) darse la vuelta **2.** (*car*) volcar ◆ **roll up** *vt sep* **1.** (*map, carpet*) enrollar **2.** (*sleeves, trousers*) remangarse

Rollerblades ® [ˈrəʊləbleɪdz] *n* patines *mpl* en línea

rollerblading [ˈrəʊləbleɪdɪŋ] *n* ● **to go rollerblading** ir a patinar (*con patines en línea*)

roller coaster [ˈrəʊləˌkəʊstə*] *n* montaña *f* rusa

roller skate [ˈrəʊlə-] *n* patín *m* (de ruedas)

roller-skating [ˈrəʊlə-] *n* patinaje *m* sobre ruedas

rolling pin [ˈrəʊlɪŋ-] *n* rodillo *m*

Roman [ˈrəʊmən] ◇ *adj* romano(na) ◇ *n* romano *m*, -na *f*

Roman Catholic *n* católico *m* (romano), católica (romana) *f*

romance [rəʊˈmæns] *n* **1.** (*love*) lo romántico **2.** (*love affair*) amorío *m* **3.** (*novel*) novela *f* romántica

Romania [ruːˈmeɪnjə] *n* Rumanía *f*

romantic [rəʊˈmæntɪk] *adj* romántico(ca)

roof [ruːf] *n* **1.** (*of building, cave*) tejado *m* **2.** (*of car, caravan, tent*) techo *m*

roof rack *n* (*UK*) baca *f*, parrilla *f* (*Amér*)

room [ruːm, rʊm] *n* **1.** habitación *f* **2.** (*larger*) sala *f* **3.** (*space*) sitio *m*

room number *n* número *m* de habitación

room service *n* servicio *m* de habitación

room temperature *n* temperatura *f* ambiente

roomy [ˈruːmɪ] *adj* espacioso(sa)

root [ruːt] *n* raíz *f*

rope [rəʊp] ◇ *n* cuerda *f* ◇ *vt* atar con cuerda

rose [rəʊz] ◇ *pt* > **rise** ◇ *n* rosa *f*

rosé ['rəʊzeɪ] *n* rosado *m*

rosemary ['rəʊzmərɪ] *n* romero *m*

rot [rɒt] *vi* pudrirse

rota ['rəʊtə] *n* lista *f* (de turnos)

rotate [rəʊ'teɪt] *vi* girar

rotten ['rɒtn] *adj* 1. *(food, wood)* podrido(da) 2. *(inf) (not good)* malísimo(ma) ● **I feel rotten** *(ill)* me siento fatal

rough [rʌf] ◇ *adj* 1. *(surface, skin, wine)* áspero(ra) 2. *(sea, crossing)* agitado(da) 3. *(person)* bruto(ta) 4. *(approximate)* aproximado(da) 5. *(conditions)* básico(-ca) 6. *(area, town)* peligroso(sa) ◇ *n (in golf)* rough *m* ● **to have a rough time** pasar por un momento difícil

roughly ['rʌflɪ] *adv* 1. *(approximately)* aproximadamente 2. *(push, handle)* brutalmente

round¹ [raʊnd] *adj* redondo(da)

round² [raʊnd] ◇ *n* 1. *(of drinks)* ronda *f* ● **it's my round** es mi ronda 2. *(of sandwiches)* sándwich cortado en cuartos 3. *(of toast)* tostada *f* 4. *(of competition)* vuelta *f* 5. *(in golf)* partido *m* 6. *(in boxing)* asalto *m* 7. *(of policeman, milkman)* recorrido *m* ◇ *adv (UK)* 1. *(in a circle)* en redondo ● **to spin round** girar 2. *(surrounding)* alrededor ● **it had a wall all the way) round** estaba todo rodeado por un muro ● **all round** por todos lados 3. *(near)* ● **round about** alrededor 4. *(to one's house)* ● **to ask some friends round** invitar a unos amigos a casa 5. *(continuously)* ● **all year round** durante todo el año ◇ *prep (UK)* 1. *(surrounding)* alrededor de ● **they stood round the car** estaban alrededor del coche 2. *(circling)* alrededor de ● **to go round the corner** doblar la esquina ● **we walked round the lake** fuimos andando alrededor del lago 3. *(visiting)* ● **to go round a town** recorrer una ciudad 4. *(approximately)* sobre ● **round (about)** 100 unos 100 ● **round ten o'clock** a eso de las diez 5. *(near)* ● **round here** por aquí 6. *(in phrases)* ● **it's just round the corner** *(nearby)* está a la vuelta de la esquina ● **round the clock** las 24 horas

◆ **round off** *vt sep (meal, day, visit)* terminar

roundabout ['raʊndəbaʊt] *n (UK)* 1. *(in road)* rotonda *f* (de tráfico) 2. *(in playground)* plataforma giratoria donde juegan los niños 3. *(at fairground)* tiovivo *m* (Esp), carrusel *m*

rounders ['raʊndəz] *n (UK)* juego parecido al béisbol

round trip *n* viaje *m* de ida y vuelta

route [ru:t] ◇ *n* ruta *f* ◇ *vt* dirigir

routine [ru:'ti:n] ◇ *n* rutina *f* ◇ *adj* rutinario(ria)

row¹ [rəʊ] ◇ *n* fila *f* ◇ *vt (boat)* remar ◇ *vi* remar ● **four in a row** cuatro seguidos

row² [raʊ] *n* 1. *(argument)* pelea *f* 2. *(inf) (noise)* estruendo *m* ● **to have a row** tener una pelea

rowboat ['rəʊbəʊt] *(US)* = **rowing boat**

rowdy ['raʊdɪ] *adj* ruidoso(sa)

rowing ['rəʊɪŋ] *n* remo *m*

rowing boat *n (UK)* bote *m* de remos

royal ['rɔɪəl] *adj* real

royal family *n* familia *f* real

royalty ['rɔɪəltɪ] *n* realeza *f*

RRP [ɑːrɑːˈpiː] (*abbr of* **recommended retail price**) P.V.P. (*precio de venta al público*)

rub [rʌb] ◇ *vt* **1.** (*back, eyes*) frotar **2.** (*polish*) sacar brillo a ◇ *vi* **1.** (*with hand, cloth*) frotar **2.** (*shoes*) rozar ◆ **rub in** *vt sep* (*lotion, oil*) frotar ◆ **rub out** *vt sep* borrar

rubber [ˈrʌbəʳ] ◇ *adj* de goma ◇ *n* **1.** (*material*) goma *f* **2.** (*UK*) (*eraser*) goma *f* de borrar **3.** (*US*) (*inf*) (*condom*) goma *f* de lomo

rubber band *n* goma *f* elástica, liga *f* (*Amér*)

rubber gloves *npl* guantes *mpl* de goma

rubber ring *n* flotador *m*

rubbish [ˈrʌbɪʃ] *n* (*UK*) **1.** (*refuse*) basura *f* **2.** (*inf*) (*worthless thing*) porquería *f* **3.** (*inf*) (*nonsense*) tonterías *fpl*

rubbish bin *n* (*UK*) cubo *m* de la basura

rubbish dump *n* (*UK*) vertedero *m* de basura, basural *m* (*Amér*)

rubble [ˈrʌbl] *n* escombros *mpl*

ruby [ˈruːbɪ] *n* rubí *m*

rucksack [ˈrʌksæk] *n* mochila *f*

rudder [ˈrʌdəʳ] *n* timón *m*

rude [ruːd] *adj* **1.** (*person*) maleducado (da) **2.** (*behaviour, joke, picture*) grosero (ra)

rug [rʌg] *n* **1.** (*for floor*) alfombra *f* **2.** (*UK*) (*blanket*) manta *f* de viaje

rugby [ˈrʌgbɪ] *n* rugby *m*

ruin [ˈruːɪn] *vt* estropear ◆ **ruins** *npl* ruinas *fpl*

ruined [ˈruːɪnd] *adj* **1.** (*building*) en ruinas **2.** (*clothes, meal, holiday*) estropeado(da)

rule [ruːl] ◇ *n* regla *f* ◇ *vt* gobernar ● to be the rule ser la norma ● against the rules contra las normas ● as a rule por regla general ◆ **rule out** *vt sep* descartar

ruler [ˈruːləʳ] *n* **1.** (*of country*) gobernante *mf* **2.** (*for measuring*) regla *f*

rum [rʌm] *n* ron *m*

rumour [ˈruːmər] (*US*) = **rumour**

rumour [ˈruːməʳ] *n* (*UK*) rumor *m*

rump steak [ˌrʌmp-] *n* filete *m* (grueso) de lomo

run [rʌn] (*pt* **ran**, *pp* **inv**)
◇ *vi* **1.** (*on foot*) correr **2.** (*train, bus*) circular ● the bus runs every hour hay un autobús cada hora ● the train is running an hour late el tren va con una hora de retraso **3.** (*operate*) funcionar ● the car runs on diesel el coche funciona con diésel ● leave the engine running deja el motor en marcha **4.** (*tears, liquid*) correr **5.** (*road, river, track*) pasar ● the path runs along the coast el camino sigue la costa **7.** (*tap*) ● to leave the tap running dejar el grifo abierto **8.** (*nose*) moquear; (*eyes*) llorar **9.** (*colour, dye, clothes*) desteñir **10.** (*remain valid*) ser válido
◇ *vt* **1.** (*on foot*) correr ● to run a race participar en una carrera **2.** (*manage, organize*) llevar **3.** (*car*) ● it's cheap to run es económico **4.** (*bus, train*) ● we're running a special bus to the airport hemos puesto un autobús especial al aeropuerto **5.** (*take in car*) llevar en coche **6.** (*bath*) ● to run a bath llenar la bañera
◇ *n* **1.** (*in car*) carrera *f* ● to go for a run ir a correr **2.** (*in car*) paseo *m* en

coche ● **to go for a run** dar un paseo en coche **3.** *(of play, show)* ● **it had a two-year run** estuvo dos años en cartelera **4.** *(for skiing)* pista f **5.** *(of success)* racha f **6.** *(US) (in tights)* carrera f **7.** *(in phrases)* ● **in the long run** a largo plazo

◆**run away** *vi* huir

◆**run down**
◇ *vt sep (run over)* atropellar; *(criticize)* hablar mal de
◇ *vi (clock)* pararse; *(battery)* acabarse

◆ **run into** *vt insep (meet)* tropezarse con; *(hit)* chocar con; *(problem, difficulty)* encontrarse con

◆**run out** *vi (be used up)* acabarse

◆**run out of** *vt insep* quedarse sin

◆**run over** *vt sep* atropellar

runaway ['rʌnəweɪ] *n* fugitivo *m*, -va f

rung [rʌŋ] ◇ *pp* ▸ **ring** ◇ *n* escalón *m*

runner ['rʌnə'] *n* **1.** *(person)* corredor *m*, -ra f **2.** *(for door, drawer)* corredera f **3.** *(of sledge)* patín *m*

runner bean *n* judía f escarlata *(Esp)*, habichuela f

runner-up *(pl* **runners-up)** *n* subcampeón *m*, -ona f

running ['rʌnɪŋ] ◇ *n* **1.** SPORT carreras *fpl* **2.** *(management)* dirección f ◇ *adj* ● **three days running** durante tres días seguidos ● **to go running** hacer footing

running water *n* agua f corriente

runny ['rʌnɪ] *adj* **1.** *(egg, omelette)* poco hecho(cha) **2.** *(sauce)* líquido(da) **3.** *(nose)* que moquea **4.** *(eye)* lloroso(sa)

runway ['rʌnweɪ] *n* pista f

rural ['rʊərəl] *adj* rural

rush [rʌʃ] ◇ *n* **1.** *(hurry)* prisa f, apuro *m* *(Amér)* **2.** *(of crowd)* tropel *m* de gente ◇ *vi* **1.** *(move quickly)* ir de prisa, apurarse *(Amér)* **2.** *(hurry)* apresurarse ◇ *vt* **1.** *(work)* hacer de prisa **2.** *(meal)* comer de prisa **3.** *(transport quickly)* llevar urgentemente ● **to be in a rush** tener prisa ● **there's no rush!** ¡no corre prisa! ● **don't rush me!** ¡no me metas prisa!

rush hour *n* hora f punta *(Esp)*, hora f pico *(Amér)*

Russia ['rʌʃə] *n* Rusia

Russian ['rʌʃn] ◇ *adj* ruso(sa) ◇ *n* **1.** *(person)* ruso *m*, -sa f **2.** *(language)* ruso *m*

rust [rʌst] ◇ *n* óxido *m* ◇ *vi* oxidarse

rustic ['rʌstɪk] *adj* rústico(ca)

rustle ['rʌsl] *vi* susurrar

rustproof ['rʌstpruːf] *adj* inoxidable

rusty ['rʌstɪ] *adj* oxidado(da)

RV [ˌɑːrˈviː] *n (US) (abbr of recreational vehicle)* casa remolque

rye [raɪ] *n* centeno *m*

rye bread *n* pan *m* de centeno

Ss

S *(abbr of south)* S. *(Sur) (abbr of small)* P. *(pequeño)*

saccharin ['sækərɪn] *n* sacarina f

sachet ['sæʃeɪ] *n* bolsita f

sack [sæk] ◇ *n* saco *m* ◇ *vt (UK) (inf)* despedir ● **to get the sack** ser despedido

sacrifice ['sækrɪfaɪs] *n* (*fig*) sacrificio *m*

sad [sæd] *adj* **1.** triste **2.** (*unfortunate*) lamentable

saddle ['sædl] *n* **1.** (*on horse*) silla *f* de montar **2.** (*on bicycle, motorbike*) sillín *m*

saddlebag ['sædlbæg] *n* **1.** (*on bicycle, motorbike*) cartera *f* **2.** (*on horse*) alforja *f*

sadly ['sædlɪ] *adv* **1.** (*unfortunately*) desgraciadamente **2.** (*unhappily*) tristemente

sadness ['sædnɪs] *n* tristeza *f*

s.a.e. [ˌeseɪ'iː] *n* (*UK*) (*abbr of stamped addressed envelope*) sobre con señas y franqueo

safari park [sə'fɑːrɪ-] *n* safari *m* (*reserva*)

safe [seɪf] ⋄ *adj* **1.** (*not dangerous, risky*) seguro(ra) **2.** (*out of harm*) a salvo ⋄ *n* caja *f* de caudales ● **a safe place** un lugar seguro ● (**have a) safe journey!** ¡feliz viaje! ● **safe and sound** sano y salvo

safe-deposit box *n* caja *f* de seguridad

safely ['seɪflɪ] *adv* **1.** (*not dangerously*) sin peligro **2.** (*arrive*) a salvo **3.** (*out of harm*) seguramente

safety ['seɪftɪ] *n* seguridad *f*

safety belt *n* cinturón *m* de seguridad

safety pin *n* imperdible *m*

sag [sæg] *vi* combarse

sage [seɪdʒ] *n* (*herb*) salvia *f*

Sagittarius [ˌsædʒɪ'teərɪəs] *n* Sagitario *m*

said [sed] *pt* & *pp* → **say**

sail [seɪl] ⋄ *n* vela *f* ⋄ *vi* **1.** (*boat, ship*) navegar **2.** (*person*) ir en barco **3.** (*depart*) zarpar ⋄ *vt* ● **to sail a boat** gobernar un barco ● **to set sail** zarpar

sailboat ['seɪlbəʊt] (*US*) = **sailing boat**

sailing ['seɪlɪŋ] *n* **1.** (*activity*) vela *f* **2.** (*departure*) salida *f* ● **to go sailing** ir a practicar la vela

sailing boat *n* (*UK*) barco *m* de vela

sailor ['seɪlə'] *n* marinero *m*, -ra *f*

saint [seɪnt] *n* santo *m*, -ta *f*

sake [seɪk] *n* ● **for my/their sake** por mí/ellos ● **for God's sake!** ¡por el amor de Dios!

salad ['sæləd] *n* ensalada *f*

salad bowl *n* ensaladera *f*

salad cream *n* (*UK*) salsa *parecida a la mayonesa, aunque de sabor más dulce, utilizada para aderezar ensaladas*

salad dressing *n* aliño *m*

salami [sə'lɑːmɪ] *n* salami *m*

salary ['sælərɪ] *n* sueldo *m*

sale [seɪl] *n* **1.** (*selling*) venta *f* **2.** (*at reduced prices*) liquidación *f* ● **on sale** en venta ▼ **for sale** se vende ● **sales** *npl* COMM ventas *fpl* ● **the sales** las rebajas

sales assistant ['seɪlz-] *n* (*UK*) dependiente *m*, -ta *f*

salesclerk ['seɪlzklɑːrk] (*US*) = **sales assistant**

salesman ['seɪlzmən] (*pl* **-men**) *n* **1.** (*in shop*) dependiente *m* **2.** (*rep*) representante *m* de ventas

sales rep(resentative) *n* representante *mf* de ventas

saleswoman ['seɪlzˌwʊmən] (*pl* **-women**) *n* dependienta *f*

saliva [sə'laɪvə] *n* saliva *f*

salmon ['sæmən] (*pl inv*) *n* salmón *m*

salon ['sælɒn] *n* salón *m*

saloon [sə'luːn] *n* **1.** (*UK*) (*car*) turismo

m **2.** *(US) (bar)* bar *m* ● **saloon (bar)** *(UK)* bar de un hotel o pub, decorado lujosamente, que sirve bebidas a precios más altos que en el public bar

salopettes [ˌsæləˈpets] *npl* pantalones *mpl* de peto para esquiar

salt [sɔːlt, sɒlt] *n* sal *f*

saltcellar [ˈsɔːltˌselə[r]] *n (UK)* salero *m*

salted peanuts [ˈsɔːltɪd-] *npl* cacahuetes *mpl* salados, maní *m* salado *(Amér)*

salt shaker [-ˌʃeɪkə[r]] *(US)* = **saltcellar**

salty [ˈsɔːltɪ] *adj* salado(da)

salute [səˈluːt] ◇ *n* saludo *m* ◇ *vi* hacer un saludo

Salvadorean [ˌsælvəˈdɔːrɪən] ◇ *adj* salvadoreño *m*, -ña *f* ◇ *n* salvadoreño(ña)

same [seɪm] ◇ *adj* mismo(ma) ◇ *pron* **the same** *(unchanged)* el mismo(la misma); *(in comparisons)* lo mismo ● **they look the same** parecen iguales ● **I'll have the same as her** yo voy a tomar lo mismo que ella ● **you've got the same book as me** tienes el mismo libro que yo ● **it's all the same to me** me da igual

sample [ˈsɑːmpl] ◇ *n* muestra *f* ◇ *vt* probar

sanctions [ˈsæŋkʃnz] *npl* sanciones *fpl*

sanctuary [ˈsæŋktʃʊərɪ] *n (for birds, animals)* reserva *f*

sand [sænd] ◇ *n* arena *f* ◇ *vt* lijar ● **sands** *npl* playa *f*

sandal [ˈsændl] *n* sandalia *f*

sandcastle [ˈsændˌkɑːsl] *n* castillo *m* de arena

sandpaper [ˈsændˌpeɪpə[r]] *n* papel *m* de lija

sandwich [ˈsænwɪdʒ] *n* **1.** *(made with roll)* bocadillo *m (Esp)*, sandwich *m* **2.** *(made with freshly sliced bread)* sándwich *m*

sandy [ˈsændɪ] *adj* **1.** *(beach)* arenoso(sa) **2.** *(hair)* de color rubio rojizo

sang [sæŋ] *pt* > **sing**

sanitary [ˈsænɪtrɪ] *adj* **1.** *(conditions, measures)* sanitario(ria) **2.** *(hygienic)* higiénico(ca)

sanitary napkin *(US)* = **sanitary towel**

sanitary towel *n (UK)* compresa *f*, toalla *f* higiénica

sapphire [ˈsæfaɪə[r]] *n* zafiro *m*

sarcastic [sɑːˈkæstɪk] *adj* sarcástico(ca)

sardine [sɑːˈdiːn] *n* sardina *f*

SASE [eseɪesˈiː] *n (US) (abbr of self-addressed stamped envelope)* sobre con señas y franqueo

sat [sæt] *pt & pp* > **sit**

Sat. *(abbr of Saturday)* sáb. *(sábado)*

SAT *abbr* = **Scholastic Aptitude Test**

satchel [ˈsætʃəl] *n* cartera *f (para escolares)*

satellite [ˈsætəlaɪt] *n* **1.** *(in space)* satélite *m* **2.** *(at airport)* sala *f* de embarque auxiliar

satellite dish *n* antena *f* parabólica

satellite TV *n* televisión *f* por vía satélite

satin [ˈsætɪn] *n* raso *m*

satisfaction [ˌsætɪsˈfækʃn] *n* satisfacción *f*

satisfactory [ˌsætɪsˈfæktərɪ] *adj* satisfactorio(ria)

satisfied [ˈsætɪsfaɪd] *adj* satisfecho(cha)

satisfy [ˈsætɪsfaɪ] *vt* satisfacer

satsuma [ˌsæt'suːmə] *n (UK)* satsuma *f*

saturate ['sætʃəreɪt] *vt (with liquid)* empapar

Saturday ['sætədɪ] *n* sábado *m* ● **it's Saturday** es sábado ● **Saturday morning** el sábado por la mañana ● **on Saturday** el sábado ● **on Saturdays** los sábados ● **last Saturday** el sábado pasado ● **this Saturday** este sábado ● **next Saturday** el sábado de la semana que viene ● **Saturday week, a week on Saturday** del sábado en ocho días

sauce [sɔːs] *n* salsa *f*

saucepan ['sɔːspən] *n* **1.** *(with one long handle)* cazo *m* **2.** *(with two handles)* cacerola *f*

saucer ['sɔːsə'] *n* platillo *m*

Saudi Arabia [ˌsaʊdɪə'reɪbjə] *n* Arabia Saudí

sauna ['sɔːnə] *n* sauna *f*

sausage ['sɒsɪdʒ] *n* salchicha *f*

sausage roll *n (UK)* salchicha pequeña envuelta en hojaldre y cocida al horno

sauté [*(UK)* 'səʊteɪ, *(US)* səʊ'teɪ] *adj* salteado(da)

savage ['sævɪdʒ] *adj* salvaje

save [seɪv] ◇ *vt* **1.** *(rescue)* salvar **2.** *(money)* ahorrar **3.** *(time, space)* ganar **4.** *(reserve)* reservar **5.** SPORT parar **6.** COMPUT guardar ◇ *n* parada *f* ◆ **save up** *vi* ahorrar ● **to save up for a holiday** ahorrar para unas vacaciones

savings ['seɪvɪŋz] *npl* ahorros *mpl*

savings bank *n* ≃ caja *f* de ahorros

savory ['seɪvərɪ] *(US)* = **savoury**

savoury ['seɪvərɪ] *adj* salado(da)

saw [sɔː] ◇ *(UK)* pt **-ed**, *pp* **sawn**, *(US)* pt & pp **-ed** ◇ pt ➢ **see** ◇ *n* sierra *f* ◇

vt serrar

sawdust ['sɔːdʌst] *n* serrín *m*

sawn [sɔːn] *pp* ➢ **saw**

saxophone ['sæksəfəʊn] *n* saxofón *m*

say [seɪ] *(pt & pp said)* ◇ *vt* **1.** decir **2.** *(subj: clock, meter)* marcar ◇ *n* ● **to have a say in sthg** tener voz y voto en algo ● **could you say that again?** ¿puede repetir? ● **say we met at nine?** ¿pongamos que nos vemos a las nueve? ● **to say yes** decir que sí ● **what did you say?** ¿qué has dicho?

saying ['seɪɪŋ] *n* dicho *m*

scab [skæb] *n* postilla *f*

scaffolding ['skæfəldɪŋ] *n* andamios *mpl*

scald [skɔːld] *vt* escaldar

scale [skeɪl] *n* **1.** escala *f* **2.** *(extent)* extensión *f* **3.** *(of fish, snake)* escama *f* **4.** *(in kettle)* costra *f* caliza ◆ **scales** *npl* **1.** *(for weighing person)* báscula *f* **2.** *(for weighing food)* balanza *f*

scallion ['skæljən] *n (US)* cebolleta *f*

scallop ['skɒləp] *n* vieira *f*

scalp [skælp] *n* cuero *m* cabelludo

scan [skæn] ◇ *vt* **1.** *(consult quickly)* echar un vistazo a **2.** MED hacer una ecografía de ◇ *n* MED escáner *m*

scandal ['skændl] *n* **1.** *(disgrace)* escándalo *m* **2.** *(gossip)* habladurías *fpl*

Scandinavia [ˌskændɪ'neɪvjə] *n* Escandinavia

scar [skɑː'] *n* cicatriz *f*

scarce ['skeəs] *adj* escaso(sa)

scarcely ['skeəslɪ] *adv* apenas

scare [skeə'] *vt* asustar

scarecrow ['skeəkrəʊ] *n* espantapájaros *m inv*

scared ['skeəd] *adj* asustado(da)

scarf [skɑːf] (*pl* **scarves**) *n* **1.** (*woollen*) bufanda *f* **2.** (*for women*) pañoleta *f*

scarlet ['skɑːlət] *adj* escarlata

scarves [skɑːvz] *pl* ➤ **scarf**

scary ['skeərɪ] *adj* (*inf*) espeluznante

scatter ['skætə'] ◇ *vt* **1.** (*seeds, papers*) esparcir **2.** (*birds*) dispersar ◇ *vi* dispersarse

scene [siːn] *n* **1.** (*in play, film, book*) escena *f* **2.** (*of crime, accident*) lugar *m* **3.** (*view*) panorama *m* ● **the music scene** el mundo de la música ● **to make a scene** armar un escándalo

scenery ['siːnərɪ] *n* **1.** (*countryside*) paisaje *m* **2.** (*in theatre*) decorado *m*

scenic ['siːnɪk] *adj* pintoresco(ca)

scent [sent] *n* **1.** (*smell*) fragancia *f* **2.** (*of animal*) rastro *m* **3.** (*perfume*) perfume *m*

sceptical ['skeptɪkl] *adj* (*UK*) escéptico(ca)

schedule [(*UK*) 'ʃedjuːl, (*US*) 'skedʒʊl] ◇ *n* **1.** (*of work, things to do*) plan *m* **2.** (*US*) (*timetable*) horario *m* **3.** (*list*) lista *f* ◇ *vt* programar ● **according to schedule** según lo previsto ● **behind schedule** con retraso ● **on schedule** a la hora prevista

scheduled flight [(*UK*) 'ʃedjuːld-, (*US*) 'skedʒʊld-] *n* vuelo *m* regular

scheme [skiːm] *n* **1.** (*UK*) (*plan*) proyecto *m* **2.** (*pej*) (*dishonest plan*) estratagema *f*

scholarship ['skɒləʃɪp] *n* (*award*) beca *f*

school [skuːl] ◇ *n* **1.** (*gen*) escuela *f* **2.** (*institute*) academia *f* **3.** (*university department*) facultad *f* **4.** (*US*) (*inf*) (*university*) universidad *f* ◇ *adj* escolar ● **at school** en la escuela

El año escolar británico se divide en tres trimestres. En Estados Unidos hay dos trimestres, que a su vez se subdividen en otros dos periodos cada uno. En los dos lugares, el colegio empieza en septiembre y suele acabar entre junio y julio.

schoolbag ['skuːlbæg] *n* cartera *f*

schoolbook ['skuːlbʊk] *n* libro *m* de texto

schoolboy ['skuːlbɔɪ] *n* alumno *m*

school bus *n* autobús *m* escolar

schoolchild ['skuːltʃaɪld] (*pl* **-children**) *n* alumno *m*, -na *f*

schoolgirl ['skuːlɡɜːl] *n* alumna *f*

schoolteacher ['skuːlˌtiːtʃə'] *n* **1.** (*primary*) maestro *m*, -tra *f* **2.** (*secondary*) profesor *m*, -ra *f*

school uniform *n* uniforme *m* escolar

science ['saɪəns] *n* **1.** ciencia *f* **2.** SCH ciencias *fpl*

science fiction *n* ciencia *f* ficción

scientific [ˌsaɪən'tɪfɪk] *adj* científico(ca)

scientist ['saɪəntɪst] *n* científico *m*, -ca *f*

scissors ['sɪzəz] *npl* ● **(a pair of) scissors** unas tijeras

scone [skɒn] *n* pastelillo redondo hecho con harina, manteca y a veces pasas, que suele tomarse a la hora del té

scoop [skuːp] *n* **1.** (*for ice cream*) pinzas *fpl* de helado **2.** (*for flour*) paleta *f* **3.** (*of ice cream*) bola *f* **4.** (*in media*) exclusiva *f*

scooter ['skuːtə'] *n* (*motor vehicle*) Vespa® *f*

scope [skəʊp] *n* **1.** (*possibility*) posibili-

dades fpl **2.** (range) alcance m

scorch [skɔːtʃ] vt chamuscar

score [skɔː] ◇ n **1.** (final result) resultado m **2.** (points total) puntuación f **3.** (in exam) calificación f ◇ vt **1.** SPORT marcar **2.** (in test) obtener una puntuación de ◇ vi SPORT marcar ● **what's the score?** ¿cómo van?

scorn [skɔːn] n desprecio m

Scorpio [ˈskɔːpɪəʊ] n Escorpión m

scorpion [ˈskɔːpjən] n escorpión m

Scot [skɒt] n escocés m, -esa f

scotch [skɒtʃ] n whisky m escocés

Scotch broth n sopa espesa con caldo de carne, verduras y cebada

Scotch tape ® n (US) celo ® m (Esp), durex ® m (Amér)

Scotland [ˈskɒtlənd] n Escocia f

Scotsman [ˈskɒtsmən] (pl **-men**) n escocés m

Scotswoman [ˈskɒtswʊmən] (pl **-women**) n escocesa f

Scottish [ˈskɒtɪʃ] adj escocés(esa) ● **the Scottish Parliament** el Parlamento Escocés

Scottish Parliament

El Parlamento Escocés actual fue establecido en 1998. Está integrado por 129 diputados y tiene competencias sobre asuntos como la educación, la salud o las cárceles. El edificio del parlamento escocés se encuentra en el centro de Edimburgo y es conocido por su diseño vanguardista.

scout [skaʊt] n (boy scout) explorador m

scowl [skaʊl] vi fruncir el ceño

scrambled eggs [ˌskræmbld-] npl huevos mpl revueltos

scrap [skræp] n **1.** (of paper, cloth) trozo m **2.** (old metal) chatarra f

scrapbook [ˈskræpbʊk] n álbum m de recortes

scrape [skreɪp] vt **1.** (rub) raspar **2.** (scratch) rasguñar

scrap paper n (UK) papel m usado

scratch [skrætʃ] ◇ n **1.** (cut) arañazo m **2.** (mark) rayazo m ◇ vt **1.** (cut) arañar **2.** (mark) rayar **3.** (rub) rascar ● **to scratch** tener un nivel aceptable ● **to start from scratch** empezar desde el principio

scratch paper (US) = **scrap paper**

scream [skriːm] ◇ n grito m ◇ vi gritar

screen [skriːn] ◇ n **1.** (of TV, computer, for film) pantalla f **2.** (hall in cinema) sala f (de proyecciones) **3.** (panel) biombo m ◇ vt **1.** (film) proyectar **2.** (programme) emitir

screening [ˈskriːnɪŋ] n (of film) proyección f

screw [skruː] ◇ n tornillo m ◇ vt **1.** (fasten) atornillar **2.** (twist) enroscar

screwdriver [ˈskruːˌdraɪvə] n destornillador m

scribble [ˈskrɪbl] vi garabatear

script [skrɪpt] n (of play, film) guión m

scrub [skrʌb] vt restregar

scruffy [ˈskrʌfɪ] adj andrajoso(sa)

scrunchie, scrunchy [ˈskrʌntʃɪ] n coletero m de tela

scuba diving [ˈskuːbə-] n buceo m (con botellas de oxígeno)

sculptor ['skʌlptə'] *n* escultor *m*, -ra *f*

sculpture ['skʌlptʃə'] *n* (*statue*) escultura *f*

sea [si:] *n* mar *m* o *f* ● **by sea** en barco ● **by the sea** a orillas del mar

seafood ['si:fu:d] *n* mariscos *mpl*

seafront ['si:frʌnt] *n* paseo *m* marítimo, malecón *m* (*Amér*)

seagull ['si:gʌl] *n* gaviota *f*

seal [si:l] ◇ *n* **1.** (*animal*) foca *f* **2.** (*on bottle, container*) precinto *m* **3.** (*official mark*) sello *m* ◇ *vt* (*envelope, container*) cerrar

seam [si:m] *n* (*in clothes*) costura *f*

search [sɜ:tʃ] ◇ *n* búsqueda *f* ◇ *vt* **1.** (*place*) registrar **2.** (*person*) cachear ◇ *vi* ● **to search for** buscar

search engine *n* COMPUT buscador *m*

seashell ['si:ʃel] *n* concha *f* (marina)

seashore ['si:ʃɔ:'] *n* orilla *f* del mar

seasick ['si:sɪk] *adj* mareado(da) (*en barco*)

seaside ['si:saɪd] *n* ● **the seaside** la playa

seaside resort *n* lugar *m* de veraneo (*junto al mar*)

season ['si:zn] ◇ *n* **1.** (*division of year*) estación *f* **2.** (*period*) temporada *f* ◇ *vt* sazonar ● **in season** (*holiday*) en temporada alta ● **strawberries are in season** ahora es la época de las fresas ● **out of season** (*fruit, vegetables*) fuera de temporada; (*holiday*) en temporada baja

seasoning ['si:znɪŋ] *n* condimento *m*

season ticket *n* abono *m*

seat [si:t] ◇ *n* **1.** (*place, chair*) asiento *m* **2.** (*for show*) entrada *f* **3.** (*in parliament*) escaño *m* ◇ *vt* (*subj: building, vehicle*) tener cabida para ● **please wait to be seated** cartel que ruega a los clientes que esperen hasta que les sea asignada una mesa

seat belt *n* cinturón *m* de seguridad

seaweed ['si:wi:d] *n* alga *f* marina

secluded [sɪ'klu:dɪd] *adj* aislado(da)

second ['sekənd] ◇ *n* segundo *m* ◇ *num adj* segundo(da) ◇ *pron* segundo *m*, -da *f* ● **second gear** segunda marcha *f* ● **the second (of September)** el dos (de septiembre) ● **seconds** *npl* (*goods*) artículos *mpl* defectuosos ● **who wants seconds?** (*inf*) (*food*) ¿quién quiere repetir?

secondary school ['sekəndrɪ-] *n* instituto *m* de enseñanza media

second-class *adj* **1.** (*ticket*) de segunda clase **2.** (*stamp*) para el correo nacional ordinario **3.** (*inferior*) de segunda categoría

second-hand *adj* de segunda mano

Second World War *n* ● **the Second World War** la segunda Guerra Mundial

secret ['si:krɪt] ◇ *adj* secreto(ta) ◇ *n* secreto *m*

secretary [(*UK*) 'sekrətrɪ, (*US*) 'sekrə-ˌterɪ] *n* secretario *m*, -ria *f*

Secretary of State *n* **1.** (*US*) (*foreign minister*) ministro *m*, -tra *f* de Asuntos Exteriores **2.** (*UK*) (*government minister*) ministro *m*, -tra *f*

section ['sekʃn] *n* sección *f*

sector ['sektə'] *n* sector *m*

secure [sɪ'kjʊə'] ◇ *adj* seguro(ra) ◇ *vt* **1.** (*fix*) fijar **2.** (*fml*) (*obtain*) conseguir

security [sɪ'kjʊərətɪ] *n* seguridad *f*

security guard *n* guardia *mf* jurado

sedative ['sedətɪv] *n* sedante *m*

seduce [sɪ'dju:s] *vt* seducir

see [si:] (*pt* **saw**, *pp* **seen**) ◇ *vt* **1.** ver **2.** *(friends)* visitar **3.** *(understand)* entender **4.** *(accompany)* acompañar **5.** *(find out)* ir a ver **6.** *(undergo)* experimentar ◇ *vi* ver ● **I see** ya veo ● **to see if one can do sthg** *(deal with)* encargarse de algo; *(repair)* arreglar algo ● **see you!** ¡hasta la vista! ● **see you later!** ¡hasta luego! ● **see you soon!** ¡hasta pronto! ● **see** p 14 véase p. 14 ● **see off** *vt sep* *(say goodbye to)* despedir

seed [si:d] *n* semilla *f*

seeing (as) ['si:ɪŋ-] *conj* en vista de que

seek [si:k] (*pt & pp* **sought**) *vt* *(fml)* **1.** *(look for)* buscar **2.** *(request)* solicitar

seem [si:m] ◇ *vi* parecer ◇ *impers vb* ● **it seems (that)** ... parece que ... ● **to seem like** parecer

seen [si:n] *pp* > **see**

seesaw ['si:sɔ:] *n* balancín *m*

segment ['segmənt] *n* *(of fruit)* gajo *m*

seize [si:z] *vt* **1.** *(grab)* agarrar **2.** *(drugs, arms)* incautarse de ● **seize up** *vi* agarrotarse

seldom ['seldəm] *adv* rara vez

select [sɪ'lekt] ◇ *vt* seleccionar ◇ *adj* selecto(ta)

selection [sɪ'lekʃn] *n* **1.** *(selecting)* selección *f* **2.** *(range)* surtido *m*

self-assured [ˌselfə'ʃʊəd] *adj* seguro de sí mismo(segura de sí misma)

self-catering [ˌself'keɪtərɪŋ] *adj* *(UK)* con alojamiento sólo

self-confident [ˌself-] *adj* seguro de sí mismo(segura de sí misma)

self-conscious [ˌself-] *adj* cohibido(da)

self-contained [ˌselfkən'teɪnd] *adj* *(flat)* autosuficiente

self-defence [ˌself-] *n* *(UK)* defensa *f* personal

self-defense *(US)* = **self-defence**

self-employed [ˌself-] *adj* autónomo (ma)

selfish ['selfɪʃ] *adj* egoísta

self-raising flour [ˌself'reɪzɪŋ-] *n* *(UK)* harina *f* con levadura

self-rising flour [ˌself'raɪzɪŋ-] *(US)* = **self-raising flour**

self-service [ˌself-] *adj* de autoservicio

sell [sel] (*pt & pp* **sold**) *vt & vi* vender ● **to sell** to venderse a ● **he sold me the car for £2,000** me vendió el coche por 2.000 libras

sell-by date *n* *(UK)* fecha *f* de caducidad

seller ['selə] *n* vendedor *m*, -ra *f*

Sellotape ® ['seləteɪp] *n* *(UK)* celo ® *m*, cinta *f* Scotch ®, durex *m* *(Amér)*

semester [sɪ'mestə] *n* semestre *m*

semicircle ['semɪˌsɜːkl] *n* semicírculo *m*

semicolon [ˌsemɪ'kəʊlən] *n* punto *m* y coma

semidetached [ˌsemɪdɪ'tætʃt] *adj* adosado(da)

semifinal [ˌsemɪ'faɪnl] *n* semifinal *f*

seminar ['semɪnɑːʳ] *n* seminario *m*

semi-skimmed milk [ˌsemɪ'skɪmd-] *n* leche *f* semidesnatada *(Esp)* OR semidescremada *(Amér)*

semolina [ˌsemə'liːnə] *n* sémola *f*

send [send] (*pt & pp* **sent**) *vt* **1.**

mandar **2.** *(TV or radio signal)* transmitir
● **to send a letter to sb** enviar una
carta a alguien ◆ **send back** vt sep
devolver ◆ **send off** ◇ vt sep **1.** *(letter,
parcel)* mandar (por correo) **2.** *(UK)
SPORT* expulsar ◇ vi ● **to send off (for
sthg)** solicitar (algo) por escrito

sender ['sendə'] n remitente mf

senile ['si:naɪl] adj senil

senior ['si:njə'] ◇ adj superior ◇ n SCH
señor mf

senior citizen n persona f de la
tercera edad

sensation [sen'seɪʃn] n sensación f

sensational [sen'seɪʃənl] adj sensacional

sense [sens] ◇ n sentido m ◇ vt sentir
● **to make sense** tener sentido ● **sense
of direction** sentido de la orientación ●
sense of humour sentido del humor

sensible ['sensəbl] adj **1.** *(person)* sensa-
to(ta) **2.** *(clothes, shoes)* práctico(ca)

sensitive ['sensɪtɪv] adj **1.** *(person, skin,
device)* sensible **2.** *(easily offended)* susceptible **3.** *(emotionally)* comprensivo(-
va) **4.** *(subject, issue)* delicado(da)

sent [sent] pt & pp ➤ **send**

sentence ['sentəns] ◇ n **1.** GRAM oración
f **2.** *(for crime)* sentencia f ◇ vt condenar

sentimental [,sentɪ'mentl] adj *(pej)*
sentimental

Sept. *(abbr of September)* sep. *(septiembre)*

separate ◇ adj ['seprət] **1.** *(different,
individual)* distinto(ta) **2.** *(not together)*
separado(da) ◇ vt ['sepəreɪt] **1.** *(divide)*
dividir **2.** *(detach)* separar ◇ vi separarse
● **separates** npl prendas de vestir

femeninas combinables

separately ['seprətlɪ] adv **1.** *(individually)*
independientemente **2.** *(alone)* por
separado

separation [,sepə'reɪʃn] n separación f

September [sep'tembə'] n septiembre
m ● **at the beginning of September** a
principios de septiembre ● **at the end
of September** a finales de septiembre ●
during September en septiembre ●
every September todos los años en
septiembre ● **in September** en septiembre ● **last September** en septiembre del año pasado ● **next September**
en septiembre del próximo año ● **this
September** en septiembre de este año
● **2 September 2001** *(in letters etc)* 2 de
septiembre de 2001

septic ['septɪk] adj séptico(ca)

septic tank n fosa f séptica

sequel ['si:kwəl] n continuación f

sequence ['si:kwəns] n **1.** *(series)* sucesión f **2.** *(order)* orden m

sequin ['si:kwɪn] n lentejuela f

sergeant ['sɑːdʒənt] n **1.** *(in police force)*
≃ subinspector m, -ra f **2.** *(in army)*
sargento m

serial ['sɪərɪəl] n serial m

series ['sɪəri:z] (pl inv) n serie f

serious ['sɪərɪəs] adj **1.** *(grave, bad)* grave **2.** *(very
bad)* grave ● **I'm serious** hablo en
serio

seriously ['sɪərɪəslɪ] adv **1.** *(really)* en
serio **2.** *(badly)* gravemente

sermon ['sɜːmən] n sermón m

servant ['sɜːvənt] n sirviente m, -ta f

serve [sɜːv] ◇ vt servir ◇ vi **1.** SPORT
sacar **2.** *(work)* servir ◇ n saque m ● **to**

serve as (be used for) servir ● **the town is served by two airports** la ciudad está provista de dos aeropuertos ● **it serves you right** te está bien empleado ▼ **serves two** para dos personas

service ['sɜːvɪs] ◇ n 1. servicio m 2. (at church) oficio m 3. SPORT saque m 4. (of car) revisión f ◇ vt (car) revisar ● **to be of service to sb** (fml) ayudar a alguien ▼ **out of service** no funciona ▼ **service included** servicio incluido ▼ **service not included** servicio no incluido ◆ **services** npl 1. (UK) (on motorway) área f de servicios 2. (of person) servicios mpl

service area n (UK) área f de servicios

service charge n servicio m

service provider n COMPUT proveedor m de servicios

service station n estación f de servicio

serviette [,sɜːvɪ'et] n (UK) servilleta f

serving ['sɜːvɪŋ] n ración f

serving spoon n cucharón m

sesame seeds ['sesəmɪ-] npl sésamo m

session ['seʃn] n sesión f

set [set] (pt & pp inv)
◇ adj 1. (fixed) fijo(ja) ● **a set lunch** el menú del día 2. (text, book) obligatorio(ria) 3. (situated) situado(da)
◇ n 1. (collection) juego m; (of stamps, stickers) colección f 2. (TV) aparato m ● **a TV set** un televisor 3. (in tennis) set m 4. (of play) decorado m 5. (at hairdresser's) ● **a shampoo and set** lavado m y marcado
◇ vt 1. (put) colocar, poner 2. (cause to be) ● **to set a machine going** poner una máquina en marcha ● **to set fire**

to prender fuego a 3. (clock, alarm, controls) poner ● **set the alarm for 7 a.m.** pon el despertador para las 7 de la mañana 4. (fix) fijar 5. (essay, homework, the table) poner 6. (a record) marcar 7. (broken bone) componer 8. (play, film, story) ◇ vi 1. (sun) ponerse 2. (glue) secarse; (jelly) cuajar

◆ **set down** vt sep (UK) (passengers) dejar

◆ **set off**
◇ vt sep (alarm) hacer saltar
◇ vi ponerse en camino

◆ **set out**
◇ vt sep (arrange) disponer
◇ vi ponerse en camino

◆ **set up** vt sep (barrier, cordon) levantar; (equipment) preparar; (meeting, interview) organizar; (committee) crear

set meal n menú m (plato)

set menu n menú m del día

settee [se'tiː] n (UK) sofá m

setting ['setɪŋ] n 1. (on machine) posición f 2. (surroundings) escenario m

settle ['setl] ◇ vt 1. (argument) resolver 2. (bill) saldar 3. (stomach) asentar 4. (nerves) calmar 5. (arrange, decide on) acordar ◇ vi 1. (start to live) establecerse 2. (come to rest) posarse 3. (sediment, dust) depositarse ◆ **settle down** vi 1. (calm down) calmarse 2. (sit comfortably) acomodarse ◆ **settle up** vi saldar las cuentas

settlement ['setlmənt] n 1. (agreement) acuerdo m 2. (place) asentamiento m

set-top box n decodificador m

seven ['sevn] ◇ num adj siete ◇ num n siete m inv ● **to be seven (years old)**

tener siete años (de edad) ● **it's seven (o'clock)** son las siete ● **a hundred and seven** ciento siete ● **seven Hill St** Hill St, número siete ● **it's minus seven (degrees)** hay siete grados bajo cero ● **seven out of ten** siete sobre diez

seventeen [ˌsevn'tiːn] *num* diecisiete

seventeenth [ˌsevn'tiːnθ] *num* decimoséptimo(ma)

seventh ['sevnθ] ◇ *num adj* séptimo (ma) ◇ *pron* séptimo *m*, -ma *f* ◇ *num* (fraction) séptimo *m* ◇ *num adv* séptimo ● **a seventh (of)** la séptima parte (de) ● **the seventh (of September)** el siete (de septiembre)

seventieth ['sevntjəθ] *num* septuagésimo(ma)

seventy ['sevntɪ] *num* setenta

several ['sevrəl] ◇ *adj* varios(rias) ◇ *pron* varios *mpl*, -rias *f*

severe [sɪ'vɪər] *adj* **1.** severo(ra) **2.** (illness) grave **3.** (pain) fuerte

Seville [sə'vɪl] *n* Sevilla

sew [səʊ] (*pp* **sewn**) *vt* & *vi* coser

sewage ['suːɪdʒ] *n* aguas *fpl* residuales

sewing ['səʊɪŋ] *n* costura *f*

sewing machine *n* máquina *f* de coser

sewn [səʊn] *pp* ➤ **sew**

sex [seks] *n* sexo *m* ● **to have sex (with)** tener relaciones sexuales (con)

sexist ['seksɪst] *n* sexista *mf*

sexual ['sekʃʊəl] *adj* sexual

sexy ['seksɪ] *adj* sexi (inv)

shabby ['ʃæbɪ] *adj* **1.** (clothes, room) desastrado(da) **2.** (person) desharrapado(da)

shade [ʃeɪd] ◇ *n* **1.** (shadow) sombra *f*. **2.** (lampshade) pantalla *f* **3.** (of colour)

tonalidad *f* ◇ *vt* (protect) proteger ●

shades *npl* (inf) (sunglasses) gafas *fpl* (Esp) OR anteojos *mpl* (Amér) de sol

shadow ['ʃædəʊ] *n* **1.** (dark shape) sombra *f* **2.** (darkness) oscuridad *f*

shady ['ʃeɪdɪ] *adj* **1.** (place) sombreado (da) **2.** (inf) (person) sospechoso(sa) **3.** (inf) (deal) turbio(bia)

shaft [ʃɑːft] *n* **1.** (of machine) eje *m* **2.** (of lift) pozo *m*

shake [ʃeɪk] (*pt* **shook**, *pp* **shaken**) ◇ *vt* **1.** (tree, rug, packet, etc) sacudir **2.** (bottle) agitar **3.** (person) zarandear **4.** (dice) mover **5.** (shock) conmocionar ◇ *vi* temblar ● **to shake hands with sb** estrechar la mano a alguien ● **to shake one's head** (saying no) negar con la cabeza

shall (weak form [ʃəl], strong form [, ʃæl]) *aux vb* **1.** (expressing future) ● **I shall be ready soon** estaré listo enseguida **2.** (in questions) ● **shall I buy some wine?** ¿compro vino? ● **where shall we go?** ¿adónde vamos? **3.** (fml) (expressing order) ● **payment shall be made within a week** debe efectuarse el pago dentro de una semana

shallot [ʃə'lɒt] *n* chalote *m*

shallow ['ʃæləʊ] *adj* poco profundo(da)

shallow end *n* (of swimming pool) parte *f* poco profunda

shambles ['ʃæmblz] *n* desbarajuste *m*

shame [ʃeɪm] *n* **1.** (remorse) vergüenza *f* **2.** (disgrace) deshonra *f* ● **it's a shame** es una lástima ● **what a shame!** ¡qué lástima!

shampoo [ʃæm'puː] (*pl* **-s**) *n* **1.** (liquid) champú *m* **2.** (wash) lavado *m*

shandy ['ʃændɪ] *n* cerveza *f* con gaseosa

shape [[ʃeɪp] *n* 1. *(form)* forma *f* 2. *(object, person, outline)* figura *f* ● **to be in good/bad shape** estar en (buena) forma/baja forma

share [ʃeəʳ] ◇ *n* 1. *(part)* parte *f* 2. *(in company)* acción *f* ◇ *vt* 1. *(room, work, cost)* compartir 2. *(divide)* repartir ◆ **share out** *vt sep* repartir

shark [ʃɑːk] *n* tiburón *m*

sharp [ʃɑːp] ◇ *adj* 1. *(knife, razor, teeth)* afilado(da) 2. *(pin, needle)* puntiagudo(da) 3. *(clear)* nítido(da) 4. *(quick, intelligent)* inteligente 5. *(bend)* marcado(da) 6. *(change)* brusco(ca) 7. *(painful)* agudo(da) 8. *(food, taste)* ácido(da) ◇ *adv (exactly)* en punto

sharpen ['ʃɑːpn] *vt* 1. *(knife)* afilar 2. *(pencil)* sacar punta a

shatter ['ʃætəʳ] ◇ *vt (break)* hacer añicos ◇ *vi* hacerse añicos

shattered ['ʃætəd] *adj* (UK) *(inf) (tired)* hecho(cha) polvo

shave [ʃeɪv] ◇ *vt* afeitar ◇ *vi* afeitarse ◇ *n* ● **to have a shave** afeitarse

shaver ['ʃeɪvəʳ] *n* maquinilla *f* de afeitar

shaving brush ['ʃeɪvɪŋ-] *n* brocha *f* de afeitar

shaving foam ['ʃeɪvɪŋ-] *n* espuma *f* de afeitar

shawl [ʃɔːl] *n* chal *m*

she [ʃiː] *pron* ella *f* ● **she's tall** (ella) es alta

sheaf [ʃiːf] *(pl* **sheaves)** *n (of paper, notes)* fajo *m*

shears [ʃɪəz] *npl (for gardening)* tijeras *fpl* de podar

sheaves [ʃiːvz] *pl* ➤ **sheaf**

shed [ʃed] *(pt & pp inv)* ◇ *n* cobertizo *m* ◇ *vt (tears, blood)* derramar

she'd *(weak form* [ʃɪd]*, strong form* [ʃiːd]*)* = **she had, she would**

sheep [ʃiːp] *(pl inv)* oveja *f*

sheepdog ['ʃiːpdɒg] *n* perro *m* pastor

sheepskin ['ʃiːpskɪn] *adj* piel *f* de cordero ● **sheepskin jacket** zamarra *f* de piel de cordero

sheer [ʃɪəʳ] *adj* 1. *(pure, utter)* puro(ra) 2. *(cliff)* escarpado(da) 3. *(stockings)* fino(na)

sheet [ʃiːt] *n* 1. *(for bed)* sábana *f* 2. *(of paper)* hoja *f* 3. *(of glass, metal, wood)* lámina *f*

shelf [ʃelf] *(pl* **shelves)** *n* estante *m*

shell [ʃel] *n* 1. *(of egg, nut)* cáscara *f* 2. *(on beach)* concha *f* 3. *(of animal)* caparazón *m* 4. *(bomb)* proyectil *m*

she'll [ʃiːl] = **she will, she shall**

shellfish ['ʃelfɪʃ] *n (food)* mariscos *mpl*

shelter ['ʃeltəʳ] ◇ *n* refugio *m* ◇ *vt (protect)* proteger ◇ *vi* resguardarse ● **to take shelter** cobijarse

sheltered ['ʃeltəd] *adj* protegido(da)

shelves [ʃelvz] *pl* ➤ **shelf**

shepherd ['ʃepəd] *n* pastor *m*

shepherd's pie ['ʃepədz-] *n* plato consistente en carne picada de vaca, cebolla y especias cubierta con una capa de puré de patata dorada al grill

sheriff ['ʃerɪf] *n* sheriff *m*

sherry ['ʃerɪ] *n* jerez *m*

she's [ʃiːz] = **she is, she has**

shield [ʃiːld] ◇ *n* escudo *m* ◇ *vt* proteger

shift [ʃɪft] ◇ *n* 1. *(change)* cambio *m* 2. *(period of work)* turno *m* ◇ *vt* mover ◇ *vi*

1. (move) moverse **2.** (change) cambiar

shin [ʃɪn] n espinilla f

shine [ʃaɪn] (pt & pp **shone**) ◇ vi brillar ◇ vt **1.** (shoes) sacar brillo a **2.** (torch) enfocar

shiny ['ʃaɪnɪ] adj brillante

ship [ʃɪp] n barco m ● **by ship** en barco

shipwreck ['ʃɪprek] n **1.** (accident) naufragio m **2.** (wrecked ship) barco m náufrago

shirt [ʃɜːt] n camisa f

shit [ʃɪt] ◇ n (vulg) mierda f ◇ excl (vulg) ¡mierda!

shiver ['ʃɪvə'] vi temblar

shock [ʃɒk] ◇ n **1.** (surprise) susto m **2.** (force) sacudida f ◇ vt **1.** (surprise) conmocionar **2.** (horrify) escandalizar ● **to be in shock** MED estar en estado de shock

shocking ['ʃɒkɪŋ] adj (very bad) horroroso(sa)

shoe [ʃuː] n zapato m

shoelace ['ʃuːleɪs] n cordón m (de zapato)

shoe polish n betún m

shoe repairer's [-rɪˌpeərəz] n zapatero m (remendón)

shoe shop n zapatería f

shone [ʃɒn] pt & pp > **shine**

shook [ʃʊk] pt > **shake**

shoot [ʃuːt] (pt & pp **shot**) ◇ vt **1.** (kill) matar a tiros **2.** (injure) herir (con arma de fuego) **3.** (gun, arrow) disparar **4.** (film) rodar ◇ vi **1.** (with gun) disparar **2.** (move quickly) pasar disparado **3.** SPORT chutar ◇ n (of plant) brote m

shop [ʃɒp] ◇ n tienda f ◇ vi hacer compras

shop assistant n (UK) dependiente m, -ta f

shop floor n (place) taller m

shopkeeper ['ʃɒpˌkiːpə'] n (UK) tendero m, -ra f

shoplifter ['ʃɒpˌlɪftə'] n ratero m, -ra f de tiendas

shopper ['ʃɒpə'] n comprador m, -ra f

shopping ['ʃɒpɪŋ] n compras fpl ● **I hate shopping** odio ir de compras ● **to do the shopping** hacer las compras ● **to go shopping** ir de compras

shopping bag n bolsa f de la compra

shopping basket n cesta f de la compra

shopping center (US) = **shopping centre**

shopping centre n (UK) centro m comercial

shopping list n lista f de la compra

shopping mall n centro m comercial

shop steward n enlace m sindical

shop window n (UK) escaparate m

shore [ʃɔː'] n orilla f ● **on shore** en tierra

short [ʃɔːt] ◇ adj **1.** (not tall) bajo(ja) **2.** (in length, time) corto(ta) ◇ adv (cut hair) corto ◇ n **1.** (UK) (drink) licor m **2.** (film) cortometraje m ● **to be short of time** andar escaso de tiempo ● **Liz is short for Elizabeth** Liz es el diminutivo de Elizabeth ● **I'm short of breath** me falta el aliento ● **in short** en resumen ● **shorts** npl **1.** (short trousers) pantalones mpl cortos **2.** (US) (underpants) calzoncillos mpl

shortage ['ʃɔːtɪdʒ] n escasez f

shortbread ['ʃɔːtbred] n especie de torta

sh

dulce y quebradiza hecha con harina, azúcar y mantequilla

short-circuit *vi* tener un cortocircuito

shortcrust pastry [ˈʃɔːtkrʌst-] *n (UK)* pasta *f* quebrada

short cut *n* atajo *m*

shorten [ˈʃɔːtn] *vt* acortar

shorthand [ˈʃɔːthænd] *n* taquigrafía *f*

shortly [ˈʃɔːtlɪ] *adv (soon)* dentro de poco • **shortly before** poco antes de

shortsighted [ˌʃɔːtˈsaɪtɪd] *adj* miope

short-sleeved [-ˌsliːvd] *adj* de manga corta

short story *n* cuento *m*

shot [ʃɒt] ◇ *pt & pp* ➢ **shoot** ◇ *n* 1. *(of gun, in football)* tiro *m* 2. *(in tennis, golf)* golpe *m* 3. *(photo)* foto *f* 4. *(in film)* plano *m* 5. *(inf) (attempt)* intento *m* 6. *(drink)* trago *m*

shotgun [ˈʃɒtgʌn] *n* escopeta *f*

should [ʃʊd] *aux vb* 1. *(expressing desirability)* deber • **we should leave now** deberíamos irnos ahora 2. *(asking for advice)* • **should I go too?** ¿yo también voy? 3. *(expressing probability)* deber de • **she should arrive soon** debe de estar a punto de llegar 4. *(ought to have)* deber • **they should have won the match** deberían haber ganado el partido 5. *(in clauses with that)* • **we decided that you should do it** decidimos que lo hicieras tú 6. *(fml) (in conditionals)* • **should you need anything, call reception** si necesita alguna cosa, llame a recepción 7. *(fml) (expressing wish)* • **I should like to come with you** me gustaría ir contigo

shoulder [ˈʃəʊldəʳ] *n* 1. *(of person)*

hombro *m* 2. *(of meat)* espaldilla *f* 3. *(US) (of road)* arcén *m*

shoulder pad *n* hombrera *f*

shouldn't [ˈʃʊdnt] = should not

should've [ˈʃʊdəv] = should have

shout [ʃaʊt] ◇ *n* grito *m* ◇ *vt & vi* gritar

shout out *vt sep* gritar

shove [ʃʌv] *vt* 1. *(push)* empujar 2. *(put carelessly)* poner de cualquier manera

shovel [ˈʃʌvl] *n* pala *f*

show [ʃəʊ] *(pp* **-ed** OR **shown)** ◇ *n* 1. *(at theatre)* función *f* 2. *(on TV, radio)* programa *m* 3. *(exhibition)* exhibición *f* ◇ *vt* 1. mostrar 2. *(undergo)* registrar 3. *(represent, depict)* representar 4. *(accompany)* acompañar 5. *(film)* proyectar 6. *(TV programme)* emitir ◇ *vi* 1. *(be visible)* verse 2. *(film)* proyectarse • **I showed my ticket to the inspector** le enseñé mi billete al revisor • **to show sb how to do sthg** enseñar a alguien cómo se hace algo • **show off** *vi* presumir • **show up** *vi* 1. *(come along)* aparecer 2. *(be visible)* resaltar

shower [ˈʃaʊəʳ] ◇ *n* 1. *(for washing)* ducha *f* 2. *(of rain)* chubasco *m* ◇ *vi* ducharse • **to have a shower** darse una ducha

shower gel *n* gel *m* de baño

shower unit *n* ducha *f (cubículo)*

showing [ˈʃəʊɪŋ] *n (of film)* proyección *f*

shown [ʃəʊn] *pp* ➢ **show**

showroom [ˈʃəʊrʊm] *n* sala *f* de exposición

shrank [ʃræŋk] *pt* ➢ **shrink**

shrimp [ʃrɪmp] *n* camarón *m*

shrine [ʃraɪn] *n* santuario *m*

shrink [ʃrɪŋk] *(pt* **shrank,** *pp* **shrunk)**

◇ n (inf) loquero m, -ra f ◇ vi 1. (become smaller) encoger 2. (diminish) reducirse

shrub [ʃrʌb] n arbusto m

shrug [ʃrʌg] ◇ vi encogerse de hombros ◇ n **she gave a shrug** se encogió de hombros

shrunk [ʃrʌŋk] pp ➤ **shrink**

shuffle [ʃʌfl] ◇ vt (cards) barajar ◇ vi andar arrastrando los pies

shut [ʃʌt] (pt & pp inv) ◇ adj cerrado (da) ◇ vt cerrar ◇ vi 1. (door, mouth, eyes) cerrarse 2. (shop, restaurant) cerrar ◆ **shut down** vt sep cerrar ◆ **shut up** vi (inf) callarse la boca

shutter [ʃʌtər] n 1. (on window) contraventana f 2. (on camera) obturador m

shuttle [ʃʌtl] n 1. (plane) avión m de puente aéreo 2. (bus) autobús m de servicio regular

shuttlecock [ʃʌtlkɒk] n (UK) volante m

shy [ʃaɪ] adj tímido(da)

sick [sɪk] adj 1. (ill) enfermo(ma) 2. (nauseous) mareado(da) ◆ to be sick (vomit) devolver ◆ to feel sick estar mareado ◆ to be sick of estar harto (ta) de

sick bag n bolsa f para el mareo

sickness [sɪknɪs] n enfermedad f

sick pay n ≈ subsidio m de enfermedad

side [saɪd] ◇ n 1. lado m 2. (of hill, valley) ladera f 3. (of river) orilla f 4. (of paper, coin, tape, record) cara f 5. (UK) (team) equipo m 6. (TV channel) canal m 7. (page of writing) página f ◇ adj lateral ◆ **at the side of** al lado de ◆ **on the other side** al otro lado ◆ **on this side** en este

lado ◆ **side by side** juntos

sideboard [saɪdbɔːd] n aparador m

side dish n plato m de acompañamiento

side effect n efecto m secundario

side order n guarnición f (no incluida en el plato)

side salad n ensalada f de acompañamiento

side street n travesía f (Esp), calle f lateral

sidewalk [saɪdwɔːk] n (US) acera f

sideways [saɪdweɪz] adv 1. (move) de lado 2. (look) de reojo

sieve [sɪv] n tamiz m

sigh [saɪ] ◇ n suspiro m ◇ vi suspirar

sight [saɪt] n 1. (eyesight) vista f 2. (thing seen) imagen f ◆ at first sight a primera vista ◆ to catch sight of divisar ◆ in sight a la vista ◆ to lose sight of perder de vista ◆ out of sight fuera de vista ◆ **sights** npl (of city, country) lugares mpl de interés turístico

sightseeing [saɪtsiːɪŋ] n ◆ to go sightseeing ir a visitar los lugares de interés turístico

sign [saɪn] ◇ n 1. señal f 2. (on shop) letrero m 3. (symbol) signo m ◇ vt & vi firmar ◆ there's no sign of her no hay señales de ella ◆ **sign in** vi firmar en el registro de entrada

signal [sɪgnl] ◇ n 1. señal f 2. (US) (traffic lights) semáforo m ◇ vi señalizar

signature [sɪgnətʃər] n firma f

significant [sɪgnɪfɪkənt] adj significativo(va)

signpost [saɪnpəʊst] n letrero m indicador

Sikh [si:k] *n* sij *mf*

silence ['saɪləns] *n* silencio *m*

silencer ['saɪlənsə'] *n (UK)* silenciador *m*

silent ['saɪlənt] *adj* silencioso(sa)

silicon ['sɪlɪkən] *n* silicio *m*

silk [sɪlk] *n* seda *f*

sill [sɪl] *n* alféizar *m*

silly ['sɪlɪ] *adj* tonto(ta)

silver ['sɪlvə'] ◇ *n* **1.** *(substance)* plata *f* **2.** *(coins)* monedas *fpl* plateadas ◇ *adj* de plata

silver foil *n (UK)* papel *m* de aluminio

silver-plated [-'pleɪtɪd] *adj* chapado(-da) en plata

similar ['sɪmɪlə'] *adj* similar • **to be similar to** ser parecido(da) a

similarity [,sɪmɪ'lærətɪ] *n* **1.** *(resemblance)* parecido *m* **2.** *(similar point)* similitud *f*

simmer ['sɪmə'] *vi* hervir a fuego lento

simple ['sɪmpl] *adj* sencillo(lla)

simplify ['sɪmplɪfaɪ] *vt* simplificar

simply ['sɪmplɪ] *adv* **1.** *(just)* simplemente **2.** *(easily, not elaborately)* sencillamente

simulate ['sɪmjoleɪt] *vt* simular

simultaneous [(UK) ,sɪml'teɪnjəs, (US) ,saɪml'teɪnjəs] *adj* simultáneo(a)

simultaneously [(UK) ,sɪml'teɪnjəslɪ, (US) ,saɪml'teɪnjəslɪ] *adv* simultáneamente

sin [sɪn] ◇ *n* pecado *m* ◇ *vi* pecar

since [sɪns] ◇ *adv* desde entonces ◇ *prep* desde ◇ *conj* **1.** *(in time)* desde que **2.** *(as)* ya que • **ever since** desde, desde que

sincere [sɪn'sɪə'] *adj* sincero(ra)

sincerely [sɪn'sɪəlɪ] *adv* sinceramente • **Yours sincerely** (le saluda) atentamente

sing [sɪŋ] *(pt* **sang**, *pp* **sung***)* *vt* & *vi* cantar

singer ['sɪŋə'] *n* cantante *mf*

single ['sɪŋgl] ◇ *adj* **1.** *(just one)* solo(la) **2.** *(not married)* soltero(ra) ◇ *n* **1.** *(UK) (ticket)* billete *m (Esp)* OR boleto *m (Amér)* de ida **2.** *(record)* disco *m* sencillo • **every single** cada uno (una) de • **singles** ◇ *n* modalidad *f* individual ◇ *adj (bar, club)* para solteros

single bed *n* cama *f* individual

single cream *n (UK)* nata *f* líquida *(Esp)*, crema *f* líquida *(Amér)*

single currency *n* moneda *f* única

single parent *n* padre *m* soltero, madre soltera *f*

single room *n* habitación *f* individual

singular ['sɪŋgjolə'] *n* singular *m* • **in the singular** en singular

sinister ['sɪnɪstə'] *adj* siniestro(tra)

sink [sɪŋk] *(pt* **sank**, *pp* **sunk***)* ◇ *n* **1.** *(in kitchen)* fregadero *m* **2.** *(washbasin)* lavabo *m* ◇ *vi* **1.** *(in water, mud)* hundirse **2.** *(decrease)* descender

sink unit *n* fregadero *m (con mueble debajo)*

sinuses ['saɪnəsɪz] *npl* senos *mpl* frontales

sip [sɪp] ◇ *n* sorbo *m* ◇ *vt* beber a sorbos

siphon ['saɪfn] ◇ *n* sifón *m* ◇ *vt* sacar con sifón

sir [sɜː'] *n* señor *m* • **Dear Sir** Muy Señor mío • **Sir Richard Blair** Sir Richard Blair

siren ['saɪərən] *n* sirena *f*

sirloin steak [,sɜː'lɔɪn-] *n* solomillo *m*

sister ['sɪstə'] *n* **1.** hermana *f* **2.** *(UK) (nurse)* enfermera *f* jefe

sister-in-law n cuñada f

sit [sɪt] (pt & pp **sat**) ◇ vi **1.** sentarse **2.** (be situated) estar situado ◇ vt **1.** (place) poner **2.** (UK) (exam) presentarse a • to be sitting estar sentado ◆**sit down** vi sentarse • to be sitting down estar sentado ◆ **sit up** vi **1.** (after lying down) incorporarse **2.** (stay up late) quedarse levantado

site [saɪt] n **1.** (place) sitio m **2.** (building site) obra f de construcción

sitting room ['sɪtɪŋ-] n (UK) sala f de estar

situated ['sɪtjʊeɪtɪd] adj • to be situated estar situado(da)

situation [ˌsɪtjʊ'eɪʃn] n situación f ▼ situations vacant (UK) ofertas de empleo

six [sɪks] ◇ num adj seis inv ◇ num n seis m inv • to be six (years old) tener seis años (de edad) • it's six (o'clock) son las seis • a hundred and six ciento seis • six Hill St Hill St, número seis • it's minus six (degrees) hay seis grados bajo cero • six out of ten seis sobre diez

sixteen [sɪks'tiːn] num dieciséis

sixteenth [sɪks'tiːnθ] num decimosexto(ta)

sixth [sɪksθ] ◇ num adj sexto(ta) ◇ pron sexto m, -ta f ◇ num n (fraction) sexto m ◇ num adv sexto • a sixth (of) la sexta parte (de) • the sixth (of September) el seis (de septiembre)

sixth form n (UK) curso de enseñanza media que prepara a alumnos de 16 a 18 años para los A-levels

sixth-form college n (UK) centro de enseñanza que prepara a alumnos de 16 a 18 años para los A-levels o exámenes de formación profesional

sixtieth ['sɪkstɪəθ] num sexagésimo(-ma)

sixty ['sɪkstɪ] num sesenta

size [saɪz] n **1.** tamaño m **2.** (of clothes, hats) talla f **3.** (of shoes) número m • what size do you take? ¿qué talla/número usa? • what size is this? ¿de qué talla es esto?

sizeable ['saɪzəbl] adj considerable

skate [skeɪt] ◇ n **1.** (ice skate, roller skate) patín m **2.** (fish) raya f ◇ vi patinar

skateboard ['skeɪtbɔːd] n monopatín m, patineta f (Amér)

skater ['skeɪtə'] n (ice-skater) patinador m, -ra f

skating ['skeɪtɪŋ] n • to go skating ir a patinar

skeleton ['skelɪtn] n esqueleto m

skeptical ['skeptɪkl] (US) = sceptical

sketch [sketʃ] ◇ n **1.** (drawing) bosquejo m **2.** (humorous) sketch m ◇ vt hacer un bosquejo de

skewer ['skjʊə'] n brocheta f

ski [skiː] (pt & pp **skied**, cont **skiing**) ◇ n esquí m ◇ vi esquiar

ski boots npl botas fpl de esquí

skid [skɪd] ◇ n derrape m ◇ vi derrapar

skier ['skiːə'] n esquiador m, -ra f

skiing ['skiːɪŋ] n esquí m • to go skiing ir a esquiar • a skiing holiday unas vacaciones de esquí

skilful ['skɪlfʊl] adj (UK) experto(ta)

ski lift n telesilla m

skill [skɪl] n **1.** (ability) habilidad f **2.** (technique) técnica f

skilled [skɪld] *adj* **1.** *(worker, job)* especializado(da) **2.** *(driver, chef)* cualificado(da)

skillful ['skɪlfʊl] *(US)* = **skilful**

skimmed milk ['skɪmd-] *n* leche *f* desnatada *(Esp)* OR descremada *(Amér)*

skin [skɪn] *n* **1.** piel *f* **2.** *(on milk)* nata *f*

skinny ['skɪnɪ] *adj* flaco(ca)

skip [skɪp] ◇ *vi* **1.** *(with rope)* saltar a la comba *(Esp)* OR cuerda **2.** *(jump)* ir dando brincos ◇ *vt* saltarse ◇ *n* *(UK)* *(container)* contenedor *m*

ski pants *npl* pantalones *mpl* de esquí

ski pass *n* forfait *m*

ski pole *n* bastón *m* para esquiar

skipping rope ['skɪpɪŋ-] *n* *(UK)* cuerda *f* de saltar

skirt [skɜːt] *n* falda *f*

ski slope *n* pista *f* de esquí

ski tow *n* remonte *m*

skittles ['skɪtlz] *n* *(UK)* bolos *mpl*

skull [skʌl] *n* **1.** *(of living person)* cráneo *m* **2.** *(of skeleton)* calavera *f*

sky [skaɪ] *n* cielo *m*

skylight ['skaɪlaɪt] *n* tragaluz *m*

skyscraper ['skaɪˌskreɪpə^r] *n* rascacielos *m inv*

slab [slæb] *n* *(of stone, concrete)* losa *f*

slack [slæk] *adj* **1.** *(rope)* flojo(ja) **2.** *(careless)* descuidado(da) **3.** *(not busy)* inactivo(va)

slam [slæm] ◇ *vt* cerrar de golpe ◇ *vi* cerrarse de golpe

slander ['slɑːndə^r] *n* calumnia *f*

slang [slæŋ] *n* argot *m*

slant [slɑːnt] ◇ *n* *(slope)* inclinación *f* ◇ *vi* inclinarse

slap [slæp] ◇ *n* bofetada *f*, cachetada *f*

(Amér) ◇ *vt* abofetear, cachetear *(Amér)*

slash [slæʃ] ◇ *vt* **1.** *(cut)* cortar **2.** *(fig)* *(prices)* recortar drásticamente ◇ *n* *(written symbol)* barra *f* (oblicua)

slate [sleɪt] *n* pizarra *f*

slaughter ['slɔːtə^r] *vt* **1.** *(kill)* matar **2.** *(fig)* *(defeat)* dar una paliza

slave [sleɪv] *n* esclavo *m*, -va *f*

sled [sled] = **sledge**

sledge [sledʒ] *n* *(UK)* trineo *m*

sleep [sliːp] *(pt & pp* **slept**) ◇ *n* **1.** *(rest)* descanso *m* **2.** *(nap)* siesta *f* ◇ *vi* dormir ◇ *vt* ● **the house sleeps six** la casa tiene seis plazas ● **did you sleep well?** ¿dormiste bien? ● **I couldn't get to sleep** no pude conciliar el sueño ● **to go to sleep** dormirse ● **to sleep with sb** acostarse con alguien

sleeper ['sliːpə^r] *n* **1.** *(train)* tren *m* nocturno *(con literas)* **2.** *(sleeping car)* coche-cama *m* **3.** *(UK)* *(on railway track)* traviesa *f* **4.** *(UK)* *(earring)* aro *m*

sleeping bag ['sliːpɪŋ-] *n* saco *m* de dormir

sleeping car ['sliːpɪŋ-] *n* coche-cama *m*

sleeping pill ['sliːpɪŋ-] *n* pastilla *f* para dormir

sleep mode *n* COMPUT modo *m* inactividad, modo *m* ahorro de energía

sleepy ['sliːpɪ] *adj* soñoliento(ta)

sleet [sliːt] ◇ *n* aguanieve *f* ◇ *impers vb* ● **it's sleeting** cae aguanieve

sleeve [sliːv] *n* **1.** *(of garment)* manga *f* **2.** *(of record)* cubierta *f*

sleeveless ['sliːvlɪs] *adj* sin mangas

slept [slept] *pt & pp* ➤ **sleep**

S level ['eslevl] *n* (*UK*) (*abbr of* **Special level**) *examen optativo que realizan los mejores estudiantes antes de entrar en la universidad, con el objeto de estar más preparados para las materias que van a estudiar en la facultad elegida*

slice [slaɪs] ◇ *n* 1. (*of bread*) rebanada *f* 2. (*of meat*) tajada *f* 3. (*of cake, pizza*) trozo *m* 4. (*of lemon, sausage, cucumber*) rodaja *f* 5. (*of cheese, ham*) loncha *f* (*Esp*), rebanada *f* ◇ *vt* cortar

sliced bread [,slaɪst-] *n* pan *m* en rebanadas

slide [slaɪd] (*pt & pp* **slid**) ◇ *n* 1. (*in playground*) tobogán *m* 2. (*of photograph*) diapositiva *f* 3. (*UK*) (*hair slide*) prendedor *m* ◇ *vi* (*slip*) resbalar

sliding door [,slaɪdɪŋ-] *n* puerta *f* corredera

slight [slaɪt] *adj* (*minor*) leve ● **the slightest** el menor(la menor) ● **not in the slightest** en absoluto

slightly ['slaɪtlɪ] *adv* ligeramente

slim [slɪm] ◇ *adj* delgado(da) ◇ *vi* adelgazar

slimming ['slɪmɪŋ] *n* adelgazamiento *m*

sling [slɪŋ] (*pt & pp* **slung**) ◇ *n* (*for arm*) cabestrillo *m* ◇ *vt* (*inf*) tirar

slip [slɪp] ◇ *vi* resbalar ◇ *n* 1. (*mistake*) descuido *m* 2. (*of paper*) papelito *m* 3. (*petticoat*) enaguas *fpl* ● **slip up** *vi* (*make a mistake*) cometer un error

slipper ['slɪpə] *n* zapatilla *f*, pantufla *f* (*Amér*)

slippery ['slɪpərɪ] *adj* resbaladizo(za)

slit [slɪt] *n* ranura *f*

slob [slɒb] *n* (*inf*) guarro *m*, -rra *f*

slogan ['sləʊgən] *n* eslogan *m*

slope [sləʊp] ◇ *n* 1. (*incline*) inclinación *f* 2. (*hill*) cuesta *f* 3. (*for skiing*) pista *f* ◇ *vi* inclinarse

sloping ['sləʊpɪŋ] *adj* inclinado(da)

slot [slɒt] *n* 1. (*for coin*) ranura *f* 2. (*groove*) muesca *f*

Slovakia [slə'vækɪə] *n* Eslovaquia

slow [sləʊ] ◇ *adj* 1. (*not fast*) lento(ta) 2. (*clock, watch*) atrasado(da) 3. (*business*) flojo(ja) 4. (*in understanding*) corto(ta) ◇ *adv* despacio ● **a slow train** ≃ un tren tranvía ▼ **slow** *cartel que aconseja a los automovilistas ir despacio* ◆ **slow down** ◇ *vt sep* reducir la velocidad de ◇ *vi* 1. (*vehicle*) reducir la velocidad 2. (*person*) reducir el paso

slowly ['sləʊlɪ] *adv* 1. (*not fast*) despacio 2. (*gradually*) poco a poco

slug [slʌg] *n* babosa *f*

slum [slʌm] *n* (*building*) cuchitril *m* ◆ **slums** *npl* (*district*) barrios *mpl* bajos

slung [slʌŋ] *pt & pp* > **sling**

slush [slʌʃ] *n* nieve *f* medio derretida

sly [slaɪ] *adj* 1. (*cunning*) astuto(ta) 2. (*deceitful*) furtivo(va)

smack [smæk] ◇ *n* (*slap*) cachete *m* (*Esp*), cachetada *m* (*Amér*) ◇ *vt* dar un cachete (*Esp*) OR una cachetada (*Amér*)

small [smɔːl] *adj* pequeño(ña)

small change *n* cambio *m*

smallpox ['smɔːlpɒks] *n* viruela *f*

smart [smɑːt] *adj* 1. (*UK*) (*elegant, posh*) elegante 2. (*clever*) inteligente

smart card *n* tarjeta *f* con banda magnética

smash [smæʃ] ◇ *n* 1. SPORT mate *m* 2. (*inf*) (*car crash*) choque *m* ◇ *vt* (*plate,* window) romper ◇ vi (plate, vase etc) romperse

smear test ['smɪə-] n (UK) citología f

smell [smel] (pt & pp **-ed** OR **smelt**) ◇ n olor m ◇ vt & vi oler ● to smell of sthg oler a algo

smelly ['smelɪ] adj maloliente

smelt [smelt] pt & pp ➤ smell

smile [smaɪl] ◇ n sonrisa f ◇ vi sonreír

smoke [sməʊk] ◇ n humo m ◇ vt & vi fumar ● to have a smoke echarse un cigarro

smoked [sməʊkt] adj ahumado(da)

smoked salmon n salmón m ahumado

smoker ['sməʊkə'] n fumador m, -ra f

smoking ['sməʊkɪŋ] n el fumar ▼ no smoking prohibido fumar

smoking area n área f de fumadores

smoking compartment n compartimento m de fumadores

smoky ['sməʊkɪ] adj (room) lleno(na) de humo

smooth [smuːð] adj **1.** (surface, road) liso(sa) **2.** (skin) terso(sa) **3.** (flight, journey) tranquilo(la) **4.** (mixture, liquid) sin grumos **5.** (wine, beer) suave **6.** (pej) (suave) meloso(sa) ● smooth down vt sep alisar

smother ['smʌðə'] vt (cover) cubrir

SMS [,esem'es] n (abbr of short message system) SMS m

smudge [smʌdʒ] n mancha f

smuggle ['smʌgl] vt pasar de contrabando

snack [snæk] n piscolabis m inv (Esp), tentempie m

snack bar n cafetería f

snail [sneɪl] n caracol m

snake [sneɪk] n **1.** (smaller) culebra f **2.** (larger) serpiente f

snap [snæp] ◇ vt (break) partir (en dos) ◇ vi (break) partirse (en dos) ◇ n **1.** (UK) (inf) (photo) foto f **2.** (card game) guerrilla f

snatch [snætʃ] vt **1.** (grab) arrebatar **2.** (steal) dar el tirón

sneakers ['sniːkəz] npl (US) zapatos mpl de lona

sneeze [sniːz] ◇ n estornudo m ◇ vi estornudar

sniff [snɪf] ◇ vi (from cold, crying) sorber ◇ vt oler

snip [snɪp] vt cortar con tijeras

snob [snɒb] n esnob mf

snog [snɒg] vi (UK) (inf) morrearse (Esp), besuquearse

snooker ['snuːkə'] n snooker m juego parecido al billar

snooze [snuːz] n cabezada f

snore [snɔː'] vi roncar

snorkel ['snɔːkl] n tubo m respiratorio

snout [snaʊt] n hocico m

snow [snəʊ] ◇ n nieve f ◇ impers vb it's snowing está nevando

snowball ['snəʊbɔːl] n bola f de nieve

snowboard ['snəʊ,bɔːd] n tabla f de snowboard

snowboarding ['snəʊ,bɔːdɪŋ] n snowboard m

snowdrift ['snəʊdrɪft] n montón m de nieve

snowflake ['snəʊfleɪk] n copo m de nieve

snowman ['snəʊmæn] (pl **-men**) n muñeco m de nieve

snowplough ['snəʊplaʊ] n (UK) quitanieves m inv

snowstorm ['snəʊstɔːm] *n* tormenta *f* de nieve

snug [snʌg] *adj* **1.** *(person)* cómodo y calentito(cómoda y calentita) **2.** *(place)* acogedor(ra)

so [səʊ]
◇ *adv* **1.** *(emphasizing degree)* tan ● it's so difficult (that ...) es tan difícil (que ...) ● so many tantos ● so much tanto **2.** *(referring back)* ● so you knew already así que ya lo sabías ● I don't think so no creo ● I'm afraid so me temo que sí ● if so en ese caso **3.** *(also)* también ● so do I yo también **4.** *(in this way)* así ● **5.** *(expressing agreement)* ● so I see ya lo veo **6.** *(in phrases)* ● or so más o menos ● so as to do sthg para hacer algo ● come here so that I can see you ven acá para que te vea
◇ *conj* **1.** *(therefore)* así que **2.** *(summarizing)* entonces ● so what have you been up to? entonces ¿qué has estado haciendo? **3.** *(in phrases)* ● so what? *(inf)* ¿y qué? ● so there! *(inf)* ¡y si no te gusta te aguantas!

soak [səʊk] ◇ *vt* **1.** *(leave in water)* poner en remojo **2.** *(make very wet)* empapar *vi* ● to soak through sthg calar algo ◆

soak up *vt sep* absorber

soaked [səʊkt] *adj* empapado(da)

soaking ['səʊkɪŋ] *adj* empapado(da)

soap [səʊp] *n* jabón *m*

soap opera *n* telenovela *f*

soap powder *n* detergente *m* en polvo

sob [sɒb] ◇ *n* sollozo *m* ◇ *vi* sollozar

sober ['səʊbər] *adj (not drunk)* sobrio (bria)

soccer ['sɒkər] *n* fútbol *m*

sociable ['səʊʃəbl] *adj* sociable

social ['səʊʃl] *adj* social

social club *n* club *m* social

socialist ['səʊʃəlɪst] ◇ *adj* socialista ◇ *n* socialista *mf*

social life *n* vida *f* social

social security *n* seguridad *f* social

social worker *n* asistente *m*, -ta *f* social

society [sə'saɪətɪ] *n* sociedad *f*

sociology [ˌsəʊsɪ'ɒlədʒɪ] *n* sociología *f*

sock [sɒk] *n* calcetín *m*

socket ['sɒkɪt] *n (for plug, light bulb)* enchufe *m*

sod [sɒd] *n (UK) (vulg)* cabrón *m*, -ona *f*

soda ['səʊdə] *n* **1.** *(soda water)* soda *f* **2.** *(US) (fizzy drink)* gaseosa *f*

soda water *n* soda *f*

sofa ['səʊfə] *n* sofá *m*

sofa bed *n* sofá-cama *m*

soft [sɒft] *adj* **1.** *(not firm, stiff)* blando(-da) **2.** *(not rough, loud)* suave **3.** *(not forceful)* ligero(ra)

soft cheese *n* queso *m* blando

soft drink *n* refresco *m*

software ['sɒftweər] *n* software *m*

soil [sɔɪl] *n* tierra *f*

solarium [sə'leərɪəm] *n* solario *m*

solar panel ['səʊlə-] *n* panel *m* solar

sold [səʊld] *pt & pp* ➤ **sell**

soldier ['səʊldʒər] *n* soldado *m*

sold out *adj* agotado(da)

sole [səʊl] ◇ *adj* **1.** *(only)* único(ca) **2.** *(exclusive)* exclusivo(va) ◇ *n* **1.** *(of shoe)* suela *f* **2.** *(of foot)* planta *f* **3.** *(fish: pl inv)* lenguado *m*

solemn ['sɒləm] *adj* solemne

solicitor [sə'lɪsɪtər] *n (UK)* abogado que

actúa en los tribunales de primera instancia y prepara casos para los tribunales superiores

solid [ˈsɒlɪd] *adj* **1.** sólido(da) **2.** *(table, gold, oak)* macizo(za)

solo [ˈsəʊləʊ] *(pl* **-s)** *n* solo *m*

soluble [ˈsɒljʊbl] *adj* soluble

solution [səˈluːʃn] *n* solución *f*

solve [sɒlv] *vt* resolver

some [sʌm]

◇ *adj* **1.** *(certain amount of)* ● **would you like some coffee?** ¿quieres café? ● **can I have some cheese?** ¿me das un poco de queso? ● **some money** algo de dinero **2.** *(certain number of)* unos(unas) ● **some sweets** unos caramelos ● **have some grapes** coge uvas ● **some people** alguna gente **3.** *(large amount of)* bastante ● **I had some difficulty getting here** me resultó bastante difícil llegar aquí **4.** *(large number of)* bastante ● **I've known him for some years** hace bastantes años que lo conozco **5.** *(not all)* algunos(nas) ● **some jobs are better paid than others** algunos trabajos están mejor pagados que otros **6.** *(in imprecise statements)* un(una) ● **some man phoned** llamó un hombre
◇ *pron* **1.** *(certain amount)* un poco ● **can I have some?** ¿puedo coger un poco? **2.** *(certain number)* algunos *mpl*, -nas *f* ● **can I have some?** ¿puedo coger algunos? ● **some** *(of them)* left early algunos (de ellos) se fueron pronto
◇ *adv* aproximadamente ● **there were some 7.000 people there** había unas 7.000 personas allí

somebody [ˈsʌmbədɪ] = **someone**

somehow [ˈsʌmhaʊ] *adv* **1.** *(some way or other)* de alguna manera **2.** *(for some reason)* por alguna razón

someone [ˈsʌmwʌn] *pron* alguien

someplace [ˈsʌmpleɪs] *(US)* = **somewhere**

somersault [ˈsʌməsɔːlt] *n* salto *m* mortal

something [ˈsʌmθɪŋ] *pron* algo ● **it's really something** es algo impresionante ● **or something** *(inf)* o algo así ● **something like** algo así como

sometime [ˈsʌmtaɪm] *adv* en algún momento

sometimes [ˈsʌmtaɪmz] *adv* a veces

somewhere [ˈsʌmweəʳ] *adv* **1.** *(in or to unspecified place)* en/a alguna parte **2.** *(approximately)* aproximadamente

son [sʌn] *n* hijo *m*

song [sɒŋ] *n* canción *f*

son-in-law *n* yerno *m*

soon [suːn] *adv* pronto ● **how soon can you do it?** ¿para cuándo estará listo? ● **as soon as** tan pronto como ● **as soon as possible** cuanto antes ● **soon after** poco después ● **sooner or later** tarde o temprano

soot [sʊt] *n* hollín *m*

soothe [suːð] *vt* **1.** *(pain, sunburn)* aliviar **2.** *(person, anger, nerves)* calmar

sophisticated [səˈfɪstɪkeɪtɪd] *adj* sofisticado(da)

sorbet [ˈsɔːbeɪ] *n* sorbete *m*

sore [sɔːʳ] ◇ *adj* **1.** *(painful)* dolorido(da) **2.** *(US) (inf) (angry)* enfadado(da) ◇ *n* úlcera *f* ● **to have a sore throat** tener dolor de garganta

sorry [ˈsɒrɪ] *adj* ● **I'm sorry!** ¡lo siento!

● I'm sorry I'm late siento llegar tarde
● I'm sorry you failed lamento que hayas suspendido ● sorry? (pardon?) ¿perdón? ● to feel sorry for sb sentir lástima por alguien ● to be sorry about sthg sentir algo

sort [sɔːt] ◇ *n* tipo *m*, clase *f* ◇ *vt* clasificar ● **sort of** más o menos ● **it's sort of difficult** es algo difícil ◆ **sort out** *vt sep* **1.** (classify) clasificar **2.** (resolve) resolver

so-so *adj & adv* (*inf*) así así

soufflé ['suːfleɪ] *n* suflé *m*

sought [sɔːt] *pt & pp* ➤ **seek**

soul [səʊl] *n* **1.** (spirit) alma *f* **2.** (soul music) música *f* soul

sound [saʊnd] ◇ *n* **1.** sonido *m* **2.** (individual noise) ruido *m* ◇ *vt* (horn, bell) hacer sonar ◇ *vi* **1.** (make a noise) sonar **2.** (seem to be) parecer ◇ *adj* **1.** (health, person) bueno(na) **2.** (heart) sano(na) **3.** (building, structure) sólido(da) ● **to sound like** (make a noise like) sonar como; (seem to be) sonar

soundcard ['saʊndkɑːd] *n* COMPUT tarjeta *f* de sonido

soundproof ['saʊndpruːf] *adj* insonorizado(da)

soup [suːp] *n* sopa *f*

soup spoon *n* cuchara *f* sopera

sour ['saʊə] *adj* **1.** (taste) ácido(da) **2.** (milk) agrio(agria) ● **to go sour** agriarse

source [sɔːs] *n* **1.** (supply, origin) fuente *f* **2.** (cause) origen *m* **3.** (of river) nacimiento *m*

sour cream *n* nata *f* (*Esp*) OR crema *f* (*Amér*) agria

south [saʊθ] ◇ *n* sur *m* ◇ *adv* **1.** (fly, walk) hacia el sur **2.** (be situated) al sur ● **in the south of England** en el sur de Inglaterra

South Africa *n* Sudáfrica

South America *n* Sudamérica

southbound ['saʊθbaʊnd] *adj* con rumbo al sur

southeast [ˌsaʊθ'iːst] *n* sudeste *m*

southern ['sʌðən] *adj* del sur

South Pole *n* Polo *m* Sur

southwards ['saʊθwədz] *adv* hacia el sur

southwest [ˌsaʊθ'west] *n* suroeste *m*

souvenir [ˌsuːvə'nɪə] *n* recuerdo *m*

sow[1] [səʊ] (*pp* **sown**) *vt* sembrar

sow[2] [saʊ] *n* (*pig*) cerda *f*

soya ['sɔɪə] *n* soja *f* (*Esp*), soya *f* (*Amér*)

soya bean *n* semilla *f* de soja (*Esp*) OR soya (*Amér*)

soy sauce [ˌsɔɪ-] *n* salsa *f* de soja (*Esp*) OR soya (*Amér*)

spa [spɑː] *n* balneario *m*

space [speɪs] ◇ *n* espacio *m* ◇ *vt* espaciar

space bar *n* (on computer, keyboard) espaciador *m*

spaceship ['speɪsʃɪp] *n* nave *f* espacial

space shuttle *n* transbordador *m* espacial

spacious ['speɪʃəs] *adj* espacioso(sa)

spade [speɪd] *n* (tool) pala *f* ◆ **spades** (in cards) picas *fpl*

spaghetti [spə'getɪ] *n* espaguetis *mpl*

Spain [speɪn] *n* España

spam [spæm] *n* COMPUT spam m, correo m basura

span [spæn] ◇ *pt* ➤ **spin** ◇ *n* **1.** (length) duración *f* **2.** (of time) periodo *m*

Spaniard ['spænjəd] *n* español *m*, -la *f*

spaniel ['spænjəl] *n* perro *m* de aguas

Spanish ['spænɪʃ] ◇ *adj* español(la) ◇ *n* (language) español *m*

spank [spæŋk] *vt* zurrar

spanner ['spænə'] *n* (UK) llave *f* (de tuercas)

spare [speə'] ◇ *adj* **1.** (kept in reserve) de sobra **2.** (not in use) libre ◇ *n* **1.** (spare part) recambio *m* **2.** (spare wheel) rueda *f* de recambio ◇ *vt* ● **I can't spare the time** no tengo tiempo ● **with ten minutes to spare** con diez minutos de sobra

spare part *n* pieza *f* de recambio

spare ribs *npl* costillas *fpl* (sueltas)

spare room *n* habitación *f* de invitados

spare time *n* tiempo *m* libre

spark [spɑːk] *n* chispa *f*

sparkling ['spɑːklɪŋ-] *adj* (drink) con gas

sparkling wine *n* vino *m* espumoso

sparrow ['spærəʊ] *n* gorrión *m*

spat [spæt] *pt & pp* (UK) > **spit**

speak [spiːk] (*pt* **spoke**, *pp* **spoken**) ◇ *vt* **1.** (language) hablar **2.** (say) decir ◇ *vi* hablar ● **who's speaking?** (on phone) ¿quién es? ● **can I speak to Sarah? - speaking!** ¿puedo hablar con Sara? - ¡soy yo! ● **to speak to the boss about the problem** hablar con el jefe sobre el problema ◆ **speak up** *vi* (more loudly) hablar más alto

speaker ['spiːkə'] *n* **1.** (at conference) conferenciante *mf* **2.** (loudspeaker, of stereo) altavoz *m* ● **a Spanish speaker** un hispanohablante

spear [spɪə'] *n* lanza *f*

special ['speʃl] ◇ *adj* **1.** (not ordinary) especial **2.** (particular) particular ◇ *n* (dish) plato *m* del día ▼ **today's special** plato del día

special delivery *n* (UK) ≃ correo *m* urgente

special effects *npl* efectos *mpl* especiales

specialist ['speʃəlɪst] *n* (doctor) especialista *mf*

speciality [,speʃɪ'ælətɪ] *n* (UK) especialidad *f*

specialize ['speʃəlaɪz] *vi* ● **to specialize (in)** especializarse (en)

specially ['speʃəlɪ] *adv* **1.** especialmente **2.** (particularly) particularmente

special offer *n* oferta *f* especial

special school *n* escuela *f* especial

specialty ['speʃltɪ] (US) = **speciality**

species ['spiːʃiːz] (*pl inv*) *n* especie *f*

specific [spə'sɪfɪk] *adj* específico(ca)

specifications [,spesɪfɪ'keɪʃnz] *npl* (of machine, building etc) datos *mpl* técnicos

specimen ['spesɪmən] *n* **1.** MED especimen *m* **2.** (example) muestra *f*

specs [speks] *npl* (inf) gafas *fpl*

spectacle ['spektəkl] *n* espectáculo *m*

spectacles ['spektəklz] *npl* (fml) gafas *fpl*

spectacular [spek'tækjʊlə'] *adj* espectacular

spectator [spek'teɪtə'] *n* espectador *m*, -ra *f*

sped [sped] *pt & pp* > **speed**

speech [spiːtʃ] *n* **1.** (ability to speak) habla *f* **2.** (manner of speaking) manera *f* de hablar **3.** (talk) discurso *m*

speech impediment [-ɪm,pedɪmənt] *n*

impedimento *m* al hablar

speed [spi:d] (*pt & pp* **-ed** OR **sped**) ◇ *n* velocidad *f* ◇ *vi* **1.** *(move quickly)* moverse de prisa **2.** *(drive too fast)* conducir con exceso de velocidad ▼ **reduce speed now** reduzca su velocidad ◆ **speed up** *vi* acelerarse

speedboat ['spi:dbəʊt] *n* lancha *f* motora

speed bump *n* banda *f* (sonora), guardia *m* tumbado (*Esp*), lomo *m* de burro (*RP*)

speed dating *n* encuentros organizados normalmente en bares para que personas de diferentes sexos se conozcan rápidamente y decidan si quieren volver a verse

speeding ['spi:dɪŋ] *n* exceso *m* de velocidad

speed limit *n* límite *m* de velocidad

speedometer [spɪ'dɒmɪtəʳ] *n* velocímetro *m*

spell [spel] ((*UK*) *pt & pp* **-ed** OR **spelt**, (*US*) **-ed**) ◇ *vt* **1.** *(word, name)* deletrear **2.** *(subj: letters)* significar ◇ *n* **1.** *(time spent)* temporada *f* **2.** *(of weather)* racha *f* **3.** *(magic)* hechizo *m*

spell-check *vt* *(text, file, document)* corregir la ortografía de

spell-checker [-tʃekəʳ] *n* corrector *m* de ortografía

spelling ['spelɪŋ] *n* ortografía *f*

spelt [spelt] *pt & pp* (*UK*) ➤ **spell**

spend [spend] (*pt & pp* **spent**) *vt* **1.** *(money)* gastar **2.** *(time)* pasar

sphere [sfɪəʳ] *n* esfera *f*

spice [spaɪs] ◇ *n* especia *f* ◇ *vt* condimentar

spicy ['spaɪsɪ] *adj* picante

spider ['spaɪdəʳ] *n* araña *f*

spider's web *n* telaraña *f*

spike [spaɪk] *n* (*metal*) clavo *m*

spill [spɪl] ((*UK*) *pt & pp* **-ed** OR **spilt**, (*US*) **-ed**) ◇ *vt* derramar ◇ *vi* derramarse

spin [spɪn] (*pt* **span** OR **spun**, *pp* **spun**) ◇ *vt* **1.** *(wheel, coin, chair)* hacer girar **2.** *(washing)* centrifugar ◇ *n* (*on ball*) efecto *m* ◆ **to go for a spin** (*inf*) ir a dar una vuelta

spinach ['spɪnɪdʒ] *n* espinacas *fpl*

spine [spaɪn] *n* **1.** *(of back)* espina *f* dorsal **2.** *(of book)* lomo *m*

spiral ['spaɪərəl] *n* espiral *f*

spiral staircase *n* escalera *f* de caracol

spire [spaɪəʳ] *n* aguja *f*

spirit ['spɪrɪt] *n* **1.** *(soul)* espíritu *m* **2.** *(energy)* vigor *m* **3.** *(courage)* valor *m* **4.** *(mood)* humor *m* ◆ **spirits** *npl* (*alcohol*) licores *mpl*

spit [spɪt] ((*UK*) *pt & pp* **spat**, (*US*) *inv*) ◇ *vi* escupir ◇ *n* **1.** *(saliva)* saliva *f* **2.** *(for cooking)* asador *m* ◇ *impers vb* ◆ **it's spitting** (*UK*) está chispeando

spite [spaɪt] ◆ **in spite of** *prep* a pesar de

spiteful ['spaɪtfʊl] *adj* rencoroso(sa)

splash [splæʃ] ◇ *n* (*sound*) chapoteo *m* ◇ *vt* salpicar

splendid ['splendɪd] *adj* **1.** *(beautiful)* magnífico(ca) **2.** *(very good)* espléndido(da)

splint [splɪnt] *n* tablilla *f*

splinter ['splɪntəʳ] *n* astilla *f*

split [splɪt] (*pt & pp* *inv*) ◇ *n* **1.** *(tear)* rasgón *m* **2.** *(crack)* grieta *f* **3.** *(in skirt)*

abertura f ◇ vt **1.** (wood, stone) agrietar **2.** (tear) rasgar **3.** (bill, profits, work) dividir ◇ vi **1.** (wood, stone) agrietarse **2.** (tear) rasgarse ◆ **split up** vi (group, couple) separarse

spoil [spɔɪl] (pt & pp **-ed** OR **spoilt**) vt **1.** (ruin) estropear **2.** (child) mimar

spoke [spəʊk] ◇ pt ➢ **speak** ◇ n radio m

spoken ['spəʊkn] pp ➢ **speak**

spokesman ['spəʊksmən] (pl **-men**) n portavoz m

spokeswoman ['spəʊks,wʊmən] (pl **-women**) n portavoz f

sponge [spʌndʒ] n (for cleaning, washing) esponja f

sponge bag n (UK) neceser m

sponge cake n bizcocho m

sponsor ['spɒnsə'] n (of event, TV programme) patrocinador m, -ra f

sponsored walk [,spɒnsəd-] n marcha f benéfica

spontaneous [spɒn'teɪnjəs] adj espontáneo(nea)

spoon [spuːn] n cuchara f

spoonful ['spuːnfʊl] n cucharada f

sport [spɔːt] n deporte m

sports car [spɔːts-] n coche m deportivo

sports centre [spɔːts-] n (UK) centro m deportivo

sportsman ['spɔːtsmən] (pl **-men**) n deportista m

sports shop [spɔːts-] n tienda f de deporte

sportswoman ['spɔːts,wʊmən] (pl **-women**) n deportista f

spot [spɒt] ◇ n **1.** (of paint, rain) gota f **2.** (on clothes) lunar m **3.** (UK) (on skin)

grano m **4.** (place) lugar m ◇ vt notar ◆ **on the spot** (at once) en el acto; (at the scene) en el lugar

spotless ['spɒtlɪs] adj inmaculado(da)

spotlight ['spɒtlaɪt] n foco m

spotty ['spɒtɪ] adj (UK) (skin, person, face) lleno(na) de granos

spouse [spaʊs] n (fml) esposo m, -sa f

spout [spaʊt] n pitorro m (Esp), pico m

sprain [spreɪn] vt torcerse

sprang [spræŋ] pt ➢ **spring**

spray [spreɪ] ◇ n **1.** (of aerosol, perfume) espray m **2.** (droplets) rociada f **3.** (of sea) espuma f ◇ vt rociar

spread [spred] (pt & pp inv) ◇ vt **1.** (butter, jam, glue) untar **2.** (map, tablecloth, blanket) extender **3.** (legs, fingers, arms) estirar **4.** (disease) propagar **5.** (news, rumour) difundir ◇ vi **1.** (disease, fire, stain) propagarse **2.** (news, rumour) difundirse ◇ n (food) pasta f para untar ◆ **spread out** vi (disperse) dispersarse

spring [sprɪŋ] (pt **sprang**, pp **sprung**) ◇ n **1.** (season) primavera f **2.** (coil) muelle m **3.** (of water) manantial m ◇ vi (leap) saltar ◆ **in (the) spring** en (la) primavera

springboard ['sprɪŋbɔːd] n trampolín m

spring-cleaning [-'kliːnɪŋ] n (UK) limpieza f general

spring onion n (UK) cebolleta f

spring roll n rollito m de primavera

sprinkle ['sprɪŋkl] vt rociar

sprinkler ['sprɪŋklə'] n aspersor m

sprint [sprɪnt] ◇ n (race) esprint m ◇ vi (run fast) correr a toda velocidad

sprout [spraʊt] n (UK) (vegetable) col f de Bruselas

spruce [spruːs] n picea f

sprung [sprʌŋ] ◇ pp ➤ **spring** ◇ adj (mattress) de muelles

spud [spʌd] n (UK) (inf) patata f

spun [spʌn] pt & pp ➤ **spin**

spur [spɜːʳ] n (for horse rider) espuela f ● **on the spur of the moment** sin pensarlo dos veces

spurt [spɜːt] vi salir a chorros

spy [spaɪ] n espía mf

squalor ['skwɒləʳ] n miseria f

square [skweəʳ] ◇ adj (in shape) cuadrado(da) ◇ n **1.** (shape) cuadrado m **2.** (in town) plaza f **3.** (of chocolate) onza f **4.** (on chessboard) casilla f ● **2 square metres** 2 metros cuadrados ● **it's 2 metres square** tiene 2 metros cuadrados ● **we're (all) square now** (UK) quedamos en paz

squash [skwɒʃ] ◇ n **1.** (game) squash m **2.** (UK) (drink) refresco m **3.** (US) (vegetable) calabaza f ◇ vt aplastar

squat [skwɒt] ◇ adj achaparrado(da) ◇ vi (crouch) agacharse

squeak [skwiːk] vi chirriar

squeeze [skwiːz] vt **1.** (orange) exprimir **2.** (hand) apretar **3.** (tube) estrujar ● **squeeze in** vi meterse

squid [skwɪd] n (food) calamares mpl

squint [skwɪnt] ◇ n estrabismo m ◇ vi bizquear

squirrel [(UK) 'skwɪrəl, (US) 'skwɜːrəl] n ardilla f

squirt [skwɜːt] vi salir a chorro

St (abbr of Street) c (calle); (abbr of Saint) Sto., Sta. (santo, santa)

St Patrick's Day

San Patricio es el patrono de Irlanda y su festividad, el 17 de marzo, se celebra tanto en Irlanda como en otros lugares del mundo en los que hay comunidades irlandesas, especialmente en los Estados Unidos. Durante ese día hay desfiles en las calles, con música y bailes tradicionales.

---

stab [stæb] vt (with knife) apuñalar

stable ['steɪbl] ◇ adj **1.** (unchanging) estable **2.** (firmly fixed) fijo(ja) ◇ n cuadra f

stack [stæk] n (pile) pila f ● **stacks of** (inf) (lots) montones de

stadium ['steɪdjəm] n estadio m

staff [stɑːf] n (workers) empleados mpl

stage [steɪdʒ] n **1.** (phase) etapa f **2.** (in theatre) escenario m

stagger ['stægəʳ] ◇ vt (arrange in stages) escalonar ◇ vi tambalearse

stagnant ['stægnənt] adj estancado(da)

stain [steɪn] ◇ n mancha f ◇ vt manchar

stained glass window [,steɪnd-] n vidriera f

stainless steel ['steɪnlɪs-] n acero m inoxidable

staircase ['steəkeɪs] n escalera f

stairs [steəz] npl escaleras fpl

stairwell ['steəwel] n hueco m de la escalera

stake [steɪk] n **1.** (share) participación f **2.** (in gambling) apuesta f **3.** (post) estaca f ● **at stake** en juego

stale [steɪl] adj **1.** (food) pasado(da) **2.** (bread) duro(ra)

stalk [stɔːk] *n* **1.** *(of flower, plant)* tallo *m* **2.** *(of fruit, leaf)* pecíolo *m*

stall [stɔːl] ◇ *n* *(in market, at exhibition)* puesto *m* ◇ *vi* *(car, plane, engine)* calarse *(Esp)*, pararse ◆ **stalls** *npl* *(UK)* *(in theatre)* platea *f*

stamina ['stæmɪnə] *n* resistencia *f*

stammer ['stæməʳ] *vi* tartamudear

stamp [stæmp] ◇ *n* sello *m* ◇ *vt* *(passport, document)* sellar ◇ *vi* ● **to stamp on** sthg pisar algo ● **to stamp one's foot** patear

stamp-collecting [-kə,lektɪŋ] *n* filatelia *f*

stamp machine *n* máquina *f* expendedora de sellos *(Esp)* OR estampillas *(Amér)*

stand [stænd] *(pt & pp* **stood**) ◇ *vi* **1.** *(be on feet)* estar de pie **2.** *(be situated)* estar (situado) **3.** *(get to one's feet)* ponerse de pie ◇ *vt* **1.** *(place)* colocar **2.** *(bear, withstand)* soportar ◇ *n* **1.** *(stall)* puesto *m* **2.** *(for coats)* perchero *m* **3.** *(for umbrellas)* paragüero *m* **4.** *(for bike, motorbike)* patín *m* de apoyo **5.** *(at sports stadium)* tribuna *f* ● **to be standing** estar de pie ● **to stand sb a drink** invitar a alguien a beber algo ▼ **no standing** *(US)* AUT prohibido aparcar ◆ **stand back** *vi* echarse para atrás ◆ **stand for** *vt insep* **1.** *(mean)* significar **2.** *(tolerate)* tolerar ◆ **stand in** *vi* ● **to stand in for sb** sustituir a alguien ◆ **stand out** *vi* **1.** *(be conspicuous)* destacar **2.** *(be superior)* sobresalir ◆ **stand up** ◇ *vi* **1.** *(be on feet)* estar de pie **2.** *(get to one's feet)* levantarse ◇ *vt sep* *(inf)* *(boyfriend, girlfriend etc)* dejar plantado ◆ **stand up**

for *vt insep* salir en defensa de

standard ['stændəd] ◇ *adj* *(normal)* normal ◇ *n* **1.** *(level)* nivel *m* **2.** *(point of comparison)* criterio *m* ● **up to standard** al nivel requerido ◆ **standards** *npl* *(principles)* valores *mpl* morales

standard-class *adj* *(UK)* de segunda clase

standby ['stændbaɪ] *adj* sin reserva

stank [stæŋk] *pt* ➤ **stink**

staple ['steɪpl] *n* *(for paper)* grapa *f*

stapler ['steɪpləʳ] *n* grapadora *f*

star [stɑːʳ] ◇ *n* estrella *f* ◇ *vt* *(subj: film, play etc)* estar protagonizado por ◆ **stars** *npl* *(UK)* *(inf)* *(horoscope)* horóscopo *m*

starch ['stɑːtʃ] *n* **1.** *(for clothes)* almidón *m* **2.** *(in food)* fécula *f*

stare [steəʳ] *vi* mirar fijamente ● **to stare at** mirar fijamente

starfish ['stɑːfɪʃ] *(pl inv)* *n* estrella *f* de mar

starling ['stɑːlɪŋ] *n* estornino *m*

Stars and Stripes *n* ● **the Stars and Stripes** la bandera de las barras y estrellas

Stars and Stripes

Barras y estrellas es el nombre oficial de la bandera de los Estados Unidos. Las estrellas que aparecen en la bandera representan a cada uno de los estados que forman el país. Los estadounidenses están orgullosos de su bandera y es normal verla en coches y casas por todo el país.

start [stɑːt] ◇ n 1. (beginning) principio m 2. (starting place) salida f ◇ vt 1. (begin) empezar 2. (car, engine) arrancar 3. (business, club) montar ◇ vi 1. (begin) empezar 2. (car, engine) arrancar 3. (begin journey) salir ● at the start of the year a principios del año ● prices start at OR from £5 precios desde cinco libras ● to start doing sthg OR to do sthg empezar a hacer algo ● to start with (in the first place) para empezar; (when ordering meal) de primero ● start out vi 1. (on journey) salir 2. (be originally) empezar ● start up vt sep 1. (car, engine) arrancar 2. (business, shop) montar

starter ['stɑːtə'] n 1. (UK) (of meal) primer plato m 2. (of car) motor m de arranque ● for starters (in meal) de primero

starter motor n motor m de arranque

starting point ['stɑːtɪŋ-] n punto m de partida

startle ['stɑːtl] vt asustar

starvation [stɑːˈveɪʃn] n hambre f

starve [stɑːv] vi (have no food) pasar hambre ● I'm starving! ¡me muero de hambre!

state [steɪt] ◇ n estado m ◇ vt 1. (declare) declarar 2. (specify) indicar ● the State el Estado ● the States (inf) los Estados Unidos

state-funded education

Los colegios públicos cambian mucho de una parte a otra del Reino Unido, especialmente desde que Escocia y Gales tienen competencias en materia de educación. La calidad de la enseñanza, que comienza a los cinco años de edad, también difiere mucho de un lugar a otro.

statement ['steɪtmənt] n 1. (declaration) declaración f 2. (from bank) extracto m

state school n ≃ instituto m

statesman ['steɪtsmən] (pl -men) n estadista m

static ['stætɪk] n interferencias fpl

station ['steɪʃn] n 1. (UK) estación f 2. (on radio) emisora f

stationary ['steɪʃnərɪ] adj inmóvil

stationery ['steɪʃnərɪ] n objetos mpl de escritorio

station wagon n (US) furgoneta f familiar, camioneta f (Amér)

statistics [stəˈtɪstɪks] npl datos mpl

statue ['stætʃuː] n estatua f

Statue of Liberty n ● the Statue of Liberty la Estatua de la Libertad

Statue of Liberty

La Estatua de la Libertad se encuentra a la entrada del puerto de Nueva York. Fue un regalo del gobierno francés en 1886 para conmemorar la alianza entre Francia y los Estados Unidos durante la Guerra de la Independencia. Ha pasado a simbolizar el sueño americano.

status ['steɪtəs] n 1. (legal position) estado m 2. (social position) condición f 3. (prestige) prestigio m

stay [ster] ◇ *n* estancia *f* ◇ *vi* **1.** *(remain)* quedarse **2.** *(as guest)* alojarse ◆ **to stay the night** pasar la noche ◆ **stay away** *vi* **1.** *(not attend)* no asistir **2.** *(not go near)* no acercarse ◆ **stay in** *vi* quedarse en casa ◆ **stay out** *vi (from home)* quedarse fuera ◆ **stay up** *vi* quedarse levantado

STD code [esti:'di:kəʊd] *n* (UK) (*abbr of* subscriber trunk dialling) *prefijo para llamadas interurbanas*

steady ['stedi] ◇ *adj* **1.** *(not shaking, firm)* firme **2.** *(gradual)* gradual **3.** *(stable)* constante **4.** *(job)* estable ◇ *vt (stop from shaking)* mantener firme

steak [steik] *n* **1.** *(type of meat)* bistec *m* **2.** *(piece of meat, fish)* filete *m*

steakhouse ['steikhaʊs] *n* parrilla *f (restaurante)*

steal [sti:l] *(pt* **stole**, *pp* **stolen**) *vt* robar ◆ **to steal sthg from sb** robar algo a alguien

steam [sti:m] ◇ *n* vapor *m* ◇ *vt (food)* cocer al vapor

steam engine *n* máquina *f* de vapor

steam iron *n* plancha *f* de vapor

steel [sti:l] ◇ *n* acero *m* ◇ *adj* de acero

steep [sti:p] *adj* **1.** *(hill, path)* empinado(da) **2.** *(increase, drop)* considerable

steeple ['sti:pl] *n* torre *f* coronada con una aguja

steer ['stɪəʳ] *vt (car, boat, plane)* conducir, dirigir

steering ['stɪərɪŋ] *n* dirección *f*

steering wheel *n* volante *m*

stem [stem] *n* **1.** *(of plant)* tallo *m* **2.** *(of glass)* pie *m*

step [step] ◇ *n* **1.** paso *m* **2.** *(stair, rung)*

peldaño *m* **3.** *(measure)* medida *f* ◇ *vi* ◆ **to step on sthg** pisar algo ▼ **mind the step** cuidado con el escalón ◆ **steps** *npl (stairs)* escaleras *fpl* ◆ **step aside** *vi (move aside)* apartarse ◆ **step back** *vi (move back)* echarse atrás

step aerobics *n* step *m*

stepbrother ['step,brʌðəʳ] *n* hermanastro *m*

stepdaughter ['step,dɔ:təʳ] *n* hijastra *f*

stepfather ['step,fɑ:ðəʳ] *n* padrastro *m*

stepladder ['step,lædəʳ] *n* escalera *f* de tijera

stepmother ['step,mʌðəʳ] *n* madrastra *f*

stepsister ['step,sɪstəʳ] *n* hermanastra *f*

stepson ['stepsʌn] *n* hijastro *m*

stereo ['steriəʊ] *(pl* **-s**) ◇ *adj* estéreo *(inv)* ◇ *n* **1.** *(hi-fi)* equipo *m* estereofónico **2.** *(stereo sound)* estéreo *m*

sterile ['sterail] *adj (germ-free)* esterilizado(da)

sterilize ['sterəlaiz] *vt* esterilizar

sterling ['stɜ:lɪŋ] ◇ *adj (pound)* esterlina ◇ *n* la libra esterlina

sterling silver *n* plata *f* de ley

stern [stɜ:n] ◇ *adj* severo(ra) ◇ *n* popa *f*

stew [stju:] *n* estofado *m*

steward ['stjuəd] *n* **1.** *(on plane)* auxiliar *m* de vuelo, sobrecargo *m* **2.** *(on ship)* camarero *m* **3.** *(at public event)* ayudante *mf* de organización

stewardess [stjuə'des] *n* azafata *f*

stewed [stju:d] *adj (fruit)* en compota

stick [stik] *(pt & pp* **stuck**) ◇ *n* **1.** *(of wood, for sport)* palo *m* **2.** *(thin piece)* barra *f* **3.** *(walking stick)* bastón *m* ◇ *vt* **1.** *(glue)* pegar **2.** *(push, insert)* meter **3.** *(inf) (put)* poner ◇ *vi* **1.** *(become attached)* pegarse **2.** *(jam)* atrancarse ◆ **stick**

out vi sobresalir ◆ **stick to** vt insep 1. (decision) atenerse a 2. (principles) ser fiel a 3. (promise) cumplir con ◆ **stick up** ◇ vt sep (poster, notice) pegar ◇ vi salir ◆ **stick up for** vt insep (inf) defender

sticker ['stɪkə] n pegatina f

stick shift n (US) (car) coche m con palanca de cambios

sticky ['stɪkɪ] adj 1. (substance, hands, sweets) pegajoso(sa) 2. (label, tape) adhesivo(va) 3. (weather) húmedo(da)

stiff [stɪf] ◇ adj 1. (firm) rígido(da) 2. (back, neck) agarrotado(da) 3. (door, latch, mechanism) atascado(da) ◇ adv ◆ **to be bored stiff** (inf) estar muerto de aburrimiento ◆ **to feel stiff** tener agujetas

stiletto heels [stɪ'letəʊ-] npl (shoes) tacones mpl de aguja

still [stɪl] ◇ adv 1. todavía 2. (despite that) sin embargo 3. (even) aún ◇ adj 1. (motionless) inmóvil 2. (quiet, calm) tranquilo(la) 3. (UK) (not fizzy) sin gas ● **we've still got ten minutes** aún nos quedan diez minutos ● **still more** aún más ● **to stand still** estarse quieto

stimulate ['stɪmjʊleɪt] vt 1. (encourage) estimular 2. (make enthusiastic) excitar

sting [stɪŋ] (pt & pp **stung**) ◇ vt picar ◇ vi ● **my eyes are stinging** me pican los ojos

stingy ['stɪndʒɪ] adj (inf) roñoso(sa)

stink [stɪŋk] (pt **stank** or **stunk**, pp **stunk**) vi (smell bad) apestar

stipulate ['stɪpjʊleɪt] vt estipular

stir [stɜːʳ] vt (move around, mix) remover

stir-fry n plato que se fríe en aceite muy caliente y removiendo constantemente

stirrup ['stɪrəp] n estribo m

stitch [stɪtʃ] n (in sewing, knitting) punto m ● **to have a stitch** sentir pinchazos ◆ **stitches** npl (for wound) puntos mpl

stock [stɒk] ◇ n 1. (of shop, business) existencias fpl 2. (supply) reserva f 3. FIN capital m 4. (in cooking) caldo m ◇ vt (have in stock) tener, vender ● **in stock** en existencia ● **out of stock** agotado

stock cube n pastilla f de caldo

Stock Exchange n bolsa f

stocking ['stɒkɪŋ] n media f

stock market n mercado m de valores

stodgy ['stɒdʒɪ] adj (food) indigesto(ta)

stole [stəʊl] pt ⊃ **steal**

stolen ['stəʊln] pp ➢ **steal**

stomach ['stʌmək] n 1. (organ) estómago m 2. (belly) vientre m

stomachache ['stʌməkeɪk] n dolor m de estómago

stomach upset [-'ʌpset] n trastorno m gástrico

stone [stəʊn] ◇ n 1. (substance, pebble) piedra f 2. (in fruit) hueso m 3. (measurement) = 6,35 kilos 4. (gem) piedra f preciosa ◇ adj de piedra

stonewashed ['stəʊnwɒʃt] adj lavado(-da) a la piedra

stood [stʊd] pt & pp ➢ **stand**

stool [stuːl] n taburete m

stop [stɒp] ◇ n parada f ◇ vt 1. parar 2. (prevent) impedir ◇ vi 1. pararse 2. (cease) parar 3. (stay) quedarse ● **to stop doing sthg** dejar de hacer algo ● **to stop sthg from happening** impedir que ocurra algo ● **to put a stop to** sthg poner fin a algo ▼ **stop** (road sign) stop ▼ **stopping at ...** (train, bus) con paradas en ... ◆ **stop off** *vi* hacer una parada

stopover ['stɒp,əʊvə'] *n* parada *f*

stopper ['stɒpə'] *n* tapón *m*

stopwatch ['stɒpwɒtʃ] *n* cronómetro *m*

storage ['stɔ:rɪdʒ] *n* almacenamiento *m*

store [stɔ:'] ◇ *n* **1.** *(shop)* tienda *f* **2.** *(supply)* provisión *f* ◇ *vt* almacenar

storehouse ['stɔ:haʊs] *n* almacén *m*

storeroom ['stɔ:rʊm] *n* almacén *m*

storey ['stɔ:rɪ] *(pl* -s) *n* (UK) planta *f*

stork [stɔ:k] *n* cigüeña *f*

storm [stɔ:m] *n* tormenta *f*

stormy ['stɔ:mɪ] *adj (weather)* tormentoso(sa)

story ['stɔ:rɪ] *n* **1.** *(account, tale)* cuento *m* **2.** *(news item)* artículo *m* **3.** *(US)* = storey

stout [staʊt] ◇ *adj (fat)* corpulento(ta) ◇ *n (drink)* cerveza *f* negra

stove [stəʊv] *n* **1.** *(for cooking)* cocina *f* **2.** *(for heating)* estufa *f*

straight [streɪt] ◇ *adj* **1.** *(not curved)* recto(ta) **2.** *(upright, level)* derecho(cha) **3.** *(hair)* liso(sa) **4.** *(consecutive)* consecutivo(va) **5.** *(drink)* solo(la) ◇ *adv* **1.** *(in a straight line)* en línea recta **2.** *(upright)* derecho **3.** *(directly)* directamente **4.** *(without delay)* inmediatamente ◆ **straight ahead** todo derecho ◆ **straight away** enseguida

straightforward [,streɪt'fɔ:wəd] *adj (easy)* sencillo(lla)

strain [streɪn] ◇ *n* **1.** *(force)* presión *f* **2.** *(nervous stress)* tensión *f* nerviosa **3.** *(tension)* tensión **4.** *(injury)* torcedura *f* ◇ *vt* **1.** *(muscle)* torcerse **2.** *(eyes)* cansar **3.** *(food, tea)* colar

strainer ['streɪnə'] *n* colador *m*

strait [streɪt] *n* estrecho *m*

strange [streɪndʒ] *adj* **1.** *(unusual)* raro (ra) **2.** *(unfamiliar)* extraño(ña)

stranger ['streɪndʒə'] *n* **1.** *(unfamiliar person)* extraño *m*, -ña *f* **2.** *(person from different place)* forastero *m*, -ra *f*

strangle ['stræŋgl] *vt* estrangular

strap [stræp] *n* **1.** *(of bag, camera, watch)* correa *f* **2.** *(of dress, bra)* tirante *m*

strapless ['stræplɪs] *adj* sin tirantes

strategy ['strætɪdʒɪ] *n* estrategia *f*

straw [strɔ:] *n* paja *f*

strawberry ['strɔ:bərɪ] *n* fresa *f*

stray [streɪ] ◇ *adj (ownerless)* callejero (ra) ◇ *vi* vagar

streak [stri:k] *n* **1.** *(stripe, mark)* raya *f* **2.** *(period)* racha *f*

stream [stri:m] *n* **1.** *(river)* riachuelo *m* **2.** *(of traffic, people, blood)* torrente *m*

street [stri:t] *n* calle *f*

streetcar ['stri:tka:'] *n* (US) tranvía *m*

street light *n* farola *f*

street plan *n* callejero *m (mapa)*

strength [streŋθ] *n* **1.** *(of person, food, drink)* fuerza *f* **2.** *(of structure)* solidez *f* **3.** *(influence)* poder *m* **4.** *(strong point)* punto *m* fuerte **5.** *(of feeling, wind, smell)* intensidad *f* **6.** *(of drug)* potencia *f*

strengthen ['streŋθn] *vt* reforzar

stress [stres] ◇ *n* **1.** *(tension)* estrés *m inv* **2.** *(on word, syllable)* acento *m* ◇ *vt* **1.** *(emphasize)* recalcar **2.** *(word, syllable)* acentuar

stretch [stretʃ] ◇ *n* **1.** *(of land, water)* extensión *f* **2.** *(of road)* tramo *m* **3.** *(of time)* periodo *m* ◇ *vt* **1.** *(rope, material, body)* estirar **2.** *(elastic, clothes)* estirar (demasiado) ◊ vi **1.** (land, sea) extenderse **2.** (person, animal) estirarse ● **to stretch one's legs** (fig) dar un paseo ◆ **stretch out** ◊ vt sep (hand) alargar ◊ vi (lie down) tumbarse

stretcher ['stretʃər] n camilla f

strict [strıkt] adj **1.** estricto(ta) **2.** (exact) exacto(ta)

strictly ['strıktlı] adv **1.** (absolutely) terminantemente **2.** (exclusively) exclusivamente ● **strictly speaking** realmente

stride [straıd] n zancada f

strike [straık] (pt & pp **struck**) ◊ n (of employees) huelga f ◊ vt **1.** (fml) (hit) pegar **2.** (fml) (collide with) chocar contra **3.** (a match) encender ◊ vi **1.** (refuse to work) estar en huelga **2.** (happen suddenly) sobrevenir ● **the clock struck eight** el reloj dio las ocho

striking ['straıkıŋ] adj **1.** (noticeable) chocante **2.** (attractive) atractivo(va)

string [strıŋ] n **1.** cuerda f **2.** (of pearls, beads) sarta f **3.** (series) serie f ● **a piece of string** una cuerda

strip [strıp] ◊ n **1.** (of paper, cloth etc) tira f **2.** (of land, water) franja f ◊ vt (paint, wallpaper) quitar ◊ vi (undress) desnudarse

stripe [straıp] n (of colour) raya f

striped [straıpt] adj a rayas

strip-search vt registrar exhaustivamente, haciendo que se quite la ropa

stroke [strəʊk] ◊ n **1.** MED derrame m cerebral **2.** (in tennis, golf) golpe m **3.** (swimming style) estilo m ◊ vt acariciar ● **a stroke of luck** un golpe de suerte

stroll [strəʊl] n paseo m

stroller ['strəʊlər] n (US) (pushchair) sillita f (de niño)

strong [strɒŋ] adj **1.** fuerte **2.** (structure, bridge, chair) resistente **3.** (influential) poderoso(sa) **4.** (possibility) serio(ria) **5.** (drug) potente **6.** (accent) marcado(da) **7.** (point, subject) mejor

struck [strʌk] pt & pp ➤ **strike**

structure ['strʌktʃər] n **1.** (arrangement, organization) estructura f **2.** (building) construcción f

struggle ['strʌgl] ◊ n (great effort) lucha f ◊ vi **1.** (fight) luchar **2.** (in order to get free) forcejear ● **to struggle to do sthg** esforzarse en hacer algo

stub [stʌb] n **1.** (of cigarette) colilla f **2.** (of cheque) matriz f (Esp), talón m (Amér) **3.** (of ticket) resguardo m

stubble ['stʌbl] n (on face) barba f de tres días

stubborn ['stʌbən] adj terco(ca)

stuck [stʌk] ◊ pt & pp ➤ **stick** ◊ adj **1.** (jammed, unable to continue) atascado (da) **2.** (stranded) colgado(da)

stud [stʌd] n **1.** (on boots) taco m **2.** (fastener) automático m, botón m de presión (Amér) **3.** (earring) pendiente m (Esp) OR arete m (Amér) (pequeño)

student ['stju:dnt] n estudiante mf

student card n carné m de estudiante

students' union [ˌstju:dnts-] n (UK) (place) club m de alumnos

studio ['stju:dɪəʊ] (pl **-s**) n estudio m

studio apartment (US) = **studio flat**

studio flat n (UK) estudio m

study ['stʌdı] ◊ n estudio m ◊ vt **1.** (learn about) estudiar **2.** (examine) examinar ◊ vi estudiar

stuff [stʌf] ◇ n (inf) **1.** (substance) cosa f, sustancia f **2.** (things, possessions) cosas fpl ◇ vt **1.** (put roughly) meter **2.** (fill) rellenar

stuffed [stʌft] adj **1.** (food) relleno(na) **2.** (inf) (full up) lleno(na) **3.** (dead animal) disecado(da)

stuffing ['stʌfɪŋ] n relleno m

stuffy ['stʌfɪ] adj (room, atmosphere) cargado(da)

stumble ['stʌmbl] vi (when walking) tropezar

stump [stʌmp] n (of tree) tocón m

stun [stʌn] vt aturdir

stung [stʌŋ] pt & pp ➤ sting

stunk [stʌŋk] pt & pp ➤ stink

stunning ['stʌnɪŋ] adj **1.** (very beautiful) imponente **2.** (very surprising) pasmoso(sa)

stupid ['stju:pɪd] adj **1.** (foolish) estúpido(da) **2.** (inf) (annoying) puñetero(ra)

sturdy ['stɜ:dɪ] adj robusto(ta)

stutter ['stʌtə'] vi tartamudear

sty [staɪ] n pocilga f

style [staɪl] ◇ n **1.** (manner) estilo m **2.** (elegance) clase f **3.** (design) modelo m ◇ vt (hair) peinar

stylish ['staɪlɪʃ] adj elegante

stylist ['staɪlɪst] n (hairdresser) peluquero m, -ra f

sub [sʌb] n (inf) **1.** (substitute) reserva mf **2.** (UK) (subscription) suscripción f

subdued [sʌb'dju:d] adj **1.** (person, colour) apagado(da) **2.** (lighting) tenue

subject ◇ n ['sʌbdʒɛkt] **1.** (topic) tema m **2.** (at school, university) asignatura f **3.** GRAM sujeto m **4.** (fml) (of country) ciudadano m, -na f ◇ vt [səb'dʒɛkt] ● **to**

subject sb to abuse someter a alguien a malos tratos ● **subject to availability** hasta fin de existencias ● **they are subject to an additional charge** están sujetos a un suplemento

subjunctive [səb'dʒʌŋktɪv] n subjuntivo m

submarine [,sʌbmə'ri:n] n submarino m

submit [səb'mɪt] ◇ vt presentar ◇ vi rendirse

subordinate [sə'bɔ:dɪnət] adj GRAM subordinado(da)

subscribe [səb'skraɪb] vi (to magazine, newspaper) suscribirse

subscription [səb'skrɪpʃn] n suscripción f

subsequent ['sʌbsɪkwənt] adj subsiguiente

subside [səb'saɪd] vi **1.** (ground) hundirse **2.** (noise, feeling) apagarse

substance ['sʌbstəns] n sustancia f

substantial [səb'stænʃl] adj (large) sustancial

substitute ['sʌbstɪtju:t] ◇ n **1.** (replacement) sustituto m, -ta f **2.** SPORT suplente mf

subtitles ['sʌb,taɪtlz] npl subtítulos mpl

subtle ['sʌtl] adj **1.** (difference, change) sutil **2.** (person, plan) ingenioso(sa)

subtract [səb'trækt] vt restar

subtraction [səb'trækʃn] n resta f

suburb ['sʌbɜ:b] n barrio m residencial ● **the suburbs** las afueras

subway ['sʌbweɪ] n **1.** (UK) (for pedestrians) paso m subterráneo **2.** (US) (underground railway) metro m

succeed [sək'si:d] ◇ vi (be successful) tener éxito ◇ vt suceder a ● **to succeed**

in doing sthg conseguir hacer algo
success [sək'ses] n éxito m
successful [sək'sesful] adj 1. (plan, attempt) afortunado(da) 2. (film, book, person) de éxito 3. (politician, actor) popular
succulent ['sʌkjulənt] adj suculento(ta)
such [sʌtʃ] ◇ adj 1. (of stated kind) tal, semejante 2. (so great) tal ◇ adv • **such a lot** tanto • **such a lot of books** tantos libros • **it's such a lovely day** hace un día tan bonito • **such a thing should never have happened** tal cosa nunca debería de haber pasado • **such as** tales como
suck [sʌk] vt chupar
sudden ['sʌdn] adj repentino(na) • **all of a sudden** de repente
suddenly ['sʌdnlɪ] adv de repente
sue [su:] vt demandar
suede [sweɪd] n ante m
suffer ['sʌfə'] ◇ vt sufrir ◇ vi 1. sufrir 2. (experience bad effects) salir perjudicado • **to suffer from** (illness) padecer
suffering ['sʌfrɪŋ] n 1. (mental) sufrimiento m 2. (physical) dolor m
sufficient [sə'fɪʃnt] adj (fml) suficiente
sufficiently [sə'fɪʃntlɪ] adv (fml) suficientemente
suffix ['sʌfɪks] n sufijo m
suffocate ['sʌfəkeɪt] vi asfixiarse
sugar ['ʃugə'] n azúcar m
suggest [sə'dʒest] vt 1. (propose) sugerir • **to suggest doing sthg** sugerir hacer algo
suggestion [sə'dʒestʃn] n 1. (proposal) sugerencia f 2. (hint) asomo m
suicide ['suɪsaɪd] n suicidio m • **to commit suicide** suicidarse

suit [su:t] ◇ n 1. (man's clothes) traje m 2. (woman's clothes) traje de chaqueta 3. (in cards) palo m 4. LAW pleito m ◇ vt 1. (subj: clothes, colour, shoes) favorecer 2. (be convenient for) convenir 3. (be appropriate for) ser adecuado para • **to be suited to** ser apropiado para
suitable ['su:təbl] adj adecuado(da) • **to be suitable for** ser adecuado para
suitcase ['su:tkeɪs] n maleta f
suite [swi:t] n 1. (set of rooms) suite f 2. (furniture) juego m
sulk [sʌlk] vi estar de mal humor
sultana [səl'tɑ:nə] n (raisin) pasa f de Esmirna
sum [sʌm] n suma f • **sum up** vt sep (summarize) resumir
summarize ['sʌməraɪz] vt resumir
summary ['sʌmərɪ] n resumen m
summer ['sʌmə'] n verano m • **in (the) summer** en verano • **summer holidays** vacaciones fpl de verano
summertime ['sʌmətaɪm] n verano m
summit ['sʌmɪt] n 1. (of mountain) cima f 2. (meeting) cumbre f
summon ['sʌmən] vt 1. (send for) llamar 2. LAW citar
sun [sʌn] ◇ n sol m ◇ vt • **to sun o.s.** tomar el sol • **to catch the sun** coger color • **in the sun** al sol • **out of the sun** a la sombra
Sun. (abbr of Sunday) dom. (domingo)
sunbathe ['sʌnbeɪð] vi tomar el sol
sunbed ['sʌnbed] n camilla f de rayos ultravioletas
sun block n pantalla f solar
sunburn ['sʌnbɜ:n] n quemadura f de sol

sunburnt ['sʌnbɜːnt] *adj* quemado(da) (por el sol)

Sunday ['sʌndɪ] *n* domingo *m* ● **it's Sunday** es domingo ● **Sunday morning** el domingo por la mañana ● **on Sunday** el domingo ● **on Sundays** los domingos ● **last Sunday** el domingo pasado ● **this Sunday** este domingo ● **next Sunday** el domingo de la semana que viene ● **Sunday week, a week on Sunday** del domingo en ocho días

Sunday school *n* catequesis *f inv*

sundress ['sʌndres] *n* vestido *m* de playa

sundries ['sʌndrɪz] *npl* artículos *mpl* diversos

sunflower ['sʌnˌflaʊəʳ] *n* girasol *m*

sunflower oil *n* aceite *m* de girasol

sung [sʌŋ] *pt* → **sing**

sunglasses ['sʌnˌglɑːsɪz] *npl* gafas *fpl* (*Esp*) OR anteojos *mpl* (*Amér*) de sol

sunhat ['sʌnhæt] *n* pamela *f*

sunk [sʌŋk] *pp* → **sink**

sunlight ['sʌnlaɪt] *n* luz *f* del sol

sun lounger [-ˌlaʊndʒəʳ] *n* (*UK*) tumbona *f* (*Esp*), silla *f* de playa

sunny ['sʌnɪ] *adj* soleado(da) ● **it's sunny** hace sol

sunrise ['sʌnraɪz] *n* amanecer *m*

sunroof ['sʌnruːf] *n* (*on car*) techo *m* corredizo

sunscreen ['sʌnskriːn] *n* filtro *m* solar

sunset ['sʌnset] *n* anochecer *m*

sunshine ['sʌnʃaɪn] *n* luz *f* del sol ● **in the sunshine** al sol

sunstroke ['sʌnstrəʊk] *n* insolación *f*

suntan ['sʌntæn] *n* bronceado *m*

suntan cream *n* crema *f* bronceadora

suntan lotion *n* loción *f* bronceadora

super ['suːpəʳ] ◇ *adj* fenomenal

Super Bowl

La *Super Bowl* es la gran final de la liga de fútbol americano, que disputan a comienzos de febrero los campeones de la *National Football Conference* y de la *American Football Conference*. Millones de personas ven la final por televisión.

---

superb [suːˈpɜːb] *adj* excelente

superficial [ˌsuːpəˈfɪʃl] *adj* superficial

superfluous [suːˈpɜːfluəs] *adj* superfluo(flua)

superior [suːˈpɪərɪəʳ] ◇ *adj* superior ◇ *n* superior *mf*

supermarket ['suːpəˌmɑːkɪt] *n* supermercado *m*

supernatural [ˌsuːpəˈnætʃrəl] *adj* sobrenatural

superstitious [ˌsuːpəˈstɪʃəs] *adj* supersticioso(sa)

superstore ['suːpəstɔːʳ] *n* hipermercado *m*

supervise ['suːpəvaɪz] *vt* supervisar

supervisor ['suːpəvaɪzəʳ] *n* supervisor *m*, -ra *f*

supper ['sʌpəʳ] *n* cena *f*

supple ['sʌpl] *adj* flexible

supplement ◇ *n* ['sʌplɪmənt] **1.** suplemento *m* **2.** (*of diet*) complemento *m* ◇ *vt* ['sʌplɪment] complementar

supplementary [ˌsʌplɪˈmentərɪ] *adj* suplementario(ria)

supply [səˈplaɪ] ◇ *n* suministro *m* ◇ *vt*

suministrar ● **to supply sb with information** proveer a alguien de información ◆ **supplies** *npl* provisiones *fpl*

support [sə'pɔːt] ◇ *n* **1.** *(backing, encouragement)* apoyo *m* **2.** *(supporting object)* soporte *m* ◇ *vt* **1.** *(cause, campaign, person)* apoyar **2.** *SPORT* seguir **3.** *(hold up)* soportar **4.** *(financially)* financiar

supporter [sə'pɔːtə'] *n* **1.** *SPORT* hincha *mf* **2.** *(of cause, political party)* partidario *m*, -ria *f*

suppose [sə'pəʊz] ◇ *vt* suponer ◇ *conj* ● **I suppose so** supongo que sí ● **it's supposed to be good** se dice que es bueno ● **it was supposed to arrive yesterday** debería haber llegado ayer = **supposing**

supposing [sə'pəʊzɪŋ] *conj* si, suponiendo que

supreme [sʊ'priːm] *adj* supremo(ma)

surcharge ['sɜːtʃɑːdʒ] *n* recargo *m*

sure [ʃʊəʳ] ◇ *adj* seguro(ra) ◇ *adv* *(inf)* por supuesto ● **to be sure of o.s.** estar seguro de sí mismo ● **to make sure (that)** asegurarse de que ● **for sure** a ciencia cierta

surely ['ʃʊəlɪ] *adv* sin duda

surf [sɜːf] ◇ *n* espuma *f* ◇ *vi* hacer surf

surface ['sɜːfɪs] *n* superficie *f*

surface mail *n* correo *m* por vía terrestre y marítima

surfboard ['sɜːfbɔːd] *n* tabla *f* de surf

surfing ['sɜːfɪŋ] *n* surf *m* ● **to go surfing** hacer surf

surgeon ['sɜːdʒən] *n* cirujano *m*, -na *f*

surgery ['sɜːdʒərɪ] *n* **1.** *(treatment)* cirujía *f* **2.** *(UK)* *(building)* consultorio *m* **3.**

(UK) *(period)* consulta *f*

surname ['sɜːneɪm] *n* apellido *m*

surplus ['sɜːpləs] *n* excedente *m*

surprise [sə'praɪz] ◇ *n* sorpresa *f* ◇ *vt* *(astonish)* sorprender

surprised [sə'praɪzd] *adj* asombrado (da)

surprising [sə'praɪzɪŋ] *adj* sorprendente

surrender [sə'rendə'] ◇ *vi* rendirse ◇ *vt* *(fml)* *(hand over)* entregar

surround [sə'raʊnd] *vt* rodear

surrounding [sə'raʊndɪŋ] *adj* circundante ◆ **surroundings** *npl* alrededores *mpl*

survey ['sɜːveɪ] *(pl* **-s)** *n* **1.** *(investigation)* investigación *f* **2.** *(poll)* encuesta *f* **3.** *(of land)* medición *f* **4.** *(UK)* *(of house)* inspección *f*

surveyor [sə'veɪə'] *n* **1.** *(UK)* *(of houses)* perito *m* tasador de la propiedad **2.** *(of land)* agrimensor *m*, -ra *f*

survival [sə'vaɪvl] *n* supervivencia *f*

survive [sə'vaɪv] ◇ *vi* sobrevivir ◇ *vt* sobrevivir a

survivor [sə'vaɪvə'] *n* superviviente *mf*

suspect ◇ *vt* [sə'spekt] **1.** *(believe)* imaginar **2.** *(mistrust)* sospechar ◇ *n* ['sʌspekt] sospechoso *m*, -sa *f* ◇ *adj* ['sʌspekt] sospechoso(sa) ● **to suspect sb of a crime** considerar a alguien sospechoso de un delito

suspend [sə'spend] *vt* **1.** suspender **2.** *(from team, school, work)* expulsar temporalmente

suspenders [sə'spendəz] *npl* **1.** *(UK)* *(for stockings)* ligas *fpl* **2.** *(US)* *(for trousers)* tirantes *mpl*

suspense [sə'spens] *n* suspense *m* *(Esp)*,

suspenso *m* (*Amér*)

suspension [sə'spenʃn] *n* **1.** (*of vehicle*) suspensión *f* **2.** (*from team, school, work*) expulsión *f* temporal

suspicion [sə'spɪʃn] *n* **1.** (*mistrust*) recelo *m* **2.** (*idea*) sospecha *f* **3.** (*trace*) pizca *f*

suspicious [sə'spɪʃəs] *adj* (*behaviour, situation*) sospechoso(sa) ● **to be suspicious (of)** ser receloso(sa)(de)

swallow ['swɒləʊ] ◇ *n* (*bird*) golondrina *f* ◇ *vt & vi* tragar

swam [swæm] *pt* ➤ **swim**

swamp [swɒmp] *n* pantano *m*

swan [swɒn] *n* cisne *m*

swap [swɒp] *vt* **1.** (*possessions, places*) cambiar **2.** (*ideas, stories*) intercambiar ● **I swapped my CD for one of hers** cambié mi CD por uno de ella

swarm [swɔːm] *n* (*of bees*) enjambre *m*

swear [sweəʳ] (*pt* **swore**, *pp* **sworn**) ◇ *vi* jurar ◇ *vt* ● **to swear to do sthg** jurar hacer algo

swearword ['sweəwɜːd] *n* palabrota *f*

sweat [swet] ◇ *n* sudor *m* ◇ *vi* sudar

sweater ['swetəʳ] *n* suéter *m*

sweat pants *n* (*US*) pantalones *mpl* de deporte OR de chándal (*Esp*)

sweatshirt ['swetʃɜːt] *n* sudadera *f*

swede [swiːd] *n* (*UK*) nabo *m* sueco

Swede [swiːd] *n* sueco *m*, -ca *f*

Sweden ['swiːdn] *n* Suecia

Swedish ['swiːdɪʃ] ◇ *adj* sueco(ca) ◇ *n* (*language*) sueco *m* ◇ *npl* ● **the Swedish** los suecos

sweep [swiːp] (*pt & pp* **swept**) *vt* (*with brush, broom*) barrer

sweet [swiːt] ◇ *adj* **1.** (*food, drink*) dulce **2.** (*smell*) fragante **3.** (*person, nature*)

amable ◇ *n* (*UK*) **1.** (*candy*) caramelo *m*, dulce *m* (*Amér*) **2.** (*dessert*) postre *m*

sweet-and-sour *adj* agridulce

sweet corn *n* maíz *m*

sweetener ['swiːtnəʳ] *n* (*for drink*) edulcorante *m*

sweet potato *n* batata *f*

sweet shop *n* (*UK*) confitería *f*, dulcería *f* (*Amér*)

swell [swel] (*pt* **-ed**, *pp* **swollen** OR **-ed**) *vi* (*ankle, arm etc*) hincharse

swelling ['swelɪŋ] *n* hinchazón *f*

swept [swept] *pt & pp* ➤ **sweep**

swerve [swɜːv] *vi* virar bruscamente

swig [swɪg] *n* (*inf*) trago *m*

swim [swɪm] (*pt* **swam**, *pp* **swum**) ◇ *n* baño *m* ◇ *vi* nadar ● **to go for a swim** ir a nadar

swimmer ['swɪməʳ] *n* nadador *m*, -ra *f*

swimming ['swɪmɪŋ] *n* natación *f* ● **to go swimming** ir a nadar

swimming cap *n* gorro *m* de baño

swimming costume *n* (*UK*) traje *m* de baño

swimming pool *n* piscina *f*

swimming trunks *npl* (*UK*) bañador *m* (*Esp*), traje *m* de baño

swimsuit ['swɪmsuːt] *n* traje *m* de baño

swindle ['swɪndl] *n* estafa *f*

swing [swɪŋ] (*pt & pp* **swung**) ◇ *n* (*for children*) columpio *m* ◇ *vt* (*move from side to side*) balancear ◇ *vi* (*move from side to side*) balancearse

swipe [swaɪp] *vt* (*credit card etc*) pasar por el datáfono

Swiss [swɪs] ◇ *adj* suizo(za) ◇ *n* (*person*) suizo *m*, -za *f* ◇ *npl* ● **the Swiss** los suizos

switch [swɪtʃ] ◇ *n (for light, power, television)* interruptor *m* ◇ *vt* **1.** *(change)* cambiar de **2.** *(exchange)* intercambiar ◇ *vi* cambiar ◆ **switch off** *vt sep* apagar ◆ **switch on** *vt sep* encender

switchboard ['swɪtʃbɔːd] *n* centralita *f (Esp)*, conmutador *m (Amér)*

Switzerland ['swɪtsələnd] *n* Suiza

swivel ['swɪvl] *vi* girar

swollen ['swəʊln] ◇ *pp* ➤ swell ◇ *adj* hinchado(da)

sword [sɔːd] *n* espada *f*

swordfish ['sɔːdfɪʃ] *(pl inv)* *n* pez *m* espada

swore [swɔːʳ] *pt* ➤ swear

sworn [swɔːn] *pp* ➤ swear

swum [swʌm] *pp* ➤ swim

swung [swʌŋ] *pt & pp* ➤ swing

syllable ['sɪləbl] *n* sílaba *f*

syllabus ['sɪləbəs] *(pl -buses* OR *-bi) n* programa *m* (de estudios)

symbol ['sɪmbl] *n* símbolo *m*

sympathetic [ˌsɪmpə'θetɪk] *adj (understanding)* comprensivo(va)

sympathize ['sɪmpəθaɪz] *vi* ◆ **to sympathize (with)** *(feel sorry)* compadecerse (de); *(understand)* comprender

sympathy ['sɪmpəθɪ] *n* **1.** *(understanding)* comprensión *f* **2.** *(compassion)* compasión *f*

symphony ['sɪmfənɪ] *n* sinfonía *f*

symptom ['sɪmptəm] *n* síntoma *m*

synagogue ['sɪnəgɒg] *n* sinagoga *f*

synthesizer ['sɪnθəsaɪzəʳ] *n* sintetizador *m*

synthetic [sɪn'θetɪk] *adj* sintético(ca)

syringe [sɪ'rɪndʒ] *n* jeringa *f*

syrup ['sɪrəp] *n (for fruit etc)* almíbar *m*

system ['sɪstəm] *n* **1.** sistema *m* **2.** *(for gas, heating etc)* instalación *f*

ta [tɑː] *excl (UK) (inf)* ¡gracias!

tab [tæb] *n* **1.** *(of cloth, paper etc)* lengüeta *f* **2.** *(bill)* cuenta *f* ● **put it on my tab** póngalo en mi cuenta

table ['teɪbl] *n* **1.** *(piece of furniture)* mesa *f* **2.** *(of figures etc)* tabla *f*

tablecloth ['teɪblklɒθ] *n* mantel *m*

tablespoon ['teɪblspuːn] *n* **1.** *(spoon)* cuchara *f* grande (para servir) **2.** *(amount)* cucharada *f* grande

tablet ['tæblɪt] *n* pastilla *f*

table tennis *n* tenis *m* de mesa

table wine *n* vino *m* de mesa

tabloid ['tæblɔɪd] *n (UK)* periódico *m* sensacionalista

tabloid

Los tabloides son los periódicos británicos de pequeño formato, asociados tradicionalmente a la prensa sensacionalista. Son periódicos más preocupados por los escándalos que por la información seria. Son más baratos que los *broadsheets*, los periódicos serios y de un tamaño mayor que los tabloides.

tack [tæk] *n (nail)* tachuela *f*

tackle ['tækl] ◇ n 1. SPORT entrada f 2. (for fishing) aparejos mpl ◇ vt 1. SPORT entrar 2. (deal with) abordar

tacky ['tækɪ] adj (inf) (jewellery, design etc) cutre

taco ['tækəʊ] (pl -s) n taco m

tact [tækt] n tacto m

tactful ['tæktfʊl] adj discreto(ta)

tactics ['tæktɪks] npl táctica f

tag [tæg] n (label) etiqueta f

tagliatelle [ˌtæɡljə'telɪ] n tallarines mpl

tail [teɪl] n cola f ◆ **tails** ◇ n (of coin) cruz f ◇ npl (formal dress) frac m

tailgate ['teɪlɡeɪt] n portón m

tailor ['teɪlə'] n sastre m

Taiwan [ˌtaɪ'wɑːn] n Taiwán

take [teɪk] (pt **took**, pp **taken**) vt 1. (gen) tomar 2. (carry, drive) llevar 3. (hold, grasp) coger, agarrar (Amér) 4. (do, make) to take a bath bañarse ● to take an exam hacer un examen ● to take a photo sacar una foto 5. (require) requerir ● how long will it take? ¿cuánto tiempo tardará? 6. (steal) quitar 7. (size in clothes, shoes) usar ● what size do you take? ¿qué talla/número usas? 8. (subtract) restar 9. (accept) aceptar ● do you take traveller's cheques? ¿acepta cheques de viaje? ● to take sb's advice seguir los consejos de alguien 10. (contain) tener cabida para 11. (react to) tomarse 12. (tolerate) soportar 13. (assume) ● I take it that ... supongo que ... 14. (rent) alquilar

◆ **take apart** vt sep desmontar

◆ **take away** vt sep (remove) quitar; (subtract) restar

◆ **take back** vt sep (return) devolver; (accept) aceptar la devolución de; (statement) retirar

◆ **take down** vt sep (picture, curtains) descolgar

◆ **take in** vt sep (include) abarcar; (understand) entender; (deceive) engañar ● take this dress in mete un poco en este vestido

◆ **take off** ◇ vt sep (remove) quitar; (clothes) quitarse; (as holiday) tomarse libre ◇ vi (plane) despegar

◆ **take out** vt sep (from container, pocket, library) sacar; (insurance policy) hacerse; (loan) conseguir ● to take sb out to dinner invitar a alguien a cenar

◆ **take over** vi tomar el relevo

◆ **take up** vt sep (begin) dedicarse a; (use up) ocupar; (trousers, skirt, dress) acortar

takeaway ['teɪkəˌweɪ] n (UK) 1. (shop) tienda f de comida para llevar 2. (food) comida f para llevar

taken ['teɪkn] pp ➢ take

takeoff ['teɪkɒf] n (of plane) despegue m

takeout ['teɪkaʊt] (US) = takeaway

takings ['teɪkɪŋz] npl recaudación f

talcum powder ['tælkəm-] n talco m

tale [teɪl] n 1. (story) cuento m 2. (account) anécdota f

talent ['tælənt] n talento m

talk [tɔːk] ◇ n 1. (conversation) conversación f 2. (speech) charla f ◇ vi hablar ● have you talked to her about the matter? ¿has hablado con ella del asunto? ● to talk with sb hablar con alguien ◆ **talks** npl conversaciones fpl

talkative ['tɔːkətɪv] adj hablador(ra)

tall [tɔːl] *adj* alto(ta) ● **how tall are you?** ¿cuánto mides? ● **I'm 2 metres tall** mido dos metros

tame [teɪm] *adj* (*animal*) doméstico(ca)

tampon ['tæmpɒn] *n* tampón *m*

tan [tæn] ◇ *n* (*suntan*) bronceado *m* ◇ *vi* broncearse ◇ *adj* (*colour*) de color marrón OR café (*Amér*) claro

tangerine [,tændʒə'riːn] *n* mandarina *f*

tank [tæŋk] *n* **1.** (*container*) depósito *m* **2.** (*vehicle*) tanque *m*

tanker ['tæŋkə'] *n* (*truck*) camión *m* cisterna

tanned [tænd] *adj* (UK) (*suntanned*) bronceado(da)

tap [tæp] ◇ *n* (UK) (*for water*) grifo *m* ◇ *vt* (*hit*) golpear ligeramente

tape [teɪp] ◇ *n* **1.** cinta *f* **2.** (*adhesive material*) cinta adhesiva ◇ *vt* **1.** (*record*) grabar **2.** (*stick*) pegar

tape measure *n* cinta *f* métrica

tape recorder *n* magnetófono *m*

tapestry ['tæpɪstrɪ] *n* tapiz *m*

tap water *n* agua *f* del grifo

tar [tɑː'] *n* alquitrán *m*

target ['tɑːgɪt] *n* **1.** (*in archery, shooting*) blanco *m* **2.** MIL objetivo *m*

tariff ['tærɪf] *n* **1.** (UK) (*price list*) tarifa *f*, lista *f* de precios **2.** (UK) (*menu*) menú *m* **3.** (*at customs*) arancel *m*

tarmac ['tɑːmæk] *n* (*at airport*) pista *f* ◆ **Tarmac** ® *n* (*on road*) alquitrán *m*

tarpaulin [tɑːˈpɔːlɪn] *n* lona *f* alquitranada

tart [tɑːt] *n* (*sweet*) tarta *f*

tartan ['tɑːtn] *n* tartán *m*

tartare sauce [,tɑːtə-] *n* (UK) salsa *f* ártara

task [tɑːsk] *n* tarea *f*

taste [teɪst] ◇ *n* **1.** (*flavour*) sabor *m* **2.** (*discernment, sense*) gusto *m* ◇ *vt* **1.** (*sample*) probar **2.** (*detect*) notar un sabor a ◇ *vi* ● **to taste of sthg** saber a algo ● **it tastes bad** sabe mal ● **it tastes good** sabe bien ● **to have a taste of sthg** probar algo ● **bad taste** mal gusto ● **good taste** buen gusto

tasteful ['teɪstful] *adj* de buen gusto

tasteless ['teɪstlɪs] *adj* **1.** (*food*) soso(sa) **2.** (*comment, decoration*) de mal gusto

tasty ['teɪstɪ] *adj* sabroso(sa)

tattoo [tə'tuː] *n* **1.** (*on skin*) tatuaje *m* **2.** (*military display*) desfile *m* militar

taught [tɔːt] *pt & pp* ➤ **teach**

Taurus ['tɔːrəs] *n* Tauro *m*

taut [tɔːt] *adj* tenso(sa)

tax [tæks] ◇ *n* impuesto *m* ◇ *vt* (*goods, person*) gravar

tax disc *n* (UK) pegatina del impuesto de circulación

tax-free *adj* libre de impuestos

taxi ['tæksɪ] ◇ *n* taxi *m* ◇ *vi* (*plane*) rodar por la pista

taxi driver *n* taxista *mf*

taxi rank *n* (UK) parada *f* de taxis

taxi stand (US) = **taxi rank**

tea [tiː] *n* **1.** té *m* **2.** (*herbal*) infusión *f* **3.** (*afternoon meal*) ≃ merienda *f*

tea bag *n* bolsita *f* de té

teacake ['tiːkeɪk] *n* (UK) bollo *m* con pasas

teach [tiːtʃ] (*pt & pp* **taught**) ◇ *vt* enseñar ◇ *vi* ser profesor ● **to teach adults English, to teach English to adults** enseñar inglés a adultos ● **to teach sb**

(how) to do sthg enseñar a alguien a hacer algo

teacher ['tiːtʃə] *n* **1.** (in secondary school) profesor *m*, -ra *f* **2.** (in primary school) maestro *m*, -ra *f*

teaching ['tiːtʃɪŋ] *n* enseñanza *f*

teacup ['tiːkʌp] *n* taza *f* de té

team [tiːm] *n* equipo *m*

teapot ['tiːpɒt] *n* tetera *f*

tear¹ [teə] (*pt* **tore**, *pp* **torn**) ◇ *vt* (rip) rasgar ◇ *vi* **1.** (rip) romperse **2.** (move quickly) ir a toda pastilla ◇ *n* (rip) rasgón *m* ◆ **tear up** *vt sep* hacer pedazos

tear² [tɪə] *n* lágrima *f*

tearoom ['tiːrʊm] *n* salón *m* de té

tease [tiːz] *vt* tomar el pelo

tea set *n* juego *m* de té

teaspoon ['tiːspuːn] *n* **1.** (utensil) cucharilla *f* **2.** (amount) = **teaspoonful**

teaspoonful ['tiːspuːn,fʊl] *n* cucharadita *f*

teat [tiːt] *n* **1.** (of animal) teta *f* **2.** (UK) (of bottle) tetina *f*

teatime ['tiːtaɪm] *n* hora *f* de la merienda cena

tea towel *n* (UK) paño *m* de cocina

technical ['teknɪkl] *adj* técnico(ca)

technician [tek'nɪʃn] *n* técnico *m*, -ca *f*

technique [tek'niːk] *n* técnica *f*

technological [,teknə'lɒdʒɪkl] *adj* tecnológico(ca)

technology [tek'nɒlədʒɪ] *n* tecnología *f*

teddy (bear) ['tedɪ-] *n* oso *m* de peluche

tedious ['tiːdjəs] *adj* tedioso(sa)

teenager ['tiːn,eɪdʒə] *n* adolescente *mf*

teeth [tiːθ] *pl* > **tooth**

teethe [tiːð] *vi* ● **to be teething** estar echando los dientes

teetotal [tiː'təʊtl] *adj* abstemio(mia)

tel (abbr of telephone) tel (teléfono)

telebanking ['telɪ,bæŋkɪŋ] *n* telebanca *f*

teleconference ['telɪ,kɒnfərəns] *n* teleconferencia *f*

telegram ['telɪgræm] *n* telegrama *m*

telegraph pole *n* (UK) poste *m* de telégrafos

telephone ['telɪfəʊn] ◇ *n* teléfono *m* ◇ *vt* & *vi* telefonear ● **to be on the telephone** (talking) estar al teléfono

on the telephone

When answering the phone in Spain you say *¡Diga!, ¿Dígame?* or *¿Sí?*, while in some Latin American countries you can also say *¡Aló!* In formal contexts, the caller introduces themselves with a phrase like *Buenas tardes, soy Carlos Urrutia. ¿Podría hablar con el Sr. Sáez, por favor?*, whereas in a call to a friend they might say *Victoria, soy Eduardo.* Note that you say *soy Eduardo* (It's Eduardo) or *soy yo* (Speaking).

telephone booth *n* teléfono *m* público

telephone box *n* (UK) cabina *f* telefónica

telephone call *n* llamada *f* telefónica

telephone directory *n* guía *f* telefónica

telephone number *n* número *m* de teléfono

telephonist [tɪ'lefənɪst] *n* (UK) telefonista *mf*

telephoto lens [ˌtelɪˈfəʊtəʊ-] *n* teleobjetivo *m*

telescope [ˈtelɪskəʊp] *n* telescopio *m*

television [ˈtelɪˌvɪʒn] *n* televisión *f* ● **on (the) television** en la televisión

telex [ˈteleks] *n* télex *m inv*

tell [tel] (*pt & pp* **told**) ◇ *vt* **1.** decir **2.** (*story, joke*) contar ◇ *vi* ● **I can't tell no lo sé** ● **can you tell me the time?** ¿me puedes decir la hora? ● **you should tell him the truth** deberías contarle la verdad ● **did she tell him about the job offer?** ¿le ha contado lo de la oferta de trabajo? ● **to tell sb how to do sthg** decir a alguien cómo hacer algo ● **to tell sb to do sthg** decir a alguien que haga algo ● **to be able to tell sthg** saber algo ● **tell off** *vt sep* reñir

teller [ˈteləʳ] *n* (*in bank*) cajero *m*, -ra *f*

telly [ˈtelɪ] *n* (UK) (*inf*) tele *f*

temp [temp] ◇ *n* secretario *m* eventual, secretaria eventual *f* ◇ *vi* trabajar de eventual

temper [ˈtempəʳ] *n* (*character*) temperamento *m* ● **to be in a temper** estar de mal humor ● **to lose one's temper** perder la paciencia

temperature [ˈtemprətʃəʳ] *n* **1.** (*heat, cold*) temperatura *f* **2.** MED fiebre *f* ● **to have a temperature** tener fiebre

temporary [ˈtempərərɪ] *adj* temporal

tempt [tempt] *vt* tentar ● **to be tempted to do sthg** sentirse tentado de hacer algo

temptation [tempˈteɪʃn] *n* tentación *f*

tempting [ˈtemptɪŋ] *adj* tentador(ra)

ten [ten] ◇ *num adj* diez ◇ *num n* diez *m inv* ● **to be ten (years old)** tener diez años (de edad) ● **it's ten (o'clock)** son las diez ● **a hundred and ten** ciento diez ● **ten Hill St** Hill St, número diez ● **it's minus ten (degrees)** hay diez grados bajo cero ● **ten out of ten** diez sobre diez

tenant [ˈtenənt] *n* inquilino *m*, -na *f*

tend [tend] *vi* ● **to tend to do sthg** soler hacer algo

tendency [ˈtendənsɪ] *n* **1.** (*trend*) tendencia *f* **2.** (*inclination*) inclinación *f*

tender [ˈtendəʳ] ◇ *adj* **1.** tierno(na) **2.** (*sore*) dolorido(da) ◇ *vt* (*fml*) (*pay*) pagar

tendon [ˈtendən] *n* tendón *m*

tenement [ˈtenəmənt] *n* bloque *de viviendas modestas*

tennis [ˈtenɪs] *n* tenis *m*

tennis ball *n* pelota *f* de tenis

tennis court *n* pista *f* (*Esp*) OR cancha de tenis

tennis racket *n* raqueta *f* de tenis

tenpin bowling [ˈtenpɪn-] *n* (UK) bolos *mpl*

tenpins [ˈtenpɪnz] (US) = tenpin bowling

tense [tens] ◇ *adj* tenso(sa) ◇ *n* tiempo *m*

tension [ˈtenʃn] *n* tensión *f*

tent [tent] *n* tienda *f* de campaña

tenth [tenθ] ◇ *num adj* décimo(ma) ◇ *pron* décimo *m*, -ma *f* ◇ *num n* (*fraction*) décimo *m* ◇ *num adv* décimo ● **a tenth (of)** la décima parte (de) ● **the tenth (of September)** el diez (de septiembre)

tent peg *n* estaca *f*

tepid ['tepɪd] adj tibio(bia)

tequila [tɪ'kiːlə] n tequila m

term [tɜːm] n 1. (word, expression) término m 2. (at school, university) trimestre m ● in the long term a largo plazo ● in the short term a corto plazo ● in terms of por lo que se refiere a ● in business terms en términos de negocios ◆ **terms** npl 1. (of contract) condiciones fpl 2. (price) precio m

terminal ['tɜːmɪnl] ◇ adj terminal ◇ n 1. (for buses, at airport) terminal f 2. COMPUT terminal m

terminate ['tɜːmɪneɪt] vi (train, bus) finalizar el trayecto

terminus ['tɜːmɪnəs] (pl -ni OR -nuses) n terminal f

terrace ['terəs] n (patio) terraza f ● the **terraces** (UK) (at football ground) las gradas

terraced house ['terəst-] n (UK) casa f adosada

terrible ['terəbl] adj 1. (very bad, very ill) fatal 2. (very great) terrible

terribly ['terəblɪ] adv 1. (extremely) terriblemente 2. (very badly) fatalmente

terrific [tə'rɪfɪk] adj 1. (inf) (very good) estupendo(da) 2. (very great) enorme

terrified ['terɪfaɪd] adj aterrorizado(da)

territory ['terətrɪ] n 1. (political area) territorio m 2. (terrain) terreno m

terror ['terəᶜ] n (fear) terror m

terrorism ['terərɪzm] n terrorismo m

terrorist ['terərɪst] n terrorista mf

terrorize ['terəraɪz] vt aterrorizar

test [test] ◇ n 1. (exam) examen m 2. (check) prueba f 3. (of blood) análisis m inv 4. (of eyes) revisión f ◇ vt 1. (check,

try out) probar 2. (give exam to) examinar

testicles ['testɪklz] npl testículos mpl

tetanus ['tetənəs] n tétanos m inv

text [tekst] n 1. (written material) texto m 2. (textbook) libro m de texto

textbook ['tekstbʊk] n libro m de texto

textile ['tekstaɪl] n textil m

texting ['tekstɪŋ] n envío m de mensajes de texto

text message n mensaje m de texto

texture ['tekstʃəᶜ] n textura f

Thai [taɪ] adj tailandés(esa)

Thailand ['taɪlænd] n Tailandia

Thames [temz] n ● the **Thames** el Támesis

than (weak form [ðən], strong form [ðæn]) prep & conj que ● you're better than me eres mejor que yo ● I'd rather stay in than go out prefiero quedarme en casa antes que salir ● more than ten más de diez

thank [θæŋk] vt ● I thanked her for her help le agradecí su ayuda ◆ **thanks** ◇ npl agradecimiento m ◇ excl ¡gracias! ● thanks to gracias a ● many thanks muchas gracias

Thanksgiving ['θæŋks,gɪvɪŋ] n Día m de Acción de Gracias

Thanksgiving

El Día de Acción de Gracias, celebrado el cuarto jueves de noviembre, es uno de los principales festivos de los Estados Unidos. Lo tradicional ese día es reunirse con la familia y los amigos y comer un pavo relleno acompañado de puré de patatas, salsa de arándanos y pastel de calabaza.

thank you *excl* ¡gracias! ● **thank you very much** muchísimas gracias ● **no thank you** no gracias

that [ðæt] (*pl* **those**)

◇ *adj* (*referring to thing, person mentioned*) ese(esa), esos(esas); (*referring to thing, person further away*) aquel(aquella), aquellos(aquellas) ● **I prefer that book** prefiero ese libro ● **that book at the back** aquel libro del fondo ● **that one** ése(ésa), aquél(aquélla)

◇ *pron* **1.** (*referring to thing, person mentioned*) ése *m*, ésa *f*, ésos *mpl*, ésas *fpl*; (*indefinite*) eso ● **who's that?** ¿quién es? ● **is that Lucy?** (*on the phone*) ¿eres Lucy?; (*pointing*) ¿es ésa Lucy? ● **what's that?** ¿qué es eso? ● **that's interesting** qué interesante **2.** (*referring to thing, person further away*) aquél *m*, aquélla *f*, aquéllos *mpl*, aquéllas *fpl*; (*indefinite*) aquello ● **I want those at the back** quiero aquéllos del fondo **3.** (*introducing relative clause*) que ● **a shop that sells antiques** una tienda que vende antigüedades ● **the film that I saw** la película que vi ● **the room that I sleep in** el cuarto en (el) que duermo

◇ *adv* (*inf*) tan ● **it wasn't that bad/good** no estuvo tan mal/bien ● **it doesn't cost that much** no cuesta tanto

◇ *conj* que ● **tell him that I'm going to be late** dile que voy a llegar tarde

thatched [θætʃt] *adj* (*building*) con techo de paja

that's [ðæts] = **that is**

thaw [θɔː] ◇ *vi* (*snow, ice*) derretir ◇ *vt* (*frozen food*) descongelar

the (*weak form* [ðə], *before vowel* [ðɪ], *strong form* [ðiː]) *art* **1.** (*gen*) el(la), los(las) ● **the book** el libro ● **the woman** la mujer ● **the girls** las chicas ● **the Wilsons** los Wilson ● **to play the piano** tocar el piano ● **give it to the man** dáselo al hombre ● **the cover of the book** la tapa del libro **2.** (*with an adjective to form a noun*) el(la) ● **the British** los británicos ● **the impossible** lo imposible **3.** (*in dates*) ● **the twelfth of May** el doce de mayo ● **the forties** los cuarenta **4.** (*in titles*) ● **Elizabeth the Second** Isabel segunda

theater ['θɪətər] *n* (*US*) **1.** (*for plays, drama*) = **theatre 2.** (*for films*) cine *m*

theatre ['θɪətər] *n* (*UK*) teatro *m*

theft [θeft] *n* robo *m*

their [ðeər] *adj* su, sus *pl*

theirs [ðeəz] *pron* suyo *m*, -ya *f*, suyos *mpl*, -yas *fpl* ● **a friend of theirs** un amigo suyo

them (*weak form* [ðəm], *strong form* [ðem]) *pron* ● **I know them** los conozco ● **it's them** son ellos ● **send it to them** envíaselo ● **tell them to come** diles que vengan ● **he's worse than them** él es peor que ellos

theme [θiːm] *n* **1.** (*topic*) tema *m* **2.** (*tune*) sintonía *f*

theme park *n* parque *m* temático

theme park

Hay numerosos parques temáticos en los Estados Unidos. Los más conocidos son los diferentes parques de la Disney y también los de Universal Studios. Estos parques contienen un gran número de atraccciones que tienen que ver con un tema específico.

themselves [ðəm'selvz] *pron* **1.** *(reflexive)* se **2.** *(after prep)* sí ● **they** did it **themselves** lo hicieron ellos mismos

then [ðen] *adv* **1.** entonces **2.** *(next, afterwards)* luego ● **from then on** desde entonces ● **until then** hasta entonces

theory ['θɪərɪ] *n* teoría *f* ● **in theory** en teoría

therapist ['θerəpɪst] *n* terapeuta *mf*

therapy ['θerəpɪ] *n* terapia *f*

there [ðeəʳ] ◇ *adv* **1.** ahí **2.** *(further away)* allí ◇ *pron* ● **there is** hay ● **there are** hay ● **is Bob there, please?** *(on phone)* ¿está Bob? ● **over there** por allí ● **there you are** *(when giving)* aquí lo tienes

thereabouts [ˌðeərə'baʊts] *adv* ● **or thereabouts** o por ahí

therefore ['ðeəfɔːʳ] *adv* por lo tanto

there's [ðeəz] = **there is**

thermal underwear [ˌθɜːml-] *n* ropa *f* interior térmica

thermometer [θə'mɒmɪtəʳ] *n* termómetro *m*

Thermos (flask) ® ['θɜːməs-] *n* termo *m*

thermostat ['θɜːməstæt] *n* termostato *m*

these [ðiːz] *pl* ➣ **this**

they [ðeɪ] *pron* ellos *mpl*, ellas *f* ● **they're good** son buenos

thick [θɪk] *adj* **1.** *(in size)* grueso(sa) **2.** *(dense)* espeso(sa) **3.** *(inf)* *(stupid)* necio(cia) ● **it's 3 metres thick** tiene 3 metros de grosor

thicken ['θɪkn] ◇ *vt* espesar ◇ *vi* espesarse

thickness ['θɪknɪs] *n* espesor *m*

thief [θiːf] *(pl* **thieves**) *n* ladrón *m*, -ona *f*

thigh [θaɪ] *n* muslo *m*

thimble ['θɪmbl] *n* dedal *m*

thin [θɪn] *adj* **1.** *(in size)* fino(na) **2.** *(not fat)* delgado(da) **3.** *(soup, sauce)* claro(ra)

thing [θɪŋ] *n* cosa *f* ● **the thing is** el caso es que ● **things** *npl* *(clothes, possessions)* cosas *fpl* ● **how are things?** *(inf)* ¿qué tal van las cosas?

thingummyjig ['θɪŋəmɪdʒɪg] *n* *(inf)* chisme *m* *(Esp)*, cosa *f*

think [θɪŋk] *(pt & pp* **thought**) ◇ *vt* **1.** *(believe)* creer, pensar **2.** *(have in mind, expect)* pensar ◇ *vi* pensar ● **to think that** creer que ● **to think about** *(have in mind)* pensar en; *(consider)* pensar ● **to think of** *(have in mind, consider)* pensar en; *(invent)* pensar; *(remember)* acordarse de ● **to think of doing sthg** pensar en hacer algo ● **I think so** creo que sí ● **I don't think so** creo que no ● **do you think you could ...?** ¿cree que podría ...? ● **to think highly of sb** apreciar mucho a alguien ◆**think over** *vt sep* pensarse ◆**think up** *vt sep* idear

third [θɜːd] ◇ *num adj* **1.** *(after noun, as*

pronoun) tercero(ra) **2.** *(before noun)* tercer(ra) ◇ *pron* tercero *m*, -ra *f* ◇ *num n (fraction)* tercero *m* ◇ *num adv* tercero ● **a third (of)** la tercera parte (de) ● **the third (of September)** el tres (de septiembre)

third party insurance *n* seguro *m* a terceros

Third World *n* ● **the Third World** el Tercer Mundo

thirst [θɜːst] *n* sed *f*

thirsty ['θɜːstɪ] *adj* ● **to be thirsty** tener sed

thirteen [,θɜː'tiːn] *num* trece

thirteenth [,θɜː'tiːnθ] *num* decimotercero(ra)

thirtieth ['θɜːtɪəθ] *num* trigésimo(ma)

thirty ['θɜːtɪ] *num* treinta

this [ðɪs] *(pl* **these)**
◇ *adj* **1.** *(referring to thing, person)* este(esta), estos(estas) ● **I prefer this book** prefiero este libro ● **these chocolates are delicious** estos bombones son riquísimos ● **this morning/week** esta mañana/semana ● **this one** éste(ésta) **2.** *(inf) (when telling a story)* ● **this big dog appeared** apareció un perro grande
◇ *pron* éste *m*, ésta *f*, éstos *mpl*, éstas *fpl*; *(indefinite)* esto ● **who's this?** ¿quién es para ti ● **what are these?** ¿qué son estas cosas? ● **this is David Gregory** *(introducing someone)* te presento a David Gregory; *(on telephone)* soy David Gregory
◇ *adv (inf)* ● **it was this big** era así de grande ● **I need this much** necesito un tanto así ● **I don't remember it being**

this hard no recordaba que fuera tan difícil

thistle ['θɪsl] *n* cardo *m*

thorn [θɔːn] *n* espina *f*

thorough ['θʌrə] *adj* **1.** *(check, search)* exhaustivo(va) **2.** *(person)* minucioso (sa)

thoroughly ['θʌrəlɪ] *adv (completely)* completamente

those [ðəʊz] *pl* ➤ **that**

though [ðəʊ] ◇ *conj* aunque ◇ *adv* sin embargo ● **even though** aunque

thought [θɔːt] ◇ *pt & pp* ➤ **think** ◇ *n (idea)* idea *f* ● **I'll give it some thought** lo pensaré ● **thoughts** *npl (opinion)* opiniones *fpl*

thoughtful ['θɔːtfʊl] *adj* **1.** *(quiet and serious)* pensativo(va) **2.** *(considerate)* considerado(da)

thoughtless ['θɔːtlɪs] *adj* desconsiderado(da)

thousand ['θaʊznd] *num* mil ● **a** OR **one thousand** mil ● **two thousand** dos mil ● **thousands of** miles de, six

thrash [θræʃ] *vt (defeat heavily)* dar una paliza a

thread [θred] ◇ *n (of cotton etc)* hilo *m* ◇ *vt (needle)* enhebrar

threadbare ['θredbeə] *adj* raído(da)

threat [θret] *n* amenaza *f*

threaten ['θretn] *vt* amenazar ● **to threaten to do sthg** amenazar con hacer algo

threatening ['θretnɪŋ] *adj* amenazador(ra)

three [θriː] ◇ *num adj* tres ◇ *num n* tres *m inv* ● **to be three (years old)** tener tres años (de edad) ● **it's three**

(o'clock) son las tres ● **a hundred and three** ciento tres ● **three Hill St** Hill St, número tres ● **it's minus three (degrees)** hay tres grados bajo cero ● **three out of ten** tres sobre diez

three-D ['-'di:] *adj* en tres dimensiones

three-quarters ['-'kwɔːtəz] *n* tres cuartos *mpl* ● **three-quarters of an hour** tres cuartos de hora

threshold ['θreʃhəʊld] *n* (*of door*) umbral *m*

threw [θruː] *pt* > throw

thrift shop *n* tienda de artículos de segunda mano en la que el producto de las ventas se destina a obras benéficas

thrift store *n* (*US*) = thrift shop

thrifty ['θrɪftɪ] *adj* (*person*) ahorrativo(-va)

thrilled [θrɪld] *adj* encantado(da)

thriller ['θrɪlə'] *n* (*film*) película *f* de suspense (*Esp*) OR suspenso (*Amér*)

thrive [θraɪv] *vi* **1.** (*plant, animal*) crecer mucho **2.** (*person, business, place*) prosperar

throat [θrəʊt] *n* garganta *f*

throb [θrɒb] *vi* **1.** (*head, pain*) palpitar **2.** (*noise, engine*) vibrar

throne [θrəʊn] *n* trono *m*

through [θruː] ◇ *prep* **1.** (*to other side of, by means of*) a través de **2.** (*because of*) a causa de **3.** (*from beginning to end of*) durante **4.** (*across all of*) por todo ◇ *adv* (*from beginning to end*) hasta el final ◇ *adj* ● **to be through (with sthg)** (*finished*) haber terminado (algo) ● **you're through** (*on phone*) ya puedes hablar ● **Monday through Thursday** (*US*) de lunes a jueves ● **to let sb through**

dejar pasar a alguien ● **to go through (sthg)** pasar (por algo) ● **to soak through** penetrar ● **through traffic** tráfico *m* de tránsito ● **a through train** un tren directo ▼ **no through road** (*UK*) carretera cortada

throughout [θruːˈaʊt] ◇ *prep* **1.** (*day, morning, year*) a lo largo de **2.** (*place, country, building*) por todo ◇ *adv* **1.** (*all the time*) todo el tiempo **2.** (*everywhere*) por todas partes

throw [θrəʊ] (*pt* **threw**, *pp* **thrown**) *vt* **1.** tirar **2.** (*ball, javelin, person*) lanzar **3.** (*a switch*) apretar ● **to throw sthg in the bin** tirar algo a la basura ◆ **throw away** *vt sep* (*get rid of*) tirar ◆ **throw out** *vt sep* **1.** (*get rid of*) tirar **2.** (*person*) echar ◆ **throw up** *vi* (*inf*) (*vomit*) echar la pastilla

thru [θruː] (*US*) = through

thrush [θrʌʃ] *n* tordo *m*

thud [θʌd] *n* golpe *m* seco

thug [θʌg] *n* matón *m*

thumb [θʌm] ◇ *n* pulgar *m* ◇ *vt* ● **to thumb a lift** hacer dedo

thumbtack ['θʌmtæk] *n* (*US*) chincheta *f*

thump [θʌmp] ◇ *n* **1.** puñetazo *m* **2.** (*sound*) golpe *m* seco ◇ *vt* dar un puñetazo a

thunder ['θʌndə'] *n* truenos *mpl*

thunderstorm ['θʌndəstɔːm] *n* tormenta *f*

Thurs. (*abbr of Thursday*) jue (*jueves*)

Thursday ['θɜːzdɪ] *n* jueves *m inv* ● **it's Thursday** es jueves ● **Thursday morning** el jueves por la mañana ● **on Thursday** el jueves ● **on Thursdays** los jueves ● **last Thursday** el jueves pasado ● this Thursday este jueves ● next Thursday el jueves de la semana que viene ● Thursday week, a week on Thursday del jueves en ocho días

thyme [taɪm] *n* tomillo *m*

tick [tɪk] ◇ *n* **1.** *(UK) (written mark)* marca *f* de visto bueno **2.** *(insect)* garrapata *f* ◇ *vt (UK)* marcar (con una señal de visto bueno) ◇ *vi* hacer tictac ◆ **tick off** *vt sep (UK) (mark off)* marcar (con una señal de visto bueno)

ticket ['tɪkɪt] *n* **1.** *(for travel)* billete *m* *(Esp)*, boleto *m* *(Amér)* **2.** *(for cinema, theatre, match)* entrada *f* **3.** *(label)* etiqueta *f* **4.** *(speeding ticket, parking ticket)* multa *f*

ticket collector *n* revisor *m*, -ra *f*

ticket inspector *n* revisor *m*, -ra *f*

ticket machine *n* máquina *f* automática de venta de billetes *(Esp)* or boletos *(Amér)*

ticket office *n* taquilla *f*, boletería *f* *(Amér)*

tickle ['tɪkl] ◇ *vt (touch)* hacer cosquillas a ◇ *vi* hacer cosquillas

ticklish ['tɪklɪʃ] *adj (person)* cosquilloso(sa)

tick-tack-toe *n (US)* tres *fpl* en raya

tide [taɪd] *n (of sea)* marea *f*

tidy ['taɪdɪ] *adj* **1.** *(room, desk, person)* ordenado(da) **2.** *(hair, clothes)* arreglado(da) ◆ **tidy up** *vt sep* ordenar

tie [taɪ] *(pt & pp* **tied**, *cont* **tying**) ◇ *n* **1.** *(around neck)* corbata *f* **2.** *(draw)* empate *m* **3.** *(US) (on railway track)* traviesa *f* ◇ *vt* **1.** atar **2.** *(knot)* hacer ◇ *vi (draw)* empatar ◆ **tie up** *vt sep* **1.** atar **2.** *(delay)* retrasar

tier [tɪə^r] *n (of seats)* hilera *f*

tiger ['taɪgə^r] *n* tigre *m*

tight [taɪt] ◇ *adj* **1.** *(difficult to move)* apretado(da) **2.** *(clothes, shoes)* estrecho(cha) **3.** *(rope, material)* tirante **4.** *(bend, turn)* cerrado(da) **5.** *(schedule)* ajustado(da) **6.** *(inf) (drunk)* cocido(da) ◇ *adv (hold)* con fuerza ● **my chest feels tight** tengo el pecho cogido

tighten ['taɪtn] *vt* apretar

tightrope ['taɪtrəʊp] *n* cuerda *f* floja

tights [taɪts] *npl* medias *fpl* ● **a pair of tights** unas medias

tile ['taɪl] *n* **1.** *(for roof)* teja *f* **2.** *(for floor)* baldosa *f* **3.** *(for wall)* azulejo *m*

till [tɪl] ◇ *n* caja *f* registradora ◇ *prep* hasta ◇ *conj* hasta que

tilt [tɪlt] ◇ *vt* inclinar ◇ *vi* inclinarse

timber ['tɪmbə^r] *n* **1.** *(wood)* madera *f* (para construir) **2.** *(of roof)* viga *f*

time [taɪm] ◇ *n* **1.** tiempo *m* **2.** *(measured by clock)* hora *f* **3.** *(moment)* momento *m* **4.** *(occasion)* vez *f* **5.** *(in history)* época *f* ◇ *vt* **1.** *(measure)* cronometrar **2.** *(arrange)* programar ● **I haven't got (the) time** no tengo tiempo ● **it's time to go** es hora de irse ● **what's the time?** ¿qué hora es? ● **do you have the time?** ¿tiene hora? ● **two times two** dos por dos ● **five times as much** cinco veces más ● **in a month's time** dentro de un mes ● **to have a good time** pasárselo bien ● **all the time** todo el tiempo ● **every time** cada vez ● **from time to time** de vez en cuando ● **for the time being** de momento ● **in time** *(arrive)* a tiempo ● **in good time** con tiempo de sobra ● **last time** la última vez ●

most of the time la mayor parte del tiempo ● **on time** puntualmente ● **some of the time** parte del tiempo ● **this time** esta vez ● **two at a time** de dos en dos

time difference *n* diferencia *f* horaria

time limit *n* plazo *m*

timer ['taɪmə'] *n* temporizador *m*

time share *n* copropiedad *f*

timetable ['taɪm,teɪbl] *n* 1. horario *m* 2. *(of events)* programa *m*

time zone *n* huso *m* horario

timid ['tɪmɪd] *adj* tímido(da)

tin [tɪn] ◇ *n* 1. *(metal)* estaño *m* 2. *(container)* lata *f* ◇ *adj* de hojalata

tinfoil ['tɪnfɔɪl] *n* papel *m* de aluminio

tinned food [tɪnd-] *n* (UK) conservas *fpl*

tin opener [-,əupnə'] *n* (UK) abrelatas *m inv*

tinsel ['tɪnsl] *n* oropel *m*

tint [tɪnt] *n* tinte *m*

tinted glass [,tɪntɪd-] *n* cristal *m* ahumado

tiny ['taɪnɪ] *adj* diminuto(ta)

tip [tɪp] ◇ *n* 1. *(point, end)* punta *f* 2. *(to waiter, taxi driver etc)* propina *f* 3. *(piece of advice)* consejo *m* 4. *(UK) (rubbish dump)* vertedero *m* ◇ *vt* 1. *(waiter, taxi driver etc)* dar una propina 2. *(tilt)* inclinar 3. *(pour)* vaciar ◆ **tip over** ◇ *vt sep* volcar ◇ *vi* volcarse

tipping

En el Reino Unido las propinas no son obligatorias y el cliente decide si quiere dejarlas. En los Estados Unidos las propinas son prácticamente obligatorias, variando del 15% al 20% del precio pagado. Los camareros tienen unos salarios muy bajos, y la mayoría de sus ingresos viene de las propinas.

tire ['taɪə'] ◇ *vi* cansarse ◇ *n* (US) = **tyre**

tired ['taɪəd] *adj (sleepy)* cansado(da) ● **to be tired of** estar cansado de

tired out *adj* agotado(da)

tiring ['taɪərɪŋ] *adj* cansado(da)

tissue ['tɪʃuː] *n (handkerchief)* pañuelo *m* de papel

tissue paper *n* papel *m* de seda

tit [tɪt] *n (vulg) (breast)* teta *f*

title ['taɪtl] *n* 1. título *m* 2. *(Dr, Mr, Lord etc)* tratamiento *m*

T-junction ['tiː-] *n* (UK) cruce *m* (en forma de T)

to [*unstressed before consonant* tə, *unstressed before vowel* tʊ, *stressed* tuː] ◇ *prep* 1. *(indicating direction, position)* a ● **to go to France** ir a Francia ● **to go to school** ir a la escuela ● **the road to Leeds** la carretera de Leeds ● **to the left/right** a la izquierda/derecha 2. *(expressing indirect object)* a ● **she gave the letter to her assistant** le dio la carta a su ayudante ● **give it to me** dámelo ● **to listen to the radio** escuchar la radio 3. *(indicating reaction, effect)* ● **to my surprise** para sorpresa mía ● **it's to your advantage** va en beneficio tuyo 4. *(until)* hasta ● **to count to ten** contar hasta diez ● **we work from 9 to 5** trabajamos de 9 a 5 5. *(in stating opinion)* ● **to me, he's lying** para mí que miente **6.** (indicating change of state) ● it could lead to trouble puede ocasionar problemas **7.** (UK) (in expressions of time) menos ● it's ten to three son las tres menos diez **8.** (in ratios, rates) por ● 40 miles to the gallon un galón por cada 40 millas **9.** (of, for) ● the key to the car la llave del coche ● a letter to my daughter una carta a mi hija **10.** (indicating attitude) con ● to be rude to sb tratar a alguien con grosería ◇ with inf **1.** (forming simple infinitive) ● to walk andar **2.** (following another verb) ● to begin to do sthg empezar a hacer algo ● to try to do sthg intentar hacer algo **3.** (following an adjective) de ● difficult to do difícil de hacer ● ready to go listo para marchar **4.** (indicating purpose) para ● we came here to look at the castle vinimos a ver el castillo ● I'm phoning to ask you something te llamo para preguntarte algo

toad [təʊd] n sapo m

toadstool ['təʊdstu:l] n seta f venenosa

toast [təʊst] ◇ n **1.** (bread) pan m tostado **2.** (when drinking) brindis m ◇ vt (bread) tostar ● a piece OR slice of toast una tostada

toasted sandwich ['təʊstɪd-] n sandwich m (a la plancha)

toaster ['təʊstə'] n tostador m

tobacco [tə'bækəʊ] n tabaco m

tobacconist's [tə'bækənɪsts] n (shop) estanco m (Esp), tabaquería f

toboggan [tə'bɒgən] n tobogán m (de deporte)

today [tə'deɪ] ◇ n hoy m ◇ adv hoy

toddler ['tɒdlə'] n niño m pequeño,

niña pequeña f

toe [təʊ] n (of person) dedo m del pie

toenail ['təʊneɪl] n uña f del dedo del pie

toffee ['tɒfɪ] n tofe m

together [tə'geðə'] adv juntos(tas) ● together with junto con

toilet ['tɔɪlɪt] n **1.** (in public place) servicios mpl, baño m (Amér) **2.** (at home) wáter m **3.** (bowl) retrete m ● to go to the toilet ir al wáter ● where's the toilet? ¿dónde está el servicio?

toilet bag n neceser m

toilet paper n papel m higiénico

toiletries ['tɔɪlɪtrɪz] npl artículos mpl de tocador

toilet roll n (UK) (paper) papel m higiénico

toilet water n agua f de colonia

token ['təʊkn] n (metal disc) ficha f

told [təʊld] pt & pp ➤ tell

tolerable ['tɒlərəbl] adj tolerable

tolerant ['tɒlərənt] adj tolerante

tolerate ['tɒləret] vt tolerar

toll [təʊl] n (for road, bridge) peaje m

toll-free adj (US) gratuito(ta)

tomato [(UK) tə'mɑːtəʊ, (US) tə'meɪtəʊ] (pl -es) n tomate m

tomato juice n zumo m (Esp) OR jugo m (Amér) de tomate

tomato ketchup n ketchup m, catsup m

tomato puree n puré m de tomate concentrado

tomato sauce n ketchup m, catsup m

tomb [tu:m] n tumba f

tomorrow [tə'mɒrəʊ] ◇ n mañana f ◇ adv mañana ● the day after tomorrow pasado mañana ● **tomorrow afternoon** mañana por la tarde ● **tomorrow morning** mañana por la mañana ● **tomorrow night** mañana por la noche

ton [tʌn] *n* **1.** *(in Britain)* = 1016 kilos **2.** *(in US)* = 907 kilos **3.** *(metric tonne)* tonelada *f* ● **tons of** *(inf)* un montón de

tone [təʊn] *n* **1.** tono *m* **2.** *(on phone)* señal *f*

tongs [tɒŋz] *npl* **1.** *(for hair)* tenazas *fpl* **2.** *(for sugar)* pinzas *fpl*

tongue [tʌŋ] *n* lengua *f*

tonic [ˈtɒnɪk] *n* **1.** *(tonic water)* tónica *f* **2.** *(medicine)* tónico *m*

tonic water *n* agua *f* tónica

tonight [təˈnaɪt] ◇ *n* esta noche *f* ◇ *adv* esta noche

tonne [tʌn] *n* tonelada *f* (métrica)

tonsillitis [ˌtɒnsɪˈlaɪtɪs] *n* amigdalitis *f inv*

too [tuː] *adv* **1.** *(excessively)* demasiado **2.** *(also)* también ● **it's not too good** no está muy bien ● **it's too late to go out** es demasiado tarde para salir ● **too many** demasiados(das) ● **too much** demasiado(da)

took [tʊk] *pt* ➤ take

tool [tuːl] *n* herramienta *f*

tool kit *n* juego *m* de herramientas

tooth [tuːθ] *(pl* teeth*)* *n* diente *m*

toothache [ˈtuːθeɪk] *n* dolor *m* de muelas

toothbrush [ˈtuːθbrʌʃ] *n* cepillo *m* de dientes

toothpaste [ˈtuːθpeɪst] *n* pasta *f* de dientes

toothpick [ˈtuːθpɪk] *n* palillo *m*

top [tɒp] ◇ *adj* **1.** *(highest)* de arriba **2.** *(best, most important)* mejor ◇ *n* **1.** *(highest part)* parte *f* superior **2.** *(best point)* cabeza *f* **3.** *(of box, jar)* tapa *f* **4.** *(of bottle, tube)* tapón *m* **5.** *(of pen)* capuchón *m* **6.** *(garment)* camiseta *f* **7.** *(of street, road)* final *m* ● **at the top (of)** *(stairway, pile)* en lo más alto (de); *(list, page)* al principio (de) ● **on top of** *(on highest part of)* encima de; *(of hill, mountain)* en lo alto de; *(in addition to)* además de ● **at top speed** a toda velocidad ● **top gear** directa *f* ◆ **top up** ◇ *vt sep* *(glass, drink)* volver a llenar ◇ *vi* *(with petrol)* repostar

top floor *n* último piso *m*

topic [ˈtɒpɪk] *n* tema *m*

topical [ˈtɒpɪkl] *adj* actual

topless [ˈtɒplɪs] *adj* topless *(inv)*

topped [tɒpt] *adj* ● **topped with** cubierto(ta) con

topping [ˈtɒpɪŋ] *n* ● **with a topping of** cubierto con ● **the topping of your choice** los ingredientes que Vd. elija

torch [tɔːtʃ] *n (UK) (electric light)* linterna *f*

tore [tɔː] *pt* ➤ tear

torn [tɔːn] ◇ *pp* ➤ tear ◇ *adj (ripped)* desgarrado(da)

tornado [tɔːˈneɪdəʊ] *(pl* **-es** OR **-s***)* *n* tornado *m*

torrential rain [təˌrenʃl-] *n* lluvia *f* torrencial

tortoise [ˈtɔːtəs] *n* tortuga *f* (de tierra)

tortoiseshell [ˈtɔːtəʃel] *n* carey *m*

torture [ˈtɔːtʃə] ◇ *n* tortura *f* ◇ *vt* torturar

Tory [ˈtɔːrɪ] *n* conservador *m*, -ra *f*

toss [tɒs] *vt* **1.** *(throw)* tirar **2.** *(salad)* mezclar ● **to toss a coin** echar a cara o cruz ● **tossed in butter** con mantequilla

total [ˈtəʊtl] ◇ *adj* total ◇ *n* total *m* ● **in total** en total

touch [tʌtʃ] ◇ *n* **1.** *(sense)* tacto *m* **2.** *(small amount)* pizca *f* **3.** *(detail)* toque *m* ◇ *vt* **1.** tocar **2.** *(move emotionally)* conmover ◇ *vi* tocarse ● **to get in touch (with sb)** ponerse en contacto (con alguien) ● **to keep in touch (with sb)** mantenerse en contacto (con alguien) ● **touch down** *vi* aterrizar

touching [ˈtʌtʃɪŋ] *adj (moving)* conmovedor(ra)

tough [tʌf] *adj* **1.** *(resilient)* fuerte **2.** *(hard, strong)* resistente **3.** *(meat, regulations, policies)* duro(ra) **4.** *(difficult)* difícil

tour [tʊəˈ] ◇ *n* **1.** *(journey)* viaje *m* **2.** *(of city, castle etc)* recorrido *m* **3.** *(of pop group, theatre company)* gira *f* ◇ *vt* recorrer ● **to go on tour** ir en gira

tourism [ˈtʊərɪzm] *n* turismo *m*

tourist [ˈtʊərɪst] *n* turista *mf*

tourist class *n* clase *f* turista

tourist information office *n* oficina *f* de turismo

tournament [ˈtɔːnəmənt] *n* torneo *m*

tour operator *n* touroperador *m*, -ra *f*

tout [taʊt] *n (UK)* revendedor *m*, -ra *f*

tow [təʊ] *vt* remolcar

toward [təˈwɔːd] *(US)* = **towards**

towards [təˈwɔːdz] *prep* **1.** hacia **2.** *(to help pay for)* para

towel [ˈtaʊəl] *n* toalla *f*

toweling [ˈtaʊəlɪŋ] *(US)* = **towelling**

towelling [ˈtaʊəlɪŋ] *n (UK)* toalla *f (tejido)*

towel rail *n (UK)* toallero *m*

tower [ˈtaʊəˈ] *n* torre *f*

Tower Bridge *n* puente londinense

Tower of London *n* ● **the Tower of London** la Torre de Londres

Tower Bridge/ Tower of London

La Torre de Londres es una de las principales atracciones turísticas de Londres. En ella están las Joyas de la Corona. Desde que fue construida ha tenido diferentes usos: palacio real, fortaleza, prisión, casa de la moneda o arsenal. La torre está situada al norte del *Tower Bridge*, puente neogótico del s. XIX.

town [taʊn] *n* **1.** *(smaller)* pueblo *m* **2.** *(larger)* ciudad *f* **3.** *(town centre)* centro *m*

town centre *n (UK)* centro *m*

town hall *n* ayuntamiento *m*

towpath [ˈtəʊpɑːθ] *n* camino *m* de sirga

towrope [ˈtəʊrəʊp] *n* cuerda *f* de remolque

tow truck *n (US)* grúa *f*

toxic [ˈtɒksɪk] *adj* tóxico(ca)

toy [tɔɪ] *n* juguete *m*

toy shop *n* juguetería *f*

trace [treɪs] ◇ *n* **1.** *(sign)* rastro *m* **2.** *(small amount)* pizca *f* ◇ *vt (find)* localizar

tracing paper [ˈtreɪsɪŋ-] *n* papel *m* de calco

track [træk] *n* **1.** *(path)* sendero *m* **2.** *(of railway)* vía *f* **3.** SPORT pista *f* **4.** *(song)* canción *f* ◆ **track down** *vt sep* localizar

tracksuit ['træksu:t] *n* chándal *m* (*Esp*), equipo *m* de deportes

tractor ['træktə'] *n* tractor *m*

trade [treɪd] ◇ *n* **1.** COMM comercio *m* **2.** *(job)* oficio *m* ◇ *vt* cambiar ◇ *vi* comerciar

trademark ['treɪdmɑ:k] *n* marca *f* (comercial)

trader ['treɪdə'] *n* comerciante *mf*

tradesman ['treɪdzmən] *(pl* **-men)** *n* *(UK)* **1.** *(deliveryman)* repartidor *m* **2.** *(shopkeeper)* tendero *m*

trade union *n* (*UK*) sindicato *m*

tradition [trə'dɪʃn] *n* tradición *f*

traditional [trə'dɪʃənl] *adj* tradicional

traffic ['træfɪk] *(pt & pp* **-ked)** ◇ *n* tráfico *m* ◇ *vi* ◆ **to traffic in** traficar con

traffic circle *n* (*US*) rotonda *f*

traffic island *n* isla *f* de peatones

traffic jam *n* atasco *m*

traffic lights *npl* semáforos *mpl*

traffic warden *n* (*UK*) ≃ guardia *mf* de tráfico

tragedy ['trædʒədɪ] *n* tragedia *f*

tragic ['trædʒɪk] *adj* trágico(ca)

trail [treɪl] ◇ *n* **1.** *(path)* sendero *m* **2.** *(marks)* rastro *m* ◇ *vi* *(be losing)* ir perdiendo

trailer ['treɪlə'] *n* **1.** *(for boat, luggage)* remolque *m* **2.** *(US) (caravan)* caravana *f* **3.** *(for film, programme)* tráiler *m*

train [treɪn] ◇ *n* tren *m* ◇ *vt* *(teach)* enseñar ◇ *vi* SPORT entrenar ● **by train** en tren

train driver *n* maquinista *mf* (*de tren*)

trainee [treɪ'ni:] *n* aprendiz *m*, -za *f*

trainer ['treɪnə'] *n* *(of athlete etc)* entrenador *m*, -ra *f* ◆ **trainers** *npl* (*UK*) zapatillas *fpl* de deporte

training ['treɪnɪŋ] *n* **1.** *(instruction)* formación *f* **2.** *(exercises)* entrenamiento *m*

training shoes *npl* (*UK*) zapatillas *fpl* de deporte

tram [træm] *n* (*UK*) tranvía *m*

tramp [træmp] *n* vagabundo *m*, -da *f*

trampoline ['træmpəli:n] *n* cama *f* elástica

trance [trɑ:ns] *n* trance *m*

tranquilizer ['træŋkwɪlaɪzər] *(US)* = tranquillizer

tranquillizer ['træŋkwɪlaɪzə'] *n* (*UK*) tranquilizante *m*

transaction [træn'zækʃn] *n* transacción *f*

transatlantic [,trænzət'læntɪk] *adj* transatlántico(ca)

transfer ◇ *n* ['trænsfɜ:'] **1.** *(of money, power)* transferencia *f* **2.** *(of sportsman)* traspaso *m* **3.** *(picture)* calcomanía *f* **4.** *(US) (ticket)* clase *f* de billete que permite hacer transbordos durante un viaje ◇ *vt* [træs'fɜ:'] transferir ◇ *vi* *(change bus, plane etc)* hacer transbordo ▼ **transfers** *(in airport)* transbordos

transform [træns'fɔ:m] *vt* transformar

transfusion [træns'fju:ʒn] *n* transfusión *f*

transit ['trænzɪt] ◆ **in transit** *adv* en tránsito

transitive ['trænzɪtɪv] *adj* transitivo(va)

transit lounge *n* sala *f* de tránsito

translate [træns'leɪt] *vt* traducir

translation [træns'leɪʃn] *n* traducción *f*

translator [træns'leɪtə'] *n* traductor *m*, -ra *f*

transmission [trænz'mɪʃn] *n* transmisión *f*

transmit [trænz'mɪt] *vt* transmitir

transparent [træns'pærənt] *adj* transparente

transplant ['trænsplɑ:nt] *n* trasplante *m* ◇ *vt* [træn'splɑ:nt] transportar

transport ◇ *n* ['trænspɔ:t] transporte *m* ◇ *vt* [træn'spɔ:t] transportar

transportation [ˌtrænspɔ:'teɪʃn] *n* (US) transporte *m*

trap [træp] ◇ *n* trampa *f* ◇ *vt* ● **to be trapped** estar atrapado

trash [træʃ] *n* (US) basura *f*

trashcan ['træʃkæn] *n* (US) cubo *m* de la basura

trauma ['trɔ:mə] *n* trauma *m*

traumatic [trɔ:'mætɪk] *adj* traumático (ca)

travel ['trævl] ◇ *n* viajes *mpl* ◇ *vt* (distance) recorrer ◇ *vi* viajar

travel agency *n* agencia *f* de viajes

travel agent *n* empleado *m*, -da *f* de una agencia de viajes ● **travel agent's** (shop) agencia *f* de viajes

travelcard ['trævlkɑ:d] *n* billete, normalmente de un día o un mes, para el metro, tren o autobús de Londres

travel centre *n* (UK) oficina *f* de información al viajero

traveler ['trævlər] (US) = **traveller**

travel insurance *n* seguro *m* de viaje

traveller ['trævlə'] *n* (UK) viajero *m*, -ra *f*

traveller's cheque ['trævləz-] *n* (UK) cheque *m* de viaje

travelsick ['trævəlsɪk] *adj* mareado(da) por el viaje

tray [treɪ] *n* bandeja *f*

treacherous ['tretʃərəs] *adj* **1.** (person) traidor(ra) **2.** (roads, conditions) peligroso(sa)

treacle ['tri:kl] *n* (UK) melaza *f*

tread [tred] (*pt* **trod**, *pp* **trodden**) ◇ *n* (of tyre) banda *f* ◇ *vi* ● **to tread on sthg** pisar algo

treasure ['treʒə'] *n* tesoro *m*

treat [tri:t] ◇ *vt* tratar ◇ *n* ● **to treat sb to a meal** invitar a alguien a comer

treatment ['tri:tmənt] *n* **1.** MED tratamiento *m* **2.** (of person, subject) trato *m*

treble ['trebl] *adj* triple

tree [tri:] *n* árbol *m*

trek [trek] *n* viaje *m* largo y difícil

tremble ['trembl] *vi* temblar

tremendous [trɪ'mendəs] *adj* **1.** (very large) enorme **2.** (inf) (very good) estupendo(da)

trench [trentʃ] *n* zanja *f*

trend [trend] *n* **1.** (tendency) tendencia *f* **2.** (fashion) moda *f*

trendy ['trendɪ] *adj* **1.** (inf) (person) moderno(na) **2.** (clothes, bar) de moda

trespasser ['trespəsə'] *n* intruso *m*, -sa *f* ▼ **trespassers will be prosecuted** los intrusos serán sancionados por la ley

trial ['traɪəl] *n* **1.** LAW juicio *m* **2.** (test) prueba *f* ● **a trial period** un periodo de prueba

triangle ['traɪæŋgl] *n* triángulo *m*

triangular [traɪ'æŋgjʊlə'] *adj* triangular

tribe [traɪb] *n* tribu *f*

trick [trɪk] ◇ *n* **1.** (deception) truco *m* **2.** (in magic) juego *m* (de manos) ◇ *vt* engañar ● **to play a trick on sb** gastarle una broma a alguien

trickle ['trɪkl] vi resbalar (formando un hilo)

tricky ['trɪkɪ] adj difícil

tricycle ['traɪsɪkl] n triciclo m

trifle ['traɪfl] n (UK) (dessert) postre m de bizcocho con frutas, nata, natillas y gelatina

trigger ['trɪgə'] n gatillo m

trim [trɪm] ◇ n (haircut) recorte m ◇ vt recortar

trio ['triːəʊ] (pl -s) n trío m

trip [trɪp] ◇ n viaje m ◇ vi tropezar ● **trip up** vi tropezar

triple ['trɪpl] adj triple

tripod ['traɪpɒd] n trípode m

triumph ['traɪəmf] n triunfo m

trivial ['trɪvɪəl] adj (pej) trivial

trod [trɒd] pt > tread

trodden ['trɒdn] pp > tread

trolley ['trɒlɪ] (pl -s) n 1. (UK) (in supermarket, at airport, for food etc) carrito m 2. (US) (tram) tranvía m

trombone [trɒm'bəʊn] n trombón m

troops [truːps] npl tropas fpl

trophy ['trəʊfɪ] n trofeo m

tropical ['trɒpɪkl] adj tropical

trot [trɒt] ◇ vi trotar ◇ n ● **three on the trot** (UK) (inf) tres seguidos

trouble ['trʌbl] ◇ n 1. (difficulty, problems, malfunction) problemas mpl 2. (pain) dolor m 3. (illness) enfermedad f ◇ vt 1. (worry) preocupar 2. (bother) molestar ● **to be in trouble** tener problemas ● **to get into trouble** meterse en líos ● **to take the trouble to do sthg** tomarse la molestia de hacer algo ● **it's no**

trouble no es molestia

trousers ['traʊzəz] npl (UK) pantalones mpl ● **a pair of trousers** un pantalón

trout [traʊt] (pl inv) n trucha f

trowel ['traʊəl] n (for gardening) desplantador m

truant ['truːənt] n ● **to play truant** (UK) hacer novillos

truce [truːs] n tregua f

truck [trʌk] n camión m

true [truː] adj 1. verdadero(ra) 2. (genuine, sincere) auténtico(ca) ● **it's true** es verdad

truly ['truːlɪ] adv ● **yours truly** le saluda atentamente

trumpet ['trʌmpɪt] n trompeta f

trumps [trʌmps] npl triunfo m

truncheon ['trʌntʃən] n (UK) porra f

trunk [trʌŋk] n 1. (of tree) tronco m 2. (US) (of car) maletero m 3. (case, box) baúl m 4. (of elephant) trompa f

trunk call n (UK) llamada f interurbana

trunks [trʌŋks] npl bañador m (de hombre) (Esp), traje m de baño

trust [trʌst] ◇ n (confidence) confianza f ◇ vt 1. (believe, have confidence in) confiar en 2. (fml) (hope) confiar

trustworthy ['trʌst,wɜːðɪ] adj digno (na) de confianza

truth [truːθ] n 1. (true facts) verdad f 2. (quality of being true) veracidad f

truthful ['truːθfʊl] adj 1. (statement, account) verídico(ca) 2. (person) sincero(ra)

try [traɪ] ◇ n (attempt) intento m ◇ vt 1. (attempt) intentar 2. (experiment with, test) probar 3. (seek help from) acudir a

4. LAW procesar ◇ vi intentar • **to try to do sthg** intentar hacer algo • **try on** vt sep probarse • **try out** vt sep poner a prueba

T-shirt [tiː-] n camiseta f

tub [tʌb] n **1.** (of margarine etc) tarrina f **2.** (bath) bañera f, tina f (Amér)

tube [tjuːb] n **1.** tubo m **2.** (UK) (inf) (underground) metro m • **by tube** en metro

tube station n (UK) (inf) estación f de metro

tuck [tʌk] • **tuck in** vt sep **1.** (shirt) meterse **2.** (child, person) arropar ◇ vi (inf) comer con apetito

Tues. (abbr of Tuesday) mar (martes)

Tuesday ['tjuːzdɪ] n martes m inv • **it's Tuesday** es martes • **Tuesday morning** el martes por la mañana • **on Tuesday** el martes • **on Tuesdays** los martes • **last Tuesday** el martes pasado • **this Tuesday** este martes • **next Tuesday** el martes de la semana que viene • **Tuesday week, a week on Tuesday** el martes en ocho días

tuft [tʌft] n **1.** (of grass) matojo m **2.** (of hair) mechón m

tug [tʌg] vt tirar de

tuition [tjuːˈɪʃn] n clases fpl

tulip ['tjuːlɪp] n tulipán m

tumble-dryer ['tʌmbldraɪəʳ] n (UK) secadora f

tumbler ['tʌmbləʳ] n (glass) vaso m

tummy ['tʌmɪ] n (inf) barriga f

tummy upset [-ˈʌpset] n (inf) dolor m de barriga

tumor ['tuːmər] (US) = tumour

tumour ['tjuːməʳ] n (UK) tumor m

tuna (fish) [(UK) 'tjuːnə, (US) 'tuːnə] n atún m

tune [tjuːn] ◇ n melodía f ◇ vt **1.** (radio, TV) sintonizar **2.** (engine) poner a punto **3.** (instrument) afinar • **in tune** afinado • **out of tune** desafinado

tunic ['tjuːnɪk] n túnica f

Tunisia [tjuːˈnɪzɪə] n Túnez m

tunnel ['tʌnl] n túnel m

turban ['tɜːbən] n turbante m

turbulence ['tɜːbjʊləns] n turbulencia f

turf [tɜːf] n (grass) césped m

Turk [tɜːk] n turco m, -ca f

turkey ['tɜːkɪ] (pl **-s**) n pavo m

Turkey ['tɜːkɪ] n Turquía f

Turkish ['tɜːkɪʃ] ◇ adj turco(ca) ◇ n (language) turco m ◇ npl • **the Turkish** los turcos

turn [tɜːn] ◇ n **1.** (in road) curva f **2.** (of knob, key, switch) vuelta f **3.** (go, chance) turno m ◇ vt **1.** (car, page, omelette) dar la vuelta a, voltear (Amér) **2.** (head) volver, voltear (Amér) **3.** (knob, key, switch) girar **4.** (corner, bend) doblar **5.** (become) volverse **6.** (cause to become) poner ◇ vi **1.** girar **2.** (milk) cortarse • **he's turned into a fine young man** se ha convertido en un estupendo joven • **they're turning the play into a film** están convirtiendo la obra en película • **to turn left/right** torcer a la derecha/izquierda • **it's your turn** te toca (a ti) • **at the turn of the century** a finales de siglo • **to take it in turns to do sthg** hacer algo por turnos • **to turn a jacket inside out** darle la vuelta a una chaqueta (de dentro para afuera)

◆ **turn back** ◇ *vt sep* hacer volver ◇ *vi* volver

◆ **turn down** *vt sep* **1.** (radio, volume, heating) bajar **2.** (offer, request) rechazar

◆ **turn off** ◇ *vt sep* **1.** (light, TV) apagar **2.** (water, gas, tap) cerrar **3.** (engine) parar ◇ *vi* (leave road) salir

◆ **turn on** *vt sep* **1.** (light, TV, engine) encender **2.** (water, gas, tap) abrir

◆ **turn out** ◇ *vt insep* (be in the end) resultar ◇ *vt sep* (light, fire) apagar ◇ *vi* (come, attend) venir ● **to turn out to be sthg** resultar ser algo

◆ **turn over** ◇ *vi* **1.** (in bed) darse la vuelta, voltearse (*Amér*) **2.** (*UK*) (change channels) cambiar ◇ *vt sep* (page, card, omelette) dar la vuelta a, voltear (*Amér*)

◆ **turn round** ◇ *vt sep* dar la vuelta a, voltear (*Amér*) ◇ *vi* (person) darse la vuelta, voltearse (*Amér*)

◆ **turn up** ◇ *vt sep* (radio, volume, heating) subir ◇ *vi* aparecer

turning ['tɜːnɪŋ] *n* bocacalle *f*

turnip ['tɜːnɪp] *n* nabo *m*

turn-up *n* (*UK*) (on trousers) vuelta *f*

turquoise ['tɜːkwɔɪz] *adj* turquesa *m*

turtle ['tɜːtl] *n* tortuga *f* (marina)

turtleneck ['tɜːtlnek] *n* jersey *m* de cuello de cisne (*Esp*), suéter *m* de cuello alto (*Amér*)

tutor ['tjuːtə'] *n* (private teacher) tutor *m*, -ra *f*

tuxedo [tʌk'siːdəʊ] (*pl* **-s**) *n* (*US*) esmoquin *m*

TV [tiː'viː] *n* (abbr of television) televisión *f* ● **on TV** en la televisión

tweed [twiːd] *n* tweed *m*

tweezers ['twiːzəz] *npl* pinzas *fpl*

twelfth [twelfθ] ◇ *num adj* duodécimo(-ma) ◇ *pron* duodécimo *m*, -ma *f* ◇ *num* (fraction) duodécimo *m* ◇ *num adv* duodécimo ● **a twelfth (of)** la duodécima parte (de) ● **the twelfth (of September)** el doce (de septiembre)

twelve [twelv] ◇ *num adj* doce ◇ *num* doce *m inv* ● **to be twelve (years old)** tener doce años (de edad) ● **it's twelve (o'clock)** son las doce ● **a hundred and twelve** ciento doce ● **twelve Hill St** Hill St, número doce ● **it's minus twelve (degrees)** hay doce grados bajo cero ● **twelve out of twenty** doce sobre veinte

twentieth ['twentɪəθ] *num* vigésimo(-ma) ● **the twentieth century** el siglo XX

twenty ['twentɪ] *num* veinte

twice [twaɪs] *adj & adv* dos veces ● **it's twice as good** es el doble de bueno ● **twice as much** el doble

twig [twɪg] *n* ramita *f*

twilight ['twaɪlaɪt] *n* crepúsculo *m*

twin [twɪn] *n* gemelo *m*, -la *f*

twin beds *npl* dos camas *fpl*

twin room *n* habitación *f* con dos camas

twist [twɪst] *vt* **1.** (wire) torcer **2.** (thread, rope) retorcer **3.** (hair) enroscar **4.** (bottle top, lid, knob) girar ● **to twist one's ankle** torcerse el tobillo

twisting ['twɪstɪŋ] *adj* con muchos recodos

two [tuː] ◇ *num adj* dos ◇ *num* dos *m inv* ● **to be two (years old)** tener dos años (de edad) ● **it's two (o'clock)** son las dos • a hundred and two ciento dos • two Hill St Hill St, número dos • it's minus two (degrees) hay dos grados bajo cero • two out of ten dos sobre diez

two-piece adj de dos piezas

tying ['taɪɪŋ] cont > tie

type [taɪp] ◇ n (kind) tipo m ◇ vt teclear ◇ vi escribir a máquina

typhoid ['taɪfɔɪd] n fiebre f tifoidea

typical ['tɪpɪkl] adj típico(ca)

tyre ['taɪəʳ] n (UK) neumático m, llanta f (Amér)

U [juː] adj (UK) (film) (abbr of universal) para todos los públicos

UCAS ['juːkæs] n (UK) (abbr of Universities and Colleges Admissions Service) organismo que se ocupa en gestionar el proceso de admisión a la Universidad

UFO [juːefˈəʊ] n (abbr of unidentified flying object) OVNI m (Objeto Volador No Identificado)

ugly ['ʌglɪ] adj feo(a)

UHT [juːeɪtˈtiː] adj (abbr of ultra heat treated) uperizado(da) (Esp), UHT (Amér)

UK [juːˈkeɪ] n (abbr of United Kingdom) • the UK el Reino Unido

ulcer ['ʌlsəʳ] n úlcera f

ultimate ['ʌltɪmət] adj 1. (final) final 2. (best, greatest) máximo(ma)

ultraviolet [ˌʌltrəˈvaɪələt] adj ultravioleta

umbrella [ʌmˈbrelə] n paraguas m inv

umpire ['ʌmpaɪəʳ] n árbitro m

UN [juːˈen] n (abbr of United Nations) • the UN la ONU (Organización de las Naciones Unidas)

unable [ʌnˈeɪbl] adj • to be unable to do sthg ser incapaz de hacer algo

unacceptable [ˌʌnəkˈseptəbl] adj inaceptable

unaccustomed [ˌʌnəˈkʌstəmd] adj • to be unaccustomed to sthg no estar acostumbrado(da) a algo

unanimous [juːˈnænɪməs] adj unánime

unattended [ˌʌnəˈtendɪd] adj desatendido(da)

unattractive [ˌʌnəˈtræktɪv] adj poco atractivo(va)

unauthorized [ˌʌnˈɔːθəraɪzd] adj no autorizado(da)

unavailable [ˌʌnəˈveɪləbl] adj no disponible

unavoidable [ˌʌnəˈvɔɪdəbl] adj inevitable

unaware [ˌʌnəˈweəʳ] adj inconsciente • to be unaware of sthg no ser consciente de algo

unbearable [ʌnˈbeərəbl] adj insoportable

unbelievable [ˌʌnbɪˈliːvəbl] adj increíble

unbutton [ˌʌnˈbʌtn] vt desabrocharse

uncertain [ʌnˈsɜːtn] adj 1. (not definite) incierto(ta) 2. (not sure) indeciso(sa)

uncertainty [ʌnˈsɜːtntɪ] n incertidumbre f

uncle ['ʌŋkl] n tío m

unclean [ˌʌnˈkliːn] *adj* sucio(cia)

unclear [ˌʌnˈklɪəˈ] *adj* **1.** poco claro(ra) **2.** *(not sure)* poco seguro(ra)

uncomfortable [ˌʌnˈkʌmftəbl] *adj* incómodo(da)

uncommon [ʌnˈkɒmən] *adj* poco común

unconscious [ʌnˈkɒnʃəs] *adj* ● **to be unconscious** *(after accident)* estar inconsciente; *(unaware)* ser inconsciente

unconvincing [ˌʌnkənˈvɪnsɪŋ] *adj* poco convincente

uncooperative [ˌʌnkəʊˈɒpərətɪv] *adj* que no quiera cooperar

uncork [ˌʌnˈkɔːk] *vt* descorchar

uncouth [ʌnˈkuːθ] *adj* grosero(ra)

uncover [ʌnˈkʌvəˈ] *vt* **1.** *(discover)* descubrir **2.** *(swimming pool)* dejar al descubierto **3.** *(car)* descapotar

under [ˈʌndəˈ] *prep* **1.** *(beneath)* debajo de **2.** *(less than)* menos de **3.** *(according to)* según **4.** *(in classification)* en ● **under the water** bajo el agua ● **children under ten** niños menores de diez años ● **under the circumstances** dadas las circunstancias ● **to be under pressure** *(from a person)* estar presionado; *(stressed)* estar en tensión

underage [ˌʌndərˈeɪdʒ] *adj* menor de edad

undercarriage [ˈʌndəˌkærɪdʒ] *n* tren *m* de aterrizaje

underdone [ˌʌndəˈdʌn] *adj* poco hecho(cha)

underestimate [ˌʌndərˈestɪmeɪt] *vt* subestimar

underexposed [ˌʌndərɪkˈspəʊzd] *adj* *(photograph)* subexpuesto(ta)

undergo [ˌʌndəˈgəʊ] *(pt* **-went,** *pp* **-gone)** *vt* **1.** *(change, difficulties)* sufrir **2.** *(operation)* someterse a

undergraduate [ˌʌndəˈgrædjʊət] *n* estudiante *m* universitario (no licenciado), estudiante universitaria (no licenciada) *f*

underground [ˈʌndəgraʊnd] ◇ *adj* **1.** *(below earth's surface)* subterráneo(a) **2.** *(secret)* clandestino(na) ◇ *n* *(UK)* *(railway)* metro *m*

Underground

El metro de Londres, también conocido como the *Tube*, tiene 12 líneas, con una longitud total de 408 kilómetros. Cada línea está identificada por un color diferente. Dentro de los vagones no hay aire acondicionado. Dependiendo de la línea, los trenes funcionan desde las 5 de la mañana hasta la medianoche.

undergrowth [ˈʌndəgrəʊθ] *n* maleza *f*

underline [ˌʌndəˈlaɪn] *vt* subrayar

underneath [ˌʌndəˈniːθ] ◇ *prep* debajo de ◇ *adv* debajo ◇ *n* superficie *f* inferior

underpants [ˈʌndəpænts] *npl* calzoncillos *mpl*

underpass [ˈʌndəpɑːs] *n* paso *m* subterráneo

undershirt [ˈʌndəʃɜːt] *n* *(US)* camiseta *f*

underskirt [ˈʌndəskɜːt] *n* enaguas *fpl*

understand [ˌʌndəˈstænd] *(pt & pp* **-stood)** ◇ *vt* **1.** entender **2.** *(believe)* tener entendido que ◇ *vi* entender ● **I**

don't understand no entiendo ● **to make o.s. understood** hacerse entender

understanding [ˌʌndə'stændɪŋ] ◇ adj comprensivo(va) ◇ n **1.** (agreement) acuerdo m **2.** (knowledge) entendimiento m **3.** (interpretation) impresión f **4.** (sympathy) comprensión f mutua

understatement [ˌʌndə'steɪtmənt] n ● **that's an understatement** eso es quedarse corto

understood [ˌʌndə'stʊd] pt & pp ➤ understand

undertake [ˌʌndə'teɪk] (pt **-took**, pp **-taken**) vt emprender ● **to undertake to do sthg** comprometerse a hacer algo

undertaker ['ʌndəˌteɪkə'] n director m, -ra f de funeraria

undertaking [ˌʌndə'teɪkɪŋ] n **1.** (promise) promesa f **2.** (task) empresa f

undertook [ˌʌndə'tʊk] pt ➤ undertake

underwater [ˌʌndə'wɔːtə'] ◇ adj submarino(na) ◇ adv bajo el agua

underwear ['ʌndəweə'] n ropa f interior

underwent [ˌʌndə'went] pt ➤ undergo

undo [ˌʌn'duː] (pt **-did**, pp **-done**) vt **1.** (coat, shirt) desabrocharse **2.** (tie, shoelaces) desatarse **3.** (parcel) abrir

undone [ˌʌn'dʌn] adj **1.** (coat, shirt) desabrochado(da) **2.** (tie, shoelaces) desatado(da)

undress [ʌn'dres] ◇ vi desnudarse ◇ vt desnudar

undressed [ʌn'drest] adj desnudo(da) ● **to get undressed** desnudarse

uneasy [ʌn'iːzɪ] adj intranquilo(la)

uneducated [ʌn'edjʊkeɪtɪd] adj inculto(ta)

unemployed [ˌʌnɪm'plɔɪd] ◇ adj desem-

pleado(da) ◇ npl ● **the unemployed** los parados

unemployment [ˌʌnɪm'plɔɪmənt] n paro m (Esp), desempleo m

unemployment benefit n (UK) subsidio m de desempleo

unequal [ʌn'iːkwəl] adj desigual

uneven [ʌn'iːvn] adj **1.** desigual **2.** (road) lleno(na) de baches

uneventful [ˌʌnɪ'ventfʊl] adj sin incidentes destacables

unexpected [ˌʌnɪk'spektɪd] adj inesperado(da)

unexpectedly [ˌʌnɪk'spektɪdlɪ] adv inesperadamente

unfair [ʌn'feə'] adj injusto(ta)

unfairly [ʌn'feəlɪ] adv injustamente

unfaithful [ʌn'feɪθfʊl] adj infiel

unfamiliar [ˌʌnfə'mɪljə'] adj desconocido(da) ● **to be unfamiliar with** no estar familiarizado(da) con

unfashionable [ʌn'fæʃnəbl] adj pasado(da) de moda

unfasten [ʌn'fɑːsn] vt **1.** (button, belt) desabrocharse **2.** (tie, knot) desatarse

unfavorable (US) = unfavourable

unfavourable [ʌn'feɪvrəbl] adj (UK) desfavorable

unfinished [ʌn'fɪnɪʃt] adj incompleto(ta)

unfit [ʌn'fɪt] adj ● **to be unfit** (not healthy) no estar en forma ● **to be unfit for sthg** no ser apto(ta) para algo

unfold [ʌn'fəʊld] vt desdoblar

unforgettable [ˌʌnfə'getəbl] adj inolvidable

unforgivable [ˌʌnfə'gɪvəbl] adj imperdonable

unfortunate [ʌnˈfɔːtʃənət] *adj* **1.** *(unlucky)* desgraciado(da) **2.** *(regrettable)* lamentable

unfortunately [ʌnˈfɔːtʃnətlɪ] *adv* desgraciadamente

unfriendly [ˌʌnˈfrendlɪ] *adj* poco amistoso

unfurnished [ˌʌnˈfɜːnɪʃt] *adj* sin amueblar

ungrateful [ʌnˈɡreɪtfʊl] *adj* desagradecido(da)

unhappy [ʌnˈhæpɪ] *adj* **1.** *(sad)* triste **2.** *(wretched)* desgraciado(da) **3.** *(not pleased)* descontento(ta) ● **I'm unhappy about that idea** no me gusta esa idea

unharmed [ˌʌnˈhɑːmd] *adj* ileso(sa)

unhealthy [ʌnˈhelθɪ] *adj* **1.** *(person)* enfermizo(za) **2.** *(food, smoking)* perjudicial para la salud **3.** *(place)* insalubre

unhelpful [ʌnˈhelpfʊl] *adj* **1.** *(person)* poco servicial **2.** *(advice)* inútil

unhurt [ˌʌnˈhɜːt] *adj* ileso(sa)

unhygienic [ˌʌnhaɪˈdʒiːnɪk] *adj* antihigiénico(ca)

unification [ˌjuːnɪfɪˈkeɪʃn] *n* unificación *f*

uniform [ˈjuːnɪfɔːm] *n* uniforme *m*

unimportant [ˌʌnɪmˈpɔːtənt] *adj* sin importancia

unintelligent [ˌʌnɪnˈtelɪdʒənt] *adj* poco inteligente

unintentional [ˌʌnɪnˈtenʃənl] *adj* no intencionado(da)

uninterested [ˌʌnˈɪntrəstɪd] *adj* indiferente

uninteresting [ʌnˈɪntrəstɪŋ] *adj* poco interesante

union [ˈjuːnjən] *n (of workers)* sindicato *m*

Union Jack *n* ● **the Union Jack** *la bandera del Reino Unido*

Union Jack

La *Union Jack* es la bandera oficial del Reino Unido, y fue usada por primera vez en 1801. Es el resultado de la superposición de las banderas de Inglaterra, de Escocia y de Irlanda. También se le suele llamar *Union Flag*.

unique [juːˈniːk] *adj* único(ca) ● **to be unique to** ser peculiar de

unisex [ˈjuːnɪseks] *adj* unisex *(inv)*

unit [ˈjuːnɪt] *n* **1.** unidad *f* **2.** *(department, building)* sección *f* **3.** *(piece of furniture)* módulo *m* **4.** *(group)* equipo *m*

unite [juːˈnaɪt] ◇ *vt* **1.** *(people)* unir **2.** *(country, party)* unificar ◇ *vi* unirse

United Kingdom [juːˈnaɪtɪd-] *n* ● **the United Kingdom** el Reino Unido

United Nations [juːˈnaɪtɪd-] *npl* ● **the United Nations** las Naciones Unidas

United States (of America) [juːˈnaɪtɪd-] *npl* ● **the United States of America** los Estados Unidos (de América)

unity [ˈjuːnətɪ] *n* unidad *f*

universal [ˌjuːnɪˈvɜːsl] *adj* universal

universe [ˈjuːnɪvɜːs] *n* universo *m*

university [ˌjuːnɪˈvɜːsətɪ] *n* universidad *f*

unjust [ˌʌnˈdʒʌst] *adj* injusto(ta)

unkind [ʌnˈkaɪnd] *adj* desagradable

unknown [ˌʌnˈnəʊn] *adj* desconocido(da)

unleaded (petrol) [ˌʌnˈledɪd-] *n* gasolina *f* sin plomo

unless [ənˈles] *conj* a menos que

unlike [ˌʌnˈlaɪk] *prep* **1.** *(different to)* diferente a **2.** *(in contrast to)* a diferencia de **3.** *(not typical of)* poco característico de

unlikely [ʌnˈlaɪklɪ] *adj (not probable)* poco probable ● she's unlikely to do it es poco probable que lo haga

unlimited [ʌnˈlɪmɪtɪd] *adj* ilimitado(da) ● unlimited mileage sin límite de recorrido

unlisted [ʌnˈlɪstɪd] *adj (US) (phone number)* que no figura en la guía telefónica

unload [ˌʌnˈləʊd] *vt* descargar

unlock [ˌʌnˈlɒk] *vt* abrir *(con llave)*

unlucky [ʌnˈlʌkɪ] *adj* **1.** *(unfortunate)* desgraciado(da) **2.** *(bringing bad luck)* de la mala suerte

unmarried [ˌʌnˈmærɪd] *adj* no casado (da)

unnatural [ʌnˈnætʃrəl] *adj* **1.** *(unusual)* poco normal **2.** *(behaviour, person)* afectado(da)

unnecessary [ʌnˈnesəsərɪ] *adj* innecesario(ria)

unobtainable [ˌʌnəbˈteɪnəbl] *adj* inasequible

unoccupied [ˌʌnˈɒkjʊpaɪd] *adj (place, seat)* libre

unofficial [ˌʌnəˈfɪʃl] *adj* extraoficial

unpack [ʌnˈpæk] *vt* ◇ *vi* deshacer, desempacar *(Amér)* ◇ *vi* deshacer el equipaje, desempacar *(Amér)*

unpleasant [ʌnˈpleznt] *adj* **1.** *(smell, weather, surprise etc)* desagradable **2.** *(person)* antipático(ca)

unplug [ʌnˈplʌg] *vt* desenchufar

unpopular [ʌnˈpɒpjʊlər] *adj* impopular

unpredictable [ˌʌnprɪˈdɪktəbl] *adj* imprevisible

unprepared [ˌʌnprɪˈpeəd] *adj* ● to be unprepared no estar preparado(da)

unprotected [ˌʌnprəˈtektɪd] *adj* desprotegido(da)

unqualified [ˌʌnˈkwɒlɪfaɪd] *adj (person)* no cualificado(da)

unreal [ʌnˈrɪəl] *adj* irreal

unreasonable [ʌnˈriːznəbl] *adj* **1.** *(unfair)* poco razonable **2.** *(excessive)* excesivo(va)

unrecognizable [ˌʌnrekəgˈnaɪzəbl] *adj* irreconocible

unreliable [ˌʌnrɪˈlaɪəbl] *adj* poco fiable

unrest [ʌnˈrest] *n* malestar *m*

unroll [ʌnˈrəʊl] *vt* desenrollar

unsafe [ʌnˈseɪf] *adj* **1.** *(dangerous)* peligroso(sa) **2.** *(in danger)* inseguro(ra)

unsatisfactory [ˌʌnsætɪsˈfæktərɪ] *adj* insatisfactorio(ria)

unscrew [ʌnˈskruː] *vt (lid, top)* desenroscar

unsightly [ʌnˈsaɪtlɪ] *adj* feo(a)

unskilled [ʌnˈskɪld] *adj (worker)* no cualificado(da)

unsociable [ʌnˈsəʊʃəbl] *adj* insociable

unsound [ʌnˈsaʊnd] *adj* **1.** *(building, structure)* inseguro(ra) **2.** *(argument, method)* erróneo(a)

unspoiled [ʌnˈspɔɪlt] *adj* que no ha sido estropeado

unsteady [ʌnˈstedɪ] *adj* **1.** inestable **2.** *(hand)* tembloroso(sa)

unstuck [ʌnˈstʌk] *adj* ● to come unstuck despegarse

unsuccessful [ˌʌnsək'sesfʊl] *adj* fracasado(da)

unsuitable [ˌʌn'suːtəbl] *adj* inadecuado(da)

unsure [ˌʌn'ʃɔːʳ] *adj* ● **to be unsure (about)** no estar muy seguro(ra)(de)

unsweetened [ˌʌn'swiːtnd] *adj* no edulcorado(da)

untidy [ʌn'taɪdɪ] *adj* **1.** (*person*) desaliñado(da) **2.** (*room, desk*) desordenado(da)

untie [ˌʌn'taɪ] (*cont* **untying**) *vt* desatar

until [ən'tɪl] ◇ *prep* hasta ◇ *conj* hasta que ● **don't start until I tell you** no empieces hasta que no te lo diga

untrue [ˌʌn'truː] *adj* falso(sa)

untrustworthy [ˌʌn'trʌst,wɜːðɪ] *adj* poco fiable

untying [ˌʌn'taɪɪŋ] *cont* ➤ **untie**

unusual [ʌn'juːʒl] *adj* **1.** (*not common*) poco común **2.** (*distinctive*) peculiar

unusually [ʌn'juːʒəlɪ] *adv* (*more than usual*) extraordinariamente

unwell [ˌʌn'wel] *adj* indispuesto(ta) ● **to feel unwell** sentirse mal

unwilling [ˌʌn'wɪlɪŋ] *adj* ● **to be unwilling to do sthg** no estar dispuesto(ta) a hacer algo

unwind [ˌʌn'waɪnd] (*pt & pp* **unwound**) ◇ *vt* desenrollar ◇ *vi* (*relax*) relajarse

unwrap [ˌʌn'ræp] *vt* desenvolver

unzip [ˌʌn'zɪp] *vt* abrir la cremallera OR el cierre (*Amér*) de

up [ʌp]
◇ *adv* **1.** (*towards higher position, level*) hacia arriba ● **we walked up to the top**

fuimos andando hasta arriba del todo ● **to pick sthg up** coger algo ● **prices are going up** los precios están subiendo **2.** (*in higher position*) arriba ● **she's up in her bedroom** está arriba, en su cuarto ● **up there** allí arriba **3.** (*into upright position*) ● **to sit up** sentarse derecho ● **to stand up** ponerse de pie **4.** (*northwards*) ● **we're going up to Dewsbury** vamos a subir a Dewsbury **5.** (*in phrases*) ● **to walk up and down** andar de un lado para otro ● **to jump up and down** dar brincos ● **up to six weeks/ten people** hasta seis semanas/diez personas ● **are you up to travelling?** ¿estás en condiciones de viajar? ● **what are you up to?** ¿qué andas tramando? ● **it's up to you** depende de ti ● **up until ten o'clock** hasta las diez
◇ *prep* **1.** (*towards higher position*) ● **to walk up a hill** subir por un monte ● **I went up the stairs** subí las escaleras **2.** (*in higher position*) en lo alto de ● **up a hill** en lo alto de una colina **3.** (*at end of*) ● **they live up the road from us** viven al final de nuestra calle
◇ *adj* **1.** (*out of bed*) levantado(da) ● **I was up at six today** hoy, me levanté a las seis **2.** (*at an end*) terminado(da) **3.** (*rising*) ● **the up escalator** el ascensor que sube
◇ *n* ● **ups and downs** altibajos *mpl*

update [ˌʌp'deɪt] *vt* actualizar

uphill [ˌʌp'hɪl] *adv* cuesta arriba

upholstery [ʌp'həʊlstərɪ] *n* tapicería *f*

upkeep [ˈʌpkiːp] *n* mantenimiento *m*

up-market *adj* (*UK*) de mucha categoría

upon [ə'pɒn] *prep* (*fml*) (*on*) en, sobre • **upon hearing the news ...** al oír la noticia ...

upper ['ʌpə'] ◇ *adj* superior ◇ *n* (*of shoe*) pala *f*

upper class *n* clase *f* alta

uppermost ['ʌpəməust] *adj* (*highest*) más alto(ta)

upper sixth *n* (*UK*) SCH segundo año del curso optativo de dos que prepara a los alumnos de 18 años para los A-levels

upright ['ʌpraɪt] ◇ *adj* 1. (*person*) erguido(da) 2. (*object*) vertical ◇ *adv* derecho

upset [ʌp'set] (*pt & pp inv*) ◇ *adj* disgustado(da) ◇ *vt* 1. (*distress*) disgustar 2. (*cause to go wrong*) estropear 3. (*knock over*) volcar • **to have an upset stomach** tener el estómago revuelto

upside down [,ʌpsaɪd-] *adj & adv* al revés

upstairs [,ʌp'steəz] ◇ *adj* de arriba ◇ *adv* arriba • **to go upstairs** ir arriba

up-to-date *adj* 1. (*modern*) moderno(na) 2. (*well-informed*) al día

upwards ['ʌpwədz] *adv* hacia arriba • **upwards of 100 people** más de 100 personas

urban ['ɜːbən] *adj* urbano(na)

Urdu ['uədu:] *n* urdu *m*

urge [ɜːdʒ] *vt* • **to urge sb to do sthg** incitar a alguien a hacer algo

urgent ['ɜːdʒənt] *adj* urgente

urgently ['ɜːdʒəntlɪ] *adv* (*immediately*) urgentemente

urinal [juə'raɪnl] *n* 1. (*apparatus*) orinal *m* 2. (*fml*) (*place*) urinario *m*

urinate ['juərɪneɪt] *vi* (*fml*) orinar

urine ['juərɪn] *n* orina *f*

URL [ju:aː'rel] *n* COMPUT (*abbr of uniform resource locator*) URL *m* (*uniform resource locator*)

Uruguay ['juərəgwaɪ] *n* Uruguay

Uruguayan ['juərə'gwaɪən] ◇ *adj* uruguayo(ya) ◇ *n* uruguayo *m*, -ya *f*

us [ʌs] *pron* nos • **they know us** nos conocen • **it's us** somos nosotros • **send it to us** envíanoslo • **tell us** dinos • **they're worse than us** son peores que nosotros

US [ju:'es] *n* (*abbr of* United States) • **the US** los EEUU

US Education

En los Estados Unidos, los niños de 5 años van a la *Elementary School*. A los 12, pasan a la *Junior High School* y dos años más tarde, a la *High School*. La ceremonia de graduación de la *High School*, a los 18 años, es un acontecimiento muy importante.

US Open

Existen dos Abiertos de Estados Unidos, uno de tenis y otro de golf. En los dos casos, se celebran anualmente y son uno de los torneos más importantes del mundo en cada deporte. El Abierto de tenis se celebra en *Flushing Meadows*, en Nueva York.

USA [ju:es'eɪ] *n* (*abbr of* United States of

America) ● the USA los EEUU

usable ['juːzəbl] *adj* utilizable

use ◇ *n* [juːs] uso *m* ◇ *vt* [juːz] **1.** usar **2.** *(exploit)* utilizar ● **to be of use** ser útil ● **to have the use of sth** poder hacer uso de algo ● **to make use of sth** aprovechar algo ▼ **out of use** no funciona ● **to be in use** usarse ● **it's no use** es inútil ● **what's the use?** ¿de qué vale? ● **to use a crate as a table** usar un cajón como mesa ▼ **use before ...** consumir preferentemente antes de ... ◆ **use up** *vt sep* agotar

used ◇ *adj* [juːzd] usado(da) ◇ *aux vb* [juːst] ● **I used to live near here** antes vivía cerca de aquí ● **I used to go there every day** solía ir allí todos los días ● **to be used to sth** estar acostumbrado(da) a algo ● **to get used to sth** acostumbrarse a algo

useful ['juːsfʊl] *adj* útil

useless ['juːslɪs] *adj* **1.** inútil **2.** *(inf) (very bad)* pésimo(ma)

user ['juːzə^r] *n* usuario *m*, -ria *f*

usher ['ʌʃə^r] *n* *(at cinema, theatre)* acomodador *m*

usual ['juːʒəl] *adj* habitual ● **as usual** *(in the normal way)* como de costumbre; *(as often happens)* como siempre

usually ['juːʒəlɪ] *adv* normalmente

utensil [juːˈtensl] *n* utensilio *m*

utilize ['juːtɪlaɪz] *vt* *(fml)* utilizar

utmost ['ʌtməʊst] ◇ *adj* mayor ◇ *n* ● **to do one's utmost** hacer cuanto sea posible

utter ['ʌtə^r] ◇ *adj* completo(ta) ◇ *vt* **1.** *(word)* pronunciar **2.** *(sound)* emitir

utterly ['ʌtəlɪ] *adv* completamente

U-turn *n* giro *m* de 180º

UV [juːˈviː] *adj* *(abbr of* ultra-violet) ultravioleta ● **UV rays** rayos mpl ultravioleta

vacancy ['veɪkənsɪ] *n* *(job)* vacante *f* ▼ **vacancies** hay camas ▼ **no vacancies** completo

vacant ['veɪkənt] *adj* libre ▼ **vacant** libre

vacate [vəˈkeɪt] *vt* *(fml) (room, house)* desocupar

vacation [vəˈkeɪʃn] ◇ *n* *(US)* vacaciones *fpl* ◇ *vi* *(US)* estar de vacaciones ● **to go on vacation** *(US)* ir de vacaciones

vaccination [ˌvæksɪˈneɪʃn] *n* vacunación *f*

vaccine [*(UK)* ˈvæksiːn, *(US)* vækˈsiːn] *n* vacuna *f*

vacuum ['vækjʊəm] *vt* pasar la aspiradora por

vacuum cleaner *n* aspiradora *f*

vague [veɪg] *adj* **1.** *(plan, letter, idea)* vago(ga) **2.** *(memory, outline)* borroso(-sa) **3.** *(person)* impreciso(sa)

vain [veɪn] *adj* *(pej) (conceited)* engreído(da) ● **in vain** en vano

Valentine card [ˈvæləntaɪn-] *n* tarjeta *f* del día de San Valentín

Valentine's Day [ˈvæləntaɪnz-] *n* día *m* de San Valentín

valid ['vælɪd] *adj* *(ticket, passport)* valedero(ra)

validate ['vælɪdeɪt] *vt* validar

valley ['vælɪ] (*pl* **-s**) *n* valle *m*

valuable ['væljʊəbl] *adj* valioso(sa) ◆

valuables *npl* objetos *mpl* de valor

value ['væljuː] *n* **1.** *(financial)* valor *m* **2.** *(usefulness)* sentido *m* ● **a value pack** un paquete económico ● **to be good value (for money)** estar muy bien de precio ◆ **values** *npl* valores *mpl* morales

valve [vælv] *n* válvula *f*

van [væn] *n* furgoneta *f*

vandal ['vændl] *n* vándalo *m*, -la *f*

vandalize ['vændəlaɪz] *vt* destrozar

vanilla [və'nɪlə] *n* vainilla *f*

vanish ['vænɪʃ] *vi* desaparecer

vapor ['veɪpər] (*US*) = **vapour**

vapour ['veɪpər] *n* (*UK*) vapor *m*

variable ['veərɪəbl] *adj* variable

varicose veins ['værɪkəʊs-] *npl* varices *fpl*

varied ['veərɪd] *adj* variado(da)

variety [və'raɪətɪ] *n* variedad *f*

various ['veərɪəs] *adj* varios(rias)

varnish ['vɑːnɪʃ] ◇ *n* (*for wood*) barniz *m* ◇ *vt* (*wood*) barnizar

vary ['veərɪ] *vt* & *vi* variar ● **regulations vary from country to country** las normas cambian de un país a otro ▼ **prices vary** los precios varían

vase [(*UK*) vɑːz, (*US*) veɪz] *n* florero *m*

vast [vɑːst] *adj* inmenso(sa)

VAT [væt, viːeɪ'tiː] *n* (*abbr of* value added tax) IVA *m* (*impuesto sobre el valor añadido*)

vault [vɔːlt] *n* **1.** *(in bank)* cámara *f* acorazada **2.** *(in church)* cripta *f* **3.** *(roof)* bóveda *f*

VCR [viːsiːˈɑːr] *n* (*UK*) (*abbr of* video cassette recorder*) vídeo *m* (*Esp*), video *m*

VDU [viːdiːˈjuː] *n* (*abbr of* visual display unit*) monitor *m*

veal [viːl] *n* ternera *f*

veg [vedʒ] *n* verdura *f*

vegan ['viːgən] ◇ *adj* vegano(na) ◇ *n* vegano *m*, -na *f*

vegetable ['vedʒtəbl] *n* vegetal *m* ● **vegetables** verduras *fpl*

vegetable oil *n* aceite *m* vegetal

vegetarian [,vedʒɪˈteərɪən] ◇ *adj* vegetariano(na) ◇ *n* vegetariano *m*, -na *f*

vegetation [,vedʒɪˈteɪʃn] *n* vegetación *f*

vehicle ['viːəkl] *n* vehículo *m*

veil [veɪl] *n* velo *m*

vein [veɪn] *n* vena *f*

Velcro ® ['velkrəʊ] *n* velcro ® *m*

velvet ['velvɪt] *n* terciopelo *m*

vending machine ['vendɪŋ-] *n* máquina *f* de venta automática

venetian blind [vɪ,niːʃn-] *n* persiana *f* veneciana

Venezuela [,venɪz'weɪlə] *n* Venezuela *f*

Venezuelan [,venɪz'weɪlən] ◇ *adj* venezolano(na) ◇ *n* venezolano *m*, -na *f*

venison ['venɪzn] *n* carne *f* de venado

vent [vent] *n* (*for air, smoke etc*) rejilla *f* de ventilación

ventilation [,ventɪ'leɪʃn] *n* ventilación *f*

ventilator ['ventɪleɪtər] *n* ventilador *m*

venture ['ventʃər] ◇ *n* empresa *f* ◇ *vi* (*go*) aventurarse a ir

venue ['venjuː] *n* lugar *m* (*de un acontecimiento*)

veranda [və'rændə] *n* porche *m*

verb [vɜːb] *n* verbo *m*

verdict ['vɜːdɪkt] n 1. *LAW* veredicto m 2. *(opinion)* juicio m

verge [vɜːdʒ] n (UK) *(of road, lawn, path)* borde m ▼ **soft verges** señal que avisa del peligro de estancarse en los bordes de la carretera

verify ['verɪfaɪ] vt verificar

vermin ['vɜːmɪn] n bichos mpl

vermouth ['vɜːməθ] n vermut m

versa ➤ **vice versa**

versatile ['vɜːsətaɪl] adj 1. *(person)* polifacético(ca) 2. *(machine, food)* que tiene muchos usos

verse [vɜːs] n 1. *(of song, poem)* estrofa f 2. *(poetry)* versos mpl

version ['vɜːʃn] n versión f

versus ['vɜːsəs] prep contra

vertical ['vɜːtɪkl] adj vertical

vertigo ['vɜːtɪɡəʊ] n vértigo m

very ['verɪ] ◇ adv muy ◇ adj mismísimo(ma) • **very much** mucho • **not very big** no muy grande • **my very own room** mi propia habitación • **the very best** el mejor de todos • **the very person** justo la persona

vessel ['vesl] n (fml) *(ship)* nave f

vest [vest] n 1. (UK) *(underwear)* camiseta f 2. (US) *(waistcoat)* chaleco m

vet [vet] n (UK) veterinario m, -ria f

veteran ['vetrən] n veterano m, -na f

veterinarian [ˌvetərɪ'neərɪən] n (US) = vet

veterinary surgeon ['vetərɪnrɪ-] n (UK) = vet

VHS [ˌviːeɪtʃ'es] n *(abbr of video home system)* VHS m

via ['vaɪə] prep 1. *(place)* pasando por 2. *(by means of)* por medio de

viaduct ['vaɪədʌkt] n viaducto m

vibrate [vaɪ'breɪt] vi vibrar

vibration [vaɪ'breɪʃn] n vibración f

vicar ['vɪkər] n párroco m, -ca f

vicarage ['vɪkərɪdʒ] n casa f parroquial

vice [vaɪs] n 1. *(vicio)* m 2. (UK) *(tool)* torno m de banco

vice-president n vicepresidente m, -ta f

vice versa [ˌvaɪsɪ'vɜːsə] adv viceversa

vicinity [vɪ'sɪnətɪ] n • **in the vicinity** en las proximidades

vicious ['vɪʃəs] adj 1. *(attack)* brutal 2. *(animal)* sañoso(sa) 3. *(comment)* hiriente

victim ['vɪktɪm] n víctima f

Victorian [vɪk'tɔːrɪən] adj victoriano(-na)

victory ['vɪktərɪ] n victoria f

video ['vɪdɪəʊ] (pl -s) ◇ n vídeo m ◇ vt 1. *(using video recorder)* grabar en vídeo 2. *(using camera)* hacer un vídeo de • **on video** en vídeo

video camera n videocámara f

video game n videojuego m

video recorder n (UK) vídeo m (Esp), video m

video shop n (UK) tienda f de vídeos (Esp) OR videos

videotape ['vɪdɪəʊteɪp] n cinta f de vídeo (Esp) OR videos

Vietnam [ˌvjet'næm] n Vietnam m

view [vjuː] ◇ n 1. *(scene, line of sight)* vista f 2. *(opinion)* opinión f 3. *(attitude)* visión f ◇ vt *(look at)* observar • **in my view** desde mi punto de vista • **in view of** *(considering)* en vista de • **to come into view** aparecer • **you're**

blocking my view no me dejas ver nada

viewer ['vju:ə'] *n (of TV)* telespectador *m*, -ra *f*

viewfinder ['vju:,faɪndə'] *n* visor *m*

viewpoint ['vju:pɔɪnt] *n* **1.** *(opinion)* punto *m* de vista **2.** *(place)* mirador *m*

vigilant ['vɪdʒɪlənt] *adj (fml)* alerta

villa ['vɪlə] *n* **1.** *(in countryside, by sea)* casa *f* de campo **2.** *(UK) (in town)* chalé *m*

village ['vɪlɪdʒ] *n* **1.** *(larger)* pueblo *m* **2.** *(smaller)* aldea *f*

villager ['vɪlɪdʒə'] *n* aldeano *m*, -na *f*

villain ['vɪlən] *n* **1.** *(of book, film)* malo *m*, -la *f* **2.** *(criminal)* criminal *m*

vinaigrette [,vɪnɪ'gret] *n* vinagreta *f*

vine [vaɪn] *n* **1.** *(grapevine)* vid *f* **2.** *(climbing plant)* parra *f*

vinegar ['vɪnɪgə'] *n* vinagre *m*

vineyard ['vɪnjəd] *n* viña *f*

vintage ['vɪntɪdʒ] ◇ *adj (wine)* añejo(ja) ◇ *n (year)* cosecha *f (de vino)*

vinyl ['vaɪnɪl] *n* vinilo *m*

viola [vɪ'əʊlə] *n* viola *f*

violence ['vaɪələns] *n* violencia *f*

violent ['vaɪələnt] *adj* **1.** violento(ta) **2.** *(storm)* fuerte

violet ['vaɪələt] ◇ *adj* violeta *(inv)* ◇ *n (flower)* violeta *f*

violin [,vaɪə'lɪn] *n* violín *m*

VIP [vi:aɪ'pi:] *n (abbr of very important person) gran personalidad*

virgin ['vɜ:dʒɪn] *n* virgen *mf*

Virgo ['vɜ:gəʊ] *n* Virgo *m*

virtually ['vɜ:tʃʊəlɪ] *adv* prácticamente

virtual reality ['vɜ:tʃʊəl-] *n* realidad *f* virtual

virus ['vaɪrəs] *n* virus *m inv*

visa ['vi:zə] *n* visado *m (Esp)*, visa *m (Amér)*

viscose ['vɪskəʊs] *n* viscosa *f*

visibility [,vɪzɪ'bɪlətɪ] *n* visibilidad *f*

visible ['vɪzəbl] *adj* visible

visit ['vɪzɪt] ◇ *vt* visitar ◇ *n* visita *f*

visiting hours ['vɪzɪtɪŋ-] *npl* horas *fpl* de visitas

visitor ['vɪzɪtə'] *n* **1.** *(to person)* visita *f* **2.** *(to place)* visitante *mf*

visitors' book ['vɪzɪtəz-] *n* libro *m* de visitas

visor ['vaɪzə'] *n* visera *f*

vital ['vaɪtl] *adj* esencial

vitamin [(UK) 'vɪtəmɪn, (US) 'vaɪtəmɪn] *n* vitamina *f*

vivid ['vɪvɪd] *adj* vivo(va)

V-neck ['vi:-] *n (design)* cuello *m* de pico

vocabulary [və'kæbjʊlərɪ] *n* vocabulario *m*

vodka ['vɒdkə] *n* vodka *m*

voice [vɔɪs] *n* voz *f*

voice mail *n* buzón *m* de voz ● to check one's voice mail escuchar los mensajes del buzón de voz

volcano [vɒl'keɪnəʊ] *(pl -es OR -s)* *n* volcán *m*

volleyball ['vɒlɪbɔ:l] *n* voleibol *m*

volt [vəʊlt] *n* voltio *m*

voltage ['vəʊltɪdʒ] *n* voltaje *m*

volume ['vɒlju:m] *n* volumen *m*

voluntary ['vɒləntrɪ] *adj* voluntario (ria)

volunteer [,vɒlən'tɪə'] ◇ *n* voluntario *m*, -ria *f* ◇ *vt* ● to volunteer to do sthg ofrecerse voluntariamente a hacer algo

vomit ['vɒmɪt] ◇ *n* vómito *m* ◇ *vi* vomitar

vote [vəʊt] ◇ n 1. *(choice)* voto m 2. *(process)* votación f 3. *(number of votes)* votos mpl ◇ vi • **to vote (for)** votar (a)

voter ['vəʊtə'] n votante mf

voucher ['vaʊtʃə'] n bono m

vowel ['vaʊəl] n vocal f

voyage ['vɔɪdʒ] n viaje m

vulgar ['vʌlgə'] adj 1. *(rude)* grosero(ra) 2. *(in bad taste)* chabacano(na)

vulture ['vʌltʃə'] n buitre m

W W

W *(abbr of west)* O *(oeste)*

wad [wɒd] n 1. *(of paper)* taco m 2. *(of banknotes)* fajo m 3. *(of cotton)* bola f

wade [weɪd] vi caminar dentro del agua

wading pool ['weɪdɪŋ-] n *(US)* piscina f infantil

wafer ['weɪfə'] n barquillo m

waffle ['wɒfl] ◇ n *(pancake)* gofre m *(Esp)*, wafle m *(Amér)* ◇ vi *(UK)* *(inf)* enrollarse

wag [wæg] vt menear

wage [weɪdʒ] n *(weekly)* salario m • **wages** npl *(weekly)* salario m

wagon ['wægən] n 1. *(vehicle)* carro m 2. *(UK)* *(of train)* vagón m

waist [weɪst] n cintura f

waistcoat ['weɪskəʊt] n *(UK)* chaleco m

wait [weɪt] ◇ n espera f ◇ vi esperar • **to wait for sb to do sthg** esperar a que alguien haga algo • **I can't wait!** ¡me

muero de impaciencia! • **wait for** vt insep esperar

waiter ['weɪtə'] n camarero m, mesero m *(Amér)*

waiting room ['weɪtɪŋ-] n sala f de espera

waitress ['weɪtrɪs] n camarera f, mesera f *(Amér)*

wake [weɪk] *(pt woke, pp woken)* ◇ vt despertar ◇ vi despertarse • **wake up** ◇ vt sep despertar ◇ vi despertarse

Wales [weɪlz] n (el país de) Gales

walk [wɔːk] ◇ n 1. *(journey on foot)* paseo m 2. *(path)* ruta f paisajística (a pie) ◇ vi andar *(Esp)*, caminar 2. *(as hobby)* caminar ◇ vt 1. *(distance)* andar *(Esp)*, caminar 2. *(dog)* pasear • **to go for a walk** ir a dar un paseo • **it's a short walk** está a poca distancia a pie • **to take the dog for a walk** pasear el perro ▼ **don't walk** *(US)* señal que prohíbe cruzar a los peatones ▼ walk *(US)* señal que autoriza a los peatones a cruzar • **walk away** vi marcharse • **walk in** vi entrar • **walk out** vi *(leave angrily)* marcharse enfurecido

walker ['wɔːkə'] n caminante mf

walking boots ['wɔːkɪŋ-] npl botas fpl de montaña

walking stick ['wɔːkɪŋ-] n bastón m

wall [wɔːl] n 1. *(of building, room)* pared f 2. *(in garden, countryside, street)* muro m

wallet ['wɒlɪt] n billetero m

wallpaper ['wɔːl‚peɪpə'] n papel m de pared

Wall Street n Wall Street

Wall Street

Wall Street es una calle en el extremo sur de Manhattan en la que se concentran las principales instituciones financieras y la Bolsa de Nueva York. El nombre de *Wall Street* se usa muchas veces como sinónimo de la Bolsa neoyorquina.

wally ['wɒlɪ] *n* (*UK*) (*inf*) imbécil *mf*

walnut ['wɔːlnʌt] *n* (*nut*) nuez *f* (*de nogal*)

waltz [wɔːls] *n* vals *m*

wander ['wɒndə'] *vi* vagar

want [wɒnt] *vt* 1. (*desire*) querer 2. (*need*) necesitar • **to want to do sthg** querer hacer algo • **do you want me to help you?** ¿quieres que te ayude?

WAP [wæp] *n* (*abbr of wireless application protocol*) WAP *m*

war [wɔː'] *n* guerra *f*

ward [wɔːd] *n* (*in hospital*) sala *f*

warden ['wɔːdn] *n* (*of park*) guarda *mf*

wardrobe ['wɔːdrəʊb] *n* armario *m*, guardarropa *m*, ropero *m* (*Amér*)

warehouse ['weəhaʊs] *n* almacén *m*

warm [wɔːm] ◇ *adj* 1. (*pleasantly hot*) caliente 2. (*lukewarm*) templado(da) 3. (*day, weather, welcome*) caluroso(sa) 4. (*clothes, blankets*) que abriga 5. (*person, smile*) afectuoso(sa) ◇ *vt* calentar • **I'm warm** tengo calor • **it's warm** hace calor • **are you warm enough?** no tendrás frío ¿verdad? ◆ **warm up** ◇ *vt sep* calentar ◇ *vi* 1. (*get warmer*) entrar en calor 2. (*do exercises*) hacer ejercicios

de calentamiento 3. (*machine, engine*) calentarse

warmth [wɔːmθ] *n* calor *m*

warn [wɔːn] *vt* advertir • **we warned them about the risks** les previnimos de los riesgos • **I warned you not to do that** te advertí que no lo hicieras

warning ['wɔːnɪŋ] *n* aviso *m*

warranty ['wɒrəntɪ] *n* (*fml*) garantía *f*

warship ['wɔːʃɪp] *n* buque *m* de guerra

wart [wɔːt] *n* verruga *f*

was [wɒz] *pt* ➤ **be**

wash [wɒʃ] ◇ *vt* lavar ◇ *vi* lavarse ◇ *n* • **to give sthg a wash** lavar algo • **to have a wash** lavarse • **to wash one's hands/face** lavarse las manos/la cara • **wash up** *vi* 1. (*UK*) (*do washing-up*) fregar los platos 2. (*US*) (*clean o.s.*) lavarse

washable ['wɒʃəbl] *adj* lavable

washbasin ['wɒʃˌbeɪsn] *n* lavabo *m*

washbowl ['wɒʃbəʊl] *n* (*US*) lavabo *m*

washer ['wɒʃə'] *n* (*ring*) arandela *f*

washing ['wɒʃɪŋ] *n* (*UK*) 1. (*activity, clean clothes*) colada *f* (*Esp*), ropa *f* lavada 2. (*dirty clothes*) ropa *f* sucia

washing line *n* (*UK*) tendedero *m*

washing machine *n* lavadora *f*

washing powder *n* (*UK*) detergente *m* (*en polvo*)

washing-up *n* (*UK*) • **to do the washing-up** fregar los platos

washing-up bowl *n* (*UK*) barreño *m*

washing-up liquid *n* (*UK*) lavavajillas *m inv*

washroom ['wɒʃrʊm] *n* (*US*) aseos *mpl*, baños *mpl* (*Amér*)

wasn't [wɒznt] = **was not**

wasp [wɒsp] n avispa f

waste [weɪst] ◇ n **1.** (rubbish) desperdicios mpl **2.** (toxic, nuclear) residuos mpl ◇ vt **1.** (energy, opportunity) desperdiciar **2.** (money) malgastar ● **a waste of money** un derroche de dinero ● **a waste of time** una pérdida de tiempo

wastepaper basket [ˌweɪstˈpeɪpəˈ] n papelera f

watch [wɒtʃ] ◇ n (wristwatch) reloj m (de pulsera) ◇ vt **1.** (observe) ver **2.** (spy on) vigilar **3.** (be careful with) tener cuidado con ● **watch out** vi (be careful) tener cuidado ● **watch out for a big hotel** estate al tanto de un hotel grande

watchstrap [ˈwɒtʃstræp] n correa f de reloj

water [ˈwɔːtəˈ] ◇ n agua f ◇ vt regar ◇ vi ● **my eyes are watering** me lloran los ojos ● **my mouth is watering** se me está haciendo la boca agua

water bottle n cantimplora f

watercolor (US) = **watercolour**

watercolour [ˈwɔːtəˌkʌləˈ] n (UK) acuarela f

watercress [ˈwɔːtəkres] n berro m

waterfall [ˈwɔːtəfɔːl] n **1.** (small) cascada f **2.** (large) catarata f

watering can [ˈwɔːtərɪŋ-] n regadera f

watermelon [ˈwɔːtəˌmelən] n sandía f

waterproof [ˈwɔːtəpruːf] adj impermeable

water skiing n esquí m acuático

watersports [ˈwɔːtəspɔːts] npl deportes mpl acuáticos

water tank n depósito m del agua

watertight [ˈwɔːtətaɪt] adj hermético(-ca)

watt [wɒt] n vatio m ● **a 60-watt bulb** una bombilla de 60 vatios

wave [weɪv] ◇ n **1.** (in sea, of crime) ola f **2.** (in hair, of light, sound) onda f ◇ vt **1.** (hand) saludar con **2.** (flag) agitar ◇ vi **1.** (when greeting) saludar con la mano **2.** (when saying goodbye) decir adiós con la mano

wavelength [ˈweɪvleŋθ] n longitud f de onda

wavy [ˈweɪvɪ] adj ondulado(da)

wax [wæks] n cera f

way [weɪ] n **1.** (manner, means) modo m, manera f **2.** (route, distance travelled) camino m **3.** (direction) dirección f ● **it's the wrong way round** al revés ● **which way is the station?** ¿por dónde se va a la estación? ● **the town is out of our way** la ciudad no nos queda de camino ● **to be in the way** estar en medio ● **to be on the way** (coming) estar de camino ● **to get out of the way** quitarse de en medio ● **to get under way** dar comienzo ● **there's a long way to go** nos queda mucho camino ● **a long way away** muy lejos ● **to lose one's way** perderse ● **on the way back** a la vuelta ● **on the way there** a la ida ● **that way** (like that) así; (in that direction) por allí ● **this way** (like this) así; (in this direction) por aquí ● **give way** ceda el paso ● **no way!** (inf) ¡ni hablar! ▼ **way in** entrada ▼ **way out** salida

WC [ˌdʌbljuːˈsiː] n (UK) (abbr of water closet) aseos mpl, baños mpl (Amér)

we [wi:] *pron* nosotros *mpl*, -tras *f*
we're young (nosotros) somos jóvenes
weak [wi:k] *adj* **1.** débil **2.** *(not solid)*
frágil **3.** *(drink)* poco cargado(da) **4.**
(soup) líquido(da) **5.** *(poor, not good)*
mediocre
weaken ['wi:kən] *vt* debilitar
weakness ['wi:knɪs] *n* **1.** *(weak point)*
defecto *m* **2.** *(fondness)* debilidad *f*
wealth [welθ] *n* riqueza *f*
wealthy ['welθɪ] *adj* rico(ca)
weapon ['wepən] *n* arma *f*
weapons of mass destruction *n*
armas *fpl* de destrucción masiva
wear [weə^r] *(pt* **wore***, pp* **worn)** ◇ *vt*
llevar ◇ *n (clothes)* ropa *f* ● **wear and
tear** desgaste *m* ● **wear off** *vi* desaparecer ● **wear out** *vi* gastarse
weary ['wɪərɪ] *adj* fatigado(da)
weather ['weðə^r] *n* tiempo *m* ● **what's
the weather like?** ¿qué tiempo hace?
● **to be under the weather** *(inf)* no
encontrarse muy bien
weather forecast *n* pronóstico *m* del
tiempo
weather forecaster [-fɔ:kɑ:stə^r] *n*
hombre *m* del tiempo, mujer *m* del
tiempo *f*
weather report *n* parte *m* meteorológico
weather vane [-veɪn] *n* veleta *f*
weave [wi:v] *(pt* **wove***, pp* **woven)** *vt*
tejer
web [web] *n* **1.** telaraña *f* **2.** COMPUT
the web el OR la Web ● **on the web** en
el OR la Web
webcam ['webkæm] *n* webcam *f*
web site *n* COMPUT sitio *m* web, web *m*

Wed. *(abbr of* **Wednesday)** miér.
(miércoles)
wedding ['wedɪŋ] *n* boda *f*
wedding anniversary *n* aniversario *m*
de boda
wedding dress *n* vestido *m* de novia
wedding ring *n* anillo *m* de boda
wedge [wedʒ] *n* **1.** *(of cake)* trozo *m* **2.**
(of wood etc) cuña *f*
Wednesday ['wenzdɪ] *n* miércoles *m inv*
● **it's Wednesday** es miércoles ●
Wednesday morning el miércoles por la
mañana ● **on Wednesday** el miércoles
● **on Wednesdays** los miércoles ● **last
Wednesday** el miércoles pasado ● **this
Wednesday** este miércoles ● **next
Wednesday** el miércoles de la semana
que viene ● **Wednesday week, a week
on Wednesday** del miércoles en ocho días
wee [wi:] *n (inf)* pipí *m*
weed [wi:d] *n* mala hierba *f*
week [wi:k] *n* **1.** semana *f* **2.** *(weekdays)*
días *mpl* laborables ● **a week today** de
hoy en ocho días ● **in a week's time**
dentro de una semana
weekday ['wi:kdeɪ] *n* día *m* laborable
weekend [ˌwi:k'end] *n* fin *m* de semana
weekly ['wi:klɪ] ◇ *adj* semanal ◇ *adv*
cada semana ◇ *n* semanario *m*
weep [wi:p] *(pt & pp* **wept)** *vi* llorar
weigh [weɪ] *vt* pesar ● **how much does
it weigh?** ¿cuánto pesa?
weight [weɪt] *n* peso *m* ● **to lose
weight** adelgazar ● **to put on weight**
engordar ● **weights** *npl (for weight
training)* pesas *fpl*
weightlifting ['weɪtˌlɪftɪŋ] *n* halterofilia *f*

weight training n ejercicios mpl de pesas

weird [wɪəd] adj raro(ra)

welcome ['welkəm] ◇ adj 1. (guest) bienvenido(da) 2. (freely allowed) muy libre 3. (appreciated) grato(ta) ◇ n bienvenida f ◇ vt 1. (greet) dar la bienvenida a 2. (be grateful for) agradecer ◇ excl ¡bienvenido! ● **to make sb feel welcome** recibir bien a alguien ● **you're welcome!** de nada

weld [weld] vt soldar

welfare ['welfeə] n 1. (happiness, comfort) bienestar m 2. (US) (money) subsidio m de la Seguridad Social

well [wel] (compar **better**, superl **best**) ◇ adj & adv bien ◇ n pozo m ● **to get well** reponerse ● **to go well** ir bien ● **well before the start** mucho antes del comienzo ● **well done!** ¡muy bien! ● **it may well happen** es muy probable que ocurra ● **it's well worth it** sí que merece la pena ● **as well** también ● **as well as** además de

we'll [wiːl] = we shall, we will

well-behaved [-bɪ'heɪvd] adj bien educado(da)

well-built adj fornido(da)

well-done adj muy hecho(cha)

well-dressed [-'drest] adj bien vestido(da)

wellington (boot) ['welɪŋtən-] n (UK) bota f de agua

well-known adj conocido(da)

well-off adj (rich) adinerado(da)

well-paid adj bien remunerado(da)

welly ['welɪ] n (UK) (inf) bota f de agua

Welsh [welʃ] ◇ adj galés(esa) ◇ n

(language) galés m ◇ npl ● **the Welsh** los galeses ● **Welsh National Assembly** la Asamblea Nacional de Gales

Welshman ['welʃmən] (pl **-men**) n galés m

Welshwoman ['welʃ,wʊmən] (pl **-women**) n galesa f

went [went] pt ➤ go

wept [wept] pt & pp ➤ weep

were [wɜː] pt ➤ be

we're [wɪə] = we are

weren't [wɜːnt] = were not

west [west] ◇ n oeste m ◇ adv 1. (fly, walk) hacia el oeste 2. (be situated) al oeste ● **in the west of England** en el oeste de Inglaterra

westbound ['westbaʊnd] adj con dirección oeste

West Country n ● **the West Country** el sudoeste de Inglaterra, especialmente los condados de Somerset, Devon y Cornualles

western ['westən] ◇ adj occidental ◇ n película f del oeste

West Indies [-'ɪndɪz] npl ● **the West Indies** las Antillas

Westminster [ˈwestmɪnstəʳ] *n* Westminster

Westminster Abbey *n* la abadía de Westminster

Westminster/ Westminster Abbey

Westminster es un barrio del centro de Londres en el que se encuentra el parlamento británico y la abadía del mismo nombre (*Westminster Abbey*). Durante muchos siglos los monarcas británicos fueron enterrados en la abadía. Con frecuencia, *Westminster* se usa como sinónimo de "el gobierno británico".

westwards [ˈwestwədz] *adv* hacia el oeste

wet [wet] (*pt & pp inv* OR **-ted**) ◇ *adj* **1.** (*soaked*) mojado(da) **2.** (*damp*) húmedo(da) **3.** (*rainy*) lluvioso(sa) ◇ *vt* **1.** (*soak*) mojar **2.** (*dampen*) humedecer ● **to get wet** mojarse ▼ **wet paint** recién pintado

wet suit *n* traje *m* de submarinista

we've [wiːv] = **we have**

whale [weɪl] *n* ballena *f*

wharf [wɔːf] (*pl* **-s** OR **wharves**) *n* muelle *m*

what [wɒt]
◇ *adj* **1.** (*in questions*) qué ● **what colour is it?** ¿de qué color es? ● **what shape is it?** ¿qué forma tiene? ● **he asked me what colour it was** me preguntó de qué color era **2.** (*in exclamations*) qué ● **what a surprise!** ¡qué sorpresa! ● **what a beautiful day!** ¡qué día más bonito!

◇ *pron* **1.** (*in questions*) qué ● **what is going on?** ¿qué pasa? ● **what are they doing?** ¿qué hacen? ● **what is it called?** ¿cómo se llama? ● **what are they talking about?** ¿de qué están hablando? ● **she asked me what happened** me preguntó qué había pasado **2.** (*introducing relative clause*) lo que ● **I didn't see what happened** no vi lo que pasó ● **take what you want** coge lo que quieras **3.** (*in phrases*) ● **what for?** ¿para qué? ● **what about going out for a meal?** ¿qué tal si salimos a cenar?

◇ *excl* ¡qué!

whatever [wɒtˈevəʳ] *pron* ● **take whatever you want** coge lo que quieras ● **whatever I do, I'll lose** haga lo que haga, saldré perdiendo ● **whatever that may be** sea lo que sea eso

wheat [wiːt] *n* trigo *m*

wheel [wiːl] *n* **1.** rueda *f* **2.** (*steering wheel*) volante *m*

wheelbarrow [ˈwiːlˌbærəʊ] *n* carretilla *f*

wheelchair [ˈwiːlˌtʃeəʳ] *n* silla *f* de ruedas

wheelclamp [ˌwiːlˈklæmp] *n* (*UK*) cepo *m*

wheezy [ˈwiːzɪ] *adj* ● **to be wheezy** resollar

when [wen] ◇ *adv* cuándo ◇ *conj* cuando

whenever [wenˈevəʳ] *conj* siempre que ● **whenever you like** cuando quieras

where [weəʳ] ◇ *adv* dónde ◇ *conj* donde

whereabouts [ˈweərəbaʊts] ◇ *adv* (por) dónde ◇ *npl* paradero *m*

whereas [weərˈæz] *conj* mientras que

wherever [weərˈevəʳ] *conj* dondequiera

que ● **wherever** that may be dondequiera que esté eso ● **wherever you like** donde quieras

whether ['weðə'] *conj* si ● **whether you like it or not** tanto si te gusta como si no

which [wɪtʃ]

◇ *adj qué* ● **which room do you want?** ¿qué habitación quieres? ● **she asked me which room I wanted** me preguntó qué habitación quería ● **which one?** ¿cuál?

◇ *pron* **1.** *(in questions)* cuál ● **which is the cheapest?** ¿cuál es el más barato? ● **he asked me which was the best** me preguntó cuál era el mejor **2.** *(introducing relative clause)* que ● **the house which is on the corner** la casa que está en la esquina ● **the television which I bought** la televisión que compré ● **the settee on which I'm sitting** el sofá en el que estoy sentado **3.** *(referring back)* lo cual ● **she denied it, which surprised me** lo negó, lo cual me sorprendió

whichever [wɪtʃ'evə'] ◇ *pron* el que m, la que f ◇ *adj* ● **take whichever chocolate you like best** coge el bombón que prefieras ● **whichever way you do it** lo hagas como lo hagas

while [waɪl] ◇ *conj* **1.** *(during the time that)* mientras **2.** *(although)* aunque **3.** *(whereas)* mientras que ◇ *n* ● **a while ago** hace tiempo ● **for a while** un rato ● **in a while** dentro de un rato

whim [wɪm] *n* capricho m.

whine [waɪn] *vi* **1.** *(make noise)* gimotear

2. *(complain)* quejarse

whip [wɪp] ◇ *n* látigo m ◇ *vt* azotar

whipped cream [wɪpt-] *n* nata f montada *(Esp)*, crema f batida *(Amér)*

whisk [wɪsk] ◇ *n* batidor m *(de varillas)* ◇ *vt (eggs, cream)* batir

whiskers ['wɪskəz] *npl* **1.** *(of person)* patillas fpl **2.** *(of animal)* bigotes mpl

whiskey ['wɪskɪ] *(pl* -**s**) *n* whisky m *(de Irlanda o EEUU)*

whisky ['wɪskɪ] *n (UK)* whisky m *(de Escocia)*

whisper ['wɪspə'] ◇ *vt* susurrar ◇ *vi* cuchichear

whistle ['wɪsl] ◇ *n* **1.** *(instrument)* silbato m **2.** *(sound)* silbido m ◇ *vi* silbar

white [waɪt] ◇ *adj* **1.** blanco(ca) **2.** *(coffee, tea)* con leche ◇ *n* **1.** *(colour)* blanco m **2.** *(of egg)* clara f **3.** *(person)* blanco m, -ca f

white bread *n* pan m blanco

White House *n* ● **the White House** la Casa Blanca

White House

La Casa Blanca, en Washington, es la residencia oficial del presidente de los Estados Unidos. En ella se encuentra el famoso Despacho Oval, que se ha convertido en símbolo de la presidencia. Con frecuencia, Casa Blanca se usa como sinónimo de "el gobierno estadounidense".

white sauce *n* salsa f bechamel

whitewash ['waɪtwɒʃ] *vt* blanquear

white wine *n* vino *m* blanco

whiting ['waɪtɪŋ] (*pl inv*) *n* pescadilla *f*

Whitsun ['wɪtsn] *n* Pentecostés *m*

who [huː] *pron* **1.** (*in questions*) quién, quiénes *pl* **2.** (*in relative clauses*) que

whoever [huːˈevə'] *pron* quienquiera que ● **whoever it is** quienquiera que sea ● **whoever you like** quien quieras

whole [həʊl] ◇ *adj* entero(ra) ◇ *n* ● **the whole of the journey** todo el viaje ● **on the whole** en general

wholefoods ['həʊlfuːdz] *npl* (UK) alimentos *mpl* integrales

wholemeal bread ['həʊlmiːl-] *n* (UK) pan *m* integral

wholesale ['həʊlseɪl] *adv* al por mayor

wholewheat bread ['həʊl,wiːt-] (US) = **wholemeal bread**

whom [huːm] *pron* **1.** (*frml*) (*in questions*) quién, quiénes *pl* **2.** (*in relative clauses*) que

whooping cough ['huːpɪŋ-] *n* tos *f* ferina

whose [huːz] ◇ *adj* **1.** (*in questions*) de quién **2.** (*in relative clauses*) cuyo(ya) ◇ *pron* de quién ● **whose book is this?** ¿de quién es este libro?

why [waɪ] *adv & conj* por qué ● **this is why we can't do it** esta es la razón por la que no podemos hacerlo ● **explain the reason why** explícame por qué ● **why not?** (*in suggestions*) ¿por qué no?; (*all right*) por supuesto (que sí)

wick [wɪk] *n* mecha *f*

wicked ['wɪkɪd] *adj* **1.** (*evil*) perverso(sa) **2.** (*mischievous*) travieso(sa)

wicker ['wɪkə'] *adj* de mimbre

wide [waɪd] ◇ *adj* **1.** (*in distance*) an-

cho(cha) **2.** (*range, variety*) amplio(plia) **3.** (*difference, gap*) grande ● *adv* ● **open your mouth wide** abre bien la boca ● **how wide is the road?** ¿cómo es de ancha la carretera? ● **it's 12 metres wide** tiene 12 metros de ancho ● **wide open** (*door, window*) abierto de par en par

widely ['waɪdlɪ] *adv* **1.** (*known, found*) generalmente **2.** (*travel*) extensamente

widen ['waɪdn] ◇ *vt* (*make broader*) ensanchar ◇ *vi* (*gap, difference*) aumentar

wide screen *n* (*television, cinema*) pantalla *f* ancha, pantalla *f* panorámica ●

wide-screen *adj* **1.** (*television*) de pantalla ancha or panorámica **2.** (*film*) para pantalla ancha or panorámica

wide-screen TV ['waɪdskriːn] *n* televisor *m* panorámico

widespread ['waɪdspred] *adj* general

widow ['wɪdəʊ] *n* viuda *f*

widower ['wɪdəʊə'] *n* viudo *m*

width [wɪdθ] *n* **1.** anchura *f* **2.** (*of swimming pool*) ancho *m*

wife [waɪf] (*pl* **wives**) *n* mujer *f*

wig [wɪg] *n* peluca *f*

wild [waɪld] *adj* **1.** (*plant*) silvestre **2.** (*animal*) salvaje **3.** (*land, area*) agreste **4.** (*uncontrolled*) frenético(ca) **5.** (*crazy*) alocado(da) ● **to be wild about** (*inf*) estar loco(ca) por

wild flower *n* flor *f* silvestre

wildlife ['waɪldlaɪf] *n* fauna *f*

will¹ [wɪl] *aux vb* **1.** (*expressing future tense*) ● **I will see you next week** te veré la semana que viene ● **will you be here next Friday?** ¿vas a venir el próximo viernes? ● **yes** I will sí ● **no** I won't no **2.** *(expressing willingness)* ● I won't do it no lo haré ● **no one** will do it nadie quiere hacerlo **3.** *(expressing polite question)* ● will you have some more tea? ¿le apetece más té? **4.** *(in commands, requests)* ● will you please be quiet! ¡queréis hacer el favor de callaros? ● **close the window, will you?** cierra la ventana, por favor

will² [wɪl] *n (document)* testamento *m* ● **against one's will** contra la voluntad de uno

willing ['wɪlɪŋ] *adj* ● **to be willing (to do sthg)** estar dispuesto(ta) (a hacer algo)

willingly ['wɪlɪŋlɪ] *adv* de buena gana

willow ['wɪləʊ] *n* sauce *m*

Wimbledon ['wɪmbldən] *n* *torneo de tenis*

win [wɪn] *(pt & pp* **won**) *◇ n* victoria *f* *◇ vt & vi* ganar

wind¹ [wɪnd] *n* **1.** viento *m* **2.** *(UK) (in stomach)* gases *mpl*

wind² [waɪnd] *(pt & pp* **wound**) *◇ vi* serpentear *◇ vt* ● **to wind a rope**

around a post enrollar una cuerda alrededor de un poste ● **wind up** *vt sep* **1.** *(inf) (annoy)* vacilar **2.** *(car window)* subir **3.** *(clock, watch)* dar cuerda a

windbreak ['wɪndbreɪk] *n* lona *f* de protección contra el viento

windmill ['wɪndmɪl] *n* molino *m* de viento

window ['wɪndəʊ] *n* **1.** ventana *f* **2.** *(of car, plane)* ventanilla *f* **3.** *(of shop)* escaparate *m*

window box *n* jardinera *f* (de ventana)

window cleaner *n* limpiacristales *mf inv (Esp)*, limpiavidrios *mf inv (Amér)*

windowpane ['wɪndəʊ,peɪn] *n* cristal *m (Esp)*, vidrio *m (Amér)*

window seat *n* asiento *m* junto a la ventanilla

window-shopping *n* ● **to go window-shopping** mirar los escaparates

windowsill ['wɪndəʊsɪl] *n* alféizar *m*

windscreen ['wɪndskriːn] *n (UK)* parabrisas *m inv*

windscreen wipers *npl (UK)* limpiaparabrisas *m inv*

windshield ['wɪndʃiːld] *n (US)* parabrisas *m inv*

Windsor Castle ['wɪnzə-] *n* el castillo de Windsor

windsurfing ['wɪnd,sɜːfɪŋ] *n* windsurf *m* ● **to go windsurfing** ir a hacer windsurf

windy ['wɪndɪ] *adj (day, weather)* de mucho viento ● **it's windy** hace viento

wine [waɪn] *n* vino *m*

wine bar *n* bar *de cierta distinción*,

especializado en la venta de vinos y que suele servir comidas

wineglass ['waɪnglɑːs] *n* copa *f* (de vino)

wine list *n* lista *f* de vinos

wine tasting [-'teɪstɪŋ] *n* cata *f* de vinos

wine waiter *n* sommelier *m*

wing [wɪŋ] *n* **1.** ala *f* **2.** (UK) (of car) guardabarros *m inv* ◆ **wings** *npl* ● the wings los bastidores

wink [wɪŋk] *vi* guiñar el ojo

winner ['wɪnə'] *n* ganador *m*, -ra *f*

winning ['wɪnɪŋ] *adj* **1.** (person, team) vencedor(ra) **2.** (ticket, number) premiado(da)

winter ['wɪntə'] *n* invierno *m* ● in (the) winter en invierno

wintertime ['wɪntətaɪm] *n* invierno *m*

wipe [waɪp] *vt* limpiar ● to wipe one's feet limpiarse los zapatos (en el felpudo) ● to wipe one's hands limpiarse las manos ◆ **wipe up** ◇ *vt sep* **1.** (liquid) secar **2.** (dirt) limpiar

wiper ['waɪpə'] *n* (windscreen wiper) limpiaparabrisas *m inv*

wire ['waɪə'] ◇ *n* **1.** alambre *m* **2.** (electrical wire) cable *m* ◇ *vt* (plug) conectar el cable a

wireless ['waɪəlɪs] *adj* inalámbrico(ca)

wiring ['waɪərɪŋ] *n* instalación *f* eléctrica

wisdom tooth ['wɪzdəm-] *n* muela *f* del juicio

wise [waɪz] *adj* **1.** (person) sabio(bia) **2.** (decision, idea) sensato(ta)

wish [wɪʃ] ◇ *n* deseo *m* ◇ *vt* desear ● I wish I was younger ¡ojalá fuese más joven! ● best wishes un saludo ● to

wish for sthg pedir algo (como deseo) ● to wish to do sthg (fml) desear hacer algo ● to wish sb luck/happy birthday desear a alguien buena suerte/feliz cumpleaños ● if you wish (fml) si usted lo desea

witch [wɪtʃ] *n* bruja *f*

with [wɪð] *prep* **1.** (in company of) con ● I play tennis with her juego al tenis con ella ● with me conmigo ● with you contigo ● with himself/herself consigo ● we stayed with friends estuvimos en casa de unos amigos **2.** (in descriptions) con ● the man with the beard el hombre de la barba ● a room with a bathroom una habitación con baño **3.** (indicating means, manner) con ● I washed with detergent lo lavé con detergente ● they won with ease ganaron con facilidad ● topped with cream cubierto de nata ● with fear temblar de miedo **4.** (regarding) con ● be careful with that! ¡ten cuidado con eso! **5.** (indicating opposition) contra ● to argue with sb discutir con alguien

withdraw [wɪð'drɔː] (*pt* -drew, *pp* -drawn) ◇ *vt* **1.** (take out) retirar **2.** (money) sacar ◇ *vi* retirarse

withdrawal [wɪð'drɔːəl] *n* (from bank account) reintegro *m*

withdrawn [wɪð'drɔːn] *pp* ➤ withdraw

withdrew [wɪð'druː] *pt* ➤ withdraw

wither ['wɪðə'] *vi* marchitarse

within [wɪ'ðɪn] ◇ *prep* **1.** (inside) dentro de **2.** (certain distance) a menos de **3.** (certain time) en menos de ◇ *adv* dentro ● it's within ten miles of ... está a menos de diez millas de ... ● **it's within walking distance** se puede ir andando ● **it arrived within a week** llegó en menos de una semana ● **within the next week** durante la próxima semana

without [wɪð'aʊt] *prep* sin ● **without me knowing** sin que yo supiera

withstand [wɪð'stænd] (*pt & pp* **-stood**) *vt* resistir

witness ['wɪtnɪs] ◇ *n* testigo *mf* ◇ *vt (see)* presenciar

witty ['wɪtɪ] *adj* ocurrente

wives [waɪvz] *pl* ➤ **wife**

WMD [dʌbljuː'emˈdiː] *n (abbr of* **weapons of mass destruction**) armas *fpl* de destrucción masiva

wobbly ['wɒblɪ] *adj (table, chair)* cojo(ja)

wok [wɒk] *n* wok *m*

woke [wəʊk] *pt* ➤ **wake**

woken ['wəʊkn] *pp* ➤ **wake**

wolf [wʊlf] (*pl* **wolves**) *n* lobo *m*

woman ['wʊmən] (*pl* **women**) *n* mujer *f*

womb [wuːm] *n* matriz *f*

women ['wɪmɪn] *pl* ➤ **woman**

won [wʌn] *pt & pp* ➤ **win**

wonder ['wʌndər] ◇ *vi (ask o.s.)* preguntarse ◇ *n (amazement)* asombro *m* ● **to wonder if** preguntarse si ● **I wonder if I could ask you a favour?** ¿le importaría hacerme un favor?

wonderful ['wʌndəfʊl] *adj* maravilloso(sa)

won't [wəʊnt] = **will not**

wood [wʊd] *n* **1.** *(substance)* madera *f* **2.** *(small forest)* bosque *m* **3.** *(golf club)* palo *m* de madera

wooden ['wʊdn] *adj* de madera

woodland ['wʊdlənd] *n* bosque *m*

woodpecker ['wʊd,pekər] *n* pájaro *m* carpintero

woodwork ['wʊdwɜːk] *n* **1.** *(doors, window frames etc)* carpintería *f* **2.** SCH carpintería *f*

wool [wʊl] *n* lana *f*

woolen ['wʊlən] *(US)* = **woollen**

woollen ['wʊlən] *adj (UK)* de lana

woolly ['wʊlɪ] *adj (UK)* de lana

wooly ['wʊlɪ] *(US)* = **woolly**

word [wɜːd] *n* palabra *f* ● **in other words** es decir ● **to have a word with sb** hablar con alguien

wording ['wɜːdɪŋ] *n* formulación *f*

word processing [-'prəʊsesɪŋ] *n* procesamiento *m* de textos

word processor [-'prəʊsesər] *n* procesador *m* de textos

wore [wɔːr] *pt* ➤ **wear**

work [wɜːk] ◇ *n* **1.** trabajo *m* **2.** *(painting, novel etc)* obra *f* ◇ *vi* **1.** trabajar **2.** *(operate, have desired effect)* funcionar **3.** *(take effect)* hacer efecto ◇ *vt (machine, controls)* hacer funcionar ● **out of work** desempleado ● **to be at work** *(at workplace)* estar en el trabajo; *(working)* estar trabajando ● **to be off work** estar ausente del trabajo ● **the works** *(inf) (everything)* todo ● **how does it work?** ¿cómo funciona? ● **it's not working** no funciona ● **to work as** trabajar de ● **work out** ◇ *vt sep* **1.** *(price, total)* calcular **2.** *(solution, reason)* deducir **3.** *(method, plan)* dar con **4.** *(understand)* entender ◇ *vi* **1.** *(result, turn out)* salir **2.** *(be successful)* funcionar **3.** *(do* *exercise)* hacer ejercicio ● **it works out at £20 each** sale a 20 libras cada uno

worker ['wɜːkə⁺] *n* trabajador *m*, -ra *f*

working class ['wɜːkɪŋ-] *n* ● **the working class** la clase obrera

working hours ['wɜːkɪŋ-] *npl* horario *m* de trabajo

working hours

En el Reino Unido, se trabaja de 35 a 40 horas semanales. El horario va de 9 a 5, con una hora para comer. En los Estados Unidos, se trabaja de 40 a 45 horas semanales. El horario va de las 8 a las 5, también con una hora para comer.

workman ['wɜːkmən] *(pl* **-men)** *n* obrero *m*

work of art *n* obra *f* de arte

workout ['wɜːkaʊt] *n* sesión *f* de ejercicios

work permit *n* permiso *m* de trabajo

workplace ['wɜːkpleɪs] *n* lugar *m* de trabajo

workshop ['wɜːkʃɒp] *n* taller *m*

world [wɜːld] ◇ *n* mundo *m* ◇ *adj* mundial ● **the best in the world** el mejor del mundo

worldwide [ˌwɜːldˈwaɪd] *adv* a escala mundial

World Wide Web *n* COMPUT ● **the World Wide Web** el OR la World Wide Web

worm [wɜːm] *n* gusano *m*

worn [wɔːn] ◇ *pp* ➤ **wear** ◇ *adj* gastado(da)

worn-out *adj (tired)* agotado(da) ● **to be worn-out** *(clothes, shoes etc)* ya estar para tirar

worried ['wʌrɪd] *adj* preocupado(da)

worry ['wʌrɪ] ◇ *n* preocupación *f* ◇ *vt* preocupar ◇ *vi* ● **to worry (about)** preocuparse (por)

worrying ['wʌrɪŋ] *adj* preocupante

worse [wɜːs] *adj & adv* peor ● **to get worse** empeorar ● **worse off** *(in worse position)* en peor situación; *(poorer)* peor de dinero

worsen ['wɜːsn] *vi* empeorar

worship ['wɜːʃɪp] ◇ *n (church service)* oficio *m* ◇ *vt* adorar

worst [wɜːst] ◇ *adj & adv* peor ◇ *n* ● **the worst** *(person)* el peor(la peor); *(thing)* lo peor

worth [wɜːθ] *prep* ● **how much is it worth?** ¿cuánto vale? ● **it's worth £50** vale 50 libras ● **it's worth seeing** merece la pena verlo ● **it's not worth it** no vale la pena ● **£50 worth of traveller's cheques** cheques de viaje por valor de 50 libras

worthless ['wɜːθlɪs] *adj* sin valor

worthwhile [ˌwɜːθˈwaɪl] *adj* que vale la pena

worthy ['wɜːðɪ] *adj* digno(na) ● **to be worthy of sthg** merecer algo

would [wʊd] *aux vb* **1.** *(in reported speech)* ● **she said she would come** dijo que vendría **2.** *(indicating condition)* ● **what would you do?** ¿qué harías? ● **what would you have done?** ¿qué habrías hecho? ● **I would be most grateful** le estaría muy agradecido **3.** *(indicating willingness)* ● **she wouldn't go no**

quería irse ● he would do anything for her haría cualquier cosa por ella **4.** *(in polite questions)* ● would you like a drink? ¿quieres tomar algo? ● would you mind closing the window? ¿te importaría cerrar la ventana? **5.** *(indicating inevitability)* ● he would say that y él ¿qué va a decir? **6.** *(giving advice)* ● I would report it if I were you yo en tu lugar lo denunciaría **7.** *(expressing opinions)* ● I would prefer yo preferiría ● I would have thought (that) ... hubiera pensado que ...

wound¹ [wu:nd] ◇ *n* herida *f* ◇ *vt* herir

wound² [waʊnd] *pt & pp* ➢ **wind²**

wove [wəʊv] *pt* ➢ **weave**

woven [ˈwəʊvn] *pp* ➢ **weave**

wrap [ræp] *vt (package)* envolver ● to wrap a towel around your waist enrollar una toalla a la cintura ● **wrap up** ◇ *vt sep (package)* envolver ◇ *vi* abrigarse

wrapper [ˈræpəʳ] *n* envoltorio *m*

wrapping [ˈræpɪŋ] *n* envoltorio *m*

wrapping paper *n* papel *m* de envolver

wreath [ri:θ] *n* corona *f* (de flores)

wreck [rek] ◇ *n* **1.** *(of plane, car)* restos *mpl* del siniestro **2.** *(of ship)* restos *mpl* del naufragio ◇ *vt* **1.** *(destroy)* destrozar **2.** *(spoil)* echar por tierra ● **to be wrecked** *(ship)* naufragar

wreckage [ˈrekɪdʒ] *n* **1.** *(of plane, car)* restos *mpl* **2.** *(of building)* escombros *mpl*

wrench [rentʃ] *n* **1.** (UK) *(monkey wrench)* llave *f* inglesa **2.** (US) *(spanner)* llave *f* de tuercas

wrestler [ˈresləʳ] *n* luchador *m*, -ra *f*

wrestling [ˈreslɪŋ] *n* lucha *f* libre

wretched [ˈretʃɪd] *adj* **1.** *(miserable)* desgraciado(da) **2.** *(very bad)* pésimo(-ma)

wring [rɪŋ] *(pt & pp* **wrung**) *vt* retorcer

wrinkle [ˈrɪŋkl] *n* arruga *f*

wrist [rɪst] *n* muñeca *f*

wristwatch [ˈrɪstwɒtʃ] *n* reloj *m* de pulsera

write [raɪt] *(pt* **wrote**, *pp* **written**) ◇ *vt* **1.** escribir **2.** *(cheque)* extender **3.** *(prescription)* hacer **4.** (US) *(send letter to)* escribir a ◇ *vi* escribir ● to write (to sb) (UK) escribir (a alguien) ● **write back** ◇ *vi* contestar ● **write down** ◇ *vt sep* apuntar ● **write off** ◇ *vt sep* (UK) *(inf) (car)* cargarse ◇ *vi* ● to write off for sthg hacer un pedido de algo (por escrito) ● **write out** *vt sep* **1.** *(list, essay)* escribir **2.** *(cheque, receipt)* extender

write-off *n* ● the car was a write-off (UK) el coche quedó hecho un estropicio

writer [ˈraɪtəʳ] *n (author)* escritor *m*, -ra *f*

writing [ˈraɪtɪŋ] *n* **1.** *(handwriting)* letra *f* **2.** *(written words)* escrito *m* **3.** *(activity)* escritura *f*

writing desk *n* escritorio *m*

writing pad *n* bloc *m*

writing paper *n* papel *m* de escribir

written [ˈrɪtn] ◇ *pp* ➢ **write** ◇ *adj* **1.** *(exam)* escrito(ta) **2.** *(notice, confirmation)* por escrito

wrong [rɒŋ] ◇ *adj* **1.** *(incorrect)* equivocado(da) **2.** *(unsatisfactory)* malo(la) **3.** *(moment)* inoportuno(na) **4.** *(person)* inapropiado(da) ◇ *adv* mal ● to be wrong *(person)* estar equivocado; *(immoral)* estar mal ● what's wrong? ¿qué pasa? ● something's wrong with the car el coche no marcha bien ● to be in the wrong haber hecho mal ● to get sthg wrong confundirse con algo ● to go wrong *(machine)* estropearse ▼ **wrong way** señal que indica a los conductores que existe el peligro de ir en la dirección contraria

wrongly ['rɒŋlɪ] *adv* equivocadamente

wrong number *n* ● sorry, I've got the wrong number perdone, me he equivocado de número

wrote [rəʊt] *pt* ➤ **write**

wrought iron [rɔːt-] *n* hierro *m* forjado

wrung [rʌŋ] *pt & pp* ➤ **wring**

WTO [dʌbljuːtiː'əʊ] *n (abbr of World Trade Organization)* OMC *f (Organización Mundial del Comercio)*

WWW [dʌbljuːdʌbljuː'dʌbljuː] *n* COMPUT *(abbr of World Wide Web)* WWW *m (World Wide Web)*

XL [eks'el] *(abbr of extra-large)* XL

Xmas ['eksməs] *n (inf)* Navidad *f*

X-ray [eks-] ◇ *n (picture)* radiografía *f* ◇ *vt* hacer una radiografía a ● to have an X-ray hacerse una radiografía

yacht [jɒt] *n* **1.** *(for pleasure)* yate *m* **2.** *(for racing)* balandro *m*

Yankee [jæŋkɪ] *n* yanqui *m*

yard [jɑːd] *n* **1.** *(unit of measurement)* = 91,44 cm yarda *f* **2.** *(enclosed area)* patio *m* **3.** *(US) (behind house)* jardín *m*

yard sale *n (US)* venta de objetos de segunda mano organizada por una sola persona frente a su casa

yarn [jɑːn] *n* hilo *m*

yawn [jɔːn] *vi* bostezar

yd *abbr* = **yard**

yeah [jeə] *adv (inf)* sí

year [jɪə] *n* **1.** año *m* **2.** *(at school)* curso *m* ● next year el año que viene ● this year este año ● I'm 15 years old tengo 15 años ● I haven't seen her for years *(inf)* hace siglos que no la veo

yearly ['jɪəlɪ] *adj* anual

yeast [jiːst] *n* levadura *f*

yell [jel] *vi* chillar

yellow ['jeləʊ] ◇ *adj* amarillo(lla) ◇ *n* amarillo *m*

yellow lines *npl* líneas *fpl* amarillas (de tráfico)

yes [jes] *adv* sí ● to say yes decir que sí

yesterday ['jestədɪ] ◇ *n* ayer *m* ◇ *adv* ayer ● the day before yesterday anteayer ● yesterday afternoon ayer por la tarde ● yesterday evening anoche ● yesterday morning ayer por la mañana

yet [jet] ◇ *adv* aún, todavía ◇ *conj* sin embargo ● **have they arrived yet?** ¿ya han llegado? ● **the best one yet** el mejor hasta ahora ● **not yet** todavía no ● **I've yet to do it** aún no lo he hecho ● **yet again** otra vez más ● **yet another delay** otro retraso más

yew [ju:] *n* tejo *m*

yield [ji:ld] ◇ *vt* (profit, interest) producir ◇ *vi* (break, give way) ceder ▼ **yield** (US) AUT ceda el paso

YMCA [waɪemsiː'eɪ] *n* (abbr of Young Men's Christian Association) asociación internacional de jóvenes cristianos

yob [jɒb] *n* (UK) (inf) gamberro *m*, -rra *f* (Esp), patán *m*

yoga ['jəʊgə] *n* yoga *m*

yoghurt ['jɒgət] *n* yogur *m*

yolk [jəʊk] *n* yema *f*

you [ju:] *pron* **1.** (subject: singular) tú, vos (Amér); (subject: plural) vosotros mpl, -tras fpl, ustedes mf pl (Amér); (subject: polite form) usted, ustedes pl ● **you French** vosotros los franceses **2.** (direct object: singular) te; (direct object: plural) os, les (Amér); (direct object: polite form) lo m, la f ● **I hate you!** te odio **3.** (indirect object: singular) te; (indirect object: plural) os, les (Amér); (indirect object: polite form) le, les pl ● **I told you to** te lo dije **4.** (after prep: singular) ti; (after prep: plural) vosotros mpl, -tras fpl, ustedes mf pl (Amér); (after prep: polite form) usted, ustedes pl ● **we'll go without you** iremos sin ti **5.** (indefinite use) uno m, una

f ● **you never know** nunca se sabe

young [jʌŋ] ◇ *adj* joven ◇ *npl* ● **the young** los jóvenes

youngster ['jʌŋstəʳ] *n* joven *mf*

your [jɔ:ʳ] *adj* **1.** (singular subject) tu; (plural subject) vuestro *m*, -tra *f*; (polite form) su ● **your dog** tu perro ● **your children** tus hijos **2.** (indefinite subject) it's good for your teeth es bueno para los dientes

yours [jɔ:z] *pron* **1.** (singular subject) tuyo *m*, -ya *f* **2.** (plural subject) vuestro *m*, -tra *f* **3.** (polite form) suyo *m*, -ya *f* ● **a friend of yours** un amigo tuyo

yourself [jɔ:'self] *(pl* **-selves**) *pron* **1.** (reflexive: singular) te; (reflexive: plural) os; (reflexive: polite form) se **2.** (after prep: singular) ti mismo(ma); (after prep: plural) vosotros mismos(vosotras mismas); (after prep: polite form) usted mismo(ma), ustedes mismos(mas) *f pl* ● **did you do it yourself?** (singular) ¿lo hiciste tú mismo?; (polite form) ¿lo hizo usted mismo? ● **did you do it yourselves?** ¿lo hicisteis vosotros/ustedes mismos?

youth [ju:θ] *n* **1.** juventud *f* **2.** (young man) joven *m*

youth club *n* club *m* juvenil

youth hostel *n* albergue *m* juvenil

yuppie ['jʌpɪ] *n* yuppy *mf*

YWCA [waɪdʌbljuːsiː'eɪ] *n* (abbr of Young Women's Christian Association) asociación internacional de jóvenes cristianas

zebra [(UK) 'zebrə, (US) 'ziːbrə] n cebra f

zebra crossing n (UK) paso m de cebra

zero ['zɪərəʊ] (pl **-es**) n cero m ● **five degrees below zero** cinco grados bajo cero

zest [zest] n (of lemon, orange) ralladura f

zigzag ['zɪgzæg] vi zigzag m

zinc [zɪŋk] n zinc m

zip [zɪp] ◇ n (UK) cremallera f, cierre m (Amér) ◇ vt cerrar la cremallera OR el cierre de ◆ **zip up** vt sep subir la cremallera OR el cierre de

zip code n (US) código m postal

zipper ['zɪpə'] n (US) cremallera f, cierre m (Amér)

zit [zɪt] n (inf) grano m

zodiac ['zəʊdɪæk] n zodíaco m

zone [zəʊn] n zona f

zoo [zuː] (pl **-s**) n zoo m

zoom (lens) [zuːm-] n zoom m

zucchini [zuː'kiːnɪ] (pl inv) n (US) calabacín m

GUÍA
DE
CONVERSACIÓN

Guía práctica

CONVERSATION
GUIDE

Numbers, weights and measures, currency, time

Índice

saludar a alguien	*greeting someone*	4
presentarse	*introducing yourself*	4
presentar a alguien	*making introductions*	5
despedirse	*saying goodbye*	5
agradecer	*saying thank you*	6
deseos y saludos	*wishes and greetings*	6
¿qué tiempo hace?	*what's the weather like?*	7
al expresar preferencias	*expressing likes and dislikes*	8
al teléfono	*on the phone*	9
en el coche	*in the car*	10
al alquilar un coche	*hiring a car (UK)* *renting a car (US)*	11
en la gasolinera	*at the petrol station (UK)* *at the gas station (US)*	12
en el garaje	*at the garage*	13
al tomar un taxi	*taking a taxi (UK)* *taking a cab*	14

Contents

al coger el autobús (Esp) al tomar el bus (Amér)	*taking the bus*	15
al tomar el tren	*taking the train*	16
en el aeropuerto	*at the airport*	18
¿dónde queda?	*asking the way*	19
al circular por la ciudad	*getting around town*	20
deportes	*sports*	21
en el hotel	*at the hotel*	22
en las tiendas	*at the shops*	23
al pedir información	*out and about*	24
en el café	*at the café*	25
en el restaurante	*at the restaurant*	26
en el banco	*at the bank*	27
en la oficina de correos	*at the post office*	28
los negocios	*business*	29
en el consultorio médico	*at the doctor's*	30
en el dentista	*at the dentist's*	31
en la farmacia	*at the chemist's (UK) at the drugstore (US)*	32

saludar a alguien	*greeting someone*
Buenos días. Buen día. (Amér)	Good morning.
Buenas tardes.	Good afternoon.
Buenas noches.	Good evening.
¡Hola!	Hello!
¿Cómo estás? ¿Cómo está? [polite form]	How are you?
Muy bien, gracias.	Very well, thank you.
Bien, gracias.	Fine, thank you.
¿Y tú? [to a friend] ¿Y vos? (RP) [to a friend] ¿Y usted? [polite form]	And you?

presentarse	*introducing yourself*
Me llamo Fernando.	My name is Fernando.
Soy español(a).	I am Spanish.
Soy de Madrid.	I come from Madrid.
Hola, soy Eduardo.	Hello, I'm Eduardo
Deja que me presente, soy Ana.	Allow me to introduce myself, I'm Ana.
Me parece que no nos conocemos.	I don't think we've met.

presentar a alguien	*making introductions*
Éste es el Sr. Ortega.	This is Mr. Ortega.
Me gustaría presentarle al Sr. Ortega.	I'd like to introduce Mr. Ortega.
Encantado de conocerlo. [polite form]	Pleased to meet you.
Encantado de conocerte.	Pleased to meet you.
¿Cómo está? [polite form]	How are you?
Espero que hayas tenido un buen viaje.	I hope you had a good trip.
Bienvenido/a.	Welcome.
Dejadme que os presente.	Shall I do the introductions?

despedirse	*saying goodbye*
Hasta luego. Adiós. Chao. Chau. (Amér)	Bye.
Hasta luego.	See you OR so long.
Hasta pronto.	See you soon.
Hasta más tarde.	See you later.
Nos veremos.	See you again sometime.

Que tenga un buen viaje. Que disfrute del viaje. (RP)	Enjoy your trip.
Encantado de conocerlo.	It was nice to meet you.
Me temo que me tengo que ir.	I'm afraid I have to go now.
Dale recuerdos a...	Give my best regards to...
Te deseo lo mejor.	All the best.

agradecer	*saying thank you*
(Muchas) gracias.	Thank you (very much).
Gracias. Igualmente.	Thank you. The same to you.
Gracias por su ayuda.	Thank you for your help.
Gracias por todo.	Thanks a lot for everything.
No sé cómo darte las gracias.	I can't thank you enough.
Te agradezco mucho...	I'm very grateful for...

deseos y saludos	*wishes and greetings*
¡Buena suerte!	Good luck!
¡Que vaya bien!/ ¡Que disfrute!	Have fun!/Enjoy yourself!
¡Que aproveche!/ ¡Buen provecho!	Enjoy your meal!
¡Feliz cumpleaños!	Happy Birthday!

¡Que pases una buena Semana Santa!	Happy Easter!
¡Feliz Navidad! ¡Felices Fiestas! (Esp)	Merry Christmas!
¡Feliz Año Nuevo!	Happy New Year!
¡Que pases un buen fin de semana!	Have a good weekend!
¡Felices vacaciones!	Enjoy your holiday! (UK) Enjoy your vacation! (US)
Un saludo cordial.	Best wishes.
¡Que pases un buen día!	Have a nice day!
¡Salud!	Cheers!
¡A tu salud!	To your health!
¡Te deseo lo mejor!	All the best!
¡Enhorabuena!	Congratulations!
¿qué tiempo hace?	*what's the weather like?*
Hace un día precioso.	It's a beautiful day.
Hace un día agradable. Hace un día lindo. (Amér)	It's nice.
Hace sol.	It's sunny.
Está lloviendo.	It's raining.
Está nublado.	It's cloudy.

Se espera lluvia para mañana.	It's supposed to rain tomorrow.
¡Qué tiempo más horrible!	What horrible weather!
Hace (mucho) calor/frío.	It's (very) hot/cold.
¿Qué tiempo hace?	What's the weather like?
Hay humedad.	It's humid.
Hace bochorno.	It's very oppressive/sultry. It's very close. (UK)
¡Espero que el tiempo mejore!	I hope the weather's going to get better!
al expresar preferencias	*expressing likes and dislikes*
Me gusta.	I like it.
No me gusta.	I don't like it.
¿Quieres tomar/comer algo? ¿Le apetece beber/comer algo? (Esp) ¿Te provoca tomar/comer algo? (Carib) ¿Querés tomar/comer algo? (RP)	Would you like something to drink/eat?
Sí, por favor.	Yes, please.
No, gracias.	No, thanks.
Sí, me encantaría.	Yes, I'd love to.

8

¿Quieres ir al parque con nosotros?	Would you like to come to the park with us?
¿Te apetecería ir al parque con nosotros? (Esp)	
¿Te provoca ir al parque con nosotros? (Carib)	
¿Querés ir al parque con nosotros? (RP)	
No estoy de acuerdo.	I don't agree.
Estoy completamente de acuerdo contigo.	I totally agree with you.
Es muy tentador.	That sounds very tempting.
Preferiría otra cosa.	I'd prefer something else.
Me encanta la vela.	I have a passion for sailing.
Por lo que a mí respecta...	As far as I'm concerned...

al teléfono	*on the phone*
¿Sí?/¿Dígame?	Hello.
¿Aló? (Andes, Carib & Méx)	
¿Hola? (RP) [person answering]	
¿Oiga? (Esp)	
¡Hola! (Amér) [person phoning]	
Soy Ana Francino.	Ana Francino speaking.

Quería hablar con el Sr. López.	I'd like to speak to Sr. López.
Llamo en nombre de la Sra. Blasco.	I'm calling on behalf of Sra. Blasco.
Le vuelvo a llamar dentro de diez minutos.	I'll call back in ten minutes.
Prefiero esperar.	I'd rather hold the line.
¿Podría dejar un recado? ¿Puedo dejarle razón? (Carib) ¿Puedo dejarle un mensaje? (RP)	Can I leave a message for him?
Perdone, me he equivocado de número.	Sorry, I must have dialled the wrong number. (UK) Sorry, I must have dialed the wrong number. (US)
¿Con quién hablo?	Who's calling?
No cuelgue, ahora le paso.	Hold the line, I'll put you through.
¿Podría volver a llamar dentro de una hora?	Could you call back in an hour?
Ha salido/no volverá hasta mañana.	She's out/won't be back until tomorrow.
Se ha equivocado de número.	I think you've got the wrong number.

en el coche	*in the car*
¿Cómo se llega al centro de la ciudad/a la autopista?	How do we get to the city centre/motorway?
¿Hay un parking cerca de aquí?	Is there a car park nearby? (UK) Is there a parking lot nearby? (US)
¿Puedo aparcar aquí?/ ¿Se puede aparcar aquí?	Can I park here?
Estoy buscando una gasolinera.	I'm looking for a petrol station. (UK) I'm looking for a gas station. (US)
¿Donde está el taller más cercano?	Where's the nearest garage?
¿Por aquí se va a la estación de tren?	Is this the way to the train station?
¿En coche está muy lejos?	Is it very far by car?

al alquilar un coche	*hiring a car (UK)* *renting a car (US)*
Quería alquilar un coche con aire acondicionado.	I'd like to hire a car with air-conditioning. (UK)
Quería alquilar un carro con aire acondicionado. (Amér)	I'd like to rent a car with air-conditioning. (US)

11

¿Cuánto cuesta por día?	What's the cost for one day?
¿Incluye kilometraje ilimitado?	Is the mileage unlimited?
¿Cuánto cuesta el seguro a todo riesgo? (Esp) ¿Cuánto cuesta el seguro contra todo riesgo? (Amér)	How much does it cost for comprehensive insurance?
¿Puedo devolver el coche en el aeropuerto? ¿Puedo devolver el carro en el aeropuerto? (Amér)	Can I leave the car at the airport?
Este es mi carnet de conducir.	Here's my driving license. (UK) Here's my driver's license. (US)
en la gasolinera	*at the petrol station (UK)* *at the gas station (US)*
Me he quedado sin gasolina.	I've run out of petrol. (UK) I've run out of gas. (US)
Lléneme el depósito, por favor.	Fill it up, please.
El surtidor número tres.	Pump number three.
Quiero comprobar el aire de las ruedas.	I'd like to check the tyre pressure. (UK) I'd like to check the tire pressure. (US)

en el garaje	at the garage
Mi coche tiene una avería.	I've broken down.
Se me ha caído el tubo de escape.	The exhaust pipe has fallen off.
Mi coche pierde aceite.	My car has an oil leak.
El motor se calienta mucho.	The engine is overheating.
El motor hace un ruido muy raro.	The engine is making strange noises.
¿Puede comprobar los frenos?	Could you check the brakes?
¿Podría comprobar el nivel del agua?	Could you check the water level?
El coche se ha quedado sin batería./Se me ha agotado la batería.	The battery is flat.
No me funciona el aire acondicionado.	The air-conditioning doesn't work.
Se me ha pinchado una rueda. Me la tendrían que arreglar. (Méx)	I've got a puncture. The tyre needs to be repaired. (UK)
Se me ponchó una llanta. Me la tendrían que reparar. (Méx)	I've got a puncture. The tire needs to be repaired. (US)

al tomar un taxi	*taking a taxi (UK)* *taking a cab*
¿Me podría pedir un taxi?	Could you call me a taxi? (UK) Could you call me a cab? (US)
Querría reservar un taxi para las 8 de la mañana.	I'd like to book a cab for 8 a.m.
¿Cuánto cuesta un taxi hasta el centro?	How much does a cab to the city centre cost?
¿Cuánto se tarda hasta el aeropuerto?	How long does it take to get to the airport?
¿Puedo ir delante?	Can I ride up front? (US) Can I travel in the front seat?
A la estación de autobuses/la estación de tren/el aeropuerto, por favor.	To the bus station/train station/airport, please.
Pare aquí/en la señal/ en la esquina, por favor.	Stop here/at the lights/ at the corner, please.
¿Me podría esperar?	Can you wait for me?
¿Cuánto es?	How much is it?
Querría un recibo, por favor?	Can I have a receipt, please?
Quédese el cambio.	Keep the change.

al coger el autobús (Esp) al tomar el bus (Amér)	*taking the bus*
¿A qué hora sale el próximo autobús para Salamanca? (Esp) ¿A qué hora sale el próximo bus para Salamanca? (Amér)	What time is the next bus to Salamanca?
¿Desde qué andén sale el autobús? (Esp) ¿Desde qué plataforma sale el bus? (Amér)	Which platform does the bus go from?
¿Cuánto tarda el autobús hasta Brighton?	How long does the coach take to get to Brighton? (UK) How long does the bus take to get to Brighton? (US)
¿Hay algún descuento?	Do you have any reduced fares? (UK) Do you have any discounts? (US)
¿Cuánto cuesta un billete de ida y vuelta a Chicago? (Esp) ¿Cuánto cuesta un pasaje de ida y vuelta a Chicago? (Amér)	How much is a return ticket to Chicago? (UK) How much is a round-trip ticket to Chicago? (US)

¿El autobús tiene baño?	Is there a toilet on the coach? (UK) Is there a bathroom on the bus? (US)
¿El autobús tiene aire acondicionado?	Is the coach air-conditioned? (UK) Is the bus air-conditioned? (US)
Perdone, ¿está ocupado este asiento?	Excuse me, is this seat taken?
¿Le importa si bajo la persiana?	Would it bother you if I lowered the blind? (UK) Would it bother you if I lowered the shade? (US)
¿Tiene un horario?	Do you have a timetable?
¿Puede avisarme de cuándo tengo que bajar?	Can you tell me when to get off?
Próxima parada.	Next stop.
al tomar el tren	*taking the train*
¿Dónde está la taquilla? (Esp) ¿Dónde está el mostrador de venta de boletos? (Amér)	Where is the ticket office?
¿De dónde sale el próximo tren para París?	When does the next train for Paris leave?

¿De qué andén sale?	Which platform does it leave from?
¿Cuánto cuesta un billete de ida y vuelta para Oporto? (Esp)	How much is a return ticket to Porto? (UK)
¿Cuánto cuesta un boleto de ida y vuelta para Oporto? (Amér)	How much is a round-trip ticket to Porto? (US)
¿Hay consigna?	Is there a left-luggage office? (UK)
	Is there a baggage room? (US)
Un billete de ventanilla en un vagón de no fumadores, por favor.	A window seat in a non-smoking coach please.
Un boleto de ventanilla en un vagón de no fumadores, por favor. (Amér)	
Quiero reservar una litera en el tren de las 21.00 horas para París.	I'd like to reserve a sleeper on the 9 p.m. train to Paris.
¿Dónde tengo que validar el billete?	Where do I validate my ticket?
Perdone, ¿está libre este asiento?	Excuse me, is this seat free?
¿Dónde está el vagón restaurante?	Where is the dining car?

en el aeropuerto	*at the airport*
¿Dónde está la terminal 1/ la puerta 2?	Where is terminal 1/gate number 2?
¿Dónde está el mostrador de facturación? ¿Dónde es el check-in? (Amér)	Where is the check-in desk?
Quería asiento de pasillo/ventana.	I'd like an aisle/window seat.
¿A qué hora es el embarque?	What time is boarding?
Perdí la tarjeta de embarque.	I've lost my boarding card.
¿Dónde está la recogida de equipajes? ¿Dónde se retira el equipaje?	Where is the baggage reclaim? (UK) Where is the baggage claim? (US)
He perdido mi conexión. ¿Cuándo sale el próximo vuelo para Seattle?	I've missed my connection. When's the next flight to Seattle?
¿Dónde está el autobús de enlace con el centro de la ciudad? ¿Dónde está el bus de enlace con el centro de la ciudad? (Amér)	Where's the shuttle bus to the city centre? (UK) Where's the shuttle bus downtown? (US)

¿dónde queda?	*asking the way*
¿Me podría indicar en el mapa dónde estamos?	Could you show me where we are on the map?
¿Dónde está la estación de autobús/correos? (Esp) ¿Dónde está la estación de buses/correos? (Amér)	Where is the bus station/post office?
Por favor, ¿cómo se va a la Avenida Paulista?	Excuse me, how do I get to Avenida Paulista?
Para ir al museo de arte moderno, ¿sigo adelante?	To get to the museum of modern art, should I continue straight ahead?
¿Está lejos?	Is it far?
¿Se puede ir caminando?	Is it within walking distance?
¿Tengo/tenemos que coger el autobús/metro? (Esp) ¿Tengo/tenemos que tomar el autobús/metro? (Amér)	Will I/we have to take the bus/underground? (UK) Will I/we have to take the bus/subway? (US)
¿Me podría ayudar? Creo que me he perdido.	Can you please help me? I think I'm lost.

al circular por la ciudad	*getting around town*
¿Qué autobús va al aeropuerto? (Esp) ¿Qué bus va al aeropuerto? (Amér)	Which bus goes to the airport?
¿Dónde se coge el autobús a la estación? (Esp) ¿Dónde se toma el bus a la estación? (Amér)	Where do I catch the bus for the station?
Quiero un billete de ida/ida y vuelta a Boston. Quiero un pasaje de ida/ida y vuelta a Boston. (Amér)	I'd like a single/return ticket to Boston. (UK) I'd like a one-way/round-trip ticket to Boston. (US)
¿Me podría decir dónde me tengo que bajar?	Could you tell me when we get there?
Parada de autobús. (Esp) Parada de bus. (Amér)	Bus Stop.
¿Este autobús va a la estación de tren?	Does this bus go to the train station?
¿A qué hora es el último tren/tranvía?	What time is the last train/tram?

deportes	*sports*
Queremos ver un partido fútbol. ¿Hay uno esta noche?	We'd like to see a football match. Is there one on tonight?
¿Dónde está el estadio de fútbol?	Where's the stadium?
¿Dónde podemos alquilar bicicletas?	Where can we hire bicycles? (UK) Where can we rent bicycles? (US)
Quisiéramos reservar una cancha de tenis para las 7 de la tarde. Quisiéramos reservar una pista de tenis para las 7 de la tarde. (Esp)	I'd like to book a tennis court for 7 p.m.
¿Cuánto cuesta una clase de una hora?	How much does a one-hour lesson cost?
¿La piscina abre todos los días?	Is the pool open every day?
¿Dónde podemos cambiarnos?	Where can we change?
¿Hay una estación de esquí por aquí cerca?	Is there a ski resort nearby?
¿Podemos alquilar el equipo?	Can we hire equipment?

¿Alquilan barcos?	Do you rent boats?
¿Dónde podemos ir a jugar a los bolos por aquí?	Where can we go bowling around here?
Me encantaría dar una vuelta en bici.	I'd like to go on a bike ride.

en el hotel	*at the hotel*
Queremos una habitación doble/dos habitaciones individuales.	We'd like a double room/ two single rooms.
Quiero una habitación para dos noches, por favor.	I'd like a room for two nights, please.
Tengo una reserva a nombre de Jones.	I have a reservation in the name of Jones.
He reservado una habitación con ducha/baño.	I reserved a room with a shower/bathroom.
¿Me da la llave de la habitación 121, por favor?	Could I have the key for room 121, please?
Quería una almohada/manta más, por favor.	Could I have an extra pillow/blanket, please?
¿Hay algún mensaje para mí?	Are there any messages for me?
¿A qué hora se sirve el desayuno?	What time is breakfast served?

Quiero tomar el desayuno en la habitación.	I'd like breakfast in my room.
¿Me podría despertar a las 7 de la mañana?	I'd like a wake-up call at 7 a.m., please.
¿Hay un parking para clientes del hotel?	Is there a car park for hotel guests?
Me voy ya. ¿Me prepara la factura?	I'd like to check out now.

en las tiendas	*at the shops*
¿Cuánto es?	How much is this?
Quería comprar gafas de sol/un traje de baño.	I'd like to buy sunglasses/ a swimsuit. (UK) I'd like to buy sunglasses/ a bathing suit (US).
Mi talla es la 38. Mi talle es el 38. (RP)	I'm a size 10.
Calzo el 40.	I take a size 7 shoe.
¿Puedo probármelo?	Can I try this on?
¿Puedo cambiarlo?	Can I exchange it?
¿Dónde están los probadores?	Where are the fitting rooms?

¿Tiene una talla mayor/más pequeña? ¿Tiene un talle más grande/chico? (RP)	Do you have this in a bigger/smaller size?
¿Tiene esto en azul?	Do you have this in blue?
¿Tiene sobres/guías de la ciudad?	Do you sell envelopes/street maps?
Quería comprar una película para mi cámara, por favor. Quería comprar un carrete para mi cámara, por favor. (Esp)	I'd like to buy a film for my camera please.
¿A qué hora cierran?	What time do you close?
al pedir información	*out and about*
¿A qué hora cierra el museo?	What time does the museum close?
¿Dónde está la piscina pública más cercana?	Where is the nearest public swimming pool?
¿Me podría decir dónde está la iglesia (católica/baptista) más cercana?	Could you tell me where the nearest (Catholic/Baptist) church is?
¿Sabe cuál es el horario de misas/cultos?	Do you know what time mass/the next service is?

¿Hay algún cine cerca de aquí?	Is there a cinema nearby? (UK) Is there a movie theater (US) nearby?
¿Qué distancia hay de aquí a la playa?	How far is it to the beach?
¿Me podría recomendar un hotel cerca del centro?	Could you recommend a hotel near the centre? (UK) Could you recommend a hotel near downtown? (US)
en el café	*at the café*
¿Está libre esta mesa/silla?	Is this table/seat free?
¡Por favor!	Excuse me!
¿Nos podría traer la lista de bebidas?	Could you please bring us the drinks list?
Dos cafés/cafés con leche, por favor.	Two cups of black coffee/white coffee, please. (UK) Two cups of coffee with cream, please. (US)
Quiero un café con leche.	I'd like a coffee with cream/milk. (US) I'd like a white coffee. (UK)
Un té/té con limón/té con leche.	A tea/lemon tea/tea with milk.
¿Me podría traer hielo?	Could I have some ice?

25

Un zumo de naranja/un agua mineral. Un jugo de naranja/un agua mineral. (Amér)	An orange juice/a mineral water.
¿Me podría traer una cerveza, por favor?	Can I have another beer, please?
¿Dónde están los servicios? ¿Dónde es el baño? (Amér)	Where is the toilet? (UK) Where is the restroom? (US)
¿Hay zona de fumadores?	Is there a smoking section?
en el restaurante	*at the restaurant*
Quisiera reservar una mesa para las 8 de la tarde.	I'd like to reserve a table for 8 p.m.
Una mesa para dos, por favor.	A table for two, please.
¿Nos podría dar una mesa en la zona de no fumadores?	Can we have a table in the non-smoking section?
¿Podría traer la carta/la carta de vinos?	Can we see the menu/wine list?
¿Tiene menú infantil/para vegetarianos?	Do you have a children's/vegetarian menu?
Una botella de vino tinto/blanco de la casa, por favor.	A bottle of house white/red, please.
Quisiéramos un aperitivo.	We'd like an aperitif.

¿Cuál es la especialidad de la casa?	What is the house speciality?
Muy poco hecho/al punto/muy hecho.	Rare/medium/well-done.
¿Qué hay de postre?	What desserts do you have?
¿Me trae la cuenta, por favor?	Can I have the bill, please? (UK) Can I have the check, please? (US)

en el banco	*at the bank*
Quería cambiar 100 libras en euros, por favor.	I'd like to change £100 into euros please.
En billetes pequeños, por favor. En billetes chicos, por favor. (RP)	In small denominations, please.
¿Cuál es el cambio del dólar?	What is the exchange rate for dollars?
¿Cuánto es la comisión?	How much is the commission?
¿Cuánto es en euros?	How much is that in euros?
Quería transferir dinero.	I'd like to transfer some money.
¿Dónde hay un cajero automático?	Where is the cash dispenser? (UK) Where is the ATM? (US)

en la oficina de correos	*at the post office*
¿Puedo enviar un fax?	Can I send a fax?
¿Cuánto cuesta enviar una carta/una postal a México?	How much is it to send a letter/postcard to Mexico?
Quiero diez sellos para Chile. Quiero diez timbres para Chile. (Méx) Quiero diez estampillas para Chile. (RP)	I'd like ten stamps for Chile.
Quería enviar este paquete por correo certificado. Quería enviar este paquete por correo registrado. (Amér)	I'd like to send this parcel by registered post. (UK) I'd like to send this parcel by registered mail. (US)
¿Cuánto tiempo tardará en llegar? ¿Cuánto tiempo demora en llegar? (Amér)	How long will it take to get there?
Quiero una tarjeta de teléfono de 50 unidades.	I'd like a 50-unit phone card.

en el dentista	*at the dentist's*
Tengo dolor de muelas.	I have toothache.
Me duele una muela.	One of my molars hurts.
Se me ha caído un empaste. Se me ha caído una tapadura. (Méx) Se me ha caído una emplomadura (RP).	I've lost a filling.
Me he partido un incisivo.	I've broken an incisor.
Las muelas del juicio me están molestando mucho.	My wisdom teeth are really bothering me.
Necesito/necesitas un puente nuevo.	I/you need a bridge.
He perdido la dentadura postiza.	I've lost my dentures.
¿Me puede poner anestesia local?	Could you give me a local anaesthetic?

en la farmacia	*at the chemist's (UK)* *at the drugstore (US)*
¿Tiene algo para el dolor de cabeza/el dolor de garganta/la diarrea?	Can you give me something for a headache/sore throat/ diarrhoea?
¿Tiene un analgésico/ tiritas ®, por favor? ¿Tiene un analgésico/curitas, por favor? (Amér)	Can I have some aspirin/ Band-Aids ®, please?
Necesito una crema solar de un alto grado de protección.	I need some high protection suntan lotion.
¿Tiene un repelente para insectos?	Do you have any insect repellent?
Tengo una receta de mi médico en el Reino Unido.	I have a prescription from my doctor in the UK.
¿Me podría recomendar un médico?	Could you recommend a doctor?

Índice	Contents	
Cardinales	*Cardinal numbers*	34
Ordinales	*Ordinal numbers*	35
Las operaciones	*Mathematical operations*	36
La moneda británica	*British currency*	36
La moneda estadounidense	*American currency*	37
La moneda europea	*European currency*	37
Longitud	*Length*	38
Superficie	*Area*	38
Capacidad	*Capacity*	39
Volumen	*Volume*	39
Peso	*Weight*	39
La hora	*The time*	40

Cardinales/Cardinal numbers

cero	0	zero
uno	1	one
dos	2	two
tres	3	three
cuatro	4	four
cinco	5	five
seis	6	six
siete	7	seven
ocho	8	eight
nueve	9	nine
diez	10	ten
once	11	eleven
doce	12	twelve
trece	13	thirteen
catorce	14	fourteen
quince	15	fifteen
dieciséis	16	sixteen
diecisiete	17	seventeen
dieciocho	18	eighteen
diecinueve	19	nineteen
veinte	20	twenty
veintiuno	21	twenty-one
veintidós	22	twenty-two
veintitrés	23	twenty-three
veinticuatro	24	twenty-four
veinticinco	25	twenty-five
veintiséis	26	twenty-six
veintisiete	27	twenty-seven
veintiocho	28	twenty-eight
veintinueve	29	twenty-nine

treinta	30	thirty
treinta y uno	31	thirty-one
cuarenta	40	forty
cincuenta	50	fifty
sesenta	60	sixty
setenta	70	seventy
ochenta	80	eighty
noventa	90	ninety
cien	100	one hundred
quinientos	500	five hundred
mil	1000	one thousand
un millón	1.000.000	one million

Ordinales/Ordinal numbers

primero	1º/1st	first
segundo	2º/2nd	second
tercero	3º/3rd	third
cuarto	4º/4th	fourth
quinto	5º/5th	fifth
sexto	6º/6th	sixth
séptimo	7º/7th	seventh
octavo	8º/8th	eighth
noveno	9º/9th	ninth
décimo	10º/10th	tenth
undécimo	11º/11th	eleventh
decimosegundo	12º/12th	twelfth
decimotercero	13º/13th	thirteenth
decimocuarto	14º/14th	fourteenth
decimoquinto	15º/15th	fifteenth
decimosexto	16º/16th	sixteenth
decimoséptimo	17º/17th	seventeenth

decimoctavo	18°/18th	eighteenth
decimonoveno	19°/19th	nineteenth
vigésimo	20°/20th	twentieth
vigésimo primer(o)	21°/21st	twenty-first
vigésimo segundo	22°/22nd	twenty-second
vigésimo tercero	23°/23rd	twenty-third
trigésimo	30°/30th	thirtieth
centésimo	100°/100th	one hundredth
milésimo	1000°/1000th	one thousandth

Las operaciones/Mathematical operations

menos uno	-1	minus one
ocho más dos igual a diez	8+2=10	eight plus two equals five
nueve menos tres igual a seis	9-3=6	nine minus three equals six
siete por tres veintiuno	7x3=21	seven times three equals twenty-one/ seven multiplied by three equals twenty-one
veinte entre cuatro igual a cinco	20:4=5	twenty divided by four equals five.
la raíz cuadrada de nueve es tres	$\sqrt{9}=3$	the square root of nine is three
cinco al cuadrado igual a veinticinco	$5^2=25$	five squared equals twenty-five

La moneda británica/British currency

un penique	1p	a penny
dos peniques	2p	two pence
cinco peniques	5p	five pence
diez peniques	10p	ten pence

veinte peniques	20p	twenty pence
cincuenta peniques	50p	fifty pence
una libra	£1	a pound
dos libras	£2	two pounds
cinco libras	£5	five pounds
diez libras	£10	ten pounds
veinte libras	£20	twenty pounds
cincuenta libras	£50	fifty pounds

La moneda estadounidense/American currency

un centavo	1¢	one cent/a penny
cinco centavos	5¢	five cents/a nickel
diez centavos	10¢	ten cents/a dime
veinticinco centavos	25¢	twenty-five cents/a quarter
cincuenta centavos	50¢	fifty cents/a half dollar
un dólar	$1	one dollar
cinco dólares	$5	five dollars
diez dólares	$10	ten dollars
veinte dólares	$20	twenty dollars
cincuenta dólares	$50	fifty dollars
cien dólares	$100	a hundred dollars

La moneda europea/European currency

un céntimo	0,01 €	a cent
dos céntimos	0,02 €	two cents
cinco céntimos	0,05 €	five cents
diez céntimos	0,10 €	ten cents
veinte céntimos	0,20 €	twenty cents
cincuenta céntimos	0,50 €	fifty cents
un euro	1 €	one euro
dos euros	2 €	two euros

cinco euros	5 €	five euros
diez euros	10 €	ten euros
veinte euros	20 €	twenty euros
cincuenta euros	50 €	fifty euros
cien euros	100 €	a hundred euros
doscientos euros	200 €	two hundred euros
quinientos euros	500 €	five hundred euros

Longitud/Length

milímetro	mm	millimetre*
centímetro	cm	centimetre*
metro	m	metre*
kilómetro	km	kilometre*
(* US millimeter, centimeter, meter, kilometer)		
pulgada	in	inch
pie	ft	foot
yarda	yd	yard
milla	mi	mile

Superficie/Area

centímetro cuadrado	cm^2	square centimetre*
metro cuadrado	m^2	square metre*
kilómetro cuadrado	km^2	square kilometre*
hectárea (=10.000m²)	ha	hectare
(* US square centimeter, square meter, square kilometer)		
pulgada cuadrada	in^2	square inch
pie cuadrado	ft^2	square foot
yarda cuadrada	yd^2	square yard
milla cuadrada	mi^2	square mile